V&R

*Für Christine Müller-Thiede
und Johannes Emanuel Thiede*

Werner Thiede

# Wer ist der kosmische Christus?

Karriere und Bedeutungswandel
einer modernen Metapher

Vandenhoeck & Ruprecht
in Göttingen

KIRCHE – KONFESSION – RELIGION
(vormals: Kirche und Konfession)

Veröffentlichungen des Konfessionskundlichen Instituts
des Evangelischen Bundes

Band 44

Herausgegeben von
Hans-Martin Barth, Jörg Haustein und Helmut Obst

*Umschlagabbildung:*
„Kosmischer Christus", © 1984 Raffael Boriés/Sargos Verlag GbR
(Titelbild auch als Postkarte oder Poster beim Sargos Verlag erhältlich:
www.sargos.de)

Die Deutsche Bibliothek – CIP-Einheitsaufnahme

*Thiede, Werner:*
Wer ist der kosmische Christus? : Karriere und Bedeutungswandel
einer modernen Metapher / Werner Thiede. –
Göttingen: Vandenhoeck und Ruprecht, 2001
(Kirche – Konfession – Religion ; Bd. 44)
ISBN 3-525-56548-8

Gedruckt mit Unterstützung des Förderungs- und Beihilfefonds
Wissenschaft der VG WORT

© 2001 Vandenhoeck & Ruprecht, Göttingen
http://www.vandenhoeck-ruprecht.de
Printed in Germany. – Das Werk einschließlich aller seiner Teile ist
urheberrechtlich geschützt. Jede Verwendung außerhalb der engen Grenzen des
Urheberrechtsgesetzes ist ohne Zustimmung des Verlages unzulässig und strafbar.
Das gilt insbesondere für Vervielfältigungen, Übersetzungen,
Mikroverfilmungen und die Einspeicherung und Verarbeitung
in elektronischen Systemen.
Satz: Satzspiegel, Nörten-Hardenberg
Druck- und Bindearbeiten: Hubert & Co., Göttingen

# Vorwort

Vor genau 100 Jahren erschien in London das erste Buch weltweit, das den Begriff des „kosmischen Christus" enthielt. Es stammte aber merkwürdigerweise nicht aus der Welt von Theologie und Kirche, sondern von der Theosophin Annie Besant, die später Präsidentin der Theosophischen Gesellschaft Adyar wurde. Wie der Titel zum Ausdruck brachte, handelte es sich um eine esoterische Interpretation des Christentums, deren Fragwürdigkeit freilich schon durch den Umstand beleuchtet wurde, dass die Autorin einige Jahre zuvor zum Hinduismus übergetreten war.

Von außen also kehrte damals das kirchlich und theologisch weithin verdrängte Anliegen kosmischer Christologie wieder. Hatte doch Adolf Harnack 1888 der 2. Auflage des ersten Bandes seines einflussreichen „Lehrbuchs zur Dogmengeschichte" kritische Ausführungen zur Präexistenzvorstellung beigegeben und als „das Bedenklichste" an der Ausbildung der Logos-Christologie die damit erfolgte Umsetzung des Göttlichen „in eine kosmische Potenz" gerügt! Dieser „ungenügende Ansatz der kirchlichen Lehre" habe schon bald heilsame Korrekturen erfahren: Die „Logoslehre ist schließlich so gefasst worden, dass der Begriff fast alles kosmischen Inhaltes beraubt wurde." In diesem Sinn nannte Harnack die Entwicklungsgeschichte der Präexistenzvorstellungen „zugleich die Kritik derselben". Das war eine unmissverständliche Absage an alle „kosmische" Christologie gewesen.

Genau 100 Jahre später erschien in San Francisco das Buch „The Coming of the Cosmic Christ" (1988) von Matthew Fox, das den Höhepunkt einer internationalen Neubesinnung auf den „kosmischen Christus" darstellte. In den Jahren darauf kamen allein in Deutschland vier Bücher auf den Markt, die den Begriff „kosmischer Christus" im Titel oder Untertitel trugen. Längst hatte die theosophisch kreierte Metapher – von einer solchen spricht in diesem Zusammenhang mit Recht Klaus Bannach – ihre Faszinationskraft außer- wie innerkirchlich unter Beweis gestellt. Allein, ihr fehlt es bis heute an Eindeutigkeit (was im übrigen untermauert, dass es sich tatsächlich um eine Metapher mit dem ihr eigenen Spannungs- und Deutungspotential handelt und nicht um einen eindeutigen Begriff). Autorinnen und Autoren unterschiedlichster Bekenntnisse und (religions-)theologischer Standpunkte haben sie propagiert und für jeweils ihre Spiritualität bzw. Theologie reklamiert.

So ist es an der Zeit gewesen, endlich ihre Geschichte insgesamt theologisch aufzuarbeiten. Das ist in der vorliegenden Studie geschehen, die im

Sommersemester 2000 von der Theologischen Fakultät der Friedrich-Alexander-Universität Erlangen-Nürnberg unter dem Titel „Die Zukunft des kosmischen Christus. Theologische Analysen der Genese und Tendenzen eines modernen Christologumenons" als systematisch-theologische Habilitationsschrift angenommen wurde. Für die Publikation habe ich sie geringfügig überarbeitet und aktualisiert.

Ganz herzlicher Dank geht an Herrn Prof. Dr. Walter Sparn: Von Anfang an offen für meine Pläne, hat er mir über Jahre hin geduldigen Rat und weise Förderung zukommen lassen sowie am Ende das ausführliche Erstgutachten verfasst. Ebenso danke ich Herrn Prof. Dr. Hermann Brandt, der als promovierter Systematiker und habilitierter Missionstheologe „berufen" war, mir fachliche Hinweise zu geben und schließlich das Zweitgutachten zu erstellen. Dankbar bin ich außerdem für mancherlei Ermutigung und Unterstützung, die mir während der Ausarbeitung zuteilgeworden sind: Ich nenne hier besonders die Herren Dr. Helmut Zander, Prof. Dr. Horst Georg Pöhlmann, Prof. Dr. Walter Dietz, Dr. Hans-Jürgen Ruppert, Prof. Dr. David Trobisch und Dr. Wolfram Mirbach; der Letztgenannte hat auch einen Teil der Korrekturfahnen gelesen. Frau Susanne Patock hat dankenswerterweise das Personenregister erstellt. Nicht zuletzt dem Landeskirchenrat der Evang.-Luth. Kirche in Bayern, namentlich Herrn OKR Theodor Glaser und seinem Nachfolger, Herrn OKR Franz Peschke, bin ich für die Förderung meines Projekts zu Dank verpflichtet. Auch danke ich Frau Reinhilde Ruprecht Ph. D. für die engagierte verlegerische Betreuung sowie den Herren Professoren Dr. Helmut Obst, Dr. Hans-Martin Barth und Dr. Jörg Haustein für die Aufnahme des Werkes in die Reihe „Kirche – Konfession – Religion". Der VG Wort ist für einen beträchtlichen Druckkostenzuschuss zu danken.

Zum Schluss sage ich meiner Frau innigen Dank, die mir nicht nur tatkräftig den Rücken für meine Arbeit freigehalten, sondern mich als Theologin bis ins Fachliche hinein durch mancherlei Diskussionsbeiträge unterstützt hat. Ihr und meinem Sohn Johannes, der während der beginnenden Realisierung dieses Projekts geboren wurde, ist dieses Buch gewidmet.

*Neuhausen/Enzkreis, Ostern 2001* *Werner Thiede*

# INHALT

VORWORT . . . . . . . . . . . . . . . . . . . . . . . . . . 5

EINLEITUNG . . . . . . . . . . . . . . . . . . . . . . . . 11

ERSTER HAUPTTEIL
Hermeneutik des „kosmischen Christus" –
Hinführungen unter besonderer Berücksichtigung Paul Tillichs

I. *Zur metaphorischen Dimension der Rede vom „kosmischen Christus"* . . . . . . . . . . . . . . . . . . . . . . . . . . . 25
   1. Die Rede vom „kosmischen Christus" als Metapher . . . . . . . 27
   2. Tillichs Symbol des „kosmischen Logos" und seine Reserviertheit gegenüber der Metapher des „kosmischen Christus" . . . . 37
   3. Die Differenz von religionsphilosophischem und theologischem Zirkel als Hinweis auf die tiefenstrukturelle Analysebedürftigkeit metaphorischer Redeweise . . . . . . . . . . . . 52
   4. Perspektive: Die metaphorische Struktur der Rede vom „kosmischen Christus" als Quelle ihrer pluralen paradigmatischen Verortung . . . . . . . . . . . . . . . . . . . . . 63

II. *Vorüberlegungen zum Konfliktfeld theologischer und theosophischer Deutungen des „kosmischen Christus"* . . . . . . . . . . . . . . 70
   1. Tillichs religionsphilosophische Bestimmungen von Heteronomie, Autonomie und Theonomie und ihre theologische Transformation . . . . . . . . . . . . . . . . . . . . . . . 71
   2. Der doppelte Theosophie-Begriff Tillichs . . . . . . . . . . . 85
   3. Kosmische Christologie als „theosophische" Herausforderung im Kolosserbrief . . . . . . . . . . . . . . . . . . . . . . . 91
   4. Perspektive: Der kosmische Christus zwischen „autonomen" und „theonomen" Interpretationsansprüchen . . . . . . . . . 98

ZWEITER HAUPTTEIL
Der „kosmische Christus" im Kontext moderner Esoterik

III. Die Genese des Begriffs „kosmischer Christus" in der modernen
Theosophie ................................... 103
  1. Logos-Lehre und Christos-Begriff im okkult-theosophischen
     Denken Helena Petrovna Blavatskys ............... 104
  2. Der „kosmische Christus" als Begriffskreation Annie Besants  129
  3. Exkurs: Kennt die christliche Theosophie den Begriff des
     „kosmischen Christus"? ....................... 148
  4. Perspektive: Die Anfänge der Begriffsgeschichte des
     „kosmischen Christus" als Basis ihrer Fortsetzung ....... 152

IV. Aufnahme und Uminterpretation der Rede vom „kosmischen
Christus" durch Rudolf Steiner ..................... 155
  1. Steiners Entfaltung einer kosmischen Christosophie unter
     Absehung von der durch Besant geprägten Metapher ..... 158
  2. Steiners Aufgreifen der Rede vom „kosmischen Christus"
     im Streit mit Besant ......................... 188
  3. Die „durchchristete Kosmologie" seit Gründung der
     Anthroposophischen Gesellschaft ................ 213
  4. Perspektive: Denkanstöße kosmischer Christosophie ..... 224

V. Die Entfaltung esoterischer Rede vom „kosmischen Christus" seit
Steiners Tod .................................. 239
  1. Die Intensivierung des Begriffsgebrauchs in der „Christen-
     gemeinschaft" ............................. 240
  2. Alice Ann Bailey und Violet Tweedale .............. 267
  3. Die esoterische Identifizierung des „kosmischen Christus"
     mit dem „Wassermann-Christus" seit Mitte der sechziger
     Jahre .................................. 284
  4. Perspektive: Esoterische Rede vom „kosmischen Christus"
     als Herausforderung kreuzestheologischer Gegenrede ..... 301

DRITTER HAUPTTEIL
Der „kosmische Christus" als moderner theologischer Begriff

VI. Die Entwicklung der Rede vom „kosmischen Christus" in
religionstheologischer Perspektivik ................... 315
  1. Exklusivistisches Reden vom „kosmischen Christus":
     Von Pierre Teilhard de Chardin bis Douglas Groothuis .... 316
  2. Der „kosmische Christus" im Kontext inklusivistischen
     Denkens: Von George B. Stevens bis Andreas Rössler ..... 336

Inhalt 9

    3. Pluralistische Rede vom „kosmischen Christus":
        Von Raimundo Panikkar bis Matthew Fox . . . . . . . . . . . 357
    4. Perspektive: Die religionstheologische Äquivozität des Begriffs
        „kosmischer Christus" als dogmatische Herausforderung . . . 380

VII. Der „kosmische Christus" bei Jürgen Moltmann – Analyse und
    konstruktive Kritik . . . . . . . . . . . . . . . . . . . . . . . . . 392
    1. Der „gekreuzigte Gott" als Element kosmischer Christologie  392
    2. Der „kosmische Christus" in der Geschichte Gottes . . . . . . 407
    3. Die Kenosis des „kosmischen Christus" und das Filioque-
        Problem . . . . . . . . . . . . . . . . . . . . . . . . . . . . . . 417
    4. Perspektive: Kosmische Christologie oder kosmische
        Pneumatologie? . . . . . . . . . . . . . . . . . . . . . . . . . . 428

Schluss-Perspektive

Der „kosmische Christus" und die Spiritualität der Unterscheidung  440

Anhang . . . . . . . . . . . . . . . . . . . . . . . . . . . . . . . . . 453

    1. Abkürzungsverzeichnis . . . . . . . . . . . . . . . . . . . . . 453
    2. Literaturverzeichnis . . . . . . . . . . . . . . . . . . . . . . . 454
        1. Theologie . . . . . . . . . . . . . . . . . . . . . . . . . . . 454
        2. Missions- und Religionswissenschaft . . . . . . . . . . . . 476
        3. (Religions-)Philosophie . . . . . . . . . . . . . . . . . . . 483
        4. Natur- und Humanwissenschaften . . . . . . . . . . . . . 487
        5. Esoterik . . . . . . . . . . . . . . . . . . . . . . . . . . . . 490
        6. Sonstiges . . . . . . . . . . . . . . . . . . . . . . . . . . . 499
    3. Personen-Register . . . . . . . . . . . . . . . . . . . . . . . . 501

# Einleitung

*Motivation und Aufbau der Untersuchung*

„Erst in einer kosmischen Christologie wird Christologie überhaupt vollendet."[1] Gemessen an diesem Diktum J. Moltmanns überrascht es, dass im „mainstream" christlicher Dogmatik ausdrückliche Thematisierungen kosmischer Christologie eher zu den Ausnahmen zählen[2]. Gewiss, die „kosmischen" Dimensionen des Christusglaubens sind bereits der Urkirche geläufig gewesen und haben sich im Laufe der Christentumsgeschichte immer wieder aufs neue Geltung verschaffen können[3]. Doch J. A. Lyons konstatiert mit Recht, „that cosmic-Christ language has arisen without attention being too closely paid to the usage of ‚cosmos' either in the Bible or in any other past work. What has happened during the last 150 years is that a new kind of Christological terminology has gradually come into

---

1 Jürgen Moltmann: Der Weg Jesu Christi. Christologie in messianischen Dimensionen, München 1989, 302.
2 Im Blick auf das einschlägige Problem des Schöpfungsmittlertums Christi betont das systematisch-theologische Desiderat Wolfgang Schoberth: ‚Es ist alles durch ihn und zu ihm geschaffen' (Kol 1,16). Zum Sinn der Lehre von der Schöpfungsmittlerschaft Christi, in: K. Stock (Hg.), Zeit und Schöpfung (Veröffentlichungen der Wissenschaftlichen Gesellschaft für Theologie 12), Gütersloh 1997, 143–170, bes. 144 f. Von „kosmischer Christologie" bzw. vom „kosmischen Christus" ist zumindest terminologisch weder in Pannenbergs „Systematischer Theologie" (Göttingen 1988–1993) die Rede noch bei Peter Hünermann: Jesus Christus – Gottes Wort in der Zeit. Eine systematische Christologie, Münster 1997², noch bei Ingolf U. Dalferth: Der auferweckte Gekreuzigte. Zur Grammatik der Christologie, Tübingen 1994 – um hier nur die wichtigsten neueren Christologien zu nennen. Der Ausfall der betreffenden Terminologie signalisiert zwar gewiss keinen sachlichen, aber doch einen kommunikativen Mangel im Blick auf gegenwärtig aktuellen Gebrauch des Christus-Begriffs.
3 Insbesondere wäre hier an die Christologie der Alten Kirche (vgl. Paulus Hinz: Deus Homo. Das Christusbild von seinen Ursprüngen bis zur Gegenwart, Bd. 1: Das erste Jahrtausend, Berlin 1973), aber auch an die Christologie Luthers und seiner „klassischen" Erben, ferner an von der idealistischen Philosophie beeinflusste kenotische Christologien des 19. Jahrhunderts sowie an die griechisch- und russisch-orthodoxen Traditionen zu denken. Selbst für die Physikotheologie des Aufklärungszeitalters gilt: „Sieghaft mit der Fahne der Auferstehung in der Hand schreitet Christus als Pantokrator und Nikator über die Gestirne und zahllosen Fixsternsonnen einer größeren neuen Welt" (Wolfgang Philipp: Christus in der Sicht der Aufklärungsepoche, in: H. Graß/W. G. Kümmel [Hg.], Jesus Christus. Das Christusverständnis im Wandel der Zeiten, Marburg 1963, 85–108, 89).

existence."[4] Und diese neue Terminologie ist zu einem beachtlichen Teil außerhalb der modernen christlichen Theologie gewachsen, deren Aufmerksamkeit meist mehr der menschlichen Subjektivität, ihrer Vernunftstruktur und Geschichtlichkeit als den Fragen nach dem Weltganzen gegolten hatte[5].

Dass bisher zum Thema des „kosmischen Christus" vorwiegend exegetische[6] und patristische[7] Untersuchungen vorliegen, ist insofern nicht verwunderlich. Namentlich die systematische Theologie aber ist hier in die Pflicht genommen, insofern es ihr innerhalb der theologischen Disziplinen schwerpunktmäßig zukommt, „Rechenschaft über den Wahrheitsgehalt des christlichen Glaubens angesichts interner und externer Herausforde-

---

4 James A. Lyons: The Cosmic Christ in Origen and Teilhard de Chardin. A Comparative Study, Oxford 1982, 2. Die Konsequenz hieraus besteht im Verzicht auf eingehendere exegetische und dogmengeschichtliche Untersuchungen zur kosmischen Christologie früherer Jahrhunderte in der vorliegenden Studie (vgl. auch den Exkurs Kap. III.3).

5 Vgl. dazu D. Lyle Dabney: Die Kenosis des Geistes. Kontinuität zwischen Schöpfung und Erlösung im Werk des Heiligen Geistes, Neukirchen-Vluyn 1997, 39 f. und 45.

6 Im Zuge breiterer Auslegung von neutestamentlichen Schriften taucht der Begriff „cosmic Christ" erstmals auf bei W. L. Walker: Christ the Creative Ideal. Studies in Colossians and Ephesians, Edinburgh 1913, 45. Im deutschen Sprachraum begegnet er wohl zum ersten Mal 1941 (im selben Jahr, in dem Rudolf Bultmann sein Entmythologisierungsprogramm vorstellte!): „Nur ein kosmischer Christus, der Weltseele und Weltschöpfer zugleich ist, konnte den kolossischen Synkretismus... in seinem religiösen Anliegen befriedigen und überwinden" (Max-Adolf Wagenführer: Die Bedeutung Christi für Welt und Kirche. Studien zum Kolosser- und Epheserbrief, Leipzig 1941, 19). Später vgl. z. B. Daniel von Allmen: Réconciliation du monde et christologie cosmique, in: Revue d'histoire et de philosophie religieuses 48, 1/1968, 32–45; Anselm Urban: Kosmische Christologie, in: Erbe und Auftrag 47, 1971, 472–486; Roy A. Harrisville: Der kosmische Christus im Zeugnis des Neuen Testaments, in: V. Vajta (Hg.), Das Evangelium und die Bestimmung des Menschen, Göttingen 1972, 38–63. – Dass exegetische Bemühungen zur Klärung der Vorstellung vom präexistenten (vgl. Jürgen Habermann: Präexistenzaussagen im Neuen Testament, Frankfurt/M. u. a. 1990, 21–85) bzw. kosmischen Christus vielfach durchdrungen sind von meist unthematisierten philosophisch-theologischen Prämissen, zeigt Schoberth, Alles, 151 ff. Zu dieser hermeneutischen Problematik vgl. auch Karl-Josef Kuschel: Exegese und Dogmatik – Harmonie oder Konflikt? Die Frage nach einer Präexistenzchristologie bei Paulus als Testfall, in: R. Laufen (Hg.), Gottes ewiger Sohn. Die Präexistenz Christi, Paderborn 1997, 143–162.

7 Unter der modernen (!) Überschrift „Der kosmische Christus" informiert über die Christologie der ersten vier Jahrhunderte Jaroslav Pelikan: Jesus Christus. Erscheinungsbild und Wirkung in 2000 Jahren Kulturgeschichte, Zürich 1986, 72 ff. Speziell zu Origenes vgl. Lyons, Cosmic Christ, 105–145. Hingewiesen sei hier ferner auf Wilhelm Kelber: Die Logoslehre von Heraklit bis Origenes, Stuttgart 1958, wo der Begriff des „kosmischen Christus" vorkommt (214). Einen Durchgang durch die Dogmengeschichte bis in die Gegenwart unternimmt George A. Maloney: The Cosmic Christ: From Paul to Teilhard, New York 1968.

rungen"⁸ zu geben. Und eine hochgradige Überschneidung interner und externer Herausforderungen begegnet eben in der Rede vom „kosmischen Christus", die überhaupt erst in den Jahren um die Wende zum 20. Jahrhundert aufgekommen ist.

Der Begriff des „kosmischen Christus" nämlich – an ihm vor allem wird sich unsere Untersuchung orientieren, um nicht mit der „Sache" kosmischer Christologie⁹ ins Uferlose zu geraten – hat als solcher einen „externen" Ursprung: Er ist, wie im einzelnen zu zeigen sein wird, um den Beginn des 20. Jahrhunderts im Horizont der „Theosophischen Gesellschaft" geprägt worden und hat von daher eine eigene Wirkungsgeschichte entfaltet. In der akademischen Theologie taucht er einige Jahre später auf, kommt aber erst in der zweiten Hälfte des Jahrhunderts wirklich zum Tragen, um vor allem seit Ende der achtziger Jahre[10] auch populärtheologisch an Attraktivität zu gewinnen. Daher werfen sowohl seine vielfältige Symbolik als auch sein unterschiedlicher funktionaler Gebrauch die schlichte Frage auf: Wer ist der kosmische Christus? Was also soll mit diesem Begriff jeweils kontextuell ausgesagt sein? Unter welchen Bedingungen ist mit ihm das „ur–christliche" Anliegen hinreichend gewahrt? Seine gründliche Analyse und Beleuchtung sind also dringend geboten (zumal er ungeachtet seiner Affinität zu Universalperspektiven bislang noch kaum Anlass dazu gegeben hat, dass die äquivok von ihm Redenden ihre Sichtweisen gründlich in Beziehung zueinander gesetzt hätten[11]).

Die interne wie externe Attraktivität des zu untersuchenden Begriffs im 20. Jahrhundert erklärt sich unschwer: Vorbei sind die Zeiten einer weitgehenden Evidenz des Säkularisierungstheorems[12] (insbesondere hinsicht-

---

8 Wilfried Härle: Dogmatik, Berlin/New York 1995, 36.
9 Diese Sache, nämlich die Lehre von Christus in seinen kosmischen Bezügen legt noch keineswegs die Rede vom „kosmischen Christus" nahe! Hier zu differenzieren und genau zu beobachten, wird der Gang der Untersuchung lehren.
10 Darauf gehen unten die Eingangssätze des I. Kapitels ein – und ausführlicher Kap. VI.2 + 3.
11 Freilich fehlen bislang zu einer Aufarbeitung des modernen Spiritualismus „die theologischen Grundlagenkonzepte" (Christoph Bochinger: „New Age" und moderne Religion. Religionswissenschaftliche Analysen, Gütersloh 1995², 534), zu deren Erstellung die vorliegende Arbeit beitragen möchte.
12 Kritik an der Säkularisierungsthese als universaler Kategorie kam vor allem aus den USA unter Hinweis darauf, dass die Moderne durchaus Raum für Religionen biete (z. B. Martin E. Marty: Religion in America since Mid-Century, in: Daedalus 111 (1982), 149–163; Rodney Stark/William Sim Bainbridge: The future of Religion. Secularization, Revival and Cult formation, Los Angeles/London 1985). Religionswissenschaftlich gesehen ist es „ein Irrglaube zu meinen, das, was man unter dem Begriff *Säkularismus* zusammenfaßt, kennzeichne die geistige Situation unserer Zeit. Im Weltmaßstab gesehen, ist der Säkularismus eine schwache, bestenfalls der Oberfläche verhaftete Erscheinung, die keine Tiefe besitzt. Abzuzeichen scheint sich bereits jetzt, daß der Säkularismus eine seinen eigensten Tendenzen durchaus zuwiderlaufende Herausforderung der Religionen darstellt, die zu deren

lich seiner Anwendung aufs Christentum)[13]; zunehmend wird man auf Spiritualisierungstendenzen und -prozesse im Abendland aufmerksam, wie sie die Moderne immer schon latent begleitet haben, mittlerweile aber in unübersehbarem Ausmaß Präsenz zeigen[14]. Die kognitive wie affektive Faszination der Rede vom „kosmischen Christus" weit über den unmittelbaren Einflussbereich von Theologie und Kirche hinaus geht einher mit der Ausbreitung eines Spiritualitätsbegriffs[15], der sich von seinen christlichen Wurzeln gelöst hat. Fünf dafür relevante Aspekte lassen sich hier besonders hervorheben.

Erstens gilt es angesichts der eindrücklichen Renaissance des Religiösen mit F.-X. Kaufmann[16] zu bedenken, dass zu den Funktionen von Religion eine Chaos und Sinnlosigkeit[17] austreibende „Kosmisierung" zählt. Der

---

erneuter Aktivität führt" (Günter Lanczkowski: Geschichte der nichtchristlichen Religionen, Frankfurt/M. 1989, 6). Vgl. ferner Rodney Stark/Laurence R. Iannaccone: A Supply-side Reinterpretation of the Secularization of Europe, in: Journal of the Scientific Study of Religion 33/1994, 230–252; Detlef Pollak: Zur neueren religionssoziologischen Diskussion des Säkularisierungstheorems, in: Dialog der Religionen 5, 2/1995, 114–121.

13 Noch Ende der sechziger Jahre konnte postuliert werden, dass „das Christentum säkularisiert werden muß" (Harvey Cox: Stirb nicht im Warteraum der Zukunft [1969], Gütersloh 1971, 139).

14 Vgl. Karl Gabriel: Christentum zwischen Tradition und Postmoderne (QD 141), Freiburg/Basel/Wien 1992, bes. 157–163; Hans-Joachim Höhn: GegenMythen. Religionsproduktive Tendenzen der Gegenwart (QD 154), Freiburg/Basel/Wien 1994, bes. 12 ff.; Carlo Carazzo: Mystik und die Krise der religiösen Institutionen, in: Conc 30, 4/1994, 309–315; Bochinger, „New Age", bes. 522 ff.; Günter Henning: Mehr Opium, Herr! Rückwege zur Religion, Düsseldorf 1996; Arno Schilson: Die religiöse Dimension der Gegenwart. Ein Blick in neuere Bücher, in: HK 50, 1/1996, 28–34; Michael Nüchtern: Die (un)heimliche Sehnsucht nach Religiösem, Stuttgart 1998.

15 Hierzu habe ich mich ausführlich geäußert in folgenden drei Aufsätzen: Der ‚Spiritualitätsbegriff. Konsequenzen für eine enzyklopädische Theologie, in: W. Ritter/M. Rothgangel (Hgg.), Religionspädagogik und Theologie. Enzyklopädische Aspekte (FS W. Sturm), Stuttgart 1998, 184–205; Alle reden von „Spiritualität", in: Werner Thiede: Sektierertum – Unkraut unter dem Weizen? Gesammelte Aufsätze zur praktisch- und systematisch-theologischen Apologetik (Apologetische Themen Bd. 12), Neukirchen-Vluyn 1999, 168–196; Grundmerkmale christlicher Spiritualität. Ein theologischer Beitrag zur Begriffsbestimmung, in: Ökumenische Perspektiven. Evangelischer Bund/Landesverband Bayern 2000, 40–60.

16 Vgl. Franz-Xaver Kaufmann: Religion und Modernität. Sozialwissenschaftliche Perspektiven, Tübingen 1989, 285.

17 Die philosophische Behauptung der Sinn-Neutralität des Kosmos (Bernulf Kanitschneider: Auf der Suche nach Sinn, Frankfurt/M. 1995) gehört dem säkularisierten Denken an, dessen Autonomie jede Sinngebung überlassen bleiben soll. Die religiöse, oft sogar soteriologisch aufgeladene Korrelation von Kosmos und Sinn mittels des Begriffs der Weisheit (dazu Martin Hailer: Theologie als Weisheit. Sapientiale Konzeptionen in der Fundamentaltheologie des 20. Jahrhunderts [NTDH 17], Neukirchen-Vluyn 1997, 35 f.) bzw. des *logos* ist theologisch wie theosophisch seit jeher von hoher Relevanz.

wieder zunehmende Bedarf an „religiöser Kosmisierung von Welt" zeigt sich K. Gabriel zufolge als „Suche nach einer neuen Beheimatung der Welt in einem übergreifenden religiösen Makrokosmos."[18] In dieser Atmosphäre steht das – in sich uneinheitliche – Reden vom „kosmischen Christus" für einen wie auch immer gedachten Bezug des Heilsbringers der größten Weltreligion auf das „Umgreifende" im Sinne einer populären Remetaphysizierung[19]. Dem entspricht die Neigung, „Christus" und das „kosmische Bewußtsein" miteinander zu identifizieren[20].

Zweitens kommen die Naturwissenschaften – nachdem die Deutung Jesu als „kosmischer Christus eine der philosophischen Quellen des modernen wissenschaftlichen Denkens gewesen"[21], dieses dann aber zum Garanten für die Säkularisierung der Weltwirklichkeit geworden war – gerade in ihrem Fortschreiten verstärkt an jene Grenzen, die neu zum Transzendieren einladen[22]. Dass immanentistische Naturwissenschaft als solche nicht „alles" zu erklären vermag, ist der in unserer Gesellschaft immerhin deutlich vorherrschende Eindruck[23]. Und insofern die von ihr gespeisten Kos-

---

18 Gabriel, Christentum, 159.
19 Dieser entspricht eine zunehmende Kritikbereitschaft gegenüber moderner Metaphysik-Vergessenheit, verbunden mit der Erinnerung an die Unausrottbarkeit und Legitimität des „metaphysischen Bedürfnisses", in Philosophie und Theologie (vgl. z. B. Ulrich H. J. Körtner: Metaphysik und Moderne. Zur Ortsbestimmung christlicher Theologie zwischen Mythos und Metaphysik, in: NZSyThRph 41, 3/1999, 225–244, bes. 242 f.). Exemplarisch sei hier aus einem „Spiegel"-Interview mit Walter Schulz („Gelassenheit ist eine Pflicht": 26/1996, 178–181) zitiert: „Eine letzte Geborgenheit muß es geben, auch wenn man sie nicht wissend fixieren kann; das Nichts jedenfalls kann diese Geborgenheit nicht bieten" (181).
20 So bereits bei Richard Maurice Bucke: Kosmisches Bewußtsein. Zur Evolution des menschlichen Geistes (1900), Frankfurt/Leipzig 1993, 75. Einer Esoterikerin wird offenbart: „Das Hohe Selbst dehnt sich oft unendlich weit in das All hinein aus" und verbindet sich sterbend „mit den Strömen des kosmischen Christus" (Silvia Wallimann: Erwache in Gott, Freiburg i. Br. 1994⁴, 269).
21 Pelikan, a. a. O. 213 (Pelikan benutzt den Begriff des „kosmischen Christus" immer wieder für seine geschichtliche Darstellung und suggeriert damit fälschlich dessen hohes Alter).
22 Vgl. John D. Barrow: Impossibility. The Limits of Science and the Science of Limits, Oxford 1998; Alan Guth: Die Geburt des Kosmos aus dem Nichts. Die Theorie des inflationären Universums, München 1999. Den entsprechenden „Paradigmenwechsel in Theologie und Naturwissenschaft" thematisiert Hans Küng: Theologie im Aufbruch. Eine ökumenische Grundlegung, München/Zürich 1987, 153 ff. Eine Paradigmenerweiterung, die auch die Parawissenschaften (vgl. meinen Art. Parapsychologie, in: EKL³ Bd. 3, 1992, 1047 f.) einbezieht, fordert Günter Altner: Die Wahrheitsfrage als Herausforderung von Schul-, Para- und Pseudowissenschaften. Überlegungen zu einem einäugigen Methodenstreit, in: Universitas 46, 12/1991, 1183–1192. Zum Begriff des „Paradigmas" mehr in Kap. I.4.
23 Einer Forsa-Umfrage zufolge bekennen sich zu dieser Einsicht immerhin 86 % (nach K. Rüdiger Durth: Woran die Deutschen glauben: Götter, Geister, Ufos, in: idea Nr. 57 vom 19.5.1994, III). Auch aus theologischer Sicht „erweist sich das Vertrauen auf die vollständige wissenschaftliche Erfassbarkeit der Welt als zumin-

mologien in ihrer sinnarmen Kälte etwas „Bedrückendes"[24] an sich haben, erweisen sich alternative Modelle[25] und insbesondere spirituelle Kosmosophien als durchaus attraktiv.

Die seit P. S. Laplace anvisierte, den Kosmos erschließende „Weltformel"[26] bleibt notgedrungen unerforschlich: „Heute, an den seltsamen und beweglichen Grenzen, die die Quantentheorie gezogen hat, machen ausnahmslos alle Physiker die Erfahrung eines Agnostizismus neuer Art: Die Realität ist nicht erkennbar; sie ist verschleiert und wird es immer bleiben."[27] Umso mehr faszinieren der Gedanke eines noch das Chaos fundierenden „kosmischen Logos"[28] und das Postulat einer „holistischen Öffnung" der Wissenschaften[29]. Dabei gilt es freilich theologisch zu bedenken:

---

dest überzogen" (Wolfgang Schoberth: Systematisch-theologische Thesen zum Okkultismus und zum Dämonischen, in: W. H. Ritter/H. Streib [Hgg.], Okkulte Faszination. Symbole des Bösen und Perspektiven der Entzauberung, Neukirchen-Vluyn 1997, 39–48, Zit. 39).

24 Vgl. Carl Sagan: Unser Kosmos. Eine Reise durch das Weltall, Augsburg 1997, 271 f. Auch gerade angesichts der neuesten physikalischen String-Theorien bleibt es dabei: „Die Welt ist kalt und unpersönlich" – so der Titel über dem Interview mit dem Physik-Nobelpreisträger Steven Weinberg über den Traum von der Weltformel, in: Der Spiegel Nr. 30/1999, 191–194. Existentiell kommt diese Sinn-Kälte des Kosmos bes. in den Werken Hans Blumenbergs immer wieder zur Geltung.

25 Vgl. z. B. Fritjof Capra: Der kosmische Reigen. Physik und östliche Mystik – ein zeitgemäßes Weltbild, Weilheim/München 1975 (später unter dem Titel „Das Tao der Physik. Die Konvergenz von westlicher Wissenschaft und östlicher Philosophie", München 1988[10]).

26 Die naturwissenschaftliche Suche ist in vollem Gang (vgl. Paul Davies/John Gribbin: Auf dem Weg zur Weltformel, München 1993; „Der Spiegel" Nr. 30 vom 26.7.1999 formuliert unter Bezugnahme auf eine internationale Physiker-Tagung in Potsdam auf dem Titelblatt: „Gesucht: Die Weltformel. Die klügsten Köpfe der Gegenwart enträtseln, was das Universum im Innersten zusammenhält"). In ihr drückt sich freilich noch in unserer Epoche ein metaphysischer Anspruch aus (so Schoberth, Alles, 158) – bzw. eine „Fortsetzung der Metaphysik mit anderen Mitteln" (Hoimar von Ditfurth im Vorwort zu Paul Davies: Gott und die moderne Physik, München 1986, 7). Man spürt, dass „die jüngsten Entdeckungen der neuen Physik die Sphäre der metaphysischen Intuition berühren" (Jean Guitto/Grichka und Igor Bogdanov: Gott und die Wissenschaft. Auf dem Weg zum Meta-Realismus, München 1993, dtv 1996, 15).

27 Guitton/Bogdanov, a. a. O. 15. Wie weit die Suche nach der Weltformel von einer berechtigten Hoffnung auf Erfolg entfernt ist, verdeutlicht David Lindley: Das Ende der Physik. Vom Mythos der Großen Vereinheitlichten Theorie, Basel u. a. 1994; vgl. auch Ulrich Schnabel: Was das All zusammenhält, in: Die Zeit Nr. 12/1998, 39. Naturwissenschaftlicher Spekulation ist es heute unverwehrt, Kosmen mit beliebig vielen Raum- und Zeitdimensionen anzunehmen, weshalb es als aussichtslos erscheinen muss, eine alle kosmische Realität einfangende „Weltformel" zu finden. Vgl. ferner Martin Rees: Vor dem Anfang. Eine Geschichte des Universums, Frankfurt/M. 1998.

28 Vgl. Carl Friedrich von Weizsäcker: Zeit und Wissen, München/Wien 1992, 353.

29 Seit Grundlegung der Quantentheorie nähern sich die großen Physiker unseres Jahrhunderts auch wieder „letzten Fragen". Und im Kontext der neueren „New

„Die durch die Quantentheorie eröffnete Beschreibung der physikalischen Natur mag darum zwar ein Gefälle zur Religion haben, nicht aber unmittelbar zum christlichen Glauben."[30]

Gerade unter diesem Aspekt nun besitzt eine unter heutigen Reflexionsbedingungen zu formulierende „Logos"-Christologie ihren eigenen Reiz[31]. Dass von theologischer Seite „die Einbeziehung der Kosmologie in die Christologie als Problem gestellt" ist, hat bereits 1930 P. Tillich betont[32]; und zweifelsohne ist eine Überwindung der jahrzehntelangen gegenseitigen Ignoranz im Verhältnis zwischen Naturwissenschaft und Theologie[33] zu dessen Lösung unabdingbar. Auf den Gedanken, „Christus" und „Kosmos" zu korrelieren, ist man in der Moderne allerdings längst vor Tillich und teilweise abseits christlicher Theologie gekommen: Die naturwissenschaftliche Evolutionsforschung war es, die einerseits theologisch die Frage aufwarf, was denn die Inkarnation im Sinne der Menschwerdung des Logos bedeute, wenn der Mensch das Resultat eines langen, natürlichen Evolutionsprozesses darstellt, und die andererseits traditionelle spiritualistische Weltanschauungen wegen ihrer monisti-

---

Age"-Begeisterung steht die holistische Verbindung von „Natur"–Wissenschaft und „natürlicher Weisheit" geradezu im Mittelpunkt des Interesses (vgl. bes. K. Wilber [Hg.]: Das holographische Weltbild, Bern/München/Wien 1988²; ders., Naturwissenschaft und Religion. Die Versöhnung von Wissen und Weisheit, Frankfurt/M. 1998). Ausführliche Analysen dazu bietet Bochinger, „New Age", 414 ff. Hier seien aus der seit Bochingers Studie erschienenen Literatur exemplarisch nur zwei Titel hervorgehoben: John Davidson: Am Anfang ist der Geist. Die Geburt von Materie und Leben aus dem schöpferischen Geist, Bern/München/Wien 1994; Ken Wilber: Eine kurze Geschichte des Kosmos, Frankfurt/M. 1997. Vgl. ferner Leonardo Boff: Ökologie und Spiritualität: Kosmische Mystik, in: EvTh 53, 5/1993, 438–451, bes. 443 ff.

30 Wolfgang Schoberth: Die Ordnung der Welt und der Gott der Bibel. Jenseits objektiver Erkenntnis, in: Glaube und Denken. Jahrbuch der Karl-Heim-Gesellschaft 8, Frankfurt/M. u. a. 1995, 103–128, 116.

31 Das gilt auch insofern, als ja mit dem Thema des „Gottmenschen" Christus die Frage nach dem Menschen und seiner Stellung im Universum – etwa unter dem Aspekt des „anthropischen Prinzips" – implizit mit angesprochen ist. Namentlich die aus theosophischen Traditionen stammende These einer Mikrokosmos-Makrokosmos-Analogie gewinnt durch neueste Beobachtungen wieder verstärkt Aufmerksamkeit (vgl. Albrecht Ploum: Spiegelbilder des Universums, Aachen 1999).

32 Paul Tillich: Religiöse Verwirklichung, Berlin 1930, 119. Dass freilich „die jüdisch-christliche Tradition an einer Kosmologie im Sinne einer konsistenten Deutung der Wirklichkeit oder eines handhabbaren Weltbildes nicht interessiert ist", betont Schoberth, Ordnung, 114.

33 Dafür plädiert insbes. Hans Schwarz: Schöpfungsglaube im Horizont moderner Naturwissenschaft (Apologetische Themen 7), Neukirchen-Vluyn 1996 (vgl. auch die dort im Anhang von mir zusammengestellten Literaturhinweise). Dass allerdings der notwendige Dialog ein kritischer sein muss, ergibt sich aus den inzwischen immer deutlicher hervortretenden metaphysischen Implikationen neuzeitlicher und auch neuerer, quantenmechanischer Naturwissenschaft (vgl. Schoberth, Ordnung, 107 und 111).

schen Struktur³⁴ intellektuell zunehmend attraktiv erscheinen ließ, wodurch indirekt außerkirchlich verwurzelte „Christologien" aufgewertet wurden³⁵.

Drittens hat der technisch forcierte „Internationalisierungs- und Globalisierungsprozeß", in dem der „allseitige Austausch ... zur alltäglichen Realität" wird³⁶, in religiöser Hinsicht dazu geführt, dass spirituelle, auch affektive Ebenen integrierende Einheitssymbole in ihrer Evidenz und Aussagekraft gewachsen sind. So wird Christus als Bezwinger des „kosmischen Pluralismus"³⁷ oder aber als dessen Ermöglichungsgrund und Repräsentant interessant. Gerade als synkretistisches Symbol hilft der Begriff des „kosmischen Christus" dem (post–)modernen Individuum ein Stück Komplexitätsbewältigung leisten – etwa in dem von P. L. Berger formulierten Sinn: „Wenn Gott in Christus war, dann muß er überall sein, wo erlösende Kraft die Realität verändert. Dieser kosmische Christus, Retter dieser und aller möglichen Welten (die ‚unfassbaren' der indischen religiösen Fantasie eingeschlossen), ist überall und ewig."³⁸ Gleichzeitig vermittelt der Begriff das Gefühl eines „religiösen Kosmopolitismus"³⁹.

Viertens hat das seit über einem halben Jahrhundert explizit gewordene und intensivierte Programm der „Entmythologisierung" für die allgemeine Wahrnehmung weit über die Grenzen von Theologie und Kirche hinaus die Gestalt des Jesus von Nazareth – einmal undogmatisch ausgedrückt – ihres „göttlichen Nimbus" beraubt⁴⁰. Dadurch wurde der Mensch Jesus

---

34 Diese Strukturanalogie zum „materialistischen" Monismus erklärt die teils weniger, teils – besonders wieder im letzten Drittel des 20. Jahrhunderts – mehr sich durchhaltende Attraktivität spiritualistischer Denkformen auch noch im modernen Abendland (zu deren Entwicklung bis zur Neuzeit vgl. Wilhelm Schmidt-Biggemann: Philosophia perennis. Historische Umrisse abendländischer Spiritualität in Antike, Mittelalter und Früher Neuzeit, Frankfurt/M. 1998).
35 S.u. Kap. VI.1 + 2.
36 Friedrich Tenbruck: Die kulturellen Grundlagen der Gesellschaft – der Fall der Moderne, Opladen 1989, 274. Von „Mundialisierung" spricht Leonardo Boff: Eine neue Erde in einer neuen Zeit. Plädoyer für eine planetarische Kultur, Düsseldorf 1994, 39 ff.
37 Paul Tillich: Systematische Theologie, Bd. I, Stuttgart 1977⁵, 25 (= STh I).
38 Peter L. Berger: Sehnsucht nach Sinn. Glauben in einer Zeit der Leichtgläubigkeit, Frankfurt/M. 1994, 170. Dabei kommt der „Zug zur Mystikerökumene ... dem Individualismus neuzeitlicher Verhältnisse entscheidend entgegen" – so Peter Sloterdijk: Der mystische Imperativ. Bemerkungen zum Formwandel des Religiösen in der Neuzeit, in: ders. (Hg.), Mystische Zeugnisse aller Zeiten und Völker, gesammelt von M. Buber, München 1994², 9–43, Zit. 32.
39 Vgl. Georg Schmid: Im Dschungel der neuen Religiosität, Stuttgart 1992, 140.
40 Imgrunde währt dieser Prozess schon die gesamte Moderne hindurch (insbes. seit David Friedrich Strauß) und entspricht „der Voraussetzung der metaphysischen Grundstellung der Neuzeit" (Gerhard Noller: Metaphysik und theologische Realisation, Zürich 1990, 98). „Ein ‚historischer' (das heißt: in kritischer Exegese rekonstruierter!) Jesus, von allen Ketten und Gefängnismauern kirchlich-‚bevormundender' Dogmatik befreit, mag als großes Idealbild ewigkeitsträchtiger Gottesgewissheit im innersten Herzen sogar attraktiv sein können für heutige Leute,

zwar in gewisser Weise fassbarer, aber in zunehmendem Maße auch funktionalisierbarer für verschiedenste inner- wie außertheologische Welt- und Existenzverständnisse[41], teilweise verbunden mit ausufernden Spekulationen[42]. Dass die Schriftenfunde von Qumran und Nag Hammadi gerade im Kontext solcher Funktionalisierungen inspirativ wirkten, ist bekannt[43]. Dieser Relativierung der Jesus-Gestalt aber korreliert obendrein eine spirituelle Freisetzung des Christus-Begriffs, der losgelöst von der irdischen Figur des Nazareners universaler bzw. kosmischer Deutung offen steht.

Fünftens schließlich ruft die Kritik der seit der Aufklärungsepoche einsetzenden autonomen Weltbemächtigung mit ihren offenbar gewordenen ökologischen Folgen[44] geradezu nach einer spirituellen Interpretation der gefährdeten Welt, einer Resakrifizierung des Kosmos. Visionen vom „kosmischen Christus"[45] dienen diesem verbreiteten, namentlich in der anhaltenden Esoterik-Welle[46] sich artikulierenden Bedürfnis. Die fortschreitende „Entchristlichung und religiöse Desozialisation"[47] ändert daran insofern wenig, als der Christus-Begriff aus den zuletzt genannten Gründen auch im Kontext christentums- und kirchenkritischer[48] wie postreligiöser[49] Haltungen mitunter durchaus Anklang findet.

---

die religiöse Menschen sein oder werden möchten, ganz aus sich selbst heraus und in ihrem eigenen Herzen und Verstand" (Ulrich Wilckens: Hoffnung gegen den Tod. Die Wirklichkeit der Auferstehung Jesu, Neuhausen-Stuttgart 1996, 58).

41 Instruktiv hierzu Gotthard Fuchs: Der arme Jesus und der Reichtum der Wissenden. Negative Christologie und moderne Gnosis, in: Diakonia 22, 6/1991, 388–399.

42 Zur Kritik vgl. O. Bischofberger u. a. (Hg.), Jesus ausserhalb der Kirche. Das Jesusverständnis in neuen religiösen Bewegungen, CH-Freiburg/Zürich 1989; Joachim Finger: Jesus – Essener, Guru, Esoteriker? Mainz/Stuttgart 1993; Klaus Berger: Wer war Jesus wirklich? Stuttgart 1995; Roman Heiligenthal: Der verfälschte Jesus. Eine Kritik moderner Jesusbilder, Darmstadt 1997.

43 Ein ausgezeichnetes Resümee liefert Wolfgang Stegemann: Qumran, Jesus und das Urchristentum. Bestseller und Anti-Bestseller, in: ThLZ 119, 5/1994, 387–408.

44 Die breite Diskussion dieses Befunds ist hier weder zu schildern noch zu kommentieren; vgl. nur Höhn, GegenMythen, 19 ff. Ein Echo auf die Zerstörungswahrnehmung erklingt in mancherlei sehnsuchtsvoll-kosmischen Farben und Tönen in der modernen Kunst: Vgl. Oswald Hederer: Die Vision des Kosmos in der Kunst, in: A. Resch (Hg.), Kosmopathie. Der Mensch in den Wirkungsfeldern der Natur, Innsbruck 1981², 611–675.

45 Vgl. Matthew Fox: Vision vom kosmischen Christus. Aufbruch ins dritte Jahrtausend, Stuttgart 1991 (Originaltitel: „The Coming of the Cosmic Christ. The Healing of Mother Earth and the Birth of a Global Renaissance", San Francisco 1988), bes. 26 ff.; Moltmann, Weg, 301 f.

46 Vgl. Werner Thiede: Esoterik – die postreligiöse Dauerwelle (R.A.T. 6), Neukirchen-Vluyn 1995; Hans-Jürgen Ruppert: Esoterik heute. Altes Wissen auf neuen Wegen, in: MEZW 61, 9/1998, 257–273.

47 So der Titel des 1. Bayreuther Kolloquiums: W. F. Kasch (Hg.): Entchristlichung und religiöse Desozialisation, Paderborn/München/Wien/Zürich 1978.

48 Vgl. z. B. Eugen Drewermann: Der tödliche Fortschritt. Von der Zerstörung der Erde und des Menschen im Erbe des Christentums, Regensburg 1990⁶.

49 Während dieser Begriff wörtlich im Sinne von „irreligiös" verstanden werden kann

Konnte in den frühen sechziger Jahren noch gesagt werden, die „kosmische Christologie" schlummere bislang im Schoß der Kirche und müsse erst wieder ins Bewusstsein gerückt werden[50], so lässt sich heute konstatieren, dass sie nicht nur innerkirchlich und binnentheologisch „erwacht" (fast könnte man angesichts mancher populärtheologischen Titel auf dem Büchermarkt von einer spirituellen „Erweckung" sprechen), sondern längst außerhalb von Kirche und Theologie erblüht ist. Allerdings bedarf diese Aussage dahingehend der Präzisierung, ja Korrektur, dass die Rede vom „kosmischen Christus" ihre Plausibilität sogar schon jahrelang vor ihrem Aufkommen in Theologie und Kirche, wo sie in der Tat zunächst noch „schlummerte"[51], gewonnen hatte: Zu ihrer expliziten Formulierung war es, wie bereits angedeutet, erstmals im Kontext der „Theosophischen Gesellschaft" um die Jahrhundertwende gekommen. Von da aus hat sie sich zu einem signifikanten Begriff moderner Spiritualität – über die religiösen und konfessionellen Grenzen hinweg – entwickelt.

Diesem Umstand gilt es im *Aufbau* der in drei Hauptteilen und sieben Kapiteln voranschreitenden Untersuchung zu entsprechen. Sinnvoll, ja notwendig ist zunächst ein hinführender Eingangsteil, der sich dem gigantischen, blendenden und schillernden Begriff des „kosmischen Christus" behutsam in zwei Kapiteln hermeneutisch durchdachter Teilschritte nähert. Setzt doch analytische Wahrnehmung im geisteswissenschaftlichen Kontext nicht weniger als im naturwissenschaftlichen selbstkritische Reflexion ihres Tuns und ihrer Implikationen voraus! Diese wird versucht in konstruktiv-kritischer Auseinandersetzung mit Tillich, jenem „Schelling der Theologie"[52], der mit seinem Denken indirekt den ersten theologischen Buchtitel „The Cosmic Christ" von A. D. Galloway (1951) vorbereitet hat. Allerdings erweist sich nicht sein metaphysisch aufgeladener Symbolbegriff, sondern der Begriff der Metapher als der Rede vom „kosmischen Christus" angemessen. Im übrigen sind es Tillichs ursprünglich kulturphilosophisch geprägte Begriffe der Autonomie, Heteronomie und Theonomie, die in theologischer Transformation zu Erschließungsbegriffen für Grundarten der Subjektivitätskonstitution im Zusammendenken

---

(so Hans Weder: Geistreiches Seufzen. Zum Verhältnis von Mensch und Schöpfung in Römer 8, in: F. Stolz [Hg.], Religiöse Wahrnehmung der Welt, Zürich 1988, 57–72, bes. 72), habe ich ihn analog zum Begriff „postmodern" als eine Weise des Religiösseins definiert (Esoterik, 9 ff.) und meine ihn hier nun auch so, ohne angesichts seiner Missverständlichkeit auf ihm beharren zu wollen.

50 Vgl. Horst Bürkle: Die Frage nach dem „kosmischen Christus" als Beispiel einer ökumenisch orientierten Theologie, in: KuD 11, 2/1965, 103–115, bes. 107.

51 Von daher gilt denn auch: „Die neue religiöse Unübersichtlichkeit, das Amalgam aus Esoterik und Mythologie entstand nur zu einem geringen Teil als erklärte Absetzbewegung vom Christentum, sondern führt überwiegend an diesem vorbei" (Höhn, GegenMythen, 15).

52 So Wolfgang Dietrich: Sphäre des Prophetischen, in: LM 35, 11/1996, 28–30, 28.

von Gott, Welt und Selbst werden können. Das auf diese Weise zu entwickelnde Analyseinstrumentarium befähigt nicht nur zur Be- und Durchleuchtung der unterschiedlichen theosophischen und theologischen Weisen des Redens vom „kosmischen Christus", sondern schlussendlich auch zu einer Kriterienfindung für eine dogmatisch konsistente „kosmische Christologie".

Von dieser Grundlegung ausgehend, widmet sich der zweite Hauptteil in drei Kapiteln der Untersuchung der bislang völlig ungeklärten Genese der Rede vom „kosmischen Christus" im Horizont moderner Esoterik. Einzusetzen ist mit dem III. Kapitel bei der geistigen Mutter der „Theosophischen Gesellschaft", H. P. Blavatsky, die den kompakten Begriff durch ihr Denken vorbereitet, und bei ihrer Nachfolgerin A. Besant, die ihn konsequent kreiert und definiert hat[53]. Spannend wird dann im IV. Kapitel zu verfolgen sein, wie R. Steiner zwar im Rahmen der Theosophischen Gesellschaft eine kosmische Christologie eigener Prägung entwickelt, aber den von Besant geprägten Begriff offensichtlich bewusst vermeidet, um ihn schließlich im Kontext des offen ausbrechenden Kampfes mit ihr doch in kritischer Umdeutung aufzugreifen. Auf der Basis der Klärung dieser in der bisherigen Forschung nicht, zumindest nicht in zutreffender Weise wahrgenommenen Sachverhalte ist dann im V. Kapitel die ausufernde Verwendung der Metapher in den esoterischen Bewegungen nach Blavatsky, Besant und Steiner bis zur Gegenwart in den Blick zu nehmen. Hier kommt zunächst die von anthroposophischem Geist geprägte „Christengemeinschaft" in Betracht, deren erster Leiter F. Rittelmeyer die Basis für eine Verbreiterung der Rede vom „kosmischen Christus" schafft, so dass sie sich zu einem schlichtweg positiven, nunmehr häufiger benutzbaren Begriff entwickelt. Vor allem aber muss hier jene teils unorganisierte, frei flagierende Art von „Theosophie"[54] thematisch werden, die von der christlichen Theologie bisher ganz überwiegend nur historisch-distanziert oder apologetisch-verunglimpfend „gewürdigt" worden ist (damit hat die systematische Theologie für bestimmte, in der heutigen religiösen Landschaft prä-

---

53 Unpräzise und insofern irreführend sind die Angaben der Dissertation von Lyons (Cosmic Christ, 1, 29 und 44 ff.), die den Begriffsursprung innerhalb der modernen Theosophie andeutend bei Edouard Schuré (1912) veranschlagen und die früheste Erwähnung überhaupt bei einem Theologen (Stevens, 1905) ansetzen – statt bei der Theosophin Besant (1901)!

54 Nachdem sich „auch im Christentum Traditionen (Böhme, Pietismus etc.) nachweisen lassen, die auf eine theosophische Gesamtschau von Natur und Mensch, Welt und Gott hindeuten", würde ein Dialog mit der modernen Theosophie „eine kritische Auseinandersetzung mit dem jetzigen theosophischen Denken fördern ... Will die Kirche am Gespräch der Gegenwart teilnehmen, wird sie nicht umhin können, hier eine begründete eigene Position zu erarbeiten" (Stephan Wehowsky: Art. Theosophie, in: TRT[4], Bd. 5, Göttingen 1983, 200–202, hier 202). Dazu will die vorliegende Untersuchung beitragen.

sente Gestalten von Religion und Spiritualität nur eingeschränkte Wahrnehmungsfähigkeit bewiesen, statt die quantitativ und qualitativ erforderliche „Aufmerksamkeit auf das tatsächliche religiös-weltanschauliche Verhalten der kirchlichen Umwelt"[55] zu zeigen). Die im II. Kapitel erarbeiteten Typologien und Instrumentarien werden im Blick auf alle Esoterik-Varianten theologisch relevante Strukturanalysen erlauben und einen dialogisch-kritischen Umgang mit den betreffenden Stoffen ermöglichen.

Der dritte Hauptteil fragt schließlich in zwei Kapiteln nach Ort und Funktion der Rede vom „kosmischen Christus" im Kontext moderner Theologie[56]. Das VI. Kapitel hat den Entwicklungsgang im 20. Jahrhundert unter dem Leitaspekt religionstheologischer Relevanz zu sichten. Hier ist zunächst die frühe theologische Rede vom „kosmischen Christus" bei Teilhard de Chardin in den Blick zu nehmen, die ungeachtet ihres dynamischen Universalismus von einem exklusivistischen Standpunkt aus vertreten wird. Einen weiteren Schwerpunkt bilden inklusivistische Inanspruchnahmen des Begriffs „kosmischer Christus", wie sie bereits im ersten Jahrzehnt des 20. Jahrhunderts auftauchen und dann vor allem im siebten Jahrzehnt, nämlich im Horizont der dritten Vollversammlung des Ökumenischen Rates der Kirchen in Neu-Delhi (1961) eine Rolle spielen. Von da aus gilt es, diesen Begriff in der pluralistischen Religionstheologie aufzusuchen und auf seine Funktion und Relevanz hin abzuklopfen. Durchgehend legen sich dabei Reminiszenzen an die bereits analysierten theosophisch-esoterischen Vorstellungen vom „kosmischen Christus" und der mit ihnen einhergehenden Annahme einer verborgenen, deshalb in der Zukunft möglichen „Einheit der Religionen" nahe. Ein systematisch-theologisches Resümee wird die Ergebnisse zu sichten haben.

Damit ist dann der Weg gebahnt, um im VII. Kapitel den einzigen dogmatischen Entwurf kritisch zu würdigen, der sich bislang im deutschen Sprachraum[57] dieses Begriffs näher angenommen hat: In der Befassung mit seiner trinitäts- und schöpfungstheologischen Verortung und Interpretation durch J. Moltmann werden systematisch-theologische Überlegungen zu einem theologisch verantwortbaren Umgang mit der über die

---

55 Walter Sparn: Die Zukunft der Kirche, in: Arbeitshilfe für den evangelischen Religionsunterricht an Gymnasien, Folge I/1996, hg. von der Gymnasialpädagogischen Materialstelle der Evang.-Luth. Kirche in Bayern, Erlangen 1996, 39–42.
56 Wegen der Orientierung der Untersuchung am Begriff des „kosmischen Christus" selbst – im übrigen auch aus Raumgründen – muss eine Auseinandersetzung mit Entwürfen feministischer Christologie entfallen, so sehr deren Fundierung durch den Weisheitsbegriff eine Befassung mit ihr nahelegen könnte (vgl. zuletzt Elisabeth Schüssler Fiorenza: Jesus – Miriams Kind, Sophias Prophet. Kritische Anfragen feministischer Christologie, Gütersloh 1997; zu dieser Position: Hailer, Theologie als Weisheit, bes. 107 ff.).
57 Auf die einschlägige Arbeit des katholischen Systematikers L. Boff werde ich in Kap. VI.3 eingehen.

Grenzen des Christentums hinaus so attraktiv gewordenen Metapher zum Zuge kommen. Dabei wird auch im Blick auf Moltmann, dessen Theologie wie kaum sonst eine die Mode-Themen moderner Spiritualität aufzugreifen weiß, noch einmal die Frage nach unterschwelligen Strukturanalogien zu theosophisch geprägtem Denken eine Rolle spielen[58] (wie sie ja schon in der Sache selbst nicht ganz fernliegen[59]). Ein Schluss-Abschnitt soll den Hauptertrag des Forschungsgangs sichern; er wird dafür plädieren, den gloriosen Begriff des „kosmischen Christus" in den Kontext „einfacher Christus-Rede" zu stellen.

Dass allenthalben dogmatisch relevante Fragestellungen aufgeworfen werden, versteht sich von selbst: Die ebenso eingängige wie problemhaltige Metapher „kosmischer Christus" tangiert protologische, trinitätstheologische, christologische, pneumatologische, anthropologische, soteriologische und eschatologische Themenfelder! Der „Schöpfungsmittler"[60] ist hier ebenso von Relevanz wie der Versöhnung und Erlösung. Indes – die Thematik des kosmischen Christus darf nicht als ein quasi überall und nirgends in der christlichen Dogmatik festzumachender Topos missverstanden werden, dessen „übergeschichtliches" Kolorit allenfalls abstrakt-metaphysisches Interesse rechtfertigt. Vielmehr deutet der „Sitz im Leben", den es im Durchgang durchs 20. Jahrhundert an ganz unterschiedlichen Orten aufzuspüren gilt, immer wieder darauf hin, dass die Metapher Zukunftsträchtigkeit signalisiert, ihre Benutzer auf diese oder jene Weise bewusst nach vorne ausgerichtet sein lässt. Es zeigt sich von Mal zu Mal, dass

---

58 Der Vergleich hat keineswegs nur in apologetisch-abwehrender Absicht zu erfolgen, sondern sehr wohl auch mit Blick auf eigene Desiderate in der Theologie. So verfügt schon während der gesamten Jahrzehnte, seit denen der „kosmische Christus" theologisch explizit thematisiert wird, „die evangelische Theologie über keinen Mystikbegriff mehr, der ihr erlaubte, die einschlägigen religionsphänomenologischen Daten zu interpretieren. Umso unfähiger ist sie jetzt, die ... esoterischen Ansprüche auf mystische Authentizität und Identität kritisch zu würdigen" (Walter Sparn: Sancta Simplicitas. Über die Sorge um christliche Identität in Zeiten der Ironie, in: J. Roloff/H. G. Ulrich [Hgg.], Einfach von Gott reden. Ein theologischer Diskurs. Festschrift für Friedrich Mildenberger zum 65. Geburtstag, Stuttgart/Berlin/Köln 1994, 98–110, Zitat 104).

59 Bekannt und hier – wie oben schon gesagt – nicht eigens zu entfalten ist, „daß die Bildung des Trinitätsdogmas schlechterdings auch ein Stück spätantiker Philosophiegeschichte, ein Ausläufer der stoisch-neuplatonischen Logospekulation gewesen ist", wobei „Mysterienreligion" und „ein überwiegend kosmisch interessiertes Erkennenwollen der Offenbarung" eine Rolle gespielt haben (Karl Barth: Die kirchliche Dogmatik. Bd. I/1: Die Lehre vom Wort Gottes, Zollikon/Zürich 1932, 396 f.).

60 Die beinahe gängig gewordenen dogmatischen Ablehnungen einer „Schöpfungsmittlerschaft Christi" (z. B. durch Hans Grass: Christliche Glaubenslehre Bd. 1, Stuttgart u. a. 1973, 129; Hans-Georg Fritzsche: Lehrbuch der Dogmatik. Teil III: Christologie, Göttingen 1976, 253) werden von Schoberth (Alles, 145 ff.) mit guten Gründen in Frage gestellt.

die in ihm anvisierte Protologie im Dienst visionärer Eschatologie oder zumindest „apokalyptischer" Erwartung einer bevorstehenden Zeitenwende steht. Erwächst Gegenwartsidentität jeweils im Schnittpunkt von Vergangenheit und Zukunft, so lebt religiöse Identität entscheidend von dem, was ihre Heilshoffnung ausmacht. Dass der wie im einzelnen auch immer geglaubte Christus zugleich der erhoffte, und zwar der fürs Ganze der Identität, also auch fürs Heilwerden der Welt erhoffte ist, das macht ihn zum „kosmischen" Christus. Und indem es jedenfalls entscheidend und letztendlich um dessen Offenbarwerden gehen muss, hat die Rede von ihm allemal seine Zukunft im Blick[61]. Auf diesem Sachverhalt basiert die abschließend zu stellende Frage nach der möglichen Zukunft des Begriffs selbst. Insgesamt wird zu verdeutlichen sein, dass sein imposanter Gehalt nicht zu einer *christologia gloriae* verführen darf, die ja wiederum auf eine *anthropologia gloriae* zielen würde, sondern wenn, dann gerade kreuzestheologisch zu verantworten ist. Sich dem damit umrissenen Problemfeld zu stellen, gehört zu den herausfordernsten Aufgaben gegenwärtiger systematischer Theologie.

---

61 Im Grunde handelt es sich beim Thema des „kosmischen Christus" wie schon bei meiner Dissertation über die „Auferstehung der Toten" (Göttingen 1991), wenngleich auf ganz andere, nicht so offensichtliche Weise, um ein im tiefsten Sinn eschatologisches. Und „der Eschatologe muß fast alle seine theologischen Geheimnisse verraten ..." (Paul Althaus: Die letzten Dinge, Gütersloh 1933[4], VIII). Positionelle Theologie soll daher in den folgenden sieben Kapiteln nicht vermieden, wohl aber so nachvollziehbar wie möglich getrieben werden.

ERSTER HAUPTTEIL

*Hermeneutik des „kosmischen Christus" – Hinführungen unter besonderer Berücksichtigung Paul Tillichs*

## I. Zur metaphorischen Dimension der Rede vom „kosmischen Christus"

„Neulich habe ich vom ‚kosmischen Christus' reden hören; hätten Sie vielleicht ein Buch darüber?" Mit dieser Frage könnte man einen Buchhändler oder Bibliothekar heutzutage kaum in Verlegenheit bringen. Denn selten hat ein religiöser Topos so oft binnen kurzer Zeit Buchtitel geprägt, wie das in den letzten zwölf Jahren des zweiten Jahrtausends beim Stichwort „kosmischer Christus" der Fall gewesen ist. Allerdings erweisen sich bei näherem Zusehen die Intentionen der Autoren als so unterschiedlich wie ihre Konfessionen; hier eine inhaltliche Empfehlung auszusprechen, dürfte kaum möglich sein ohne ein gewisses Expertentum – bzw. ohne eine bestimmte Position.

Jedenfalls können sich die Autoren und Verlage der Faszinationskraft der gehaltvollen Wortverbindung offenbar sicher sein – unabhängig davon, ob nun der Begriff des „kosmischen Christus" selber die Titelformulierung ausmacht[1], sich passend mit dem der „Vision" verbindet[2] oder den Buch-

---

1 Günter Schiwy: Der kosmische Christus. Spuren Gottes ins neue Zeitalter, München 1990; Hans-Werner Schroeder: Der kosmische Christus. Ein Beitrag zur Christuserkenntnis und Christuserfahrung, Stuttgart 1995.
2 Fox, Vision vom kosmischen Christus, 1991. Vgl. auch bereits Leonardo Boff: O Evangelho do Cristo Cósmico, Petrópolis 1971.

inhalt im Untertitel kennzeichnet[3]. Entsprechendes gilt, wenn er in Überschriften theologischer Literatur[4] oder in deren normalem Textfluss[5] begegnet. Die Attraktivität der Rede vom „kosmischen Christus" liegt auf der Hand; fast möchte man an eine Modeerscheinung denken.

Indes – was da erscheint, ist im Verständnis mancher Autoren mitnichten bloß eine Mode, vielmehr der „kosmische Christus" selbst. So sieht M. Fox in Komplementarität zur „Auferstehung der menschlichen Seele durch eine erwachende Mystik" mit dem „Erscheinen des Kosmischen Christus" eine „globale Erneuerung" eingeleitet, die „Mutter Erde durch eine Wandlung der menschlichen Herzen und Handlungen heilen und retten kann."[6] In der „Suche nach dem Kosmischen Christus" erblickt er einen „Paradigmenwechsel im Westen", ja den Anbruch eines neuen spirituellen Zeitalters[7]. Tatsächlich geht die Konjunktur der Rede vom „kosmischen Christus" nicht zufällig einher mit einer im Abendland so noch nie dagewesenen Blüte der Esoterik[8] im allgemeinen und der Thematisierung eines „New

---

3 Andreas Rössler: Steht Gottes Himmel allen offen? Zum Symbol des kosmischen Christus, Stuttgart 1990.
4 Bei Pelikan (Jesus, 72) steht „Der kosmische Christus" als Überschrift eines einschlägigen dogmengeschichtlichen Kapitels. Neuere Beispiele: Jürgen Moltmann: Wer ist Christus für uns heute? Gütersloh 1994, 78; ders., Weg, 297 (Moltmann beansprucht hier, eine „differenzierte" kosmische Christologie zu entwerfen; dazu unten Kap. VII.1); Zink, Jörg: Dornen können Rosen tragen. Mystik – die Zukunft des Christentums, Stuttgart 1997, 294; Bannach, Klaus: Anthroposophie und Christentum. Eine systematische Darstellung ihrer Beziehung im Blick auf neuzeitliche Naturerfahrung (FSÖTh 82), Göttingen 1998, 359 (Rezension des Vf. zu diesem Buch in: DtPfrBl 98, 11/1998, 696 f.).
5 Vgl. z. B. Dietrich Ritschl: Zur Logik der Theologie. Kurze Darstellung der Zusammenhänge theologischer Grundgedanken, München 1988², 266: Im Kontext der Frage nach der Einheit von Kirche und Menschheit „liegt es nahe, einen die Welt umspannenden oder kosmischen Christus zu denken und Jesus – wie in alexandrinischer Christologie – als Repräsentanten der ganzen Menschheit zu verstehen." Schon fast zwei Jahrzehnte früher hieß es in einer systematisch-theologischen Habilitationsschrift: „Die Rede vom ‚kosmischen' Christus oder von seinem ‚kosmischen' Werk ist durchaus im Schwange, ohne daß dabei das Verständnis von kosmisch immer klar wird" (Hermann Dembowski: Grundfragen der Christologie. Erörtert am Problem der Herrschaft Jesu Christi [Beiträge zur evangelischen Theologie 51], München 1971, 86).
6 Fox, Vision, 13.
7 Vgl. Fox, a. a. O. 115, 122 und 126. Dass schon über ein halbes Jahrhundert zuvor im Kontext moderner Theosophie bzw. Anthroposophie unter demselben Leitbegriff dieselbe Ankündigung ausgesprochen worden ist (s. u.), scheint Fox nicht bewusst zu sein.
8 Dazu Jörg Wichmann: Die Renaissance der Esoterik. Eine kritische Orientierung, Stuttgart 1990; Joseph Schumacher: Esoterik – die Religion des Übersinnlichen, Paderborn 1994; Thiede, Esoterik, 1995. Die „theologischen Normen der Einschätzung und Beurteilung müssen hier erst konkretisiert werden", betont Walter Sparn: Esoterik? Ein theologischer Orientierungsversuch, in: Arbeitshilfe für den evangelischen Religionsunterricht an Gymnasien, Folge I/1998, 17–26, hier 17.

Age"⁹ im besonderen. Diese allenthalben sich ausbreitende Spiritualität – das ist hinlänglich bekannt – lenkt die Wasser der Religion allerdings kaum auf kirchliche Mühlen, wie das nachgerade den „kosmischen Christus" propagierende Autoren ausdrücklich feststellen[10].

## 1. Die Rede vom „kosmischen Christus" als Metapher

Im Trend liegen mittlerweile Angebote nichttheistischer Spiritualität – ein Sachverhalt, den H. Zahrnt mit dem Begriff der „Gotteswende"[11] charakterisiert hat. Da sich diese religiöse Wende zugleich als Transformation ins Nachchristliche kennzeichnen lässt, mag es auf den ersten Blick paradox erscheinen, dass in eben diesem Horizont die Rede vom „kosmischen *Christus*" gedeiht. Doch bei näherer Betrachtung zeigt sich, dass die Verwendung des zunächst durchaus christlich klingenden Terminus mittels des ausweitenden Adjektivs[12] die Grenzen des Christentums sprengt. So begegnet er etwa mit gleicher Häufigkeit innerhalb von Theologie und Kirche wie außerhalb.

Was sich heutzutage in religionsphilosophischem Kontext[13] und vor allem in diversem spiritualistischem Sprachgebrauch christlicher und nachchristlicher Esoterik[14] beobachten lässt, hat seinen Anfang am Ausgang des

---

9 Dass sich diese Thematisierung großenteils als verlagsgesteuert erweist, zeigt Bochinger, New Age (1995²). Freilich orientieren sich Verlage, wenn sie ganze mit „New Age" betitelte Buchreihen kreieren, am Trend der Zeit! Zum „kosmischen Christus" im Kontext von neuerer Esoterik und „New Age" s. u. (V. Kapitel)!
10 So beklagt Fox: „Mutter Kirche stirbt" (Vision, 46 ff.), und für Zink „ist offenkundig: Dieses religiöse Interesse geht an den Kirchen vorbei" (Dornen, 19); „Kirchen ohne Spiritualität" rügt Günther Schiwy: Der Geist des Neuen Zeitalters. New-Age-Spiritualität und Christentum, München 1987, 24 ff.
11 Heinz Zahrnt: Gotteswende. Christsein zwischen Atheismus und neuer Religiosität, München/Zürich 1989.
12 Zur modernen Begriffsgeschichte des Adjektivs „kosmisch" vgl. ausführlich Lyons, Cosmic Christ, 7 ff.
13 Vgl. etwa Raimon Panikkar: Der Weisheit eine Wohnung bereiten, München 1991, 186 (der Religionsphilosoph macht seine betreffende Äußerung im Kontext pluralitätstheologischer Diskussion, auf die im VI. Kapitel einzugehen sein wird; freilich steht er damit keineswegs nur außerhalb von Theologie und Kirche).
14 Ein esoterisch geprägter Religionswissenschaftler sieht den „kosmischen Christus" regelrecht als Symbol der von der „christlichen Hauptströmung" abweichenden spiritualistischen Überlieferung: Jörg Wichmann: Rückkehr von den fremden Göttern. Wiederbegegnung mit meinen ungeliebten christlichen Wurzeln, Stuttgart 1992, 104. Dass „der Christus-Geist ein unendlicher, kosmischer Geist" sei, betont heute z. B. White Eagle: Das White Eagle Jesus-Buch, Grafing 1993², 119. Auch unter den durch Massensuizid bekannt gewordenen „Sonnentemplern" konnte vom „kosmischen Christus" gesprochen werden (vgl. Gaetan Delaforge: The Templar Tradition in the Age of Aquarius, Vermont 1987, 21 ff.; mehr dazu unten in Kapitel V.3).

19. Jahrhunderts genommen. Damals taucht der Begriff als solcher – und vorrangig an ihm selbst, nicht an der uralten und auch neuzeitlich wieder gern diskutierten[15] Sache kosmischer Christologie überhaupt orientiert sich unsere Untersuchung – erstmals auf: Er begegnet 1898 in einem in London gehaltenen und gedruckten Vortrag über „Esoterisches Christentum", dessen zum Hinduismus konvertierte Verfasserin A. Besant als geistige Führerin der Theosophischen Gesellschaft vor allem von indisch und hermetisch[16] geprägter Tradition aus argumentiert. 1930 wird er von der Theosophin Violet Tweedale erstmalig sogar als Buchtitel[17] präsentiert. Vorausgegangen sind dieser Entwicklung einschlägige Überlegungen und Deutungen zum Begriff des „Christos" durch H. P. Blavatsky[18], die 1875 zusammen mit H. S. Olcott die „Theosophical Society" gegründet und 1880 formell die Konversion zum Buddhismus vollzogen hatte[19].

Der im Kontext moderner Theosophie geborene Begriff des „kosmischen Christus" ist demnach wohl religiöser, aber nicht unbedingt christlicher Natur. Bevor seine Entstehung und Geschichte außerhalb und innerhalb des Christentums später genauer analysiert wird, legt es sich daher zunächst nahe, ihn in seiner Eigenschaft als religiöse Metapher in den Blick zu nehmen. Dass es sich bei ihm um eine *Metapher* handele, unterstellt K. Bannach[20]. Nun kann man, wenn man nur möchte, solche Metaphern-

---

15 Vgl. dazu vor allem Lyons, Cosmic Christ, 13 ff.
16 Hermetik meint die Lehre vom Verschlossenen, Unbegreiflichen, Unzugänglichen und kann gleichbedeutend sein mit „Esoterik" (vgl. Ben-Alexander Bohnke: Esoterik. Die Welt des Geheimen, Bindlach 1996, 86), insbes. mit abendländischer. Für die Griechen war Hermes der Gott der Ekstase und des Verborgenen, der in den Dingen steckt und nur demjenigen angehört, der ihn „heraus kann reißen" (vgl. Heinrich Rombach: Der kommende Gott. Hermetik – eine neue Weltsicht, Freiburg 1991, 9). Esoterisch gilt Hermetik als „eine auf die Gestalt des Hermes Trismegistos zurückgeführte Geheimlehre, zwischen 100 vor und 200 nach der Zeitenwende entstanden" (Ekkehard Hieronimus: Art. Hermetik, in: H. Cancik u. a. [Hgg.]: Handbuch religionswissenschaftlicher Grundbegriffe, Bd. 3, Stuttgart 1990, 106–109, hier 106).
17 Vgl. Violet Tweedale: The Cosmic Christ, London 1930 (dazu mehr in Kapitel V.2). – Die Rede von „*moderner*" Theosophie bezieht sich auf die von der „Theosophical Society" ausgehende, für sich selbst den Begriff „Theosophie" beanspruchende Bewegung, ja Strömung (vgl. August Ludwig: Moderne Theosophie, München 1921), die bis in die Esoterik unserer Tage hinein ihre Wirkungen zeitigt, während die in der Neuzeit noch teilweise mächtige Theosophie christlicher Prägung seit den Erfolgen der „modernen" Theosophie kaum mehr von sich reden gemacht hat.
18 Sie nannte ihr Denken „pantheistisch" (Helena Petrovna Blavatsky: Der Schlüssel zur Theosophie. Eine Darstellung der ethischen, wissenschaftlichen und philosophischen Lehren der Theosophie, für deren Studium die Theosophische Gesellschaft gegründet wurde [1889], Satteldorf 1995³, 94 f.).
19 Vgl. Sylvia Cranston: H. P. B. Leben und Werk der Helena Blavatsky, Begründerin der Modernen Theosophie, Satteldorf 1995, 256. Ferner s. u. Kap. III.1.
20 Anthroposophie, 362.

diagnosen allemal bestreiten²¹. Ungeachtet dessen gilt es, Bannachs Annahme hinsichtlich ihrer Plausibilität zu prüfen. E. R. MacCormac erklärt: „Religiöse Metaphern sind eine Unterkategorie einer allgemeinen Metapherntheorie, die Bedeutung schafft durch die syntaktische und semantische Verbindung ungewöhnlicher Referenten, die sich mit Hilfe semantischer Spannung und unscharfer Wahrheitswerte verstehen lässt."²² Bringen religiöse Metaphern im jeweils thematisierten Zusammenhang von Gott, Welt und Mensch einen neuen Sinn zum Aufleuchten, der ohne ihre besondere heuristische Leistung schwerlich aussagbar wäre, so rücken sie damit in den Rang eigentlicher Rede ein²³.

Diese Voraussetzung erfüllt die Rede vom „kosmischen Christus" (die mithin nicht im veralteten, durch die neuere Diskussion längst überholten „uneigentlichen" Sinn von „Metapher" verstanden werden darf)! Ihre Prägung um die Jahrhundertwende²⁴ bringt offenkundig etwas zum Ausdruck, was um diese Zeit tatsächlich neu und originär zu sagen war. Angesichts der vorangeschrittenen Entzauberung der Wirklichkeit durch die Naturwissenschaften, angesichts der Säkularisierung, die den Gottesgedanken zunehmend fragwürdiger²⁵ und die Welt dunkler, kälter hat werden lassen²⁶, bekundet sie deren abgrundtiefe Sinnhaftigkeit korrelativ zu

---

21 „Jedes Kriterium für das Vorhandensein einer Metapher, wie einleuchtend es auch immer sein mag, erweist sich am Ende als unter bestimmten Umständen anfechtbar" (Jean-Pierre van Noppen: Einleitung: Metapher und Religion, in: ders. [Hg.], Erinnern, um Neues zu sagen. Die Bedeutung der Metapher für die religiöse Sprache, Frankfurt/M. 1988, 7–51, hier 25). Im übrigen lässt sich die Angemessenheit bzw. Gelungenheit einer Metapher nur anhand ihrer Rezeption überprüfen (vgl. 34).
22 Earl R. MacCormac: Die semantische und syntaktische Bedeutung von religiösen Metaphern, in: J.-P. van Noppen (Hg.), Erinnern, um Neues zu sagen. Die Bedeutung der Metapher für die religiöse Sprache, Frankfurt/M. 1988, 84–107, hier 106.
23 Vgl. Eberhard Jüngel: Metaphorische Wahrheit. Erwägungen zur theologischen Relevanz der Metapher als Beitrag zur Hermeneutik einer narrativen Theologie (1974), in: ders., Entsprechungen: Gott – Wahrheit – Mensch, München 1980, 103–157, bes. 146 f. und 153 (Jüngel wendet sich insgesamt gegen rationalistische und positivistische Kritik des Metapherngebrauchs); Paul Ricoeur: Die lebendige Metapher, München 1986, 252 ff.; Peter Biehl: Symbole geben zu lernen. Einführung in die Symboldidaktik anhand der Symbole Hand, Haus und Weg, Neukirchen-Vluyn 1989, 66–71; Friedrich Mildenberger: Biblische Dogmatik. Eine Biblische Theologie in dogmatischer Perspektive. Bd. 1: Prolegomena: Verstehen und Geltung der Bibel, Stuttgart/Berlin/Köln 1991, 200 f.; Elisabeth Schwarz: Art. Metapher, in: EKL³ Bd. 3, Göttingen 1992, 384 f.
24 Theologisch erfolgte die Formulierung „Cosmic Christ" erstmals 1905, also einige Jahre nach der ursprünglichen theosophischen (s. u. Kap. VI.1).
25 Bei der Aussage in Jean Pauls Roman „Der Siebenkäs" (1797), dass kein Gott sei, handelt es sich noch lediglich um das Element einer Horrorvision im Traum des Erzählers. Der hier das Weltall vergeblich nach Gott durchforschende und den Toten trostlos davon berichtende Christus erweist sich als ein geradezu schockierendes Gegenbild des „kosmischen Christus", von dem ein Jahrhundert später (1898) erstmals explizit die Rede sein sollte …
26 „Kommt nicht immerfort die Nacht und mehr Nacht?" lautete die durch die Me-

jenem Menschen, der Zentralfigur der größten Weltreligion ist. Erproben „Metaphern, was die Welt – im Innersten – zusammenhält"[27], so ist die Rede vom „kosmischen Christus" eine mustergültige Metapher! Sie erfüllt sogar weithin die Bedingungen für das, was seit S. Pepper[28] „Wurzelmetapher" genannt wird, nämlich das Ausdrücken von hypothetischen Grundannahmen über Welt und Mensch, von religiösen Sichtweisen oder „konzeptuellen Einsichten"[29]. Sind doch Metaphern – wie sich im Anschluss an H. Blumenberg formulieren lässt – an die Stelle der Metaphysik getreten[30]! Eben dies erklärt die hohe religiös-weltanschauliche Relevanz und Attraktivität zumindest von „Wurzelmetaphern".

Das Nähere bestimmt der Kontext einer Metapher[31], sei er explizit oder implizit[32]. Denn der metaphorische Prozess vollzieht sich in der Regel im Rahmen eines Satzes, in dem er eine „bizarre Prädikation"[33] zwischen zwei Referenten schafft; und deren Deutung ist mehr oder weniger kontextuell bedingt[34]. E. Jüngel erläutert: „Das logische Subjekt löst einen hermeneu-

---

tapher vom „Tod Gottes" beleuchtete Situationsbeschreibung bei Friedrich Nietzsche: Die fröhliche Wissenschaft, in: Das Hauptwerk, hg. von J. Perfahl, Bd. II, Stuttgart 1976[6], 325–642, hier 466. Dass Nietzsche selbst gleichwohl nicht völlig gottlos wurde, sondern die finstere Theologie eines „blinden Gottes" favorisierte, zeige ich in dem Aufsatz: „Wer aber kennt meinen Gott?" Friedrich Nietzsches „Theologie" als Geheimnis seiner Philosophie, in: ZThK 98, 4/2001 (im Druck).
27 Hans G. Ulrich: Metapher und Widerspruch. Die Suche nach der Wirklichkeit und die Erneuerung der Wahrnehmung in der Ethik, in: R. Bernhardt/U. Link-Wieczorek [Hgg.], Metapher und Wirklichkeit. Die Logik der Bildhaftigkeit im Reden von Gott, Mensch und Natur (FS Dietrich Ritschl zum 70. Geburtstag), Göttingen 1999, 194–206, hier 197.
28 Vgl. Stephen Pepper: World Hypotheses, Berkeley 1942.
29 „Der Erfinder einer Metapher ist gewöhnlich darum bemüht, eine neue Einsicht über die Welt oder seine Erfahrungen auszudrücken. Diese konzeptuelle Einsicht entsteht durch eine semantische und syntaktische Kombination von Wörtern", erklärt MacCormac (Bedeutung, 92; vgl. auch 86).
30 Vgl. Enno Rudolph: Metapher und Symbol. Anmerkungen zu einem möglichen Dialog zwischen Hans Blumenberg und Ernst Cassirer, in: R. Bernhardt/U. Link-Wieczorek (Hgg.), Metapher und Wirklichkeit, Göttingen 1999, 320–328, bes. 322 f.
31 Vgl. Janet Martin Soskice: Metapher und Offenbarung, in: J.-P. van Noppen (Hg.), Erinnern, um Neues zu sagen. Die Bedeutung der Metapher für die religiöse Sprache, Frankfurt 1988, 68–83, bes. 79 f.
32 Metaphern pflegen in sich schon ein Stück Erzählung zu enthalten (vgl. Katrin Wiethege: Jede Metapher ein kleiner Mythos, Münster 1992). Allemal verweisen sie auf den Kontext eines Erzählvorgangs (Jüngel, Metaphorische Wahrheit, 147) und letztlich auf den Horizont einer „Meta-Erzählung" (vgl. Jean-Francois Lyotard: Der Widerstreit, München 1989[2], Nr. 221 u. a.).
33 Paul Ricoeur: Erzählung, Metapher und Interpretationstheorie, in: ZThK 84, 1987, 232–253, bes. 240.
34 Schon das „Inhaltsuniversum", aus dem menschliches Sprachbewusstsein im Zuge der Metaphernbildung semantisch verträgliche Übertragungen auswählt (vgl. Umberto Eco: Semiotik und Philosophie der Sprache, München 1985, 189), beruht auf der Grundlage eines wenngleich reichen, so doch bestimmten „kulturel-

tischen Erwartungsdruck aus, der durch die Metapher als Prädikat zwar verfremdet, aber ... dennoch nicht verfehlt wird."[35] Die Treffsicherheit einer Metapher gründet demnach in einem Ähnlichkeitsverhältnis zwischen erwartetem und faktischem Prädikatsnomen. Das „Bizarre" in der Christus[36] und Kosmos[37] zusammenschließenden Metaphorik besteht nun darin, dass von einem Menschen als religiösem Funktionsträger, konkret: dem im jüdischen Volk erwarteten Messias, eine ins Universale gesteigerte Aussage gemacht wird. Den „Gesalbten" Gottes mit dem Attribut des „Kosmischen"[38] zu versehen, ist dabei keineswegs etwas ganz Unmögliches; vielmehr leuchtet darin besagtes Ähnlichkeitsverhältnis auf, das fürs Ge-

---

len Rahmens" (Biehl, Symbole, 67). Die Metapher des „kosmischen Christus" setzt in diesem Sinn einen durchaus weit verstandenen kulturellen Rahmen voraus, dem das Christentum zumindest nicht fremd ist. Aber innerhalb dieses Rahmens können durchaus konträre Bezugrahmen zu divergenten Interpretationen führen.

35 Jüngel, Metaphorische Wahrheit, 108.
36 Neuenschwander betont mit Recht: „Der Christusbegriff hängt ... entscheidend ab von der Art und Weise der Heilserwartung" (Christologie, 13).
37 Auf der Höhe der griechischen Philosophie war der Gedanke des Kosmos als eines gedankenmäßig gefügten Zusammenhangs entstanden (vgl. Rudolf Bultmann: Das Urchristentum. Im Rahmen der antiken Religionen, Darmstadt 1986[5], 138 ff.). In der hermetischen Tradition gilt der Kosmos als göttlich: „Denn in seiner ewigen Lebendigkeit bewegt sich der Kosmos, und in der seinerseits lebendigen Ewigkeit befindet sich der Kosmos, weswegen er niemals feststehen wird und nicht zugrunde gehen wird ..." (Asklepius 30, zit. nach: C. Colpe/J. Holzhausen [Hgg.], Das Corpus Hermeticum Deutsch, Teil 1, Stuttgart-Bad Cannstatt 1997, 297). Als „Symbol Gottes" gilt der substanzmetaphysisch aufgefasste Kosmos bereits im Kontext hinduistischer Logik (vgl. Francis X. D'Sa: Gott, der Dreieine und der All-Ganze. Vorwort zur Begegnung zwischen Christentum und Hinduismus, Düsseldorf 1987, 71; Friedrich Huber: Die Bhagavadgita in der neueren indischen Auslegung und in der Begegnung mit dem christlichen Glauben, Erlangen 1991, 223). Seit dem 19. Jahrhundert wird der Kosmos-Begriff im Abendland neu attraktiv (vgl. z. B. Alexander von Humboldts Werk „Kosmos: Entwurf einer physischen Weltbeschreibung", 1845–1862). Bis heute verbindet er sich in der Regel mit einer spiritualistisch-pan(en)theistischen Interpretation, die die dem Allgemeinwissen geläufige naturwissenschaftlich-säkulare Sichtweise von „Welt" in alten oder neuen metaphysischen Varianten überhöht bzw. übermalt – etwa esoterisch in Gestalt der Überzeugung „höherer Welten" oder „Schwingungsebenen". Insofern erübrigt sich in unserem Zusammenhang eine Reflexion auf den allgemeineren Begriff der „Welt" (vgl. dazu theologisch Härle, Dogmatik, 212 ff.; philosophisch Hermann Braun: Art. Welt, in: Geschichtliche Grundbegriffe, hg. von O. Brunner u. a., Bd. 7, Stuttgart 1992, 433–510).
38 Zu einengend meint Lyons: „When the epithet ‚cosmic' is used of Christ, he is said to be the instrument in God's creative activity, the source and goal of all things, the bond and sustaining power of the whole creation; he is called the head and ruler of the universe; and his redemptive influence and his body are considered to extend to the limits of the created order" (Cosmic Christ, 1 f.). Hätte Lyons bei seinen linguistisch-historischen Analysen die moderne Theosophie nicht übersehen, dann wäre ihm selber deutlich geworden, wie ungenügend diese Beschreibung bleibt.

lingen einer Metapher wiederum unerlässlich ist. Im Grunde spiegelt sich in der Metaphorik des Begriffs „kosmischer Christus" das christologische Paradox schlechthin.

Was das Ähnlichkeitsverhältnis in dieser Metapher angeht, so ist es gerade auch im Horizont philosophisch-theosophischen bzw. spiritualistischen Denkens evident, für das „Kosmos" und „Logos" oder „göttlicher Mensch" in innerer Analogie zueinander stehen[39]. Doch ist zwischen dem Ähnlichkeitsverhältnis im theosophisch-spiritualistischen Kontext und dem im christlich-theologischen genau zu unterscheiden: Ersteres beruht auf substanzontologischer Basis im Rahmen einer emanativen Ontologie, letzteres hingegen ist relationsontologisch charakterisiert. Beide können zwar den johanneischen Satz über das Verhältnis des Logos zum Kosmos bejahen: „Er kam in sein Eigentum" (Joh 1,11); doch sie interpretieren ihn kontrovers. Im theosophisch-spiritualistischen Verständnis ist der Kosmos gewissermaßen „gefrorener Logos"[40]; und der in den Kosmos kommende „Christus" ist derselbe Logos in göttlicher Lebendigkeit, dessen Deszendenz ein weites, allerdings nicht die unterste materielle Realität erreichendes Herabneigen bedeutet und insofern doketisch bleibt. Christlich-theologisch hingegen wird nicht primär vom „Logos" aus spekuliert, sondern von der Geschichte Jesu her reflektiert, den Gott durch die Auferweckung als seinen Sohn bestätigt hat. Dessen Selbstunterscheidung vom himmlischen Vater impliziert die Unterscheidung von Schöpfer und Schöpfung[41]. Sein Kommen als Christus in die Welt bedeutet kein weitgehendes Herabsteigen innerhalb einer göttlich-kosmischen Gesamtwirklichkeit, sondern ein Hinab- und Hinübersteigen ins wirklich Andere, das als Schöpfung freilich auf Entsprechung[42] zu dem als „Liebe" verstandenen Schöpfer hin gesetzt ist. Der Logos als „einziggeborener Gott"[43], als die personifizierte Weisheit Gottes[44] wird in Selbstentäuße-

---

39 Vgl. Jüngel, Metaphorische Wahrheit, 111. Näheres zu dieser Analogie unten (Kap. II.3).
40 Eine Metapher Rudolf Steiners (s. u. Kap. IV).
41 Darauf wird unter Bezugnahme auf Tillich und Moltmann jeweils zurückzukommen sein. Einstweilen sei mit Jüngel unterstrichen: „Die Differenz von Gott und Welt, Gott selbst also, kann nur metaphorisch zur Sprache kommen" (Metaphorische Wahrheit, 146).
42 „Soll also die Differenz Gottes zur Welt nicht nur als negative Bestimmung angesagt werden können, sondern als eine positive Bestimmung Gottes vertraut sein, dann eben deshalb, weil Gott so, wie er der zur Welt Kommende ist, auch der zur Sprache Kommende ist" (Jüngel, Metaphorische Wahrheit, 149).
43 So Joh 1,1, 1,14 und 1,18 (nach den besseren Textvarianten). Kol 1,15 „stellt Christus eindeutig auf die Seite des Schöpfers ... Daß er am Schöpfungsakt teilhat, unterscheidet Christus also vom Geschöpf" (Eduard Schweizer: Der Brief an die Kolosser [EKK, 1976], Lizenzausgabe Berlin 1979, 58).
44 Zur exegetischen Begründung vgl. Felix Christ: Jesus Sophia. Die Sophia-Christologie bei den Synoptikern, Zürich 1970.

rung⁴⁵ wirklich Mensch, Geschöpf, und zwar im lapsarischen Kosmos, innerhalb dessen er sich in den Kreuzestod treiben lässt. Damit wird das ontologische Entsprechungsverhältnis um ein soteriologisches bereichert: In dem Menschen Jesus Christus hat sich die exklusive Vater-Sohn-Relation als inklusiv erwiesen, weil dieser Sohn als Geschöpf Bruder aller Menschen, ja Mitgeschöpf aller Kreatur geworden und der „vertikal" Geliebte nicht ohne seine „horizontalen" Relationen zu haben ist. Diese Inklusivität umschließt auch den lapsarischen Bruch im ontologischen Entsprechungsverhältnis⁴⁶. Von daher bildet bereits für Luther der heilsschaffende Übertragungsvorgang der Sünde der Welt auf den unschuldigen Christus am Kreuz einen im wörtlichen Sinn „meta-phorischen" Vorgang, eine reale *translatio*, so dass man mit J. Ringleben *Christus* als „absolute Metapher" bezeichnen kann – zumal er schon als *logos* der Grund der Sprache ist⁴⁷. Nachdem er aber als *logos* auch Grund der durch ihn versöhnten Schöpfung ist, lässt sich nachgerade der *„kosmische Christus"* als absolute Metapher einstufen.

Indes – der Begriff der „Absoluten"⁴⁸ ist in diesem Zusammenhang problematisch. Ist doch gerade der kosmische Christus nach biblischem Ver-

---

45 Zur Kenosis – eine vor allem von Moltmann wiederbelebte Metapher (vgl. Dabney, Kenosis, 51 ff.)! – s. u. Kap. VII.3.
46 Dabei ist neutestamentlich von entscheidender Bedeutung, dass der Heilsbringer nicht nur als der Schöpfungsmittler identifiziert wird, vielmehr auf Grund seines Kreuzestodes und seiner Auferstehung als der den Kosmos eschatologisch Heilende, Vollendende, von den Chaosmächten Befreiende in den Blick kommt (zur entsprechenden Kreuzesdeutung im Frühchristentum vgl. Hugo Rahner: Das Mysterium des Kreuzes, in: ders.: Griechische Mythen in christlicher Deutung. Gesammelte Aufsätze, Zürich 1945, 73–100). Von daher leuchtet als der neue Sinn, den die korrelierende Metapher „kosmischer Christus" eröffnet, nicht allein die doxologische Universalisierung der Person Jesu, sondern auch die seines Werkes auf, dessen Effizienz sich heilvoll auf den Kosmos erstreckt – weshalb ein „fröhlicher Wechsel", eine Wechselwirkung der Metaphernelemente aufeinander zugunsten des Alls ausschlägt: „Der kognitive Gehalt der Rede von der Schöpfungsmittlerschaft ist darum weniger christologisch als vielmehr schöpfungstheologisch und kosmologisch. Das unbekannte und durch die Lehre von der Schöpfungsmittlerschaft neu beleuchtete Moment ist die Schöpfung: Was ist die Welt, wenn sie in Jesus Christus geschaffen ist?" (Schoberth, Alles, 163).
47 Vgl. Joachim Ringleben: Luther zur Metapher, in: ZThK 94, 3/1997, 336–369, bes. 351–153. Ferner Wilfried Härle: ‚Christus factus est peccatum metaphorice'. Zur Heilsbedeutung des Kreuzestodes Jesu Christi, in: NZSTh 36, 3/1994, 302–315; Christof Gestrich: Christentum und Stellvertretung. Religionsphilosophische Untersuchungen zum Heilsverständnis und zur Grundlegung der Theologie, Tübingen 2001, bes. 211–215.
48 In der Metapherndiskussion steht die Bezeichnung „absolute Metapher" nicht im philosophisch-metaphysischen Wortsinn für die Verabsolutierung, sondern für die jeweilige Unvertretbarkeit einer Metapher. Ringleben gebraucht sie im eschatologischen Sinn. Die Rede von Christus als „Metapher" besagt jedenfalls mitnichten eine Infragestellung der Einmaligkeit seiner Person und seines Heilswerkes!

ständnis der abgehobener „Absolutheit" Entsagende! Im übrigen steht diese Metapher wie jede andere letztlich nie „absolut". Freilich eignet ihr durch den Begriff des „Kosmischen" ein Absolutheitsklang im pantheistischen Sinn. Eine solche Auffassung wäre allerdings ein interpretatives Missverständnis[49]: In der Übergewichtung des Attributs drückt sich eine Vertauschung bzw. Verwechslung von Subjekt und Prädikat aus. Gewinnt der „Kosmos" in der ihm eigenen Bedeutungsschwere als *„totalitas absolutas"*[50] die Oberhand, dann reduziert sich der „Christus" als kosmischer auf dessen Repräsentanten, Symbol, Manifestation oder dergleichen[51]. Und als Erläuterungsfaktor wird er naheliegenderweise nicht exklusiv, sondern viel eher plural aufgefasst.

An plurale Manifestationen lässt auch schon die substanzontologische Deutungsvariante dieser Metapher denken, die vom „Logos" aus spekuliert. Der geschichtliche Jesus bildet in diesen Fällen keine Norm, sondern nur ein Exemplum. Auch sein Kreuz ist dann alles andere als ein exklusiver Offenbarungsschlüssel. Insofern der Christusbegriff traditionell das Kreuz impliziert, kann dieses beim theosophisch-spiritualistischen Gebrauch der Metapher freilich nicht einfach ignoriert werden. Aber nicht der Gekreuzigte, sondern der Logos oder der in göttlicher Lebendigkeit gesehene Kosmos bilden hier den entscheidenden noetischen Zugang zur geglaubten Wahrheit. In Korrelation zu ihnen gerät das Kreuz zur kosmischen Strukturgröße[52]: „Es wird als Baum des Lebens, als Zeichen für Leben und Ganzheit, dessen Balken in alle Himmelsrichtungen weisen, ... präsentiert, das manchen etwas zu denken und allen mancherlei zu assoziieren gibt."[53]

---

[49] Van Noppen erklärt, „daß metaphorische Äußerungen für Mißverständnisse anfälliger sind als wortwörtliche Propositionen" (Einleitung, 25).

[50] Hierauf rekurriert kritisch Immanuel Kant: De mundi sensibilis atque intelligibilis forma et principiis (1770), AA Bd. 2 (1912; Nachdruck 1968), 389 passim. Kant zeigt in seiner Dissertation, dass die im Begriff der „Welt" gelegene Erwartung einer Erfahrung von Totalität als – allerdings dem Denken unvermeidlicher – Schein zu werten ist. Insofern ist „Welt" weniger ein Erkenntnis- als vielmehr ein Glaubens- oder Spekulationsbegriff.

[51] Zur sich in der Konsequenz ergebenden „soteriologischen Orientierung am Kosmos" vgl. insgesamt Karl-Heinz Ohlig: Fundamentalchristologie. Im Spannungsfeld von Christentum und Kultur, München 1986, 102 ff.

[52] „Auch Soteriologie und Kreuzestheologie können zu einer theologia gloriae führen, wenn sie nicht länger den Widerspruch des Kreuzes gegen die Verkehrung der Welt zur Sprache bringen, sondern das Kreuz als Strukturgeheimnis des Kosmos selbst präsentieren" (Schoberth, Alles, 158). Von daher wird dann das Kreuz gern als bereits vorchristlich im Kosmos präsent aufgewiesen (vgl. Alfons Rosenberg: Ursymbole und ihre Wandlung. Einführung in das Symbolverständnis, Freiburg 1992, 41 ff.; ders.: Kreuzmeditation, München 1976, 28 ff.; Edmund Runggaldier: Philosophie der Esoterik, Stuttgart/Berlin/Köln 1996, 65 f.). Zu den geschichtlichen Möglichkeiten dieser Argumentation siehe Georg Baudler: Das Kreuz. Geschichte und Bedeutung, Düsseldorf 1997, 28–193.

[53] Dalferth, Der auferweckte Gekreuzigte, 49. – Freilich hat die symbolische Kombi-

Diese „symbolische Verharmlosung" des Kreuzes liegt zwar – wie I. U. Dalferth treffend bemerkt – „im religiösen Trend der Zeit, der das Unspezifische liebt und alles hinzunehmen bereit zu sein scheint, was das Gefühl anspricht und die Einbildungskraft befriedigt."[54] Doch sie ignoriert, dass zum Kreuz das Wort und zum Wort vom Kreuz unaufhebbar das harte historische Faktum der Kreuzigung Jesu unter Pontius Pilatus gehört.

Mit solcher theologischen Kritik ist Dalferth indessen nur bedingt im Recht: Sie verdankt sich bezeichnenderweise einer verkürzten Wahrnehmung des Spektrums, innerhalb dessen „symbolische Verharmlosungen" des Kreuzes sich zu vollziehen pflegen. Natürlich ist es theologisch von zentraler, unaufgebbarer Bedeutung, enthusiastischen und synkretistischen Vereinnahmungen des „kosmischen Christus" das Wort vom Kreuz bzw. den Gekreuzigten entgegenzuhalten. Aber dabei darf nicht übersehen werden, dass der Rede vom „gekreuzigten Christus" selbst schon ein metaphorischer Aspekt eignet, der angesichts des zunehmenden Verlusts christlicher Definitionsmacht[55] zu vielfältiger Deutung einlädt – binnen- wie außenperspektivisch[56]. Mit Recht weist P. Schütz hin auf die „Tendenz der natürlichen Religion, das Kreuz für sich in Anspruch zu nehmen und über diesen Anspruch auch den Kern des Glaubens."[57] Die Integration des Kreuzessymbols in die komplexe (Be-)Deutung der Metapher „kosmischer Christus" schließt auch im theosophisch-spiritualistischen Horizont

---

nation von Kosmos und Kreuz schon im frühkatholischen Christentum analoge „esoterische" Spekulationen über „das kosmische Kreuz" (z. B. bei Justin und Irenäus) und entsprechende künstlerische Darstellungen provoziert (vgl. Gerhart Ladner: Handbuch der frühchristlichen Symbolik. Gott – Kosmos – Mensch, Wiesbaden 1996, bes. 99; Aloys Grillmeier: Der Logos am Kreuz. Zur christologischen Symbolik der älteren Kreuzigungsdarstellung, München 1956).

54 Der auferweckte Gekreuzigte, 50. Ebenso ders.: Gedeutete Gegenwart, Tübingen 1997, 77.

55 Dieser Verlust führt freilich weithin zu faktischer Unkenntnis, die das „Torheits"-Urteil verstärkt provozieren mag. Das veranschaulichte bereits im 19. Jahrhundert die Novelle „Der letzte Zentaur", abgedruckt in: Paul Heyse: Novellen, Dortmund 1986, 113–136. Sie schildert das Erwachen einer römisch-antiken Fabelfigur aus einem geschmolzenen Alpengletscher und ihr verständnisloses Staunen, ja Entsetzen angesichts der allenthalben anzutreffenden Kruzifixe. In unserer Zeit illustrieren das Kruzifix-Urteil des deutschen Bundesverfassungsgerichts und sein breites Echo eine gewisse kulturelle Entfremdung gegenüber der staurozentrischen Heilsaussage des Christentums (vgl. H. Maier [Hg.], Das Kreuz im Widerspruch. Der Kruzifix-Beschluß des Bundesverfassungsgerichts in der Kontroverse [QD 162], Freiburg 1996), worin freilich neue Chancen der Rede vom Gekreuzigten liegen könnten.

56 Welch synkretistische Bildungen hier denkbar werden, sei exemplarisch anhand eines Zitates bei Fox illustriert: „Ich glaube, das heute passende Symbol des Kosmischen Christus, der Fleisch geworden ist, ist dasjenige von Jesus als der gekreuzigten Mutter Erde, die doch täglich aufersteht" (Vision, 216).

57 Paul Schütz: Freiheit – Hoffnung – Prophetie. Von der Gegenwärtigkeit des Zukünftigen, Hamburg 1964, 348.

durchaus die Gestalt des Gekreuzigten von Golgatha ein – wie zu zeigen sein wird, vor allem als „Abschattung" astralmythologischer Verortung des Kreuzes im Kosmischen.

Einen ganz anderen Ort hat das Kreuz im Kontext christlich-theologischer Rede vom „kosmischen Christus"[58]: Es markiert den Bruch zwischen Schöpfung und Schöpfer, mehr aber noch seine Heilung. Die so verstandene Metapher setzt eschatologischen Sinn frei – und ihn freizusetzen ist die Kraft theologisch gehaltvoller Metaphern[59]! Der Begriff des „Kosmos" steht dann weder für eine gottentfremdete, womöglich gottverlassene, im Grunde dem „Chaos" wesenswandte Welt noch für das Gegenteil eines wesenhaft göttlichen, zumindest tiefenstrukturell höchst geordneten Alls; vielmehr kommen beide natürlichen Aspekte in seiner Funktion als Christus-Attribut zu ihrem eigentlichen Sinn: Christus ist „kosmisch" im Blick auf die von ihm gewollte[60], trotz ihrer Entfremdung von ihm erleidend angenommene und in ihm der Erlösungsverheißung teilhaftig gewordene Welt, der wegen ihrer im Glauben wahrzunehmenden Transparenz auf ihr Gegründet- und Getragensein in der ewigen Liebe Gottes der Name „Kosmos" im guten Sinn überhaupt zukommt. Von daher muss auch vor der Theodizeefrage nicht verstummen, wer den kosmischen Christus als den gekreuzigten identifiziert[61].

Die hiermit skizzierte Mehrdeutigkeit der Metapher „kosmischer Christus" wirft die Frage auf, ob ihr nicht der *Symbol*-Begriff eher oder zumindest ebenso gerecht würde – angesichts der „Tatsache, daß das Symbol nicht eindeutig, sondern in seiner Vielschichtigkeit eben auch vieldeutig ist."[62] Vieldeutig ist freilich gerade der Symbolbegriff selbst[63],

---

58 Während sich diese Metapher, so weit ich sehe, theologisch nicht vor dem 20. Jahrhundert findet, bildet für die Sache kosmischer Christologie der Hymnus im Kolosserbrief den *locus classicus* (s. u. Kap. II.3), wo bereits Schöpfungsmittlertum und Kreuz eng miteinander verknüpft werden.

59 Vgl. Ringleben, Luther, 363; Jüngel, Metaphorische Wahrheit, 110. Trifft Jüngels Hinweis zu, dass Metaphern Ansprech- und Anspruch-Charakter eignet (Metaphorische Wahrheit, 133), so gilt dies potenziert für eschatologisch gefüllte: Ihr Verstehen wendet bisheriges Fragen und Antworten um und führt hinein in die Herrschaft des heiligen Geistes, dem sich übrigens nach Luther (vgl. WA 8, 89, 16 f.) schon die biblisch geglückten Metaphern verdanken.

60 Geht es beim neutestamentlichen Gedanken der Schöpfungsmittlerschaft „nicht um uneigentliches Sprechen, sondern um genau die einzige Weise, in der das Gesagte zur Sprache kommen kann" (Schobert, Alles, 155), so gilt dies gleichermaßen für die Metapher „kosmischer Christus".

61 Dass das Theodizee-Problem im Horizont der Thematisierung des kosmischen Christus zwangsläufig zur Sprache kommen muss, liegt auf der Hand und wird besonders auch durch das theosophisch verstandene Symbol gefordert, wie zu zeigen sein wird. Wie sich Tillich zu diesem Thema stellt, erläutert die Dissertation von Jörg Eickhoff: Theodizee. Die theologische Antwort Paul Tillichs im Kontext der philosophischen Fragestellung, Frankfurt/M. u. a. 1997.

62 Heinrich Ott: Die Wirkungsweise der Symbolsprache, in: R. Bernhardt/U. Link-

denn es gibt bis heute keine allgemein anerkannte Symboltheorie[64]. Nach M. Hailer lässt sich grob zwischen zwei Verständnisweisen unterscheiden: Die eine schreibt Symbolen eine Tiefenreferenz zu und ist vor allem durch P. Tillich repräsentiert[65]; die andere „definiert den Begriff des Symbols so umfassend, daß er sich von dem des Zeichens kaum mehr signifikant unterscheidet ..."[66] Daneben gibt es mittlerweile die generelle Absage an den Symbolbegriff: M. Meyer-Blank vertritt auf der Basis semiotischer und theologischer Überlegungen die These seiner längst fälligen Preisgabe, wobei er unterstreicht: „Die Bibel spricht von Zeichen, nicht von Symbolen."[67] Angesichts dieser Problemlage ist es wenig ratsam, den Begriff des „kosmischen Christus" als Symbol zu klassifizieren. Seine Einstufung als Metapher hingegen schärft den Blick für seine Eigenart.

2. *Tillichs Symbol des „kosmischen Logos" und seine Reserviertheit gegenüber der Metapher des „kosmischen Christus"*

Es ist wohl kein Zufall gewesen, dass gerade der große Symboltheoretiker *Paul Tillich* (1886–1965) vom „kosmischen Christus" nie gesprochen hat, obgleich sein Schüler A. D. Galloway der allererste gewesen ist, der ein theologisches Buch mit dem Titel „The Cosmic Christ" (1951) versehen

---

Wieczorek (Hgg.), Metapher und Wirklichkeit, Göttingen 1999, 34–41, hier 39. Grundsätzlich ist zu bedenken: Wer von Symbolen spricht, vertritt bewusst oder unbewusst ein bestimmtes Symbolverständnis. Namentlich gewichtige religiöse Symbole repräsentieren nicht nur das vermeintlich Symbolisierte, sondern implizit im Zuge ihrer Kommunikation auch die eine oder andere mit ihnen transportierte Symboltheorie.

63 Tillich selbst hat etwas hiervon realisiert in seiner Identifizierung einiger Symboltheorien als „Kampftheorien" (Symbol, 91). Namentlich Cassirers Symboltheorie (vgl. Ernst Cassirer: Philosophie der Symbolischen Formen, Berlin 1923, bes. 3–51) lehnte er entschieden ab. Auf diese und andere Symboltheorien, etwa die von Carl Gustav Jung (vgl. Jolande Jacobi: Komplex, Archetypus, Symbol in der Psychologie C. G. Jungs, Zürich/Stuttgart 1957) kann hier nicht eingegangen werden.

64 So Martin Hailer: Metapher und Symbol, in: R. Bernhardt/U. Link-Wieczorek (Hgg.), Metapher und Wirklichkeit, Göttingen 1999, 42–53, bes. 50.

65 Einen konzisen Überblick über Tillichs Symboltheorie und über die diesbezügliche Diskussion gibt Gunther Wenz: Subjekt und Sein. Die Entwicklung der Theologie Paul Tillichs, München 1979, 161 ff. Vgl. z. B. auch Klaus-Dieter Nörenberg: Analogia imaginis. Der Symbolbegriff in der Theologie Paul Tillichs, Gütersloh 1966; Peter Biehl/Georg Baudler: Erfahrung – Symbol – Glaube (Rph 2), Frankfurt/M. 1980, 56 ff. – Dass Symbolen eine „verführende Substantialität" eignet, betont Karl Jaspers: Der philosophische Glaube angesichts der Offenbarung [1962], München 1984³, 158.

66 Hailer, ebd. 50 f.

67 Michael Meyer-Blank: Vom Symbol zum Zeichen. Symboldidaktik und Semiotik, Hannover 1995, 100.

hat. Tillich mag gespürt haben, dass sich diese erzählende, protologisch und eschatologisch ausgespannte Metapher von dem abhebt, was er unter einem religiösen Symbol verstanden hat.

Der Umstand, dass Galloway keinen Bezug zu irgendeiner früheren Rede vom „kosmischen Christus" erkennen lässt, ist als Indiz dafür zu werten, dass diese Metapher im 20. Jahrhundert mehrfach neu kreiert worden ist[68]. Unter der Aufsicht Tillichs entstanden, ist Galloways Buch von dessen Theologie entsprechend geprägt[69]. „Kosmisch" ist Christus für Galloway insofern, als er zur Erkenntnis und Wahrnehmung des Selbsts *und* der Welt als gleichermaßen in Gott als der Tiefe des Seins gegründet befähigt. Auch Tillich weiß um „die kosmische Bedeutung Jesu als des Christus", wenngleich er den Ausdruck „kosmischer Christus" selber nicht gebraucht. Er betont, dass es „symbolische und mythische Elemente" seien, die „dem Ereignis Jesus der Christus kosmische Bedeutung geben."[70] Wer immer vom „kosmischen Christus" redet, benutzt Tillichschen Kategorien zufolge jedenfalls ein Symbol. Diese Bestimmung lässt genauer nach der Symboltheorie Tillichs fragen. Sie illustriert den nichttheistischen Charakter seiner Theologie und kann mit ihren Implikationen Hinweise dafür liefern, warum Tillich wohl das Symbol „kosmischer Christus" nicht selber geprägt bzw. von seinem Schüler Galloway übernommen hat.

Grundmerkmal des Tillichschen Symbolismus[71] ist die Bestimmung des Symbols durch die Reziprozität von Selbstmächtigkeit und Uneigentlichkeit[72]. In dieser elementaren, jedem Symbol immanenten, es vom bloßen Zeichen scharf abhebenden Dialektik spiegelt sich das „Tillichsche Strukturprinzip der Identität von Identität und Differenz"[73]. Gründet doch die Mächtigkeit des Symbols in seiner ontologischen Partizipation am Symbolisierten, von dem es gleichzeitig zu unterscheiden ist – woraus dann seine Uneigentlichkeit resultiert. Von daher ist Tillichs grundsätzliche These zu verstehen, „daß jede konkrete Aussage über Gott symbolisch sein muß; denn eine konkrete Aussage ist eine solche, die einen begrenzten Aus-

---

68 Das dürfte ebenso für Teilhard de Chardins frühe Rede vom „kosmischen Christus" gelten, die in seinem interdisziplinärem Denkhorizont aufgeblüht ist (dazu Kap. VI.1). Teilhard wird bei Galloway nirgends erwähnt.
69 Vgl. Allan D. Galloway: The Cosmic Christ, London 1951, XII.
70 Paul Tillich: Systematische Theologie, Bd. II, Stuttgart 1979[6] (abgekürzt: STh II), 164. – Zu Person und Werk Tillichs vgl. neben einschlägigen Biografien bes. Bernd Jaspert: Die Neuentdeckung der Religion im 20. Jahrhundert. Das Lebenswerk Paul Tillichs (1886–1965), in: ders., Theologie und Geschichte. Aufsätze Bd. 1, Frankfurt/M. u. a. 1989, 299–339.
71 Zur Kritik vgl. bes. Matthias von Kriegstein: Paul Tillichs Methode der Korrelation und Symbolbegriff, Hildesheim 1975, sowie Ingeborg C. Henel: Philosophie und Theologie im Werk Paul Tillichs, Frankfurt/Stuttgart 1981, 40 und 54 ff.
72 Paul Tillich: Das religiöse Symbol, in: ders., Religiöse Verwirklichung, Berlin 1930, 88–109, bes. 88 f.
73 Wenz, Subjekt, 179.

schnitt aus der endlichen Erfahrung benutzt, um etwas über Gott auszusagen."⁷⁴ Allein der „Satz, daß Gott das Sein-Selbst ist, ist ein nicht-symbolischer Satz. Er weist nicht über sich selbst hinaus."⁷⁵ Insofern Tillich das *esse ipsum* als Gott versteht, muss er gegen jedes Gottesverständnis protestieren, das Gott dem Endlichen dualistisch entgegensetzt. Von daher lehnt er jeden „Supranaturalismus"⁷⁶ ab und spricht betont von „Gott über dem Gott des Theismus"⁷⁷. Konkret kritisiert er am Theismus, dass dieser „das Ich-Du-Verhältnis zu Gott", „die geschichtliche Schau des Universums, die Idee eines göttlichen Zieles" und „die unendliche Distanz zwischen dem Schöpfer und dem Geschöpf" impliziert⁷⁸. Er plädiert stattdessen für eine „überpersönliche Mystik"⁷⁹, wobei er den Mystik-Begriff als allgemeine religionsphilosophische Kategorie schätzt: „Das Mystische als Kategorie ist identisch mit der Gegenwart des Göttlichen in jeder religiösen Erfahrung. In diesem Sinne ist das Mystische das Herz aller Religion."⁸⁰ Auf diesem Hintergrund erscheint Tillichs Symboltheorie stringent: Jede

---

74 Tillich, STh I, 277.
75 Ebd. Wie Tillich später verdeutlicht, kann selbst dieser Satz noch objektivierend verstanden werden, weshalb sogar er noch ggf. symbolisch zu nehmen ist (vgl. STh II, 16).
76 Dass Gott verschieden sei von der Welt, gilt Tillich als Grundsatz des Supranaturalismus (vgl. Repp, 240). Löst man den polemischen –ismus-Begriff auf, so zeigt sich Differenzierungsbedarf: Dass Gott *nicht* verschieden sei von der Welt, will ja nicht einmal Tillich selbst sagen!
77 Vgl. das Schlusskapitel in: Paul Tillich: Der Mut zum Sein (1953), Hamburg 1965. Später versucht Tillich diese Formulierung vor pantheistisch-mystischem Missverstehen in Schutz zu nehmen: Sie gehöre dorthin, wo der „Gott der Kirchensprache" geschwunden sei und doch noch inmitten von Sinnlosigkeit Sinn bejaht werde (STh II, 18 f.). Aber „solch ein extremer Punkt" sei „kein Raum, in dem man leben kann" (19). Eine realistische Einschätzung, die gleichwohl angesichts der häufigen, ausdrücklich auch Nietzsche beipflichtenden (vgl. Wenz, Subjekt, 303) Polemik Tillichs gegen den „Gott des Theismus" merkwürdig anmutet – immerhin hat man seine „Gott über Gott"-These als eine der Quellen der „Gott-ist-tot-Bewegung" in Anschlag gebracht (vgl. Cox, Warteraum, Tb Gütersloh 1971, 25), gegen die er sich wiederum im letzten Vortrag seines Lebens ausgesprochen hatte (Paul Tillich: Die Bedeutung der Religionsgeschichte für den systematischen Theologen [1965], in: ders., Korrelationen. Die Antworten der Religion auf Fragen der Zeit, ErgW 4, hg. von I. C. Henel, Stuttgart 1975, 144–156, bes. 145 f.).
78 Tillich, Mut, 180 f. Entsprechend vertritt er eine Zeit-Ewigkeits-Dialektik, die die Eschatologie im wesentlichen auf ihre präsentische Dimension reduziert (vgl. W. Thiede: Auferstehung der Toten – Hoffnung ohne Attraktivität? [FSÖTh 65], Göttingen 1991, 171 ff.).
79 Vgl. Martin Repp: Die Transzendierung des Theismus in der Religionsphilosophie Paul Tillichs, Frankfurt/Bern/New York 1986, 213 f. Repp liefert eine differenzierte Analyse von Tillichs Verhältnis zu Begriff und „Sache" der Mystik (210 ff.).
80 STh II, 92. Vgl. auch Paul Tillich: Religionsphilosophie [1925], Stuttgart 1962, 80. Repp weist auf „Tillichs idealistische Voraussetzung" hin, „wonach das Entscheidende am Religiösen nicht in dessen Wirklichkeit, sondern in seinem Wesen gesehen wird" (47).

konkrete und damit auch nur partiell verobjektivierende Aussage über Gott muss überschritten werden auf das allem Sein – natürlich auch jedem ein Symbol prägenden, verstehenden oder deutenden Subjekt – zugrunde liegende Sein-Selbst hin.

Tillichs „Gott über Gott" ist demnach – darauf hat kritische Analyse in aller Deutlichkeit hingewiesen – „letztlich nichts anderes als das transzendente, das ‚überpersönliche Eine'!"[81] Schon frühzeitig, nämlich in einer fürs theologische Examen 1908 vorgelegten Arbeit hat Tillich sich für „monistisches" Denken ausgesprochen – mit der Begründung, „daß die Unterscheidung Gottes von der Welt nicht identisch ist mit der Unterscheidung zweier Substanzen, also nicht dualistisch gedacht werden kann, sondern identisch ist mit der Unterscheidung zweier Relationen in Gott selbst."[82] Freilich ist der Monismusbegriff in sich unscharf[83] und so vieldeutig wie der Pantheismusbegriff, als dessen Äquivalent er gelten kann und von dem her er durch den späteren Tillich kritisiert wird[84]. Wie dieser zugleich einräumt, stellt sein eigener Zentralbegriff des *esse ipsum* ein „pantheistisches Element"[85] dar! Im übrigen bejaht er die Klassifizierung seiner theologischen Sicht vom „Rhythmus des göttlichen Lebens und des universalen Lebens" durch den dem Pantheismusbegriff immerhin angelehnten Ausdruck „Panentheismus"[86].

---

81 Repp, 217; vgl. auch 224.
82 Der Text der Abhandlung „Welche Bedeutung hat der Gegensatz von monistischer und dualistischer Weltanschauung für die christliche Religion" ist publiziert im Anhang von Beret-Anton Strahm: Die Vermittlung des Christlichen. Eine theologiegeschichtliche Untersuchung zu Paul Tillichs Anfängen des Theologisierens und seiner christologischen Auseinandersetzung mit philosophischen Einsichten des deutschen Idealismus (Europ. Hochschulschriften 23/202), Bern/Frankfurt 1982, 4*–45*, Zitat:17*.
83 Gewiss bedarf er daher jeweils kontextueller Beleuchtung; andererseits sollte man ihn – und sein Pendant „Dualismus" – gerade angesichts einer beachtlichen Traditions- und Reflexionsgeschichte (seit Christian Wolffs „Psychologia rationalis" von 1734) keinesfalls so kurzerhand disqualifizieren, wie dies mitunter geschieht, und zwar nicht ohne wiederum reflexionsbedürftige Interessenleitung (z. B. zuletzt bei Dietrich Korsch: Dialektische Theologie nach Karl Barth, Tübingen 1996, 218 f.). Eine ältere, aber bereits differenzierte Begriffsstudie bietet Friedrich Klimke: Der Monismus und seine philosophischen Grundlagen. Beiträge zu einer Kritik moderner Geistesströmungen, Freiburg i. Br. 1911.
84 Vgl. STh I, 270 f. Lediglich gegen einen „vereinfachten Monismus" wendet er sich in: Dimensionen, Schichten und die Einheit des Seins (1959), in: Ges. Werke IV, Stuttgart 1961, 118–129, hier 121.
85 STh I, 271. Bezeichnend: Den pantheistischen „Stoizismus stuft Tillich hoch ein" (Otto Schnübbe: Paul Tillich und seine Bedeutung für den Protestantismus heute, Hannover 1985, 105).
86 Vgl. Paul Tillich: Systematische Theologie, Bd. III, Stuttgart 1978² (abgekürzt: STh III), 475, wo er zwar vom „eschatologischen Panentheismus" spricht und damit zu Recht auf 1. Kor 15,28 rekurriert, diese Schriftstelle aber mit seiner dialektischen Grundthese identifiziert, derzufolge „alles Zeitliche aus dem Ewigen kommt und

Die Differenz zum Pantheismus hat man bündig so auszudrücken versucht, dass der Pan–en–theismus die pantheistische Aussage, dass Gott alles sei, bejahe, während er den Umkehrschluss, dass alles Gott sei, als Kurzschluss verneine[87]. Doch damit wird der Pantheismusbegriff zur Karikatur; mit Recht unterstreicht Tillich: „Pantheismus bedeutet nicht, hat niemals bedeutet und sollte niemals bedeuten, daß alles, was ist, Gott ist."[88] Die Grenzlinie zum Begriff des „Panentheismus" sollte daher dort verlaufen, wo im theologischen Sinn Gott als Schöpfer benannt und damit – in welcher Weise dann auch immer – von Schöpfung unterschieden wird. Indes – sofern Schöpfer und Schöpfung in ein dialektisches Verhältnis gesetzt werden, kann auch noch „Panentheismus" unter den Monismusbegriff fallen, versteht man diesen als „philosophische oder religiöse Auffassung, die Bestand oder Entstehung der Welt aus einem einzigen Stoff, einer einzigen Substanz oder einem einzigen Prinzip erklärt"[89]. Bedeutet schon „Pantheismus" in gedanklicher Vertiefung, Gott sei nicht einfach der Weltlauf, sondern der Weltlauf werde von einem „höheren Bewußtsein" aus erlebt[90], so

---

zu ihm zurückkehrt", so dass die Bestimmung „eschatologisch" keineswegs auf ein Futurum verweist – denn „Schöpfung und Vollendung, Anfang und Ende ereignen sich immerwährend" (474). Panentheismus ist folglich als grundsätzliches Programm der Theologie Tillichs aufzufassen. Vgl. näherhin David H. Nikkel: Panentheism in Hartshorne and Tillich. A Creative Synthesis (American University Studies: Series 7, Theology and Religion 121), New York u. a. 1995; Edgar A. Town: Two Types of New Theism. Knowledge of God in the Thought of Paul Tillich and Charles Hartshorne, New York u. a. 1997. Unscharf bleibt Kritik an Tillich, die ihn des „Pantheismus" zieht (z. B. Sturm Wittschier: Paul Tillich. Seine Pneuma-Theologie, Nürnberg 1975, 185 f.).

87 Herbert Hanreich: Art. Pantheismus, in: EKL³ Bd. 3, Göttingen 1992, 1011–1014, bes. 1012.
88 STh I, 271. Auch pantheistischen Denkern ist klar, dass zwar alles göttlich, aber Gott selbst mehr ist als alles, insofern das Ganze mehr ist als die Summe seiner Teile (vgl. Willy Hellpach: Tedeum. Laienbrevier einer Pantheologie, Hamburg 1947, 33). Der von K. C. F. Krause (1781–1812) geprägte Begriff des „Panentheismus" steht wiederum dem des „Pantheismus" nahe, insofern er den Gedanken der Einheit des Alls mit Gott retten helfen sollte (vgl. Hans Michael Baumgartner/A. G. Wildfeuer: Art. Panentheismus, in: H. Waldenfels [Hg.], Lexikon der Religionen, Freiburg/Basel/Wien 1987, 495).
89 Gottfried Gabriel: Art. Monismus, in: J. Mittelstraß (Hg.), Enzyklopädie Philosophie und Wissenschaftstheorie, Bd. 2, Mannheim/Wien/Zürich 1984, 926 f.
90 Eduard Spranger: Lebensformen. Geisteswissenschaftliche Psychologie und Ethik der Persönlichkeit (1950), München 1965, 214. In positiver Absicht wird „Pantheismus" auch abgegrenzt bei Hellpach, Tedeum, 7 ff. Dass „die Einheit des Wirklichen als Welt, Kosmos, die Einheit einer Ordnung des Vielen, des vielfältig Einzelnen ist" und folglich sich „mit der Einheit der Welt die Frage nach dem Grunde" verbindet, der „das Viele zur Einheit zusammenordnet und zusammenhält", betont Wolfhart Pannenberg: Metaphysik und Gottesgedanke, Göttingen 1988, 20. Der Kosmosbegriff selbst verbietet also einen zu schlicht gedachten „Pantheismus"-Begriff. Begriffliche Klarheit ist heutzutage nicht zuletzt deshalb wünschenswert, weil religionswissenschaftliche Zeitgeist-Diagnostik besagt: „Ein neuer Pan-

signalisiert der Panentheismus-Begriff eine dezidiertere Unterscheidung von Gott und Welt, und zwar – wie Tillich hervorhebt – um der göttlichen wie um der endlichen, menschlichen Freiheit willen[91], die rein pantheistisch beide nicht zur Geltung kommen. Doch diese Differenzierung will gerade keinen „Dualismus" heraufbeschwören, vielmehr Gott und Welt von Gott als alleinigem Prinzip[92] her in den Blick bekommen. So kann Tillich ganz „monistisch" formulieren: „Die eine Wirklichkeit, der wir begegnen, wird von uns in verschiedenen Dimensionen, die aufeinander hinweisen, erfahren. Die Endlichkeit des Endlichen verweist auf die Unendlichkeit des Unendlichen. Die Wirklichkeit geht über sich hinaus, um in einer neuen Dimension zu sich zurückzukehren."[93]

Tillichs Überzeugung, dass die selbsttranszendierende Wirklichkeit alleiniges Prinzip auch der ja doch wieder in sie dialektisch zurückkehrenden Weltwirklichkeit bleibt, dass also das Sein-Selbst das mit sich selbst in Widerspruch geratende Sein[94] allemal trägt, hat dazu geführt, dass evangelische und katholische Systematiker bei ihm „Monismus" diagnostiziert haben[95]. Wenz formuliert analog dazu die Frage, ob hier „nicht das formale Sein vom endlichen Seienden und vom unendlichen Sein-Selbst univok ausgesagt wird. Der Seinsbegriff wäre dann für beide sinnidentisch ..."[96]

---

theismus sagt sich an" (Hans Waldenfels: Phänomen Christentum. Eine Weltreligion in der Welt der Religionen, Freiburg i. Br. 1994, 29). Der zweite und dritte Hauptteil dieser Untersuchung werden diese Frage vertiefen.
91 STh I, 303; vgl. auch II, 15. Vgl. Christian Danz: Religion als Freiheitsbewußtsein. Eine Studie zur Theologie als Theorie der Konstitutionsbedingungen individueller Subjektivität bei Paul Tillich, Berlin/New York 2000.
92 „Da Gott der Grund des Seins ist, ist er auch der Grund der Struktur des Seins" (STh I, 276). Ist Tillichs Panentheismus substanzontologisch zu verstehen? Den Begriff der „Substanz" interpretiert Tillich als Symbol, insofern er ihn gegen pantheistisches oder theistisches Missverständnis schützen will (vgl. STh I, 275 f.): Gott sei nicht heteronom bzw. theistisch als Substanz neben Substanz aufzufassen (STh II, 12; III, 368). Das schließt freilich nicht aus, ihn im Sinne einer überpolaren Substanz zu denken, nämlich als „übersubstantiellen Grund" (STh III, 360). Auf die Notwendigkeit einer begrifflichen, bislang unüblichen Unterscheidung zwischen substanzontologisch und relationsontologisch begründetem Panentheismus wird zurückzukommen sein.
93 STh II, 14. Vgl. z. B. auch STh I, 290 und 280.
94 Vgl. STh I, 274. Aber „das Sein-Selbst kann nicht dem Nichtsein verfallen" (ebd.). Interessant in diesem Zusammenhang Insik Choi: Die taologische Frage nach Gott. Paul Tillichs philosophischer Gottesbegriff des ‚Seins-Selbst' und die sprachliche Verantwortung des Glaubens in Begegnung mit dem Taogedanken Laotzus, Frankfurt/M. u. a. 1991.
95 Vgl. Emil Brunner: Dogmatik Bd. III, Zürich/Stuttgart 1960, 454; Leo Scheffczyk: Gott-loser Gottesglaube? Die Grenzen des Nichttheismus und ihre Überwindung, Regensburg 1974, 151; Jürgen Moltmann: Gott in der Schöpfung. Ökologische Schöpfungslehre, München 1985, 97; Oswald Bayer: Theologie (HST 1), Gütersloh 1994, 228.
96 Wenz, 315. Man wird diese Frage für Tillich unter Berücksichtigung seiner analogia-entis-Lehre (vgl. Norbert Ernst: Die Tiefe des Seins. Eine Untersuchung zum

Tatsächlich beleuchten die bei Tillich so häufigen Begriffe der „Wiederherstellung" oder „Rückkehr" seine Überzeugung von der dynamischen Einheit der Wirklichkeit, vom ewigen Gründen des Seins in dem Unendlichkeit und Endlichkeit dialektisch umfassenden Sein-Selbst[97]. „Gott ist unendlich, sofern er der schöpferische Grund des Endlichen ist und in Ewigkeit die endlichen Möglichkeiten in sich schafft. Das Endliche begrenzt ihn nicht, es gehört zu dem ewigen Prozess seines Lebens."[98] Diesen Prozess fasst Tillich regelrecht als „Rhythmus des göttlichen Lebens" auf, in welchem der „Weg von der Essenz über die existentielle Entfremdung zur Essentifikation"[99] führt. Die damit beschriebene Bewegung göttlichen Transzendierens von sich weg ist identisch „mit der Freiheit des Geschöpfs, sich von der essentiellen Einheit mit dem schöpferischen Grund seines Seins abzukehren"; dass es dabei dennoch „substantiell mit ihm geeint bleibt"[100], ist bezeichnende Implikation dieser panentheistischen Variante monistischen Denkens, das sich in wichtigen Ansätzen intensiven Schellingstudien[101] verdankt und am Ende Wurzeln in mystisch-theosophischen[102] Quellen aufweist. In diesem Sinn deuten „alle Aussagen der Theologie" bei Tillich „auf das Mysterium des ewigen Grundes des Seins hin."[103] Und als letztlich einzig mögliche „nicht-symbolische Aussage über Gott"

---

Ort der analogia entis im Denken Paul Tillichs, St. Ottilien 1988) zu bejahen und mit Wenz weiter zu fragen haben, „ob bei einem derart immensen Gewicht, wie es dem Seinsbegriff in Tillichs Theologie beigelegt wird, das spezifisch biblische Wirklichkeitsverständnis überhaupt noch in den Blick kommt" (316).

97 Vgl. auch STh I, 275. Mit Recht weist Repp auf die deduktive Dialektik Tillichs und ihren idealistischen Ursprung hin (48), den ebenso etliche andere Autoren unterstreichen (z. B. Henel, Philosophie, 40 und 74; Bayer, Theologie, 238).

98 STh II, 101. „Gottes Leben hat den Charakter allen Lebens: über sich hinauszugehen und zu sich zurückzukehren" (100). Dass das entsprechende Schema bei Tillich schon frühzeitig nachweisbar ist, zeigt Repp, 219. Es wird nach Tillich „in den trinitarischen Symbolen ausgedrückt" (STh II, 100).

99 STh III, 475. „Mit der Erschaffung in die Zeit ist die Möglichkeit zur Selbst-Verwirklichung, zur Entfremdung und zur Wiederversöhnung für die Kreatur gegeben, was – in eschatologischer Terminologie – dasselbe ist wie der Weg von der Essenz über die Existenz zur Essentifikation. Nach dieser Anschauung erhält der Weltprozess für Gott Bedeutung ... Denn die ewige Dimension dessen, was im Universum geschieht, ist das göttliche Leben selbst" (476).

100 STh II, 14 f. Festzuhalten ist hier, dass Tillich eine „Partizipation des göttlichen Lebens an der Negativität des kreatürlichen Lebens" bejaht (vgl. STh I, 290 und 311, ferner s. u.).

101 Vgl. bes. Wenz, 58 ff.

102 Nicht zufällig bezieht sich Tillich häufiger, als andere namhafte Theologen seiner Zeit es zu tun pflegen, auf den Theosophen Jakob Böhme, auf den noch zurückzukommen sein wird.

103 STh II, 101. Auch „die Frage nach der kategorialen Einheit des Universums" weist auf das „Mysterium des Seins-Selbst" (STh III, 359), den „Grund allen Überflusses", wie Tillich im Anschluss an neuplatonische Terminologie formuliert (STh I, 290). Henel diagnostiziert bei Tillich eine deutliche Nähe zum Naturalismus (Philosophie, 44).

gilt daher der Satz: „Alles, was über Gott gesagt werden kann, ist symbolisch."[104]

Gibt es tatsächlich keine weiteren theologischen Sätze, die nicht-symbolisch aufzufassen wären? Wie geht solch apophatische Theologie mit christologischen Sätzen um? Tillich versucht, konsequent zu bleiben: Auch sämtliche christologischen Aussagen, die „kosmisch" akzentuierten natürlich eingeschlossen, können nichts anderes sein als symbolische Formulierungen, die auf den „Gott über Gott" weisen. Sowohl die Rede vom *logos asarkos* als auch die vom *logos ensarkos* ist davon betroffen.

Um zunächst auf erstere einzugehen: Den *logos asarkos*, eines der trinitarischen „Prinzipien", versteht Tillich im Anschluss an nicht explizit genannte frühere Denker (man darf J. Böhme und F. W. J. Schelling assoziieren) als „Spiegel der göttlichen Tiefe" und als „Prinzip von Gottes Selbstobjektivierung", in welchem Gott sein „Wort" sowohl „in sich selbst als auch über sich hinaus" ausspricht[105]. Der *logos* fungiert demnach als Prinzip monistischer Wirklichkeitsdeutung: Alle, auch die über Gott hinausgehende Wirklichkeit ist Ausdruck von Gottes Selbstobjektivierung. „‚Logos' ist das Prinzip der göttlichen Selbstmanifestation in Gott und im Universum..."[106] Das im Begriff des *logos* enthaltene Symbol des Sprechens wird als *Sich*-Aussprechen interpretiert, nicht als Sprechen zu einem Gegenüber. Was als Anderes in den Blick kommt, ist letztlich kein von Gott unterschiedenes Sein, denn für den Panentheismus gilt wie dargelegt, dass Gott alles (freilich zugleich mehr als alles) ist. Daher kann Tillich formulieren, dass Gott „durch sich selbst die Welt schafft und mit der Welt sich selbst."[107] Folglich ist Alternität gottimmanent zu denken: Der *logos* führt „das Element der Anderheit in das göttliche Leben ein, ohne das es nicht Leben wäre."[108] Indem Tillich die Sichtweise der „spekulativen Trinitätsdenker" ausdrücklich teilt, nimmt er „das Element des Endlich-Werdens, Anders-Werdens, Welt-Werdens des Unbedingten als den ewigen Sohn"[109] selbst. Dabei findet das göttliche Leben seine Seligkeit in der ewigen kämpfenden „Überwindung des Negativen"[110].

Das Negative, das Nichtige, das „Nichts" kann aber – zumal es nichts Positives „ist" – nicht dualistisch „außerhalb" Gottes gedacht werden: Wenn Tillich angesichts dieser seiner These formuliert, dass Gott sich

---

104 STh II, 15 f.
105 Vgl. STh I, 289. Nach Karl Barth ist übrigens eine Rede vom *logos asarkos* nicht möglich (KD IV/1, 58).
106 STh II, 105; vgl. STh III, 476.
107 STh II, 160 (kritisch dazu Wittschier, Tillich, 193 f.).
108 STh III, 476.
109 Tillich, Dogmatik, 356. Für Tillich lebt die „Seinsfülle des Unbedingten ... in der kosmischen Seinsform und ermöglicht diese" (222).
110 Vgl. STh III, 474 f. und 458. Zu Tillichs Integration des Negativen in den Gottesbegriff siehe Bayer, Theologie, 216, sowie Henel, Philosophie, 75.

## Zur metaphorischen Dimension der Rede vom „kosmischen Christus"  45

selbsttranszendierend *aus*-spricht, darf es sich hierbei um kein echtes „Außen" handeln, schon gar nicht um ein „absolutes Nichts" *(ouk on)*. Nachdem Tillich auch ein „relatives Nichtsein" im Sinne der griechischen Lehre von Materie und Form *(me on)* ablehnt, spricht er metaphorisch vom „Erbteil des Nichtseins"[111], das jedwede Geschöpflichkeit kennzeichne. Die christliche Lehre von der *creatio ex nihilo* interpretiert er als Abwehr jeder Art von Dualismus, verschweigt allerdings, dass die Intention dieses Lehrsatzes durchaus eine Art von Dualität festhalten will: gewiss nicht die von Gott und einer ursprünglich vorgegebenen Materie, wohl aber die von Gott als Schöpfer und der Welt als Schöpfung[112].

In diesem biblisch gedeckten Sinn ist an Gottes Setzung eines nicht-monistischen Anderen zu denken[113]. Solche Dualität von Schöpfer und Schöpfung steht in Konflikt mit „(Mono-)Theismen", in denen aus der Dualität ein Dualismus wird, aber auch mit Pan(en)theismen, insofern diese sich als letztlich substanzontologisch fundiert erweisen[114]. Setzt man kreuzes-

---

111 Vgl. STh I, 292. Tillich hat die Begriffsspielerei (zur sprachanalytischen Reflexion philosophischer Rede vom „Nichts": Ernst Tugendhat: Das Sein und das Nichts, in: ders., Philosophische Aufsätze, Frankfurt/M. 1992, 36–66), derzufolge Gott jenseits von Sein und Nichts steht, nicht mitgemacht; vgl. STh I, 311. Instruktiv zur Thematik: Marc Dumas: Die theologische Deutung der Erfahrung des Nichts im deutschen Werk Paul Tillichs (1919–1930) [Europäische Hochschulschriften 23/479], Frankfurt/M. u. a. 1993.
112 Gerade die quantenphysikalische Auskunft, dass durchaus etwas und damit überhaupt das All *ex nihilo* entstehen könne (vgl. Peter W. Atkins: Schöpfung ohne Schöpfer. Was war vor dem Urknall? Reinbek 1984, bes. 133 ff.; Davies, Gott, 278; Henning Genz: Die Entdeckung des Nichts. Leere und Fülle im Universum, Augsburg 1997, 315 ff.), unterstützt den Gedanken autonomen Werdens des Kreatürlichen, ohne hierbei eine göttliche Substanz, aus der die Welt emanativ oder ideell herausgesetzt worden wäre, zu postulieren. Doch nach wie vor bleibt die prima-causa-Frage, in der sich die philosophische Urfrage ausdrückt, warum überhaupt etwas sei und nicht nichts, insofern erhalten, als nunmehr nach der Ursprünglichkeit des der Autonomie des Weltwerdens Raum und Zeit gebenden „Naturgesetzes" der Quantenmechanik, nach der Potenzialität „im Anfang" zu fragen ist (vgl. Eilert Herms: Kosmologische Aspekte des Gesetzesbegriffs [1989], in: ders., Offenbarung und Glaube. Zur Bildung des christlichen Lebens, Tübingen 1992, 408–430, bes. 430; Johannes Knöppler: Welt ohne Schöpfer? Theologische Implikationen moderner Kosmologie, in: Glaube und Denken. Jahrbuch der Karl-Heim-Gesellschaft, hg. v. H. Schwarz, Bd. 5, Moers 1992, 43–57).
113 Vgl. Hans Friedrich Geißer: Schöpfung aus dem Nichts, in: Fritz Stolz (Hg.), Religiöse Wahrnehmung der Welt, Zürich 1988, 107–125, bes. 113; Emil Brunner: Wahrheit als Begegnung, Zürich 1963², 93. – Demgegenüber hat Tillich nicht nur „die biblische Substanz einer philosophischen Begrifflichkeit" geopfert (Nörenberg, Analogia, 227), vielmehr bildet die „idealistisch-spekulative Philosophie ... das Fundament seiner Systematik" (Henel, Philosophie, 74; vgl. auch 46).
114 Wo die kreatürliche Alternität herausgestellt wird, tut sich freilich das Problem der Näherbestimmung jenes „theos" auf, von dem die „pan-(en-)theistische" Begrifflichkeit handelt (vgl. Wolfhart Pannenberg: Systematische Theologie, Bd. 1, Göttingen 1988 [abgekürzt: STh 1], 78 f.): Wie steht es um die Selbstzurücknahme des

theologisch beim durch Christi Passion und Auferstehen offenbar gewordenen Mit-Sein Gottes an, so lässt sich demgegenüber der Begriff „*Pansyntheismus*"[115] prägen: Dass „alles mit Gott" bzw. „Gott mit allem" ist und gedacht werden muss, ist eine relationsontologisch[116] akzentuierte Heilsaussage im Blick auf das trinitarisch begründete, nach Erläuterung rufende Gesamthandeln Gottes. In diesem Kontext kommt dem *logos* die Funktion des kosmischen Schöpfungsmittlers so zu, dass seine Mittlerrolle ein reales Aus-Gott-hinaus- und In-die-Schöpfung-Eingehen, ja den Zusammenstoß von Gott und Anderem im blutigen Kreuzesgeschehen einschließt. Gott spricht sich in seinem „Wort" selbst aus – aber auf ein gewollt Anderes hin, dessen Seinsgewährtheit nicht schon als Ausdruck einer ontologischen Letzteinheit mit ihm bzw. als „Realisierung des ewigen göttlichen Willens zur zeitlichen Selbstmanifestation"[117] zu werten ist.

Wie sieht dagegen Tillichs nicht-dualistische bzw. panentheistische Sicht des Schöpfungsmittlers aus, und welche christologischen Konsequenzen hat sie? Zunächst fällt auf, dass Tillich die Rede vom zweiten „Prinzip" der Trinität auf den (Ab–)Grund des Seins-Selbst bezieht: Dieses hat einen doppelten Charakter, es ist schöpferisch und abgründig in einem[118]. „Der Grund ist nicht nur ein Abgrund, in dem jede Form verschwindet, er ist auch die Quelle, aus der jede Form entspringt. Der Grund des Seins hat den Charakter der Selbstoffenbarung, er hat Logos-Charakter. Das ist nicht etwas, was zum göttlichen Leben noch hinzukäme, es ist das göttliche Leben selbst."[119] Von da aus gewinnt der Logos-Gedanke konsequent kosmische Relevanz: „Mit dem *logos* ist das Universum der Essenzen gegeben, die ‚Immanenz der schöpferischen Potentialität' innerhalb des göttlichen Seinsgrundes."[120] Nun gibt es aber nach Tillich „im göttlichen Leben" noch „keinen Unterschied zwischen Potentialität und Aktua-

---

Schöpfers, die seine Geschichte mit dem Anderen konstituiert und eröffnet? Antwortversuche hierauf führen ins Zentrum christlicher Theologie und Theosophie.

115 Mit dem Begriff „Pansyntheismus" soll Gottes Mit-Sein mit seiner Schöpfung in einer Weise betont sein, dass sein Anders-Sein im nicht-monistischen Sinn, sein der Schöpfung Raum eröffnendes Neben-ihr-Sein (vgl. Pannenberg, STh 1, 446), aber zugleich sein zutiefst auf die Schöpfung Bezogen-Sein im nicht-dualistischen Sinn gewahrt bleiben. Der hier anvisierte „dritte Weg" (vgl. analog Bayer, Theologie, 273) wird unten im Zusammenhang mit der paradigmatischen Unterscheidung von Heteronomie, Autonomie und Theonomie weiter verdeutlicht werden (s. u. Kap. II.1, ferner VII.4).
116 Vgl. hierzu die vertiefenden Überlegungen in Kap. II.3 und 4!
117 Dies vertritt in Nähe zur Tillichschen Theo-Logik ausdrücklich als „natürliche Theologie" Herms, Aspekte, 430.
118 STh I, 275.
119 STh I, 187. Wie es bereits Jahrzehnte früher heißen kann, lebt die „Seinsfülle des Unbedingten ... in der kosmischen Seinsform" (Paul Tillich: Dogmatik. Marburger Vorlesung von 1925, hg. v. W. Schüßler, Düsseldorf 1986, 222).
120 STh III, 476.

lität"[121] – eine Aussage, die er zuvor bereits von „Gott als Gott" gemacht hat, um die Rede vom „Leben" in Gott als symbolisch, d. h. als nicht direkt auf das Sein-Selbst anwendbar zu erweisen[122]. Lassen sich damit, wie auch im voraufgehenden Zitat – das „Sein-selbst" und „das göttliche Leben" entgegen allen symbolistischen Beteuerungen ineinssetzen? Indem Tillich sie einmal sinnidentisch, ein andermal sinndifferent aussagt, offenbart er mehr als bloß eine rhetorische Unaufmerksamkeit, nämlich eine Aporie seines Denkens: Wie vermittelt sich das Abstraktum des *„esse ipsum"* mit konkreteren Inhalten, wie sie für den christlichen Glauben unverzichtbar sind? Alle die Formel vom „Sein-Selbst" erläuternden Redeweisen der Theologie als Symbolisierungen zu deklarieren, erweist sich als panentheistischer Kunstgriff, mit dessen Hilfe eben dieses Sein-Selbst reduktionistisch als Letztwahrheit ausgegeben wird. Gewiss, diese Letztgröße charakterisiert ihre immanente Dynamik als „Einheit von Identität und Veränderung" bzw. „Identität von Identität und Differenz"[123] – eben als „Leben Gottes". Doch damit ist faktisch bereits mehr ausgesagt als bloß Symbolisches, so dass die apophatische Rücknahme alles andere als Beliebigkeit, Gedankenleere oder gar Irrationalität, sondern im Gegenteil dogmatisch sehr wohl Verhandelbares und Diskussionswürdiges hinterlässt – die Frage eingeschlossen, ob Tillichs „radikaler" Symbolismus theologisch bzw. christologisch haltbar ist.

Zumal die panentheistische Denkfigur der „Identität von Identität und Differenz" philosophischer Natur ist, muss ihre Anwendung auf das christliche Trinitätsmodell als sekundär eingestuft werden, weshalb Tillich mit Recht die Kritik trifft, er denke „den Begriff Gottes nicht wirklich von seiner kontingent-geschichtlichen Erscheinungsweise in Jesus Christus her."[124] Von hier aus dürfte sich nun ein erster Grund für den auffälligen Tatbestand zeigen, dass Tillich nicht selber das Symbol des „kosmischen Christus" geprägt oder es von Galloway übernommen, sondern sich ihm gegenüber reserviert verhalten hat: Es knüpft das von Tillich geschichtlich verstandene Christus-Symbol so unmittelbar an den universalen *logos*, bindet es so tief und direkt in das „göttliche Leben" hinein, dass es an dessen Gleichsetzung mit dem Abgrund des Seins-Selbst zu partizipieren droht. Damit aber könnte womöglich sein Symbol-Charakter gesprengt bzw. fraglich werden, und das möchte Tillich jedenfalls vermeiden. Der „kosmische Christus" erhielte sonst womöglich eine theistische Färbung

---

121 STh I, 293.
122 Vgl. STh I, 280.
123 Vgl. Tillich, STh III, 475 – und Wenz, Subjekt, 187, wo auch deutlich wird: Die Analogisierung der Welt mit Gott kann bei Tillich „überhaupt nichts Zusätzliches" gegenüber Gottes „Leben" einbringen. Am Ende erweist sich die vermeintliche Einheit des Verschiedenen sogar „als bloß identische Identität" (Wenz, 314).
124 Wenz, Subjekt, 314. Tillich weiß: „Trinitarisches Denken ist dialektisch" (STh II, 100) – ein Satz, den man gewissermaßen auch auf den Kopf stellen kann.

im Sinne einer personal aufzufassenden Gottheit. Genau dies aber hat sich bei Galloway vollzogen: Angesichts der in der Rede vom „kosmischen Christus" verborgenen Aporie, dass sich in ihm ein personaler Begriff mit einem apersonalen verbindet, muss seiner Folgerung nach analog zum Christus auch für den Kosmos die apersonale Struktur überwunden werden; möglich wird das dadurch, dass Jesus als kosmischer Befreier dem Glaubenden die Welt gottdurchsichtig werden lässt[125].

Etwas überspitzt könnte man sagen, dass sich Tillich angesichts der begrifflichen Problematik „kosmischer Christologie" zum Gegenteil entschlossen hat: Statt um Christi willen den Kosmos zu „personalisieren", hat er in Entsprechung zum apersonalen Kosmos auch „Christus" quasi „apersonalisiert". Damit kommt nun das Problem des *logos ensarkos* in den Blick. Hierbei zeigt sich, dass Tillich den Begriff der „Inkarnation" überhaupt nur unter Vorbehalt zulassen möchte, da er – selbstredend als Symbol verstanden – im Sinne eines „Verwandlungsmythos"[126] missverständlich sei. Es gehe jedoch „um die Botschaft, daß Gottes erlösende Teilnahme an der menschlichen Situation in einem personhaften Leben offenbar geworden" sei[127]. Diese entsymbolisierende Formulierung spricht von Gott und der Person Jesu, meidet aber nicht zufällig den Christusbegriff. Darin kommt die Distanz zum Ausdruck, die Tillich zwischen den Nazarener und seinen „aus der mythischen Tradition"[128] stammenden Funktionstitel hineinbringt. Zwar wird diese Differenzierung[129] durch historische Erklärungen

---

125 Vgl. Galloway, Cosmic Christ, 203 f. und 250.
126 STh II, 105; vgl. auch 123. Polemisch meint Tillich, „Inkarnation" könne womöglich als „Transmutation eines göttlichen Wesens in ein menschliches Wesen" aufgefasst werden (STh II, 104), und man müsse die Christologie „von der ‚Alchemie' der Lehre von den zwei Naturen" befreien (vgl. Paul Tillich: Das Problem der theologischen Methode (1946), in: ders., Korrelationen. Die Antworten der Religion auf Fragen der Zeit, ErgW 4, hg. von I. C. Henel, Stuttgart 1975, 19–35, hier 34). Dabei verzeichnet Tillich den Tatbestand, dass die Zwei-Naturen-Lehre gerade darauf abzielt, dem Transmutationsgedanken zu wehren. Aus gutem Grund macht daher Barth gegen Tillich die Formel von Chalcedon geltend, „an die in aller Stille sich zu halten mutatis mutandis noch heute Einsicht verraten würde" (Karl Barth: Von der Paradoxie des ‚positiven Paradoxes'. Antworten und Fragen an Paul Tillich [1923], zuletzt in: J. Moltmann [Hg.], Anfänge der dialektischen Theologie. Teil 1 [Theol. Bücherei 17], München 1977, 175–188, hier, 187). Zur Kritik an Tillichs Christologie vgl. auch George H. Tavard: Paul Tillich and the Christian Message, New York 1962, 171 ff.
127 Für Tillich ist die Vorstellung abstrus, dass der universale logos, um konkret zu werden, den Himmel verlassen habe (STh II, 123; Dogmatik, 354 f.). Damit berührt er einen alten Streitpunkt, der für die Frage einer kosmischen Christologie durchaus relevant ist und im Blick behalten werden muss.
128 STh II, 108.
129 Bayer resümiert treffend: „Dort, wo der christliche Glaube zwischen Unbedingtem und Bedingtem gerade nicht unterscheidet, unterscheidet, ja trennt Tillich. Dort, wo der christliche Glaube strikt unterscheidet – zwischen Schöpfer und Geschöpf – dort identifiziert Tillich" (Theologie, 251, kursiv).

zum Christusbegriff[130] begründet (wobei der kosmische Charakter des apokalyptisch verstandenen „Messias" betont wird)[131]. Doch ihre Funktion ist es, die Identifizierung von *logos* und Jesus in ihrer traditionellen christologischen Verknüpfung zu lockern, so sehr er letztere bei Bedarf betonen kann[132].

Tillich fragt mit Blick auf unser modernes kosmologisches Wissen: „Wie soll man das Symbol des Christus verstehen angesichts der ungeheuren Dimensionen des Universums ... und der Möglichkeit anderer Welten, in denen göttliche Selbstmanifestationen stattfinden und aufgenommen werden können?"[133] Seine Antwort ist eindeutig: Der im Christussymbol gegebene Begriff des wesenhaften Menschseins beschränke „die Bedeutung des Christus auf die historische Menschheit", weshalb der Kosmos „in anderen Bereichen und zu anderen Zeiten für weitere göttliche Manifestationen offen"[134] sei. Das bedeutet: „Tillich wagt es nicht, die Heilswirkung des neuen Seins in dessen Verkörperung Jesus Christus über die irdische Menschheitsgeschichte hinaus auf den Kosmos als ganzen auszudehnen."[135] Aber nicht nur das: Tillichs Formulierung „zu anderen Zeiten" gilt potenziell sogar innerplanetarisch für andere Menschheitsphasen[136]! Demnach sind andere „einmalige Inkarnationen" in fernen Kulturen auf der Erde in anderen Welten denkbar. Diese Überlegung impliziert, dass Person und Werk Jesu Christi nur eine von möglicherweise vielen Repräsentationen des *logos* darstellen. Berücksichtigt man die unvorstellbare Weite des – allerdings endlichen – Kosmos mit seinen nach Milliarden zählenden Galaxien, so ließe sich in der Konsequenz durchaus mit mindestens einer Milliarde Jesus entsprechender „Christusse" rechnen. Das Universum enthielte dann eine Klasse vollkommener Kreaturen und eine „Unterklasse" unvollkommener. Ob Tillich sich diese Konsequenzen ausgemalt hat, sei dahingestellt; jedenfalls ist für ihn die Manifestation des

---

130 Einen aktuellen Überblick hierzu liefert das um einen Anhang erweiterte Standardwerk von Ferdinand Hahn: Christologische Hoheitstitel. Ihre Geschichte im frühen Christentum, Göttingen 1995⁵, bes. 133 ff. und 466 ff. Vgl. auch Ulrich Neuenschwander: Christologie – verantwortet vor den Fragen der Moderne, hg. von W. Zager, Bern u. a. 1997, der erklärt: „Das einzige, was alle Christusbegriffe verbindet, ist dies, daß Christus ein positiver Begriff ist, der mit Heil und nicht mit Unheil zusammenhängt" (11).
131 Vgl. STh II, bes. 99. Zum Thema vgl. zuletzt Reinhold Mayer: War Jesus der Messias? Geschichte der Messiasse Israels in drei Jahrtausenden, Tübingen 1998.
132 Vgl. Paul Tillich: Auf der Grenze. Aus dem Lebenswerk Paul Tillichs, Stuttgart 1962, 185.
133 STh II, 105. Mit dieser interessanten Frage befassen sich heute mancherlei spirituelle Ufo-Clubs.
134 STh II, 105 f. Ebenso 110. Vgl. allerdings STh III, 419.
135 Heinrich Ott: Apologetik des Glaubens. Grundprobleme einer dialogischen Fundamentaltheologie, Darmstadt 1994, 97.
136 STh II, 111.

Seinsgrundes in Jesus „nicht die einzige, ausschließliche Offenbarung Gottes, im Gegenteil: sie spielt im *Gesamt*werk Tillichs eine erstaunlich geringe, sekundäre Rolle."[137] Hierin kann man einen zweiten Grund dafür annehmen, warum Tillich das Symbol eines „kosmischen Christus" nicht vertreten hat, so sehr er von einem kosmischen bzw. „universalen *logos*"[138] überzeugt gewesen ist.

Und noch ein dritter Grund kommt bei weiterer Reflexion in den Blick. Wird „Inkarnation" wie bei Tillich auf eine wenn auch besondere Relation reduziert, so ist klar, dass dergleichen Relationen plural denkbar sind und damit den Christusbegriff relativieren. Ganz anders verhält es sich, wenn der Inkarnationsbegriff so ernst genommen wird, wie er in Joh 1,14 gemeint ist. Denn dann hat eine Fleischwerdung des *logos* unmittelbare Rückwirkung auf die innerste Identität Gottes, die sich entsprechend als Trinität strukturiert[139]. Dann aber tritt auch erst der das Christentum von anderen Religionen unterscheidende Sinn des Inkarnationsgedankens klar hervor: Dass Gott nicht nur in jenem „All", das er in dialektischer Selbsttranszendenz umspannt, sondern in substanziell Anderem Wohnung nimmt, das ist das Paradox der christlichen Botschaft. Tillich nun reduziert nicht nur das Unerhörte dieser Botschaft[140], sondern analog dazu den Begriff „Paradox", indem er ihn herabschraubt auf seinen umgangssprachlichen Sinn, demzufolge er lediglich den Widerspruch zu der auf „alltägliche Erfahrung" gegründeten Meinung ausdrückt[141]. Zieht man also verstehend den Schleier des „gesunden Menschenverstands" hinweg, transzendiert man den Anschein der alltäglichen Welterfahrung, dann verschwindet folglich auch das Paradox[142]! Besteht dieses laut Tillich darin, dass in „einem personhaften Leben das Bild wesenhaften Menschseins unter den Be-

---

137 Sigurd Martin Daecke: Teilhard de Chardin und die evangelische Theologie. Die Weltlichkeit Gottes und die Weltlichkeit der Welt, Göttingen 1967, 45.
138 STh II, 123.
139 Gerade von daher umfassen „die Aussagen über Gott die Ebene der Personalität": „In Jesus Christus, der mit Gott *wesenseins* ist, nimmt Gott menschliche Natur und Gestalt an und *wird* insofern zur irdischen *Person*" (Härle, Dogmatik, 253).
140 Korrelativ dazu reduziert Tillich die Verschiedenheit der Religionen, als deren gemeinsames „Herzstück" er die „Wiedervereinigung" mit Gott ansieht (vgl. STh II, 95), und er reduziert das äußere Chaos der Religionsgeschichte zugunsten eines „inneren *telos*", auf dessen Transzendenz sie allemal zulaufen und dabei alle „dämonischen Ansprüche" (worunter er auch theistisches Denken zu zählen pflegt) überwinden soll (Religionsgeschichte, 151).
141 Siehe STh II, 102, wo die übliche Definition des Widerstreits zweier in sich evidenter Aussagen als „logisches Spiel mit Widersprüchen" ausdrücklich negiert wird. Vgl. zur Sache Kurt Wuchterl: Art. Paradox I. Philosophisch, in: TRE 25, 1995, 726–731, bes. 727.
142 Dass dieser abgeschwächte Paradox-Begriff der Grundtendenz Tillichs entspricht, Divergenzen als Konvergenzen zu interpretieren, bemerkt Volker Weymann: Evangelische Erwachsenenbildung. Grundlagen theologischer Didaktik, Stuttgart u. a. 1983, 51.

dingungen der Existenz erschienen ist, ohne von ihnen überwältigt zu werden"[143], so löst es sich für den glaubend Erkennenden auf in die Gewissheit, das „Eingehen Gottes in die Geschichte" bedeute am Ende nichts anderes als die „Aufnahme der Geschichte in Gott"[144].

Zugespitzt lässt sich mit Wenz sagen: „Tillich ... sucht die Wirklichkeit Christi ungeschichtlich zu begreifen."[145] Statt „ungeschichtlich" müsste es hier zwar im Sinne Tillichs besser „übergeschichtlich" heißen; aber das ändert nichts daran, dass sich sein Symbolismus bei näherem Zusehen als Ausdruck einer modernen Metaphysik[146] entpuppt. Entsprechend rekurriert Tillichs symbolische Rede vom „Schöpfungsmittler"[147] auf ein Verständnis von „Schöpfung", das deren Einmaligkeit leugnet: „Sie ist ... kein einmaliges Ereignis"; und dasselbe trifft nicht minder zu für ihr Telos, denn „Schöpfung und Vollendung, Anfang und Ende ereignen sich immerwährend"[148]. Von daher ist es nur konsequent, wenn Tillich am Ende sogar die Entsymbolisierung des Kreuzesgeschehens einfordert: „Die versöhnende Tat Gottes ist ewig", denn „das Historisch-Konkrete kann als solches wohl bewegen, umgestalten, aber nicht erlösen"[149]!

---

143 STh II, 104 (kursiv gedruckt). Interessanterweise formuliert Tillich später: „Der Träger des *logos* unterwirft sich den Bedingungen der Existenz und besiegt die existentielle Entfremdung" (123). Darin verrät sich das Unvermögen Tillichs, die Inkarnationsbotschaft ihrem Gehalt nach zu bewahren, derzufolge der *logos* selbst und nicht nur sein Träger sich den irdischen Bedingungen unterworfen hat.
144 Dogmatik, 355. In diesem Argumentationskontext verwundert es nicht, dass Tillich am „historischen" Jesus kein ernsthaftes theologisches Interesse hat (vgl. z. B. STh II, 115). Die Folge ist: „Christi Sonderrolle droht sich unter der Hand zu verflüchtigen. Hinzu kommt, daß die Relativierung des Christusereignisses sich bestens in die philosophische Grundstruktur des Systems einfügt ..." (Wolf Reinhard Wrege: Die Rechtstheologie Paul Tillichs [Jus ecclesiasticum 56], Tübingen 1996, 109).
145 Wenz, Subjekt, 221. Dieses Urteil bestätigt sich, wenn man bedenkt, dass nach Tillich durch das im Christus offenbar gewordene „Neue Sein" alle Menschen „in gewissem Grade" an der Erlösung partizipieren (STh II, 181), ja in der religiösen Frage nach Erlösung bereits fragmentarisch Erlösung am Werk ist (STh II, 89). Um wie viel mehr muss das gelten, wenn man mit Tillich mehrere christusartige Manifestationen des Logos im Laufe der Erdgeschichte für möglich hält!
146 Man bedenke, dass für Tillich Ontologie und Metaphysik nur verschiedene Namen für dieselbe Sache sind (vgl. STh I, 193). Auch Tillichs Kritiker Barth konstatiert bei ihm „eine Grundlegung, die doch wohl der Sache nach mit dem identisch ist, was man früher *Metaphysik* nannte, nur dass die alten Metaphysiker unter den Theologen solches meines Wissens mehr sozusagen im Nebenamt trieben, während sich die Sache bei Tillich, wenn mich nicht alles täuscht, umkehrt" (Barth, Paradoxie, 181). Tillichs Identifikation von Ontologie und Theologie hat man treffend als „Theontologie" bezeichnet (vgl. Repp, 53).
147 Er gilt als „Symbol für das Eingehen in die Geschichte" (Dogmatik, 355).
148 Vgl. Tillich, STh I, 291, sowie STh III, 474.
149 Dogmatik, 340 f. Was im Ereignis des Kreuzes „symbolisch geschah, geschah und geschieht fragmentarisch auch an anderen Orten und zu anderen Zeiten, wenn auch nicht in geschichtlicher oder empirischer Verbindung mit dem Kreuz" (Til-

So sehr Tillich die polare Spannung von Universalem und Konkretem in Jesus dem Christus zu betonen pflegt, so wenig Gewicht hat bei ihm – gemessen an der fundamentalen Struktur des „ewigen geistigen Gehalts" – das Geschichtlich-Kontingente der Kreuzesgeschichte Jesu[150]. Und obschon die Identität des Christus mit dem gekreuzigten Jesus für Tillich den Gipfel dessen bedeutet, was ein christliches und überhaupt ein religiöses Symbol zum Ausdruck zu bringen vermag, schätzt er es gerade um seiner Fähigkeit willen, sich im Bild des Gekreuzigten als Medium selbst durchzustreichen[151]. Eine derartige Fähigkeit besitzt das von Galloway befürwortete Symbol des „kosmischen Christus" nicht, wohl aber trägt es in sich die Tendenz, in seiner Grandiosität jenes in Wahrheit größte Symbol zu überbieten. Hierin dürfte der dritte Grund für Tillich gelegen haben, auf den Gebrauch dieses „einnehmenden" Begriffs zu verzichten: Für die Dynamik seiner panentheistischen Dialektik trägt er im Vergleich zum Kreuzessymbol zu wenig aus.

*3. Die Differenz von religionsphilosophischem und theologischem Zirkel als Hinweis auf die tiefenstrukturelle Analysebedürftigkeit metaphorischer Redeweise*

Angesichts der divergierenden Interpretationsmöglichkeiten der Metapher „kosmischer Christus"[152] drängt sich das Postulat einer Unterscheidung von außen- und binnenperspektivischer Rede auf. Indes – wäre ihm faktisch überhaupt zu entsprechen? Apologetisch identifizierbare „Fronten" verschwimmen zusehends; aus traditionellem Gegenüber von Orthodoxie und Häresie[153] ist wenigstens teil- und ansatzweise ein Ineinander gewor-

---

lich, Religionsgeschichte, 152). Wenz (Subjekt, 168) sieht mit Recht eine Nähe zu Hegels Kreuzestheologie. Besser gesagt: Tillich „has ontologized the symbol of the Cross" (Tavard, 79). Denn Tillichs „Christology can spare the historical Jesus. It is not so much focused on a historical event as on a philosophico-religious principle" (167).

150 Dies arbeitet Wenz eindrücklich heraus (181 und bes. 197 ff.).

151 Vgl. Paul Tillich: Wesen und Wandel des Glaubens, Berlin 1961, 113 f. und 120 f. Dass diese Interpretation weder Paulus noch Luther entspricht, unterstreicht Joachim Track: Der theologische Ansatz Paul Tillichs. Eine wissenschaftstheoretische Untersuchung seiner „Systematischen Theologie" (FSÖTh 31), Göttingen 1975, 401 und 408–410.

152 Auf sie deutet allein schon das Faktum hin, dass alle Autoren, die in den letzten elf Jahren den „kosmischen Christus" in Titelformulierungen aufgenommen haben, aus unterschiedlichen christlichen Konfessionen und Denkrichtungen stammen: Schiwy ist römisch-katholisch, Rössler evangelisch-lutherisch, Fox anglikanisch, Moltmann evangelisch-reformiert; Schroeder gehört der von Rudolf Steiner inspirierten Christengemeinschaft (dazu unten Kap. V.1) an.

153 Hierzu näher Werner Thiede: Häresie – Sektierertum – Sekten, in: V. von Bülow/A. Lexutt (Hgg.), Kaum zu glauben. Von der Häresie und dem Umgang mit ihr (FS

den, und zwar auch in korporativer Hinsicht[154]. Die „dem Christentum jetzt konkurrierenden Lebensmächte" kommen, wie W. Sparn es konzis formuliert, einher als „religiöse Phänomene, die in der Welt des Christentums entstanden sind und christliche Motive und Normen in sich tradieren, in mehr oder weniger transformierter Gestalt."[155] Das „Göttliche" von Jesus zu prädizieren, ist insofern kein Ausweis mehr für „einen Vorgang im Innenbereich des Christentums"[156]; religiöse Christus-Verehrung in Verbindung mit kosmischer Spiritualität ist heute außerhalb der christlichen Kirchen und Sondergemeinschaften bisweilen verinnerlichter anzutreffen als bei vielen Mitgliedern der religiösen Institutionen. Ernsthafte Christosophie blüht und gedeiht, während auf dogmatischem Gebiet eine mancherorts anzutreffende „Christus-Vergessenheit"[157] zu konstatieren ist und zugleich massive christologische Transformationen sich – gern mittels historisch-kritischer Argumentation, wie sie Christosophen oft geradezu abzuschrecken pflegt[158] – über gewohnten kirchlichen Christusglauben bewusst hinwegsetzen[159].

---

Heiner Faulenbach zum 60. Geburtstag), Rheinbach 1998, 283–313 (aktualisierter Wiederabdruck in: ders.: Sektierertum, 17–54). Das gegenwärtige Verschwimmen von Orthodoxien und Häresien hat eine gewisse Analogie in der Situation des Frühchristentums (vgl. Walter Bauer: Rechtgläubigkeit und Ketzerei im ältesten Christentum, hg. v. G. Strecker, Tübingen 1964²), ist allerdings insofern damit nur bedingt vergleichbar, als es sich heute um ein spät- bzw. nachchristliches Phänomen handelt.

154 Mitglieder und Sympathisanten esoterischer bzw. okkulter Gruppen dürften sich zu annähernd einem Drittel aus Kirchgängern zusammensetzen (vgl. Michael N. Ebertz: Ich habe meinen eigenen Glauben. Christentum, Kirche und religiöse Sehnsüchte aus soziologischer Sicht, in: CiG 25/1996, 205 f. und 26/1996, 213 f., bes. 213).

155 Walter Sparn: Religiöse Aufklärung. Krise und Transformation der christlichen Apologetik im Weltanschauungskampf der Moderne, in: Glaube und Denken 5 (1992), 77–105 und 155–164, Zit. 162.

156 Anders Walter Sparn: ‚Religionsmengerei'? Überlegungen zu einem theologischen Synkretismusbegriff, in: ders./V. Drehsen (Hgg.), Im Schmelztiegel der Religionen. Konturen des modernen Synkretismus, Gütersloh 1996, 255–284, hier 281. Faktisch transzendieren manche esoterisch-theosophische Vereinnahmungen Jesu selbst ein weit verstandenes Christentum.

157 Ein Begriff Matthias Petzoldts (im Rahmen einer Rezension in der ThLZ 116, 6/1991, 453).

158 So hängt die Entwicklung der kosmischen Christologie Rudolf Steiners komplementär mit der damals wachsenden historisch-kritischen Jesus-Skepsis zusammen (vgl. Friedrich Heyer: Anthroposophie – ein Stehen in Höheren Welten? [R.A.T. 3], Konstanz 1993, 42 ff.).

159 Dieser Vorgang hält seit der Epoche der Aufklärung an und ist verstärkt worden durch die Religionskritik namentlich Feuerbachs, der Christologie gleich auf der ersten Seite seiner „Grundsätze der Philosophie der Zukunft" (Zürich/Winterthur 1843) mit „religiöser Anthropologie" gleichgesetzt hat. In unserer Epoche wäre zu denken an mancherlei christologische Neuentwürfe im Gefolge der Diskussion um die Diskrepanz zwischen dogmatischem Christusglauben und historisch-kriti-

Lassen sich im Blick auf die Probleme christusbezogener Spiritualität und Reflektivität Außen- und Binnenperspektive nicht mehr einfach nach den Grenzen von Theologie und Kirche definieren, so stellt sich binnentheologisch umso intensiver die Frage nach ordnenden, also wesentlichen dogmatischen Unterscheidungsmöglichkeiten und -kriterien. Hier drängt sich förmlich der Gedanke auf, den verschiedenen, tendenziell herrlichkeitstheologischen Ansätzen kosmischer Christologie mit dem Konzept bewährter *theologia crucis*[160] entgegenzutreten. Wer von Paulus und Luther gelernt hat, der greift gern zum fundamentalen „crux probat omnia"[161]: Mag von „Christus" reden, wer da will – das Licht des Kreuzes wird erweisen, wie viel die jeweilige Spiritualität theologisch taugt! Doch was beim „Christus"-Motiv generell gilt, bestätigt sich auch bei genauerer Prüfung dieses Prüfsteins: Selbst das christliche Kernmotiv des Kreuzes ist, wie bereits vermerkt, längst zur „konkurrierenden Lebensmacht", zum neureligiösen Phänomen mit teils mehr, teils weniger transformiertem Gehalt geworden. Das heißt, es ist auch außerchristlich als „Weisheit" entdeckt wor-

---

schem Wissen über Jesus (dazu Küng, Theologie, 122 ff.), sodann an die 1977 in Gang gekommene Debatte um den Inkarnationsgedanken (vgl. J. Hick [Hg.], Wurde Gott Mensch? Der Mythos vom fleischgewordenen Gott, Gütersloh 1979; dazu näherhin Alasdair I. C. Heron: Doing without the Incarnation? in: SJTh 31, 1/1978, 51–71; Dalferth, Der auferweckte Gekreuzigte, 1 ff.). Aber auch Entwürfe feministischer Christologie (vgl. D. Strahm/R. Strobel [Hgg.], Vom Verlangen nach Heilwerden. Christologie in feministisch-theologischer Sicht, Fribourg/Luzern 1991; Schüssler Fiorenza, Jesus, 1997) und die breitenwirksam dargebotene Bestreitung der leiblichen Auferweckung Jesu durch einen namhaften Neutestamentler (Gerd Lüdemann: Die Auferstehung Jesu. Historie – Erfahrung – Theologie, Göttingen 1994) nehmen auf traditionellen Christusglauben keinerlei Rücksicht mehr. Selbst im „Deutschen Pfarrerblatt" erhält die platte These ein Forum, „Kreuzestheologie überhaupt" wie ohnehin die Rede von der Auferweckung Jesu seien abwegig, doch „Leben, echtes Leben, ist möglich, immer wieder, und wird nicht sterben ... Diese Erde könnte der Himmel sein" (Claus Petersen: The Times They Are A-Changin'. Anknüpfung an Jürgen Vollmer, in: DtPfrBl 97, 6/1997, 287–289, hier 288).
160 Luthers Thesen der Heidelberger Disputation (1518) arbeiten auf dem Erfahrungshintergrund strenger mönchischer Observanz ein profiliertes, radikales Gnadenverständnis heraus, das eine neue Erkenntnisrelation zu Gott begründet. *Theologia gloriae* ist insofern als ein Theologisieren zu verstehen, das die eingeschränkte Möglichkeit zur Gotteserkenntnis beim „natürlichen" als von Gott entfremdeten Menschen außer Acht lässt oder ganz nachrangig in den Blick nimmt (vgl. Hans Joachim Iwand: Theologia crucis [1959], in: Vorträge und Aufsätze. Nachgelassene Werke Bd. 2, hg. v. H. Gollwitzer u. a., München 1966, 381–398, bes. 383). Nachdem sich freilich kaum jemand den Vorwurf der *theologia gloriae* machen lassen will, „wird echte theologia crucis selbst stets unhonoriert ihren Dienst tun und sogar dessen gewärtig sein müssen, daß man ihren Namen, nachdem er zum anerkannten Prinzip geworden ist, ebenso usurpiert, wie herrschende Päpste sich gern als servus servorum deklarieren" (281).
161 Martin Luthers kreuzestheologischer Satz (WA 5, 179, 31) wird systematisch reflektiert bei Udo Kern: Theologia crucis als Fundamentalkritik, in: ThZ 50, 1/1994, 62–70.

den, um auf diese Weise freilich nicht in Gestalt einer *theologia crucis*, sondern in der einer *theologia gloriae* zu begegnen[162]. Das daraus resultierende Syndrom nenne ich „*theosophia crucis*". Diese Bezeichnung will keineswegs nur als abwehrende Etikettierung verstanden sein, sondern zugleich ein erneutes Bestimmen der Kreuzesbotschaft[163] im Sinne einer nun kreuzestheologisch verantworteten „*theosophia crucis*" anmahnen, wie im weiteren Verlauf deutlich werden wird.

Jedenfalls zeichnet sich ab, dass in der heutigen Situation das Aufrufen einzelner dogmatischer Topoi den erforderlichen Diskurs schwerlich weiterbringt. Vielmehr kommt alles auf eine tiefenanalytische Wahrnehmung an: In welchen systematischen Interpretations- und Verweisungszusammenhängen, in welchen – um es mit Tillich zu formulieren – „Zirkeln" werden zentrale Symbole oder Metaphern gedacht, entfalten sie ihre jeweilige Funktion? Erst dort, wo man sich über die hermeneutischen Zirkelstrukturen hinreichend klar geworden ist, kann ein Gespräch, in dem äquivok gebrauchte Begriffe im Zentrum stehen, zu seiner eigentlichen Sache kommen.

Tillich unterscheidet fundamentaltheologisch zwischen „religionsphilosophischem" und „theologischem Zirkel"[164]. Ob aus dieser Differenzierung für ein angemessenes Verstehen der verschiedenartigen Rede vom „kosmischen Christus" Gewinn gezogen werden kann? Der Begriff des „Religionsphilosophischen" als solcher sträubt sich gegen allgemeingültige Fixierungsversuche[165]: Sein Gebrauch lässt sich grundsätzlich danach unterscheiden, ob über „Religion" – wie auch immer verstanden – aus der Binnenperspektive des religiös Gebundenen oder aus der skeptischen Außenperspektive des Religionskritischen reflektiert wird[166]. Tillich verwen-

---

162 Der von Luther geprägte Dual kann im wesentlichen als bekannt vorausgesetzt werden (für seine differenzierte Erläuterung vgl. insbes. Pierre Bühler: Kreuz und Eschatologie. Eine Auseinandersetzung mit der politischen Theologie im Anschluß an Luthers theologia crucis, Tübingen 1981, 73–131). Der allerdings nicht vorauszusetzende Gehalt der hier formulierten These wird erst im Zuge der weiteren Untersuchungen näher darzulegen sein.
163 Denn Theologie „wird unerheblich, wenn sie auf den gesellschaftlichen und religiösen Differenzierungsschub unserer Zeit mit Bestimmtheitsverzicht und Bestimmungsverweigerung reagiert" (Ingolf U. Dalferth: Jenseits von Mythos und Logos. Die christologische Transformation der Theologie [QD 142], Freiburg/Basel/Wien 1993, 3).
164 Vgl. STh I, 15 ff.
165 Vgl. neben einschlägigen neueren Lexika-Artikeln über „Religionsphilosophie" das Herausgeber-Vorwort bei F. Niewöhner (Hg.), Klassiker der Religionsphilosophie. Von Platon bis Kierkegaard, München 1995, 7 ff.
166 Hierzu Theodor Mahlmann: Was ist Religionsphilosophie? in: O. Kaiser (Hg.), Denkender Glaube. FS Carl Heinz Ratschow zum 65. Geburtstag, Berlin 1976, 309–330, bes. 315 ff. Ungeachtet dieser Unterscheidung gilt freilich: „Auch wo die Religionsphilosophie apologetisch, in Übereinstimmung mit der (christlichen) Theologie verfährt, ist sie kritisch ... Umgekehrt wird auch eine kritische Reli-

det ihn in der Regel im ersten Sinn, nämlich zur attributiven Bestimmung jenes Zirkels, den er unabhängig vom eingeschlagenen Denkweg des religiös oder theologisch Argumentierenden durch ein „mystisches Apriori", ein „Erkennen von etwas, das die Kluft zwischen Subjekt und Objekt transzendiert" (man könnte geradezu von einem „hermetischen" Zirkel sprechen[167]), charakterisiert sieht[168]. Begriffe wie das „kosmische Ganze", das „Universum" oder die „kosmische Person" beruhen demnach „auf einer unmittelbaren Erfahrung von einem letzten Sein und Sinn, deren man intuitiv gewahr werden kann."[169] Der „Zirkel, dem kein Religionsphilosoph entgehen kann", besteht eben darin, dass sich das „mystische Apriori" im wissenschaftlichen Prozess nur deshalb entdecken lässt, weil es „von Anfang an darin gegenwärtig war."

Der hiervon zu unterscheidende „theologische Zirkel" kreist Tillich zufolge kein völlig anderes Gebiet ein, sondern fügt lediglich dem „mystischen Apriori" das „Kriterium der christlichen Botschaft hinzu."[170] Die Verengung ist formal dadurch gekennzeichnet, dass der Theologe anders als der Religionsphilosoph in seinen Begriffen nicht „allgemein und abstrakt" bleibt, vielmehr „mit Absicht spezifisch und konkret" wird. Während der „Religion" reflektierende Philosoph die ihm unweigerlich begegnenden Konkreta zu abstrahieren versucht, behauptet der Theologe inhaltlich „die Allgemeingültigkeit der christlichen Botschaft trotz ihres konkreten und speziellen Charakters. Er rechtfertigt diesen Anspruch nicht, indem er von der Konkretheit der Botschaft abstrahiert, sondern indem er ihre unwiederholbare Einzigartigkeit betont. Er betritt den theologischen Zirkel mit einer konkreten Überzeugung. Er betritt ihn als ein Glied der christlichen Kirche zur Erfüllung einer der wesentlichsten Funk-

---

gionsphilosophie ihre positiven religiösen Überzeugungen durchscheinen lassen" (Wolfgang Trillhaas: Religionsphilosophie, Berlin/New York 1972, 41).

167 Steht doch die „hermetische Erfahrung" nach Rombach (Gott, 44) „jenseits des Unterschieds von Subjekt und Objekt und hält sich im Abgrund jener Einheit, die noch nicht in Gegensätze und Unterschiede auseinandergegangen ist."

168 Vgl. STh I, 16. „Jede Erfahrung des Göttlichen ist mystisch, weil sie den Zwiespalt zwischen Subjekt und Objekt transzendiert; und wo immer das geschieht, ist das Mystische als Kategorie vorhanden" (STh III, 278). In wissenschaftstheoretischer Perspektive heißt das: „Das letzte Ziel der Religionsphilosophie ist Selbstaufhebung zu Gunsten einer theonomen Philosophie, die die Autonomie als gleichberechtigtes Element in sich trägt" (Paul Tillich: Das System der Wissenschaften nach Gegenständen und Methoden [1923], in: Frühe Hauptwerke, GW Bd. 1, Stuttgart 1959², 109–294, bes. 274).

169 Tillich, STh I, 16. So mystisch gesonnen, fühlt sich Tillich „anscheinend selbst Pseudo-Dionysius Areopagita verwandt..." (Werner Schüßler: Jenseits von Religion und Nicht-Religion. Der Religionsbegriff im Werk Paul Tillichs, Frankfurt/M. 1989, 167).

170 STh I, 17. „Die Grundhaltung des Theologen ist Bindung an den Inhalt, den er erklärt. ... Theologie ist notwendig existentiell, und keine Theologie kann dem theologischen Zirkel entrinnen" (31).

tionen der Kirche, nämlich ihres theologischen Selbstverständnisses."[171] Wie Tillich unterstreicht, stehen Theologen mit der Christusbotschaft bzw. ihrem Christentum interpretativ entweder im religionsphilosophischen oder im theologischen Zirkel: Beides muss sauber auseinandergehalten bzw. in seiner Differenz wahrgenommen werden, denn „wirklich Theologe" wird nur, wer „Interpret seiner Kirche und ihres Anspruchs auf Einmaligkeit und Allgemeingültigkeit" ist.

Doch machen für Tillich nicht etwa das Stehen des Theologen in der christlichen Kirche und eine entsprechende dogmatische Autorität den „theologischen Zirkel" aus. Vielmehr kommt es insbesondere auf das „religiöse Betroffensein" an, auf den ihn existentiell total bestimmenden Umstand, „daß die christliche Botschaft ihn unbedingt angeht."[172] Im Kontext dieser erhellenden Bestimmungen versucht Tillich sodann reduktiv, das „erste formale Kriterium der Theologie" zu benennen, indem er (kursiv gedruckt) festhält: „Der Gegenstand der Theologie ist das, was uns unbedingt angeht. Nur solche Sätze sind theologisch, die sich mit einem Gegenstand beschäftigen, sofern er uns unbedingt angeht."

Damit aber zieht er im unmittelbaren Anschluss an die konstituierende Beschreibung des Wesens des „theologischen Zirkels" die Differenz zum „religionsphilosophischen Zirkel" unbemerkt wieder ein. Im Hintergrund dieses Vorgangs dürfte die Art seiner andernorts getroffenen Unterscheidung zwischen Theologie und Philosophie überhaupt stehen: Während diese „ihre existentielle Grundlage vernachlässigen und sich mit dem Sein und dem Seienden beschäftigen" könne, „als wenn sie uns nichts angingen", habe jene zu handeln „von dem, was uns letztlich angeht."[173] Tillichs Differenzierung, die ohnehin nur auf eine Akzentverschiebung hinausläuft, da im Grunde doch „beide zugleich existentiell und theoretisch sind", verliert ihre Evidenz[174] vollends in unmittelbarer Konfrontation mit modernen Existenzphilosophien. So interpretiert beispielsweise K. Jaspers, den Tillich selbst mit dessen religionsphilosophischem Werk zitiert[175],

---

171 Tillich, STh I, 17. So gesehen erledigt sich die mögliche Befürchtung, dass theologische Grenzsetzungen „von innen her" den gleichzeitig erhobenen Allgemeingültigkeitsanspruch gefährden (Christoph Bochinger: Auf der Rückseite der Aufklärung. Gegenwärtige religiöse Bewegungen als Thema religionswissenschaftlicher Forschung, in: BThZ 13, 2/1996, 229–249, Zit. 248), denn sie sind zur Beschreibung des zentralen Konkretums als des absoluten (vgl. STh I, 24) unerlässlich.
172 Vgl. Tillich, STh I, 18 f. Nächstes Zitat ebd. 19 f.
173 Vgl. Tillich, Grenze, 178–180.
174 Dass Tillichs Abgrenzung philosophisch nicht einleuchtet, unterstreicht Jacob Taubes: Über die Eigenart der theologischen Methode. Überlegungen zur Theologie Paul Tillichs (1963), in: ders., Vom Kult zur Kultur. Bausteine zu einer Kritik der historischen Vernunft, hg. v. A. Assmann, München 1996, 230–244, bes. 241 f.
175 Tillich lehnt schon die Titelformulierung „Der philosophische Glaube" bei Jaspers ab (STh I, 31); ob er sich mit diesem (erst nach der Publikation seiner STh I erschienenen) Werk eingehend genug befasst hat?

Existenz als „Koinzidenz von Zeitlichkeit und Ewigkeit", als „Freiheit nicht ohne die Transzendenz, durch die sie sich geschenkt weiß"[176]. „Sein und Subjekt" gehören also nicht nur für Tillich zusammen, wie Wenz mit dem Titel seiner Dissertation hervorhebt, sondern auch für Jaspers, der formulieren kann: „Das Eine ist uns gegenwärtig in dem unübertragbaren, nicht allgemeinheitlich werdenden Einen der existentiellen Wirklichkeit, die sich als Spiegel erfährt des einzig Einen, das niemand weiß oder besitzt."[177]

Analoges gilt im Blick auf Tillichs zweites formales Kriterium der Theologie, welches lautet: „Nur solche Sätze sind theologisch, die sich mit einem Gegenstand beschäftigen, sofern er über unser Sein oder Nichtsein entscheidet."[178] Als ob nicht die meisten Religionsphilosophen, die „Religion" binnenperspektiv reflektieren, diesen Satz auf sich selbst anwenden könnten[179]! Dass Tillichs differenzierende Kriterien für die Unterscheidung von Theologie und Religionsphilosophie bei näherem Zusehen nicht wirklich greifen, überrascht freilich wenig angesichts seines tiefen Bestrebens, beide zu einer Synthese zu bringen – und zwar sowohl der Sache nach als auch in seiner Person[180]. Bereits in seiner „Religionsphilosophie" von 1925 hatte er sich bemüht, zu einer normativen, ja „theonom" zu nennenden Geisteswissenschaft zu kommen, in der Theologie und Religionsphilosophie synthetisierbar sind[181]. Späterhin hat er die Grenze schärfer gezogen, jedoch „ohne daß das wechselseitige Umfassungsverhältnis aufgegeben ist."[182] Wenn er in seiner „Systematischen Theologie" bemerkt, oft bleibe der Theologe „trotz seines Wunsches, Theologe zu sein, Religionsphilosoph"[183], so handelt es sich dabei um eine analytische Feststellung, die ihn durchaus selbst einholt. Sie erklärt, warum er – wie dargelegt – bei seiner Bestimmung des Gegenstands der Theologie die Differenz zur Religionsphilosophie heimlich kassiert[184].

---

176 Vgl. Jaspers, Der philosophische Glaube, 120 und 118.
177 Glaube, 427.
178 Tillich, STh I, 21 (im Original kursiv).
179 Man denke hierbei nur an Denker wie Eckhart, Böhme oder Solowjow, die Niewöhner in seiner oben erwähnten Einleitung unter die „Klassiker der Religionsphilosophie" rechnet!
180 Tillich beschreibt so auch seinen beruflichen Werdegang und resümiert: „Als Theologe versuchte ich Philosoph zu bleiben und als Philosoph Theologe" (Grenze, 42 f.).
181 Vgl. Tillich, Religionsphilosophie, bes. 10, 16 und 119.
182 Tillich, Grenze, 42.
183 STh I, 17. Diese Aussage verdient es, in der gegenwärtigen pluralitätstheologischen Debatte und damit auch im Blick auf unser Thema im Blick behalten zu werden.
184 Solcher Einzug geschieht z. B. auch, wenn er über mystische und metaphysische Spekulationen urteilt: „All das ist ‚Theo-logie', *logos* vom *theos*, eine rationale Auslegung der religiösen Substanz der Riten, Symbole und Mythen." Demgegenüber grenzt er dann zwar christliche Theologie ab durch den für sie erhobenen Anspruch, „*die* Theologie schlechthin zu sein" (STh I, 23). Aber kann man das wirklich so exklusiv sagen?

Was im ersten Band seiner „Systematischen Theologie" eher verdeckt blieb, wurde im zweiten offenkundig. Tillich revidiert hier ausdrücklich: „Der theologische Zirkel sollte nicht als Kreis, sondern als Ellipse mit zwei Brennpunkten vorgestellt werden. Der eine Brennpunkt stellt die existentielle Frage dar und der andere die theologische Antwort."[185] Dass mit dieser Revision faktisch der bildliche Zirkelbegriff ad absurdum geführt wird, deutet auf die Verschiebung in der Sache hin – in Richtung auf ein klareres Aussprechen und Formulieren dessen, um was es ihm eigentlich geht. Der „theologische Zirkel" enthält nun zwei Brennpunkte in sich, eben den theologischen und den existentiellen, wobei letzterer der Kategorie der Frage zugeordnet ist – und damit dem existenzphilosophischen Auftrag des Theologen, diese Frage zu analysieren. Im Zusammenspiel von Frage und Antwort aber – darauf weist die Tillich-Übersetzerin I. C. Henel in einer klugen Studie über „Philosophie und Theologie im Werk Paul Tillichs" hin – „ist die Frage immer das Primäre."[186] Umso weniger ist Tillichs Erklärung akzeptabel, die von ihm in diesem Zusammenhang behauptete Ausgerichtetheit der in der menschlichen Endlichkeit enthaltenen Frage „auf die Antwort: das Ewige"[187] sei nur formaler Art. Denn „die Frage ist keine echte Frage mehr, wenn sie eine bestimmte Antwort intendiert, die Ausrichtung der Frage auf die Antwort ist mehr als bloße Form: sie konstituiert eine substantielle Abhängigkeit ... zwischen existentieller Situation und christlicher Botschaft."[188] Was Tillich als „Methode der Korrelation"[189] ausgibt, basiert mithin auf einer ontologisch fundierten „realen Korrelation"[190], die auf eine letzte Einheit verweist – auf jene essentielle „Gott-Mensch-Einheit"[191], die Jesus als der Christus repräsentieren soll und auf deren „Wiederherstellung" soteriologisches Reden bei Tillich zielt. Im Blick ist dabei „ein Zirkel, der den Menschen zu einem Punkt treibt, wo Frage und Antwort nicht mehr voneinander getrennt sind. Dieser Punkt ist jedoch kein Moment in der Zeit. Er gehört zum essentiellen Sein des Menschen, zur Einheit seiner Endlichkeit mit der Unendlichkeit, in der er geschaffen wurde und von der er getrennt ist."[192] Wie Henel unterstreicht, ist diese Per-

---

185 STh II, 21.
186 Henel, Philosophie, 43.
187 STh II, 22.
188 Henel, Philosophie, 43 f. Dass diese Korrelation sich gerade philosophisch nicht hinreichend aufweisen lässt, macht Track gegen Tillich geltend (Ansatz, bes. 420 f.).
189 Von der sie erläuternden Sekundärliteratur seien hier nur genannt die Monographie von John Powell Clayton: The Concept of Correlation. Paul Tillich and the Possibility of a Mediating Theology, Berlin/New York 1980, und die neueste Darstellung bei Wrege, 100 ff.
190 So hellsichtig Henel, 44.
191 Vgl. STh II, 139, 121 u. ö.
192 STh I, 75. Von daher versteht sich Barths scharfe Kritik (Paradoxie, bes. 182 und 188).

spektive „dem philosophischen Idealismus verpflichtet", und „in dieser Hinsicht steht auch noch die existentialistische Analyse des Daseins, von der Tillichs Methode der Korrelation ihren Ausgang nimmt, unter dem Einfluss der idealistischen Philosophie."[193] Ebenso kommt Pannenberg zu dem Resümee, dass „die Philosophie des Unbedingten bei Tillich faktisch den allgemeinen Rahmen bildet, dem das existentielle Denken der Theologie in der Offenbarungskorrelation eingezeichnet wurde. Die kritische Funktion der Theologie im Verhältnis zur Philosophie wurde nicht thematisiert."[194]

Von daher erklärt sich, dass die von Tillich gezogene Trennlinie zwischen theologischem und religionsphilosophischem Zirkel von ihm selbst nicht scharf gezogen wird – eben aus religionsphilosophischen Gründen, sprich: weil „Tillich seine Theologie auf die Philosophie aufgebaut hat"[195] (und nicht etwa umgekehrt)! Seine zuerst angeführte, auf breite Zustimmung heischende Definition des theologischen Zirkels, also das den Theologen als solchen ausmachende Charakteristikum, „daß die christliche Botschaft ihn unbedingt angeht", ist von daher noch einmal anders zu lesen. Das entscheidende Kriterium wäre dieser Aussage gemäß mitnichten unbedingte Betroffenheit als solche, sondern „die christliche Botschaft", mithin der ihr den Namen gebende „Gegenstand" Jesus Christus, zu dem sich christlicher Glaube als „wahrem Gott" bekennt. Und tatsächlich kommt Tillich ja im ersten Band bei seinen weiterführenden Überlegungen über „Theologie und Christentum" selbst auf dieses maßgebliche Kriterium für die Bestimmung des theologischen Zirkels zurück, indem er ansatzweise darlegt, inwiefern Jesus als der Christus „uns unbedingt angeht". Die christliche Theologie habe im Ereignis „Jesus als der Christus" etwas erhalten, das „absolut konkret und zugleich absolut universal" sei. Für die Erfassung des theologischen Zirkels komme es daher „darauf an, die Schau des Urchristentums zu akzeptieren, daß Jesus als der Christus alles Partikulare vertritt und die Identität zwischen dem absolut Konkreten und dem absolut Universalen darstellt."[196] Die Lehre von dieser Identität sieht Tillich bereits in der Logoslehre gegeben[197]. Doch folgt man seinen diesbe-

---

193 Henel, 45. Ähnlich Wrege, Rechtstheologie, 103.
194 Wolfhart Pannenberg: Problemgeschichte der neueren evangelischen Theologie in Deutschland. Von Schleiermacher bis zu Barth und Tillich, Göttingen 1997, 349.
195 Henel, 46. Auch nach Daecke (Teilhard, 51) ist Tillichs Denken „mehr Religionsphilosophie, philosophische Theologie als Offenbarungstheologie". Dass Tillich sich als unfähig erweist, seine Distinktion zwischen Philosophie und Theologie durchzuhalten, zeigt am eingehendsten Donald R. Ferrel: Logos and Existence. The Relationship of Philosophy and Theology in the Thought of Paul Tillich (American University Studies: Series 7, Theology and Religion 98), New York/Bern u. a. 1992.
196 Tillich, STh I, 24.
197 Wie Tillich betont, war es „nicht kosmologisches Interesse (Harnack), sondern eine Frage auf Leben und Tod für die Urkirche, die zur Verwendung der stoisch-

züglichen Erläuterungen hierzu im zweiten Band, so wird die behauptete Identität zwischen *logos* und Jesus als eine substantielle ausdrücklich negiert, „entmythologisiert" und in eine „übergeschichtliche" Wahrheit aufgehoben, weshalb auch die Einmaligkeit dessen, was Tillich bezeichnenderweise ungern mit dem Begriff der Inkarnation fasst, in kosmisch potenziell plurale Einzigartigkeiten aufgelöst wird.

Dem absolut Universalen könnten demnach mehrere absolute Konkreta entsprechen; der Gedanke der Gottheit Jesu Christi liegt nicht mehr im Bereich des von Tillich Bejahten – jedenfalls nicht im trinitarischen, allenfalls im Sinne allgemeiner „Gott-Mensch-Einheit". Christus ist für Tillich Symbol; Symbole aber leben seinem Symbolismus zufolge nicht zuletzt davon, dass sie Anerkennung finden[198]: In dieser Bestimmung kommt jenes oben benannte ontologische Korrelationsverhältnis zum Ausdruck, das Tillich auch für seine Christologie voraussetzt. Mit K. Barth ist hier kritisch einzuwenden: „Das Dogma von der Gottheit Christi durchbricht das Korrelationsverhältnis zwischen göttlicher Offenbarung und menschlichem Glauben."[199] In dieser Hinsicht erblickt Barth einen tiefen „Riß, der mitten durch die evangelische Kirche geht. Die sich hier widersprechen, können sich weder verstehen noch überzeugen. Sie sprechen nicht nur eine andere Sprache, sondern auch aus einer anderen Erkenntnis. Sie haben nicht nur eine andere Theologie, sondern auch einen anderen einen anderen Glauben."[200] Ob man in Sachen des Einander-Verstehen- und Überzeugen-Könnens so pessimistisch sein muss wie Barth, sei hier dahingestellt; was aber den konstatierten grundsätzlichen Riss angeht, dürfte er mit der Differenz zwischen theologischem und religionsphilosophischem Zirkel zu tun haben[201] – vorausgesetzt, man fasst den theologischen Zirkel so streng,

---

philonischen Logoslehre führte, um die universale Bedeutung des Ereignisses ‚Jesus der Christus' auszudrücken" (STh I, 25). – Vgl. zum Sachverhalt unter anderem William Ralph Inge: Personal Idealism and Mysticism, New York u. a. 1924³, 65 ff.; J. Dupuis: The Cosmic Christ in the Early Fathers, in: The Indian Journal of Theology 15, 2/1966, 106–120; Kelber, Logoslehre, 144 ff.; Rössler, Himmel, 41 ff.; Basil Studer: Der apologetische Ansatz zur Logos-Christologie Justins des Märtyrers, in: A. M. Ritter (Hg.), Kerygma und Logos. Beiträge zu den geistesgeschichtlichen Beziehungen zwischen Antike und Christentum (FS Carl Andresen zum 70. Geburtstag), Göttingen 1979, 435–448, bes. 441 ff.

198 Vgl. Tillich, Symbol, 89. Man bedenke anbei, dass Tillichs Christologie geradezu auf seiner Symbollehre „beruht, weshalb man sie von allen Teilen seiner Systematik auch am heftigsten angegriffen hat" (Henel, Philosophie, 58).

199 Kirchliche Dogmatik I/1, 443. Barth bezieht sich hier zwar nicht explizit auf Tillich, aber doch wohl indirekt (dafür spricht nicht zuletzt der Umstand, dass er sich in diesem Teilband bereits etwa zehn Mal auf Tillich bezogen hat, während er ihn im Rest seiner KD fast völlig ignoriert).

200 KD I/1, 444.

201 Ausdrücklich gegen Tillich wendet sich Barth in diesem Sinn mehrfach im ersten Teilband seiner KD (48, 55, 63 f.); sogar von „Irrlehre" ist die Rede (327). Was „alle ernsthafte Philosophie als ... das *ens perfectissimum*, als das Universum, als den

wie ihn Tillich eingangs zu bestimmen versucht hat. Denn innerhalb dessen geht es um den einen „absolut Konkreten" als in der Tat Inkarnierten; hingegen sucht der (im Tillichschen Sinn verstandene) Religionsphilosoph, auch wenn er die christliche Religion ganz positiv gestimmt in den Blick nimmt, tendenziell den konkret erschienenen *logos* vom universal gedachten her in sein universalisierendes Denkmuster zu integrieren[202]. Dann aber versteht er ihn bestenfalls „als den in die Geschichte sich hineinsenkenden Wurzelschoß der Übergeschichte", und das ist, mit Barth gesprochen, „die *doketische* bzw. die in den Spuren des Doketismus historisch rekonstruierte Christologie."[203]

Wo immer vom „kosmischen Christus" geredet wird, kann potenziell beides begegnen: inkarnatorische oder aber verkappte (eventuell sogar ausgeprägte) doketische Christologie. Im Einzelfall muss eine theologische Analyse zeigen, in welchem „Zirkel" gedacht, ob Christologie in kreuzes- oder herrlichkeitstheologischem Kontext getrieben wird. Dabei geht es entscheidend darum, ob das Element des Inkarnatorischen im Sinn des christologischen Paradoxes festgehalten wird: Werden Gott und Schöpfung so unterschieden, dass ihre protologische, soteriologische und eschatologische Mittelung durch Christus als Gnade, als Ausdruck der Liebe Gottes zum wirklich Anderen zur Geltung kommt? Oder gerät diese Mittlung zum „natürlichen" Gehalt angesichts einer mehr oder weniger monistisch fundierten Dialektik, die das „Andere" weniger im Gegenüberverhältnis als vielmehr identitätslogisch als manifesten Ausdruck Gottes denkt? Diese Alternative bezeichnet die Differenz zwischen theologischem und religionsphilosophischem[204] Zirkel in ihrem christologischen Kern. Sie gilt es nicht zu überspielen, sondern herauszuarbeiten. Denn wo immer der Anspruch theologischen Denkens bzw. Redens erhoben wird, ist noch lange

---

Sinngrund und Sinnabgrund, als das Unbedingte" namhaft gemacht hat, ist nach Barth überhaupt „ein Abgott" (411 f.). Als „Gott über Gott" versteht er – in ironischer Aufnahme der Tillichschen Begriffsschöpfung – gerade den in Jesus Christus offenbar gewordenen Gott über dem „Gott der Philosophen" (KD IV/4, 161).

202 Insofern ist Tillichs oben zitierte Aussage vielsagend, dass der theologische Zirkel quasi nur einen engeren Radius als der religionsphilosophische besitze – auf der Basis des beide tragenden „mystischen Apriori", welches eine metaphysische Setzung ist.

203 So Barth, KD I/1, 423. Barth versteht den Begriff des Doketischen hier in traditionaler Weise, während ihn z. B. Ott (Apologetik, 94) so umdefiniert, dass er Tillichs Sichtweise nicht ausgrenzt, damit aber überhaupt „stumpf" wird. – Geradezu gegen Barth selbst wendet den Doketismus-Vorwurf Falk Wagner: Theologische Gleichschaltung, in: T. Rendtorff [Hg.], Die Realisierung der Freiheit. Beiträge zur Kritik der Theologie Karl Barths, Gütersloh 1975, 10–43, bes. 39; Grundlage hierfür ist freilich eine problematische Tendenz zur Identifizierung von Anthropologie und Christologie.

204 Die Lehre von der Welt als permanenter Manifestation Gottes war nicht nur in theosophischen Traditionen, sondern auch in der von ihnen mit inspirierten Renaissance-Philosophie maßgeblich.

nicht ausgemacht, ob nicht in Wahrheit religionsphilosophisch geurteilt wird. Dessen war sich Tillich zwar durchaus bewusst. Dass er selber allerdings die Differenz zwischen theologischem und religionsphilosophischem Zirkel wieder kassierte, lag eher außerhalb seiner selbstkritischen Wahrnehmung – dafür aber in der Konsequenz seiner metaphysischen Theologie[205]. So blieb er letztlich „trotz seines Wunsches, Theologe zu sein, Religionsphilosoph"[206]. Wer Entsprechendes vermeiden will, darf in der Christologie das ontologische Paradox nicht abschwächen. Die Metapher des „kosmischen Christus" könnte zu solcher Relativierung verführen; allerdings lädt ihre Kontextverwiesenheit zur Näherbestimmung ein, die im Idealfall die tiefenstrukturellen Zusammenhänge transparent macht.

### 4. Perspektive: Die metaphorische Struktur der Rede vom „kosmischen Christus" als Quelle ihrer pluralen paradigmatischen Verortung

Im Rückblick[207] auf den bisherigen Gang der Untersuchung ist vor allem zweierlei festzuhalten: Die Rede vom „kosmischen Christus" ist metaphorischer Natur; sie ist aber gerade deshalb nicht eindeutig. Vielmehr lädt sie unterschiedliche religiöse Positionen dazu ein, ihre jeweilige Christologie bzw. Christosophie in Verbindung mit ihrer impliziten oder expliziten Kosmologie bzw. Kosmosophie sowie mit ihrem Kreuzesverständnis in ihr zu spiegeln und kontextuell zu entfalten. Ihr außerchristlicher Ursprung und ihre theologische Genese fast gleichen Alters, wie sie das dritte und das sechste Kapitel im einzelnen aufzeigen werden, erklären sich von daher unschwer.

Präzise formuliert Jüngel: „Das Verhältnis von Glaube und Religion entscheidet sich am Gebrauch der Metapher, nicht aber am metaphorischen Gebrauch von Wörtern."[208] Im Hintergrund dieser These steht zweifellos Barths kreuzes- und rechtfertigungstheologisch begründete Klassifizierung von Religion als „Unglaube", die natürlich nicht im religionsphänomenologischen Sinn missverstanden werden darf. Tatsächlich zeigt sich an

---

205 Die Bezeichnung „metaphysische Theologie" würde Tillich für sich zurückweisen mit der Begründung, einer solchen fehle die Konkretheit (vgl. STh I, 24). Doch wie oben dargelegt, erfüllt er bei näherem Hinsehen sein Kriterium selber nicht, demzufolge die Erkenntnisquelle des Theologen „der *logos*, der ‚Fleisch wurde'" (STh I, 32), sein müsste. Dieses Kriterium gilt es unbedingt festzuhalten – gerade wenn es um kosmische Christologie geht!
206 STh I, 17 – das Zitat hier gegen Tillich selbst gewendet!
207 Die „Perspektiven" am Ende eines jeden Kapitels haben nicht den Zweck einer üblichen „Zusammenfassung" und wollen insofern nicht die Gesamtlektüre ersparen helfen. Vielmehr bündeln sie ausgewählte Aspekte und entfalten weiterführende Überlegungen, so dass sie eigenständige Reflexionsabschnitte bilden.
208 Metaphorische Wahrheit, 155.

den kontroversen Weisen, die Metapher vom „kosmischen Christus" zu gebrauchen, eine markante Differenz, die sich kreuzestheologisch bestimmen lässt. Zumal sich manche Theosophen, Anthroposophen und Esoteriker durchaus als Christen fühlen, darf die Trennlinie zwischen jenen Interpretationsweisen nicht einfach mit den Grenzen eines wie immer bestimmten Christentums verwechselt werden: Von Christus und vom Kreuz reden sie alle. Umso größer ist die theologische Herausforderung, die sich hier auftut.

Durch analytische Sprachphilosophie[209] lässt sich die Rede vom „kosmischen Christus" nicht abweisen: Im Gegenteil hat sie ihren Ort gerade dort, wo man sonst nach L. Wittgenstein zu schweigen hätte[210]. Im „nachmetaphysischen Zeitalter" ersetzen Metaphern Metaphysik[211]: Sie antworten auf rational unbeantwortbare Fragen, tun dies allerdings in poetischer Vieldeutigkeit[212]. Bei ihnen „kann es keinen empirischen Test auf ihre Wahrheit geben."[213] Auf Grund ihrer potenziellen Mehrfachbedeutung bergen sie Risiken und mögliche Irrtümer[214]. Das heißt freilich keineswegs, dass sie sich der Wahrheitsfrage überhaupt nicht zu stellen hätten[215]. Doch geht es hier um geistig-geistliche Kämpfe: Theologische Apologetik darf sich auf diesem Gebiet nicht damit begnügen, nachweisbare Irrtümer aufzudecken[216]; vielmehr muss sie sich bemühen, die unterschiedlichen Ra-

---

209 Sofern Sprachanalytik als philosophisches Programm zu verstehen ist, ist sie im Kontext der hier zu erörternden „kosmischen" Thematik Partei und bietet sich daher kaum Beurteilungskriterium an. Hatte doch bereits Wittgenstein erkannt: „Der Anspruch, mit Hilfe einer Sprachkritik die philosophischen Probleme zu lösen, indem man ihre weltanschauliche Komponente beseitigt, erwies sich als Trugschluss" (zit. nach Günter Schenk: Art. Wittgenstein, Ludwig, in: Philosophenlexikon, hg. v. E. Lange und D. Alexander, Berlin 1987[4], 942–946, hier 946).
210 So Rudolph im Blick auf Metaphern überhaupt (Metapher, 323).
211 Der Begriff ist hier verstanden im Sinne der menschlichen „Naturanlage zur Metaphysik" (Kant) bzw. des „metaphysischen Bewußtseins" im Menschen (Wilhelm Dilthey: Weltanschauung und Analyse des Menschen seit Renaissance und Reformation, Leipzig/Berlin 1929[3], 496 und 518), das immer schon Antworten auf Grund des Gefragtseins des Menschen produziert. Insofern gilt: Das „Ende der Metaphysik" kann „immer nur eine bestimmte, nie die Metaphysik ereilen" (Jörg Salaquarda: Art. Metaphysik III. Ende der Metaphysik?, in: TRE 22, 1992, 653–660, hier 659). Auch Metaphern bedeuten insofern kein Ende, sondern allenfalls eine Transformation von Metaphysik.
212 Rudolph, 323. Wie Rudolph erklärt, sind Metaphern stilverwandt mit Mythen.
213 Hailer, Metapher, 44.
214 Vgl. van Noppen, Einleitung, 42–45.
215 Insofern sind Metaphern jedenfalls mehr als ein „Typ negativer Theologie" (Rudolph, Metapher, 328).
216 In diesem Sinn kann man den Begriff „Apologetik" als „Verteidigungswissenschaft" auffassen (vgl. Horst Georg Pöhlmann: Art. Apologetik, EKL[3] Bd. 1, Göttingen 1986, 213–217, 213). Nach Bochinger kann sich „eine fundierte theologische Apologetik" heute aber „nicht darauf beschränken, auf dogmatischem Wege ein unterscheidend Christliches zu formulieren. Sie muß sich selbst mit der inne-

tionalitäten, denen die Metapherninterpretation jeweils folgt, verstehend nachzuzeichnen[217] und erst dann miteinander zu konfrontieren[218], so dass die Möglichkeit einer klaren religiösen Entscheidung vorangebracht wird. Es geht mithin in diesem Zusammenhang nicht um eine „Methode der Korrelation", wie sie Tillichs Apologetik auszeichnet, indem sie „menschliche Frage" und „göttliche Antwort" aufeinander bezieht[219]. Vielmehr ist ja Gott keineswegs nur der Antwortende, sondern der Anfragende, der den Menschen sowohl ins Fragen als auch in Frage stellt[220]. Und der Mensch hält auf sein In-Frage-Gestellt-Sein eigensinnige Antworten parat[221], die nicht einfach mit dem Evangelium als „Antwort" zu vermitteln, sondern „korrumpiert" sind[222]. Tillich hat im letzten Vortrag seines Lebens im Gestus der „Selbst-Anklage" ausgeführt, dass seine „Systematische Theologie" im wesentlichen „der apologetischen Aussprache gegen das Säkulare und mit dem Säkularen" hat dienen sollen[223]. Tatsächlich kann man den Modus der Frage am ehesten dem Zweifler attestieren, weniger aber dem Spiritualisten mit seinen gelebten „Antworten". Geht es angesichts der Mehrdeutigkeit einer religiösen Metapher letztlich um kontroverse „Antworten", so ist nicht eine Frage-Antwort-Korrelation, sondern eine kritisch-verstehende Antwort-Antwort-Korrelation angesagt, die im Kern kaum etwas anderes als dialogische Konfrontation[224] sein kann.

---

ren und äußeren Pluralität des Religiösen auseinandersetzen" (Rückseite der Aufklärung, 249).
217 Nach Tillich setzt Apologetik dafür einen „gemeinsamen Boden voraus, wie unbestimmt dieser auch sein mag" (STh I, 13). Sparn betont: „Es kann heute keiner Systematischer Theologe sein wollen, der nicht im Stande ist, das Phänomen Religion innerhalb und außerhalb des Christentums, Religion analytisch und theoretisch ordentlich zu bearbeiten" (Dem Christentum einen Spiegel. Walter Sparn und Herwig Wagner über das Zusammenleben der Religionen, in: LM 31, 3/1992, 108–111, hier 111).
218 Hailer (Metapher, 53) weist mit Recht auf die unterschiedlichen Rationalitäten hin, in denen Metaphern variieren können; doch wenn ich seine Ausführungen richtig verstehe, laufen sie darauf hinaus, dass man es in ästhetischer Haltung dabei belassen sollte – was freilich in einer langweiligen und unfruchtbaren Abschottung resultieren würde.
219 Vgl. Tillich, STh I, 12.
220 Der Fragende und In-Frage-Stellende kann unter Bezugnahme auf Joh 1,9 auch als der „kosmische Christus" betrachtet werden (darauf wird im dritten Hauptteil dieser Studie zurückzukommen sein).
221 Der „Mensch existiert keineswegs in der ständigen Offenheit der Frage. Das ist nur eine pathetische Abstraktion. In Wirklichkeit leben Menschen immer schon aus vorläufigen ‚Antworten' auf die ‚Frage' ihrer Existenz" (Pannenberg, STh 1, 130).
222 Tillich weiß: „Die Religion verzerrt das, was sie empfangen hat. Das ist ihre Tragik" (STh II, 90).
223 Vgl. Tillich, Religionsgeschichte, 154.
224 Dass Theologie wesenhaft eine „Konfliktwissenschaft" ist, sei in diesem Zusammenhang mit Bayer (Theologie, 505 und 521) unterstrichen.

Dabei kommt es primär auf tiefenstrukturelle Effizienz an: Interesseleitend sollte weniger die Kritik an irgendwelchen einzelnen Sachverhalten sein, deren Richtigstellung freilich unter Umständen auch belangvoll sein mag, als vielmehr das Verstehen jener Differenzen, die sich zwischen „Paradigmen" auftun. Gemeint ist mit dem Begriff des „Paradigmas" hier im ursprünglichen Sinn das „Modell" (Denkmodell, Wirklichkeitsmodell)[225] – also nicht der etwas speziellere Begriff T. S. Kuhns[226] (Modell als wissenschaftlicher Theorierahmen), sondern eben die sich seit Kuhn doch wieder durchsetzende Chiffre für einen weltanschaulichen oder religiösen „Gedankenrahmen"[227]. Gilt ein „Paradigma" als „ein Schema, um gewisse Aspekte der Wirklichkeit zu verstehen und zu erklären"[228], dann liegt es nahe, diesen Begriff auch auf elementare religiös-theologische Denkmodelle anzuwenden[229]. „Paradigmen" bezeichnen demnach Kernentscheidungen ei-

---

225 Diese Begriffsverwendung findet sich bereits 1887 bei H. P. Blavatsky (vgl. Cranston, HPB, 379).
226 Vgl. Thomas S. Kuhn: The Structure of Scientific Revolutions, Chicago 1962 (deutsch: Die Struktur wissenschaftlicher Revolutionen, Frankfurt/M. 1976²). Kuhn spricht u. a. von philosophischen Paradigmen und solchen der Alltagssprache (Struktur, 163 und 171). Über seine Begriffsbildung und deren Wirkungsgeschichte insbesondere im Esoterik- und „New Age"-Kontext informiert Bochinger, „New Age", 481–500. Kuhn resümiert selbst: „Ein Teil meines Erfolges, so muß ich mir mit Bedauern sagen, rührt daher, daß fast jeder alles herauslesen kann, was er will" (zit. nach Dirk Schümer: Wissen als Kippfigur. Thomas Kuhn wird siebzig, in: FAZ Nr. 165 vom 18. 7. 1992, 23).
227 Dass mittlerweile mit dem Paradigma-Begriff vor allem Grundorientierungen im Sinne von „Weltbildern" erfasst werden, zeigt der Band von M. Fischer/P. Hoyningen-Huene (Hgg.), Paradigmen. Facetten einer Begriffskarriere, Frankfurt/M. u. a. 1998. Im Hintergrund dieser Begriffszuspitzung dürfte die auf Wittgensteins Einsichten basierende Erkenntnis stehen, „daß alle unsere Aussagen über die Wirklichkeit auf dem Hintergrund von Weltbildern erfolgen": Diese sind „von Überzeugungen bestimmt, die nicht unmittelbar durch einzelne widersprechende Erfahrungssätze erschüttert werden können ... Die Voraussetzung und Annahme solcher Weltbilder ist unumgehbar" (Joachim Track: Dogmatik als Phänomenologie? Bemerkungen zum Verhältnis von Offenbarung, Erfahrung, Erkenntnis und Parteinahme ist der christlichen Theologie, in: Marburger Jahrbuch Theologie 6, hg. von W. Härle/R. Preul, Marburg 1994, 11–44, hier 29). Damit sind fundamentaltheologische Herausforderungen ersten Ranges angesprochen.
228 Marilyn Ferguson: The Aquarian Conspiracy. Personal and Social Transformation in Our Time, Los Angeles 1980 (deutsch: Die sanfte Verschwörung. Persönliche und gesellschaftliche Transformation im Zeitalter des Wassermanns, Basel 1982), 29. Vgl. auch Ken Dychtwald: Reflexionen über das holographische Paradigma, in: K. Wilber (Hg.), Weltbild, 115–125. Dass Paradigmen als solche Verstehens- und Erklärungsschemata unterschiedlicher Rationalitätsformen und -bereiche repräsentieren, zeigt Wolfgang Welsch: Vernunft. Die zeitgenössische Vernunftkritik und das Konzept der transversalen Vernunft, Frankfurt/M. 1995, bes. 548 ff.
229 Diese Zuspitzung hat der Paradigma-Begriff insbes. durch Küng (Theologie, 153 ff.) erfahren, der (unter unnötiger zeitlicher Eingrenzung) bemerkt: „Wir haben es in unserem Jahrhundert mit der Konkurrenz, ja oft dem konflikträchtigen Streit nicht nur divergierender Theologien, sondern divergierender Paradigmen

nes Konzeptrahmens in ihrer inneren Verknüpfung, so dass sie dessen bestimmte „Grammatik" implizieren[230]: Bilder und Begriffe mögen sich dann etwa kulturbedingt ändern, nicht aber die Regeln, denen gemäß sie aufgenommen und zusammengestellt oder abgestoßen werden. Namentlich eine Wurzelmetapher wie „kosmischer Christus" impliziert und repräsentiert verschiedene „Paradigmen" als kontroverse religiöse bzw. theologische Grundmuster der Wirklichkeitsdeutung[231]. In ihrem differierenden Gebrauch zeichnet sich der vielthematisierte „Paradigmenwechsel" zwischen „Christentum und neuer esoterischer Religiosität"[232] ab.

Bei aller in der Sache unerlässlichen Konfrontation darf aber der Charakter einer dialogischen Apologetik[233] nicht preisgegeben werden. Wer unterschiedliche Paradigmen und ihre Rationalitäten angstfrei zu identifizieren und ohne Konfliktscheu zu korrelieren bemüht ist[234], wird sich gerade im Kampf um die Interpretation einer sprachlichen Größe dem Miteinander-Sprechen nicht entziehen können und wollen. Das heißt: Die Konfrontation der Paradigmen und ihrer grundlegenden Wahrheits-

---

zu tun" (156). Feststellung, Analyse und Kritik von Paradigmen verdanken sich allemal selbst paradigmatischen Interessenleitungen und stehen insofern nie jenseits jeden Paradigmas.
230 In diesem Sinn wird der „Paradigmen"-Begriff verwendet bei George A. Lindbeck: Christliche Lehre als Grammatik des Glaubens. Religion und Theologie im postliberalen Zeitalter (Theologische Bücherei 90), Gütersloh 1994, 141 f.
231 Bochinger gebraucht in religionswissenschaftlicher Analyse sogar den Begriff „Metaparadigma" („New Age", 491 und 498). Im Sinne von „Grundmuster" meine ich mit „Paradigmen" systematisch-theologisch fundamentale, womöglich axiomatische Gesamtperspektiven des Zusammenhangs von Gott, Mensch und Welt. Küng unterscheidet Mega-, Meso- und Mikroparadigmen (Theologie, 155), was insofern grundsätzlich richtig ist, als ein Paradigma komplex oder weniger komplex sein bzw. in mehreren, ihm zu- und unterzuordnenden Ausformungen vorkommen kann (s. u.).
232 Vgl. Runggaldier, Esoterik, 202 f. Wenn in der Esoterik „Christus eine Rolle spielt, dann wird der kosmische oder universale Christus, die Christuswesenheit oder der Christusimpuls beachtet, nicht der historische Jesus von Nazareth", meint – etwas zu pauschal – Jan Badewien: Wie ‚esoterisch' soll die Kirche sein?, in: Mitteilungen. Informationen der Evang. Landeskirche in Baden, 1/1997, 6–7, hier 6.
233 Vgl. Werner Thiede: Apologetik und Dialog. Plädoyer für eine Synthese, in: MEZW 55, 10/1992, 281–296 (überarbeitet in: ders.: Sektierertum – Unkraut unter dem Weizen? Neukirchen-Vluyn 1999, 235–266); Gottfried Küenzlen: Kirche und die geistigen Strömungen der Zeit – Grundaufgaben heutiger Apologetik, in: R. Hummel, G. Küenzlen, H. Hemminger: Begegnung und Auseinandersetzung. Apologetik in der Arbeit der EZW, EZW-Impulse Nr. 39, Stuttgart 1994, 14–23. Der Begriff des „Dialogs" lässt sich freilich vielfältig interpretieren, weshalb seine oft undifferenzierte Beschwörung geradezu nach ideologiekritischer Aufhellung der jeweiligen programmatischen Hintergründe ruft.
234 Apologetische Theologie muss „ihre zentripetale Aufgabe darin sehen, daß sie ihre eigene weltbildliche Eigenart artikuliert, und ihre zentrifugale Aufgabe, daß sie Kenntnis nimmt von der Eigenart anderer Weltbilder. Erst wenn dies geschehen ist, kann sie mit der Ausarbeitung ihrer Theologie beginnen" (D'Sa, Gott, 57).

ansprüche hat in ebenso in kritischer wie in konstruktiv-dialogischer Absicht zu geschehen[235]. Das In-Beziehung-Setzen zielt nicht auf Vernichtung des jeweils anderen[236], freilich auch nicht auf dessen bloße tolerante Außenwahrnehmung im Sinne friedlich-schiedlicher Nachbarschaft und erst recht nicht auf postmodern-pluralistische Relativierung[237], sondern auf die Ermöglichung eines gegenseitigen Verstehensprozesses[238], der beim einen oder andern oder bei allen Teilnehmern zu Veränderungen auch im mitgebrachten Selbstverständnis führen kann[239]. Sinnvoll ist dialogische Apologetik eben nicht allein um der gewachsenen soziokulturellen Bedingungen eines längst selbstverständlichen religiösen Pluralismus willen, sondern auch weil die durch sie ermöglichte Kommunikation „eine Form der Selbstaufklärung der christlichen Kirche im Blick auf ihren konkreten kulturellen und im besonderen weltanschaulichen Kontext und ihre Wechselwirkung mit ihm"[240] darstellt. Gelingen wird solche Kommunikation aber nur auf der Basis des aufrichtigen Bewusstseins um die gemeinsame Situation des Nichtvollendetseins, das triumphale Gesten verbietet. Zu ihren Voraussetzungen zählt im übrigen das Bemühen darum, einen „verbindenden Horizont der möglichen Verständigung über die Phänomenalität des christlichen Glaubens aufzubauen"[241]. Auf einer solchen Basis kann dann die Metapher des „kosmischen

---

235 In diese Richtung weist auch das Resümee der Erlanger Diss. von Matthias Pöhlmann: Kampf der Geister. Die Publizistik der „Apologetischen Centrale" (1921–1937), Stuttgart/Köln/Berlin 1998, 273 ff.
236 Solch eine Apologetik gegenüber jenseits der kirchlichen Grenzen gelebter Religiosität wäre in jeder Hinsicht kontraproduktiv: „Theologische Muster, durch die diese Bestände als ein neues Heidentum, als sündhafte Gottesferne oder als opferungsunwilliger Anspruchshedonismus gedeutet werden, bleiben ohne jeden Erkenntnisgewinn und leisten nur der sektiererischen Selbstisolierung von Theologie und Kirche Vorschub" (Falk Wagner: Zur gegenwärtigen Lage des Protestantismus, Gütersloh 1995, 56).
237 „Wer heute mit einiger Unbeirrbarkeit in der Theologie nach Wahrheit fragt, läuft Gefahr, einigermaßen fossil zu wirken", vermerkt Eberhard Jüngel: Wertlose Wahrheit. Christliche Wahrheitserfahrung im Streit gegen die ‚Tyrannei der Werte', in: ders., Wertlose Wahrheit, München 1990, 90–109, Zit. 92. Wie auch immer begründete Relativierungen von Wahrheitsansprüchen übersehen freilich, dass sie selbst Anspruch auf Wahrheit erheben – mit welchem Recht, bleibt wiederum strittig!
238 Vgl. Andreas Grünschloß: Der eigene und der fremde Glaube. Studien zur Struktur interreligiöser Fremdwahrnehmung (Hermeneutische Untersuchungen zur Theologie 37), Tübingen 1999.
239 So besteht bei „korrelierenden" Begegnungen „das beste Ergebnis nicht unbedingt darin, daß man den anderen, sondern daß man sich selber besser versteht" (Berger, Sehnsucht, 159).
240 Sparn, Aufklärung, 159. Da Theologie und Kirche nie in einem „wechselwirkungsfreien" Binnenraum existieren, kann Apologetik so verstanden nicht von „Dogmatik" abgetrennt, sondern nur „enzyklopädisch" (a. a. O. 160) verstanden werden.

Christus" auf ihr geschichtliches wie theologisches Recht hin beleuchtet und ins Gespräch gebracht werden mit Ansprüchen auf ihre andersartige Deutung durch jene mit „kosmischer Gesamtorientierung"[242] einhergehenden Spiritualisierungs- und Remythologisierungsbestrebungen, die heutzutage keineswegs mehr bloß jenseits von Theologie und Kirche zu finden sind.

Dabei versteht es sich von selbst, dass das eigene Stehen im „theologischen Zirkel" alles andere als Neutralität bedeutet. In ihm ist aber – noch einmal sei es betont – trotz, ja wegen des klaren Differenzierungswillens dialogische Motivation vorhanden: Der in Jesus Christus sich als Liebe offenbarende Gott[243] lässt Kommunikation als wesentlich erscheinen, und zwar nicht nur als Austausch mit den jeweils Nahestehenden; denn das Gebot der Feindesliebe, das zu dem zählt, was der Auferstandene als Pantokrator, als „kosmischer" Christus eingehalten wissen will, leitet an zur „Solidarität der Liebe zu den Andersmeinenden"[244]. Mit dem guten Willen zur Verständigung muss dabei keineswegs schon die unbedingte Absicht der Einigung identisch sein; im Gegenteil: Jeder versuchte Perspektivenwechsel, der gegenseitiges Wahrnehmen der asymmetrischen Blickwinkel und damit Verstehen ohne impliziten Nachvollzug möglich macht, geschieht im Respekt vor dem Anderen. Dies wiederum nicht so, dass nun etwa der eigene Standpunkt zugunsten einer übergreifenden „Wahrheitsmetaphysik" geleugnet werden müsste, sondern so, dass das eigene Anderssein auch nicht gescheut wird! In der Metapher des „kosmischen Christus" spiegeln sich spannungsreiche, vor dem Eintritt des Eschaton unaufhebbare Paradigmendifferenzen, die durchaus dem Stand der Dinge Rechnung tragen, dass nämlich der kosmische Selbsterweis dessen, der von sich sagt: „Ich bin die Wahrheit", noch aussteht. Die Hoffnung auf seine Zukunft aber trennt nicht nur, sondern verbindet auch: Mögen die religiösen Antworten divergieren, die verheißungsorientierte Fragehaltung der ja miteinander im Kosmos Seienden[245] bildet allemal die gemeinsame Basis für einen lohnenden Diskurs.

---

241 Sparn, Aufklärung, 158; vgl. auch 160.
242 Vgl. Höhn, GegenMythen, a. a. O. 13. Wie Höhn meint, sind zu beobachtende Remythisierungen oft „lediglich Fluchtbewegungen, metaphysische Eskapaden angesichts der kulturellen Auszehrungs- und Verarmungstendenzen der Massengesellschaft" (13 f.). Jedenfalls tut der Umstand, dass kosmische Christologie heute mitunter als Mythologie dargeboten wird, enthusiastischer Begeisterung an ihr keinen Abbruch!
243 Vgl. Eberhard Jüngel: Gott als Geheimnis der Welt, Tübingen 1978³, 430 ff.
244 Sparn, Aufklärung, 160. Vgl. ferner Werner Thiede: Grenzbereich der Freiheit. Apologetik als Antwort, in: LM 35, 11/1996, 15–16.
245 Vgl. hierzu die diskussionswürdigen Überlegungen bei William E. Paden: Am Anfang war Religion. Die Einheit in der Vielfalt, Gütersloh 1990, 198 f.

## II. Vorüberlegungen zum Konfliktfeld theologischer und theosophischer Deutungen des „kosmischen Christus"

„Wo immer auch eine Welt oder ein Weltsystem sich entwickelt, es existiert dafür ein festgelegter Plan im universalen Denkprinzip. Die ursprüngliche Kraft entstammt dem Geist, das Fundament wird durch die Materie gebildet, die in Wirklichkeit unsichtbar ist; die Lebenskraft versorgt alle Formen mit Leben ..."[1] So oder ähnlich lautete die spiritualistische Alternative zum materialistischen Weltverständnis, mit der die theosophische Bewegung gegen Ende des 19. Jahrhunderts sich wachsenden Zuspruchs erfreute. Die in ihren Kreisen geborene Metapher des „kosmischen Christus" repräsentiert die anti-nihilistisch wirksame Vorstellung eines höchst sinnvollen, nämlich logosgeleiteten Kosmos. Groß ist die Geistesverwandtschaft zu jenem Kosmosverständnis, das Platon in seinem einzigen naturphilosophischen Dialog, dem „Timaios", entfaltete: Das ganze Weltgebäude stellt als „geschmückte Ordnung" ein bewegtes Bild der Ewigkeit dar; umfangen und durchdrungen von der „Seele", die am ewig Seienden und der Harmonie der reinen Gedankenwelt partizipiert, ist der Kosmos selbst göttlicher Natur. Wenn es stimmt, was im vorigen Kapitel festgehalten wurde, dass nämlich Metaphern in unserem Zeitalter an die Stelle von Metaphysik treten, so ist von der „Wurzelmetapher" des „kosmischen Christus" zu sagen, dass sie als theosophisch kreierte regelrecht Metaphysik reanimiert, als mythisch durchtränkte rekonstruiert. Hingegen liegt ihr als theologisch formulierter der „*kosmos*"-Begriff des Neuen Testaments zugrunde. Konträre „Paradigmen"[2] spiegeln sich also in derselben Metapher. Aber nicht nur formal haben sie in ihr etwas Gemeinsames, sondern auch inhaltlich, insofern sie beide auf dieselben „metaphysischen" Grundfragen des Menschen eingehen. Sinnvoll ist daher eine vorläufige Paradigmenanalyse, die makrostrukturelle[3] Differenzen und Kohärenzen herausarbeitet, noch bevor der Begriffsgeschichte des „kosmischen Christus" im einzelnen nachgegangen wird, deren hermeneutischer Erhellung sie dienen will.

---

1 William Q. Judge: Das Meer der Theosophie (1893), München o. J., 31.
2 Der Begriff wird hier weiter im Sinne des oben in Kap. I.4 Erläuterten verstanden.
3 Wenn man „gleichsam aus der Distanz betrachtet, die Grundgedanken aus den speziellen Ausführungen herausschält und abstrahiert und die verwirrende Vielfalt auf das Wesentliche reduziert, so treten gewisse Parallelen hervor" (Daecke, Teilhard, 208). Dasselbe gilt für Kontraste.

## 1. Tillichs religionsphilosophische Bestimmungen von Heteronomie, Autonomie und Theonomie und ihre theologische Transformation

Theologie wird von Tillich im Zuge wissenschaftstheoretischer Überlegungen als „theonome Metaphysik" definiert, und zwar in der Absicht, „der Theologie einen legitimen Platz im Ganzen des Erkennens zu erobern. Voraussetzung für das Gelingen dieses Versuches ist freilich, daß der theonome Charakter des Erkennens selbst anerkannt wird, nämlich das Verwurzeltsein des Denkens in dem Unbedingten als Sinn-Grund und Abgrund."[4] Tillichs Verständnis von Theonomie erweist sich hier deutlich als ein religionsphilosophisches[5] und kaum als theologisches – im Gegenteil wird ja „Theologie" selbst philosophisch als eine Form von Metaphysik eingeordnet. Entsprechend seinem Axiom vom Religionsphilosophie und Theologie verbindenden „mystischen Apriori" besagt der Theonomie-Begriff bei Tillich, „daß Göttliches und Menschliches eine mystische Einheit bilden"[6]. Von daher vertritt er die Überzeugung, „daß die menschliche Natur essentiell theonom"[7] und insofern der Theonomie-Begriff in einem kulturtheologischen[8] Sinn normativ zu verstehen sei. Doch der frühe Tillich schließt aus dieser Grundannahme auf die weltlich-geschichtliche Konkretisierbarkeit von Theonomie, die als politisch-kulturelle Ordnung zu fordern sei[9], während der spätere den Begriff abstrakt und stärker vom

---

4 Tillich, Grenze, 41.
5 Er hatte ja auch eine „theonome Religionsphilosophie" intendiert (Religionsphilosophie, 119); und das Verhältnis von Autonomie und Theonomie festzustellen, ist für ihn Aufgabe „theonomer Philosophie" (System der Wissenschaften, 273)! – Zur Geschichte des Theonomiebegriffs vor Tillich vgl. Friedrich Wilhelm Graf: Theonomie. Fallstudien zum Integritätsanspruch neuzeitlicher Theologie, Gütersloh 1987.
6 Wrege, Rechtstheologie, 8.
7 STh III, 287.
8 Dieses Wort darf nicht im Sinne des „theologischen Zirkels" missdeutet werden – legt doch Tillich mit der Idee der Theonomie „die Grenze zwischen Philosophie und Theologie vollends nieder" (Henel, Philosophie, 49)! Ihm ist an einer „theonomen Philosophie" gelegen, die auf eine „theonome Kultur" zielt (vgl. a. a. O. 71). Insofern kann man bei ihm mit gleichem Recht von einer „Kultur*philosophie*" reden (informativ dazu Wrege, 59); ja er selbst bekennt, „*als* Theologe *nicht* Theologe, sondern Kulturphilosoph" zu sein (Antwort an Karl Barth [1923], zuletzt in: J. Moltmann [Hg.], Anfänge der dialektischen Theologie. Teil 1 [Theol. Bücherei 17], München 1977, 189–193, hier 191). Dass Tillich damit „in Schieflage zur Fachtheologie gerät, liegt nahe" (Wrege, 61).
9 Tillich plädiert für ein „Fortschreiten durch die innere Problematik der Autonomie zu einem neuen, mit transzendentem Gehalt erfüllten Kultur- und Gesellschaftsleben: das besagt die Forderung der Theonomie" (Art. Theonomie, in: RGG², Bd. 5, Tübingen 1931, 1128 f., hier 1129). Von daher erklärt sich seine Parteinahme für den Religiösen Sozialismus. Vgl. im einzelnen die Darstellung und Kritik bei Wrege, 50 ff.; ferner J. J. Carey (Hg.), Theonomy and Autonomy. Studies in Paul Tillich's Engagement with Modern Culture, Georgia 1984.

Rechtfertigungsgedanken her, also eschatologisch fasst[10]. Indem er ihn aber dem Unbedingten zuordnet, gestaltet er ihn „zum fordernd-kritischen regulativen Prinzip"[11] um, das allenfalls fragmentarisch in der Zeit realisiert werden könne und Orientierung für den Essentifikationsprozess gebe.

Analog ändert sich Tillichs Verständnis der korrelativen Begriffe „Autonomie" und „Heteronomie". Zunächst wird Autonomie als rational-geschichtskritische und Heteronomie als sakramental-geschichtsunbewusste Gegenwartshaltung beschrieben. Dabei gilt Autonomie als Form zum Gehalt der Theonomie und steht in der Gefahr, sich als Form zu verselbständigen, mithin sinnentleert zu werden[12]; wo sich hingegen der Gehalt ‚verselbständigt', nämlich Theonomie nicht in der Zeit entwicklungsfähig bleibt und zum „Korsett" erstarrt, ergibt sich Heteronomie[13]. Beim späteren Tillich, der unter den Bedingungen der Existenz „keine vollständige Theonomie" mehr kennt, sind dann Autonomie und Heteronomie als Resultate der zerbrochenen „theonomen Einheit" gegeneinander kämpfende „Strukturelemente der Vernunft"[14].

Als solche wurzeln sie freilich in der „Theonomie", welche damit selbst vom Vernunftbegriff her verstanden wird. Vorbehaltlich der Perspektive auf eine letzte Transzendenz definiert Tillich sie als „autonome Vernunft, die mit ihrer eigenen Tiefe verbunden ist."[15] Insofern aber begreift er Theonomie selbst letztlich als eine Form von Autonomie. Und das entspricht ganz seinem religionsphilosophischen Zugang, der sich wiederum in der fortlaufenden kulturphilosophischen[16] Anwendung der Begriffstrias

---

10 Der Begriff behält dabei seine kulturphilosophische Ausrichtung: Er nimmt „einerseits das Thema des Rechtfertigungsglaubens auf und kann andererseits geradezu an die Stelle des Religionsbegriffs treten, insofern Tillichs Denken auf eine theonome Erneuerung der Kultur insgesamt und nicht nur von Religion und Kirche als eines Segments im Leben der Kultur zielte" (Pannenberg, Problemgeschichte, 332 f.; vgl. 346).
11 Wrege, 85; vgl. 82 und 118.
12 Vgl. Wrege, Rechtstheologie, 51 f., 55 und 60. Diese (profane) Verselbständigung der Autonomie – Nietzsches These, dass Gott tot sei, handelt so „vom kosmischen Siegel auf der Autonomie des Menschen" (Thomas Molnar: Die Mythen der Moderne, in: Criticón 145, 1/1995, 23–25, hier 24) – gilt für Tillich als „dämonische" Abkoppelung von der Theonomie.
13 Vgl. Tillich, System der Wissenschaften, 272.
14 Vgl. STh I, 101 ff. Die Polarität von Autonomie und Heteronomie und ihre theonome Aufhebung hat Tillich in anderem Kontext bereits in „Auf der Grenze" (32) gelehrt.
15 STh I, 103. Dieser Thematik widmet sich Ernst Feil: Antithetik neuzeitlicher Vernunft. ‚Autonomie – Heteronomie' und ‚rational – irrational', Göttingen 1987.
16 Tillich formuliert: „In einer theonomen Situation aktualisiert sich die Vernunft im Gehorsam gegen ihre Strukturgesetze und in der Macht ihres eigenen, unerschöpflichen Grundes" (STh I, 103). Damit zeigt sich: Der so verstandene Begriff des Theonomen kann – wie auch die Rede von „Autonomie" und „Heteronomie" – durchaus zum Attribut einer „Situation" oder „Geisteslage" werden, so dass es

auswirkt. Von daher ist nun sein strukturelles Verständnis von „Autonomie" relevant: „Autonomie bedeutet den Gehorsam des Individuums gegenüber dem Vernunftgesetz, das es in sich selbst als einem vernünftigen Wesen findet. Der *Nomos* (Gesetz) des *Autós* (Selbst) ist nicht das Gesetz der Struktur der eigenen Person, er ist das Gesetz der subjektiv-objektiven Vernunft. Er ist das Gesetz, das in der Logosstruktur des Geistes und der Wirklichkeit enthalten ist."[17] Autonomie wird also als den Subjekt-Objekt-Gegensatz mystisch transzendierende, am *logos* des gesamten Kosmos partizipierende Größe verstanden. Ihr Vernunftgesetz gilt als „Naturgesetz des Geistes und der Wirklichkeit" und stammt „aus dem Grunde des Seins-Selbst"[18].

Wird Autonomie so „tief" bestimmt, wie ist dann „Heteronomie" zu verstehen? Auch in ihr erblickt Tillich ja eine der theonomen Einheit entsprungene Größe. Gegenüber sich verselbstständigender Autonomie, die ihre Tiefe verloren hat und profan geworden ist, wird gerade sie als „Tiefe der Vernunft" geltend gemacht. Ihr Problem ist zwar, dass sie diese Tiefe in Gestalt von Autorität vorbringt, worauf wiederum Autonomie allergisch reagiert. Aber ihre elementare Struktur besteht eben im „Ausdruck der Tiefe der Vernunft", welcher wesenhaft „mythisch" ausfällt[19]. In seiner „Religionsphilosophie" erklärt Tillich diesen mythischen Zug der Heteronomie: Sie „macht den Grund und Abgrund der Wirklichkeit zu einer eigenen Wirklichkeit über die Welt ... Gott wird zu einer Welt neben der Welt."[20]

Damit aber stellen sich im Endeffekt Heteronomie und Autonomie als polare Typen geistiger Erfassung der Wirklichkeit überhaupt heraus, zu denen sich als sie überhöhende Synthese die Theonomie gesellt. Im oben dargelegten Sinn könnte man auch von makrostrukturellen „Paradigmen" sprechen, bei denen es sich im Grunde um Konstitutionsvarianten des Selbstbewusstseins handelt[21]. In diesem Sinn lassen sie sich wie folgt präzisieren: Die Gott „vergegenständlichende" Heteronomie repräsentiert

---

auch unter der Voraussetzung vernunftbezogener Verwendung bei kulturtheologischer bzw. -philosophischer Aussageabsicht bleibt (vgl. STh III, 233, 247 und 286 ff.). In dieser Perspektive kann Tillich bestimmte Geschichtsperioden als zumindest mehr oder weniger „theonom" bezeichnen (z. B. das Hochmittelalter); vgl. neben STh I, 104 und 176 ff. auch III, 287 f.

17 STh I, 102. Das „Autós", das Selbst kann, insofern es „an dem Ganzheits- oder Kosmos-Charakter teilhat", den Lebenssinn erfahren, erklärt Tillich (Dogmatik, 220). Über Tillichs Begriff des „Selbsts" informiert (nicht zufällig unter Einbezug ostasiatischer Denkmodelle) Amaresh Markus Seelig: Das Selbst als Ort der Gotteserfahrung. Ein Vergleich zwischen Carl Gustav Jung und Paul Tillich (Europäische Hochschulschriften 23/548), Frankfurt/M. u. a. 1995.
18 STh I, 102.
19 STh I, 103.
20 Religionsphilosophie, 69.
21 Nach Pannenberg geht es beim Theonomie-Begriff Tillichs „um die Lösung des die ganze Geschichte des neuzeitlichen Denkens bewegenden Ringens um die Konstitutionsbedingungen der Subjektivität" (Problemgeschichte, 333).

theistisches Denken, also jene Rationalität, deren Axiomatik Gott und Welt „dualistisch" trennt. Wo diese Unterscheidung vorliegt, werden Gott und Welt dennoch als Teile einer Gesamtwirklichkeit aufgefasst; insofern kann gelten: *Heteronomie denkt Gott als Teil der Welt*[22]. Dagegen steht Autonomie für nichttheistische Rationalität, deren Axiomatik Gott und Welt tendenziell „monistisch" identifiziert. Dies pflegt sich in drei möglichen Grundausprägungen zu vollziehen: in pantheistischer, in panentheistischer oder in atheistischer Gestalt[23]. Unter Vernachlässigung der letzteren, die für unser Thema nicht relevant ist[24], kann hier die Grundformel lauten: *Autonomie denkt die Welt als Teil Gottes* (bzw. des Göttlichen). Gemeint ist also „spirituelle Autonomie" mit ihren kosmisch-anthropologischen Implikationen[25] – religiös, philosophisch bzw. religionsphilosophisch verstanden.

Diese Bestimmungen bleiben strukturell dieselben, unabhängig davon, ob man sie im religionsphilosophischen oder im theologischen Zirkel denkt. Sie müssen insofern potenziell religionswissenschaftlich verifizierbar sein. Anders verhält es sich beim Verständnis von Theonomie: Hier trennen sich nicht nur die Interpretationen dieses Begriffs bzw. Typs, sondern auch die der jeweiligen Relationen von Autonomie und Heteronomie zu ihm. Bei Tillich meint „Theonomie" nichts anderes als die transzendent bleibende Synthese von Autonomie und Heteronomie, also eine in ihrer Tiefe erfasste, theonom verstandene Autonomie. Sie beinhaltet, wie gezeigt, dass „Göttliches und Menschliches eine mystische Einheit bilden". Diese mystische Einheit bezeichnet ein „Paradox", welches sich aber für theonome Vernunft auflöst, der „die vollständige Transparenz des Seinsgrundes"[26] erschlossen ist. Nach Tillich verdankt sich solche Transparenz dem

---

22 Dem entspricht die narrative Struktur jedweder Mythologie (statt von Gott wäre ggf. von Göttern bzw. Göttinnen zu handeln). Auf die Unterscheidbarkeit entsprechender Paradigmen hat systematisch-theologisch im Ansatz bereits Karl Heim hingewiesen (Jesus der Herr, Berlin 1938³, 50).
23 Hiermit wird noch einmal deutlich, warum Tillichs Panentheismus sich bei der Grundform der Autonomie ansiedelt. Seine oben gegebene Definition von Autonomie repräsentiert überhaupt die idealistisch-spiritualistische Ausprägung; und in einer Autonomie, die ihre Tiefe verloren hat, erblickt er die „ungläubige Autonomie" als profane (vgl. Religionsphilosophie, 68), die atheistisch-materialistischem Wirklichkeitsverständnis korrespondiert.
24 „Nicht der atheistische Mensch als solcher, auch nicht die säkularisierte Welt als solche, sondern der religiöse Mensch, der in Wahrheit Atheist ist, und die fromme Welt, die in Wahrheit Gott ferne ist, wird von der Offenbarung Gottes in Christus getroffen" (Hans Joachim Iwand: Glauben und Wissen. Nachgelassene Werke Bd. 1, hg. H. Gollwitzer, München 1962, 287). Iwand ist hier wohl von Karl Barths spitzer These beeinflusst, Mystik sei „esoterischer Atheismus" (Kirchliche Dogmatik I/2, 352), was sich aber nur unter der Voraussetzung eines ganz bestimmten Gottesbegriffs aufrechterhalten lässt.
25 Für „spirituelle Autonomie" ist der Mensch „a microcosm, a living mirror of the universe" (William Ralph Inge: Christian Mysticism, London 1948⁸, 34).
26 STh I, 175. Vgl. auch das oben zum „Paradox" bei Tillich Ausgeführte!

Träger der letztgültigen Offenbarung, den er selbst in der Vereinigungsgestalt von „völlig Konkretem" und „völlig Absolutem" als Paradox ausgibt. Den Konflikt zwischen autonomem und heteronomem Vernunftelement sieht er „zu der Frage nach dem Konkret-Absoluten" hinführen – und gelöst in Jesus dem Christus als der aus der Tiefe der Vernunft kommenden, normgebenden Offenbarung, die in der „Form eines konkreten Absoluten" erscheint[27]. Nun hatte Tillich bereits in der Einleitung seiner Systematischen Theologie deutlich gemacht, dass für ihn Jesus der Christus als die Mitte des theologischen Zirkels „die Identität zwischen dem absolut Konkreten und dem absolut Universalen darstellt"[28]. Allein, die Verwendung des unbestimmten Artikels bei seiner eben zitierten Rede vom „konkreten Absoluten" erinnert merkwürdig an das weiter oben über eine gewisse Relativität Jesu Christi als Offenbarungsträger und Tillichs doketische Tendenz Ausgeführte. Dass Göttliches und Menschliches eine „mystische" Einheit bilden, ist eben im Paradigma der theonomen Autonomie zuletzt kein Paradox mehr. Deshalb ist ja auch ein mehr- oder vielfaches Erscheinen des Absoluten als Konkretes im Kosmos für Tillich prinzipiell denkbar – und eben darum fasst er das Kreuz Christi sogar als ein sich implizit selbst verneinendes Symbol auf. Ungeachtet seiner Rede vom „Paradox" und von der „völligen Selbstopferung des Mediums der Offenbarung" verbleibt Tillich mithin im religionsphilosophischen Zirkel (der ja nach seinem eigenen Bekunden keineswegs „außerreligiöses Reden von Gott"[29] meint).

Soll dagegen „Theonomie" strikt im theologischen Zirkel erfasst werden, mithin kreuzestheologisch, so wird gerade das Kreuz Christi allenfalls im ironischen Sinn als ein sich selbst verneinendes Symbol zu nehmen sein – im Bewusstsein seiner außenperspektivischer Wahrnehmung als Torheit[30]. Im Grunde benennt Paulus mit der Einschätzung des Kreuzeskerygmas durch die Griechen als „Torheit" und durch die Juden als „Ärgernis" im Grunde jene Vernunfttypen, die oben als Autonomie und als Heteronomie umrissen worden sind (wobei gerade der Umstand, dass spirituelle Autonomie das „Kreuz" keineswegs zwangsläufig als „Torheit" deuten muss, sondern durchaus zu integrieren bemüht sein kann, zu den reizvollen Problemen unserer Untersuchung gehört). Wer den „Logos des Kreuzes"[31] also als *„skandalon"* und *„moria"* einstuft, urteilt auf der Basis au-

---

27 Vgl. STh I, 178 f. und 176.
28 Vgl. STh I, 24.
29 Tillich, Religionsphilosophie, 67.
30 Insofern lässt sich auch die „Torheit" der Theologie, mit Sparn verstanden als selbstironischer Zug der am „Evangelium" partizipierenden Wissenschaft (Sancta Simplicitas, 109), nur dann mit 1. Kor 1 begründen, wenn damit explizit die Außenperspektive thematisiert wird. Binnenperspektivisch ist klar: Das Kreuz steht für Gottes Weisheit (1. Kor 1,24; 2,6) und für Christi Triumph (Kol 2,15)!
31 Gerade mit Blick auf die Weiter(aus)führung der Kreuzesweisheit in 1. Kor 2 erweist sich die Überlegung als interessant, dass der „Logos des Kreuzes" in 1. Kor 1

ßenperspektivischer Paradigmen. Doch in binnenperspektivischer Einschätzung erblickt Paulus im Gekreuzigten „Gottes Kraft und Gottes Weisheit"[32]. Impliziert der Begriff der Weisheit selbst, dass „von einer Mehrzahl vernünftiger Vermögen, von einem Plural von Rationalitäten auszugehen ist"[33], so wird das in der pluralen Beleuchtung des Kreuzeskerygmas durch den Völkerapostel exemplifiziert. Dabei zeugt jene die Vernunftkonzepte relativierende Weisheit ihrerseits von einer Tiefenvernunft, die keineswegs Relativismus bedeutet, sondern perspektivische Gesamtdeutung aus einem der Grundparadigmen heraus signalisiert[34].

Paulus geht vom theologischen Paradigma der Theonomie aus, indem er den Zirkel der im „Logos des Kreuzes" gründenden Weisheit von der „Weisheit dieser Welt" (Autonomie) wie von der der Autoritäten und „Herrscher dieser Welt" (Heteronomie) abgrenzt und als Offenbarung im Geist Gottes bzw. Christi beschreibt, der die „Tiefen Gottes" erforscht (1. Kor 2,6–16). Wie G. Theißen in einer fulminanten Exegese dieses Briefabschnittes zeigt, führt der Apostel in seiner „ekstatischen Offenbarung"[35],

---

    die „Predigt von der Erlösung durch diesen Kreuzestod Christi – aber auch die ‚Vernunft des Kreuzes'" meinen dürfte (Fridolin Wiplinger: Metaphysik. Grundfragen ihres Ursprungs und ihrer Vollendung, Freiburg/München/Wien 1976, 220). Der „Logos der Welt" wäre als autonome „Welt-Vernunft" demnach „Unsinn vor der Kreuzes-Vernunft" (222). Der Philosoph Wiplinger gibt zu bedenken: „Eben diesen Unsinn, diesen Selbstverrat treiben christliche Theologie und eine sich christlich nennende Philosophie schon seit langem ..." (ebd.).
32 1. Kor 1,24. Angesichts des jüdischen Lobpreises von Gottes Kraft und Weisheit besagt deren paulinische Identifizierung mit Christus: „Christus ist Gottes ‚Wesen'" (Conzelmann, Korinther, 63). Vgl. auch C. Marvin Pate: The Reverse of the Curse. Paul, Wisdom, and the Law (WUNT 2/114), Tübingen 2000.
33 Hailer, Theologie, 3.
34 Exemplarisch sei hier für den Typus der Autonomie auf Welsch verwiesen, der betont: „Vernunft muß das Verhältnis dieser Rationalitäten klären und sichern", ohne hinreichend zu problematisieren, welche Rationalität nun mit dieser Aufgabe gemeint sein könnte (Wolfgang Welsch: Und sie bewegt uns doch. Vernunft nach ihrer Kritik, in: Universitas 46, 12/1991, 1130–1146, bes. 1140). Sein Letztverweis auf die „transversale Vernunft" (Vernunft, 300 ff. 613 ff.) lässt sich wiederum relativieren – etwa durch den Aufweis einer am geschichtlichen Wesen der Vernunft festzumachenden „eschatologischen Vernunft" (Wolfhart Pannenberg: Glaube und Vernunft, in: ders.: Grundfragen systematischer Theologie. Gesammelte Aufsätze, Göttingen 1967, 237–251, bes. 250) oder durch die Perspektive in Richtung auf das „Andere der Vernunft": „Dieses Andere ist nicht das Un- und Widervernünftige, sondern das durch Vernunft an ihrer Grenze Erfahrene und in ihrem Licht Gesehene" (Hans-Joachim Höhn: Krise der Vernunft – Kritik der Vernunft. Motive und Perspektiven der aktuellen Rationalitätskritik, in: A. Schilson [Hg.], Gottes Weisheit im Mysterium. Vergessene Wege christlicher Spiritualität, Mainz 1989, 27–43, Zit. 38).
35 Vgl. Gerd Theißen: Psychologische Aspekte paulinischer Theologie (FRLANT 131), Göttingen 1983, 341 und 345. Die Singularität dieser „höheren Weisheitsrede" im paulinischen Briefkorpus schließt nicht aus, „daß uns aus der Schule des Paulus etwas von dieser verborgenen ‚Weisheit' in den deuteropaulinischen Brie-

deren Sitz im Leben ein innerer Zirkel der Gemeinde als Ort von inspirierter Weisheitsrede gewesen sein dürfte, die Kreuzespredigt von 1. Kor 1 in ganz bestimmter Hinsicht weiter: „Die höhere Weisheit des Paulus besteht nicht in neuen Inhalten, sondern in einer höheren Bewußtseinsstufe, mit der dieselben Inhalte reflektiert werden. In der ‚Anfangspredigt' wird der Christ vom Symbol des Kreuzes ergriffen. Durch die ‚Vollkommenheitslehre' aber begreift er erst, was ihn ergreift. Der Unmündige wie der Vollkommene werden von derselben Offenbarung getroffen, aber nur der Vollkommene durchschaut, was sich an ihm und in ihm vollzieht."[36]

Von „Theonomie" ist daher theologisch dort zu reden, wo der Inhalt des Kreuzeskerygmas Glauben schafft und so das vom Zuspruch und Anspruch Christi betroffene Subjekt sich „durchsichtig in der Macht, welche es gesetzt hat"[37], zu gründen befähigt. Strukturell lässt sich dieses Paradig-

---

fen (Kol; Eph) bewahrt wurde" (346). Das beträfe dann gerade die „kosmische Christologie" dieser Briefe (dazu mehr in Kap. II.3)! – Übrigens leuchtet Theißen nicht ein, dass Paulus in 1. Kor 1–2 eine „polemische Anpassung" an gnostisierende Adressaten sei (383), wie das exegetisch gern unterstellt wird – bes. seit Ulrich Wilckens: Weisheit und Torheit. Eine exegetisch-religionsgeschichtliche Untersuchung zu 1. Kor. 1 und 2, Tübingen 1959, 217, 223 u. ö. Gerade Wilckens liefert freilich Material zum System der Stoa, deren „überraschende Ähnlichkeit mit gnostischem Denken" (223) in vieler Hinsicht ihm auffällt, ohne dass er die Konsequenzen einer Verabschiedung der konstruiert wirkenden These von den „gnostischen" Korinthern zieht. Doch räumt er ein: Des Apostels „Polemik gegen die korinthische Gemeinde und ihre Sophia-Christologie lässt sich sachlich legitim ebenso als Polemik gegen eine etwaige stoisierende Logos-Christologie verstehen … Der stoische Monismus und der gnostische Dualismus haben die gleiche Intention" (270). Auch 1. Kor 8,6 erinnert formal an „stoischen Pantheismus" (Conzelmann, Korinther, 171).

36 Theißen, Aspekte, 349. Paulus spricht hier von einer „überwältigenden Bewußtseinserweiterung über menschliche Grenzen hinaus" (363), die man mit Blick auf den „Sitz im Leben" bei seiner Rede durchaus unter den freilich schillernden Begriff einer „christlichen Esoterik" (vgl. Conzelmann, Korinther, 75.78) subsummieren kann. Für Theißen handelt es sich jedenfalls um „esoterische Lehre für Vollkommene" (vgl. 374). Die Rede von den „Vollkommenen" stammt „aus der Sprache der Mysterienkulte; das Denken der korinthischen Pneumatiker war den Mysterien nicht ganz fremd" (Gottfried Voigt: Gemeinsam glauben, hoffen, lieben. Paulus an die Korinther I, Göttingen 1989, 28).

37 Sören Kierkegaard: Die Krankheit zum Tode. Eine christliche psychologische Erörterung zur Erbauung und Erweckung (1849), von Anti-Climacus, hg. v. S. Kierkegaard, übersetzt v. E. Hirsch, GTB 422, Gütersloh 1978, 10. Die hier zitierte „Durchsichtigkeit" besagt: „Der Geist macht in der Tiefenschicht, der das Gebet entspringt, bewußt, daß der Mensch durch die Liebe Gottes angenommen ist", und erweist sich so als „bewußtseinsbildende Kraft" (Leonard Goppelt: Theologie des Neuen Testaments, hg. v. J. Roloff, Bd. 2: Vielfalt und Einheit des apostolischen Christuszeugnisses, Göttingen 1976, 450). Theißen unterstreicht: „Wohl wird bei Paulus der göttliche Geist radikal menschlichem Vermögen entgegengesetzt, aber nicht so, daß menschliches Erkennen und Verstehen ausgeschlossen sind" (Aspekte, 361). Nach Conzelmann impliziert die *sophia* das „Verstehen der Torheit", also „auch die Theologie als Klärung der Verkündigung" (Korinther, 74).

ma beschreiben mit der trinitätstheologisch und christologisch fundierten Formel: *Theonomie versteht die Welt als Teil der Liebes-Identität[38] Gottes, der von sich selbst Unterschiedenes gewollt und sein weltschaffendes Wort zu einem Teil der Welt gemacht hat.*

Der *nomos* solcher Theo-nomie ist das „Gesetz des Geistes" (Röm 8,2), der der Geist Christi ist (8, 9) – jenes Christus, der mit seiner Herrschaft der Aufrichtung der kosmischen Gottesherrschaft dient (1. Kor 15,25.28) und Garant dafür ist, dass die ihm Angehörenden durch keine Macht der Welt mehr von seiner und des Vaters Liebe zu trennen sind (Röm 8,35–39). Insofern entspricht ihr durchaus die Denkform des „Personalismus" in der „Ich-Du-(Liebe)-Korrelation"[39]; denn die heilvolle „Erweiterung des Bewußtseins über die menschlichen Grenzen hinaus" besagt hier: „Der Mensch erhält Anteil am ‚Innenleben' einer anderen Person: am Pneuma Gottes und am Nous Christi."[40] Die pneumatische Erkenntnisweise ist zuerst und zuletzt eine ekstatische, auf ihr externes Gegenüber mystisch-verbindend gerichtete – in dem Bewusstsein, dass Gott Liebe (1. Joh 4,8.16) und nichts höher als die Liebe (1. Kor 13,13) ist.

---

38 Der Identitätsbegriff, auf den ich andernorts näher eingegangen bin (Auferstehung, 207 ff.), ist hier nicht substanz-, sondern relationsontologisch verstanden, was durch die Beifügung des freilich ebenso definitionsbedürftigen Liebesbegriffs (dazu Rainer Dvorak: Gott ist Liebe. Eine Studie zur Grundlegung der Trinitätslehre bei Eberhard Jüngel [Bonner dogmatische Studien 31], Würzburg 1999; Markus Mühling-Schlapkohl: Gott ist Liebe. Studien zum Verständnis der Liebe als Modell des trinitarischen Redens von Gott [Marburger theologische Studien 58], Marburg 2000) wenigstens angedeutet sein soll.

39 Michael Welker: Gottes Geist. Theologie des Heiligen Geistes, Neukirchen-Vluyn 1992, 51. Angesichts der pejorative Einordnung dieser Denkform durch Welker als „Gefangenschaft des theologischen Denkens" (52) fragt man sich, wie viel er von der „Gefangenführung jedes Denkens in den Gehorsam gegen Christus" (2. Kor 10,5) hält. Dass er dabei souverän über ihre ihm bewusste (51) Schriftgemäßheit hinweggeht, deutet darauf hin, dass er – darin Tillich ähnlich – einer anderen „Denkform" folgt.

40 Theißen, Aspekte, 363. Dadurch wird überhaupt die menschliche Personhaftigkeit „neu und nunmehr wahr konstituiert" (Walter Sparn: Fest mit Feuer und Flamme, in: Nachrichten der Ev.-Luth. Kirche in Bayern 52, 5/1997, 136–138, 137). – Der viel diskutierten und hier nicht auszubreitenden Problematik des Personbegriffs nähert sich in vorbildlicher Weise Piet Schoonenberg: Der Geist, das Wort und der Sohn. Eine Geist-Christologie, Regensburg 1992, 157 ff., bes. 168 ff. Einstweilen sei nur zu dem im Blick auf ein personales Gottesverständnis theologisch oft geäußerten Projektionsverdacht gesagt, dass er argumentativ insofern nicht sticht, als die Beziehung zu Christus und dem in ihm erschlossenen „Vater" ja definitiv Liebesidentifikation und damit implizit ein Stück Selbstprojektion im besten Sinne ermöglicht und erfordert. Und trinitätstheologisch schließt allein schon der Umstand des Mensch- und damit Personseins Jesu Christi ein schlechthin nicht- oder überpersonales Gottesverständnis aus (wie es allerdings von metaphysischer Reflexion her nahe liegt: vgl. Pannenberg, Metaphysik, 18).

Spricht Tillich im Rahmen seiner religionsphilosophischen Theologie von „theonomer Autonomie"[41], so ist nun hier umgekehrt von „*autonomer Theonomie*" zu reden: Die Gottesherrschaft im menschlichen Geist lässt die „enklitisch"[42] mit Christus verbundene Subjektivität zu sich selbst finden, nämlich zum Kern der ihr vom Schöpfer zugedachten Bestimmung – freilich so und nicht anders, als dass die damit konstituierte Identität als radikal verdankte erkannt wird. Dabei lehrt der auferstandene Gekreuzigte das Geschenk der Versöhnung nicht nur individualistisch, sondern in kosmischen Dimensionen zu begreifen: Gilt doch schon sehr früher christlicher Glaubenstradition Jesus Christus[43] bzw. die in Jesus erschienene, von den Menschen verfolgte Weisheit Gottes zuinnerst als Schöpfungsmittler[44], so dass die Welt im „kosmischen" Christus als mit Gott vermittelt aufleuchtet, ohne deswegen in ihrer faktischen Unerlöstheit verkannt zu werden[45]. Der Gedanke solcher Vermitteltheit, die nicht anders als im Kontext der kreuzestheologischen Dialektik von Präsenz und Futur des Eschaton wahrnehmbar ist, ermöglicht das oben bereits anskizzierte theonome Paradigma des „Pansyntheismus": Es gründet in den Strukturen des gereiften

---

41 Vgl. z. B. den Schlussabschnitt von Tillichs knapper „Antwort an Karl Barth" aus dem Jahre 1923. Dass Autonomie für sich genommen theologisch nichts gelten kann, sondern auf Theonomie bezogen sein muss, ist freilich eine geläufige Einsicht (vgl. z. B. Hans Blumenberg: Art. Autonomie und Theonomie, in: RGG³ Bd. 1, Tübingen 1956, 788–792; Walter Kasper: Autonomie und Theonomie. Zur Ortsbestimmung des Christentums in der modernen Welt, in: H. Weber, D. Mieth [Hgg.], Anspruch der Wirklichkeit und christlicher Glaube, Düsseldorf 1980, 17–41; Paul Ricoeur: Theonomie und/oder Autonomie, in: Die Theologie auf dem Weg ins dritte Jahrtausend, FS Jürgen Moltmann zum 70. Geburtstag, hg. von C. Krieg u. a., Gütersloh 1996, 324–345). Doch wie die beiden begrifflichen Größen paradigmatisch gedacht und vor allem: von welcher der beiden her die Integration der jeweils anderen erfolgen soll, das sind die entscheidenden Fragen!

42 Diesen Terminus prägt zur Kennzeichnung der im Rechtfertigungsglauben geschaffenen „ekstatischen" Subjektivitätsstruktur Wilfried Joest: Ontologie der Person bei Luther, Göttingen 1967. Sparn hebt entsprechend den „zentralitätskritischen Aspekt" christlich-religiöser Identität hervor (Sancta simplicitas, 104). Im übrigen s. u. Kap. VII.4.

43 Nach Rudolf Bultmann wird Jesus Christus bereits im vorpaulinischen hellenistischen Christentum „als der kosmische Herr" bezeichnet, ja es hat sich dort „doch offenbar schon vor Paulus der Gedanke der Präexistenz mit dem Gedanken des Gottessohnes verbunden ... Die Vorstellung der Präexistenz führt nun aber auch dazu, Christus eine kosmische Bedeutung zuzuschreiben, d. h. in ihm die Verkörperung einer kosmischen Potenz zu sehen ..." (Das christologische Bekenntnis des Ökumenischen Rates [1951], in: ders.: Glauben und Verstehen. Gesammelte Aufsätze Bd. 2, Tübingen 1952, 246–261, hier 251).

44 Zur Frühdatierung („1. Kor 8,6 als vorpaulinisches Zitat") vgl. Klaus Berger: Im Anfang war Johannes. Datierung und Theologie des vierten Evangeliums, Stuttgart 1997, bes. 137; ferner Christ, Jesus Sophia, 154.

45 „Im Bekenntnis, daß im Gekreuzigten und zu ihm die Welt geschaffen ist, spricht sich der schärfste Protest aus gegen die Verklärung der unerlösten Welt" (Schoberth, Alles, 158).

christologischen[46] Bekenntnisses von Chalcedon und lässt Gott und die Welt in den paradoxen Bestimmungen des „Ungetrennt" und „Unvermischt" heilvoll verbunden sein. Wie Dalferth erklärt, „ist Gott gerade deshalb allem unendlich nahe, weil er seine schöpferische, rettende und vollendende Differenz nicht nur zu jedem, sondern auch zum Ganzen niemals aufgibt: Er ist und wird nicht ein und alles, sondern er ist und bleibt der Gott von allem und jedem ... Nur in diesem Sinn ist er absolut gegenwärtig, und nur in diesem Sinn kann der Gedanke des Absoluten für die Entfaltung des Gottesgedankens tauglich sein: Nicht als Begriff der dialektischen Einheit des Ganzen in seiner teleologischen Entwicklung, sondern als Hinweis auf die einzigartige Einfachheit dieses Gottes, der sich zu allem verhält, indem er dieses von sich und sich von ihm unterscheidet. ... Die Nähe Gottes wird deshalb schöpfungstheologisch trivialisiert und soteriologisch verharmlost, wenn sie panentheistisch gedacht wird."[47]

Ein solch theonomes Verstehen des Zusammenhangs von Gott, Welt und Mensch befreit das Subjekt von bis dahin vorherrschendem Denken über eben diesen Zusammenhang, dessen konstitutive Größen natürlich vor und nach der Befreiungserfahrung in ihrer jeweiligen Strukturierung ganz unterschiedliche Relationen aufweisen. Wenn Paulus im Kontext der Entfaltung seiner Kreuzesweisheit von den „Herrschern des Kosmos" schreibt, so steht ihre Entmächtigung durch den (kosmischen) Christus der Interpretation Theißens zufolge für das Brechen eines „psychischen Widerstands", das Transzendieren einer „inneren Verstehensgrenze": „Das Kerygma drang gegen einen inneren Widerstand bis in unbewußte Tiefen des Menschen."[48] Diese Deutung hat ihr Recht darin, dass die „Weisheit" und ihr Wirken für Paulus wie für die ihm vorgegebene Tradition als kosmischer Faktor auch seelisch-geistig wirksam ist. „Wohl wollte die Weisheit schon immer erkannt werden, aber erst in der paradoxen Form des Kreuzes kam sie mit ihren kosmischen Intentionen zum Ziel."[49] Das Kreuz des Christus verleiht nach Theißen zuinnerst Freiheit gegenüber den Sanktionssystemen der Welt und ermöglicht gerade kraft seiner kognitiven Dissonanz eine neue Solidarität mit der ganzen Schöpfung; vor allem aber

---

46 Mittels trinitätstheologischer wie christologischer Terminologie formuliert Sparn, was ich als „autonome Theonomie" (s. u.) bezeichnen würde: „Christliche Identität gilt für ein Selbst, das sich der Perichorese göttlichen und menschlichen Lebens verdankt; sie ist ein Sein in der Gleichgestalt Christi kraft unseres Seins in Christus und des Seins Christi in uns" (Sancta simplicitas, 104).
47 Ingolf U. Dalferth: Gott. Philosophisch-theologische Denkversuche, Tübingen 1992, 7 f. Dass der Panentheismus-Begriff in rein futurisch-eschatologischem Verständnis (also im Blick aufs vollendete „Reich Gottes") doch sein Recht hat, ist demgegenüber festzuhalten. Aufs Ganze gesehen dürfte aber obiger Vorschlag des *Pansyntheismus*-Begriffs der von Dalferth intendierten Differenzierung dienlich sein.
48 Theißen, Aspekte, 374 f.
49 Theißen, a. a. O. 381.

bewirkt sein Verstehen „eine kognitive Umstrukturierung der gedeuteten Welt."[50] Der „natürliche" Mensch vermag nicht von sich aus zur theonomen Wahrheit vorzudringen; erschließt sich diese aber im Kreuzeskerygma als Offenbarung, so handelt es sich um eine nicht nur individuelle, sondern kosmische Konstellationen aufdeckende Geisteserfahrung.

Im Licht solcher pneumatisch ermöglichten Theonomie[51] wird erst erkennbar und durchschaubar, was Heteronomie oder Autonomie im „natürlich-psychischen" Menschen eigentlich bedeuten. Als psychisch fundierte Paradigmen werden sie Gegenstände „natürlicher Theologie": Diese vermag die Subjektivität besser zu erschließen, als es der zuvor „natürlicherweise" möglich war[52]. Solche vorlaufende Selbsterschließung ist dabei aus offenbarungstheologischer Sicht keineswegs als Akt völliger Blindheit zu interpretieren; binnenstrukturell kann vielmehr ein hohes Maß an religiös konstituiertem Selbstverstehen erreicht sein, und insofern rufen diese Paradigmen – wie bereits angedeutet – auch nach religionswissenschaftlicher Erforschung[53]. Aber ihre Bewertung wird je nachdem eine unterschiedliche sein, ob sie innerhalb oder außerhalb des theologischen Zirkels erfolgt. Theologisch geurteilt, stellen sich Heteronomie und Autonomie als Unfähigkeit (und insofern als Unfreiheit) dar, die im gekreuzigten als dem kosmischen Christus offenbar gewordene, nichtsubstantielle Einheit von Einheit und Differenz im Gott-Welt-Verhältnis wahrzuhaben. In rechtfertigungstheologischer Perspektive lassen sie sich als die beiden möglichen, mit der genannten Unfähigkeit notgedrungen einhergehenden Grundarten von Selbstrechtfertigung demaskieren: Das Transzendenzverhältnis wird von religiöser „Heteronomie" (primär kultisch) im Sinne einer „Gegenübergerechtigkeit" zu regeln versucht, während spirituelle „Autono-

---

50 A.a.O. 383. Der im Kreuz artikulierte Widerspruch „eröffnet einen übergreifenden Sinnhorizont" (384). – Dass das Kreuz frühzeitig mit dem Christusbegriff verknüpft war, betont exegetisch Hahn, Hoheitstitel, 217 f. u. ö.
51 Für den in den theologischen Zirkel der Verbundenheit mit dem kosmischen Christus Hineingestellten, also „von der Tyrannei und dem Terror der gottfeindlichen Mächte Erlösten" ist „jede ‚Neutralität und Objektivität' ausgeschlossen", betont Heinrich Vogel: Die Mystik Rahdakrishnans und das Evangelium von Jesus Christus, in: EvTh 21, 9/1961, 387–407, Zitat 401. Wer außerhalb dieses Zirkels steht, kann wiederum „nur im Welt-Radius denken" (Conzelmann, Korinther, 88).
52 Vgl. Walter Sparn: Art. Natürliche Theologie, in: TRE 24, 1994, 85–98, bes. 95. Der in der Moderne stark umstrittene Begriff ist hier im Sinne eines „genitivus objectivus" verstanden, d. h. es geht primär nicht um die Theologie, die der „natürliche" Mensch sich selbst konstruiert, sondern um die christliche Theologie, die den „natürlichen" Menschen verstehend deutet.
53 Dies gilt gerade aus theologischer Sicht, denn will Theologie die empirische Funktion ihrer Kritik und Erhellung verifiziert wissen, dann erfordert sie „mehr als sich selbst in ihrer theo-logischen Gestalt" (Walter Sparn: ‚Extra Internum'. Die christologische Revision der Prädestinationslehre in Karl Barths Erwählungslehre, in: T. Rendtorff [Hg.], Die Realisierung der Freiheit. Beiträge zur Kritik der Theologie Karl Barths, Gütersloh 1975, 44–75, Zit.75).

mie" es (primär mystisch) im Sinne einer „Identitätsgerechtigkeit" zu klären bestrebt ist. Von daher ist nun die folgende Näherbestimmung möglich.

*Heteronomie* bezeichnet jenen Dualismus, für den Gott und sein Gesetz mit der Welt mehr oder weniger äußerlich korreliert sind und bleiben. Drei Untertypen lassen sich benennen[54]. Wo dieser Dualismus sich als ein Verhältnis gestaltet, in dem die Gottheit den Menschen als numinoses Wesen ebenso erhaben wie distanziert gegenübersteht, kann man von „heteronomer Heteronomie" reden. Begegnen Gott und Mensch einander im Horizont sie verbindender Wirklichkeit als wenn auch ungleiche Verhandlungspartner, liegt „autonome Heteronomie" vor. Wird aber dieses Gegenüber Gottes zu einem deutlich welttranszendenten, so hat man es mit „theonomer Heteronomie" zu tun, die mit gesteigertem Gnadenbewusstsein einhergeht. Indes – bei allen Varianten dieses Paradigmas[55] bleibt es beim dualistisch-gesetzlichen, angstbesetzten Grundmuster, das durch eine mythisch gedachte Wirklichkeitseinheit ebensowenig überwunden wird wie durch die geglaubte Einzigkeit des Schöpfergottes. Solche Heteronomie erstreckt sich keineswegs bloß auf monotheistische Religiosität jenseits des Christentums, vielmehr reicht sie bis hinein in dessen Zentrum, wo nämlich „heteronome" Kreuzesdeutung den soteriologischen Sinn des Kerygmas oft dermaßen reduziert, dass autonomer Protest dagegen, ob liberal-theologischer[56] oder philosophischer[57] Natur, so lange berechtigt ist, wie theonomes Verständnis der Kreuzesbotschaft ausgeblendet bleibt.

---

54 Sie sind wie das Heteronomie-Paradigma überhaupt für den weiteren Verlauf der Untersuchung ohne Belang und werden hier nur im Zuge der Gesamterklärung der Paradigmen kurz skizziert.
55 Hinreichend evident dürfte diese Skizze der Heteronomie-Typen z. B. für Kenner der Religionsgeschichte Israels und seiner Umwelt sein, aber auch für Kenner der Dogmengeschichte der Alten Kirche (in meiner Christologie-Vorlesung von 2001 habe ich sie aufgegriffen und weiter ausgearbeitet).
56 Seit langem und „auch heute gibt es unter Christen erhebliche Vorbehalte gegen sühnetheologische Formulierungen der Christus-Gnade" (Christof Gestrich: Die Wiederkehr des Glanzes in der Welt. Die christliche Lehre von der Sünde und ihrer Vergebung in gegenwärtiger Verantwortung, Tübingen 1989, 322; vgl. ders.: Stellvertretung, a. a. O. 2001). In unserer Zeit werden sie zunehmend von liberalen Theologen (z. B. von Heiko Rohrbach: Befreiung von biblischen Albträumen. Wider Sintflut und Höllenangst, Stuttgart 1994, 129 ff.) und (feministischen) Theologinnen verbreitet, aber selten ernsthaft-abwägend diskutiert, so dass der theonome Aspekt des Sühnopfergedankens – nämlich die Integration des von Sterblichkeit und Schuld betroffenen Menschen ins radikale Dankes- und Liebesverhältnis zu Gott (vgl. Ralf Frisch/Martin Hailer: „Ich ist ein Anderer". Zur Rede von Stellvertretung und Opfer in der Christologie, in: NZSThRph 41, 1/1999, 62–77) dann kaum gründlich durchdacht erscheint.
57 Schon Johann Gottfried Herder sah in der ihm dargebotenen Versöhnungslehre einen schlechten Theologenscherz: „Da wird der alte Gott-Vater bald ein blutdürstiger *Leu*, bald ein sauersehender *Judex*, endlich aber doch ein milder *Pfalzgraf*, der für gewonnenes Geld unwürdige Bastarde um eines Echtgeborenen willen alle

*Autonomie* steht für die „monistische" Tendenz menschlichen Denkens, die die heteronome Erfahrung der Dualität reflexiv zu überspielen versucht bzw. durch mystisch-ekstatische Erfahrung zu überhöhen sich ermächtigt fühlt. Die Genese des Überschritts von der Heteronomie zur Autonomie beschreibt J. Taubes luzide am Beispiel der Entstehung des Gnostizismus[58]: Er zeigt, dass die eindeutig benennbare Grundstruktur des gnostischen Mythos den monotheistischen Gott der reifen Heteronomie voraussetzt und infolge seiner Krise zu überwinden trachtet. Anders ausgedrückt: Der scharfe Dualismus „theonomer Heteronomie" wird regressiv in monistisches Denken transformiert, indem der Schöpfergott zu einer bloßen Emanationsgestalt des umfassenden Pleromas erklärt (und damit letztlich auch der Dualismus des gnostischen Kosmos-Verständnisses relativiert) wird[59]. Analoges zeigt H. E. Richter für die Entstehung des modernen Autonomiegedankens auf, der im Ringen mit der mittelalterlichen Heteronomie sich zunehmend zum entweder säkular oder spirituell ausgeformten „Gotteskomplex" gestaltet[60]. Charakteristisch für spirituelle Autonomie ist insgesamt die heteronomes Denken ablösende Erkenntnis letzter, nämlich substanzieller Zugehörigkeit zum All-Einen. Da im Zuge dieser Auffassung der personale Charakter dieses All-Einen schwerlich haltbar ist[61] und des-

---

summarisch an Kindes Statt aufnahm" (Von Religion, Lehrmeinungen und Gebräuchen [1798], Ausgabe von Suphan Bd. 20, 133–265, hier 218). Weitere Exempla bis in unsere Zeit ließen sich reihenweise anführen; die entsprechende theologische Diskussion ist hier aber nicht zu führen.

58 Vgl. Jacob Taubes: Der dogmatische Mythos der Gnosis (1973), in: ders.: Vom Kult zur Kultur. Bausteine zu einer Kritik der historischen Vernunft, hg. v. A. Assmann, München 1996, 99–113, bes. 101 und 110 ff.

59 Insofern wird vielfach von „der" Gnosis ein unzutreffendes Bild gezeichnet, die doch in unterschiedliche Typen verschieden starker Ausprägungen des dualistischen Elements zerfällt. Namentlich im System der valentinianischen Gnosis erkennt „die monistische Ableitung des Dualismus" deutlich Hans Jonas: Gnosis und spätantiker Geist. Erster Teil: Die mythologische Gnosis (FRLANT 51), Göttingen, 1988, 416 f. Zum gnostischen Mythos habe ich mich andernorts näher geäußert (Auferstehung, 28 ff.).

60 Vgl. die gerade auch theologisch höchst aufschlussreichen Ausführungen des 1. Kapitels von Horst Eberhard Richter: Der Gotteskomplex. Die Geburt und die Krise des Glaubens an die Allmacht des Menschen, Reinbek 1979[4]. Richters Thesen lassen implizit deutlich werden, dass und inwiefern neuzeitliche Autonomie im Kontext theosophisch gefärbter Bestrebungen im Renaissance-Zeitalter entspringt; im Ursprung stellt sie sich also auch als spirituelle und erst sekundär als säkulare dar!

61 Das All-Eine in seiner Transzendentalität ist wesenhaft ohne irgendein „Gegenüber" zu denken, also in keiner Weise „personal". Dass „die Metaphysik immer Schwierigkeiten gehabt hat, das absolut Eine als personal und mithin überhaupt als ‚Gott' zu denken", unterstreicht Pannenberg (Metaphysik, 18). Anders verhält es sich potenziell beim Gedanken der Schöpfer-Schöpfung-Relation: Hier ist die „Substanz" des Gottes, der „Geist" ist, sehr wohl „personal" – etwa als „Vater" – vorzustellen (vgl. Joh 4,24; 6,37 u. ö.), der dann auf kreatürlicher Seite die „individua substantia" des Menschen entspricht.

halb auch für das Subjektverständnis des Menschen verlustig gehen kann, wird hier die substanzielle Zugehörigkeit nicht unbedingt fürs Subjekt als solches, sondern bisweilen nur für seine (dann energetisch verstandene) „Substanz" garantiert. Insgesamt ergibt sich beim Autonomie-Paradigma das Problem, dass der Erfahrung der Dualität bzw. Pluralität kaum ein letzter Ernst zukommen kann.

Warum die transzendente Einheit sich überhaupt in Vielheit manifestiert, darüber pflegen jeweils Mythologien und Metaphysiken Auskunft zu geben, die sich gemäß ihrer strukturellen Akzentuierungen wiederum in drei Untertypen aufteilen lassen. Als *„autonome Autonomie"*[62] lässt sich eine naturhaft-kosmisch gedachte, zyklisch-spiralförmige Ent- und Zusammenfaltung (Involution und Evolution) des Göttlichen bezeichnen, deren mythische Verwurzelung[63] offensichtlich, nun aber auf die Bewegung von Entfremdung und Wiederherstellung (oder von Offenbarung bzw. Erscheinung und Selbstrücknahme ins mystische Dunkel) transferiert ist. Das Faktum dualistischer Erfahrung als Konsequenz der Aufsprengung göttlich-überpolarer Einheit aus dieser selbst wird emanatorisch so erklärt, dass sie als Akzidens prozessualer Autonomie, mithin als letztlich interimistische Entfremdung vom „höheren Selbst" zu begreifen sei. Als *„heteronome Autonomie"* kann demgegenüber ein Paradigma gelten, das gnostisierend nur an einen einzigen Zyklus denkt, nämlich an den als „Irrtum" oder „Rebellion" charakterisierten „Fall" und dessen versöhnend-erlösende Aufhebung bzw. Abarbeitung. Dabei treten die lapsarischen und soteriologischen Elemente entsprechend stärker in den Vordergrund. *„Theonome Autonomie"* schließlich beschreibt Gottes Ewigkeit in Relation zur zeitlichen Welt so, dass der Dualismus von Schöpfer und gesetzter Schöpfung[64] als Produkt einer allumfassenden göttlichen Dialektik aufscheint.

---

62 Die tautologische Begriffsdoppelung soll hier die Potenzierung von „Autonomie" ausdrücken, die sich in der spiralförmigen Zyklik als in sich stabilem, ewig sich selbst erhaltendem System zeigt.

63 Vgl. Mircea Eliade: Der Mythos der ewigen Wiederkehr, Düsseldorf 1953. Auch schon die hellenistische Hermetik lehrt „die Vollkommenheit der Welt, ihre Harmonie, ihre ständige Bewegung in ewiger Wiederkehr..." (C. F. Georg Heinrici: Die Hermes-Mystik und das Neue Testament, Leipzig 1918, 183). Dass sich aber auf Grund neuester naturwissenschaftlicher Erkenntnisse die Grundannahme einer Weltall-Zyklik nicht mehr ernsthaft halten lässt (vgl. die Meldung „Expansion in alle Ewigkeit" in: GEO Nr. 2/1999, 148 f.; auch steht „die Irreversibilität der Zeit" fest laut Ilya Prigogine: „Wir sind keine Zigeuner am Rande des Universums", in: Conturen 11, 15/1991, 17–27, bes. 21), dürfte auf die künftige Diskussion dieses weltanschaulichen Aspekts nicht ohne Auswirkung bleiben.

64 Der Gedanke der Schöpfung hat innerhalb der Varianten des Autonomie-Paradigmas seinen ernsthaften Ort nur im Schema der „theonomen Autonomie", während in denen der „heteronomen" oder „autonomen Autonomie" von „Schöpfung" – wenn überhaupt – eher im uneigentlichen Sinn die Rede ist, insofern das Andere Gottes eigentlich nicht als Kreatur, sondern als Erscheinungsweise Gottes selbst begriffen wird (s. u. bes. Kap. III). Für „theonome Autonomie" koinzidieren

Auch das Paradigma der *Theonomie* liesse sich entsprechend untergliedern. Die Struktur „autonomer Theonomie" wurde bereits skizziert. „Heteronome Theonomie" wäre theonomes Denken, das noch deutlich heteronome Elemente enthält; „theonome Theonomie" wäre das vollendete Erkennen. Doch beide Formen sind für unsere Studie nicht relevant.

### 2. Der doppelte Theosophie-Begriff Tillichs

Nachdem sich Tillichs kosmisch ausgreifende, religionsphilosophisch fundierte Theologie als ergiebiges Medium für die konstruktiv-kritische Gewinnung angemessener Analyse-Kriterien im Blick auf die komplexe Metapher „kosmischer Christus" erwiesen hat, lohnt es sich, eigens nach seinem Verständnis von „Theosophie"[65] zu fragen, da ja der zu untersuchende Terminus in „theosophischem" Kontext geboren wurde. Gewiss blickt der Theosophie-Begriff auf eine kaum überschaubare Geschichte seiner Interpretationen zurück; schon deshalb tut man gut daran, nach elementaren Kriterien für ein Unterscheiden von Hauptvarianten Ausschau zu halten. Von vornherein besteht Anlass zu der Vermutung, dass Tillich, der systematisierende Religionsphilosoph, zu diesem Begriff eine innere Affinität gehabt und einen hilfreich differenzierenden Zugang entwickelt hat. Denn gerade in seiner Theologie kulminiert im 20. Jahrhundert die „Tradition des panreligiösen Wirklichkeitsverständnisses" bzw. der „mystisch-theosophischen, idealistisch-,realistischen' Konzeption des Gott-Welt-Verhältnisses als Weltlichkeit Gottes und Göttlichkeit der Welt"[66].

Zumal sich Tillich intensiv mit Schelling befasst hat, kennt er auch den für den großen deutschen Idealisten so wichtigen Theosophen J. Böhme[67]. Er erblickt in ihm den philosophischen Repräsentanten der lutherischen Mystik, mehr noch: die unmittelbare philosophische Verwirklichung des

---

Schöpfung und Entfremdung – wie das nachgerade bei Tillich ersichtlich ist (kritisch dazu Wittschier, Tillich, 177 ff.).

65 Dass Tillich die moderne Theosophie überhaupt seiner Aufmerksamkeit für wert erachtet hat, lässt ihN als eine der wenigen rühmlichen Ausnahmen unter den Systematikern des 20. Jahrhunderts erscheinen. „Niemand wird der Theosophie die große Bedeutung, die sie im Geistesleben der Menschheit gehabt hat und gerade gegenwärtig wieder besitzt, bestreiten wollen und können", erklärt Tillichs Zeitgenosse Arnold Stolzenburg: Art. Theosophie, in: RGG² Bd. 3, Tübingen 1929, 1134–1140, hier 1138.

66 Daecke, Teilhard, 37. Tillich fasst „das gesamte reiche Erbe des panreligiösen Traditionsstromes zusammen" zu „einem mit großer Kraft gestalteten System": Wie in einem Brennpunkt sammeln sich hier „alle Strahlen von Mystik und Idealismus, Theosophie und Realismus" (39).

67 Dazu s. u. Insgesamt aufschlussreich ist Ernst Benz: Schellings theosophische Geistesahnen, Wiesbaden 1955.

Luthertums[68]! Von Böhme verläuft über Oetinger und Schelling eine spekulativ-theosophische Traditionslinie bis hin zu den russischen Sophiologen W. Solowjow, S. Bulgakow und N. Berdjajew[69]. Letzterer bezeichnet sein Denken wie einst Böhme als „Theosophie". Tillich hat ihn 1938 persönlich kennengelernt und bald darauf in einem Aufsatz geistesgeschichtlich gewürdigt. In der von Tillich bei dieser Gelegenheit mitvollzogenen Identifizierung von Religionsphilosophie und Theosophie[70] spricht sich jene Affinität zu theosophischen Grundvorstellungen aus, die bei ihm auf Grund des bisher Dargestellten zu vermuten war.

Hier handelt es sich nun um ein Verständnis des „erhabenen Begriffs der Theosophie", das sich ausdrücklich absetzt vom Selbstverständnis der „modernen theosophischen Bewegungen"[71]. Tillich steht entschieden hinter der Grundunterscheidung zwischen einer eher traditional-christlichen und einer modern-okkultistischen Theosophie. Dies erklärt sich aus seinem Verständnis des „Okkulten": In seiner Dogmatik-Vorlesung von 1925 spricht er dem Okkultismus seinen religiösen Anspruch rundweg ab mit der Begründung: „Das Unbedingte kann nicht erzwungen werden."[72] Allenfalls seien, so räumt er ein, okkulte Erfahrungen in der Lage, das „gesamte Welt-Bewußtsein" stark zu erschüttern und so die Bereitschaft für die „Aufnahme des Transzendenten" zu fördern. Doch der Einbruch jener anderen Welt in die diesseitige sei „an sich kein religiöses Ereignis": „Insofern die geistige Welt *Welt* ist, steht sie in gleicher Instanz zum Unbedingten wie jede Welt." Tillich legt hier einen theologisch-panentheistischen Maßstab an ein gewöhnlich pantheistisch konstituiertes Weltverständnis an. Diesem damit die Qualität des Religiösen abzuerkennen, ist freilich ein nicht unproblematisches Vorgehen. Noch schwieriger ist es, solch ein Verdikt auf die modernen Gesellschaften theosophischen und anthroposophischen Zuschnitts zu transferieren, zumal sie nicht schlechterdings mit „Okkultismus" gleichgesetzt werden können, son-

---

68 Vgl. Tillich, Grenze, 53. Grundlegende Gedanken und Termini Tillichs wie etwa die Rede vom „Abgrund in Gott", in dem „auch das Dämonische enthalten ist" (Religionsphilosophie, 68), weisen auf den relativ häufig von ihm genannten Theosophen zurück.
69 Vgl. Helmut Gollwitzer: Wiederbegegnung mit Nikolai Berdjajew, in: EvTh 35, 2/1980, 126–142; Klaus Bambauer: Erinnerungen an den russischen Religionsphilosophen Nikolai Berdjajew, in: DtPfrBl 98, 4/1998, 199–201.
70 Paul Tillich: Nikolai Berdiajew. Eine geistesgeschichtliche Würdigung (1938), in: Begegnungen. GW Bd. 12, Stuttgart 1971, 289–304, bes. 290 f. Bereits hier ist anzumerken, dass „Theosophie" keineswegs – etwa in einem Gegensatz zur „Philosophie" – als irrational abzuwerten ist. Rombach betont: „Der Hermetiker vertritt keine Irrationalität, sondern eine Rationalität eigener Art..." (Gott, 108).
71 Vgl. Tillich, Berdiajew, 291. Zu dieser Frage s. u. III.3.
72 Tillich, Dogmatik, 244. Nächste Zitate ebd. Ähnlich 45 f., wo obendrein auf die Möglichkeit der Profanisierung des Okkulten hingewiesen wird.

dern bei aller okkulten Akzentuierung ausdrücklich religiöse Fragen und Themen mit ins Zentrum rücken[73].

Indes – Tillich bleibt auch in dieser Hinsicht, als er sich ein Jahr später der „religiösen Lage der Gegenwart" widmet, bei seiner kategorialen Unterscheidung: Theosophie und Anthroposophie repräsentieren für ihn in Differenz zur „echten Mystik" eine „Mystik zweiter Ordnung"; nur dann haben sie „religiösen Charakter, wenn sie auch die Zwischenwelt hinter sich lassen. Sonst bringen sie es zu einer Weltanschauung, die wohl in hohem Maße hinweisend auf das Göttliche sein kann und insofern in Widerspruch steht zum Geist der bürgerlichen Gesellschaft, aber sie bringen es nicht zu einer eigentlichen religiösen Haltung."[74] Von „echten" religiösen Bewegungen sei nicht zu sprechen. Wenige Jahre später aber erkennt Tillich der theosophischen und der anthroposophischen Bewegung dann doch zu, nicht nur „okkulte Philosophie", sondern „religiöse Bewegungen auf nichtkirchlichem Boden"[75] zu sein. Allerdings wirft er ihnen im Zuge theologischer Argumentation erneut vor, einer „fundamentalen Verwechslung" zu erliegen: „Denn das, was im Religiösen gemeint ist, steht genauso über den natürlichen Welten wie über den geistigen."

Dass das moderne okkult-theosophische Denken die „Zwischenwelten", und seien es „geistige", nicht wirklich hinter sich lasse, ist Tillichs Kritik am pantheistischen Theosophie-Modell. Dieses aber beansprucht nicht nur, sondern bemüht sich bei näherer Betrachtung unverkennbar, das Göttliche als Welttranszendentes zu thematisieren, ja zu berühren, sofern man unter „Welt" die Natur des Sichtbar-Endlichen versteht. Blavatsky definiert: „Wenn im theosophischen Sinne von der Gottheit gesprochen und diese mit Natur gleichgesetzt wird, so ist die ewige und ungeschaffene Natur gemeint und keineswegs die Summe von vorübergehenden Schattenbildern und endlichen Unwirklichkeiten."[76] Zum Pantheismus bekennt sie sich ausdrücklich, um ihn allerdings esoterisch zu interpretierten: „Unsere Gottheit ist... überall, in jedem Atom des sichtbaren sowie des unsichtbaren Univer-

---

73 Die moderne „Theosophie ist religiös", urteilt wenige Jahre später Stolzenburg, Theosophie, 1136.
74 Paul Tillich: Die religiöse Lage der Gegenwart (1926), in: Die religiöse Deutung der Gegenwart, GW Bd. 10, Stuttgart 1968, 9–93, bes. 69–71. Auch eine ältere Dissertation zum Thema, die Tillich vielleicht herangezogen hat, beurteilt mit ähnlich gelagerten Gründen die Theosophie als kaum religiös (Wilhelm Bruhn: Theosophie und Theologie, Glückstadt 1907, bes. 77 ff.). Etwas abwägender formuliert ein Konfessionskundler unserer Tage: „Die Theosophie ist stärker Weltanschauung als Religion..." (Helmut Obst: Außerkirchliche religiöse Protestbewegungen der Neuzeit, Berlin 1990, 96).
75 Paul Tillich: Nichtkirchliche Religionen (1929), in: Die Frage nach dem Unbedingten, GW Bd. 5, Stuttgart 1964, 13–31, hier 19–21.
76 Blavatsky, Theosophie, 94. Es ist das Überpolare, die diskursiv unerkennbare, ursachenlose Ursache aller Ursachen, die sie auch als den „Universalen Geist" bezeichnen kann (vgl. Cranston, HPB, 542).

sums; ... denn ES ist die geheimnisvolle Kraft der Evolution und Involution, das allgegenwärtige, allmächtige und ebenso allwissende schöpferische Wirkungsvermögen."[77] Dieses Absolute „existiert" nicht, da es selbst absolute Existenz ist: „Es ist *Sein* und nicht ein Wesen."[78] Das damit angedeutete Gottesverständnis ist gewiss kein theistisches, aber ebensowenig ein irreligiöses[79]. Ein Blavatsky-Anhänger erläutert die Perspektive ihrer „Geheimlehre": „Wenn das unerfaßliche kosmische Sein – im Westen oft Gott genannt – sich in einer begrenzten Schöpfung, einem Kosmos, manifestiert, ergießen sich aus der Flamme dieses Seins Myriaden von Funken als ‚wahre Söhne Gottes' in die sich gestaltende Welt. Jeder Menschengeist ist solch ein Funke."[80] Als dieser göttliche Funke ist der theosophisch-metaphysisch, näherhin kosmisch-spirituell zu begreifende Mensch zuinnerst „Gott-Mensch"[81].

Die religiöse Idee des ewigen „Gottmenschen" prägt nun aber auch den spekulativ-theosophischen Denker Berdjajew. Der panentheistisch orientierte Sophiologe identifiziert ihn mit der zweiten Hypostase der Trinität und leitet aus ihm „eine ewige Beziehung zwischen Gott und Mensch" ab[82]. Diesem Gedanken steht Tillich mit seiner bereits erwähnten Lehre von der essentiellen „Gott-Mensch-Einheit"[83] nahe, die er in Jesus als dem Christus repräsentiert sieht und auf deren „Wiederherstellung" seine Soteriologie abzielt. Der Unterschied zwischen dem pantheistisch-theosophischen und dem panentheistisch-theosophischen Konzept aber besteht hier darin, dass ersteres das Gottmenschentum als unmittelbare Manifestation des kosmisch verstandenen Göttlichen aufzufassen neigt, während es für letzteres unmittelbar im Göttlichen verankert ist und die Manifestation des Kosmos sich erst als daraus geborene Konsequenz darstellt. In beiden Fällen[84] liegt

---

77 Blavatsky, Theosophie, 94 f. Tillichs Pantheismus-Definition, Gott sei „die schöpferische Kraft und Einheit der Natur, die absolute Substanz, die in allem gegenwärtig ist" (STh I, 271), deckt sich mit Blavatskys „esoterischem" Verständnis des Begriffs.
78 Blavatsky, Theosophie, 95. Vgl. auch Hellpachs Ausführungen über die Interpretation des „Okkulten" im Pantheismus (Tedeum, 47–49).
79 Das gilt unabhängig davon, wie der Religionsbegriff im einzelnen definiert wird (dazu meine Ausführungen in: Auferstehung der Toten, 398 ff.). Als „Religion" im substantivischen Sinn allerdings versteht sich Blavatskys Theosophie selbst nicht, jedoch als „das innerste Wesen aller Religion" (Schlüssel, 88).
80 Norbert Lauppert: Pilgerfahrt des Geistes, Graz 1972, 7 f.
81 Vgl. Annie Besant: Uralte Weisheit (1897), München 1981, 169; Wichmann, Menschenbild, 17 (cf. 13). An die Stelle des „Gott-Menschen" kann bei Besant auch der „Übermensch" treten (vgl. Annie Besant/C. W. Leadbeater: Der Mensch: Woher, wie und wohin? Aufzeichnungen nach hellseherischen Untersuchungen, Düsseldorf 1931, 3).
82 Vgl. Tillich, Berdjajew, 291 f.
83 S. o.! – Zur Kritik: Tavard, Christology, 172 f.
84 Nicht zufällig teilt Tillich mit der theosophischen Tradition die für spirituelle Autonomie schlechthin charakteristische Vorstellung, der Mensch sei als „Mikrokosmos", also in dynamisch-substanzieller Relation zum Makrokosmos zu verstehen (vgl. z. B. Tillich, Religionsphilosophie, 36; STh III, 404).

das Paradigma spiritueller Autonomie vor; doch im ersten begegnet „autonome"[85], im zweiten „heteronome Autonomie". Gemäß dem oben definierten Begriff der „autonomen Autonomie" impliziert die Ausfaltung des Göttlich-Absoluten in die Vielheit des Kosmisch-Konkreten einerseits eine Art Selbstentfremdung, die auf Rücknahme bzw. „Wiederherstellung" zielt. Andererseits gehört diese Ausfaltung wesenhaft zum „Leben" der überpolar-transzendenten Substanz[86]. Von dieser Aporetik ist okkult-theosophisches Denken zutiefst charakterisiert: Es behauptet – im Unterschied vor allem zur „theonomen Autonomie"[87] – die letztendliche Unwirklichkeit alles Welthaft-Vergänglichen[88], um doch zugleich seine tiefenstrukturelle Göttlichkeit nicht zu bestreiten. Es oszilliert sozusagen zwischen ontologischer Skepsis und ontologischem Optimismus.

Ähnlich aporetisch sieht es beim Paradigma der „heteronomen Autonomie" aus. Einerseits ist die in niedere Einflusssphären gesunkene zeitliche „Welt" im Vergleich mit dem urständlich- und eschatologisch-ewigen Kosmos als „Schein" im Sinne vorübergehender Wirklichkeit zu werten. Andererseits führt der den einmaligen kosmischen Zyklus provozierende

---

85 Erinnert sei an die *kosmische* Dimension spiritueller Autonomie, welche als „heteronome" oder „autonome" ihre Differenz zum eigentlich harmonischen Sein des Kosmos erfährt und dessen „Gesetz" zu entsprechen versuchen soll. Ein Theosoph ist in diesem Sinne „derjenige, der sich selbst in seinem wahren Wesen als das ewige, unvergängliche Selbst (Theos) in allen Erscheinungen des Weltalls erkennt" (Hermann Rudolph: Theosophie. Gesammelte theosophische Vorträge, Bd. 1, Leipzig 1920³, 23, im Original gesperrt gedruckt).
86 „Selbstbewegung ist die Ursache der Offenbarung der Substanz", erläutert D. N. Dunlop: Der Seele göttliche Natur, in: Theosophische Kultur 5, 9/1913, 330–338, bes. 330 f. – Übrigens zeugt die in der Idee von „dem natürlichen Kosmos des ewig wiederkehrenden Lebens" (Karl Löwith: Von Hegel zu Nietzsche. Der revolutionäre Bruch im Denken des neunzehnten Jahrhunderts, Frankfurt/M. 1949², 396) sich ausdrückende Lebenslust Nietzsches von der neuzeitlichen Attraktivität der Bejahung „eines großen kosmischen Lebens" (Evelyn Underhill: Mystik. Eine Studie über die Natur und Entwicklung des religiösen Bewußtseins im Menschen, München 1928, 35 f.); vgl. auch meinen Aufsatz „Friedrich Nietzsches neureligiöser Ansatz" in: MEZW 63, 9/2000, 304–314.
87 Die mit ihr einhergehende Zeit-Ewigkeits-Dialektik oszilliert auf ihre Weise zwischen ontologischem Skeptizismus und Optimismus, indem sie theologische Weltbejahung mit der Bejahung radikaler Vergänglichkeit des Irdischen zu verbinden pflegt. So umfasst bei Tillich „das wesenhafte Menschsein die Einheit von Gott und Mensch", ohne dass darin das „Paradox der christlichen Botschaft" gesehen würde (vgl. STh I, 104, und das dazu oben bereits Ausgeführte); dabei gilt: „Unsere Endlichkeit hört nicht auf, Endlichkeit zu sein, aber sie ist in die Unendlichkeit, das Ewige, aufgenommen" (STh III, 464). Es liegt „theonome Autonomie" vor, weil Tillich keinen prozessualen göttlich-kosmischen Zyklus, sondern Zeit-Ewigkeits-Dialektik als Gesamteinheit beschreibt.
88 Beispielsweise fährt der oben zitierte Theosoph Lauppert in seiner Erklärung (Menschenbild, 13) fort: „Die Existenz des empirischen Menschen ist aus diesem Gesichtswinkel nichts als eine Illusion." Die aus indischer Religiosität bekannte ‚Maya'-Struktur begegnet in der modernen Theosophie ständig.

Faktor hier zu einer gegengöttlich erscheinenden Wirklichkeit, der der Kampf gilt und die folglich nicht bloß als „Maya" abgetan werden kann; vor allem aber gilt das in die ungute Realität verstrickte, an sich gute Kosmische als erlösungsfähig. Auch dieses Paradigma charakterisiert insofern ein Schwanken zwischen ontologischer Skepsis und ontologischem Optimismus, das je nach weltanschaulicher Einzelanbindung in die eine oder die andere Richtung akzentuiert sein kann. Die in dieser Struktur zum Ausdruck kommende Aporetik besteht zutiefst darin, dass zwar meist ein Gegenüber von Schöpfer und Schöpfung behauptet, jedoch in seiner schmerzlichen Widerständigkeit nicht ernst genug genommen, vielmehr als schon im Ursprung harmonisch gegebenes und wiederum eschatologisch harmonisiertes erblickt und hochgehalten wird.

Beide Theosophie-Varianten sind insofern – je auf ihre Weise – durch eine tendenzielle Weltzugewandtheit charakterisiert. Das unterscheidet sie von großen Teilen des Gnostizismus, mit dem sie in der Perspektive „heteronomer Autonomie" durchaus wesensverwandt[89] sind. Dessen verbreiteter (aber keineswegs ausschließlicher[90]) „Kosmophobie"[91] steht theosophischerseits eine charmante „Kosmophilie" gegenüber, die selbst durch jene oben genannte „ontologische Skepsis" mitnichten aufgewogen wird. Von daher bildet der „kosmische Christus" eigentlich kein „gnostisches"[92], sehr wohl aber ein theosophisches Thema.

---

89 Diese Verwandtschaft erstreckt sich nicht nur auf den hier wie dort anzutreffenden kosmischen Einmal-Zyklus; vielmehr gilt von der spekulativen wie von der okkulten Theosophie dasselbe, was Theißen von der „Gnosis" schreibt, dass nämlich „die ihrer selbst bewußt gewordene religiöse Fähigkeit zur radikalen kognitiven Restrukturierung" für sie kennzeichnend sei (Aspekte, 388).

90 Wichtige Ausnahmen, die im geläufigen Diskurs meist übersehen werden, zeichnen sich insbes. in der bailidianischen Lehre ab (vgl. Hans Leisegang: Die Gnosis, Stuttgart 1985⁵, 234.238; Geißer, Schöpfung, 113; Winrich A. Löhr: Basilides und seine Schule [WUNT 83], Tübingen 1996, 196); sie weisen in hermetische Richtung, die gnostisches Denken mit kosmophilen Tendenzen verbindet. Bruhn formuliert das Verhältnis folgendermaßen: „Die Theosophie ist die letzte und auffallendste Erscheinung der häretisch-naturphilosophischen Richtung mystischer Gnosis" (Theosophie, 3).

91 Die hier eingeführte Begrifflichkeit will zur Kennzeichnung eines an sich gängigen Sachverhalts dienen. Landläufig ist z. B. von gnostischer „Weltfremdheit" (so der einschlägige Buchtitel Peter Sloterdijks, Frankfurt/M. 1993) oder von „immanenter (gestaltgebender) Mystik" als „kosmischem Enthusiasmus" im Gegenüber zu „transzendenter (gestaltloser) Mystik" als Ergebnis weltverneinender, asketischer Intentionen (Spranger, Lebensformen, 49 und 207 ff.) die Rede; vgl. auch Klaus Berger: „Der Kosmos ist der heiligste Tempel..." Zur unterschiedlichen Wertung des Kosmos in der paganen und der christlich-gnostischen Antike, in: G. Rau (Hg.), Frieden in der Schöpfung. Das Naturverständnis protestantischer Theologie, Gütersloh 1987, 58–72.

92 Gegen Richard Geisen: Anthroposophie und Gnostizismus. Darstellung, Vergleich und theologische Kritik, Paderborn u. a. 1992, 343 ff. Die zwei unterschiedlich gewachsene Komplexe identifizieren wollende Argumentation Geisens überzeugt

## 3. Kosmische Christologie als „theosophische" Herausforderung im Kolosserbrief

Wie bereits angedeutet, ist die „kosmische" Dimension Christi schon im ganz frühen Christentum thematisch. „Drei der vier klassischen Stellen zur Schöpfungsmittlerschaft stehen an ausgesprochen pointierter Stelle, nämlich zu Beginn des Johannesprologs und am Eingang des Hebräerbriefs wie des Kolosserbriefs. An allen diesen Stellen läßt sich auch zeigen, daß eine mögliche Rekonstruktion einer hymnischen Vorlage nicht darüber hinwegtäuschen darf, daß die wesentlichen Vorstellungen und Begriffe dieser ‚Hymnen' Gestalt und Duktus der ganzen Gedankenführung prägen; der ontologische Gehalt der ‚Hymnen' ist für die Argumentation unverzichtbar. Und der vierte Beleg für die Schöpfungsmittlerschaft, 1. Kor 8,6, macht wiederum offenkundig, daß diese Vorstellung offensichtlich bereits für die ersten Gemeinden geradezu selbstverständlich war."[93] Dass aber kosmische Christologie frühzeitig in „theosophisch" beeinflusstem Kontext entfaltet wurde, zeigt der exegetische Befund gerade dort, wo sich ihr eigentlicher *locus classicus* findet: Im Hymnus des Kolosserbriefs[94] leuchten ansatzweise hermetische Denkstrukturen auf. Betrachtet man ihn im Zusammenhang seiner Einbindung ins Textganze, so lassen sich dem viel diskutierten Brief[95] relativ gut erkennbar drei unterschiedliche Redeweisen von der „kosmischen" Dimension Christi entnehmen.

---

nur teilweise und verfängt gerade dort nicht, wo ihre Problematik offenkundig ist, nämlich bei der Frage nach der Differenz zwischen der Weltfluchthaltung der Gnostiker und der Weltzugewandtheit moderner Theosophen/Anthroposophen (bes. 370).

93 W. Schoberth, Alles, 154 f.

94 Zum Stand der Forschung bis Ende der sechziger Jahre vgl. Theodor Ahrens: Die ökumenische Diskussion kosmischer Christologie seit 1961. Darstellung und Kritik (Diss. Hamburg), Lübeck 1969, 201–280; zum gegenwärtigen Stand: Udo Schnelle: Einleitung in das Neue Testament, Göttingen 1996², 328 ff., bes. 347 f. Von den weithin anerkannten exegetischen Hauptresultaten wird im folgenden ausgegangen. So notiert z. B. Schweizer: „Daß ein vom Verfasser übernommener Hymnus vorliegt, ist nicht mehr zu bestreiten" (Kolosser, 50); ebenso urteilt Rudolf Hoppe: Epheserbrief, Kolosserbrief, Stuttgart 1994, 112. – Abweichend vom exegetischen common sense plädieren neuerdings Klaus Berger und Christian Stettler für die Einheit des Hymnus: Berger (Sieben Abschnitte aus dem Kolosserbrief, in: Christ sein, hg. Arbeitsgemeinschaft Missionarische Dienste in der EKD, Neukirchen-Vluyn 1998, 13–87, bes. 34 f.) argumentiert: „Hier und anderswo ist vom ‚Haupt' die Rede, ohne daß notwendigerweise ein Leib mitgedacht wäre" (35); doch dem steht entgegen, dass ja Vers 18 ausdrücklich diesen ‚Leib' nennt. Stettler (Der Kolosserhymnus. Untersuchungen zu Form, traditionsgeschichtlichem Hintergrund und Aussage von Kol 1,15–20, Tübingen 2000) wagt einen exegetischen Neuansatz mit Blick auf den gesamtbiblischen Überlieferungsprozess, welcher aber diverse Interpretationsmodelle ja nicht aus-, sondern einschließt.

95 Vgl. neben in der vorigen Anm. genannter Literatur in den letzten Jahren Michael Wolter: Der Brief an die Kolosser. Der Brief an Philemon (ÖTK 12), Gütersloh/Würzburg 1993; Hans Hübner: An Philemon. An die Kolosser. An die Epheser

Eine erste ist die der die Gemeinde in Verwirrung setzenden Häretiker: Ihre „Philosophie" (2,8)[96] weist Strukturen einer gnostisch-hermetischen[97] Theosophie auf, die von kosmischen „Elementen" als okkult[98] beeinflussbaren Mächten handelt und Christus in diesem Kontext pantheistisch[99] deutet. Offenbar besagt sie, dass in den kosmischen Mächten (den *stoicheia*) das Pleroma der Gottheit wohne; Gehorsam gegenüber ihren Gesetzen habe zur „Verheißung, an den in den Elementen waltenden Gotteskräften Anteil zu empfangen."[100]

---

(Handbuch zum Neuen Testament 12), Tübingen 1997; Jürgen Becker/Ulrich Luz: Die Briefe an die Galater, Epheser und Kolosser, NTD 8/1, Göttingen 1998.

96 Um sie hat es exegetisch-religionsgeschichtlich etliche Diskussionen gegeben (dazu Schnelle, Einleitung, 342). Nach Schweizer zeugt sie von einem „andern Weltbild" als dem des Hymnus und hat „vielleicht auch einen mysterienartigen Ritus eingeschlossen" (Kolosser, 104). „Damit aber ist die entscheidende Frage gestellt, ob die Predigt des Evangeliums in das bunte Geflecht des spätantiken Synkretismus einbezogen werden soll – oder ob die Verkündigung des gekreuzigten, auferstandenen und erhöhten Christus als die schlechthinnige Antwort begriffen wird, die allem Fragen und Suchen des Menschen zuteil geworden ist" – so Eduard Lohse: Die Briefe an die Kolosser und an Philemon, KEK IX/2, Göttingen 1977, 29.

97 Die von manchen Exegeten vertretene Ansicht, es handele sich um Gnostiker (z. B. Wilckens, Weisheit, 200 f.; Ernst Käsemann: Eine urchristliche Taufliturgie [1949], in: ders., Exegetische Versuche und Besinnungen I, Göttingen 1960, 34–51; Hans-Martin Schenke: Der Widerstreit gnostischer und kirchlicher Christologie im Spiegel des Kolosserbriefes, in: ZThK 61, 1964, 391–403; anders z. B. Harald Hegermann: Die Vorstellung vom Schöpfungsmittler im hellenistischen Judentum und Urchristentum, Berlin 1961, 161 ff.), muss in Richtung auf eine eher „kosmophile" Gnosis (s. o.) bzw. eine „vorgnostische Bewegung" (Goppelt, Theologie, 403), also eher hermetisch (vgl. Heinrici, Hermes-Mystik, 183) gefärbtes Denken hin präzisiert werden, sonst ist sie schwerlich haltbar. Schenke bietet selbst keine befriedigende Lösung, wenn er den Archonten-Kult als „Adiaphoron" erklärt und dem Verfasser des Kol gar eine „radikalisierte gnostische Christologie" unterstellt (397 f., 403). Göttliche Weisheit jedenfalls (insofern *theo-sophia*) nahmen die Irrlehrer für sich in Anspruch (2,23) – gewiss unter Rückgriff auf die breite jüdisch-hellenistische Tradition von einer kosmischen Funktion der „Weisheit"!

98 An Visionen geknüpfte Engelverehrung (deren Bestreitung durch einzelne Exegeten ist mit Schenke, Widerstreit, 393, und mit Schnelle, Einleitung, 343 f., als abwegig abzulehnen) in Verbindung mit astrologischen Tendenzen (2, 16–18) darf wohl so genannt werden! Mit Recht weist Hoppe auf heutige Parallelen hin (Eph/Kol, 128 f.).

99 Die irdische Erscheinung Christi kann dabei als eine von mehreren Manifestationen des „kosmischen Christus", die dann je emanatorisch Engel-Charakter tragen, gedeutet worden sein, was dem hellenistischen Judentum entgegengekommen sein dürfte (vgl. bereits Schneckenburgers „Bemerkungen über die Irrlehrer zu Colossä" in: Theologische Studien und Kritiken 5, 1/1832, 840–850, bes. 848). „Offenbar steht die kolossische Gemeinde wenigstens partiell mit Vertretern einer Lehre in Beziehung, die ... die singuläre Heilsbedeutung Christi zumindest relativiert" (Rudolf Hoppe: Der Triumph des Kreuzes. Studien zum Verhältnis des Kolosserbriefes zur paulinischen Kreuzestheologie, Stuttgart 1994, 115).

100 Günter Bornkamm: Die Häresie des Kol, in: ThLZ 73, 1/1948, 11–20, 11 f. Der mythisch-christologische Ausdruck dieser Lehre dürfte gewesen sein, dass die kos-

Eine zweite Auffassung kosmischer Christologie spiegelt sich in der Spiritualität des Hymnus, den der Verfasser im Kampf gegen die Häretiker zitiert: Hier kommt panentheistisch[101] zu nennendes Denken zum Vorschein, indem der Schöpfungsmittler[102] als „Haupt des kosmischen Leibes"[103] und als Versöhner der in Verwirrung oder Feindschaft geratenen kosmischen Mächte, mithin als erlösender Wiederhersteller[104] gilt. Diese spekulativ-theosophisch gefärbte Perspektive impliziert einen Fall hoher Gewalten[105], der den kosmischen Zyklus in Gang gesetzt und die Versöhnung bzw. Wiederunterwerfung von höchster Instanz aus erforderlich gemacht hat.

Der Verfasser des Briefes selbst repräsentiert schließlich eine dritte Variante kosmischer Christologie mit den kleinen und doch wichtigen Korrekturen, die er am Hymnus vornimmt, um dessen Gehalt angesichts der akuten Konfrontation mit den Häretikern umzuakzentuieren. Im Grunde hält er ja trotz seiner Eingriffe diesen Hymnus substanziell für „orthodox", sonst hätte er ihn nicht gegen die kolossischen Irrlehrer ins Feld geführt; insofern steht er gewissermaßen für eine recht kirchennahe Variante „theosophischer" Denkungsart. Indem er den Leib des Christus nicht als den Kosmos, sondern als die Kirche ausgibt (1,18), fasst er die Herrschaft des Schöpfungsmittlers als eschatologische[106], die sich jetzt auf die glaubend-

---

mischen Elemente selbst als Leib Christi bzw. als dessen Glieder verstanden wurden – und so „Christus als Inbegriff der Weltelemente" (ebd.).

101 Schenke (Widerstreit, 402) sieht die „pantheistische Vorstellung vom Weltengott" im Hymnus synthetisiert mit der Vorstellung, dass der Sohn Gottes die Welt, der Kosmos also als Sohn in Gott sei, wie das philonisch und hermetisch gedacht wurde. Schweizer bemerkt: „Die Entgegenstellung von ‚Leib' und ‚Haupt', die bei Paulus so noch nicht vorkommt, ist auch in der verbreiteten griechischen Anschauung vom All-Gott zu Hause" (Kolosser, 53; vgl. 60).

102 Nach Schweizer ist bei der Schöpfungsmittlerschaft zweifellos „nicht an einen stufenweisen Übergang von Gott zur Welt hin zu denken, in dem unter zunehmender Konkretion (und damit Beschränkung) Gott Welt wird" (Kolosser, 57). Schon bei Philo gehe es um „keine ungebrochene Emanationsreihe" (57). Vgl. auch Hoppe, Epheserbrief, 118; Wolter, Kolosser, 76 f. Dass der „Cosmic Christ" des Kolosserhymnus zugleich als „supra-cosmic Christ" gemeint sei, betont A. F. Thompson: The Colossian Vision in Theology and Philosophy, in: The Indian Journal of Theology 15, 2/1966, 121–129.

103 So die Übersetzung von Kol 1,18 in der „Gute Nachricht Bibel" von 1997, die in dieser pleonastischen Form sich (zu) auffällig mit dem Zusatz „das heißt: der Gemeinde" beißt.

104 Vgl. Schenke, Widerstreit, 402; ferner Käsemann, Taufliturgie, 43. Nach Schweizer nähert sich die Aussage von Kol 1,20 „stoischen, pythagoreischen und plutarchischen Aussagen" (Kolosser, 68).

105 Vgl. Thomas Zeilinger: Zwischen-Räume – Theologie der Mächte und Gewalten (Forum Systematik 2), Stuttgart 1999, bes. Kap. V. Berger betont: „Neu gegenüber der griechischen Lehre von Logos und Kosmos ist: Die Harmonie zwischen beiden war nur anfanghaft, sie ist nicht bleibend gewesen" (Anfang, 135). Nach Schweizer setzt Kol 1,20 „voraus, daß die Entzweiung in der Natur als entscheidendes Problem empfunden wurde" (Kolosser, 68).

106 Gemeint ist: sowohl präsentisch- als auch futurisch-eschatologische! D. h. die re-

erkennende Gemeinde erstreckt (1,13 f.)[107] und deren vernichtender Sieg über den bzw. die „kosmischen Herrscher"[108] erst zukünftig, im Zuge der Auferstehung der dem „Erstgeborenen aus den Toten" Folgenden, offenbar werden wird (1,27; 3,4). Darin und besonders auch in seiner anderen Ergänzung am Hymnustext, nämlich dem Hinweis aufs Kreuz[109] als Ort der den ganzen Kosmos einbeziehenden Versöhnung, drückt sich jene dritte Theosophie-Variante als „orthodoxe" aus. Für sie gilt uneingeschränkt, dass in der Person Jesu Christi das Mysterium Gottes samt allen Schätzen der Weisheit erschlossen ist (2,2 f.) und dass die Verbindung mit dem kosmisch begriffenen Auferstandenen[110] auf Vollkommenheit zielt (1,28; 2,13–19)[111].

---

lative Umakzentuierung des Kol von der futurischen auf präsentische Eschatologie, mit der der nomistisch orientierten Stoicheia-Lehre der Häretiker begegnet werden soll, darf nicht im Sinne einiger Exegeten (z. B. Anton Vögtle: Das Neue Testament und die Zukunft des Kosmos, Düsseldorf 1970, 231 f.) absolut gesetzt werden (eine ausgewogene Interpretation bietet Franz Zeilinger: Der Erstgeborene der Schöpfung. Untersuchungen zur Formalstruktur und Theologie des Kolosserbriefes, Wien 1974; vgl. auch Schnelle, Einleitung, 346). Der Verf. des Kol wehrt ja mit seinen Korrekturen gerade der „Isolierung der Schöpfung vom umfassenden Handeln Gottes", die „zur Vergottung der Natur und zugleich zur Inthronisation der Erkenntnis als Heilsmittler" führen müsste (Wolfgang Schoberth: Geschöpflichkeit in der Dialektik der Aufklärung. Zur Logik der Schöpfungstheologie bei Friedrich Christoph Oetinger und Johann Georg Hamann [EuE 3], Neukirchen-Vluyn 1994, 19).

107 Die perfektische Sprache dieser Verse erlaubt die Assoziation von Röm 8,30 ff. (dass nichts in der Welt die in Christus Geretteten mehr von Christi Liebe trennen kann, beweist seine kosmische Macht)!

108 Vgl. auch Luk 10,18; Joh 12,31 f. und 16,11; 1. Kor 2,6–9; 2. Kor 4,4. Nach Schenke (Widerstreit, 400 und 402 f.) ist im Kol das Motiv der Vernichtung von dem der Unterwerfung (im Sinne von Wiederherstellung) zu unterscheiden.

109 Die exegetische Überzeugung, dass der Hinweis aufs Kreuzesblut (1,20) vom Briefverfasser ergänzend eingetragen ist, hat weithin Anerkennung gefunden (vgl. z. B. Schweizer, Kolosser, 54 ff.). Dass aber der Briefautor hier eine rein präsentische Kreuzestheologie vertrete und damit in Diskontinuität zu Paulus gerate (so die Kernthese bei Hoppe, Triumph, 224 f.), leuchtet wegen Kol 3,4.6 kaum ein.

110 Dass die Auferweckung Christi im Kolosserbrief „kosmische Ausmaße" gewinnt, betont Christoph Burger: Schöpfung und Versöhnung. Studien zum liturgischen Gut im Kolosser- und Epheserbrief [WMANT 46], Neukirchen-Vluyn 1975, 47. Berger meint: „Die hinter dem kosmischen Christus stehende Weltdeutung ist schon beeindruckend. Aber birgt sie nicht die Gefahr in sich, im Blick auf Kirche/Gemeinde die Spannung von ‚noch irdisch/schon himmlisch' aufzuheben?" (Kolosserbrief, 40).

111 Hier sei an die Vermutung Theißens erinnert, dass der Kolosserbrief etwas von der „höheren Weisheitsrede" bzw. „Vollkommenheitslehre" aus der Schule des Paulus bewahrt haben könnte (Aspekte, 346; 349). Verbreitet ist allerdings die Ansicht, der Begriff der Vollkommenheit verbinde sich hier nicht mit einer besonders qualifizierten Gruppe der Gemeinde, sondern sei ekklesial zu verstehen (so gegen Theißen Hoppe, Triumph, 87 f.; zu Philo in diesem Zusammenhang: 79 ff.).

Nicht zufällig tauchen in jenen beiden neutestamentlichen Textzusammenhängen, die in erster Linie heranzuziehen sind, wenn terminologisch an „theo-sophia" im Sinne von göttlicher bzw. Gottes Weisheit zu denken ist, also in Kol 1–2 und 1. Kor 1–2[112], theologisch pointiert neben dem Begriff der Sophia Christus und sein Kreuz in kosmischer Hinsicht auf. Christus wird sogar beide Male explizit (1. Kor 1,24; Kol 2,2) wie implizit mit Gottes *sophia* identifiziert[113]. Die drei hier skizzierten Theosophie-Typen dürften sich in der dargebotenen Reihenfolge weithin den oben anskizzierten Paradigmen „autonome Autonomie", „heteronome Autonomie" und schließlich „autonome Theonomie" zuordnen lassen[114]. Die beiden ersten entsprechen rudimentär den von Tillich beschriebenen Theosophie-Varianten, deren geistesgeschichtliche Wurzeln mithin weit jenseits der Neuzeit zu suchen sind.

Damit ist mittels exegetischer Wahrnehmung illustriert, dass kosmische Christologie von Anfang an tiefenstrukturell, d. h. auf ihren Paradigmen-Hintergrund hin in den Blick genommen werden muss. Ihre Vordergrundstruktur bildet gemäß der neutestamentlichen[115] Grundlegung explizit oder implizit ein *Triptychon*: Dieses umfasst die Vorstellungen vom präexistenten[116] *logos*, vom geschichtlich Fleisch Gewordenen in seiner irdi-

---

112 Zu 1. Kor 1 f. sei an das im 6. Abschnitt Gesagte erinnert. Die „Archonten" von 1. Kor 2,8 dürften nicht auf irdische Politiker zu reduzieren sein, sondern sie „repräsentieren die Welt" (Theißen, Aspekte, 347) so, dass sie kosmische Mächte darstellen, denen gegenüber Christus, der Gekreuzigte, als die überlegene Macht und Weisheit gilt: Als der Verkannte, nur von der Gemeinde Erkannte ist er der „Herr der Herrlichkeit" (ebenfalls 2,8), den Paulus im selben Brief ausdrücklich in kosmischen Farben zeichnet als den, „durch den alle Dinge sind" (8,6)!
113 Die neueren exegetischen Beiträge hierzu sind hier nicht nachzuzeichnen; sie illustrieren eindrucksvoll, wie theologische Prämissen und Interessen zu ganz unterschiedlichen Wahrnehmungen und Resultaten führen können – man vergleiche etwa Hegermann (Schöpfungsmittler, 1961), Schimanowski (Weisheit, 1985) und Habermann (Präexistenzaussagen, 1990) mit Karl-Josef Kuschel: Geboren vor aller Zeit? Der Streit um Christi Ursprung, München/Zürich 1990, und halte wiederum Schüssler Fiorenzas feministisch-christologische Sichtweise (Jesus, 1997) daneben. – Auf die Frage des Verhältnisses von Christus-Logos und Christus-Geist wird in Kap. VII.4 einzugehen sein.
114 Es sei daran erinnert, dass dies der vorgenommenen Charakterisierung „pantheistisch", „panentheistisch" und „pansyntheistisch" entspricht. Auf einen Einzelnachweis wird hier verzichtet; dafür werden die Analysen und Begründungen in den folgenden Kapiteln ausführlich vorgenommen.
115 Berger (Anfang, 137 ff.; vgl. 48 f. und 52) gibt gegenüber der gewohnten Auffassung zu bedenken, dass die Vorstellungen vom in Jesus begegnenden Schöpfungsmittler (1. Kor 8,6; Joh 1,1 ff.; Kol 1,15 ff.; Hebr 1,1–3) schon vorösterliche Wurzeln haben könnten, also womöglich nicht die Erfahrungen mit dem Auferstandenen und die Mitteilung von seiner kosmischen Machtfülle (Mt 28,18) das Erste in der Traditionsbildung waren.
116 Dass „Präexistenz" ein missliches theologisches Kunstwort ist, das nicht mythologisch aufgefasst werden sollte, erläutert Kuschel, Geboren, 644. Weiteres dazu im VII. Kapitel.

schen Existenz bis zum (Kreuzes–)Tod und vom Auferstandenen bzw. in den Himmel Aufgestiegenen in seiner freilich erst futurisch offenbar werdenden bzw. für die eschatologische Zukunft in Aussicht gestellten Herrschaft[117]. Schöpfungs-, Versöhnungs- und Erlösungsmittlertum sind insofern engstens ineinander verwoben, ja letztlich identisch[118], wobei diese Identität dynamisch in die Zukunft ihres universalen Offenbarwerdens weist. Aber alles hängt davon ab, in welches Paradigma das damit umrissene, eigentlich nicht in statischer Symmetrie vorzustellende Triptychon jeweils eingezeichnet wird – denn von daher entscheidet sich seine weiterlaufende inhaltliche und formale Bearbeitung[119].

Besonders deutlich wird das, wenn man sich vor Augen hält, dass jedes der triadischen Elemente wiederum Aussagen über die Trias Gott, Welt und Mensch einschließt. Nimmt man den „kosmischen Christus" in der theonomen Sicht des Neuen Testaments in den Blick, so ergibt sich folgendes. Beim *logos asarkos*, an den zunächst der Begriff des „kosmischen Christus" am ehesten denken lässt[120], lauten die impliziten Aussagen über Gott[121], dass dieser Welt will und „alle Dinge von ihm sind" (1. Kor 8,6); über die Welt, dass Christus ihr Geheimnis ist, weil „alle Dinge durch ihn sind"

---

117 In diesem „Triptychon" kosmischer Christologie spiegelt sich durchaus schon die Struktur der Trinität: Der Präexistente ist als vom Vater gezeugt Gott oder göttlich (vgl. Joh 1,1; 1. Kor 8,6), im Inkarnierten zeigt sich der Sohn auf Erden (vgl. Mt 11,27; Joh 3,13), und den Erhöhten bezeugt der Geist (Joh 16,13 f.; 2. Kor 3,17). Als ganzes scheint die Triade in Hebr 1,3 auf. Insofern dürfte es übertrieben sein, „zwischen eschatologisch-soteriologischen und archetypisch-kosmologischen Elementen in den neutestamentlichen Aussagen über Jesus Christus als Schöpfungsmittler" eine „ungelöste Spannung" (Wolfhart Pannenberg: Grundzüge der Christologie, Gütersloh 1976⁵, 409) zu sehen. Dass diese nur „im Sinne einer vom Eschaton her geschehenden und vollendeten Schöpfung" zu lösen wäre (ebd.), ist gewiss richtig; aber wieso soll diese Perspektive neutestamentlich noch nicht präsent gewesen oder zumindest angeklungen sein – nämlich eben in dem hier skizzierten „Triptychon" einer rudimentären kosmischer Christologie, das als ganzes (unter sekundärem Rückgriff auf zeitgenössische „Spekulationen über göttliche Hypostasen im Sinne eines nicht synkretistischen, sondern wahrhaft christlichen Universalismus" – so Oscar Cullmann: Die Christologie des Neuen Testaments, Tübingen 1957, 275; vgl. auch Martin Hengel: Der Sohn Gottes. Die Entstehung der Christologie und die jüdisch-hellenistische Religionsgeschichte, Tübingen 1975) insgesamt sehr wohl eschatologisch konzipiert war?
118 Vgl. Nikolaus Walter: Geschichte und Mythos in der urchristlichen Präexistenzchristologie, in: H. H. Schmid (Hg.), Mythos und Rationalität, Gütersloh 1988, 224–234, bes. 231.
119 So entfaltet J. Moltmann eine andere Trias kosmischer Christologie, in der das hier benannte zweite Glied gegen die Vorstellung vom Mittler der *creatio continua* ausgetauscht wird – als ließe sich vom „kosmischen Christus" nur im Sinne von Schöpfungsmittlerschaft reden (o. u. Kap. VII.1).
120 Vgl. z. B. Kelber, Logoslehre, 214.
121 Mit Blick auf Kol 1,19 ist hier zu betonen: „Entscheidend ist die funktionale Identität des Mittlers mit Gott selbst" (Walter, Präexistenzchristologie, 231).

(ebd.); und über den Menschen analog, dass keiner ohne das Licht des *logos* ist (Joh 1,9). Der kosmische Christus als *logos ensarkos*, als irdischer und gekreuzigter Jesus impliziert die Aussagen über die Welt, dass sie Ort seiner partizipierenden Gegenwart geworden ist (Joh 1,10); über Gott den Vater, dass dieser seine Schöpfung mit sich selbst durch ihn versöhnt hat (2. Kor 5,18 f.)[122]; und über den Menschen, dass er versöhnt mit Gott ist (Kol 1,20) und sich darum mit ihm versöhnen lassen soll (2. Kor 5,20). Die Identität des kosmischen Christus als des Erhöhten und zukünftig universal Offenbarwerdenden schließlich impliziert die Aussagen über die Welt, dass sie im Machtbereich des auferstandenen Gekreuzigten und auf seine kommende Herrschaft hin existiert (Phil 2,9 f.; 1. Petr 3,22)[123]; über den Menschen, dass seiner Sterblichkeit das Attribut des Endgültigen dank der kosmischen Zukunftshoffnung genommen ist (1. Kor 15,22); und über Gott, dass er „alles in allem sein wird", wenn ihm Christus nach allumfassendem Sieg das Reich übergeben haben wird (15,28).

Wechselt man die Perspektive und transformiert diese Aussagen ins Paradigma der Autonomie, so muss man mit einer deutlich anders akzentuierten, ja anders strukturierten Theo- und Christosophie und entsprechend gewandelten Konsequenzen in rechtfertigungstheologischer Hinsicht rechnen. Solch grundlegende Differenzen sind lassen sich mittels der Kategorien von „theologia crucis" und „theologia gloriae" bestimmen und abhandeln, die den inneren Kern des nun vorliegenden, verfeinerten Analyseinstrumentariums bilden. Dessen Ausarbeitung ist durch die komplexe Thematik des „kosmischen Christus" notwendig geworden; mit seiner Hilfe können die einschlägigen Strukturen in Theosophie und Theologie gleichermaßen aufgesucht und kritisch korreliert werden, wie der weitere Gang der Untersuchung zeigen wird.

---

122  2. Kor 5 handelt zwar nicht explizit vom „kosmischen" Christus, aber doch vom auf den „Kosmos" bezogenen Heilswerk Christi (zweifellos ist „Kosmos" hier im Sinne von „Menschenwelt" verstanden, die aber ihrerseits den restlichen „Kosmos" gemäß Röm 8,19 ff. keineswegs ausschließt; vgl. Kol 1,20). Zudem ist die kosmische Dimension Jesu Christi im Bewusstsein des Apostels nach 1. Kor 8,6 präsent.
123  Vgl. Ulrich Wickert: Christus kommt zur Welt. Zur Wechselbeziehung von Christologie, Kosmologie und Eschatologie in der Alten Kirche, in: A. M. Ritter (Hg.), Kerygma und Logos. Beiträge zu den geistesgeschichtlichen Beziehungen zwischen Antike und Christentum (FS Carl Andresen zum 70. Geburtstag), Göttingen 1979, 461–481, bes. 468 ff. Die Stelle im 1. Petrusbrief wäre dann von besonderer Relevanz, wenn der tatsächlich vom Apostel Petrus verfasst sein sollte (was neuerdings wieder behauptet wird von Werner Dettmar: Der Zeuge des Judenchristentums, in: DtPfrBl 98, 9/1998, 515–518).

4. Perspektive: Der kosmische Christus zwischen „autonomen" und „theonomen" Interpretationsansprüchen

Als sich fast ein halbes Jahrhundert nach Gründung der „Theosophical Society" christliche Apologeten verstärkt der Notwendigkeit bewusst geworden waren, sich mit der Theosophie auseinanderzusetzen, mahnte A. Mager: „Was wäre leichter, als an der modernen Theosophie schwache Punkte, versteckte und offene Widersprüche aufzudecken, um sie der Lächerlichkeit und dem Spott preiszugeben! Der Bewegung an sich wären wir damit noch lange nicht gerecht geworden ... Es ist letzten Endes doch das weltanschauliche, religiöse Moment, das den Theosophien tiefergehende Werbekraft verleiht."[124] Hätte sich apologetische Theologie seither nur konsequenter an dieser Einsicht orientiert – und es sich mit der Abwehr der Okkult-Theosophie nicht so leicht gemacht!

Die theosophisch wie theologisch zunehmend virulent gewordene (Wurzel-)Metapher des „kosmischen Christus" legt Magers Einsicht jedenfalls aufs Neue nahe. Denn es geht bei ihren pluralen Verstehensweisen um makrostrukturelle Alternativen mit unterschiedlicher sapientialer Ausrichtung. Diesem Sachverhalt entspricht der durchgeführte Versuch, divergente Paradigmen des Zusammenhangs von Gott, Welt und Mensch, in dem sich Christologie allemal zu verorten hat, rudimentär zu beschreiben. Als drei Grundmodelle haben sich – in theologischer Transformation kulturphilosophischer Begrifflichkeit Tillichs – die der „Heteronomie", der „Autonomie" und der „Theonomie" entwickeln lassen, wobei jedes wieder in sich alle drei in Gestalt von Subvarianten enthält. Die damit skizzierten Paradigmenstrukturen werden im Zuge der anstehenden Untersuchungen in den folgenden Kapiteln an Evidenz gewinnen. Dabei versteht sich, dass die Metapher des „kosmischen Christus" schwerlich im heteronomen, sondern im autonomen oder aber theonomen Paradigma vorzukommen pflegt. Übrigens bedeutet die Entwicklung solch eines theologischen Analyseinstrumentariums[125] mitnichten die Etablierung eines unangemessenen „Vorverständnisses". Vielmehr zeigt es einerseits gerade den Sachverhalt auf, dass es keinerlei „neutrales" Vorverständnis geben kann, um andererseits den eigenen Standpunkt als theologischen hermeneutisch zu reflektieren und von seinen Alternativen abzuheben.

Der Verdeutlichung der drei Grundmodelle mag abschließend der Versuch dienen, sie in für alle gemeinsam konstitutiven Begriffen zu beschreiben, die dann freilich je nach Paradigma bedeutungsmäßig variieren. In

---

124 Alois Mager: Theosophie und Christentum, Berlin 1922, 13 und 15.
125 Zu ihm zählt neben den beschriebenen und weiter zu erläuternden Makro-Paradigmen auch der Dual von „theologia crucis" und „theosophia crucis". Damit werden die „theologischen Normen der Einschätzung und Beurteilung" in dem von Sparn geforderten Sinn (Esoterik, 17) konkretisiert.

ihrer jeweiligen Rationalität kommen sie nämlich alle nicht aus ohne die thematisch oder unthematisch aufeinander bezogenen Grundbegriffe der *Substanz*[126], der *Relation*[127] und der *Ontologie*[128]. Liegt doch jeder Wirklichkeitsbeschreibung implizit oder explizit eine Seinsaussage zugrunde, die irgendwie Bestimmtes in Beziehung zu anderem setzt! Wird eines dieser drei gedanklichen Elemente in der Reflexion reduktionistisch unterschlagen oder vergessen, mindert das die Blickschärfe[129]. Als entscheidend erweist sich die Art ihrer jeweiligen axiomatischen Konstellation.

Das dualistisch konstituierte Paradigma der *Heteronomie* lässt sich charakterisieren als *substanzontologischer Relationalismus (SOR)*. Gemeint ist damit: Göttliche und irdische Natur bzw. Gott und Welt stehen einander in ihrem deutlich unterschiedenen Sein so gegenüber, dass sie bei aller anhaltenden Gegensätzlichkeit unentwegt aufeinander bezogen sind. Ihr „modus vivendi" ist religiös mehr oder weniger geregelt[130] und zielt auf keine (allenfalls auf eine fernliegende) Überwindung der ontologischen Polarität.

Im spirituellen Paradigma der *Autonomie* ordnen sich dieselben Grundbegriffe anders: Hier ist von *relationsontologischem Substantialismus (ROS)*

---

126 Die Geschichte dieses Begriffs (vgl. Walter Brugger: Art. Substanz, in: Handbuch philosophischer Grundbegriffe, hg. v. H. Krings u. a., Bd. 3, München 1974, 1449–1457; Jürgen Mittelstraß: Art. Substanz, in: ders. [Hg.], Enzyklopädie Philosophie und Wissenschaftstheorie, Bd. 4, Mannheim/Wien/Zürich 1996, 133–136) zeigt, dass und inwiefern er allemal kontextuell bzw. paradigmenbezogen verstanden werden muss. In seinem Gebrauch spiegelt sich die oben bereits skizzierte, zentrale Problematik des Verständnisses der Relation von Gott und dem „Anderen".
127 Die in der neueren Diskussion dieses Begriffs wichtig gewordene Unterscheidung von „internen" und „externen" Relationen erinnert wenigstens teilweise an die von „Substanz" und „Akzidens" (vgl. Günther Patzig: Art. Relation, in: Handbuch philosophischer Grundbegriffe, hg. v. H. Krings u. a., Bd. 2, München 1973, 1220–1231, bes. 1226), was nur beweist, dass diese Begrifflichkeiten einander gegenseitig bedingen und erläutern.
128 Dazu s. u.! Diese drei traditionsbelasteten Begriffe werden in den folgenden Kapiteln nicht überstrapaziert werden; der Versuch, sie zur unterscheidenden Paradigmenbeschreibung in Dienst zu nehmen, wird daher für die anstehenden Analysen keine tragende, sondern nur eine begleitende Rolle spielen.
129 So genügt der Hinweis auf den bekannten Sachverhalt noch nicht, dass sich neuzeitlich das bis dahin gültige Verhältnis von Substanz und Relation für die Wesensbestimmung umgekehrt hat (Pannenberg, STh 1, 396 f.); differente ontologische Konnotationen ergeben ein komplexeres Bild.
130 Eines von zahllosen Beispielen findet sich in der ägyptischen Weisheitsliteratur: „Tu etwas für die Gottheit, damit sie dir Gleiches tue, / mit Opfern, die den Altar gedeihen lassen, und mit Inschriften" (Die Weisheitsbücher der Ägypter, eingeleitet, übersetzt und erläutert von H. Brunner, Augsburg 1997, 153). Auch unter dem Aspekt der Strukturgenese religiöser Entwicklung ließe sich das Paradigma untersuchen. Doch liegt dessen vertiefte theoretische Beschreibung ebenso wenig wie deren empirische Abstützung – das sei hier nochmals gesagt – im unmittelbaren Interesses der vorliegenden Arbeit.

zu reden. Das Sein gestaltet sich für diese Wirklichkeitsdeutung in Relationen zwischen Seiendem, denen ‚oberhalb' aller Polarität bzw. ‚unterhalb' aller Pluralität das Sein-Selbst zugrunde liegt. Identität wird – durchaus unter Einbezug relationaler Kategorien – letztlich substanzlogisch gedacht und bildet als solche ein soteriologisch relevantes Datum.

Die Wahrheitsmomente beider Paradigmen werden im Hegelschen dreifachen Sinne „aufgehoben" im Paradigma der Theonomie, das sich auf christologischer Basis erschließt als *substanzrelationale Ontologie*[131] *(SRO)*. Göttliche und menschliche „Natur", Gottes und kreatürliches Sein sind zwar scharf in ihrer „Substantialität" als jeweils ganz Anderes voneinander zu unterscheiden[132]; dennoch erweisen sie sich beide „qua Substanz" als zuinnerst aufeinander bezogen[133], so dass das Sein des Wirklichen insgesamt sich nur „pansyntheistisch" als differenzierte Geschichte dieses Miteinander beschreiben lässt. „Ontologie" ist hier also nicht metaphysisch, sondern theologisch verstanden[134].

---

131 Auf Dietrich Korschs Frage „Lassen sich die ‚objektive' Perspektive Gottes und die ‚subjektive' Perspektive des gerechtfertigten Sünders in einer ‚neuen', ontologisch erweiterten Theologie vereinen?" (so am Ende seiner Rezension von: H. Blaumeister, Martin Luthers Kreuzestheologie, 1995, in: Luther 70, 2/1999, 105–107) könnte der in der vorliegenden Untersuchung skizzierte Konzeptrahmen einer „substanzrelationalen Ontologie" (SRO) die Antwort sein.
132 Diese Unterscheidung wird im Sinne einer Leitabstraktion bzw. eines Paradigmas eingeschärft von D. Burrell/B. McGinn (Hgg.), God and Creation. An Ecumenical Symposion, Notre Dame 1990, bes. 29. Dass „Leitabstraktionen prinzipiell unverzichtbar sind", betont – wenngleich mit Einschränkungen – Michael Welker: Schöpfung und Wirklichkeit, Neukirchen-Vluyn 1995, 38.
133 Im Unterschied zur Heteronomie, die diesen Bezug lediglich als einen ‚äußeren' kennt, gilt das hier nicht nur für den auf Gottes Liebe und Barmherzigkeit angewiesenen Menschen bzw. für die von ihrem Schöpfer abhängige Welt, sondern auch umgekehrt erlauben das trinitarische Bekenntnis zu Gottes Schöpfer-, Versöhner- und Erlösersein sowie gerade der Gedanke des „kosmischen" Christus den theologischen Schluss, dass die Welt für ihren Schöpfer und Mittler nichts „Überflüssiges" und schon gar nichts „Wesensfremdes" ist. Auf die sich hier mit Blick auf die traditionelle These von der Selbstgenügsamkeit Gottes eröffnende Aporie wird in Kap. VII.2 zurückzukommen sein.
134 Wenn ein Philosoph unseres Jahrhunderts betont, Theologie könne „sich nur ontologisch verstehen" (Jacob Taubes: Zu einer ontologischen Interpretation der Theologie [1949], in: ders.: Vom Kult zur Kultur, München 1996, 249–256, hier 251), mag das wie ein „heteronomer" Rat wirken. Doch nach langer Zurückhaltung wächst auch in der evangelischen Theologie wieder das Interesse an einer Ontologie, die umfassend genug ist, um den komplexen Wahrheitsanspruch des christlichen Glaubens angemessen rekonstruieren zu können; hier wäre an erster Stelle Dalferth zu nennen (vgl. Reinhard Brandt: Quines Tranchiermesser und Dalferths Wetzstein – zu einigen ontologischen Voraussetzungen der Theologie, in: ZThK 91, 2/1994, 210–229). Auch für Schoberth ist klar, dass „ausgehend von der Schöpfungsmittlerschaft eine neue Ontologie in den Blick kommt" (Alles, 164). Theologisch verstandene Ontologie umschließt göttliche und kreatürliche „Natur" schon deswegen, weil göttliches und menschliches Sein in der zweiten

Hinter diesen formelhaften und abstrakten, zweifellos illustrations-[135] und bewährungsbedürftigen Ausdifferenzierungen steht die allein im „theologischen Zirkel" sinnvolle Unterscheidung von Gesetz und Evangelium. Von ihr her lässt sich nicht nur die evident „gesetzliche" Heteronomie-Struktur, sondern ebenso die spiritualistisch-mystische Autonomie-Struktur als dem „Gesetz"[136] zugehörig aufweisen. Trifft dies zu, so hat dies enorme Konsequenzen für die Frage, ob denn „kosmische Christologie" allemal als „Evangelium" zu begreifen sei. Dass sich dies keineswegs von selbst versteht, dass vielmehr theologisch darum gerungen werden muss, offenbart bereits der Kolosserbrief, wenn er mit exegetischem Tiefenblick betrachtet wird.

---

Person der Trinität untrennbar und unvermischt verbunden, mithin auch über die Person Jesu Christi hinaus positiv aneinander gewiesen sind (vgl. Dalferth, Gott, 7).

135 Die folgenden Kapitel werden die Gültigkeit und Nützlichkeit dieser Paradigmen illustrieren, deren analytische Kraft sich übrigens mittlerweile auch in meinen weiteren Forschungen erweist.

136 Der Schritt von der Heteronomie zur Autonomie führt zu einer „Spiritualisierung des Gesetzes" (Gustaf Wingren: Die Methodenfrage der Theologie, Göttingen 1957, 136), nicht aber zu seiner Aufhebung. Schon für Tillich gilt bezeichnenderweise: Die von ihm als Autonomie interpretierte „Theonomie ist die Gesetzlichkeit der essentiellen, absoluten Wahrheit. Sie ist die essentielle Seinsgesetzlichkeit selbst" (Wrege, Rechtstheologie, 83); und mit Recht urteilt Daecke, dass Tillich „in der Gotteserfahrung Gesetz und Evangelium nicht unterscheidet" (Teilhard, 53).

ZWEITER HAUPTTEIL

# Der „kosmische Christus" im Kontext moderner Esoterik

## III. Die Genese des Begriffs „kosmischer Christus" in der modernen Theosophie

„Die Krise der Kirche ist nicht zuletzt eine Krise der Universitätstheologie, die diesen Vorwurf ungern hört. Die Universitätstheologie, vor allem die Systematische Theologie, hat die gelebte Religiosität im Alltag nur sporadisch zur Kenntnis genommen. Ihr fehlt es zudem am passenden Besteck, Religion aufzuspüren, wahrzunehmen und andere dafür zu begeistern oder auch Bewegungen kritisch zu kommentieren."[1] Diese systematisch-theologische Bemerkung trifft namentlich im Blick auf die okkult-theosophische Bewegung zu, die seit über einem Jahrhundert – aufgesplittert in diverse Gesellschaften und Vereinigungen – ungeachtet relativ bescheidener Mitgliedschaftszahlen[2] starken Einfluss auf die seit Jahrzehnten anhaltende

---

1 Klaas Huizing: Kirche als Inszenierung. Eine selbstbewußte Öffnung nach außen, in: Nachrichten der Ev.-Luth. Kirche in Bayern 53, 2/1998, 42. Die erforderliche Wahrnehmungskunst ist nach Huizing nur zu erheben „im Rekurs auf den in der Bibel portraitierten Christus" (ebd.).
2 Ihre Blütezeit hatte die noch heute in rund sechzig Ländern existierende Theosophical Society um die Jahrhundertwende: „In den ersten Jahrzehnten des 20. Jahrhunderts war die Theosophie vielleicht die bedeutendste esoterische Gruppierung in Europa und Amerika" (Zander, Theosophische Gesellschaften, 182). Längst ist die moderne theosophische Bewegung zersplittert (vgl. Darstellung und Lit. bes. im Handbuch Religiöse Gemeinschaften, hg. v. H. Reller u. a., Gütersloh 1993⁴, 409–432). Sie dürfte seit langem weltweit kaum mehr als 30000 aktive Mitglieder umfassen.

„Esoterik-Welle"[3] ausübt. Bezeichnenderweise hat apologetische Wahrnehmung der so genannten „Theosophischen Gesellschaft(en)"[4] schon im ersten Jahrzehnt des 20. Jahrhunderts ähnliche Mahnungen formuliert[5]. Nun hat der vorige Hauptteil ein „passendes Besteck" zu entwickeln versucht, damit dem wiederholt beschriebenen Desiderat abgeholfen werden kann. Führt doch unser Thema des „kosmischen Christus" tief hinein in die Fragen nach den Verstehensweisen jener „theo-sophia", nach der sich im Laufe der Neuzeit so manche Denker und Bewegungen benannt sehen wollten!

## 1. Logos-Lehre und Christos-Begriff im okkult-theosophischen Denken Helena Petrovna Blavatskys

Der geistige Neueinsatz, den die Gründung der „Theosophical Society" 1875 zweifellos markiert[6], geht mit der Wahl eines überkommenen Begriffs einher: „Theosophie" wird während einer maßgeblichen Versammlung einem Lexikon entnommen[7]. Mitbegründerin *Helena Petrovna Blavatsky*

---

3 Im Handel mit esoterischer Literatur sollen 1997 Beträge umgesetzt worden sein, die die Kirchensteuereinnahmen der beiden großen Kirchen noch übertroffen haben (so Michael Nüchtern: Thesen zu den Herausforderungen der Kirche in der religiösen Landschaft, in DtPfrBl 97, 10/1997, 494 f.). Vgl. auch die Angaben in meinem Buch „Esoterik" (1995), 44.

4 Über sie informieren zum Teil ausführliche Handbuch- und Lexikonartikel, insbes. Annie Besant: Art. Theosophical Society, in: Encyclopaedia of Religion and Ethics, hg. von J. Hastings, Bd. 12 (1921), 300–304; Antoine Faivre: Art. Theosophical Society, in: The Encyclopedia of Religion, hg. v. M. Eliade, Bd. 14, London 1987, 464–469. Ein neueres Werk gibt aus theosophischer Feder solide Auskunft: Bruce F. Campbell: Ancient Wisdom Revived. A History of the Theosophical Movement, Berkeley/Los Angeles/London 1980. Die wichtigsten, international tätigen Gesellschaften vor 70 Jahren sind aufgeführt bei Kurt Lehmann-Issel: Theosophie nebst Anthroposophie und Christengemeinschaft, Berlin/Leipzig 1927, 78 ff., die der Gegenwart (samt Adressen) bei Cranston, HPB, 499.

5 So bemerkt Bruhn in seiner Theosophie-Dissertation von 1907, das Dasein der „religiösen Sonderbestrebungen" sollte die Dogmatik „zum mindesten argwöhnisch stimmen gegen den apriorischen Anspruch, nichts versäumt zu haben" (IV). „Es sind *pia desideria*, welche im Theosophen die gottsuchende Seele des modernen Menschen selber an sie richtet" (202).

6 Vgl. Michael Gomes: The Dawning of the Theosophical Movement, Wheaton 1987.

7 Einem hochrangigen Freimaurer namens Charles Sotheran war der Begriff ins Auge gefallen (vgl. Cranston, HPB, 188 f.); auch gegründet wurde die Gesellschaft übrigens „in der Form einer Freimaurerloge" (Lehmann-Issel, Theosophie, 76). Freimaurerische Weltanschauung geht in pantheistischer Gestimmtheit von „den großen Harmonien Gottes und des Weltalls" aus: „Natur ist Ausfluss göttlichen Willens und göttlicher Macht. Wohl stoßen wir überall in der Natur auf Gegensätze, auf das Gute und das Böse; dieser Antagonismus... steht nicht im Widerspruch mit seinem göttlichen Willen" (Peter Francis Lobkowicz: Die Legende der Freimaurer, Wien/München 1992², 93 und 106; vgl. 101).

(1831–1891)⁸ hatte allerdings bereits Monate zuvor in einem Brief von der durch Engel⁹ gelehrten „Theosophie" gesprochen, die ihr geistiges Verlangen nach dem „Band, das alle Dinge zusammenhält", nach einem „System", das die „tiefsten Tiefen' göttlichen Wesens" enthüllt, gestillt habe¹⁰. Diesem Verständnis entspricht die Definition des jüdischen Theosophie-Experten G. Scholem: Ihm zufolge ist *Theosophie* „eine mystische Lehre oder Gedankenrichtung, die ein verborgenes Leben der wirkenden Gottheit ahnen, erfassen oder beschreiben zu können glaubt, vielleicht sogar für möglich hält, sich kontemplativ darein zu versenken. Theosophie statuiert ein Hervortreten Gottes aus der Verschlossenheit seiner Gottheit zu solch geheimem Leben, und sie findet, daß die Geheimnisse der Schöpfung in diesem Pulsschlag des lebendigen Gottes gründen."¹¹

---

8 Unter den zahlreichen Biografien (vgl. dazu die kommentierte Bibliographie von Gomes, Theosophy, 197 ff.) ragt die von Cranston (a. a. O. 1993, dt. 1995) als umfangreichste heraus; freilich schreibt sie ganz aus der Anhängerperspektive. Aus evangelikaler Sicht ist die zweite in deutscher Sprache vorliegende Biografie verfasst: Stephan Holthaus: Madame Blavatsky und die Theosophische Gesellschaft. Die Sphinx des Okkultismus, Berneck 1990. Von den frühen kritischen Biografien ist nur erwähnenswert: Vsevolod Sergejewitsch Solovjoff: A Modern Priestess of Isis, London 1895 (der Verfasser, Bruder des russischen Sophiologen Wladimir S., schwankte zwischen Bewunderung und Hass gegenüber seiner Landsmännin). Instruktiv ist die Zusammenstellung von Zeitzeugnissen bei D. H. Caldwell (Hg.), The Occult World of Madame Blavatsky. Reminiscenses and Impressions By Those Who Knew Her, Tucson/Arizona 1991. Wichtig sind ferner die neueren Werke von Peter Washington: Madame Blavatsky's Baboon. Theosophy and the Emergence of the Western Guru, London 1993, und von Hans-Jürgen Ruppert: Helena Blavatsky – Stammutter der Esoterik, in: EZW-Texte 155/2000, 1–28.

9 Dabei dürfte Blavatsky vermutlich an die ihr erscheinenden „Meister" gedacht haben, die innerhalb ihres pantheistischen Weltbilds (s. u.) an die Stelle herkömmlicher Engelvorstellungen traten und ein Stück weit Offenbarungsfunktion innehatten (vgl. Campbell, Wisdom, 53 ff.). Am Anfang ihrer Entwicklung standen Visionen und Träume, die sich für sie und in ihrer Außendarstellung zunehmend „realisierten" (vgl. Cranston, HPB, 59, 72, 77). Einer ihrer Meister formulierte die Alternative: „Und jetzt liegt es an Ihnen zu entscheiden, was Sie zu erhalten wünschen: die höchsten Philosophien oder bloße Darbietungen okkulter Kräfte" (N. Lauppert [Hg.], Die Mahatma-Briefe an A. P. Sinnett und A. O. Hume, Bd. 1, Graz 1977, 120).

10 H. P. Blavatsky: Some Unpublished Letters of Helena Petrovna Blavatsky, hg. v. E. R. Corson, London 1929, 127 f.134. Später wird sie ihrer „Geheimlehre" den Untertitel „Die Vereinigung von Wissenschaft, Religion und Philosophie" geben, der auf Theosophie als eine bestimmte Form von „Religionsphilosophie" hindeutet.

11 Gershom Scholem: Die jüdische Mystik in ihren Hauptströmungen (1957), Frankfurt/M. 1980, 225 (von Scholem stammt der bis heute wohl beste Kabbala-Kommentar „Von der mystischen Gestalt der Gottheit", 1962). Wenn Scholem von „mystischer Lehre" und „beschreiben" spricht, so lässt sich zur Unterstreichung des kognitiven Aspekts eine andere Theosophie-Definition heranziehen, die besagt: „Trotz fließender Grenzen unterscheiden sich theosophische Systeme von der Mystik durch ihren Anspruch, lehrbare Erkenntnisse zu besitzen und diese argu-

Die diversen, sich seit Gründung der Theosophical Society hinziehenden Versuche, den Begriff zu füllen und zu fixieren, illustrieren seine heuristische Bedeutung für die neue Bewegung. „Völlig losgelöst von den biblischen Wurzeln abendländischer Theosophie"[12], wird der Begriff von Blavatsky nicht theistisch als „Gottesweisheit", sondern als „göttliche Weisheit, eine Weisheit gleich jener, welche die Götter besitzen"[13], erläutert. Am Ende lassen zeitgenössische Theosophen sein Verständnis „undogmatisch"[14] bzw. mystisch-irrational offen[15]. Solche Offenheit hat ihren Grund allerdings in einem rudimentär durchaus bestimmbaren „Weltbild"[16] und Got-

---

mentativ stützen zu können ..." (Christian Thiel: Art. Theosophie, in: J. Mittelstraß [Hg.], Enzyklopädie Philosophie und Wissenschaftstheorie, Bd. 4, Mannheim u. a. 1996, 290–292, hier 290).

12 Hans-Jürgen Ruppert: Theosophie – unterwegs zum okkulten Übermenschen, Konstanz 1993, 10. Kritiker reden von daher bisweilen von „Pseudotheosophie" (z. B. Alfons Rosenberg: Die Seelenreise, Bietigheim 1971, 70). Man verkennt dabei sowohl die gnostischen und neuplatonischen Züge als abendländisches Erbe bei Blavatsky (vgl. Lehmann-Issel, Theosophie, 76 ff.; Alvin Boyd Kuhn: Theosophy. A Modern Revival of Ancient Wisdom, New York 1930, 1 ff.) als auch den Umstand, dass die „christliche Theosophie" im 20. Jahrhundert mehr als „kleinlaut" geworden ist (so bereits Bruhn, Theosophie, 3). Die moderne Theosophie ist – gerade hinsichtlich ihres Autonomieverständnisses – weithin „ein Produkt der Neuzeit" (Stolzenburg, Theosophie, 1134, vgl. 1136).

13 Blavatsky, Schlüssel, 19.

14 Den Verzicht auf ein „theosophisches Gesamtsystem" zugunsten einer „Pluralität individueller theosophischer Erkenntnisse" betont Reinhart Hummel: Indische Mission und neue Frömmigkeit im Westen. Religiöse Bewegungen Indiens in westlichen Kulturen, Stuttgart/Berlin/Köln/Mainz 1980, 191. „Theosophie" als Bezeichnung „für das Anliegen einer Sekte" auszugeben (so mit Blick auf die „Theosophical Society" das „Philosophische Wörterbuch", Stuttgart 1991²², 722), trifft schon deshalb nicht den Sachverhalt. In den aufgesplitterten Richtungen der theosophischen Bewegung spiegelt sich der Variantenreichtum modernen Theosophie-Verständnisses: Vgl. Karl O. Schmidt: Was ist Theosophie? Wesen und Mystik der Theosophie. Ein Franz-Hartmann-Brevier, Ergolding 1990², 8 ff.; Charles J. Ryan: Was ist Theosophie? (Theosophische Perspektiven Bd. 1), Eberdingen 1997, 3 f.

15 Vgl. Cranston, HPB, 188 f. Theosophie sei „jenes Meer des Wissens, das sich von Küste zu Küste der Evolution aller bewußten Wesen ausbreitet", erklärt in unüberbietbarer Unschärfe Judge, Theosophie, 15. Das Gewicht des „Gefühls" in der Theosophie unterstreicht Kurt Leese: Moderne Theosophie, Berlin 1918, 90. Wenn Pannenberg unterstreicht: „Die Möglichkeit von Erkenntnis durch Vernunft setzt eine fundamentale Übereinstimmung der Vernunft mit der Wirklichkeit, auf die sie sich richtet, voraus" (Metaphysik, 20), so gilt freilich umgekehrt: Wo die ultimative Wirklichkeit als unerkennbar und jenseits der Vernunft angenommen wird, kann Vernunfterkenntnis kein letzter Maßstab sein (und nur im Vorletzten warnend fungieren).

16 Für Bruhn stellt sich die Flut theosophischer Literatur als „ein unermüdlicher Hymnus auf einen bestimmten, wenn auch nicht festgeschlossenen Gedankenkreis" dar, mit dem sich „der eiserne Bestand einer Lehrtradition herausgebildet" hat (Theosophie, 16 f.). Lehmann-Issel erkennt „die Grundform eines theosophischen Mythus" und „theosophischer Grunddogmen" (Theosophie, 82). Vom „theosophischen Weltbild" spricht bereits in wünschenswerter Deutlichkeit die

tesverständnis, das dann wiederum ein entsprechend bestimmtes „Christus"-Verständnis nahe legt.

Die Grundstrukturen dieser Weltanschauung lassen sich anhand des Begriffs „Okkultismus" zwar ein Stück weit erläutern[17], sind mit ihm aber nicht hinreichend beschrieben[18]. Denn selbst wenn man die im früheren Sprachgebrauch gegebene Spannweite des Okkultismusbegriffs berücksichtigt, die sogar den Sinn einer von Universitätsgelehrten praktizierten Forschungsrichtung umfassen konnte[19], impliziert der Theosophiebegriff bei Blavatsky jedenfalls immer auch einen philosophischen Hintergrund[20] (einschließlich ethischer Intentionen etwa hinsichtlich okkulten Handelns[21]). „Philosophisch" meint hier eine tatsächlich okkultem Denken verbundene, als „hermetisch"[22] bezeichnete Gesamtreflexion, die in einer Zeit des erfolgreich sich ausbreitenden Materialismus und Skeptizismus traditionale Metaphysik unter Rückgriff auf parapsychische Empirik wieder zu gewinnen und festzuhalten trachtet. Nicht um okkulte (womöglich spiritistische)[23] Praktiken und deren funktionale Theorie als solche geht es eigentlich, sondern um „pantheistische", freilich lebensweltlich-praktisch gefüllte Theorie – kurz: um eine im ersten Ansturm moderner Säkulari-

---

Widmung der ersten Buchpublikationen: Vgl. Helena Petrovna Blavatsky: Die entschleierte Isis. Ein Meisterschlüssel zu den alten und neuen Mysterien, Bd. 1 und 2 (Originaltitel: „Isis Unveiled", 1877), Leipzig 1922². (Wörtlich lautet der allerdings nicht von Blavatsky selbst formulierte Untertitel der 1. Auflage: „Ein Meisterschlüssel zu den Geheimnissen alter und neuer Wissenschaft und Theologie").

17 Vgl. Ruppert, Theosophie, 10 f. und 16.
18 In einem Brief verwahrt sich Blavatsky ausdrücklich dagegen, dass aus der „Theosophical Society" eine „Akademie für Magie, für Okkultismus" gemacht werde (vgl. C. Jinarajadasa [Hg.], Letters from the Masters of the Wisdom, Bd. 1, Adyar/Madras 1948, 8 f.). Bruhn notiert in seiner theol. Dissertation von 1907, es sei „ein unverdienter Fluch, der auf der theosophischen Bewegung" laste, wenn man sie immer noch für „ein wertloses Gemisch von indischer Afterweisheit und Spiritismus" halte: „Schon das Programm der Bewegung zeigt an, daß sie nicht mehr mit Magie und Okkultismus zusammengeworfen sein will" (4 f.).
19 Vgl. Arnold Stolzenburg: Art. Okkultismus (4.), in: RGG², Bd. 4, Tübingen 1930, 683–686; Werner Thiede: Der neuzeitliche Okkultismus in theologischer Perspektive, in: KuD 33, 4/1987, 279–302.
20 Insofern trifft Schmidt-Biggemanns These, dass Philosophie und Mystik einander ausschlössen (Wilhelm Schmidt-Biggemann: Jenseits der Rationalität. Warum sich Philosophie und Mystik nicht verbinden lassen, in: Evang. Kommentare 4/1999, 10–13), nur bedingt zu, nämlich im Falle streng rationaler Konzepte. Doch sobald man Philosophie nicht in diesem exklusiven Sinn definiert, schließt sie Theosophie mit ein.
21 Vgl. Blavatsky, Schlüssel, 50.
22 Vgl. Blavatsky, Isis, Bd. 1, X. – Hier sei an die Bemerkungen zum „kosmophilen" Charakter des Hermetischen in Kap. II.3 erinnert.
23 Blavatskys Verhältnis zum Spiritismus war ambivalent: Sie suchte ihn für ihr Gesamtdenken in ihrer früheren Zeit gelegentlich zu funktionalisieren, teilte aber als Theosophin sein Weltbild letztlich nicht und zollte seiner – in jenen Jahrzehnten anhebenden – wissenschaftlichen Erforschung Beifall (vgl. Bruhn, Theosophie, 6 f.; Cranston, HPB, 157, 159, 169, 171, 173 und 211).

sierung zu gewinnende interpretative Wiederverzauberung[24] der Weltwirklichkeit. In diesem „spirituellen" Sinn müssen Begriffe wie „Okkultismus" oder „Magie" bei Blavatsky verstanden werden. Dann aber wird auch klar, inwiefern die mit solcher „theoria" verknüpften paranormalen Erfahrungen[25] gerade auf Grund ihrer psychischen Wirkmöglichkeiten im Guten wie im Schlechten nicht einfach eine der Allgemeinheit offen stehende, öffentlich zu diskutierende Philosophie als Interpretationsrahmen zulassen: Mehr als die „normalen" Erfahrungen verlangen sie sowohl nach weltbildlicher Deutung als auch nach psychohygienischen Schutzvorrichtungen, weshalb „Einweihung" ein unverzichtbares Charakteristikum dieser „Geheimwissenschaft" darstellt. Ausdruck eines durchweg esoterischen Wirklichkeitsverständnisses ist demnach in der Tat eine „okkult" verstandene Theosophie im Unterschied zu einer rein spekulativ fundierten[26].

H. P. Blavatsky verkörpert diesen Theosophie-Typus in Reinkultur[27]. 1831 als Tochter eines aus deutschrussischem Grafengeschlecht stammenden Obersten und einer Schriftstellerin aus adligem Haus in der Ukraine geboren, ist sie von Kindheit an medial veranlagt. Als Jugendliche verschlingt sie bereits ganze okkulte Bibliotheken[28]. Gleichzeitig kommt sie früh mit dem Buddhismus in Berührung[29]. Die Heirat der Siebzehnjähri-

---

24 Vgl. Morris Berman: Wiederverzauberung der Welt. Am Ende des Newtonschen Zeitalters, Reinbek 1985. Die Idee der Profanation, derzufolge „the world has lost ist mystery, that men not Gods can rule the world" (Daniel Bell: The return of the sacred? The argument on the future of religion, in: British Journal of Sociology 28, 4/1977, 419–448, hier 427), befriedigt menschliche Grundfragen zu wenig: „But the questions always recur" (428). Heutzutage ist man sich dessen wieder mehr bewusst: „Die Profanisierung des Menschen und seiner Welt, auf deren gigantischen Errungenschaften unsere Kultur beruht, ist nicht *nur* ein Fortschritt gewesen ... Vielleicht gibt es in der Geschichte der Hochkulturen keinen ‚Fortschritt' über den Fundus letzter Lebens-Ur-Einsichten hinaus. Wenn sie in Vergessenheit geraten, wirken sie, bewußt oder unbewußt, als peinliche ‚Sinnlücke' nach" (Wolfgang de Boer: Das Dogma von der ‚Entzauberung' der Welt, in: Scheidewege 24, 1994/95, 218–230, hier 229).
25 Vgl. dazu Werner Thiede: Art. Erfahrung. V.: Spirituell, in: LThK³ Bd. 3, Freiburg i. Br. 1995, 757 f.; ders., Art. Parapsychologie (EKL³).
26 Vgl. Hans Freimark: Geheimlehre und Geheimwissenschaft (Beiträge zur Geschichte der neueren Mystik und Magie 1), Leipzig 1913, 15. Im Rahmen okkulttheosophischen Denkens ergeben sich bei Blavatsky oft schwer verständliche Texte, deren Deutung – ähnlich wie bei Böhme – umfassende Lektüre ihrer Werke bei Kenntnis okkult-hermetischer Traditionen voraussetzt. Über die breite Literatur im Kontext der Blavatsky-Theosophie informiert Michael Gomes: Theosophy in the Nineteenth Century. An Annotated Bibliography (Religious Informations Systems 15), New York/London 1994.
27 Vgl. bes. Ruppert, Blavatsky, a. a. O. 9 ff.
28 Vgl. Cranston, HPB, 59, 66, 161.
29 Es war die Stellung ihres Vaters „als Treuhänder von über hunderttausend Buddhisten, der Blavatsky ihren ersten Kontakt mit einer Religion des Ostens verdankte" (Cranston, 41). Als sie etwa 15 war, zog die Familie ins „heidnische Asien".

Die theosophische Genese des Begriffs „kosmischer Christus"  109

gen – eher aus Jux als aus Liebe – mit dem viel älteren Nikifor Blavatsky führt binnen kurzer Zeit zu ihrer Flucht in ferne Länder[30], in denen sie mediumistische Phänomene religionsphilosophisch zu verarbeiten lernt. Möglicherweise wird sie in Griechenland, Italien und Frankreich in die Kabbalistik eingeweiht[31].

Nach Gründung der Theosophical Society in New York[32] wird sie am 17.11.1875 deren „Corresponding Secretary", während der von ihr in die „esoterische Philosophie und Metaphysik" eingeführte Oberst Henry S. Olcott (1832–1907)[33] Präsident wird. Um eine äußere Machtstellung in der Theosophischen Gesellschaft scheint es ihr weniger zu gehen; erst im Jahr vor ihrem Tod wird sie zur Präsidentin der europäischen Sektionen gewählt. Zwischen dem Erscheinen ihrer beiden je zweibändigen Hauptwerke „Isis Unveiled" (1877) und „The Secret Doctrine" (1888)[34] tritt sie mit Olcott zum Buddhismus über[35].

---

30 Einzelheiten sind hier teils unbekannt, teils umstritten. Vgl. Gerhard Wehr: Spirituelle Meister des Westens. Leben und Lehre, München 1995, 20 ff.; Campbell, Wisdom, 4 ff.
31 So jedenfalls Freimark, Geheimlehre, 65; Cranston, 114. Über ihre frühe Zeit informiert zuletzt Joscelyn Godwin: The Theosophical Enlightenment, New York 1994, 277 ff.
32 Der amerikanische Hintergrund der neuen Theosophie wird ausgeleuchtet bei Kuhn, Theosophie, 18 ff.
33 Vgl. Arnold Stolzenburg: Art. Olcott, in: RGG², Bd. 4, Tübingen 1930, 686 f.; Cranston, 174, 188. Olcott war über den Spiritismus zur „Theosophie" gekommen. Als Jurist war er übrigens an der Untersuchung der Ermordung Abraham Lincolns beteiligt gewesen. Einflussreich wurde sein in über 20 Sprachen übersetztes Buch „Der buddhistische Katechismus" (1881, deutsch: Leipzig 1902²).
34 Die in ihrer Qualität nicht eben optimal zu nennende deutsche Übersetzung der 3. englischen Auflage aus dem ausgehenden 19. Jahrhundert stammt von Robert Froebe (unter Aufsicht von Franz Hartmann): Helena Petrovna Blavatsky: Die Geheimlehre. Die Vereinigung von Wissenschaft, Religion und Philosophie, Den Haag 1900–1906 (diverse unveränderte Auflagen), 4 Bände, davon 1 Registerband (den beiden Bänden „Kosmogenesis" und „Anthropogenesis" wurde durch A. Besant ein dritter Band „Esoterik" hinzugefügt, der etwas eigenwillig Blavatsky-Material zusammenstellt). Eine deutsche Neuübersetzung ist im Spätherbst 1999 als „Adyar-Studienausgabe" in Satteldorf erschienen: H. P. Blavatsky: Die Geheimlehre. Die Synthese von Wissenschaft, Religion und Philosophie, hg. von H. Troemel (ergänzt durch die Protokolle der Londoner Studienkonferenzen zur „Geheimlehre" sowie durch weitere Quellen, Hintergrundmaterialien und Analysen). Die interessante Zusammenstellung dieses umfangreichen Bandes (vgl. meine Rezension in: MEZW 63, 8/2000, 294 f.) verlangte freilich eine Kürzung des „Anthropogenesis"-Bandes um fast die Hälfte und die völlige Weglassung des von Besant zusammengestellten „Esoterik"-Bandes, weshalb es hier beim Zitieren nach der alten Übersetzung bleibt, die für unsere Zwecke hinreichend ist. Kommentare und Zusammenfassungen der „Geheimlehre" liegen bereits seit langem vor (z. B. Kuhn, Theosophy, 194–231; Sri Krishna Prem: Man the Measure of All Things, London 1966; Wehr, Meister, 41 ff.). Ob die der „Geheimlehre" zugrunde liegenden Strophen aus dem „Buche des Dzyan" authentisch sind, ist umstritten (vgl. Cranston, HPB, 454, 457 und 621; David Reigle: Die Bücher des Kiu-te und die Stanzen des

1882 wird die kleine Ortschaft Adyar im indischen Madras Hauptsitz der Gesellschaft, wo Blavatsky 1884 betrügerischer Machenschaften beim Empfang von Briefen der ihr angeblich erscheinenden „Meister" beschuldigt wird[36]. Daraufhin arbeitet sie vor allem in Europa, unter anderem in Würzburg, größtenteils aber in London. Ihre letzten Jahre sind ganz der philosophischen und ethischen Durchdringung ihrer „Theosophie" gewidmet. Nachdem die Vielgereiste, Vielgerühmte und Vielgeschmähte am 8. Mai 1891, noch nicht sechzigjährig, stirbt, findet man auf ihrem Schreibtisch die Zeilen: „Es gibt einen Weg, steil und dornig, voller Gefahren jeglicher Art – doch immerhin einen Weg. Er führt ins Herz des Universums."[37]

Das Universum betrachtet, ja empfindet Blavatsky als göttlich[38] – allerdings in einem durchaus subtilen Sinn, wohl wissend um die kosmischen „Unvollkommenheiten"[39]! Daher greift sie den Begriff des „Pantheismus"

---

Dzyan, in: H. Troemel [Hg.], Theosophie & Buddhismus, Satteldorf 1994, 78–87); beachtenswert scheint mir diesbezüglich der Hinweis Scholems auf die kabbalistische Sohar-Schrift *Sifra Di-Zeniutha* zu sein (Mystik, 430). Im übrigen kann hier die Quellenfrage dahingestellt bleiben (dazu bes. Freimark, Geheimlehre, 63 ff.; Helmer Ringgren: Art. Anthroposophie, in: TRE 3, 1978, 8–20, bes. 15; Bannach, Anthroposophie, 132).

35 Vgl. Cranston, 265. Laut Bannach war die Gründung der Theosophischen Gesellschaft „indirekt das Ergebnis christlich-buddhistischer Streitgespräche auf Sri Lanka seit 1865" gewesen (Anthroposophie, 147). Doch Tendenzen in diese Richtung sind noch älter: „Die Urweisheit des Menschengeschlechts wird nicht von den Begebenheiten in Galiläa verdrängt werden. Hingegen strömt indische Weisheit nach Europa zurück und wird eine Grundveränderung in unserem Wissen und Denken hervorbringen" – diese Sätze finden sich bereits über ein Jahrzehnt vor Blavatskys Geburt, nämlich 1819 bei Arthur Schopenhauer: Die Welt als Wille und Vorstellung. Bd. 1, Sämtliche Werke, hg. von W. Frhr. von Löhneysen (stw 661), Frankfurt/M. 1986, 487.

36 Der so genannte Hodgson-Report, 1885 von der „Society for Psychical Research" publiziert, hatte weit reichenden Effekt (vgl. Gomes, Theosophy, 363 ff.), wurde aber im Journal derselben Society 1986 – nach über hundert Jahren – kritisch hinterfragt und als tendenziös gerügt (vgl. im einzelnen Cranston, HPB, 323 ff.; Wehr, Meister, 39 ff.). Doch die neue, inzwischen auch in Buchform dargebotene Untersuchung (Vernon Harrison: H. P. Blavatsky and the SPR. An Examination of the Hodgson Report of 1885, Pasadena/California 1997) erweist sich ihrerseits als nicht eben urteilsgewiss. Differenzierter urteilt bereits Arnold Stolzenburg: Art. Blavatsky, in: RGG², Bd. 1, Tübingen 1927, 1144 f.

37 Vgl. William Kingsland: The Real H. P. Blavatsky, London 1928, V (zit. nach Cranston, HPB, 643). Blavatskys nachgelassenes Werk ist großenteils gesammelt in: H. P. Blavatsky Collected Writings, 14 Bde., hg. v. B. de Zirkoff, Wheaton 1950–1991. Ihren Einfluss auf die Esoterik des 20. Jahrhunderts beschreiben Washington (a. a. O. 1993), Godwin (Enlightenment, 361 ff.) und Ruppert (Blavatsky, a. a. O. 2000).

38 Lehmann-Issel nennt es überhaupt die „tragende Grundidee aller theosophischen Weisheit", dass an die „Göttlichkeit der *Natur* der Menschen und der Welt" geglaubt wird (Theosophie, 82).

39 Vgl. Geheimlehre I, 300. Das anti-pantheistische Argument, dass ja das „Ganze"

positiv auf, um ihn zunehmend zu differenzieren[40]. Im Unterschied zu seiner von Spinoza herkommenden Bedeutung, die den cartesianischen Dualismus zu überwinden trachtet[41], definiert sie ihn letztendlich „esoterisch": Die Gottheit identifiziert sie nicht mit der Weltnatur, sondern mit der ewigen, ungeschaffenen Natur[42], die sie von der „Summe von vorübergehenden Schattenbildern und endlichen Unwirklichkeiten" abhebt[43]. Insofern könnte man versucht sein, ihr am Ende „Panentheismus"[44] zuzubilligen. Doch dieser Begriff sollte besser reserviert bleiben für die Varianten jener Systeme und Modelle, die bei aller mystisch-pansophischen Tendenz Gott selbst als Schöpfer von seiner Schöpfung zu unterscheiden trachten[45]. Blavatsky indessen spricht der Gottheit um deren

---

der Welt, „selbst wenn es noch erfahrbar sein sollte, eher ungöttliche oder gar widergöttliche Züge" trage (Michael Theunissen: Protophilosophische Theologie, in: Die Theologie auf dem Weg ins dritte Jahrtausend. FS J. Moltmann zum 70. Geburtstag, hg. v. C. Krieg u. a., Gütersloh 1996, 346–362, hier 352), trifft insofern Blavatsky nicht.

40 Wie dagegen eine undifferenzierte Bestimmung der modernen Theosophie als „Pantheismus" im landläufigen Sinn misslingen muss, zeigt sich bei Anna Louise Matzka: Theosophie und Anthroposophie. Ihre Darlegung und Kritik vom Gesichtspunkte des Christentums, Graz/Salzburg 1950, 15 f. Besser erfasst den theosophischen „Pantheismus" Stolzenburg, Theosophie, 1137 f.

41 Vgl. Christoph Jamme: Art. Pantheismus II. Philosophisch, in: TRE 25 (1995), 630–635.

42 „Es ist nicht der eine unbekannte immer-gegenwärtige Gott in der Natur, oder die Natur *in abscondito*, was zurückgewiesen wird, sondern der Gott des menschlichen Dogmas" (Blavatsky, Geheimlehre I, 38; siehe auch 581). Mit Recht vermerkt Mager: Gerade unter theologischem Aspekt „ist die moderne Theosophie ausgesprochener Pantheismus" (Theosophie, 32). Ebenso Friedrich Laun: Moderne Theosophie und katholisches Christentum, Rottenburg 1920, 24 f.; Leonhard Ragaz: Theosophie oder Reich Gottes? Erlenbach-Zürich/München/Leipzig 1922, 33; Bannach, Anthroposophie, 150.

43 Blavatsky, Schlüssel, 94. Selbst beim „*deus sive natura*" ist es, wie Tillich erläutert, „nicht die Totalität der natürlichen Objekte, die Gott genannt wird, sondern vielmehr die schöpferische Kraft und Einheit der Natur, die absolute Substanz, die in allem gegenwärtig ist" (STh I, 271). Aber dieses *deus sive natura* meint Blavatsky gerade nicht, so gern sie sich generell auf die uralte „pantheistische Idee" stützt (vgl. Geheimlehre I, 82).

44 So die Einstufung durch Holthaus, Blavatsky, 53. Zum Begriff vgl. John Macquarrie: Art. Panentheismus, in: TRE 25 (1995), 611–615. Dass der Ausdruck sich mit dem des Pantheismus inhaltlich überschneidet (612), ist in der Tat kaum zu vermeiden – wohl aber jene Unschärfe, die beide nicht auseinander zu halten vermag!

45 Das gilt z. B. für Böhme und von Baader, die Logos und Schöpfung tiefer in Gott selbst verankern (vgl. John Schulitz: Jakob Böhme und die Kabbalah. Eine vergleichende Werkanalyse [Europäische Hochschulschriften Reihe XX/Bd. 370], Frankfurt/M. u. a. 1993, 62, 67 u. ö.; Klaus Hemmerle: Franz von Baaders philosophischer Gedanke der Schöpfung, München 1963, 97 ff.) als Blavatsky, die sich auf deren christliche Theosophie nicht zufällig nur äußerst randständig bezieht.

Absolutheit willen Schöpfertum entschieden ab[46]. Den Kosmos muss sie konsequenterweise „in der Ewigkeit"[47] verankern.

Indem sie somit von der radikalen Transzendenz des Absoluten ausgeht, begründet sie gleichzeitig dessen radikale Immanenz in der Welt. Insofern ist es legitim, wenn sie selbst den Pantheismusbegriff, freilich theosophisch verstanden, in Anschlag bringt[48]. Hauptsächlich drei spiritualistische Traditionsstränge fließen hier zusammen, die die metaphysische Dialektik von Einheit und Vielheit jeweils differenziert entfaltet haben und auf die sich Blavatsky auch öfter bezieht: 1. die altindische Theosophie[49], 2. neuplato-

---

46 Diese Haltung zieht sich kontinuierlich durch ihr ansonsten nicht immer bruchfreies Gesamtwerk (vgl. Isis II, 275 f.; Geheimlehre I, 37; Schlüssel, 92). Die Analogie zum Buddhismus ist hier nicht zu weit zu treiben, denn Blavatsky leugnet Schöpfertum nicht völlig ab, sondern akzeptiert es in demiurgischer Deutung (Isis I, 96; II, 39; ferner: Schlüssel, 36), auch dabei freilich anti-theistisch votierend: „Dieser Demiurg ist keine *persönliche* Gottheit – d. h. kein unvollkommener *außerweltlicher Gott*" (Geheimlehre I, 300, kursiv: H. B.). Dass sie in der „Isis" neuplatonischen Panentheismus, in der „Geheimlehre" dagegen nur noch „platten Pantheismus" vertrete (Ruppert, Theosophie, 41 f.), ist unhaltbar.

47 Vgl. Geheimlehre I, 31 (vgl. 33). Periodizität kommt dem Kosmos innerhalb der Zeit zu (ebd. und 37), der – gemäß altindischer Überzeugung – Erscheinung des Ewig-Göttlichen darstellt. Wenn Spinozas Pantheismus die christliche Lehre von der Schöpfung *ex nihilo* verwirft, weil doch die Welt mit Notwendigkeit aus Gott hervorgehe (vgl. Jamme, Pantheismus, 631), so argumentiert Blavatsky gegen dieselbe Lehre (Geheimlehre I, 253) unter Hinweis auf die Ewigkeit von Stoff und Geist im noch nicht geoffenbarten Universum, welches selbst als das „absolute All" der Gottheit gedeutet wird (37).

48 S.o.! Im Blick auf pantheistisches Denken gilt in der Tat: „Nicht Schöpfung der Welt aus Gott, sondern ein Hervorströmen alles dessen was ist aus dem ewigen göttlichen Quel ist hier der maßgebende Gedanke, also gerade das, was in der christlichen Weltanschauung durch den Gedanken der Schöpfung ausgeschlossen werden soll" (Julius Kaftan: Philosophie des Protestantismus. Eine Apologetik des evangelischen Glaubens, Tübingen 1917, 223).

49 So Lehmann-Issel, Theosophie, 9 ff.; Ragaz, Theosophie, 9; Paul Oltramare: Art. Theosophy, in: Encyclopaedia of Religion and Ethics Bd. 12 (1921), 1980, 304–315, bes. 305 ff. Blavatsky meint, selbst Jesus habe sich an die „Lehre Alt-Indiens" gehalten (Isis II, 297). Indessen betont ein Experte: „Wer die echte, alte indische Theosophie kennt, der wird die heutige Theosophie ohne weiteres selbst zum kleineren Teil als blasse Wiederholung, zum weitaus größeren aber als unverantwortlichen Mißbrauch jener großen alten Gedanken erkennen" (Heinrich Gomperz: Die indische Theosophie vom geschichtlichen Standpunkt gemeinverständlich dargestellt, Jena 1925⁹, 11). Den Hintergrund der Weltanschauung Blavatskys bildet allerdings weniger der Hinduismus, auch nicht der asketisch-abstrakte Theravada-Buddhismus, sondern doch wohl der im Westen damals noch kaum bekannte Mahayana-Buddhismus tibetisch-nepalesischer Prägung, zu dem sie sich seit 1880 bekennt (illustrativ hierzu: Walter Evans-Wentz: Geheimlehren aus Tibet. Yoga und der Pfad des Mahayana Buddhismus [1958], München 1997, bes. 33 ff.). Dass eine Geistesverwandtschaft mit ihrer Theosophie besteht, beweist der XIV. Dalai Lama durch seine erkennbare Affinität zu den heutigen Adyar-Theosophen, z. B. in Gestalt seiner Mitarbeit in: H. Troemel (Hg.), Theosophie & Buddhismus, Satteldorf 1994 (88 ff.); vgl. auch Cranston, HPB, 122. Über den Bud-

nisches Denken[50] und 3. die jüdische Theosophie, genannt Kabbala[51]. Ob zwischen diesen dreien geschichtliche Verbindungslinien laufen, muss wohl Spekulation[52] bleiben; vorstellbar ist aber durchaus, dass gewisse logische Grundstrukturen im Denken des Absoluten solch verwandt erscheinende Systeme jeweils unabhängig von ihren externen Bezügen hervorgebracht haben[53] – ähnlich wie das gnostische Denken von manchen Forschern[54] quasi als „Humanum" eingestuft wird, das in verschiedenen Kulturen zu unterschiedlichen Zeiten auftauchen kann.

In theosophischer Metaphysik realisiert sich mittels der jeweiligen Symbolwelten das Grundschema des im ersten Kapitel skizzierten Autonomie-Paradigmas, bei dem Relationen das Sein prägen, welches seinerseits als Manifestation des Absoluten begriffen wird[55]. So ist bei Plotin das Eine als Erstes „nie isoliert oder abstrakt zu denken, sondern immer in Relation zu

---

dhismus in Tibet informiert religionswissenschaftlich Michael von Brück: Buddhismus. Grundlagen – Geschichte – Praxis, Gütersloh 1998, 275 ff.
50 Z. B. Blavatsky, Isis I, 224 u. ö. Vgl. Campbell, Wisdom, 11. Ausdrücklich sei darauf hingewiesen, dass die neuplatonische „All-Einheits-Lehre" mit dem Begriff des „Monismus" nicht angemessen bezeichnet wird, „sofern dieser nicht nur Ein Prinzip annimmt, sondern auch das Sein insgesamt als einförmig suggerieren sollte" (Werner Beierwaltes: Studien zur neuplatonischen Philosophie und ihrer Wirkungsgeschichte, Frankfurt/M. 1985, 38). Insofern ist auch die Einordnung der Theosophie Blavatskys als „Monismus" (Stolzenburg, Theosophie, 1137; Ruppert, Theosophie, 15) nicht ganz unproblematisch.
51 Von „jüdischer Theosophie" bzw. „einer jüdischen Form der Theosophie" spricht Scholem, Mystik, 225. Deren „Nondualität" zeigt explizit D. C. Matt (Hg.), Das Herz der Kabbala, Bern u. a. 1996, 38. Parallelen zum Neuplatonismus, die auf einen gemeinsamen Ursprung hindeuten, sieht namentlich das (Blavatsky bekannte!) Werk von Adolphe Franck: Die Kabbala oder die Religions-Philosophie der Hebräer (1843), Leipzig 1844. Doch Scholem (245) betont, dass die „Sefiroth der jüdischen Theosophen" im Unterschied zu Plotins Hypostasen viel mehr „eigenes Leben in sich" haben.
52 Vgl. z. B. Papus [= Gérard Encausse] (Hg.), Die Kabbala. Einführung in die jüdische Geheimlehre (1900), Wiesbaden 1980, 136 ff., wo Indien als Ursprung der Kabbala ausgegeben wird. Blavatsky teilt diese Sichtweise (Isis II, 42), behauptet aber auch Ägypten als Ursprungsland (Geheimlehre II, 50).
53 Insofern überrascht es ein Stück weit, dass Blavatsky sich bei aller Internationalität fast nie auf den „theosophischen Sufismus" (vgl. Annemarie Schimmel: Mystische Dimensionen des Islam. Die Geschichte des Sufismus, Frankfurt/M. 1995, 367 ff.) bezieht.
54 Zuletzt Alexander Böhlig: Zur Struktur gnostischen Denkens (1978), in: ders., Gnosis und Synkretismus. Gesammelte Aufsätze zur spätantiken Religionsgeschichte, 1. Teil, Tübingen 1989, 3–24, bes. 8. Für zu hoch gegriffen hält solche Universalisierungen Kurt Rudolph: Gnosis – Weltreligion oder Sekte, in: Kairos N. F. XXI (1979), 255–263.
55 Das Absolute wird im Begriff des „relationsontologischen Substantialismus" (ROS) als absolute, also nicht als relativ-vielheitliche Substanz verstanden, als das überpolare Eine, in dem alles letztlich gründet. Blavatskys esoterischer Pantheismus besagt in diesem Sinn, „daß ein jedes Stäubchen des geoffenbarten Materials des Kosmos Gott angehört und Substanz von ihm ist ..." (Geheimlehre I, 581).

und mit einem Anderen, dem Mannigfaltigen .. "[56] Dasselbe Eine, das als solches reflexiv nicht zu erfassen ist, spiegelt bzw. offenbart sich im Pluralen der wiederum vieldimensionalen Weltwirklichkeit. Auch der Kabbala liegt die „Vorstellung von der Einheit in Differenz mit einer noch bestimmten Subjekt-Objekt-Relation zwischen dem einen Sein und den vielen Seienden"[57] zugrunde. Analog zum Denken der Upanishaden[58], Plotins[59] und der Kabbala[60] lehnt Blavatsky eine prozessuale Verwandlung des göttlichen Einen ins Kosmische ab[61]; vielmehr versucht sie den Gedanken des Absoluten dahingehend konsequent zu fassen, dass sie dessen überpolare Unveränderlichkeit postuliert. Alles Polare bzw. Plurale wird von daher als Abstrahlung im Sinne des neuplatonischen bzw. kabbalistischen Emanationsgedankens gedeutet. Insofern steht Blavatsky in einer mächtigen abendländischen Tradition[62], die aber ihre Entsprechung in altindischer Metaphysik und Theosophie hat, weshalb sich für die in West und Ost gleichermaßen Beheimatete neben ihrem Rückgriff auf verschiedene Theosophien ausdrücklicher Bezug auf den Neuplatonismus[63] nahe legte – schon mit Blick auf den Umstand, dass womöglich Ammonios Sakkas, der alexandrinische Lehrer Plotins, den Theosophiebegriff geprägt hat[64].

Freilich ergibt sich bei Blavatsky dieselbe Aporie, wie sie in Kabbala und Neuplatonismus auf der Hand liegt: Wie kann das welttranszendente Absolute doch in Relation zum Relativen treten, ohne dabei seiner Absolutheit verlustig zu gehen? Wie ist der Gedanke der Einheit von zeitlosem Stand und zeitlicher Bewegung, kurz: von Identität und Differenz zu fassen? Ana-

---

56 Vgl. Beierwaltes, Studien, 9. Siehe auch Klaus Kremer: Plotin (204–270), in: F. Niewöhner (Hg.), Klassiker der Religionsphilosophie, München 1995, 56–68.
57 Vgl. Schulitz, Böhme, 36 f. Bei Blavatsky dürfte die Kabbalistik eine frühe Schicht ihrer Weltanschauung ausmachen (vgl. Ruppert, Theosophie, 39).
58 Robert C. Zaehner: Der Hinduismus. Seine Geschichte und seine Lehre (1962), München 1986, 55 ff.
59 Vgl. Beierwaltes, Studien, 12.
60 „Das Verständnis von einem unsagbar transzendenten Gott ist in der Kabbalah schlechthin vorausgesetzt" (Schulitz, Böhme, 74).
61 Das Hegelsche System beschreibt aus Blavatskys Sicht allenfalls einen demiurgischen Gott, nämlich eine erste Emanation des unwandelbaren Absoluten (vgl. Geheimlehre I, 82).
62 Das gilt übrigens auch für die Anthropologie (vgl. Wichmann, Menschenbild, 33).
63 Vgl. Blavatsky, Schlüssel, 23. Den Neuplatonismus lernte Blavatsky vertieft kennen durch den Archäologen und Philosophen Prof. Alexander Wilder, der sie und Olcott schätzte (vgl. Freimark, Geheimlehre, 63 f.; Gomes, Dawning, 110 und 119 ff.; Cranston, HPB, 202 ff.) und dessen Werk „New Platonism and Alchemy" sie gern zitierte. Vgl. auch Jean-Louis Siémons: Theosophia in Neo-Platonic and Christian Literature, London 1988.
64 So Blavatsky, Schlüssel, 20 f. Ob Ammonios Sakkas in Indien war, lässt sich nicht sicher sagen. Festzuhalten ist aber, dass der Theosophiebegriff im Neuplatonismus mehr oder weniger dieselbe Bedeutung wie der Begriff der „Theologie" hatte; im spezielleren, in der modernen Geistesgeschichte üblichen Sinn findet er sich erst seit dem 16. Jahrhundert (vgl. Thiel, Theosophie, 290).

log zu Plotin[65] und zur Kabbala[66] tritt bei Blavatsky an dieser Stelle der *Logos* als erste, nämlich zwischen Absolutem und Relativem vermittelnde Emanation auf den Plan: Ihrer Lehre nach „sind in der occulten Metaphysik genau gesprochen zwei ‚Eins' – die Eins auf der unerreichbaren Ebene der Absolutheit und Unendlichkeit, über die keine Spekulation möglich ist; und die zweite Eins auf der Ebene der Emanationen. Erstere kann niemals emanieren noch geteilt werden, da sie ewig, absolut und unveränderlich ist; aber die zweite, sozusagen die Reflexion der ersten Einen (denn sie ist der Logos ...), kann es."[67] Die untere Eins, der „Logos", ist durch den Schleier des „Chaos" bereits entschieden abgehoben zu denken von der oberen Eins, welche ihr im selben Maße „unbekannt" und transzendent ist wie wiederum uns der Logos[68]. Dieser stellt den „Geist des Weltalls"[69] dar, die höchste, den Kosmos bewegende Intelligenz, der die Polarität von Selbigkeit und Andersheit zugrunde liegt[70]. In ihm treffen absolute Einheit und relative Vielheit aufeinander.

Als Erscheinung, nach der weltlichen Seite hin, gibt sich der Logos daher bei Blavatsky plural[71]. Für christliche Ohren überraschend und verwirrend, definiert sie den Logos als emanativ verstandenes Götterkollektiv. Pantheistische und polytheistische Grundstruktur korrespondieren. Zwar kennt christliche Theologie ihrerseits so etwas wie eine göttliche „Pluralität" in Gestalt des Trinitätsgedankens; aber dabei fasst sie nicht die Einheit der

---

65 Vgl. Beierwaltes, Studien, 13. Das Eine kann als solches nur es selbst sein; wird „alles" sein Prädikat, so handelt es sich bei diesem um „etwas" in Richtung der Vielheitlichkeit des Seins, und das kann dann nur eine erste Emanation sein, die als reflexiver Geist (Nous) zu denken ist (40). Vgl. auch Heinz Robert Schlette: Das Eine und das Andere. Studien zur Problematik des Negativen in der Metaphysik Plotins, München 1966. Im Hintergrund des neuplatonischen Logosbegriffs steht natürlich eine lange Tradition (vgl. Anathon Aall: Die Geschichte der Logosidee in der griechischen Philosophie, Leipzig 1896) einschließlich ihrer kirchlich-theologischen Rezeption (man denke etwa an Johannes Scottus Eriugena); Blavatsky hat das zumindest partiell mit im Blick.
66 In „der Kabbalah ist alles Sein ein Werden, das vom wirkmächtigen Logos ‚ins Werk' gesetzt wird" (Schulitz, Böhme, 165).
67 Geheimlehre I, 154 f. Vgl. auch 38, 92; ferner Geheimlehre II, 514.516; Schlüssel, 92.119; und bereits Isis II, 39. Der innere Zusammenklang all dieser Stellen wie überhaupt das Gewicht der Blavatsky für die weitere moderne Theosophie, aber auch die Konflikte um die Entstehung der Anthroposophie (s. u.) widerlegen die Behauptung: „Eine normative Lehre gibt es nicht" (Obst, Protestbewegungen, 95).
68 Vgl. Geheimlehre I, 463 f. Theosophie soll den Logos in den Bereich des Vorstellbaren bringen (ebd.).
69 Geheimlehre II, 27. Das „Weltall ist der Spiegel des Logos, obwohl der letztere das *Sein* dieses Weltalls ist" (28).
70 Vgl. Blavatsky, Geheimlehre I, 105; II, 27. Bei Plotin ist der Logos „trotz der Vielheit und Differenz in ihm die ‚außerhalb' des Einen höchstmögliche Form von Einheit" (Beierwaltes, Studien, 55).
71 Vgl. Geheimlehre I, 159 und 720; II, 249 und 251.

Dreiheit, sondern eine Hypostase der Dreiheit als den Logos[72]. Blavatsky selbst deutet die Pluralität des Logos in der „Isis" als Dreieinigkeit[73] und in der „Geheimlehre" zunächst drei-[74], später siebenfältig[75] – jeweils unter Auswirkung auf die drei-, dann siebenfältige Analogisierung von Makrokosmos und Mikrokosmos (sprich: Mensch)[76]. Als erste Emanation bzw. Manifestation ist der Logos Blavatskys gewissermaßen subordinatianisch gedacht, während in der christlichen Tradition die dreifaltige Einheit als solche das absolut Höchste darstellt. Der Theosophin gilt der Reflex des Absoluten als Essenz, ja „Aggregat der universellen Weisheit", das in sich die sieben „schöpferischen Heerscharen" enthält[77]. So nimmt der Logos demiurgische Züge an: In ihm begegnen die „wirklichen Schöpfer des Weltalls"[78], die sich allerdings am ursprünglich formlosen, ewigen Weltstoff[79] nur als Gestalter bzw. „Bauleute", nicht etwa als dessen Hervorbringer betätigen.

---

72 In dieser insbes. seit Augustin, der bekanntlich stark vom Neuplatonismus beeinflusst ist, geläufigen Denkform kommt das schöpfungsbezogene Theonomie-Paradigma zum Ausdruck, dessen Radikaldifferenzierung von Gott und Welt die singuläre Inkarnation des Logos überhaupt erst als Heilsbotschaft denkmöglich macht. Blavatsky lehnt dieses trinitarische Sohnes-Verständnis ausdrücklich ab (Isis II, 38; Geheimlehre II, 247; ferner III, 145 – hier unter Verballhornung dogmengeschichtlicher Fakten).
73 Vgl. Isis I, 224. Die trinitarische Struktur ist bereits der Kabbala (vgl. Schulitz, 94) und dem Neuplatonismus geläufig, auf die sich Blavatsky gerade auch in dieser Hinsicht bezieht (ebd.; II, 41 ff.; 229 f.).
74 Geheimlehre I, 88 f. und 160; vgl 40.42. Hierarchisch kann Blavatsky den ersten Logos (ungeoffenbart, unpersönlich, unbewusst) vom zweiten („Geist des Weltalls", Geist-Stoff) und dritten (kosmische Ideation oder Intelligenz) unterscheiden (44).
75 Vgl. Geheimlehre I, 49, 108 u. ö. Die Siebenzahl geht auf uralte astrologische Hochschätzung zurück (vgl. Werner Thiede: Art. Astrologie. I. Religionsgeschichtlich, in: RGG[4], Bd. 1, Tübingen 1998, 856–858). Die sieben Planeten des Sonnensystems werden von Blavatsky in entsprechendem Kontext direkt genannt (Geheimlehre I, 83).
76 Vgl. im einzelnen Wichmann, Menschenbild, 12 ff.; Cranston, HPB, 294 f. Das siebenfältige Menschenbild geht bereits auf Paracelsus und noch ältere okkulte Quellen zurück.
77 Vgl. Geheimlehre I, 100 f., ferner 92. Statt „Logos" kann Blavatsky natürlich auch „Sophia" sagen und betonen: „Der älteste manifestierte Logos war überall weiblich …" (I, 101; vgl. 513). Der Logos gilt in dieser Perspektive als der männliche Aspekt der anima mundi (Geheimlehre I, 88). – Die Sachfrage erörtert bereits vor Aufkommen der feministischen Theologie, die ja selbst nicht nur Frauenrecht im Blick hat, sondern auch archetypisch-mythische Affekte anrührt, Ernst Benz: Ist der Geist männlich? in: Antaios 7, 1966, 452–475.
78 Geheimlehre I, 83. Auf diese Weise findet der Schöpfungsbegriff bei Blavatsky doch Eingang. Nur „von unten betrachtet" seien die „Schöpfer" als „Gott" misszuverstehen (157). Emanatorisch verzweigen sie sich in zahllose Scharen schöpferischer Kräfte (Geheimlehre II, 511).
79 Im geformten Kosmos sind Stoff und Geist untrennbar geworden (Geheimlehre I, 701). In Ablehnung des Schöpfungsgedankens setzt Blavatsky den Weltstoff als ewigen voraus (s. o.): Er ist eins mit Geist, insofern Stoff und Bewusstsein im Ab-

Die theosophische Genese des Begriffs „kosmischer Christus"    117

Der Logos, der „Sohn", ist der „Keim aller Dinge"[80]; Welt wird insofern nicht wie in vielen gnostischen Systemen kosmophob interpretiert, sondern kosmophil. Ontologisch umschließt er alles kosmische Sein, dessen Gestalten- und Stufenvielheit „Umwandlungen (Wechselbeziehungen nennt man es jetzt) dieses Einen sind"[81], wie insbesondere „die Menschheit"[82]. Doch gilt diese Funktion des Logos – das ist ein weiterer Unterschied zum jüdisch-christlichen Logosverständnis – lediglich für einen gesamtkosmischen Zyklus, bis zur Absorption aller Dinge in die unbewusste Absolutheit[83], aus der gemäß hinduistisch-buddhistischer Zeitauffassung[84] wieder und wieder ein neues Weltwerden und -vergehen hervorgeht. Die Geheimlehre behauptet dabei ausdrücklich „einen Logos, oder einen kollektiven ‚Schöpfer' des Weltalls", dessen Misserfolge und Mangel an Vollkommenheit die Nichtabsolutheit dieses „Baumeisters" beweist: „So sind weder die gesamte Schar (der Demiurg), noch irgend eine von den wirksamen Kräften individuell, geeignete Gegenstände für göttliche Ehren oder Anbetung"[85]. Angesichts solch konsequenter Subordination kann Blavatsky das Logos-Götterkollektiv in der „Hierarchie des Seins" auf neuplatonischen Pfaden im Sinne der Erzengelvorstellung deuten[86].

Der so verstandene Logos darf laut Blavatsky in einem vorchristlichen Sinn „der göttliche Christos"[87] genannt werden. Von ihm aus verzweigt

---

soluten wurzeln und nur in diskursiver Reflexion als Dualität erscheinen (vgl. Geheimlehre I, 42 f., 49, 90 und 448; Schlüssel, 138). Man hat Blavatskys pantheistischen Spiritualismus von daher als „magischen Materialismus" gegeißelt (Freimark, Geheimlehre, 27).

80 Geheimlehre I, 100 (vgl. auch 91). Blavatsky behauptet, in allen Urreligionen sei der „Sohn des Vaters" der „schöpferische Gott" (Isis I, 98).
81 Geheimlehre I, 104. Das Autonomie-Paradigma ist unverkennbar.
82 Vgl. Geheimlehre I, 90.
83 Vgl. Geheimlehre II, 743 (unter Bezug auf die pluralische Formulierung Hebr 1,2, wonach der Sohn Welten bzw. „Äonen" gemacht hat, wobei Blavatsky textwidrig exegesiert: „Dies bezieht sich auf den Logos einer jeden Kosmogonie"). Wie sie zu erläutern weiß, währt das Versunkensein in Brahman jeweils 311 040 000 000 000 Jahre (Geheimlehre I, 159).
84 In einem „Der indische Mythos" betitelten Aufsatz von 1925 heißt es: „Vor Gott, der das All ist, geschieht immer das Gleiche. Er sieht das Kreisende, wo wir die Gerade sehen. Entwicklung ist wahr – so wahr wie der Zerfall – beide sind scheinbar gerade Bogenfragmente riesiger Kreise" (in: Heinrich Zimmer: Yoga und Buddhismus. Indische Sphären, Frankfurt/M. 1973, 29). Michael von Brück erklärt: „Durch Expansion und Kontraktion wird in zyklischer Oszillation über lange Zeiträume hinweg ein Universum nach dem anderen hervorgebracht und wieder zerstört" (Zeitlichkeit und mystische Einheitserfahrung, in: EvTh 49, 2/1989, 142–160, hier 146).
85 Geheimlehre I, 300.
86 Vgl. ebd. sowie 73 und 157; ferner II, 247, wo die Identität Christi mit Erzengeln unterstellt wird. Zum neuplatonischen Hintergrund vgl. Bannach, Anthroposophie, 205–207.
87 Blavatsky, Isis II, 212; Geheimlehre I, 155 (hier T. Subba Row aus „The Theosophist" 2/1877 zitierend). Blavatsky kann hier auch vom „himmlischen Menschen"

sich die Emanationsreihe weiter nach unten. In diesem Zusammenhang spielt das Sonnen-Symbol[88] eine entscheidende Rolle, das Lichtmetaphorik und kosmische Assoziationen miteinander verknüpft. Blavatsky greift hier auf ein schon einige Generationen altes, zu ihrer Zeit esoterisch längst populär gewordenes Muster astralmythologischer Denkungsart zurück, demzufolge es bei Christus weder auf göttliche noch auf menschliche Natur ankommt, sondern auf sein okkult-allegorisches Verständnis als Sonne: Sein Leben und sein Kreuzestod spiegeln deren astrologisch nachzuzeichnenden Lauf; das Christentum repräsentiert insofern nur eine Variante der einen Naturreligion[89]. Diese Ideen korrespondieren Blavatskys Kosmosverständnis: Von der „Zentralsonne"[90] ausgehend, bilden sich im Zuge von deren siebenfältiger Manifestation sieben Strahlen als Erzengel bzw. Logoi[91]. Sie alle lassen sich ebenfalls als Sonnen bezeichnen – bis hin zur materiellen Manifestation der Sonne als Zentrum unseres Planetensystems[92]. Der oberste Logos umfasst als hierarchisch siebenter im Sinne der höchsten aller Welten implikativ die sechs unteren – natürlich einschließlich ihrer weiteren Emanationsstufen[93]. Die sieben oberen Logoi bzw. Sonnen verkörpern sich zu bestimmten Zeiten als „Avatare"[94], welche letztlich alle „ein und dasselbe" darstellen, nämlich jeweils „den Sohn"[95].

---

sprechen (Geheimlehre I, 266). Der Terminus „Cosmic Christ" taucht bei ihr noch nicht auf.

88 Das Sonnengleichnis Platons spielt nicht nur bei Plotin (vgl. Beierwaltes, Studien, 50), sondern auch in der modernen Theosophie eine zentrale Rolle – gerade wenn es um die in diese Metaphysik eingepasste „Christologie" geht (vgl. Geheimlehre I, 159; ferner II, 503). Wie bei der Sonne und ihren Strahlen bleibt das Absolute ungeachtet seines Strahlens bzw. Überfließens identisch mit sich selbst. Für indische Religiosität ist übrigens Vishnu der kosmische „Sonnengott".

89 Geistiger Vater dieser Astralmythologie war der Pariser Rhetorik-Professor Charles F. Dupuis (1742–1809); einer seiner bedeutendsten Anhänger war Constantin F. de Volney (1757–1820). Auf diese beiden – über sie informieren Godwin (Enlightenment, 27 ff.) und Bochinger (New Age, 322 ff.) – bezieht sich Blavatsky ausdrücklich (Isis II, 490; Geheimlehre I, 721 f.; II, 455).

90 Den Begriff entnimmt Blavatsky der Kabbalistik (vgl. Geheimlehre II, 250), um ihn des öfteren zu verwenden (z. B. Geheimlehre I, 41; vgl. ferner 625).

91 Vgl. Geheimlehre I, 103, 155 und 162; II, 32, 47 und 673. Den Logos plural zu interpretieren war schon der Stoa geläufig, ebenso der Vergleich des Logos mit der Sonne (vgl. Kelber, Logoslehre, 53 und 274).

92 Dabei hat Blavatsky bereits einen Begriff davon, dass es Milliarden von Sonnensystemen gibt (Geheimlehre I, 41) und die Erde nur ein winziger Planet ist (II, 748). Über christlich-fundamentalistische Auffassungen vom Alter der Schöpfung kann sie nur spotten (I, 343).

93 Vgl. Geheimlehre I, 45 f., 103 und 158. Nur die niedrigeren sechs Welten sind vom Menschen erfahrbar, wobei die unterste der Naturwissenschaft, die oberen dem Okkultismus zugänglich ist (158).

94 Über die Genese der Avatara-Lehre im alten Indien informiert instruktiv Joseph Neuner: Das Christus-Mysterium und die indische Lehre von den Avataras, in: A. Grillmeyer/H. Bacht (Hgg.), Das Konzil von Chalkedon. Geschichte und Gegenwart. Bd. 3: Chalkedon heute, Würzburg o. J., 785–824, bes. 787 ff. „Die indischen

Zu diesen „Inkarnationen" zählt neben Gautama Buddha und Schankara unter anderem Jesus. Als Avatare stehen sie außerhalb des gewöhnlichen Kreislaufs der Geburten; eine Stufe tiefer als Adepten[96] begriffen, entgehen jedoch „weder Buddhas noch Christusse"[97] dem Wiederverkörperungsgesetz. Jesus wird in diesem Sinn als Adept, als ein Prophet und durch Selbstdisziplin erleuchteter Meister[98] interpretiert. Als „Christus" (nicht „Christos") mag er für Christen missverstandener[99] „Heiland" sein – für Theosophen ist er ein ruhmreich Initiierter[100], gegen dessen exklusivistische Identifizierung mit dem kosmischen Logos bzw. Christos sich Protest erheben muss[101].

Natürlich drängt sich in diesem Zusammenhang die kritische Frage auf: Ist solch ein Umgang mit dem doch historisch an Jesus von Nazareth festzumachenden Christus-Begriff nicht schlichtweg indiskutabel? Die neuere Diskussion um den geschichtlichen Entstehungsrahmen des Christustitels eröffnet immerhin die Möglichkeit einer weiter gefassten Interpretation. So plädiert der Neutestamentler M. Karrer entgegen herkömmlicher Deu-

---

Avataras bedeuten nicht so sehr das Erscheinen eines individuellen Gottes in irdischer Gestalt, sondern das Sichtbarwerden des Absoluten in Gestalt und Namen" (788). Dieses In-Erscheinung-Treten ist religiös relevant, denn der Mensch „kann sich nicht damit begnügen, daß es einen unendlichen und wandellosen Weltengrund gibt" (790). Aber wichtig ist, dass es sich bei genauerem Hinsehen „in den Avataras nicht um Menschwerdungen handelt. Gott bleibt nur Gott..." (809). Vgl. auch Mathew Vekathanam: Christology in the Indian Anthropological Context. An Evaluative Encounter with K. Rahner and W. Pannenberg (EUS 287), Frankfurt/M. u. a. 1986⁴, 134 ff.; Reinhart Hummel: Religiöser Pluralismus oder christliches Abendland? Herausforderungen an Kirche und Gesellschaft, Darmstadt 1994, 53 ff.

95 Vgl. Geheimlehre III, 363 f.; I, 699 f. Laut Blavatsky ist ein „Avatara" ein „Herabsteigen der geoffenbarten Gottheit... in eine illusive Form von Individualität, eine Erscheinung, die... weder Vergangenheit noch Zukunft hat..." (364).

96 Nach Blavatsky sind Adepten aufs Nirvana Verzichtende, die der Menschheit vorwärts helfen wollen (Geheimlehre III, 364).

97 Vgl. Geheimlehre I, 700. Dies gilt nicht für Christusse auf der Stufe der „Avatare" (vgl. III, 364).

98 Vgl. Isis II, 153; Schlüssel, 25 f., 101; ferner Geheimlehre III, 66, 382 f. Siehe Cranston, HPB, 279, 394 f. und 405. Entsprechend werden die Evangelien von Blavatsky „esoterisch" gelesen (406).

99 Vgl. Geheimlehre II, 507. – „Ein Vergleich beider Religionsformen zeigt, daß dem Christentum formell nichts näher und inhaltlich nichts ferner steht als die Theosophie", urteilt zur Jahrhundertwende Friedrich Niebergall: Christentum und Theosophie, in: ZThK 10, 3/1900, 189–244, hier 216.

100 Vgl. Geheimlehre I, 631 und 716 f.; II, 530; III, 146.

101 Vgl. Blavatsky, Isis II, 183; Geheimlehre I, 720 f. Die kosmische Logos-Dimension des „Christos" bei Blavatsky verkennt Matzka, wenn sie notiert: „Christus ist nun nach theosophischer Lehre nichts anderes als ein... Bodhisattva oder Weltlehrer" (Theosophie, 119); ähnlich kurzsichtig urteilen Holthaus, Stephan: Art. Theosophie, in: ELThG 3, 1994, 1993 f., bes. 1994, und Martin Kriele: Anthroposophie und Kirche. Erfahrungen eines Grenzgängers, Freiburg i. Br. 1996, 280.

tung[102] und ungeachtet der inzwischen unzweifelhaften Konvergenz, ja Kongruenz von titularer und onomastischer Verwendung dafür, den Vorstellungskern des Christusbegriffs nicht in jüdischer Messianologie, sondern in den damals geläufigen Gesalbtenvorstellungen überhaupt zu suchen[103]. Auf der Basis von religionsgeschichtlichem Vergleichsmaterial aus dem Mittelmeerraum sieht er Gottesnähe und Heiligkeit als die elementare Bedeutungsaussage von „Gesalbtsein" an, wobei sich im griechisch-römischen Kontext Unsterblichkeits- und Vergottungsvorstellungen relevant erweisen[104]. Dass „Christus" als Hoheitstitel eine christliche Eigenprägung war, die Jesus konkurrenzlos Gottesnähe attestierte, wird freilich als Gesamtresultat festgehalten[105]. Doch indirekt erlaubt Karrers Studie Überlegungen dahingehend, ob nicht der Christusbegriff, wenngleich als vom Christentum her gewonnener, auf anderweitige Vorstellungen von extrem gottnah gedachten Wesenheiten transferiert werden darf[106]. Im Falle der Theosophie Blavatskys liegt die esoterisch-synkretistische Identifizierungsabsicht offen am Tage[107]: „Christos" nennt sie „das von dem Großen Atem oder dem Einen ‚gesalbte' Wesen"[108]. Über der Frage der symbolischen Legitimität ihres Vorgehens sich aufzuhalten dürfte insofern müßig sein, als die Fakten längst geschaffen sind. Was bleibt, ist die theologisch-apologetische Aufgabe, begrifflichen Verwischungs- und Vermischungstendenzen unterscheidend, mithin verstehend-kritisch entgegenzutreten.

Die Willkürlichkeit und Abwegigkeit des beinahe spielerisch anmutenden Umgangs mit dem Christusbegriff beleuchtet Blavatskys Rückgriff auf den von Sueton[109] überlieferten „Chrestus"-Begriff. In Jesus war demnach

---

102 Am wichtigsten ist hier nach wie vor Hahn, Hoheitstitel, 5. erweiterte Auflage, 133 ff., 466 ff.
103 Vgl. Martin Karrer: Der Gesalbte. Die Grundlagen des Christustitels (FRLANT 151), Göttingen 1991, 87 ff.
104 Vgl. Karrer, a. a. O. 211 f.; 377 ff.
105 Karrer, a. a. O. 406 ff.
106 So erklärt ein dem System Blavatskys ergebener Theosoph, „Christos" oder „Christus" sei „eine unmittelbare Anspielung auf ein Ereignis während der Feier der alten Mysterien. Die Ölung oder Salbung gehörte mit zu den Handlungen ... Jedes Menschenwesen ist eine Inkarnation, eine Verkörperung eines Strahls seines eigenen, inneren Gottes ... Moderne, mystisch veranlagte Christen nennen sie den immanenten Christos" (Gottfried de Purucker: Okkultes Wörterbuch. Begriffe der Esoterischen Philosophie aus Ost und West, München o. J., 38 f.).
107 Scheinheilig spricht sie sich gegen den Missbrauch biblischer Metaphern aus (Geheimlehre II, 356).
108 Geheimlehre II, 26. Natürlich weiß Blavatsky, dass „Christos" einen „Gesalbten" bedeutet (Isis II, 128). Im esoterischen Sinn bestehen Christos und Logos schon „Zeitalter vor dem Christentum" (Isis II, 212). Freilich: „Im Grunde war der Christusname übernommen als Bezeichnung für ein Lösungsprinzip philosophischer Fragen" (Friedrich Heyer: Konfessionskunde, Berlin/New York 1977, 738).
109 Sueton, Claudius, Kap. 25. „Sueton stellt sich möglicherweise vor, dieser ‚Chrestus' (= Jesus?) sei zur Zeit des Claudius selbst in Rom gewesen" (Hans Conzelmann/ Andreas Lindemann: Arbeitsbuch zum Neuen Testament, Tübingen 1975, 329).

nicht nur der göttlich-kosmische „Christos" wirksam, sondern auch der „Chrestos", in dem sich seinerseits der „Christos" inkarniert hatte[110]. Blavatsky funktionalisiert „Chrestos" zum Symbol für den „Tod der inneren, niederen oder persönlichen Natur im Menschen"[111], für einen Kandidaten mentaler und physischer Qualen oder für die „Menschheit in ihrer Prüfung", der der „geistige Christos" als der kommende Avatara Erlösung bringen werde[112]. Jeder Adept und Offenbarer von Geheimnissen müsse ein „Chrestos" werden, ein „Mann der Sorge", ein Märtyrer[113]. Das Messiasgeheimnis des Markus-Evangeliums wird von daher auf den „Chrestos" hin gedeutet: Der auf seine Passion zugehende Jesus sei als der „Mann der Sorgen und Prüfungen" unterwegs zu seiner höchsten und letzten Initiation gewesen[114]. Diese wird naturgemäß triumphalistisch aufgefasst: Nicht seine Gottverlassenheit habe der Mann am Kreuz herausgeschrien, sondern das Dankgebet eines Initiierten gesprochen: „Mein Gott, meine Sonne, du hast Deinen Glanz über mich ausgegossen!"[115]

Insofern erscheint das Kreuz Jesu als ein exemplarisches Meistergeschick, dem keinesfalls die ihm vom Christentum beigelegte exklusive Heilsbedeutung zukommt. Pluralisiert wird insbesondere das Kreuzeszeichen als solches: Lange bevor es „als ein christliches Symbol angenommen wurde, wurde es als ein geheimes Erkennungszeichen zwischen Neophyten und Adepten verwendet."[116] Als ursprünglich heidnisches Zeichen besitze

---

110 Vgl. Geheimlehre II, 605; III, 288; näherhin: Helena Petrovna Blavatsky: Lexikon der Geheimlehren (The Theosophical Glossary, 1892), hg. H. Knoblauch, Hannover 1997, 119 f. Unkritisch transportiert wird Blavatskys Lehre bei Marcel Messing: Gnostische Weisheit in Ost und West, Olten 1992, 90 ff.
111 Vgl. Geheimlehre III, 288.
112 Vgl. Geheimlehre II, 438; vgl. auch I, 289. Die hier anklingende theosophische Parusie-Erwartung wird bei Besant und später bei Bailey eine entscheidende Rolle spielen (s. u.).
113 Vgl. Geheimlehre II, 89. Es gelte für die gemachten Enthüllungen Strafe zu erdulden. Der Tod eines jeden „Meisters" sei insofern etwas Bezeichnendes und „reich an Bedeutung" (90). Unter anderem den sich opfernden Jesus sieht Blavatsky mit dem „Chrestos" verbunden (vgl. Isis II, 583).
114 Vgl. Geheimlehre II, 44; vgl. auch III, 92.589. Von daher dürfte es auch zu verstehen sein, wenn Blavatsky in einem Brief an ihre christliche Schwester schreibt, das Ideal des gekreuzigten Christus erscheine ihr jeden Tag klarer und reiner (vgl. Cranston, HPB, 371).
115 Geheimlehre III, 148. Dass die Initiation am Kreuz (der Adept wird „angeheftet – nicht genagelt") kein wirklicher Tod sei, klingt bei Blavatsky an (vgl. 589), wie sie überhaupt zu einer *doketischen* Auffassung neigt, indem sie den geschichtlichen Gekreuzigten der Welt der Illusion zurechnet und ihn vom „Christos" abhebt (vgl. bereits Isis II, 163). Diese Haltung lässt sich gleichermaßen aus der indischen Tradition (vgl. Neuner, Christus-Mysterium, 794) wie aus der gnostischen herleiten (in der „Geheimlehre" erblickt Godwin insgesamt einen „modern Neo-gnosticism": Enlightenment, 377).
116 Geheimlehre III, 148 (vgl. II, 589 ff., bes. 593). „Das Kreuz innerhalb des Kreises symbolisiert reinen Pantheismus; wenn das Kreuz unumschrieben gelassen wird,

es okkulte Bedeutung[117]. Im theosophisch-universalisierenden und damit entgeschichtlichenden Sinn spricht Blavatsky vom „Golgatha des Lebens" als dem „Martyrium der selbstbewußten Existenz", die sich „sich selbst zu opfern" habe, um aufzuerstehen „aus dem Vielen zu dem Einen Leben", zu versinken „in das unbegreifliche absolute Sein" – und um schließlich zu einem neuen Zyklus herabzusteigen „in die sündvolle Materie"[118].

Das mit der „selbstbewußten Existenz" hier angesprochene Subjekt ist der „Pilgrim", der übermenschliche „Gott"[119], den Blavatsky nun seinerseits als den sich inkarnierenden „Christos" identifiziert. Sein ursprüngliches großes Opfer bringt er „bei der Begründung der geoffenbarten Welten, dem allmählichen Ersticken und Ersterben des Geistigen im Materiellen"[120]. Seinen Aufstieg, seine Rückkehr „zum Einen Unbedingten All" erreicht er „durch individuelle Verdienste und Anstrengungen"[121]. Solch prinzipieller Widerspruch zur christlichen Gnadenlehre hat seine Logik im Paradigma „spiritueller Autonomie": Der in die Vielheit hinangetauchte Geistfunke ist als göttlicher zur Selbsterlösung[122] ebenso befähigt wie verpflichtet. Ontologischer Indikativ und deontologischer Imperativ bilden in diesem Konzeptrahmen eine stringente Einheit. Der Akzent liegt dabei durchaus auf dem Imperativ, denn die indikativische Unsterblichkeit kann verloren gehen – nicht in energetischer Hinsicht, aber als geistige Individualität, d. h. sie muss im Grunde erworben werden[123]. Insofern ist hier

---

    wird es phallisch", weiß Blavatsky (Geheimlehre I, 34; vgl. auch 342). Es sei hier an das bereits in Kap. I.1 zum Kreuz Ausgeführte erinnert.
117  Vgl. Geheimlehre I 620 passim.
118  Vgl. Geheimlehre I, 288 f., ferner III, 580.
119  Geheimlehre I, 288. „Christos" ist kein Mensch, aber das göttliche Prinzip in jeder menschlichen Brust (vgl. Freimark, Geheimlehre, 80). Den Menschen betrachtet Blavatsky von daher als „a solitary cosmic pilgrim" (Campbell, Wisdom, 45).
120  Geheimlehre III, 383 f., wo Blavatsky auch auf das angeblich in vielen Religionen verbreitete Symbol vom „Opferlamm" anspielt. Das geistige Leiden des „Christos" hebt sie vom geschichtlich-illusorischen Leiden doketisch ab (vgl. Isis II, 162 f.). – Dem hier skizzierten universalen „Opfergang" lässt sich das eher unfreiwillige Kreuzesgeschehen von Golgatha (Isis II, 569 f.) allerdings schwerlich so zuordnen, wie es später ebenfalls mit makrokosmischem Bezug Besant und Steiner versuchen (s. u.).
121  Geheimlehre I, 288; vgl. 45. „In der Welt der Gedanken und der Spiritualität macht man Fortschritte nur durch eigene Anstrengungen", heißt es im Vorwort von Blavatskys „Schlüssel" (17). Dies gilt ihr zufolge allerdings nur im Blick auf die jeweiligen emanativen Individuationen: „Das Göttliche, der höchste und unsterbliche Geist kann weder bestraft noch belohnt werden" (Isis I, 347).
122  Dieser Terminus bezieht sich auf das „spirituelle Ego", das „in jeder Welt und jeder Inkarnation sein eigener Erlöser wird" (Schlüssel, 202). Der eigene Geist wird zum „einzigen Mittler zwischen sich und dem Universalgeiste" (Geheimlehre I, 301). Aus höchster „Meister"-Quelle ist der Begriff der „*Selbst*erlösung" autorisiert (vgl. N. Lauppert, Hg., Bd. 1, 216)! Christliche Apologetik hat das Recht und die Pflicht, hier einzuhaken (z. B. Ruppert, Theosophie, 12).
123  Vgl. Isis I, 335 und 347; Schlüssel, 129 und 174. Siehe auch Cranston, HPB, 421 f.

Die theosophische Genese des Begriffs „kosmischer Christus"   123

exakt von *indikativischem Imperativ* zu sprechen. Die theosophisch begriffene Subjektivität unterliegt einer internen Gesetzlichkeit[124] mit entsprechendem Angstdruck – anders als die christlich verstandene Subjektivität, bei der umgekehrt von *imperativischem Indikativ* zu reden wäre. Die in der „Geheimlehre" Blavatskys entfaltete Theorie vom Reinkarnations- und Karmagesetz[125] basiert ganz auf der Logik des „indikativischen Imperativs"[126].

Nicht zufällig handelt es sich bei der Reinkarnations- und Karma-Lehre[127] um eine an der „spirituellen Autonomie"[128] festgemachte Theorie, die – wie im ersten Kapitel beschrieben – anthropologische und kosmische

---

124 „Es gibt ein ewiges Gesetz in der Natur, eines, das immer die Gegensätze auszugleichen und schließliche Harmonie zu bewirken strebt", lehrt Blavatsky (Geheimlehre II, 438). Auf Grund seiner Geltung kann sich der Mensch dazu verhalten und „autonom" zu „verbessern" suchen (nicht zufällig spricht Blavatsky ebd. von Selbsterlösung). Zur theologischen Diskussion vgl. Albrecht Peters: Gesetz und Evangelium (HST 2), Gütersloh 1994², bes. 311 ff.
125 Vgl. Campbell, Wisdom, 39. In der „Isis" hatte Blavatsky „Seelenwanderung" als „Metempsychose" eingangs zwar bejaht (I, 12), sie aber im Konzeptrahmen des jenseitigen Höhersteigens nur in Ausnahmefällen am Werk gesehen (374 f.). Erst seit ihrem Übertritt zum Buddhismus hat sie sich konsequent zum Gesetz von Karma und Reinkarnation bekannt: „Wir glauben an ein niemals irrendes Gesetz der Vergeltung, Karma genannt" (Schlüssel, 185). „Wir glauben aber weder an eine stellvertretende Sühne noch an die Möglichkeit eines Nachlasses auch nur der kleinsten Sünde durch irgendeinen Gott..." (256). Das ewige Karma-Gesetz „ist unbedingte Harmonie" in der Welt der Materie wie in der des Geistes (Geheimlehre I, 704); dass aber zugleich die „ursprüngliche Harmonie wieder" hergestellt werden muss (702), spiegelt die Dialektik des indikativischen Imperativs.
126 „Die Theosophie ist ein Rückfall in die Religion des Gesetzes und der Werkgerechtigkeit", urteilt mit Recht Ragaz (Theosophie, 68), ohne allerdings die Differenz von Heteronomie und Autonomie herauszuarbeiten.
127 Blavatsky entfaltet ihre Lehre von indischem Boden aus. „Das Zentraldogma aller indischen religiösen Systeme, mögen sie theistisch, pan-en-theistisch, theopantistisch oder atheistisch sein, ist die Lehre vom Karma und von der Seelenwanderung..", betont Helmuth von Glasenapp: Die fünf Weltreligionen (1963), München 1996, 67. Oft sei es daher religiös entscheidend, „sich durch gute Taten eine gute Wiederverkörperung zu sichern" (ebd.).
128 Das oben mit Bezug auf Tillich erläuterte Autonomie-Modell basiert auf der philosophisch erhellbaren Gleichursprünglichkeit von Selbst- und Weltbewusstsein. Wie sich Selbstbewusstsein immer schon selbst voraussetzen muss, so impliziert es im Wissen um sich als gegebenes Subjekt auch das um gegebenes Nichtsubjektives, um anderes, mit dem zusammen es Welt ausmacht: „Die Differenz des Selbstbewußtseins gegen sich selbst und seine Differenz gegen anderes bilden kofunktional und irreduzibel eine – in sich differenzierte – fundamentale Einheit" (Ingolf U. Dalferth: Der Eine und das Viele, in: J. Mehlhausen [Hg.]: Pluralismus und Identität, Gütersloh 1995, 141–152, hier 146). Werden die in dieser Bewusstseinseinheit vorfindlichen „Gegebenheiten" nicht schöpfungstheologisch, sondern esoterisch-pantheistisch interpretiert, liegt „spirituelle Autonomie" vor. Zur psychologischen Deutung der mystisch-theosophischen Identität von Welt- und Selbstbewusstsein vgl. Freimark, Geheimlehre, 6 ff.

Dimensionen gleichermaßen umfasst, kurz: metaphysisch zu verstehen ist. Dem (makro–)kosmisch gedeuteten „Christos", der oben in den Blick genommen wurde, korrespondiert entsprechend der anthropologischen als das wahre bzw. „Höhere Selbst"[129] verstandene. So interpretiert Blavatsky „Christos" esoterisch als „spirituelles Ego" im Sinne der „Atma-Buddhi-Manas"-Dreieinigkeit, die die wahre Individualität, den „göttlichen Menschen" repräsentiert[130]. Dieses „Christos-Prinzip" ist das siebente, höchste im Menschen und macht ihn zum „Tempel Gottes"[131]. Es ermöglicht ihm, die „Nicht-Getrenntheit des Egos innerhalb seiner Persönlichkeit – die er fälschlich für seine eigene hielt – von dem Universalen Ego (Anima Supra-Mundi) vollständig"[132] zu erkennen. Die Geheimlehre vertritt substanzontologisch die „fundamentale Identität aller Seelen mit der universalen Oberseele, welch letztere selbst ein Aspekt der unbekannten Wurzel ist; und die Verpflichtung für jede Seele – einen Funken der vorgenannten –, den Cyklus von Inkarnation ... in Übereinstimmung mit cyklischem und karmischem Gesetz während seiner ganzen Dauer zu durchwandern."[133] Der

---

129 Vgl. Geheimlehre II, 241 (ein vergleichendes Diagramm bietet Seite 631). Der Mensch kann „zur vollen Erkenntnis der *Nichtgetrenntheit* seines höheren Selbst von dem Einen Absoluten SELBST" gelangen, betont Blavatsky (Geheimlehre I, 297), um in ihrem letzten Werk zu formulieren: „Und jetzt ist dein *Selbst* im SELBST aufgegangen, *du* in DIR, verschmolzen mit jenem SELBST, von dem du als Strahl deinen Anfang nahmst" (Helena P. Blavatsky: Die Stimme der Stille. Auszüge aus dem Buch der goldenen Regeln. Mit einem Vorwort von S. H. dem Dalai Lama, Satteldorf 1993, 43).
130 Vgl. Schlüssel, 103 und 179 f.; ferner 107. Dass spirituelle Individualität als zwar „unpersönliche" (Geheimlehre II, 504), aber doch überzeitlich-beständige im Kontext des Buddhismus durchaus gedacht werden kann, behauptet Blavatsky (Schlüssel, 111; vgl. Cranston, HPB, 118) im wesentlichen mit Recht: Siehe Georg Grimm: Buddhistische Weisheit. Das Geheimnis des ICH, Utting 1996[6], 87 ff.; Dalai Lama: Die Buddha-Natur. Tod und Unsterblichkeit im Buddhismus, Grafing 1996, 77 ff.
131 Vgl. Schlüssel, 98 f. (Blavatsky zitiert hier 1. Kor 3,16) und Geheimlehre II, 241. Der „Christos" kann auch als „spirituelle Seele" identifiziert (Schlüssel, 240), darf aber nicht als „ein ganz unschuldiger und sündloser Gott" aufgefasst werden (Geheimlehre III, 524); gegenteilig äußert sich Blavatsky in den Protokollen der Londoner Studienkonferenzen zur „Geheimlehre", die der Adyar-Studienausgabe von 1999 beigefügt sind (Geheimlehre, hg. H. Troemel, 484).
132 Geheimlehre I, 155. In bewusster Anlehnung an die von Leibniz ausgearbeitete Metaphysik spricht Blavatsky auch von der „inneren göttlichen Monade" (Geheimlehre II, 672; III, 383 u. ö.).
133 Geheimlehre I, 45. Im Grunde konnte solch holistisch-metaphysisch ausgreifendes Denken der modernen Theosophie nur in der Form einer „Geheimlehre" entwickelt werden. Denn gerade zu ihrer Blütezeit um die Wende zum 20. Jahrhundert waren die Phänomene gesellschaftlicher Differenzierung, Individualisierung und Polarisierung „zwar allgegenwärtig und unabweisbar; ebenso aber ihre vielfältigen Widersprüchlichkeiten und Unvereinbarkeiten; so schien es unmöglich, daß noch eine einheitliche und für alle geltende Weltanschauung entworfen und begründet werden könnte" (Volker Drehsen/Walter Sparn: Kulturkrise und Konstruktions-

„Christos" oder „*Logos* im Menschen ist das ewige Ego, das reinkarniert"[134], erklärt die Theosophin. Konsequent prägt sie „die Notwendigkeit ein, sich zu bemühen, um sich selbst zum Christos- oder Buddhi-Zustand zu erheben."[135]

Insofern muss der Logos bzw. Christos natürlich auch die innere Mitte aller Religion darstellen[136]. Solch theosophische Erkenntnis versöhnt „alle Religionen, entkleidet jede ihrer äußeren, menschlichen Gewänder, und zeigt die Wurzel einer jeden als identisch mit der jeder anderen großen Religion"[137]. Auf dieser Basis kommt es zum ersten bedeutenden Beispiel einer modernen interreligiösen Bewegung[138]. Doch dabei erweist sich Blavatskys esoterischer Pantheismus im Zuge programmatischen „Entkleidens" als Feind jeder konkreten, geschichtlich-exoterischen Religion[139]. Es geht dieser Theosophie nicht etwa um Freiräume für synkretistische Prozesse, sondern um willkürliche Synkretismen[140] auf der Basis der von ihr behaupteten, inhaltlich definierten Ur- oder Weisheitsreligion[141]. Ihre „Universallehre" beruft sich dafür auf eine einstige *revelatio originalis*[142], wird allerdings „in keinem Sinne als eine *Offenbarung* vorgebracht"[143].

---

geist, in: dies. [Hg.], Vom Weltbildwandel zur Weltanschauungsanalyse. Krisenwahrnehmung und Krisenbewältigung um 1900, Berlin 1996, 11–30, hier 19).

134 Schlüssel, 131 f.
135 Schlüssel, 203. Mit dem „Christos-Zustand" ist das Bewusstsein auf höchster Logosebene gemeint, die ‚Schaltstelle' zum Einen ist (vgl. Geheimlehre II, 639). Dieser Zustand wird planetarisch gesehen öfter erreicht: „Wahrscheinlich gab es der Christusse in der vorchristlichen Epoche sehr viele" (Isis II, 45); die fortentwickelte Welt soll sogar eine ganze Rasse von „Christussen" haben (Geheimlehre II, 433).
136 So erklärt Blavatsky, die sieben Hauptgruppen der den Logos bildenden Erzengel als „die ursprünglichen sieben Strahlen" finden sich „in einer jeden Religion erkennbar" wieder (Geheimlehre I, 626). Vgl. näherhin Johann Figl: Die Mitte der Religionen. Idee und Praxis universalreligiöser Bewegungen, Darmstadt 1993, 14 ff.
137 Vgl. Geheimlehre I, 4. In der Vorrede heißt es: „Die in ihrem Anbeginn aus ihr entsprungenen verschiedenen religiösen Systeme werden nunmehr in ihr ursprüngliches Element zurückgeleitet, aus dem jedes Mysterium und Dogma entsprossen ist, sich entwickelt hat und ins Sinnliche herabgezogen worden ist" (XXV).
138 So Jakob Wilhelm Hauer: Werden und Wesen der Anthroposophie, Stuttgart 1923², 13. „Die Theosophische Gesellschaft wurde zum Eckstein, zur Grundlage der künftigen Religionen der Menschheit ausersehen", heißt es in einem von Blavatskys ‚Meister'-Briefen (vgl. N. Lauppert, Hg., Bd. 1, 215).
139 Vgl. Ruppert, Theosophie, 53.
140 „Die Theosophie ist eine synkretistische Religion ... Es ist aber zu bezweifeln, daß die Theosophie dabei die großen religiösen Traditionen der Menschheit, die sie aufzunehmen beansprucht, in ihren Eigenheiten und Unterschieden ernstnimmt" (Zander, Theos. Gesellschaften, 183).
141 Vgl. Schlüssel, 22 und 88.
142 Vgl. Geheimlehre I, 14; ferner III, 484.
143 Vorrede zur Geheimlehre I, XXIV. Allerdings glaubte Blavatsky, dass zu bestimmten Zeiten ihr „höheres, erleuchtetes Selbst", der „Christos" also, für sie schreibe und denke (vgl. Cranston, HPB, 194; Wehr, Meister, 38).

Vielmehr wird erwartet, dass ihre göttliche Weisheit sich den Menschen selbst beglaubigt kraft des ihnen innewohnenden „Christos".

Dieser „Christos" kann im Konzept spiritueller Autonomie auch durch den gemäß christlicher Tradition gegensätzlichen Begriff des „Lucifer"[144] symbolisiert werden. Was damals und noch heute christliche Zeitgenossen zu schockieren pflegt, hat in Blavatskys „Binnenrationalität des Okkulten"[145] seine Stringenz: Ist der Logos selbst nur eine Emanation, die sich in Erzengel-Pluralität darstellen lässt, so ist der der Tradition nach oberste aller Engel durchaus wesensgleich mit Christos. Und sagt nicht auch schon sein Name „Lucifer", dass er wie Christus Lichtbringer sei? Den Mythos vom Engelsturz, wie er sich im „unphilosophischen"[146] Paradigma der Heteronomie gestaltet, lehnt Blavatsky freilich entschieden ab – und sieht mit ihm zugleich die (gleichermaßen heteronom verstandene) Sühnopfer-Theorie scheitern[147]. Doch den Gedanken der Rebellion bejaht sie: Die Geister des Lucifer – er wird analog zum Logos kollektiv und nicht persönlich aufgefasst – haben sich geweigert, „den körperlichen Menschen zu schaffen, um die unmittelbaren Erlöser und Erschaffer des göttlichen Menschen zu werden."[148] Damit haben sie das „Recht auf freies Handeln und auf Verantwortlichkeit", kurz: auf Autonomie erzwungen[149]. Der Fall der „Logoi und Demiurgen" bedeutet im esoterischen Kontext der Karmalehre den Schritt zur Schöpfung und „eine unvermeidliche Sprosse auf der Leiter der kosmischen Entwicklung"[150] – in Richtung auf „den Hafen des himmlischen göttlichen Friedens"[151]. Für Blavatsky ergibt sich hieraus, mithin

---

144 Vgl. Geheimlehre II, 249, 569 (ferner 179). „Lucifer" hieß auch die von Blavatsky (zus. mit Mabel Collins) seit 1887 herausgegebene Zeitschrift.
145 Vgl. Rüdiger Sachau: Westliche Reinkarnationsvorstellungen. Zur Religion in der Moderne, Gütersloh 1996, 245 f.
146 Vgl. Geheimlehre II, 220.
147 Vgl. Geheimlehre II, 522.531. Was Blavatsky anstelle der Sühnopfertheorie im Stile liberaler Theologie bejaht, ist schlicht der (wiederum esoterisch integrierbare) Gedanke, dass Jesus „am Kreuze für seine philanthropische Hingabe an die Menschheit starb" (Isis II, 106).
148 Geheimlehre I, 215 (und 394 ff.). Blavatsky steht hier bewusst in alter gnostischer und theosophischer Tradition (vgl. z. B. Hans Jonas: Gnosis und spätantiker Geist. Zweiter Teil: Von der Mythologie zur mystischen Philosophie, Göttingen 1993, 201; Schulitz, Böhme, 136–138, 152), die bis in den esoterischen Satanismus unserer Zeit hineinreicht (vgl. bes. Josef Dvorak: Satanismus. Schwarze Rituale, Teufelswahn und Exorzismus, München 1991; Hans-Jürgen Ruppert: Satanismus. Zwischen Religion und Kriminalität [EZW-Text 140], Berlin 1998). Sowohl den Logos als auch Lucifer kann sie als duale Elemente einer *Einheit* betrachten (Geheimlehre II, 541 f.).
149 Geheimlehre I, 215 f. Der Mensch ist so im Stande, *„sein eigener Schöpfer* und ein unsterblicher Gott" zu werden (II, 256, kursiv im Original).
150 Vgl. Geheimlehre II, 247 f. und 542.
151 Geheimlehre II, 256.

Die theosophische Genese des Begriffs „kosmischer Christus"    127

aus ihrer Auffassung vom kosmischen Christos-Lucifer, die theosophische Antwort auf die Theodizeefrage[152].

Sind Christos und Lucifer „eins in ihrem doppelten Aspekt"[153], so folgt daraus anthropologisch, dass der Mensch – selbst „ein ‚gefallener Engel', ein Gott in der Verbannung"[154] – „in Wahrheit die geoffenbarte Gottheit nach ihren beiden Aspekten ist"[155]. Das macht seine Freiheit zur Selbstgefährdung wie zur Selbsterlösung aus. Diese Autonomie, die er Lucifer als dem „Geist der intellektuellen Erleuchtung und Gedankenfreiheit"[156] verdankt, lässt sich näherhin als „autonome Autonomie" charakterisieren: Mit diesem im zweiten Kapitel eingeführten Terminus ist die denkbarste Potenzierung des Autonomiegedankens nach seiner anthropologischen, aber auch nach seiner kosmischen Seite angedeutet. Denn der Makrokosmos wird von Blavatsky nicht nur negativ vom theistischen Schöpfergedanken losgelöst interpretiert[157], sondern positiv als aus der Ewigkeit herausragend und von daher zyklisch wiederkehrend gedacht. Und dem Autonomie-Prinzip wird noch die Spitze aufgesetzt durch die Betonung, dass es sich nicht um die ewige Wiederkehr des Gleichen (im Sinne F. Nietzsches) oder auch nur des je und je Ähnlichen (im Sinne des archaischen Wiederholungsgedankens) handle, der ja etwas Stupides und damit Unfreies anhaften würde, sondern dass jede Neugeburt des Kosmos auf der Basis des Früheren, das keineswegs absolut vergessen oder untergegangen sei, vielmehr im „Unbewußten" des Einen „geschlafen" habe, einen Fortschritt erbringe. Mit diesem eher spiralenförmigen denn zyklischen Modell des Weltengangs entspricht Blavatsky dem neuzeitlichen Autonomiegedanken bestens, indem sie das ihm inhärente Fortschrittsprinzip spiritualisiert. Die Worte „zyklisch" und „vorwärts" gehören hier zusammen: Das Weltall offenbart „sich periodisch zum Zwecke des gemeinschaftlichen Fortschrittes der zahllosen Lebewesen, der Ausatmungen des Einen Lebens"[158]; das Gesetz des Absoluten ist „in seinen Manifestationsperioden das *Immer-Werdende*"[159]. Autonomer kann spirituelle Autonomie schwer-

---

152 Die Theosophin ist überzeugt, dass ohne ihre Erläuterung „das Vorhandensein des Bösen auf Erden für immer ein verschlossenes Geheimnis für das Verständnis wahrer Philosophie bleiben müßte" (Geheimlehre II, 542). Vgl. auch Schlüssel, 182–184.
153 Vgl. Geheimlehre II, 542. „Lucifer ist der Logos in seinem höchsten und der ‚Widersacher' in seinem niedrigsten Aspekt" (171 f.).
154 Vgl. Geheimlehre I, 485.
155 Geheimlehre II, 541 f. (vgl. auch 171 f.).
156 Geheimlehre II, 171.
157 Neben das bereits Dargelegte sei noch ein eindeutiges Zitat gestellt: „Das Universum entfaltet sich aus seiner eigenen Essenz, es wird nicht erschaffen" (Schlüssel, 96, dort kursiv).
158 Geheimlehre I, 288; vgl. 703. Cranston spricht in diesem Zusammenhang von einer Reinkarnation ganzer Universen (HPB, 531).
159 Schlüssel, 96 (kursiv bei Blavatsky); vgl. Geheimlehre I, 288.

lich gedacht werden: „Jeder Zyklus bringt den Erwerb neuer Herrlichkeit, neuen Wissens und neuer Macht. Dies ist die Bestimmung jedes Egos, das so in jeder Welt und jeder Inkarnation sein eigener Erlöser wird."[160]

Gegenüber dem statischen Pantheismus der Antike, der die Natur verabsolutiert, (ver–)führt der seit Darwins „The Origin of Species" (1859) virulente Evolutionsgedanke theosophisch zu einer Absolutsetzung des Geschichtlichen: „Beidemal aber ist die Kontinuität zwischen der menschlichen Existenz und dem Göttlichen behauptet."[161] Das verabsolutierte Geschichtliche aber – das veranschaulicht Blavatskys System – wird selbst zum Ungeschichtlichen, zum post–modernen[162] Mythos. Der „Christos" als das wahre Selbst im Menschen und zugleich als das Logos-Geheimnis des Kosmos ermöglicht die evolutive Vergöttlichung[163] jedes Individuums über ungezählte Welten hinweg: „Mikrokosmische" Geschichte verdunstet angesichts der behaupteten Folge von unzähligen Makrokosmen zur Un-Wirklichkeit. Dazu bedarf es gar nicht erst der Betonung Blavatskys, dass Zeit „bloß eine durch die Aufeinanderfolge unserer Bewußtseinszustände während unserer Reise durch die ewige Dauer erzeugte Illusion"[164] sei. In unserer heutigen Welt der virtuellen Realitäten aus intelligenten Maschinen, der globalen Vernetzung[165] derselben und der nach Komplementarität rufenden Patchwork-Identitäten hat sich nicht von ungefähr der Trend zur esoterischen Weltanschauung[166] verstärkt. Und niemand dürfte die Gegen-

---

160 Schlüssel, 202. Vgl. auch Cranston, HPB, 422.
161 So Emil Brunner: Der Mittler. Zur Besinnung über den Christusglauben, Zürich 1947, 92 (mit Blick auf den deutschen Idealismus). Dass dabei über „das Göttliche" im engeren Sinn freilich nichts Genaueres zu erfahren ist, gerät angesichts theosophischer Vielwisserei oft in Vergessenheit; Judge hat es 1893 aber einmal klar formuliert: „Das Universum entwickelt sich aus dem Unbekannten, das kein noch so großer Menschengeist zu erforschen vermag" (Theosophie, 29). Das hier genannte Unvermögen schränkt spirituelle Autonomie nicht etwa ein, sondern verleiht ihr im Gegenteil jene Unabhängigkeit, die ihr in einem offenbarungstheologischen Theonomie-Konzept keinesfalls zukommt.
162 Vgl. Peter Sloterdijk: Nach der Geschichte, in: W. Welsch (Hg.), Wege aus der Moderne. Schlüsseltexte der Postmoderne-Diskussion, Weinheim 1988, 262–273.
163 Sogar die höchsten Erzengel waren in früheren Welten einmal Menschen (Geheimlehre I, 297).
164 Geheimlehre I, 68. Der Begriff des Ewigen hat bei Blavatsky sowohl überzeitlich-absolute als auch emanativ-zeitliche Bedeutung.
165 Vgl. z. B. Sherry Turkle: Leben im Netz. Identität in Zeiten des Internet, Reinbek 1998. Das „wirkliche Leben" erscheint nur noch als ein „zusätzliches Fenster zur Welt", das Internet als „Urgrund" von fast mystischer Qualität.
166 „Das Rätsel dieser Verbreitung neu-esoterischer Gedanken löst sich von selbst, wenn wir auf die Bedeutung achten, die die neue Esoterik dem einzelnen Menschen schenkt. In jedem Wesen ist das ganze Universum verborgen. Ich bin inkarnierte Unendlichkeit" (Schmid, Dschungel, 59 f.). „Wir werden auf den Wegen der neuen Esoterik nur das, was wir in unserer Tiefe schon immer sind. Wir sind schon alle Schamanen, Hexen, Channels, ein Buddha, ein Christus. Wir wissen es nur noch nicht" (63). Hier herrscht „ein fast grenzenlos harmonisches Bild der Wirk-

wartsesoterik wirkungsgeschichtlich stärker beeinflusst haben als Madame Blavatsky.

Das am Logosbegriff einer esoterischen Metaphysik gewonnene „Christos"-Symbol Blavatskys ist bislang wissenschaftlich kaum ernsthaft in den Blick gekommen – was unter anderem mit der Unüberschaubarkeit und schweren Verständlichkeit ihrer synkretistischen Theosophie zu tun haben mag[167]. Angesichts der Nachwirkungen seiner okkult-theosophischen Deutung, die eine exklusive Zuordnung zu Jesus prinzipiell verneint, hat es sich als notwendig und lohnend erwiesen, es hier in seiner Komplexität zu analysieren. Vom „kosmischen Christos" bzw. Christus spricht Blavatsky zwar noch nicht explizit. Aber wie deutlich geworden sein dürfte, entfaltet sie ein kosmisch-spirituelles Verständnis des „Christos", das bei aller Skurrilität nicht ohne Tiefe ist, ja seine eigene Schönheit[168] hat. Den Terminus „kosmischer Christus" zu kreieren, bleibt in ihrer Nachfolge der zweiten großen Dame der Theosophical Society vorbehalten.

### 2. Der „kosmische Christus" als Begriffskreation Annie Besants

Hatte Blavatsky ihre Christos-Auffassung noch ungeschminkt „gegen die theologische Christenheit"[169] entfaltet, so gab es doch in westlichen Kreisen der Theosophischen Gesellschaft bereits zu ihren Lebzeiten einzelne Versuche, zu einer christentumsfreundlicheren Auffassung zu gelangen[170]. Nach ihrem Tod nahmen diese Bestrebungen zu[171]. Auch *Annie Besant*

---

lichkeit": „Das kosmische Nirvana ist unendlich viel interessanter als die scheinbaren Widersprüche dieser noch unerleuchteten Welt" (62; 64).
167 Eine systematische Darstellung der vom „kosmischen Logos" (bzw. „Christos") ausgehenden Emanationen versucht als Präsident der „Theosophical Society Adyar" Curuppumullagé Jinarajadasa: Die okkulte Entwicklung der Menschheit (1921), Paris 1947⁶, 164 ff. Dabei wird der „Sonnenlogos" eindeutig als niedrigere Emanation des obersten „kosmischen Logos" aufgefasst (164–166). – Die Erläuterungen Rupperts (Theosophie, bes. 19 und 43 ff.) basieren weithin auf dieser und anderen, vergleichsweise sekundären Quellen.
168 Ein Kenner wie Schmid macht nicht ohne Recht auf die „Schönheit der Sektendoktrin" aufmerksam – etwa anhand des von Blavatskys Denken nicht ganz unbeeinflussten Weltanschauungssystems der Scientologen (Dschungel, 76 passim).
169 So im Vorwort von Isis II, VI. Ihren „antichristlichen" Impetus unterstreicht Rudolf Steiner: Die Geschichte und die Bedingungen der anthroposophischen Bewegung im Verhältnis zur Anthroposophischen Gesellschaft (1923), Dornach 1959, GA (= Rudolf Steiner Gesamtausgabe) 258, 85 und 100 f.
170 Erwähnt sei hier das Buch der 1883 zur Präsidentin der Londoner Loge gewählten, sich christlich verstehenden Ärztin Anna Bonus Kingsford: The Perfect Way or The Finding of Christ, London 1882, das von Edward Maitland mit verfasst war und unter starkem Einbezug der Kabbala auf esoterisches Christentum zielte (ohne den Begriff des „kosmischen Christus" bereits zu prägen).
171 Vgl. etwa William Kingsland: The Esoteric Basis of Christianity, or Theosophy and Christian Thought, London 1895. „Es mutet seltsam an und scheint zunächst un-

(1847–1933)[172] in London konnte und wollte sich ihnen nicht entziehen, zumal sie im Kindheits- und Jugendalter eine engagierte Christus-Beziehung gelebt hatte[173]. Katholisch erzogen, war sie später mit einem anglikanischen Geistlichen verheiratet, von dem sie sich 1873 nach sechsjähriger Ehe trennte. Das Theodizeeproblem und ein zunächst frommer, dann ins Kritische umschlagender Vergleich der neutestamentlichen Passionsgeschichten hatten ihre religiösen Zweifel genährt[174]: Sie verlor den Glauben an die Göttlichkeit Christi, wurde Deistin, später Atheistin. Die engagierte Menschenrechtlerin machte sich bald als sozialistisch orientierte Rednerin, aber auch als Schriftstellerin einen Namen.

Okkulte Phänomene brachten ihr atheistisches Weltbild wiederum ins Wanken. Wie einst Olcott wurde sie durch Blavatskys holistische Deutung spiritistischer Phänomene überzeugt. 1889 wurde sie Mitglied der Theosophical Society[175]. Nach dem Tod der von ihr verehrten Blavatsky übernahm sie zügig die geistige Führung – und nach dem Tod Olcotts (1907) auch lebenslang die äußere Macht als Weltpräsidentin der „Theosophischen Gesellschaft Adyar", wie diese sich infolge von Abspaltungen konkret nannte. In Indien, wo sie seit 1893 lebte, trat sie zum Hinduismus über[176];

---

verständlich, daß die Schüler Blavatskys zu Verfechtern christlich gefärbter Theosophien werden konnten" – aber für die Mehrzahl der Mitglieder ihrer Gesellschaft „war Blavatskys Stellung zu Christus, wenn auch nicht gerade ein Stein des Anstoßes, so doch ein schwer zu überwindendes Hindernis" (Freimark, Geheimlehre, 78.81).

172 Sie war gemäß Blavatskys Anordnung Haupt des englischen Zweigs geworden, der seit jeher mehr christlich-gnostisch geprägt war, wie die frühere Wahl Kingsfords bewiesen hatte (s. o.). Zu ihrer Biografie vgl. Chr. J. Schuver: Annie Besant. Eine kurze Lebensbeschreibung, Leipzig 1907; Johannes Frohnmeyer: Die theosophische Bewegung. Ihre Geschichte, Darstellung und Beurteilung, Stuttgart 1923², 16 ff.; Theodore Besterman: Mrs Annie Besant. A Modern Prophet, London 1934; Arthur H. Nethercot: The First Five Lives of Annie Besant, Chicago 1960; Livia Lucchini: Blavatsky e Besant. Il Fulmine e il Tuono, Turin 1991, 93 ff.
173 Vgl. Freimark, Geheimlehre, 82 f.; Nethercot, Besant, 18 ff.
174 Vgl. Schuver, Besant, 16 und 24 ff.
175 Dazu die (vor allem an die Adresse der Freidenker gerichtete) Flugschrift von Annie Besant: Why I Became a Theosophist, London 1889; dies.: An Autobiography, London 1893. In einem Brief an russische Verwandte berichtete Blavatsky über Besants Beitritt: „Die Kirche hat sich so über ihren Widerruf der Gottlosigkeit gefreut, daß sie sogar ihren persönlichen Haß auf mich vergaß und die Theosophie pries!!!" (zit. nach Cranston, HPB, 433).
176 Vgl. Schuver, Besant, 132 f.; siehe auch Annie Besant: Winke zum Studium der Bhagavadgita, Leipzig 1907. Besants Einsatz für den Hinduismus war so rühmlich, dass gesagt werden konnte: „Tatsächlich ist es weitgehend der Theosophischen Gesellschaft und ihrer unkritischen Verhimmelung alles Hinduistischen zu verdanken, daß der Hinduismus imstande war, nicht nur seinen alten Minderwertigkeitskomplex abzuschütteln, sondern sich auch den anderen großen Religionen der Welt zumindest als ebenbürtig an die Seite zu stellen" (Zaehner, Hinduismus, 170). Aus indischer Sicht schreibt lobend Sri Prakasa: Annie Besant as Woman and as Leader, Adyar 1940.

Die theosophische Genese des Begriffs „kosmischer Christus" 131

ab der Jahrhundertwende wurde sie zu einer Vorkämpferin für die indischen Reformbewegungen – und 1917 sogar als erste Frau zur Präsidentin des indischen Nationalkongresses gewählt[177]. Als sie 1933 starb, begannen gerade einige theosophische Ideen im deutschen Nationalsozialismus Früchte zu tragen[178].

Interreligiös aufgeschlossen, versuchte Besant, „vor allem dem Westen das theosophische Gedankengut näherzubringen, indem sie christliche Begriffe theosophisch vereinnahmte."[179] Auf diese Weise kam es unter ihrer geistigen Leitung wenige Jahre nach dem Abscheiden Blavatskys zu einer regelrechten „Neo-Theosophie", deren Kennzeichen „such matters as the personality of God, the historicity of Jesus, his identity as an individual or a principle" und andere Fragen betrafen[180]. Vor allem zwei Bücher markierten die sanften Korrekturen: „The Ancient Wisdom" (1897)[181] und „Esoteric Christianity" (1901)[182], die sie zu ihren bedeutendsten Werken

---

177 Vgl. Figl, Mitte, 29; Campbell, Wisdom, 124. Ihren politischen Einfluss verlor Besant später wieder wegen Differenzen mit Ghandis Ideen bezüglich des Verhältnisses Indiens zum Britischen Commonwealth – wobei zu erwähnen ist, dass Gandhi zeitweise sehr angetan von theosophischem Denken war.
178 Auf diese Thematik, insbes. die Rassenfrage (siehe z. B. Besant, Weisheit, 148; zu Blavatsky Ruppert, Theosophie, 65 f.) einzugehen, würde hier zu weit führen; vgl. Rüdiger Sünner: Schwarze Sonne – Entfesselung und Missbrauch der Mythen in Nationalsozialismus und rechter Esoterik, Basel/Wien 1999. Es sei nur vermerkt, dass das Verhältnis zwischen Theosophie und NS-Macht zumindest ambivalent war. Immerhin wurde ein Nachruf von Hermann Graf Keyserling auf die „theosophische Führerin" Besant in den „Mitteilungen der Schule der Weisheit" (Heft 22/1933, 19 f.) flankiert von einem Artikel aus derselben Feder, der zwar nicht zur „Gleichschaltung", aber doch zum „Zusammenklang" mit dem Nationalsozialismus riet; denn die deutsche Revolution sei „ein Sonderausdruck der heutigen Weltrevolution, deren erster Akt eine Revolte der lang unterdrückten und verdrängten Erdkräfte ... darstellt; sonach ein planetarisches Ereignis einerseits und andererseits eine neue Phase im kosmischen Prozess des Einbruchs des Geistes" (Hermann Keyserling: Gleichschaltung und Zusammenklang, in: Der Weg zur Vollendung. Mitteilungen der Schule der Weisheit, Heft 22, Darmstadt 1933, 1–16, hier 3, 9 und 16). Das Hakenkreuz-Symbol bildete übrigens ein zentrales Element im Siegel von Blavatsky (Abbildung auf der Titelseite der Isis-Bände) – was nicht verhindert hat, dass das „Dritte Reich" den theosophischen Vereinigungen seiner Zeit feindselig begegnete.
179 Art. Theosophie, in: Handbuch Religiöse Gemeinschaften, 415. Das Streben nach „fruchtbringenderer Gestaltung der Propagandatätigkeit" betont Freimark (Geheimlehre, 82).
180 Vgl. Kuhn, Theosopy, 328–330; 333; Campbell, Wisdom, 151. Wie leger man heute mit den entsprechenden Differenzen umgeht, zeigen Teile einer Pressekonferenz auf dem theosophischen Weltkongress in Brasilia 1993, abgedruckt in Adyar 51, 3/1996, 117 f.
181 Besant, Uralte Weisheit (deutsch erstmals 1950). Vgl. dazu Schuver, Besant, 146.
182 Annie Besant: Esoteric Christianity or The Lesser Mysteries, London 1918³. Vier einzelne Teile waren unter demselben Titel „Esoteric Christianity" bereits im Sommer 1898 – auf der Grundlage von Vorträgen Besants aus jenem Jahr – in einer Erstfassung jeweils in Heftform erschienen, bevor sie 1901 in London in Buchform

zählte. Letzteres entwickelt erstmalig den Begriff des „kosmischen Christus" und steht daher im Mittelpunkt der folgenden Darstellung. Zunächst aber sei kurz Grundsätzliches über ihr Theosophie-Verständnis ausgeführt, wie sie es im Alter in der „Encyclopaedia of Religion and Ethics"[183] dargelegt hat.

Als inneren, esoterischen Teil jeder großen Religion fasst Besant „Theosophie" auf – und insofern als „mysticism". Im Blick ist dabei „direct knowledge of God", wie es Gottes Immanenz dem Menschen ermögliche, der selber wesenhaft als Emanation des universalen, göttlichen Selbstes zu verstehen sei[184]. Näherhin sei mit „Theosophie" eine in allen zivilisierten Ländern existente „Weisheitstradition" gemeint, die von der modernen „Theosophischen Gesellschaft" lediglich systematisiert und von unwesentlichen Bestandteilen gereinigt worden sei (nach welchen Kriterien, wird nicht gesagt – selbstredend nach okkulten!). Zu ihr zähle neben der „Reinkarnation" in erster Linie die Lehre von der Einheit Gottes und seiner trinitarischen Manifestation. Diese werde von Plato, Philo und dem Johannesevangelium her als „Logos"[185] bezeichnet. Hatte Blavatsky den Logos, wie dargelegt, zunächst drei- und später siebenfältig geschildert, so markiert Besants Rückkehr zur Dreifaltigkeit des Logos[186] eine wichtige Revision zugunsten westlich-christlicher Denkweise. Auch in Kosmologie und Anthropologie taucht die Dreizahl nun wiederholt auf: In drei Welten bewege sich der Mensch, dessen „identity of nature with God ... and ... with all around him" pantheistisch feststeht, entsprechend mit drei Körpern evolutiv voran, nämlich mit dem mentalen, dem astralen und dem physischen[187].

---

(mit identischem Text) einer breiteren Öffentlichkeit zugänglich wurden. Seit 1896 hatte sich das Verhältnis der Hinduistin Besant zum Christentum entspannt (vgl. Schuver, Besant, 142.147).

183 Vgl. Besant, Theosophical Society, 300 ff. Dieser Artikel von 1921 gibt für damals weltweit 28673 aktive Mitglieder an.

184 An anderer Stelle wird Theosophie entsprechend als Wissen von dem „Einen, durch dessen Erkenntnis man alles erkennt, das größte und höchste Wissen" definiert (Annie Besant: Populäre Vorträge über Theosophie, Leipzig 1911, 4).

185 Auch der Begriff „Tao" wird als Analogie des „Logos" angeführt bei Charles Webster Leadbeater/Annie Besant: Gedankenformen, Freiburg i. Br. 1993[5], XIII. Dass dies sachlich nicht unberechtigt ist, zeigt Richard Wilhelm in seiner Einleitung zu „Laotse: Tao te king. Das Buch vom Sinn und Leben" (1911), München 1998, 24.

186 Besant, Theosophical Society, 301; vgl. Weisheit, 28; Christentum, 172. Blavatskys gern zitierte „sieben Geister vor dem Thron Gottes" (nach Apk 1,4) werden zwar aufgerufen, doch als Erstemanation gilt ausdrücklich die „Trinität". Die Existenz sekundärer Logoi bis hinab zum Sonnenlogos des einzelnen Planetensystems wird als theosophische Universallehre mit angeführt (ebd).

187 Besant, Theosophical Society, 302. Zum „Pantheismus" bekennt sich die noch junge Theosophin bereits ausdrücklich (vgl. Annie Besant: Theosophy and Christianity, London 1892, 9; in dieser kleinen Schrift ist übrigens vom „kosmischen Christus" noch keine Rede).

Diese vielsagende Rückwendung zu trichotomischen Strukturen findet sich in aller Deutlichkeit bereits in den genannten Büchern, die für Besants Neo-Theosophie stehen. Als eine „geistige Grundwahrheit der Religion" führt die „Uralte Weisheit" aus: „Der Mensch ist eine Spiegelung des geoffenbarten Gottes und darum dem Grunde seines Wesens nach eine Dreifaltigkeit; sein inneres, wirkliches Selbst ist ewig und eins mit dem Selbst des Weltalls."[188] Hinsichtlich der damit beschriebenen Struktur spiritueller Autonomie, näherhin „autonomer Autonomie", bleibt Besant Blavatsky absolut treu. Für ihre Neo-Theosophie weiter bezeichnend ist allerdings ihre stärker theistisch gefärbte Rede von „Gott", der nicht mehr so häufig wie bei Blavatsky die vom „Göttlichen" vorgezogen wird[189]. Auch benutzt sie nurmehr selten den esoterischen, verfremdend wirkenden Begriff „Christos"; ihr erkennbares Bemühen, die Blavatsky-Theosophie in westlichen Ohren gefälligerer Sprache und Symbolik darzubieten, lässt sie in der Regel vom „Christus" reden. Dabei setzt sie aber doch mit Blavatsky esoterisch voraus, dass der Christos- bzw. Christus-Begriff letztlich nicht in der jüdisch- oder christlich-hellenistischen Tradition verwurzelt ist, sondern in der älteren griechischen Mysterientradition[190]. Diese Annahme bildet eine entscheidende Prämisse für die Ausbildung ihrer Rede vom „kosmischen Christus" und der damit korrelierenden Unterscheidung von Christus und Jesus[191].

Ihre theosophischen Ausführungen knüpft Besant an die Beobachtung, dass die „Blüte des Christentums selbst vergeht wegen Mangel an Wissen"[192], dem sie durch esoterische Lehre abzuhelfen gedenkt. Das allmähliche „Herabsteigen der christlichen Lehre zu der sogenannten Einfalt, damit die Unwissendsten sie sollten begreifen können"[193], bemängelt sie unter nicht unberechtigten Hinweisen auf partielle ur- und frühchristliche Arkanpraxis, die durch einschlägige Stellen im Neuen Testament und bei

---

188 Weisheit, 12; vgl. auch 14 und 125. Der Bezug auf die Siebenzahl ist nicht ausgetilgt, aber zurückgetreten (vgl. z. B. 20). Ganz im Sinne des Modells spiritueller Autonomie äußert sich Besant bereits ein halbes Jahrzehnt früher: „This Self of the universe is the innermost Self of man, the spiritual Root of Humanity" (Theosophy, 5).
189 Dies ändert nichts daran, dass auch ihr Denken esoterischen Pantheismus darstellt: „Es gibt nichts als Gott überall" (Vorträge, 7). Insofern gilt für beide großen Damen der modernen Theosophie: Ihr „Begriff von Gott ermangelt jeder Farbe und jeder Wärme" (Niebergall, Christentum und Theosophie, 224).
190 Vgl. Annie Besant: The Changing World and Lectures to Theosophical Students, London 1909, 143 f. und 307. Diese Behauptung geht in esoterischer Selbstsicherheit über den Umstand hinweg, dass der Christos-Begriff in seinem absoluten Gebrauch „vorchristlich nur unsicher bezeugt ist" (W. Grundmann, ThWNT 9, 1973, 519); im übrigen sei an das (s. 119 f.) zu Karrer Gesagte erinnert.
191 Vgl. ebd. 147; auch 305 f.
192 Annie Besant: Esoterisches Christentum oder Die kleinen Mysterien (1903), Leipzig 1911² (autorisierte Übersetzung), 25.
193 Besant, Christentum, 27.

den (insbesondere alexandrinischen) Kirchenvätern belegt[194], durch spätere staats- und volkskirchliche Strukturen freilich weithin zum Verschwinden gebracht worden ist. Ob die christlichen Arkana allerdings unter dem Stichwort des „Okkulten"[195] angemessen in den Blick kommen, dürfte gegenüber Besant zu bezweifeln sein; denn damit wird im Grunde ein bestimmtes Paradigma ins Spiel gebracht, dessen Angemessenheit erst noch klärungsbedürftig ist – und zwar gerade angesichts der theosophischen Autoritätsgeste[196]!

Das mystizistische Paradigma spiritueller Autonomie entwertet den Christus *extra nos* zwangsläufig: „Der Initiierte sollte nicht länger Christum als außerhalb seiner selbst betrachten."[197] Diese Entwertung bedeutet aber keineswegs Ableugnung. In zweierlei Gestalt erblickt und würdigt Besant den uns äußeren „Christus" – nämlich als den *geschichtlichen* und als den *mythischen*. Hinsichtlich des geschichtlichen Christus, bei dem sie an Jesus denkt[198], legt sie ihre theosophische Hermeneutik ungeschminkt dar: Sie bestreitet nicht die betreffenden Tatsachen, sondern behauptet „nur, daß das physische Geschehnis derselben von geringerer Bedeutung sei."[199] Diese Sichtweise ergibt sich konsequent aus dem Verständnis der sichtbaren Welt als einer niederen Emanationsgestalt der Wirklichkeit. Gegenüber der irdischen Geschichte, der relativ gesehen illusorischer Charakter zukommt, wiegen die analogen Vorgänge in „höheren Welten"[200] mehr. Besant denkt hier in räumlich-metaphysischen Vorstellungen, in die sie die futurisch-eschatologischen des Neuen Testaments zu transferieren trachtet[201]. Höhere Christus-Wirklichkeit stellt demnach „den historischen

---

194 Vgl. neben Besants Darlegungen zum Neuen Testament und den Kirchenvätern (29 ff.) insbes. Guy G. Stroumsa: Hidden Wisdom. Esoteric Traditions and the Roots of Christian Mysticism (Studies in the History of Religions 70), Leiden/New York/Köln 1996.
195 Besant, Christentum, 28. „Von der Beantwortung dieser Frage hängt die Zukunft des Christentums ab" (80) – in der Tat, wird hier der christliche Apologet entgegnen!
196 Besant betont die „Autorität des Wissens" (28) in einer Weise, wie sie den vorgestellten kosmisch-geistigen „Hierarchien" durchaus entspricht.
197 Besant, Christentum, 43.
198 Vgl. Christentum, 82. Besant spricht so auch vom „Meister Christus" (113).
199 Christentum, 46. Hier wirkt sich wieder Besants tiefe Einwurzelung in indischen Denkhorizonten aus, denenzufolge die „Welt und ihr Geschehen" nur die „Offenbarung der niederen Natur Gottes" darstellen, während das eigentliche Selbst Gottes „jenseits des Weltgeschehens und seiner Gegensätze" steht (Neuner, Christus-Mysterium, 798; vgl. auch D'sa, Gott, 55 f.; Vekathanam, Christology, 216 ff.). Dieser Konzeptrahmen spiritueller Autonomie begegnet auch schon in Gestalt des von Paulus bekämpften Spiritualismus (vgl. Thomas Söding: Das Wort vom Kreuz. Studien zur paulinischen Kreuzestheologie [WUNT 93], Tübingen 1997, 77).
200 Dieser Terminus, der bei Steiner zu einem Zentralbegriff avanciert, taucht bei Besant nur gelegentlich auf (z. B. Christentum, 106).
201 Für die apokalyptisch geformte Eschatologie des Neuen Testaments hat sie keinen Sinn, sie ist ganz aufs Paradigma „spiritueller Autonomie" festgelegt. So deutet sie

## Die theosophische Genese des Begriffs „kosmischer Christus"   135

Christus in den Schatten"[202]: Es gelte zu begreifen, „daß *Christus* mehr sei als der Mensch Jesus und eine mystische Bedeutung habe."[203] Dieser Christus sei es, der „Millionen von edlen Menschenleben im Osten und Westen gestützt und inspiriert hat, wenn Christus auch mit anderen Namen bekannt und unter anderen Formen verehrt worden sein mag .."[204] Um angesichts der behaupteten Vielheit von Namen und Formen der höheren Christus-Wirklichkeit innezuwerden, müsse man „erkennen, wo Symbole als Ereignisse, Allegorien als Geschichte angesehen worden sind"[205], d. h. geschichtliche Vorgänge und Ereignisse nicht bloß rational[206] beleuchten, vielmehr sie durch allegorische Interpretation auf ihre höherwertige Wahrheit, auf ihren tieferen Sinn hin transparent machen.

Dank Blavatskys okkulter Forschung lasse sich der geschichtliche Christus als Jesus der Heiler und Lehrer leicht fassen[207]. Nicht einmal auf der Ebene des Historischen ist Besant also bereit, die esoterische Brille abzunehmen – was nicht zuletzt als eine Spätfolge ihrer frustrierenden Evangelienvergleiche im jungen Erwachsenenalter zu deuten sein dürfte. Sie behauptet nun, Jesus sei in Wahrheit 105 Jahre vor der Zeitenwende geboren[208] und bei den Essenern in der Wüste Judäa erzogen worden, in deren

---

das „Mysterium des Reiches (Gottes)" im Sinne esoterischer Mysterienweisheit (Christentum, 29) und „Auferstehung" gnostisierend (42). Ihr Hinweis auf die Abbild-Theorie des Hebräerbriefs (45 f.) verkennt entsprechend, dass auch für dessen Verfasser Christus als „Hoherpriester der zukünftigen Güter" (9,11) kam und dass sein Auftreten im himmlischen Heiligtum sich auf das geschichtliche, ein für allemal dargebrachte Opfer am Kreuz bezieht (9,24–27).

202 Christentum, 84. Besant zitiert hier 2. Kor 5,16, wiederum nicht bedenkend, dass Paulus hier eschatologisch, nämlich vom Auferstandenen her denkt – und nicht etwa esoterisch.

203 Christentum, 83 f. Bereits Blavatsky hatte auf die „mystische Bedeutung" des Christusnamens hingewiesen (Isis II, 160) und vom „illusorischen Jesus" gesprochen (163).

204 Christentum, 85. Hier steht natürlich der Logosgedanke im Hintergrund. Besant zufolge sollte man „in der Evangeliengeschichte mehr als die Geschichte eines einzelnen göttlichen Menschen sehen" (83).

205 Vgl. Christentum, 82.

206 Der Intellekt gilt der Theosophin als etwas Akzidentelles: Menschen müssen lernen, sich nicht mit ihrem Intellekt zu identifizieren, sondern mit dem Einen (vgl. Annie Besant: Okkultismus, Semi-Okkultismus und Pseudo-Okkultismus. Drei Vorlesungen, Leipzig 1907, 10). Hier zeigt sich deutlich, inwiefern Theosophie mehr ist als Philosophie (vgl. Stolzenburg, Theosophie, 1136).

207 Vgl. Christentum, 86 ff. Zu den „Mysteries of Jesus" vgl. auch Annie Besant: The Theosophical Society and the Occult Hierarchy, London 1925.

208 Blavatsky hatte Jesus noch wie üblich im ersten nachchristlichen Jahrhundert verortet (Isis II, 349) und erklärt: „Jedermann weiß, daß die wirkliche Zeit und das Jahr der Geburt Jesu gänzlich unbekannt sind" (Geheimlehre I, 717). Besants These wurde gestützt von Blavatskys einstigem wissenschaftlichem Sekretär, dem Gnosisforscher George R. S. Mead, der 1903 eine 440 Seiten umfassende Studie unter dem Titel „Did Jesus Live 100 B. C.?" (London/Benares) vorlegte. Unzutreffend eingeordnet – nämlich so, als würde Besant dieser Studie entsprechen statt umge-

Bibliothek er auch östliche und okkulte Literatur kennen gelernt habe. In Ägypten initiiert, habe er das Leben eines „sterblichen Menschen" geführt, bis sich in der Gestalt Jesu der „Christus" – jene höhere Christus-Wirklichkeit, die periodisch in „Welt-Heilanden" erscheint[209] – offenbart habe, um in jener reinen „Hülle" drei Jahre zu verweilen[210]. Seinen Jüngern, die seiner physischen Gegenwart wegen des Neids und der Eifersucht anderer und wegen der Öffentlichungmachung der Geheimwissenschaft beraubt worden seien, sei er noch mehr als fünfzig Jahre lang in seinem ätherischen Leib erschienen.

Diesem in keiner Weise ernst zu nehmenden[211] „geschichtlichen" Christus wird nun der „mythische" an die Seite gestellt. Dabei gilt gemäß theosophischer Hermeneutik: „Eine Mythe ist viel wahrer als eine Geschichte, denn eine Geschichte gibt nur die Erzählung von den Schattenbildern, während eine Mythe die Erzählung von der Substanz gibt, welche die Schatten wirft."[212] A. Schweitzer bemerkt zu Besants Darbietungen: „Interessant ist, daß die in den Evangelien vorliegende Mischung von ‚Geschichte und Legende', die die freisinnigen Theologen so beschäftigt, den Theosophen auch nicht die geringste Verlegenheit bereitet."[213] In der Tat ist dieses Ineinander für Besant etwas Selbstverständliches. Und man wird zu bedenken haben, dass der zeit- und forschungsgeschichtliche Kontext ihrer theosophischen Thesen zu entsprechenden Spekulationen geradezu herausforderte. Beinahe gleichzeitig mit ihrem „Esoterischen Christentum" erschienen damals A. von Harnacks „Wesen des Christentums" (1900), E.

---

    kehrt – wird sie übrigens durch Albert Schweitzer: Geschichte der Leben-Jesu-Forschung (1906), Bd. 2, Tb Gütersloh 1977³, 375.
209 Den Hintergrund dieser esoterischen Auffassung Besants bildet die altindische Überzeugung: „Die Vielheit des Erscheinens Gottes steht im Zusammenhang der Gezeiten des Weltgeschehens" (Neuner, Christus-Mysterium, 792). Und die „Lehre von den Weltzeitaltern ist der deutlichste Ausdruck der zyklischen Geschichtsauffassung des Hinduismus" (793; vgl. auch Hummel, Mission, 190). Zum Modell der „Avatara"-Christologie hat sich die Theosophin um diese Zeit („Avataras", London 1900) und 1909 (Changing World, 134 f.) explizit bekannt.
210 Vgl. Christentum, 89 ff. „Jener offenbarten Gegenwart des Höchsten kann mit Recht der Name ‚Christus' gegeben werden" (91). Dass nach dieser Interpretation der biblische Jesus überhaupt nicht existiert hat, unterstreicht protestierend Hans-Jürgen Ruppert: Der biblische und der esoterische Christus, in: MEZW 60, 8/1997, 226–242, bes. 239.
211 Immerhin als Kuriosum erwähnt wird Besants „gewaltige Spekulation" bei Schweitzer, a. a. O. 376.
212 Christentum, 102. „Die Geschichte ist ein sehr unvollkommener und oft verzerrter Bericht von dem Tanz dieser Schatten in der Schattenwelt der physischen Materie" (103). Umgekehrt urteilt der christliche Theologe: Theosophie „saugt der unendlich konkreten Erscheinung Christi und seiner Sache das Lebensblut aus und führt sie in das Schatten- und Traumreich der Mythologie hinüber" (Ragaz, Theosophie, 42 f.).
213 Schweitzer, Leben-Jesu-Forschung, 376.

Troeltschs „Absolutheit des Christentums und die Religionsgeschichte" (1901) und A. Schweitzers „Messianitäts- und Leidensgeheimnis. Eine Skizze des Lebens Jesu" (1901), die alle – je auf ihre Weise – gerade auf Grund ihrer historischen Forschungen zu übergeschichtlichen Wahrheiten strebten[214]. Ob also historisch-kritische oder esoterisch-unkritische Methoden angewandt wurden – allemal bereitete die daraus resultierende Relativierung des Geschichtlichen den Boden für Spiritualisierungstendenzen verschiedenster Art. Besants Mitarbeiter Charles W. Leadbeater (1854–1934) konnte frommen Christen, die durch die historisch-kritische Methode stark in ihrem Glauben verunsichert waren, selbstbewusst „die Lehren der Theosophie" empfehlen, „in der sie genau dasjenige finden werden, dessen sie bedürfen."[215]

Besants esoterische Bevorzugung des „mythischen Christus" vor dem „geschichtlichen" hat nun weniger das Mythische an der Jesusgestalt im Blick als vielmehr einen den Logos symbolisierenden „Sonnenmythus": Ihn meint sie im Zuge „vergleichender Mythologie" allenthalben in der Religionsgeschichte entdecken zu können[216]. „Die Sonne ist der physische Schatten oder der sogenannte Körper des Logos; also spiegelt ihr Jahresumlauf in der Natur Seine Tätigkeit wider ... Der Logos, der ‚Sohn Gottes', der in die Materie hinabsteigt, hat als Schatten den Jahreslauf der Sonne, und davon spricht der Sonnenmythus."[217] Der stellt nun seinerseits eine „Geschichte"

---

214 Von Harnack adelt die „Seele", die sich mit Gott zusammenzuschließen vermag, und deutet Jesu Evangelium als „die Religion selbst" jenseits des Partikularistischen, um zugleich das Christentum als Erlösungsreligion preiszugeben (vgl. Adolf von Harnack: Das Wesen des Christentums [1900]. Mit einem Geleitwort von Wolfgang Trillhaas, 1. Tb-Ausgabe Gütersloh 1977, bes. 16 ff.). Troeltsch kommt dem Neuplatonismus und dem Buddhismus so nahe, dass er mit dem Gedanken der Reinkarnation sympathisiert (vgl. Ernst Troeltsch: Art. Theodizee. III. Systematisch, RGG², Bd. 5, 1931, 1102–1107, bes. 1106). Bei Schweitzer wird Spiritualisierung der Reich-Gottes-Botschaft und ethische Mystik diagnostiziert durch Friedrich Wilhelm Kantzenbach: Programme der Theologie. Denker, Schulen, Wirkungen. Von Schleiermacher bis Moltmann, München 1978, 158 ff.
215 Charles Webster Leadbeater: Das innere Leben. Theosophische Gespräche zu Adyar, Bd. 1, Leipzig o. J., 182 (das Original dürfte um 1910 erschienen sein). An ernsthafte Christen richtet sich übrigens auch das okkulttheosophische Buch von Charles Webster Leadbeater: The Christian Creed. Its Origin and Signification, London o. J. (1917²), das von Besant in ihrem Band „Esoteric Christianity" (1901) zitiert wird und noch ausführlicher, ja konzentrierter als letzteres auf die christliche Überlieferung eingeht, ohne allerdings bereits den Begriff des „kosmischen Christus" zu kennen (auch die 2. Auflage enthält ihn nicht).
216 Damit bewegt sie sich ganz auf den Spuren Blavatskys, die den „mythischen Jesus" wie den „geschichtlichen Christus" im „identischen Kleide poetischer Legende" wie Siddharta Buddha und Krischna dargestellt sieht (vgl. Isis II, 559) und die Behauptung einer angeblich interreligiösen Sonnen-Symbolik für Logos und Logoi in die Welt gesetzt hat (s. o. S. 118).
217 Christentum, 104. Die oben erwähnte Astralmythologie des 18. Jahrhunderts schimmert hier erkennbar durch.

dar, die primär die Wirksamkeit des Logos im Kosmos und sekundär dessen Inkarnationen in „Welt-Heilanden" narrativ vermittelt[218]. Das „Evangelium" wird mithin nur noch lose auf ein historisch fundiertes Geschehen bezogen; im Kern sagt es aus, was immer gilt und sein wird. Mit dieser Deutung befürwortet Besant die remythologisierende Transformation biblisch-kirchlicher Lehre von Jesus Christus in natürliche Christologie.

Von dieser Ebene aus macht sie schließlich den Schritt zur eigentlichen Tiefe: Sie stellt neben den „geschichtlichen" und den „mythischen" – als Geheimnis des letzteren – drittens den „mystischen Christus"[219]. Mit ihm hat sie den Logos als solchen im Visier, der in systematischer Entfaltung der Auffassung Blavatskys dargestellt wird als der Christus *in me* und *extra me*. Umfasst die Struktur spiritueller Autonomie komplementär Selbst- und Kosmos-Bewusstsein[220], so tritt der „mystische Christus" sowohl als innerseelischer als auch als kosmischer in Erscheinung[221]: Mikro- und makrokosmisches Selbst entsprechen einander. Unter Rückbezug auf ihre theosophische Kosmologie und Anthropologie formuliert Besant: „Der mystische Christus ist also ein zweifacher – der Logos, die zweite Person der Dreieinigkeit, welche in die Materie hinabsteigt, und die Liebe oder zweite Seite (der zweite Aspekt) des sich entfaltenden göttlichen Geistes im Menschen."[222]

Dieser Kontext ist es, in dem der Begriff des „kosmischen Christus" weltweit zum ersten Mal geprägt wird – freilich zu einer Zeit, in der sich auch das theologische Nachdenken über kosmische Christologie (namentlich über den Zusammenhang von Evolution und Inkarnation) in Europa und den USA intensiviert und der geistige Boden dafür bereitet ist[223]. Im

---

218 Vgl. Christentum, 105. „Der Held wird zur Wintersonnenwende geboren; er stirbt zur Frühlings-Tag- und Nachtgleiche, und den Tod überwindend, steigt er auf zum mittleren Himmel" (ebd.) – ob allein diese Metaphorik allgemein evident ist, dürfte zu bezweifeln sein!

219 Im Christentum sind nach Besant die drei Fäden des geschichtlichen, des mythischen und des mystischen Christus „zu einer einzigen Schnur verflochten worden", die es mittels ihrer Erkenntnis zu entwirren gilt (Christentum, 85; vgl. 82).

220 Nach Besant sieht der Mensch, dessen Bewusstsein sich entsprechend geweitet hat, „alle Dinge in sich enthalten, als Teile seines Wesens" (Weisheit, 164).

221 Damit knüpft Besant an Gedanken Blavatskys an, wonach der „Christos" als das wahre Selbst im Menschen und zugleich als das Logos-Geheimnis des Kosmos zu verstehen sei (s. o. S. 124).

222 Christentum, 121. Der dreifaltige „Christus" im Menschen hat demnach als zweite Seite die „Liebe", deren Evolution mit der des Christus gleichgesetzt wird (120); an erster und dritter Stelle stehen Intelligenz und Wille.

223 Neben dem theosophischen Kontext verdient also auch der theologische um die Jahrhundertwende Beachtung: Über ihn informiert sachkundig Lyons, Cosmic Christ, bes. 28 ff. (vgl. auch unten Kap. VI.1 + 2). Doch gibt es keine konkreten Anhaltspunkte dafür, dass Besant von jenem theologischen Diskurs überhaupt etwas mitbekommen hat. Ihr jedenfalls blieb es vorbehalten, den Begriff des „kosmischen Christus" erstmalig zu formulieren; theologisch taucht er erst einige Jahre später (1905) auf; s. u., Kap. VI.

englischen Original ist der „*kosmic Christ*" dabei an allen Stellen, an denen von ihm die Rede ist, mit „k" geschrieben[224]. Hinter dieser ungewöhnlichen Orthographie verbirgt sich eine in den Theosophical Societies seit Blavatskys Zeiten üblich gewordene Unterscheidung: Mit „*C*osmos" wird das „Sonnenuniversum" bzw. unsere Welt im Sinne des Sonnensystems mit seinen (vermeintlich) sieben Planeten bezeichnet, mit „*K*osmos" hingegen das gigantische „Milchstraßenuniversum"[225]. Daraus erhellt, dass Besant mit der Begriffskreation des „kosmischen Christus" nicht nur den Logos unseres Sonnensystems meint, einen der vielen gewiss hoch zu verehrenden, aber dennoch emanativ deutlich untergeordneten Logoi[226], wie das ihre Rede vom „mythischen Christus" nahe legen könnte. Vielmehr spricht sie von der „zweiten Person" des universalen Logos, der die alleroberste Emanation darstellt, zugleich aber in sich die tieferen Emanationen enthält. Damit zeichnet Besant intensivierend nach, was Blavatskys Theosophie bereits vorskizziert hatte, indem sie den kosmisch verstandenen Christosbegriff im umfassenden Sinn gebraucht hatte[227].

Und es ist obendrein Blavatskys Idee vom in die Materie hinuntersteigenden, sich „opfernden" Christos, die Besant aufgreift und ausmalt, wenn sie die so erzählende Metapher des „kosmic Christ" erläutert. Diese steht nämlich keineswegs für einen abstrakt gedachten, lediglich den Kosmos prägenden und erhaltenden Logos, sondern für das Logosgeschehen im Sinne von kosmischen „processes carried on in the past"[228] – und als solche ist sie ausdrücklich mythologisch gedacht: Wie Besant erläutert, bildet sie die mystische Wurzel für den Sonnen-Mythos. Den Vorgang der „Inkarnation" des „kosmischen Christus" beschreibt Besant als „kosmische Geschichte" so, dass es sich um den grundlegenden, den Ur-Prozess der sich in die Materie einhüllenden Gottheit handelt. Indem sie den universalen Vorgang dabei dennoch auf unser Sonnensystem bezieht, geht es ihr nicht um eine einschränkende Rede vom „*c*osmic Christ", sondern im Rahmen des zu Veranschaulichenden um die Anwendung auf den uns nahen Kosmos – wobei man in Rechnung stellen muss, dass sie noch mit der Naturwissenschaft des

---

224 Vgl. Besant, Esoteric Christianity, 179, 180, 184 und 191. (Diese esoterisch begründete Schreibweise findet sich bereits in: Annie Besant: The Building of the Kosmos and other Lectures, Madras 1894).
225 Vgl. de Purucker, Wörterbuch, 39.
226 Vgl. z. B. Besant, Vorträge, 24; ferner die Rede vom „planetarischen Logos" (Weisheit, 244) und entsprechend von „Christuswesenheiten" im Plural (Vorträge, 33).
227 Vgl. Besant, Changing World, 143. Nur am Rande sei hier darauf hingewiesen, dass entsprechende Modelle „kosmischer Christologie" in der damaligen Theosophie auch außerhalb der „Theosophischen Gesellschaft" von Adyar vertreten worden sind (vgl. z. B. Franz Hartmann: Mysterien, Symbole und magisch wirkende Kräfte, Calw 1902, 113 u. ö.), ohne dass allerdings dabei – soweit ich sehe – der Begriff des „kosmischen Christus" gefallen ist.
228 Besant, Christianity, 178. Dass sich hier gewisse Analogien zum christlichen Kenosis-Gedanken auftun, liegt auf der Hand.

19. Jahrhunderts die Unendlichkeit des materiellen Kosmos veranschlagt, welche sich jeder Anschaulichkeit entzieht[229]. Es ist unzweideutig der universale, theosophisch dennoch subordinatianisch verstandene Logos, den sie auch in Joh 1,1–4 erblickt, von dem sie sagt, dass er die ihm immanenten Geistesbilder „in ein Sonnensystem einordnet"[230]. Zwei gleichartige Intentionen fließen hier stringent ineinander: einerseits der erst später häretisierte Subordinatianismus der frühen Kirchenväter, die Besant nachweislich studiert hatte[231], und andererseits der neuplatonisch-theosophische Subordinatianismus der Logoslehre Blavatskys.

Auf diesem Hintergrund sind die weitergehenden theosophischen Spekulationen Besants zu verstehen: „Wenn die Materie, welche unser Sonnensystem bilden soll, von dem unendlichen, den Raum erfüllenden Ozean der Materie getrennt wird, ergießt die dritte Person der Dreieinigkeit, der Heilige Geist, sein Leben in diese Materie, um sie zu beleben, damit sie nun Gestalt annehmen kann. Dann wird sie zusammengezogen und ihr Form erteilt durch das Leben des Logos, der zweiten Person der Dreieinigkeit, der Sich opfert, indem Er sich den Schranken der Materie unterwirft und ‚der himmlische Mensch' wird, in dessen Körper alle Formen existieren, von dessen Körper alle Formen einen Teil bilden."[232] Die hier betonte Reihenfolge hat zu tun mit dem symbolistischen Transfer narrativer Inhalte auf kosmisch-astrales Geschehen: „Inkarnation" zielt auf Befruchtung und Geburt, Kindheit, Reifung und Kreuzestod des „Christus"[233]. Als der Heilige Geist – Besant denkt hier an Genesis 1 – als der „dritte Logos" über der noch ungeformten, „jungfräulichen" Materie schwebte, flößte er ihr

---

229 Umso stärker bezweifelte sie, „daß in dem gewaltigen Weltall, in dem unser kleiner Planet doch nur wie ein Sandkorn in der Wüste Sahara ist, nur dieser eine Planet von lebenden Wesen bewohnt sein sollte"; nein – „das ganze Weltall ist voll pulsierenden Lebens" (Schuver, Besant, 103 f.)! Dass sich diese Frage unter der heute zu präferierenden Perspektive eines endlichen Universums keineswegs so selbstverständlich in der von Besant gedachten Richtung beantworten, zeigt Paul Davies: Sind wir allein im Universum? Über die Wahrscheinlichkeit außerirdischen Lebens, Bern/München/Wien 1998, bes. 177 ff.
230 Vgl. Annie Besant/Charles Webster Leadbeater: Der Mensch: Woher, wie und wohin, Düsseldorf 1931, XV. Früher hatte Besant vom selben Logos als dem eines „Weltsystems" gesprochen, das sich beschränke, um „das Leben seines Universums zu werden" (vgl. Weisheit, 36 und 38); das Universum sei dann die Form dieses Logos (41). Die emanative Subordiantion, wie sie bereits Blavatsky betont hatte, lehrt auch Besants Mitarbeiter Leadbeater (Leben, 143 f.).
231 Zu ihren früheren Studien als Christin vgl. Schuver, Besant, 13; Nethercot, Besant, 19.
232 Christentum, 121; ferner 183. Als erste Person der Logos-Dreieinigkeit als des geoffenbarten Gottes gilt natürlich der „Vater", der folglich selbst emanativ verstanden wird (vgl. 177 und 179). Und Besant kennt obendrein als vierte ‚Person' die Materie, welche ja theosophisch als ewig angesehen wird: Trotz ihres Andersseins ist sie göttlicher Natur und wiederum in sich dreifaltig (vgl. 179)!
233 Im Hintergrund stehen auch hier die Thesen der Astralmythologen Dupuis und de Volney (s. o. S. 118).

Leben ein und bereitete sie so vor, „das Leben des zweiten Logos zu empfangen, der diese Materie als Trägerin seiner Kräfte benutzte."[234] Deszendenz und Geburt des Christus werden im Zuge dieser Symbolik in eins gesetzt. Die „Kindheit" bezeichnet dann früheste, zarte Wirkungen des Logos in der Materie. Im Mannesalter breitet der Christus seine „Arme aus auf dem Kreuz der Materie"[235], um von da aus alle Kräfte seines „dargebrachten Lebens als Spende austeilen" zu können: „Dies ist der gekreuzigte Christus, dessen Tod am Kreuz der Materie die ganze Materie mit Seinem Leben erfüllt."[236] Nach wenigen Sätzen, die dann noch Auferstehung und Himmelfahrt astralmythologisch erläutern, kommt Besant auf den Skopus dieser Darstellung zurück: „So ist denn die Kreuzigung Christi ein Teil des großen kosmischen Opfers."[237]

Diese gnostisierender Mythologie ähnliche, aber nicht kosmophob, sondern kosmophil ausgestaltete Beschreibung des „kosmischen Christus" mündet hier in eine durchaus tiefsinnige „theosophia crucis". Impulse Blavatskys wirken dabei wohl mit Eindrücken aus ihrer jugendlichen Christusfrömmigkeit[238] zusammen. Auf dem Weg okkulter Rationalität gelingt es Besant, die „Mittel-Figur der christlichen Kirche" mit dem „kosmischen Christus der Mysterien" synkretistisch auf einen esoterischen Nenner zu bringen[239], was schwerlich denkbar wäre ohne die Herausarbeitung einer besonderen Bedeutung des Kreuzes. Christliche Sühnopfertheologie wird

---

234 Christentum, 122. Mit dieser Auffassung vom Opfer des Leben bringenden Logos klingt etwas vom archaischen Opferverständnis an, dem es „um die Restitution des Lebensgrundes, den Bestand des Lebens über Schlachten und Töten hinweg" geht – jedenfalls nach der Interpretation von Walter Burkert: Anthropologie des religiösen Opfers. Die Sakralisierung der Gewalt, München 1984, 24.
235 Im Hintergrund dieser Formulierung steht eine Stelle aus Platons „Timaios" (36 BC) über die sich im himmlischen Chi zeigende Weltseele, die bereits Justin als „erste kosmische Ausspannung des Logos auf das Weltenkreuz" und so als „eine erste Opfertat des Logos" gedeutet hatte (vgl. Wilhelm Bousset: Platons Weltseele und das Kreuz Christi, in: ZNW 14, 1913, 273–285; ferner Kelber, Logoslehre, 164). Als eines der bemerkenswertesten Bilder der europäischen Philosophie wertet diese Timaios-Stelle Iris Murdoch: The Fire and the Sun. Why Plato Banished the Artists, Oxford 1977, 87.
236 Christentum, 124. Indem Besant fortfährt: „Er scheint tot zu sein...", klingt (wie schon bei Blavatsky) Doketismus an. Zwar muss man einräumen, dass ja die kosmische Symbolik, um die es hier geht, keine Rede von realem Tod zulässt; doch doketische Denkimpulse empfängt Besant vielfach aus ihrer indischen Religiosität (vgl. Neuner, Christus-Mysterium, 800 und 820).
237 Christentum, 124. „Dieses Opfer ist ewig" (140) und wird im Abendmahlssakrament symbolisiert (242).
238 Namentlich ihre „Opferbereitschaft" stellt Schuver (Besant, 14–16 u. ö.) heraus.
239 Vgl. Christentum, 125. Dieser christologische Synkretismus begegnet in Besants Person insofern als ein authentischer, als sie sowohl eine intensive christliche Sozialisation als auch einen überzeugten Schritt hinein in den Hinduismus in sich biografisch vereinigt und – freilich unter der Vorherrschaft des letzteren – zur Synthese zu bringen gewillt ist.

als heteronom (miss–)verstandene, „exoterische Lehre" verworfen[240], um an ihre Stelle eine Opfer-Theosophie zu setzen, die das Kreuzesopfer im Paradigma „autonomer Autonomie" interpretiert. Vorbereitet wurde diese Perspektive bereits in „The Ancient Wisdom"[241].

Wie Besant einräumt, hat die christliche Sühnopfertheologie viele edle Christen begeistert und getröstet – allerdings nur kraft ihrer *particula veri*, in der sich das universale „Gesetz des Opfers" manifestiert. Die Rede vom „kosmic Christ" sei nicht zu verstehen, ohne dass bedacht werde: „Das Gesetz des Opfers liegt unserm Sonnen-System sowie allen Systemen zugrunde, und auf dieses Gesetz gründet sich der Bau aller Weltalle. In diesem Gesetz ruht die Wurzel der Entwicklung.."[242] Pauschalisierend erklärt Besant, allen großen Weltreligionen zufolge habe das Weltall durch ein Opfer seinen Anfang genommen[243]. Zutreffend ist dies jedenfalls für die von ihr favorisierte Religion: „Im Hintergrund allen hinduistischen Denkens steht sowohl der Opfergedanke wie auch der Mythos vom kosmischen Menschen. Der Bedeutungskern des Opfergedankens ist die innere Zusammengehörigkeit und gegenseitige Abhängigkeit aller Wesen."[244] Der jeden archaischen Monismus transzendierende Grundgedanke wird von Besant unter Rückgriff auf kabbalistische Tradition transformiert zu der Überlegung: Soll angesichts des Einen überhaupt eine Welt, ein Kosmos existieren, kann dies nur durch eine Selbstbegrenzung des Absoluten möglich werden[245]. Auf dieser Basis lehrt die Theosophin, „daß der Logos in Wahrheit der Selbst-begrenzte Gott ist; begrenzt, um offenbar zu werden; offen-

---

240 Vgl. Christentum, 131 f.; vgl. auch 171.
241 Vgl. Besant, Weisheit, 205 ff.
242 Christentum, 136. Dieses Zitat belegt, dass Besants Ausführungen über den „kosmic Christ" sich nicht auf unser Sonnensystem beschränken. – Übrigens klingt bei der Rede vom „Bau der Weltalle" das Faktum an, dass Besant in die Geheimnisse der Freimaurerei eingeweiht war (vgl. Godwin, Enlightenment, 280).
243 Was für einige, vor allem mythische Traditionen einleuchten mag, wird im Blick aufs Christentum mit Apk 13,8 begründet (Weisheit, 195; Christentum, 137), wo vom Sinn her die Worte „seit Grundlegung der Welt" wohl auf die Erwählten und schwerlich (gegen Besant) auf das „geschlachtete Lamm" zu beziehen sind. Besants Verständnis ist ein mythologisierendes, das das Ein- für Allemal des Heilstodes Christi als immergültiges und immerwährendes Urereignis deuten zu können glaubt.
244 D'sa, Gott, 29 f.; vgl. 65. Die Grundmetapher des hinduistischen Weltbilds allerdings „ist nicht der Anthropos, sondern der Kosmos als Ganzheit..." (46). Immerhin: Diese hinduistische Vorstellung hat zumindest indirekt den Gedanken vom Kosmos als dem Leib Christi (vgl. Kol 1,18) beeinflusst (vgl. Jürgen Becker, Hans Conzelmann, Gerhard Friedrich: Die Briefe an die Galater, Epheser, Philipper, Kolosser, Thessalonicher und Philemon, Göttingen 1985[17] [NTD 8], 18); und insofern bewegen sich „indisch" geprägte Theosophie (Besant nennt die Opferthematik im Hinduismus ausdrücklich: Christentum, 137) und christliche Theologie keineswegs in völlig verschiedenen Welten...
245 Derselbe Gedanke ist Moltmann wichtig geworden, der ihn ausdrücklich kabbalistischer Theosophie zu verdanken weiß (s. u. Kap. VII.1).

bar werdend, um ein Weltall ins Sein zu rufen. Solch eine Selbstbeschränkung und Manifestation können nur ein erhabenster Akt des Opfers sein; sollte es deshalb wundernehmen, daß auf allen Seiten die Welt das Zeichen ihrer Entstehung aufweist, und daß das Gesetz des Opfers auch das Gesetz des Seins und das Gesetz der aus dem Sein entspringenden einzelnen Leben ist?"[246] In diesen ontologisch-kosmologischen Bestimmungen erblickt Besant den wahren Ursprung des Kreuzessymbols[247] und überhaupt aller Opfer. Jedes Leben existiere kraft jenes ursprünglichen und fortgesetzten Logos-Opfers, das ein freiwilliges und freudiges sei mit dem Zweck, „anderen Selbsten zum Dasein zu verhelfen."[248]

Damit stellt sich das metaphysische Problem des „Anderen" im Verhältnis zum „Einen". Die „anderen Selbste" werden von Blavatsky wie von Besant unzweideutig als Emanationen verstanden, die ihr eigentliches Zentrum im Selbst des einen Logos haben[249]. Dessen holistisches Verständnis gebietet wiederum den „anderen" Opfer-Bereitschaft „zum Besten des Ganzen"[250]. Die evolutiv gewonnene Individualität der Autonomie muss am Ende geopfert, überschritten werden, damit sich das Bewusstsein seiner innersten Substanz gemäß „zum Bewußtsein der Gottheit erweitern wird": Dann „ist in Wahrheit das Individuum vergangen, dann sind die Schranken gefallen, aber Er, die lebendige, selbstbewußte Wesenheit, Er vergeht nie."[251] Es zeigt sich, dass das „andere" im Paradigma „autonomer Autonomie" kein wirklich anderes ist, sondern als emanative Manifestation des Absoluten mindere Seinswirklichkeit besitzt, die letztendlich wieder in die Absolutheit hinein absorbiert wird. Die Positivität des vom Einen Abgesonderten wird von der Negativität der Absonderung übertrumpft. Zwar ersteht das „andere" gemäß dieser Theosophie zyklisch aufs Neue, um sogar spirituellen Zugewinn in ewigem Fortschritt zu bewahren[252]; doch lehrt es dieser Zugewinn, zunehmend zu begreifen, dass es eigentlich gar

---

246 Christentum, 138 (Selbstzitat aus einem Beitrag Besants von 1895). Das Gesetz des Opfers gehört zur „eigensten Natur des Logos", wurzelt also „in der göttlichen Natur selbst" (ebd). Der Logos beschränkt sich „selbst durch Seinen eigenen Willen, indem Er sozusagen einen Kreis formt, der für das göttliche Leben eine Grenze bildet, hervortretend als eine leuchtende, göttliche Sphäre, die göttliche Substanz, innen Geist und außen Begrenzung oder Materie" (139).
247 Vgl. auch eine etwas älteren, noch nicht auf den „kosmischen Christus" hindeutenden Ausführungen Besants in ihrer Schrift „Building of the Kosmos", 76 ff.
248 Christentum, 142; ähnlich Weisheit, 206 f. „Der Logos strömt sich aus, um eine Welt zu schaffen" – wobei mit Schaffen, wie gesehen, Gestalten gemeint ist (142 f.).
249 Vgl. Besant, Christentum, 149; Weisheit, 68,125 und 229.
250 Christentum, 145.
251 Besant, Okkultismus, 88 f.; ferner Besant/Leadbeater, Mensch, XV. Dabei ist mit „Individualität" nicht die ohnehin vergängliche „Persönlichkeit" gemeint (zu dieser Unterscheidung vgl. Besant, Weisheit, 122, ferner 125).
252 Besant bejaht wie Blavatsky diese Struktur autonomer Autonomie (vgl. z. B. Weisheit, 173).

nicht das „andere", sondern das pantheistische Eine in seiner lebendigen Selbstspiegelung ist[253]. Von daher entpuppt sich der Opfergedanke als nur für illusorische Auffassung mit Schmerz verbunden: Dem Weisen ist er reine Freude[254].

Damit ist aber dem christlichen Opferbegriff, der sich mit dem Gedanken des Schmerzes Gottes[255] selbst verbindet, seine dialektische Tiefe genommen. Im Unterschied zu binnen- und außenperspektivischen Missverständnissen und heteronomen Verflachungen der Botschaft vom stellvertretenden Heilstod Jesu am Kreuz wird von Besant zwar eine mystisch-anspruchsvolle Interpretation gegeben; doch indem sie im Kontext ihres Opferverständnisses an die Stelle der personalen Stellvertretung die „Identität der Natur"[256] setzt, wird der theonom beanspruchende Sinn christlicher Rede vom Kreuz als dem „Selbstopfer Gottes"[257] trotz verwandter Terminologie verfehlt. Christliches Gnadenverständnis mutiert in die Theorie vom natürlichen, alles durchwaltenden, unerbittlichen Gesetz des Karma[258]. Entsprechend wird sich auch christliche Überzeugung von geschöpflichem Selbst- und Anderssein mit seiner eschatologischen Perspektive in Besants theosophische Mystik schwerlich finden können. Was im Autonomie-Paradigma seine Logik hat, steht im Theonomie-Paradigma in zweifelhaftem Licht[259].

Da der „kosmische Christus" nur die eine Seite des „mystischen Christus" darstellt, ist nun auch nach seinem Pendant, quasi nach dem „mikrokosmischen Christus" zu fragen, den sich Besant als den zweiten Aspekt des sich im Menschen entfaltenden göttlichen Geistes vorstellt. Substanzontologisch bedeutet dieser heilige Funke: „Jeder Mensch ist potentiell ein Christus, und die Entfaltung des Christus-Lebens im Menschen folgt den

---

253 „Dies Leben ist *Eins*, doch verkörpert es sich in Myriaden Formen; fortwährend sucht es, sie zusammen zu führen und ihren Widerstand mit Behutsamkeit zu überwinden" (Christentum, 142).
254 Christentum, 143 passim; Weisheit, 207 f. Auch Jesus soll seinen Körper „als freudiges Opfer" hingegeben haben (147); Blavatsky hatte noch das Gegenteil behauptet.
255 Vgl. Kazoh Kitamori: Theologie des Schmerzes Gottes (1958), Göttingen 1972.
256 Vgl. Christentum, 153.
257 Ingolf U. Dalferth: Die soteriologische Relevanz der Kategorie des Opfers. Dogmatische Erwägungen im Anschluß an die gegenwärtige exegetische Diskussion, in: Jahrbuch für Biblische Theologie Bd. 6, Neukirchen-Vluyn 1991, 173–194, bes. 191. Dalferth stellt die neutestamentliche „Auflösung der soteriologischen Relevanz der Opferkategorie" heraus (192); das Kreuz Christi kann insofern nicht als ein allen Opfern der Religionsgeschichte entsprechendes Symbol verstanden werden. Besant, die mit dem Opferbegriff tatsächlich Selbstbefreiung verbindet (vgl. Weisheit, 12), ist hier theologisch zu hinterfragen.
258 „Vor dem Karmagesetz gibt es kein Entrinnen; die Natur kennt keine Vergebung, nur ... das Lernen von dem Ausgleichen der Kräfte, das Neutralisieren der vergangenen Übel durch gegenwärtige Tugend" (Vorträge, 104).
259 Dies wird unten (Kap. V.4) vertiefend zu erläutern sein.

Umrissen der Evangeliengeschichte in ihren hervortretenden Ereignissen, welche, wie wir sahen, universelle und nicht spezielle sind."[260] Von daher entfaltet Besant die Theorie, dass die Erweckung und Entfaltung des Christusfunkens in jedem Menschen fünf Initiationen verlangt. Die erste bedeutet die Geburt des Christus in der Seele: Der „einmal geborene Christus kann nie untergehen" oder sich auch nur zurückentwickeln[261]. Daher kommt es zwangsläufig zur zweiten Initiation, der „Taufe Christi": Sie bringt mit der „Einsegnung durch den Geist" auch heftige Versuchungen mit sich[262]. Die dritte Initiation ist die der „Verklärung" auf hohem Berge und führt bereits hin zur vierten, in deren Verlauf es nach dem Jerusalemer „Triumph" zu „Gethsemane" und „Golgatha" kommt. Hier gilt es „alles Leben, das der niederen Welt angehört, hinzugeben" und den Tod willkommen zu heißen. Die fünfte und letzte Initiation „bedeutet schließlich den Triumph des Menschen, der sich zur Gottheit entwickelt hat, der über die Menschheit hinausgeschritten und ein Weltheiland geworden ist."[263] Damit bestätigt sich die innere Zusammengehörigkeit des „kosmischen Christus" *extra me* und des „individuellen" Christus *in me*, die im „mystischen Christus" letztlich identisch sind.

Dass bei Besant im Kontext der Entfaltung dieser natürlichen Christologie wiederholt der Begriff des „Triumphs" fällt, deutet darauf hin, dass ihre *theosophia crucis* auf einer kosmischen *christologia gloriae* beruht. Für den Menschen, der ihrer Lehre nach evolutiv zum „Übermenschentum"[264], ja zum künftigen Gottsein unterwegs ist, hat die Rede vom „kosmischen Christus" in mikrokosmischer Anwendung die Funktion spiritueller Selbsterhöhung. Er begreift im Lichte dieser Symbolik sein innerstes Selbst wie die ihn umgebende Welt als substanziell göttlich. Der ihm „innewohnende Gott ist die Gewähr für seinen schließlichen Triumph", erklärt Besant[265]. Er bedeutet jedenfalls, dass der Mensch selbst darüber zu entscheiden hat, wohin die Reise geht[266]. Gerade Besants Überzeugung von der absoluten Willensfreiheit[267] signalisiert die paradigmatische Gegensätzlichkeit zu kreuzestheologischem Verständnis menschlicher Freiheit und

---

260 Christentum, 125.
261 Vgl. Christentum, 126, auch 117. Vorbedingung dieser Geburt sei, dass man ein „Chrestos" (nämlich ein „guter Mensch") geworden ist (117) – diesen Begriff verwendet Besant also ganz anders als Blavatsky!
262 Vgl. Christentum, 127.
263 Christentum, 125. Man ist dann „der triumphierende Meister, das Band zwischen Gott und den Menschen" (129).
264 Vgl. Besant/Leadbeater, Mensch, 3 und 9. Der Mensch gilt als ein Gott „im Werden" (ebd. XIII).
265 Weisheit, 125.
266 Mit zunehmender Erkenntnis wird der Mensch schließlich „Herr seines Schicksals" (Vorträge, 89), nachdem er es vorher bereits im negativen Sinn war, indem er karmisch Schuld auf sich lud. Vgl. auch Besant/Leadbeater, Mensch, 12.
267 Vgl. z. B. Weisheit, 160 f. Der freie Wille ist es, der Karma-Schuld anhäuft (195).

Bestimmung. Neutestamentlich ist wirklich frei, wen der Sohn frei macht (Joh 8,36), wobei mit dem Sohn der Fleisch gewordene Logos als der geschichtliche Christus Jesus gemeint ist: Die heilsame Inklusivität seiner Geschichte bedeutet, dass sie „als Anfang und Ende der Geschichte eines jeden Menschen zur Geltung kommt."[268] In seiner gottgegründeten und durchs Kreuz zu Gott führenden Geschichte offenbart sich Jesus als der Christus, der Offenbarer der unbedingten Liebe Gottes mit ihrem Zuspruch und Anspruch: „Nicht in dem, was er getan hat (Werk), sondern in dem, was er ist (Person), liegt unser Heil." Wie anders wird in der Theosophie Besants die Geschichte Jesu als die eines von vielen „Christussen", ja überhaupt *als* Geschichte mit ihrem bloß schattengleichen Realitätswert relativiert! Besants „geschichtlicher Christus" ist in keiner Weise geeignet, als Person Heilsmittler zu sein und so Gottes Wirklichkeit kognitiv wie affektiv zu erschließen. Lediglich als eine Verkörperung einer „Fundamentalwahrheit der Natur"[269] kommt er in den Blick, um als solche dem Konzept spiritueller Autonomie dienstbar gemacht werden zu können.

Wenn Besant in diesem Zusammenhang von Jesus als dem „letzten göttlichen Lehrer als dem Vertreter des Logos" spricht[270], so meint sie lediglich den bis dahin letzten in der Reihe vieler Repräsentanten oder Inkarnationen des durch die Sonne Symbolisierten. Da sie mit einem periodischen Erscheinen solcher „Boten" rechnet – nämlich alle 2000 Jahre im Sinne einer „entwicklungsgeschichtlichen Notwendigkeit" –, steht die erneute „Parusie" des Christus als des von Blavatsky angekündigten „geistigen Christos"[271] für sie nahe bevor. Diese Nähe wird allerdings um der „apokalyptischen" Stimmung willen manipulativ gesteigert mit Hilfe der erwähnten, äußerst gekünstelten Zurückdatierung des Lebens Jesu um 105 Jahre[272]. Demnach müsste der neue Weltenheiland um 1895 geboren – also damals bereits unerkannt zugegen sein! Nur okkultes Hellsehen vermag ihn zu identifizieren – und hier tut sich nun ihr Mitarbeiter Leadbeater hervor. Mit „absoluter Sicherheit" verkündet er den „kommenden Christus" als den göttlichen Maitreya, der in Jesus gewirkt habe und ab und zu Religionen zu gründen beauftragt sei: „Die Zeit seiner Ankunft ist nicht

---

268 Dalferth, Relevanz, 193. Nächstes Zitat 194.
269 Vgl. Besant, Christentum, 113 f.
270 Ebd. 113. Ihre Grundauffassung bleibt auch 1909 konstant (Changing World, 134 f.), als der Konflikt mit Rudolf Steiner offen ausgebrochen ist: Den Logos nennt sie den „Supreme Teacher", „who is the Teacher of all, whether in the body of flesh or outside of it as spiritual intelligences; there is no other Teacher in earth or heaven above that mightiest One who fills this supreme office" (137).
271 S.o. S. 121; und vgl. Matzka, Theosophie, 74.
272 Zu dieser Jesus-ben-Pandira-Hypothese vgl. ausführlicher Leadbeater, Leben, 184, wo zugleich ein „fanatischer Prediger" als vom Evangelisten Matthäus auf Jesus bezogener, um 30 n. Chr. Umgebrachter ins Spiel kommt. Im Talmud ist von einem Jesus ben Pandera die Rede – gemeint ist in der Tat Jesus von Nazareth (dazu Samuel Krauss: Das Leben Jesu nach jüdischen Quellen, Berlin 1902).

mehr fern, und selbst der Körper, dessen Er sich bedienen wird, wurde schon unter uns geboren."[273] 1909 gibt er zusammen mit Besant den offenbarenden Hinweis auf den am 11. Mai 1895 geborenen Sohn des Sekretärs der Theosophical Society in Adyar, den Hindu-Knaben Jiddu Krishnamurti[274]. Es sei klar, dass der Christus „wieder in der Menschheit auftreten wird, um eine neue Glaubensform zu gründen" – nämlich eine Welteinheitsreligion[275]!

Besant adoptiert den Knaben und gründet 1911 zwecks Propaganda und Einstimmung auf den sich in ihm in baldiger Zukunft offenbarenden Christus den „Order of the Rising Sun", der kurz darauf umbenannt wird in „Order of the Star in the East". Der Misserfolg aber ist am Ende ein doppelter. Die erste große Wirkung besteht im Protest und in der letztendlichen Abspaltung des größten Teils der deutschen Theosophen unter der Führung Rudolf Steiners[276], wogegen auch ihr eindrucksvoller, noch einmal die Metapher des „kosmischen Christus" benutzender Vortrag von 1912 vor der Generalversammlung der Theosophischen Gesellschaft in England und Wales unter dem Titel „Aspects of the Christ"[277] argumenta-

---

273 Leadbeater, Leben (ca. 1910), 33. Leadbeater selbst war einige Jahre Priester der anglikanischen Kirche gewesen, bevor er Ende 1883 Mitglied der Theosophical Society und Schüler Blavatskys wurde (dazu seine Schrift „How Theosophy Came to Me", Adyar 1930). Dort spielte er zunehmend eine ebenso zentrale (entsprechend auf ihn hin orientiert fällt der Art. „Theosophie" im „Handbuch Esoterik", hg. von D. Harvey, München 1987, 255 f., aus) wie problematische Rolle. Eines seiner wichtigsten Werke heißt „An Outline of Theosophy" (London 1902). Über sein Leben informiert Gregory Tillett: The Elder Brother. A Biography of Charles Webster Leadbeater, London u. a. 1982; ders.: Charles Webster Leadbeater, 1854–1934. A Biographical Study, phil. Diss. Sydney 1986.
274 Stark von Besant geprägt, vertritt Krishnamurti nach seiner inneren Ablösung von ihr bis zu seinem Tod 1986 einen vom Autonomiegedanken getragenen Pantheismus (vgl. H. W. Schomerus, Art. Krischnamurti, RGG² Bd. 3, Tübingen 1929, 1320 f.; Vanamali Gunturu: Jiddu Krishnamurti Gedanken aus der phänomenologischen Perspektive Edmund Husserls [Europäische Hochschulschriften 20/565], Frankfurt/M. u. a. 1998). Biografie und Denken sind gut erschlossen: Vgl. Mary Lutyens: Krishnamurti, München 1981; Pupul Jayakar: Krishnamurti. Leben und Lehre, Freiburg i. Br. 1988; ferner Campbell, Wisdom, 147 ff.
275 „Dieser Versuch ist zu verstehen als Ausdruck der angestrebten ‚Synthese der Weltreligionen und Religionsstifter in einer theosophischen ‚Welteinheitsreligion'" (Ruppert, Christus, 236). Vgl. auch Besant, Changing World, 130, die „the coming race" als „the builder of a universal religion" benennt.
276 Zu diesen Vorgängen (1912/13) s. u. Kap. IV.2 + 3. Von daher mag sich ein Stück weit auch Besants Zorn auf die Deutschen erklären, der im Verlauf des Weltkriegs zum Ausdrucks kam (vgl. Karl Rohm: Die Truggestalt Annie Besant, Lorch 1916, 50 und 55 ff.).
277 Vgl. Annie Besant: Aspects of the Christ, Adyar 1912; deutsch: Christus von verschiedenen Standpunkten aus betrachtet, Colmar 1913. Dieser Vortrag vom 13. Juli 1912 ist 1913 auch in französischer Sprache erschienen. Was die Abspaltung betrifft, so waren die Würfel bereits vor dem Erscheinen der Übersetzungen gefallen. Doch hätte der Inhalt der Ausführungen Besants ohnehin kaum noch etwas

tiv nichts mehr ausrichten kann. Und die letzte Konsequenz besteht in der Auflösung des Ordens durch sein Oberhaupt Krishnamurti persönlich[278] im Jahre 1929 – also noch zu Lebzeiten der frustrierten, entsprechend geschwächten[279] Besant. Dass beide ebenso prekären wie gravierenden Ereignisse im Grunde mit Besants aporetischen Verständnis des „kosmischen Christus" zusammenhängen, wird der theosophischen Führerin wohl kaum mehr bewusst[280], ist aber auch der akademischen Forschung bislang nicht hinreichend deutlich geworden.

### 3. Exkurs: Kennt die christliche Theosophie den Begriff des „kosmischen Christus"?

Der Ursprung des Begriffs „Kosmischer Christus" in der modernen nicht- bzw. nachchristlichen Theosophie ist damit aufgezeigt. Wie aber steht es mit der reichen Tradition christlicher Theosophie[281] – von ihren Ursprüngen im spätantiken Gnostizismus über ihre Ausformungen im Renaissancezeitalter, in der frühen und späteren Neuzeit bis hin zu ihren Ausläufern im 20. Jahrhundert, wie sie vor allem in der russischen Sophiologie begegnen? Dass die „Sache" kosmischer Christologie auf diesem Feld in mancherlei Variationen anzutreffen ist, unterliegt keinerlei Zweifel. Doch nicht darum, sondern um den *Begriff* des kosmischen Christus geht es hier. Und in dieser Hinsicht ist, so weit ich sehe, auf der gesamten Linie christlicher Theosophie Fehlanzeige anzumelden.

---

am Gang der Dinge zu ändern vermocht, da die Präsidentin im wesentlichen nur ihre bekannte Sicht zu untermauern und sofern aussichtslos „alle Streitfragen" in heiligen Gefühlen aufzulösen versuchte. Der „kosmische Christus" wird von ihr als der „zweite Logos" bzw. als die „zweite Person der Dreieinigkeit" bezeichnet (Christus, 12 f.): Angeblich von Hindus, Buddhisten und Hebräern gleichermaßen verehrt (19), kommt es auf seinen Namen nicht an (17).

278 Vgl. Jiddu Krishnamurti: Die Auflösung des Ordens des Sterns, Neubabelsberg 1929. Zentral sind die Sätze: „Ich behaupte, die Wahrheit ist ein wegloses Land, und man kann sich ihr auf keinem Pfade – wie er auch sei –, durch keine Religion, keine Sekte nähern. . . . Wozu also eine Organisation?" (5, 13).

279 Die alte Dame war innerlich wie äußerlich sehr betroffen, denn „the defection of Mr Krishnamurti was a blow from which she could not recover": „Yet the blow was more than she could bear" (Besterman, Mrs Annie Besant, 264).

280 Immerhin hat sie nach langjähriger Vernachlässigung des Christusthemas in ihrer letzten Zeit zu einer christlich-gnostischen Einstellung gefunden – als Mitglied der von Leadbeater initiierten „Liberal-Katholischen Kirche" (vgl. Besterman, Mrs Annie Besant, 236 und 264). Doch letztendlich lässt sich sagen, dass ihr „eine Wesenserkenntnis des Christentums so gut wie fehlt" (Gerhard Wehr: Esoterisches Christentum, Stuttgart 1975, 249).

281 „Die Theosophie, das ‚Wissen um das Göttliche', hat in Europa eine lange Tradition, die bis in die Antike zurückreicht und Anfang des 17. Jahrhunderts mit dem deutschen Mystiker Jakob Böhme ihren Höhepunkt erreichte" (I. Geiss [Hg.], Chronik des 19. Jahrhunderts, Dortmund 1993, 811).

Das erklärt sich ein Stück weit schon von daher, daß der Begriff des „Kosmischen" selbst im deutschen Sprachraum überhaupt erst ab dem 19. Jahrhundert attraktiv geworden ist. Bei Jakob Böhme taucht zwar einmal der Begriff des „Universals Christi" auf[282], doch der will mitnichten das „Kosmische" Christi, sondern spezieller das Paradies bezeichnen. Ansonsten wird Böhmes christosophisches Konzept[283] in anderer Terminologie abgefasst; und Entsprechendes gilt für die von ihm stark beeinflussten Denker Friedrich Christoph Oetinger[284] und Michael Hahn[285]. Im 19. Jahrhundert fällt der Begriff des „kosmischen Christus" nun aber auch noch nicht – weder bei den von Böhme inspirierten Philosophen F. W. J. Schelling[286] und F. von Baader noch in der Theologie.

Die um die Wende zum 20. Jahrhunderts aufsteigende russische Sophiologie, die jene Traditionslinie deutlich aufgreift, hinter der aber auch die spirituellen Gestalten der russischen Starzen des 19. Jahrhunderts stehen, scheint[287] ebenso wenig vom „kosmischen Christus" zu reden. Das hat seinen sachlichen Grund darin, dass der Hauptbezug zwischen Gott und Kosmos in den Konzepten dieser Variante theosophischen Denkens nicht eigentlich durch Christus bzw. die zweite Hypostase der Trinität hergestellt wird, sondern durch die „Sophia". Sie bedeutet seit W. Solowjow die universelle göttliche Substanz, die die gemeinsame Wesenheit der trinitarischen Personen ausmacht[288]. Als ihr Gegentyp gilt die „Weltseele", die „ers-

---

282 Vgl. Jakob Böhme: Theosophische Sendbriefe, hg. von G. Wehr, Frankfurt/M. 1996, 304. Zu Böhme sei an das im 2. Kapitel bereits Gesagte erinnert und im übrigen verwiesen auf Gerhard Wehr: Jakob Böhme. Geistige Schau und Christuserkenntnis. Zeugnisse christlicher Esoterik 2, Schaffhausen 1976.
283 Gerhard Wehr bezeichnet Böhme als „Lehrer eines universellen, den ganzen Kosmos umspannenden Christentums" (in: Jakob Böhme: Christosophia. Ein christlicher Einweihungsweg, hg. und erläutert von G. Wehr, Freiburg i. Br. 1976², 104). Vgl. ferner Schmidt-Biggemann, Philosophia perennis, 300 ff.
284 Vgl. bes. Martin Weyer-Menkhoff: Christus, das Heil der Natur. Entstehung und Systematik der Theologie Friedrich Christoph Oetingers (Arbeiten zur Geschichte des Pietismus 27), Göttingen 1990.
285 Joachim Trautwein: Die Theosophie Michael Hahns und ihre Quellen, Stuttgart 1969, bes. 140 ff. und 186.
286 Hier darf man sich nicht irremachen lassen durch Horst Fuhrmans' Behauptung einer „kosmischen Christologie" bei Schelling (in seiner Einleitung zu dem von ihm hg. Werk: F. W. J. Schelling: Über das Wesen der menschlichen Freiheit, Stuttgart 1964, 31; vgl. auch 164); siehe ferner W. A. Schulze: Kosmische Christologie? in: DtPfrBl 54, 16/1954, 363 f.
287 Die Verifikation dieser These stellt angesichts mangelnder Übersetzungen ins Deutsche bzw. Englische ein sprachliches Problem dar, wie mit Recht von M. Hailer (Weisheit, 37 f.) betont wird.
288 Vgl. Wladimir Solowjew: Schriften zur Philosophie, Theologie und Politik. Werkausgabe mit einer biographischen Einleitung und Erläuterungen von Ludolf Müller, München 1991, 72 ff. Ferner: Wladimir Szylkarski: Solowjews Philosophie der All-Einheit. Eine Einführung in seine Weltanschauung und Dichtung, 1932, 162 ff. und 408 ff.

te von allen Kreaturen, die *materia prima* und das wahre *substratum* unserer geschaffenen Welt", die eine „trügerische Darstellung der göttlichen Ganzheit" bildet und von Ewigkeit her in Gott im Zustand reiner Potenz, nämlich als verborgener Grund der ewigen Sophia existiert[289]. Die „theosophische Vernunft" weiß nun, dass die Sophia in sich „die das geteilte und zerrissene Sein der Welt einigende Macht enthält" und daher auch die Einheit wird, die Gott mit der außergöttlichen Existenz verbindet[290]. Diese Sophia „ist also der wahre Seinsgrund und das Ziel der Schöpfung – das Prinzip, in welchem Gott den Himmel und die Erde geschaffen hat." Der „kosmische Prozess" besteht in der „Verwandlung des *Chaos* in einen *Kosmos*, in einen lebendigen Leib, der fähig ist, der göttlichen Weisheit zur Inkarnation zu dienen."[291] Die Inkarnation der „Sophia" vollzieht sich auf dreifache Weise und bringt entsprechend eine dreifache Frucht, nämlich die vergöttlichte Natur als das vollkommene Weib, den Gott-Menschen als den vollkommenen Mann und die vollkommene Gemeinschaft Gottes mit den Menschen als ihre endgültige „Fleischwerdung".

Jesus Christus bildet also in diesem Konzept zwar die zentrale und vollkommene personhafte Äußerung der inkarnierten Sophia; er ist allein „wahrhaft der Gott-Mensch" und als solcher der aktive Mittelpunkt des „Organismus der gott-menschlichen Inkarnation"[292], der entscheidende Faktor in der Menschheitsentwicklung, durch den die Vereinigung der Weltseele mit der Sophia möglich wird. Aber er ist nicht die alles tragende kosmische Größe, wie sie die Sophia darstellt. Zwar vereint er als Auferstandener „mit der ganzen Fülle des inneren, psychischen Seins alle positiven Möglichkeiten des physischen Seins ohne dessen äußere Beschränkungen. *Alles Lebendige* ist in ihm enthalten, alles Sterbliche ist unbedingt und endgültig besiegt."[293] Doch er schafft das nur, indem er als zweite Person der Trinität an der Sophia partizipiert[294]. Man versteht von daher, warum in den Konzepten der Sophiologie[295] von Solowjow an über Florenskij[296] und Bulga-

---

289 Solowjew, Schriften, a. a. O. 78 f. Zur Tradition des Weltseele-Gedankens vgl. Michael Stadler: Renaissance: Weltseele und Kosmos, Seele und Körper, in: G. Jüttemann u. a. (Hgg.), Die Seele. Ihre Geschichte im Abendland, Weinheim 1991, 180–197.
290 A.a.O. 81 f. Nächstes Zitat ebd.
291 A. a. O. 85 und 87.
292 Vgl. a. a. O. 91–93.
293 A.a.O. 199.
294 Vgl. Edith Klum: Natur, Kunst und Liebe in der Philosophie Vladimir Solov'evs. Eine religionsphilosophische Untersuchung, München 1965, 79.
295 Vgl. insgesamt: Paul Evdokimov: Christus im russischen Denken, Trier 1977; W. Dietrich (Hg.), Russische Religionsdenker. Tolstoi, Dostojewski, Solowjew, Berdjajew, München/Gütersloh 1994; Tomas Spidlik: Russische Spiritualität, Regensburg 1994.
296 Vgl. Evdokimov, Christus im russischen Denken, 204 ff. Die Sophia ist für Pawel Florenskij (1882–1948) die große Wurzel der Kreatur in ihrer Gesamtheit, das göttliche Wesen der Welt, ja „schließlich die kosmische Wirklichkeit als ein Ganzes …" (212).

kov[297] bis hin zu Berdjajew[298] der gigantische Begriff des „kosmischen Christus" eigentlich keinen Ort hat – obgleich er „nicht mehr weit entfernt"[299] sein mag.

Wenn überhaupt, dann muss man nach ihm in jener ganz anderen Art christlicher Theosophie suchen, wie sie Rudolf Steiner in konstruktiv-kritischem Anschluss an die nichtchristliche Theosophie Blavatskys und Besants entwickelt hat. Häufig wird ja die „christliche" Theosophie von der „okkulten" der Moderne scharf abgehoben[300], was bereits oben am Beispiel Tillichs gezeigt worden ist. Es fragt sich allerdings, ob diese Grundunterscheidung derart radikal möglich ist. Als grobes Raster kann sie zweifellos dienen. Doch allein schon der Befund sollte stutzig machen, dass die Rede vom „kosmischen Christus" gerade im neueren „nachchristlichen" Theosophie-Typus aufgekommen ist – also nicht im „christlichen" (so gewiss dieser kosmische Christologie zu bieten hat)! Und bei näherem Hinsehen erweisen sich ohnehin beide Stränge als hermetisch durchsetzt, ja selbst traditionsgeschichtlich lassen sie sich keineswegs einfach säuberlich voneinander trennen. Es wäre eine Simplifizierung historischer Sachverhalte, wollte man auch nur hypothetisch annehmen, Blavatsky und Olcott hätten ihre Art von „Theosophie" quasi ex nihilo etabliert[301]! Dennoch wird zu fragen sein, ob das Attribut des Christlichen im Falle der okkult gefärbten Theosophie und Anthroposophie nicht vielleicht in Anführungszeichen stehen sollte – was sich nur auf Grund der dort vertretenen Christologie beantworten lassen wird.

---

297 Namentlich in Bulgakovs Werk „Du Verbe Incarne" (Paris 1934) ist die Sophia die eigentliche Quelle der Spekulation, die 1935 in Moskau als „gnostische Häresie" verurteilt wurde; dabei ist S. N. Bulgakov (1871–1944) wohl der der russischen Orthodoxie am nächsten stehende Sophiologe. Seine durchreflektierte Christologie sieht in den beiden Naturen Christi die himmlische Sophia und neben ihr die irdisch-geschaffene wirksam werden: Deren gleicher Inhalt, beider Ähnlichkeit erklären, „wie das Wort in der menschlichen Natur hypostasieren konnte. So prägt Bulgakov das Ja des Dogmas von Chalcedon" (Evdokimov, a. a. O. 221).
298 Und das, obwohl Berdjajew Steiner und Blavatsky studiert hatte!
299 Vgl. Josef Sudbrack: Mystische Spuren, Würzburg 1990, 192 f.
300 Vgl. zuletzt Ruppert, Theosophie, 9 f.; Helmut Zander: Art. Theosophische Gesellschaften, in: Arbeitskreis Neue Jugendreligionen (Hg.), Erste Auskunft „Sekten", Berlin 1994, 182–183, bes. 182.
301 Immerhin ist die Namensgebung, wie oben (S. 104) bereits erwähnt, scheinbar „ex nihilo" erfolgt: Okkult Gesonnene und Spiritisten, auf weltanschauliche Fundierung und Vereinsgründung bedacht, fanden den Theosophie-Begriff beim Blättern in einem Lexikon; die Diskussion um den allerdings *nicht grundlos* aufgegriffenen Terminus und Versuche seiner Erläuterung erfolgten nachträglich. Die Notwendigkeit einer jedenfalls auch die abendländischen Wurzeln berücksichtigenden Sicht der modernen Theosophie betont mit Recht Jörg Wichmann: Das theosophische Menschenbild und seine indischen Wurzeln, in: ZRGG 34, 1/1983, 12–33, bes. 33.

## 4. Perspektive: Die Anfänge der Begriffsgeschichte des „kosmischen Christus" als Basis ihrer Fortsetzung

Die Rede vom „kosmic Christ" ist nachchristlichen Ursprungs. Sie wurde geboren in einer Epoche, die nach tragenden Antworten auf die Herausforderung der neuen, durch die wissenschaftlichen Umwälzungen, namentlich durch die Evolutionslehre evozierten Weltanschauungsfragen suchte. Erst im Zeitalter der Moderne kreiert, steht sie definitiv in diesem geschichtlichen Kontext: Ihr liegt nicht etwa am Gedanken eines Schöpfungsmittlers, der den gleichsam deistischen Logos einer bei aller Bewegtheit in sich ruhenden, allenfalls vom (neuzeitlich ja doch kaum mehr erwarteten) endzeitlichen Untergang bedrohten Welt darstellt. Vielmehr kommt mit dem „kosmischen Christus" eine dynamische Größe in den Blick, deren Attribut ein bei aller scheinbaren Statik im Zeichen steter Bewegtheit begriffenes Universum repräsentiert. In dessen Dynamik ist der Mensch als „Mikrokosmos" integriert: Seinem Wesenskern nach selber Repräsentant des Logos, wandert er von Existenz zu Existenz; wie der Planet, auf dem er lebt, hat er sich zu reinkarnieren und damit zu entwickeln. Der Ursprung dieser Vorstellung ist älter noch als die moderne Evolutionstheorie, mit der sie erst sekundär verschmilzt[302]: Er liegt in der neuzeitlich durch C. F. Dupuis und seine Schüler vorangetriebenen Astralmythologie. Auf ihrem Fundament aufbauend entwickelt die moderne Theosophie ein nicht mehr christlich orientiertes Wirklichkeitsverständnis: An die Stelle heilsgeschichtlich-eschatologischer Zukunftserwartung tritt ein völlig anderes Zeitalterdenken, das in Anlehnung an naturhafte Zyklik das Muster gigantischer kosmischer Spiralbewegungen entfaltet[303]. Allein der Umstand, dass aus der Vorstellung zyklischen Kreisens nun eben die einer spiralförmigen Vorwärts-Rhythmik geworden ist, macht deutlich, dass der Regress auf uralte mythische Ideen in den Dienst der Moderne, nämlich ihres geradezu axiomatischen Fortschrittsdenkens gestellt ist.

Damit hängt die bewusste Abkehr der Theosophie seit Blavatsky von der reichen Tradition christlicher Theosophie zusammen. Die angloamerikanischen Böhme-Anhänger(innen) verblassen in Bedeutungslosigkeit, während sich die neue, an indischem Denken orientierte Okkult-Theosophie erfolgreich etabliert[304]. Der bewusst anti-christliche Impuls dieser modernen Theosophie[305] gründet in fundamentalen Paradigmendifferenzen[306].

---

302 Dabei gilt dann: „Human evolution is integrated into this system of cosmic and planetary evolution" (Campbell, Wisdom, 64).
303 Vgl. Bochinger, New Age, 336; auch 338.
304 Vgl. Godwin, Enlightenment, 228 ff. und bes. 244 ff.
305 Er kommt besonders deutlich im zweiten „Isis"-Band Blavatskys zum Ausdruck, der sich gegen die christliche Theologie richtet (vgl. auch Campbell, Wisdom, 35).
306 Mit Recht unterstreicht Bochinger: „Madame Blavatskys Bedeutung liegt nicht in der Weitergabe einzelner esoterischer Lehrfragmente, sondern darin, daß sie unter

Auf der Basis universalreligiöser Programmatik und kultureller Adaptionsbedürfnisse kommt es zwar vor allem unter Besants Führung zu einer freundlicheren Haltung gegenüber der christlichen Religion und zu bewussten Synkretismen, die aber über die tiefgreifenden Unterschiede im Welt-, Menschen- und Gottesverständnis nicht hinwegtäuschen dürfen.

Der Begriff des „kosmischen Christus" wird von Besant im Rahmen der hiermit umrissenen geistigen Problemkonstellation kreiert. Seine Wurzeln sind, was das Attribut der Metapher anbelangt, zutiefst astralmythologischer Natur: Mit dem „Kosmos" ist nicht unmittelbar die Welt des Menschen, sondern das astronomisch-astrologisch angeschaute Universum gemeint, das sich allerdings auf die Menschenwelt im planetarischen, aber auch im mikrokosmischen Sinn auswirkt. Impliziert ist dabei angesichts des berechenbaren Laufs der Sterne zugleich die Frage nach seinem Sinn. Insofern weist die kosmische Christologie der Theosophie immer schon ins Metaphysische. Hier kommt die Relevanz des Metaphernsubjekts ins Spiel: Der Christus repräsentiert den Logos[307]. Aber auch er gerät nach vagen protologischen Auskünften schnell in den Sog der Astralmythologie. Das zeigt sich anhand zweier mit ihm verknüpfter Zentralmotive: Sowohl das „Kreuz" als auch die „Wiederkunft" erfahren entsprechende Umdeutungen.

So pflegt man vom Kreuz in der modernen Theosophie und in den von ihr bis heute beeinflussten Bewegungen hauptsächlich in übergeschichtlichem Sinn zu sprechen. Der geschichtlich Gekreuzigte stellt demgemäß nur ein Ab- oder Schattenbild des eigentlichen „kosmischen" Kreuzes dar. Dieses wird allerdings nicht nur oberflächlich als astronomisch-geometrisches Phänomen, sondern durchaus als „Golgatha des Lebens" und als Symbol göttlich-kosmischen Opfergeistes interpretiert. Den Hintergrund dafür bilden alte Aussagen indischer[308] und kabbalistischer Religiosität.

Analoges gilt für die Umdeutung des „Wiederkunfts"- und damit des Zukunftsgedankens im Sinn der Avatara-Vorstellung. „Christus" wird

---

Verwendung verschiedenster traditionaler Vorgaben – östlicher wie westlicher, ‚esoterischer' wie ‚exoterischer' Herkunft – einen neuartigen religiösen Orientierungsrahmen erstellte, den man nun auf unterschiedlichste Weise füllen konnte" (New Age, 338).

307 Dabei wird Christus zum Symbol für die (emanatorisch entstandene) Logoshaftigkeit jeder Menschenseele, deren Wahrheit ebenso wie die des „kosmischen Christus" mystisch zu begreifen und gedanklich im Paradigma „autonomer Autonomie" zu beschreiben ist (auf eine Wiederholung von Einzelheiten des oben Dargelegten wird hier verzichtet).

308 Dass die indische Kultur zu den älteren der astrologisch aktiven zählt, wenn auch nicht zu den allerältesten (vgl. Thiede, Astrologie, 857 f.; hierin täuschte sich Blavatsky), mag zumindest indirekt mit der Anlehnung der astralmythologisch orientierten „modernen" Theosophie an ihre religiösen Strukturen zu tun haben. Vgl. im übrigen auch Arthur Drews: Der Sternenhimmel in der Dichtung und Religion der Alten Völker und des Christentums. Eine Einführung in die Astralmythologie, Jena 1923.

nach dem Schema der altindischen Avatara-Vorstellung pluralisiert, „Jesus" als einer von vielen Logos-Repräsentanten folglich relativiert. Die ehemalige Christin Besant prägt die Metapher des „kosmischen Christus" so, dass deren Gehalt nicht anders denn als „pseudo-christlich" bezeichnet werden kann: Herkömmlich christliche Symbole transportieren hier eine neue Substanz, dienen als Vehikel einer nichtchristlichen Weltanschauung.

Die Symbolanteile als solche sind es also nicht, die theologisch zu meiden wären – das wäre kurzschlüssig gedacht. Wenn es auch den Begriff „kosmischer Christus" vor Besant nicht gegeben hat, so doch seit urchristlichen Zeit die Sache kosmischer Christologie! Doch gilt es in Zeiten eines wachsenden religiösen Pluralismus, die Symbole und Metaphern auf ihren weltanschaulichen Gebrauchskontext hin in den Blick zu nehmen. Wird das gründlich getan, so werden dadurch nicht nur Missverständnisse vermieden und womöglich begriffliche Täuschungsmanöver entlarvt; vielmehr eröffnet sich damit eine dialogische Chance, über der Klärung von Äquivokationen zum Begreifen von Unterschieden voranzuschreiten und dabei das Fremde und das Eigene besser verstehen zu lernen.

Dass dieselbe Metapher unterschiedliche Bedeutungen annehmen kann, wie es ja mehrere Paradigmen und deren Untervarianten gibt, und dass daher notwendige Metaphernkritik nicht nur einen klar abgrenzbaren Konflikt zwischen christlich-theologischer Binnen- und nichtchristlicher Außenperspektive darstellt, belegt insbesondere die Fortsetzung der Begriffsgeschichte des „kosmischen Christus". Die Hauptpersonen bleiben dabei zu einem guten Teil noch im Spiel.

# IV. Aufnahme und Uminterpretation der Rede vom „kosmischen Christus" durch Rudolf Steiner

Nachdem bislang kaum bekannt gewesen ist, dass der Begriff des „kosmischen Christus" von Annie Besant geprägt wurde, hat man offensichtlich vielfach angenommen, Rudolf Steiner (1861–1925)[1] sei sein Schöpfer und Propagandist gewesen. Diesen Eindruck hat nicht nur die von Steiner inspirierte „Christengemeinschaft" gefördert, auf die im nächsten Kapitel einzugehen sein wird. Vielmehr vermittelt ihn auch die theologische Anthroposophie-Forschung: Gerade in den letzten Jahren bieten sowohl die Dissertation von Geisen als auch die Habilitationsschrift von Bannach jeweils ein längeres Kapitel unter einschlägiger Überschrift[2]; indes – bei näherem Zusehen zeigt sich, dass beide Autoren kein einziges Zitat beibringen, das Steiners Gebrauch der Metapher „kosmischer Christus" belegen würde. Und tatsächlich ist er kaum zu belegen! Gewiss finden sich bei Steiner analoge Begriffskombinationen, und in der Sache ist so etwas wie eine kosmische Christologie bzw. „Christosophie" (K. von Stieglitz) zweifelsfrei vorhanden[3]. Umso auffälliger der Befund, dass der kompakte, von Besant

---

1 Steiners Biografie ist dank intensiver Nachforschungen (vorwiegend aus den Reihen seiner Anhängerschaft), Dokumentenauswertungen (z. B. Klatt, Theosophie) und der unvollendeten Memoiren (Rudolf Steiner: Mein Lebensgang, hg. v. Marie Steiner [1925, GA 28], Stuttgart 1948) gut erschlossen. Zitabel sind bes. Gerhard Wehr: Rudolf Steiner. Leben, Erkenntnis, Kulturimpuls, München 1987; Christoph Lindenberg: Rudolf Steiner. Eine Biographie. Bd. 1: 1861–1914, Bd. 2: 1915–1925, Stuttgart 1997 (dazu Klaus von Stieglitz: Ein Werk von hohem Rang – Christoph Lindenbergs Steiner-Biographie, in: MEZW 61, 6/1998, 173–179).
2 Vgl. Geisen, Anthroposophie, 1992, 343–371; Bannach, Anthroposophie, 1998, 359–391. Entsprechendes gilt von einem kürzeren Abschnitt unter der Überschrift „Der kosmische Christus" bei Klaus von Stieglitz: Einladung zur Freiheit. Gespräch mit der Anthroposophie, Stuttgart 1996, 81 f., aber auch schon von einem Kapitel gleichen Titels bei Georg Bichlmair: Christentum, Theosophie und Anthroposophie. Eine geistige Begegnung, Wien 1950, 38 ff.
3 Bezeichnend ist die programmatische Aussage: „Die Gestalt des Christus wächst zu kosmischer Größe, indem wir sie zu erkennen versuchen mit den Mitteln, die uns der moderne Okkultismus zur Verfügung stellt" (Rudolf Steiner: Vorstufen zum Mysterium von Golgatha [1913/14], Dornach 1990³, GA 152, 147). Vgl. aus anthroposophischer Sicht Sonja Berger: Der Weg der Christus-Wesenheit in der Darstellung Rudolf Steiners. Skizzenhafter Versuch einer Zusammenschau. Sonderbeilage zum Johanni-Heft der „Mitteilungen aus der Anthroposophischen Arbeit in Deutschland", 1971.

freilich in spezieller Weise geprägte Terminus bei ihm fast nirgends vorkommt! Zeugen doch im Gegenteil die wenigen, an den Fingern einer Hand abzuzählenden Stellen, wo er im bald vierhundert Bände umfassenden Gesamtwerk[4] explizit begegnet, von inneren Vorbehalten Steiners ihm gegenüber!

Dieser Sachverhalt ist der bisherigen Forschung völlig entgangen; ihn zu erhellen, ist keine einfache Aufgabe. Im folgenden wird die These vertreten, dass Steiner sich beim Gebrauch des Begriffs „kosmischer Christus" indirekt auf dessen Schöpferin Besant bezieht, deren Buch über „Esoterisches Christentum" er ihn verdankt. Daher gilt es in diesem Zusammenhang, das ambivalente Verhältnis Steiners zu Besant, mit der ihn zwar theosophische Leidenschaft und auch Machtstrukturen verbinden, von der ihn aber nicht weniger als eine Grunddifferenz im Autonomie-Paradigma trennt, näher zu beleuchten. Angesprochen ist hiermit jene Differenz zwischen „autonomer" und „heteronomer Autonomie", die bereits im zweiten Kapitel skizziert worden ist und die sich sehr wohl auf das jeweilige Verständnis des „kosmischen Christus" auswirken muss. Anders als für Blavatsky und Besant ist für Steiner das Denken in den Kategorien einer zyklischen bzw. spiralförmig fortschreitenden Folge von entstehenden und vergehenden Universen, die alle Begriffe von Geschichte in höchstem Maße relativieren, weniger maßgebend[5]. Die Strukturen solch „autonomer Autonomie" treten für ihn in den Hintergrund, und in den Vordergrund schiebt sich die Perspektive „heteronomer Autonomie", nämlich die für

---

4 Zitiert wird im folgenden nach der Gesamtausgabe (GA, hg. von der Rudolf Steiner-Nachlassverwaltung in Dornach), und zwar unter Weglassung der oft recht langen, gern auf Vortragsorte und -Daten verweisenden Untertitel, an deren Stelle einfach das Jahr des betreffenden Vortragszyklus bzw. der Erstpublikation angegeben wird. Die Quellenlage lässt zwar unter wissenschaftlichem Aspekt in mancher Hinsicht zu wünschen übrig; für unseren Zweck ist aber die GA in ihrer vorliegenden Form hinreichend. Steiners großenteils aus Vorträgen bestehendes Gesamtwerk ist relativ gut erschlossen durch Adolf Arenson: Leitfaden durch 50 Vortragszyklen Rudolf Steiners (1930), Stuttgart 1961[2], durch Christian Karl: Handbuch zum Vortragswerk Rudolf Steiners, Schaffhausen 1991, Ergänzungsband 1993, und neuerdings bes. durch Emil Mötteli: Register zur Rudolf Steiner Gesamtausgabe. Stichwort- und Titelverzeichnis, Sachwort- und Personenregister, 4 Bde., Dornach 1998. Doch fehlt nach wie vor ein vollständiges, rundum brauchbares Stichwortregister („Christus, kosmisch" o. ä. kommt in keinem dieser Register vor!). „Wenn man bedenkt, daß immer noch an der Gesamtausgabe der Werke Steiners gearbeitet wird, so wird das Ausmaß noch zu leistender Arbeit in der Begegnung mit der Anthroposophie deutlich", betont mit Recht Reinhart Hummel: Neue religiöse Bewegungen und „Sekten", in: ThLZ 123, 4/1998, 323–334, Zitat 333.
5 Immerhin spricht er z. B. in Texten für die „Christengemeinschaft" von „aller Zeitläufte Wiederholungen" (Rudolf Steiner: Vorträge und Kurse über christlich-religiöses Wirken [1921], Bd. 2: Dokumentarische Ergänzungen, Dornach 1993, GA 343, 119).

menschliches Erkenntnisvermögen gerade noch relevant erscheinenden Konturen des einen großen Zyklus von Involution und Evolution[6], in denen sich das Herabgleiten des Kosmos in zunehmende Materialisierung und seine letztendliche Vergeistigung abzeichnen[7].

Mit diesem Konzept, das in einem weiten, spiritualistischen Sinn den Begriff der Geschichte[8] erlauben mag, erweist sich Steiner im Unterschied zu den stark von indischem Geist geprägten Führerinnen der Theosophischen Gesellschaft als Sohn des Abendlandes, beeinflusst insbesondere vom deutschen Idealismus, aber auch von gnostisch-theosophischen Strömungen des Westens[9]. Freilich hat ebenso der Gang der Geschichte seiner Zeit auf ihn gewirkt: Seine „Christosophie ist eine vielfach anlassgebundene spekulative Weltanschauung."[10] Insofern ist es angemessen, die Entwicklung seiner Überlegungen zum „kosmischen Christus" in ihrem geschichtlichen Werden differenziert nachzuzeichnen (wobei methodisch gerade nicht zwischen den Veröffentlichungen seiner Bücher und der meist späteren Publikation seiner oft internen Vorträge unterschieden wird).

---

6 Vgl. Bannach, Anthroposophie, 181; Matzka, Theosophie, 200. Nicht ein naturwissenschaftlich-materialistisches, sondern ein im Ansatz spiritualistisches – insofern übrigens viel älteres – Verständnis von Evolution herrscht hier vor (vgl. Rudolf Steiner: Wie erlangt man Erkenntnisse der höheren Welten? Dornach 1982[23], GA 10, bes. 206), wie es freilich einige Naturwissenschaftler unserer Zeit teilen (vgl. etwa Wilber, Geschichte des Kosmos, 39 ff., und andere in der Einleitung erwähnte Literatur). Die Evolution zielt laut Steiner letztendlich auf die „Umwandlung des ganzen Makrokosmos" (Rudolf Steiner: Makrokosmos und Mikrokosmos, Dornach 1988[3], GA 119, 257).

7 Dabei fallen beim Paradigma spiritueller Autonomie – wie dargelegt – letztlich Kosmologie und Anthropologie in eins. „Autonomie" jedenfalls ist von jeher für Steiner ein zentrales Thema, auch wenn er den Begriff kaum verwendet: „Das wichtigste Problem alles menschlichen Denkens ist das: den Menschen als auf sich selbst gegründete, freie Persönlichkeit zu begreifen" (Rudolf Steiner: Wahrheit und Wissenschaft. Vorspiel zu einer ‚Philosophie der Freiheit' [1892], Dornach 1980[5], GA 3, 92).

8 Ein indirekter Effekt der positiveren Einstellung Steiners zur Geschichte dürfte es sein, dass er – im Unterschied zu Blavatsky und Besant – in der zehnbändigen, von G. Mann hg. Propyläen-„Weltgeschichte" (Bd. 9, 1964, 639) Erwähnung findet.

9 Dies betont Gerhard Wehr: Kontrapunkt Anthroposophie. Spiritueller Impuls und kulturelle Alternative, München 1993, 28. Doch Wehr übertreibt, indem er der anglo-indischen Theosophie schlicht „die" abendländisch-christliche Theosophie gegenüberstellt und so Steiner in einer Linie mit J. Böhme, F. Ch. Oetinger und M. Hahn sieht. Das Abendland kennt im theosophischen Denken durchaus divergente Strömungen; Steiner gehört mehr in die Traditionslinie rosenkreuzerisch-freimaurerischer Richtungen.

10 Klaus von Stieglitz: Die Christosophie Rudolf Steiners. Voraussetzungen, Inhalt und Grenzen, Witten 1955, 240. Der Begriff der „Christosophie" soll übrigens die Einbindung der Christologie in die Systematik moderner Theosophie anzeigen, aber nicht etwa eine Verwandtschaft der Steinerschen Konzeption mit älteren christlichen Sophiologen.

## 1. Steiners Entfaltung einer kosmischen Christosophie unter Absehung von der durch Besant geprägten Metapher

Wer nur den Theosophen bzw. Anthroposophen Steiner ab der Jahrhundertwende wahrnimmt, der unterschätzt sowohl das Denkniveau des philosophisch Promovierten[11] als auch die geistigen Prämissen seiner der Adyar-Theosophie zu einem Gutteil verwandten, schließlich aber doch von ihr wegführenden Entscheidungen. Wahrscheinlich hatten den Knaben okkulte Erlebnisse[12], katholischer Kultus und – vom freigeistigen Vater gefördert – technische Interessen geprägt. All dies floss in der Adoleszenz zusammen zu einem intensiven Fragen nach der erforschbaren Einheit von sinnlicher und übersinnlicher Wirklichkeit. Dass nicht Kant mit seinem Dualismus von „Ding an sich" und Erscheinung ihm hier weiterhelfen konnte, sondern der entschieden über Kant hinausschreitende Fichte mit seinem in geistiger Autonomie gründenden Monismus, realisierte bereits der Achtzehnjährige[13]. In einem erhaltenen Teilmanuskript mit erkenntnistheoretischen Reflexionen knüpft er an Fichtes Wissenschaftslehre von 1794 an, um sich der Idee des „reinen Ich" in seiner Absolutheit zu widmen, welches nicht in seinem Sein, sondern nur in seinem Tun wahrnehmbar ist. Dieses Tun aber – darin versucht er über Fichte bereits hinauszudenken – kann sich nicht im Setzen des Ich erschöpfen, sondern ist in verschiedener Weise zur Welt hin gewandt.

Wurde „kosmisches" Denken durch Fichte gefördert[14], bei dem sogar schon der für Theosophie und Anthroposophie zentrale Entwicklungs- als Fortschrittsgedanke auftaucht[15], so war Steiners baldiges Einbeziehen

---

11 Dies schärft die Habilitationsschrift Bannachs ein (Anthroposophie, bes. 402 u. ö.); vgl. auch Ringgren, Art. Anthroposophie, 17.
12 Vgl. bes. Christoph Lindenberg: Rudolf Steiner. Eine Chronik, 1861–1925, Stuttgart 1988, 33.
13 Vgl. – auch zum folgenden – Lindenberg, Steiner Bd. 1, 80 ff.
14 Nach Fichte gilt: „Der Mensch als denkende Intelligenz ist Urheber der Ordnung und Harmonie im Weltall" (Ernst von Bracken: Meister Eckhart und Fichte, Würzburg 1943, 471). Wie Fichte in der „Anweisung zum seligen Leben" identitätsphilosophisch erläutert, *äußert* sich Gott selbst als – wiederum ungewordenes – „Dasein", das durch das Sein als Form absolut gesetzt ist; aber nur menschliche Beschränktheit unterscheidet Gottes äußeres und inneres Dasein überhaupt (Johann Gottlieb Fichte: Bestimmung des Menschen. Anweisung zum seligen Leben, hg. v. A. Messer, Berlin 1922, 306 ff.). Dass das als *lebendige* Substanz zu begreifende „Absolute ins Unendliche sich gestaltet", beschreibt Fichte ebd. unter Rückgriff auf die kosmischen Logos-Aussagen von Joh 1, um von hier aus eine Spaltung in fünf differente Ansichtspunkte der Realität zu lehren, auf die weiter unten zurückzukommen sein wird. Nicht ganz grundlos ordnet Steiner Fichte der „Theosophie in Deutschland" (1906) zu (Rudolf Steiner: Philosophie und Anthroposophie. Gesammelte Aufsätze 1904–1918, Dornach 1965, GA 35, 43 ff., bes. 52 ff.).
15 Vgl. Fichte, Anweisung, 315.

Schellings[16] und Hegels[17] nur folgerichtig. Zwar waren diese Philosophen von der Idealismuskritik damals weitgehend überholt; doch ab der Mitte des 19. Jahrhunderts hatte der aufblühende Spiritismus, namentlich im Zuge seiner beginnenden wissenschaftlichen Erforschung[18], allem Spiritualistischen in einer Art Gegenreaktion wieder Auftrieb verschafft. Diese Entwicklung nahm namentlich in Fichtes Sohn Hermann Immanuel Gestalt an, mit dessen die Autonomie der Subjektivität im spirituellen Sinn herausarbeitenden Werk sich Steiner nicht minder eingehend befasste[19].

Von daher ergab sich bei ihm die Pointe, dass er gerade als studierter Naturwissenschaftler[20] der materialistischen Weltbetrachtung abgeschworen und sich als Geisteswissenschaftler verstehen gelernt hatte[21] – wobei er

---

16 Vgl. dazu Bannach, Anthroposophie, bes. 134 f.
17 Fichte und Hegel betrachtet Steiner alle als „Theosophen" (vgl. Rudolf Steiner: Lucifer-Gnosis, 1903–1908. Grundlegende Aufsätze zur Anthroposophie und Berichte aus den Zeitschriften ‚Lucifer' und ‚Lucifer-Gnosis', Dornach 1987, GA 34, bes. 497 f.). Dass Hegel immerhin für seine Verlebendigung der Spinozaschen Substanzlehre auf Impulse der Theosophie Oetingers zurückgriff, zeigt Peggy Cosmann: Der Einfluß Friedrich Christoph Oetingers auf Hegels Abrechnung mit Spinoza. Die Selbstbewegung des Absoluten vs. bestimmungslose und unlebendige Substantialität, in: ZRRG 50, 2/1998, 115–136.
18 Vgl. Thiede, Esoterik, 47.
19 Vgl. bes. Wolfgang Klingler: Gestalt der Freiheit. Das Menschenbild Rudolf Steiners, Stuttgart 1989, 89 ff. und 214 f. Fichtes Sohn führt die idealistische Ich-Philosophie des Vaters zu einem monistischen Spiritualismus weiter, der im Spätwerk unter freilich nicht unkritischer Heranziehung des Spiritismus die „Geisterwelt des Universums", bis hinauf zu dem allbefassenden Urgeiste" in das evolutive Denken einbezieht (vgl. Immanuel Hermann von Fichte: Der neuere Spiritualismus, sein Werth und seine Täuschungen. Eine anthropologische Studie, Leipzig 1878, 76, ferner 84, 92 u. ö.).
20 Steiner hat sein Studium der Physik, Botanik, Zoologie und Chemie samt Mathematik nie abgeschlossen – schon deshalb sollte man seine geistigen Leistungen weniger dem „Naturwissenschaftler" zuschreiben (gegen Bannach, Anthroposophie, 13 f.); vielmehr ist daran zu erinnern, dass er Theosoph eigentlich war als „Geisteswissenschaftler"! Das stimmungsmäßige Umfeld für eine Synthese von beidem war freilich damals unter den Gebildeten ein günstiges: Vgl. Andreas Daum: Das versöhnende Element in der neuen Weltanschauung. Entwicklungsoptimismus, Naturästhetik und Harmoniedenken im populärwissenschaftlichen Diskurs der Naturkunde um 1900, in: V. Drehsen/W. Sparn (Hgg.), Vom Weltbildwandel zur Weltanschauungsanalyse. Krisenwahrnehmung und Krisenbewältigung um 1900, Berlin 1996, 203–216.
21 Seine konstruktivistisch reflektierte „Erkenntnistheorie ... begründet die Überzeugung, daß im Denken die Essenz der Welt vermittelt wird" (Wahrheit, GA 3, 85). Dabei sieht er weder einen objektiven noch einen subjektiven Idealismus im Recht, „denn diese sind ihrem gegenseitigen Verhältnis nach wesentlich erst im Denken bestimmt" (87). Seine These, dass Metaphysik erst mit Hilfe der Erkenntnistheorie begründet werden kann (89), lässt sich allerdings auch auf den Kopf stellen, wie seine weiteren Ausführungen über die „gesetzmäßige Harmonie, von der das Weltall beherrscht wird" (90), ungewollt illustrieren. Schließlich gilt: „Anthroposophie bedeutet nicht nur die Pflege einer bestimmten Erkenntnisart. Sie

„Geist" nun freilich als eine andere Form von Materie auffasste, die bereits in gnostischer Tradition als eine verfestigte Gestalt von Geist galt. Ihm „materialistischen Monismus"[22] zu unterstellen, wäre pure Polemik; „spiritueller Monismus"[23] indes war sein Standpunkt von jeher gewesen und hielt sich als Kontinuum bei allen sonstigen Brüchen bis zu seinem Tod durch. Also wiederum eine Art esoterischer Pantheismus[24]!

Prägend war in dieser Hinsicht zweifellos auch der Kontakt des etwa zwanzigjährigen Steiner mit dem Kräutersammler Felix Koguzki, den er auf einer Bahnreise kennen gelernt hatte. Von diesem und einem weiteren namentlich nicht genannten „Meister" in die Geheimnisse einer ihm nun durchsichtig werdenden Natur eingeweiht, arbeitete er weiter an seiner Erkenntnistheorie, um auf diesem geistigen Weg zu Goethe und dessen ihn fesselndes, ausgesprochen pantheistisches Naturverständnis zu finden[25]. In den Jahren darauf zählte er zu den ersten Käufern der von der Theosophischen Gesellschaft herausgebrachten Literatur, die ihm zwar in ihrem Umgang mit der geistigen Welt nicht exakt genug erschien, aber doch den Wunsch nach „Einweihung" in ihm weckte und sein Christus-Bild dahingehend formte, dass die Auseinanderdifferenzierung von Jesus und Christus sich bereits abzeichnete[26]. Der 25-Jährige veröffentlichte dann ein Manuskript mit dem Titel „Grundlinien einer Erkenntnistheorie der Goetheschen Weltanschauung", in dem sein monistisches, anthropozentrisches

---

lebt auch von ganz bestimmter, inhaltlicher Erkenntnis" (Götz Harbsmeier: Anthroposophie – eine moderne Gnosis [Theologische Existenz heute 60], München 1957, 9).

22 So Mager, Theosophie, 53. Treffender ist wenig später von „einem geiststofflichen Monismus" die Rede (Arnold Stolzenburg: Art. Anthroposophie, in: RGG², Bd. 1, Tübingen 1927, 368–375, hier 374).

23 Vgl. Bernhard Grom: Anthroposophie und Christentum, München 1989, 19 ff. und 86; Geisen, Anthroposophie, 283; Lothar Gassmann: Rudolf Steiner und die Anthroposophie. Erkenntnisweg in den Abgrund, Berneck 1994, 96; von Stieglitz, Christosophie, 187 f.; Bannach, Anthroposophie, 66 f.

24 Vgl. Laun, Theosophie, 27, der ebd. angesichts seiner vorschnellen Bestreitung (vgl. etwa Rudolf Steiner: Spirituelle Seelenlehre und Weltbetrachtung [1903/04], Dornach 1986², GA 52, 56; Bannach, Anthroposophie, 147 und 150) mit Recht auf verschiedene Varianten des „Pantheismus" hinweist. So schwankt bisweilen das Urteil von Kritikern zwischen „Panentheismus" und „Pantheismus" (etwa bei Helmut Zander: Die Anthroposophie – eine spekulative Auflösung des apologetischen Problems? in: Glaube und Denken 5, Moers 1992, 142–154, bes. 146). Gemäß seinem „wahren Monismus" ist Steiner überzeugt: „Gott kann nur erkennen, wer die Welt versteht .." (Lucifer-Gnosis, 377).

25 Mit dem ehrenvollen Auftrag, am Weimarer Goethe-Archiv die naturwissenschaftlichen Schriften des Dichters herauszugeben, endete später die Studentenzeit Steiners, der seine durchaus nicht distanz- und kritiklose Goethe-Verehrung (vgl. Bannach, Anthroposophie, 51 ff.) 1897 in den Band „Goethes Weltanschauung" (GA 6) münden ließ.

26 Dazu von Stieglitz, Christosophie, 20–22 und 253 f.; ferner Geisen, Anthroposophie, 401 f.

Denken schon deutliche Konturen zeigte: „Der Weltengrund hat sich in die Welt vollständig ausgegossen; er hat sich nicht von der Welt zurückgezogen, um sie von außen zu lenken, er treibt sie von innen; er hat sich ihr nicht vorenthalten. Die höchste Form, in der er innerhalb der Wirklichkeit des gewöhnlichen Lebens auftritt, ist das Denken und mit demselben die menschliche Persönlichkeit. Hat somit der Weltengrund Ziele, so sind sie identisch mit den Zielen, die sich der Mensch setzt, indem er sich darlebt. Nicht indem der Mensch irgendwelchen Geboten des Weltenlenkers nachforscht, handelt er nach dessen Absichten, sondern indem er nach seinen eigenen Einsichten handelt."[27] Dass diese anti-theistischen, heteronome Religiosität abwehrenden[28] Überlegungen ihn später zu Nietzsche hinführen sollten[29], war wiederum konsequent. Hatte schon Fichte die christliche Schöpfungslehre monistisch negiert und hatten theosophische Ideen aus dem Umkreis Blavatskys christentumskritisch gewirkt, so entwickelte sich Steiner im Jahrzehnt vor der Jahrhundertwende zum ausgesprochenen Christentumsgegner[30].

Als er nach dem Tod Nietzsches 1900 mehrere Gedenkreden auf den Philosophen hielt, wurde er gebeten, seinen Vortrag in einem theosophischen Kreis um Sophie Gräfin Brockdorff zu wiederholen, nämlich in der Theosophischen Bibliothek zu Berlin. Inhalt und Art des Vortrags empfand man als so anregend, dass daraus eine regelmäßige Vortragsreihe wurde und die Gräfin beschloss, „das theosophische Leben, das in Berlin seit einiger Zeit geschlummert hatte, neu aufleben zu lassen"[31]. In einem ersten Zyklus sprach Steiner über die neuzeitliche Mystik des Abendlandes; die 1901 publizierten Vorträge ließen allerdings immer noch nichts spezifisch Christliches erkennen[32]. Wie also kam es, dass dann der zweite Zyklus, 1902 unter dem Titel „Das Christentum als mystische Thatsache" veröffentlicht,

---

[27] Rudolf Steiner: Grundlinien einer Erkenntnistheorie der Goetheschen Weltanschauung mit besonderer Rücksicht auf Schiller (1886), Dornach 1979⁷, GA 2, 125. In diesem Zitat fließen Impulse von Fichte, Goethe und aus der Theosophical Society zusammen. Dass übrigens Goethe nicht nur auf Spinoza, sondern auch schon auf Fichte sich stützte, zeigt Eckart Förster: ‚Da geht der Mann dem wir alles verdanken!' Eine Untersuchung zum Verhältnis Goethe – Fichte, in: Deutsche Zeitschrift für Philosophie 45, 3/1997, 331–344.

[28] Vgl. Karl Ballmer: Deutschtum und Christentum in der Theosophie des Goetheanismus (1935), Besazio 1995, bes. 11, 43 ff., 64 f.

[29] Vgl. Rudolf Steiner: Friedrich Nietzsche. Ein Kämpfer gegen seine Zeit (1895), Dornach 1963³ (GA 5).

[30] Vgl. von Stieglitz, Christosophie, 20 f.

[31] Lindenberg, Steiner Bd. 1, 314.

[32] Vgl. Rudolf Steiner: Die Mystik im Aufgange des neuzeitlichen Geisteslebens und ihr Verhältnis zur modernen Weltanschauung (1901), Dornach 1987⁶, GA 7. Selbst die Ausführungen über den so christosophisch orientierten Jakob Böhme kommen nicht auf Christus zu sprechen und schildern den Theosophen lediglich als „Organ des großen Allgeistes" (123).

plötzlich einen Jesus als dem Christus und dem Kreuz von Golgatha zugewandten Steiner präsentierte?

Auf diese Frage versuchte Steiner selbst in seinem Lebensrückblick so zu antworten, dass er zwar eine Übergangszeit der „Prüfung" einräumte, die bis zur Abfassung des „Christentum"-Buches gewährt haben soll, sich im übrigen aber um den Eindruck einer inneren Kontinuität bemühte. In der Tat hielt sich bei ihm bezüglich des christlichen Glaubens die Ablehnung heteronomer Religiosität durch, jener „Jenseitslehre im Sinne, die in den christlichen Bekenntnissen wirkte."[33] Und auch seine schon eineinhalb Jahrzehnte vorher rudimentär feststehende Unterscheidung von Christus und Jesus bedeutete ein Stück Kontinuität. Was aber führte konkret zur Reaktivierung seiner diesbezüglichen, theosophisch gefärbten Auffassung vom Christentum? Die Erklärung, dass er nun auf Menschen getroffen sei, „die ihrerseits über den Christus reden und denken"[34], dürfte kaum genügen, zumal solches Reden in den betreffenden theosophischen Kreisen gewiss kein ‚christosophisch' akzentuiertes war. Eines allerdings wird genau zu dem Zeitpunkt, als Steiner seinen zweiten Zyklus zu konzipieren begann, in der Theosophischen Bibliothek sehr wohl thematisiert[35] worden sein: Die First Lady der Theosophical Society, Annie Besant, hatte damals gerade ihr neuestes Buch „Esoteric Christianity or The Lesser Mysteries" (1901)[36] publiziert! Esoterisches (bzw. im Anschluss an das neue Mystik-Buch Steiners: „mystisches") Christentum – dass Steiner sich von den neuen Gedanken der theosophischen Führerin für seinen kommenden, im Herbst beginnenden Zyklus inspirieren ließ, liegt auf der Hand!

Aus anthroposophischer Sicht will man das bis heute nicht wahrhaben. Versicherte Steiner doch: „Was im ‚Christentum als mystische Tatsache' an Geist-Erkenntnis gewonnen ist, das ist aus der Geistwelt selbst unmittelbar herausgeholt."[37] Kritische Forschung wird freilich Steiners Voraussetzung, er habe methodisch Zugang zu höheren Welten gefunden, nicht einfach teilen können[38], sondern nach irdischen Quellen Ausschau halten müssen.

---

33 Vgl. Steiner, Lebensgang (GA 28), 323. „Ich fand das Christentum, das ich suchen mußte, nirgends in den Bekenntnissen vorhanden" (325).
34 So von Stieglitz, Christosophie, 31. Steiner selbst sagt, der wahre Inhalt des Christlichen habe sich schon in den Jahren zuvor „keimhaft" vor seiner Seele als „innere Erkenntnis-Erscheinung" entfaltet (Lebensgang, GA 28, 325 f.).
35 Steiner berichtet: „Das Studium von Blavatskys ‚Geheimlehre' betrieben nur wenige; aber in demjenigen, was nun die Nachfolgerin der Blavatsky, *Annie Besant*, als die damalige Theosophie vortrug, waren diese Menschen bewandert.." (Bedingungen, GA 258, 34 f.).
36 S.o. Kap. III.2. Wohl kaum die kleinen Vorgänger-Pamphlete von 1898, wohl aber das Buch der Präsidentin dürfte den Weg in die Berliner Bibliothek gefunden und Aufmerksamkeit erregt haben.
37 Lebensgang, 325. Ebd. bekundet er: „Ich mußte mich ... selber in das Christentum versenken, und zwar in der Welt, in der das Geistige darüber spricht."
38 Tillich wirft Steiner „unwirkliches Wissen" vor (Dogmatik, 350). In der Tat: Nach-

Mehr als fraglich ist die abweisende Auskunft des anthroposophischen Steiner-Biografen Lindenberg, „daß Steiner in keiner Weise an die üblichen Inhalte der damaligen Theosophie – Blavatskys, Sinnetts oder Besants anknüpfte. Diese theosophische Literatur war ihm damals zum größten Teil auch ganz unbekannt."[39] Denn wie bereits erwähnt, hatte Steiner schon Mitte der achtziger Jahre intensiv theosophische Literatur studiert. Sollte er nicht jetzt, da ihn theosophische Kreise anhaltend um Vorträge baten, erneut entsprechende Bücher, und zwar gerade die bekanntesten und neuesten, zur Inspiration herangezogen haben[40]?

In Frage kommt hier zweifellos auch das Buch „Die großen Eingeweihten" („Les grands Initiés")[41] aus der Feder eines Mitglieds der Pariser Theosophischen Gesellschaft und späteren Freundes Steiners, des Journalisten Edouard Schuré (1841–1929). Dass es für Steiners neue Vortragsreihe Pate gestanden haben könnte, wurde ab und an geäußert, aber von Schuré selbst und anderen Kennern später entschieden zurückgewiesen. Immerhin stand Marie von Sivers, Steiners Mitarbeiterin und spätere Gattin, damals gerade in Briefkontakt mit Schuré, dessen Werk sie schließlich auch ins Deutsche übersetzte. Aber ein inhaltlicher Vergleich zeigt, dass Steiner von Schurés äußerst erfolgreichem, bereits 1889 erschienenen Buch nur in begrenztem Maß Anregungen empfangen haben dürfte: Jesus als großen „Eingeweihten" in der Reihe anderer „Messiasse" zu deuten, war längst bekanntes, auch ihm geläufiges theosophisches Gut[42]. Inspiriert haben dürfte Steiner vor allem Schurés deutliche Akzentuierung Jesu als des größten aller Gottessöhne und seines Opfers als des „tiefste(n) der Mysterien", durch die „die Brüderlichkeit und die Initiation, einst Besitz von wenigen, über die ganze Menschheit" sich erstrecken sollten[43]. Diese Gedanken fin-

---

dem „niemand von vornherein einen Monopolanspruch auf Wahrheit besitzt, muß es einen öffentlichen Diskurs über die Kriterien geben, die uns in den verschiedenen Bereichen des Wissens über die Wahrscheinlichkeit und Unwahrscheinlichkeit von Informationen bzw. die Haltbarkeit oder Nichthaltbarkeit von Meinungen zu urteilen erlauben" (Dalferth, Gegenwart, 69).
39 Lindenberg, Steiner Bd. 1, 314 (wohl Steiners entsprechender Versicherung [Philosophie, GA 35, 178 f.] glaubend).
40 Die bisher unpublizierte Nachschrift der ursprünglichen Vorträge über „Das Christentum als mystische Thatsache" zeigt, „daß Steiner viele weitere zeitgenössische Schriften studiert hat" (Lindenberg, Steiner Bd. 1, 325). Hatte doch Steiner mit seinem neuen Thema im Unterschied zum vorigen über die neuzeitliche Mystik „ganz neue Studien" (ebd.) nötig!
41 Vgl. Edouard Schuré: Die großen Eingeweihten. Geheimlehren der Religionen. Vorwort von Rudolf Steiner, München-Planegg 1956[12]. Das französische Original erlebte Dutzende von Auflagen. Zur Person siehe Camille Schneider: Edouard Schuré. Seine Lebensbegegnungen mit Rudolf Steiner und Richard Wagner, Freiburg i. Br. 1971.
42 Vgl. Schuré, a. a. O. 415, 418 und 452. In dieser Hinsicht wird Jesu Kreuz lediglich als Prophetenschicksal eingeordnet (438).
43 Schuré, a. a. O. 432.

den sich aber auch andeutungsweise bei Besant[44], und sie werden von Steiner entschlossen herausgearbeitet[45].

In seinen Memoiren erklärt Steiner selbst zur Entstehung seines „Christentum"-Buches: „Ich hatte zum Ziel, die Entwickelung von den alten Mysterien zum Mysterium von Golgatha hin so darzustellen, daß in dieser Entwickelung nicht bloß die irdischen geschichtlichen Kräfte wirken, sondern geistige außerirdische Impulse. Und ich wollte zeigen, daß in den alten Mysterien Kultbilder kosmischer Vorgänge gegeben waren, die dann in dem Mysterium von Golgatha als aus dem Kosmos auf die Erde versetzte *Tatsache* auf dem Plane der Geschichte sich vollzogen."[46] Er fügt hinzu: „*Das* wurde in der Theosophischen Gesellschaft nirgends gelehrt. Ich stand mit dieser Anschauung in vollem Gegensatz zur damaligen theosophischen Dogmatik, bevor man mich aufforderte, in der Theosophischen Gesellschaft zu wirken." Was ist von dieser Darstellung zu halten?

Zunächst ist der Hinweis angebracht, dass die bei Steiner später zur stehenden Wendung werdende Rede vom „Mysterium von Golgatha", die er hier anführt, in der ersten Auflage von 1902 noch gar nicht auftaucht, sondern erst 1906 entwickelt wird und daher erst ab der zweiten Auflage (1910) vorkommt[47]. Aber auch abgesehen von dieser formalen Beobach-

---

44 Besant vertrat durchaus die Auffassung, dass die „kleinen Mysterien", zu denen sie das Golgatha-Mysterium zählt, der Welt bekannt gemacht werden dürfen (Christentum, 46).
45 Steiner führt allerdings den Schritt zur Veröffentlichung der Mysterienweisheit auf seine eigene Erkenntnis und Initiative zurück (Lebensgang, 348 f.) und betont: „Ich hatte auch niemand gegenüber eine Verpflichtung zur Geheimhaltung. Denn ich nahm von ,alter Weisheit' nichts an; was ich an Geist-Erkenntnis habe, ist durchaus Ergebnis meiner eigenen Forschung. Nur wenn sich mir eine Erkenntnis ergeben hat, so ziehe ich dasjenige heran, was von irgend einer Seite an ,altem Wissen' schon veröffentlicht ist, um die Übereinstimmung und zugleich den Fortschritt zu zeigen, der der gegenwärtigen Forschung möglich ist" (348). Wer Steiner diese Reihenfolge undifferenziert abnimmt, muss schon Steinerianer sein! Doch selbst zeitgenössische Theosophen bemerkten, dass er „Leadbeater, Besant usw. eifersüchtig totschwieg" und „nicht die Quellen" angab, deren er sich aus Kennersicht bediente (Brief-Zitate bei Norbert Klatt: Theosophie und Anthroposophie. Neue Aspekte zu ihrer Geschichte aus dem Nachlaß von Wilhelm Hübbe-Schleiden [1846–1916] mit einer Auswahl von 81 Briefen, Göttingen 1993, 84; vgl. auch 82 f.). Dass den seit 1900 intensiv Meditierenden reflexiv oder visionär Erkenntnisse aus seinem Unterbewusstsein aufgestiegen sind, soll nicht bestritten sein – nur deren irdische Voraussetzungslosigkeit! Entsprechende Kritik (z. B. zeitgenössisch bei Wilhelm Bruhn: Theosophie und Anthroposophie, Leipzig/Berlin 1921, 71 f.) weist Steiner als oberflächlich zurück, ohne sich freilich selbst auf eine tief gehende Auseinandersetzung einzulassen (vgl. Rudolf Steiner: Die Geheimwissenschaft im Umriß (1910), Dornach 1979$^{29}$, GA 13, 29 f.). – Steiners Rede von ,alter Weisheit' spielt übrigens wohl auf Besants Buchtitel ,Ancient Wisdom' (1897) an!
46 Lebensgang, 354.
47 Vgl. Rudolf Steiner: Das Christentum als mystische Tatsache und die Mysterien des Altertums, Dornach 1976$^{8}$, GA 8, 109.

tung lässt sich unter inhaltlichem Aspekt sagen, dass das „Kreuz auf Golgatha" 1902 fast nur auf einer einzigen Seite, der letzten des vorletzten Kapitels – also schwerlich als Skopus des Buches schlechthin – thematisiert wird[48]. Der geheime Skopus deutet sich erst am Ende des Buches an, dessen letzte Sätze lauten: „Das Christentum holte das Mysterium aus der Tempel-Dunkelheit in das helle Tageslicht hervor. Aber es verschloss zugleich die Tempeloffenbarung in das innerste Gemach, in den Inhalt *des Glaubens*." In der zweiten Auflage ist der Schlusssatz noch deutlicher formuliert: „Die *eine* gekennzeichnete Geistesrichtung innerhalb des Christentums führte zu der Vorstellung, dass dieser Inhalt in der Form des *Glaubens* verbleiben müsse." Gemeint ist mit der *einen* Richtung die nicht-esoterische. Der unausgesprochene Zielpunkt wird vollends klar, wenn man sich die von Fichte – dem für Steiner wichtigsten Philosophen, über den er 1891 auch promoviert hatte – vorgelegte Hierarchie der fünf möglichen Weltsichten vor Augen führt. Dort erhält quasi die Bronzemedaille der Standpunkt der „höhern Sittlichkeit", dem „ein Gesetz für die Geisterwelt" das absolut Reale ist und das die Menschheit zur Offenbarung des „innern göttlichen Wesens" machen will, während ihm die „Sinnenwelt" lediglich die „Sphäre für die Freiheit" ist; Exemplare dieser Ansicht finden sich in der Menschengeschichte „freilich nur für den, der ein Auge hat, sie zu entdecken."[49] Kann man hierbei an die Weltsicht von Eingeweihten denken, also an die Stufe der Mysterienkulte, so gebührt quasi die Silbermedaille der Stufe der Weltsicht der Religion, für die im Abendland ja das Christentum steht. Die Goldmedaille aber geht nach Fichte an die Weltsicht der „Wissenschaft", womit natürlich seine Lehre von der „absoluten" Wissenschaft gemeint ist, die um die Verwandlung des Absoluten ins Relative und um dessen notwendige Rückführung weiß: „Sie, die Wissenschaft, geht über die Einsicht, *daß* schlechthin alles Mannigfaltige in dem Einen gegründet und auf dasselbe zurückzuführen sei, welche schon die Religion gewährt, hinaus zu der Einsicht des *Wie* dieses Zusammenhanges: und für sie wird genetisch, was für die Religion nur ein absolutes Faktum ist. Die Religion ohne Wissenschaft, ist irgendwo ein bloßer, demohngeachtet jedoch unerschütterlicher Glaube: die Wissenschaft hebt allen Glauben auf und verwandelt ihn in Schauen."[50]

Von hier aus wird deutlich, warum Steiner seine als Theosophie[51], später als Anthroposophie bezeichnete Sache nie als „Religion", sondern immer

---

48 Steiner, Christentum, 1. Aufl., 134; vgl. noch 86 f.
49 Fichte, Anweisung, 260 f.
50 Fichte, Anweisung, 265.
51 Theosophie ist in diesem Sinn „mehr als Religion" (Rudolf Steiner: Menschheitsentwickelung und Christus-Erkenntnis [1907], Dornach 1967, GA 100, 193). Sie bedeutet des Menschen (!) „Suchen nach einer immer zunehmenden Vergöttlichung" (Spirituelle Seelenlehre, GA 52, 60), was den Weg zum Begriff der „Anthroposophie" nicht allzu weit erscheinen lässt. Entsprechend lautet die Definition

als Geistes*wissenschaft* verstanden wissen wollte[52]. Und man versteht von diesen zentralen Ausführungen seines philosophischen *spiritus rectus* her genauer, was es heißt, wenn er formuliert: „Das Kreuz auf Golgatha ist der in eine Thatsache zusammengezogene Mysterienkult des Altertums."[53] Das Kreuzesgeschehen erhält in der ersten Auflage seines „Christentums" den Rang einer „Tatsache" der „Religion", die zwar als geschichtliche[54] sich über den Mysterienkult erhebt, aber noch der höheren Stufe geisteswissenschaftlicher Reife harrt[55]. So lautet denn der letzte Satz des vorletzten Kapitels in der ersten Auflage: „Das Christentum als mystische Thatsache ist eine Entwickelungsstufe der Mysterienweisheit."[56] Diese Evolution soll – das ist impliziert – weitergehen zu der Stufe von Mysterienweisheit, die Glauben in Schauen, Dogmatik in „übersinnliche Anschauung"[57] und

---

in dem „Theosophie" betitelten Buch aus etwa derselben Zeit, es handele sich um „die über das Sinnliche hinausgehende Weisheit, welche ihm [scil.: dem Menschen] sein Wesen und damit seine Bestimmung offenbart" (Rudolf Steiner: Theosophie. Einführung in übersinnliche Welterkenntnis und Menschenbestimmung, Stuttgart 1948, GA 9, 24).

52 „Geisteswissenschaft will ja vorbereiten auf dieses Schauen, das ... auf volles Bewußtsein gebaut ist. Theologieprofessoren und andere kämpfen gegen dieses Schauen .." (Rudolf Steiner: Die neue Geistigkeit und das Christus-Erlebnis des zwanzigsten Jahrhunderts [1920], Dornach 1980³, GA 200, 113). Auf die Steinersche Methodik ist hier nicht näher einzugehen; dazu vgl. Grom, Anthroposophie, 34 ff.; Heyer, Anthroposophie, 48 ff.).

53 Steiner, Christentum, 1. Aufl., 134 (dieser Satz ist in der 2. Auflage unverändert stehen geblieben). Historisch zutreffend wäre allenfalls das Konstatieren von gewissen Einflussnahmen damaliger Mysterienfrömmigkeit auf urchristliche Vorstellungen (vgl. Söding, Wort vom Kreuz, 79 f.). Dennoch kommentiert Gassmann treffend: „Das Kreuz vom Golgatha ist nicht der Gipfelpunkt heidnischer Mysterienweisheit, sondern der schroffe Gegensatz dazu" (Steiner, 98).

54 Hier gilt es zu berücksichtigen, dass Steiner sich scharf gegen den damals sich ausbreitenden Historismus wendet: Geschichte begründet für ihn keineswegs die Dimension von untereinander relativen Ereignissen, sondern im Gegenteil die eines menschheitlichen Zusammenhangs.

55 Bezeichnenderweise kommentiert Steiner in der 1. Auflage die Entwicklung des Christentums „aus dem Mysterienwesen heraus" (123) kritisch: „Man hatte der Persönlichkeit des Menschen das entrissen, was in ihr selbst immer als Göttliches, als Ewiges gefunden worden war. Und man hat alles dieses auf Jesus abgelagert" (122). Der Schritt von der „Glaubens"-Projektion hin zur Theosophie wird hier indirekt postuliert. Ab der 2. Auflage lautet der letzte Satz freundlicher: „Und man konnte alles dieses Ewige in Jesus schauen" (151). Auf die solche Korrekturen veranlassenden Vorgänge in und um Steiner wird unten näher einzugehen sein.

56 Steiner, Christentum, 1. Aufl., 134; ab der 2. Auflage endet der Satz anders: „ ... ist eine Entwicklungsstufe im Werdegang der Menschheit; und die Ereignisse in den Mysterien und die durch dieselben bedingten Wirkungen sind die Vorbereitung zu dieser mystischen Tatsache" (165). Früher hatte Steiner das Christentum schon einmal als Entwicklungsstufe aufgefasst – allerdings in Richtung auf das „Licht der Vernunft" (vgl. von Stieglitz, Christosophie, 28 f.).

57 Ein evangelischer Theologe schreibt pseudonym: „Die christliche Dogmatik hat viel Mühe darauf verwandt, durch Definitionen und Distinktionen das Geheimnis

Dogmenhörigkeit in theosophisch-holistische Evidenz, kurz: in esoterisches Christentum[58] aufhebt, wie dies namentlich Steiners Gegenwart ermöglicht.

„Esoterisches Christentum" – so lautet nun freilich schon Besants Buch-Titel von 1901. Allein Steiners vehementer Wunsch, mit seinen Inspirationen originell zu wirken, erklärt, dass er Assoziationen an Besants damals noch nicht deutsch vorliegendes Opus gar nicht erst aufkommen lassen wollte. Seine oben zitierte Behauptung, das von ihm Gelehrte sei in der Theosophischen Gesellschaft nirgends gelehrt worden, ja er habe mit seiner Anschauung „in vollem Gegensatz zur damligen theosophischen Dogmatik" gestanden, lässt sich in dieser undifferenzierten Form unmöglich halten. Die These, „das Christentum sei aus den Mysterien hervorgegangen, die Inhalte des Christentums seien in den Mysterien bereits vorhanden gewesen und Jesus sei im Essäer-Orden herangebildet und erzogen worden"[59], wobei das Ganze von höheren geistigen Mächten gesteuert worden sei, ist fast gänzlich bereits in Besants „Esoteric Christianity" zu finden; lediglich die abwegige Annahme eines um ein Jahrhundert früher anzusetzenden Jesus entfällt bei dem die Historie ernster nehmenden Steiner[60]. Und erst recht lässt sich die Lehre, „daß in den alten Mysterien Kultbilder kosmischer Vorgänge gegeben waren, die dann in dem Mysterium von Golgatha als aus dem Kosmos auf die Erde versetzte *Tatsache* auf dem Plane der Geschichte sich vollzogen", exakt aus Besants Werk von 1901 erheben[61]. Steiner dürfte sich also sehr wohl theosophische Dogmatik angeeignet haben[62].

---

der Inkarnation gegen Missdeutungen abzusichern ... Rudolf Steiners unmittelbare übersinnliche Anschauung führt in vieler Hinsicht darüber hinaus" (Andreas Binder: Wie christlich ist die Anthroposophie? Standortbestimmung aus der Sicht eines evangelischen Theologen, Stuttgart 1989, 137).

58 Das *mystische* Christentum sucht im Innern den christlichen Gott, ohne „unbefangen" abzuwarten, was da im Innern zu schauen sei – so Steiner christentumskritisch in der 1. Aufl., 127. Hingegen heißt es erst ab der 2. Auflage geschichtsnäher (und ferner von Besants vergleichsweise geschichtsverachtender Sicht): „Der christliche Mystiker will in sich selbst die Gottheit schauen, aber er muß zu dem geschichtlichen Christus hinblicken wie das physische Auge zur Sonne .." (157) Aufschlussreich sind in diesem Zusammenhang die Interpretationen bei Christoph Lindenberg: Individualismus und offenbare Religion. Rudolf Steiners Zugang zum Christentum, Stuttgart 1995, bes. 143 f. Lindenberg kommt zu seiner Sicht auf Grund des für einen Anthroposophen mutigen Vergleichs der beiden Auflagen.
59 So fasst Lindenberg Steiners Darstellung der 1. Auflage zusammen (140).
60 Er äußert sich dazu später deutlicher (vgl. Klatt, Theosophie, 97 f.).
61 Besant spricht sogar wörtlich von den neutestamentlichen „*Tatsachen*" (Christentum, 46), die sie als solche nicht bestreiten, sondern im rechten Verhältnis zu den übergeschichtlichen Vorgängen erkannt wissen will – und dies möchte Steiner auf seine Weise nicht minder!
62 Erstaunlich viele Darstellungen der Anthroposophie – ob aus der Binnen- oder der Außenperspektive – vernachlässigen diesen Sachverhalt. Selbst die so differenzierte Studie von Stieglitz' geht fehl in dem einseitigen Befund: „Steiner erweist sich mit seiner Christus-Anschauung durchaus als unabhängig von der theosophi-

Dennoch ist er keineswegs im Unrecht, wenn er einen Gegensatz zu dieser „Dogmatik" behauptet, der bereits damals erkennbar wird und gerade im Zusammenhang mit Besants Lehre vom „kosmischen Christus" hervortritt. Insofern ist es für Steiner wohl nicht nur eine Sache des Vertuschens, sondern auch der Abwehr, wenn er zwar wichtige Strukturen der kosmischen Theosophie Besants, nicht aber den von ihr einschlägig geprägten Terminus „kosmischer Christus" übernimmt. Wie oben dargelegt, lehrt Besant den „mystischen Christus" als Logos in zweifacher Gestalt, nämlich als den im Zuge der Weltengestaltung in die Materie hinabsteigenden „kosmischen Christus" einerseits und als den sich entfaltenden göttlichen Geist im Menschen. Dabei steht für sie der „kosmische Christus" mit seiner „makrokosmischen Geschichte" im Zentrum: Ihn bilden die Mysterienkulte und die diversen Christusfiguren der irdischen Geschichte lediglich ab, um seine mikrokosmische Entsprechung im menschlichen Geist bewusst werden zu lassen. Steiner greift nun die emanatorisch-kosmische Logoslehre der Theosophie erkennbar auf: Die „überseiende Gottheit hat die weisheitsvolle Grundlage der Welt, den Logos, hervorgebracht. Ihn kann auch die niedere Kraft des Menschen erreichen. Er wird als geistiger Sohn Gottes im Weltgebäude gegenwärtig... Er kann in verschiedenen Stufen im Menschen gegenwärtig sein .."[63] Nicht nur die Entsprechung von makrokosmischem „Schöpfungswerdegang" und mikrokosmischer „Geschichte der sich vergöttlichenden Seele"[64] erinnert an Besants Darlegungen, sondern auch das behauptete „Zusammenfließen dieser Christus-Idee mit einer geschichtlichen Erscheinung, der Persönlichkeit Jesu" im Kreuzesgeschehen. Wie Blavatsky und Besant beruft sich Steiner auf Platos vorchristliche Lehre im „Timaios": „Gott hat auf den Weltleib in *Kreuzesform* die Weltseele gespannt. Diese Weltseele ist der Logos. Soll der Logos Fleisch werden, so muss er im Fleisches-Dasein den kosmischen Weltprozess wiederholen. Er muß ans Kreuz geschlagen werden und auferstehen. Als geistige Vorstellung war dieser wichtigste Gedanke des Christentums in den alten Weltanschauungen längst vorgezeichnet."[65]

Aber von hier aus denkt Steiner nun den von Besant angestoßenen Gedankengang konsequent zu Ende: Wird die kosmische Kreuzigung als heilvolles Opfer verstanden, wie das bereits bei Blavatsky anklingt und bei Be-

---

schen Lehre .." (Christosophie, 35). Treffender urteilt hingegen Laun: „Alle Hauptlehren der indischen Meister finden sich, wenn auch in manchen Punkten modifiziert, in Steiners Anthroposophie wieder" (Theosophie, 12).
63 Christentum, 1. Aufl., 126. Die Stufen-Lehre erinnert wieder an Fichtes Sätze über die Fünf-Stufen-Entfaltung des Logos im menschlichen Bewusstsein.
64 Vgl. Steiner, Christentum, 1. Aufl., 130. „Es muß sich in jeder Seele das Weltendrama abspielen" (131).
65 Steiner, Christentum, 1. Aufl., 134. Ähnlich konnte immerhin schon Justin argumentieren (vgl. Kelber, Logoslehre, 164; vgl. auch Studer, Logos-Christologie, bes. 445).

sant breiter entfaltet ist, dann muss auch die irdische Kreuzigung als geschichtliche Tatsache ein heilbringendes Opfer darstellen! Diese nahe liegende Folgerung, diese sich geradezu aufdrängende Konsequenz aus dem theosophischen Analogie-Denken wird von der Adyar-Theosophie auf Grund ihres Verhaftetseins im Paradigma „autonomer Autonomie" nicht gezogen, während sie Steiner in seiner stärker abendländischen Logik und Weltanschauung entschieden realisiert: Das Kreuz des Christus ist „als einmaliges Ereignis, das für die ganze Menschheit gelten soll"[66], zu verstehen!

Mit dem – von Besant ja nicht ganz in Abrede gestellten – Begriff der geschichtlichen „Tatsache" kommt bei Steiner ein objektivierender Zug ins Verständnis des Christus und seines Kreuzestodes hinein. Zwar sieht auch Besant, dass Jesus durch seine Opfer-Tat „ein Christus in ‚voller Gestalt' wurde" und durch Kreuz und Auferstehung „die ganze Welt einen Schritt höher gefördert" wurde; aber dies lehrt sie unter der Voraussetzung, dass derlei Aussagen für „jeden emporsteigenden Christus" gelten[67], also unter Bestreitung des neutestamentlichen, von Steiner bekräftigten Ein- für Allemal! Für sie bleibt der „kosmische Christus" entscheidend, während für Steiner der geschichtliche Christus Eigengewicht erhält.

Dies erahnend, hütet sich Steiner damals und in den unmittelbar folgenden Jahren, Besants Begriff des „kosmischen Christus" aufzugreifen, so wenig er die kosmischen Dimensionen seines Christusverständnisses abstreitet. Was 1901/02 sich allerdings bei ihm eher noch im Rahmen einer immerhin unüberhörbaren Andeutung hält, birgt in sich den Keim einer nach Entfaltung drängenden Differenz – gerade auch dann, wenn er den Begriff der „Thatsache" im Sinne des von ihm studierten I. H. von Fichte „spiritualistisch"[68] versteht. Insofern war der spätere Bruch mit der Theosophischen Gesellschaft hier bereits vorgezeichnet, kaum dass Steiner überhaupt deren Mitglied[69] und noch bevor er deutscher Generalsekretär geworden war.

Dank der anregenden Vorträge wird die Gründung der deutschen Sektion der Theosophischen Gesellschaft im Frühjahr 1902 vorangetrieben. Deren ihm angetragene Leitung zu übernehmen, entscheidet sich Steiner etwa zur Jahresmitte, als er gerade die Schlusskapitel seines „Christentum"-Buches druckfertig formuliert hat. Daraufhin macht er sich auf die Reise nach London, wo er beim Theosophischen Kongress Annie Besant

---

66 Christentum, 134. „Als Thatsache, die für die ganze Menschheit Geltung hat, mußte es der Mensch gewordene Logos durchmachen" (ebd.).
67 Besant, Christentum, 147 und 153.
68 Vgl. I. H. von Fichte, Spiritualismus, 32 (hier mit Bezug auf Jesu okkult interpretierte Auferstehung, doch sieht Steiner selbst im Geschehen von Golgatha den Kreuzestod und dessen Überwindung in eins).
69 Er wurde es am 17. Januar 1902 – kaum fünf Jahre, nachdem er großen Spott über den Realitätsgehalt theosophischer Erfahrungen ausgegossen hatte (dazu von Stieglitz, Christosophie, 29).

persönlich kennen lernt. Im August äußert er in einem Brief an den geschätzten „Senior" der deutschen Theosophen, Wilhelm Hübbe-Schleiden, er glaube, dass die Bewegung, die Blavatsky und Besant eingeleitet hätten, über beide hinausschreiten könne[70]. Im September erscheint sein Buch. Im Oktober wird – in Anwesenheit Besants – die deutsche Sektion der Theosophischen Gesellschaft gegründet; Steiner wird als Generalsekretär, Marie von Sivers mit in den Vorstand gewählt. Damals kündigt Steiner eine eigene, ihm ein Stück Unabhängigkeit sichernde Zeitschrift namens „Lucifer" an – und muss die Gründungsversammlung wegen eines Abendvortrags verlassen, nach welchem ein Begleiter ihm Differenzen zu dem zuvor von Besant Geäußerten benennt (um sie von ihm nur bestätigt zu bekommen[71])! Wenige Tage später werden er und von Sivers in die 1888/89 von Blavatsky gegründete und von Besant und Leadbeater geleitete „Esoterische Schule", einen in bzw. neben der Theosophischen Gesellschaft bestehenden inneren Zirkel, aufgenommen.

Dass die entscheidenden Differenzen christologischer Natur sind, wird Steiner selbst langsam klarer. Der einstige Christentumskritiker hat seinen Schritt hin zur „mystischen" Bejahung Christi und seines Kreuzes zwar im Zuge seiner Vorträge von 1901/02 vollzogen und öffentlich gemacht, aber in das von ihm Erkannte erst langsam wirklich hineinwachsen müssen. Die erste Auflage seines Buches von 1902 deutet das Entscheidende, wie dargelegt, überhaupt nur an. Tatsächlich liegt ein für Steiner in dieser Hinsicht zentrales, wohl visionäres Geschehen dann im Jahr 1903[72]. Das genaue Datum ist unbekannt[73]; aber die Vermutung ist nicht ganz unbegründet, dass erneut ein Zusammenhang mit Besants „Esoterischem Christentum" besteht. Denn dieses für Steiner schon 1901 offensichtlich so wichtige Buch erscheint 1903 endlich in deutscher Sprache! Bedenkt man, dass Steiner, als er im Juli 1903 auf der ersten Versammlung der „Föderation Europäischer Sektionen der Theosophischen Gesellschaft" in London in Anwesenheit Olcotts auf dem Podium seine Begrüßung in deutscher Sprache hält[74], so ist dies nur ein Indiz dafür, dass seine Englischkenntnisse ausgesprochen schlecht geblieben sind; tatsächlich mussten seine Vorträge in England

---

70 Vgl. Lindenberg, Chronik, 198.
71 Vgl. Steiner, Bedingungen (GA 258), 52 f. (auch 109).
72 In einer autobiographischen Notiz aus dem Jahre 1924 vermerkt Steiner: „1903 – Die christlichen Mysterien gehen auf". Diese Notiz wurde erst veröffentlicht (und als Faksimile abgebildet) durch Rudolf Grosse: Die Weihnachtstagung als Zeitenwende, Dornach 1976, 126. Insgesamt wird 1903 ein Jahr „der Umstellung und Neuorientierung" (Lindenberg, Steiner Bd. 1, 362).
73 Lindenberg vermerkt resignativ: „Die persönlichen Erlebnisse und Wegerfahrungen Steiners auf seinem Weg ins Christentum sind unbekannt und wohl auch unzugänglich. Vielleicht gibt es sie in dem Sinne, wie sie mancherorts vermutet werden, auch gar nicht" (Individualismus, 57).
74 Vgl. Lindenberg, Chronik, 209. Immerhin konnte Steiner leidlich englischsprachige Texte lesen.

ebenso wie seine Gespräche alle übersetzt werden. Das bedeutet, dass er 1901 das für sein Thema so maßgebliche Buch aus der Feder der bekanntesten Theosophin wohl nur rudimentär gelesen oder womöglich nur mündlich geschildert bekommen haben dürfte[75]. Jetzt, zwei Jahre später, arbeitet er es ganz durch – nicht zuletzt, um es sogleich für seine Zeitschrift zu rezensieren[76].

Gerade im Gefolge dieser (Re–)Lektüre könnte ihm aufgegangen sein, was die Analogie des ursprünglichen „Opfers" durch den „kosmischen Christus", wie es Besant im VII. Kapitel darlegt, zum irdischen Geschehen von Golgatha näherhin in sich birgt. Den „Gott, der in der Welt ausgegossen wurde" und um den er – wie oben zitiert – schon 1886 gewusst hatte, mit dem „Logos, Christus" protologisch zu identifizieren, war ihm bereits 1902 gelungen[77]. Nun jedoch verbinden sich ihm protologische und soteriologische Bedeutung keimhaft zu einer neuen mystischen[78] Synthese. Im innerlichen und äußerlichen Ringen um den Sieg spiritualistischer Weltsicht über den Materialismus beginnt er zu erahnen[79], dass das kosmische Ausgießen des Logos in die Materie als lebenstiftendes Geschehen sein spirituelles Äquivalent im Golgatha-Geschehen haben muss. Das objektive Heilsereignis des Kreuzes erstreckt sich nicht nur auf das Geistige des Menschen, sondern ebenso auf das Materielle des ganzen Planeten Erde, auf dem das Blut des Christus fließt: Es ist ein, ja der entscheidende, heilvolle Impuls für die Erdenwelt hin zur „Wiedervergeistigung"[80]! Diese Inhalte verbindet Steiner in der Folge mit dem Golgatha-Mysterium, und sie dürften ihm anfänglich aufgegangen sein in jenem hypothetisch für das Jahr 1903 zu veranschlagenden Ereignis, von dem er später mit den Worten Zeugnis ablegte: „Auf das geistige Gestanden-Haben vor dem Mysterium von Golgatha in innerster Erkenntnis-Feier kam es bei meiner Seelen-Entwicklung an."[81]

---

75 Steiner versichert im Blick auf das Jahr 1901: „Ich hatte nichts gelesen von Besant" (Bedingungen, GA 258, 35).
76 Vgl. Lucifer-Gnosis, 42 ff. Zwar lobt Steiner das Buch aus der Feder der „Seele der theosophischen Bewegung" als „lichtvoll" (45; vgl. auch 411) und „schön" (510), ja als ein Schlüsselbuch (64). Doch zweierlei fällt auf: 1. Steiner bespricht die deutsche Neuerscheinung zusammen mit dem Buch Schurés, obwohl letzteres erst 1907 in deutscher Sprache erscheinen wird; d. h. er relativiert es in geschickter Weise. 2. Selbst als Rezensent verschweigt er den von Besant geprägten und so zentral gesetzten Begriff des „kosmischen Christus".
77 Vgl. Christentum, 1. Aufl., 132. Dies wird von Lindenberg (Individualismus, 85 f.) verkannt, der hierfür erst die Jahre 1912 bis 1914 veranschlagt.
78 1904 bekräftigt Steiner das Angelus Silesius-Zitat: „Das Kreuz von Golgatha kann dich nicht von dem Bösen, / Wo nicht auch in dir wird aufgericht, erlösen" (Lucifer-Gnosis, 147).
79 Vgl. von Stieglitz, Christosophie, 32 (und 267 f. zu diversen Deutungen von Steiners Erkenntniserleben – z. B. als rosenkreuzerartige Passionsvision oder als Kampf mit geistleugnenden Mächten).
80 Grom, Anthroposophie, 88.
81 Steiner, Lebensgang (GA 28), 326.

Wenn die hiermit plausibel gemachte Hypothese zutrifft, daß für die Genese von Steiners Christosophie 1901 bis 1903 Besants Lehre vom „kosmischen Christus" in der dargelegten Weise von hoher, allerdings ambivalenter Relevanz gewesen ist, so erklärt das beides: sein auffälliges jahrelanges Verschweigen dieses Begriffs einerseits und seine eigene Ausgestaltung einer kosmischen Christologie andererseits. Und es erhellt hinsichtlich der weiteren Entwicklung außerdem, in welcher Funktion Steiner die Metapher später tatsächlich selbst aufgreift. Mit dem Jahr 1903 ist für Steiner jedenfalls restlos klar: „Der Theosoph weiß, daß im Christentum die Wahrheit ist."[82]

Andere führende Mitglieder der Theosophischen Gesellschaft teilen diese Perspektive freilich keineswegs, und dessen ist sich Steiner bewusst. Seine vorläufige Strategie gegenüber Besant als dem „spirituellen Oberhaupte"[83] der Theosophischen Gesellschaft besteht darin, leise Unabhängigkeitsbestrebungen mit der Kundgabe ernsthafter Loyalität zu verbinden. Zu dieser Loyalität ist er in seiner Position weniger äußerlich (denn der Präsident heißt ja noch Olcott), sondern vor allem gewissensmäßig verpflichtet: Die Aufnahme in die „Esoterische Schule" war mit einem Eid verbunden gewesen, der in die Worte mündete: „Ich anerkenne Annie Besant ... als Chef dieser Schule unter der Leitung der Meister und als ihren Abgesandten, den sie ernannt haben, um die Ziele zu erreichen"[84]. Die von daher geforderte und erklärbare Loyalität Steiners erhellt, weshalb er gegen seine Überzeugung von der Wahrheit des von ihm freilich esoterisch interpretierten Christentums bis auf weiteres meist so tut, als stehe das Christentum gleichwertig in der Reihe der anderen religiösen Traditionen da[85], und warum er sich hütet, die in seinem Buch angedeutete Objektivität des Heilsgeschehens von Golgatha weiter zu verbreiten oder zu konsequent zu

---

82 Steiner, Lucifer-Gnosis, 64. „Nicht das Christentum zu überwinden, sondern es in seiner Wahrheit zu erkennen, dazu ist die Theosophie da. Und Sie brauchen nichts anderes, als das Christentum in seiner Wahrheit zu verstehen, dann haben Sie die Theosophie in ihrem vollen Umfange" (Spirituelle Seelenlehre, GA 52, 84). Steiner betont, „daß die theosophische Bewegung ... die wahre, echte Gestalt des Christentums wieder gezeigt hat ..." (412).
83 So nennt er Besant in einem Brief vom 14.5.1904, wo er davon spricht, dass er sie als Leiterin der „Esoterischen Schule" aufsuchte, „um von ihr volle esoterische Autorisation für alles zu erlangen, was ich auf diesem Felde tue" (Rudolf Steiner: Zur Geschichte und aus den Inhalten der ersten Abteilung der Esoterischen Schule 1904–1914, Dornach 1984, GA 264, 54). Lindenberg vermerkt: „Die Königin der Theosophischen Gesellschaft war eindeutig Annie Besant..." (Steiner, Bd. 1, 373).
84 Nach Horst E. Miers: Lexikon des Geheimwissens, Freiburg i. Br. 1986, 135.
85 So lobt er nicht nur die entsprechenden Verlautbarungen Besants (z. B. in seiner erwähnten Rezension ihres Buches), sondern äußert sich auch selbst ganz in deren Sinne (vgl. Klatt, Theosophie, 99). So erklärt sich die unscharfe Ansicht: „Mit dem Problem der Absolutheit des Christentums quälte sich Steiner nie ab" (Heyer, Anthroposophie, 79).

vertreten, die sich für ihn zwangsläufig mit der Rede vom „kosmischen Christus" verbindet. Weiß er doch nur zu gut, dass dies sonst zu größten Konflikten mit Besant und weiten Teilen der internationalen Gesellschaft führen müsste – und das zu Zeiten, in denen seine Stellung noch keineswegs gefestigt ist, er vielmehr erst „noch die volle Weihe" benötigt[86]!

So fällt auf, dass er in einem Vortrag von Anfang 1904 das Golgatha-Geschehen im krassen Widerspruch zu seinem „Christentum"-Buch von 1902 nicht nur der damals angedeuteten Heilswirksamkeit, sondern der Bedeutungsdimension der „äußeren Tatsächlichkeit" entkleidet, um es als bloßes Symbol für das geistig wirksame Karma-Gesetz umzuinterpretieren[87]. Damit kommt er dem Wunsch der Leitung der Theosophischen Gesellschaft entgegen, denn er weiß, dass Deutschland über eine reiche theosophische Tradition verfügt, der lediglich der Reinkarnationsgedanke weithin abgeht, und den will er nun verdienstvollerweise in die deutsche Kultur und ins abendländische Christentum gezielt einbringen[88]. Ihm ist klar, dass sich das monistische Paradigma spiritueller Autonomie mit der Lehre von Karma und Reinkarnation bestens verträgt. Steht die der vollmächtigen Autonomie des Geistes implizite Substanzidentität mit dem Göttlichen für Steiner außer Frage[89], so muss er im Sinne des oben dargelegten *indikati*-

---

86 Vgl. Steiner, Geschichte (GA 264), 54. Dass er zu taktierendem Verschweigen neigt, zeigen zeitgenössische Briefe von Theosophen (vgl. Klatt, Theosophie, 82–84). Mit der Hypothese des Verschwiegenhabens soll freilich in keiner Weise in Abrede gestellt sein, dass sich bei Steiner lebenslang weitere geistige Entwicklungen ergeben haben. Doch muss erklärt werden, wieso ein 1902 bereits vorhandener und später ins Zentrum gerückter Gedanke zwischendurch für einige Jahre nicht recht nachweisbar ist.

87 Diese gekünstelte Umdeutung besagt: „Damit Menschen erlöst werden von dem Glauben, dass in äußerer Tatsächlichkeit Schuld und Sühne gefunden werden, dass sie eine Folge der äußerlich vererbten Sünde sein soll, darum nahm der Christus das Opfer des Kreuzes auf sich. ... Deshalb soll der Opfertod nicht als dasjenige angesehen werden, auf das es ankommt ..." (Steiner, Spirituelle Seelenlehre, GA 52, 81 f.). Zu Steiners Karma-Theorie vgl. U. Buermann (Hg.), Die Anschauung des Karma bei Rudolf Steiner. Ein Kompendium, 2 Bände, Stuttgart 2001.

88 So Steiner im November 1903 (Lucifer-Gnosis, GA 34, 535). Er weiß, dass das exoterische Christentum den Reinkarnationsgedanken nicht kennt, doch er betont, über das esoterische Christentum müsse es ihn im Zuge der Menschheitsentwicklung in sich aufnehmen; Vgl. Rudolf Steiner: Das christliche Mysterium (1906/07), Dornach 1981², GA 97, 19 f., 30 und 62.

89 Steiner lehrt emanatorisch: „Aus der Allseele heraus entwickelt sich das Einzelseelische ... Aus dem ewigen Ursprung erhebt sich die Seele, die selbst ewig ist" (Spirituelle Seelenlehre, GA 52, 38). „Jeder von uns ist gleichsam ein Strahl der Gottheit oder, sagen wir, ein Spiegelbild der Gottheit ... Das Gotteswesen ruht in uns, nur wissen wir nichts davon; wir müssen es aus uns selbst herausholen" (44). Lediglich platte Überzeichnungen der Identitätsthese wehrt Steiner ab – etwa dass in der „menschlichen Seele die unendliche Gottheit wohne, oder daß der Mensch selbst der Gott sei" (368). Noch der späte Steiner lehrt: „Der Vatergott träufelt gewissermaßen einen Tropfen seines eigenen Wesens, der aber im Zusammenhang bleibt

*vischen Imperativs* die evolutive „Selbstentwicklung" moralisierend postulieren, was im kosmischen Maßstab mittels der „unerbittlichen"[90] Karmagesetzlichkeit gelingt. Im Rahmen solcher Karma-Logik kann der Gekreuzigte freilich so lange, wie er nicht universalisierend-exklusiv als Heilsbringer interpretiert werden soll, nicht mehr sein als ein Symbol für nicht-heteronome Schuld-Sühne-Auffassung und ein *exemplum*[91] für die von jedem spirituell Strebenden verlangte *mortificatio*.

Nachdem Steiner im weiteren Verlauf des Jahres 1904 von Besant zum Erzlenker der ‚Esoterischen Schule' im deutschsprachigen Raum ernannt wird, beginnt er mit ihrer Erlaubnis eine selbstständigere Wirksamkeit[92]. Auf diese Weise kommt er 1905 dazu, die Heilsobjektivität des Golgatha-Mysteriums wieder ins Blickfeld zu rücken, und zwar sogar unter dem – allerdings okkult interpretierten – Stellvertretungsaspekt[93]! Dem korrespondiert die Entwicklung einer Lehre vom Sündenfall, von der luciferischen[94] Auflehnung, die in theosophischem Kontext natürlich in letztlich

---

mit dem ganzen Meere der Geistigkeit des Vatergottes, in die Wesenheit des einzelnen Menschen .. " (Rudolf Steiner: Vorträge und Kurse über christlich-religiöses Wirken IV [1923], Dornach 1994, GA 345, 63). Vgl. auch Geisen, Anthroposophie, 290; Bannach, Anthroposophie, 17 f.

90 Vgl. Steiner, Lucifer-Gnosis, 390. Insgesamt ist diese Thematik bei Steiner wissenschaftlich gut erschlossen; vgl. bes. Reinhart Hummel: Reinkarnation statt Schöpfungsglaube. Zu Rudolf Steiners und L. Ron Hubbards Entwürfen, in: H. Kochanek (Hg.), Reinkarnation oder Auferstehung. Konsequenzen für das Leben, Freiburg/Basel/Wien 1992, 100–118; Rüdiger Sachau: Westliche Reinkarnationsvorstellungen. Zur Religion in der Moderne, Gütersloh 1996, 137 ff. (149 ff. zu den „kosmischen Dimensionen"); Norbert Bischofberger: Werden wir wiederkommen? Der Reinkarnationsgedanke im Westen und die Sicht der christlichen Eschatologie, Mainz/Kampen 1996. Helmut Zander erklärt: „Steiner will den Kosmos mit dem Menschen verklammern, indem er die Reinkarnationen als einen Teil des kosmischen Prozesses liest" (Reinkarnation und Christentum. Rudolf Steiners Theorie der Wiederverkörperung im Dialog mit der Theologie, Paderborn 1995, 314).

91 Rudolf Steiner: Die Tempellegende und die Goldene Legende. Aus den Inhalten der Esoterischen Schule (1904/06), Dornach 1982², GA 93, 30: „Das Christus-Opfer ist ein Beispiel dafür, daß der Mensch aus dem physischen Leben heraus das höhere Bewußtsein entfalten kann."

92 Besant empfielt Steiner als Studienmaterial für seine Schüler ein Buch ihres Mitarbeiters Leadbeater, was der neue Erzlenker jedoch höflich, aber bestimmt ablehnt (vgl. Lindenberg, Chronik, 223). Dass sich damals bereits „trennende Wirbel" bemerkbar machen, verrät auch ein Brief M. von Sivers an E. Schuré (vgl. ebd. 219).

93 Vgl. Rudolf Steiner: Grundelemente der Esoterik (1905), Dornach 1976², GA 93a, 131–133. – Übrigens werden Steiner und von Sivers im November 1905 in die von dem Engländer John Yarker vertretene irreguläre Hochgradfreimaurerei aufgenommen, und im Rahmen der von Yarker geführten Hochgradlogen des „Ordo Templi Orientis" (O.T.O.) kann Steiner selbstständig unterrichten (vgl. Ilas Körner-Wellershaus: Anthroposophie – eine esoterische Weltanschauung, EZW-Texte: Information Nr. 119, Stuttgart 1992, 12).

94 Seither gewinnt Lucifer bei Steiner im Unterschied zu seiner Auffassung noch bei

Zur Rede vom „kosmischen Christus" bei Rudolf Steiner 175

positiver, nämlich in evolutionistischer Erlösungsperspektive geboten wird: Rebellion als Negativum, als Abstieg steht eigentlich im Dienst des Aufstiegs, des Findens zu wahrer Freiheit[95]; sie ist ein notwendiger Akt der (durch den Fall-Gedanken hier gut erkennbaren „heteronomen") Autonomie auf dem Weg zu ihrer spirituellen Vollendung.

Im Jahre 1906 ergibt sich für Steiner mit der so genannten Leadbeater-Affäre eine Gelegenheit, die Bindung an Besant weiter zu lockern. Dem mit in der Leitung der „Esoterischen Schule" tätigen Leadbeater werden sexuelle Verfehlungen im Zusammenhang mit ihm anvertrauten Jugendlichen vorgeworfen[96], und dieser Fall „wird für Rudolf Steiner zum Anlaß, immer deutlicher die von ihm vertretene rosenkreuzerische Schulung von der orientalischen und christlich-gnostischen Schulung zu unterscheiden."[97] Die Anknüpfung an die Tradition des christlichen Rosenkreuzertums bietet für Steiner seit seinem „geistigen Gestanden-Haben vor dem Mysterium von Golgatha" eine bevorzugte Möglichkeit, die erkannte Heilsbedeutung des Kreuzes wenigstens im groben Rahmen festzuhalten und theosophisch zu rechtfertigen. Das von ihm propagierte „Christentum der Zukunft" hat „ein anderes Symbol; nicht mehr den gekreuzigten Gottessohn, sondern das Kreuz, von Rosen umwunden."[98] Dass der „Impuls" in die Zukunft weiterer, auch kulturell wirksamer Vergeistigung hinein „von dem im Fleische inkarnierten Christus ausgegangen" sei[99], lehrt Steiner nun unumwunden als heilvolle Gegebenheit.

---

der Namensgebung seiner Zeitschrift einen rebellischen Zug. Doch wie die Bibel „nie isoliert vom Wirken des Teufels oder der Dämonen, sondern immer nur im Bezug auf das dieses Wirken bekämpfende und überwindende Handeln Gottes bzw. Jesu Christi" spricht (Reinhard Feldmeier: Die Mächte des Bösen. Religionsgeschichtliche, exegetische und hermeneutische Anmerkungen zu Teufel und Dämonen, in: W. H. Ritter/H. Streib [Hgg.], Okkulte Faszination, Neukirchen-Vluyn 1997, 25–38, hier 37), so auch Steiner!

95 Vgl. Tempellegende (GA 93), 27 f. 1906 heißt es mit Bezug auf Lucifer: „Das Böse ist ein notwendiger Entwicklungsgang" (Rudolf Steiner: Die Erkenntnis des Übersinnlichen in unserer Zeit und deren Bedeutung für das heutige Leben [1906/07], Dornach 1983, GA 55, 98).

96 Tatsächlich fällt auf, dass Leadbeater über Jahrzehnte hinweg immer wieder Knaben um sich scharte und sie in seinem Sinne lehrte – z. B. den Singhalesen C. Jinaradasa, der später einer der Präsidenten der Theosophical Society wurde; auch der hübsche, langhaarige Krishnamurti, der ihm beim Baden am Meeresstrand auffiel und mit dem er später zu okkulten Zwecken in einem Zimmer nächtigte, gehört in diese Reihe (vgl. Jayakar, Krishnamurti, 37 und 39; ferner 55 und 76–78).

97 Lindenberg, Chronik, 247. Vgl. Rudolf Steiner: Ursprungsimpulse der Geisteswissenschaft. Christliche Esoterik im Lichte neuer Geist-Erkenntnis [1906/07], Dornach 1974, GA 96, 138 ff. Gegenüber „gnostischer" Weltflucht betont Steiner mit dem rosenkreuzerischen Weg seine kosmophile Denkungsart.

98 Steiner, Tempellegende, GA 93, 65. Im „grünenden Reis der Rose" erblickt er ein Zukunftssymbol (vgl. 242).

99 Steiner, Tempellegende, 182 (1905).

Doch je mehr er die Objektivität des Kreuzesheils herausstellt, desto mehr tritt ein entscheidender Widerspruch zur theosophischen Reinkarnations- und Karmalehre mit ihrem Implikat der Willensfreiheit[100] hervor: Geht es dort um Erlösung, so hier um „Selbsterlösung". Als es Steiner gelingt, diesen Konflikt nicht nur deutlich zu sehen, sondern auch kognitiv zu beseitigen, ist das der entscheidende Schritt zur Festschreibung seiner Kreuzeserkenntnis, die er als „kosmische Christosophie"[101] weiter ausbaut. Gefunden hat er die Problemlösung in der Bedeutung des Begriffs „Karma", der schlicht „Tat" bedeutet. Damit kann er an sein Buch von 1902 anknüpfen: Das Christentum als „mystische Tatsache" hat seinen Kern in der Tat des Christus als positives Karma setzendem Erlösungsfaktum. Im Juni 1906 heißt es: „Das Karma und der Christus ergänzen sich wie das Mittel zur Erlösung und der Erlöser. Durch das Karma wird die Tat des Christus ein kosmisches Gesetz, und durch das Christus-Prinzip, den geoffenbarten Logos, erreicht das Karma sein Ziel, nämlich die Befreiung der Seelen zum Selbstbewußtsein und ihre Wesensgleichheit mit Gott."[102] So wird nun das Golgatha-Geschehen zur Basis kosmisch-christologischer Reflexionen – wobei zu beachten ist, dass der Kosmos nicht wie im Altertum statisch, sondern als im Werden begriffene Größe aufgefasst wird. Das bedeutet in der Konsequenz: „Das Karma und der Christus sind der Inbegriff der ganzen Evolution."[103]

Mit dieser monistisch-dynamischen Deutung des christlichen Zentralereignisses scheint Steiner die Synthese zwischen Gnadenbotschaft und Selbsterlösung gelungen zu sein[104]. Fortan lehrt er „auf der einen Seite eine Erlösung des Menschen durch sich selbst, durch sein eigenes Bemühen, durch seinen stufenweisen Aufstieg zur Freiheit im Laufe der Wiederverkörperungen", und auf der anderen Seite „die Person und das Beispiel des Christus Jesus" als „die Christus-Kraft" bzw. den erlösenden „Grundimpuls"[105]. Der Autonomie des Menschen korrespondiert die

---

100 Diese wird von Steiner ausdrücklich vertreten, wie es denn im Zeichen der Autonomie auch nahe liegt (vgl. z. B. Tempellegende, GA 93, 183).
101 Von Stieglitz, Einladung, 83.
102 Rudolf Steiner: Kosmogonie. Eine Zusammenfassung von achtzehn Vorträgen (1906), Dornach 1979, GA 94, 117. Die Christustat „schrieb sich ein in das Karma aller Menschen und ist eine Wirkung für alle Menschen" (149). Daher lebt in Christus „das ganze Erdenkarma der Menschen, er ist das lebendig verkörperte Erdenkarma.... Die Erlösung ist bei ihm zu suchen, die Erdengerechtigkeit stellt er dar" (297 f.).
103 Kosmogonie (GA 94), 116. Dass das Opfer des Logos als des kosmischen Christus das Geheimnis der Evolution sei, hatte Besant gelehrt (Christentum, 141); bei Steiner steht an dieser Stelle der geschichtlich erschienene Christus.
104 Im Oktober 1906 meint Steiner: „Die Erlösung durch Christus Jesus ist vollständig vereinbar mit dem Karmagesetz..." (Ursprungsimpulse, GA 96, 118, ebenso 117). Seine These „Das Gesetz ist durch Christus zur Gnade geworden" (Mysterium, GA 97, 164) zeigt, dass er die für Paulus grundlegende Differenz von Gesetz und Evangelium entweder nicht verstanden hat oder gewaltsam umbiegt.
105 Kosmogonie (GA 94), 116. Steiner betont hier die Willensfreiheit. Insofern täuscht

„Gnade"[106]: Die „Tat des Christus Jesus auf Erden" ist – gerade wenn Karma gute Tat sein will[107] – „eine Hilfe für alle Menschen"[108]. In dieser Kreuzestheosophie äußert sich mithin krasser (hier autonom, nicht heteronom strukturierter) Synergismus, dessen Ablehnung durch christliche Theologie keineswegs auf einem „Mißverständnis"[109] beruht, wie der Nichttheologe Steiner wähnt. Wollte schon die christologische Dogmenbildung im vierten Jahrhundert den Gedanken der „Selbsterlösung"[110]

---

sich Bannach, wenn er am Ende seiner sympathetischen Habilitationsschrift meint festhalten zu müssen: „Für die Anthroposophie kann man mit Sicherheit ausschließen, dass der Gedanke der Selbsterlösung irgendwo eine Rolle spielt ..." (Anthroposophie, 562). Zwar weist Bannach mit Recht darauf hin, dass „alles, was der Mensch tut und was er ist, das Mysterium von Golgatha zur Voraussetzung" hat (ebd.); aber das schließt den Gedanken der Selbsterlösung bei Steiner eben keineswegs aus, sondern ein. Und so ist es durchaus kein Zufall, dass noch der späte Steiner im Rahmen der „Christengemeinschaft" ausdrücklich von „Selbsterlösung" im dargelegten Sinne spricht (s. u.)!

106 Ein Anthroposoph unserer Tage formuliert: Auch wenn die Steinersche „Geistesforschung nicht fortwährend von Gnade redet, kennt sie diese als letzte Instanz" (Arnold Suckau: Anthroposophie und häretische Strömungen, in: Ders. u. a., Christentum, Anthroposophie, Waldorfschule, Stuttgart 1987³, 33–41, hier 37). Als letzte Instanz – freilich in einem synergistischen Geflecht! Kein Wunder, dass die anthroposophische Literatur den Synergiebegriff positiv wendet (dazu Zander, Reinkarnation, 258 f.)! So vertritt Hellmut Haug pseudonym die These: „Karma und Gnade sind keine Gegensätze, sondern Pole, die sich gegenseitig fordern" (Binder, Anthroposophie, 168; vgl. 180).

107 So Steiner, Ursprungsimpulse (GA 96), 306. Wenn „der Christus Jesus der ganzen Menschheit zu Hilfe kommt, so ist es sein Opfertod, der hineinwirkt in das Karma der ganzen Menschheit. Er konnte das Karma der ganzen Menschheit tragen helfen ..." (ebd.).

108 Kosmogonie, 149. Das Verständnis von Christus als dem Bringer göttlicher „Hilfe" dürfte zu den okkulten Lehren gehören, die Steiner Besant (z. B. „Changing World", 309) verdankt; es bleibt fortan charakteristisch für Steiners soteriologische Sichtweise. Von Stieglitz bemerkt treffend: „Es besteht die Gefahr, dass das entwicklungsgeprägte Karma-Denken den Menschen unfähig und unwillig macht, die Gnade Gottes in ihrer überwältigenden Fülle anzunehmen" (Einladung, 222).

109 Vgl. Steiner, Kosmogonie (GA 94), 149. Dass es bei Steiner „auf der ganzen Linie um ein Zusammenwirken von Gott und Mensch im Werk der Erlösung" geht, wird auch eingeräumt von Hellmut Haug: Die Legende von der Selbsterlösung, in: A. Suckau u. a. (Hgg.), Christentum, Anthroposophie, Waldorfschule, Stuttgart 1987³, 42–50, hier 47. Mit Recht weist Haug anbei darauf hin, dass „Synergismus" anthroposophisch nicht im Sinne quantitativ-heteronomer Logik verstanden werden darf. Das bedeutet aber nicht schon, dass deshalb der qualitativ-autonome Sinn deshalb aus theonomer Sicht gutzuheißen wäre; denn auch der stößt zu keiner konsequenten Unterscheidung von Gesetz und Evangelium durch. Bei Steiner, der nicht umsonst auf Begriff und Sache der „Selbsterlösung" insistiert (s. u.), wird also schwerlich – zumindest nicht aus evangelischer Sicht – „das wahre Verständnis des Christentums" (GA 94, 149) geboten.

110 Vgl. Alfred Adam: Lehrbuch der Dogmengeschichte. Bd. 1: Die Zeit der Alten Kirche, Gütersloh 1977³, 315 f.

abwehren, so erinnert eine gewisse Ähnlichkeit diesbezüglicher Lehrsätze Steiners mit denen des Alexandriners Arius an altbekannte Frontbildungen. Nicht zufällig entspricht bei beiden der soteriologische Synergismus einer subordinatianisch verstandenen Christologie, die den Abstieg des göttlichen Logos mit frommem, entsagendem Entgegenkommen von Seiten des Menschen Jesus korrespondieren lässt. Der Logos wird nämlich bei Arius wie bei Steiner so „Fleisch", dass er anlässlich seiner Taufe die Stelle der ekstatisch Platz machenden Seele in Jesus einnimmt und ersetzt[111].

Dass das dem kosmischen Logos Sich-Entgegen-Bewegen auf Seiten des Menschen Jesus einer langen irdischen Vorbereitung bedurfte, ist hierbei ein origineller und doch auch wieder etwas an langwierige gnostische Prozessvorstellungen erinnernder Gedanke Steiners. Er äußert ihn 1906 mehrfach, insbesondere auch in einem Vortrag am 2. Dezember 1906, in dem er zugleich erstmals explizit und eindringlich vom „Mysterium von Golgatha" spricht. Seine Kreuzestheosophie steht damals so gefestigt im Raume, dass er sie mit jenem seitdem stereotyp wiederkehrenden Begriff markiert. Diesem grundlegenden Vortrag zufolge birgt die formelhafte Rede vom „Mysterium von Golgatha" ein in sechs Punkten zu umreißendes Ideensyndrom. Erstens gilt Jesus als Mensch „in einem Zustande hoher Läuterung"[112], der damit die Fähigkeit erworben hat, „in einem gewissen Zeitpunkt seines Lebens sein Ich hinzuopfern" und durch Entweichen in astrale Dimensionen Platz zu machen „für die höhere Individualität" des Christus, des kosmischen Logos. Zweitens wird der Abstieg des Christus aus kosmischen Höhen möglichst weit zurückverfolgt. Hier wird nun wichtig, dass die Erde bereits selbst verschiedene (Wieder-)Verkörperungen evolutiv durchlaufen haben soll – als Mond, Saturn und noch früher als Sonne. Letztere war nach Steiners übersinnlicher „Forschung" ursprünglich eben kein Fixstern[113] und beherbergte so genannte Feuergeister, nämlich sehr weit entwickelte Wesen, die ihre Stufe des Menschseins längst

---

111 Vgl. Adam, Dogmengeschichte, 314 f. Die arianische Logostheologie ist unter neuplatonischem Einfluss nicht nur „radikal subordinatianisch", sondern auch – wie bei Steiner – „von vornherein unter einem kosmologischen Blickwinkel" gedacht (vgl. Jacques Liébaert: Art. Arianismus. II. Dogmatisch, in: LThK² Bd. 1, Freiburg i. Br. 1957, 845–848, bes. 846 f.). Vergleichbar mit Steiners Anthroposophie ist überdies die Annahme der Begreifbarkeit Gottes durch den Menschen (vgl. ebd. 847). Hingewiesen sei hier auf die (in der theologischen Intention nicht unproblematische) Untersuchung von Thomas Böhm: Die Christologie des Arius. Dogmengeschichtliche Überlegungen unter besonderer Berücksichtigung der Hellenisierungsfrage (Studien zur Theologie und Geschichte 7), St. Ottilien 1991.
112 Steiner, Mysterium (GA 97), 64. Nächste Zitate ebd. (64 f.).
113 Vgl. Rudolf Steiner: Aus der Akasha-Chronik, hg. von Marie Steiner, Dornach 1986⁶, GA 11, 171. (Die Vorstellung der Akasha-Chronik geht auf Blavatsky zurück: Vgl. Hauer, Anthroposophie, 89 ff.; Bernhard Maier: Die religionsgeschichtliche Stellung der Anthroposophie, München 1988, 38 ff.).

durchlaufen hatten. Einer von ihnen „war berufen, über die ganze Menschheit sein Wesen auszugießen."[114] Allerdings waren die menschlichen Seelen als substanziell von den Mondgeistern mit Ich-Vermögen ausgestattete „Teile höherer geistiger Wesenheiten" damals entwicklungsgeschichtlich noch unfähig, die „Tropfen" des „großen Feuergeistes" als ihr Geistselbst in sich eindringen zu lassen. Eine Ausnahme bildeten wenige große Religionsstifter, die das geschichtliche Christusereignis vorzubereiten hatten. Denn dank der Christus-Tat auf der Erde wurde es endlich allen Menschen möglich, die hohe göttliche Wesenheit in sich aufzunehmen. In Umdeutung des Johannesprologs erklärt Steiner: „Das göttliche Schöpferwort ist dieser Feuergeist, der seine Funken in die Menschen ausgoß."[115] Auf die rhetorische Eingangsfrage, „wer der Christus war", wird also damals geantwortet: einer der evolutiv weit vorangeschrittenen Feuergeister, ein Sonnengeist[116]! Er wird zwar mit dem Logos von Joh 1 identifiziert, doch nicht, um Schöpfungsmittlerschaft im Sinne der Alten Kirche auszusagen, was im monistischen Denkhorizont wenig Sinn machen würde, sondern um einen evolutiv wesentlich voranbringenden „schöpferischen" Impuls zu kennzeichnen. Nur wenn man von der Differenz zum christlichen Schöpfungsglauben absieht, kann man sagen, Steiner gewinne hier Anschluss an frühkirchliche Traditionen. Jedenfalls besteht eine innere Strukturverwandtschaft seiner „Engelchristologie"[117], die den „Christus" lediglich als ein hohes Engelwesen auffasst, zu der des vom 1. Ökumenischen Konzil verworfenen Arius[118].

---

114 Mysterium (GA 97), 67. Steiners Darstellung wird hier etwas verkürzt wiedergegeben.
115 Mysterium, 68 f. Es sei daran erinnert, dass die moderne Theosophie den Schöpfungsgedanken nur auf niedrigerer Emanationsstufe kennt; entsprechend muss Steiner den Sinn des Prologs umbiegen.
116 So konnte Besant den „Christus" auch noch definieren (das zeigt ein Brief Hübbe-Schleidens: vgl. Klatt, Theosophie, 196).
117 Vgl. die Studie des Anthroposophen Oskar Kürten: Der Sonnengeist Christus in der Darstellung Rudolf Steiners, Basel 1967. Kürten begründet in seiner Paraphrase der Christologie Steiners den Erzengel-Status Christi doketisch damit, dass „eine solche höchste göttliche Wesenheit, wie es der Logos ist, ... sich nicht unmittelbar in einem menschlichen Leibe verkörpern kann" (12; vgl. 57 f.). Neben bzw. über dem Erzengel-Christus glaubt Kürtens gewaltsam systematisierender Blick bei Steiner eine ebenfalls „Christus" heißende Wesenheit als „Hohen Sonnengeist" entdecken zu können; beide bilden demnach zusammen mit dem Logos eine christosophische Trias (56), die emanatorisch „von den leiblichen Hüllen des Jesus Besitz ergriffen" haben soll (53 u. ö.). Dabei wird der „kosmische Christus" primär mit dem Logos und dem „Hohen Sonnengeist" identifiziert (36 und 71). Vgl. ebenso Oskar Kürten: Jesus von Nazareth. Ein Beitrag zum Verständnis des Jesus-Geheimnisses. Mit Anhang: Der Menschensohn und der kosmische Christus, Basel 1982², bes. 83–86.
118 Ob eine solche „Engel-Christologie" etwa schon in christlichen Gemeinden der ersten Generation vertreten wurde? Diese These vertritt Martin Werner: Die Entstehung des christlichen Dogmas, Bern/Leipzig 1941, bes. 306 f. Doch „er hat nicht

Weiter folgert Steiner: Wegen der heilvoll hergestellten göttlichen Substanzgleichheit mit den Menschengeistern „müssen wir den Christus als den gemeinschaftlichen Geist der Erde auffassen." Dies macht nun den dritten Faktor im Syndrom des „Mysteriums von Golgatha" aus: Der kosmisch herabgestiegene Christus wird dezidiert als planetarische Größe fixiert. „Der Christus ist der Erdengeist, und die Erde ist sein Leib. Alles, was auf der Erde lebt und sprießt und wächst, das ist der Christus."[119] Was Mysterienschüler immer schon wussten und erfuhren – mit dem Erscheinen des Christus in Jesus wurde ihr das ganze Erlebnis „auf dem physischen Plan", in der Geschichte verwirklicht. Das gilt viertens speziell vom Ereignis auf Golgatha, das den blutigen Opfertod des vom Christus bewohnten Leibes umfasst. Mit dem Blut als dem Ort der „Selbstheit" flossen – so Steiners willkürliche Interpretation der neutestamentlichen Aussagen über das heilvolle Bluten Christi – alle „Einzelegoismen" dahin, womit die „ganze Menschheit zu einem gemeinschaftlichen Selbst geworden ist."[120]

Als Fünftes gehört zum Gesamtsyndrom ein doketischer Zug. Denn Steiner lehrt, dass der Christus den Leib Jesu schon kurz vor dessen Tod verließ: Der Schrei „Mein Gott, mein Gott, wie sehr hast du mich verherrlicht!" (so der angeblich wahre Wortlaut!) soll erfolgt sein, als der Christus Jesu Leib eben bereits zurückließ[121]. Noch immer war da soviel Kraft im Leib des Gekreuzigten, dies auszurufen[122]! – Den sechsten Punkt bildet

---

aufweisen können, dass dies auch die Absicht der neutestamentlichen Schriftsteller war", entgegnet Georg Kretschmar (Studien zur frühchristlichen Trinitätstheologie, Tübingen 1956, 221 f.). Namentlich der Hebräerbrief (1,3 f.) stellt klar, dass der das Weltall tragende Logos weit über den Engeln steht. Die dogmatische Entscheidung von Nicäa im Jahre 325 bestätigt insofern nur den Schriftbefund.

119 Mysterium (GA 97), 69. Brot als Christi Leib und Traubensaft als sein Blut werden entsprechend in naturalistischer Symbolik gedeutet (70). Die substanzontologische Analogie zwischen Christus-Ich und Menschen-Ich ermöglicht es übrigens, dass auch vom Initianten gesagt werden kann: „Der Schüler vereinigt sich dann mit dem Erdplaneten, er wird ein planetarischer Geist" (48).

120 A. a. O. 75 f. Einige Wochen später verbindet Steiner den dritten und vierten Punkt, indem er lehrt, dass mit dem Fließen des Blutes Christi in die Erde hinein sich deren Äther- und Astralleib farblich verändert habe (a. a. O. 63) – ein nicht individuell-, aber planetarisch-soteriologischer Gedanke, der öfter wiederkehren wird.

121 Dass die doketische Deutung stimmt, erweisen die späteren, auf den Christus bezogenen okkult-anthropologischen Ausführungen über die Möglichkeit, bei Herausholung des Ich den Leib intakt zurückzulassen (Rudolf Steiner: Das Johannes-Evangelium [1908], Dornach 1981[10], GA 103, 206 f.). Angemerkt sei, dass Doketismus sich systematisch nahe legt, wo der Kosmos von christlichen Spiritualisten als nur okkult zu begreifende Pluralität hierarchisch gegliederter Welten gedeutet wird (vgl. z. B. Jakob Lorber: Das große Evangelium Johannis, Bd. 1 [1851], Bietigheim 1930[5], 45 und 95).

122 Vgl. a. a. O. 76. Einige Wochen zuvor hatte er bereits im Kontext der Rede vom Kreuz behauptet, „daß der Leib eigentlich ein gleichgültiges Objekt ist gegenüber der Seele und deren Wichtgkeit" (188) – wobei gerade dieser Text zeigt, dass man

schließlich die okkulte Auffassung von der Wiederbelebung des am Kreuz zurückgelassenen Körpers als Auferstehung[123].

Dieses Syndrom also ist angesprochen, wenn von nun an bei Steiner vom „Mysterium von Golgatha" die Rede ist, wobei seine einzelnen Punkte freilich noch weiter ausgebaut und teilweise abgewandelt werden. Auffällig ist, dass Steiner nach wie vor – obgleich sich bis Ende 1906 eine ausgeweitete kosmische Christologie abzeichnet – den Begriff des „kosmischen Christus" meidet[124], selbst wenn seine Gedanken deutlich an die von Besant geprägte Metapher erinnern[125]. Die Gründe für seine Vorbehalte werden aber bereits im Ansatz erkennbar: Sie beruhen nicht allein auf formaler Konkurrenz, sondern sind konzeptioneller Natur. Steiner benutzt den Kosmosbegriff zunehmend im Sinne des „Außerirdischen", zugespitzt ausgedrückt: einer Negativfolie für die Lebenswelt Erde. Dass für ihn der Christusbegriff auf Grund seiner abendländischen Ausrichtung an die Geschichte auf dieser Erde mit ihren Einmaligkeiten gebunden ist, insbesondere ans Mysterium von Golgatha, drückt sich eben darin aus, wie er den „Christus" geradezu als Erdengeist begreift, dem die Zukunft dieses Planeten obliegt. Ihn mit dem Attribut des „Kosmischen" zu versehen, überlässt Steiner daher jenen, die keinen Sinn für die Einmaligkeit des Christusgeschehens und für den von ihm ausgehenden Erden-Impuls haben. Noch drei Jahre müssen sich die Dinge weiterentwickeln, bis sich Steiner – und dann in bezeichnender Weise – doch des einschlägigen Begriffs annimmt.

Zunächst bringt das Jahr 1907 Ende Januar ein einschneidendes Ereignis: Präsident Olcott liegt im Sterben. Als seine Nachfolgerin empfiehlt er auf angebliche Weisung der im Okkulten wirkenden Meister[126] hin Annie

---

mitnichten sagen darf: „Das Kreuzesleiden Christi als solches hat Steiner in seine Reflexion nicht mit einbezogen" (Heyer, Anthroposophie, 62).

123 Zu dieser Thematik entwickelt Steiner schließlich die Lehre vom Verschwinden des materiellen Leichnams in der sich beim Erdbeben öffnenden Erde, während die „Auferstehung" spiritualistisch-okkult sich auf innere Leibeshüllen bezieht. Eine ähnliche Auffassung konnte vereinzelt übrigens schon im 6. Jahrhundert vertreten werden: Vgl. W. Böhm [Hg.], Johannes Philoponos, Grammatikos von Alexandrien. Christliche Naturwissenschaft im Ausklang der Antike, Vorläufer der modernen Physik, Wissenschaft und Bibel. Ausgewählte Schriften, München/Paderborn/Wien 1967, 412 f.

124 Insofern ist Bannachs These missverständlich: „Die grundlegende christologische Vorstellungsfigur wird dabei für Steiner der kosmische Christus" (Anthroposophie, 361).

125 So formuliert er am 15.12.1906: „Was in dem großen Weltsinnbilde kosmisch erscheint, ist für den Christen, ins Menschliche übersetzt, die Erscheinung des Christus Jesus auf Erden ... Der christliche Esoteriker oder theosophische Christ empfindet so den Christus Jesus" (Mysterium, GA 97, 80).

126 Diverse Indizien deuten für den kritischen Beobachter darauthin, dass damals Leadbeater hinter den „Meister"-Bekundungen gesteckt haben dürfte. So scheint es kein Zufall zu sein, dass mit der Empfehlung seiner Vertrauten Besant gleich-

Besant. Steiner zeigt sich verstimmt darüber, dass Besant unter Verwendung okkultistischer Argumente alles dafür tut, um sich von vornherein die Anwartschaft auf die Nachfolge zu sichern[127]. Es ist nicht ausgeschlossen, dass er sich – auch wenn er es offiziell leugnet[128] – damals selbst Hoffnungen auf die Präsidentschaft macht[129]. Ihm ist klar, dass es hier um einen Richtungskampf innerhalb der Theosophical Society geht. In dieser Kampfzeit zeigt er unübersehbar Flagge. So macht er in einem Vortrag am 17. Februar, dem Todestag Olcotts, ganz deutlich, dass Christus „der größte der Religionslehrer"[130] sei – ein offener Affront gegen die überkommene Toleranzdoktrin der Theosophischen Gesellschaft[131]! Einige Wochen später nennt er den Christus den „höchsten inkarnierten Gott"[132], hält Vorträge über die „weltgeschichtliche Bedeutung des am Kreuze fließenden Blutes"[133] und betont unüberbietbar „die kosmische Bedeutung dessen,

---

zeitig der Rat einherging, anbei auch die Angelegenheit „Leadbeater" zu bereinigen; bereits nach Olcotts Tod äußerte Vizepräsident A. P. Sinnett Zweifel an der Authentizität der Meister-Botschaften (dazu GA 97, 269). Ferner fällt auf, dass die „Meister" im Kontext der von Leadbeater initiierten Krishnamurti-Affäre gerade zu Zeiten und an Orten „aktiv" waren, wo sich Leadbeater aufhielt. Zum ersten „Meister"-Brief nach seiner „Entdeckung" Krishnamurtis meint dessen Biografin Jayakar: „Es ist schwer vorstellbar, daß ein Meister der Weisheit ... diesen Brief geschrieben haben sollte" (Krishnamurti, 40). Auch hinter dem ersten Büchlein Krishnamurtis „Zu Füssen des Meisters" (1910, deutsch Graz 1985[7]) wird Leadbeater als Autor vermutet (vgl. Jayakar, 47).

127 Vgl. Lucifer-Gnosis (GA 34), 615–619; Geschichte (GA 264), 313 und 412. Steiner sieht Besant vom richtigen Weg abgekommen (vgl. Lindenberg, Chronik, 255 und 257).
128 Vgl. Steiner, Geschichte (GA 264), 288 und 312. Immerhin sagt er für den Fall der Wahl Besants spätere Konflikte voraus (307)!
129 Jedenfalls haben Aussichten Steiners auf diese hohe Funktion bestanden (vgl. Klatt, Theosophie, 103).
130 Vgl. Steiner, Mysterium (GA 97), 92. Wenige Monate später bekräftigt er die Unterscheidung des Erscheinens des Christus Jesus auf Erden „von dem aller andern Religionsstifter" (Menschheitsentwickelung, GA 100, 153), um sogar zu betonen: „Das Christentum ist der Gipfel aller Religionen" (193 f.). Klatt sieht richtig: „Mit der einzigartigen Hervorhebung des Christusgeistes wurde nun das Prinzip der religiösen Spaltung in die Theosophische Gesellschaft eingeführt" (Theosophie, 99).
131 Dabei lehrt Steiner selber gleichzeitig: „Die Liebe steht erst über der Meinung, wenn man sich trotz der verschiedensten Meinungen vertragen kann" (Mysterium, GA 97, 164; ähnlich 388). Hier übersieht er freilich, was die weitere Geschichte ihn baldigst lehren wird, dass nämlich die Behauptung von maßgeblichen religiösen Rangfolgen selbst in religiöse „Liebesbeziehungen" eingreift und daher in gewissem Maße zwingend zu sachlich feststellbaren Unverträglichkeiten führen muss. Selbst der in der Theos. Gesellschaft geübte Brauch, alle Religionsstifter mehr oder weniger gleichrangig zu behandeln, stellt ja keine „Dogmenfreiheit" dar, sondern im Kern eine Negativbestimmung, die auf einer ganz bestimmten Metaphysik (autonome Autonomie!) beruht und gegen die sich Steiner (als Vertreter des Schemas heteronomer Autonomie) zu wehren beginnt.
132 Steiner, Erkenntnis (GA 55), 262.
133 Vgl. Steiner, Ursprungsimpulse (GA 96), 250 ff.

was sich auf Golgatha vollzogen hat", indem er herausstellt, „daß mit der Erscheinung des Christus Jesus sich die ganze geistige Konfiguration unseres Erdenplaneten geändert" habe und das Kreuzesereignis in seinen kosmischen Auswirkungen „noch heute nicht vollendet" sei[134]. Diese Vollendung – das ist impliziert – wird natürlich nicht eben gefördert durch Leute wie Besant und Leadbeater, die das Mysterium von Golgatha in seiner Einmaligkeit und Bedeutungsschwere verkennen[135].

Überdies kämpft Steiner kurz vor der Wahl mit dem Argument, dass Präsidentschaft und Leitung der „Esoterischen Schule" keinesfalls in einer Hand liegen sollten[136] (obgleich er Entsprechendes gegen Ende seines Lebens im Rahmen seiner Anthroposophischen Gesellschaft selbst vollbringen wird!)[137]. Im Zuge dieser Auseinandersetzungen hat er mit seinem Drängen bei Besant Erfolg, die „Esoterische Schule" künftig nicht mehr als Teil der ihrigen, sondern ganz gemäß der abendländisch-christlichen Ausrichtung führen zu dürfen[138]. Im Hintergrund der Großzügigkeit Besants wird neben einer gewissen Veranlagung zur Nachgiebigkeit[139] taktisch ihre Bewerbung um die Präsidentschaft gestanden haben; denn zur Wahl benötigt sie auch die Stimmen der deutschen Sektion. Dazu mag ihr Eindruck gekommen sein, dass sie vom Christentum weniger verstand als Steiner, der sich also fortan mehr um die gerade auf diesem Sektor Ansprechbaren kümmern sollte[140].

Besant wird dann zwar zur Präsidentin gewählt, aber Steiner sieht sich nun im wesentlichen unabhängig. Gleich während seines ersten Vortrags in der „westlichen" Esoterischen Schule macht er seine okkulte Sichtweise

---

134 Vgl. Ursprungsimpulse, 267, 275, 285 und 287. Dazu F. W. Zeylmans van Emmichoven: Rudolf Steiner, Stuttgart o. J., 122. Der Begriff des „kosmischen Christus" fällt immer noch nicht.
135 Die wahre Einsicht beansprucht freilich Besant für sich: „Occultists or well-instructed Theosophists" do „not admit that He will come only once to the world" (Changing World, 309). Steiner erinnert sich später: „Schon dazumal dämmerten auf dem Horizont der Theosophischen Gesellschaft jene Absurditäten herauf, durch die sie sich dann zugrunde gerichtet hat" (Bedingungen, GA 258, 113). Vermutlich wurden seit damals die Hoffnungen auf eine Wiederverkörperung des Christus durch Leadbeater forciert, der sich – vorübergehend kaltgestellt – mit okkultistischen Hinweisen hervortun wollte.
136 Vgl. GA 264, 269. Wenigstens eines von beiden hätte er wohl gern ganz in seine Hand genommen.
137 Dazu GA 264, 439.
138 Vgl. Lindenberg, Chronik, 259. Besant schreibt darüber an Hübbe-Schleiden: „Dr. Steiners okkulte Schulung ist von der unsrigen sehr verschieden ... Er lehrt den christlich-rosenkreuzerischen Weg, der für manche Menschen eine Hilfe, aber von unserem verschieden ist. Er hat seine eigene Schule und trägt auch selbst die Verantwortung dafür" (Zitat ebd. 260).
139 Zu denken wäre an ihre „Scheu vor augenblicklichen Unannehmlichkeiten oder davor, jemand Verdruss zu bereiten" (Schuver, Besant, 22).
140 Laut Steiners Bekundung hat Besant ihm damals gesagt, „daß sie in bezug auf das Christentum nicht kompetent sei" (Mysterium, GA 264, 413).

der Entwicklung rückhaltlos deutlich: „Bisher waren beide Schulen vereint in einem großen Kreise unter gemeinsamer Leitung der Meister. Nun aber hat sich die westliche Schule selbständig gemacht und es bestehen nunmehr zwei einander gleichgestellte Schulen ... Die östliche Schule wird von Mrs. Besant geleitet, und wer sich in seinem Herzen mehr zu ihr hingezogen fühlt, der kann nicht länger in unserer Schule bleiben."[141] Nach Steiners Erläuterungen wird seine Schule intern von den beiden Meistern Jesus[142] und Christian Rosenkreuz geleitet, während die östliche Schule unter der inneren Führung der beiden (seit Blavatsky bekannten) Meister Koot Hoomi und Morya steht. Dass es mit der angeblichen Gleichwertigkeit der beiden Schulen in Steiners Sicht nicht weit her sein kann, beweist seine Äußerung: „Die absterbenden Rassen im Osten brauchen noch die orientalische Schulung. Die westliche Schulung ist die für die Rassen der Zukunft."[143]

Unschwer ist vorauszusehen, dass die beiden Esoterischen Schulen auf Grund ihres Selbstverständnisses einander kaum vertragen, sondern vielmehr befehden werden. Hat Steiner die östliche, von Leadbeaters Okkultismus dominierte Schule in ein kritisches Licht gerückt[144], so ist 1908 aus dem engsten Umfeld Leadbeaters zu hören, die beiden Schulen würden sich niemals verständigen können, und überhaupt sei die alleinige „wis-

---

141 Steiner, Geschichte (GA 264), 329. Kurz darauf nimmt er für seine esoterische Schulung explizit „Einsicht in das Ganze der Welt- und Menschheitsentwickelung" in Anspruch (Menschheitsentwickelung, GA 100, 22). Später brechen seine unvollendeten Memoiren, die noch auf diese Vorgänge eingehen (vgl. 380), ab mit dem gegen die damaligen Adyar-Theosophie gerichteten Satz: „Die meisten legten aber den Hauptwert auf die Absurditäten, die im Laufe der Zeit in der Theosophischen Gesellschaft sich herausgebildet haben und die zu endlosen Zänkereien geführt haben" (Lebensgang, GA 28, 415).

142 Hier denkt Steiner wohl bereits an eine okkulte Sonderbildung: Wie er später erklärt, wurde beim frühen Tode eines der beiden Jesusknaben (dazu s. u.) dessen besonders wertvolle, von den Kräften des Zarathustra-Ich ausgebildete Ätherhülle von der gleichzeitig verstorbenen Mutter des anderen Jesusknaben mit in die geistige Welt genommen; und als das Zarathustra-Ich bei der Taufe Jesus von Nazareth verließ, um dem Christus Platz zu machen, konnte es mitsamt jenem ihm verwandten Ätherleib einen neuen physischen Leib aufbauen, der die Basis jener Individualität wurde, welche „nachher durch die Geschichte der Menschheit" wandelte als so genannter „Meister Jesus" (Rudolf Steiner: Das Lukas-Evangelium [1909], Dornach 1985, GA 114, 136 f.).

143 Steiner, Geschichte (GA 264), 332. Das rassistische Element schwingt in Steiners evolutionistischer Menschheitssicht immer wieder mit (vgl. dazu Hans-Jürgen Ruppert: „Batuala" – Vorbild für Steiners umstrittene „Neger-Zitate", in: MEZW 61, 5/1998, 146–149). Er ist überzeugt: „Da wir die fortgeschrittenste Rasse sind, haben wir eben die fortgeschrittenste Religion" (Brief-Zitat von 1911 nach Klatt, Theosophie, 102).

144 Das hatte sich schon länger angebahnt und während der „Leadbeater-Affäre" 1906 deutlich gezeigt in einem Brief an Besant (GA 264, 277 ff.), der dem Betroffenen nicht unbekannt geblieben sein dürfte.

senschaftliche Esoterik" auf Seiten der östlichen Schule zu finden[145]. Bei allem Methodenstreit geht es freilich ums Inhaltliche. Bereits 1907 hat Steiner seine westliche Sichtweise ausgebaut, indem er das „Mysterium von Golgatha" in seinem Gewicht weiter zugespitzt hat: Christus gilt seither nicht nur als einer von vielen Sonnengeistern, sondern als deren „Regent"[146]. Zugleich bleibt es bei der kosmisch-evolutionistischen Deutung nicht nur der Christus-Tat, sondern des Christus-Wesens[147]. 1908 erfährt man im Rahmen von Vortragszyklen über das Johannes-Evangelium[148] noch Bedeutenderes über Christus als „eine hohe Wesenheit": In ihm habe sich der Logos verkörpert, verstanden als (Kräfte–)Kollektiv der sechs Elohim, die übrig geblieben waren, nachdem sich der siebte von ihnen, nämlich der Jahwe-Gott, als Mondgottheit von den Sonnenwesen abgesetzt hatte[149].

Weder im Kontext der Auslegung des Johannesprologs noch an anderen Stellen ist indessen vom „kosmischen Christus" ausdrücklich die Rede, obgleich die Verwendung des einschlägigen und eingängigen Terminus sich jetzt förmlich aufdrängt. Immerhin formuliert Steiner, des Christus „Ur-Ich" sei eins „mit dem, was den ganzen Kosmos durchpulst" und bedeute „das Welten-Ich, das kosmische Ich"[150]. Aber dass damit gerade nicht an den „kosmischen Christus" Besants zu denken sei, macht Steiner im glei-

---

145 Vgl. GA 264, 273 (Brief Schurés).
146 Vgl. Steiner, Menschheitsentwickelung (GA 100), 152, ferner 247. Christi auf Golgatha geflossenes Blut interpretiert Steiner jetzt unter Anspielung auf alte Auffassungen von den „Blutsbanden" als „Ablösung der Verwandtenliebe durch die geistige Liebe" (217) – unter Beibehaltung der Lehre, dass der „Sonnengeist Christus zugleich Erdgeist geworden" sei (249).
147 Vgl. Steiner, Menschheitsentwickelung (GA 100), 235 und 249. Bannach vermerkt: „Das personale Moment in der Beziehung des Glaubens an Jesus Christus, das diesen für den Glauben unersetzbar macht, fällt zunächst vollständig aus", weshalb „die Christianisierung der theosophischen Weltentwicklungslehre noch äußerlich bleibt" (Anthroposophie, 174 f.).
148 Dabei setzt Steiner seine exklusive Hermeneutik voraus: „Das offizielle Christentum hat längst verlernt, die Tiefen der religiösen Urkunden zu verstehen. So mußte die Geisteswissenschaft die Aufgabe übernehmen, den Schlüssel zu den vergessenen Wissensschätzen zu bringen und der Menschheit, die am Scheideweg steht, dadurch das Heilmittel zu reichen. ... Sie schildert, was in den höheren Welten vorgeht, spricht von den Entwickelungsphasen der Erde und der andern Planeten .. " (Menschheitsentwickelung, GA 100, 20).
149 Vgl. Rudolf Steiner: Das Hereinwirken geistiger Wesenheiten in den Menschen (1908), Dornach 1984 (GA 102),149 f.; etwas ausführlicher: ders., Johannes-Evangelium (GA 103), 56 f. Im Hintergrund steht Blavatskys Lehre vom siebenfältigen Logos, die Steiner gnostisierend so wendet, dass der Gott des Alten Testaments in ein dem im Neuen Testament bezeugten Logos klar untergeordnetes Verhältnis rückt. Das Christusgeheimnis ist in der Anthroposophie insofern eigentlich „nicht die Erfüllung der alttestamentlichen Weissagungen, sondern der antiken Mysterienkulte" (Schumacher, Esoterik, 227).
150 Vgl. Steiner, Johannes-Evangelium (GA 103), 59 und 207.

chen Atemzug dadurch unmissverständlich deutlich, dass er betont: „Dieses Christus-Wesen ... war vorher noch niemals in einem physischen Leibe inkarniert gewesen." Und indem er den feinen „Unterschied zwischen dem esoterischen Christentum und der ursprünglichen Gnosis" damit benennt, dass der Logos für letztere nicht tatsächlich Fleisch geworden sei[151], versetzt er der Verfasserin des „Esoterischen Christentums" mit Blick auf ihre den „geschichtlichen Christus" zugunsten des „kosmischen Christus" hintanstellende Auffassung wiederum einen für Insider ersichtlichen Hieb. Allerdings überspielt er damit geschickt den Umstand, dass seine eigene Christologie ebenso gnostische Züge aufzuweisen hat, indem sie den „Christus" und den Jesusleib erst anlässlich der Taufe synthetisch zusammenfügt[152]. Überhaupt trägt das Paradigma „heteronomer Autonomie" mit seiner dramatischen Perspektive von Involution und Evolution, vom Versinken ins Materielle und von erlösender Wiedervergeistigung eher noch gnostischen[153] Charakter als das der „autonomen Autonomie", das infolge seines zyklisch-spiralförmigen Musters die Erlösungsdramatik relativiert. Indem Besant ihren „kosmic Christ" mit „k" schreibt, charakterisiert sie ihn ja als astrale, die Weiten des Universums durchdringende Kraft. Steiner hingegen – das geht aus dem bisher Dargelegten klar hervor – würde dieses Adjektiv im Englischen mit „c" geschrieben haben, d. h. er ist stärker auf Christus als den „Sonnenlogos" fixiert. Dieser Umstand darf dem naturwissenschaftlich gebildeten Theosophen nicht einfach als ignoranter Geozentris-

---

151 Vgl. Johannes-Evangelium (GA 103), 57. In der Sache muss Steiner allerdings ein Stück weit widersprochen werden: So erweist sich etwa das valentinianische „Evangelium der Wahrheit" als durchaus „offen für das Mysterium der Inkarnation und Passion" (Jonas, Gnosis, 408). Das ambivalente Verhältnis Steiners und speziell seiner Christologie zum Gnostizismus erfassen korrekt von Stieglitz, Christosophie, 137 f., und Maier, Anthroposophie, 21 ff.
152 Gerade die „Unterscheidung zwischen Christus und Jesus" ist „das Charakteristische der gnostischen Christologie", erklärt Adolf von Harnack: Lehrbuch der Dogmengeschichte. Erster Band: Die Entstehung des kirchlichen Dogmas, Freiburg i. Br./Leipzig 1894³, 247. „Die Erlösung in der geschichtlichen Person Jesu anschauen (d. h. in der Erscheinung eines göttlichen Wesens auf Erden), die Person aber spalten und die reale Geschichte Jesu verflüchtigen, umdeuten ..., ist die Signatur der gnostischen Christologie" (248). Das war auch Besant bewusst, die sich in diesem Sinn als Häretikerin bekannte (vgl. Besant, Christus von verschiedenen Standpunkten aus betrachtet, 16).
153 Auf der Basis differenzierter Betrachtung des antiken Gnostizismus urteilt Geisen, es handele sich bei der Weltanschauung Rudolf Steiners „um die prägende Gestalt des Gnostizismus im zwanzigsten Jahrhundert" (Anthroposophie, 514; vgl. bereits Harbsmeier, Anthroposophie, 15). Bannach indessen übertreibt, wenn er meint: Der „Gnosisvorwurf an die Adresse der Anthroposophie weiß nicht, wovon er redet" (Anthroposophie, 143); schließlich räumt er immerhin ein, dass „Steiners Gedankenwelt an manchen Stellen gnostisierende Züge aufweist" (145). Eigens zu untersuchen wäre, wie weit Steiner von der gnostisierenden, subordinatianischen Christologie des späten Schelling beeinflusst ist, derzufolge Jesus im Augenblick der Taufe wieder zu seiner vollen Gottheit zurückgefunden hat.

mus ausgelegt werden; vielmehr geht sein Blick statt in die materiell-räumliche in eine übersinnliche Weite: Sonnengeist ist nach seinem Verständnis der Christus gerade als Wesenheit der *geistigen* Sonne. Mit der in „höhere Welten" schauenden Ausrichtung aber wird die untere Welt mit ihren Weiten vergleichsweise unwesentlich; von Interesse bleibt nur ihre Entwicklung hinauf in übersinnliche Zustände. In der hiermit beschriebenen Differenz mag ein entscheidender Grund gelegen haben für Steiners auffälliges Vermeiden der Rede vom „kosmischen Christus"[154], da der ihm wichtige Unterschied – und man darf annehmen, dass die beiden Schreibweisen und ihre Bedeutungen ihm in seiner Position in der ‚Esoteric School' nicht fremd geblieben sind – im Deutschen gar nicht unmittelbar zur Geltung gebracht werden kann[155].

Besant denkt indessen in keinster Weise daran, das, was sie vom Wesen des kosmischen Christus verstanden zu haben glaubt, vorläufig für sich zu behalten. Das liegt für sie schon deswegen nicht nahe, weil sich dieses Christusverständnis gerade in seiner kosmisch-astralen Weite mit der Annahme einer zyklischen Wiederverkörperung des Christus verbindet, die sich – wie bereits dargelegt – in der Theosophischen Gesellschaft zu einer akuten Parusieerwartung verdichtet hat. Unter dem Eindruck des okkulten Hinweises Leadbeaters auf den jungen Hubert van Hook, den Sohn des Generalsekretärs der Theosophical Society in den USA[156], als den künftigen Träger des Christusgeistes unternimmt sie 1908 eine „Wirbelwindtournee" durch die Vereinigten Staaten und spricht „unaufhörlich von der bevorstehenden Ankunft des Weltenlehrers."[157] Die bedrohliche Situation angesichts der immer offenkundiger werdenden Differenz zwischen der östlichen und westlichen Esoterischen Schule hinsichtlich der Christus-Auffassung erahnend, sucht Steiner seine Position im Oktober 1908 zu

---

154 Durchaus im Blick auf Besants Thesen wird später betont: „Der Okkultist redet nicht unüberlegt. Der Okkultist weiß sehr wohl, wann er auch diese oder jene Worte gebrauchen will – muß!" (Steiner: Der irdische und der kosmische Mensch [1911/1912], Dornach 1964³, GA 133, 166). Es sei hier unterstrichen, dass das gerade für die markante Metapher des „kosmischen Christus" gilt!
155 Er kann allenfalls umschrieben werden – und das ist Steiner einmal, indem er differenzierend von „demjenigen Kosmos, der durch die Sonne repräsentiert wird", spricht (Rudolf Steiner: Das Sonnenmysterium und das Mysterium von Tod und Auferstehung [1922], Dornach 1986², GA 211, 184). Analog dazu heißt es, im Christus Jesus habe sich „die kosmische Gottheit der Sonne vereint mit den Kräften der Erde" (189). Nicht nur diese späte Formulierung legt die Annahme nahe, dass Steiner gewissermaßen an den „cosmic Christ" denkt, wenn er ab 1909 gelegentlich explizit vom „kosmischen Christus" redet, sondern auch die jeweiligen Kontexte weisen in diese Richtung...
156 Vgl. Lindenberg, Steiner Bd. 1, 484. Zumal Leadbeater damals aus der Theosophical Society ausgetreten (worden) war, wurde um diesen Hinweis selbst kaum Aufhebens gemacht, so dass er auch für Steiner noch keine Rolle spielte.
157 Jayakar, Krishnamurti, 38.

sichern, indem er auf der siebten Generalversammlung der Deutschen Sektion im Gegensatz zu den allgemeinen Statuten beschließen lässt, dass Vorstandsmitglieder, die sieben Jahre ihr Amt bekleidet haben, lebenslänglich unabsetzbar seien. Im übrigen stellt er in geistiger Hinsicht dem Christus als „wahrem Lichtträger" bzw. „wahrem Lucifer" die Macht des Bösen in der Gestalt Satans eindrucksvoller als bisher gegenüber: Mit dessen „Wirklichkeit" als effektiver „Negation des Lichtes"[158] sei zu rechnen!

### 2. Steiners Aufgreifen der Rede vom „kosmischen Christus" im Streit mit Besant

Mitte April 1909 hält Steiner Vorträge über die Widerspiegelung der „geistigen Hierarchien" in der physischen Welt, also „innerhalb unseres Sonnen-Planeten-Systems"[159]. Er macht sich vertieft Gedanken über das Verhältnis der „höheren Welten", wie sie sich zentriert um die „Sonnengeister" erschließen, zu den Weiten und Strukturen des materiellen Kosmos. Schließlich ist sein kosmophiles Empfinden und Philosophieren seit jeher nicht dazu angetan, dualistischer Abwehr oder Desintegration der grobmateriellen Welt Vorschub zu leisten. Mit diesen Überlegungen freilich nähert er sich den gesamtkosmisch gemeinten Vorstellungen Besants vom „kosmischen Christus" notwendig an. Tatsächlich wird er im Laufe dieses Jahres nicht mehr umhin können, diesen Terminus doch endlich aufzugreifen. Und wenn schon alle Gedanken in diese Richtung drängen, steht umso mehr die Frage im Raum, ob Steiners bisherige Beschreibungen des sich mit Jesus vereinigenden Christus-Wesens als des irdisch gewordenen „Sonnengeistes"[160] nicht am Ende verblassen müssen hinter dem, was Besant mit ihrer Rede vom wahrhaft „kosmischen Christus" gemeint hat.

So macht Steiner nun auf sachlich nur zu berechtigte Nachfrage hin deutlich, dass er unter dem Christus keineswegs bloß den Regenten der Sonnengeister bzw. den „Höchsten der Elohim" verstehe; vielmehr gehöre er nicht zu den geistigen Engelhierarchien als solchen, „sondern zur Trinität."[161]

---

158 Vgl. Menschheitsentwickelung (GA 100), 215, und vor allem: Hereinwirken (GA 102), 148 f. Seine Zeitschrift „Lucifer-Gnosis" stellte Steiner 1908 ein und gründete den eigenen „Philosophisch-Theosophischen Verlag".
159 Rudolf Steiner: Geistige Hierarchien und ihre Widerspiegelung in der physischen Welt. Tierkreis, Planeten, Kosmos (1909), Dornach 1981, GA 110, bes. 104 f. Auf diese Weise meint Steiner das geozentrische Weltbild auf spiritualistischem Wege retten zu können. Dabei erweisen sich seine Vermischungen von materiellem und geistigem Kosmos unter psychologischem Aspekt als Ausdruck einer eher infantilen, „hybridischen" Denkweise (vgl. Thiede, Auferstehung, 234–236).
160 Immerhin lehrt er, der große Erdengeist Christus werde, nachdem die Erde sich einst mit der Sonne vereinigt haben werde, wieder der „Sonnengeist" sein (Die Apokalypse des Johannes, Dornach 1985[7], GA 104, 263).
161 Vgl. Hierarchien (GA 110), 178. Diese „Trinität" könnte allerdings – so die Auf-

Diese für christliche Ohren zunächst befriedigende Auskunft liegt auf der Linie der sich zunehmend steigernden Aussagen über die Identität der Christus-Wesenheit bei Steiner. Doch folgt unmittelbar darauf der Satz: „In Christus haben wir eine Wesenheit vor uns, die so mächtig ist, daß sie auf alle Glieder unseres Sonnensystems Einfluß hat." Kaum also hebt Steiner den Christus in transzendenteste Höhen, bezieht er ihn im nächsten Atemzug wieder mythologisierend auf jene begrenzte Ebene, die nach theosophischer Sprachregelung dem „cosmic Christ" (mit „c") zukommt! Dieses Paradox klärt sich weitgehend auf, wenn man Steiners einschlägige Aussagen im Gesamtsystem reflektiert. Dann nämlich zeigt sich, dass der Christus als „Sonnenheld" zwar ein Stück weit an den trinitarisch verankerten Schöpfungsmittler erinnert[162], dass ja aber „Schöpfung" bei Steiner ein systematisch-theosophisch unmögliches Ding für die absolute Transzendenz ist und daher wesensmäßig zu den emanativ niedrigeren „Engel"-Hierarchien gehören muss[163]. Im Rahmen von Steiners evolutivem Monismus kann es keine radikale Unterscheidung zwischen ewigem Schöpfer und zeitlichem Kosmos, also auch keinen wirklichen Anfang in dessen Entwicklung geben[164].

---

fassung eines späteren anthroposophischen Steiner-Interpreten – als zu unserem Kosmos gehörige zu unterscheiden sein von der „Ur-Trinität", die sie lediglich repräsentiert: Vgl. Oskar Kürten: Der Sohnesgott, der Logos und die Trinität, Basel 1982³, 28. (Von solch theosophischer Logik will jedenfalls die auf Steiner bauende Theologie der „Christengemeinschaft" – s. u. Kap. V.1 – nichts wissen).

162 Als der Sohn ist er laut Steiner „der lebendige Gottesgeist, aus dem alle Welt gemacht ist" (Spirituelle Seelenlehre, GA 52, 85), das „göttliche Schöpfungswort" (Lukas-Evangelium, GA 114, 149). Dennoch „spielt der Gedanke der Schöpfungsmittlerschaft Christi in der Anthroposophie keine Rolle, allenfalls im Sinn eines fernen Echos .." (Bannach, Anthroposophie, 377).

163 Die materielle Welt ist und bleibt für Steiner lediglich eine „Schöpfung der Elohim" (Rudolf Steiner: Die Bhagavad Gita und die Paulusbriefe [1912/13], 4. Auflage Dornach 1982, GA 142, 126), der Logoi, die der Christus als „schöpferisches Weltenwort" (26) zusammenfasst. Freilich kann Steiner dies auch mit dem Begriff der „Gottesschöpfung" (117) bemänteln. Aber für ihn ist eigentlich nicht der Vatergott, sondern der in weitere Logoi auftrennbare Sohnesgott der Schöpfer (vgl. Rudolf Steiner: Vorträge und Kurse über christlich-religiöses Wirken III. Vorträge bei der Begründung der Christengemeinschaft [1922], Dornach 1994, GA 344, 82 und 215) – wohlgemerkt: der Schöpfer, nicht der Schöpfungsmittler! Und insofern zeugt es von Unkenntnis der modernen theosophischen bzw. anthroposophischen Einstellung zum Schöpfungsgedanken, wenn man Steiner das christlich-theologische Lob ausspricht, dass er „der Erde wieder den Rang der Schöpfung" zurückgebe (Binder, Anthroposophie, 18) bzw. hier „im christlichen Sinn in einer bestimmten Weise von ‚Schöpfung'" die Rede sei (Bannach, Anthroposophie, 147; vgl. aber 205 f. und 556).

164 Gern bezieht sich Steiner auf Giordano Brunos These von der Unendlichkeit der Welt, was die Flucht in überschaubare (Planeten–)Konstellationen ein Stück weit erklärt: In solch kleinem „Kosmos" spiegelt sich fassbar, insofern überhaupt erkennbar und gültig aussprechbar die gigantisch-unfassbare Wirklichkeit des esoterisch-pantheistisch gedachten Makrokosmos (vgl. z. B. Rudolf Steiner: Der menschliche und der kosmische Gedanke [1914], Dornach 1980⁵, GA 151, 82 f.).

Kaum zufällig kommt es innerhalb derselben Vortragsreihe zu einer weiteren Zuhörerfrage, die Steiner nicht anders als durch Präzisierung seiner Vorstellung von Evolution beantworten kann: „Entwickelung setzt keinen Anfang und kein Ende voraus. Entwickelung verläuft in Zyklen ohne Wiederholung, immer Neues wird eingefügt im zyklischen Fortschritt. Endlicher Anfang oder Ende ist ein Majaschluß, abstrahiert von sinnlichen Vorgängen."[165] Aus dieser Sicht erklärt sich die evolutionistische Auffassung des Christus selbst bei Steiner. Aufschlussreich ist von daher seine Auslegung biblischer Rede vom „Anfang" (Gen 1/Joh 1): „Der Gott des Anfangs", der „Himmel und Erde" (!) schuf, „war eine von den Urkräften der dritten Abteilung der Hierarchien."[166] Insofern Steiner sogar solch untergeordnete Engelhierarchien als „Götter" bezeichnen kann, fällt es ihm nicht schwer, die Rede vom Logos in den ersten Versen des Johannesevangeliums zu übersetzen mit „ein Gott war das Wort", also den unbestimmten Artikel hinzuzufügen (was rein formal gesehen möglich ist)[167]. Damit wird ersichtlich, dass er die neutestamentlichen Logos-Aussagen in platonisch-demiurgische Farben taucht[168]. Der Umstand, dass er – wie schon Blavatsky! – durchaus von „Schöpfung" sprechen kann[169], darf mithin nicht darüber hinwegtäuschen, dass dies – wiederum wie bei Blavatsky! – nicht im biblischen Sinn zu verstehen ist. Vielmehr hat der Theosoph mit dem „Uranfang" lediglich den Beginn unserer Erdenentwicklung vor Augen, wie ihn relativ hochentwickelte Wesen initiiert haben[170].

---

165 Hierarchien (GA 110), 188. Die neuzeitlich-theosophische, paradox anmutende Rede vom „zyklischen Fortschritt" zeigt, wie deutlich erkennbar sich Steiners „heteronome Autonomie" doch vom Paradigma „autonomer Autonomie" her ableitet.
166 Grundelemente (GA 93a), 98. Jinarajasada, der Nachfolger Besants im Präsidentenamt der Theosophischen Gesellschaft, hat übrigens den „Kosmischen Logos" eindeutig unterschieden vom „Sonnenlogos" unseres Sonnensystems und letzteren als niedrigere Emanation des ersteren aufgefasst (164 ff.)!
167 Vgl. Menschheitsentwickelung (GA 100), 155. Steiners Christus-Impuls „ist nicht die Selbstoffenbarung des Logos des einen und einzigen Gottes, sondern eine der höchsten Wesenheiten, die sich – eher ein Bündel von Ideen-Mächten als ein personales Wesen – aus den Lichtgeistern der Sonne gebildet hat: eine Individualisierung des Geistigen unter anderen, ein Gott unter Göttern" (Grom, Anthroposophie, 161).
168 Man wird hier ein Stück weit nicht nur an den spätantiken Gnostizismus, sondern auch wieder an Arius erinnert, der den Sohn bzw. Logos radikal subordinatianisch, nämlich als nicht wesensidentisch mit dem des Vaters auffasste (vgl. Liébaert, Arianismus, 846). Steiner selbst weiß um die Position des Arius, möchte aber über die dogmengeschichtlichen Entwicklungen damaliger Zeiten bewusst hinausgehen im Sinne spirituellen Fortschritts (vgl. Rudolf Steiner: Der Orient im Lichte des Okzidents. Die Kinder des Luzifer und die Brüder Christi [1909], Dornach 1960[4], GA 113, 189).
169 Z. B. Menschheitsentwickelung (GA 100), 71. Bezeichnenderweise spricht sich Steiner explizit gegen die Lehre von der „creatio ex nihilo" aus (78 f.).
170 Vgl. GA 100, 196 f.

Das Erhabenste, was Steiner dazu im April 1909 einfällt, ist die Auskunft, dass die praktische Umsetzung des Welten-Schaffens auf den „Plan" und die Veranlassung der Trinität als „der höchsten Göttlichkeit, von der wir zunächst überhaupt sprechen können", zurückgehe[171]. Aber wo Steiner „trinitarisch" redet, dort schwingen Vorstellungen auch nichtchristlicher „Trinitäten" mit und ist oft ein subordinatianischer Tenor zu vernehmen. Selbst der „Vater" rückt in die kosmisch-evolutionistische Perspektive, wenn er in dem von Steiner der „Christengemeinschaft" gegebenen Credo als „ein allmächtiges geistig-physisches Gotteswesen" (sogar hier der unbestimmte Artikel!) bezeichnet wird, „das väterlich seinen Geschöpfen vorangeht" und zu dem der Christus lediglich „wie" der „in Ewigkeit geborene Sohn" ist – mit welchem er folglich nicht identifiziert werden darf[172]. Insofern lässt sich festhalten: Auch als Logos der Trinität, als grandios gezeichnetes „kosmisches Ich" stellt sich der Christus Steiners als der nicht etwa biblisch[173], sondern in der modernen Theosophie verwurzelte „Sonnenlogos" dar[174]. Und der scheinbare metaphysische Widerspruch wird auch nicht durch die Auskunft des späten Steiner beseitigt, derzufolge der Christus „aus noch weiteren Höhen zur Sonne heruntergestiegen" ist[175], denn diese Formulierung verbleibt im Relativen. Das Paradox minimiert sich erst, wenn man den Logos nicht als ewigen im Sinne des antiken, statisch aufgefassten Kosmos, sondern modern, nämlich zeitlich-evolutionistisch[176], quasi vergeschichtlicht denkt.

---

171 Vgl. Steiner, Hierarchien (GA 110), 80 f. Einst werden weiterentwickelte geistige Hierarchien im Sinne des großen kosmischen Opferdienstes „zum neuen Schaffen im Weltall" fortschreiten (80).
172 Zum Text vgl. Adolf Müller/Arnold Suckau: Werdestufen des christlichen Bekenntnisses, Stuttgart 1974, 117. Damit wird deutlich, „daß es sich im Credo selbst nicht um eine ‚Lehre' von der Trinität handelt, sondern dass – bei Einhaltung der christozentrischen Orientierung – das trinitarische göttliche Wirken in der Evolution des Christusschicksals mitbeschrieben wird" (121). Obgleich hier von „Geschöpfen" gesprochen wird, ist doch zu bedenken: „Steiner tilgt die Aussage des Apostolikums über den anfänglichen Schöpfungsakt" (Bannach, Anthroposophie, 555).
173 Wenn Wehr meint, Steiner knüpfe an die „kosmische Christologie der paulinischen Briefe (z. B. des Kolosser- und Epherserbriefes) an" (Meister, 84; ders., Steiner, 225), so ist dies schlicht falsch; nicht zufällig zitiert Steiner diese neutestamentlichen Briefe niemals, die ja vor jener Art von Philo- bzw. Theosophie gerade warnen, wie Steiner sie betreibt.
174 Vgl. Steiner, Johannes-Evangelium (GA 103), 207. Das hält sich bei Steiner konsequent durch.
175 Steiner, Sonnenmysterium, GA 211, 187. Auch der Bescheid, man müsse sich „natürlich das Christus-Wesen als ein überwältigend hohes Wesen vorstellen" (Vorstufen, GA 152, 41), vermeidet nicht zufällig absolute Ausdrucksweise.
176 „Alles in der Welt, alles im Universum hat sich entwickelt", auch die geistigen Hierarchien – so Steiner am 14. April 1909 (GA 110, 78).

Während der so aufs Geschichtlich-Irdische bedachte Steiner mithin seine kosmische Christologie in himmlisch-astralen Sphären ausbaut, vollzieht sich bei der bekanntlich das Denken des Übergeschichtlichen betonenden Besant kurioserweise umgekehrt der Ausbau ihrer kosmischen Christologie im Irdischen. In der Ende April 1909 noch im Verborgenen anhebenden Krishnamurti-Story erblickt Schuré rückblickend „nichts anderes als die Antwort Adyars auf die Wiedergeburt der christlichen Esoterik im Abendlande." Und er zeigt sich „überzeugt, daß ohne dieses letztere wir niemals vom künftigen Propheten Krishnamurti gehört hätten..."[177] Dies dürfte zutreffend sein. Mit Erfolg hat Besant Anfang 1909 gegen manche Widerstände und bei vornehmer Stimmenthaltung der deutschen Sektion durchgesetzt, dass ihr langjähriger Mitarbeiter, der Okkultist und Parusieerwartungsförderer Leadbeater, wieder in die Gesellschaft aufgenommen worden ist[178]. Und kaum hat sie Indien verlassen, um rechtzeitig zu Pfingsten in Budapest zum 5. Internationalen Kongress der Föderation der europäischen Sektionen der Theosophischen Gesellschaft einzutreffen, da entdeckt Leadbeater in den letzten Apriltagen auf der Suche nach einer geeigneten Inkarnation des kommenden Weltenlehrers beim Baden am Strand von Adyar den hübschen Krishnamurti...

Noch verläuft dann aber Besants Zusammentreffen mit Steiner in Budapest wider Erwarten friedlich: Beide Seiten bemühen sich, die von ihnen repräsentierten, divergierenden Strömungen unter einem gemeinsamen Dach zusammenzuhalten (wobei Steiners Treueschwur gegenüber Besant von 1902 nach wie vor eine Rolle gespielt haben dürfte). Vor internationaler Zuhörerschaft spricht Steiner über „Von Buddha zu Christus", Besant über „The Christ, who is he?"[179] – und als Differenz wird gutwillig nur die Vorstellung über die Art[180] der Wiederkunft Christi festgestellt: Besant

---

177 Brief aus dem Jahr 1913, zit. nach GA 264, 273.
178 Dazu Eugène Lévy: Mrs. Annie Besant und die Krisis in der Theosophischen Gesellschaft, Berlin 1913, 162 ff. „Man weiß, daß Mr. Leadbeater der Techniker des Okkultismus von Adyar ist" (148).
179 Vgl. Besants kurz darauf in London gehaltenen Vortrag „The Nature of the Christ" (in: The Changing World, 297 ff.).
180 Besant interpretiert, wie oben dargelegt, die „Wiederkunft Christi" im Horizont der hinduistischen Avatara-Vorstellung. Steiner entzieht sich mitnichten der theosophisch-apokalyptischen Stimmung, aber er passt die Vorstellungen der östlichen „Esoteric School" seiner westlichen an: Hier lässt die Einmaligkeit des „Mysteriums von Golgatha" kein erneutes Erscheinen des Christus in der Geschichte zu, sondern allenfalls eines in höheren Welten. Steiner erklärt: „Die Wiederkunft Christi wird etwas ganz Reales sein" – aber auf der Ebene der ätherischen Wirklichkeit, für die möglichst viele Menschen wahrnehmungsfähig sein müssen, damit die „Parusie" in der Zukunft nicht ausbleibt (Hierarchien, GA 110, 178). Wie angesichts eines vorbeiziehenden Kometen warnt Steiner vor Versäumnis: „Denn ehe dieses Jahrhunderts Mitte verflossen sein wird, wird der Christus geschaut werden müssen" (Geistigkeit, GA 200, 120; vgl. 134).

denkt sich sie sich physisch als „Wiederverkörperung", Steiner hingegen ätherisch. Tatsächlich macht Besant angesichts des kleingeredeten Unterschieds sogar den Kompromissversuch, den deutschen Generalsekretär im Kontext ihrer Erwartung des zukünftigen Weltenlehrers ganz im Stile Leadbeaters mit einer herausragenden Funktion in diesen Mythos einzubinden. Und Steiner scheint sich hinsichtlich der ihm zugedachten Rolle des reinkarnierten Evangelisten Johannes erst einmal freundlich Bedenkzeit ausgebeten zu haben – um dann freilich abzulehnen[181]. Er und Besant werden sich nie wiedersehen.

In seinem nächsten Vortragszyklus, der sich seit Ende Juni 1909 erneut ums Johannes-Evangelium dreht, beeilt sich Steiner zu erklären, dass der Christus „nicht nur eine der größten, sondern ... die größte aller Erscheinungen in der Menschheitsentwickelung ist."[182] Denn „wie in jedem einzelnen Menschen das höhere Ich geboren wird, so wird in Palästina das höhere Ich der ganzen Menschheit, das göttliche Ich geboren" – als Gegenwart „des leitenden kosmischen Geistes"[183]. Dessen Präsenz ist möglich geworden infolge einer langwierigen Deszendenz aus höchsten geistigen Regionen. Unter diesem Aspekt gelingt es Steiner, die von ihm über die Jahre hinweg vorgenommenen Steigerungen in der kosmischen Identifizierung der „Christus"-Wesenheit nunmehr in umgekehrter Perspektive als dessen Erniedrigungsstufen in Richtung auf sein Erden-Dasein auszugeben[184]. Solch langen Anmarschweg vollzieht der Christus nur ein einziges Mal, weshalb die Behauptung seiner früheren[185] oder späterer Verkörperungen unsinnig sein muss. Frühere Verkörperungen werden für dieses Geschehen nicht bei Christus, aber umso mehr bei Jesus vorausgesetzt, denn „Jesus von Nazareth selber mußte ein hoher Eingeweihter werden, bevor er der Christus-Träger werden konnte."[186] Beeindruckend ist bei al-

---

181 Vgl. näherhin Lindenberg, Chronik, 282 f.; Klatt, Theosophie, 96 f. Auch dem Antrag einer Besant gegenüber kritischen Gruppe internationaler Theosophen, ihr Präsident zu werden, entspricht Steiner damals nicht (vgl. Lindenberg, ebd.). Doch gibt es Anzeichen dafür, dass er sich als reinkarnierter Jesus ben Pandira und als der „Johannes der Täufer" im Verhältnis zum ätherisch erscheinenden Christus gesehen hat, dessen Zukunft er ankündigt (vgl. von Stieglitz, Christosophie, 163 f.).
182 Rudolf Steiner: Das Johannes-Evangelium im Verhältnis zu den drei anderen Evangelien, besonders zu dem Lukas-Evangelium (1909), Dornach 1984, GA 112, 13. Ausdrücklich wird betont, dass es sich bei der Identität des Christus um „das lebendige Wort", den „Logos selbst" drehe (12), der seinen Ursprung „in dem Urgeiste der Welt, in dem Gott selber" habe (17).
183 Johannes-Evangelium (GA 112), 20 und 83. Wieder wird hierbei der Geist Gottes, der den ersten Worten der Heiligen Schrift zufolge über den Wassern brütete, schlicht mit dem göttlichen „Geist unseres Sonnensystems" identifiziert (179). Diese Gedanken könnte er Besant abgelauscht haben, die er kurz zuvor gehört hatte (vgl. ihre Publikation „Changing World" aus demselben Jahr, bes. 149).
184 Vgl. GA 112, 22. „Nach und nach ist er herangekommen..." (266).
185 Diese klar gegen Besant gerichtete Aussage findet sich GA 112, 179.
186 GA 112, 23.

ledem immerhin, wie in Steiners „Betrachtung des Kosmos" und der Menschheit „das ganze Bild auf den großen Brennpunkt, den Christus, hinzielt."[187]

Wenige Wochen nach diesen Vorträgen, nämlich Mitte August erklärt Besant in einer Rede in Chicago öffentlich, der kommende Weltenlehrer sei diesmal nicht wie vor 2000 Jahren im Osten, sondern im Westen zu erwarten[188]. Hat Steiner hiervon erfahren (und es nicht unwahrscheinlich, dass man es ihm in seiner Position zugetragen hatte), so kann ihn dieser Vorgang nun als Haupt der ‚westlichen' Esoterischen Schule mit ihrer eindeutigen Ausrichtung schwerlich unberührt lassen[189]. Dies mag im Hintergrund gestanden haben, als er in einem Vortrag am 28. August erstmals den von Besant einschlägig geprägten Begriff des „kosmischen Christus" in den Mund nimmt – und zwar mit indirektem, kritischem Bezug auf die entsprechenden Vorstellungen Besants davon[190].

Die sich „immer mehr und mehr der Erde" nähernde „geistige Wesenheit, die hinter der Sonnenwelt stand" und als einzige überhaupt die Kraft hatte, „bis zur physischen Verkörperung herunterzusteigen", ist nach Steiners Erläuterungen der Eine, der damals „zugleich im menschlichen Innern auflebt, der sozusagen die äußeren Götterwelten verlässt und einkehrt in das menschliche Innere. Damit war etwas sehr Bedeutsames geschehen in der Welt- und Menschheitsentwickelung ... In dem Christus hat man einen solchen Gott, der im Äußeren gefunden werden kann *und* im Innern."[191] Auf den ersten Blick begegnet hier in der Sache jene Koinzidenz von kosmischem und mystischem Christus, wie sie Besant explizit gelehrt hatte. Und in der Tat greift Steiner, indem er von dem „Christus, der als äußeres Wesen zugleich ein inneres Wesen wird", zu reden fortfährt, sogar mehr oder weniger wörtlich die Terminologie Besants auf: „Der Christus

---

187 GA 112, 130. Solche „Christozentrik" – ihren paradigmatischen Sinn einmal hintangestellt – war damals (ein Jahrzehnt vor Karl Barths „Römerbrief") alles andere als selbstverständlich! Steiner war daher überzeugt: „Und die stärksten Verleugner des Christus sind heute die Theologen" (Geistigkeit, GA 200, 138).
188 Vgl. Lindenberg, Steiner Bd. 1, 484. Besant dürfte damals noch an Hubert van Hook gedacht haben; von Leadbeaters Neuentdeckung Krishnamurtis erfuhr sie erst kurz darauf.
189 Erst im April dieses Jahres hatte er unterscheidend über die von vielen Theosophen messianisch erhoffte Gestalt des „Maitreya-Buddha" sowie über den „Eintritt des Christus in den Occident" gesprochen!
190 Vgl. Steiner, Orient (GA 113), 109 ff. Den damaligen Vortragszyklus besuchten ca. 560 Leute. – Der Begriff „kosmischer Christus" war übrigens inzwischen (seit 1905; s. u. Kap. VI.2) vereinzelt auch schon in der angloamerikanischen Theologie aufgetaucht; doch kann man mit Sicherheit davon ausgehen, dass Steiner keine englischsprachige theologische Literatur gelesen hat. Kein Zweifel, dass er den Begriff aus Besants „Esoterischem Christentum" übernommen hat und entsprechend theosophisch versteht!
191 Steiner, Orient (GA 113), 109 und 116. Die Gabe der Menschwerdung „hatte in der göttlich-geistigen Welt nur der Christus" (116).

schreitet so durch die Welt, daß er von einem kosmischen Gotte, der heruntergestiegen ist auf die Erde, ein mystischer Gott immer mehr und mehr wird..."[192] Und in völliger Analogie zu Besant bringt er dann auch noch den „äußerlichen historischen Christus"[193] ins Spiel. Doch genau hier scheiden sich die Wege: Während bei Besant der geschichtliche Christus lediglich eine schattenhafte und relative Figur darstellt, ist er für Steiner der Dreh- und Angelpunkt, an dem er sein abendländisch geprägtes Konzept kosmischer Christologie festmacht. Er unterstreicht daher: „Zuerst war der historische Christus da, dann haben durch das Werk des historischen Christus sich solche Wirkungen auf die menschliche Seele herausgebildet, daß ein mystischer Christus innerhalb der Menschheit möglich geworden ist."[194] Auf diese ungewohnte Weise wird der „mystische Christus" quasi vergeschichtlicht. Gewiss – so ruft Steiner den theosophischen Mystikern jedweder Provenienz zu – ist der Christus „als mystischer Christus auch im Innern zu finden. Daß er es ist, das ist die Tat des Christus selbst auf der Erde. So verhält sich der kosmische, der astronomische Christus zum mystischen Christus in Wahrheit."[195]

Hier ist nun der „kosmische Christus" erstmals wörtlich und ausdrücklich genannt – wobei jeder Kenner von Besants „Esoterischem Christentum" sofort die korrigierte Verhältnisbestimmung zum „mystischen Christus" bemerken muss. Ist nämlich der letztere vergeschichtlicht, so gilt das in der Konsequenz für den „kosmischen Christus" – bei Besant eine der beiden Erscheinungsweisen des mystischen Christus – gleichermaßen! Und Steiner zögert nicht, diese Folgerung auch zu ziehen: Man „muß die Sache so fassen, daß der Christus ein kosmischer war vor seinem Eintritt in die Erde... So sehen wir, daß der Christus... von einem Gott, der in der Außenwelt gelebt hat, zum mystischen Christus geworden ist..."[196] Dieses „Geworden" meint keine Amplifizierung, sondern eine Transformation der Christusgestalt. Das Kosmische, das Draußen-Sein im Weltenraum ist für den evolutiv-geschichtlich zu sehenden Christus Vergangenheit: „Der Christus ist geworden von einem kosmischen Gotte zu einem

---

192 A. a. O., 117 und 119.
193 Ebd. 120. Besant hatte vom „geschichtlichen Christus" gesprochen (s. o.).
194 Ebd; vgl. auch 129.
195 A. a. O. 121. In diesem Zusammenhang sei auf das traditionsreiche Verhältnis von Gnostizismus und Astrologie hingewiesen (dazu Kocku von Stuckrad: Das Ringen um die Astrologie. Jüdische und christliche Beiträge zum antiken Zeitverständnis [Religionsgeschichtliche Versuche und Vorarbeiten 49], Berlin/New York 2000).
196 A. a. O. 126. Die Beifügung des Adjektivs „astronomisch" (s. o.) zur ersten Erwähnung des „kosmischen Christus" zeigt bereits an, dass es hier für Steiner – durchaus in Analogie zu Besant – um den „Gott in der Außenwelt" geht. Hingegen wird die Rede vom „inneren Christus" regelrecht intensiviert: „Hat der Christus eine Weile in der Seele gewirkt, dann wird diese Seele dadurch, daß sie von der Christus-Substanz durchdrungen wird, durch ihre Christianisierung reif...", ja sie „reinigt sich in der Verchristlichung hinauf in höhere Welten" (122 f.).

irdischen Gott, der die Seele der Erde ist in der Zukunft."[197] So also sieht für Steiner die Zukunft des „kosmischen Christus" aus: Genau besehen bedeutet die Lehre, derzufolge „der kosmische Christus immer mehr hineindringt in die Erde, immer mehr durchsetzt die Seele"[198], dass er eben im gleichen Maße nicht mehr „kosmischer" Christus, sondern fortan der „planetarische Erdengeist"[199] und „mystische Christus" ist. „Früher fand man Christus als kosmische Wesenheit"[200] – doch das ist vorbei[201]!

Damit hat die faszinierende Rede vom „kosmischen Christus", welcher in Besants Denksystem die Trägerfigur für zyklische Verkörperungen und insofern für ihre apokalyptische Naherwartung darstellt, ihre zukunftsorientierte Funktion eingebüßt und ist, pointiert gesagt, zu einem allenfalls edle[202] Vergangenheit erinnernden Ausdruck degradiert. Im ideologisch sich zuspitzenden Richtungskampf hat Steiner eine entmachtende Argu-

---

197 A. a. O. 127.
198 A. a. O. 126. Hier liegt die erste vollständige, durch kein weiteres Attribut unterbrochene Nennung der Metapher bei Steiner vor. – Hingewiesen sei anbei auf den Fund eines merkwürdigen Steiner-Zitats: „Die Lehre von dem kosmischen Christus muß wiederhergestellt werden ... Und ehe man nicht einsehen wird, daß dies die allerwichtigste Aufgabe der Zeit ist, wird man auf keinem Gebiet klarsehen können." Es fand sich im „LeserDienst" der Zeitschrift „Die Christengemeinschaft" vom Oktober 1995 und diente der Werbung für das im nächsten Kapitel zu besprechende Buch H.-W. Schroeders „Der kosmische Christus". Meine Recherchen blieben allerdings erfolglos: Weder Herr Schroeder konnte mir Auskunft über den aus den Augen verlorenen Fundort erteilen, noch der damit werbende Verlag noch ein theologisch-anthroposophisch versierter Pfarrer der Christengemeinschaft. Zumal mir selbst dieses Zitat im Zuge meiner gründlichen Forschung nirgends begegnet ist, muss ich es bis auf weiteres für unecht halten, ohne seine mögliche Echtheit ausschließen zu wollen.
199 A. a. O. 127. Übrigens beschreibt Steiner im Kontext der Ausführungen dieses Vortrags die Komplementarität von der Deszendenz des kosmischen Christus und der sich damit überkreuzenden Aszendenz Lucifers „zu einem kosmischen Gott" (127; vgl. 143).
200 A. a. O. 126. In exklusiver Abgrenzung spricht Steiner diesen Gedanken später noch deutlicher aus (s. u.).
201 Noch der späte Steiner betont: „Jetzt aber setzt sich der Mensch nicht mehr durch die Natur, sondern unmittelbar durch den Christus mit dem Geist in Verbindung. Der alte Initiat wählte immer den Umweg durch die Natur" (Rudolf Steiner: Vorträge und Kurse über christlich-religiöses Wirken V [1924], Dornach 1995, GA 346, 132). Damit erweist sich Steiners Verhältnis zum „kosmischen Christus" beinahe als analog zu dem Karl Barths zur „natürlichen Theologie": Gemessen an der Offenbarung des Christus Jesus erweist sich jeder andere religiöse Weg als „Unglaube", als Irrweg! Nicht anders als „im Erdenwirken haben wir ihn zu suchen: Christus, den Sonnengeist" (175).
202 Infolge der oben beschriebenen, bewussteren Korrelation von äußerlich-astralem Kosmos und höheren Welten fällt die den gewissenhaften deutschen Theosophen hemmende Differenz zwischen „kosmic" und „cosmic Christ" dahin; insofern ist er 1909 in der Lage, den Begriff des „kosmischen Christus" positiv aufzugreifen, doch beschränkt er diese Positivität aus den dargelegten Gründen auf eine spirituelle Vergangenheitsphase des ins Auge gefassten Prozesses.

mentation entwickelt – dezent, ohne Besant beim Namen zu nennen, und doch so, dass jeder, der Ohren hat zu hören, verstehen muss.

Als Steiner in seinem nächsten Vortragszyklus im September 1909 sich dem Lukas-Evangelium widmet, präsentiert er erstmals die frappierende[203], okkult ausstaffierte Vorstellung von den zwei Jesus-Knaben. Knapp skizziert, besagt sie folgendes: Das salomonische Jesus-Kind, so benannt nach der Abstammungslinie des Matthäus-Evangeliums, starb demnach im Alter von zwölf Jahren, und sein in ihm wohnendes Zarathustra-Ich[204] wechselte in den nathanischen Jesus über, dessen Bezeichnung auf die divergierende Abstammungsliste des Lukas-Evangeliums zurückgeht. Dort blieb es bis zum dreißigsten Jahr, um dann sich opfernd dem Christus-Wesen Platz zu machen, welches auf diese Weise eine ideal vorbereitete Hülle in Besitz nehmen konnte[205]. Dass diese merkwürdig anmutende Lehre Steiners gerade auftaucht, als dieser sich explizit zum „kosmischen Christus" – wie dargelegt, in abgrenzender Weise – äußert, ist kein Zufall. Indem er sich nämlich durch sein Sich-Absetzen von Besants Konzept kosmischer Avatara-Christologie der Möglichkeit begibt, die großen Religionsstifter als zyklische Verkörperungen des Logos auszugeben, bedarf er eines anderes Weges zur Integration dieser religiösen Größen in sein eigenes Konzept. Die Geschichte von den beiden Jesusknaben löst nun nicht nur den für den Glauben an eine „inspirierte" Heilige Schrift anstößigen Widerspruch der beiden Abstammungslinien Jesu bei Matthäus und Lukas; vielmehr bietet sie Raum, die in Steiners Sicht wichtigsten religiösen Führergestalten und Traditionslinien vor Jesus, eben die des Zarathustra und die des Gautama Buddha, mittels des Reinkarnationsgedankens direkt in seine okkulte Christologie einzubauen. Steht Zarathustra für die Identität des salomonischen Jesus, so Buddha für die des nathanischen Jesus[206], in dessen Gestalt sich ab dem zwölften Lebensjahr

---

203 Anfänglich irritierte die Lehre selbst Steiners Anhänger(innen). Doch im Blick auf jene okkulte Atmosphäre, „in der Inkarnationen ausgeteilt wurden wie Ritterorden und Religionsstifter degradiert wurden wie Generäle nach einer verlorenen Schlacht, braucht man sich auch über die ‚Verdoppelung' der Jesus-Gestalt durch Steiner nicht zu wundern" (Ruppert, Christus, 239). Inzwischen gehört die Lehre von den zwei Jesus-Knaben längst zum gewohnten Repertoire anthroposophischer Spiritualität (vgl. z. B. Robert A. Powell: Chronik des lebendigen Christus. Grundstein eines kosmischen Christentums, Stuttgart 1998).

204 Wie erwähnt, war Steiner schon im Juni 1909 davon ausgegangen, dass Jesus, um hoher Eingeweihter zu sein, viele Verkörperungen durchlaufen haben musste – darunter so edle wie die des Zarathustra.

205 Vgl. Steiner, Lukas-Evangelium (GA 114), 136–138. Näheres zu Steiners Lehre von den beiden Jesus-Knaben bei Jan Badewien: Anthroposophie. Eine kritische Darstellung, Konstanz 1990[4], 94 ff.

206 Vgl. Steiner, Lukas-Evangelium, 145. Ein Jahr später betont Steiner, auch der Buddha müsse mit okkulten Augen evolutiv-geschichtlich gesehen werden: „Der damalige Buddha bereitete das Christentum vor, der jetzige ist im Christentum darinnen" (Rudolf Steiner: Das Ereignis der Christus-Erscheinung in der ätherischen

beide synthetisieren. Das „Mysterium von Golgatha" wird in der Folge um einen wichtigen Aspekt erweitert: „Ein Strom geistigen Lebens geht von den Blutstropfen aus, die auf Golgatha aus den Wunden des Christus Jesus geflossen sind, ausströmend von da in die ganze Menschheit hinein. Denn als Kraft sollte in die Menschheit gehen, was als Weisheit von anderen Verkündigern ausgeflossen ist. Das ist der große Unterschied zwischen dem Ereignis von Golgatha und der Lehre der anderen Religionsstifter."[207] Nicht nur die Mysterien sind nun für den Christus in Dienst genommen, sondern überhaupt die nichtchristlichen Religionen[208].

Dieser inklusivistische Exklusivismus Steiners konfligiert zwar mit Besants exklusivistischem Inklusivismus. Doch noch auf der 8. Generalversammlung der deutschen Sektion im Oktober 1909 meint das Oberhaupt der westlichen ‚Esoterischen Schule' jovial: „Besant und Steiner kommen also offenbar recht gut nebeneinander aus, wenn sie auch verschiedene Wege gehen. Es war eben notwendig, den alten Strom der theosophischen Bewegung mit einer neuen Strömung zu vereinigen, ihr von gewisser Seite her neues Lebensblut zuzuführen."[209] Neues Lebensblut wird aber zu dieser Zeit insbesondere Besant und ihrer theosophischen Christologie zugeführt: Sie hat inzwischen von Krishnamurtis Entdeckung erfahren; und als sie Ende November wieder in Indien eintrifft, präsentiert ihr Leadbeater den herausgeputzten Jugendlichen, den sie sofort mütterlich aufnimmt und dauerhaft ins Herz schließt. Sie, die einst infolge ihrer Scheidung ihre beiden Kinder hatte hergeben müssen[210], erhält fortan regelmäßig Briefe von ihrem sie „liebenden Sohn", welcher natürlich ganz im okkulten Sinn Leadbeaters erzogen wird. Und sie denkt trotz zunehmender Anfeindungen auch in den eigenen Reihen nicht im Traum daran, diesen Sohn aus seiner quasi-familiären oder seiner damit ja unauflöslich verquickten religiösen Rolle wieder zu entlassen[211]! Erneut verreist, erhält sie noch im Dezember von Leadbeater ein Telegramm mit der Nachricht, dass Meister Koot Homi den jungen Krishnamurti als Schüler akzeptiert habe.

---

    Welt [1910], Dornach 1984, GA 118, 221). Nach Ruppert zeigen sich hier Spuren eines „Machtpokers" (Christus, 239).
207 Steiner, Lukas-Evangelium, 211. Von Stieglitz kommentiert: „Nach dem Mysterium von Golgatha kann es keine neue Religion mehr geben" (Einladung, 114), um von daher Steiners Verhältnis zum Islam ebenso ausführlich wie kritisch in den Blick zu nehmen (155 ff.).
208 Übrigens versucht auf subtilere Weise Paul Tillich 1965 etwas Ähnliches in seinem letzten Vortrag, demzufolge eine lange „Offenbarungsgeschichte" erst das Erscheinen Jesu als des Christus möglich gemacht hat (vgl. Religionsgeschichte, 148).
209 Zit. nach Lindenberg, Chronik, 285.
210 Vgl. Schuver, Besant, 36 und 58 f.
211 Sogar gegen dessen Vater kämpft sie später erfolgreich um das Sorgerecht, nachdem dieser von den sexuellen Vorlieben Leadbeaters erfahren hat und misstrauisch geworden ist (vgl. Jayakar, Krishnamurti, 48 f.). Folglich sieht Krishnamurti seinen Vater erst – und auch nur kurzfristig – als Erwachsener wieder.

In der Nacht vom 11. auf den 12. Januar 1910 wird Krishnamurti von Leadbeater in Besants verriegeltem Schlafzimmer in Adyar okkult eingeweiht[212]. Noch am 12. Januar spricht Steiner in Stockholm über sein Verständnis der fürs 20. Jahrhundert erwarteten Wiederkunft Christi im „Ätherischen". Einige Tage später nennt er in Straßburg die Jahre 1933 bis 1937 als die Zeit, in der die hellseherischen Fähigkeiten vieler Menschen diese Wiederkunft wahrnehmen werden können[213], um in den folgenden Monaten immer wieder auf diese Thematik zurückzukommen[214]. Dass ihm klar ist, was die Stunde geschlagen hat, zeigen seit Februar 1910 seine Warnungen vor „falschen Christussen" und vor denjenigen, die sich in okkult fehlerhafter Weise eine „neue Beziehung zu dem Christus nur so vorstellen können, daß sie ihn im Fleische vor sich haben werden."[215] Auf den „kosmischen Christus" erneut zu sprechen zu kommen, sieht er sich bis auf weiteres nicht veranlasst. „Ohne Bezugnahme auf die Adyar-Propaganda und ohne irgendeine Polemik korrigiert er aber in seinen Darstellungen die Behauptungen Besants und Leadbeaters."[216]

Diese beiden trifft er auch indirekt, als er zum Todestag von Blavatsky im Mai deutliche Worte findet: „Die Notwendigkeit der theosophischen Bewegung für das Christus-Erlebnis, das ist etwas, was der Blavatsky ganz verschlossen war ... Eine Theosophie, welche nicht die Mittel hat, das Christentum zu begreifen, ist für die gegenwärtige Kultur absolut wertlos.

---

212 Vgl. Jayakar, Krishnamurti, 45 f. Leadbeater publiziert ab April im „Theosophist" die Artikelserie „Rents in the Veil of Time", in der er die früheren Erdenleben Krishnamurtis bzw. „Alcyone's" seit dem Jahr 23650 vor Chr. darstellt (vgl. die Zusammenstellung in: C. W. Leadbeater/A. Besant: The Lives of Alcyone. A Clairvoyant Investigation of the Lives Throughout the Ages of a Large Band of Servers, 2 Bände, Adyar 1924).
213 Vgl. Lindenberg, Chronik, 290.
214 Vgl. bes. Steiner, Christus-Erscheinung (GA 118); den von den Krishnamurti-Verehrern anvisierten Maitreya-Buddha integriert er als größten „der Verkündiger des Christus-Impulses", der aber erst in fernerer Zukunft zu erwarten sei (227). Dass der Begriff der „Wiederkunft" bei Besant und Leadbeater mehr Recht hat als bei Steiner, zeigt dessen Umdeutung, die nicht von einer erneuten, grandiosen Deszendenz Christi, sondern von einer Aszendenz der menschlichen Wahrnehmungsfähigkeiten des seit Golgatha „immer" daseienden Christus ausgeht: „Nicht heruntersteigen ins Fleisch wird der Christus, sondern hinaufsteigen werden die Menschen, wenn sie sich Verständnis für den Geist erworben haben. Das bedeutet das Wiederkommen des Christus in unserem Zeitalter .." (Rudolf Steiner: Der Christus-Impuls und die Entwickelung des Ich-Bewußtseins [1909/10], Dornach 1982⁴, GA 116, 95).
215 Vgl. Christus-Impuls (GA 116), 78; Rudolf Steiner: Das Matthäus-Evangelium (1910), Dornach 1978, GA 123, 202 f.
216 Lindenberg, Chronik, 289. So korrigiert Steiner im März 1910 durch seine Charakteristik des Landes ‚Schamballa' „stillschweigend Darstellungen, die Leadbeater im Zusammenhang der ‚Einweihung' Krishnamurtis über den Ort ‚Schamballa' gemacht hatte und die soeben durch ein theosophisches Organ verbreitet wurden" (292).

... Dadurch aber ehren und anerkennen wir H. P. Blavatsky, wenn wir über sie hinausgehen, wie sie über das hinausgegangen ist, was vor ihr war, solange uns die Gnade der Weltenentwickelung geistige Offenbarungen aus der geistigen Welt geben kann."[217] Angesichts solcher Töne ist es wenig erstaunlich, dass die auf Blavatsky eingeschworenen Theosophen Ende November versuchen, Steiners Einfluss wenigstens in der deutschsprachigen Schweiz mit organisatorischen Mitteln einzugrenzen[218].

Am 11. Januar 1911, dem Jubiläumstag der „Einweihung" Krishnamurtis, wird zum Zweck der Propaganda für den neuen „Weltenlehrer" aus Adyar der unter dem Protektorat von Leadbeater und Besant stehende, hierarchisch aufgebaute „Order of the Rising Sun" gegründet[219], der bald umbenannt wird in „Order of the Star in the East" (OSE). Umso entschiedener betont Steiner nun die Einmaligkeit des Christus-Impulses, und zwar gerade mit „kosmischer" Begründung: „Nur einmal konnte sich so der ganze Kosmos spiegeln; denn diese Konstellation, wie sie damals vorhanden war, sie kommt nicht wieder."[220] Unmissverständlich polemisiert der Generalsekretär gegen das folgenreiche (Un-)Verständnis des „kosmischen Christus" bei Besant: „Nur wenn man nicht weiß, daß der Christus der Repräsentant des ganzen Weltalls ist, und man sich nicht durchringen kann zu dieser Christus-Idee, zu der durch die Geisteswissenschaft die Elemente gegeben werden, nur dann kann man behaupten, daß der Christus mehrmals auf Erden erscheinen könne."[221] Gleichzeitig macht er klar, dass er keineswegs gegen kosmische Christologie überhaupt eingestellt ist: „Die

---

217 Steiner, Christus-Impuls (GA 116), 157 f. Mit dem theosophischen Offenbarungsverständnis, das eine „fortlaufende Christus-Offenbarung" einschließt (vgl. Rudolf Steiner: Die Sendung Michaels [1919], Dornach 1983, GA 194, 43), missachtet Steiner bewusst die „Unüberholbarkeit der biblisch bezeugten Offenbarung in Jesus Christus" (Grom, Anthroposophie, 178).
218 Vgl. dazu näherhin Lévy, Besant, 39 ff.; Lindenberg, Chronik, 301; ders., Steiner Bd. 1, 487 (ebd. wird vermerkt, dass Besant Steiner kurz zuvor noch ausdrücklich in ihrer Zeitschrift gewürdigt hat – mit dem doch ein wenig doppeldeutigen, eingrenzenden Schlusssatz: „Long may he live to guide the people whom he enlightens, and to carry his message through Europe"!).
219 Mit dieser (oben im III. Kapitel bereits erwähnten) Gründung, der ein Jahr später die Gründung einer eigenen Zeitschrift („Herald of the Star") folgt, wird die „apokalyptische" Stimmung forciert. Schon in Besants Buch „The Changing World" (1909) wird „the Coming Christ" verkündet: In baldiger Zukunft werde der „Supreme Teacher" wieder auf Erden sein, sich erneut als Lehrer offenbaren und noch einmal unter den Menschen wandeln wie einst in Palästina (149, 151, 313).
220 Rudolf Steiner: Die geistige Führung des Menschen und der Menschheit (1911), Dornach 1974⁹, GA 15, 84.
221 Ebd. Kaum zufällig betont Steiner im selben Vortragszyklus erneut, dass der „mystische Christus" erst seit dem Mysterium von Golgatha im Menschen zu finden sei (25) – also dass er sich nicht unmittelbar-korrelativ zu einem übergeschichtlich-kosmisch gedachten Christus verhalte. Analoges sagt er mit seiner Lehre aus, „daß in den Geist der Erde übergegangen war, was früher im Kosmos war" (80).

Geisteswissenschaft muß in Christus nicht bloß eine irdische, sondern eine *kosmische* Wesenheit erkennen."[222] Aber er pflegt in seinem, dem zunehmend als „Anthroposophie" definierten Kontext positiv allemal – wie hier – von der „kosmischen Wesenheit"[223] zu reden und den Begriff des „kosmischen Christus" tunlichst zu meiden.

Im selben Monat Juni, in dem Steiner diese Dinge in seinen Vorträgen herausstellt, ernennt die mit Krishnamurti nach England gereiste Besant den prominenten Theosophen Hübbe-Schleiden zum Vertreter des OSE in Deutschland – und den aus der deutschen Sektion bereits ausgeschlossenen Hugo Vollrath[224] zu dessen Organisationssekretär. Als Steiner davon um die Jahresmitte erfährt, reagiert er nach außen hin noch gelassen und bleibt um Loyalität bemüht – mit der Begründung, dieser „Orden" sei keine unmittelbare Angelegenheit der Theosophical Society als solcher. Aber insgesamt ist die Lage angespannt, und so erhoffen sich die Anhänger der konfligierenden Schulen eine Klärung vom Kongress der europäischen Sektionen in Genua, der seit zwei Jahren für September geplant ist. Doch dieses Treffen, das unter dem Thema „Von Buddha zu Christus" stehen soll, wird von Besant bzw. in ihrem Auftrag – hier bleibt manches ungeklärt[225] – angeblich wegen in Genua drohender Cholera kurzfristig abgesagt. So geht der Kampf unterschwellig weiter und nimmt an Heftigkeit zu.

Anfang Oktober macht Steiner in einem Vortrag erneut deutlich: „Der Weg zu den göttlichen Urgründen der Welt ist jetzt ein anderer geworden! Und die geistige historische Forschung zeigt uns, daß er im wesentlichen in dem Moment ein anderer geworden ist, in welchen die Überlieferung die Ereignisse von Palästina setzt.... Daß es einen inneren Christus geben kann, daß geboren werden kann der höhere Mensch, dazu war notwendig ein historischer Christus, die Verkörperung des Christus in dem Jesus."[226]

---

222 Führung (GA 15), 70. Für Steiner ist klar, „daß in dem Christus sich der ganze Kosmos ausspricht.." (79). In diesem Zusammenhang gibt Steiner korrelativ einen anthropologischen Hinweis: „In gewissem Sinne ist der Mensch überhaupt ein kosmisches Wesen" (70). Damit bestätigt sich, dass seine kosmische Christologie deutlich im Paradigma spiritueller Autonomie steht.
223 So hat nach Steiner die „ganze kosmische Christus-Wesenheit" ständig auf den geschichtlichen Jesus eingewirkt: „Immer stand der Christus unter dem Einfluß des ganzen Kosmos..." (Führung, GA 15, 76).
224 Besant spätere Erklärung, sie habe das Prekäre ihres Tuns nicht richtig eingeschätzt, ist wenig glaubhaft (vgl. dazu Steiner, Geschichte, GA 264, 415; Lindenberg, Steiner Bd. 1, 493 f.).
225 Vgl. Lévy, Besant, 54 ff.; Lindenberg, Chronik, 308; ders., Steiner Bd. 1, 489 f.; Klatt, Theosophie, 108. Unklar bleibt natürlich auch, wie der Kongress tatsächlich verlaufen wäre. Steiner meint, es wäre nicht bloß ums Austragen von Meinungsfragen gegangen: Indem Besant Krishnamurti mitgebracht und so die Distanznahme des deutschen Generalsekretärs provoziert hätte, hätte sie die Angelegenheit personalisiert und Beleidigungen heraufbeschworen (Geschichte, GA 264, 416; vgl. auch Lévy, Besant, 61).
226 Rudolf Steiner: Von Jesus zu Christus (1911), Dornach 1982[6], GA 131, 17 und 34;

Einige Tage später legt Steiner – offenkundig mit Blick auf die Vorstellungen Besants vom „kosmischen Christus" und seinen zyklisch erscheinenden Adepten[227] – seine Christologie dahingehend näher dar, dass „die Christus-Wesenheit nicht in einem Menschen gewohnt habe, der eine besondere Adeptenhöhe erlangt hatte, sondern in einem einfachen Menschen, der sich dadurch von den andern unterschied, daß er nur der zurückgelassene Hüllenorganismus war, in dem Zarathustra gelebt hatte"[228]. Dass Steiner einen „zurückgelassenen Hüllen-Organismus", der von einem göttlich-kosmischen Ich in Besitz genommen wird, noch mit dem Gedanken eines „wahren Menschen"[229] in Verbindung bringen zu können meint, zeigt nur, dass er in der christologischen Diskussion der kirchlichen Dogmengeschichte kein problembewusster Experte ist. Wichtig ist ihm hier allein, dass der Christus aus dem Kosmos ein exklusives Verhältnis zu der Jesusfigur einging, sich wirklich einmalig inkarnierte, während er von den Adepten quasi nur im Ansatz, also „nicht ganz besessen", nicht „in seiner ursprünglichen vollendeten Gestalt" erlebt werden konnte[230]. „Und es

---

vgl. 103. Damals muss Steiner in seiner Esoterischen Schule sich scharf gegen Besant ausgesprochen haben (vgl. Klatt, Theosophie, 106). Sein Zorn richtet sich insbesondere auch gegen Leadbeater und dessen hier wohl angesprochene radikale Leugnung des geschichtlichen Christus (vgl. Steiner, Führung, GA 15, 79; dazu Arfst Wagner: ‚Denn es werden viele kommen unter meinem Namen...' Falsche Christuserscheinungen im 20. Jahrhundert, in: Flensburger Hefte 39, 1992, 122–154, bes. 126).

227 Hübbe-Schleiden hatte in einem Brief an Steiner, in welchem er diesem am 4.7.1911 seine Beauftragung durch Besant mitteilte, definiert, er verstehe unter „Adept" einen Meister, durch den der Christusgeist reden kann, was jetzt wieder einmal in vollem Maße geschehen solle – ohne dass damit die Einmaligkeit des Mysteriums von Golgatha in Frage gestellt werden solle; auch Besant anerkenne ja im Christusgeist den Logos als den großen Lehrer, doch gehe es darum, dass der Adept nicht bloß seine Leiblichkeit zur Verfügung stellen, sondern selbst wirken solle im Geiste des Logos (vgl. Klatt, Theosophie, 184–186).

228 Steiner, Jesus (GA 131), 84; vgl. 88. Mit „Zarathustra" ist hier – wie oben erwähnt – das im nathanischen Jesus reinkarnierte Zarathustra-Ich gemeint. Ein krasser Selbstwiderspruch ist Steiner im Zuge dieser Ausführungen allerdings entgangen: Hatte er nicht vor zwei Jahren noch gelehrt, Jesus von Nazareth habe „ein hoher Eingeweihter" werden müssen, bevor er der Christus-Träger habe werden können (vgl. die bereits zitierte Stelle in GA 112, 23)?

229 Ebd. 83. Vgl. auch Geisen, Anthroposophie, 354 und 533; Bannach, Anthroposophie, 442. Gegenüber dem esoterischen Christus-Mysterium Steiners ist theologisch festzuhalten: „Das Mysterium, das in Chalkedon formuliert wurde, ist nicht *eine* der Lehren des Christentums, sondern es ist *das* Geheimnis der Welten und Zeiten" (Neuner, Christus-Mysterium, 822).

230 Steiner, Jesus (GA 131), 100 f. Deutlich bezieht sich dieses Teil-Zitat auf Hübbe-Schleidens oben erwähnten Brief vom 4.7.1911. Dass Hübbe-Schleiden in einem Nachtragsbrief vom 9.8.1911 Steiner versicherte, auf den verwirrenden Christus-Begriff in seinem „Stern-Orden" ganz zu verzichten (vgl. Klatt, Theosophie, 197 f.), kann den Generalsekretär in keinster Weise getröstet haben.

heißt einfach, das Christus-Wesen nicht verstehen, wenn man eine Wiederholung der Inkarnation dieser Wesenheit behaupten kann."[231]

Steiner erblickt die Zukunft des einst kosmischen Christus nicht in einer Wiederverkörperung, sondern vielmehr in seinem Erscheinen im Erdäther, das sich mit der Übernahme eines hohen „Amtes im Weltall" verbindet: „Und zwar lehrt uns die okkulte, die hellseherische Forschung, daß in unserm Zeitalter das Wichtige eintritt, daß der Christus der Herr des Karma für die Menschheitsentwicklung wird. Und dies ist der Beginn für dasjenige, was wir auch in den Evangelien mit den Worten angedeutet finden: Er werde wiederkommen zu scheiden oder die Krisis herbeizuführen für die Lebendigen und die Toten."[232] Die beiden konkurrierenden theosophisch-apokalyptischen Konzepte haben offenkundig nicht viel miteinander gemein.

Bald schon wird Steiner noch deutlicher. Am 23. Oktober 1911 konfrontiert er seine Hörerschaft direkt mit jenem entscheidenden Werk Besants, in dem sie den Begriff des „kosmischen Christus" eingeführt hat: „Und nun nehmen Sie das ‚Esoterische Christentum' von Annie Besant in die Hand, lesen Sie es genauer, als man in Theosophenkreisen gewohnt ist zu lesen.."[233] Was Steiner hier entfaltet, ist ein ebenso trickreicher wie zynischer Gedankengang: Da Besant in ihrem Buch Jesus ja 105 Jahre ante Christum natum geboren sein lasse, bezeichne sie bei klarer geschichtlicher Orientierung mit Sicherheit nicht jene Figur als „Christus", die er, Steiner, im Blick habe, sondern eine andere. Und daher habe er gar nichts dagegen, dass sie behaupte, ihr „Jesus ben Pandira" werde im 20. Jahrhundert wiederverkörpert. Nur vom Jesus der Christen dürfe sie solches ebenso wenig behaupten wie etwa vom Buddha der Ostasiaten – beide großen religiösen Traditionen würden sich zurecht gegen solch ungebildetes Vorgehen verwahren! Der „orientalisierenden theosophischen Richtung" wirft er also vor: „Der, welcher von uns der Christus genannt wird, den kennt ihr nicht, ihr nennt nur einen anderen so. – Wir aber müssen uns das Recht vorbehalten, daß wir das richtigstellen dürfen."[234]

---

[231] Steiner, Jesus (GA 131), 215; vgl. 158. Zu oft hatte Besant vom „coming Christ" gesprochen (vgl. das so überschriebene Kapitel in ihrem Buch „The Changing World" von 1909, 132 ff.; auch Klatt, Theosophie, 199 f.), als dass man sagen hätte können, mit der erwarteten ‚Maitreya' sei ja nicht der ‚Christus' gemeint gewesen – obschon klar war, dass sie ja gerade nicht an Wiederkunft Jesu Christi glaubte!

[232] Steiner, Jesus (GA 131), 78. „Hier wird eine karmische Eigengesetzlichkeit ... ganz beseitigt", kommentiert Bannach (Anthroposophie, 241), der allerdings entgegen dem Sprachgebrauch Steiners den ätherisch erscheinenden „Herrn des Karma" als „kosmischen Christus" bezeichnet (365).

[233] Steiner, Der irdische und der kosmische Mensch (GA 133), 19 f.

[234] Ebd. 20; vgl. auch Lévy, Besant, 92 ff. Später einmal unterstreicht Steiner entsprechend: „Dadurch, daß man irgend etwas Christus nennt, hat man den Christus nicht getroffen" (Sendung, GA 194, 25). Ein zutreffender Satz, der sich freilich auch gegen Steiner selbst wenden lässt!

Nach solch deutlichen Worten gegen die Präsidentin der „Theosophical Society" erwägen Steiners Anhänger nun die Gründung einer neuen Gesellschaft. Es gelingt ihnen einstweilen, ungeachtet der Zurückhaltung Steiners am 16. Dezember[235] 1911 einen Bund zur Pflege der „rosenkreuzerischen Geisteswissenschaft" ins Leben zu rufen, der die deutsche Sektion als solche nicht in Frage stellen soll[236], faktisch aber zum Vorläufer der späteren „Anthroposophischen Gesellschaft" wird.

Im Januar 1912 betont Steiner erneut seine christozentrische Sicht in kosmischer Perspektivik: „Der Christus unterscheidet sich ganz radikal von anderen Wesenheiten, die an der Erdentwicklung teilnehmen.... Er war eine makrokosmische Wesenheit vom Beginn der Erdentwicklung an ..."[237] Hier unternimmt es Steiner, Christus als „Welten-Ich" in Analogie zum mikrokosmischen Ich des Menschen zu erläutern, das dank der makrokosmischen Ich-Darbringung zu seiner Eigentlichkeit finden kann. Und dabei treibt er die Entsprechung auf den bisher schon beschrittenen Bahnen so weit, dass er eben den makrokosmischen Christus genauso wie den Menschen evolutionsimmanent interpretiert[238]. Aber erneut heißt es abgrenzend: Der Christus *war* eine (makro-)kosmische Wesenheit; und wenn ihm wie dem Menschen weitere Entwicklungsstufen zugetraut werden, so ist doch der im Kosmos gedachte Christus eher eine Vergangenheits- als eine Zukunftsgestalt[239]!

Interessanterweise gibt Steiner in diesem Kontext zu erkennen, dass er seine kosmischen Aussagen durchaus in dem kopernikanischen Bewusstsein macht, „wie die Erde ein Staubkorn im Weltall ist". Keineswegs folgert er daraus, dass „der Christus von Weltenkörper zu Weltenkörper gewandelt sein" müsste; vielmehr hält er auch angesichts solcher Ansichten am Ein-für-Allemal der Inkarnation Christi fest. Den kleinen Planeten Erde

---

235 Wenige Tage zuvor hat Steiner auf der Generalversammlung der deutschen Sektion seinen Gegensatz zu Adyar bzw. zur Präsidentin, die ihn durch ihre Amtsführung beleidigt habe, in restloser Offenheit ausgesprochen (vgl. Klatt, Theosophie, 109, 113 und 211) und dann eine auf Besant kritisch sich beziehende Ansprache gehalten (GA 264, 404 ff.). – Währenddessen glaubt Besant in Indien, durch erste Anzeichen für die Manifestation des Maitreya-Geistes in Krishnamurti aller Zweifel in dieser Hinsicht enthoben zu sein (vgl. Klatt, Theosophie, 48). Prompt ernennt sie John H. Cordes, einen aus Österreich stammenden Betreuer Krishnamurtis, zum Nationalrepräsentanten für Deutschland auf dem in Adyar tagenden internationalen Council der Theosophical Society (vgl. Lindenberg, Steiner Bd. 1, 492).
236 Vgl. Lindenberg, Steiner Bd. 1, 491 passim.
237 Rudolf Steiner: Das esoterische Christentum und die geistige Führung der Menschheit (1911/12), Dornach 1987³, GA 130, 213 f. (Vortrag vom 9.1.1912).
238 Der Christus hatte sein „Ich makrokosmischer Art gerade bis zur Ich-Vollendung zu bringen": „So hatte der Christus sein Ich auszubilden, um geben zu können" (214).
239 Am Ende des Jahres 1912 erklärt Steiner in diesem Sinn erneut das Mysterium von Golgatha „zu einer bedeutsamen Grenze der Menschheitsentwickelung" (Bhagavad Gita, GA 142, 81).

vergleicht er gegenüber den vielen anderen und oft größeren Planeten mit dem bescheidenen Hirtenstall, den die Geburtslegende herrlicheren Domizilien gegenüber herausgestellt hat[240]. Auf diese und andere Weise macht er immer vehementer deutlich, dass die Annahme „mehrere(r) Verkörperungen des Christus" ein Irrtum sei, denn „dasjenige, was in mehreren Inkarnationen über die Erde ginge, wäre kein Christus mehr."[241]

Umso wichtiger wird freilich seine Vorstellung von der ‚Qualität' der einen Inkarnation des Christus: Sie gewinnt immer deutlicher ‚synergistische' Konturen, indem betont wird, dass der übermenschliche Christus[242] sich mit dem Menschen Jesus vereinigt und von dessen „Seele" – also nicht nur von seinem Leib – Besitz genommen habe[243]. Bewirkt werde durch den von daher in Gang gekommenen „Christus-Impuls" die Menschheitsentwicklung in geistiger Hinsicht – nämlich den „Gott und die göttliche Urwesenheit nicht in der Seelenhülle, sondern in dem eigentlichen Ich zu suchen"[244]. Der geschichtliche Christus Jesus ermöglicht so den mystischen Christus, eröffnet das „göttliche Bewußtsein" in Gestalt geistiger Autonomie. Es macht die Systemlogik im Paradigma aus, dass Gnade und Begnadigte, Erlöser und Erlöste *qua una substantia* in Relation zu einander stehen und von daher christologisch wie soteriologisch[245] synergistisches Denken sich nahe legt[246]. Weltbildlich ergibt sich aus Steiners „heterono-

---

240 Steiner, Das esoterische Christentum (GA 130), 219 f. So hält Steiner die geozentrische Perspektive fest, ohne allerdings jene weltanschauliche Problematik ganz zu erfassen und auszudiskutieren, die sich nicht auf die Frage von Größe oder Kleinheit der Planeten reduzieren lässt.
241 So Steiner gegen Ende desselben Vortrags vom 9.1.1912 (GA 130, 226). Gegenüber außerirdischen Inkarnationen gilt dasselbe wie gegenüber „allen sogenannten Wiederverkörperungen des Christus auf unserer Erde" (ebd.). Steiners Beteuerung, er sehe „in den verschiedenen religiösen Systemen Ausgestaltungen des einen spirituellen Lebens" (227), erweist sich angesichts seiner exkludierenden Christus-Deutung als bloße theosophische Floskel.
242 In einem Vortrag vom 25.1.1912 wird unter positiver Berufung auf gnostische Tradition herausgestellt, dass der Christus „übermenschlich"-geistiger Natur und ein „Gott" sei (vgl. Rudolf Steiner: Menschengeschichte im Lichte der Geistesforschung [1911/12], Dornach 1983², GA 61, 293 f. und 296 f.; vgl. auch 308).
243 Vgl. a. a. O. 303.
244 A. a. O. 305. So „lernte man sagen: Willst du erkennen, wo sich dir das tiefste Göttliche, das alle Welt durchlebt, enthüllen kann, so schaue in dein eigenes Ich, denn durch dein Ich spricht der Gott zu dir" (ebd.).
245 Das gilt gerade auch deshalb, weil soteriologische und noetische Thematik hier am Ende in eins fallen: Steiner bringt „Erkenntnis-Erlösung" (Menschheitsgeschichte, GA 61, 311), welche ihrerseits synergistisch zu begreifen ist: „Aber der Gott spricht besonders zu dir, wenn du dich hinaufhebst, indem du deine Seele zu einem Instrument der Wahrnehmung in der geistigen Welt machst" (305).
246 Dieses analytische Urteil ist gegenüber zwei möglichen Missverständnissen abzusichern: 1. Im Blick ist hier nicht jener heteronome, zwischen Gnade und Leistung ein Konkurrenzverhältnis aufbauende Synergismus, mit dem namentlich Luther es zu tun hatte. 2. Innerhalb des Autonomie-Paradigmas trifft das Urteil auf die

mer Autonomie" einerseits das bereits herausgestellte Ja zur Geschichte, andererseits ein ausgesprochen metaphysisches Geschichtsverständnis, das den angenommenen Synergismus von Geistern und Menschen mit einer ausdrücklichen Absage an alle säkulare Geschichtsauffassung verknüpfen muss[247].

Der Kampf der Geister in der Geschichte tobt weiter und spitzt sich zu – dessen sind sich alle Theosophen damals bewusst. Im März 1912 äußert Steiner in einem Brief an Besant seine Betroffenheit über das in den zurückliegenden Aktionen zum Ausdruck gekommene Misstrauen gegen ihn[248]. Im April spricht er vom „Unfrieden", den diejenigen unter christlich orientierten Menschen verbreiten, die von einer erneuten, bevorstehenden Inkarnation des Christus sprechen und dadurch „neue Sektenbildungen"[249] heraufbeschwören. Im Mai beschwert er sich in einem Vortrag darüber, von der Gegenseite in deren Zeitschrift verzeichnet zu werden[250]. Bemerkenswerterweise distanziert er sich in diesem Zusammenhang empört von der ihm zugeschriebenen Auffassung, er würde den Christus als „zweiten Logos" von dreien verstehen[251] – zu Unrecht, denn er hatte dies in der Tat in einem Vortrag von 1905 so gelehrt[252]! Jetzt schreibt er diese Sichtweise ganz der esoterischen Schule Besants zu, der er damals freilich noch eingegliedert gewesen war, während er für sich konkretere okkulte Aufschlüsse hinsichtlich der parageschichtlichen Vorgänge um den als „das große Sonnenwesen" interpretierten Christus(–Impuls) beansprucht. Für die Beurteilung der Christosophie Steiners durch die christliche Theologie liegt hier eine wichtige Abgrenzung vor.

Im Juni bricht Steiner schließlich sein Schweigen hinsichtlich des OSE in einem Mitgliedervortrag – restlos provoziert durch einen „Botschaft des

---

„heteronome" und die „autonome", weniger deutlich aber auf die „theonome" Variante zu.
247 Steiner will, „daß gebrochen werde mit alledem, was bisher ‚Geschichte' war .. " (a. a. O. 308). Die systematische Affinität von transgeschichtlicher Mystik und Synergismus beleuchtet Emil Brunner: Das Ärgernis des Christentums. Fünf Vorlesungen über den christlichen Glauben, Zürich 1957, 15 f.
248 Damals rechnen Besant und Hübbe-Schleiden bereits mit der Abtrennung Steiners (vgl. Klatt, Theosophie, 114 f.).
249 Vgl. Steiner, Der irdische und der kosmische Mensch (GA 133), 79.
250 Vgl. Steiner, Der irdische und der kosmische Mensch (GA 133), 110 f. Die der Gegenseite von Steiner vorgeworfene Gewissenlosigkeit entzieht angeblich „dem Christus auf der Erde die Möglichkeit, sich voll zu entwickeln", was impliziert, „daß die Erde überhaupt nicht an das Ziel ihrer Entwicklung kommen kann" (114 f.)! Hier schürt Steiner okkultistische Ängste und Aggressionen unter seiner Anhängerschaft. Später lehrt er solch theologisch-theosophisch höchst fragwürdiges Gedankengut nicht mehr.
251 Ebd. Steiner wehrt sich insbesondere gegen die Charakterisierung seiner Theosophie als einer engherzigen, nur für Deutschland geeigneten Lehre (111).
252 Vgl. Steiner, Grundelemente (GA 93a), 131–133. Ferner: Hierarchien (GA 110), 104 f. (1909).

Friedens" betitelten Vortrag Hübbe-Schleidens, in dem vorwurfsvoll von „dogmatischen Einseitigkeiten" und „Intoleranz" in der deutschen Sektion gesprochen wird und der alsbald im Druck erscheint[253]. Das allgemeine Toleranz-Gerede lässt Steiner zufolge Klärungen in der Wahrheitsfrage nicht zu und bleibt phrasenhaft, wenn dann doch die gegnerische Meinung verzerrt dargestellt wird. Und was den OSE betreffe, so sei dessen Gründung für das Herannahen eines künftigen Weltheilands in Steiners Augen so grotesk wie die eines Vereins „für das Kommen eines neuen Staatsmannes oder eines großen Generals"[254]. Der Streit ist damit im Sommer 1912 ganz offen ausgebrochen[255]. Besant reagiert auf den Vorwurf, ihr 105 vor Christi Geburt geborener Jesus ben Pandira habe mit dem neutestamentlich gemeinten Christus gar nichts zu tun, mit einem apologetischen Vortrag vor der Generalversammlung der Theosophischen Gesellschaft in London, der die ja doch anvisierte Identität untermauern soll[256]. Ende August finden unter hunderten von Steiners versammelten Anhängern Diskussionen über eine konkretere Ausgestaltung des im Vorjahr locker gebildeten „Bundes" statt. Und Steiner selbst schlägt nun vor, diesen von der Theosophischen Gesellschaft unabhängigen Bund „Anthroposophische Gesellschaft" zu nennen[257].

---

253 Vgl. Lindenberg, Steiner Bd. 1, 494. Noch ein Brief Hübbe-Schleidens von 1914 wirft Steiner „bigotte Intoleranz" vor (vgl. Klatt, Theosophie, 105). Steiner meint grundsätzlich, dass dogmenbildend gerade die gegnerische Auffassung sei, derzufolge „Krishnamurti als der Träger des zukünftigen Weltenlehrers, des Maitreya oder Christus anzusehen" ist (Lindenberg, 497). Zumindest hat dieses „Dogma" für Steiner den Anlass gegeben, selber sein Dogma intensiver zu entfalten.

254 Steiner, Der irdische und der kosmische Mensch (GA 133), 167. Insbesondere wehrt sich Steiner gegen die Relativierung von Positionen durch geographische Abgrenzungsversuche, denn es gehe um eine Menschheitssache wie etwa die Mathematik.

255 Als ein taktisches Okkult-Manöver ist dabei die von Steiner erstmals im Juni 1912 vorgebrachte Eröffnung zu werten, dass der Buddha – die Zentralfigur der östlich orientierten Theosophen – als „ein Abgesandter des Christus" eine im 17. Jahrhundert auf dem Mars vollbrachte Heilstat in Analogie zum Mysterium von Golgatha vollbracht haben soll (Der irdische und der kosmische Mensch, GA 133, 160). Weiteres übers Buddhas Beitrag zum Mysterium von Golgatha folgt im Dezember (vgl. Rudolf Steiner: Das Leben zwischen dem Tode und der neuen Geburt im Verhältnis zu den kosmischen Tatsachen [1912/13], Dornach 1983[4], GA 141, 92 u. ö.).

256 Vgl. Besant, Christus, 6. Dass die Argumente nicht überzeugen, unterstreicht Lévy, Besant, 102 ff. – In ihrem Vortrag betont Besant noch einmal, der Mythos bzw. die Geschichte vom „kosmischen Christus" gehöre „der grossen Sonnenreligion an" (Christus, 12); diese „ewig wahre Christusmythe" impliziere, dass jeder menschliche Geist „ein zuerst gekreuzigter und dann siegreicher Christus wird" (15). Wieder fällt die gehäufte Verwendung des „Triumph"-Begriffs auf, namentlich im Kontext der Rede vom kosmischen Kreuz (14) – Besants „theosophia crucis" hält sich durch!

257 Vgl. Lindenberg, Chronik, 319 f. „Es fällt auf, daß sich Rudolf Steiner bei diesen Beratungen weitgehend zurückhielt" (Lindenberg, Steiner Bd. 1, 498).

Angesichts dieser Entwicklung verwundert es nicht, dass sein im September durchgeführter Vortragszyklus über das Markus-Evangelium[258] den markanten, indirekten Kampfbegriff des „kosmischen Christus" erneut explizit thematisiert – und zwar so, dass er nun gleich etliche Male fällt. Der Terminus „Christus" selbst wird anhand des Petrusbekenntnisses gedeutet als Symbolbegriff für den Führer, „der aus dem Kosmos gekommen ist", womit „der Abschluß der alten Welt" gekommen sei[259]. Damit knüpft Steiner an bereits Gesagtes an. Aber dann nehmen seine Ausführungen eine unerwartete Wendung, als er sich dem – angeblich auch heutzutage hellseherisch wahrnehmbaren[260] – „Mysterium von Golgatha" zuwendet. Er spricht zunächst davon, dass damals „von den Jüngern Verständnis verlangt wird für die Sendung des kosmischen Helden" – verbal wird die Rede vom „kosmischen Christus" hier deutlich vorbereitet –, um anschließend rhetorisch zu fragen: „Haben sie den Christus Jesus erkannt als kosmischen Geist?"[261] Die Verneinung liegt auf der Hand: Wie man weiß, fliehen die Jünger, als es im Garten Gethsemane ernst wird. Dieser Verständnislosigkeit kontrastiert die Angstlosigkeit Christi, wie sie Steiner entgegen der gängigen theologischen Auffassung behauptet.

Das Blutschwitzen auf Gethsemane interpretiert Steiner dann als den Moment, ab dem „zur Neige geht der Einfluss des kosmischen Christus"[262]. Als hier nun der ominöse, auf Besants Konzept anspielende Begriff wieder fällt, erinnert man sich: 1909 hatte Steiner eröffnet, dass die Zeit des „kosmischen Christus" mit dem Mysterium von Golgatha ihr Ende gefunden habe. Diese damals schon polemisch begründete Perspektive wird jetzt noch einmal zugespitzt: Steiners Skopus besteht darin, dass sich der „kosmische Christus" von den Verständnislosen zurückziehe, bei ihnen nicht mehr zu finden sei. Mögen also Besant und ihre Partei noch so wissend vom „kosmischen Christus" reden – es komme gegenwärtig doch ganz auf das an, was die „anthroposophische Bewegung" erfülle: gegenüber „falschen Chri-

---

258 Zu Basel (15.–24.9.1912). „Niederländische Freunde, die verspätet zu dem Kurs kamen, berichteten, sie seien telegraphisch informiert worden, daß der Kurs nicht stattfände: Irgendein engagiertes Mitglied des Sternordens wollte die Holländer vor der Lehre Steiners bewahren" (Lindenberg, Steiner Bd. 1, 499).
259 Rudolf Steiner: Das Markus-Evangelium (1912), Dornach 1985⁶, GA 139, 127. Der von dem (kosmisch angeblich besonders bewegten) Evangelisten Markus geschilderte Christus „bringt überirdische, kosmische Verhältnisse mit seinem Erscheinen auf die Erde herunter und redet mit den Erdenwesen von diesen kosmischen Verhältnissen" (167). Dass übrigens die Schrift des Indologen Hermann Beckh: Der kosmische Rhythmus im Markus-Evangelium, Basel 1928, den Begriff „kosmischer Christus" nicht enthält, obwohl der Verfasser aktives Mitglied der „Christengemeinschaft" war, illustriert nur, wie wenig dieser Ausdruck damals noch geläufig war.
260 Vgl. Markus-Evangelium (GA 139), 139.
261 A. a. O. 168 und 170; vgl. auch 169.
262 Vgl. a. a. O. 173 f.

stussen" ein „neues Verständnis entgegenzubringen dem, was der Christus in der Welt wollte"[263]! Das Markus-Evangelium lehre, „wie man es mit dem kosmischen Christus zu tun habe": Der leidende Menschensohn werde von dem kosmischen Prinzip nach und nach verlassen[264]. Um dieses Skopus willen nimmt Steiner einen häretischen Impetus in Kauf: Er bringt den Begriff des „kosmischen Christus" in den Geruch des Doketischen. Der immerhin bis zur Passion von Steiner als mit Jesus verbundener „kosmischer Christus" akzeptierte[265] Sohnesgott ist es eigentlich nicht mehr, der am Ende ans Kreuz geschlagen wird[266], wenn man sieht, dass er der okkulten Exegese zufolge bei der Gefangennahme Jesu durch den nackt davonlaufenden Jüngling von Mk 14,51 f. symbolisiert wird: „Das ist der junge kosmische Impuls, das ist der Christus, der entschlüpft, der jetzt nur noch einen losen Zusammenhang mit dem Menschensohn hat."[267]

Indem Steiner hier doch noch von einem – immerhin wohl auch am Kreuz sich durchhaltenden – „losen Zusammenhang" spricht[268], führt er sicherheitshalber ein retardierendes Moment gegenüber seinem eigenen doketischen Ansatz ein[269]. Er vermittelt in dieser Hinsicht selbst einen gespaltenen Eindruck: Einerseits scheint für ihn, wie oben dargelegt, ein doketischer Aspekt zu den Konstitutiva des „Mysteriums von Golgatha" zu zählen[270]; andererseits hat er vor[271] und auch nach[272] diesen Vorträgen zum

---

263 A. a. O. 179. Es geht darum, nun immer „mehr Verständnis" zu gewinnen fürs Golgatha-Geschehen (ebd.). Wie Steiner einige Wochen später betont, kann man sein „geistiges Auge durch das Verständnis für das Mysterium von Golgatha auf der Erde schärfen.. " (Leben, GA 141, 49).
264 Vgl. Steiner, Markus-Evangelium, 178. Im Unterschied zu seiner früheren esoterischen Übersetzung der letzten Worte Jesu (s. o.) lässt Steiner den jetzt ‚passenden' Wortlaut stehen: „Mein Gott, mein Gott, warum hast du mich verlassen?" (ebd.).
265 So legt Steiner aufs machtvolle Auftreten Jesu hin die von Markus berichtete Tempelreinigung ein aus: „Und während früher der kosmische Christus im Tempel wirkte und die Händler heraustrieb.., konnten jetzt die Häscher heran, als der Jesus von Nazareth nur noch in einem losen Zusammenhange mit dem Christus stand" (a. a. O. 176).
266 Zu Analogien im spätantiken Gnostizismus vgl. Geisen, Anthroposophie, 66 f. Wichtiger aber dürfte die von Geisen übersehene Analogie zum „Esoterischen Christentum" Besants sein, dessen doketische Tendenz (s. o.) Steiner zusammen mit dem Begriff des „kosmischen Christus" selbst von dort übernommen haben könnte.
267 A. a. O. 177. Interessante Hinweise zu Steiners spekulativer Interpretation des Jünglings und dessen Korrelation mit dem Kosmischen bietet Andrew Welburn: Am Ursprung des Christentums. Essenisches Mysterium, gnostische Offenbarung und die christliche Vision, Stuttgart 1992, 391 f.
268 Später heißt es mit demselben Bezug noch einmal, dass „der kosmische Christus nurmehr in einem losen Zusammenhange mit dem Menschensohn war" (194).
269 Kurz darauf redet Steiner noch einmal „von dem Jüngling, der sich wie loslöst im entscheidenden Momente von dem Christus Jesus..." (180): Es handelt sich demnach um keine radikale Abtrennung, sondern sie erfolgt nur quasi.
270 Man beachte neben dem bereits Vorgebrachten zuletzt Steiners Äußerung vom

Markus-Evangelium immer wieder betont, dass der Christus als ein Gott auf die Erde gekommen sei, der gerade im Unterschied zu den anderen Göttern den Tod schmecken und durchleiden sollte. Noch beim späten Steiner zeigt sich dieses merkwürdige Schwanken: Er kann 1921 einerseits den basilidianischen Doketismus eindrücklich geißeln[273] und andererseits betonen: „Wir brauchen denjenigen Christus, den wir nicht als den leidenden anschauen, sondern der da schwebt oberhalb des Kreuzes und herüberschaut auf das, was wesenlos am Kreuze endet. Wir brauchen das starke Bewußtsein von der Ewigkeit des Geistes."[274] Der Theosoph Steiner kann offenbar je nach kontextuell bedingter Perspektivik doketische Aspekte hervortreten lassen oder negieren[275].

---

Mai 1912, derzufolge der Christus „dazumal nicht auf der Erde ‚verkörpert' war, sondern nur das Fleisch desjenigen durchdrang, ausfüllte, der als der Jesus von Nazareth dastand" (Der irdische und der kosmische Mensch, GA 133, 112). Der Skopus dieser häretischen Einschränkung liegt freilich eindeutig in der kontextuell bedingten Abwehr weniger des Verkörperungs- als vielmehr des Wiederverkörperungsgedankens im Blick auf den Christus.

271 Z. B. lehrt er noch im April 1912 ausdrücklich, dass die „Substanz des Christus" mit Jesus „durch den Tod gehen mußte" – um anbei erneut die Einmaligkeit dieser Konsequenz der Inkarnation herauszustellen (Der irdische und der kosmische Mensch, GA 133, 78 f.).

272 Vgl. z. B. Steiner, Sonnenmysterium (GA 211), 105, 111, 170 und 186. Unmissverständlich heißt es, dass „jenes Wesen, das man vorher nicht hat auf der Erde finden können, ... gekreuzigt worden ist" (185). Wenn allerdings Bannach den Gnosisvorwurf an Steiner mit dem Argument abzuwehren sucht, dessen Christus Jesus habe die Fähigkeit zu sterben (Anthroposophie, 377), so verkennt er, dass keineswegs alle gnostischen Systeme in diesem Sinn doketisch gewesen sind.

273 Mit Blick auf den Gnostizismus des Basilides legt Steiner dar, dass der Johannesprolog mit seinen Logos-Aussagen tiefer greift als die Gnostiker, die im Christus den Nous sich verkörpern sehen (Steiner, Vorträge Bd. 2, GA 343, 270 ff.). Denn die Gnosis, „die nur bis zum Nous kam" (276), bezieht sich damit auf eine göttliche Größe, die „nicht durch Tod und durch Auferstehung gehen" kann, wie ihr Doketismus angesichts des Kreuzes zeigt (271 f.). Dabei weiß Steiner, dass der Nous in der hermetischen Emanationsfolge oberhalb des Logos anzusiedeln ist (ebd.; zur Sache vgl. C. Colpe/J. Holzhausen, Corpus Hermeticum Deutsch, 4, 13 und 45; ferner Jonas, Gnosis, 344 und 347; Beierwaltes, Studien, 55 f.; Schlette, Das Eine, 90 f.). Er steht insofern der Menschheit ferner (vgl. Steiner, 277). Nachdem Steiner allerdings nicht die Existenz des Nous zugunsten des Logos in Abrede stellt, bestätigt sich hier die Beobachtung, dass sein Christus-Verständnis sich lediglich auf ein *relativ* hoch stehendes göttliches Wesen bezieht und insofern nicht den Trinitätsgedanken der christlichen Tradition erreicht.

274 Rudolf Steiner: Die Verantwortung des Menschen für die Weltentwicklung durch seinen geistigen Zusammenhang mit dem Erdplaneten und der Sternenwelt (1921), Dornach 1978, GA 203, 285. – Besonders gern taucht das doketische Element im Initiationskontext auf: „Jetzt ist der Körper etwas, in dem er nicht mehr lebt, sondern den die Seele umschwebt. Das ist die Kreuzigung, die vierte Stufe" (Mysterium, GA 97, 25).

275 So auch Geisen, Anthroposophie, 354. Zu einfach macht es sich Ringgren, wenn er in der TRE Steiner mit den Worten interpretiert: „Das kosmische Christuswesen

Als der okkultistische Exeget schließlich die Auferstehung in den Blick nimmt, findet er den „kosmischen Christus" noch einmal durch einen – nun mit weißem Gewand bekleideten – Jüngling repräsentiert, nämlich in der Grabesgruft am Ostermorgen (nach Mk 16,5–7). Durch ihn empfangen die Jünger „einen neuen Impuls", eben den Christus-Impuls, „während sie früher so wenig Verständnis gezeigt hatten."[276] Steiners Konstruktion, derzufolge der „kosmische Christus" als solcher mit dem Mysterium von Golgatha sein Ende findet, ist damit keineswegs in Frage gestellt, denn dieses Mysterium umfasst nach seinem weiten Verständnis nicht nur den Kreuzestod, sondern es beginnt nach der Verklärungsszene[277] und endet erst – wie oben dargelegt – mit der Auferstehung bzw. Erhöhung, ja sogar erst mit dem Pfingstereignis[278]. Insofern geht vom „kosmischen Christus" im Mysterium von Golgatha jene „kosmische Lektion"[279] aus, durch die der entscheidende Impuls für die weitere Entwicklung der Menschheit empfangen werden kann. Denn „erst durch den Impuls des kosmischen Christus war der Mensch wieder so, wie er, aus der geistigen Welt ausgehend, in die physische Welt versetzt worden war." Damit will Steiner sagen: Im allseits verkannten, leidenden Menschensohn, im jede Versuchung überwunden habenden Gekreuzigten begegnet der wiederhergestellte Mensch in seiner ganzen kosmisch-himmlischen Reinheit. Gerade in ihm – ecce homo! – soll der Mensch sich finden und erkennen: „Da bin ich selbst in meiner wahren Wesenheit, in meinem höchsten Ideal, da bin ich in der Gestalt, die ich aus mir machen soll durch das allerheißeste Streben, das nur aus meiner Seele herauskommen kann."[280] Wer ihn aber nicht erkennt, der tötet sich selber – so Steiner wohl mit Blick auf Judas, aber auch auf seine theosophischen Gegner!

Gut gemeint dürfte um diese Zeit übrigens eine Schrift seines französischen Freundes Schuré gewesen sein, zu der Steiner ein Vorwort beigesteuert

---

kann natürlich nicht sterben; nur der Mensch Jesus stirbt" (Art. Anthroposophie, 17).
276 Steiner, Markus-Evangelium (GA 139), 180. Dass es sich für Steiner um symbolische Repräsentation handelt, zeigt seine Bemerkung: „Nicht daß irgendwo der Herr verkörpert sein könnte im physischen Leibe, sondern da, wo er verstanden wird, da wirkt er auch mit aus den übersinnlichen Welten heraus, wenn in seinem Namen – nicht mit der Eitelkeit, ihn physisch vorzuführen – gewirkt wird und er geistig unter denen ist, die seinen Namen verstehen in Wahrheit" (ebd.).
277 Vgl. a. a. O. 201.
278 Vgl. Rudolf Steiner: Die menschliche Seele in ihrem Zusammenhang mit göttlichgeistigen Individualitäten. Die Verinnerlichung der Jahresfeste (1923), Dornach 1983², GA 224, 154. Den Heiligen Geist kann Steiner ganz christozentrisch fassen (ebd.), aber ebenso lehren, „daß man auch ohne die Anschauung des Christus selber in ihm zu der Auferweckung des Geistes kommen kann" (Rudolf Steiner: Das Geheimnis der Trinität [1922], Dornach 1980, GA 214, 70).
279 Markus-Evangelium (GA 139), 195. Nächstes Zitat ebd.
280 Ebd. Das Konzept spiritueller Autonomie tritt hier in seiner Verbindung mit dem „kosmischen Christus" klar hervor.

hat und in der der Begriff des „Christ cosmique" immerhin in Überschriften der von anthroposophischem Geist durchtränkten Darstellung auftaucht[281]. Indessen wird aber die gegnerische Seite organisatorisch aktiv: Hübbe-Schleiden versucht, Steiner als Generalsekretär dadurch zu Fall zu bringen, dass er für seinen neuen Zweig der Theosophischen Gesellschaft, den „Undogmatischen Verband" als Zusammenschluss von gegen Steiners Richtung opponierenden Logen, einen Aufnahmeantrag an ihn als Leiter der deutschen Sektion stellt[282]. In der Tat sieht sich Steiner im Oktober[283] (ebenso wie in einem ähnlich problematischen Fall kurz danach)[284] wegen der entgegengesetzten, ja „feindlich" empfundenen Ausrichtung zur Ablehnung gezwungen – womit er gegen die geltenden Statuten verstößt. Der unter dem Eindruck dieser „Zwickmühle" schließlich nach Berlin einberufene Vorstand der deutschen Sektion geht am 8. Dezember vollends zum Angriff

---

281 Vgl. Édouard Schuré: L' Évolution divine du Sphinx au Christ, Monaco 1912. Der letzte große Teil ist betitelt „Le Christ cosmique et le Jésus historique" (353–423); dessen erstes Kapitel wiederum heißt „Le Christ cosmique" (355–364). Das insbes. auf Gesprächen mit Steiner (vgl. 368) beruhende Werk bringt aber außer in den genannten Überschriften den Begriff des „kosmischen Christus" kein einziges Mal (was durchaus für die Prägung durch Steiner spricht)! Wenn Lyons vermutet, Schuré „could have based the term on the phraseology of his theosophical friend Steiner" (Cosmic Christ, 45), so liegt diese Überlegung zwar nahe – insbesondere wenn man bedenkt, dass Steiners häufigere, ähnlich lautende Rede von der „kosmischen Christus-Wesenheit" von Schuré im Begriff des „Christ cosmiqué" verkürzt wiedergegeben sein könnte. Was Lyons jedoch nicht gewusst hat: Schuré kannte auch das ins Französische übersetzte Buch Besants „Esoteric Christianity" (im Vorwort Steiners wird es auch ausdrücklich erwähnt), so dass es keineswegs ausgeschlossen ist, dass er den Terminus für seine Überschriften von dort bezogen hat. Jedenfalls war der Begriff „kosmischer Christus" durch diese Publikation 1912 öffentlich in den Vordergrund getreten, was mit dazu beigetragen haben könnte, dass Steiner ihn jetzt wieder aufgriff, um seinen Definitionsanspruch aufrechtzuerhalten.
282 Vgl. Klatt, Theosophie, 116 f. und 121. Hinzu kommt, dass Besant 1912 den „Orden vom Tempel des Rosenkreuzes" gründet – ein Konkurrenzunternehmen zu Steiners ‚rosenkreuzerischer' Spiritualität, dem allerdings nur kurzer Erfolg beschieden sein sollte (vgl. Miers, Lexikon, 1993, 104).
283 Damals spitzt sich seine Polemik gegen die zeitgenössische Theosophie weiter zu: Er kritisiert die Menschen, die „in sich selbst das Göttliche suchen" bzw. „das Göttliche nur in den Menschen selbst zu reflektieren" bereit sind, denn dadurch „wird immer mehr die Unmöglichkeit geschaffen zu erkennen, daß das Göttliche in einer Persönlichkeit verkörpert war" (Rudolf Steiner: Okkulte Untersuchungen über das Leben zwischen Tod und neuer Geburt [1912/13], Dornach 1980³, GA 140, 19). Damit trifft er bewusst mystische Theosophie und liberale Theologie gleichermaßen.
284 Eine Leipziger Loge, die bereits von Besant aufgenommen war und ursprünglich gar nicht zur deutschen Sektion gehören wollte, stellt nun herausfordernd den Aufnahmeantrag (vgl. Lindenberg, Steiner Bd. 1, 500). „Für den, der die Verhältnisse nur von weitem betrachtete, konnte jedoch die Zurückweisung dieser Zweige als Willkürakt gedeutet werden ... Jedenfalls setzte Hübbe-Schleiden sofort Annie Besant über die Vorgänge in Deutschland in Kenntnis ..." (ebd.).

über und beschließt erstens, die Zugehörigkeit zum OSE als unvereinbar mit der Mitgliedschaft in der Theosophischen Gesellschaft zu betrachten, und zweitens, die Präsidentin Besant zum Rücktritt aufzufordern, da sie gegen den Leitsatz „Kein Bekenntnis über die Wahrheit" systematisch verstoßen habe[285]. Mit diesem Akt ist die Trennung von der durch Besant repräsentierten Theosophie beschlossene Sache.

### 3. Die „durchchristete Kosmologie" seit Gründung der Anthroposophischen Gesellschaft

Während Besant verständlicherweise aufgebracht ist und Steiner zu verteufeln beginnt, wird am 28. Dezember 1912 in Köln formlos die „Anthroposophische Gesellschaft" begründet. Steiner will aber nicht selber Mitglied werden, sondern als Lehrer und Berater fungieren – und wird Ehrenpräsident. In den Folgetagen hält er einen Vortragskurs über „Die Bhagavad Gita und die Paulusbriefe", die nach Buddha nun auch Krishna als zentralen Repräsentanten des Hinduismus ganz in die kosmische Christosophie integrieren[286]. Diese Art der religiösen Vereinnahmung kann man auch vornehm umschreiben: „Im Augenblick der Neubegründung der Anthroposophischen Gesellschaft spricht Rudolf Steiner über den Einklang der Essenz östlicher und christlicher Erkenntnis."[287] Die Botschaft am Ende des Jahres 1912 lautet, dass wir erst durch Anthroposophie „zur Empfindung dessen kommen können, was Theosophie dem Menschen sein kann. ... Diese Anthroposophie wird uns zu Göttlichem und zu Göttern führen."[288] Für die „Anthroposophie" ist die „Theosophie" Besants überflüssig geworden.

Mit dieser Entwicklung ist der Gang der Dinge besiegelt. Ein Ultimatum Besants vom 14. Januar 1913[289] wird von der deutschen Sektion in ihrer

---

285 Vgl. näherhin Klatt, Theosophie, 118 und 225; Lindenberg, Chronik, 323 f. Das betreffende Telegramm trägt die Unterschriften aller 28 Vorstandsmitglieder, nicht aber die Steiners.
286 Vgl. Steiner, GA 142, 102 und 124. Mit esoterischer Bestimmtheit wird entfaltet, „wie sich das Überragende des Christus-Impulses gegenüber dem Krishna-Impuls" zeigt (103). Im Mysterium von Golgatha komme es zu einer menschheitlichen „Synthesis des Geisteslebens" (124). Was muss davon ein Kenner oder gar Liebhaber der Gita halten, derzufolge Krishna „das absolute göttliche Wesen in menschlicher Form" (Neuner, Christus-Mysterium, 791) ist?
287 Lindenberg, Chronik, 325; vgl. auch Wehr, Steiner, 228. Es geht nun, wie Marie von Sivers zu jener Zeit betont, nicht mehr um den relativen Gegensatz von östlicher und westlicher Esoterik-Schule, sondern um die Wahrheitsfrage (vgl. Lindenberg, 329; auch GA 264, 342); denn beide Schulen beanspruchen die die Gegenseite integrierende Gesamtperspektive.
288 Steiner, Bhagavad Gita (GA 142), 128.
289 Textdokumentation bei Klatt, Theosophie, 238 ff.

letzten Versammlung am 2. Februar durch die Kundgabe beantwortet, dass man sich durch das Vorgehen der Präsidentin als ausgeschlossen betrachte[290]. An den Folgetagen findet dann gleich die konstituierende Generalversammlung der neuen Gesellschaft statt, in die die meisten Mitglieder der deutschen Sektion übertreten. Einen Monat später wird auf Grund des gültigen Ausschlusses die Stiftungsurkunde der deutschen Sektion auf Hübbe-Schleiden übertragen[291]. Der Kampf um das Verständnis kosmischer Christologie in ihrem Verhältnis zum geschichtlichen Christus Jesus hat erheblich zur Spaltung in der theosophischen Bewegung beigetragen[292].

Die explizite Rede vom „kosmischen Christus" begegnet bei Steiner in den folgenden Jahren wiederum nur ausnahmsweise. In der Sache aber baut er seine kosmische Christosophie als solche noch weiter aus[293] und

---

290 Vgl. Lindenberg, Chronik, 329; Lévy, Besant, 66 ff.
291 Damit ist für Besant die Angelegenheit geklärt. Sie hat seit 1912 mit den irdischen Folgen ihrer kosmischen Christologie noch ganz andere Sorgen: Anfang April 1913 findet sie sich vor Gericht ein wegen des vom Vater Krishnamurtis angestrengten Sorgerechtsprozesses (den dieser in höherer Instanz verlieren wird; s. o.). In diesem Kontext bezeugt sie noch einmal ihren Glauben daran, „daß Lord Maitreya und Christus derselbe sind ... Natürlich würde ich das nicht vor der Welt veröffentlicht haben. Ich dachte, daß es nur an Leute gelangt wäre, die sich durch ein Versprechen verpflichtet haben" (The Hindu, 4.4.1913, 9, zit. nach: Wagner, Denn es werden viele kommen .., 153).
292 Klatt meint zwar: „Die Meinungsunterschiede in der Christologie allein führten jedoch nicht zur Trennung" (Theosophie, 104). Indes – die sonstigen von ihm noch aufgezählten Faktoren sind alle eindeutig sekundärer Natur. Nicht umsonst betont Steiner auch wieder im April 1913 christozentrisch, „daß das richtig verstandene Christentum den Wahrheitskern aller Religionen enthält und daß jede Religion, wenn sie sich ihres Wahrheitskerns bewußt wird, zum Mysterium von Golgatha hinführt" (Okkulte Untersuchungen, GA 140, 296).
293 Es kommt zu Verästelungen in dem an sich ausgewachsenen Baum, für die bezeichnend sind die Vorträge in: Rudolf Steiner: Aus der Akasha-Forschung. Das Fünfte Evangelium (1913/14), Dornach 1985[4], GA 148. In diesen immer mehr ins Abstruse ausufernden Belehrungen (dazu Grom, Anthroposophie, 140 f.) ergibt sich eine wichtige Korrektur der oben dargestellten Lehre vom immer loser werdenden Kontakt zwischen Christus und Jesus, denn jetzt heißt es umgekehrt, „daß die Christus-Wesenheit vom ersten Augenblick an ihres irdischen Wandels zuerst nur eine lose Verbindung hatte mit dem Leibe des Jesus ... Aber immer mehr und mehr machte sie sich ähnlich dem Leibe ..., daß immer mehr die göttliche Kraft hinschwand" (51.53; vgl. 95, 277, 279). „Erst als die großen Leiden ihm unmittelbar bevorstanden, als das Mysterium von Golgatha eintrat, da war eine vollständige Verbindung der Christus-Wesenheit mit den Leibern des Jesus von Nazareth hergestellt" (322). Das Mysterium von Golgatha in seiner „ungeheure(n) kosmische(n) Größe" (199) wird zugleich als „Götterangelegenheit" dargestellt: „Wir opfern diesen Sonnengeist hin" (314). Diese Perspektiven dienen dazu, doketische Elemente zugunsten einer klareren Lehre von der Todespartizipation des Christus wegzuschieben. Der Versuch ändert jedoch nichts an der Tendenz, die beiden im Christus Jesus zusammenkommenden Naturen „unvermischt" zu halten: Der Christus als überirdisch-kosmischer Geist (vgl. 35, 46 und 48) ist lediglich „an einen Menschenleib gebunden" (311). – Einer dieser Vorträge schließt übrigens

vertieft sie kreuzestheosophisch zur Lehre über die „aus dem Kosmos in die Erde geborene allwaltende Liebe"[294], deren Erkenntnis den heilsegoistischen Drang nach karmischer Selbsterlösung überbietet durch die verdankte Erlösung von der „kosmischen", nämlich objektiven Schuld: „Das vollbringt das kosmische Wesen, der Christus."[295] Hiermit werden 1914 frühere Ansätze weitergeführt: Das negative Karma der schuldig gewordenen Menschen wird nicht mehr wie noch 1906 satisfaktionstheoretisch mit dem positiven Karma des Christus verrechnet, sondern gänzlich der individuell-subjektiven Selbsterlösung anheimgestellt. Dafür wird die Christusgnade nun auf „die geistigen objektiven Wirkungen der Taten" bezogen, denn der sich selbst erlösende Mensch ist ja doch „nicht imstande..., die Erde mitzuerlösen": „Da tritt der Christus ein."[296] Ungeklärt bleibt, wie man sich diese Heilstat vorstellen soll, derzufolge der Christus die bösen Tatfolgen „für die Erde ungeschehen"[297] macht. Hätte Steiner hier sein abendländisch-geschichtliches Denken konsequenter durchgehalten, so hätte er die Idee des Ungeschehen-Machens gerade auf der Ebene des Objektiv-Kosmischen verwerfen und an seine Stelle den theologischen Gedanken des in Christus ausgehaltenen Schmerzes Gottes setzen müssen. Durch diesen Gedanken wäre freilich seine Theorie von der subjektiven Karmaschuld gesprengt worden, und er hätte die christliche Lehre von der Sündenvergebung nicht einfach als zu „bequem" abweisen können. Aber er ist sich seiner Sache sicher und meint, alles „mit wichtigsten Stellen aus dem Neuen Testament" belegen zu können[298].

Festzuhalten bleibt, dass er den soteriologischen Aspekt seiner Christosophie entschieden auf „die kosmische Natur des Christus" gründet: „Alles das, was uns der Christus ist, ist er uns dadurch, daß er nicht ein Wesen ist wie andere Menschen, sondern ein Wesen, das von oben, das heißt aus dem

---

    mit dem kuriosen Imperativ: „Zuletzt sehr dringende Bitte um Geheimhaltung dieser Enthüllungen" (242).
294 Vgl. Steiner, Akasha-Forschung (GA 148), 34. „Der Erde ist etwas geboren worden, was früher nur im Kosmos vorhanden war, in dem Augenblick, als Jesus von Nazareth verschied am Kreuze auf Golgatha. Der Tod des Jesus von Nazareth war die Geburt der kosmischen Liebe innerhalb der Erdensphäre" (32 f.).
295 Rudolf Steiner: Christus und die menschliche Seele (1912/1914), Dornach 1982, GA 155, 189. „Christus nimmt auf sich die kosmischen, das heißt die objektiven Erdenfolgen unserer Taten", erläutert der Anthroposoph Pietro Archiati: Christentum oder Christus? Das Christentum als reines Menschentum in der Geisteswissenschaft Rudolf Steiners, Dornach 1995, 56.
296 Steiner, Christus (GA 155), 189. Dass dies der „kosmische Christus" sei, formuliert Steiner so aber nicht (während Geisen, Anthroposophie, 362, dies suggeriert)! – Auch mit diesem Modell bleibt Steiner im Schema „heteronomer Autonomie", das die Notwendigkeit von Erlösung auf der Basis einer (impliziten oder expliziten) Fall- bzw. Verfinsterungs-Theorie (vgl. etwa 153) behauptet und die entsprechende Differenz im Rahmen der Axiomatik spiritueller Autonomie denkt.
297 Vgl. Steiner, Christus (GA 155), 189 f.
298 Ebd. 190. Allerdings führt er keine einzige Stelle an.

Kosmos, bei der Johannestaufe im Jordan in die menschliche Erdentwicklung eingeflossen ist."²⁹⁹ Indes – es geht Steiner nach wie vor nicht um eine allgemeine kosmische Christologie, die den göttlichen Logos irgendwie mit dem irdischen Chaos korreliert. Vielmehr bleibt er bei der mittlerweile ja präzisierten, astralmythologischen Theorie über den „Sonnenhelden" und versteht den Begriff des Kosmischen entsprechend im Sinne von „außerirdisch", wobei dieses Wort zugleich „überirdisch" bedeutet (eine durchaus logische Konsequenz seiner pantheisierenden Weltanschauung!). Zusammenfassend heißt es bei Steiner: „Es mußte, eben weil der Mensch im Laufe des Erdendaseins seine Schuld nicht tilgen konnte für die ganze Erde, ein kosmisches Wesen heruntersteigen, daß es doch möglich gemacht werde, daß die Erdenschuld getilgt werde. Wahres Christentum kann gar nicht anders, als den Christus als kosmisches Wesen ansehen."³⁰⁰ Ein einziges Mal gebraucht Steiner 1914 den Begriff des „kosmischen Christus" explizit – allerdings in negativem Kontext: Man hat ihm solche Redeweise als gnostisches Gedankengut zum Vorwurf gemacht³⁰¹! Den Vorwurf weist er als kurzsichtig zurück. Fortan bleibt er mit doppeltem Grund gegenüber dem Begriff des „kosmischen Christus" distanziert: Erstens gehört dieser ja doch zu eindeutig ins Lager der „orientalisierenden theosophischen Richtung", als dass Steiner seinem 1909 unternommenen Versuch der Umprägung ein allzu großes Gewicht beizumessen sich erlauben könnte; und zweitens bietet er der kirchlichen Gegnerschaft eine Angriffsfläche.

Nur noch ausnahmsweise – in zwei Vorträgen, 1917 und 1918 – erwähnt er ihn³⁰², ohne dabei inhaltlich über die Grenzziehung von 1909 hinauszugehen: Demnach hat der „kosmische Christus" seine Zeit gehabt vor bzw. bis hin zu dem Mysterium von Golgatha, der heilvollen Transformation des Christusgeistes in den „Erdgeist". Insofern war der mit diesem Begriff Bezeichnete für die vorchristliche Menschheit Erkenntnisweg zum Göttlichen – seither aber nicht mehr!³⁰³ In unmittelbarer Nachbarschaft zu der

---

299 A. a. O. 191. An anderer Stelle spricht Steiner vom „Christus-Extrakt des Makrokosmos", der sich bei der Taufe herabgesenkt habe (Jesus, 184). Die Grundvorstellung verdankt er Besant, die sich deren gnostischen Charakters bewusst ist (vgl. Changing World, 147, 312 und bes. 306).
300 Ebd. Zum Erlösungs- und Gnadenverständnis Steiners im Gegenüber zum christlich-theologischen vgl. insgesamt die kundigen, hier nicht zu wiederholenden Ausführungen bei Zander, Reinkarnation, 244 ff.
301 Vgl. Rudolf Steiner: Anthroposophie und Christentum. Öffentlicher Vortrag, gehalten in Norrköping am 13. Juli 1914 (Sonderdruck aus „Christus und die menschliche Seele", GA 155), Dornach 1973, 25.
302 Im Hintergrund könnte in diesen Jahren gestanden haben, dass der Begriff des „kosmischen Christus" damals in theosophischen Kreisen in Deutschland aufgegriffen wird (vgl. dazu Max Heimbucher: Theosophie und Anthroposophie vom Standpunkte des Christentums aus für Gebildete und das Volk beleuchtet, Regensburg 1922, 78 f.).
303 Wörtlich heißt es am 5. Juni 1917: „... der kosmische Christus verschwand all-

Äußerung von 1917 findet sich die polemische Bemerkung, den Christus zu leugnen oder zu verkennen sei „ein Schicksalsunglück"[304]. Das lässt darauf schließen, dass Steiner damals auf kleinere aktuelle, nicht mehr konkret auszumachende Fehden mit der „orientalisierenden Theosophie" anspielt[305] – die Krishnamurti-Verkündigung begleitet ihn ja, wenngleich im deutschen Sprachraum entscheidend geschwächt, bis zu seinem Tode. Noch deutlicher ist das der Fall, als er 1918 zum letzten Mal den „kosmischen Christus" explizit thematisiert und im gleichen Atemzug über das spottet[306], „was man so oftmals für Theosophie oder Mystik oder dergleichen hält": Nicht in einem abstrakten „Aufgehen im All", sondern im okkulten Erkennen der wirklichen Verhältnisse liege die „Lösung des Welten-rätsels, wenigstens des Menschheitsrätsels."[307] Es gehe um das „Begreifen des kosmischen Christus und des irdischen Jesus: daß der kosmische Christus aus geistigen Welten heruntersteig, weil diese Welten fortan dem menschlichen Anschauen verschlossen sein sollten, und weil der Mensch begreifen soll, was in ihm selbst als Zukunftskeim liegt." Indem Steiner hier nochmals seine Lehre von der Transformation des kosmischen Chris-

---

mählich aus dem Bewußtsein. Und da kam denn dasjenige, was als Ersatz dafür zu bezeichnen ist, da kam ... der kosmische Christus in den Leib des Jesus von Nazareth auf die Erde nieder, um auf der Erde seine Kraft auszubreiten und von einer anderen Seite her dasjenige den Menschen zu geben, was sie früher durch die unmittelbare menschliche Erfahrung in der Abhängigkeit des Geistig-Seelischen von dem Leiblich-Physischen hatten. Das ist die große Bedeutung des Mysteriums von Golgatha" (Rudolf Steiner: Menschliche und menschheitliche Entwicklungswahrheiten. Das Karma des Materialismus [1917], Dornach 1982, GA 176, 32; vgl. auch 31).

304 Steiner, Entwicklungswahrheiten (GA 176), 33.
305 Erst neun Monate zuvor – im Herbst 1916 – hat sich Steiner auf die ominösen Vorgänge „bis in unsere Zeit hinein" bezogen, indem er auf die Krisnamurti-Affäre und das, „was aus Mrs. Besant geworden ist", aufmerksam macht (Rudolf Steiner: Innere Entwicklungsimpulse der Menschheit. Goethe und die Krisis des neunzehnten Jahrhunderts [1916], Dornach 1984, GA 171, 236). Dabei wird auch Blavatsky mit ihren okkulten Erkenntnissen „einseitig indischer Färbung" kritisch bedacht (vgl. bes. 301–303).
306 An polemischem Spott mangelt es bei Steiner selbst in diesen späteren Jahren keineswegs: „daß es sich bei der Theosophischen Gesellschaft nicht um etwas Ernstes gehandelt hat, das geht Ihnen ja daraus hervor, daß sie eines Tages in ihrer Majorität dazu gekommen ist, die ganze Farce von *Krishnamurti* als dem wiedergeborenen Jesus Christus von Nazareth mitzumachen. Dasjenige, was einlaufen kann in eine solche Komödie, das beruht von vornherein selbstverständlich nur auf Heuchelei, wenn auch diese Heuchelei von vielen ernst genommen worden ist" (Rudolf Steiner: Heilfaktoren für den sozialen Organismus [1920], Dornach 1984², GA 198, 129). Er schüttelt über die Konsequenzen aus einer falschen kosmischen Christologie gerade im Abstand nur den Kopf: „Man konnte sich ja kaum etwas Absurderes denken" (Bedingungen, GA 258, 117).
307 Rudolf Steiner: Erdensterben und Weltenleben. Anthroposophische Lebensgaben. Bewußtseins-Notwendigkeiten für Gegenwart und Zukunft (1918), Dornach 1967, GA 181, 158. Nächstes Zitat ebd.

tus in den planetarischen Christus-Impuls für die irdische Menschheit vorträgt, stellt er der abgeschlossenen Vergangenheit des überirdischen Christuswesens nun ausdrücklich die offene Zukunft gegenüber, die durch die „Christus Jesus-Doppelgestalt"[308] erschlossen sei: „Im Menschen liegt der Keim für die Zukunft. Aber dieser Keim muß befruchtet werden durch den Christus Jesus." Und Steiner warnt wie gewohnt indirekt vor der „orientalisierenden Theosophie" mit ihrem abstrakten „kosmischen Christus" ohne Jesus: Wird der Keim nicht befruchtet, kommt die Erde „an ein wirres Ziel." Kurz: Die Zukunft des kosmischen Christus ist die des gekreuzigten und auferstandenen Christus Jesus, der in seiner Menschheitsbezogenheit nicht mehr wie noch zur Zeit der alten Mysterien kosmisch-überirdisch gefunden werden kann, sondern als inspirierender Erdengeist im Kontext der „Erneuerung des Mysterienwesens"[309] durch die Anthroposophie. Und diese ist als Christosophie deshalb wesenhaft „Anthroposophie", „weil nur in einem Menschenleibe das war, was zukunftsträchtig für die Erdentwickelung ist."[310] Der einstmals kosmische Christus also „mußte im Jesus seinen Wohnplatz aufschlagen", nachdem „allein durch den Menschenkeim auf Erden das Kosmische für die Zukunft gerettet" werden konnte[311].

Hier wird nun gerade im Kontext der letzten Erwähnung des „kosmischen Christus" durch Steiner deutlich, wie sehr seine Christologie in der esoterischen Anthropologie, damit aber im spirituellen Autonomie-Konzept wurzelt[312]. Zugespitzt formuliert: Steiner verkündet keineswegs den kosmischen Christus, sondern den kosmischen Menschen. In seinen Memoiren bemerkt er: „Der Mensch als makrokosmisches Wesen, das alle übrige irdische Welt in sich trug und das zum Mikrokosmos durch Absonderung des übrigen gekommen ist, das war für mich eine Erkenntnis, die ich erst in den ersten Jahren des neuen Jahrhunderts erlangte."[313] Das rudimentäre Bewusstsein „Ich bin ein kosmisches, ich bin ein überirdisches Wesen"[314] findet nach Steiner seine Erfüllung in der Erkenntnis, „Angehö-

---

308 Erdensterben (GA 181), 158 (vgl. auch 148). Nächste Zitate ebd.
309 Vgl. Steiner, Erdensterben (GA 181), 145. Damit ist gesagt: Theosophen irren, wenn sie den Christus (noch) „kosmisch" fassen und seine Zukunft in einer neuen Verkörperung repräsentiert sehen wollen.
310 A. a. O. 147 (nächstes Teilzitat ebd). Den Begriff „Anthroposophie" hatte Steiner von dem Herbart'schen Philosophen Robert Zimmermann (1824–1898) übernommen, aber auch bei I. H. Fichte vorgefunden (vgl. Klingler, Freiheit, 214).
311 A. a. O. 148.
312 Vgl. dazu aus anthroposophischer Sicht Klingler, Freiheit, 155 ff. Steiners Verhältnisbestimmung zwischen Jesus und dem Christus stellt eine monistisch transformierte „Zwei-Naturen-Lehre" dar, indem beide Naturen doch nur verschiedene „Welten" einer Gesamtwelt repräsentieren.
313 Lebensgang (GA 28), 360. Diese Sichtweise führt Steiner dazu, den Menschen in seiner eschatologischen Bestimmung als obersten Engelgeist zu erblicken (vgl. Adolf Baumann: Wörterbuch der Anthroposophie, München 1991, 132).
314 Steiner, Geistigkeit (GA 200), 132. Vgl. auch Trinität (GA 214), 160; Vorträge IV (GA345), 55.

riger der ganzen Welt, des ganzen Makrokosmos, als eine im Makrokosmos drinnen befindliche Wesenheit"[315] zu sein.
Der „als Gott in dem Jesus von Nazareth" inkarnierte Logos aber ist für Steiner nicht nur gemäß Joh 1,9 das alle Menschen erleuchtende Licht, sondern mehr noch: substanzontologischer Kern des inneren Menschen[316]. Das „Verständnis des ewigen Wesenskernes des Menschen"[317] ist – wie bereits betont – für Steiner geradezu axiomatisch. Auf dem evolutiven Weg zu seiner vollendeten Autonomie[318] muss der „ewige Mensch"[319] zwar aus seinem „vorirdischen Dasein" in die Entfremdung der materiellen Welt absteigen; doch das Christuswesen bleibt ‚oben' zurück, um sich zu gegebener Zeit auf der Erde als Erlöser einzustellen[320]. Insofern entsprechen sich ontologisch kosmischer Christus und kosmischer Mensch, irdischer Jesus und irdischer Mensch, ja das „Doppelwesen"[321] Christus Jesus und das gleichsam dualistisch verstandene Men-

---

315 Steiner, Leben (GA 141), 68. „Der gewöhnliche Mensch ist ein Mikrokosmos gegenüber dem Makrokosmos" (Akasha-Forschung, GA 148, 52).
316 Bereits in der 1. Aufl. des „Christentum"-Buches heißt es, „daß der Mensch Logos ist; und daß er in diesen Logos, in das Licht zurückkehrt, wenn sein Irdisches stirbt" (87). Problemlos kann Steiner daher später die Logos-Aussagen des Johannes-Prologs direkt auf den menschlichen Kern beziehen und lehren, „daß das, was in dem Jesus von Nazareth als tiefste Wesenheit lebte, nichts anderes war als das, woraus auch alle andern Wesenheiten entstanden sind, die um uns herum sind, – daß es der lebendige Geist, das lebendige Wort, der Logos selbst war" (Johannes-Evangelium, GA 112, 12). Auf den Johannes-Prolog bezieht sich auch die Okkult-Aussage: „Zur Zeit der lemurischen Rasse stieg die menschliche Seele in ihre erste menschliche Verkörperung. Vorher ruhte sie im Schoße Gottes..." (Mysterium, GA 97, 53). Dem korrelieren die Aussagen, „daß das Wesentliche im Menschen vom Göttlichen abstammt" (GA 112, 16) und der Christus Jesus das Bewusstsein vom „göttlich-geistigen Wesenskern im menschlichen Innern" wecken will (Leben, GA 141, 48). Steiners christosophisches Autonomie-Konzept spricht sich immer wieder aus: „Alles um uns herum ist verdichtetes Gotteswort" (Mysterium, GA 97, 38)!
317 Vgl. Rudolf Steiner: Die Philosophie, Kosmologie und Religion in der Anthroposophie (1922), Dornach 1980², GA 215, 108; ebenso 110 f.
318 Der „von Autonomie" bestimmte Mensch wird bei Steiner regelrecht zum „Schöpfer seiner selbst" (Bannach, Anthroposophie, 235 und 198; vgl. aber 230). Er kann „als geistiges Wesen nur sich selbst zur Voraussetzung haben" (232; vgl. 409).
319 So Rudolf Steiner: Kosmologie, Religion und Philosophie (1922), Dornach 1979³, GA 25, 61. Des Menschen Prä- und Postexistenz stehen „geisteswissenschaftlich" ebenso fest (Vorträge II, GA 343, 446) wie der Satz: „Aus Gott bin ich geboren" (Trinität, GA 214, 171). Es sei auch daran erinnert, dass Steiner 1912 betont hatte: „Durch den Impuls des kosmischen Christus war der Mensch wieder so, wie er, aus der geistigen Welt ausgehend, in die physische Welt versetzt worden war" (Markus-Evangelium, GA 139, 195).
320 Vgl. Steiner, Philosophie (GA 215), 112. Das „Heruntergeworfenwerden in die Materie", der Weg in die „Erbsünde" war für das Telos der „Freiheit absolut notwendig" (Vorträge II, GA 343, 434).
321 Steiner, Erdensterben (GA 181), 148. „Wir brauchen ja den Christus als übersinnliche Wesenheit, als Wesenheit, welche außerirdischer Art ist und dennoch hineingezogen ist in die irdische Entwickelung" (Verantwortung, GA 203, 283).

schenwesen[322]. Da also der Mensch bzw. sein „Ich – um der Freiheit willen – in die Materie verstrickt werden mußte, mußte nun, um von dem Verstricktsein in die Materie wieder befreit zu werden, die ganze Liebe des Sohnes zu der Tat von Golgatha führen."[323] Im Tiefsten vermittelt das für alle Dimensionen des Kosmos relevante Mysterium von Golgatha deshalb die Bewusstseinskraft, „die Seele hindurchzutragen durch die Pforte des Todes"[324].

Dabei wird der Gesamtdurchgang durch die materielle Weltwirklichkeit nicht im Schema eines „gnostischen" Dualismus, sondern – das sei noch einmal unterstrichen – im Sinne holistisch-kosmophiler Integration verstanden, so dass am Ende auch dem Kosmos selbst spirituelle Verwandlung und positive Zukunft blüht[325]. Namentlich auf dem Hintergrund der pantheistisch-monistisch fundierten Evolutionsdynamik ist es verständlich, dass Steiner die Notwendigkeit der Einwohnung des Christus in einen Menschenleib nicht allein um der Menschheit, sondern ebenso um der göttlich-kosmischen Wesenheit selbst willen lehrt. Tatsächlich ist für seine Weltanschauung die Bezeichnung „Anthroposophie" treffender als der überkommene Begriff der „Theosophie"; letztlich entpuppt sich seine Christologie als eine Funktion der esoterischen Anthropologie in ihren kosmischen Dimensionen[326]. Nur darum kann der im leidenden Men-

---

322 Der Mensch gehört gleichermaßen der außerirdisch-ewigen wie der irdischen Welt an (Philosophie, GA 215, 110; vgl. auch Rudolf Steiner: Die Schöpfung der Welt und des Menschen [1924], Dornach 1977², GA 354, 12). Mit dieser Auffassung (vgl. auch Bannach, Anthroposophie, 156) wird der rein materialistischen Evolutionslehre eine spiritualistische gegenübergestellt, die aus sich heraus den Durchgang durch den materiellen Kosmos erklären können soll.

323 Steiner, Jesus (GA 131), 228. Mit dem Mysterium von Golgatha hat – das ist spiritualistisch klar – „mitten im irdischen Dasein eine himmlische, eine außerirdische Tatsache sich vollzogen" (Philosophie, GA 215, 120).

324 Steiner, Philosophie (GA 215), 121; Vorträge III (GA 344), 121. Der Okkult-Visionär weiß: „Durch Christi Tat wird die Menschenseele beim Übergang aus der Seelenwelt in das Geisterland gereinigt" (159). Das im physischen Leib entwickelte Ich-Bewusstsein – so die Theorie – müsste mit dem leiblichen Tod „abschmelzen", wäre es nicht mit dem Christus-Wesen verbunden, „denn der Christus nimmt es und trägt es durch den Tod hindurch" (140), weshalb bewusste Verbindung mit dem Erlöser bzw. seiner Erlösungstat schon im Erdendasein anzuraten ist (Kosmologie, GA 25, 78; Sonnenmysterium, GA 211, 216 f.). Dabei ist mit dem „Christus" jene hohe göttliche Emanation gemeint, die das Mikro-Ich des Menschen umfasst: Insofern ist es „das eigene höhere Ich, das in seiner Vollendung den Christus darstellt" (Kosmogonie, GA 94, 197). Vgl. auch das oben zum Thema „Reinkarnation" bei Steiner Angemerkte!

325 In „jenem künftigen Kosmos" als gereinigtem werden Moral und Natur in Harmonie verknüpft sein: Vgl. Steiner, Philosophie (GA 215), 154 ff.; Kosmologie (GA 25), 76.

326 Bezeichnend ist, wie Steiner nicht nur das Mysterium von Golgatha, sondern auch seine drei okkulten Vorstufen in außer- bzw. überirdischen Welten („Verseelungen" des Christus in Erzengeln als „Opfer") auf die wiederum okkulte Anthropo-

schensohn zusammengepresste „kosmische Christus" zum Schlüssel menschlicher Selbsterkenntnis werden: „Da stehe ich vor dem, was allein verehrungswürdig und anbetungswürdig an mir selbst ist, da stehe ich vor dem Göttlichen in mir ..."[327]

Insofern sind die immer wieder durchbrechenden doketischen Klänge bei Steiner keine unglücklichen *lapsus*; vielmehr liegen sie durchaus auf der Linie seiner *christosophia gloriae*. Obgleich er den „kosmischen Christus" gegen die Tendenzen der Theosophie Besants unlöslich mit dem Mysterium von Golgatha verknüpft, bleibt dieses zuinnerst die Funktion einer gloriosen Anthropo-Sophie, deren Spiritualismus das mitunter unverhüllte Letztprinzip des Zugriffs auf die christliche Kreuzesbotschaft darstellt: „Uns muß, weil wir ja nicht unhistorisch sein dürfen, vor Augen stehen der schmerzgeplagte Jesus am Kreuze, der Schmerzensmann; uns muß aber über dem Kreuze erscheinen der Triumphator, der unberührt bleibt sowohl von der Geburt wie vom Tode, und der allein unseren Blick hinaufwenden kann zu den ewigen Gefilden des geistigen Lebens."[328] Die von Steiner entschieden betonte Berührung des Göttlich-Geistigen mit der materiell-fleischlichen Realität dient am Ende seiner im evolutiven Durchgang siegreich demonstrierten Erhabenheit über alles Vergängliche, dessen Ernte es stolz einfährt[329].

Und doch löst sich seine Kosmologie keineswegs eschatologisch in Pneumatologie auf. Gilt für den kosmophil eingestellten Anthroposophen schon präsentisch, „daß aus aller Natur, aus allem kosmischen Dasein zu uns wie-

---

logie so bezieht, dass das Gelingen ihrer evolutiven Entfaltung ins Zentrum rückt (Vorstufen, GA 152, bes. 93 ff.). So dient die selbst quasi kosmisch gewordene Soteriologie der Genese des spirituell verstandenen Menschen und seiner Ich-Autonomie.

327 Steiner, Markus-Evangelium (GA 139), 195. Vgl. auch Georg Merz: Der Einbruch des Mysterienglaubens in die Kirche der Gegenwart (1931), in: ders., Um Glauben und Leben nach Luthers Lehre, hg. v. F. W. Kantzenbach, München 1961, 277–295, bes. 286 f.

328 Steiner, Verantwortung (GA 203), 284. Karfreitag und Ostern lehren, „daß der lebendige Geist immerdar siegen muß über alles, was im physischen Leib geschehen kann" (282). – In diesem doketisch gefärbten Kontext spricht Steiner auch vom „Schmerzgepressten" (ebd.), und diese ungewohnte Bildrede erinnert an einen Vortrag vom Oktober 1913, in dem er von dem in den Leib des leidenden Jesus gepressten Christus handelt: „Von der göttlichen Machtfülle bis zur Machtlosigkeit, das war der Passionsweg des Gottes" (Akasha-Forschung, GA 148, 53 f.). Was 1913 geradezu antidoketisch klang, wird nun in ausgesprochen doketischem Zusammenhang assoziiert: Der kryptokenotische „kosmische Christus" als Funktion einer ungeschminkten „theosophia crucis"!

329 Insofern muss zur Lehre von der Fleischwerdung des Logos laut Steiner die von der „Geistwerdung des Fleisches" hinzutreten (Sendung, GA 194, 44). Dies ist hier eher spiritualistisch (im Paradigma der „Autonomie") denn pneumatologisch (im Paradigma der „Theonomie") gemeint, nämlich wirklich im Sinne eines evolutiven Werdens.

derum der Geist spricht, der lebendige Geist"[330], so lenkt die durch den Christus-Impuls in Gang gekommene Wiedervergeistigung des Materiellen futurisch in die Richtung einer Integration „in eine letztlich geistig gedachte Natur", die durchaus welthaft bleibt. Laut Steiner wird der Kosmos schließlich ganz „durchchristet sein"[331]. Daher postuliert seine Anthroposophie 1921 weltanschaulich eine „durchchristete Kosmologie"[332], wie sie nicht nur der christosophischen Lehre vom Golgatha-Mysterium[333], sondern auch der Auffassung des Christus als des „Weltenarztes"[334], ja als des nächtlichen Seelenführers durch die Astralwelt[335] entspricht. Wenn Steiner meint, auf diese Weise „alles Wissenschaftliche durchchristen"[336] zu sollen und zu können, so spricht hier freilich eher der Esoteriker als der Naturwissenschaftler[337]. Sein Rat, Planetenbewegungen, Gestirnkonstellationen und deren Einfluss auf die Erde zu studieren, ist daher eigentlich nicht naturwissenschaftlich, sondern christosophisch motiviert: Um den aus dem Kosmos gekommenen Christus zu verstehen, „müssen wir uns bemühen, eine kosmische, eine außerirdische Sprache zu sprechen. Das heißt, wir ... müssen unsere Wissenschaft ausdehnen in das Kosmische."[338]

---

330 Vgl. Steiner, Trinität (GA 214), 171.
331 Vgl. Vorstufen (GA 152),166.
332 Vgl. Philosophie (GA 215), 124. In „einer wahren Kosmologie steht der Christus als eine Weltenkraft, als eine kosmische Kraft ..." (159). Kosmologie muss wie Religionserkenntnis eine Gabe „aus der übersinnlichen Welt" (106) sein, die als „geistdurchtränkte Kosmologie" wirkt (Vorträge III, GA 344, 1979).
333 Nach Steiner „erkennt Anthroposophie durch ihre Kosmologie die Realität des Mysteriums von Golgatha, sie erkennt den wirklichen Durchgang der außerirdischen Christus-Wesenheit durch die Taten und Erlebnisse des Jesus von Nazareth" (Vorträge II, GA 343, 349).
334 Steiner, Trinität (GA 214), 161. Theologisch ist hier zu entgegnen, dass die Gottesentfremdung der Welt keine „Krankheit" im Sinne einer prozessualen Zustandsveränderung und in dieser Hinsicht auch das monistisch gemeinte Bild vom prozessual wirksamen „Weltenarzt" unangemessen ist.
335 Vgl. Trinität (GA 214), 181.
336 Vgl. Sonnenmysterium (GA 211), 216. Steiner ist überzeugt: „So gibt es gerade für denjenigen, der die Geheimnisse des Weltalls durchschaut, durchaus die Möglichkeit, den Christus auch in die allermodernste Bewußtseinsentwickelung hineinzustellen" (Trinität, GA 214, 83). Eine rein materialistisch orientierte naturwissenschaftliche Kosmologie wie die „heutige Astrophysik" befasse sich ja doch bloss mit Vergehendem, das in der Perspektive seiner spirituellen Evolutionslehre verächtlich als „Ersterbendes im Weltall" hingestellt wird (Erdensterben, GA 181, 141 f.).
337 Vgl. Geisen, Anthroposophie, 403 und 407. Mit Wehr ist festzuhalten: „Obwohl Steiner bei der Naturwissenschaft seinen Ausgang nahm, gelangte er zu kosmologischen Aussagen, die in erheblichem Widerspruch zu den allgemein anerkannten stehen" (Kontrapunkt Anthroposophie, 51). Wie der Anthroposoph Klingler erklärt, geht in Steiners Kosmologie „Philosophie in Okkultismus" über (Freiheit, 161).
338 Rudolf Steiner: Lebendiges Naturerkennen. Intellektueller Sündenfall und spirituelle Sündenerhebung [1923], Dornach 1982², GA 220, 143.

Indes – in Steiners irdischem Sprachgebrauch taucht der Begriff des „kosmischen Christus" als solcher nicht mehr auf, übrigens auch nicht im Kontext der zum Herbstbeginn 1922 erfolgten Gründung der „Christengemeinschaft", für die Steiner in Anspruch nimmt, sie (quasi als Privatmann) „gebildet"[339] zu haben, und für die er durchaus Apostelrang einnimmt. Das von Anfang an schwierige Verhältnis zwischen der jedenfalls nicht unmittelbar religionsbildenden „Anthroposophischen Gesellschaft" und der um religiöse Vertiefung in Theorie und Praxis bemühten „Christengemeinschaft" trägt mit dazu bei, dass es im Dezember 1923 zur Neugründung der „Allgemeinen Anthroposophischen Gesellschaft" kommt[340], deren Leitung der besorgte Steiner nun an sich reißt.

Ende März 1925 stirbt Steiner – und gerade in diesem Jahr wird die Theosophical Society ein halbes Jahrhundert alt! Das Abtreten des deutschen Widersachers von der Weltbühne fällt zusammen mit einer erneut gesteigerten „Parusie"-Erwartung in Adyar und steigert den Mut der Verantwortlichen um den jetzt dreißigjährigen Krishnamurti, ihr großes Jubiläum als Kontext für jenen „sacred moment" zu inszenieren, in dem der wiederverkörperte Christus in dessen Körper einziehen würde[341]. Tatsächlich vollzieht sich auf dem anschließenden OSE-Kongress während der feierlichen Ansprache Krishnamurtis vor dreitausend Anhängern über den im Kommen begriffenen Welt-Lehrer der schockierend-beglückende Wechsel von der dritten zur ersten Person: Das Ich des ‚Christus' scheint nach zweitausend Jahren wieder von einem Menschen Besitz ergriffen zu haben! Die begeisterte Besant benennt sich selbst, Leadbeater und andere Getreue zu den zwölf Aposteln des davon gar nicht begeisterten „Welt-Lehrers" und plant eine Welt-Religion, eine Welt-Universität und eine weltweite Wiederbelebung der antiken Mysterien[342]. Noch immer aber ist die

---

339 Vgl. Wolfgang Gädeke: Anthroposophie und die Fortbildung der Religion, Flensburg 1990, 288.
340 Vgl. Bannach, Anthroposophie, 545; Gädeke, Anthroposophie, 224 ff. Das schon frühzeitig aufgetauchte Missverständnis, „daß Rudolf Steiner mit der Christengemeinschaft das Eigentliche gegeben habe und daß die Christengemeinschaft die Krone der Anthroposophie sei", wird von Gädeke nachhaltig abgewehrt zugunsten der These: „Die beiden Bewegungen gehören innerlich zusammen, weil sie aus derselben geistigen Quelle stammen, und sie sollen zum Heile der Menschen zusammenwirken, weil beide ihre spezifische, durch die jeweils andere Bewegung nicht zu ersetzende Aufgabe und Funktion haben. ... Die Zusammenarbeit der beiden Bewegungen soll in die Zukunft hinein immer stärker werden, und in fernen Zeiten werden sie nicht mehr getrennt sein" (407 f.). Mehr zur „Christengemeinschaft" in Kap. V.1.
341 Vgl. Besterman, Mrs Annie Besant, 242; Jayakar, Krishnamurti, 76 ff. Krishnamurti war damals gerade so alt wie Jesus, als – gemäß theosophischer Sicht – auf ihn der Christus in der Taufe herabkam.
342 Vgl. Jayakar, Krishnamurti, 77 f.; Besterman, Mrs Annie Besant, 253. Entsprechende Texte Besants sind herausgegeben von J. L. Davidge: The Great Vision. Annie Besant's plan for the new world, Adyar 1946. Vgl. auch Annie Besant: The Coming

permanente „occupation by the World-Teacher of Mr Krishnamurti's body"[343] nicht Wirklichkeit geworden, die „Parusie" noch nicht glanzvoll vollzogen, als sich seit 1927 die Anzeichen für eine Distanzierung Krishnamurtis von der Theosophical Society mehren[344]. 1929 schließlich löst der „Messias" während eines gut besuchten OSE-Camps den immerhin fast 30000 Mitglieder umfassenden Orden auf und dankt ab, um fortan ganz für sich selbst zu sprechen[345]. Besant und Leadbeater konstatieren resigniert, die Ankunft des „World-Teachers" sei missglückt. Steiners Konzept kosmischer Christologie aber hat sich insofern als das vergleichsweise dauerhaftere erwiesen; noch heute vermag es zu wirken.

## 4. Perspektive: Denkanstöße kosmischer Christosophie

Wie die Sichtung des Gesamtwerks Steiners korrelativ zu seiner biografischen Entwicklung erbracht hat, verdankt der Begründer der Anthroposophie seine spiritualistische Kosmologie zwar nicht grundsätzlich, aber doch in wichtigen Zügen okkulter Ausgestaltung, sodann aber vor allem aber den Begriff des „kosmischen Christus" offensichtlich der Präsidentin jener Theosophischen Gesellschaft, innerhalb derer er selbst für ein Jahrzehnt eine führende Stellung einnehmen konnte. Sein dennoch eigenständiger Zugriff auf die diesbezüglichen Stoffe der modernen Theosophie hat gerade im Verständnis des „kosmischen Christus" zum entscheidenden Konflikt und Bruch mit Annie Besant und ihrer Gesellschaft geführt. Wenn K. von Stieglitz formuliert, Steiners Buch „Das Christentum als mystische Tatsache" habe 1902 „nicht den kosmischen Christus" gebracht[346], so hat sich uns überraschenderweise gezeigt, dass diesen – zumindest nicht als eine heutzutage zu verkündigende oder zu bekennende Größe – auch kein weiteres Buch Steiners gebracht hat. Nur wenige Vorträge des Theosophen und Anthroposophen Steiner sprechen explizit vom „kosmischen Christus", und zwar dann im Sinne einer Gestalt der spirituellen Vergangenheit, die mit dem Mysterium von Golgatha ihr Ende bzw. ihre Transformation in den planetarischen Christus-Impuls gefunden hat. Gewiss behält Stei-

---

of the World Teacher, London 1925; dies.: How a World Teacher Comes, as seen by ancient and modern psychology, London 1926.
343 Besterman, Mrs Annie Besant, 238.
344 Vgl. Wehr, Meister, 99 f.
345 Vgl. Besterman, Mrs Annie Besant, 253 f.; Jayakar, Krishnamurti, 85 ff.; Campbell, Wisdom, 128 ff. Der auf Göttlichkeit Konditionierte wollte sich in seiner „absoluten" Freiheit offenkundig nicht mehr auf eine beschränkte Organisation bezogen sehen. 1930 trat er aus der Theosophical Society aus, nachdem ihm schon Jahre zuvor sein kindlicher Glaube an die „Meister" infolge des Todes seines Bruders zerbrochen war.
346 Von Stieglitz, Einladung, 39.

ners Christosophie auch in ihrer erdzentrierten Ausgestaltung kosmische Dimensionen, wie sie sich insbesondere einer anthroposophischen Pneumatologie darstellen; und diese Eigenart bedarf sogar der Apologie gegenüber kirchlichen Angreifern, die auf dem „kosmischen" Auge blind zu sein scheinen[347]. Aber unter keinen Umständen wäre es damals für Steiner denkbar gewesen, aus dem „kosmischen Christus" so etwas wie einen Programmbegriff zu machen.

Durchaus im Zentrum seiner pantheisierenden Weltanschauung steht also der aus dem Kosmos herabgestiegene, zum „Erdgeist" gewordene Christus, der die menschheitliche Evolution entscheidend beeinflusst und weiter bestimmt. Dessen Konturen wandeln sich in seiner Interpretation ab und an zwar etwas, oder besser gesagt: Sie sind für ihn je kontextuell korrigierbar. Im Kern steht aber fest: Da der Begriff des „Kosmischen" bei Steiner jenseits der theistischen Diastase von Schöpfer und Schöpfung[348] anzusiedeln ist, lässt sich der Gedanke des „kosmischen Christus", wenn er denn von ihm vorgetragen wird, schwerlich mit der christlichen Idee des Schöpfungsmittlers auf einen Nenner bringen – wie er sich überhaupt theologisch-metaphysischen Definitionen gegenüber weithin sperrt[349]. Vielmehr hat er seinen quasi-geschichtlichen und zugleich (astral–)„mythologischen"[350] Ort im Rahmen des evolutiv gedachten kosmischen Werdeprozesses.

---

347 Vgl. Steiner, Christus und die menschliche Seele (GA 155), 159; Sendung (GA 194), 132; Sonnenmysterium (GA 211), 188.

348 „Anthroposophie kann nicht mitmachen den Dualismus zwischen dem Schöpfer und dem Geschöpf..." – mit dieser Grundaussage (Vorträge II, GA 343, 348) setzt sich Steiner, wie der Kontext erweist, im Grunde ab vom Heteronomie-Paradigma. Dessen Gegenüber zum Autonomie-Konzept wird übrigens theologisch, obschon in anderer Terminologie, gut von Harbsmeier (Anthroposophie, bes. 14 f. und 20 ff.) herausgearbeitet. Steiner sperrt sich damit freilich indirekt auch gegen das Theonomie-Paradigma, wiewohl er mit diesem um der gemeinsamen Affinität zur Mystik willen eher ins Gespräch zu bringen wäre.

349 Als problematisches Hineinrücken in eine theologisch-metaphysische Perspektive ist daher Groms Versuch zurückzuweisen, Vater, Sohn und Geist als „höchste Individualisierungen des All-Einen" bei Steiner wiederfinden zu wollen (Anthroposophie, 195). Gegen dergleichen hat sich Steiner 1912 ausdrücklich verwahrt (s. o.). Auch weisen ja seine gelegentlichen, mitunter sogar betonten „trinitarischen" Anspielungen (z. B.: Trinität, GA 214, 71 und 171) recht gern über die christlichen Aspekte hinaus auf Analogien in anderen Religionen (vgl. z. B.: Entwicklungswahrheiten, GA 176, 30 f.) oder sonstigen Bereichen (einmal spricht Steiner sogar von einer „Trinität", die Lucifer, Christus und Ahriman ausmachen: Sendung, GA 194, 24). Steiner kann „Trinität" auch gegen alle christliche Dogmatik tritheistisch auffassen (Hierarchien, GA 110, 78 f.) – nicht zuletzt, wenn er in den liturgischen Formeln für die „Christengemeinschaft" vom „Vatergott", „Sohnesgott" und „Geistgott" spricht (vgl. Vorträge III, GA 344, 73).

350 Der Begriff des Mythologischen signalisiert hier mehr die Art und Weise des Vorstellens und keineswegs ein Grundschema, demzufolge Mythologien kosmogenetisch bzw. protologisch fungieren, denn die Ursprungsfrage stellt sich für den in

Innerhalb dieser Perspektive ergeben sich christologische und korrelativ dazu soteriologische Vorstellungen und Aussagen, die nach Maßgabe zentraler kirchlich-theologischer Bekenntnisse und Kriterien nicht anders denn als häretisch beurteilt werden können[351]. Selbst gutwillige Übersetzungsversuche vom einen „Paradigma" ins andere haben in dieser Hinsicht kaum Chancen, insofern ja die Paradigmen als solche es sind, die axiomatisch miteinander konfligieren. Darüber haben sich nicht nur manch dialog-, aber kaum kritikwillige Theologen[352], sondern zu allererst Steiner und christliche Befürworter des „anthroposophischen Pseudomythos"[353] selbst getäuscht, indem sie kirchlich-christliche Termini und Vorstellungsfragmente ohne wesentlichen Substanzverlust synkretistisch transformieren zu können glaubten. Dennoch resultieren aus der Begegnung mit Steiners kosmischem Christus-Verständnis und der hier festgestellten Art seiner Rede vom „kosmischen Christus" für die christliche Theologie einige

---

Unendlichkeiten denkenden Steiner gerade nicht! Der Umstand aber, dass Steiner mythologische Denk- und Ausdrucksformen massiv benutzt, bestätigt seinen spirituellen Monismus. Die ursprüngliche Astralmythologie eines Dupuis (s. o. Kap. III.1) schimmert immerhin bei Steiner noch vage durch.

351 Vgl. Heyer, Anthroposophie, 104. Apologetisch war seit jeher klar: „Der wahre Sinn des christlichen Gottesglaubens, des Evangeliums wird hier durchaus entstellt und überfremdet, das Christentum von seinem eigentlichen Gehalte entleert" (Paul Althaus: Evangelischer Glaube und Anthroposophie [1947], in: ders., Um die Wahrheit des Evangeliums. Aufsätze und Vorträge, Stuttgart 1962, 42–61, hier 47). „Gewiss steckt Steiners kosmische Christologie aus theologischer Sicht voller Probleme", erklärt auch Bannach (Anthroposophie, 379). Steiner selbst ist sich bewusst, Dinge über den Christus zu behaupten, die nicht „zum Lehrgut der Kirche" gehören (Erdensterben, GA 181, 155); dazu gehört seine These, dass die bisherige christliche Tradition nicht hinreiche, um Christus zu begreifen (Führung, GA 15, 85). Gegen die „verdogmatisierte" Christus-Idee wird ebenso polemisiert (Innere Entwicklungsimpulse, GA 171, 281) wie überhaupt gegen „eine noch unvollkommene Ausgestaltung des Christentums in diesem oder jenem Bekenntnis" (Leben, GA 141, 47). Denn die Aufsplitterung in einzelne Konfessionen ist für Steiner angesichts der menschheitsvereinenden Kraft des Christus ein reaktionäres Phänomen (GA 181, 154); den Kirchen gehört nach seiner Überzeugung die Zukunft nicht (Vorträge II, GA 343, 444). Insofern er sich aber nicht nur den traditionellen Konfessionen überlegen weiß (vgl. z. B. Vorträge III, GA 344, 174: „Von der protestantischen Kirche können Sie sich loslösen, weil dort keine spirituellen Grundlagen gegeben sind"), sondern sich quasi allwissend und kritikimmun gibt, nimmt seine Anthroposophie selbst sektiererische Züge an (vgl. Althaus, 61). Einen „Hang zur Sektiererei" hat Steiner übrigens in den eigenen Reihen ausgemacht (Naturerkennen, GA 220, 151), ohne freilich diese Wahrnehmung auf sein eigenes Konzept und Auftreten zu beziehen.

352 Als ideologisch bedingte Fehlwahrnehmung ist Binders These abzuweisen, durch Steiner würden „die klassischen christlichen Grundlehren ... in klärender und vertiefender Weise wiederhergestellt" (Anthroposophie, 16; vgl. 137). Denn damit bestätigt der evangelische Theologe schlicht die theosophisch-anthroposophische Selbsteinschätzung Steiners, der „in das eigentliche Wesen des Christentums einzudringen" vorgibt (Jesus, GA 131, 135).

353 So Geisen, Anthroposophie, 280.

beachtenswerte Denkanstöße, die eine kritisch-dialogisch orientierte Gegenüberstellung rechtfertigen[354]. Folgende Punkte seien hier abschließend aufgeführt[355].

1. An vorderster Stelle ist hier zu nennen, dass Steiner die kosmische Dimension der Christologie und Theologie wieder so in Erinnerung gerufen hat[356], dass sich etwa P. Althaus schon vor der breiteren theologischen (Wieder-)Entdeckung des „kosmischen Christus" in der zweiten Hälfte des 20. Jahrhunderts reuig an die Brust schlug[357]. Freilich könnte man sich zu entsprechendem Dank dann bereits gegenüber A. Besant verpflichtet wissen! Der Umstand, dass ihre Rede vom „kosmischen Christus" von kirchlicher Christologie sogar noch weiter entfernt ist als die Steiners, lehrt allerdings bedenken: Theologisch kommt es entscheidend auf die inhaltliche Durchführung kosmischer Christologie an! Daher ist mit Althaus zu konstatieren: „So sehr man also anerkennen möchte, daß die Anthroposophie den Kosmos in das religiöse Denken ernsthaft einbezieht, so sehr muß man ihre konkreten Gedanken dazu als unchristlich und phantastisch ablehnen."[358] Was aber könnte und müsste es theologisch bedeuten, den Kosmos in die Christologie zu integrieren? Jedenfalls nicht das, was Besant und Steiner je auf ihre Weise konsequent vorgeführt haben: die Christologie in eine spiritualistische Kosmologie zu integrieren! Letzteres ist der unumgängliche Weg, wo eine Form von Pantheismus das Denken bestimmt, wo

---

354 Mit Geisen lässt sich formulieren: „Steiners Christologie entbehrt aufgrund ihrer kosmischen Weite und ihrer persönlichen Unmittelbarkeit für die Entwicklung des Einzelnen nicht der anerkennenswerten und ... diskussionswürdigen Faszination. Doch sind gerade aufgrund dieser Faszination deutliche Abgrenzungen notwendig, wenn nicht die gesamte Geschichte des theologischen Ringens um ein annäherndes Verstehen und Bezeugen der in die menschliche Geschichte eingetretenen Person Jesu Christi als unüberholbare Mitte und tragender Grund des christlichen Glaubens mit den gleichen Argumenten und mit dem gleichen gnostischen Erlösermythos, die bereits in den ersten christlichen Jahrhunderten zum Anlaß umfangreicher Auseinandersetzungen geworden waren, hintergangen werden soll" (Anthroposophie, 532). Beachtenswert ist auch das „verfremdende Licht" dieser Christosophie (534).
355 Weiteres gegen Ende des zweiten Hauptteils (Kap. V.4) und vor allem im Verlauf des VII. Kapitels!
356 Bannach betont: „Rudolf Steiner befindet sich mit der Auffassung, der kosmische Christus repräsentiere das Ganze der Wirklichkeit .., auf gutem biblischen Grund" (Anthroposophie, 140). Vgl. auch Wehr, Kontrapunkt Anthroposophie, 67.
357 „Das christliche Denken, die Theologie und auch unser Gottesdienst müssen sich der Natur, des Kosmos mehr annehmen" (Glaube, 61). Zwanzig Jahre vorher wurde bereits theologisch betont: „Das Phänomen der Anthroposophie, insbesondere in Hinsicht auf die Betonung des kosmischen Christus durch sie, müssen wir ... als ‚ein kritisches Mahnwort' an die bestehende kirchliche Art der Predigt und des Unterrichts in Bezug auf die ewige Bedeutung des kosmischen Christus auffassen" (Christian Gahr: Die Anthroposophie Steiners. Eine Fundamentaluntersuchung, Erlangen 1929, 295).
358 Althaus, Glaube, 60.

also „relationsontologischer Substantialismus" (ROS) axiomatisch beherrschend ist. Wird hingegen an der biblisch vorgegebenen Grundunterscheidung von Schöpfer und Schöpfung im Sinne „substanzrelationaler Ontologie" (SRO)[359] festgehalten, dann und nur dann rückt Christus in die Funktion des Schöpfungsmittlers. Solcher Einbezug des Universums in die Christologie ist in dieser Perspektive nicht eine luxuriöse und deshalb zwar wünschbare, aber ansonsten durchaus verzichtbare Möglichkeit, sondern eine logische Notwendigkeit. Denn nur wenn an der „Präexistenz", d. h. am der Schöpfungswelt Vorgeordnet-Sein des geschichtlich inkarnierten Logos festgehalten wird, ist „die Einmaligkeit und universale Bedeutsamkeit Jesu zu wahren."[360] Eine Christologie, die beides aufgibt, stellt den Christusbegriff der christlichen Tradition und damit diese selbst in Frage. Sie mag dann immerhin mit dem „externen" Christusverständnis der theosophischen Art kompatibel sein[361]. Doch wenn solch „externe" Christologie die christliche Theologie ans vergessene „Kosmische" erinnert, dann hat sie dabei gerade nicht die Welt als Schöpfung im Blick[362]! Wenigstens könnte und sollte sie damit zum Anlass werden, die zugrunde liegende Paradigmendifferenz in der Rede vom „kosmischen Christus" zu reflektieren. Wo das aber geschieht, dort wird die Notwendigkeit der Integration des „Alls" in die Christologie nicht nur als trinitätstheologisch unverzichtbar, sondern auch als im Kontext des religiösen Pluralismus höchst zeitgemäß wieder neu evident.

---

359 Vgl. die in Kapitel II.4 gegebenen Definitionen! Das Autonomie-Paradigma ist demnach wiederum von dem der Heteronomie (im Sinne des „substanzontologischen Relationismus") zu unterscheiden, mit dessen Dualismus es nicht verwechselt werden darf.
360 Werner Löser: Jesus Christus – Gottes Sohn, aus dem Vater geboren vor aller Zeit, in: IKaZ Communio 6, 1/1977, 31–45, hier 39.
361 Das wird im weiteren Verlauf der Untersuchung im Blick zu behalten sein!
362 Dieses Kosmische wird heute zwar mit zunehmender Beliebtheit religiös, aber deshalb keineswegs schon christlich interpretiert. Wieweit die in einer pantheistischen Systemlogik zu postulierende Einheit von naturwissenschaftlicher und spiritueller Kosmologie dabei intellektuell nachhaltig zu überzeugen vermag, ist sehr die Frage (vgl. Zander, Anthroposophie, 150). Was soll man etwa von Steiners spiritualistischer Planeten-Deutung halten, derzufolge die Erde einst ein denkendes Wesen gewesen ist (Schöpfung, GA 354, 13)? Wer mag die okkulte Beleuchtung der Genese von Sternen und Planeten (vgl. etwa Mysterium, GA 97, 29) noch teilen angesichts der heutigen naturwissenschaftlichen Kenntnis vom Entstehen und Vergehen der Himmelskörper und Galaxien? Auf diesem esoterischen Denkweg kann spirituelle Autonomie ihre kosmische Identität nurmehr um den Preis eines *sacrificium intellectus* sichern! Die kirchliche Tradition hat die Lehre von beseelten Planeten oder Himmelskörpern seit langem (deutlich im Edikt des Kaisers Justinian von 543 n. Chr.) verurteilt. Wie früher ist es auch heute christlichem Denken aufgegeben, den Sinn der als „Schöpfung" interpretierten Welt so auszusagen, dass dabei die Realität des jeweils naturwissenschaftlich erkennbaren Universums in die Gesamtaussage von Wirklichkeit einbezogen wird.

2. Steiners kosmische Christosophie hinterfragt erfrischend jene augustinische Ich-Du-Relation zwischen Gott und Mensch, die meint, des Kosmos entbehren zu können. Sie bezweifelt jene dialektische Theologie eines jungen Friedrich Gogarten, derzufolge zwischen Mensch und Gott ein absoluter Gegensatz und zugleich eine absolute Einheit besteht, für welche „das kleinste Stückchen Welt ... noch Trennung zwischen beiden" ist[363]: Steiner hat sich von dieser gegen ihn gerichteten These nicht treffen lassen. Sie protestiert gegen die Syzygie „Gott-Ich", wie sie H. Bloom im Blick auf die Gegenwartsreligiosität in Amerika feststellt und als wenig biblisch kritisiert[364]. Im Grunde wird bei Steiner bestritten, „daß die Beziehung eines Menschen zu Gott eine aus der Wirklichkeit besonders herausragende Relation darstellt."[365] Die Basis dafür bildet allerdings wiederum das oben beschriebene Autonomie-Paradigma, dessen Logik zufolge Relationen prinzipiell nicht als wirklich exklusive, „herausragende" in Frage kommen, sondern bei allem gegenseitigen Wechselspiel gleichermaßen in derselben Substanz wurzeln. Die Gefahr hierbei besteht aus christlich-theologischer Sicht darin, dass an die Stelle personaler Gottesbeziehung eine unpersönliche kosmische Spiritualität tritt, die den Schöpfer verfehlt. Solch kosmisches Bewusstsein mystischer Autonomie schwärmt von der Göttlichkeit des eigenen „höheren" Selbst und vergisst darüber das Du seines Schöpfers[366]. Gogartens gegenüber Steiner zugespitzte Formulierung, derzufolge sich kein Stückchen Welt zwischen Mensch und Gott schieben darf, zielt nun eigentlich auf die Nachrangigkeit des Kosmischen im Vergleich zur Schöpferrelation, nicht aber auf dessen Ausschluss. Auch das Theonomie-Paradigma kennt Mystik in Verbindung mit Weltfrömmigkeit, ja mit Geschichtsbewusstsein[367]. Wird kosmische Christologie nicht zur Funktion

---

363 Friedrich Gogarten: Rudolf Steiners ‚Geisteswissenschaft' und das Christentum, Stuttgart 1920, 19.
364 Vgl. Harold Bloom: The American Religion. The Emergence of the Post-Christian Nation, New York 1992, bes. 15 f.
365 Bannach, Anthroposophie, 403.
366 Luzide bemerkt bereits Berdiajew, der einmal Steiners Vorträgen gelauscht hatte, dass die Esoterik der Anthroposophie „des Menschen Stolz in der Zeit wohl anreizt, ihn aber in der Ewigkeit erniedrigt" (Nikolai Berdiajew: Die Philosophie des freien Geistes. Problematik und Apologie des Christentums, Tübingen 1930, 316 f.). Denn der Begriff des Ewigen wird – wie der des Geistes – im Kontext des Steinerschen Monismus verkleinert zu einem Aspekt dessen, was in christlich-theologischer Perspektive selber Schöpfung heißt; nicht von ungefähr zählen im Kolosser-Hymnus (1,16) die geistigen Hierarchien keineswegs unter die „Schöpfer", sondern unter die Geschöpfe – wie auch das christliche Credo Gottvater und Christus nicht nur als „im" Himmel seiende Götter, sondern als Schöpfer des Himmels bekennt (vgl. Welker, Schöpfung, 26 ff. und 56 ff.).
367 Wenn H. Haug „einem starren, undialektischen ‚Gegenüber' von Gott und Welt" widerspricht (Anthroposophie in theologischer Perspektive, in: MEZW 53, 3/1990, 72–75, hier 74), so trifft er damit lediglich heteronome Theologie, die strukturell wohl Mythologie, aber keine echte Mystik kennt. Hingegen hält theonome Theo-

pantheistischer Kosmologie degradiert, so bringt sie Welt als das in die Gottesrelation ein, was sie ist und als was sie in ihr unmöglich fehlen darf: als Schöpfung.

3. Der Gebrauch der Metapher „kosmischer Christus" taucht nicht zufällig im Zusammenhang mit dem Phänomen des Visionären auf. Steiners zur Methode stilisierte Fähigkeit der okkulten Schau transzendiert die sichtbare Welt und macht gerade dadurch Welt anschaubar, formt „Welt-Anschauung". Hat die Moderne solche „Welt-Anschauung" zunehmend fragwürdig erscheinen lassen, so verhilft kosmisch entworfene Christologie aufs neue dazu, „die kosmische Wirklichkeit als ganze offenbar zur Anschauung"[368] zu bringen. Sie ermöglicht holistische Seinsdeutung und entspricht damit dem „metaphysischen Bedürfnis" des die Dinge zu Ende denkenden wollenden, vernunftbegabten Menschenwesens. Theologisch drängt sich hier der Verdacht des Enthusiasmus auf, der an die Stelle von Glauben schon Schauen setzt und den eschatologischen Vorbehalt zu überspielen trachtet[369]. Doch lässt sich mit guten theologischen Gründen ein umgekehrter Verdacht formulieren: Führt nicht die Entgegensetzung von Glauben und Schauen, von Vertrauen und Erkennen religiös in problematische Gefilde, nämlich in heteronom-autoritäre Strukturen? Bedingen einander nicht vielmehr Glauben und Schauen, Vertrauen und Erkennen ein ganzes Stück weit? Bannach betont: „Das schauende Begreifen beseitigt die Notwendigkeit des Glaubens also gerade nicht, denn die Gültigkeit der geschauten Realität muß man glauben."[370] Und Pannenberg vermerkt sogar: „Die proleptische Struktur des Glaubens (im Zukunftsbezug des Vertrauens) entspricht der Struktur des Christusgeschehens..."[371] Reden vom kosmischen Christus kann folglich, muss aber nicht Enthusiasmus signalisieren: Dieser legt sich im Paradigma spiritueller Autonomie nahe,

---

logie an einem mystisch-dynamischen Gegenüber von Schöpfer und Schöpfung fest, ohne diese Liebesdialektik im Autonomie-Sinn als emanative, substanzontologisch verwurzelte Dialektik zu deuten.

368 Bannach, Anthroposophie, 141.
369 Bannach formuliert: „Mit dem Gedanken der Repräsentation der gesamten evolutiven Wirklichkeit im kosmischen Christus scheint die Unterscheidung zwischen Wissen und Erkennen einerseits und Glauben andererseits beseitigt oder verdunkelt zu werden" (Anthroposophie, 141).
370 Bannach, ebd. Holistische Welt-Anschauung (vgl. das in Kap. I.1 zum „Welt"-Begriff Gesagte!) kann unmöglich totalitäre Allgemeingeltung beanspruchen. Dalferth unterstreicht: „Selbst, Welt und Gott sind keine auch der Beobachtung zugänglichen Gegenstände der Welterfahrung, sondern markieren zusammen die Struktur, aufgrund derer uns überhaupt Wirklichkeit erschlossen und zugänglich und Beobachtung von Welt möglich ist" (Gegenwart, 191). Diese Einsicht lässt sich konkret gegen die Steinersche „Geisteswissenschaft" geltend machen (vgl. Zander, Anthroposophie, 151) und besagt letztlich nichts anderes als das bereits bisher mittels des Begriffs „Paradigma" Verdeutlichte.
371 Wolfhart Pannenberg: Einsicht und Glaube (1963), in: ders., Grundfragen systematischer Theologie. Gesammelte Aufsätze, Göttingen 1967, 223–236, Zitat 236.

das die Relationen und Polaritäten des Seins mystisch zu transzendieren erlaubt, wird jedoch im Theonomie-Paradigma dadurch gezügelt, dass Verstehen, Einsehen und Erkennen als existentielle Akte aufgefasst werden, deren antizipatorisches Ausgreifen mit dem Bewusstsein der Andersartigkeit und vorläufigen Verborgenheit der verheißungsvollen Transzendenz gepaart ist. So sehr die Rede vom kosmischen Christus dazu verführen kann, diese Paarung zugunsten des gnostisierenden Elements im Sinne der Autonomie zu zerreißen, so geeignet ist sie, ein Zerreißen zugunsten des autoritären Elements im Sinne der Heteronomie zu verhindern.

4. Wie die Rede vom „kosmischen Christus" positiv mit dem Erkenntnismoment korreliert, so auch mit einem optimistischen Zugehen auf das Theodizeeproblem. Steiner beantwortet die Frage nach dem Warum und Woher des *malum naturale et morale* nur vordergründig betrachtet durch die Karma- und Reinkarnationstheorie, denn die gibt lediglich Auskunft hinsichtlich der Verursachung von je individuell oder regional begrenztem Leid[372]. Die tief ergreifende noetische Bemühung ist schon immer ein Kennzeichen theosophischer Reflexion gewesen und auch Steiner nicht fremd[373]: Wie dargelegt, steht für ihn der Abstieg des Geistigen in die Vergänglichkeit und Entfremdung des Materiellen im Dienst des insgesamt Gewinn bringenden Aufstiegs, des Findens zu individuierter Freiheit. Leiden und Böses sind ein „notwendiger Entwicklungsgang" auf dem Weg zur sich vollendenden Autonomie monadischer Existenz, in der das Göttliche letztlich sich selbst zur Entfaltung bringt[374]. Die Deszendenz Christi aus dem Kosmos (nicht aus einem schöpfungstranszendenten Himmel!) herab ist in diesen Erlösungs- und Selbsterlösungsprozess zentral eingebunden: An seinem Kreuz kulminiert die kenotische Machtlosigkeit Gottes[375]; doch seine herrliche Zukunft wird jenen „Christus-Einklang" bescheren, der die allgemeine Erkenntnis enthält, dass alle Leiden vorher nötig gewesen sind[376]. Wie schon bei Besant steht der Selbstständigkeit

---

372 Das wird meist übersehen – so von Sachau (Reinkarnationsvorstellungen, 160), Bannach (Anthroposophie, 240) und auch Zander (Reinkarnation, 287 f.), der von daher zu der kritischen Bemerkung kommt: „Die anthroposophische Theodizee ist allerdings völlig unbefriedigend, weil sie alles Leid bis in den grausamen Mord und den massenhaften Tod hinein als selbstverschuldetes oder gar selbstgesuchtes Leiden interpretiert" (313).
373 Insofern trifft es nur bedingt zu, wenn Zander behauptet: „Die Frage, warum ein pantheistisches Göttliches sich all die Leiden zufügt oder sie nicht vermeidet, beantwortet auch Steiner nicht" (Reinkarnation, 291; ähnlich Bannach, Anthroposophie, 169).
374 Vgl. dazu Bannach (Anthroposophie, 185 f.), der in dieser Hinsicht zu bedenken gibt, dass Steiner „den Entwicklungsgedanken auch auf Gott selbst anwendet" (215).
375 Vgl. Steiner, Akasha-Forschung (GA 148), 53 f. Zum hier anklingenden Problem der Kenose Gottes vgl. Bannach, Anthroposophie, 215 f.
376 Steiner, Hierarchien (GA 110), 182.

begründende Opfergedanke geradezu im Mittelpunkt kosmischer Christologie[377]. Die Ermöglichung von Freiheit im Sinne spiritueller Autonomie aber macht den Kern des Konzepts aus, zu dem sich die Christosophie funktional verhält. Indes – eine „*Christo*dizee" kann und muss erst dort entwickelt werden, wo Christus als Schöpfungsmittler verstanden ist, also im Rahmen der Theonomie-Axiomatik. Hier geht es nicht um die Evolution von Autonomie als solcher, sondern um das Telos der Gottesherrschaft. Auf dem Weg dorthin ist Autonomie unumgänglich, aber sie wird theologisch nicht als schlechthinnige Freiheit, sondern unter dem Aspekt der Entfremdung als erlösungsbedürftige Freiheit verstanden. Der Sohn allein macht recht frei; die Relation zu ihm bedeutet in diesem Sinn „autonome Theonomie". Sind nun im Sohn der Schöpfungsmittler und der Gekreuzigte als der „leidende Gerechte" identisch, so ist kosmische Christologie der Ort, an dem das Geheimnis eines leidvollen Kosmos sich glaubendem Erkennen erschließen kann und will – nicht ohne dadurch den Erkennenden zu verwandeln, seine Autonomie in „autonome Theonomie" zu transformieren[378].

5. Kosmischer Christologie korrespondiert bei Steiner eine kosmische Anthropologie; zentral geht es dabei um den Freiheitsgedanken. Die Deszendenz des aus dem Kosmos kommenden Christus ermöglicht die Aszendenz des Menschen in höhere Welten, indem sie kraft der Tatsache von Golgatha seine Freiheit befreit bzw. erstarken lässt. Erlösung und Selbsterlösung bilden im Konzept „heteronomer Autonomie" die Pole einer inneren Einheit[379]. Hingegen stellen sie aus der Sicht des Paradigmas „autonomer Theonomie" eine Alternative dar, wobei der von Steiner wiederholt explizit geäußerte Gedanke der „Selbsterlösung" als so verwerflich gelten muss, dass er noch in seiner Koppelung mit dem Erlösungsgedanken nichts anderes ergeben kann als verurteilungswürdigen Synergismus[380]. Denn

---

377 Noch im Kontext der Begründung der „Christengemeinschaft" und ihres Kultes ist dies mit Händen zu greifen, wenn Steiner formuliert: „Der Logos aber ist das, was in Realität lebt und in Realität in die Weltentwickelung übergeht, so daß man in der Tat in einem Realen drinnensteht mit der Opferhandlung, die ein Reales ist, das realer ist als irgendein Naturvorgang" (Vorträge III, GA 344, 43).
378 Theologisch wird darauf in Kap. VII.4 zurückzukommen sein.
379 Vgl. Steiner, Vorträge II (GA 343), 401 f.: Die „individuellen Sünden finden ihren Ausgleich in dem, was durch Selbsterlösung erreicht werden muß; sie müssen durch Selbsterlösung im Verlaufe des irdischen oder überirdischen Lebens ausgeglichen werden. Dasjenige aber, was die Ursünde ist, die Mutter aller übrigen Sünden, das konnte nur durch die Erlösungstat des Christus aus dem Menschengeschlechte herausgenommen werden." Wenn Steiner sich gegen die Alternative von Selbsterlösung und Erlösung ausspricht (334; vgl. auch 431 und 640), so findet diese Haltung laut Geisen (Anthroposophie, 361) ihre Analogie im spätantiken Gnostizismus.
380 Vgl. Geisen, Anthroposophie, 371; Zander, Reinkarnation, 312; ferner meinen Artikel „Selbsterlösung oder Gnade? Zum Streit mit der Anthroposophie um den

Freiheit gilt hier als Frucht der Christus-Relation, als Geschenk der in ihr eröffneten eschatologischen Identität[381], nicht aber als Voraussetzung für den Gesamterfolg des Gnadengeschenks. Beide Paradigmen sind einander suspekt[382]; einig sind sie sich nur darin, dass ihnen gemeinsam die Antithetik von Gnade und Freiheit suspekt ist, die im dritten, dem Heteronomie-Paradigma ihren Ort hat[383].
Aber beiden ist wiederum ein retardierendes Moment nicht ganz fremd. Das sei zunächst am Autonomie-Paradigma[384] verdeutlicht: In ihm stellt sich der Indikativ wesenhaft imperativisch dar, weil die göttliche Geistesidentität unter ihrem eigenen Diktat der in- und evolutiven Selbstverwirklichung innerhalb des realisierten Kosmos steht. Sofern hier Gnade ins Spiel kommt, ist sie nur ein Faktor im Spiel, dessen Spieler die Menschen als Erscheinungsformen des Logos[385] sind. Steiner erklärt in der Konse-

---

Weg zum Heil", in: Ev. Gemeindeblatt 93, 39/1998, 4. Binder zufolge ist zwar das Feststellen von „Synergismus" ein analytisch-diskursives Urteil, doch sei dort, wo die Seele aus Gott heraus in eigener Verantwortung handele, das Unterscheiden des Verstandes an sein Ende gekommen (Anthroposophie, 197). Damit wird das Erhellende von Analysen unterdrückt, die darauf hindeuten, dass mit wachsendem Einfluss des Paradigmas spiritueller Autonomie auf christliches Denken die Tendenz zum Synergismus zunimmt (vgl. griechische Orthodoxie!).

381 Insofern wird im Paradigma der Theonomie keineswegs das Ich und werden auch nicht dessen Akte verabschiedet, wie ein Vertreter des Autonomie-Paradigma unterstellt (Haug, Legende, 48).

382 Selbst ein anthroposophischer Theologe ist sich klar darüber, dass nach Luther das Evangelium von der bedingungslosen Gnade maßgeblich ist: „Dieses schärfste Kriterium der christlichen Wahrheit bildet zugleich den denkbar schärfsten Gegensatz zum anthroposophischen Verständnis dieser Wahrheit, für das die menschliche Freiheit und Eigenleistung unabdingbar ist" (Binder, Anthroposophie, 178). „Von einer Alleinwirksamkeit der Gnade, wie sie die reformatorische Theologie fordert, kann bei Steiner keine Rede sein" (179 f.). In der Tat lauten die Urteile evangelischer Theologen eindeutig: „Die Christosophie ist als Lebensgefühl ein Rückfall hinter die Erkenntnisse der Reformation. Die wirkliche Freiheit wird zur möglichen Freiheit, die wirkliche Gotteskindschaft zur möglichen Gliedschaft der geistigen Welt" (von Stieglitz, Christosophie 241). Der Häretiker „kann nicht glauben, ohne der vermeintlichen Armut seines Glaubens durch Zusatzevidenzen aufzuhelfen ... Er nimmt Anstoß an der Rechtfertigung des Sünders, das heißt, er stößt sich daran, daß dem Menschen die Entscheidung über sein Heil und damit über die Vollendung seines Menschseins aus der Hand genommen sein soll" (Wirsching, Kirche, 176 u. 178).

383 So weiß auch Steiner zu betonen, dass das Gesetz tötet (Vorträge II, GA 343, 539).

384 Dass es sich hier auch aus anthroposophischer Perspektive wörtlich um ein anderes „Paradigma" handelt, unterstreicht Binder alisa H. Haug: „Was Anthroposophie über die Beziehung zwischen Gott und Mensch in der Erlösung zu sagen hat, folgt einem anderen Modell" (Anthroposophie, 185). Auch dass dessen Charakteristik im Sinne spiritueller Autonomie zutrifft, lässt sich seinen Worten klar entnehmen: „Alle endlichen Wesenheiten ... haben in abgestufter Weise teil am göttlichen Wesen, welches die Fülle aller möglichen Wesensbestimmungen in sich schließt. ... Das Sein ist nicht teilbar" (187).

385 S. o.! „Jeder Mensch ist eine Inkarnation Gottes; nur daß in Christus, dem entäu-

quenz den kosmisch verankerten Menschen zum irdischen Miterlöser[386]. Jeder Synergismus enthält wesenhaft ein „heteronomes" Element, wie es in der Anthroposophie selbst noch hinsichtlich des Heiligen Geistes erkennbar ist. So lehrt Steiner im Schema des „indikativischen Imperativs", das Golgatha-Ereignis sei zwar für alle Menschen geschehen, aber zuinnerst könne es nur zur Wirkung kommen, wenn „der Mensch sich aufschwingt zur wirklichen Anerkenntnis des Inhaltes des Mysteriums von Golgatha" – weshalb das „Pfingstgeheimnis als eine Forderung an den Menschen" herantrete[387]: Der Mensch habe „sich zur Geist-Erkenntnis allmählich durchzuarbeiten"[388]! Solcher Auffassung entspricht die Überzeugung, der Mensch habe „zum Sündenfall nach und nach durch die Kraft seines Erkennens ein Aus-der-Sünde-sich-Erheben hinzuzufügen, eine Sündenerhebung herauszuarbeiten..."[389] Denn „der Sündenfall muß einmal wiederum ausgeglichen werden: es muß ihm entgegengesetzt werden eine Sündenerhebung." Mit dieser meint Steiner letztlich ein „wirkliches Verstehen" des Christus als des aus dem Kosmos herabgekommenen Erlösers, und damit schließt sich der Kreis von Selbsterlösung und Erlösung.

Das retardierende Moment im Theonomie-Paradigma nun besteht in der Versuchung, aus dem Rechtfertigungsgeschenk noetisch oder ekklesiologisch-kultisch[390] ein Stück objektivierte Gnade zu machen, das dazu missbraucht wird, die stets unmittelbare Subjektrelation zu Christus zu verdrängen. Je weniger aber Gnade synergistisch bzw. (semi–)pelagianisch verstanden wird, desto eher kann sie sich als das erweisen, was sie recht erkannt ist: theonom wirkende *gratia irresistibilis*. Und gerade als bedingungslose Gnade, die nicht von gelingender Selbst- und Weltverbesserung

---

ßerten Gott, die Fülle der Gottheit lebt, während der gewöhnliche Mensch nur einen Funken aus dem Feuermeer der göttlichen Liebe – und Gott *ist* Liebe, sie ist seine Substanz – in sich trägt" (Binder, Anthroposophie, 198).

386 „So wahr wie Eis Wasser ist, so wahr ist auch die Materie Geist... Alles, was Materie geworden ist, erlösen wir aus seinem heutigen erstarrten Zustand. Das ist der Erlösungsgedanke in seinem tiefsten Wesen begriffen! Der Mensch hat sich immer höher entwickelt; er ließ dabei immer gewisse Reiche zurück. Er wird mächtig werden, und er wird das, was er zurückgelassen hat, wieder erlösen, und er wird die Erde miterlösen" (Menschheitsentwickelung, GA 100, 22 und 144).
387 Seele (GA 224),156.
388 Ebd. Selbst der theologisch tiefsinnig erscheinende Satz Steiners: „Wenn wir frei sein wollen, müssen wir das Opfer bringen, unsere Freiheit dem Christus zu verdanken!" (Jesus, GA 131, 229) enthält mit dem zu bringenden „Opfer" ein synergistisches Moment.
389 Steiner, Naturerkennen (GA 220), 142. Nächstes Zitat ebd.
390 In dieser Gefahr befindet sich insbes. katholisches Rechtfertigungsverständnis, worauf hier nicht eigens eingegangen werden kann; ein Indiz hierfür ist die Aufgeschlossenheit des Katholiken Geisen gegenüber dem von dem Katholiken Steiner theosophisch entfalteten Synergismus: „Über das Zusammenwirken der umfassenden gnadenhaften Zuwendung Gottes mit dem Tun des Menschen... ist ein offener und fruchtbarer Dialog mit der Anthroposophie möglich" (527).

abhängt, befreit sie im Sinne des „imperativischen Indikativs" zum unverkrampften Früchtetragen in der persönlichen Heiligung und im Umgang mit der Welt, die zu erlösen sie ganz dem Schöpfer bzw. dem Schöpfungsmittler überlassen darf.

6. Die Hoffnung auf kosmische Erlösung ist ein integraler Bestandteil jeder kosmischen Christologie und auch für Steiner selbstverständlich[391]. Im Rahmen theosophisch-anthroposophischer Weltanschauung lässt sie sich freilich leichter denken und ausmalen als dort, wo man sich an das Paulus-Wort hält: „Eine Hoffnung, die man sieht, ist keine Hoffnung; denn was einer sieht, weshalb hofft er noch darauf?" (Röm 8,24). Da sich die kosmische Erlösung bei Steiner evolutiv-stufenweise hinzieht, kann er die „Wiederkunft Christi" geistig-ätherisch auffassen und innerhalb der weiterlaufenden Menschheitsgeschichte ansiedeln[392] – darin übrigens dem abendländischen Theosophen Emanuel Swedenborg (1688–1772) nicht unähnlich[393], dem er manches Ideengut zu verdanken scheint[394]. Wird die Parusie Christi aber nicht in monistischem Denkhorizont aufzufassen versucht, sondern auf die erlösungsbedürftige Schöpfung bezogen, so leuchtet die notwendige Identität von Schöpfungsmittler und Erlösungsmittler auf. Christlicher Theologie darf es nicht allein um die Wiedergewinnung kosmischer Christologie in einem protologischen oder in einem mystisch-präsentischen Sinn gehen; mindestens ebenso wichtig ist eine erneute Konzentration auf die eschatologische Zukunft und damit auf die Wiederkunft Christi[395], über deren thematische Attraktivität man in esoterischen Kreisen einiges lernen kann. Dazu gehört übrigens potenziell, sofern nämlich die Frage einer Kontinuität über den Tod hinaus positiv beantwortet wird, auch das Motiv des Erscheinens Christi jenseits des Todes: Des öfteren hat

---

391 Vgl. Zander, Reinkarnation, 313.
392 Auf der apokalyptischen Stufenleiter soll nach der Christus-Parusie im „Ätherleib" einst eine im „Astralleib" und schließlich eine im „kosmischen Ich" folgen (vgl. die insgesamt gelungene Anthroposophie-Studie im „Handbuch Religiöse Gemeinschaften", 1993[4], bes. 458).
393 Mit Swedenborg beginnt das neuzeitliche Bestreiten futurischer Eschatologie, sprich: der sichtbaren Wiederkunft Christi und einer künftigen Auferstehung der Toten. Er, der sich als Prophet der neuen, wahren Kirche verstand, setzte sein eigenes Wirken zunehmend gleich mit der „Wiederkunft Christi". Das Gericht am Ende dieser Weltzeit – für Luther der Bezugspunkt im Verständnis der Rechtfertigungslehre – entfiel damit ebenfalls.
394 Instruktiv hierzu Gahr, Anthroposophie, 220 ff.
395 Vgl. Pannenberg, Wolfhart: Systematische Theologie Bd. 3, Göttingen 1993[4], bes. 673 ff.; Susanne Heine: ‚Parusie': Wiederkunft Christi, in: A. Gasser (Hg.), Tod als Grenze zu neuem Leben, Zürich 1993, 89–108; zu Moltmann s. u. (VII. Kapitel). Das Problem, wie universale Eschatologie und naturwissenschaftliche Kosmologie zusammenzudenken sind, erörtert wenigstens ansatzweise Wilfried Joest: Hoffnung für die Welt? Überlegungen zur Sache und Sprache universaler Eschatologie, in: J. Roloff/H. G. Ulrich (Hgg.), Einfach von Gott reden (FS Friedrich Mildenberger), Stuttgart u. a. 1994, 226–237.

Steiner betont, dass die Seele „allkosmisch"[396] werde, sobald irdische Raum- und Zeitdimensionen enden. Und dass individuelle Eschatologie mit dem kosmisch zu verstehenden Christus zu tun hat, deutet sich nicht erst in anthroposophischen Texten, sondern bereits in neutestamentlichen an, denenzufolge sich die Theonomie des Kosmoskrators auf Sichtbares und Unsichtbares, auf Erde und Himmel erstreckt (Kol 1,16.20; Phil 2,10; 1. Petr 3,22).

7. Zuletzt stellt die konzeptionell eigenartige Rede vom „kosmischen Christus" bei Steiner *als solche* eine theologisch-christologische Herausforderung dar, und zwar in mehrfacher, hier jeweils nur anzudeutender Hinsicht. Erstens enthält sie einen scharfen, ja scharfsinnigen Protest gegen alle liberal-theologische Reduktion von Christologie auf bloße „Jesulogie"[397]. Was Steiner zu seiner Zeit mit Blick auf D. F. Strauß und A. von Harnack polemisch ausgesprochen hat, besitzt auch heute uneingeschränkte Aktualität: Soll Jesus eine religiös-soteriologische und nicht nur eine humanistisch-vorbildhafte Funktion eignen, so muss sein Christus-Sein transzendent verankert sein.

Zweitens macht Steiners „okkulte" Christologie theologisch im 20. Jahrhundert immerhin eines deutlich: Die Verhältnisbestimmung zwischen dem transzendent verankerten Christus und dem historischen Jesus ist aller gedanklichen Anstrengung wert! Gewiss wird man dem häretisch schillernden Konstrukt Steiners, das seine Logik gemäß dem Paradigma „heteronomer Autonomie" entfaltet[398], als christlicher Theologe schwerlich zu-

---

396 Vgl. Steiner, Philosophie (GA 215), 152 ff. Zu katholischen Überlegungen hinsichtlich eines „allkosmischen" Status der Geistseele nach dem Tod siehe Karl Rahner: Zur Theologie des Todes, Freiburg i. Br. 1958, 19 ff.

397 Vgl. Bannach, Anthroposophie, 432 f. Es stimmt: „Forschungen, die zum ‚historischen Jesus' hin ausgehen, können die Ausgangsposition einer christologischen Begründung nicht erreichen; sie sind hypothetisch und relativ" (Hans-Joachim Kraus: Systematische Theologie im Kontext biblischer Geschichte und Eschatologie, Neukirchen-Vluyn 1983, 365). Das Leben und Sterben Jesu Christi wieder als „Mysterien" zu erfassen, fordert Karl Rahner: Chalkedon – Ende oder Anfang? in: Das Konzil von Chalkedon. Geschichte und Gegenwart, hg. von A. Grillmeier und H. Bacht, Bd. 3: Chalkedon heute, Würzburg 1973[4], 3–49, bes. 40.

398 Hier sei noch einmal an Steiners christosophische Lehre vom „Sonnenlogos" erinnert, zu der er sich auch in seinem letzten Lebensjahr bekennt (vgl. Vorträge V, GA 346, 114). Da sie zuinnerst, wie dargelegt, mit neuplatonischer Metaphysik zusammenhängt, eignet dem emanativ gedachten „Sonnenheros" zwangsläufig ein Moment einschränkender Negativität (vgl. Schlette, Das Eine, bes. 83–87), das gewiss den okkulten Einzelvorstellungen Steiners von diesem „Gott" unter „Göttern" entgegenkommt, jedoch dem Christus-Verständnis des Neuen Testaments (vgl. Kol. 2,8, wo Christus den Mächten des Kosmos diametral gegenübergestellt ist) ebenso wenig gerecht wird wie dem Logosgedanken christlicher Trinitätstheologie. Insofern schüttelt Althaus mit Recht den Kopf: „Was geht uns dieser Christus, das kosmische Wesen, der Regent der Sonne an – uns, die wir nach Gott, nach Gemeinschaft mit ihm fragen?" (Glaube, 55; ähnlich Bichlmair, Christentum, 43).

stimmen können; doch die Ernsthaftigkeit, mit der es entwickelt und auch überraschend erfolgreich vertreten worden ist, fordert Respekt ab und regt zur christologischen Selbstvergewisserung gerade auch mit Blick auf die kosmischen Dimensionen kirchlichen Bekenntnisses an.

Was drittens die doketischen Aspekte in Steiners Rede vom „kosmischen Christus" betrifft, so haben sie ein bedenkenswertes Wahrheitsmoment: Sie werfen die Frage nach der Kontinuität des Logos im Tod Jesu auf, also das schwierige Problem, ob der „Sohn Gottes" nur nach seiner menschlichen oder auch nach seiner göttlichen Natur gestorben ist[399]. In der Tradition systematisch-theologischen Denkens ist die Antwort darauf in aller Regel erstaunlich „doketisch" ausgefallen: Noch Pannenberg lehrt, dass Jesus zwar auch „in der Person des ewigen Sohnes durch das Leiden und Sterben am Kreuz betroffen wurde", dass aber der Gottessohn bei aller Partizipation „nicht hinsichtlich seiner Gottheit" gestorben sei[400]. Auf die entsprechende Problematik wird im letzten Kapitel zurückzukommen sein.

Viertens verdient Steiners Rede vom „kosmischen Christus" im Sinne einer Vergangenheitsgröße, die spätestens mit dem Pfingstgeschehen ihr Ende gefunden hat, theologische Aufmerksamkeit. Anders als bei einer ungeschichtlichen, allenfalls sekundär christologisierten Form von Mystik tritt hier die Frage in den Vordergrund, was die Inkarnation des Logos für diesen selbst sowie für die Trinität insgesamt bedeutet und wie sich „kosmische Christologie" und „kosmische Pneumatologie"[401] zueinander verhalten.

Fünftens schließlich ist hinsichtlich des synthetischen Gesamtkonstrukts, das der Christus Jesus bei Steiner vorstellt, zu bedenken, dass es sich dabei vor allem auch um den Versuch handelt, den „kosmischen Christus" als evolutiv-universal wirksamen auf die Welt der Religionen zu beziehen. Da christliche Theologie den okkulten Lösungsweg Steiners nicht wird nachvollziehen können, stellt sich ihr umso dringlicher die Aufgabe des Ringens um geeignete Modelle, die inklusivistisches Bestreben und exklusiven Heilsanspruch im Namen Jesu Christi zu vereinigen und

---

399 Dass Steiner selbst hier die göttliche Natur ausnehmen würde, zeigt folgender späterer Text: „Es war ein dreitägiger Kampf mit dem Tode.... Es ist nicht etwa so, daß der Christus den Schmerz, der zu erleiden war, nicht wirklich durchgemacht hätte bei der Geißelung und der Kreuzigung. Es ist so aufzufassen, daß drei Tage lang die Möglichkeit vorhanden war, daß er den Tod nicht überwunden hätte" (Vorträge III, GA 344, 250).
400 Vgl. STh Bd. 1, 341, und Bd. 2, 432 f. Dazu passt die an Steiners Lehre erinnernde, wenn auch mit ihr nicht einfach gleichzusetzende Auffassung Pannenbergs, die Vereinigung des Logos mit Jesus setze sich prozessual in der irdischen Biografie Jesu fort (Bd. 2, 427).
401 Vgl. dazu Horst-Georg Pöhlmann: Heiliger Geist – Gottesgeist, Zeitgeist oder Weltgeist? (R.A.T. 10), Neukirchen-Vluyn 1998, 202 ff., sowie unten Kap. VII.4.

im religionspluralistischen Diskurs der Gegenwart überzeugend zu repräsentieren in der Lage sind. Der Frage, ob und wie das im Zeichen des „kosmischen Christus" möglich ist, wird im übernächsten Kapitel thematisch werden.

# V. Die Entfaltung esoterischer Rede vom „kosmischen Christus" seit Steiners Tod

Besant, Steiner, Schuré, kurz: die führenden theosophischen Köpfe im angloamerikanischen und europäischen Raum hatten die Metapher „kosmischer Christus" in die Welt gesetzt. Nunmehr bot sie sich nicht nur zur Übernahme, sondern auch zur Neuinterpretation an. Die genannten drei Persönlichkeiten hatten sie, wie dargelegt, zwar in jeweils bestimmter, aber doch auffällig sparsamer Weise gebraucht – als hätten sie selbst noch eine gewisse Scheu vor dem in dieser Form neuen Begriff empfunden. Das sollte sich bald ändern: Als vorgefundener esoterischer, mystisch-attraktiver Ausdruck verlangte er geradezu nach Entfaltung. Und die vollzog sich als ein Ausziehen der schon im Ansatz auseinander laufenden Linien, deren unterschiedliche Verwurzelung aber selbst dort erkennbar blieb, wo man um ihre erneute Zusammenführung bemüht war. Im folgenden wird die weitere Entwicklung der Begriffsgeschichte auf dem Feld moderner Esoterik[1] nachgezeichnet und am Ende auf ihre theologische Relevanz hin reflektiert.

---

1 „Was im ausgehenden 19. und beginnenden 20. Jahrhundert Spiritisten und Theosophen mit ihren zahlreichen Splittergruppen waren, das sind heute die Geistergläubigen der New-Age-und Esoterik-Szene" (Christof Schorsch: Geister, Geist und Außerirdische. Über die neue Lust am Irrationalen, in: Universitas 44, 12/1989, 1195–1203). Religionswissenschaftlich behutsam, nämlich nicht inhaltlich, sondern nur strukturell definierend mit dem Esoterik-Begriff umzugehen versucht Christoph Bochinger: Was ist Esoterik? in: Informationes Theologiae Europae. Internationales ökumenisches Jahrbuch für Theologie Bd. 7, Frankfurt/M. u. a. 1998, 271–281, um im Schlusssatz einzuräumen, dass es „gewisse Wahlverwandtschaften zwischen diesem Frömmigkeitstypus und weltanschaulichen Überzeugungen geben mag." Aus der Perspektive der Theologie als „kritischer Weltanschauungswissenschaft" (Horst Stephan) lässt sich hingegen bestimmter sagen: „Hinter dem Wirrwarr im Angebot an Esoterik steht eine Art Weltanschauung. Sie kann ... zeigen, daß das Gespräch mit der Esoterik für das abendländische Christentum noch wichtiger ist als der aufblühende Dialog mit den Weltreligionen. ,Esoterik' wird nämlich mehr und mehr die ,Religion', der wir westlichen Christen intensiv konfrontiert sind" (Josef Sudbrack: Esoterik als Religion – eine Herausforderung, in: GuL 70 [1997], 323–336, Zitat 323). Vgl. zum Begriff neben meinem Buch „Esoterik" (1995) und darin aufgeführter Literatur auch Antoine Faivre: Access to Western Esotericism, Albany/New York 1994, sowie Sparn, Esoterik, 17 ff.

## 1. Die Intensivierung des Begriffsgebrauchs in der „Christengemeinschaft"

Wer sich mit der 1922 gegründeten „Christengemeinschaft"[2] beschäftigt, hat es „mit einer eigenständigen christlichen Kirchenbildung zu tun, in der das spirituell-esoterische Element von zentraler Bedeutung ist."[3] Dieses Element bildet gewissermaßen den Konstitutionsrahmen der hier begegnenden Rede vom „kosmischen Christus". Die folgenden Analysen knüpfen an das bisher Dargelegte unmittelbar an: Sie führen in das Jahr nach Rudolf Steiners Tod, in dem der erste „Erzoberlenker" mit einem zweiteiligen Aufsatz unter der Überschrift „Der kosmische Christus" hervorgetreten ist, und von da hinein in unsere Zeit, in der einer der „Oberlenker" sogar ein ganzes Buch mit dem Titel „Der kosmische Christus" publiziert hat. Nicht dass die dazwischenliegenden fast sieben Jahrzehnte hier gründlich aufzuarbeiten wären[4] – das Entscheidende ist gewonnen, wenn diese beiden Arbeiten als „Marksteine" in den Blick kommen[5].

---

2 Die binnenperspektivisch ausführlichste Darstellung bietet Hans-Werner Schroeder: Die Christengemeinschaft. Entstehung, Entwicklung, Zielsetzung, Stuttgart 1990. Die Außenperspektive kommt am breitesten zur Geltung in dem (allerdings schon älteren) Sammelband: Evangelium und Christengemeinschaft, hg. von W. Stählin, Kassel 1953 (neuere Lit. s. u., Anm. 6). Aus anthroposophischer Sicht informiert das Büchlein „Die Christengemeinschaft heute. Anspruch und Wirklichkeit" (Flensburger Hefte 35, 12/1991).
3 Wehr, Esoterisches Christentum, 260. Zwar heißt es ebd. auch: „Die Christengemeinschaft als eine esoterische Form des Christentums zu bezeichnen, trifft nicht ganz den Sachverhalt, zumal sie in aller Öffentlichkeit in Erscheinung tritt und ihre Kultushandlungen allgemein zugänglich sind." Doch hat Steiner selbst mit Blick auf die „Christengemeinschaft" von „esoterischem Christentum" gesprochen (Geschichte, GA 264, 83); überdies entspricht solche Öffentlichkeit weitgehend dem heute verbreiteten Esoterikbegriff. Als „Tochterbewegung" der „Anthroposophischen Gesellschaft" geboren, ist die „Christengemeinschaft" im Kontext der „Allgemeinen Anthroposophischen Gesellschaft" sogar ein „Teil der Neuen Mysterien geworden" (Gädeke, Anthroposophie, 393). Lehmann-Issel sieht richtig: „In der Christengemeinschaft kommen die letzten und tiefsten Impulse, die die abendländische Theosophie und ihre verwandten Bewegungen immer schon getragen haben, ans Tageslicht. So deutlich wie noch nie!" (Theosophie, 105).
4 Alles Sonstige erreicht innerhalb der „Christengemeinschaft" hinsichtlich unserer Fragestellung bei weitem nicht das Gewicht dieser beiden Publikationen (die von 1926 wurde auch als Sonderdruck vertrieben). Insgesamt bildet die Rede vom „kosmischen Christus" sozusagen ein eher dünnes Rinnsal innerhalb der dort so reich fließenden Symbolsprache. Immerhin konnte die Stuttgarter Zeitung vom 21.8.1950 (Nr. 193) berichten: „Dem historischen Jesus stellt die Christengemeinschaft den kosmischen Christus gegenüber, den in der Seele zu vollziehen die Aufgabe des Einzelnen sei" (2; vgl. auch den Artikel von Ernst Müller „Moderner Gnostizismus" im „Schwäbischen Tagblatt" vom 20.6.1947). In der Zeitschrift „Die Christengemeinschaft" taucht der Begriff bis 1991 fast gar nicht mehr auf. Insofern muss betont werden: Zum „terminus technicus" ist er in der Christengemeinschaft kaum geronnen; man kommt oft auch ohne ihn aus in Zusammenhängen, in denen er durchaus zu erwarten wäre (so „fehlt" er z. B. völlig bei Rudolf

Die „Christengemeinschaft" (= CG) zählt der Religionswissenschaftler Helmuth von Glasenapp zu jenen „Sekten"[6], die „das Christentum durch die Erkenntnisse theosophischer Mystiker neu zu befruchten" suchen; ihr Kultus solle „die kosmische Bedeutung des Christus" verdeutlichen[7]. Tatsächlich wird ihr erstes Oberhaupt, *Friedrich Rittelmeyer* (1872–1938), ein halbes Jahrhundert nach seinem Tod in der CG als ein Wegbereiter des „kosmischen Christus" verehrt[8]. Steiner hatte noch im Februar 1925, also wenige Wochen vor seinem Tod, den Ritualtext für die Weihe des „Erzoberlenkers" formuliert – und damit die von ihm angeblich aus „höheren Welten" empfangenen Texte für den Kultus der CG vervollständigt[9]. Es war

---

Meyer: Die Wiedergewinnung des Johannes-Evangeliums, Stuttgart 1962, oder bei Alfred Schütze: Vom Wesen der Trinität, Stuttgart 1954).

5 Erinnert sei hier an das bereits in Kap. IV.2 zum Credo-Text der „Christengemeinschaft" Gesagte, demzufolge sich Christus zum väterlichen Gotteswesen „wie der in Ewigkeit geborene Sohn" verhält. Der Begriff des „kosmischen Christus" fällt weder im Credo noch sonst in einem der verbindlichen Ritualtexte; auf die kosmische Größe des Christus wird aber am Ende der Wandlung und während der Kommunion angespielt (vgl. neben den seit 1993 veröffentlichten GA-Texten auch die Zusammenstellung durch ein Ex-Mitglied der Christengemeinschaft: Hischam Hapatsch: Die Kultushandlungen der Christengemeinschaft, München 1997).

6 Vgl. von Glasenapp, Weltreligionen, 352. Während Heyer in seiner „Konfessionskunde" (1977, 739 ff.) die CG schlicht zu den „abgetrennten Gemeinschaften" rechnet, reihen apologetische Standardwerke und Lexika sie in der Regel unter die Rubrik „Sekten" ein (zur hier nicht zu diskutierenden Problematik des Sektenbegriffs habe ich mich andernorts ausführlich geäußert: Häresie, 17 ff.), so bes. das „Handbuch Religiöse Gemeinschaften" (1993[4], 344 ff.). „Sektenhafte Züge" erkennt bei der CG auch von Stieglitz, Klaus: Rettung des Christentums. Anthroposophie und Christengemeinschaft – Darstellung und Kritik, Stuttgart 1965[4], 61 und 63. Noch schärfen urteilte kurz nach ihrer Gründung Carl Gunther Schweitzer von der „Apologetischen Centrale", der in ihr nur eine nichtchristliche „gnostische Sekte" erblicken konnte (vgl. Pöhlmann, Kampf, 162), und neuerdings Joachim Ringleben: Über die Christlichkeit der heutigen Christengemeinschaft, in: ZThK 93, 2/1996, 257–283, dem sie nicht einmal mehr als „christliche Sekte", sondern „eher als ein ganz anderer religiöser Weg" erscheint (283). Die längere Geschichte der Gespräche zwischen Vertretern der EKD und der CG vor allem über die Frage einer Anerkennung der Taufe verlief stets mit negativem Ausgang (vgl. zuletzt den Bericht einer gemeinsamen Gesprächsgruppe, der ich angehörte: „Evangelische Kirche und Christengemeinschaft", in: MEZW 56, 9/1993, 266–275; vgl. Ringleben, Christlichkeit, 257 ff., sowie Bannach, Anthroposophie, 558 ff.). Auch in der „Arbeitsgemeinschaft Christlicher Kirchen" (ACK) ist die „Mitarbeit der Christengemeinschaft unerwünscht", berichtet Frank Hörtreiter in: Die Christengemeinschaft 69, 7/1997, 393.

7 Von Glasenapp, ebd. Die CG „erstrebt die Erneuerung des religiösen Lebens auf der Grundlage eines kosmisch gedeuteten Christentums", heißt es in dem nur drei Sätze umfassenden Artikel „Christengemeinschaft" im „Brockhaus in 2 Bänden", Bd. 1, Wiesbaden 1977, 221.

8 Alan Stott: Friedrich Rittelmeyer und ‚der Vollendungsgesang der Erde', in: Die Christengemeinschaft 60, 3/1988, 142–145, hier 144.

9 Vgl. Gerhard Wehr: Friedrich Rittelmeyer. Sein Leben – Religiöse Erneuerung als Brückenschlag, Stuttgart 1998, 212 f.; Gädeke, Anthroposophie, 91 f. und 105.

ihm ein persönliches Anliegen gewesen, dass der einstige protestantische Pfarrer, von Anfang an Mitglied eines dreiköpfigen Leitungsgremiums, mit diesem neugeschaffenen Amt die maßgebliche Führung in der das „Christentum der Zukunft" repräsentierenden Kirche erhielt[10]. Schon früher hatte er dafür gesorgt, dass Rittelmeyer dem Vorstand der „Anthroposophischen Gesellschaft" mit angehörte[11].

Wie es dazu kommen konnte, dass ein evangelischer Geistlicher, der zuvor als ebenso engagierter wie erfolgreicher Prediger und als theologischer Buchautor hervorgetreten war, von Rudolf Steiner so eingenommen und gefördert wurde, dass er zunächst dessen wirkungsvollster Apologet[12] und schließlich zum Oberhaupt[13] der von ihm „begründeten"[14], aber eigentlich von Steiner „gebildeten"[15] neuen Kirche wurde, ist bereits verschiedentlich

---

10 Rittelmeyer verkörperte für Steiner die gelungene Identität von Anthroposophie und Christentum (vgl. Gädeke, Anthroposophie, 340 f.). Umgekehrt erblickte Rittelmeyer in Steiner „ein Ereignis in der Geschichte des Christentums" und verehrte ihn bis an die Grenzen der Deifikation. So versichert er ihm am Ende der die CG begründenden Vorträge dankbar: „Wir haben öfters im Freundeskreis nach Vergleichen gesucht für das, was wir erlebt haben ... Wir haben nichts gefunden, das sich vergleichen ließe seit der Zeit, da der Christus auf die Erde gekommen ist" (abgedruckt in: Steiner, Vorträge III, GA 344, 258). In einem ersten Nachruf auf Steiner schrieb er: „Durch seinen Dienst wurde er aus der göttlichen Welt in die menschliche Welt getragen" (in: Die Christengemeinschaft 2, 1/1925, 1).
11 Vgl. Wehr, Rittelmeyer, 203 f. Die Doppelfunktion hatte Rittelmeyer seit 1923 inne (vgl. ebd. 198). Dieses Faktum illustriert die innere Verzahnung der äußerlich getrennten CG mit der „Anthroposophischen Gesellschaft" aufs Beste. Bannach (Anthroposophie, 546) akzentuiert hier verkehrt, während Wehr mit Recht betont: Die CG, für die Steiner „zu den Beratungen hinzugezogen wurde, galt somit – trotz der erklärten Eigenständigkeit – als Bestandteil der anthroposophischen Bewegung. Sie wurde also nicht ausschließlich als ‚Kirche' betrachtet! Ihre Priester nahm Steiner als Mitglieder der Dornacher Hochschule auf" (203). Vgl. auch Gädeke, Anthroposophie, 327 f., wo gezeigt wird, dass Anthroposophie und CG auf den Feldern von Theologie und Verkündigung miteinander geradezu „eines" werden (siehe ferner 325, 330, 390 f. und 409)! Mit Bedacht hatte Steiner selbst freilich keine kultische Rolle in der CG übernommen (die meinte er in einem früheren Leben schon innegehabt zu haben – vgl. Steiner, Geschichte, GA 264, 55), weshalb Rittelmeyer am 13.9.1922 die Selbstweihe vollzog. Siehe auch Bernhard Martin: Von der Anthroposophie zur Kirche, Speyer 1950.
12 Vgl. Wehr, a. a. O. 106. Rittelmeyer gab sogar – noch als protestantischer Pfarrer – zum 60. Geburtstag eine Festschrift heraus: „Vom Lebenswerk Rudolf Steiners. Eine Hoffnung neuer Kultur" (München 1921), die im Erscheinungsjahr zwei weitere Male aufgelegt wurde.
13 „Göttlicher Minister" wolle er werden – diese Auskunft schon als kleiner Bub wiederholt gegeben zu haben, und zwar in Selbstsicherheit und zugleich Scham über dieselbe, erinnert sich der Erzoberlenker (vgl. Friedrich Rittelmeyer: Aus meinem Leben, Stuttgart 1937, 12).
14 Vgl. Gädeke, Anthroposophie, 284.
15 Vgl. Gädeke, 288 (diese Stelle wurde bereits oben angeführt). Steiner konnte auch von „der von mir ja inaugurierten Bewegung für religiöse Erneuerung" sprechen (GA 257, 67, zitiert nach Gädeke, 285). Freilich wusste er zu betonen: „Die Chris-

untersucht und dargestellt worden[16]. Dabei hat immer wieder die Frage im Mittelpunkt gestanden, ob Rittelmeyers innere und äußere Entwicklung als eine folgerichtige oder eher als eine von Diskontinuitäten geprägte zu betrachten sei. Abgesehen davon, dass bei Versuchen einer Antwort hierauf immer auch die eigene Interessen- und Deutungsposition eine Rolle spielt[17], lässt sich doch Wesentliches anhand von Texten gesichert nachweisen. Insofern dürfte die Hauptthese, die H. Wulff-Woesten in seiner Dissertation von 1968, der ersten umfassenderen Rittelmeyer-Studie, aufgestellt hat, noch immer als treffend gelten – dass nämlich in Rittelmeyers Entwicklung hin zu Steiner und dessen Weltanschauung sowie zur CG „in der Hauptsache Kontinuität vorliegt", ja sich „beinahe alles durchhält! Nur wird manches, was früher mehr betont wurde, nun nivelliert oder modifiziert. Anderes wiederum, was früher nur angedeutet und geahnt wurde, wird nun expliziert.... Der äußere Bruch war kein innerer Bruch!"[18]

Es mag hier genügen, diese These vor allem mit Blick auf Rittelmeyers Christologie zu beleuchten. Tatsächlich zeigt sich, dass der Schritt zur okkulten Christosophie Steiners innerhalb der Biografie Rittelmeyers keineswegs im Sinne eines Bruchs erscheint[19]. Beide Eltern des im Pfarrhaus Aufgewachsenen neigten zu einem okkult gefärbten Wirklichkeitsverständnis[20]. Als Frömmigkeitsquelle von väterlicher Seite kamen naturtheologische Vor-

---

tengemeinschaft ist auf geistigem Boden von geistigen Wesenheiten gestiftet in Wirklichkeit" (Vorträge V, GA 346, 230).
16 Nach einigen älteren Schriften (z. B. vom Schwiegersohn Rittelmeyers: Erwin Schühle: Entscheidung für das Christentum der Zukunft. Friedrich Rittelmeyer, Leben und Werk, Stuttgart 1969; ders., Friedrich Rittelmeyer, Stuttgart 1971) kann endlich auf zwei neuere Bücher verwiesen werden, die die Rittelmeyer-Forschung spürbar vorangebracht haben, nämlich auf die Warschauer Habilitationsschrift von Christoph Führer: Aspekte eines „Christentums der Zukunft". Zur Theologie und Spiritualität Friedrich Rittelmeyers, Stuttgart 1997, bes. 21 ff.; sowie auf die erste ausführliche Biografie, vorgelegt von G. Wehr (1998, s. o.); dazu meine Doppelrezension in: MEZW 62, 7/1999, 222–224. Vgl. auch die gründliche Studie von Helmut Zander: Friedrich Rittelmeyer. Eine Konversion vom liberalen Protestantismus zur anthroposophischen Christengemeinschaft, in: F. W. Graf/H. M. Müller (Hgg.), Der deutsche Protestantismus um 1900, Gütersloh 1996, 238–297.
17 Diese Reflexion stellt sich mit Recht Zander an (Rittelmeyer, 239).
18 Hanspeter Wulff-Woesten: Der theologische Werdegang Friedrich Rittelmeyers. Eine Untersuchung der theologischen ‚Metamorphose' F. Rittelmeyers unter besonderer Berücksichtigung des Einflusses der Anthroposophie Steiners auf sein homiletisches Werk, Bd. 1: Text, Jena 1968, 112, 87 und 90 (der letzte Satz ist gesperrt gedruckt).
19 Diese Feststellung entspricht der These Rittelmeyers selbst, er sei durch die Begegnung mit Steiner und der Anthroposophie „keineswegs vom Weg abgeführt worden", vielmehr habe er „für den Weg, auf dem er ohnehin ging, Licht empfangen" (Rittelmeyer, Leben, 5).
20 Vgl. Rittelmeyer, Leben, 19 f. 1906 vertrat Rittelmeyer bereits die theologische These von einem „irgendwie bestehenden organischen Zusammenhang zwischen Diesseits und Jenseits" (vgl. ebd. 258)!

lieben zum Tragen[21], während die Mutter der Erweckungsfrömmigkeit entstammte: Der Zugang zu Christus, und zwar gerade als „kosmischem", war damit schon rudimentär vorbereitet[22]. Frühzeitig kündigte sich in seinen Reflexionen ein „Antimaterialismus an, der wohl eine Frucht von platonischem und gnostischem Gedankengut"[23] war. In seiner „Lebensangst" tröstete den jungen Pfarrer einmal der Anblick des Morgensterns, der ihm den Gedanken eingab: „Da oben in den Sternenwelten, da mag ... vielleicht sogar ein Christusereignis vor sich gehen!"[24] Seine 1910 geäußerte Auffassung, Jesus sei nicht unbedingt im exklusiven Sinn als „Erlöser" zu verstehen[25], könnte er theosophischer Lektüre verdanken haben. Deutlich spürte er Mängel in der modern-liberalen Christologie[26] und hielt 1909 im dogmatischen Christologie-Artikel der RGG fest: „Zu einer befriedigenden Christus-Anschauung ist die neuere protestantische Theologie noch nicht gelangt"[27]. Er empfand es, wie dieser Artikel zeigt, bereits damals als ein geis-

---

21 So las Rittelmeyer wie sein Vater Literatur von Henry Drummond (1851–1897), der übrigens auch für Teilhard de Chardin (s. u.) wichtig werden sollte.
22 Dem anthroposophischen Rittelmeyer wurde später „das Christentum zur wahren ‚Naturreligion'" (Friedrich Rittelmeyer: Christus, Stuttgart 1950³, 156)!
23 Wulff-Woesten, Werdegang, 89; vgl. 91. Rittelmeyer berichtet selbst: „Auflehnung gegen die Alleinherrschaft der materialistischen Wissenschaft war mir von Jugend auf eingepflanzt" (Leben, 11; zum Stichwort „Gnosis" vgl. 95). Ein Eintrag in seiner Personalakte attestiert ihm 1916 den „Typus eines Schwärmers" (vgl. Zander, Rittelmeyer, 251).
24 Rittelmeyer, Leben, 35. Diese auf astralmythologische Wurzeln deutende Formulierung mag freilich der Rückschau des (theosophisch-)anthroposophisch Denkenden entstammen.
25 Vgl. Friedrich Rittelmeyer: Art. Erlöser, in: RGG¹ Bd. 2, Tübingen 1910, 474–477, hier 475 f. Ähnlich äußert sich später Tillich (s. o.). Gegen wirksame theosophische Einflüsse spricht, dass Rittelmeyer sich (trotz gegenteiliger Kindheitseindrücke, vgl. Leben, 40) noch um 1911 nicht mit der Reinkarnationsidee angefreundet hat; doch auch in dieser weit reichenden Frage denkt er bald restlos um (vgl. Sachau, Reinkarnationsvorstellungen, 156 f.).
26 Vgl. Friedrich Rittelmeyer: Was fehlt der modernen Theologie?, in: Die Christliche Welt 24 (1910), 1034–1043, bes. 1039 (beim mündlichen Vortrag dieses Textes war Ernst Troeltsch zugegen). Suspekt war und blieb dem spiritualistischen Theologen insbesondere der „Materialismus" in der zeitgenössischen Christologie (vgl. Friedrich Rittelmeyer: Rudolf Steiner als Führer zu neuem Christentum, Stuttgart 1933, 6). „An dem Geheimnis Christi offenbarte mir die ganze wissenschaftliche Theologie der Zeit ihre Ohnmacht" (Friedrich Rittelmeyer: Meine Lebensbegegnung mit Rudolf Steiner [1928], Stuttgart 1983¹⁰, 28). Aber überhaupt musste er im November 1910 feststellen, dass das, was ihm Jesus gegeben habe, seine „religiösen Elementargefühle" nicht mehr „ganz befriedige" (vgl. Zander, Rittelmeyer, 276). Gerade zu dieser Zeit nahm seine geistige Begegnung mit Steiners Denken ihren Anfang! So kam es im Lauf der folgenden Jahre „durch Steiner zu einer Neubesetzung vakant gewordener Positionen liberaler Theologie, deren auf die Persönlichkeit Jesu abgespeckte Christologie in der Gefahr stand, die *theo*logische Dimension der christlichen Tradition mit den Persönlichkeitsvorstellungen des 19. Jahrhunderts zu unterbieten" (Zander, Rittelmeyer, 278).
27 Friedrich Rittelmeyer: Art. Christologie: III. Dogmatisch, in: RGG¹ Bd. 1, Tübin-

tiges Bedürfnis, „die Erscheinung Jesu nicht als isoliert-planetarisches Vorkommnis zu fassen, sondern dem System der kosmischen Möglichkeiten befriedigend einzuordnen."[28]

Zander ist zuzustimmen, wenn er vermutet: „Schließlich ist ihm wohl die Zuwendung zur Anthroposophie als Antwort auf wichtige Probleme liberaler Theologie erschienen."[29] Sein Weg „von Jesus zu Christus"[30], nämlich von theologisch-liberaler „Jesus"-Spiritualität, wie sie in dem erwähnten RGG-Artikel von 1909 und noch in seinem „Jesus"-Buch von 1912[31] zum Ausdruck kommt, hin zur anthroposophischen Christologie, die im „Christus"-Buch von 1936[32] gipfelt, zeugt freilich nur bei oberflächlicher Betrachtung von Diskontinuität[33].

---

gen 1909, 1772–1781, hier 1979. Schon damals erklärt Rittelmeyer, dass die neuen geistigen Bedürfnisse „mit der Zeit zu einer neuen Christusanschauung führen müssen" (ebd.). Im selben Jahr setzte sich übrigens Besant mit „Christus in der modernen Theologie" auseinander und griff als Theosophin die liberale Unterscheidung zwischen Jesus und dem Ideal „Christus" bewusst auf (Changing World, 298 f.).

28 Ebd. „Von der Persönlichkeit Christi müssen wir ... zum Allermindesten das Eine aussagen, daß sie sich als geeignet erwiesen hat, die historische Versinnlichung einer ganz ungeheuren Gotteshilfe für die Menschheit zu werden, deren Ziel und Wirkung ein sonst nirgends erreichtes neues Gottesleben gewesen ist" (1774). Das sind Formulierungen, die Schleiermacher ebenso nahe stehen wie Steiner ...

29 Zander, Rittelmeyer, 262. „Die ‚liberale' Exegese hatte mit anderen Worten einen Freiraum geschaffen, den Rittelmeyer aus seiner Tradition heraus nicht zu füllen vermochte und den Steiner besetzte" (264).

30 So der Titel eines Vortragszyklus von Steiner (s. o.) aus dem Jahr 1911, auf den Rittelmeyer später selbst biografisch Bezug nimmt (Christus, 5). Es war dieses Jahr 1911, in dem Rittelmeyers innig geliebte Mutter starb; er berichtet, dass er gerade in dieser besonders sensiblen Lage zwischen ihrem Tod und ihrem Begräbnis „das erste eingehende Gespräch über Geisteswissenschaft" mit dem theosophischen Steiner-Anhänger Michael Bauer (1871–1929) gehabt hatte (Leben, 29), der ihn Wehr zufolge (Rittelmeyer, 94 und 250) mittels der damals noch nicht allgemein zugänglichen Vortragszyklen Steiners einen „Christus zugewandten Okkultismus" lehrte. Um diese Zeit auch spitzte sich, wie oben dargelegt, Steiners Konflikt mit Besant weiter zu; Rittelmeyer lernte also weniger den Theosophen als vielmehr den Anthroposophen Steiner mit seiner abgrenzend entfalteten Christosophie kennen.

31 Friedrich Rittelmeyer: Jesus. Ein Bild in vier Vorträgen, Ulm 1912. Klar scheint bereits damals spiritueller Monismus durch, wenn die rhetorischen Fragen erklingen: „... Spricht sich Geist aus in allem Sein, wirkt sich Geist aus in allem Geschehen? Und das ist die Frage: Wohin will die Welt?" (115).

32 Dass in diesem Buch (1950) der Begriff des „kosmischen Christus" nicht vorkommt, mag unter anderem damit zusammenhängen, dass er bereits zum Angriffspunkt massiver theologischer Polemik geworden war. Immerhin liegt ein Schwerpunkt auf der Interpretation Christi als des „Sonnengeistes" (47 ff.). Außerdem wird der Christus als „der heilige Geist" bezeichnet (27; vgl. auch „Aus meinem Leben", 424). Und die (An-)Klage ertönt: „Der Geist eines ... ,kosmisch' gerichteten Christentums ist verloren gegangen" (54) – um in die Zuversicht zu münden: „Heute aber ist seine Stunde wieder gekommen. In größerem Stil als je zieht es herauf" (ebd.).

33 Vgl. Hans-Diether Reimer: In memoriam Friedrich Rittelmeyer, in: MEZW 51, 12/1988, 373–375, bes. 374. Von einem deutlichen „Bruch mit seiner Jesus-Theo-

Tiefer gesehen hält sich eine spirituelle Sehnsucht durch, die in ihrem tendenziell holistischen Ausgreifen immer schon vom „inneren Christus-Erkämpfen" herkommt[34] und unmöglich im Kontext kulturprotestantischer ‚Jesulogie' und der daraus resultierenden „Jesusmüdigkeit"[35] Erfüllung finden kann. Bereits in seinem „Jesus"-Buch formuliert Rittelmeyer, wohl ein Stück weit von ersten Begegnungen mit Steiner inspiriert: „Unerforschlich in seiner Art und unergründlich in seinem Reichtum taucht ein Wesen aus dem Weltgeheimnis empor, wird sichtbar, wird scheinend am Stoff der äußeren Ereignisse und webt sich selbst hinein in die Weltgeschichte."[36] Von jeher ist Rittelmeyers Jesus weltbezogen, kosmisch: „Eine neue Welt, eine höhere Welt, eine innenherrlich verborgene Welt soll erobert werden."[37] Aber erst die Beseitigung des „Unerforschlichen"[38] durch die „Geisteswissenschaft", eben die entfaltete Kosmo- und Christosophie Steiners erschließt ihm zunehmend die „Gotteswelt in ihrer ganzen Fülle

---

logie" spricht hingegen Zander (Rittelmeyer, 270; vgl. 294), um dies anhand von dessen RGG-Artikeln zu illustrieren (276 f.). Die Frage ist aber, ob dieser Bruch im Sinne einer Weiterführung, „Metamorphose" (Wulff-Woesten) bzw. Transformation (so Zander selbst, 295) oder eines radikalen Abbruchs zu verstehen ist. Zanders Argument, Rittelmeyer spreche in seinem letzten RGG-Artikel von 1913 („Werk Christi") nur noch ein einziges Mal von „Jesus" und meist von „Christus", verkennt den Befund, dass auch schon der christologische RGG-Artikel von 1909 auffällig oft von „Christus" (1774 sogar vom „historischen Christus", 1778 von der „Tatsache Christus") statt von „Jesus" spricht. – Dass sich „tieferliegende Kontinuitäten" im Blick auf Rittelmeyers Jugend ausmachen lassen, räumt Zander ausdrücklich ein (279).

34 Rittelmeyer, Friedrich: Gemeinschaft mit den Verstorbenen, Stuttgart 1938, 7. Dass Rittelmeyer in seinem RGG-Artikel von 1909 noch die Präexistenz Christi ablehnte (1780 f.), bedeutet freilich ein Stück Diskontinuität in seiner Christologie, welche sich aber schon dadurch relativiert, dass er im selben Artikel auf die doch undurchschaubaren „Tiefen des göttlichen Lebensgeheimnisses" hinweist (1781).

35 So Rittelmeyer in der Vorbemerkung. zu seinem Jesus-Buch, an dessen Ende es heißt: Wir empfangen von Jesus „heute noch, wie von keinem andern, Verwandlung unsres Selbst, Vollendung der Welt, Vereinigung mit Gott" (125). Über Jesu Gottnatur wird (noch) nicht spekuliert, denn sie „verliert sich für uns in den Tiefen des göttlichen Lebensgeheimnisses" (ebd.) – also in einem Mysterium, das ihm später Steiner enthüllen wird!

36 Rittelmeyer, Jesus, 30. Ein Jahr später ist von Christus als der „Verkörperung der christlichen Idee" bzw. dem „christlichen Prinzip" in Unterscheidung von Jesus die Rede (Friedrich Rittelmeyer: Art. Person Christi und christliches Prinzip, in: RGG[1] Bd. 4, Tübingen 1913, 1388–1390, bes. 1389). – Zur Kritik an Rittelmeyers RGG-Positionen vgl. Brunner, Mittler, 74–77.

37 Rittelmeyer, Jesus, 4. „Frei stehen wir dem Weltgeheimnis gegenüber. Frei stehen wir auch dem Wesenswunder gegenüber, das sich uns in Jesus als das Weltgeheimnis kundtut" (119): Das Auffanggefäß für eine kosmische Christologie ist schon hier zweifellos vorhanden! „Sollte Geist, lebendiger Weltgeist uns rufen zur Vollendung seines Werkes?" fragt der spätere Führer der CG (119).

38 Ob Rittelmeyers frühe Unfähigkeit, mit dem Thema der Trinität etwas anzufangen, zugunsten der „Bruch"-These funktionalisiert werden darf (so Zander, Rittelmeyer, 275)?

und vor allem Tiefe"[39]. Der Prozess verläuft über die Jahre hin mehr oder weniger kontinuierlich[40], bis er 1922 in die Konversion mündet[41]. Hatte Rittelmeyer das erste Heft des ersten Jahrgangs seiner liberalprotestantischen Zeitschrift „Christentum und Gegenwart" (1910) mit einem programmatischen Aufsatz unter dem Titel *„Jesus"* eingeleitet, so beginnt er nun mit einem Artikel unter dem Titel *„Christus"* das erste Heft seiner Zeitschrift der CG (die zunächst „Tatchristentum" heißt)[42]. Insgesamt ist mit Wulff-Woesten zu konstatieren: „Rittelmeyers theologisches Gedankengut in Symbiose mit Steiners Anthroposophie, die aber wiederum beim frühen Rittelmeyer schon in theosophischen Ahnungen da ist, machen die spätere Theologie Rittelmeyers mit der Betonung von Sakrament, Eschatologie und ‚Kosmischer Christologie' aus."[43]

In den Kategorien unseres Analyseinstrumentariums ausgedrückt, ist Rittelmeyer von der Variante „theonomer" zu der „heteronomer Autonomie"[44] übergewechselt, aber immerhin dabei innerhalb des Autonomie-

---

39 Friedrich Rittelmeyer: Johannes Müller und Rudolf Steiner, Nürnberg 1918, 13. – Mit der hier zitierten Schrift vollzog sich übrigens die Trennung von dem Spiritualisten Johannes Müller (1864–1949), dem er jahrelang in Verehrung und Freundschaft verbunden war (vgl. Wehr, Rittelmeyer, 90 ff. und 132 f.), der ihm in Fragen der Ontologie Vorarbeiter gewesen sein dürfte (Zander, Rittelmeyer, 268) und der sich selbst dennoch von Steiners Okkultismus und dessen Christologie in keiner Weise überzeugen ließ (vgl. Johannes Müller: Vom Geheimnis des Lebens. Erinnerungen. Bd. 2: Schicksal und Werk, Stuttgart 1938, 404–418).

40 Führers Studie zeigt, „wie sich sein Bild vom Menschen Jesus zur Erkenntnis des kosmischen Christus wandelte" (Aspekte, 192; vgl. auch Helmut Obst: Apostel und Propheten der Neuzeit. Gründer christlicher Religionsgemeinschaften des 19./20. Jahrhunderts, Berlin 1980, bes. 352 ff.). Was Steiner auf Grund seiner okkulten Erkenntnisse etwa von den beiden Jesusknaben und der Jugendgeschichte Jesu zu erzählen wusste, empfand Rittelmeyer unkritisch als Bereicherung seines Jesusbildes (vgl. Lebensbegegnung, 60 f.), das dadurch mit einer subordinatianischen Christologie verbunden wurde.

41 Wie Wulff-Woesten vermerkt, ging es Rittelmeyer auch nach dem Bruch vom Frühjahr 1922 „um ‚Christus für die Welt', nun freilich mehr kosmisch-mystisch verstanden" (Werdegang, 88).

42 Vgl. Tatchristentum 1, 1/1923, 1–3. In dieser Zeit notierte er auch die These, die „naturwissenschaftliche Zeit" werde „nicht erlöst, wenn nicht Christus von der Natur her zu ihr spricht" (Welterneuerung, Stuttgart 1923, 21).

43 Wulff-Woesten, Werdegang, 111; vgl. 112. Rittelmeyers „Kosmische Christologie" müsse man – so Wulff-Woesten – systematisch-theologisch eingehender untersuchen, als er es getan habe, sie also „in einen weiten Rahmen stellen und in der Tiefe wie Breite forschen" (113)!

44 Hier sei kurz an die oben (Kap. II.1) gegebenen idealtypischen Definitionen erinnert: Unter *„heteronomer Autonomie"* verstehe ich ein Paradigma, das gnostisierend einen (einzigen) Zyklus vom „Fall" hin zur versöhnend-erlösenden Aufhebung bzw. Abarbeitung seiner Folgen beschreibt. *„Theonome Autonomie"* hingegen denkt Gottes Ewigkeit in Relation zur zeitlichen Welt so, dass der Dualismus von Schöpfer und gesetzter Schöpfung als Produkt einer allumfassenden göttlichen Dialektik aufscheint.

Paradigmas verblieben[45] – was die These von der inneren Kontinuität mit untermauert. Dieser partielle Transformationsprozess von der theonomen zur heteronomen Autonomie-Struktur lässt sich durchaus als Rückschritt werten – und zwar nicht nur in theologischer Hinsicht als Schritt in ein stärker mythologisch geprägtes Welt- und Christusverständnis, sondern auch religionspsychologisch als Regression in primärnarzisstische Richtung[46] (die sich freilich im Falle „autonomer Autonomie" noch verstärkt hätte). Psychoanalytisch gesehen sind „narzisstische Probleme" immer ganz zentral mit Über-Ich-Konflikten verbunden: Narzisstische Fantasien und Charakterhaltungen werden eingesetzt, um Schutz gegen „unerträgliche Selbstverurteilung zu bieten."[47] Solch ein Über-Ich-Konflikt ist bei Rittelmeyer klar diagnostiziert worden, nämlich im jahrzehntelang problematischen Verhältnis zwischen ihm und seinem Vater[48]. Der Umzug nach Berlin, in die Nähe des spirituellen „Vaters" Rudolf Steiner, war just identisch mit dem Ende des Konfliktverhältnisses zum leiblichen Vater[49]. Die neue esoterische Autorität bot die Untermauerung narzisstischer Spiritualität als Erfüllung eines unterschwelligen, jedenfalls spürbar vorhandenen Bedürfnisses[50]: Steiners kosmische Christologie erlaubte, ja förderte göttlich-kosmisches Ich-Bewusstsein[51]. Der zunehmend be-

---

45 Hingegen bekämpfte er nachhaltig Religiosität, die gewissermaßen im Zeichen von Heteronomie lebte. Trauriges Zeugnis davon legt sein folgender Satz aus der Zeit des NS-Regimes ab: „Heute die Stunde da, wo wirklich im Christentum all das noch in ihm lebende Judentum überwunden werden muß" (Christus, 43 f.).
46 Dass narzisstisch durchtränkte Religiosität emotionale Tiefenschichten besonders anspricht, liegt auf der Hand. Ob man in diesem Sinn den Hang zum Kultus bzw. zum Ritual in der CG psychologisch deuten kann und soll (über die Affinität zum Ritual als Ausdruck krisenhaft erlebter Autonomie informiert Robert Schurz: Die Zukunft der Psyche, in: Universitas 49, 6/1994, 556–568, bes. 563 f.), lässt sich fragen; ein führender Theologie der CG kann den Kultus immerhin explizit mit einer „Festigung der Lebenskräfte" gleichsetzen (Hans-Werner Schroeder: Von der Wiederkunft Christi heute. Verheißung und Erfüllung, Stuttgart 1991, 164).
47 Vgl. Léon Wurmser: Die zerbrochene Wirklichkeit. Psychoanalyse als das Studium von Konflikt und Komplementarität, Berlin/Heidelberg 1993², 77.
48 Vgl. Ernst-Rüdiger Kiesow: Das Vater-Problem in der Biografie Friedrich Rittelmeyers, in: Ders./J. Scharfenberg (Hgg.), Forschung und Erfahrung im Dienst der Seelsorge (FS Otto Haendler), Göttingen 1961, 114–128.
49 Vgl. Zander, Rittelmeyer, 296; ferner Führer, Aspekte, 58.
50 Nach eigenen Angaben suchte sich Rittelmeyer „dem gegenwärtigen Gott der Mystik innerlich anzunähern" (Friedrich Rittelmeyer: Das Werk Christi, in: ZThK 22, 1/1912, 31–40, hier 32).
51 Dass bei Steiner der „kosmische Christus" im „Menschensohn" zum Schlüssel menschlicher Selbsterkenntnis wurde, hat das vorige Kapitel gezeigt: „Da stehe ich … vor dem Göttlichen in mir …" (Markus-Evangelium, GA 139, 195). Rittelmeyer hat diesen Zug theologisch untermauert und im Sinne des spirituellen Autonomie-Gedankens stark herausgearbeitet: „In dem von Christus durchdrungenen Ich ist tatsächlich – nicht nur die ganze Theologie, sondern das ganze Weltall insgeheim da" (Leben, 64, vgl. auch 90 f.; ferner: Christus, 89, 91 u. ö., sowie bes.: Fried-

glückte Rittelmeyer konnte gar nicht begreifen, dass kein einziger der von ihm eifrig umworbenen Kollegen mit hinüberwechseln wollte in jene Welt der ungehemmten Blüte eines „kosmischen Narzißmus"[52]!

Der Umstand, dass Rittelmeyer noch im Jahr der Trauer um Rudolf Steiner einen Aufsatz unter der Überschrift „Der kosmische Christus" abfasste, deutet einerseits darauf hin, wie wichtig ihm seit jeher an der Anthroposophie als einer „Christus-Offenbarung"[53] die spirituelle Kosmologie war[54]. Andererseits hatte dieser Beitrag seinen „Sitz im Leben" in der Auseinandersetzung mit der Adyar-Theosophie anlässlich der oben[55] berichteten Verlautbarung und Inszenierung Krishnamurtis als des wiederverkörperten Christus, die nach Rittelmeyers eigener Einschätzung nicht zufällig bald nach Steiners Tod stattfand[56]. Insofern setzte Rittelmeyer hier Steiners Kampf um die rechte Auffassung bzw. den rechten Begriff vom „kosmischen Christus" fort. Doch es fragt sich, ob er Steiners originäre Intentionen zu wahren wusste.

---

    rich Rittelmeyer: Ich bin. Reden und Aufsätze über die sieben ‚Ich bin'-Worte des Johannesevangeliums, Stuttgart 1951, 15 u. ö.).

52 Dieser Fachausdruck ist von seinem Schöpfer (Heinz Kohut: Formen und Umformungen des Narzißmus, in: Psyche 20/1966, 561–587) keineswegs negativ gemeint; vielmehr spricht sich Kohut für eine Transformation des primärnarzisstischen „ozeanischen Gefühls" in einen reifen „kosmischen Narzißmus" aus, in dem die narzisstische Besetzung auf die Teilhabe an zeitlosem Sein verschoben ist.

53 „Die Anthroposophie ist eine Christus-Offenbarung" – so Gädeke (Anthroposophie, 129 – unter Bezugnahme auf eine Formulierung Steiners in GA 169, 44). Namentlich den von Steiner formulierten Kultustext der „Menschenweihehandlung" empfand Rittelmeyer als „göttliche Offenbarung" (Lebensbegegnung, 145 f.; vgl. Führer, Aspekte, 122).

54 „Rudolf Steiner war der erste Christ von allen, die wir kennen, dem die Natur völlig Geist war", heißt es enthusiastisch in einem ausführlicheren Nachruf (Friedrich Rittelmeyer: Rudolf Steiner als Ereignis in der Geschichte des Christentums, in: Die Christengemeinschaft 2, 2/1925, 33–43, hier 38). Auf dieser Linie lag dann auch die Offenbarungsmächtigkeit Steiners: Er „war der erste Christ von allen, die wir kennen, dem der Himmel auf der Erde offen stand" (40). Daher gibt es neben sonstigem jetzt „ein Christentum, dem sich in Christus alle Geheimnisse der Erde, des Menschen und des Himmels allmählich erschließen" (Friedrich Rittelmeyer: Der Christusweiheweg als Vollendung der Mysterien, in: Die Christengemeinschaft 3, 1/1926, 1–8, hier 8) und das sich als „alldurchdringendes Geisteslicht" (Leben, 92) erweist.

55 Vgl. S. 223 f.

56 Vgl. Friedrich Rittelmeyer: Die Ernennung des neuen Weltheilands, in: Die Christengemeinschaft 2, 1925/26, 351 f. Zutreffend sah er voraus: „Die Krischnamurti-Bewegung wird im besten Fall tragisch enden. Wahrscheinlich nicht einmal tragisch" (352). Unmittelbar vor diesem Artikel findet sich der Hinweis darauf, dass Rittelmeyer vor annähernd 1300 Menschen im Januar 1926 über den „kosmischen Christus" und den „Wiederkehrenden Christus" gesprochen habe (351). Tatsächlich wurde der Vortrag „Der wiederkehrende Christus" – wie zuvor der über den „kosmischen Christus" – 1926 in „Die Christengemeinschaft" (240–247) publiziert. Die Zusammenhänge lassen sich mit Händen greifen (vgl. bes. 242 f.)!

Abgesehen von Kapitelüberschriften in Schurés französischer Publikation von 1912 taucht mit Rittelmeyers zweiteiligem Aufsatz von 1926 erstmals „Der kosmische Christus" als Titelformulierung auf. Und es ist überhaupt das erste Mal, dass sich mit solchem Titel theologische Ausführungen verbinden, die die Metapher interpretieren. Das fällt, gemessen an dem äußerst zurückhaltenden Sprachgebrauch bei Steiner, sofort ins Auge: Hier wird Tradition geformt, ist ein Schüler am Werk. Dessen Aufsatz bildet in seinem ersten Teil eine mit Goethe-Reminiszenzen einsetzende Apologie der christosophischen „Sonnen"-Symbolik, ohne dass zunächst der Begriff des „kosmischen Christus" fällt[57]. Erst gegen Ende wird er als Ausdruck der „Lebensnotwendigkeit für eine im Materialismus erstickende, nach lebensstarkem, weltmächtigem Geist hungernde Menschheit" eingeführt. Und es heißt, damit sei nun „das erste Wort vom kosmischen Christus erlauscht". Gerade inhaltlich zeigt sich so schon im Ansatz eine deutliche Diskrepanz zu Steiners Rede vom „kosmischen Christus": Dieser hatte, wie dargelegt, zwar sehr wohl die Identität von „Sonnengeist" und „kosmischem Christus" behauptet, sie aber als eine vergangene gelehrt. Den zum „planetarischen Geist" gewordenen Christus hatte Steiner inkarnationsbewusst abgesetzt von jenem „weltmächtigen Geist", nach dem die Menschheit spirituell Ausschau halten und den die Adyar-Theosophie im Blick haben mag[58].

Im zweiten, längeren Teil seines Aufsatzes will Rittelmeyer tiefer „in die Welt des kosmischen Christus" eindringen. Doch auch jetzt verharrt er zunächst im Protologischen, indem er von der „Licht"- zur „Wort"-Symbolik weiterschreitet. Als die „schaffende Gottheit", das allwaltende Weltenwort wird Christus thematisiert. Allerdings gelingt schließlich doch der Umstieg vermittels der Botschaft „Das Wort ward Fleisch": Der „Weltenwunderton" hat „diese unsere Erde in Christus durchklungen"[59]. Im Sinne Steiners wird hier von der Einmaligkeit des Christusgeschehens ausgegangen. Der kosmische Christus ist der in Palästina Menschgewordene[60]. Mit diesem Gedanken

---

[57] Friedrich Rittelmeyer: Der kosmische Christus, in: Die Christengemeinschaft 3, 5 + 6/1926, 129–133 und 161–167. „Wollte die Sonne ein Mensch werden und als Mensch handelnd über die Erde gehen: so müsste es aussehen! ... Es ist ja nur Materialismus, daß wir von der Sonne immer bloß das physikalische Experiment sehen" (133). – Hingewiesen sei anbei auch auf den erst nach Rittelmeyers Tod erschienenen Aufsatz „Christus, der Sonnengeist" (Die Christengemeinschaft 16, 4–5/1939, 87–92), der letzte Vorträge zusammenfasst, den Begriff „kosmischer Christus" jedoch nicht enthält.

[58] Insofern liegen auch die astralen Aspekte von Rittelmeyers Christus-Zeugnis aus demselben Jahr 1926, die „mit Christus am Weltenkreuz" zu leben raten (Christusweiheweg, 7), gerade nicht auf der Linie des von Steiner Intendierten, sondern erinnern eher an Besants „kosmischen Christus"!

[59] Rittelmeyer, Der kosmische Christus, 162. Nächstes Zitat ebd.

[60] Das gilt freilich im oben dargelegten Steinerschen Sinn. Mit Ringleben formuliert: „Nicht Gott selbst (der ewige Gottessohn) wurde wirklich Mensch; Gott war nicht

führt Rittelmeyer vom Kosmischen gut anthroposophisch hin zum Menschen: In Christus „spricht der Weltenvater selbst in uns sein Wort, spricht uns als sein Wort." Und dieses Wort wird nun nicht im Sinne einer existentiellen Engführung aufgefasst; vielmehr kommt seine kosmische Dimension mit zum Tragen: „Erwachend an dem geschichtlichen Evangelium, vernimmt der Mensch aus allen Weiten und Tiefen das göttliche Ich, auch aus den Tiefen seines eigenen Wesens und Lebens: Ich bin die Liebe! – so daß ihm dies der Wunderton einer neuen Schöpfung wird, in ihm selbst vor allem, das Schöpfungswort, das eine alte Welt richtet und eine neue Welt gebiert, so daß er in diesem Ton, den er nie wieder vergessen kann, zu leben beginnt wie in einem Erklingen aller Himmel auf der Erde."[61]

Mit dieser Interpretation ist Rittelmeyer ganz nahe an Steiners Intention, das Menschen-Ich in unmittelbare Entsprechung zum makrokosmischen Ursprungs-Ich zu setzen und diese Analogie noetisch an der geschichtlichen Christus-Tatsache festzumachen. Dass der „kosmische Christus" sich gerade als der Christus der Passion erschließt, gehört zu den theologisch wertvollsten Aussagen Steiners, die bei ihm konsequent eingebettet sind ins Paradigma spiritueller Autonomie. Rittelmeyer weiß die Golgatha-Orientierung Steiners zu schätzen und folgt ihm bis in die theosophischen Konsequenzen einer nichtlutherischen Gnadenlehre[62]. Doch er beendet seine „Wort"-Meditation nicht, ohne vom „geschichtlichen Evangelium" wieder zurückzuschwingen zu jenem „alle Weltenkräfte umfassende(n) göttliche(n) Weltenwort", das er in übergeschichtlichem Sinn mit dem Begriff des „kosmischen Christus" eigentlich meint. Insofern muss man mindestens festhalten, dass er den Akzent im Begriffsgebrauch anders setzt als Steiner, der in dieser Hinsicht vergleichsweise „geschichtlicher" gedacht hat als der Theologe Rittelmeyer!

Als letzte seiner „drei Stufen zum kosmischen Christus" führt Rittelmeyer die Brot-Symbolik an. Die Menschheit müsse „das Brot geisthafter erleben und Christus brothafter." Denn „sieht man das Opfer in jedem

---

*als* dieser Jesus da, sondern das Christusprinzip hat sich eines Menschen als seines irdischen Erscheinungs-Mediums bedient" (Christlichkeit, 273).
61 Ebd. 163. Nächstes Zitat ebd.
62 Dies wird im besagten Aufsatz nicht deutlich, wohl aber schon ein Jahr eher in einem Luther-Artikel in „Die Christengemeinschaft" 2, 1925/26, 200 ff. (Neuabdruck: Friedrich Rittelmeyer: Luther: was er uns ist und nicht ist, in: Emil Bock u. a., Luther. Hinweise auf die unvollendete Reformation, Stuttgart 1983, 41–70). Ganz im Sinne Steiners wird hier Luthers Konzentration auf die *sola gratia* gerügt und Gnade als Hilfe von oben gedeutet, mit der der Mensch kooperieren muss (vgl. bes. 59 f.). Es ist in diesem monistischen Konzept folgerichtig, wenn als „Gnade" der „Weltauftrag" an den Menschen gilt, „die Welt zu wandeln in das Bild der göttlichen Herrlichkeit" (62) – indikativischer Imperativ pur! Gnade wird hier „viel heroischer und kosmischer" (64) als beim Reformator verstanden – wobei der Akzent auf „heroisch" liegt (und „kosmisch" an Kohuts „kosmischen Narzißmus" denken lässt)!

Stück Brot, das vor uns auf dem Tisch liegt, dann ist man auf dem Wege zum kosmischen Christus."[63] Naturtheologie und Christologie verbinden sich hier in idealer Weise, um das auszusagen, was Rittelmeyer wichtig ist. Das gilt insbesondere für den sakramentalen Aspekt dieser Symbolik. „Wirklich, die Menschen haben noch keine ferne Ahnung, aus welchen Weltentiefen heraus das Abendmahl gegeben ist ... Im Brot, das das Leben ist, wird der Mensch gespeist aus den hehren Weltallkräften, die man aus dem Fixsternhimmel, vor allem aus der ‚Tierkreis'-Welt, einströmen fühlte."[64] Hier verbindet der anthroposophische Theologe den Gedanken des Mysterium von Golgatha mit der astralmythologischen Vorstellung des „Christus am Weltenkreuz", wie sie schon Blavatsky und Besant vertreten hatten[65]. Abermals ist zu beobachten, dass er die quasi vergeschichtlichte Auffassung des „kosmischen Christus", die Steiner in der Konfrontation mit Besants Theosophie entwickelt hatte, bejaht und doch entschieden wieder zurückbindet an die übergeschichtliche[66].

Diese Umakzentuierung lässt sich als theologischer Reflexionsprozess verstehen[67]. Hatte Steiner die Vergeschichtlichung des „kosmischen Chris-

---

63 Ebd. 163 f. „Im Brot ist Golgatha, ist das Hinsterben göttlichen Lebens uns zu lieb und uns zu gut" (163). Rittelmeyer hatte bereits in seinem RGG-Artikel „Christologie" den theosophisch anmutenden Satz geschrieben: „Das ist das Geheimnis der göttlichen Liebe über dieser Welt, daß das Göttliche, wo es in ihr erscheint, überall naturnotwendig in den Tod gehen will und muß zum Heile dieser Welt" (a. a. O. 1780). Vgl. auch Friedrich Rittelmeyer: Theologie und Anthroposophie. Eine Einführung, Stuttgart 1930, 82 f.
64 A. a. O. 164 f. Vgl. dazu Führer, Aspekte, 110; Ringleben, Christlichkeit, 278 f. Den Zusammenhang der Evangelien mit der Sternenwelt hatte Rittelmeyer bei Steiner entdecken gelernt (Theologie, 56 und 58); dass ihn vor Steiner schon Besant gelehrt hatte, war ihm offenbar entgangen. Im gleichen Jahr 1926 formuliert übrigens der spätere dritte Erzoberlenker der CG: „Der Sternenhimmel war das kosmische Meßbuch für diese Weihehandlung des Christuslebens" (Rudolf Frieling: Die sieben Sakramente, Stuttgart 1926, 74).
65 S.o. Kap. III. In Christus erscheint den Menschen der „Himmel nach seiner verborgenen Geist-Seite, von dem sie in ihrem Sternenhimmel einen letzten äußeren Schatten haben" (Der kosmische Christus, 165). Vgl. auch Rittelmeyer, Theologie, 85.
66 „Es ist also ‚kosmisches' Christentum im größten Stil, zu dem wir den Zugang gefunden haben", resümiert Rittelmeyer später (Christus, 80). Wehr kommentiert: Sein „Weg von Jesus zu Christus zeichnet sich aber gerade dadurch aus, dass er – Rudolf Steiners Christus-Schau einbeziehend – die kosmische und die irdische Christus-Tatsache in ihrer Fülle und Tiefe wahrnehmen lernt" (Rittelmeyer, 253).
67 „Denn auch als Anthroposoph ist Rittelmeyer Theologe geblieben, der in selbständiger Art die Imaginationen der Schrift anschaut, auf die Inspirationen des Logos (Joh 1,1) hört und der sich – auf der Ebene der Intuition – der Christus-Begegnung wandlungsbereit öffnet" (Wehr, Rittelmeyer, 252). Ähnlich betont Führer: „Tatsächlich stehen Rittelmeyers christologische Aussagen denen Steiners ganz verschieden nah oder auch fern. Die Spanne reicht von weitgehender Identifizierung mit Steiner bis zur gänzlichen Vernachlässigung für Steiner durchaus wichtiger Themen" (Aspekte, 91).

tus" im Eifer des theosophischen Gefechts nicht zu weit getrieben? Musste nicht der Schlag, den Steiner gegen die Einseitigkeiten der ‚Christologie' der Adyar-Theosophie notgedrungen zu führen hatte, eine neue Einseitigkeit hervorbringen, die ihrerseits korrekturbedürftig war? Das in der Heiligen Schrift bezeugte Wunder des Kommens Christi macht ja nur dann als solches Sinn, wenn beide Seiten angemessen zur Geltung kommen: die übergeschichtlich-kosmische und die geschichtlich-irdische! Als Theologe justiert Rittelmeyer die theosophisch in den Raum gestellte Rede vom „kosmischen Christus" stillschweigend, indem er sie an der biblischen Tradition misst. Das Ende der Erscheinungen des Auferstandenen darf nicht – wie noch bei Steiner – als Ende des „kosmischen" Christus interpretiert werden, der seither als Christus-Impuls planetarisch-geistig wirkt; vielmehr bildet der Erhöhte die „göttliche Sonnenseele" eines „neuen Weltalls"[68]! Das neue Sein – „aus allen Weiten des Weltalls, eines neuen Weltalls, hieß es den Auferstandenen willkommen."[69] Es geht um die Zukunft des kosmischen Christus[70] – um die sich ätherisch schon realisierende, auf die Offenbarung eines großen „kosmischen Ich" zulaufende „Wiederkunft

---

68 Dass Schöpfung und Erlösung sich mithin demselben Christusgeist verdanken, wird Rittelmeyer (Theologie, 84 f.) wichtig. Sein Nachfolger betont: „Der Ostersieg des Christus über den Tod besteht darin, daß er sich nun erst recht mit dem Erdensein verbindet als der Same eines neuen Kosmos." Und bei seiner Himmelfahrt „wächst der in die Erde hinein versenkte Same nunmehr zu kosmischer Tragekraft und Reichweite heran" (Emil Bock: Das Evangelium. Betrachtungen zum Neuen Testament, Stuttgart 1984, 594 f.). In dem von Steiner formulierten Credo der CG heißt es, der Christus Jesus sei seit seinem Sieg über den Tod „der Herr der Himmelskräfte auf Erden" und werde „einst sich vereinen zum Weltenfortgang mit denen, die Er durch ihr Verhalten dem Tode der Materie entreißen kann." Hier zeigt sich noch einmal die bereits im vorigen Kapitel konstatierte Korrelation von kosmischer Christosophie und synergistischer Tendenz.
69 Rittelmeyer, Christusweiheweg, 3 (vgl. auch Führer, Aspekte, 180). Später wird dies ausführlich dargelegt bei Rudolf Meyer: Der Auferstandene und die Erdenzukunft, Stuttgart 1953² (in diesem Buch fällt der Begriff des „kosmischen Christus" nicht).
70 Wie freilich wird diese bei Rittelmeyer und in der CG überhaupt gedacht? Hatte schon Steiner – zugespitzt formuliert – „ein Christentum ohne Eschatologie" bzw. eine „vergeistigte und zugleich verharmloste Apokalyptik" (von Stieglitz, Rettung, 72 und 74) geboten, so lag es in der CG nicht nahe, den monistischen Rahmen zu sprengen. Treffend kritisiert Bannach die in Evolutionismus aufgelöste Eschatologie Steiners: „Die Schöpfung wird aber dann zu einem perpetuum mobile, sie kann nicht aufhören, um einer wirklich vollkommenen Welt, so wie sie Gott gedacht hatte, Platz zu machen" (555). Bei einer immer vollkommener werdenden Welt bleibt es doch in Unendlichkeit immer nur bei Annäherungen – das Telos des durchsichtigen „Gott ist alles in allem" wird so nie ganz erreicht! Bannach unterstreicht demgegenüber, dass das Reich Gottes als status gloriae dieser Welt verstanden werden muss: „Hinter diese theologische Entdinglichung des Entwicklungsgedankens kann theologisches Denken nicht mehr zurück, auch wenn dies bedeutet, daß es damit zu einem zentralen Topos neuzeitlichen Daseinsverständnisses in Widerspruch gerät" (556).

Christi"! Auf sie hin existiert die von dem Bewusstsein getragene CG, „daß ein neues Zeitalter des Geistes im Anbruche ist."[71]

Die biblische Begründbarkeit solchen Zeugnisses vom „kosmischen Christus" ist dem Theologen Rittelmeyer gegen Ende seines Aufsatzes einige Absätze wert. Vereinzelte Belegstellen wie Kol 1 oder Joh 1 genügen ihm nicht; er ist vielmehr überzeugt, „daß gerade der kosmische Christus, wie wir ihn geschildert haben, überall und immer in der Bibel ganz klar hervortritt, wenn es zu vollen Christuserlebnissen kommt."[72] Ganz „klar" ist damit auch die exklusive Identität des kosmischen Christus mit dem im Neuen Testament gemeinten Heilsbringer – anderslautende Ideen aus dem theosophischen Lager haben hier keine Chance. Praktisch-theologisch resultiert für den Erzoberlenker daraus: „Der kosmische Christus, der der Christus der Bibel ist, der Evangelien und der Offenbarung, des Paulus und Johannes, des Jesus Christus selbst, fordert eine voll-menschliche, voll-lebendige Verkündigung, wie sie die Menschenweihehandlung ist."[73] Gegen die „mangelhafte, kümmerliche Christusverkündigung" der traditionellen Kirchen stellt er also die „neue zentrale Christusverkündigung" des CG-Kultus[74]. Zumal dieser Kultus im Sinne Steiners als Abbild der kosmischen Heimat und als Ausdruck kosmischer Ordnung gilt[75], kann Rittelmeyer

---

71 So (der ab 1938 als Erzoberlenker der CG fungierende) Emil Bock: Vorboten des Geistes. Schwäbische Geistesgeschichte und Christliche Zukunft, Stuttgart 1929, 258. „New Age" anthroposophisch!
72 A. a. O. 165. Die allzu knappen Ausführungen und Andeutungen (z. B. die fraglose Übernahme der Steinerschen Lehre vom Einzug des Christus in Jesus bei der Taufe) lassen allerdings exegetisches Problembewusstsein vermissen.
73 Rittelmeyer, Der kosmische Christus, 166 f. Für Rittelmeyer bringt die Menschenweihehandlung „die Ahnung der Christuszukunft" zum Ausdruck (Gemeinschaft, 15). Dem Gang der Menschenweihehandlung ähnlich soll auch der von ihm empfohlene Meditationsvorgang verlaufen (vgl. dazu das Kapitel „Friedrich Rittelmeyers Weg zum kosmischen Christus-Ich" in: Friso Melzer: Meditation in Ost und West, Stuttgart 1957, 137–154, bes. 144).
74 Rittelmeyer, Der kosmische Christus, ebd. Es liegt auf der Hand, dass die Menschenweihehandlung „ihrem Gehalt nach das Christusmysterium im anthroposophischen Sinn realisieren will" (Walther von Loewenich: Luther und der Neuprotestantismus, Witten 1963, 223). Kritischer Außenansicht erscheint die „Menschenweihehandlung" insofern als „ritualisierte Anthroposophie" bzw. als „ritualisierte Esoterik" (Thomas Hartmann: Anthroposophie als Kultus. Die Christengemeinschaft, in: DtPfrBl 90, 10/1990, 426–429, bes. 428 f.).
75 Vgl. Gädeke, Anthroposophie, 125, 179, 183, 280, 361, 401 und 409; ferner Führer, Aspekte, 129; Heyer, Anthroposophie, 92. „Kultus ist eine Spiegelung dessen im irdischen Bereich, was im ‚Reich Gottes' als erhabener Weltenkultus vor sich geht", heißt es in einem Buch über die „Menschenweihehandlung" von Kurt von Wistinghausen: Der neue Gottesdienst, Stuttgart 1987[4], 92. Theologisch hält Ringleben dem entgegen: „Christlicher Gottesdienst hat einen ewigen Bezug nur als geschichtliche Begehung der geschichtlichen Gegenwart des erhöhten Herrn, nicht aber als irdisches Abbild eines himmlisch-zeitlosen Rituals!" (Christlichkeit, 264).

seinen Aufsatz über den „kosmischen Christus" in die feierlichen Worte münden lassen: „Die Menschenweihehandlung ist da!"⁷⁶
Wie doch der Begriff des „kosmischen Christus", der größte Weiten assoziieren lässt, hier in sektiererischer Engführung auf einen ganz bestimmten Kultus, auf eine „sakrale Sonderwelt"⁷⁷ hin interpretiert, ja funktionalisiert wird! Und hat nicht gerade die narzisstische, dem gesamtbiblischen Reden von Jesus Christus eben nicht hinreichend gerecht werdende Vorstellung vom „kosmischen Christus" als dem esoterisch zu begreifenden kosmischen Ur-Ich ihrer innersten Struktur nach dazu beigetragen, dass es zu der von Rittelmeyer entscheidend mitgetragenen ‚sektiererischen' Abgrenzung von den Konfessionskirchen⁷⁸ gekommen ist⁷⁹? Zugleich ist es – darin wird man Rittelmeyer zustimmen müssen – die Wiederentdeckung der Theologie und Spiritualität kosmischer Christologie überhaupt gewesen, für die zumindest in den Kirchen und Theologien von damals kaum ein Entfaltungsspielraum gegeben war. Insofern hatte sein Weg in

---

76 A. a. O. 167. Ein späterer Aufsatz Rittelmeyers in derselben Zeitschrift („Wie will der Tod Christi der Gegenwart verkündigt werden?" in: Die Christengemeinschaft 3, 12/1927, 365–373) endet mit den Worten: „Christus ist da, groß-kosmisch und ganz persönlich, weltentief und erdennah, und will die Menschen verbinden mit seinem ganzen Denken, Fühlen, Wollen, Sein in der Menschenweihehandlung." – Mit Recht weist Harbsmeier darauf hin, dass die soteriologische Funktion des Kultes in der CG im substanzontologischen Bild von Mensch und Kosmos bei Steiner gründet (Anthroposophie, 22).
77 Zander, Rittelmeyer, 259. Rittelmeyer spricht von der „Herrlichkeit der neuen Christuskirche" (Luther, 69).
78 Die CG versteht sich selbst nicht als Konfessionskirche (vgl. Gädeke, Anthroposophie, 342); sie hat zwar ein liturgisches Credo, gewährt aber selbst ihren Priestern und Priesterinnen Lehrfreiheit. Das neue, von ihr repräsentierte Christentum des kosmischen Christus wird Rittelmeyer zufolge „weltallweit groß", indem es seine konfessionellen Schranken überwindet (Christus, 132). Und doch hat es in der Realität wegen seines elitär-häretischen Zugs kaum Gemeinschaft mit anderen christlichen Kirchen der weltweiten Ökumene – was insofern nicht verwundert, als ja Steiner seinerseits an keine geschichtliche Kirche angeknüpft hat. Dabei gilt doch: „Der Glaube an den Erlöser Jesus Christus, die Wahrheit des Zeugnisses von ihm erfordert das gemeinsame Bekennen, gerade auch in dem gemeinsamen Bekennen in der Geschichte der Überlieferung. Die Traditionsorientierung setzt somit einen Prozess der dogmatischen Wahrheitssteuerung aus sich heraus: Christlicher Glauben ist keine Religion des inneren Lichts, keine Religion charismatischer Gurus... Christlicher Glaube ist Schriftreligion, dogmatische Religion, ... institutionalisierte Religion" (Karl-Fritz Daiber: Religion in Kirche und Gesellschaft. Theologische und soziologische Studien zur Präsenz von Religion in der gegenwärtigen Kultur, Stuttgart/Berlin/Köln 1997, 158).
79 „An die Stelle des Glaubens an diesen lebendigen, ganz personhafte Züge tragenden Herrn trat ein andersartiges, geisteswissenschaftlich begründetes Verhältnis zu dem ‚kosmischen Christus' als dem ‚Christus in uns', und es war nicht verwunderlich, wenn die deutlich werdende innere Distanzierung dann auch die äußere Trennung, den Austritt aus der Kirche nahelegte" (Wolfgang Metzger: Kirche und Christengemeinschaft in ihrem Verhältnis zueinander, in: W. Stählin [Hg.], Evangelium und Christengemeinschaft, Kassel 1953, 146–156, Zitat 147).

die elitäre, das „wahre Christentum"[80] für sich beanspruchende und „die neue Theologie"[81] ermöglichende CG unter den zu seiner Zeit herrschenden Umständen eine innere Konsequenz; und dessen Merkwürdigkeiten sollten nicht daran hindern, bedenkenswerte theologische Anstöße seiner revidierten kosmischen Christologie wahrzunehmen. Festgehalten sei hier insbesondere Rittelmeyers Mühen um ein ausgeglichenes Miteinander von geschichtlichen und übergeschichtlichen Aspekten Christi[82].

„Rittelmeyers anthroposophische Theologie als ‚Mischung' theologischer, theosophisch-anthroposophischer und philosophischer Gedanken ist die theologische Grundlage der Christengemeinschaft geworden."[83] Insofern ist es wenig erstaunlich, dass die Metapher „kosmischer Christus" in dieser Tradition bis heute lebendig geblieben ist. Sechzig Jahre nach Rittelmeyers einschlägigem Aufsatz meldet sich der Oberlenker *Hans-Werner Schroeder* (geb. 1931) mit einem kleinen Kapitel „Der kosmische Christus – Weltenwerden" innerhalb seines Trinitäts-Buches zu Wort[84]. Ein halbes Jahrzehnt später publiziert er in „Die Christengemeinschaft" einen Aufsatz mit dem Titel „Der kosmische Christus" – wie einst Rittelmeyer, doch in-

---

80 Vgl. Gädeke, Anthroposophie, 47. Mit der Wahl des Namens „Christengemeinschaft" sollte ausgesprochen sein, dass die herkömmlichen Kirchen nicht mehr wirklich die Gemeinschaft der Christen darstellen (vgl. Heyer, Konfessionskunde, 736). Gegen solch elitäres Selbstverständnis der CG wendet sich von Stieglitz, Einladung, 201.
81 Vgl. Rittelmeyer, Theologie, 149.
82 Gogarten hatte einst Steiner entgegengehalten, die endliche Welt sei Gottes „absoluter" Gegensatz („Geisteswissenschaft", 21). Relativiert wird dieser Gedanke durch seine später entfaltete Säkularisierungsthese, derzufolge die Welt im Licht christlichen Glaubens nicht anders denn als Schöpfung zu verstehen und deshalb nicht mehr mythisch-spirituell als von allerlei Mächten („stoicheia") beherrscht zu erfahren sei (vgl. F. Gogarten: Die Wirklichkeit des Glaubens. Zum Problem des Subjektivismus in der Theologie, Stuttgart 1957, 52 f.); denn der Gegensatz zwischen Religiosität und Säkularismus schrumpft durch die Offenbarung Gottes im geschichtlichen Jesus Christus, insofern sie die Gegenwart des Schöpfers in der Welt heilvoll, nämlich „sinngemäß" wahrnehmbar macht (Wirklichkeit, 54). Dabei kann bereits unter dem Aspekt kosmischer Christologie der Gegensatz zwischen Spiritualismus und Säkularismus kein „absoluter" sein – ohne dass deshalb gleich an eine Glorifizierung des Kosmos als Erscheinung des Göttlichen zu denken wäre.
83 Wulff-Woesten, Werdegang, 115. Auch für den Theosophen Campbell ist die CG „a ritual expression of the outlook and ideas found in Anthroposophy" (Wisdom, 157).
84 Vgl. Hans-Werner Schroeder: Dreieinigkeit und Dreifaltigkeit. Vom Geheimnis der Trinität, Stuttgart 1986, 82 ff. „Wir dürfen nicht in Gefahr geraten, das Bild Christi zu verkleinern, indem wir seine kosmische Gewalt und Schöpferkraft aus dem Auge verlieren", betont er unter Hinweis auf die Schlussworte des Matthäus-Evangeliums (82 f.). Eine gnostisch anmutende Deszendenz- und Aszendenz-Christologie zeichnet sich ab (83 f.). Sein Buch „Mensch und Engel. Die Wirklichkeit der Hierarchien" (Stuttgart 1979) bringt den Begriff des „kosmischen Christus" übrigens noch nicht.

zwischen in kulturell stark verändertem Umfeld! Er hat sich jetzt mit mehreren Büchern gleichen Titels auseinanderzusetzen. Einst Grund für einen ekklesiologischen Sonderweg, stellt der „kosmische Christus" in der religiösen Gegenwartskultur – inner- wie außertheologisch – ein attraktives Thema dar: „Heute scheint sich das Blatt zu wenden."[85] Freilich zeugt Schroeders Aufsatz nicht nur von Freude über diesen Umstand: Die verschiedenartigen Zugänge zum kosmisch interpretierten Christus deuten „auf eine entscheidende Erkenntnisschwierigkeit, die in mangelndem Unterscheidungsvermögen begründet ist."[86] Dass sich einer der maßgeblichen Vertreter einer unter den Kirchen als mehr oder weniger häretisch geltenden Gemeinschaft hier als Apologet des „kosmischen Christus" äußert, ist letztendlich keineswegs überraschend: Die holistisch ausgreifende Metapher sensibilisiert gegenüber jedweden Konkurrenz-Holismen.

Und insofern ist Schroeders Bedürfnis nur zu verständlich, dem „kosmischen Christus" schließlich ein ganzes Buch zu widmen. Das 1995 im Verlag der CG erschienene Werk ist das bislang neueste von jenen weltweit immerhin vier Büchern, die den gleichen schlichten Titel „Der kosmische Christus" bzw. „The Cosmic Christ" tragen[87]. In sieben Kapiteln nähert sich dieser „Beitrag zur Christuserkenntnis und Christuserfahrung" (so der Untertitel) seinem Gegenstand: Ein Gesamtbild wird skizziert, grundlegende Begriffe kommen zur „Klärung", das Neue Testament wird befragt, die Geschichte „kosmischen Bewußtseins"[88] aspektreich beleuchtet, Rudolf Steiners Aussagen sowie anschließend der „kosmische Aspekt des Christus im gottesdienstlichen Leben der Christengemeinschaft" kommen zur Darstellung, und am Ende wird das Thema existentiell abgerundet durch eine Korrelierung von kosmischem und innerem Christus (deren Konzept an Besant erinnert)[89]. Schon der Aufbau verrät, wie alles auf die

---

85 Hans-Werner Schroeder: Der kosmische Christus. Gedanken zur Christus-Erkenntnis, in: Die Christengemeinschaft 63 (1991), 364–368 (Fortsetzungen: 466 ff.; 514 ff.; 558 ff.), hier 364.
86 Ebd. 365.
87 Schroeder, Christus, 1995 (dazu meine Rezension in: MEZW 59, 4/1996, 122–124). Zu den anderen Büchern gleichen Titels (1930, 1951, 1990) s. u. Addiert man übrigens jene Buchtitel, in denen der Begriff des „kosmischen Christus" in irgendeiner Weise – womöglich erst im Untertitel – vorkommt (1965, 1982, 1990, 1993), dann verdoppelt sich die angegebene Zahl auf acht (s. u.).
88 Dieser seit William James auch wissenschaftlich erfasste Begriff kosmophiler Mystik ist in unserer religiösen Gegenwartskultur nach wie vor höchst attraktiv! Beispielsweise gehörte er für „Bhagwan" und seine Anhänger zum meditativen Repertoire: „Wenn dein Bewußtsein mit dem Atem eins wird, dann trägt er das Bewußtsein bis in die kleinste Körperzelle. Dann wird dein Körper zum ganzen Universum" (Rajneesh Ch. Mohan: Meditation. Die Kunst, zu sich selbst zu finden, München 1976, 205).
89 Schroeder kennt Besants „Esoterisches Christentum", wohl wissend, dass dort bereits „viel vom kosmischen Christus die Rede ist" (eine Bemerkung im Anhang seines Buches von 1995, 237)!

Steinersche Interpretation des „kosmischen Christus" zuläuft, die insgeheim auch die kognitive und affektive Basis für die Eingangskapitel bildet. Von daher ist es von vornherein klar, dass Schroeder für „die heutige Theologie" ob ihrer mangelnden spirituellen Aufgeschlossenheit nur kurze, rügende Bemerkungen übrig hat und eine Auseinandersetzung mit dem Gegenstand seiner spirituellen Betrachtung im „wissenschaftlichen Sinn" bewusst außer Betracht lässt[90].

Die Einleitung weist wie bereits der Aufsatz von 1991 darauf hin, dass andere zeitgenössische Bücher zum Thema – frühere gleich lautende Titel scheinen dem Verfasser nicht bekannt geworden zu sein – den „kosmischen Christus" bei ihrem löblichen Versuch, ihn „im Gegensatz zur üblichen Theologie" in den Blick zu bekommen, „unvollkommen" geblieben seien. Und das kann auch gar nicht anders sein, denn erkenntnistheoretisch hält Schroeder „nur das Lebenswerk Rudolf Steiners" dem Gegenstand für wirklich angemessen[91]. „Aber noch eine andere Quelle speist, was hier niedergelegt ist: das gottesdienstliche Leben der Christengemeinschaft." In ihm nämlich sei „die kosmische Dimension Christi in neuer Weise anschaubar, ja erfahrbar." Bereits in einem früheren Artikel hat Schroeder deutlich gemacht, dass er die Entstehung der CG, mithin ihr Dasein eingebunden sieht in die präsentisch sich vollziehende „Wiederkunft Christi", der sich „ein neuer Impuls für das religiöse Leben" verdanke[92].

Der „erste Überblick" des Eingangskapitels entfaltet offen die Prämissen und Grundlagen der anthroposophisch gedachten Weltanschauung; das Paradigma „heteronomer Autonomie" zeichnet sich klar ab. „Alles, was entstanden ist, hat der Substanz nach in dem Vatergott, dem Leben nach in Christus seinen ‚Ur–sprung'."[93] Die Gottheit gewährt in ihrem Bestreben, sich (!) in eine Welt zu entfalten, anderen Wesen – gleichsam (!) außer sich – Anteil an der Seinsfülle[94]. „Als Schöpfer dieses ‚Ursprungs' der Wesen aus dem Ewigen, Ungewordenen in das Werden und in das Zeitliche sehen wir den Christus walten." Der als Ebenbild Gottes gewollte Mensch muss als solches „zunächst zum Schöpfer seiner selbst werden. So muß ihm Freiheit gegeben werden, sich aus sich selbst zu erfassen, die in ihn

---

90 Vgl. Schroeder, Christus (im folgenden bezeichnet dieser Kurztitel stets das Buch von 1995), 9 u. 11.
91 Vgl. Schroeder, Christus, 13 (nächstes Zitat ebd.). Im Hintergrund dieser Erkenntnistheorie steht die durch Steiner vermittelte Überzeugung, dass menschliches Denken zunächst „Sündenfall-Denken ist, und daß heute die Erlösung durch Christus hineingetragen werden muß auch in den Denkprozess und Erkenntnisprozess" (Rittelmeyer, Theologie, 108 f.).
92 Vgl. Hans-Werner Schroeder: Die Christengemeinschaft (1), in: Die Christengemeinschaft 58, 1/1986, 27–29, bes. 29. Ebenso ders., Wiederkunft Christi, 63.
93 Schroeder, Christus, 16. Nächstes Zitat ebd.
94 Ebd. Die Struktur des Paradigmas spiritueller Autonomie springt ins Auge.

gelegten Kräfte frei zu ergreifen und selbst zu dem mit ihm verbundenen Ziel zu finden."[95]

Das unter Zulassung des Bösen zum „Sündenfall" führende, gesamtkosmische Drama stuft Schroeder merkwürdigerweise als „zweiten Akt der Schöpfung" ein. Das hat seinen Grund darin, dass das Schaffen des kosmischen Christus auf den Werdeprozess des Ganzen bezogen wird. Die „kosmische Katastrophe" des Falls kann den kosmischen Christus „nicht unberührt lassen."[96] Sein den Gesamtprozess gerade noch rechtzeitig vor dem endgültigen Verderben rettendes Erscheinen als Mensch ist mithin postlapsarisch verstanden[97]. Der Abstieg des kosmischen Christus durch die Sphären der neun Engelhierarchien, sein Erdenwirken bis hin zum „Mysterium von Golgatha" (verstanden als komplexes Heilsgeschehen exakt nach Steiner) und sein mit der „Himmelfahrt" beginnender Aufstieg zeichnen im Grunde jene Linie des einmaligen ontologischen Zyklus nach, die für das Paradigma „heteronomer Autonomie" charakteristisch ist. Innerhalb dieser Entwicklungslinie befindet sich die Menschheit[98] gegenwärtig in einer wichtigen Phase der Aufwärtsbewegung: „Der kosmische Christus macht in unserer Zeit einen ‚Schritt' auf die Menschheit zu und offenbart sich neu: das ist der eigentliche Anlass für den ‚Anbruch eines neuen Zeitalters'... Mit Hilfe der Kräfte, die von der Neuoffenbarung des kosmischen Christus ausgehen, wird der Mensch einen schöpferischen Weg in die Zukunft bahnen können."[99] Diese Standortbestimmung weist indirekt der CG jene Avantgarde-Rolle zu, die sich ansonsten gern mit dem esoterisch-modischen, von Schroeder offenkundig als Konkurrenz empfundenen „New Age"[100]-Bewusstsein verbindet: Nur vom anthroposophisch inspirierten Denken und Kultus Getragene erkennen die im Aufgang befindliche „Neuoffenbarung des kosmischen Christus"! Das „neue Zeitalter" wird anbrechen; am Ende – so hofft der Oberlenker – „rundet sich der Kreis: Der Mensch kehrt in die Gemeinschaft mit der Gottheit zurück, und er bringt eine verwandelte Erde mit."[101]

---

95 A. a. O. 17. Das spirituelle Autonomie-Konzept ist hier mit all seinen Implikationen angelegt.
96 A. a. O. 18. Vgl. auch Schroeders Buch „Der Mensch und das Böse", Stuttgart 1990.
97 Im biblischen Kapitel heißt es ausdrücklich: „Der Fall der Menschheit in die irdisch-materiellen Verhältnisse macht den Erdenabstieg Christi aus kosmischen Höhen in die Erden- und Menschenwelt notwendig" (Schroeder, Christus, 63; vgl. 93).
98 Im Hintergrund dieses Begriffs steht die anthroposophische Anthropologie mit ihren okkult-spirituellen Dimensionen. Entsprechend ist die „Menschheitsgeschichte" schon bei Rittelmeyer „ein Abstieg und ein Aufstieg, dessen Wendepunkt das Christusereignis ist" (Theologie, 112; vgl. auch 126).
99 Schroeder, Christus, 26 und 28.
100 Vgl. Christof Schorsch: Die New Age-Bewegung. Utopie und Mythos der Neuen Zeit. Eine kritische Auseinandersetzung, Gütersloh 1988, bes. 11 u. ö. Zum Stichwort „New Age" s. u. S. 277 und 290 ff.
101 Schroeder, Christus, 29. Vgl. Rittelmeyer, Theologie, 167.

Wiederherstellung als Ernte – ein ideengeschichtlich nicht eben neues Konzept, nun aber ganz und explizit im Zeichen des anthroposophisch gedeuteten „kosmischen Christus"!

Die Begriffsklärungen des zweiten Kapitels wollen „verhängnisvollen Undeutlichkeiten und Fehleinschätzungen" der Konkurrenz-Literatur zum „kosmischen Christus" entgegensteuern. Schroeder stellt die kluge Frage: „Warum benutzen wir überhaupt die Bezeichnung ‚kosmischer Christus' in so hervorgehobenem Sinne?"[102] Wäre nicht mit dem Festhalten an der Tradition, die das Dogma von der Doppelnatur Christi ausgebildet hat, „gleichzeitig die Welt- und Weltallbedeutung des Christus ausgesagt"? Dem sei zwar so, meint Schroeder, doch seit Augustin sei die „kosmische Dimension" der „Christusanschauung" anhaltend verloren gegangen. Diese Feststellung ist gewiss nicht ganz unberechtigt; zu überlegen wäre aber, ob nicht überhaupt die christologische Debatte der Alten Kirche mit ihrem Kreisen um die Gottes- und die Menschennatur Christi das Problem der „Weltnatur" des Logos zunehmend aus den Augen verloren hat. Für Schroeder jedenfalls weist der Begriff des „kosmischen Christus" darauf hin, dass sich Christologie nicht auf die Gott/Christus-Mensch-Relation beschränken darf und dass Christi Erlösungswerk dementsprechend für den ganzen Kosmos relevant ist.

In dieser Hinsicht entdeckt Schroeder nun Defizite in nicht-anthroposophischer Rede vom „kosmischen Christus": Ihr wäre es eigentlich angemessener, bloß „von einem erdumfassenden, einem ‚tellurischen' Christuswirken zu sprechen."[103] Eine durchaus bedenkenswerte Kritik, die freilich haarscharf an dem Befund vorbeigeht, dass gerade für Steiner im Grunde der „kosmische Christus" in den „tellurischen" übergegangen ist! – Um wirklich „kosmisch" sein, bedarf es nach Schroeder für die Benutzung dieses Begriffs „einer anderen Anschauung vom Weltall, als sie die heutige Astronomie bietet."[104] Hiermit wird allzu leichten Herzens der methodische Verzicht auf den Einbezug der aktuellen naturwissenschaftlichen Diskussion und der von dort resultierenden Perspektiven begründet und zugleich die Heranziehung der spirituellen Kosmosophie Steiners legitimiert. Als ob von Christus nur dann mit Fug und Recht im „kosmischen" Sinn gesprochen werden könnte und dürfte, wenn die Axiome und Prämissen der anthroposophischen Weltanschauung in Geltung stehen!

---

102 Schroeder, Christus, 30. Nächstes Zitat 31.
103 A. a. O. 33.
104 Ebd.; vgl. auch 229. In diesem Sinne astrosophisch wie anthroposophisch inspirierte Schriften sind z. B. Harald Falck-Ytter: Kosmos und Apokalypse, Stuttgart 1992; Willi O. Sucher: ISIS-SOPHIA. Umriß einer geisteswissenschaftlichen Kosmologie, Stuttgart 1999. Sogar der katholische Theologe Gerhard Voss ist der Ansicht: „Christliche Astrologie gründet in kosmischer Christologie" (Astrologie christlich, Regensburg 1980, 118).

Überdies plädiert Schroeder für eine differenzierende Verwendung des Begriffs „Christus" – prinzipiell zurecht! Dabei setzt er gut anthroposophisch voraus, dass „der Christus nicht nur ein Sonnenwesen" sei, vielmehr durch die Sonne nur in Erscheinung trete und „seinen Ursprung im Bereich des Vaters" habe[105]. Dieses Hervorgehen „aus dem Vater" ist freilich bei Steiner und auch bei Schroeder, wie die Formulierung dem Kenner verrät, neuplatonisch-subordinatianisch gedacht[106]. In eben diesem Sinn ist der Nachdruck zu verstehen, mit dem die Theologie der CG von Christus statt vom „Vatergott" als dem Schöpfer zu sprechen pflegt[107]. Und als dieser Schöpfer ist er nun zwar „kosmisch", aber nicht schon einfach identisch mit der Kosmos-Schöpfung. Deshalb wehrt sich Schroeder gegen naive Pantheismen, wie sie in heutiger Rede vom „kosmischen Christus" mitunter begegnen: Schließlich sind die nicht deckungsgleich mit dem Paradigma „heteronomer Autonomie", das um die Tragik der (einmalig) gefallenen Welt weiß[108].

Im sakramentalen Kultusvollzug der CG korrespondiert diesem kosmischen Entfremdungsbewusstsein ein ebenso „kosmisches", nämlich die Realität der „gefallenen Materie" betreffendes Erlösungsbewusstsein: „Die in das rein Materielle hinuntergefallene Schöpfung wird im Sakrament am Altar eine erste, aber entscheidende Stufe emporgehoben; sie wird ihrem eigenen Ursprung und damit der Erdenzukunft angenähert. Das aber bedeutet eine andere, tiefere Anwesenheit des kosmischen Christus als in einem noch so intensiven Gefühls- oder Gedankenerlebnis."[109] Den sakramentstheologischen Traditionsbegriff der Transsubstantiation weitet Schroeder so zu einem natur-, ja kosmotheologischen aus. Hatte nicht schon Martin Luthers christologische Ubiquitätstheorie mit ihrer naturtheologischen Relevanz ihren „Sitz im Leben" im Kontext der Abend-

---

105 Hans-Werner Schroeder: Christus ist auferstanden. Interview durch W. Weihrauch, in: Flensburger Hefte 39, 12/1992, 29–98, hier 97. Die hier herrschende Vorstellung von der stufenweisen Deszendenz korrespondiert einer bereits bei Steiner diagnostizierten Neigung zum Doketismus; so heißt es auch bei Schroeder, durch den Tod am Kreuz gehe nicht die kosmische bzw. „göttliche Seite des Christuswesens", sondern nur, was in ihm selber Mensch geworden sei (45 f.).
106 Schon Emil Bock hatte als „Erzoberlenker" Christus lediglich als „ein hohes Gotteswesen in den Reichen der hierarchischen Wesenheiten" beschrieben (Evangelium, 924).
107 Vgl. Schroeder, Christus ist auferstanden, 95; ders., Christus, 54 f. u. 171 f. Zu Steiner s. o.; hier sei nur noch einmal ausdrücklich verwiesen auf seine Vorträge III (GA 344), 81 f. Die Ursprünge dieser Denkungsart liegen freilich, wie dargelegt, bereits vor Steiner!
108 Vgl. Schroeder, Christus, 38–40, ferner 42 f. Hier wird der knappe Versuch einer Antwort auf die Frage „Unde malum?" gemacht, die auf die Konstitution der Autonomie des Menschen zielt. „Ob sich diese Sinngebung des Bösen am Schluss erfüllt, wird vor allem von uns Menschen selbst abhängen" (40) – eine typisch „autonome" und anthroposophische Auskunft!
109 Schroeder, Christus, 46.

mahlsstreitigkeiten gehabt?[110] Daran denkt Schroeder hier freilich kaum, vielmehr an seinen „Kirchenvater" Steiner, der ja im materiellen Kosmos substanzhaft „gefrorenen Logos"[111] erblickt hatte! Dessen graduelles, auch sakramental vermitteltes Auftauen bildet einen soteriologischen Teilaspekt der Rede vom „kosmischen Christus" in der CG. Schroeders Hinweis auf den unerlässlichen Bezug der Metapher zur Realität des erkennbaren Universums verdient Beachtung; zu bezweifeln ist allerdings, ob ein spirituell-metaphysisches Kosmos- und Materieverständnis vorausgesetzt werden muss, wenn denn in solch weltbezogener Weise vom Christus und seiner Zukunft gesprochen werden soll.

Wie das dritte Kapitel Schroeders „die kosmische Dimension Christi im Neuen Testament" erläutert, ist hier nicht im einzelnen darzustellen. Er geht im wesentlichen meditativ statt nach den Methoden einer kritischen Exegese vor[112] und kann auf diese Weise problemlos die anthroposophischen Prämissen und Gehalte in mehr oder weniger nahe liegende Textstellen eintragen[113]. Selbstverständlich werden so die ‚christologischen Dogmen' Steiners legitimiert: „Christus ist die geistige Sonne des Weltalls ...", und: Erst mit „der Taufe zieht der Christus in den Jesus von Nazareth ein"[114]. Aber auch das weltanschaulich geprägte Element der kosmisch-stufenweise sich vollziehenden Deszendenz und Aszendenz des Christus

---

110 „Per communicationem idiomatum ist Christus nicht nur im Abendmahl, sondern wahrhaft in der ganzen Schöpfung und überall leiblich präsent", unterstreicht Johann Anselm Steiger: Die communicatio idiomatum als Achse und Motor der Theologie Luthers, in: NZSTh 38, 1/1996, 1–28, Zitat 19. Handelt es sich hier wirklich nur um einen „vorübergehend" gehegten „Hilfsgedanken" Luthers (so Friedrich Wiegand: Dogmengeschichte. Bd. 3: Geschichte des Dogmas im Protestantismus, Berlin/Leipzig 1929, 61)? Steiger weist auf ein Desiderat hin: „Was Luthers Naturhermeneutik angeht, so müßten innerhalb der Erforschung des Werkes des Reformators noch einige Anstrengungen unternommen werden, denn eine Arbeit über den Zusammenhang der Abendmahlslehre Luthers mit seiner Naturhermeneutik gibt es noch nicht ..." Ob und inwiefern also Bayer den „kosmischen Christus" bei Luther mit Recht zu finden meint (vgl. Oswald Bayer: Schöpfung als Anrede. Zu einer Hermeneutik der Schöpfung, Tübingen 1990², 73), wäre eine eigene Studie wert. Sie hätte zu zeigen, dass für Luther Christus nicht nur seiner göttlichen Natur nach (das sowieso!), sondern ebenso seiner menschlichen Natur nach kosmisch allgegenwärtig zu denken sei; doch sie hätte ferner zu fragen, ob mit dieser Lehre nicht die postulierte Idiomenkommunikation in Richtung einer Vermischungschristologie überzogen und deshalb mit Recht vielfach abgelehnt worden ist.
111 S. o.; bei Schroeder zit. 133 (vgl. auch 164).
112 In der Zusammenfassung heißt es explizit: „Es geht uns hier nicht um eine erschöpfende Exegese und wissenschaftliche Durchleuchtung der im Neuen Testament auftretenden Hinweise auf die kosmische Dimension Christi" (92).
113 Zitiert werden so gut wie nie exegetisch-wissenschaftliche, stattdessen aber anthroposophisch inspirierte Werke wie die von Beckh (Rhythmus, 1928) oder Welburn (Ursprung, 1992).
114 Schroeder, Christus, 67 und 70 (vgl. auch 143).

erfährt hier seine Begründung, nämlich unter Heranziehung von Hebr 4,14[115]. Diese die „Kosmokratorwürde"[116] Christi hervorhebende Textstelle kann durchaus auf dem Hintergrund der (von Schroeder nicht beigebrachten) Bemerkung des Josephus über das Allerheiligste als Bild des Himmels gelesen werden: „Diese Einteilung der Hütte sollte gleichsam den ganzen Weltenraum darstellen"[117]. Doch handelt der Vers nur vom Aufstieg und nicht vom Abstieg, und zumal das Allerheiligste im Kontext des Hebräerbriefs selbst sicherlich nicht mehr als zum geschöpflichen Kosmos gehörig zu denken ist, gibt das Bild von dem die Himmel[118] als „Vorhof"[119] durchschreitenden Christus keinerlei Ansätze für eine christologische Stufen-Ontologie her, die auch nur von ferne zur Stützung astralmythologischer Sonnengeist-Theorien geeignet wäre. Was Schroeder schließlich über die „Wiederkunft Christi", über die Verwandlung des ganzen Kosmos im Sinne seiner Vergeistigung[120] und über die Apokalypse des Johannes ausführt, bleibt – wie zu erwarten – im monistischen Deutungsrahmen: Von der „Erhöhung Christi geht eine zusammenfassende Kraft für die ganze Schöpfung aus; dadurch wird die Wiederherstellung alles Seins am Ende der Gesamtentwicklung durch das Wirken des kosmischen Christus möglich sein."[121]

---

115 Vollmundig übersetzt lautet dieser gewiss auch angelologische Aspekte inkludierende Vers bei Schroeder: „Da wir nun also einen großen Hohepriester haben, der alle Himmel, Sphäre nach Sphäre durchschritten hat, Jesus, den Sohn Gottes, so lasst uns mit aller Kraft Bekenner sein" (Christus, 75). Gerade die für Schroeders Argumentation entscheidenden Worte „Sphäre nach Sphäre" stehen im Urtext freilich nicht! (Zu Schroeders Lehre vgl. bes.: Christus, 139 f.).
116 So Strobel (Jörg Jeremias/August Strobel: Die Briefe an Timotheus und Titus/Der Brief an die Hebräer, NTD 9, Göttingen 1981, 122).
117 Altertümer 3, 123. Vgl. auch Philo über die Hohepriester-Funktion des himmlischen Logos (De somn. I, 215–219; II, 183).
118 Laut Josephus (Bellum Judaicum V, 5, 3 ff.) waren die Vorhänge zum Allerheiligsten mit kosmischen Symbolen geschmückt, also sollten sie ein Abbild des Himmels sein.
119 Strobel gibt zu bedenken: „Kontext und Sprache ... legen es überaus nahe, daß das Geschehen in Analogie zum Gang des Hohenpriesters in das Allerheiligste des jerusalemischen Tempels am großen Versöhnungstag beschrieben ist. ... Die Überlegung, wonach es nicht um eine mythisch vorgestellte Auffahrt in die himmlische Welt geht, sondern um eine Veranschaulichung des Dienstes Jesu mit Hilfe des bekannten Tempelrituals, ergibt sich nicht zuletzt aus der folgenden Feststellung, wonach nun auch die Christen Zugang haben zum ‚Thron der Gnade'" (Hebräerbrief, 123).
120 „Die schöpferische Kraft des Logos, des kosmischen Christus tritt jetzt hervor mit der Vollmacht, einen neuen, vergeistigten Kosmos hervorzubringen" (85; vgl. 205). „Durch den kosmischen Christus wird alles bisher entstandene umgeschmolzen und in ein neues Werden übergeführt" (92).
121 A. a. O. 94. Die Zukunft des „kosmischen Christus" wird also betont, aber – entgegen der neutestamentlichen Intention – evolutiv verstanden.

Dass das vierte Kapitel unter der Überschrift „Die Bewußtseinsgeschichte der Menschheit und das Erleben des kosmischen Christus" mehr noch als das voraufgehende „biblische" spekulativ verfährt, ist angesichts der herrschenden Prämissen kaum verwunderlich. Hinsichtlich der unterschiedlichsten kosmischen Elemente in den Mythen der Religionsgeschichte lässt Schroeder verlauten: „Wenn wir die von Rudolf Steiner vertretene Auffassung in Bezug auf die Entwicklung der Bewußtseinsgeschichte der Menschheit akzeptieren, brauchen wir solche mythologischen Bilder und Darstellungen nicht mehr in den Bereich der Phantasie zu verweisen ..."[122] So meint er hinter den diversen Schöpfergöttern alter Mythen „einen Aspekt des kosmischen Christus und seines schöpferischen Wirkens vermuten" zu dürfen – ohne die religionswissenschaftliche und theologische Problematik einer solchen Aussage zu ermessen. Entsprechendes gilt für seine These, in der griechischen und ägyptischen Mythologie trete „etwas von dem kosmischen Sonnenwirken des Christus in Erscheinung"[123]. Zunehmend festeren Boden betritt er mit seinen kurzen Darstellungen von Gnosis und vorchristlicher Logoslehre im hellenistischen Denken, um dann die Logoslehren der griechischen Kirchenväter anzuskizzieren und zu belegen, „daß den Ursprüngen des Christentums die kosmische Seite des Christuswesens keineswegs fremd war und daß diese Anschauung zum ‚Urgestein' des Christentums gehört"[124]. Wichtig ist ihm schließlich die „nachchristliche (sic!) Entwicklung" im Sinne einer „Verdunkelung des kosmischen Bewußtseins", die er nur durch dessen „gelegentliches Wetterleuchten" – etwa bei Hildegard von Bingen und Nikolaus von Kues u. a. – unterbrochen sieht[125]. Den neuen Aufbruch eines „kosmischen Bewußtseins" erblickt er im 20. Jahrhundert vor allem bei Teilhard de Chardin, doch „tiefer und umfassender" bei Steiner, dessen Perspektive der Rest des Buches gewidmet ist.

Angesichts dessen, dass das fünfte Kapitel mit „Aussagen der Anthroposophie Rudolf Steiners über den kosmischen Christus" überschrieben ist, wundert man sich, dass es nur ein einziges Zitat mit dem Begriff des „kosmischen Christus" bringt[126]. Dieser Befund erklärt sich freilich aus dem

---

122 Schroeder, Christus, 98. Nächstes Zitat ebd.
123 Christus, 101. Schroeder behauptet: „Die ‚Vision' des Alten und Neuen Testaments von dem kosmischen Christuswirken fügt sich also in einen gewaltigen geistesgeschichtlichen Horizont ein" (101). Er übersieht damit wie schon Rittelmeyer, Steiner, Besant und Blavatsky großzügig einen grundlegenden, gerade die Sonnenmythen betreffenden Sachverhalt: Am Ende „sind alle kosmischen Symbole ambivalent. Die Sonne kann auch als blendend und sengend erfahren werden. Es gibt die Gefahr des Sonnenstichs ..." (Gerhard Voss: Musik des Weltalls wiederentdecken. Christliche Astralmystik, Regensburg 1996, 15).
124 A. a. O. 124. Schroeder nennt Justin und die Alexandriner Klemens und Origenes.
125 Vgl. a. a. O. 119–121 und 125 ff.
126 Es handelt sich um das späteste von Steiner aus dem Jahr 1918 (GA 181); s. o.

oben (im IV. Kapitel) Dargelegten, nämlich aus Steiners Konflikt mit der Schöpferin dieser Metapher. Der Leser wird von Schroeder freilich in der Meinung gelassen, Steiner habe sie geprägt[127]; umso weniger Anlass gibt es für eine geschichtliche Betrachtung der Begriffsentfaltung beim Begründer der Anthroposophie. Im wesentlichen legt Schroeder die kosmische Christosophie Steiners systematisch geordnet dar – beinahe so, als wäre sie, dem okkulten Anspruch gemäß, vom Himmel gefallen bzw. vom „Geisteswissenschaftler" in der kosmischen Chronik schlicht abzulesen gewesen.

Auf der Basis der ideologischen Überzeugung, Anthroposophie stelle sich „den strengen Maßstäben einer wissenschaftlichen Erkenntnismethode", wird unterstrichen: „Christologie ist geradezu ein Kernstück anthroposophischer Erkenntnis."[128] Wie Schroeder die kosmische Christologie Steiners im einzelnen – durchaus sachgemäß – vorstellt, muss hier nicht nachgezeichnet werden. Man spürt jedenfalls immer wieder, dass sich nicht ein okkult gelehrter „Geisteswissenschaftler", sondern ein spirituell interessierter Theologe um seinen Gegenstand bemüht. Beispielsweise geht er der Frage nach, was aus der kosmischen Dimension des Christus in der Folge seiner Menschwerdung geworden ist; seine Antwort kreist um den Begriff der „Konzentration": „So könnte der Logos sich in Jesus konzentrieren, ohne seine kosmischen Funktionen aufzugeben."[129] Dass er als sakramental orientierter CG-Theologe besonders durch Rittelmeyer und dessen kosmische Christologie geprägt ist, zeigen Akzentuierungen wie diese: „Wir müssen dem kosmischen Christus eine geistige Leiblichkeit, die mit kosmischen Lebensströmen (Blut) in Verbindung steht, zuschreiben."[130]

Erst im sechsten Kapitel über den „kosmischen Aspekt des Christus im gottesdienstlichen Leben der Christengemeinschaft" steht Schroeder daher ganz im Zentrum seiner Theologie und Spiritualität. Gleich auf der ersten Seite kommt er auf die Menschenweihehandlung und die „Transsubstantiation" zu sprechen, um alsbald zu betonen: „Wenn es wahr ist, daß alles Sein und Dasein aus dem ... kosmischen Christus entstanden ist (Johannes 1), dann muß mit Christus auch die Vollmacht verbunden sein, dieses Sein, das ihm durch den Sündenfall und durch das Wirken der Widersacher teilweise entrissen wurde, wieder voll an sich zu ziehen, bis in die Tiefen des stofflichen Daseins hinein."[131] Die Kräftestrahlung des „kosmischen Christus" beruht, wie Schroeder zu verdeutlichen versucht, auf des-

---

127 So die irrtümliche Auskunft a. a. O. 132.
128 Schroeder, Christus, 132.
129 A. a. O. 137. Der Vorschlag, von besonderer Konzentration des Christus in Jesus zu reden, trägt insofern nicht weit, als man dann gegenfragen müsste, ob denn der Logos zur Zeit des irdischen Jesus in kosmischer Hinsicht „unkonzentriert" gewesen sei.
130 A. a. O. 149; vgl. 155.
131 A. a. O. 175.

sen „übersinnlicher Leiblichkeit"[132]. Insofern bestätigt sich hier erneut, dass der anthroposophisch interpretierte Logos-Christus keineswegs jenes lutherisch anvisierte „infinitum" darstellt, welches vom „finitum" zu fassen wäre. Vielmehr repräsentiert er eine hohe emanatorische Größe, die sich ihrerseits emanatorisch in den Kosmos erstreckt. In diesem Deutungshorizont versteht sich der praktizierte Kultus der CG; esoterisch-theologisch „wird das Wandlungsgeschehen in den großen (kosmischen) Zusammenhang der Weltenentwicklung hineingestellt."[133] Schroeder ist überzeugt: „Ohne den kosmischen Aspekt wäre die Tiefe des christlichen Gottesdienstes nicht auszuloten."[134] Nachdenkenswert ist diese These freilich allenfalls jenseits der Prämissen eines spezifisch anthroposophischen Kosmosverständnisses.

Indem Schroeder in kultischer Begeisterung das „Christusjahr" mit seinen Festen auf den „kosmischen Christus" hin ausdeutet, kommt die spiritualistische Kosmologie und Angelologie Steiners in einer Weise zum Leuchten, die wegen der ernst gemeinten kosmisch-zyklischen Bezüge höchst „mythologisch" anmutet. Die Aussage, dass in der Adventssymbolik ausgesagt werde, das Gotteswerden gehe im Menschenwerden weiter[135], mag noch mystisch-monistische Tiefe ausstrahlen; wenn es dann aber weiter heißt, zu Advent gehe „aus dem Wesen Christi jedes Jahr die Kraft zu neuem Werden" hervor, so kippt Mystik in (Astral-)Mythologie um. Entsprechendes gilt im Blick auf die Interpretation des jährlichen Osterfestes: „Die Erde beginnt, in sonnenhafter Kraft geistig zu erstrahlen. Christus erneuert das für die Menschheit dargebrachte Opfer; dieses Opfer wirkt in den Kosmos hinaus und spricht dort von der Zukunftsbedeutung der Erde im Weltall."[136] Die „Wiederbelebung des ersterbenden Erdendaseins" – eine Formulierung aus dem Credo der CG – wird im Zeichen des „kosmischen Christus" zum zyklischen Geschehnis: Nicht nur der Kultus selbst, sondern mit ihm seine Anlässe tauchen tief in mythologische Farben.

Das kürzere Schlusskapitel über das Finden des kosmischen Christus als des inneren Christus korreliert nicht etwa den Christus extra nos als den geschichtlichen mit dem Christus in nobis, sondern zwei Aspekte des übergeschichtlichen Christus – was wie gesagt an Besants Bestimmung erin-

---

132 Schroeder zeigt sich überzeugt, dass „der kosmische Christus nicht nur ‚rein geistig' zu denken ist, sondern daß er in einer übersinnlichen Leiblichkeit und in einem übersinnlichen Lebensstrom sein Dasein hat" (Christus, 178). „Der kosmische Christus ist ... von Auferstehungsvollmacht" umgeben, die „auch die irdische Substanz ergreifen und durchdringen" kann (179).
133 Christus, 179. „Wandlung" bekommt hier einen alchemischen Beigeschmack.
134 Schroeder, Christus, 180.
135 A. a. O. 184. Vom „Gotteswerden" ist freilich nicht in demselben theologischen Paradigma die Rede, in dem Eberhard Jüngel „Gottes Sein ist im Werden" (so der Titel seiner Paraphrase Barthscher Gotteslehre, Tübingen 1976³) formuliert.
136 Schroeder, Christus, 187; vgl. 228.

nert! Jeder Mensch hat nach Schroeder ein vierfaches natürliches und unbewusstes Verhältnis zu Christus: durch den (emanatorisch zu verstehenden) Ursprung in dessen göttlichem Wesen, durch die lebenserhaltende Kraft Christi, durch die objektiv-soteriologische Wirkung des Mysteriums von Golgatha und durch Christi bis in den Tod anhaltende Schicksalsbegleitung[137]. Zu einem persönlichen und bewussten Verhältnis kommt es nicht allein vermittels der Erkenntnis des geschichtlich zum „Menschenbruder" Gewordenen, sondern durch „das Erleben und Erfahren seiner kosmischen Größe und Weite."[138] Diese Weite erstreckt sich nach Schroeder die Emanationsleiter hinaufsteigend von der Menschheit und den Naturwesen über die Erde, die Planetensphären und die Fixsternwelt bis hinauf zum „Bereich der Gottheit". Die mystisch-kosmophilen Töne dieses Schlusskapitels enthalten manch theologisch akzeptable Aspekte und insofern bedenkenswerte Herausforderungen[139]. Doch ihre Verankerung in der Anthroposophie Steiners, die der Autor nicht verhehlt[140] und die er subjektiv als Bollwerk gegenüber einem „zu allgemeinen Gerede über den kosmischen Christus" versteht[141], deutet auf die Problematik dieser so „speziellen" kosmischen Christologie hin. Ihre häretischen Implikationen werden nicht etwa verdeckt, sondern im Grunde noch hervorgehoben durch den Umstand, dass der Terminus, den Steiner noch äußerst vorsichtig und bedacht benutzt bzw. eingesetzt hat, hier in seiner Tradition zu einem „terminus technicus", zu einer häufiger wiederkehrenden Metapher zur Stützung der religiös-weltanschaulichen Theorie und kultisch fixierten Praxis der CG im ganzen umgemünzt wird.

*2. Alice Ann Bailey und Violet Tweedale*

Für den weiteren Verfolg des Werdegangs, den der Begriff des „kosmischen Christus" im theosophischen Kontext genommen hat, gilt es – wenngleich

---

137 Christus, 217(f.).
138 Vgl. a. a. O. 222 f. „Die persönliche Christuserfahrung hat also eine kosmische Perspektive" (223).
139 Es bleibt nach Auffassung von Theologen der CG für die evangelische Theologie „die Aufgabe, den personalen und den kosmischen Aspekt im Gottes-, Christus- und Geistverständnis miteinander ins Gespräch zu bringen" (so der Bericht „Evangelische Kirche und Christengemeinschaft", in: MEZW 56, 9/1993, 270). Dass sich der Neuprotestantismus durch die CG kritisch befragen lassen müsse, zeigt bereits von Loewenich, Neuprotestantismus, 223, 231 und 233.
140 „Meine Überzeugung, daß nur von hier aus die genannten Grundfragen gelöst werden können, liegt der Arbeit zugrunde" (Christus, 229).
141 Christus, 230. Im Aufsatz „Der kosmische Christus" (1991, 366) äußert Schroeder ausdrücklich sein Befremden gegenüber jener Auffassung, „daß Christus sich auch in anderen inkarniert", wie sie nicht nur seinerzeit Steiner ein Dorn im Auge war, sondern auch in der Gegenwartstheologie auftaucht (dazu s. u., Kap. VI.3)).

nur vorübergehend – das Forschungsgebiet des geistigen Einflusses Rudolf Steiners zu verlassen und sich der direkten Linie der Fortwirkung Annie Besants zuzuwenden. Hierbei stößt man auf eine dritte große Dame der modernen Theosophie, auf die in England geborene, später von Amerika aus agierende *Alice Ann Bailey* (1880–1949)[142]. Ähnlich wie Besant hatte die auf den Namen Alice La Trobe-Bateman Getaufte im Laufe der Kindheit und Adoleszenz zu einem engagierten Christusglauben gefunden[143]; und ähnlich wie jene durchlitt sie eine unglückliche Ehe mit einem Geistlichen. Aber im Gegensatz zu ihr wurde sie schon während dieser seit 1907 geführten Ehe mit Walter Evans christentumskritisch und 1915 Mitglied der „Theosophischen Gesellschaft" in Kalifornien.

Nach ihren Studien von Werken Blavatskys[144] und Besants wurde sie 1918 zur „Esoteric School" zugelassen. Die dortigen Intrigen missfielen ihr zusehends. Im Jahre 1919 – kaum zufällig das Jahr der Scheidung – kam sie angeblich mit dem „Meister" Djwhal Khul in Verbindung, jenem „Tibeter", von dem sie fortan ihre Lehre erhalten haben will[145]. Die Analogien zu Blavatskys Beziehung zu ihrem „Meister" Koot Humi, als dessen Assistent Djwhal Khul dargestellt wird[146], liegen auf der Hand; doch stärker noch und offensichtlicher als bei der Mutter der modernen Theosophie, die – wie oben erwähnt – von ihrem Meister viele Briefe erhielt[147] und ihr Denken auch vom inneren „Christos" inspiriert wusste, gestaltete sich Baileys Verhältnis zu „D. K." als fast ausschließlich telepathisches, vor allem

---

142 Über sie informieren ausführlich Judah J. Stillson: The History and Philosophy of the Metaphysical Movements in America, Philadelphia 1967, und ihr später Schüler John R. Sinclair: The Alice Bailey Inheritance, Wellingsborough/Northamptonshire 1984. Vgl. ferner Campbell, Wisdom, 150 ff.; Wehr, Meister, 109 ff.

143 Nachdem sie als Kind beide Eltern verloren hatte, war sie mehrere Jahre im YMCA (= CVJM) aktiv und wirkte in Indien missionarisch.

144 In „The Unfinished Autobiography" heißt es ausdrücklich: „Keines meiner Bücher wäre möglich gewesen, wenn ich nicht vorher der ‚Geheimlehre' ein so gründliches Studium gewidmet hätte" (Alice Ann Bailey: Die unvollendete Autobiographie [1951], Genf 1995², 215). Der Esoteriker Peter Michel konstatiert mit Recht: „Für die moderne ‚Esoterik' wurde H. P. Blavatsky zur zentralen Quelle. Alle Eigentümlichkeiten späterer christologischer Modelle konnten in ihrem reichhaltigen Opus vorgefunden werden" (Die Botschafter des Lichtes, Bd. 2, Forstinning/Grafing 1984, 110).

145 Vgl. im einzelnen ihre „Autobiographie", in der sie übrigens die indizienlose Behauptung vorlegt, bereits als Jugendliche mit Blavatskys „Meister" Koot Humi Kontakt gehabt zu haben, und zwar ohne überhaupt damals theosophische Literatur und die Überzeugung von der Existenz solcher „Lehrer" gekannt zu haben (45 f.). Siehe auch Wehr, Meister, 116 f.; Sinclair, Inheritance, 18 f. und 40.

146 Vgl. Alice Ann Bailey: Initiation. Menschliche und solare Einweihung (1922), New York/London/Lorch 1952, 71. Angeblich soll Blavatskys „Geheimlehre" in wesentlichen Teilen auf Diktate desselben Tibeters D. K. zurückgehen (72).

147 Vgl. dazu die oben erwähnte Studie von Harrison (H. P. Blavatsky and the SPR, 1997), die das Phänomen der „Meister"-Briefe nicht zuletzt unter dem Aspekt „automatischen Schreibens" diskutiert.

Die esoterische Rede vom „kosmischen Christus" seit Steiners Tod    269

in der Form eines zu immer höherer Vollkommenheit geführten „automatischen Schreibens"[148].

1920 heiratete sie den im Vorjahr inthronisierten Generalsekretär der Theosophischen Gesellschaft in den USA, Foster Bailey (†1977), und wurde dadurch zur amerikanischen Staatsbürgerin. Noch im selben Jahr kam es infolge von „Eifersüchteleien"[149] der Anhängerschaft Besants angesichts der neuen „Meister"-Offenbarungen zur Abspaltung – der zweiten großen, die die nun erneut hinsichtlich ihres Führungsstils kritisierte TSG-Präsidentin hinnehmen musste und die sie diesmal in den USA einen Großteil der Adyar-Mitglieder kostete: In New York gründete Bailey die „Theosophical Association". Bald darauf bekam sie aus dem Nachlass von William Q. Judge, einem der geistigen Väter der TSG und dem späteren Präsidenten einer weiteren theosophischen Abspaltung, die vollständigen Originalunterlagen der 1886 von Blavatsky gegründeten „Esoteric School" zugespielt, denenzufolge diese Schule dem Willen der „Meister" nach eigentlich „Arkanschule" („Arcane School") hätte heißen sollen. Dementsprechend wurde die „Theosophical Association" 1923 umgetauft. Die übrigens noch heute bestehende, in Form schriftlicher Korrespondenzen geführte „Arkanschule"[150] wurde von Bailey in der gegen Besant gerichteten Überzeugung geleitet, die wahre und legitime Nachfolgerin Blavatskys zu sein.

Über dreißig Jahre lang von ihrem „Meister D. K." inspiriert, lehrte Bailey „eine Art neue Theosophie"[151]. Anders als bei Blavatsky und auch noch einmal anders als bei Besant kam bei ihr „Christus von neuem zu Ehren"[152]. Doch waren diese „Ehren" ausschließlich modern-theosophischer

---

148 Über dieses altbekannte, im Laufe der Neuzeit zu enormen Leistungen auch bei „Normalbewußtsein" gesteigerte Phänomen informieren Johannes Mischo: Okkultismus bei Jugendlichen. Ergebnisse einer empirischen Untersuchung, Mainz 1991, 185 ff., sowie Werner F. Bonin: Lexikon der Parapsychologie und ihrer Grenzgebiete (1976), Frankfurt/M. 1981, 51 ff. Bonins Artikel über Bailey (62) verweist mit gutem Grund auf die Artikel „Automatische Literatur" und „Automatisches Schreiben". Wehrs Bestreben, Baileys Fähigkeiten in ihrem Sinn spirituell vom gängigen „Automatischen Schreiben" abzuheben (119), geht hingegen fehl. Mit Wehr ist daran zu erinnern, dass kein Geringerer als C. G. Jung sich mit Bailey befasst und ihre Fähigkeiten gemäß seiner Tiefenpsychologie interpretiert hat (276).
149 Vgl. Sinclair, Inheritance, 50.
150 Über diese und andere „Alice Bailey Groups" informiert J. Gordon Melton: Encyclopedia of American Religions, Detroit/Washington/London 1993[4], 785 ff.; vgl. auch Ruppert, Theosophie, 77 f.; Bochinger, New Age, 120 f.
151 Miers, Lexikon des Geheimwissens (Tb-Ausgabe München 1993), 96. „Bailey führte die von Blavatsky angelegten Linien einer esoterischen Gesamtinterpretation der Menschheits- und Weltentwicklung weiter" (Bochinger, New Age, 349).
152 So etwas missverständlich Wehr, Meister, 114. Gerade indem Wehr Baileys Rede vom „kommenden Christus" mit anthroposophischer Brille liest (121 und 125), verkennt er deren mit Steiners Intention kaum mehr vergleichbaren Sinn (immerhin weiß er zu unterscheiden, dass Bailey „die Christuserscheinung auch in der Gegenwart an eine einmalige menschliche Repräsentanz gebunden" sieht, 127).

Art: Ihre Beteuerung, dass der von ihr propagierte Christus mit dem der Christenheit identisch sei[153], widerlegt sie selbst, indem sie ihn zwar in der geistigen Mächte-Hierarchie, aber sogar noch unterhalb des „Herrn" des Erdplaneten ansetzt[154], so dass er bedeutungsmäßig selbst von Steiners Erzengel-Christus übertroffen wird. Überdies nimmt das in sich offenbar subordinatianisch strukturierte Trinitätsmodell mit den traditionellen Bezeichnungen „Vater", „Sohn" und „Heiliger Geist" bei Bailey eine hierarchisch dem solaren „Logos" untergeordnete Stellung ein[155].

Das Gesamtsystem, grundgelegt bereits in ihrem erstem großen, vom Meister „D. K." empfangenen Werk „Initiation Human and Solar" (1922), entfaltet sich wie schon bei Blavatsky in neuplatonischer Emanationslogik. Das oberste Eine drückt sich demnach im Logos als einer „kosmischen Wesenheit" aus, die „weit größer ist als unser solarer Logos"[156]. Dieser aber „manifestiert sich zunächst als Dreiheit, dann als Siebenfaches. Der eine Gott erscheint als Gott-Vater, Gott-Sohn und Gott Heiliger Geist. Diese Drei werden widergespiegelt durch die ‚Sieben Geister vor dem Thron' oder die Sieben Planetarischen Logoi."[157] Alle sich ontologisch in Siebener-Schritten weiter nach unter entfaltenden Hierarchien bilden miteinander einen siebenfachen „Akkord in der großen kosmischen Symphonie."

Weit unten in diesen komplexen Hierarchien siedelt Bailey den dem Planeten Erde und seiner (Evolutions)-Geschichte zuzuordnenden Christus als den „Weltlehrer" an: Er gehört nicht einmal zur „solaren", sondern lediglich zur „okkulten Hierarchie", die als „eine Miniaturwiedergabe jener größeren Vereinigung von selbstbewußten Wesenheiten" dargestellt wird[158]. Der „planetarische Logos" inkarniert sich nicht etwa in „Christus", vielmehr in „Sanat-Kumara", dem „Herrn der Welt", welcher die planetarische Evolution lenkt, allerdings wegen seiner Heiligkeit nur bis zur Ätherebene herabgestiegen und unmöglich „einen dichten physischen Körper

---

153 Bailey, Initiation, 57.
154 Ebd. und 63; im Zeichen spiritueller Evolution wird selbst der gegenwärtige Christus als „Schüler" bezeichnet (11), ja sogar der hierarchisch höhere „Logos" (200)! Vgl. auch dies., Autobiographie, 50 f. und 296. Es ist insofern anthroposophische Fehlwahrnehmung, wenn Wehr meint: „Die Arkanschule anerkennt das Bestehen einer geistigen Hierarchie, an deren Spitze Christus steht" (124).
155 Vgl. Bailey, Initiation, 63.
156 Initiation, 138; vgl. 202. Bailey betont, dass der Sonnenlogos Teil der Pläne und Ziele einer noch höheren „Existenz" sei und dass das solare System nur eines von deren zahlreichen Kraftzentren darstelle; im übrigen dürfe von ihr nichts ausgesagt werden (201).
157 Bailey, Initiation, 19. „Jedes Planetensystem, auch das unsere, unter all den vielen anderen, ist ein Zentrum im Körper des Logos …" (38).
158 Initiation, 35. Gemeint sind mit der „größeren Vereinigung" die Entitäten, „die durch die Sonne, die sieben heiligen Planeten und durch die anderen größeren und kleineren Planeten, die unser Sonnensystem ausmachen, in Erscheinung treten, wirken und herrschen" (ebd.).

wie den unseren" anzunehmen in der Lage gewesen ist[159]. Christus hingegen bildet nur den zweiten Aspekt einer dem „Herrn der Welt" emanatorisch untergeordneten Triade, genannt die „drei großen Herren"[160]. Neben „Manu", dem „Erbauer der Rassen", und „Mahachohan", dem „Herrn der Zivilisation", wirkt er seit ungefähr 600 ante Christum (!) natum als der „Große Herr der Liebe und des Mitleids": „Er ist der Weltlehrer, der Meister der Meister und der Unterweiser der Engel. Ihm ist die Führung der geistigen Schicksale der Menschen übertragen. Und Er hat die Aufgabe, in jedem menschlichen Wesen das Bewußtsein zu entwickeln, ein Kind Gottes und ein Sohn des Allerhöchsten zu sein."[161] Jesus von Nazareth ist ähnlich wie Krishna, Mohammed sowie „die geringeren Initiierten Paul von Tarsus, Luther und andere"[162] von dem höhergestellten Christus abgesetzt[163]. Denn dieser „World Teacher" soll auch schon vor Jesus zu den Menschen herabgestiegen sein – „und Er wird wieder auf der Erde erwartet."[164]

Anders als Besant, die ja eine neue Inkarnation des Weltlehrers anvisierte, und anders als Steiner, der die „Wiederkunft Christi" rein „ätherisch" deutete, zeigt sich Bailey überzeugt, dass Jesus Christus die Welt nur hinsichtlich „unserer Wahrnehmung" verlassen hat, jedoch in Wirklichkeit physisch auf unserem Planeten existiert – nämlich im Himalayagebirge[165]. Entsprechend lehrt sie keineswegs die „Wiederkunft Christi", wie der irreführend ins Deutsche übersetzte Titel ihres Spätwerkes von 1948 lautet, sondern die „Reappearance of the Christ", also das bloße Wiedererscheinen des bis dato im Verborgenen Wirkenden[166]. Während sich für Besant

---

159 Bailey, Initiation, 43 und 52. Der Begriff „Inkarnation" hat also in theosophischem Mund nicht unbedingt jenen neutestamentlichen Sinn der „Fleisch"-Werdung! Das gilt es auch zu berücksichtigen, wenn man Bailey sagen hört: „Viele große Wesenheiten, planetarische und solare, kosmischen Ursprungs, haben ein- oder zweimal zeitweilig ihre Hilfe geliehen und kurz auf unserem Planeten geweilt" (51).
160 Initiation, 55.
161 Initiation, 57.
162 Bailey, Initiation, 51; vgl. auch das beigegebene Diagramm (63).
163 Von der bloßen „Zusammenarbeit des Meisters, Jesu[s] mit Christus" ist die Rede bei Alice Ann Bailey: Die geistige Hierarchie tritt in Erscheinung (1957), Genf 1978², 375.
164 Bailey, Initiation, 57. Vgl. auch Sergej O. Prokofieff: Der Osten im Lichte des Westens. Teil II: Die Lehre von Alice Bailey aus der Sicht der christlichen Esoterik, Dornach 1997, 96. Für diesen „Christus" bedeutet das bevorstehende „Wiedererscheinen" eine neue Prüfung auf seinem Weg zur siebten Einweihungsstufe, der des Buddha, die er in Palästina nicht vollständig erreichte (Prokoffief, 104 f.).
165 Ebd; vgl. auch Bailey, Hierarchie, 704 f. – Hingegen lebt der „Meister Jesus" gegenwärtig „in einem Körper eines Syriers; er wohnt in einer nicht näher zu bezeichnenden Gegend des Heiligen Landes, reist viel und verbringt einen beträchtlichen Teil der Zeit in verschiedenen europäischen Ländern" (Initiation, 70): „Er neutralisiert nach Möglichkeit die Fehler und Irrtümer von Kirchenbehörden und Theologen" (71).
166 Vgl. Alice Ann Bailey: Die Wiederkunft Christi (1948), London/New York 1954,

und Steiner mit dem Thema der „Wiederkunft Christi" die Perspektive auf die Zukunft des „kosmischen Christus" hin öffnet, zielt das Wiedererscheinen Christi für Bailey entsprechend ihrem vergleichsweise weniger bedeutungsgeladenen „Christus"-Begriff lediglich auf eine in humanistischer und spiritueller Hinsicht bessere Politik und auf eine künftige universale „Weltreligion"[167]. Was Bailey mit Besant und Steiner immerhin verbindet, ist die typisch theosophische Überzeugung, dass menschliches Zutun dieses Wiedererscheinen des Ersehnten fördere[168].

Die Zukunft des „kosmischen Christus" aber wäre nach Bailey wirklich nur in kosmischen Kategorien zu denken: Im „Verlauf der Äonen" wird sich die universale Evolution dahingehend auswirken, dass „der Klang des vollkommenen Universums bis an die äußersten Grenzen der fernsten Sterne tönen wird. Dann wird das Geheimnis vom ‚Hochzeitslied der Himmel' enthüllt werden."[169] Der eschatologischen Sicht korreliert die protologische: „Der Logos brachte die Welten durch Meditation hervor ... Er schaute den ganzen Weltablauf als ein vollendetes Ganzes, das Ende vom Anfang an und alle Einzelheiten in der gesamten Sphäre."[170] Dabei soll der Schöpfungslogos noch einmal von oben inspiriert gewesen sein, nämlich „vom Logos des kosmischen Planes, von dem unser System nur ein Teil ist."[171]

Wo innerhalb dieser höheren Hierarchien wäre nun die von Bailey „kosmischer Christus" genannte Wesenheit anzusiedeln? Hierauf gibt erst das 1925 publizierte, ebenso umfangreiche wie okkultistisch-komplizierte Werk „A Treatise on Cosmic Fire" Auskunft, in dem Bailey den Begriff des „kosmischen Christus" einige Male anführt. Aus dem Kontext lässt sich erschließen, dass die Theosophin ihn – durchaus im Anschluss an Besant – im Blick auf den Sonnenlogos verwendet, und zwar für den „Sohn"[172],

---

46. In der deutschen Fassung von „Initiation" (1952) wird die Übersetzung des Buches von 1948 noch korrekter unter dem Titel „Das Wiedererscheinen Christi" angekündigt. Die Vorstellung von diesem Wiedererscheinen fällt bei Bailey einigermaßen schlicht aus: „Radio, Zeitungen und der Welt-Nachrichtendienst werden sein Erscheinen in ganz anderer Weise kundtun als vordem" (Wiederkunft, 18; ähnlich: Hierarchie, 715).
167 Vgl. Bailey, Wiederkunft, 141; vgl. auch 119, 155 und 165.
168 Vgl. Bailey, Hierarchie, 757; dies., Wiederkunft, 33, 10 u. ö. Bereits unter Besants Einsatz für den „Orden des Sterns im Osten" hatte es in dessen Grundsätzen geheißen: „Wir wollen helfen, daß in naher Zeit ein großer Geisteslehrer wirksam in der Welt auftreten kann ... Wir wollen trachten ..., täglich einen Teil unserer Zeit für eine Arbeit zu verwenden, die mithelfen kann, sein Kommen anzubahnen" (vgl. Besant, Christus, 21).
169 Bailey, Initiation, 19 f.
170 Bailey, Initiation, 162 (hier dürfte Bailey den solaren Logos gemeint haben). Nächstes Zitat ebd.
171 Ebd. Baileys „writings contain a whole cosmic scheme of her own", betont Campbell, Wisdom, 153.
172 Vgl. Alice Ann Bailey: Eine Abhandlung über kosmisches Feuer (1925), Genf 1968,

welcher das „strahlende Resultat" aus der okkulten „Vermählung des Männlichen und des Weiblichen, des Geistes (Vater) und der Materie (Mutter)" bildet und „die Gesamtheit des Sonnensystems, die Sonne und die sieben heiligen Planeten" repräsentiert[173]. So eingeordnet, interpretiert Bailey den „kosmischen Christus" streng evolutionistisch: Indem er „die kosmische Treppe hinansteigt"[174], steht er zwar „im Begriff der Vervollkommnung", befindet sich aber „noch im Stadium stufenweiser Entwicklung; erst wenn jede Zelle innerhalb Seines Körpers voll lebendig ist und im gleichmäßigen Takt vibriert, wird er ,voll erwachsen' und vollendet sein."[175] Hier spielt Bailey auf jene Stelle im Epheserbrief (4,13) an, die bildhaft die Reife des Mannesalters mit der „Fülle Christi" gleichsetzt und dabei die Auferbauung des Leibes Christi assoziiert: „Der kosmische Christus muß das Ausmaß ,eines völlig erwachsenen Mannes' erreichen, wie die christliche Bibel es ausdrückt."[176] Insofern bestätigt sich die schon 1922 entfaltete Perspektive, derzufolge „der Sohn Gottes im kosmischen Sinne"[177] als der Schöpfungslogos noch einmal eine kosmische Wesenheit über sich hat[178], deren unvorstellbare Dimension die Raumzeit für den Entwicklungsprozess des „Sohnes" bereitstellt.

Die Zukunft des „kosmischen Christus" gewinnt hier als evolutionistisch verstandenes Telos okkult-metaphysischen Sinn, schwebt allerdings theosophisch in so weiter Ferne vor Augen, dass sie mit dem konkret erwarteten „Wiedererscheinen Christi" nur höchst indirekt verknüpft ist. Gleichwohl liegt Bailey an der spirituellen Relevanz ihrer Vorstellung vom „kosmischen Christus": Indem sie ihn mit dem „kosmischen Menschen" identifiziert[179], versteht sie den Menschen als mikrokosmisches Abbild desselben[180]. Im Innern eines jeden „individualisierten" Gottessohnes, hinter

---

288 (Sohn und Logos sind hier ausdrücklich identisch). – In der Einleitung von F. Bailey zu dem weit über tausend Seiten umfassenden Band heißt es, es handele sich wieder um eine Koproduktion mit dem Meister und dem inneren Wert nach um das wichtigste Werk aus dem dreißigjährigen Schaffen A. A. Baileys.
173 Bailey, Abhandlung, 282 f. Unser Sonnensystem wird dabei als „Ausdruck des Lebens Gottes" verstanden (284). Vgl. auch 285 und 290. Die astralmythologische Tradition schlägt hier erkennbar zu Buche.
174 Abhandlung, 1449.
175 Ebd; vgl. 288. Alles zielt auf die „kosmische Hochzeit des Logos" (316; vgl. Bailey, Initiation, 20).
176 Ebd. 285. Die „Fülle Christi" in dem von ihr in der Fußnote angegebenen Vers versteht Bailey mit Sicherheit im gnostischen Sinn, nachdem sie wenige Seiten zuvor „das Pleroma nach Valentinus" skizziert hat (280). Übrigens schreibt sie „cosmic Christ" nicht wie Besant mit „k".
177 Ebd. 284. „Der Lebenszyklus des Sohnes beträgt einhundert Brahmajahre ..." (285; vgl. 174).
178 Vgl. Abhandlung, 231, 290, 666 und 1434.
179 Vgl. Abhandlung, 287. Dieses verbreitete Motiv kehrt u. a. bei Schwarzenau wieder (s. u. Kap. VI.3).
180 Vgl. Abhandlung, 282; auch 667.

jeder menschlichen *persona*, verberge sich „das eine Selbst", das „Allselbst"[181] – in dieser Überzeugung spiegelt sich das theosophische Paradigma des relationsontologischen Substantialismus (ROS) deutlich wider.

Die Spannweite der Baileyschen Rede vom „kosmischen Christus" kommt noch einmal zur Geltung, als das „Gesetz des Opfers und des Todes"[182] thematisiert wird: Das menschliche Existential des Vergehen- und Sterbenmüssens reflektiert sich für die Theosophin im Kosmischen. Opfer und Tod gehören laut Bailey zu den sieben Gesetzen unseres Sonnensystems. Demgemäß löst sich auf, was seinen vollkommensten Ausdruck gefunden hat, um den Gesamtprozess als zyklischen zu ermöglichen: „In einem entsprechenden kosmischen Sinne ist es das Gesetz, welches gegen Ende eines Systems den Anbruch von Pralaya einleitet. Es ist das Gesetz, welches das Kreuz des kosmischen Christus zerschmettert und die Form Christi eine Zeitlang ins Grab bringt."[183] Das Kreuz ist hier freilich nicht auf Golgatha bezogen, sondern wie bei Blavatsky und Besant im geometrisch-universalen, an Platons „Timaios" angelehnten Sinn verstanden; insofern wird es als kosmisches selbst zerstört, statt Symbol der Zerstörung zu sein. Gleichwohl schwingen auf niedrigerer Entsprechungsebene unausgesprochene Assoziationen mit, die – man denke an Besant! – auf das Golgathaopfer verweisen.

Ausgesprochen werden diese Assoziationen in Baileys späterem Buch „From Bethlehem to Calvary", in dem erneut und weit häufiger vom „kosmischen Christus" die Rede ist. Das aus dem Jahr 1937 stammende Werk gilt als nicht vom „Meister D. K." mit verfasst und lässt auffällige Bezüge zu Besants „Esoteric Christianity" erkennen: Nicht nur, dass dieser Titel mehrmals ausdrücklich zitiert wird[184]; vielmehr bildet das bei Besant schon entfaltete Schema eines am Werdegang Jesu orientierten, nach fünf Stationen zählenden Einweihungsweges die Grundstruktur der Gliederung. Darin kommt die basale Überzeugung zum Ausdruck, dass der geschichtliche Christus als solcher, also mit seiner Geschichte, nur eine mikrokosmische Analogie zum makrokosmischen Christus darstellt[185], welcher sich wiederum als der „kosmische Sohn Gottes" in jedem Menschen manifestiert[186]. Demnach sind die Stationen „Geburt zu Bethlehem", „Tau-

---

181 Bailey, Abhandlung, 282 und 692.
182 Abhandlung, 664 f.
183 Bailey, Abhandlung, 695.
184 Vgl. Alice Ann Bailey: Von Bethlehem nach Golgatha. Die Einweihungen Jesu (1937), Genf 1974, 80 und 270.
185 Vgl. Bethlehem, 102, 114 und auch schon 86. Im Hintergrund steht die von Dupuis und de Volney herkommende Astralmythologie (s. o.).
186 So Bailey, Bethlehem, 67. „Immer ist der Keim des lebendigen Christus – obwohl verborgen – in jedem menschlichen Wesen gegenwärtig gewesen" (59; vgl. ferner 9, 103, 112, 230 und 316). Wenn Bailey formuliert „Der göttliche Funken im Menschen hat ihn immer unsterblich gemacht" (319), so liegt am Tage, dass sie den mystischen Christus in theosophischer Tradition substanzontologisch versteht.

fe am Jordan", "Verklärung auf einem hohen Berg", "Kreuzigung" und "Auferstehung und Himmelfahrt" für jedes Menschenleben sowie gesamtmenschheitlich relevant. Vom "kosmischen Christus" spricht Bailey in deutlicher Anlehnung an Besants Vorgaben vor allem im Kontext der Stationen "Geburt" und "Kreuzigung". Fast kommt es einem Plagiat gleich, wenn die "Geschichte der göttlichen Inkarnation" mit den Worten beschrieben wird: "Die Materie, überschattet vom Heiligen Geist, der Dritten Person der Dreieinigkeit, bringt den zweiten Aspekt der Trinität in der Person Christi zur Geburt – kosmisch, mythisch und individuell."[187] In diesem Zusammenhang sagt Bailey vom "kosmischen Christus", dass er verborgen sei "in der Form eines Sonnensystems"[188]; sie versteht ihn also wie gehabt als Sonnenlogos. Am intensivsten aber kommt sie auf den "cosmic Christ" im Zuge der Abhandlung der Kreuzigungsstation zu sprechen: "Wir haben gesehen, daß Christus vor allem im kosmischen Sinne erkannt werden muß. Dieser kosmische Christus hat von Ewigkeit her existiert. Dieser kosmische Christus ist Gottheit oder Geist, gekreuzigt im Universum. Er personifiziert die Opferung des Geistes auf dem Kreuze der Materie ... Nord, Süd, Ost, West – darüber steht der kosmische Christus, genannt ‚das feste Kreuz der Himmel'. Auf diesem Kreuz ist Gott ewig gekreuzigt."[189] Die astralmythologische Komponente der theosophischen Tradition wird noch unterstrichen durch die Zusatzbemerkung: Die vier astrologischen Symbole Stier, Löwe, Skorpion und Wassermann bilden "das Kreuz der Seele, das Kreuz, auf dem die zweite Person der göttlichen Dreieinigkeit gekreuzigt ist. Christus personifiziert in Seiner Mission diese vier Aspekte, und als der kosmische Christus zeigte Er in seiner Person die Eigenschaften, für die jedes Zeichen stand."[190] Wieder kommen in dieser "theosophia crucis" die emanationslogischen Analogien zwischen kosmischem, geschichtlichem und mystischem Christus zur Geltung.

---

187 Bailey, Bethlehem, 85; vgl. Besant, Christentum, 121. – Abgesehen von der astralmythologischen Färbung dieser okkult-theosophischen Denkungsart ist "Inkarnation" in der Tradition der Mystik freilich seit jeher "zugleich ein dauernder kosmischer und persönlicher Vorgang" (Underhill, Mystik, 156).
188 Bethlehem, a. a. O. 86. Bailey weiß dabei sehr wohl, dass es Millionen von Galaxien und Sternbildern gibt; für die besondere Bedeutung eines bestimmten Sonnensystems beruft sie sich auf den "kosmischen Plan" in Analogie zu religiösen Erwählungsvorstellungen (89).
189 A. a. O. 210. "Durch die Jahrhunderte hindurch haben die Menschen den auf dem Kreuze der Materie geopferten kosmischen Christus symbolisiert ..." (213 f.).
190 Ebd. 210 f. Erläutert werden die Eigenschaften nicht. Später nennt Bailey vier Naturreiche als "die planetarische Spiegelung der vier Arme des Zodiakalkreuzes, auf dem der kosmische Christus gekreuzigt zu sehen ist" (213). Die astralmythologischen Akzente stammen bei Bailey übrigens nicht ausschließlich aus der Theosophie, sondern aus einer spirituell weitläufigeren Modeströmung (die Bibliographie von "From Bethlehem to Calvary" nennt z. B. zwei Titel des dafür einschlägigen Autors Edward Carpenter). Vgl. auch meinen Aufsatz "Astrologie und kosmischer Christus" in: MEZW 64, 9/2001 (im Druck).

Sie implizieren innerhalb des Autonomie-Paradigmas freilich, dass der substanzonotologische Indikativ imperativisch zu lesen ist. Das „kosmische Opfer"[191] am Kreuz der Materie ist quasi Evangelium und Gesetz in einem, weshalb der auf Golgatha Gekreuzigte keinesfalls im – von Bailey natürlich ablehnend heteronom aufgefassten – sühnelogischen Stellvertretungssinn gedeutet wird[192], sondern als „Beispiel" und „Vorbild"[193] ebenso gilt wie als Abbild[194] des göttliche Liebe symbolisierenden Kreuzes im All. Jesus „führte das Drama der Einweihung vor der Welt auf, so daß sein Symbolgehalt in das menschliche Bewußtsein eindringen konnte."[195] Zugleich gab er „uns die Garantie, daß wir auch Kinder Gottes sind und gleichfalls Göttlichkeit erwerben können, wenn wir seinen Fußspuren folgen." Dieser Erwerb wird als autonome spirituelle Leistung verstanden: Man „tritt in das Reich Gottes ein durch das Recht seines Erfolges."[196] Gemäß dem Karmagesetz muss man selbst den Preis für seine Sünden zahlen[197] und sich – als Eingeweihter dazu befähigt – selbst erlösen[198]. Man ist zur „Selbstvervollkommnung" ja letztlich dadurch im Stande, dass jeder Mensch „latent im Wesen gott-gleich" ist[199]. Wollten christliche Theologen hier einwenden, solche Theosophie überfordere den Menschen, so käme als Gegenargument eben die Antwort: In der Tat ist nicht der Mensch gefordert, sondern der Gott bzw. der „Christus" in ihm! Nachdem Christus von Bailey als „übermenschlicher Geist" definiert wird[200], lautet die Aufgabe der Menschen, die auf der Entwicklungsreise „hinweg von Gott und zurück zu Gott" sind, das Menschliche dem Göttlichen zu opfern und so auferstehend zu Göttern zu werden[201].

---

191 Bailey, Bethlehem, 217; vgl. auch 257.
192 Die Ablehnung dieser Sichtweise wiederholt Bailey (a. a. O. 223 f., 227 ff. u. ö.), um alternativ zu betonen: Der historische Kreuzestod war „ein großes kosmisches Ereignis" (204, kursiv).
193 Bethlehem, 258.
194 Der geschichtliche Jesus ist für Bailey „das Symbol für den kosmischen Christus, Gott, leidend durch die Leiden Seiner Geschöpfe" (247, ähnlich 218 und 296).
195 A. a. O. 296. Nächstes Zitat ebd.
196 Bethlehem, 237. Im Blick ist dabei das auf der Erde zu errichtende „Reich Gottes" (Prokoffief, Osten II, 81).
197 Vgl. Bailey, Bethlehem, 247 f. Christus gilt – man erinnere sich an Steiners ähnliche These – lediglich als Helfer (vgl. Bailey, Hierarchie, 607; dies., Wiederkunft, 124).
198 Vgl. Initiation, 183. Selbsterlösung erfolgt dadurch, „daß die reine Lehre Christi ... befolgt wird" (Bailey, Hierarchie, 758).
199 Vgl. a. a. O. 304 und 307. An anderer Stelle lehrt Bailey gnostisierend, dass der fleischliche Mensch durch den geistigen Menschen erlöst werden müsse (31). Vgl. auch Wehr, Meister, 117 und 124.
200 A. a. O. 237.
201 Vgl. a. a. O. 45, 61, 219 und 224. Vgl. ferner Bailey, Initiation, 33 f. und 184. In der Logik des Paradigmas spiritueller Autonomie hat dann auch der Satz seine Stringenz: „Wir sind wahrscheinlich Gottes entscheidendes Experiment" (316) – die Überzeugung von der Willensfreiheit wird dabei vorausgesetzt (Hierarchie, 737; Wiederkunft, 171)! Zu beachten ist in diesem Zusammenhang, dass die innere

Die esoterische Rede vom „kosmischen Christus" seit Steiners Tod   277

Auf dem Weg zu diesem Ziel wachsen sie spirituell und können „dann bei der Erlösung der Welt mithelfen", ja „ihrerseits Erlöser ihrer Mitmenschen werden"[202]. Dieser Imperativ gilt insbesondere in der Gegenwart, die für Bailey im Zeichen einer großen Zeitenwende steht: Den Anbruch des Wassermannzeitalters ansagend, ist die Theosophin zu einer der frühen Prophetinnen des „New Age" geworden[203]. Die anvisierte Zukunft einer religiös reiferen Zeit steht aber kaum in einem nennenswerten Verhältnis zur Zukunft des „kosmischen Christus", dessen deistisch anmutende Erhabenheit Bailey in den Ausruf ausbrechen lässt: „Die Tatsache des kosmischen Christus ... ist unsere ewige Hoffnung."[204] Auch das gehört nämlich zur Logik des theosophischen Paradigmas, dass Entwicklung zyklisch oder spiralförmig weitergeht und das sich entfaltende Göttliche sich nie endgültig einholt, sich mithin ewig Gegenwart und Hoffnung zugleich bleibt.

Spirituell interessant ist aus Baileys Sicht darum weniger die Zukunft des „kosmischen Christus" als solche, vielmehr das in dessen Zeichen sich eröffnende Fortschrittsdenken[205]! Religiös impliziert dieses unaufhörlich fortschreitende Offenbarungen[206]; und es ist ein Signum moderner theosophischer Christologie (die Anthroposophie ausgenommen), dass die Christusidee entsprechend pluralistisch aufgefächert erscheint. In Anlehnung an die schon für Blavatsky und Besant wichtige Avatara-Vorstel-

---

Individualität im metaphysisch verstandenen Evolutionsprozess sich nicht wie in östlichen Systemen mystisch auflöst, sondern zu immer größerer Vollkommenheit gelangt (vgl. Bailey, Bethlehem, 29); darin erweist sich die moderne Theosophie als westlich geprägt.
202 Bethlehem, 71 und 231.
203 Vgl. Wiederkunft, 25, 100 f., 130, 163 und bes. 82 ff., wo „Christus als Vorbote des Wassermann-Zeitalters" interpretiert wird, dessen Grundidee ja wie die theosophische Vorstellung vom „kosmischen Christus" astralmythologisch durchtränkt ist. Verwiesen sei insbes. auf Baileys Bücher „Discipleship in the New Age" (Bd. 1, 1944; Bd. 2, 1955, deutsch: „Jüngerschaft im Neuen Zeitalter"). – Die Sekundärliteratur weist auf Bailey als die oder eine Mutter der New Age-Begeisterung immer wieder hin (z. B. Ruppert, Theosophie, 76; Holthaus, Blavatsky, 81 f.; Friedrich-Wilhelm Haack: Das ‚New Age' als Pseudophänomen?, in: B. Haneke/K. Huttner [Hgg.], Spirituelle Aufbrüche. New Age und ‚Neue Religiosität' als Herausforderung an Gesellschaft und Kirche, Regensburg 1991, 102–113, bes. 108 f.), übersieht aber dabei meist weit frühere Quellen, wie sie insbes. Bochinger (New Age, 1994) analysiert hat.
204 A. a. O. 35. Dass der kosmische Christus in alle Ewigkeit besteht, ist Baileys Überzeugung (114).
205 Das kommt in Baileys Formulierungen deutlich zum Ausdruck (vgl. bes. 114). Für die theologische „Entzauberung der theosophisch-esoterischen Gestalten des modernen Fortschrittsglaubens und seiner gnostischen Zeitordnung" plädiert Walter Sparn: Die Jahrtausendwende als geistliche Herausforderung, in: Wer schreibt Geschichte? Die Jahrtausendwende als Anlass zu theologischen Reflexionen, hg. von der Gymnasialpädagogischen Materialstelle der Ev.-Luth. Kirche in Bayern, Erlangen 1999, 31–34, hier 33.
206 Vgl. Bailey, Bethlehem, 114; Wiederkunft, 12.

lung²⁰⁷ geht Bailey von einer Vielzahl (gekreuzigter)²⁰⁸ Welterlöser aus. Unter ihnen sticht der Christus Jesus nur dadurch hervor, dass er seinerzeit auf eine bereits fortentwickelte, sich bereits gedanklich als ganze erfassende Menschheit getroffen sein soll²⁰⁹. Folglich gilt das Christentum als „eine Gipfelreligion"²¹⁰; indes – Gipfel gibt es in einem Gebirge oder auf einer Entwicklungslinie viele. Im Blick auf die Vergangenheit ist die auf Jesus als Christus bezogene Religion „Spitze", doch auf die Zukunft hin gilt sie durch neue Offenbarungen als überholbar²¹¹, weshalb eine „kommende Weltreligion"²¹² erhofft wird. Der *deus absconditus* feiert in der Konsequenz solch theosophischen Offenbarungsverständnisses fröhliche Urständ²¹³. Christliche Offenbarungstheologie kann aus dieser Perspektive nur als doktrinär erstarrtes, geistig zurückgebliebenes Denken eingestuft werden²¹⁴. Umgekehrt freilich ist klar: Während das ewige Fortschrittsdenken theosophischer Spiritualität kein wirkliches Eschaton kennt, lebt christlicher Glaube an die in Jesus erfolgte maßgebliche Offenbarung Gottes von der Überzeugung, dass in diesem einen, einzigen Christus der ansonsten in der Tat mehr oder weniger unbekannte Gott sein Innerstes, sein letztverbindliches Wesen unüberholbar gezeigt hat.

Nicht christlicher Offenbarungstheologie, sondern eindeutig jenem theosophischen Offenbarungskonzept ist nun auch das weltweit erste Buch verpflichtet, das den Titel „The Cosmic Christ" trägt. Es zählt zum Spätwerk der britischen Schriftstellerin *Violet Tweedale* (1864–1948), die als

---

207 S. o. Kap. III. Man beachte: Das theosophisch so beliebte Avatara-Konzept impliziert „nicht nur das Herabsteigen Gottes zu den Menschen, sondern auch das Aufsteigen des Menschen zu seiner Göttlichkeit" (Hans Waldenfels: Kontextuelle Fundamentaltheologie, Paderborn u. a. 1988², 223).
208 „Christus übernahm das alte Symbol und die Last des Kreuzes, indem er sich neben all die vorausgegangenen gekreuzigten Erlöser stellte, in sich das Unmittelbare und das Kosmische, die Vergangenheit und die Zukunft verkörpernd" (Bethlehem, 240). Zur Vielzahl der Erlöser vgl. 63 und 205. Die Gleichsetzung von Christus- und Avatara-Vorstellung spricht Bailey ebenso deutlich aus (Wiederkunft, 8–12) wie ihre Ablehnung eines exklusivistischen Christus-Verständnisses (Hierarchie, 789). Vgl. auch Bochinger, New Age, 352.
209 Vgl. Bethlehem, 220 f. und 297. „In dieser Hinsicht war Christus und seine Mission von einmaliger Bedeutung" (297) – aber eben nur in dieser formalen Hinsicht! Insofern veranschlagt Wehr die Bedeutung des Christus bei Bailey wiederholt zu hoch (Meister, 114 und 124).
210 Bethlehem, 20. In diesem Denkhorizont fordert Bailey dazu auf, „alle als wahre Christen anzuerkennen, die im Geiste Christi leben, ob sie nun Hindu, Mohammedaner oder Buddhist sind oder einen anderen Namen tragen ..." (318). Auf den Namen „Christus" kommt es nicht an (Wiederkunft, 45).
211 Vgl. Bailey, Bethlehem, 34 – sowie 17, 24, 55, 49 und 72. Das Christentum ist insofern nur „eine überbrückende Religion" (31).
212 Bailey denkt hier synkretistisch (vgl. Bethlehem, 26).
213 „Durch die Linse erleuchteten Denkens wird der Mensch in Kürze Aspekte der Göttlichkeit sehen, die bisher unbekannt waren" (Bailey, Bethlehem, 34).
214 Vgl. Bailey, Bethlehem, 16.

medial veranlagte Esoterikerin einst Blavatsky persönlich kennen gelernt hatte[215]. Ein Jahr nach dem Erscheinen des bereits Bailey zitierenden[216] Buches in London (1930) wurde Tweedale mit dem Ehepaar Bailey persönlich bekannt; eine gute Freundschaft begann, gefolgt von noch intensiverer Bailey-Lektüre[217]. Doch der von Tweedale mit Abstand am meisten Zitierte ist merkwürdigerweise Rudolf Steiner, den sie nicht nur als den „great Initiate", sondern sogar als den „profoundest occultist of our century"[218] bewundert. Diese Hochschätzung erklärt sich schwerlich aus intensivster Steiner-Lektüre; denn wiewohl Tweedale das eine oder andere des damals ja bereits Verstorbenen kennt und aufgreift, teilt sie faktisch doch nicht sein exklusivistisches Zusammenbinden der Jesus-Geschichte mit dem „kosmischen Christus". Vielmehr basiert ihr Buch auf der typisch theosophischen Überzeugung, „that the Cosmic Christ belongs to the *whole* world and not to western Christianity alone"[219]; sie lehnt also gerade die abendländischer Christusauffassung verpflichtete Sicht Steiners ab. Einiges spricht indessen für die Annahme, dass sich ihre hohe Einschätzung Steiners vor allem der Lektüre Schurés verdankt: Die „essentials" von dessen Schrift „L' Évolution divine du Sphinx au Christ" (1912), zu der Steiner nicht von ungefähr ein Vorwort beigesteuert hatte, sieht Lyons wohl mit Recht in Tweedales Buch wiederkehren[220]. Das könnte bedeuten, dass ihr Buchtitel letztlich den „Le Christ cosmique" lautenden Überschriften innerhalb der Studie Schurés entlehnt wäre – und sich dann zumindest ein Stück weit im Sinne jener von anthroposophischem Geist getränkten Kosmologie verstünde. Freilich ist Tweedale dem Begriff des „kosmischen Christus" auch bei Bailey (1925) begegnet, vor allem aber bereits in Besants Buch „Esoteric Christianity", in dem der Begriff ja erstmals fällt und das Schuré und Bailey beide voraussetzen. Direkt oder indirekt bildet insofern letztlich Besants Konzept kosmischer Christologie die Basis für Tweedale.

---

215 Vgl. Violet Tweedale: Ghosts I Have Seen and Other Psychic Experiences, London 1920, 56 ff.
216 Tweedale, The Cosmic Christ, 34 f. (zitiert wird hier Baileys „Cosmic Fire" von 1925, ferner esoterisches Schulmaterial); auch 37 f.
217 Bailey hat der Erinnerung an ihre Freundin einen kleinen Abschnitt in ihrer „Unfinished Autobiography" (1951) gewidmet und dort anerkennend vermerkt, ihr Buch „The Cosmic Christ" habe eine weite Verbreitung gefunden (225). Vgl. auch Sinclair, Inheritance, 70 f.
218 Vgl. Tweedale, Cosmic Christ, 231 f.
219 Tweedale, Cosmic Christ, 39. Ebd. wird allerdings jene „western esoteric tradition which rests upon the Cosmic Christ as axis of humanity" durchaus begrüßt – bezeichnend für Tweedales Schwanken zwischen theosophischem und anthroposophischem Denken!
220 Vgl. Lyons, Cosmic Christ, 45 (Anm. 198). Schurés bereits oben (Kap. IV.2) erwähnte Studie findet ebenso wie das Buch Tweedales die Manifestation des Sonnenlogos im indischen, ägyptischen, persischen, alttestamentlichen, griechischen und neutestamentlichen Denken wieder. Der Name Schuré fällt bei Tweedale ohne genauere Literaturangabe (166).

Im Widerstreit damit schimmert immer wieder Steiners geistiger Anteil durch; er dürfte zu allererst darin zu suchen sein, dass der „kosmische Christus" bei Tweedale motivisch verstärkt ins Zentrum rückt und schon von daher überhaupt als Buchtitel in Frage kommt. Berücksichtigt man diese diversen Einflüsse, so erklärt sich das Gesamtphänomen: Rund drei Jahrzehnte nach Prägung des Terminus durch die Theosophin Besant erscheint ein wiederum theosophisch fundiertes Buch, das den Begriff zum Titel erhebt und ihn derart zum Programm werden lässt, dass er nun erstmals als „terminus technicus" fungiert, dessen Gebrauch inflationäre Ausmaße anzunehmen droht (während er bislang allemal in sparsamer Verwendung auftauchte)!

Unter dem „Kosmischen Christus" versteht Tweedale „a superhuman being, God in every sense" und zugleich „the highest spiritual manifestation that humanity has known."[221] Beides ist für sie wichtig. Zum einen bedeutet der „kosmische Christus" für sie „a universal Being Who, as Lord of the Solar system, is *not* concerned exclusively with ‚this tiny planet'"[222]. Seine universale Dimension kommt für sie kosmosophisch zum Ausdruck, insofern in ihm „the whole Cosmos finds expression"[223], aber auch planetarisch, insofern sein über Raum und Zeit erhabenes Wesen die von der christlichen Kirche hochgehaltenen drei Jahre des geschichtlichen Jesus bei weitem transzendiert: Es habe sich manifestiert „through all the great civilizations of antiquity and in all the sacred Scriptures we possess", und leicht sei nachprüfbar, „that the Christ has manifested Himself in diverse forms and many messengers to all the world"[224]. Zum andern glaubt Tweedale, „that the incarnation of the Cosmic Christ in the body of Jesus of Nazareth has marked the central point in history and constitutes the most momentous and stupendous event this world has experienced in its evolution."[225]

---

221 Tweedale, Cosmic Christ, 253. Christus ist für sie „a Cosmic, universal Spirit" (281).
222 Tweedale, Cosmic Christ, 11; vgl. 31, 34 f., 96, 107, 110, 167 u. ö.! Die zweite Person der Trinität ist für sie identisch mit der „totality of the Solar system . . . He animates the entire solar system . . ." (33). Das solarzentrische Denken moderner Theosophie ist für die Esoterikerin – unter Bezugnahme auf religiöse Lichtmetaphorik – wesentlich: „We came forth from the sun, and the time will come when, in spiritual bodies, we will return to the sun, after this globe has served its purpose" (26 f.). Doch sie gibt sich keinen Illusionen hin: „Institutional Christianity could not be expected to accept our statement that the Cosmic Christ is the great solar Deity" (28).
223 Cosmic Christ, 38.
224 Cosmic Christ, 11 und 270; vgl. auch 165. Tweedale versteht ihre Ausführungen „as a revolt against the stultified presentation of the Christ which the Church offers" (15), wobei sie insbesondere die theologische Vernachlässigung der Präexistenz-Thematik rügt (17).
225 Cosmic Christ, 253 f.

Erinnern Tweedales universalreligiöse[226] Ausführungen ein gutes Stück weit an die Argumentationsstrukturen der von alexandrinischem, also mittelplatonischem Geist beeinflussten Logos-Christologie Justins, Hippolyts und Clemens', derzufolge sich Spuren des präexistenten Logos auch in der heidnischen Welt finden, so liegt doch ein Unterschied darin, dass Hippolyt den Sohnes-Titel dem Fleischgewordenen vorbehält[227], während die Theosophin ihn dem solaren Logos als der zweiten Person der „Trinität" zuerkennt, den sie dann mit Steiner als zu großartig einstuft, als dass er sich zu Bethlehem in ein Baby inkarnieren hätte können[228]. Immerhin erblickt sie entschiedener als Besant und Bailey „in the incomplete picture of Jesus of Nazareth the last and greatest manifestation of the Cosmic Christ..."[229] Hatten Besant und Bailey Analoges nur unter dem relativierenden Vorbehalt des „Bislang" formulieren können, um zugleich die Zukunft einer noch größeren Christus-Manifestation anzusagen, so macht sich bei Tweedale der Einfluss Steiners dahingehend bemerkbar, dass der in Palästina inkarnierte Christus überhaupt als der unüberholbar größte der Religionslehrer[230] ausgegeben wird. Andererseits denkt die Esoterikerin darin theosophisch und nicht etwa anthroposophisch, dass sie wiederholte Verkörperungen des Logos annimmt: Der Christus-Begriff als solcher „represents the collective aggregation of the many messengers who have been sent to earth to guide and instruct infant humanity."[231] Ihr Appell lautet: „Cease to limit Christ to the God to Israel; see in Him the Saviour-Teacher of the whole earth; unveil Him in the sacred Bibles of all lands where He has revealed Himself under a multiplicity of names; then a Cosmic understanding will dawn upon the world..."[232] Und doch wird sol-

---

226 Vgl. Hans-Jürgen Ruppert: Universalreligiöse Bestrebungen moderner Theosophen, in: MEZW 63, 6/2000, 177–196 (wo aber nicht auf Tweedale eingegangen wird).
227 Vgl. Hünermann, Christus, 135 f.
228 Vgl. Tweedale, Cosmic Christ, 33 und 166. Wenn Tweedale meint, Philo habe dank seiner Logoslehre verstanden, „that Christ is a cosmic name insofar as it stands for that in God which is manifested in creation" (267), so irrt sie, denn „niemals ist es einem spekulierenden Juden eingefallen, den Messias und den Logos zu identifizieren; niemals ist einem Philo z. B. diese Gleichsetzung in den Sinn gekommen!" (von Harnack, Wesen, 123).
229 A. a. O. 21.
230 Vgl. Tweedale, a. a. O. 111, mit Steiner, Mysterium (GA 97), 92; Menschheitsentwickelung (GA 100), 153 und 193 f.
231 Tweedale, Cosmic Christ, 23. Das monistische Konzept liegt auf der Hand: „There has never been any division of the Godhead, though manifestations there have been in plurality" (ebd.).
232 Cosmic Christ, 40. Tweedale denkt nicht zuletzt an die philosophia perennis (113) und unterstellt Paulus in exegetischer Unkenntnis oder/und theosophischer Absicht), bei seiner wiederholten Rede von den „Heiligen Schriften" im Plural habe er auch die Indiens, Persiens und Ägyptens gemeint (263).

ches ausdrücklich[233] ans Avatara-Konzept angelehnte Denken wieder auf den sich unüberbietbar inkarniert habenden Christus hinorientiert: „The parallels must be read for what they are – demonstrations of the one divine Teacher, Who prepared humanity for His coming incarnation on earth."[234] Der Ungenauigkeit Tweedales in der Wahrnehmung der Schreibweise von Steiners Vornamen – sie schreibt ihn anglisierend mit ph statt mit f – korrespondiert mithin die mangelnde Sorgfalt und Konsequenz hinsichtlich der Christosophie des von ihr so Verehrten[235]. Für sie sind „the Christ or His messengers" gleichermaßen „manifestations of Divinity" bzw. des Absoluten, denn „the Cosmic Christ manifested Himself in diverse places and under diverse names to the whole human family"[236]. Sie täuscht sich jedenfalls, sofern sie meint, im Sinne Steiners zu argumentieren, indem sie die Inkarnation in Palästina als „supreme manifestation of God"[237] einstuft – und damit eben doch relativiert „as but one Divine manifestation out of many"[238]!

Offenkundig steht sie ein Stück weit unter der Einwirkung der damals virulenten theosophischen Erwartung „neuer Offenbarungen" und eines „Second Coming" im Sinne einer „wider and greater Christ relevation"[239], deren Faszination sie sich nur mühsam zu widersetzen vermag. Ihre Christosophie erweist sich ohnehin als zukunftsorientiert: „The Cosmic Christ is Himself evolving into an even greater cosmic Entity through the sun and the seven sacred planets. The creative Thought of God is always in action in the tens of millions of suns ..., who are all moving onwards to some unfathomable future ..."[240] Dabei gehört nicht allein der Idee des „kosmi-

---

233 Vgl. Cosmic Christ, 54. Beispielsweise erblickt Tweedale in Osiris „the manifested Christ of the Egyptians" (103).
234 Cosmic Christ, 40. „The Christ-ensouled Beings who came into the world to stir the stagnant pools were roadmakers sent to prepare the way of the Lord" (ebd.). Zu den „Christ-sent Beings" zählt Tweedale – hierin klar Steiner folgend – Gautama Buddha (54). Auch Zoroaster wird ausdrücklich im Sinne Steiners dem Wirken des „Cosmic Christ" eingegliedert (61, 68 und 158), ferner Laotse (80).
235 Tweedale preist „Rudolph Steiner, who did more than any man living to glorify the Christ and set before us His true position in the Cosmos" (38), um seinen anthroposophischen Exklusivismus doch immer wieder theosophisch zu relativieren.
236 Cosmic Christ, 105 und 111.
237 Ebd. 111; ebenso 113. Dagegen teilt Tweedale offenkundig Steiners Auffassung von der jahrhundertelangen Vorbereitung der „Inkarnation" in Palästina (158; 165 f.) und von deren Verständnis als Vereinigung des kosmischen Christus mit Jesus bei der Jordantaufe (158; 183; 234) – wobei sie gnostisch gefärbte Zusatzspekulationen einbringt, denen zufolge der „kosmische Christus" einen männlichen Pol im Gegenüber zum weiblichen, in Maria inkarnierten Pol der „Mother of the World" bildet (169 ff.).
238 Cosmic Christ, 270.
239 Vgl. Cosmic Christ, 216.
240 Cosmic Christ, 34.

schen Christus" selbst die Zukunft[241]; vielmehr nennt Tweedale pointiert den finalen Sinn der Evolution von Welt und Menschheit „the Cosmic Christ"[242]. Aber wie sie zwischen den christosophischen Konzepten Besants, Baileys und Steiners hin und her schwankt, so vermeidet sie es diplomatisch, sich hinsichtlich der seinerzeit immer noch akuten Streitfrage um die Art der Zukunft des Christus festzulegen[243]. Ganz lässt sie dieses Problem freilich nicht offen: Sie plädiert in deutlicher Affinität zu Steiner für eine spiritualistische Lösung. Die Offenbarung des „Cosmic Christ" in Palästina mündet für sie in „the reign of the Divine Spirit. God manifesting in Spirit replaced God manifesting through a multiplicity of Christ teachers."[244] Im Klartext heißt das: Mit einem körperlichen Wiedererscheinen des Weltlehrers rechnet sie – gegen Bailey – in ihrem Buch von 1930 nicht.

Diente bei Besant und Bailey das Konzept pluralistischer Christosophie der Naherwartung einer neuen leibhaften Erscheinung des Christus, so erhielt es bei Tweedale unter dem Einfluss Steinerschen Denkens eine allgemeinere esoterische Funktion. Damit wurde es verstärkt zukunftsfähig. Kritik konnte ihm freilich von theologischer Seite unter zwei Aspekten entgegengebracht werden. Zum einen muss klar sein: Die einstigen apologetischen Ausführungen frühchristlicher Logos-Christologie hatten noch unter anderslautenden Vorzeichen argumentiert, als sie in der vom aufgeklärt-wissenschaftlichen Forschungsgeist bestimmten Moderne gelten. Esoterische Behauptungen einer Wirksamkeit des „kosmischen Christus" in den vorchristlichen Religionen und Mysterientraditionen sollten also eingehenden textbezogenen Überprüfungen standhalten und hermeneutisch durchreflektiert werden. Daran gemessen bleiben die Thesen der Popularschriftstellerin Tweedale wie anderer Theosoph(inn)en allemal zu oberflächlich[245]. Zum andern tun sich universalreligiöse Plädoyers angesichts kreuzestheologischer Kriterien schwer: „The Cross is empty", unter-

---

241 Vgl. Cosmic Christ, 36.
242 Vgl. Cosmic Christ, 113. Die Selbstbezeichnung des Christus in der Johannes-Apokalypse als „Alpha und Omega" wird zwecks Charakterisierung des „kosmischen Christus" aufgegriffen (146). Ein Hinweis auf Teilhard de Chardins analoges, damals schon ausgeprägtes Denken (s. u.) findet sich bei Tweedale allerdings nicht.
243 Sie verzichtet auf Spekulationen „upon the form ‚the coming' will take, whether it be in the clouds of the etheric body, or in physical form ...; suffice it now for us to note that a Divine coming is in the air and expectation is awake amongst all people" (216).
244 Cosmic Christ, 148; vgl. 253 und 280. In Anlehnung an Steiner wird schließlich der Erzengel Michael als Christus-Botschafter „now and in the future" (234) eingeführt, allerdings spirituell verstanden als „direct inspiration of the Christ to us" (ebd.).
245 Das gilt ebenso für analoge religionsphilosophische oder -theologische Versuche neuerer Zeit – etwa im Blick auf Tillichs erwähnten Versuch, eine lange „Offenbarungsgeschichte" als Bedingung der Ermöglichung des Erscheinens Jesu als des Christus vorauszusetzen (Religionsgeschichte, 148).

streicht Tweedale[246]. „The Cross with the dead Saviour must give place to the living immanence of the Light of the World."[247]

Aber theologische Kritik pflegt im esoterischen Lager auf wenig Gehör zu treffen, wie umgekehrt esoterische Konzepte in der akademischen Theologie näherer Befassung selten für wert erachtet werden. Unter dem Schutz solcher Abgeschirmtheit konnte sich der von Bailey und Tweedale forcierte Gedanke universalreligiöser Präsenz des gerade auch in dieser Hinsicht „kosmisch" zu nennenden Christus esoterisch fortpflanzen – jenes übermenschlichen Geistes, der sich sowohl als „mystischer" Christus substanzontologisch[248] in den Herzen aller Menschen als auch als plural manifestierte Lehrer- und Erlösergestalt in den überlieferten Religionen der Welt verstehen lässt. Der damit zusammenhängende Aspekt einer in neuer Naherwartung zu würdigenden Zukunft dieses „Christus" ist durch Baileys etwas bescheidenere Auffassung von dem Wiedererscheinenden und vollends durch Tweedales Relativierung der Form der „Parusie" zugunsten eines allgemeineren Spiritualismus zunehmend zurückgetreten. Geblieben ist die Faszinationskraft universalreligiösen Denkens in christlich-religionsphilosophischem bzw. christosophischem Kontext.

### 3. Die esoterische Identifikation des „kosmischen Christus" als „Wassermann-Christus" seit Mitte der sechziger Jahre

Im Laufe der dreißiger Jahre – gerade zu der Zeit, für die Steiner einst die wirkmächtige Wiederkunft des Auferstandenen im Äther in Aussicht gestellt hatte – wurde es allmählich wieder stiller um den „kosmischen Christus"[249]. Der Begriff jedenfalls tauchte im esoterischen Denken während der

---

246 Cosmic Christ, 113; vgl. 281. Bezeichnenderweise wird das für Steiner zentrale „Mysterium von Golgatha" zwar von Tweedale verbal bejaht (217), hat aber in ihrem Buch faktisch keine systematische Bedeutung.
247 Cosmic Christ, 18. „The Light of the World is for every soul, for all nations, all peoples" (ebd.). Bedenkenswert ist in diesem Zusammenhang der Hinweis Tweedales auf 1. Kor 10,1–4 (24; auch 105 f.): Demnach bezeugt Paulus die sakramentale Präsenz des präexistenten Christus in der israelitischen Religion – über tausend Jahre vor Jesu Kommen! Freilich ist ihr Transfer auf Grund dieses Wortes, das immerhin das Gottesverständnis derselben Heiligen Schrift voraussetzen kann, auf jegliche Fremdreligionen ebenso gewagt wie ihre faktische Gleichsetzung alttestamentlich-messianischer Prophezeiungen mit heidnischen Visionen (110).
248 Bei Tweedale drückt sich das Autonomie-Paradigma in den Worten aus: „Man is the creation of the thought of the Absolute ... He is thus an individualized Son of God ..." (Cosmic Christ, 34).
249 Der Begriff begegnet in jener Zeit esoterisch lediglich noch bei J. O. Mackenzie: The Cosmic Christ, in: E. J. Langford Garstin/H. J. Schonfield (Hgg.), Jesus Christ Nineteen Centuries After, London 1933, 179–190. Der theosophisch denkende Autor will „show the identical teaching with regard to the Christ in other great religious systems" (181) und beruft sich für seine immerhin den Kolosserhymnus

vierziger und fünfziger Jahre so gut wie gar nicht mehr auf. Er kehrte erst wieder um die Mitte der sechziger Jahre, also im Aufwind jenes neuen Zeitgeistes, der sich im Erfolg der Musik der „Beatles", im Aufleben der „Hippie"-Generation und vor allem im Anbruch einer sich bis heute durchhaltenden, soziokulturell beachtlichen „Esoterik-Welle"[250] ausdrückte. In deren Kontext begegnet er seither in aller Regel in mehr oder weniger enger Verknüpfung mit der astralmythologisch fundierten Vorstellung vom „Wassermannzeitalter", mit anderen Worten: im atmosphärischen Horizont der seit damals zunehmenden „New Age"-Begeisterung[251]. Der begriffliche Konnex ist zwar durch Bailey angebahnt worden, insofern sie mit diesen Termini bereits gearbeitet hatte. Neu ist aber nun ihre unmittelbare Korrelation, die in dieser Form bei Bailey noch nicht zu finden ist.

Am Beginn dieser „neuen Zeit" steht 1965 der erste deutschsprachige Buchtitel, der den Begriff des „kosmischen Christus" in sich trägt. Das über 500 Seiten starke Werk des Esoterikers *Arthur Schult* heißt „Das Johannesevangelium als Offenbarung des kosmischen Christus" und stammt bezeichnenderweise nicht von einem Mitglied einer der weltweit inzwischen ohne größere Erfolge agierenden theosophischen Gruppen, sondern von einem Individualisten, der sich seine Weisheit „autonom" zusammengesucht hat. Geprägt haben ihn überwiegend, wenn auch nicht ausschließlich abendländisch-gnostische Traditionen, insbesondere Jakob Böhme, Jakob Lorber, das Rosenkreuzertum, Rudolf Steiner und Friedrich Rittelmeyer. Doch sein theosophischer Eklektizismus impliziert kritische Vorbehalte gegen jede seiner Quellen, vor allem gegenüber der akademischen Theo-

---

einbeziehende, im übrigen die Sonnengeist-Christologie bejahende Darstellung im wesentlichen auf H. P. Blavatsky, was natürlich keineswegs ausschließt, sondern durchaus nahe legt, dass er den – bei Blavatsky ja nicht nachweisbaren – Titelbegriff deren geistiger Nachfolgerin Besant verdankt, die gerade im Jahr des Erscheinens dieses Aufsatzes verstarb.

250 Der Begriff „Welle" ist wegen des langen Andauerns eigentlich kaum angemessen. Zu ihm wie zum Phänomen insgesamt habe ich mich andernorts ausführlich geäußert (vor allem in dem Buch „Esoterik", 1995). Angesichts der zunehmenden „Esoterisierung der Gesellschaft" (Roman Schweidlenka) prognostiziert Ruppert, ohne konsequentere Unterscheidung des Christlichen werde die Kirche zunehmend Menschen an die Esoterik verlieren (Christus, 240). Einen regelrechten „Paradigmenwechsel" zwischen Christentum und „neuer esoterischer Religiosität" diagnostiziert bereits Runggaldier, Philosophie, 202.

251 Ob womöglich explizit von einer New Age-„Bewegung" (Schorsch, 1988, im Anschluss an innenperspektivische Ausdrucksweise) die Rede sein kann, wird von Bochinger (New Age, 1994) bestritten. Offener dafür ist Wouter Jacobus Hanegraaff: New Age Religion and Western Culture. Esotericism in the Mirror of Secular Thought (Universität Utrecht 1995), Leiden 1997 (bes. 433 und 439), der jedenfalls „New Age" als „Religion" interpretiert (in diesem Sinn hatte ich mich bereits in dem Aufsatz „Religiosität und Hoffnung im Kontext von New Age" geäußert: KuD 37, 1/1991, 62–93, bes. 65 ff.).

logie, deren Aussagen zu seinem eher meditativ erschlossenen Thema er immerhin aus seinem Wahrnehmungskreis nicht ausschließt[252].

Seine kosmische „Christosophie" erweist sich wie immer in der modernen Theosophie als futurisch ausgespannt auf die evolutiv-immanente Zukunft des sich zunehmend verklärenden Kosmos hin[253]. Auf dieser Gesamtlinie siedelt er nun das „kommende Zeitalter", nämlich das „kommende" bzw. schon „beginnende Wassermannzeitalter"[254] an. Und er verbindet dessen Vorstellung ausdrücklich mit seiner universalen Christosophie: „Das kommende Wassermannzeitalter wird die ganzen Erfahrungen der vergangenen Menschheitsepochen in allen Erdteilen sichten, klären und zu neuem Leben wiedergebären im Lichte des Logos"[255]. Und der „Logos" ist für ihn identisch mit dem „kosmischen Christus", den erleben kann, wer das neue, sich „von Jahr zu Jahr immer stärker im Gegenwartsmenschen" realisierende „supramentale Bewußtsein" spirituell erfährt[256].

Die astralmythologischen Hintergründe, die die Zeitenwende erklären, spielen nicht nur für Schults Christosophie, sondern für sein Buchthema eine wichtige Rolle[257]. Eigentlicher Gegenstand seiner Ausführungen ist ja das vierte Evangelium, das dem „Logos" im Prolog eine zentrale Rolle zuweist. In einem energischen Gesamtdurchgang wird es esoterisch ausgelegt. Allerdings drängt sich kritischer Analyse der Eindruck auf, dass der Titel „Das Johannesevangelium als Offenbarung des kosmischen Christus" erst nachträglich über das auf einer Vortragsreihe basierende Buch gesetzt worden ist. Denn von wenigen Ausnahmen abgesehen, kommt der Begriff „kosmischer Christus" nur in der nachträglich geschriebenen Einleitung

---

252 Nicht ganz undenkbar ist, dass Schult durch die Diskussion im ÖKR (Neu-Delhi 1961) auf den einst theosophisch grundgelegten Begriff des „kosmischen Christus" neu aufmerksam geworden war; doch seine Arbeit selbst lässt davon konkret nichts erkennen und nennt nur einige theologische Standardwerke.
253 Vgl. Arthur Schult: Das Johannesevangelium als Offenbarung des kosmischen Christus, Remagen 1965: „So führt der Logos den ganzen Kosmos der Vollendung entgegen" (53), hin zur „Vergottung" und „Verklärung von Mensch und Kosmos in Gott" (151).
254 Vgl. Schult, Johannesevangelium, 17, 21 und 496.
255 Ebd. (496).
256 Johannesevangelium, 16.
257 Dabei knüpft Schult an die Tradition der modernen Theosophie und Anthroposophie und speziell ihrer Vorstellung vom „kosmischen Christus" erkennbar an – namentlich wenn er „den Lebensweg Jesu zu einem kosmischen Einweihungspfad" stilisiert (25). „Christosophie" versteht sich als „Astrosophie" (26 f.), gerade auch hinsichtlich der Kreuzesfrage (65, 67, 272, 426, 431, 434; ferner 491). Herangezogen wird von Schult nicht zuletzt die einschlägige Studie eines namhaften Mitglieds der Christengemeinschaft (Hermann Beckh: Der kosmische Rhythmus, das Sternengeheimnis und Erdengeheimnis im Johannes-Evangelium, Basel 1930, in der der Begriff „kosmischer Christus" allerdings nicht vorkommt. Hingewiesen sei am Rande auch auf die aus jenen Jahren stammende, theosophisch-astrologisch orientierte Schrift von Carl Heinrich Huter: Jesus und sein Gestirn, Stuttgart 1962.

und im ausführlichen Nachwort vor, und zwar meist in dem Titel angelehnten Formulierungen – z. B. gleich am Anfang der Einleitung: „Johanneisches Christentum ist kosmisches Christentum, und das Johannesevangelium kann in seiner Tiefe nur verstanden werden als Offenbarung des kosmischen Christus." Ebenso stereotyp heißt es am Schluss des Einleitungsteils: „Wenden wir uns nun der Betrachtung des Johannesevangeliums als einer Offenbarung des kosmischen Christus zu."[258]

Das ansonsten fast durchgängige Fehlen des Titelbegriffs im Auslegungsprozess dürfte freilich indirekte systematische Gründe haben: Schult denkt deutlich im Paradigma „heteronomer Autonomie", indem er von einem „kosmischen Sündenfall"[259] ausgeht. Der Kosmos wird so – gut johanneisch – zum Inbegriff des Nichtgöttlichen, ja Diabolischen. Joh 17,14 wird wichtig[260], wo sich Christus selbst als „nicht aus dem Kosmos" stammend bezeichnet: Wie sollte er also der „kosmische Christus" heißen? Überpolar-unentfremdet ist demgemäß allein das „Überkosmische"[261]. Damit ist allerdings nichts „Unkosmisches" gemeint, sondern das von Gott eigentlich intendierte „Urkosmische"[262]. Was aus dem „sonnenhaften" bzw. „lichten Urkosmos" abgestürzt ist, gilt im Sinne heteronomer Autonomie lediglich als „krank" und behält seine „heilende Basis im Logos."[263] Kosmische Christologie erweist sich damit als natürliche Christologie – gerade indem ihr ein außerbiblischer Logos-Begriff zugrunde gelegt wird[264]. Selbst die Erlösungstat am Kreuz wird als geschichtliche dem all-

---

[258] Schult, Johannesevangelium, 15 und 32; ähnlich im Vorwort (13); vgl. ferner 22, 25, 31, 107, 146 und 492. Im Nachwort erwähnt Schult abermals „das Johannesevangelium, das wir als Offenbarung des kosmischen Christus neu und gegenwartsnah zu deuten versuchten..." (511; auch 512). – Erneut erscheint der Begriff „kosmischer Christus" wenige Jahre später in einem kurzen, früher Gesagtes zusammenfassenden Aufsatz von Arthur Schult: Evolution und Gottesidee in integral-christlicher Sicht, in: P. J. Saher (Hg.), Evolution und Gottesidee. Studien zur Geschichte der philosophischen Gegenwartsströmungen zwischen Asien und dem Abendland, Ratingen 1967, 229–238, bes. 229 und 232.
[259] Johannesevangelium, 29, 43 und 442. Vgl. auch 19, 22. Von dergleichen liest man bei Bailey und Tweedale so gut wie nichts; sie denken im Paradigma „autonomer Autonomie".
[260] Johannesevangelium, 512.
[261] Vgl. Johannesevangelium, 47; auch 178, 187 f.
[262] Schult hat damit „die urbildliche Geistwelt" (57) im Blick. „Dieser Urkosmos aber hat seine höchsten Urbilder, gleichsam die Ideen der Ideen, in den Äonen Gottes" (ebd.).
[263] Johannesevangelium, 29; vgl. 109 und 442. Sowohl in dieser Sichtweise als auch in betonter Rede vom Christus-Logos als dem „Schöpfergott" (276) und vom „Mysterium von Golgatha" (109, 489 u. ö.) zeigt sich die geistige Nähe zu Steiners Christosophie besonders.
[264] Schult bezieht sich explizit auf Heraklits Logosverständnis (Johannesevangelium, 269); der Christus-Begriff erweist sich als dessen bloßes Prädikat. Folglich gilt: „In der Natur gilt es den Geist, im Geiste die Natur zu finden. So erschließt sich auch durch die Natur ein Weg zu Christus" (29).

gegenwärtig-übergeschichtlichen Erlösungsmysterium untergeordnet[265] und insofern gewissermaßen „naturalisiert".

Das heteronome Element innerhalb des Autonomie-Paradigmas ist nun bei Schult dahingehend gesteigert, dass seine Kosmosophie – in expliziter Absetzung von Steiner[266] und in bewusster Analogie zum spätantiken Gnostizismus – die Transzendenz Gottes stark unterstreicht[267]. Gleichwohl wehrt er sich dagegen, dass am Ende ein „überweltlicher Gott" bloß noch individualistischer Erlösungssehnsucht korrespondiert: Gerade der Vermeidung solch typisch abendländischer Verdrängungsreligiosität soll der Begriff des „kosmischen Christus" dienen[268]! Von daher verknüpft Schult diesen Terminus ausdrücklich mit der Idee des soteriologisch gewerteten „kosmischen Bewußtseins"[269], das dem geistbewussten Ich eignet – womit sich klar das Paradigma spiritueller Autonomie abzeichnet. In dessen Rahmen „wird der Mensch zum Übermenschen"[270]: Zu ihm „kehrt der Kosmos zurück"[271]. In diesem eschatologisch-kosmophilen Sinn sieht Schult für die Gegenwart „eine neue gnostisch-kosmische Weltschau"[272] angesagt.

---

265 „Die Erlösung von Welt und Mensch geschieht von Ewigkeit her wie die Schöpfung. Sie ist nicht erst vor 2000 Jahren geschehen ... Die Heilswirkung des Opfertodes Christi ruht auf dem ewigen, innergöttlichen Liebesakt und nicht auf der ihn enthüllenden Geschichtstatsache von Golgatha" (442 f.). Dieser mystische, an Tillich erinnernde Verweis auf die trinitätsimmanente Voraussetzung des soteriologisch relevanten Kreuzesgeschehens wäre theologisch akzeptabel, würde er nicht mit der Intention verbunden sein, letzteres implizit zu entwerten und eine „überkosmische" Spiritualität anzupeilen.
266 Schult kritisiert den ausgesprochenen Monismus Steiners als geradezu unchristlich (Johannesevangelium, 502, ferner 505).
267 Böhmes Denken wird erkennbar in der These: „Der Logos ist die offenbare Tagseite Gottes, Gott ist die verborgene Nachtseite in Gott" (42).
268 Vgl. Schult, Johannesevangelium, 15.
269 Ebd. 16. „Durch seinen Fall aus Geisteshöhen hat der Mensch sein kosmisches Bewußtsein verloren" (26). Wenn aber „das Bewußtsein sich ins Kosmische und Überkosmisch-Ewige weitet, dann erlebt der Mensch, daß alle Menschen, alle Lebewesen Glieder eines zusammenhängenden Organismus sind" (442). Übrigens: „Das Ich des Menschen wird dabei nicht aufgelöst" (277; ebenso 478 und 481) – das ist für Schult so selbstverständlich wie für alle moderne Theosophie und die Anthroposophie (entgegen manchen Thesen sonstiger moderner Esoterik).
270 Johannesevangelium, 23. Schult versteht den Begriff im Sinne von Ernst Benz: Der Übermensch, Zürich 1961, der meint, sie in charismatisch-ekstatischer Richtung als christliche ausgeben zu können (vgl. Johannesevangelium, 511). Zugleich aber weitet Schult die Bedeutung des Ekstatischen vom Relationalen ins Substanzontologische aus, indem er den Menschen als nicht nur „irdisches und kosmisches Wesen", sondern als „bis in die Tiefen der Gottheit" hineinreichendes definiert (501). Der göttliche Funke ist es, der den Menschen in seinem Kern „übermenschlich, überkosmisch, göttlich und ewig" sein lässt (511) – Gedanken, die Schult vor allem in seiner Schrift „Vom übersinnlichen Wesen des Menschen" (Bietigheim 1966) ausgebreitet hat.
271 Johannesevangelium, 26.
272 Johannesevangelium, 21. Dem entspricht „die gnostische Christusschau" (487) des Gottmenschen.

Und insofern kann er Christus dann doch durchaus dezidiert als „kosmischen" auffassen und entsprechend den Buchtitel verantworten.
Ähnlich wie bei Tweedale erweist sich Schults Standpunkt als Versuch einer Synthese von Theosophie und Anthroposophie. Und er bewältigt den Spagat ähnlich wie jene bereits im Grundansatz der Christologie, indem er den Begriff der „Verkörperung" – Tweedale spricht von „Manifestation" – (allzu) einfach doppelt anwendet: „Die Verkörperung des Logos im Fleisch ist zu unterscheiden von der Verkörperung des Logos im Geiste, die sich in allen großen Religionen von oben vollzieht."[273] Der Einzigartigkeit und Einmaligkeit der Inkarnation in Jesus, an der Schult mit Steiner festhält[274], entspricht demnach zugleich die Universalität des in ihm verkörperten Christusgeistes. Unter Hinweis auf Joh 1,9 wird betont: „Alle Religionen sind Dialekte der einen umfassenden Logos-Religion der Menschheit ... So universal ist die Offenbarung des kosmischen Christus."[275] Gerade darin bestätigt sich Schults kosmische Christologie als eine natürliche: „Das Licht des dauernd im Kosmos wirksamen kosmischen Christus ist gemeint, das in allen Religionen der Erde aufleuchtet, immer gegenwärtig und immer kommend, jedem Menschen erreichbar."[276] Und insofern lautet das Resümee nach über 500 Seiten: „Viele Wege führen zu Gott."[277]

Wie aber verträgt sich nun solch universalreligiöse, geradezu „zeitlos" gemeinte Sichtweise mit der apokalyptisch gefärbten Rede vom anbrechenden „Wassermannzeitalter"? Indem Schult dieses mit der „Wiederkunft Christi" zusammendenkt, gerät er trotz seiner inneren Nähe zu Steiners Konzeption in den Sog zyklischer Logik: Gemäß der theosophisch transportierten Avatara-Theorie stimmt er, wiewohl er ein leibliches Wiedererscheinen des Christus mit Steiner ablehnt, den einschlägigen Gedanken Besants und Baileys insofern grundsätzlich zu, als er das geistige Kommen des „kosmischen Christus" nicht als einmaliges – nämlich als „zweites", nachfolgendes gemäß der von ihm ja als einmalig anerkannten Inkarnation in Jesus – versteht. Vielmehr pluralisiert er dieses spiritualisierte Wiederkommen, dessen „ätherische" Wirklichkeit demnach in überhaupt „allen katastrophalen Krisenzeiten der Entwicklung" neu zu erfahren ist – so auch derzeit[278]!

---

273 Johannesevangelium, 31. Nächstes Zitat ebd.
274 Vgl. Johannesevangelium, 61.
275 Johannesevangelium, 31.
276 Johannesevangelium, 46. Die Logos-Religion im Sinne des johanneischen Christentums ist es, die „alle vergangenen und zukünftigen Religionen der Erde in sich birgt, sowohl die christlichen als die außerchristlichen" (496).
277 Johannesevangelium, 514. „Jeder Weg ist der rechte, wenn er uns Gott näher zu bringen vermag" (ebd.) – ein Kriterium für die Erfüllung dieser Bedingung wird freilich nicht benannt.
278 Vgl. Johannesevangelium, 514.

Während dem esoterischen Opus Schults in Deutschland nicht zuletzt wegen seines Umfangs keine größere Wirkkraft beschieden ist, spürt zur gleichen Zeit ein in Afrika aufgewachsener Amerikaner den Geist des „Neuen Zeitalters" wehen und verhilft ihm in den USA und dann in Europa zu weiterem Auftrieb: *David Spangler* (geb. 1945). Seit 1964 hält er Vorträge über die New Age-Idee; im Zuge seines esoterischen Engagements kommt er 1970 in die spiritualistische Findhorn Foundation Community in Schottland, deren Co-Direktor er wird. Dort schreibt und publiziert er voller Enthusiasmus das Buch „Revelation – The Birth of a New Age" (1971), das er später erweitert und das „one of the foundational texts of the early New Age movement"[279] wird. Dessen Titel „Offenbarung" hat eine doppelte Bedeutung: Gemeint ist einerseits die esoterisch aktualisierte Grundvorstellung von Wandlungsprozessen im okkult-evolutionistischen Sinn fortschreitenden Aufgedecktwerdens, andererseits das konkrete Resultat spezieller „Übertragungen" von höheren Wesenheiten durch Spangler als menschlichen „Kanal", weshalb sich das Buch großenteils als „Dokumentation" versteht.

Die Beschreibung, die der junge Autor vom Vorgang seiner „Inspirationen" gibt[280], klingt durchaus differenziert: Schlichte Vorstellungen offenbarungsspiritistischer Provenienz lässt er bewusst hinter sich, um das Gemeinte in mystischen Farben zu schildern, nämlich als höheren Bewusstseinsvorgang, in dessen Vollzug irdisches und überirdisches Subjekt einander nahe kommen und synthetisch verschmelzen. Freilich steht hinter dieser Darstellung das ROS-Konzept (relationsontologischer Substantialismus): Das „höhere Selbst" ist gewissermaßen der innere Christusfunke, der sich hier heilvoll mitteilt. Das sich bei Spangler offenbarende Wesen trägt den religiös, geradezu christlich klingenden, überbordenden Namen „Limitless Love and Truth" und spricht angeblich „with the voice of the Christ"[281]. Es kann überhaupt mit Christus oder wiederum mit einem „Aspekt des Christus" identifiziert werden, dessen „zweites Kommen" es offenbart. Von präzisen Definitionen hält Spangler in diesem Zusammenhang nichts, denn sie würden nur – wie ja die Dogmengeschichte zeige – zu allerlei Sekten und Konfessionsspaltungen führen: „We can say that Limitless Love and Truth is really Christ, or God, or a Master from an exalted plane of being, but in doing this, we only place him into categories which are familiar to us, which have been built up through the past. We miss the implications of his being a *new* revelation ..."[282] Fortschreitende

---

279 So Hanegraaff (New Age Religion, 93) über: David Spangler: Revelation. The Birth of a New Age, Forres/Schottland 1977² (deutsch: New Age. Die Geburt eines Neuen Zeitalters, Frankfurt/M. 1978). Zu diesem Buch und zur Findhorn Community vgl. Bochinger, New Age, 106 ff.
280 Vgl. Revelation, 39 ff.
281 Spangler, Revelation, 130.
282 Revelation, 131. Vgl. auch 129 und 187.

Offenbarung transzendiert selbstverständlich das biblisch-kirchlich Bezeugte, und zwar substanziell. Die autoritative Quelle hierfür ist laut Spangler kein anderer als der „kosmische Christus" selbst[283].

Von ihm ist in Spanglers Buch, wenn auch nicht gerade im Titel oder Inhaltsverzeichnis, des öfteren die Rede, und zwar in denkbar engster Verknüpfung mit Begriff und Idee des „Wassermannzeitalters": Er gilt – eben „in his Aquarian dispensation" – als Regent der New Age-Energien[284]. Ähnlich wie Tweedale und Schult erweist sich Spangler als relativ stark von Steiners Konzeption beeinflusst[285]: Die „Wiederkunft Christi" versteht er im anthroposophischen Sinn als ätherisch-geistiges Geschehen. Was jedoch für Steiner quasi noch futurische Eschatologie war, ist für ihn präsentische, ja realisierte: „The Second Coming has occurred and Earth is in readiness to receive the new Christ manifestation."[286] Das Bewusstsein des Menschen solle sich von der Vergangenheit weg auf die Zukunft hin orientieren – bzw. auf die Gegenwart hin, in der die Zukunft realisiert sei. „Thus, the Christ gives to this cycle the visions that will fulfill the potentials of this cycle, new visions and, in some cases, unprecedented relevations. It is for this reason that in this book a difference is made between the Second Coming of the Christ and a new manifestation of this same universal presence and impulse, which could be called the Aquarian Christ."[287] Die Wiederkunft Christi bereitet nach Spangler die Gegenwart des „Wassermann-Christus" vor, indem sie die Menschen befähigt, aus dem Makrokosmos die Bewusstseinskräfte des „Neuen Zeitalters" zu empfangen und es von daher aufzubauen. So liegen Gegenwart und Zukunft des „kosmischen Christus" dynamisch-holistisch ineinander.

Die theosophisch-anthroposophische „Apokalyptik" Spanglers bewegt sich im gewohnten Konzeptrahmen spirituell-evolutionistischen Denkens, in das biblisch-eschatologische Begriffe wie „neuer Himmel und neue Erde"[288] oder „Auferstehung" hineingestellt und dadurch entsprechend um-

---

283 Vgl. Spangler, Revelation, 130. In einer späteren Publikation heißt es ausdrücklich: „Naturally, any old Christ will not do, not if we need to show that we have something better than the mainstream Christian traditions. It must be a Cosmic Christ, a universal Christ, a New Age Christ" (David Spangler: Reflections on the Christ, Glasgow/Findhorn 1978, 107).
284 Revelation, 158; ähnlich 123 und 141. Vgl. näherhin Ronald C. Rhodes: The New Age Christology of David Spangler (Bibliotheca Sacra 144), 1987.
285 Gleich der erste Satz seines Buches bringt Steinersche Stichworte wie „Solar Logos", „Cosmic Christ" und „Etheric Plane" (25). Vgl. auch Hanegraaff, New Age Religion, 93 und 165, wo mit Recht auch auf mancherlei Einflüsse moderner Theosophie schon auf den jungen Spangler hingewiesen wird.
286 Revelation, 159.
287 Spangler, Revelation, 161. Als „Impuls" – ein typisch Steinersches Stichwort – schillert der „Christus" in eher unpersönlichen Farben; zu Spanglers in dieser Hinsicht mehrdeutigen Äußerungen vgl. Hanegraaff, New Age Religion, 165–167.
288 Eine Lieblingswendung Spanglers (Revelation, 109, 111, 115 u. ö.)!

interpretiert werden. Dasselbe gilt für die Rede vom „Christus", der als „Solar Logos" selbst Produkt der Evolution und zugleich „the essence of all evolving life" ist[289]. Anders als bei Steiner begründet die astralmythologische Zeitalter-Logik bei Spangler eine Auffassung vom „kosmischen Christus", die dem zyklischen Denken Tribut zollt und insofern in der Jesusgeschichte keineswegs den absoluten Wendepunkt einer im Schema „heteronomer Autonomie" gedachten Entwicklungslinie erblickt, sondern entsprechend dem Konzeptrahmen „autonomer Autonomie" mit regelmäßigen Wiederholungen solcher Vorgänge rechnet[290].

Ein weiterer Unterschied zu Steiner besteht in Spanglers Auseinanderdividierung von „Solar Logos" und „Earth Logos"[291]; denn in anthroposophischer Perspektive ist der Erdengeist der in unseren Planeten heilvoll eingegangene Sonnengeist selbst, während bei Spangler von einer Synthese beider die Rede ist, die zunächst ihre getrennte Existenz voraussetzt. Diese Korrektur entspricht einer veränderten „Christologie": Im Gegensatz zu Steiner wird hier Jesus nicht bloß als bereitete Hülle, sondern als kooperatives Gegenüber des „kosmischen Christus" verstanden, dessen Bewusstseinsstärke das Gelingen der Union zu verdanken ist[292]. Theologisch gesprochen tritt damit ein pelagianischer Zug hervor, indem der Kontaktsuche des „kosmischen Christus" auf der einen Seite die einiger darin erfolgreicher Menschen (wie zunächst Buddha und dann Jesus) auf der anderen Seite korrespondiert[293]. Freilich handelt es sich um keinen „Pelagianismus" im Sinne des heteronomen, sondern des autonomen Paradigmas: Zur erlösenden Leistung kommt es, weil „Jesus had awakened to the Christ of his own nature."[294] Dem glücklichen Bemühen aller Beteiligten

---

289 Vgl. Revelation, 101 f.; auch 96. Pantheistisch – nämlich im Sinne eines „neuen Animismus" – ist die Aussage gemeint: „The Christ is in all things and in all men" (49). Daraus folgt in evolutionspädagogischer Hinsicht: Der „kosmische Christus" ist „the educator for this solar system and indeed for all the universe" (102).
290 Vgl. Hanegraaff, New Age Religion, 165. – Zwar greift Spangler von Steiner her den heteronomen Gedanken des „Sündenfalls" kurz auf, reduziert ihn aber – Steiners komplexe Gedankengänge verflachend – auf die Gefährdung durch materielle Verstrickung.
291 Vgl. a. a. O. 108 ff. u. ö. Besonders in dieser Hinsicht erweist sich Spangler als von Bailey beeinflusst, die er im Literaturverzeichnis (210) nennt und empfiehlt (vgl. dazu auch Bochinger, New Age, 109 f.; Hanegraaff, New Age Religion, 436).
292 Insofern ist es keineswegs zutreffend, wenn ein kirchlicher Weltanschauungsbeauftragter urteilt: „Der irdische Jesus gilt im New Age förmlich als abgeschrieben ..." (Walter Schmidt: Der Mensch Jesus von Nazareth und der kosmische Christus, in: Evangelisches Gemeindeblatt für Württemberg 8/1999, 10). Vgl. zu Spanglers „Cosmic Christ" auch Douglas Groothuis: Revealing the New Age Jesus. Challenges to Orthodox Views of Christ, Downers Grove/Illinois 1990, 221 ff.
293 Vgl. Spangler, Revelation, 102 ff. „Buddha and Jesus used the contact and draw down into incarnation the power of the Cosmic Christ" (170).
294 A. a. O. 104 (Zitat im nächsten Satz ebd.). Was für den Menschen Jesus gilt, gilt im Sinne spiritueller Autonomie holistisch für alle: Jeder ist die Ganzheit des Univer-

verdankt sich so aber schließlich die gelungene „impregnation of an aspect of the Cosmic Christ, through the consciousness of Jesus, into the physical, etheric and spiritual life of Earth." Diese „impregnation" identifiziert Spangler mit der planetarischen „Inkarnation" des „kosmischen Christus", die näherhin darin bestanden haben soll, dass ein Teil seines Lebens, seiner Kraft okkult auf das Kreuz von Materie, Raum und Zeit geschlagen wurde[295]. „Auferweckung" als Rückkehr in die kosmische Heimat vollzieht sich erst durch das Erwachen des „kosmischen Bewußtseins" im evolutionären Voranschreiten, in energetischer Transformation durch den planetarisch manifestierten Christus-Impuls in der Menschheit – und einen solchen, letztlich vom in der Erde verankerten „kosmischen Christus" selbst bewirkten Evolutionssprung bedeutet ja der Anbruch des Wassermann-Zyklus, mit dem der Christus in seiner Fülle offenbar wird[296]! Die „Wiederkunft Christi" umfasst als Selbstvollzug seiner Wiedergeburt „this revelation and release of Christ life within the inner planes of Earth and affecting the physical planes as well ... The Christ is arising within each of us in response to his arising in the macrocosmos of our planetary environment."[297] Der fast 2000 Jahre lang „gefangene Christus" ist wieder eins geworden mit dem „kosmischen Christus", als dessen Teilaspekt ihn Spangler betrachtet, wobei der Termin dieses Heilsereignisses sogar exakt benannt wird: Weihnachten 1977 – seither soll das „New Age" mit seinen Energien präsent sein[298]!

In der apokalyptischen Konsequenz der Zeitenwende aber droht nun – zumal wegen der menschlichen Willensfreiheit – ein „kosmisches Drama"[299]. Sollte es in diesem Zusammenhang zu einer Atomkatastrophe kommen, müssen New Age-Bewegte freilich nicht verzweifeln: Für sie hat ihr in England führender Kopf Sir *George Trevelyan* (1907–1996) spirituellen Trost parat. Der einstige Leiter eines staatlichen Zentrums für Erwachsenenbildung, der übrigens selber an der Entwicklung der Findhorn Community beteiligt war, erklärt in seinem Alterswerk „Operation Re-

---

sums (191; die Esoterikliteratur ist überreich an entsprechenden Formulierungen)! Daraus folgt die zyklische Logik des oben beschriebenen „indikativischen Imperativs": Unbegrenzte Liebe und Wahrheit sind nötig, um den Weg des „kosmischen Christus" zu bereiten, der dann wiederum seine Gabe von unbegrenzter Liebe und Wahrheit offenbaren kann (123); als makrokosmisches Wesen ruft er sich selbst im Mikrokosmos an und hört diesen Ruf (101).
295 In diesem Gedanken (104) spiegelt sich erneut jene oben erwähnte, astralmythologische Tradition wider, die bereits von Blavatsky und Besant transportiert worden war.
296 Vgl. Spangler, Revelation, 120. Okkult gesprochen, ist der Auferstehungsleib des Christus „the true body of Earth", der New Age-Energien zu handhaben vermag (121).
297 Spangler, Revelation, 121 f.
298 Vgl. Revelation, 127 f.
299 Vgl. Revelation, 133.

demption" (1981), es würden „in der Katastrophe eines Atomkrieges die auf Licht und Liebe eingestimmten Seelen angezogen und auf eine andere Seinsebene mit verwandten Seelen gehoben werden, während die auf einer sehr niedrigen Stufe der Evolution verharrenden Seelen vielleicht in das zurückfließen, was man ‚Seelenreservoir' genannt hat." Zyklisches Denken ermöglicht die zynisch anmutende Hoffnung: „Nach einem Atomkrieg könnte die Erde in neuer Schönheit erstehen, und Menschenseelen könnten wieder hinabsteigen und fruchtbar sein und sich mehren."[300]

Trevelyan fußt mit seiner New Age-Begeisterung auf Bailey und Spangler, greift aber stärker noch als letzterer auf Steiner zurück[301]. Sein genanntes Buch enthält ein Kapitel unter der Überschrift „Der Kosmische Christus im Neuen Zeitalter", das im wesentlichen ohne Abstriche als zusammenfassende Darstellung der Steinerschen Christosophie gelesen werden kann – und will[302]. Die gelungene Paraphrase verwendet allerdings den Begriff „kosmischer Christus" nicht; ihr Subjekt ist – frei nach Blavatsky – der „Christos". Erst gegen Ende des Kapitels taucht die Metapher auf, dort nämlich, wo Trevelyan in theosophischer Manier den universalreligiösen Ausblick unternimmt. Von Steiner herkommend, formuliert er: „Daß der Kosmische Christus für alle Menschen erschienen ist, setzt das Christentum in Beziehung zu allen großen Religionen."[303] Durch dessen Geist sorgen Buddha und Jesus auch heute für Erleuchtung und erlösendes Verstehen in der Menschheit[304]. „So verhilft uns das Konzept vom Kosmischen Christus dazu, uns von den scheinbaren Widersprüchen zwischen den Religionen zu lösen, und es zeigt uns den Weg zu einer Schau, die alle Menschen vereinigt, welche den Weg zu der heilbringenden Kraft des Christus-Impulses gefunden haben. Es kommt nicht darauf an, welchen Namen wir dafür finden."[305] Dass diese inklusivistische Theorie auf den Namen dessen, von dem aus der Zirkel sich dreht, keinen Wert legt, verdeutlicht zur

---

300 George Trevelyan: Unternehmen Erlösung. Hoffnung für die Menschheit, Freiburg i. Br. 1983, 208 und 219. Ähnlich makaber äußert sich Erich Jantsch: Die Selbstorganisation des Universums. Vom Urknall zum menschlichen Geist, München 1982 (dtv 4397), 414 f.
301 Vgl. Bochinger, New Age, 110 f. Wegweisend wurde sein Buch „A Vision of the Aquarian Age" (London 1977, deutsch: „Eine Vision des Wassermannzeitalters", Freiburg i. Br. 1980).
302 Vgl. Trevelyan, Erlösung, 34 ff. Spanglers Einfluss wird freilich dadurch erkennbar, dass Trevelyan später den „Kosmischen Christus" als das ganze All durchstrahlendes Licht mit dem Wesen namens „Grenzenlose Liebe und Wahrheit" identifiziert (61).
303 Erlösung, 51. Trevelyan betont, selbst der esoterische Islam wisse um den „Kosmischen Christus" (52).
304 Vgl. Erlösung, 52; ferner 85 ff.
305 Erlösung, 52. Auch weiter unten wird noch einmal der „Kosmische Christus, oder wie man ihn auch benennen mag", als Erleuchter der ganzen Menschheit angeführt (89).

Genüge, wie sehr auch hier anthroposophischer Geist theosophisch verwässert ist; tatsächlich wird die Avatara-Lehre positiv erwähnt, und in der berühmten Streitfrage, ob Christus leibhaft wiedererscheinen werde[306], drückt sich Trevelyan um eine Entscheidung[307]. Gegen Ende seines Buches bezeichnet er den „Christus" als „Avatar der Liebe"[308] – so hätte Steiner vom „kosmischen Christus" gewiss nicht gesprochen!

Ein weiterer Ausläufer modern-theosophischer Sonnengeist-Christologie findet sich im Kontext der zeitgenössischen „Sonnentempler", die sich – ebenso üblich wie fraglich – auf alte Tradition namentlich aus dem Rosenkreuzertum berufen und 1994 durch einen spektakulären Gruppenselbstmord ins Licht weltweiten Interesses gerückt sind[309]. Aus ihren Kreisen stammt das Buch „The Templar Tradition in the Age of Aquarius" (1987) von *Gaetan Delaforge*, das auch ein Kapitel „The Cosmic Christ" enthält. Kritische Bemerkungen zur spirituell angeblich ineffektiven Christologie der etablierten Kirchen dienen einleitend der Rechtfertigung für eine „completely different version of what the Christ really is", nämlich ein „great cosmic being"[310]. Der unbestimmte Artikel macht dessen Größe theologisch klein, mag sie auch noch so „kosmisch" imponierend geschildert werden: „The Cosmic Christ is a highly evolved being who accepted the mission to guide the evolution of the Earth to the level determined by Cosmic Intelligence. The Christ is the sum total of all evolution which has taken place within our solar system."[311] Klar erkennbar schließt Delaforge sich moderner Theosophie an, wenn er formuliert: „Periodically, whenever a new evolutionary impulse was required on the planet, the Cosmic Christ

---

306 Im Vorwort zu Spanglers „Revelation" fragt Trevelyan rhetorisch: „Is the Christ to appear again among us and if so, how? Will new avatars and inspired teachers reveal themselves?" (13). Merkwürdigerweise geht er nicht wie Spangler davon aus, dass die Wiederkunft schon erfolgt sei (Erlösung, 61).
307 Vgl. Erlösung, 59 f. Nicht zufällig wird Bailey ausdrücklich genannt (58) – unkritisch, versteht sich.
308 Trevelyan, Erlösung, 211. Ebd. heißt es: „Der Geist der Sonne, der Logos, wird Fleisch und steigt herab in das Menschenherz."
309 Dazu Inge Schneider: Countdown Apokalypse. Hintergründe der Sektendramen, Bern 1995; Reinhart Hummel: Sektiererische Selbstvernichtung: Ein Rückblick auf das Ende des Sonnentempler-Ordens, in: MEZW 61, 2/1998, 50–53; Jean-François Mayer: Der Sonnentempel. Die Tragödie einer Sekte, CH-Freiburg 1998. Das im folgenden herangezogene Buch von Delaforge (1987) lehnt Selbstmord übrigens (mit esoterischer Begründung) ausdrücklich ab.
310 Delaforge, Templar Tradition, 21 und 23. Angeblich sei die historische Forschung sich mittlerweile viel klarer über den esoterischen Kontext des geschichtlichen Jesus (angespielt wird hier wohl auf die Schriftenfunde von Qumran – und deren esoterische Vermarktung)!
311 Delaforge, Templar Tradition, 24 (nächstes Zitat ebd.). Wenn Delaforge hinsichtlich des historischen Jesus auf den heutigen Wissenschaftsstand pocht, warum tut er dann hier gleichsam so, als gäbe es evolutionsbiologische Aussagen im Blick auf unser Sonnensystem, sofern man von unserem Planeten absieht?

would ensoul certain individuals to various degrees." Der Standpunkt des Autors in der Tradition abendländischer Esoterik kommt dann freilich darin zum Ausdruck, dass trotz prinzipieller Bejahung des Avatarakonzepts Jesus von Nazareth als derjenige bezeichnet wird, in dem der „kosmische Christus" am relativ stärksten hervorgetreten sei. In ihm nämlich sei er physisch herabgestiegen, um seine rettenden Energien zu bringen, nachdem sich auf Grund der menschlichen Autonomie bzw. Willensfreiheit ein „cosmic accident" ereignet habe[312]. Erstmals habe er sich bei der Taufe am Jordan inkarniert, um namentlich durch seinen Tod der Menschheit zur Wiederaufwärtsbewegung bei der Evolution zu verhelfen. Hier klingen deutlich Gedanken Steiners an, die der Autor wohl indirekt seiner (aus dem Literaturverzeichnis ersichtlichen) Rezeption von Schuré und Tweedale verdankt. Gleichwohl wird das Geschehen von Golgatha als unvollendetes Opfer charakterisiert, so dass von daher die Zukunft des „kosmischen Christus" in den Blick gerät: Sein zweites, nichtkörperliches Kommen werde das erneute Zusammenwirken der durch ihn der Erde injizierten Energien, mithin eine breite Realisierung des kosmischen Bewusstseins bedeuten[313]. Die Idee vom gekreuzigten Christus sei in unserem Zeitalter zu ersetzen durch die von Auferstehung, Licht und Liebe[314]. Im Zeichen des Wassermanns gelte: „All men and women alive will be obliged to face up to their responsibilities at all levels towards themselves, toward the physical planet and towards the Cosmic Christ."[315]

Wieder ein Kapitel unter der Überschrift „Der Kosmische Christus" findet sich 1988 in einem New Age-Taschenbuch von *Karl Ledergerber* (geb. 1914) und *Peter Bieri* (geb. 1943). Die Autoren, die an die gewachsene Sehnsucht nach einem umfassenden Weltbild, einer ganzheitlichen Weltanschauung anknüpfen[316], beziehen sich schwerpunktmäßig auf Spangler, Trevelyan und auch auf Teilhard de Chardin. Sie ahnen, dass sie ihre Absicht, New Age-Religiosität und Christentum auf einen Nenner zu bringen, nicht im Paradigma „autonomer Autonomie" realisieren können, und gehen daher – hierin Steiner nahestehend und dem Paradigma „heteronomer Autonomie" folgend – davon aus, es habe sich „mit dem Fall der Schöpfung auch das Licht der ewigen Christus-Weisheit in ihr verdunkelt"[317]. Hierbei konstruieren sie den angeblich in christlichen Kreisen neu geprägten Be-

---

312 Templar Tradition, 25.
313 Vgl. Templar Tradition, 27 f. Delaforge betont wiederholt die spirituelle Notwendigkeit der bewusstseinsmäßigen Realisierung der Einheit aller Dinge (z. B. 23 und 33).
314 Vgl. Delaforge, a. a. O. 22 f.
315 A. a. O. 135 (Zitat außerhalb des betreffenden Kapitels). Delaforge knüpft hieran Erklärungen zur Relevanz der von ihm propagierten Tempeltradition.
316 Karl Ledergerber/Peter Bieri: Was geht New Age die Christen an? Brücken zum gegenseitigen Verständnis (Herder-Tb 1542), Freiburg i. Br. 1988, 23 f.
317 Ledergerber/Bieri, New Age, 101.

griff des „gefallenen Christus", der freilich in gnostischer Manier den in die Materie gefallenen Seelenfunken symbolisiert. Ihm stellen sie den Begriff des „ewigen Christus" gegenüber und identifizieren ihn mit dem ungeschaffenen Sonnengeist, dessen Strahlen allerdings im Durchgang durch die „Wolken" der gefallenen Schöpfung zu deren „kosmischer Weisheit" degeneriert seien[318]. Mit diesem Konstrukt ergibt sich die Möglichkeit, nicht alles, was sich „theosophisch" für letzte Wahrheit und Weisheit hält, unkritisch zu akzeptieren und dennoch Esoteriker auf die Christusbotschaft hin „inklusivistisch" anzusprechen. Im Menschen Jesus sei der „ewige Christus" zum „Christus-Jesus-Bewußtsein" geworden und habe den „gefallenen Christus" samt der gefallenen Schöpfung wieder zu sich emporgezogen: „Nun erst ist der Sohn, das Weisheits-Wort Gottes, voll und ganz der Kosmische Christus geworden."[319] Es gelingt Ledergerber und Bieri auf diese Weise, die Rede vom „kosmischen Christus" pointiert mit dem christlichen Anliegen der „Personalität Gottes" und der „persönlichen Begegnung" mit dem Christus Jesus zu korrelieren, indem esoterischem Denken innerhalb seiner Stringenzstrukturen plausibel gemacht wird: „Weder das Selbstbewußtsein, noch das gefallene Christus-Bewußtsein, sondern nur dieses Christus-Jesus-Bewußtsein kann uns Menschen verwandeln.... Durch Christus wird der Gott des Universums zum persönlichen ‚Gott im Innern' des Menschen."[320] Doch allein die Kategorie des Relationalen führt noch nicht über das Paradigma des *relations* ontologischen Substantialismus (ROS) hinaus. Indem sich Ledergerber und Bieri weitergehende Differenzierungen ersparen, verharren sie letztlich träge im Konzeptrahmen spiritueller Autonomie, der seinerseits theosophische Toleranz fordert. Auf dieser Basis meinen sie, sofern „keine bewußte feindliche oder gar bösartige Ablehnung des biblischen Christus Jesus" vorliege, seien esoterische Christologien wie die Spanglers oder Trevelyans jedenfalls akzeptabel – womit sie deren strukturelle und inhaltliche Problematik verniedlichen[321]. „Christus, der göttliche Wassermann ist es, der den Menschen seines Reiches das Wasser der Himmel bringt", resümieren sie gegen

---

318 Vgl. a. a. O. 102. Das Selbstbewusstsein der „Autonomie" wird hiermit als „heteronom" entschleiert. Theologisch wird unterstrichen: „Nur der Glaube vermag die beiden Christusweisheiten, die unversehrte und die gefallene, zu unterscheiden" (114).
319 Ebd. Ein Gedanke Baileys (s. o.) klingt damit an.
320 A. a. O. 103. Den personalen Aspekt, mit dessen Akzentuierung sie ihr Kapitel auch beschließen, finden Ledergerber und Bieri bei Teilhard und Trevelyan.
321 Vgl. a. a. O. 109. Beispielsweise führen sie zum Beweis, dass ja auch Spangler „klar" vom Kreuzestod Jesu Zeugnis gebe, zwei Zitate an (111), die allerdings nur für Nichtkenner der theosophischen Materie überzeugend sein können; faktisch lässt nämlich Spangler in seinem Buch vom Kreuzestod Jesu kein einziges Wort verlauten (auch darin Steiner nicht folgend) – von der Problematik esoterischer „theosophia crucis" ganz zu schweigen!

Ende ihrer Schrift³²² – und verwässern so ihre eigenen Ansätze zu theologisch notwendigen Unterscheidungen restlos.

Auch die durch Fernsehauftritte und mehrere Bücher bekannt gewordene Schweizer Esoterikerin *Silvia Wallimann* siedelt ihre Rede vom „kosmischen Christus" im Kontext von „New Age" an³²³. Ihr Buch „Erwache in Gott" (1993) beruht wie bei Bailey und Spangler auf Durchgaben aus „höheren Ebenen", deren Quelle letztlich der „kosmische Christus" sein soll³²⁴. Es atmet freilich nicht nur den aktuellen esoterischen Zeitgeist, sondern spürbar den Geist der älteren modernen Theosophie. Die Engelbotschaft, dass Menschen „in Wahrheit Götter" seien, basiert auf spiritualistischem Monismus: „Der Urgrund alles Existierenden ist das unfaßbare, unpersönliche Sein: unmanifestierter Geist."³²⁵ Der neuplatonische Emanationsgedanke zeichnet sich ab: „Alles ist Ausfluß des Geistes, der sich in der Vielheit manifestiert."³²⁶ Oberste Manifestation ist das Prinzip der Liebe als der „Sohn", der „kosmische Christus"³²⁷, der sich wiederum als Christusbewußtsein manifestiert. Das Prinzip des Lichtes erscheint als „zweitgeborene Gottheit", nämlich als der „kosmische Lucifer". Das bewusste „göttliche Selbst" als das kosmische „All-Ich" schließlich verdankt sich der Synthese dieser beiden „Ur-Aspekte" des ewigen, unpersönlichen, unbewussten Geistes: Es offenbart sich in sieben Ur-Energiequellen und schafft nach seinem Ebenbild die Götter, sprich: die Menschen in ihrer Ursprungsgestalt und Substanzeinheit mit dem Geist³²⁸. Gemeinsam schaffen sie dann das zunächst feinstoffliche Universum. Indem sie bzw. der luciferische Aspekt in ihnen in den Formenreichtum des Alls einzutauchen begehren, werden sie zunehmend ichhaft; es entwickelt sich die „Illusion", in unabhängigen Individualitäten voneinander und vor allem

---

322 A. a. O. 134. Der „Wassermann-Christus" ist ja eine Kreation Spanglers.
323 „Der Planet Erde steht jetzt am Beginn des Wassermann-Zeitalters, in dessen Verlauf sich die Distanz der irdischen Sonne und ihrer Planeten zu ihrer Zentralsonne verringert. ... Das Licht aller Zentralsonnen stellt im mystischen Sinne das kosmische Licht des Christus dar"; und dieses „Licht des kosmischen Christus" ist „der ewige Quell allen Lebens" (Wallimann, Gott, 210 und 213). „Das Gesetz der Liebe, das Gesetz des kosmischen Christus wird das neue Zeitalter bestimmen" (214).
324 Vgl. Gott, 235.
325 Wallimann, Gott, 11. „Geist ist die Substanz allen Lebens, die universelle Einheit", die „das ewig unbewußte Sein" bleibt (11 f.). Dass Esoterik grundsätzlich als „monistische Weltanschauung" zu begreifen ist, unterstreicht Sparn (Esoterik, 21).
326 Gott, 12. Auch die Vielheit wird in esoterischem Sinn „kosmisch" gedeutet, indem „die Harmonie des Universums" (227) postuliert wird. Dass Esoterik überhaupt ihrem philosophischen Hintergrund nach neuplatonisch ausgerichtet ist, unterstreicht Runggaldier, Philosophie, 14.
327 Vgl. a. a. O. 12 und 26.
328 Vgl. Wallimann, Gott, 12–14. Die weltbildhaften Elemente der Blavatsky-Theosophie schimmern deutlich durch.

auch von der Quelle ewigen Seins getrennt zu existieren, kurz: innerhalb der Polaritäten von Raum und Zeit, von Gut und Böse.

Das Paradigma spiritueller Autonomie[329] setzt das soteriologische Moment allerdings im Kern an: „Nie hat sich deine innere Natur, dein geistiges Wesen, vom wahren Sein getrennt... In dem Augenblick, in dem sich dein göttliches Sein deinem menschlichen Sein offenbart, also Christus in dir aufersteht, sind alle Funktionen deines Gehirns wiedererweckt, und du erfährst Erleuchtung."[330] Unter „Christus" versteht Wallimann „das von Geist geschaffene Bewußtsein der Liebe", das „im Lauf der menschlichen Entwicklung immer wieder über den Strahl der Gnade in die Materie" hinabgestiegen ist[331]. Es habe sich bei Jesus und vielen anderen „aufgestiegenen Meistern" als wirksam erwiesen: „Als leuchtende Vorbilder gingen sie dir, du vielgeliebtes Menschenkind, in den verschiedensten Religionen voran."[332] So wie der in Jesus wirkende Christus ihn erlöst habe, liege für jeden Menschen die Erlösung in der Bewusstwerdung der Christuskraft als des eigenen göttlichen Selbstes. „Jesus Christus kam nicht in diese Welt, um die Menschen zu erlösen, sondern um ihnen zu zeigen, wie sie sich selbst erlösen können. Von dem historischen Jesus Christus Erlösung zu erhoffen, ist so falsch wie das Warten auf einen künftigen Messias."

Jeder Mensch trägt gemäß der skizzierten Metaphysik sowohl den „kosmischen Christus" als Liebesprinzip als auch den „kosmischen Lucifer" als Lichtprinzip in sich[333]. Das letztere muss mit Hilfe des ersteren aus seiner materiellen Verstrickung, aus seinem Gekreuzigtsein befreit werden. In diesem Kontext ergibt sich folgende „theosophia crucis": Der senkrechte Kreuzesstamm ist das Sinnbild für die ins Dasein einstrahlende geistige Energie. „Der waagrechte Balken symbolisiert den leidvollen Irrweg in der dichten Materie, der dich in die Illusion der linearen Zeit geführt hat. Der linke Teil des Querbalkens steht für den Minuspol der Zeit, die Vergangenheit, der rechte für den Pluspol, das Zukünftige. Nur dort, wo das göttliche

---

329 S.o. Kap. II.1, wo auf die kosmische Dimension spiritueller Autonomie hingewiesen wurde; vgl. auch Sparn, Esoterik, 21. In Wallimanns Buch werden zur Meditation Sätze empfohlen wie: „ICH BIN das Universum" (221); „ICH BIN eins mit aller Schöpfung" (249).
330 Gott, 23.
331 Vgl. a. a. O. 29. „Christus ist schon viele Male auf Erden gewesen, ohne je durch die Bekleidung mit einem irdischen Körper sich in die Materie zu verstricken... Er wird so oft zurückkehren, bis das Christusbewußtsein in allen Menschen erwacht ist..." (226).
332 A. a. O. 25. Nächstes Zitat: 31. Am Rande sei hier auch hingewiesen auf Betty J. Eadie: Licht am Ende des Lebens. Bericht einer außergewöhnlichen Nah-Todeserfahrung, München 1994, die in ihrer Vision Jesus Christus als kosmisches, aber eigenes Wesen neben Gott schildert (63 f.) und offensichtlich esoterische Traditionen verarbeitet.
333 A. a. O. 26. Man solle nicht nachlassen, den „kosmischen Christus" in sich anzurufen (133).

Bewußtsein durchdringt, im Kreuzpunkt beider Balken, ... findest du das ewige Jetzt."[334] Als an die Materie gefesselter Gott wird der Mensch dort frei, wo die Polaritäten wieder zur Einheit verschmelzen: „im Kreuzpunkt, wo das Licht von oben dich erleuchtet."[335] Das sei die „Auferstehung", die „der wahre Gehalt des Mysteriums vom Kreuzestod" sei und dazu befähige, das eigene Gottmenschsein zu realisieren[336]. In solcher „anthropologia gloriae" tut sich unübersehbar „kosmischer Narzissmus" kund, zu dessen Eigentümlichkeit die Aufforderung zählt, kosmisch zu denken[337]. In seinen Diensten steht hier die theosophisch geformte Idee des „kosmischen Christus" ganz offensichtlich[338].

Auf Wallimann bezieht sich schließlich die Meditationslehrerin *Gertrud Erni* in ihrem Buch „Christsein – evangelikal und esoterisch?" (1995). Auch sie, die zu einem esoterischen Christentum Bekehrte, glaubt an „die neue Zeit, die im Werden ist"[339], und erblickt ein „verheißungsvolles Zeichen" in der Christusvision eines Indianers während seines Sonnentanzes: „Warum soll nicht auch in der Erfahrung eines Indianers eine Ahnung vom kosmischen Christus aufleuchten?"[340] Die ursprünglich evangelikal Geprägte erweist sich als fasziniert von dem Umstand, dass bei manchen eso-

---

334 Ebd. „Der senkrechte Balken ist das Symbol des Geistes, der Querbalken das Symbol für die Gefangenschaft des Geistes in der grobstofflichen Materie" (34). Daher solle man keinen Kreuzesschmuck tragen, kein Kruzifix verehren; allenfalls ein gleichschenkliges Kreuz mache Sinn: „Es stärkt nicht dein Leidens-, sondern dein Harmoniebewußtsein" (35).
335 Wallimann, Gott, 33.
336 Vgl. a. a. O. 112 f.
337 „Kosmisch zu denken bedeutet, sich mit jeder Energieform des Universums bewußt zu verbinden und keine Möglichkeit des schöpferischen Lebens ... auszuschließen" (108). Offenkundig bedeutet es nicht zuletzt, mit UFOs zu rechnen: „Viele Götter aus der Milchstraße, aber auch aus anderen Galaxien werden diesen Planeten wieder besiedeln..." (218) – worin sich wiederum narzisstische Tendenzen ausdrücken können (vgl. Susanna Lustig de Ferrer/Jaime Tomás: Die Sciencefiction-Literatur als Ausdruck der Fötalregression des Psychismus, in: A. Rascovsky [Hg.], Die vorgeburtliche Entwicklung, München 1978, 223–233; ferner Linus Hauser: Science Fiction, Neomythos und Neue Religiosität, in: Das Science Fiction Jahr, Bd. 9, München 1994, 509–572, bes. 556 f.).
338 „Es ist erhebend für den Menschen zu wissen, daß seine wirkliche Wesenheit ... in ganz anderen Dimensionen lebt und liebt, und daß alle Lichtaspekte, die er im Universum darstellt, ihn einst empfangen werden, wenn er die irdische Hülle abstreift. Dann kehrt seine Erfahrungsseele heim, verbindet sich mit den Strömen des kosmischen Christus und taucht in die All-Liebe ein" (269). Die „ozeanischen" Farben, die hier schon semantisch zur Geltung kommen, sind tiefenpsychologisch vielsagend.
339 Gertrud Erni: Christsein – evangelikal und esoterisch? Erlebnisse, Auseinandersetzungen und Wegsuche (Claudius Kontur), München 1995, 79. Wallimanns Buch „Erwache in Gott" wird neben anderen esoterischen Quellen und dem Christus-Buch von M. Fox genannt (84 und 80 f.); bei beiden ist Erni dem Begriff des „kosmischen Christus" begegnet.
340 Erni, Christsein, 81.

terischen Autorinnen und Autoren Jesus Christus eine große Bedeutung beigemessen wird. „Natürlich merkte ich bald, wie wichtig es ist, die Jesusbilder und Christusvorstellungen, die mir hier entgegenkamen, im Licht der biblischen Tradition zu prüfen. Und doch freute es mich zu sehen, daß Menschen, die in vielem längst auf Distanz zum Christentum gegangen waren, sich weiterhin mit Jesus Christus auseinandersetzten ... Entscheidend aber wurde mir, daß sich mir in der Auseinandersetzung mit Esoterik eine Ahnung davon erschloß, daß Christus größer ist als wir glauben, daß er auch außerhalb der christlichen Kirche der Herr ist und mit seiner Liebe den ganzen Kosmos durchdringt."[341]

Mit Erni wird exemplarisch deutlich, wie der Gedanke des „kosmischen Christus" in seiner theosophisch-esoterischen Herkunft durchaus traditionell geprägte Christen ansprechen und auf mögliche Defizite binnenkirchlicher Christologie aufmerksam machen kann. Seine Faszinationskraft vermag dabei unter Umständen kritische Bedenken zugunsten einer Perspektive auszuhebeln, die einen integraleren Eindruck macht als das christlich Überkommene. Der so christlich klingende Begriff wird gewissermaßen zum Einfallstor eines schwerlich „christlich" zu nennenden, sprich: theologisch höchst problematischen Paradigmas. Dabei lässt er sich als solcher von der theologischen Zunft doch keineswegs von der Hand weisen – im Gegenteil! Umso dringlicher stellt sich die Frage: Wie ist im 20. Jahrhundert theologisch vom „kosmischen Christus" geredet worden, und wie sollte im 21. Jahrhundert von ihm theologisch verantwortlich geredet werden?

*4. Perspektive: Esoterische Rede vom „kosmischen Christus" als Herausforderung kreuzestheologischer Gegenrede*

Am Ende dieses Kapitels und zugleich des zweiten Hauptteils ist zu konstatieren: Die strikte Orientierung am Begriff des „kosmischen Christus" hat sich gelohnt. Seine einhundertjährige Geschichte auf dem Gebiet der modernen Theosophie und Esoterik lässt ein in allen Varianten identifizierbares Grundprofil erkennen, das so nicht deutlich geworden wäre, wenn die Ausschau generell kosmischer Christologie bzw. Christosophie gegolten hätte. Denn spiritualistische Rede von „Christus" in kosmischer Hinsicht ist immer schon ein weites Feld gewesen, das sich seit dem Aufblühen des religiösen Pluralismus noch mehr ausgedehnt hat und sich unter Verwendung diverser Symbole und Termini von individuell-narzisstischen Fantasien über motivisch-variable Komplexe bis hin zu Beispielen exklusivistischer Sektendoktrin[342] erstreckt. Demgegenüber erweist sich der Gebrauch der

---

341 Ebd. (80 f.).
342 Bezeichnenderweise bin ich bei „religiösen Sondergemeinschaften" im engeren Sinne nicht fündig geworden: Modelle kosmischer Christologie und entsprechen-

Metapher „kosmischer Christus" im Kontext esoterischer Spiritualität durchgängig als – selbst noch im partiellen Widerspruch – traditionsbewusster Akt. Was sich mit diesem (ursprünglich!) durch die moderne Theosophie geprägten Bedeutungssyndrom an impliziter Kernsubstanz verbindet, ist eine im Horizont neuplatonischer Emanationslogik angesiedelte Logos-Theorie, die kosmisch-pantheistisch schillert und erst sekundär mit dem Hoheitstitel der christlichen Tradition verknüpft ist[343]. Zu ihren Kennzeichen zählt entsprechend die Nachrangigkeit des Schöpfungsbegriffs einerseits und der Jesusgestalt andererseits. Der Gedanke der Schöpfung wird zwar keineswegs eliminiert[344], wohl aber von dem der letzten Transzendenz abgekoppelt[345] – um doch gerade in dieser emanationslogischen, demiurgischen Abkoppelung transformiert zu werden zum Inbegriff substantialer Manifestation des Absoluten[346]. Und der „Messias" des Christentums, immerhin der größten Weltreligion, wird integriert in ein leicht modifiziertes,

---

de Wortkombinationen tauchen zwar relativ oft auf (z. B. beim „Universellen Leben", bei der „Christlichen Wissenschaft", der „Internationalen Gralsbotschaft", den „Mormonen" u. a.), doch der Begriff „kosmischer Christus" selbst kommt dort – ungeachtet seiner scheinbaren Schlichtheit – nirgends vor! In diesem Negativresultat spiegelt sich der Umstand, dass sich tatsächlich so etwas wie eine (freilich aufgefächerte) Traditionsgeschichte der Metapher gebildet hat – und korrelativ dazu eine vielleicht keineswegs immer voll bewusste Sensibilität dafür bei jenen, die aus bestimmten Gründen in nicht zu enge Verbindung mit ihr geraten wollen. Einer dieser Gründe dürfte darin bestehen, dass ja der Begriff *per se* ein höchst integrativer ist und deshalb im Kontext exklusivistischer Gemeinschaften wenig Anhalt hat.

343 Trevelyans bereits oben zitierte Bemerkungen sind bezeichnend: „Es kommt nicht darauf an, welchen Namen wir dafür finden", ob „der Kosmische Christus, oder wie man ihn auch benennen mag ..."

344 Seine pantheistisch motivierte Vollverneinung kommt in theosophischem Denken mitunter immerhin vor; ein bekanntes Beispiel dafür bieten die „Philosophischen Briefe" des jungen Friedrich Schiller (1786) mit der in ihnen enthaltenen „Theosophie des Julius". Die Rede vom „kosmischen Christus" freilich schließt die völlige Negation des Schöpfungsgedankens nicht nur aus, sondern verbindet ihn, wie dargelegt, regelrecht mit kosmophilen Zügen.

345 Dass sich darin geradezu ein theosophisch-spiritualistisches Grundmuster manifestiert, zeigt anhand namhafter Beispiele Walter Heinrich: Der Sonnenweg. Verklärung und Erlösung im Vedanta, bei Meister Eckhart und bei Schelling, neu hg. von J. H. Pichler, Interlaken 1985, bes. 187–189.

346 Das heißt: Welt wird als das Andere Gottes theosophisch-metaphysisch verstanden als (emanative oder ggf. gesetzte) Äußerung des Absoluten, gewissermaßen als dessen raumzeitliche Selbstverwirklichung; insofern gilt der Christus hier in seiner Eigenschaft als deren „Durchführer" als „kosmisch". Im Rahmen eines solchen „relationsontologischen Substanzialismus" (ROS), der das christologische Paradox kassiert, erweist sich der Gedanke des „Anderen" freilich als Scheingedanke. Im Unterschied dazu geht das Paradigma „substanzrelationaler Ontologie" (SRO) – wie bereits dargelegt – von der wirklichen Andersheit der Welt im Gegenüber zum radikal als Schöpfer verstandenen Gott bzw. Christus aus, was sich in der christlichen Lehre von der *creatio ex nihilo* ausdrückt.

mit dem modernen Evolutionsdenken synthetisiertes Avatara-Modell, dessen religionspluralistischer Grundzug die christliche Heilsfigur selbst dort noch relativiert, wo sie als besonders herausragend oder als tiefste, konsequenteste Inkarnation gewürdigt wird. Diese Relativierung zeigt sich sogar bei Steiner, der den „Christus" ja vergleichsweise am exklusivsten an Jesus bindet; denn die Jesusgestalt selber wird dafür durch okkulte Interpretation derart „pluralisiert", dass sie schwerlich noch als der im Neuen Testament gemeinte Mensch aus Nazareth gelten kann.

Die Zweitrangigkeit des Bezugs auf den christlichen Hoheitstitel in der esoterischen Rede vom „kosmischen Christus" zeigt sich außerdem darin, dass der so bezeichnete Logos allemal eine Emanationsgestalt meint, die sich im Emanationsprozess selbst bereits nicht nur als „göttlicher", sondern gleichermaßen als „kosmischer" Natur erweist[347]. Die nicht selten esoterisch bemühte „Trinität" (der theosophische Gebrauch dieses Begriffs hat mitunter theologisch beeindrucken können) stellt in diesem Paradigma schon als solche eine Emanation der monistisch gedachten Transzendenz dar, statt Letztaussage über das Wesen Gottes zu sein[348]. Je nach systemlogischer Variante ergibt sich von daher für den „kosmischen Christus" allemal eine emanativ-subordinatianische Verortung. Eine solche ist zwar auch in manchen mit neuplatonischen Farben durchtränkten Christologien der alten Kirche anzutreffen, doch im Unterschied zur ebenfalls neuplatonisch orientierten Theosophie führt sie dort nicht dazu, den Logos im Prozess der Deszendenz als spiritualistisch-kosmisches Einzelwesen oder gar als Engel Gott unterzuordnen[349]. Der theosophische Subordina-

---

347 Christus ist esoterisch mithin „Schöpfungsmittler" in dem Sinne, dass er rangmäßig zwischen Gott als der letzten Transzendenz und der Schöpfung steht. Aus seinem – und nicht dieser letzten Transzendenz zugeordneten – Schöpfersein schließt theosophische Logik folgerichtig auf seine „kosmische" Natur. Vom Denkrahmen christlicher Theologie aus muss dieser Schluss freilich insofern als Kurzschluss zurückgewiesen und „Schöpfungsmittlerschaft" anders bestimmt werden, als zwar die Welt als in (Kol 1,16) und durch Christus (Joh 1,3) geschaffen gilt, aber dieses „durch" keinesfalls exklusivistisch, gewissermaßen den Vater ausschließend verstanden werden darf.
348 Ob sich *innerhalb* solcher theologisch intendierten Letztaussage Gott als monarchisch gedachter Vater zu Gott als relational gedachter Dreieinigkeit zeitlos-konstitutiv verhält oder nicht (dazu vgl. Pannenberg, STh 1, 353), ist ein von der theosophischen Perspektive abzuhebendes Problem, weil es nicht wie diese „hinter" der Trinität noch einmal einen transzendent-„unbekannten" Gott voraus-zusetzen pflegt.
349 Dabei hätte man in der alten Kirche sogar an entsprechende Vorstellungen Philos anknüpfen können! Diese Art von emanativer Subordination des „Logos" im spiritualistischen Denken wird übersehen, wenn heute gut gemeinte Apologetik urteilt, Gott selbst bekomme im holistischen „New Age"-Denken den Namen „kosmischer Christus" (so Thomas Weiß: Bibel für Besserwisser, oder: Vom Nutzen und Gebrauch der Heiligen Schrift im Zeichen des Wassermanns, in: DtPfrBl 98, 5/1998, 269–272, bes. 269).

tianismus, modern allemal evident gemacht unter Bezugnahme auf eine spiritualistische „Evolutions"-Lehre[350], erklärt zugleich die sich meist sogar explizit durchhaltende Identifizierung des kosmischen Logos mit dem Geist der Sonne: In ihr spricht sich der kosmische Bezug unter Voraussetzung emanativer Dynamik astralmythologisch aus. Theologische Bemühungen ihrer Rechtfertigung – vor allem durch Denker der Christengemeinschaft – gehen nicht nur am Kern der kirchlich-theologisch intendierten Sache vorbei, sondern haben auch an biblischer Lichtmetaphorik so gut wie keinen exegetisch ernst zu nehmenden Anhalt[351].

Der modern-theosophisch geprägte Begriff des „kosmischen Christus" hat mithin ein Profil, das „missionarische", inklusivistische Tendenzen aufweist und gerade deshalb theologische Abgrenzung herausfordert. Dabei sollte sich von selbst verstehen, dass apologetische Bemühungen, die ja ein Stück weit an frühere Abwehr der spekulativen Christologien aus der ersten Hälfte des 19. Jahrhunderts[352] anknüpfen können, nicht etwa der Verdeckung notwendiger Selbstkritik dienen dürfen. Von esoterischer Rede vom „kosmischen Christus" lässt sich nämlich in gewisser Hinsicht lernen[353]: Sie erinnert theologisch über die prinzipielle Notwendigkeit kosmischer Christologie hinaus[354] an die das esoterische Kerygma allerdings

---

350 Ruppert konstatiert kritisch: „‚Christus' wird kosmischen Entwicklungszyklen *ein- und untergeordnet*, die z. T. nur innerhalb der Esoterik bekannt sind" (Christus, 240). Diese Entwicklungszyklen haben entgegen dem ersten Anschein so gut wie nichts mit den wissenschaftlich eruierten, keineswegs zyklischen Evolutionsprozessen in der Natur zu tun. Spiritualistisches Entwicklungsdenken ist wesentlich älter als die moderne Evolutionstheorie, hat aber seit deren Publikwerdung unter geschickter Bezugnahme auf sie enormen Plausibilitätszuwachs verzeichnen können.
351 Zwar schimmert astralmythologische Symbolik in der Johannes-Apokalypse durch, wenn von Jesus als dem „hellen Morgenstern" (22,16; vgl. 2,28) oder als „siebenäugigem" Widder (5,6 ff.; 6,16; 14,1; 17,14), also dem ersten Frühlingstierkreiszeichen und „Haupt des Kosmos", die Rede ist (vgl. Franz Boll: Aus der Offenbarung Johannis. Hellenistische Studien zum Weltbild der Apokalypse, Leipzig/Berlin 1914, 44 ff.). Doch lässt sich aus solcher Symbolik keinesfalls die theosophische Solarlogos-Theorie ableiten oder legitimieren.
352 Zur so genannten „spekulativen Christologie", die – wiederum im Rückgriff auf neuplatonische Stringenzen – Christus als Idee und diese wiederum als einen oder den höchsten Ausdruck der in der Geschichte sich realisierenden Einheit des Absoluten mit dem Relativen verstanden hat (Schelling, Hegel, Strauß), sei hier nur verwiesen auf Otto Weber: Grundlagen der Dogmatik, Bd. 2, Neukirchen-Vluyn 1977⁵, 11 f. und 25.
353 Entsprechende Lernbereitschaft gegenüber der Theosophie im ganzen signalisiert bereits Stolzenburg, Theosophie, 1138. Und insofern gibt Niebergall nicht ohne jedes Recht zu bedenken: „Vielleicht haben wir auch hier einen der vielen Pädagogen auf Christus hin, die ein aufmerksames Auge vielfach an der Arbeit sehen kann" (Christentum und Theosophie, 244).
354 Dass Christologie „ein Verständnis für den kosmischen Christus" zu entwickeln habe, unterstreicht der esoterisches Christentum propagierende Gerhard Wehr:

entscheidend überbietende Radikalität der neutestamentlich verankerten Christusbotschaft. Was damit gesagt sein will, lässt sich illustrieren unter Bezugnahme auf die mit dem esoterischen Gebrauch der Metapher „kosmischer Christus" stets verknüpfte Vorstellung seiner Zukunft. Von solcher Zukunftsorientiertheit theosophischer Christuslehre kann akademische Theologie lernen, dass der dogmatische Topos von der „Wiederkunft Christi" ganz so unattraktiv nicht zu sein scheint, wie man unter dem Eindruck gesellschaftlich vorherrschender Säkularität und kirchlich abgeblasster Eschatologien meinen möchte[355]. In der modernen Theosophie gestaltet sich die Hoffnung auf die Zukunft des „kosmischen Christus", wie deutlich geworden ist, in drei Grundvarianten, nämlich erstens in der Erwartung einer anstehenden „Wiederverkörperung" des Christus, zweitens in der Idee einer „geistig" zu denkenden Wiederkunft Christi und drittens in der (meist mit einer der beiden genannten Varianten verknüpften) Annahme einer zunehmenden universal-kosmischen Effizienz seiner Wirksamkeit. Alle sind sie durch einen gemeinsamen Zug charakterisiert: Die angepeilte Zukunft ist monistisch verstanden, sie gehört unmittelbar zum evolutiven Zeitlauf des gegenwärtigen Kosmos; „Apokalyptik" begegnet gewissermaßen nur im Kleinformat[356]. Gern wird zwar die biblische Rede von dem neuen Himmel und der neuen Erde aufgegriffen, aber sie wird allemal spiritualisiert, symbolisch aufgefasst[357], weil das Autonomie-Paradigma im

---

Spirituelle Interpretation der Bibel als Aufgabe. Ein Beitrag zum Gespräch zwischen Theologie und Anthroposophie, Basel 1968, 27.

355 Im Blick auf die Zukunftshoffnung im Kontext von „New Age" bemerkt ein Theologe unserer Tage: „Hier handelt es sich eher um eine Selbsterlösung der Menschheit, um einen mystischen Fortschrittsglauben. Aber könnte es nicht sein, daß genau das die Religion der Zukunft ist?" (Eike Christian Hirsch: Vorsicht auf der Himmelsleiter, München 1993, 330).

356 Bei dieser theosophisch-esoterischen Apokalyptik dreht es sich nicht um das Konfrontieren von Gott und Schöpfung in Gericht und Vollendung, nicht um das Hineinrücken des Gegenübers von Schöpfer und Kosmos in die theonome Perspektive, sondern lediglich um den Umbruch von einem Zeitalter zum nächsten, besseren, um einen relativen Schritt im monistisch-evolutiven Gesamthorizont. Nicht Zeit und Ewigkeit begegnen einander, vielmehr ereignet sich in der Vielheit der Zeitalter ein Wechsel, eine voranbringende Wende (vgl. auch Hans-Jürgen Ruppert: Esoterik zwischen Endzeitfieber und Erlösungshoffnung, in: MEZW 62, 10/1999, 289–305). Entsprechend hält sich die anvisierte Krisis im Rahmen: Der wiederkommende Christus – ob nun im Schema autonomer (vgl. auch Geoffrey Strachan: Christ and the Cosmos, Dunbar 1985) oder heteronomer Autonomie gedacht – bringt die Welt in ihrer Entfremdung nicht ans Ende bzw. zur theonomen Vollendung, sondern nur ein Stück weiter vorwärts, dem Geistigen näher. Entsprechend dämpft der reduktionistische Transfer neutestamentlicher Apokalyptik in theosophische Strukturen den Geist der Unmittelbarkeit und Unbedingtheit, der die urchristliche Botschaft charakterisiert.

357 Neben Spangler (s. o.) sei hier noch ein anderes Beispiel genannt: Wolfgang Dahlberg: New Age und Christentum. Skizzen eines Dialogs 1986–1991, München

Gegensatz zum Theonomie-Paradigma wirkliche Neuschöpfung des ganzen Kosmos nicht im Blick hat.

Christliche Hoffnung erweist sich demgegenüber als radikal: Ihr geht es nicht um kontinuierliche, von spirituell eingestellten Menschen vorwärts getriebene Aufwärtsentwicklung des Kosmos, deren Fortschrittstelos nebulös bleibt[358], sondern um dessen Neuwerdung, die kein anderer bewirken kann als der, der ihn geschaffen hat. Die Auferstehung Jesu als Prolepse universaler Auferweckung, als Vorverweis auf die Zukunft kosmischer Vollendung bildet im Urchristentum die noetische Grundlage kosmischer Christologie[359]: In ihrem Licht wird Jesus als der präexistente Sohn Gottes erkannt, als der Schöpfungsmittler – und zugleich als der Erlösungsmittler, dessen Herrschaft in den Sieg über den Tod, also in herrlich erlöste Weltwirklichkeit münden wird[360]. Ruppert unterstreicht als Apologet mit Recht: „Diese *universale Dimension* des christlichen Glaubens muß gerade in der Auseinandersetzung mit den in kosmologische Dimensionen aus-

---

1992, bes. 360. Der esoterisch denkende Philosoph verwendet zwar nicht den Ausdruck „kosmischer Christus", bewegt sich aber deutlich im Wort- und Vorstellungsfeld dieses geprägten Begriffs (vgl. z. B. 222, 365, 368 und 372).

358 Kommt in der zyklischen Mythologie des Heteronomie-Paradigmas nie der Gedanke auf, dass die Identität von Kosmos und Chaos je zugunsten sieghafter Vollendung aufgehoben werden könnte, so fehlt in der esoterischen Metaphysik des Autonomie-Paradigmas trotz teilweise verstärkter Integration des Linearitätsgedankens letztlich nicht minder die Idee des ewigen, göttlich bestimmten Telos (vgl. Karl-Heinrich Bieritz: Eine neue Religion und ihre Götter, in: Die Zeichen der Zeit 6/1996, 204–209, bes. 207). Insofern ist es unsachgemäß, wenn Tillich das durch Christus erschlossene „Neue Sein" bei mystischen Religionen in ihrem Kreislaufdenken finden will (vgl. STh II, 97); dieser Gedanke kommt ihm nur wegen der ihm eigenen Auffassung des „Neuen Seins" (s. o.).

359 Hier sei an das oben (Kap. II.3) skizzierte „Triptychon" erinnert und unterstrichen, dass es sich von Christi Kreuz und Auferstehung her erschließt. „Die Auferstehung Jesu und unsere Hoffnung auf Auferstehung liegen auf der gleichen Ebene wie Gottes Schöpfung und Gnadenwirken. Deshalb auch stößt Paulus hier auf den kosmischen Christus, ... der als geschichtlich greifbare Person zugleich übergeschichtlich auf einer Ebene mit dem Schöpfergott, der transzendenten Ursache des ganzen Kosmos steht" (Sudbrack, Mystische Spuren, 189).

360 Vgl. Wolfhart Pannenberg: Systematische Theologie, Bd. II, Göttingen 1991 (abgekürzt: STh 2), 321 ff.; Dalferth, Der auferweckte Gekreuzigte, 77 ff. Erst im Licht seiner Auferweckung kommt es – so Pannenberg unter Verweis aufs Schriftzeugnis – zur Erkenntnis der „kosmischen Relevanz der besonderen Geschichte Jesu und seiner Person" (a. a. O. 336). Aber von diesem noetischen Zugang her eröffnet sich seinerseits der ontologische Rückschluss dahingehend, dass die kosmische Relevanz der Gesamtgeschichte Jesu, also einschließlich der Auferweckung als Erhöhung, diese hinsichtlich ihres Geschehenseins plausibel macht – so dass rationalistische Kritik von der Art Lüdemanns (Auferstehung, 1994), der ja konsequent zum Nichtchristen geworden ist, in ihrem Skopus entscheidend an Überzeugungskraft verliert, ja in ihrem paradigmatischen Denkansatz durchschaut wird (dies gelingt in der breiten Debatte bes. Wilckens, Hoffnung, 55 f.).

greifenden Christusbildern der Esoterik wieder stärker entfaltet werden."[361]

Ferner kann sich christliche Theologie von der kosmischen Christologie moderner Theosophie darin bestärken lassen, dass das Kreuz Christi nicht bloß hinsichtlich der Bedeutung seiner geschichtlichen Faktizität, sondern auch nach der Seite seiner Verankerung im präexistenten[362] Sohn zu bedenken ist. Die geglaubte Identität von Schöpfungsmittler und Gekreuzigtem rückt nicht nur die Menschen als zu erlösende Sünder, vielmehr die Welt als ganze ins Licht seines Kreuzes; kosmische Christologie thematisiert neben dem „malum morale" auch das „malum naturale". Doch anders als in der theosophischen Deutung gilt es die Christus-Präsenz unter theologischem Aspekt statt substanz- dezidiert relationsontologisch zu verstehen (was nicht aus-, sondern einschließt, nach dem Recht des Substanzgedankens in diesem Zusammenhang zu fragen)[363]. Von daher führt die erhoffte Zukunft des kosmischen Christus nicht allein zum erlösenden Ende seines teilnehmenden Gekreuzigtseins, seines liebenden Mitleidens mit aller Welt, vielmehr zu dessen noetisch umfassender Realisierung durch alle Welt.

Und schließlich ist die kosmische Christologie theosophischer Provenienz theologisch Anlass genug, verstärkt jene Modelle einer „Christologie von unten"[364] zu hinterfragen, die die Zukunft Christi „neuzeitlich" bloß in einer menschheitlich-kulturellen Vervollkommnung kraft seines Urbildes erblicken, indem sie den irdischen Jesus als Ausdruck und Verheißung anthropologischer Möglichkeit auffassen. Esoterisch wird ja an die Stelle der „Neuzeit", in deren Geist sich die Säkularisierung christlich-eschatologischer Spiritualität[365] spiegelt, die „Neue Zeit" gesetzt, die jenes Neuzeit-

---

361 H.-J. Ruppert, Christus, 229.
362 Auf die Frage der Legitimität präexistenzchristologischer Annahmen ist im Zusammenhang des VII. Kapitels (Abschnitte 2 + 3) einzugehen.
363 Dazu s. u. Kap. VII.4.
364 Vgl. z. B. Colin E. Gunton: Yesterday & Today. A Study of Continuities in Christology, London 1983, 10 ff. („Christology from Below"). Die Wurzeln des „von unten" ansetzenden christologischen Denkens erblickt Pannenberg (STh 2, 316 f.) im Antitrinitarismus der Reformationszeit und speziell der Sozinianer, weil damals implizit die Präexistenzvorstellung Christi in Zweifel gezogen wurde. Doch einschneidender als jene noch eher randständigen Thesen war mit Sicherheit der paradigmatische Neueinsatz des Aufklärungszeitalters, dessen Autonomiekonzept zwischen Jesus Christus und dem Menschen überhaupt keinen Wesensunterschied mehr duldete und deshalb die Präexistenzvorstellung preisgab. Vgl. zum Thema die katholische Arbeit von Alfred Kaiser: Möglichkeiten und Grenzen einer Christologie ‚von unten', Münster 1992, und deren Rezension aus protestantischer Sicht durch Christopher Frey in: ThLZ 121, 5/1996, 485 ff.; ferner Weber, Grundlagen Bd. 2, 21 ff.
365 Die Überzeugung, „daß jüdischer Messianismus und christliche Eschatologie unserem nachchristlichen Verständnis der Weltgeschichte den Horizont der Zukunft eröffnet haben", vertritt insbes. Karl Löwith: Weltgeschichte und Heilsgeschehen.

Konzept spiritualisiert und damit die Zukunft wieder in kosmischen Maßstäben anzuvisieren erlaubt. Christliche Theologie darf im religiösen Ringen um den je „größeren Christus" nicht hinter außerchristlicher Rede von „Christus" und seiner Zukunft zurückbleiben.

Das heißt natürlich nicht, dass sie sich solch „alternative" Christologien uneingeschränkt zum Vorbild nehmen sollte. Vielmehr muss ihr bewusst sein: In ihnen gestaltet sich mehr oder minder pantheistisch[366] anmutende Metaphysik zu einer *kosmischen christologia gloriae*, die von der Herrlichkeit der Welt auf die Herrlichkeit des Logos-Christus schließt, um deren mikrokosmische Spiegelung in den ihn Erkennenden zu behaupten[367]. Indem der Kosmos hier auf der Basis neuplatonisch gedachter Seinsanalogie in mikro-makro-kosmischen Entsprechungen interpretiert und damit im Sinne des relationsontologischen Substantialismus (ROS)[368] mit der absoluten Transzendenz korreliert wird, bildet er die „harmonisch" gedachte Basis, von der aus der Logos als sein inneres Zentrum spekulativ in den Blick kommt, so dass von seiner Glorie aus wiederum die Herrlichkeit des logoshaften Selbsts, die spirituelle Autonomie des Menschen deduziert werden kann. Für diese von neuplatonischen Prämissen geleitete Logik stellt der Logosbegriff das Fundament sapientialen Selbstverständnisses dar: Der Vernunft wird als dem Logos entsprechender Größe welterschließende Kraft in hohem Maße zugetraut, zumal davon ausgegangen wird, dass dem Kosmos selbst dieser Logos zugrunde liegt[369]. Theosophie und Esoterik verstehen sich ja keineswegs – wie ihnen aus rationalistischer Sicht meist vorgehalten wird – selber als „irrational"[370], sondern in ambivalenter

---

Die theologischen Voraussetzungen der Geschichtsphilosophie (1949), Stuttgart/Berlin/Köln 1990⁸, 179. „Daß das christliche *saeculum* weltlich wurde, rückt die moderne Geschichte in ein paradoxes Licht: sie ist christlich von Herkunft und antichristlich im Ergebnis" (184).

366 Vgl. Runggaldier, Philosophie, 201. Sudbrack nimmt die „pantheistischen Züge der Esoterik" zum Anlass, unter Anführung einiger einschlägiger Bibelstellen „theologische Selbstbesinnung" zugunsten solcher Züge anzumahnen (Esoterik, 335). Hierzu ist zu sagen, dass entsprechende Reflexionen sich nicht auf den modischen Einbezug eines vielleicht vernachlässigten Paradigmas beschränken, sondern in kritischer Paradigmenkorrelation theologisch verantwortliche Entscheidungen anstreben sollten.

367 Die spekulative Struktur ist insofern die gleiche wie die von Luther bei der „theologia gloriae" analysierte, deren Schlussverfahren von der Herrlichkeit des Kosmos (!) über die Glorie des Schöpfers zu der des Menschen fortschreitet (vgl. Iwand, Theologia crucis, bes. 382 und 384), nur dass an Gottes Stelle hier der Logos als der „Christus" tritt.

368 S.o. (Kap. II.4). Kreuzestheologie impliziert demgegenüber „Kritik von Substantialität" (vgl. Sparn, Simplicitas, 104).

369 Zu den dogmengeschichtlichen Sachverhalten vgl. Pelikan, Jesus Christus, 77 f.

370 Aus lebensphilosophischer Perspektive mag ein okkultistisches Wirklichkeitsverständnis durchaus vernünftig anmuten, wenn man bedenkt, „daß es recht gleichgültig ist, worin dieses Weltbild besteht, so lange es nur eine sinnvolle Prämisse für

Korrelation zur Moderne³⁷¹ durchaus als der „sophia" verpflichtet. Und wenn man die radikalmethodische Kritik durch aufgeklärtes, aber vielleicht kaum noch „weise" zu nennendes Denken³⁷² einmal außer Acht lässt, hat man es bei ihnen mit weltanschaulich oft durchaus ästhetischen, in sich geschlossenen Metaphysiken zu tun, deren „Geisteswissenschaft" sich bändeweise zu entfalten pflegt und nicht trotz, sondern wegen ihrer Ineinssetzung von Logos und Mythos inmitten unserer modernen Welt einem offenbar verbreiteten Bedürfnis entgegenkommt³⁷³.

Im Gegensatz zu solcher „Theo-sophie" gilt es theologisch eine andere Erkenntnisweise zu behaupten, nämlich eine dezidierte *kosmische christologia crucis* zu entwickeln, die konsequent beim auferweckten Gekreuzigten ansetzt und ihn als Gottes Weisheit für die Welt proklamiert. Auf kreuzestheologischer Basis muss sie jene kosmischen Christologien bzw. Christosophien kritisieren³⁷⁴, die als solche selbstverständlich auch vom Kreuz reden, es aber von einem herrlichkeitstheologischen (oder -theosophischen) Standpunkt aus sekundär integrieren, ästhetisieren und seines soteriologischen, mit dem geschichtlichen „Wort vom Kreuz" ursprünglich

---

unsere Existenz bietet. Das Wahnsystem eines Paranoikers scheint seinen Zweck als Sinnerklärung für die Welt des Patienten genauso zu erfüllen wie eine ‚normale' Sicht für jemand anders" (Paul Watzlawick/Janet H. Beavin/Don D. Jackson: Menschliche Kommunikation. Formen, Störungen, Paradoxien, Bern/Stuttgart/ Wien 1974⁴, 243).

371 Ein „unaufgeklärtes Verhältnis zur Moderne" diagnostiziert im Blick auf Esoterik und „New Age" Walter Sparn: Erschöpfte Moderne? Eine aufklärerische Enttäuschung, in: F. Hermanni/V. Steenblock (Hgg.), Philosophische Orientierung. FS Willi Oelmüller, München 1995, 41–61, bes. 51.

372 Wieweit reflektieren die kritischsten Analysten auf ihre eigenen philosophischen Prämissen und Methoden bzw. auf die Unmöglichkeit eigener Standpunktlosigkeit? Und wie viel solch methodischer Radikalkritik verträgt Religion? „Die Religion, in die Grenzen der Vernunft gewiesen, hat ihr Agens, das Geistig-Geistliche, eingebüßt", bemerkt Ursula Baatz: Spiritualismus, in: A. Holl (Hg.), Die Ketzer, Hamburg 1994, 324–343, hier 342. Und Sparn gibt zu bedenken: „Die Esoterik und ihr Begriff von ‚Wissen' und ‚Wissenschaft' ist eine ernste Frage an die ‚szientifische' Gestalt christlicher Theologie, an ihre vielleicht allzu strikt szientifische, d. h. rational-argumentierende ‚philosophische' Rationalität (i. U. zur sapientialen, zur doxologischen Theologie)" (Esoterik, 18).

373 „Hat die neuere Theologie in ihrer Wendung gegen Mythos und Magie sich zu viel Askese auferlegt, so bedienen sich die modernen theosophischen und anthroposophischen Bewegungen ganz ungeniert der mythologischen Rede ... All das befriedigt ersichtlich das Bedürfnis nach einer holistischen und zugleich anthropozentrischen Weltanschauung .. " (Walter Sparn: „Wenn Engel, dann solche!" Das Geheimnis der Engel in theologischer Sicht, in: MEZW 58, 12/1995, 353–363, 356).

374 Crux probat omnia! Die positive Ausbildung christologischer Lehren ist ja seit jeher im kritischen Gegenüber zu alternativen Denkmöglichkeiten vorangeschritten. Und analog zu den wichtigen Auseinandersetzungen der frühen Kirche sind in unserer Zeit des religiösen Pluralismus und Synkretismus christologische Abgrenzungen bzw. Näherbestimmungen wieder besonders notwendig geworden.

verbundenen Deutungssyndroms[375] berauben. Positiv hat sie den Blick sowohl zurück auf den irdischen wie auf den präexistenten Gottessohn – als auch nach vorn auf dessen universale Zukunft, auf die Offenbarung des „geopferten Lammes" vor aller Welt zu eröffnen. Damit verurteilt sie nicht nur, sondern überbietet jene kosmischen Herrlichkeitschristologien der modernen Theosophie[376], die von einem nicht am gekreuzigten und auferstandenen Jesus gewonnenen, sondern von einem (okkult–)metaphysisch gefassten Logosbegriff ausgehen und mit ihm – entgegen ihrer vereinnahmenden Intention – dem neutestamentlich gemeinten Christus nicht gerecht werden können[377].

Das Konzept einer kosmischen Kreuzeschristologie schließt dabei keineswegs jedwedes spekulative Element aus[378]: „Die Entwicklung zur Wesenschristologie braucht ... keine *illegitime* Verobjektivierung der ursprünglich nur funktional gedachten Christologie zu sein; sie ist vielmehr grundgelegt in dem personalen Charakter des auferstandenen Jesus", erklärt der Exeget W. Thüsing[379]. Analog zu Luthers *theologia crucis* bezeichnet *kosmische christologia crucis* eine bestimmte Erkenntnisweise, die als solche in bestimmter Richtung Erkenntniskritik ist, aber in anderer Richtung Erkenntnisermöglichung und damit entsprechende Inhalte impliziert[380]. Sie darf daher nicht etwa in anthropologischem Interesse auf das

---

375 Unter den neueren exegetischen Studien hierzu seien besonders die von Söding, Wort vom Kreuz, 71 ff. und 153 ff., hervorgehoben.
376 Die überbietende Radikalität des christlichen Glaubens besteht protologisch darin, dass Christus seiner Ursprungsnatur nach exklusiv auf der Seite Gottes selbst „verortet" wird (statt emanativ bereits ein Stück weit als Teil der Welt), soteriologisch darin, dass er die Gnade Gottes in seiner Person und Hingabe uneingeschränkt verkörpert, und eschatologisch wie gesagt darin, dass er den Kosmos durch *seine* Macht zum Ziel bringt. Nachvollziehbar wird diese Überbietung freilich erst im Paradigma der Theonomie selbst, während ihre Stringenz im Paradigma der Autonomie verblasst, für das ja das Pneuma vieler oder aller Menschen göttlicher Natur ist.
377 Freilich muss gesehen werden, dass auch das entstehende Christentum den Logosbegriff keineswegs unmittelbar am auferstandenen Gekreuzigten gewonnen, sondern ihn seinerseits aus der jüdisch-hellenistischen Weisheitsspekulation bezogen hat (vgl. Wolter, Kolosser, 76 f.). Aber ihr theologisches Ansetzen, mithin ihre Kriteriologie für die Art dieses Bezugs beruhte doch auf dem Herkommen vom Glauben an Jesus als den gekreuzigten Christus.
378 Das gilt entsprechend dem Umstand, dass ja auch eine „Christologie von unten" keineswegs verbietet, dass es ein „Oben" geben dürfe (vgl. Paul Althaus: Die christliche Wahrheit, Gütersloh 1952³, 424; ähnlich Pannenberg, STh 2, 327 f.).
379 Wilhelm Thüsing: Erhöhungsvorstellung und Parusieerwartung in der ältesten nachösterlichen Christologie (SBS 42), Stuttgart 1969, 105.
380 Das gilt z. B. für das Dogma von der göttlichen Natur Christi. Immerhin erweist sich deren Behauptung angesichts zunehmender spiritualistischer Religiosität als keineswegs so unattraktiv, wie das noch zu Zeiten klarer Vorherrschaft des Säkularisierungstheorems der Fall war (die Interpretationsfrage ist dann freilich die entscheidende)! Modernes theologisches Drängen auf angeblich antidoketische

Befördern von engagiert-demutsvollen Haltungen hinsichtlich der (Menschen–)Welt reduziert werden[381]. Ihr Erkenntnisgegenstand und „Weisheitsschatz" ist der gekreuzigte Christus selbst, dessen prokosmisches Christus-Sein von seiner Auferstehung her erhellt[382]. Demgegenüber schlägt kosmische Herrlichkeitschristologie einen anderen Erkenntnisweg ein und richtet sich demgemäß auf einen anderen Erkenntnisgegenstand: Ausgehend von den wenngleich verborgenen („okkulten") Möglichkeiten des Menschen in noetischer Hinsicht führt sie zur Behauptung von dessen soteriologischer Partizipation. Dem Wissen um die Notwendigkeit von göttlicher „Gnade" korrespondiert deren synergistische Charakterisierung als bloße „Hilfe" – anders lässt sich der Transzendenz im Paradigma spiritueller Autonomie[383] offensichtlich nicht begegnen. Hierin zeigt sich geradezu der Skopus „kosmischer christologia gloriae": Sie dient angesichts religiös-philosophischen Bewusstseins ums Welttranszendente glorioser Selbst-Behauptung. Erstaunlich konsequent scheiden alle ihre Varianten „kosmischer Christologie" jene soteriologischen Elemente der Kreuzesbotschaft als „Torheit" aus, die die Subjektivität in die theonome Relation radikalen Gnadenbewusstseins versetzen würden. Die insbesondere hierin erkennbare Selbst-Behauptung als „narzisstisch" zu qualifizieren, mag religions- und tiefenpsychologisch angemessen sein[384], ist jedoch theologisch nicht hinreichend. Unter kreuzes-

---

Herausstellung der Menschheit Jesu Christi verliert insofern ein Stück an Plausibilität und kann wieder besser in der ihm selbst eigenen Problematik wahrgenommen werden: Diese besteht gerade in einer inneren Affinität zum Paradigma spiritueller „Autonomie", das seinerseits zum Doketismus neigt. Denn für spiritualistisches Denken liegen Gottheit und Menschheit keineswegs weit auseinander. Exemplarisch deutlich wird der gemeinte Sachverhalt bei John Macquarrie: Jesus Christ in Modern Thought, London 1992²: Er setzt bei der Menschheit Jesu an und zielt auf den Ausschluss des christologischen Paradoxes, um anbei die „Synergismus"-Fähigkeit des Menschen herauszustellen (vgl. bes. 285). Das sind die Konsequenzen eines Konzepts, das Christologie strikt aus den Analogien des menschlichen Erfahrungsbereichs heraus interpretieren möchte.
381 Solche Unterbestimmung kommt z. B. zum Ausdruck bei Herbert Braun: Der Sinn der neutestamentlichen Christologie, in: ZThK 54, 1957, 341–377, bes. 343 u. ö., wo zwar das kreuzestheologische Moment des (Sich-)„Nichtrühmens" herausgestellt, aber nicht positiv expliziert wird, wenn dann stattdessen da zu rühmen sei.
382 Dass die Heilsbedeutung des Gekreuzigten sich von seiner Auferweckung her erschließt, erläutert Walter Künneth: Theologie der Auferstehung (1933), Gießen/Basel 1982⁶, 155 ff. „Demnach ruht der Sinn der Kreuzestheologie nicht in ihr selbst, sondern ist in der Auferstehung begründet" (157). – Vgl. auch Dalferth, Der auferweckte Gekreuzigte, 31.
383 Der Begriff der „Autonomie" sagt hier alles! Im oben entsprechend beschriebenen ROS-Paradigma sind die Relationen eben, wiewohl sie das Seiende strukturieren, akzidentiell.
384 Bietet sich „Christus" als „narzißtisches Objekt" an (vgl. z. B. Thomas Bonhoeffer 1975 im Vorwort zur 2. Auflage von Oskar Pfister: Das Christentum und die Angst, Tb-Ausgabe Frankfurt/M. 1985, XV, so der „kosmische Christus" als Objekt eines

theologischem Aspekt erscheint ihr Stolz weniger als Rebellion denn als verzweifeltes[385] Selbst-Sein-Wollen in Korrelation zur erahnten Sinnmitte des Seins: Den Wahn ihrer substanzhaften Göttlichkeit bezahlt sie mit der Unfreiheit der Existenz unter dem Diktat des „indikativischen Imperativs", dem theosophisch-esoterischen Äquivalent des aus religiöser Heteronomie bekannten „Gesetzes"[386].

Hingegen bringt das Evangelium jene Freiheit „autonomer Theonomie"[387], um die es systematisch-theologischem Insistieren auf den Erkenntnisgewinn bewusster „theologia crucis" geht. Deren „Begreifen" von Gottes der Welt zugewandtem Wesen „als in Leiden und Kreuz dargestellt"[388] ist auf seine Weise sapiential: Indem es das Heil der Passion Jesu

---

„kosmischen Narzißmus"! Dabei dürfen freilich die positiven, gesunden Aspekte von (auch kosmischem) Narzissmus neben den mehr oder weniger pathologischen nicht übersehen werden.

385 Der hier in Anlehnung an Kierkegaard verwendete Begriff soll das theosophisch uneingestandene Nichtwissen im Blick auf den „kosmischen Christus" andeuten, wie es der Cusaner einmal doxologisch in die Worte fasst: „Jesus, du Ziel des Gesamt, in dem als in seiner letzten Vollendung jedes Geschöpf ruht, Du bist allen Weisen dieser Welt gänzlich unbekannt" (Nikolaus von Kues: Philosophisch-theologische Schriften, hg. von L. Gabriel, Bd. 3, Wien 1982, 189).

386 Dass esoterische Vorstellungen vom „kosmischen Christus" insofern ungeachtet aller Erleuchtungsbeteuerungen sehr wohl im Kontext angstbesetzter Gesetzlichkeit angesiedelt sind, gilt es theologisch wahrzunehmen: Die ihnen korrespondierende Anthropologie tröstet mit angeblicher Geborgenheit des doch höchst abstrakten „Selbsts" wenig, weil diese sozusagen doketisch bleibt und das konkrete Subjekt nicht hinreichend erfasst; und ebensowenig tröstet ein in der Weise „kosmisch" gedachter Christus, dass er bloß als Prädikat des Kosmos und seiner Gesetze fungiert: „Christus hat nicht vor, sich da einzumischen, denn das käme einer Verleugnung der kosmischen Ordnung und der entsprechenden Gesetze gleich" (Ravi Ravindra: Mystisches Christentum. Das Johannesevangelium im Licht östlicher Weisheit, Frankfurt/M. 1996, 85; vgl. auch 206, 234 und 276).

387 Deren oben (Kap. II.1) skizzierte und unten (bes. VII.4) noch einmal ins Visier zu nehmende Grundstruktur impliziert ein paradigmatisch, d. h. im Verbund mit dem Welt- und Gottesbegriff, anders bestimmtes „Selbst"-Verständnis, nämlich ein dialogisches, das nicht auf ein tendenziell unpersönliches, metaphysisch erschlossenes Eines, sondern dynamisch auf den personal als Du begegnenden Gott bzw. Christus bezogen ist (vgl. Pannenberg, Metaphysik, 18 und 24). Nochmals sei darauf hingewiesen, dass auf das in diesem Zusammenhang zu reflektierende Verhältnis zwischen substantialem und relationalem Denken im Sinne der Paradigmenkorrelation im letzten Kapitel einzugehen sein wird.

388 So Luthers Spitzenthesen 19 f. während der Heidelberger Disputation (hier nach der Übersetzung bei Iwand, Theologia crucis, 384). Zwar wendet sich Luther gegen die scholastische Spekulation von Sichtbaren aufs Wesen des Unsichtbaren, doch wäre sein Anliegen missverstanden, würde man es auf die Negation jeglichen theologischen Schlussverfahrens beziehen. Vielmehr plädiert er ja für umgekehrtes Schließen vom Sichtbaren des Kreuzes auf Gottes weltzugewandtes Wesen in einer Weise, die Glaubensgewissheit befürwortet, statt angesichts des von ihm antimetaphysisch vertretenen „deus absconditus" etwa Glaubensungewissheit zu legitimieren.

Christi nicht allein aufs „malum morale" menschlicher Schuld, sondern gleichermaßen aufs „malum naturale" des in und an der Welt Leiden-Müssens bezieht, nimmt es den Kosmos als ganzen im Licht des bedingungslos gnädigen Gottes wahr, kurz: pansyntheistisch. Das ist der Grund dafür, dass „theologia crucis" dogmatisch über „Christologie"[389] hinaus eine bewusst „kosmische Christologie"[390] impliziert, sich also als „kosmische christologia crucis" verstehen und entfalten muss. Die Frage nach deren sachgemäßer Explikation und Präzisierung wird im dritten und letzten Hauptteil zunehmend ins Zentrum rücken.

---

389 Dass dieser grundsätzliche Zusammenhang immer wieder gesehen und herausgearbeitet worden ist, zeigt Hubertus Blaumeiser: Martin Luthers Kreuzestheologie. Schlüssel zu seiner Deutung von Mensch und Wirklichkeit, Paderborn 1995, 79 ff.
390 Auf den inneren Zusammenhang zwischen „theologia crucis" und „kosmischer Christologie" hat erstmals Künneth aufmerksam gemacht, indem er beide Topoi in großer Nähe zueinander behandelte (Theologie der Auferstehung, 1933/1990, 154–169).

DRITTER HAUPTTEIL

# Der „kosmische Christus" als moderner theologischer Begriff

## VI. Die Entwicklung der Rede vom „kosmischen Christus" in religionstheologischer Perspektivik

Die theologische Begriffsgeschichte des „kosmischen Christus" ist nur wenig jünger als die theosophische[1], von der sie sich insofern klar abheben lässt, als sie deren okkult-weltanschauliche Vorstellungsweisen nicht teilt. Aber abgesehen davon gibt es mancherlei Affinitäten, deren auffälligste die mehr oder minder positive Beziehung des universal verstandenen Christus zur Welt der Religionen darstellt. Geht man mit P. Schmidt-Leukel davon aus, dass sich in der religionstheologischen Diskussion der letzten Jahrzehnte die schematische Dreiteilung in Exklusivismus, Inklusivismus und Pluralismus als logisch einzig mögliche durchgesetzt hat[2],

---

1 In theologischen Werken taucht der Begriff 1905 und 1906 erstmals auf (s. u. Kap. VI.2.).
2 Vgl. Perry Schmidt-Leukel: Was will die pluralistische Religionstheologie?, in: Münchener Theologische Zeitschrift 49, 4/1998, 307–334, bes. 311 ff.; ders., Theologie der Religionen. Probleme, Optionen, Argumente (Beiträge zur Fundamentaltheologie und Religionsphilosophie 1), München-Neuried 1997. Andreas Grünschloß kritisiert Schmidt-Leukels Dreiteilung, indem er sie um die vierte Kategorie des „Exotismus" erweitert, welche die Anerkennung der Höherwertigkeit einer fremden Religion oder einzelner ihrer Phänomene im Blick hat (Der eigene und der fremde Glaube, 22 f.). Diese Erweiterung dürfte aber für unsere Untersuchung irrelevant sein (denn selbst wenn etwa die moderne Theosophie das Einzelphänomen des Logos- oder eines „Christus"-Gedankens vom Christentum übernimmt,

so wird man feststellen, dass Vertreter aller drei Positionen vom „kosmischen Christus" reden können – was eine erneute Bestätigung für das bereits wiederholt erzielte Resultat bedeutet, dass dieser Terminus in hohem Maße definitionsbedürftig und interpretationsabhängig ist, d. h. im Spannungsfeld konfligierender Paradigmen vorkommt, über die man sich möglichst klar geworden sein sollte, wenn man ihn benutzt. Bereits vorab lässt sich im übrigen auch sagen, dass er im Kontext der pluralitätstheologischen Diskussion insgesamt weniger häufig aufzutauchen pflegt, als man womöglich erwarten könnte, was wiederum mit dem Umstand zu tun haben dürfte, dass man sich entweder seiner theosophischen Vorprägung oder doch zumindest seiner Problematik und Missverständlichkeit bewusst ist[3]. Im folgenden wird seine Verwendung im Rahmen der exklusivistischen, der inklusivistischen und der pluralistischen Grundposition analysiert, die sich alle drei jeweils in moderate und radikale Varianten unterteilen lassen.

*1. Exklusivistisches Reden vom „kosmischen Christus":*
*Von Pierre Teilhard de Chardin bis Douglas Groothuis*

Auf theologischem Gebiet gilt zum Thema des „kosmischen Christus" mit Recht *Pierre Teilhard de Chardin* (1881–1955)[4] als erster großer Denker[5], wobei er allerdings oft irrtümlich sogar als Schöpfer dieses Begriffs gehandelt wird. In Wahrheit begegnet der Terminus nicht nur wie dargelegt theosophisch, sondern auch theologisch bereits über ein Jahrzehnt vor seiner ersten Formulierung durch Teilhard. So rückt ihn der amerikanische Theologe J. W. Buckham schon 1906 in eine Glaube und Natur-

---

so versteht sie das keineswegs als „Übernahme" eines höherwertigen, ihrem ja doch universalisierenden Ansatz entzogenen Inhalts, sondern als dessen „wahre", ihn entsprechend uminterpretierende Beleuchtung).
3 Vgl. z. B. Michael von Brück: Möglichkeiten und Grenzen einer Theologie der Religionen, Berlin 1979, 130.
4 Vgl. Claude Cuénot: Pierre Teilhard de Chardin. Leben und Werk, Olten/Freiburg i. Br. 1966 (713–798 genaue Bibliographie); Robert Speaight: Teilhard de Chardin. A Biography, London 1967; Johannes Hemleben: Teilhard de Chardin in Selbstzeugnissen und Bilddokumenten, Reinbek 1968[4]; Günther Schiwy: Teilhard de Chardin. Sein Leben und seine Zeit, 2 Bde., München 1981; ders.: Ein Gott im Wandel. Teilhard de Chardin und sein Bild der Evolution, Düsseldorf 2001; Karl Schmitz-Moormann: Pierre Teilhard de Chardin. Evolution – die Schöpfung Gottes, Mainz 1996.
5 Lyons konstatiert: „The term ,cosmic Christ' itself, with which his name more than any other is associated, ... appears over thirty times in his writings. ... Teilhard developed cosmic-Christ terminology as no other author has done" (Cosmic Christ, 38 und 46).

wissenschaft unter evolutionistischem Vorzeichen miteinander verbindende Perspektive[6]. Von daher ist der Weg für das Denken des jungen Jesuiten Teilhard eigentlich vorbereitet; doch ob er Buckhams Schrift kennen gelernt hat, lässt sich nicht sicher sagen. Nach seiner naturwissenschaftlichen und philosophischen Ausbildung betreibt er von 1908 bis über seine Priesterweihe im August 1911 hinaus in England theologische Studien und gewinnt auf Grund seines doppelten Bildungsgangs ein tiefes Gespür für die religiös-weltanschauliche Herausforderung der Evolutionslehre. Der Dreißigjährige ergreift „mit Enthusiasmus die grundlegenden Erkenntnisse von der in steter Entwicklung begriffenen Welt"[7] und hat sich folglich mit dem Problem ihrer Vereinbarkeit mit dem christlichen Schöpfungsglauben intensiv auseinanderzusetzen. Insofern ist es zumindest nicht ausgeschlossen, dass ihm gegen Ende seines Studiums Buckhams hierfür relevantes, zu jener Zeit relativ neues Buch und damit Begriff und Vorstellung des „Cosmic Christ" begegnet sind.

Erstaunlich ist jedenfalls, dass der Terminus bereits in seiner allerersten kleinen Schrift vorkommt: in einer Zwischenüberschrift und dann auch einige Male im weiteren Textverlauf[8]. Christus habe einen „kosmischen Leib, der sich über das ganze Universum erstreckt" – das ist für Teilhard das „Evangelium vom kosmischen Christus". Doch ein statisches Verständnis wie in der Antike verbindet sich damit keineswegs: „Der mystische Christus hat seinen vollen Wuchs noch nicht erreicht – so denn auch nicht der kosmische Christus. Der eine wie der andere, in einem, sie sind und sie werden ... Christus ist das Endziel selbst der natürlichen Evolution der Wesen; die Evolution ist heilig."[9] Was an diesen Sätzen auffällt, ist zum einen, dass in ihnen bereits jene Thesen aufscheinen, die Teilhard später berühmt werden lassen. Zum andern ist es die Identifizierung von mystischem und kosmischem Christus, weil sie ebenso wie die mit ihr verknüpf-

---

6 Vgl. John Wright Buckham: Christ and the Eternal Order, New York/Chicago 1906, 57 ff. (dazu Näheres unten unter 2.). Buckham stellt den Fortschritt der Evolution hin zum menschlichen Selbstbewusstsein heraus, um zu folgern: „Conscious development cannot proceed without a goal, an ideal, – a Christ" (Christ, 41). Und dieser Christus sei das „Alpha and Omega" (80). Ob Buckham Besants „Esoteric Christianity" gekannt hat, lässt sich nicht sicher sagen.
7 Hemleben, Teilhard de Chardin, 35. Freilich steht Teilhard im begrenzten Horizont der naturwissenschaftlichen Diskussion seiner Zeit, deren Offenheit für orthogenetische Aspekte längst als überholt anzusehen ist (vgl. Jürgen Hübner: Theologie und biologische Entwicklungslehre. Ein Beitrag zum Gespräch zwischen Theologie und Naturwissenschaft, München 1966; Hansjörg Hemminger: Die evolutionäre Weltsicht Teilhard de Chardins. Anmerkungen aus naturwissenschaftlicher Perspektive, in: MEZW 53, 4/1990, 89–97).
8 Vgl. Pierre Teilhard de Chardin: Das kosmische Leben („La Vie cosmique"), in: Frühe Schriften, Freiburg/München 1968, 9–82, bes. 65–67 (dort die folgenden Zitate) und 70.
9 Ebd. 67. „Der kosmische Christus, Er ist und Er wird", heißt es auch in Teilhards Schrift „Das All-Element" von 1919 (Frühe Schriften, 362).

te, spiritualistisch substituierte Evolutionsvorstellung bereits bei den theosophischen Führungsgestalten Steiner und Besant begegnet[10].
Fertiggestellt hat Teilhard diese Schrift am 24. März 1916. Offensichtlich in jenen Tagen, in denen die betreffenden Sätze geschrieben werden, finden sich auch erste Erwähnungen des Begriffs in seinem Tagebuch: Es handelt sich zunächst um einen Eintrag vom 13. März, in dem er „sich dem kosmischen Christus überlassen" als Gewährleistung unsterblichen Lebens interpretiert[11]. Zwei Tage später notiert er: „Und so finde ich bruchlos, getragen von der natürlichen und notwendigen Abstufung des Materiellen, des Lebenden, des Menschlichen, des Sozialen am Zielpunkt meines Verlangens den ‚kosmischen Christus' (wenn ich so sagen darf) wieder, Ihn, der im bewußten Zentrum seiner Person und seines Herzens alle Bewegungen der Atome, der Zellen, der Seelen verknüpft ..."[12] Die vorsichtige Klammerbemerkung lässt sich als Äußerung eines sensiblen theologischen Bewusstseins lesen, das die „häretische" Gefahr dieser vielleicht aus anderer Quelle übernommenen Begrifflichkeit einzuschätzen weiß. Und in der Tat hat Teilhard dann zeitlebens mit entsprechenden Anschuldigungen gegenüber seinem auf kosmischer Christologie fußenden Denken zu kämpfen.

Neben einer spontanen Begriffsschöpfung kommen aber durchaus auch Buckham oder theosophische Literatur als Quellen in Betracht. Besants Buch lag in französischer Übersetzung vor; es gibt jedoch keinerlei konkreten Hinweise darauf, dass Teilhard es in der Hand gehabt haben könnte. Anders sieht es mit Schurés „L' Évolution divine du Sphinx au Christ" von 1912 aus, wo der Begriff des „kosmischen Christus" in Überschriften verwendet und von Steiners Christosophie her gefüllt wird. Ein enger Freund Teilhards hat diese theosophische Schrift gleich nach ihrem Erscheinen rezensiert, wie Lyons vermerkt. Gegen die von ihm und anderen[13] vertre-

---

10 Auch die Vorstellung des erst noch wachsen müssenden „kosmischen Christus" ist in der modernen Theosophie anzutreffen (sowohl bei Besant als auch bei Bailey; s. o.).
11 Vgl. Pierre Teilhard de Chardin: Tagebücher I. Notizen und Entwürfe, 26. August 1915 bis 22. September 1916, hg. und übersetzt von N. und K. Schmitz-Moormann, Olten/Freiburg i. Br. 1974, 95. Der traditionelle Gedanke individueller Unsterblichkeit tröstet ihn wenig: Er sucht Unsterblichkeit durch Vermittlung des „kosmischen Lebens", das „Kontakt mit dem Absoluten" herstellt, zu erlangen (84 f.; vgl. 159, 175 und 236)! – Übrigens erwähnt Teilhard den „Kosmischen Christus" am 13. März noch einmal kommentarlos als Leitbegriff einer geplanten Schrift (ebd.).
12 Tagebücher I, 99 (Hervorhebung im Original). Später, nämlich am 17. Oktober 1919, notierte Teilhard ins Tagebuch, für ihn habe sich „im Herzen Jesu die Verbindung des Göttlichen und des Kosmischen – des Geistes und der Materie – verwirklicht." Zu Teilhards Entwicklung kosmischer Christologie in seinen frühen Tagebuch-Heften vgl. auch Michael Day: Teilhard's Rediscovery of the Cosmic Christ, in: The Teilhard Review 11/1976, 109–112, wo aber jenes oben (im Haupttext) gegebene Kernzitat merkwürdigerweise fehlt.
13 Vgl. Lyons, Cosmic Christ, 42–45; Schiwy, Christus, 134–136.

tene Hypothese einer Bezugnahme Teilhards auf diesen französischen Titel spricht, dass Teilhard sich erst 1918 als Leser Schurés zu erkennen gibt, indem er sich begeistert über dessen „Die großen Eingeweihten" von 1889 äußert[14], ohne etwa zu hinzuzufügen, dass ihm derselbe Autor bereits von jenem mehr christusorientierten Werk her bekannt gewesen sei[15]. Dabei steht auch nach Lyons in jedem Fall fest, dass Teilhard sein christologisches Konzept nicht Schuré verdankt, da es nichts vom theosophischen „Sonnengeist" und von inklusivistisch oder pluralistisch gefärbter Christosophie erkennen lässt. Im Gegenteil wird man es als originelle Variante einer exklusivistischen[16] „kosmischen Christologie" einstufen müssen, was all diejenigen überraschen mag, die Universalismus und Exklusivismus als kontradiktorische Größen anzusehen gewohnt sind. Bevor aber anhand von Teilhard und weiteren Beispielen dieses Missverständnis der oft verzerrt dargestellten „Exklusivismus"-Position zu beseitigen sein wird, gilt es die Weite seiner weltbezogenen Christologie in den Blick zu nehmen.

Es ist gerade die für einen damaligen römisch-katholischen Theologen erstaunlich massive Neigung zu pantheistischem Denken, die zumindest indirekte Einflüsse aus theosophischer Richtung vermuten lässt. Gewiss vertritt der Jesuit keinen platten Pantheismus, wie er seit dem I. Vatikanum ausdrücklich verurteilt ist. Schon auf den Seiten unmittelbar vor dem oben zitierten Eintrag in seinem Tagebuch grenzt er sich explizit von einem „heidnischen" bzw. „hinduistischen Pantheismus"[17] ab, was freilich indirekt einen „christlichen" Pantheismus legitimieren helfen soll. In dieser Hinsicht ringt Teilhard seit damals um eine angemessenere Begrifflichkeit[18]. Man könnte sein Denken insofern als „panentheistisches" bezeichnen, als er am Schöpfungsbegriff und dementsprechend an der Transzendenz des Schöpfers, Gottes wie Christi, festhält. In seinem Tagebuch heißt es: „Gott ist nicht der Welt rein immanent. Wohl aber der Leib und die Menschheit Christi ..."[19] Aus dieser Differenzierung folgt, dass zwar ein regelrechter „Pantheismus" für Teilhard ausscheidet, dass jedoch auf dem Weg über den Gedanken des weltimmanenten „Leibes Christi" ein pan-

---

14 Teilhard macht aber auch Vorbehalte gegenüber der kaum christusorientierten Perspektive dieses Werkes geltend.
15 Vgl. näherhin Hemleben, Teilhard, 61–63.
16 Als Definition des Exklusivismus-Modells mag gelten: „Mit dem *exklusiven* (oder: monopolistischen) Absolutheitsanspruch ist die ‚ausschließliche' (exklusive) *Alleingeltung* des christlichen Glaubens" bzw. der jeweils eigenen Religion behauptet (Reinhold Bernhardt: Zwischen Größenwahn, Fanatismus und Bekennermut. Für ein Christentum ohne Absolutheitsanspruch, Stuttgart 1994, 146). Weiteres s. u.
17 Vgl. Tagebücher I, 88, 96, 98 (und bereits 54).
18 „Die Worte werden geschaffen, um neu eroberte Ideen festzuhalten", weiß Teilhard (Tagebücher I, 101). „He experienced a need to create a new language" – diese Feststellung Days (Rediscovery, 110) gilt auch für den Begriff des „kosmischen Christus" selbst wie für die spätere Rede von der „dritten Natur Christi" (s. u.).
19 Tagebücher I, 105.

theistischer Zug christologisch zu legitimieren versucht wird. Der Kosmos als Christi Leib[20] – damit knüpft Teilhard an Kol 1,18a an, also an jene „christlich-theosophische" Fassung des Hymnus, die der Verfasser des Briefes durch den ekklesiologischen Zusatz korrigiert. Den Skopus dieser Korrektur versucht er gerade im Zuge der Entfaltung seiner naturwissenschaftlich geprägten Auffassung des Kosmosbegriffs zu berücksichtigen: Nicht ein im antiken, auch bei den griechischen Kirchenvätern anzutreffenden Sinn mehr oder weniger statisch gedachtes, sondern ein im modernen Sinn prozessual, positiv-evolutionistisch verstandenes Universum ist der „Leib Christi"[21]. Das heißt, dass das Telos dieses im Werden befindlichen Kosmos erst die Fülle dieses Leibes ausmacht[22]. Der „kosmische Christus" ist demnach identisch mit dem später von Teilhard als „Omega"[23] apostrophierten Christus, der als der komplikative Sammlungspol die Entwicklungskräfte im All stetig auf sich, auf sein Reich hinlenkt[24].

---

20 Unter Bezug auf die traditionelle Lehre vom „mystischen Leib Christi" setzt Teilhard Werden bzw. „Erarbeitung des Kosmos" und „Bildung des Leibes Christi" gleich (Tagebücher I, 63). Vgl. dazu die Dissertation von Stefan Schneider: Die ‚kosmische' Größe Christi als Ermöglichung seiner universalen Heilswirksamkeit an Hand des kosmogenetischen Entwurfes Teilhard de Chardins und der Christologie des Nikolaus von Kues, Münster 1979, 412 ff. und 505 f.
21 Mit diesem Leib bildet sich für Teilhard das „neue Jerusalem" (Tagebücher I, 83). Christen sind zur „bejahten Angliederung an den neuen Kosmos" bestimmt (90). Vgl. Lyons, Cosmic Christ, 154 f.
22 „Der Kosmos ist ein Werden" (Tagebücher I, 208). Man bedenke: Damals „redete noch niemand von einem expandierenden Universum, das mit einem Urknall begonnen hätte" (Schmitz-Moormann, Teilhard, 60). Teilhards Blick war ein eschatologisch bestimmter: „Der Zielpunkt der Welt ist der Leib Christi, mit dem die Welt schwanger geht und der durch Reinheit, kosmische Anschmiegsamkeit, Sieg über den Egoismus herausgebildet wird..." (175). Dass Teilhard den Begriff des „kosmischen Christus" übrigens auch im Zuge eines *heilsgeschichtlich* gefassten Entwicklungsgedankens ansiedeln kann, zeigt eine Notiz von Anfang Mai 1916 (126).
23 Der Bezug auf Apk 1,8 und 21,6 liegt auf der Hand, doch ist dort mit „A und O" Gott selbst gemeint; im übrigen – das gibt zu denken – weigert sich Teilhard „beharrlich, die Frage nach dem Punkt Alpha, das heißt nach der Herkunft des Alls aus dem Nichts zu stellen" (Josef Vital Kopp: Entstehung und Zukunft des Menschen. Pierre Teilhard de Chardin und sein Weltbild, Luzern/München 1961, 44). Das Alphabet wird jedenfalls durch ihn „zur Chiffre des universalen Weltprozesses, der sein attraktives Zentrum am Ende hat, im kosmischen Christus, der in seiner endzeitlichen Parusie alles an sich zieht" (Alex Stock: Poetische Dogmatik. Christologie: 1. Namen, Paderborn u. a. 1995, 123).
24 Diesen Aspekt hebt Teilhard noch in seinem letzten Lebensjahr hervor, dabei wieder wörtlich vom „kosmischen Christus" sprechend (vgl. Daecke, Teilhard de Chardin, 364). Bereits Ignatius hatte den Gedanken formuliert, dass durch den inkarnierten Christus das „Eschaton zum inneren Moment der nunmehr zielgerichteten kosmischen Bewegung selbst"(Wickert, Christus, 475) geworden sei; doch Teilhard integrierte obendrein die Inkarnation in die vom Logos-Christus ausgehende Bewegung.

Gilt Christus als innerer Motor und finales Motiv der kosmischen Gesamtentwicklung[25], so wirft die „heilige Evolution" frühzeitig die Frage einer Christodizee auf. Der junge Teilhard weicht ihr nicht aus: Der „leidende Christus" offenbart seiner Erklärung nach die Mühsale solchen Fortschritts und hilft, ihre Lasten zu tragen[26]. Das Kreuz als Fortschrittssymbol unterstützt angesichts der unbestreitbaren Weltübel den metaphysischen Harmoniegedanken: „Doch kann nicht all das zu Gutem synthetisiert werden?"[27] Den Karfreitag 1916 feiert Teilhard als „kosmisches Fest des Leidens ... Oh, die Schwierigkeit, den Glauben und die konkrete Schau miteinander zu verbinden – den Tod als ein Risiko, eine Wachstumsphase zu betrachten..."[28]

Am 7. Oktober 1916 fällt der Begriff „kosmischer Christus" im Tagebuch erneut. Teilhard sinniert im Zuge von Überlegungen für eine von mystischen Farben geprägte Novelle: „Ein Maler des kosmischen Christus: seine Gewänder aus Äther, sein Leib Kern allen Lebens..."[29] Ob das theosophisch beliebte Wort „Äther" hier nur zufällig auftaucht – neben der wiederum mystisch gefassten Vorstellung vom Leib Christi und gleichzeitigen Interessensbekundungen am Studium synkretistischer Phänomene? Erkennbar ist jedenfalls eine monistische Tendenz: „Die kosmische Theorie ... stellt *einen* Geist dar, eine Weise, alles in Funktion des ganzen Absoluten zu bewerten."

Sucht man nach biografischen Wurzeln dieses Denkens, so entdeckt man „in seiner Kindheit bereits den Keim dessen, was er später mit immer neuen Worten als Sinn für die Fülle, Sinn für die Dauer, Kosmischen Sinn, Christ-

---

25 Diese mit Blick auf Eph 1,10 konsequent eschatologisch akzentuierte Sicht unterscheidet Teilhard von der eines anderen zeitgenössischen Naturwissenschaftlers, der 1922 ebenfalls vom „cosmic Christ" spricht, ihn aber als die in Jesus Christus realisierte, höchste kosmische Aufgipfelung mit moralischer Ausstrahlungskraft versteht: Es handelt sich um James Young Simpson: Man and the Attainment of Immortality, New York 1922, 302 ff., bes. 314–316 und 335 f.
26 Vgl. Tagebücher I, 116. Teilhard deutet das „Evolutionsleiden" als „die historische, wahrnehmbare, wissenschaftliche Seite des ‚Sühneleidens' (wobei das ‚Evolutionsleiden' nicht nur das ‚Leiden des Brechens', sondern auch das ‚Leiden des Fortschritts' wäre)" (140).
27 Tagebücher I, 117. „Der totale Gang der Dinge folgt einer Kurve, die ihre besondere Harmonie aufweist" (157). – Eine ähnliche Metaphysik vertritt heutzutage auf dem Feld evangelischer Theologie Günther Keil: Glaubenslehre. Grundzüge christlicher Dogmatik, Stuttgart 1986. Demnach integriert uns Christus auf Grund seiner Liebe wieder ins All und in die Heimat, aus der wir gekommen sind; Vergangenheit, Gegenwart und Zukunft werden geeint sein im „Logos", der Negatives wie Positives in sich dialektisch aufhebt; die durch Christi Liebe ins Ganze wiedereingefügte Sünde ist dann keine Sünde mehr, sondern wird im ewigen Zusammenhang selbst „sinnhaft und rein" erscheinen (vgl. 199 ff.).
28 Tagebücher I, 120. Teilhard glaubt optimistisch „an den evolutiven Wert der gegenwärtigen Krise" (ebd.) – und hält solchen Optimismus in analogen Situationen lebenslang durch.
29 Tagebücher I, 210. Nächstes Zitat ebd.

lichen Sinn bezeichnet."[30] Die später sich überlagernden naturwissenschaftlichen und theologischen Studien auf dem Hintergrund des den christlichen Glauben herausfordernden Materialismus haben ihrerseits einen integralspiritualistischen Gegenwurf begünstigt. Schließlich aber sind es gerade die Kriegserfahrungen des jungen Korporals und Geistlichen, die ihn nach überindividueller[31] Zukunft Ausschau halten und „die Welt leidenschaftlich lieben" lehren[32]. Sein kosmisch-mystischer Begriff vom „Leib Christi" ist dabei durchtränkt von den priesterlichen Kommunionserfahrungen[33]. Deren Element der Darbringung von menschlicher Seite her lässt den Katholiken den Aspekt der Kooperation im Zuge des evolutiven Voranschreitens betonen. Er will sich „Gott durch die Kommunion am Leibe Christi vereinen", „als das reine Werkzeug Gottes wirken, um so das Werk der Schöpfung, die Erarbeitung der Materie ... weiter voranzutreiben" und gerade so immer mehr den „Urheber und das alleinige Ziel des kosmischen Lebens: Gott durch Jesus Christus" entdecken[34]. In alledem sind die Grundstrukturen spiritueller Autonomie[35] zu erkennen, für die das Reden vom „kosmische(n) Erwachen"[36] charakteristisch ist. Allerdings macht der panentheistische Zug deutlich, dass es sich nicht um die aus der modernen Theosophie bekannten Varianten „heteronomer" oder „autonomer", sondern um „theonome Autonomie"[37] handelt.

---

30 Hemleben, Teilhard, 15. Teilhard nennt als frühe Phase seiner sich ausbildenden Mentalität eine „instinktive Vorliebe für das Konsistente und das Eine", die er später mit der religiösen Offenbarung sich verbinden sieht in Richtung „auf das kosmische Christentum" (Tagebücher I, 231).

31 Teilhard reflektiert: „Immer aber, wenn es darum geht, Ersatz für die Hinfälligkeit unseres vorübergehenden Individuums zu finden, wenden wir uns den höheren Einheiten oder Strömungen zu, den dauerhafteren, den beständigeren – und durch Vereinigung mit ihnen meinen wir eine gewisse Permanenz, eine gewisse Vergöttlichung zu erreichen" (Tagebücher I, 84).

32 Vgl. Tagebücher I, 53.

33 Teilhard meditiert und spekuliert über eine „Kommunion mit Gott durch die Erde", wobei „letztere gewissermaßen eine große Hostie würde" (Tagebücher I, 99; vgl. auch 210). Einschlägig ist in dieser Hinsicht auch Pierre Teilhard de Chardin: Lobgesang des Alls (1919), Olten/Freiburg i. Br. 1980.

34 Tagebücher I, 63 und 83. „Alles, was um uns und in uns sich bewegt, ist schöpferisches Tun Gottes. An diesem Tun Gottes müssen wir mitwirken, indem wir ihm gehorchen und es unterstützen" (89). Als „die leidenschaftlichsten Arbeiter der *Übermenschheit*" sollen wir darum ringen, „die mit *vollem Bewußtsein* in der höheren Einheit des Leibes Christi verschmolzenen Elemente zu verwirklichen" (93). „Für uns ist das Ziel der Mühsal, den Leib Christi aufzubauen" (105). Dabei gilt: „Der menschliche Fortschritt ist die Achse oder zumindest eine der Achsen des Reiches Gottes" (157). Die Struktur des „indikativischen Imperativs" liegt am Tage.

35 Im Kontext seiner evolutiv begründeten „kosmischen Christologie" notiert Teilhard 1916: „Der Fortschritt, in sich, ist das Werk einer schöpferischen und substanziellen Autonomie" (Tagebücher I, 253).

36 So Teilhard, Tagebücher I, 88.

37 „Theonome Autonomie" beschreibt (laut Definition in Kap. II.1) Gottes Ewigkeit

Der „kosmische Christus" in religionstheologischer Perspektivik 323

In diesem Zusammenhang spielt die besondere Betonung des personalen Elements bei Teilhard eine wichtige Rolle. Im Autonomie-Paradigma des „relationsontologischen Substantialismus" nimmt die Struktur des Relationalen eine herausragende Stellung ein. Wie sich aber in der Theosophie die Monaden der in ihrer Individualität keineswegs negierten Einzelseelen umschlossen finden in der einen Seele des Logos, so ist auch bei Teilhard die Seelenmonade bezogen auf „ein höheres Ganzes", den Kosmos, „der eine Person ist"[38], nämlich Christus. Teilhards kosmischer Christologie liegt eine Auflösung des Personalen in einem unpersönlichen Absoluten ebenso fern wie den modernen Christosophien. Entscheidend ist für ihn im Gegenteil das persönliche Element um des Grundprinzips der Liebe willen, in der er die „Urkraft des Kosmos"[39] erblickt. Seine Vorstellung vom „kosmischen Christus" gipfelt geradezu in der Doxologie der *Person* Christi[40], so dass von daher die ebenfalls vorhandenen unpersönlichen Aussagen über den kosmisch wirksamen Christus als physische Kraft der Evolution sich ihrem Gewicht nach als zweitrangig erweisen[41].

Dieses während seines ganzen Lebens konsistente, allerdings erst nach seinem Tod wirklich breitenwirksam gewordene[42] Grundkonzept kosmi-

---

in Relation zur zeitlichen Welt so, dass der Dualismus von Schöpfer und gesetzter Schöpfung als Produkt einer allumfassenden göttlichen Dialektik aufscheint.
38 Vgl. Tagebücher I, 89 (vgl. auch 98 und 175). Das bedeutet, „wir werden die bewußten Elemente eines personalen Ganzen" (91).
39 Teilhard überlegt: „Sind nicht alle großen und kleinen Lieben, die Gottesliebe, die Liebe zur Spekulation, zum Kosmos Transformationen der grundlegenden kosmischen (identisch mit der sexuellen) Liebe, die das Individuum auf sie besonderen Gegenstände umlenkt?" (Tagebücher I, 128). – Vgl. insgesamt Matthias Trennert-Helwig: Die Urkraft des Kosmos. Dimensionen der Liebe im Werk Pierre Teilhard de Chardins (Freiburger theologische Studien 153), Freiburg i. Br. 1993. Diese um exakte Darstellung von Teilhards Denken bemühte Dissertation arbeitet Quellen und Sekundärliteratur gründlichst auf.
40 „Die Persönlichkeit Christi breitet sich wie ein inneres Licht im Herzen von allem aus, was uns umgibt, und sie lieben wir in allem" (Tagebücher I, 209). Das Geistige ist entscheidend: „Christus ist ein universell ausgebreitetes Element, aber in dem Akt der Konzentration und der Läuterung" (ebd.).
41 Teilhard betont: „In Gott und in Christus wird die Energie persönlich..." (Tagebücher I, 230). Dieser sich bei Teilhard durchhaltende Sachverhalt wird in der Sekundärliteratur meist treffend herausgearbeitet, z. B. bei Daecke, Teilhard de Chardin, 371 ff.; allerdings erblickt Daecke das Geschichtliche der kosmischen Christologie Teilhards in ihrer Nach-Vorne-Ausrichtung, statt sie richtiger in eben dem personalen Element zu entdecken, das allein Prozesse zu „Geschichte" werden lässt.
42 Lyons unterstreicht: „Although Teilhard created no finished theological system, his writings on Christology over almost forty years made, through their cumulative effect, the most impressive systematic contribution in modern times to the idea of a cosmic Christ" (Cosmic Christ, 4 f.). Auf die vor allem nach Teilhards Tod anhebende internationale Diskussion zum Thema, die auf „no firm consensus" zulief (Lyons, 67), kann hier freilich nicht näher eingegangen werden; vgl. bes. Leo Scheffczyk: Die ‚Christogenese' Teilhard de Chardins und der kosmische Christus

scher Christologie ist also bereits frühzeitig ausgearbeitet. Der Begriff „Christ cosmique" selbst kommt in Teilhards Schriften und Aufzeichnungen bis 1921 über zwanzig Mal vor; ein weiteres Dutzend solcher Stellen findet sich in seinem Werk wieder ab 1944 bis kurz vor seinem Tod[43]. Dazwischen liegt die aus zunehmender Kritik erwachsene Entscheidung seiner Ordensoberen, ihm nicht zuletzt wegen seiner Konzeption vom „kosmischen Christus" seit 1924 jede Lehrtätigkeit zu entziehen[44]. Zwanzig Jahre später ist er sich seiner „wahren Berufung" indessen sicher: Stärker „als seine Gehorsamskraft war sein Verbundensein mit dem, den er den *universalen Christus* nannte."[45] So scheut er sich im Alter nicht mehr, wieder auf den Begriff des „Christ cosmique" zurückzukommen, den er während seiner dreißiger Jahre so gern benutzt hatte. Damals, speziell 1918, hatte er neben Schuré, bei dem er so etwas wie Geistesverwandtschaft entdeckt hatte, auch noch andere „mehr oder weniger theosophisch und gnostisch orientierte Religionsphilosophen"[46] gelesen. Dadurch hatten entsprechende Anlagen bei ihm schärfere Konturen gewonnen – eben auch sein Konzept des „kosmischen Christus", von dem der die lateinische Sprache liebende Jesuit auch gern als vom *Christus universalis* sprach. Anfang 1920 definierte er ihn in einem „Über den Christus-Universalis" betitelten Essay als „das organische Zentrum des ganzen Universums", also betont „als das Zentrum, an dem letzten Endes physisch die ganze, selbst die natürliche Entwicklung hängt."[47] Mit dieser substanziellen Beschreibung wollte er die

---

bei Paulus, in: ThQ 143, 2/1963, 136–174; Christopher F. Mooney: Teilhard de Chardin and the Mystery of Christ, London 1966; Attila Szekeres: La pensée religieuse de Teilhard de Chardin et la signification théologique de son Christ cosmique, in: ders. (Hg.), Le Christ cosmique de Teilhard de Chardin, Antwerpen 1969, 333–402; K. Schmitz-Moormann (Hg.), Teilhard de Chardin in der Diskussion (Wdf 227), Darmstadt 1986. Auch sind die Einflüsse Teilhards auf theologische Entwürfe von Rang – vor allem den Karl Rahners, den Moltmann insofern nicht zufällig in seinem Kapitel „Der kosmische Christus" (Weg, 321 ff.) behandelt, ohne dass jener freilich je vom „kosmischen Christus" gesprochen hätte – hier nicht zu erörtern.

43 Vgl. die sorgfältige Auflistung bei Lyons, Cosmic Christ, 220 f. Es würde den Rahmen dieser Untersuchung sprengen, sämtliche Einzelbelege zu diskutieren; stattdessen wird versucht, die wichtigsten Züge der kosmischen Christologie Teilhards nachzuzeichnen und zu erörtern.
44 Vgl. Hemleben, Teilhard, 81; Rupert Lay: Die Ketzer. Von Roger Bacon bis Teilhard, Frankfurt/Berlin 1992, 258.
45 Hemleben, a. a. O. 138.
46 Schiwy, Teilhard de Chardin I, 287. Zander betont: „Nicht ausgeschlossen sind Berührungspunkte mit Steiner auf den schwer rekonstruierbaren Wegen der Verbreitung esoterischer Literatur" (Reinkarnation, 277).
47 Vgl. Pierre Teilhard de Chardin: Wissenschaft und Christus. 9. Band der Werke (1965), Olten 1970, 37 (vgl. auch 86). Entschieden bejaht er hier und öfter den Primat (!) des Organischen über das Juridische – eine klare theologische, nämlich theosophisch eingefärbte Aussage! Daecke bemerkt mit Recht: „Als physisch-organisches Prinzip der Evolution ist Christus weder in bezug auf die biblische Bot-

überkommene dogmatische Theologie „einem notwendigen Neuguß unterwerfen"; und voller Zuversicht sah er einen dem „gegenwärtigen Zeitalter der Menschheit" angepassten, neuen Zyklus für die Kirche anheben, nämlich einen „Zyklus des durch das Universum hindurch angebeteten Christus"[48].

Zugleich machte er deutlich: „Damit Christus wahrhaft universell sei, müssen die Erlösung und folglich der Sündenfall sich auf das ganze Universum erstrecken." Was das näherhin heißen sollte, kristallisierte sich 1922 in dem Aufsatz „Über einige mögliche historische Darstellungen der Erbsünde" heraus: Hier wird der Fall als durch „Untreue" verursachter Sturz einer geistigeren Menschheit in materielle Tiefen erklärt; diese „Materialisation" habe „das schmerzliche ‚Viele' hervorgebracht, aus dem das Bewußtsein heute von überallher so mühselig aufsteigt."[49] Allem, was Teilhard unter „Evolution" versteht, geht demnach „eine Phase der *Involution* in die Materie" im lapsarischen Sinne voraus. Teilhard war sich bewusst: „Diese Erklärung des ‚Umgusses' der Welt durch den Sündenfall stimmt besonders gut mit einer Metaphysik des ‚idealistischen' Typs zusammen."[50] In der Tat entsprach sie neuplatonischem Denken, wie es sich auch in den Varianten moderner Theosophie[51] und Anthroposophie spiegelte. Von daher mochte sich die eine oder andere Ähnlichkeit zwischen seinem Entwurf und theosophischen Konzepten erklären, so die erkennbare Struktur des „indikativischen Imperativs"[52] und nicht zuletzt etwa die Deutung des Kreuzestodes Jesu als Hilfe zum Verständnis des Todes als einer bloßen „Metamorphose"[53]. Darüber hinaus gab es bei Teilhard aber

---

  schaft glaubwürdiger noch in bezug auf das wissenschaftliche moderne Denken verständlicher geworden" (Teilhard, 371).
48 Teilhard, Wissenschaft, 39 und 43. Nächstes Zitat ebd. (39).
49 Vgl. Pierre Teilhard de Chardin: ‚Mein Glaube'. 10. Band der Werke (1965), Olten 1972, 64 (nächstes Teilzitat ebd.). Ebenso lauten Teilhards „Gedanken über die Erbsünde" von 1947 im selben Band 224 ff., bes. 229 f.
50 Teilhard, Glaube, 65. Dass Teilhard selbst einen metaphysischen Ansatz teilte, betonen Schmitz-Moormann (Teilhard, 1996, 25 ff., 50) und Lay (Ketzer, 282 ff.).
51 S.o.! Besant sieht die „Theosophie vom philosophischen Standpunkt aus idealistisch", denn die erkenne „in der Materie das Werkzeug des Lebens, im Denken die schaffende und formende Kraft" (Vorträge, 11). Außenperspektivisch kommt Ragaz zu demselben Urteil (Theosophie, 35) und betont: „Es fehlt der Theosophie am *Realismus* im tiefsten Sinn des Wortes" (65).
52 Vgl. beispielsweise Pierre Teilhard de Chardin: Der göttliche Bereich. Ein Entwurf des innern Lebens, Olten/Freiburg i. Br. 1962 [die deutsche Titel-Übersetzung von „Le Milieu Divine" war unglücklich und lautete ab der 7. Auflage „Das göttliche Milieu"], 43, 45 und 61 f. Es gelte, „durch die größte Anstrengung zur höchsten Vergeistigung" zu streben (110). Dem Paradigma spiritueller Autonomie (klar erkennbar z. B. in „Der göttliche Bereich", 172; vgl. auch Schneider, Größe, 99 ff.) entspricht Teilhards These, Christus sei nicht gekommen, um in uns Menschen den „herrlichen Drang, uns selbst zu schaffen, zu vermindern" (Glaube, 57 f.).
53 Vgl. – in Analogie zu entsprechenden Äußerungen Steiners – Teilhard, Wissenschaft, 95.

auch Elemente, die sich weniger auf die Wurzeln neuplatonischer Metaphysik zurückführen ließen und dennoch – wenngleich nicht ganz ausschließlich – an bestimmte Gehalte aus dem theosophischen bzw. anthroposophischen Feld erinnerten, so etwa die hervorgehobene, auf den kosmischen Christus gerichtete Zukunfts- und Parusieerwartung[54], die Annahme, es werde „in Dingen des Glaubens und der Religion in Kürze auf unserem Planeten etwas erwartet"[55], die Spekulation, „daß etwas Größeres als der gegenwärtige Mensch derzeit auf Erden geboren werden will"[56], außerdem Überlegungen über kosmische und menschheitliche „Vorbereitungen" für die Inkarnation Christi auf die Erde[57] sowie die radikale Auffassung Christi als des Inbegriffs der Evolution[58].

Nicht ohne jeden Anhalt hatte man Teilhards Konzept des „kosmischen Christus" mit dem Häresievorwurf der Gnosis bedacht[59], dabei allerdings unbeachtet gelassen, dass ja der meist vorherrschende Dualismus in den gnostischen Systemen des spätantiken Hellenismus schwerlich mit dem ausgesprochenen Monismus[60] Teilhards zusammengeht. Dieser „kosmo-

---

54 Vgl. z. B. Bereich, 152, wo Teilhard in Analogie zu theosophisch-anthroposophischen Thesen davon ausgeht, Christi Kommen könne durch menschliches Bemühen beschleunigt werden. In relativer zeitlicher Nachbarschaft stellt die Theosophin Tweedale (s. o.) den „Cosmic Christ" als finalen Sinn des Kosmos (Cosmic Christ, 146 u.ö.) heraus.
55 Glaube, 281 (1953).
56 So Teilhard 1948 (Wissenschaft, 218); theosophisch-anthroposophische Ausblicke auf höhere Menschheitsrassen oder -zyklen lassen sich hier assoziieren.
57 Teilhard nennt hier zwar nicht wie Steiner die antiken Mysterien als solche, aber doch die „orientalischen Mystiken und die hundertmal geläuterte Weisheit der Griechen" (Wissenschaft, 93)!
58 So die theosophische Perspektive schon bei Steiner, demzufolge man den Christus bis in die Gesetze der Chemie und Physik hinein finden kann (vgl. Wehr, Steiner, 226) – und übrigens auch schon bei Franz von Baader (vgl. Ernst Benz: Zum theologischen Verständnis der Evolutionslehre, in: H. de Terra [Hg.], Perspektiven Teilhard de Chardins, München 1966, 13–51, bes. 16 f.). Teilhard setzt 1933 verbal den „Christus Universalis" mit dem „Christus der Evolution" gleich (Glaube, 115) und spricht 1943 regelrecht vom „Christus-Evolutor" (Wissenschaft, 222). Freilich waren solche Ideen damals ansatzweise auch sonst, nämlich im Überschneidungsbereich von Naturwissenschaft und Religion gelegentlich anzutreffen; es sei nur an das oben bereits zu Buckham Gesagte erinnert.
59 Vgl. Daecke, Teilhard, 411 f.; Daeckes Ansicht, dass „die ohne Zweifel gnostischen Elemente seines Denkens" (411, vgl. 413) wie schon im Kolosserbrief „vergeschichtlicht" seien, unterstellt gnostischem Denken allerdings zu pauschal, zeitlose Mythologie zu sein, statt dessen zumindest ab und an vorhandenen Bezug auf geschichtliche Figuren (ähnlich dem Avatara-Denken Indiens) zu berücksichtigen. Auch Daeckes verteidigender Hinweis aufs Kreuz bei Teilhard (412) führt angesichts von dessen problematischer Interpretation und der Tatsache, dass Teile des Gnostizismus das Kreuz sehr wohl kennen, ins Abseits. Tendenzen zu einer „kosmischen Gnosis" sieht bei Teilhard übrigens auch Moltmann (Weg, 320).
60 Teilhard räumt für sein Denken durchaus „Monismus" ein (1934: Glaube, 147). Vgl. Georges Crespy: Das theologische Denken Teilhard de Chardins, Stuttgart 1963, 52 f.; ferner Lyons, Cosmic Christ, 168.

phile", materiefreundliche Monismus unter dem „Primat des Geistes"[61] passte allerdings sehr wohl zum *theosophischen* Denken, jener modernen Variante des Gnostizismus, die Teilhard zumindest partiell zu schätzen wusste[62]. Nachdem der von „kosmischem Bewußtsein"[63] beseelte Visionär[64] sich dann seit 1944 wieder explizit vom „kosmischen Christus" zu reden entschlossen hatte, scheute er sich auch nicht, seine Christologie terminologisch weiter in eine Richtung voranzutreiben, die ihm den Häresievorwurf verschärft einbringen musste. Er begann nämlich seit 1945 von der „dritten Natur Christi" zu sprechen: Das Zwei-Naturen-Schema von Chalcedon sei um die „kosmische Natur" Christi zu erweitern[65]. Gewiss, er tat es vorsichtig, setzte Anführungszeichen und Warnungen vor Missverständnissen dazu. Das schützte ihn aber nicht vor dem Verdacht eines gnostisierenden Subordinatianismus, so dass selbst seine Verteidiger einräumen mussten, hier seien „ungeschickte Wendungen" im Spiel[66].

In seinem letzten Lebensjahr suchte er daher seine Ausdrucksweise so zu präzisieren, dass die traditionelle Lehre von den beiden Naturen Christi dabei unberührt bestehen bleiben konnte: Er fand eine Lösung in der Überlegung, die Rede von der „*kosmischen* Natur Christi" eindeutig der *menschlichen* Natur Christi zuzuordnen, innerhalb derer er sie von der „ir-

---

61 Vgl. Teilhard, Wissenschaft, 56, ferner 80 f. Evolution wird geradezu als „Spiritualisation" gefasst (99); bejaht wird ein „spiritualistischer Evolutionismus" im Gegenüber zu einem materialistischen (166).
62 Nicht zufällig hat Teilhard gerade die neuere Esoterik- und New Age-Bewegung inspiriert: Vgl. bes. Thomas Broch: Pierre Teilhard de Chardin. Wegbereiter des New Age? Mainz/Stuttgart 1989; ferner Ledergerber/Bieri, New Age, 117 f. Die im Zeichen von „New Age" thematisch gewordene „Wiederverzauberung der Welt" (M. Bermans) findet von Teilhards Vision des „kosmischen Christus" her Unterstützung: „Die Welt um mich herum wird göttlich" (Teilhard, Glaube, 154). Seine „theonome Autonomie" erweist sich eng der „heteronomen Autonomie" benachbart; d. h. die Einflüsse von Schuré und ggf. Steiner her dürften wohl als nicht ganz gering einzuschätzen sein.
63 So Teilhard 1924 (Wissenschaft, 72).
64 Der Begriff der Schau ist häufig (z. B. Bereich, 21 und 197; Mensch im Kosmos, 296) bei Teilhard, der sogar sagen kann, ihm sei „der Christus-Universalis erschienen" (Glaube, 151).
65 Vgl. näherhin Daecke, Teilhard, 385; Lyons, Cosmic Christ, 5, 37 und 183 ff. (mit Recht vermisst Lyons, 217, dabei eine Definition des Natur-Begriffs). Deutliche Ansätze in diese Richtung zeigten sich bereits im Herbst 1936 (vgl. Lyons, 40); nachdem in jenem Jahr zuvor seine Mutter und eine seiner Schwestern gestorben waren, drang seine Reflexion offensichtlich verstärkt in die Christologie ein, um die Natur des Herrn über Lebende und Tote vertieft zu ergründen (vgl. seinen Brief vom 5.9.1936 in: Geheimnis und Verheißung der Erde. Reisebriefe 1923–1939, Freiburg i. Br. 1968, 236).
66 „Diese Ausdrucksweise wurde ihm mit Recht zum Vorwurf gemacht" (de Lubac, Glaube, 48). Vgl. ferner Lyons (Cosmic Christ, 68 und 187), der auch auf die mangelnde biblische Legitimation der Rede von einer „kosmischen Natur" Christi hinweist (196).

*dischen* Natur" Christi unterschied⁶⁷. Dank dieser Entscheidung entfiel die Frage, wie denn sonst die Inkarnation Christi mit seinem gleichzeitig anhaltenden göttlichen Walten hinsichtlich des Kosmos zu denken sein sollte. Auch war durch diese Negation der Zuordnung der „kosmischen Natur" zur Gottheit zumindest auf den ersten Blick dem gnostisch-theosophischen Häresie-Verdacht der Wind aus den Segeln genommen. Doch auf den zweiten Blick sah es wieder anders aus, denn die Zuordnung „kosmischer Natur" zur Menschheit Christi implizierte, sofern sie nicht explizit am Auferstandenen und somit an einer allerdings sonst gerade nicht erfahrbaren „Menschheit" festgemacht war, eine theosophisch gefärbte Anthropologie, schlicht die kosmische Dimension „spiritueller Autonomie"⁶⁸! Im übrigen war nicht zu leugnen, dass Konzepte „kosmischer Christologie" schon in den Jahren vor Teilhard (etwa bei Buckham) gerade im Zuge ihrer exegetischen Begründung in der Regel so zu verstehen gewesen waren, dass damit die göttliche und nicht etwa die menschliche Natur Christi angesprochen war⁶⁹. Und erst recht hatte es Teilhard selbst durch seine Vorstellung vom Christus-Evolutor bzw. von der „Christogenese" keineswegs nahe gelegt, die „kosmische Natur Christi" als Teil der menschlichen Natur Jesu Christi aufzufassen⁷⁰. Vielmehr hatte der von Teilhard 1944 ausdrücklich propagierte „pan-christische Monismus"⁷¹ in der Tat eine subordinatianistische Christologie vermuten lassen, zumal sich Teilhard mitunter, wie Lyons zeigt, auf Origenes beziehen konnte⁷².

---

67 Vgl. de Lubac, Glaube, 49 f. Teilhard forderte für diese Aufstellung ein „neues Konzil von Nicäa"!
68 In der Tat hatte Teilhard bereits 1918 – damals damals im Gefolge der Lektüre diverser theosophischer Schriften – spekuliert, „daß *in natura Christi* zu den streng individuellen menschlichen Eigenschaften kraft göttlicher Erwählung so etwas wie eine universelle physische Realität hinzukommt, eine gewisse kosmische Verlängerung seines Leibes und seiner Seele" („Forma Christi", in: Frühe Schriften, 305–329, hier 309).
69 Vgl. Lyons, Cosmic Christ, 30 f.
70 Noch 1953 hatte Teilhard seine Idee der dritten, kosmischen Natur Christi auch als Lösungsmodell angesichts des seit Kopernikus in seinen Weiten erfassten Kosmos und der damit sich ergebenden Möglichkeit von menschenähnlichen Wesen auf anderen Planeten angesehen, die (etwa im Sinne Tillichs, s. o.) nach pluralen Inkarnationen des kosmischen Christus fragen lässt (Glaube, 280). Er schätzte dabei richtig ein, dass jedenfalls mit unerreichbaren Entfernungen im Universum, also mit keinen Kontaktmöglichkeiten auf natürlicher Ebene zu rechnen sei. Doch er korrigierte schließlich bisherige Spekulationen durch den tiefsinnigen Gedanken: Das „Universum ist so vollkommen eins, daß ein einziges Eintauchen des Sohnes Gottes in seinen Schoß es ganz überflutet und durchdringt mit seiner Gnade der Sohnschaft" (ebd.).
71 Vgl. Teilhard, Glauben, 204. „Der kosmische Christus ist die personale Gestalt der Einheit der Wirklichkeit" (Daecke, Teilhard, 403; siehe auch 407).
72 Dazu ausführlich Lyons, Cosmic Christ, 74 ff. und 111 ff. Zur dogmengeschichtlichen Breite kosmischer Christologie, auf die sich Teilhard berufen konnte, vgl. insgesamt Maloney, Cosmic Christ (1968); einen kurzen Durchgang bietet Wolf-

Im Grunde war dieser späte Lösungsvorschlag ein deutliches Indiz für die Aporie seines Redens vom „kosmischen Christus", das Formulierungen wie „dritte Natur Christi" oder gar „Dritter Christus"[73] produziert hatte. Bezieht man nämlich das Attribut des Kosmischen auf die göttliche Natur Christi, droht Pantheismus-Verdacht; der Sohn als der immanent geliebte Andere des Vaters und das ökonomisch gewollte Andere der Weltschöpfung geraten in die Perspektive einer problematischen Identifikation[74]. Ordnet man das Attribut des Kosmischen hingegen der menschlichen Natur Christi zu, muss man diese entweder spiritualistisch weiten oder sagen, es sei an die menschliche Natur des auferstandenen Christus gedacht[75]. Letzteres scheitert jedoch daran, dass dieser Status ja erst seit Ostern besteht, während man kosmische Christologie nicht dermaßen eingeschränkt denken kann. Auch die Idee der „communicatio idiomatum" hilft hier nicht weiter: „Wie können Eigenschaften der einen Natur an die andere mitgeteilt werden, ohne daß diese sich ändert, also aufhört, menschliche Natur zu sein? Das genus majestaticum vergottet die wahre Menschheit Jesu. Ein Mensch mit den göttlichen Eigenschaften der Allmacht und Allwissenheit ist kein Mensch mehr. Das Geheimnis der Person Jesu wird rationalisiert in einer metaphysischen Konstruktion, welche die wahre Menschheit zerstört."[76] Auch der scheinbare Ausweg, der mit der These einer tatsächlichen dritten „kosmischen Natur Christi" gefunden sein könnte, erweist sich bei näherer Betrachtung als Sackgasse, da er – die Reflexion auf eine „Natur" jenseits der geschichtlich-menschlichen lenkend – nicht nur den Verdacht des emanatorischen Subordinatianismus nährt, sondern am Ende Versuche der Abwehr dieses Verdachts wieder nur auf Zuordnungen zur ersten oder zweiten Natur Christi hinauslaufen lässt.

Dennoch darf Teilhards Rede von der dritten „kosmischen" Natur Christi insofern nicht als Indiz für ein subordinatianisches Konzept vom „kosmischen Christus" gewertet werden, als er sich im Unterschied etwa zu den theosophischen Varianten kosmischer Christologie nicht auf Gedankenspiele einer stufenweisen Deszendenzchristologie[77] einlässt. Sein „Christ cosmique" ist und bleibt unmittelbar der trinitätstheologisch ge-

---

gang Beinert: Christus und der Kosmos. Perspektiven zu einer Theologie der Schöpfung, Freiburg i. Br./Basel/Wien 1974, 52 ff.
73 Vgl. Lyons, Cosmic Christ, 191 f.
74 Vgl. z. B. Teilhard, Glaube, 42. „Was jedoch eindeutig über christliche Denkmöglichkeiten hinausgeht, sind griechische Äußerungen darüber, daß der Kosmos eben wirklich selbst göttlich, ja Gottes eingeborner Sohn ist", betont der Exeget Berger (Kosmos, 61).
75 Das ist Teilhards Intention (vgl. Lyons, Cosmic Christ, 187 und 197).
76 Paul Althaus, Die christliche Wahrheit, Bd. 2, Gütersloh 1948, 227.
77 Gewiss ist es nicht im theosophischen Sinn gemeint, wenn der „universale Christus" mit der „großen Sonne Christi" verglichen (Teilhard, Bereich, 44) oder als erhofftes „Gestirn" bezeichnet wird (195).

meinte Gottessohn: „Es macht gerade eben das ‚Gnaden'-Merkmal der Welt aus, daß der Platz des universellen Zentrums nicht irgendeinem höchsten Mittler zwischen Gott und dem Universum gegeben wurde; sondern daß er vielmehr von der Gottheit selbst eingenommen worden ist – die uns so ‚in et cum Mundo' in den trinitaren Schoß ihrer Immanenz eingeführt hat."[78] Allerdings ergeben sich aus dieser monophysitisch gefärbten Position heraus dann doch – nahezu vergleichbar mit der Theosophie – Vorbehalte gegenüber dem Gewicht des geschichtlichen Christus[79].

Entsprechend ist bei Teilhard das Konstrukt eines logosartigen, vom biblischen Christus unabhängigen „Omega"[80] nicht zu leugnen. Die Koinzidenz des im Sinne einer modernisierten natürlichen Theologie[81] gedachten Omega-Punktes mit dem geschichtlichen Jesus Christus ist eine nachträglich festgestellte: „Identifizieren wir doch einmal (zumindest seiner ‚natürlichen' Seite nach) den kosmischen Christus des Glaubens mit dem Punkt Omega der Wissenschaft."[82] Von Anfang bis Ende erweist sich Teil-

---

78 Teilhard, Wissenschaft, 87. Die „Gottheit des historischen Christus" steht außer Frage (Glaube, 183; auch 189 f. – in diesem Kontext spricht Teilhard wieder einmal wörtlich vom „kosmischen Christus").
79 Vgl. Schiwy, Teilhard de Chardin, Bd. 2, 192; Crespy, Denken, 120, 129.
80 Dieser Punkt, von Teilhard auch „Neo-Logos" genannt, ist nicht nur Anziehungs- und Endpunkt der Evolution, sondern „von Natur erhaben ... über Zeit und Raum, die er in sich sammelt" (Pierre Teilhard de Chardin: Der Mensch im Kosmos, München 1959[6], 265). Nach dieser Aussage in dem „Le Phénomène Humain" betitelten, im Kern 1938 abgefaßten Werk ist der alles nach „oben" ziehende Omega-Christus nicht etwa das Produkt der Evolution, sondern präexistentes Prinzip. Zur neuzeitlich transponierten „Logoschristologie" Teilhards vgl. auch Schneider, Größe, 257 f.
81 Vgl. Armin Müller: Das naturphilosophische Werk Teilhard de Chardins. Seine naturwissenschaftlichen Grundlagen und seine Bedeutung für eine natürliche Offenbarung, Freiburg i. Br. 1964, 293 ff.
82 So Teilhard 1945 (Glaube, 215). Man höre bereits Teilhards These von 1921, derzufolge Christus „bewundernswert den von der Erwartung der ganzen Natur vorgezeichneten leeren Platz ausfüllt" (Wissenschaft, 60), und die von 1928, „daß der paulinische Christus (der große Christus der Mystiker) mit dem universellen Zielpunkt, mit dem Omega zusammenfällt, das unsere Philosophie voraussahnte" (87)! Die entsprechende „Koinzidenz" im „Christus-Omega" wird ausdrücklich 1943 in einem Vortrag über den „Super-Christus" konstatiert (Wissenschaft, 219). – Hingegen warnte vor einem religionsphilosophisch begründeten „Christus" und seinem theologischen Heranziehen bereits Peter Taylor Forsyth: The Work of Christ, London 1910 (1952), 74 f.: „That is not the eternal Son of God in whom God was reconciling the world unto Himself. That is another Christ – from hasty points of view indeed a larger Christ; for the philosophers have a larger Christ, apparently, one more cosmic. But it is a diluted Christ, and one that cannot penetrate to the centre and depth of our human need or ... reach our guilt and hell, and therefore cannot be the final Christ of God." Zu Forsyth vgl. Ulrike Link-Wieczorek: Inkarnation oder Inspiration? Christologische Grundfragen in der Diskussion mit britischer anglikanischer Theologie (FSÖTh 84), Göttingen 1998, 98 ff.

hard insofern als moderner Befürworter einer „von oben"[83] ansetzenden „kosmischen *christologia gloriae*". Diese kennt freilich auch das „Unten"[84], das Kreuz.
Aber welches Gewicht und welche Gestalt hat dann solches „Unten" bei Teilhard? Er interpretiert das Kreuz gern unter bewusster Vernachlässigung soteriologischer Deutekategorien im Sinne der orthogenetischen Evolutionsidee als „Zeichen des Wachsens durch die Mühsal hindurch"[85]. Ähnlich der theosophisch beliebten Aus- und Umdeutung des Kreuzessymbols gemäß seiner ästhetischen Gehalte erblickt Teilhard in ihm die Achsen des „Voran" und des „Empor" miteinander versinnbildlicht[86]. Angesichts der darin sich ausdrückenden „Verabsäumung des Kreuzes"[87] drängt sich die Frage auf: „Liegt die heute eher abnehmende Überzeugungskraft der Teilhardschen These vom kosmischen Christus nicht darin, daß sie jenen *Erlösungskontext*, der immer schon den umfassenden Rahmen biblischen Schöpfungsglaubens bildete, unzureichend berück-

---

83 Das „Oben" ist ja bei Teilhard mit dem „Vorn" insofern identisch, als jeweils die (anziehende) Transzendenz Christi gemeint ist. So kann er 1943 z. B. durchaus sagen, dass „Christus am Himmel unseres Universums die Position Omegas inne hat" (Wissenschaft, 221). Was übrigens Schneiders These von Teilhards angeblicher „Christologie von unten" (Größe, 242 ff.) betrifft, so beruht sie auf einer problematischen Definition, die den „Erweis der Einzigartigkeit und Universalität Jesu Christi" in der „Erfahrung der Welt und ihrer universalen Entwicklung" (247; vgl. 250) erblickt, also eigentlich eine moderne „Christologie von oben" meint: „Schöpfung, Inkarnation und Erlösung finden ihre Einheit im Rahmen einer von Christus als Alpha (Anfang) und Omega (Zielgestalt der Vollendung) getragenen Weltentfaltung" (249).
84 So räumt Teilhard ein: „Konkret und historisch ist es unbestreitbar, daß die lebendige und erobernde Vorstellung des Christus-Universalis im christlichen Bewußtsein von dem als Gott anerkannten und angebeteten Menschen Jesus aus aufgetreten und gewachsen ist" (Glaube, 190). Vom irdischen Jesus beziehe der universale Christus „wesentlich seine grundlegende Eigenschaft, unanfechtbar und konkret zu sein" (Bereich, 133).
85 So Teilhard 1936 (Wissenschaft, 167). 1927 interpretiert Teilhard den Gekreuzigten als Sinnbild und Wirklichkeit der jahrhundertelangen Arbeit des Hinauf- und Zurücktragens des geschaffenen Geistes in die Tiefen des göttlichen Bereichs (Bereich, 112), 1939 setzt er das Kreuzsymbol der Geste „des Durchgangs der Eroberung" gleich (Glaube, 160), 1942 steht es für „den Aufstieg der Schöpfung durch Anstrengung" (Glaube, 175), 1944 wird es „Symbol des Fortschritts" genannt (196). Noch zwei Tage vor seinem Tod, schreibt Teilhard in einem Brief: „Der Christus am Kreuz ist der vollkommenste Ausdruck eines ‚Gottes der Evolution'" (zit. nach Schiwy, Teilhard de Chardin, Bd. 2, 288).
86 Vgl. Teilhard, Glaube, 261 (1952). Damals plädierte Teilhard überhaupt für eine „Verallgemeinerung und Vertiefung des Sinnes des Kreuzes" (Glaube, 253). Mit solchen und ähnlichen Aussagen hat er sich „weit vom biblischen Verständnis der Erlösung entfernt" (Daecke, Teilhard, 367; vgl. auch Rössler, Himmel, 114).
87 Diese wird bei Teilhard diagnostiziert von Paul Schütz: Das Mysterium der Geschichte. Von der Anwesenheit des Heilenden in der Zeit. Gesammelte Werke Bd. 2, Hamburg 1963, 454.

sichtigte?"⁸⁸ Allerdings kommt Teilhard auch zu jenem tiefsinnigen Verständnis der „kosmischen" Passion Christi, das sich ebenfalls bereits in der modernen Theosophie abzeichnet, nämlich zur Deutung des Kreuzes im Horizont des göttlichen „Ja" zum Dasein von Welt; und dieses Ja begreift der Christ Teilhard dezidiert schöpfungstheologisch⁸⁹.

Wie er seine Auffassung von „Pantheismus" im Sinne eines in der Zukunft des kosmischen Christus zentrierten „Eu-Pantheismus" immer wieder entschieden gegenüber einer unpersönlich-energetischen absetzt⁹⁰, so bejaht er Gottes schöpferisches Setzen von Anderem⁹¹ allemal unter Befürwortung des realen Erhalts solchen Andersseins. Wer allerdings die weltanschaulichen Strukturen moderner Theosophie kennt, der weiß, dass man sie nicht mit indischer Maja-Lehre verwechseln darf und in ihrer Kosmophilie und Individualitätsbejahung ernst nehmen muss. Teilhard setzt sich argumentativ also eher von morgen-, aber weniger von abendländischen Spiritualismen ab. Bezeichnend sind in dieser Hinsicht seine nicht ganz seltenen Formulierungen von der „Rückkehr" aller Dinge⁹², die der Auffassung einer Symmetrie von Involution und Evolution entsprechen. Hält er das Anderssein des Geschöpflichen, das er nach seiner Seite des *malum naturale* schon gern herunterspielt, nach seiner ontologischen Seite auch in eschatologischer Perspektive in wünschenswerter Deutlichkeit durch? Was bedeutet es, wenn er die leibliche Auferstehung Christi bezweifelt und Ostern als das Universalwerden Christi interpretiert⁹³? Denkt er

---

88 Alexandre Ganoczy: Suche nach Gott auf den Wegen der Natur. Theologie, Mystik, Naturwissenschaften – ein kritischer Versuch, Düsseldorf 1992, 204 (Kursivdruck beim Vf.).
89 In dem Aufsatz „Christologie und Evolution" (Weihnachten 1933) heißt es, das Übel sei ein Feind, den „Gott unvermeidlich allein durch die Tatsache entstehen lässt, daß er sich zur Schöpfung entscheidet" (Teilhard, Glaube, 103).
90 Vgl. z. B. Teilhards Aufsatz „Pantheismus und Christentum" von 1923 (Glaube, 71 ff.; ferner 154). In übertriebener Inschutznahme Teilhards wird dessen Pantheismus-Neigung völlig abgestritten bei de Lubac, Glaube, 31 ff. Tatsächlich beweist Teilhard, dass der von Bernard Charbonneau (Teilhard de Chardin prophète d'un âge totalitaire, 68) geäußerte Vorwurf unberechtigt ist, es sei „der kosmische Christus notwendigerweise eine Formel pantheistischen Inhalts ... im Gegensatz zu einem persönlichen Gott" (zit. nach de Lubac, Glaube, 44).
91 Nach Teilhard ist Gott zwar nicht auf die Welt angewiesen, doch kann die Welt als Schöpfung für ihn unmöglich „nebensächlich" sein (vgl. Wissenschaft, 121). In diesem Sinn umgreift Teilhards Begriff der „Pleromisation" Schöpfung und Erlösung (Glaube, 219).
92 Vgl. z. B. Teilhard, Mensch im Kosmos, 286. Denkt Teilhard in Umformung idealistischer Gedanken doch „eine Einheit des Absoluten und seines anderen, also des Endlichen und Bedingten", so „daß dieses andere als Äußerung des Absoluten gedacht wird" (Pannenberg, Metaphysik, 31)? Ist es nicht so, dass er „zum erstenmal wieder seit den Systemdenkern des 19. Jahrhunderts den Versuch unternimmt, das Ganze des Seins in den Griff zu bekommen" (Schütz, Freiheit, 449)? Beruht nicht darauf der metaphysisch durchsetzt wirkende Optimismus Teilhards?
93 Vgl. Teilhard, Glaube, 278; weitere Hinweise bei Daecke, Teilhard, 365, Anm. 19.

an eine *annihilatio* der materiellen Wirklichkeit, wenn er das „Ende der Welt" als Rückkehr der „Noosphäre" zu sich selbst beschreibt[94]? Müsste sich sein erklärter „Pan-Christismus"[95] nicht gewissermaßen als ein „Pansynchristismus"[96] darstellen, der Christus durchaus in kosmischer Relevanz, aber dabei noch entschiedener so zu verstehen lehrt, dass gerade um seinetwillen das „Andere" Gottes in präsentisch- wie futurisch-eschatologischer Hinsicht als solches sein ontologisches Recht behält?

In diesem Zusammenhang stellt sich endlich auch die Frage, wie viel echtes Anderssein Teilhards „totaler Christus" zulässt, wenn es um das Verhältnis des Christentums zu den anderen Religionen geht. Seine „kosmische Christologie" hatte im wesentlichen die Integration der säkularen Naturwissenschaft und nicht die der Religionen in die christliche Wahrheit zum Ziel. Gegenüber anderen Religionen blieb die Verhältnisbestimmung eine exklusivistische. Zunächst mag es zwar beinahe pluralistisch klingen und seinem Universalismus ja auch entsprechen, wenn Teilhard einen gewissen „Ökumenismus" nicht nur zwischen „Christen in einer wahrhaft ‚kosmischen' Größenordnung", sondern sogar zwischen „den Menschen im allgemeinen" Gestalt gewinnen sieht[97]. Doch bei näherer Betrachtung zeigen sich hier Konturen eines in sein Entwicklungsdenken eingezeichneten Exklusivanspruchs: Christus ist für ihn „mit jeglichem Propheten und jeglichem Buddha inkommensurabel"[98]. Ein kirchenübergreifender „Ökumenismus des Gipfels" könnte nach seinen Erwägungen mit einem auf humanistischem Zukunftsglauben gründenden „Ökumenismus der Basis" konvergieren – allerdings nur im Rahmen der Perspektive „eines vollentfalteten Christus" selbst, und das heißt: in der Zukunft des exklusivistisch interpretierten „kosmischen Christus". Irgendwelche „Synkretismen ohne Kraft und Originalität" lehnt er ebenso ab wie „Doppeldeutigkeiten", die

---

Crespy bemerkt: „... offensichtlich interessiert ihn der auferstandene Christus mehr als das Ereignis der Auferstehung Christi, wie ihn auch der universelle Christus mehr interessierte als die Geschichte Jesu von Nazareth" (Denken, 129).

94 Vgl. Mensch im Kosmos, 284 und 267; ferner: Wissenschaft, 95. Offenkundig impliziert solcher „scheinbare" Weltuntergang für ihn aber einen „totalen Neuguß" der Welt in eschatologischer Theonomie (vgl. Wissenschaft, 71, 107); schon in seinen frühen Tagebüchern spricht Teilhard von der „Unsterblichkeit, auf die die *Reinkarnation* in einem aus dem alten entstandenen Kosmos folgt" (I, 236).

95 Vgl. Teilhard, Wissenschaft, 90 und 168. Schon 1920 heißt es: „Christus ist alles oder nichts" (Glaube, 57). Solch ein „Christomonismus" spricht sich noch wenige Wochen vor Teilhards Tod aus in seiner „Schau des Christus, der *alles in allem* ist" (vgl. Bereich, 197), wobei die futurisch-eschatologische Äußerung von 1. Kor 15,28 gewagt auf den „kosmischen Christus" übertragen wird.

96 In Analogie zum oben vorgeschlagenen Begriff des „Pansyntheismus" (im SRO-Paradigma).

97 Vgl. Teilhard, Wissenschaft, 257 (1946). So ist „der kosmische Christus" für Teilhard „das einigende Band" auch des vielheitlich sich verzettelt habenden Bewusstseins (Lay, Ketzer, 301).

98 Ebd.; nächste Zitate ebenso.

eine religiöse Eintracht doch nicht ernsthaft zu begründen vermögen[99]. Einen „Zusammenfluß der Religionen" hält er ausschließlich im Zeichen des „universalen Christus"[100] für möglich. Dass dies nicht etwa inklusivistisch oder gar pluralistisch gemeint ist, beweist seine gleichzeitige Forderung einer Konversion[101] der nichtchristlichen Religionen. Wird die Wirklichkeit der Religionen vermittels des Konzepts vom „kosmischen" Christus quasi orthogenetisch aufgefasst, so legt sich sogar der radikale Aufruf „zur totalen Eroberung der Welt um der universalen Herrschaft Christi willen" nahe[102]. Ja Teilhard wagt das Christentum als „die Religion von morgen" exklusiv „durch die lebendige und organisierte Achse seines römischen Katholizismus" zu erhoffen, denn „Katholischsein ist die einzige Weise, voll und bis ans Ende Christ zu sein."[103] Auf dem Hintergrund des Eintrags seines Evolutionismus in religiöse Sachverhalte steht es für ihn fest, dass das „von der römischen Kirche beanspruchte Vorrecht, der *einzige authentische Ausdruck des Christentums* zu sein, kein ungerechtfertigter Anspruch ist, sondern einem unvermeidlichen organischen Bedürfnis entspricht."[104] Gewiss wird man hier um des universalistischen Einbezugs anderer Konfessionen und Religionen in die Zukunft des „kosmischen Christus" willen von einem moderaten, „modifizierten Exklusivismus"[105] zu reden haben. Klar ist jedenfalls, dass diese „kosmische christologia gloriae" sich in exklusiver Bindung an den gekreuzigten Auferstandenen versteht. Exklusivismus muß nicht unbedingt kreuzestheologischer Natur sein.

Ein weiterer Interpret des Begriffs „kosmischer Christus" im exklusivistischen Sinn ist kein Geringerer als *Karl Barth*. An der Zuordnung seines

---

99 Vgl. Wissenschaft, 257. Gerade bei einem äquivoken Gebrauch des Begriffs „kosmischer Christus" wäre ja in der Tat dessen Doppeldeutigkeit Basis einer höchst fragwürdigen „Eintracht"!
100 Teilhard, der durchaus eine „anima naturaliter christiana" bejaht (Bereich, 203; Wissenschaft, 264), erklärt 1934: „Eine allgemeine Konvergenz der Religionen auf einen Christus-Universalis, der sie im Grunde alle befriedigt: das scheint mir die einzig mögliche Bekehrung der Welt und die einzig vorstellbare Gestalt einer Religion der Zukunft zu sein" (Glaube, 156; vgl. 141).
101 Darauf weist de Lubac (Glaube, 193 f.) mit Recht hin. 1946 spricht Teilhard von der nötigen Läuterung ökumenischer Bewegungen (Wissenschaft, 258).
102 Vgl. Wissenschaft, 169 (1936). „Im Sinne Teilhards geht es um die Praxis, die *Gegebenheit Christi* in den Kulturen anzunehmen", heißt es in inklusivistischer Interpretation bei Ottmar Fuchs: Ökologische Pastoral im Geiste Teilhard de Chardins, in: Orientierung 59, 10/1995, 115–119, hier 118.
103 Teilhard, Glaube, 201 f. (1944).
104 Ebd. 200 (Hervorhebung: W.T.). Christus liebende Einzelmenschen, so die ekklesiologische Argumentation Teilhards, seien eben „nicht insgesamt in der ‚kephalisierten' Einheit eines *Leibes* zusammengruppiert, der vital als ein organisches Ganzes auf die vereinten Kräfte Christi und der Menschheit reagiert" (201, Hervorhebung: T. d. C.).
105 Diesen Begriff benutzt mit Blick auf protestantische Religionstheologien (Althaus, Pannenberg, Ratschow u. a.) Paul Knitter: Ein Gott – viele Religionen. Gegen den Absolutheitsanspruch des Christentums, München 1988, 60 f.

Denkens zum „Exklusivismus" besteht – ungeachtet seiner „Lichterlehre" in KD IV/3[106] – religionstheologisch kein Zweifel[107]. Dennoch kann es hier kurz gemacht werden: Barth hat den Terminus „kosmischer Christus" eigentlich[108] nie gebraucht und nur ein einziges Mal aufgegriffen, als er nämlich 1964 in Frankreich, wohl mit Bezug auf Teilhard de Chardin, während eines ökumenischen Seminars eine entsprechende Frage zu beantworten hatte. Der „kosmische Christus", beteuerte er, sei kein anderer als der gekreuzigte und auferstandene Christus, gegenwärtig und aktiv als der lebendige Retter, Herr und Schöpfer in jedem Element in Natur und Geschichte[109]. Auch in dieser knappen[110], immerhin den Begriff nicht negierenden Auskunft des Baseler Dogmatikers bedingen Exklusivismus und Universalismus einander, statt sich gegenseitig auszuschließen. Bedenkt man, dass Barth bekanntlich dem Gedanken der Allversöhnung nahe stand, so zeigt dieses Beispiel, wie einseitig und unscharf die beliebte Charakterisierung der Exklusivismus-Position als bis in die Eschatologie hinein „dualistisch"[111] ist. Es illustriert zugleich, dass die religionstheologische Zuordnung des Exklusivismus zum Evangelikalismus[112] oder gar zum Fundamentalismus nicht eben von jener gründlichen Wahrnehmungsbereitschaft zeugt, wie sie doch von Inklusivisten und Pluralisten selbst dezidiert eingefordert wird.

Dass übrigens durchaus auch evangelikale Theologie vom „Cosmic Christ" um seiner biblischen Verankerung willen positiv sprechen kann, macht in Auseinandersetzung mit New Age-Christologien *Douglas Groothuis* deutlich. Exklusivistisch eingestellt, lässt er sowohl die Partikularität des irdischen Jesus der Universalität seiner Botschaft als auch die Singula-

---

106 Vgl. dazu etwa Hendrik Berkhof/Hans-Joachim Kraus: Karl Barths Lichterlehre (Theologische Studien 123), Zürich 1978, 30 ff.; Breitmaier, Schöpfung, 133 f.
107 Vgl. Knitter, Ein Gott, 58 f.; Bernhardt, Größenwahn, 141 ff.; Korsch, Dialektische Theologie, 171. Den Begriff des „Exklusiven" gebrauchte Barth selbst, und zwar gerade im Kontext seiner Bemerkungen zum Begriff des Logos (vgl. KD II/2, 106; auch KD I/1, 412).
108 Gleichwohl kann er in seiner Christologie ausgiebig den Begriff des Kosmischen verwenden (vgl. z. B. KD IV/2, 40 f.: Jesus Christus ist „zwar als solcher ein Moment, eine Figur des kosmischen Seins und seiner Geschichte, auch kosmischer Art, darüber hinaus aber auch – er ganz allein! – der Schöpfer, Gott selbst ...").
109 Nach Lyons, Cosmic Christ, 57.
110 Bereits 1959 hatte Barth im Rahmen seiner Versöhnungslehre in der „Kirchlichen Dogmatik" (IV/3, 865 f.) ähnlich wie Teilhard de Chardin Gedanken zu „einer *dritten* Existenzweise Jesu Christi" im Sinne einer *kosmischen* neben der als (Haupt der) Gemeinde und der himmlischen Existenzweise geäußert, dies jedoch lediglich im klein gedruckten Text und im Modus der offen gelassenen Frage getan.
111 Vgl. Bernhardt, Größenwahn, 147–149. Zu pauschal heißt es hier zum Exklusivismus: „Die nichtchristliche Religion wird als ein Irrweg gebrandmarkt, der geradewegs in den Abgrund unheilbarer Verlorenheit führt" (Größenwahn, 149).
112 Vgl. Knitter, Ein Gott, 58 (Knitter weiß aber immerhin einen „modifizierten" Exklusivismus vom evangelikalen zu unterscheiden, vgl. 60).

rität von Ostern der soteriologischen Universalität des „kosmischen Christus" korrespondieren[113]. Mit seiner Betonung, dass Joh 1,9 nur eine Möglichkeit statt eine Wirklichkeit ansage und dass „many, in fact, remain in darkness"[114], steht er offensichtlich für einen radikalen Exklusivismus.

## 2. Der „kosmische Christus" im Kontext inklusivistischen Denkens: Von George B. Stevens bis Andreas Rössler

Das religionstheologische Modell des Inklusivismus geht zwar immer noch wie das des Exklusivismus von der Absolutsetzung der eigenen religiösen Wahrheit aus, beharrt aber anders als letzteres nicht auf deren völliger Alleingeltung. Vielmehr wird ihre Superiorität bzw. qualitative Überlegenheit behauptet, zu der sich die Wahrheiten anderer Religionen wie vorläufige oder partielle verhalten[115]. Eine engere inklusivistische Position wird fremde Religionen dabei eher unter dem Aspekt der Verzerrung und des Fragmentarischen – gemessen am eigenen religiösen Bekenntnis – betrachten, eine moderatere hingegen wird ihnen sogar zubilligen können, auf ihre Weise „Heilswege" darzustellen.

Der Metapher des „kosmischen Christus" eignet eine innere Affinität zum inklusivistischen Modell, insofern sie einerseits die Normativität Jesu Christi impliziert und andererseits dessen Universalität behauptet, die einen mitnichten nur negativen Bezug auf außerchristliche Religionen und Spiritualitäten nahe legt. Wo Christi Universalität auf ihre ekklesiologischen Aspekte hin in den Blick genommen wird, um den ökumenischen Gedanken voranzutreiben, dort ist dann auch der Schritt zur inklusivistischen Idee eines dialogischen Verhältnisses zu nichtchristlichen Religionen nicht mehr weit. Ein solcher Durchbruch hat sich 1961 auf der Weltkirchenkirchenkonferenz in Indien vollzogen. Bevor aber die dort vertretene „kosmische Christologie" und ihre spätere Diskussion im folgenden in den wichtigsten Zügen nachgezeichnet wird, gilt es zunächst, auf erste Ansätze inklusivistischer Rede vom „kosmischen Christus" hinzuweisen, die bereits über ein halbes Jahrhundert früher sichtbar geworden sind. Abschließend werden dann zwei Entwürfe zu würdigen sein, die auf der Basis des Inklusivismus den „kosmischen Christus" so thematisieren, dass sie seine Universalität unter Heranziehung der Tiefenpsychologie C. G. Jungs zu interpretieren versuchen.

Um die Wende zum 20. Jahrhundert hatte sich zunehmend ein die Gräben zwischen den Geistes- und Naturwissenschaften übersteigendes Interesse an der Ausarbeitung weltanschaulicher Orientierungen abgezeichnet, die

---

113 Vgl. Groothuis, New Age Jesus (1990), 226, 229, 232 u.ö.
114 A. a. O. 230.
115 Vgl. Bernhardt, Größenwahn, 147 f.

den neuartigen Forschungsresultaten gerecht werden konnten. Namentlich seit den Durchbrüchen der Evolutions- und dann der Quantentheorie war das Bedürfnis nach Klärungen gewachsen, die das Universum in materieller, aber doch nicht minder in spiritueller Hinsicht in den Blick nehmen sollten. Gerade der Evolutionsbegriff animierte vielfach dazu, das „Ganze" des Kosmos, nämlich unter Einschluss seiner transzendentalen Konstitution, prozesshaft zu begreifen. Von diesen den cartesianischen Dualismus verabschiedenden, also monistischen Voraussetzungen aus, die sowohl Theosophie als auch Theologie bevorzugt unter dem Einfluss neuplatonischer Metaphysik brachten, war entsprechenden Modellen „kosmischer Christologie" sozusagen Tür und Tor geöffnet. Das galt in der Konsequenz besonders auf dem Gebiet der modern verstandenen Religion selbst: Sollte nicht der zunehmend ins Blickfeld rückenden Pluralität der Religionen dieser Welt eine wiederum monistisch zu deutende Einheit zugrunde liegen, die sich von der normativen Perspektive des Christentums aus elegant durch die Metapher des „kosmischen Christus" beleuchten ließe?

Unter dem Aspekt dieser geistesgeschichtlichen Lage um die Jahrhundertwende verwundert es nicht, dass der Begriff des „kosmischen Christus" damals innerhalb weniger Jahre, nämlich zunächst, wie oben dargelegt, in der modernen Theosophie und dann in der systematischen Theologie geprägt wurde – beide Male in nicht-exklusivistischem Sinn. Erstmals begegnet er theologisch vier Jahre nach seinem Erscheinen in Besants Buch „Esoteric Christianity": Der amerikanische Theologieprofessor *George Barker Stevens* formuliert ihn in einer im September 1905 in New York publizierten Studie zur Erlösungslehre. Unter der Kapitelüberschrift „Eternal Atonement" wird zunächst hingewiesen auf „Paul's idea of the cosmic Christ"[116]; daraus könnte man den voreiligen Schluss ziehen, hier sei der Begriff unmittelbar aus exegetischer Betrachtung erwachsen. Doch was Stevens wenig später resümiert, lässt durchaus andere Vermutungen zu: „Behind the historic Jesus and his earthly mission early Christian thinkers saw a perpetual revealing and saving activity of God; in the transactional they saw the eternal; they sought to translate the particular acts and experiences of Christ into terms of universal divine law and action; in the historic Christ they recognized the cosmic and eternal Christ."[117] Ganz abgesehen von der Frage der exegetischen Legitimität dieser metaphysizierenden Interpretation durch Stevens stechen auf dem Hintergrund des oben im Theosophie-Kapitel Erläuterten Termini und Vorstellungen ins Auge,

---

116 Stevens, George Barker: The Christian Doctrine of Salvation, New York 1905, 438. Der „cosmic Christ" ist dann auch Registerbegriff (537) in diesem letzten Werk des amerikanischen Systematikers. – Den Hinweis auf Stevens als (theologischen) Erstbenutzer des Begriffs verdanke ich Lyons' verdienstvoller philos. Dissertation, die allerdings die Fundstelle in keiner Weise analysiert.
117 Ebd. 439 f.

die merkwürdig an Besants „Esoteric Christianity" von 1901 erinnern, insbesondere an die dort aufeinander folgenden Kapitel über den „Historical Jesus", den „Mystic Christ" (hier fällt ja erstmals der Begriff des „kosmischen Christus") und das „Atonement" selbst! Indem Stevens das Kreuzesgeschehen nicht nur ins Übergeschichtliche projiziert, sondern unter „atonement" überhaupt „a process and not merely a single event", ja „laws and forces of the divine life which are perpetually operative"[118] versteht, geht er über einen unmittelbaren theologischen Schluss vom Heilstod Christi auf das diesem zugrunde liegende „Phänomen des positiven Willens Gottes"[119] hinaus, um ein geradezu kosmisch wirksames Gesetz zu postulieren, ein „eternal law of sacrifice"[120] in auffälliger Analogie zu Besants theosophischen Ausführungen über das vom „kosmischen Christus" ausgehende „perpetual sacrifice"[121]. Und es ist immerhin nicht ganz fernliegend, dass ein theologischer Autor, der über „Salvation"[122] und „Atonement" schreibt, sich alle mögliche Literatur der voraufgehenden Jahre besorgt, zu der dann auch ein theosophisches Werk namens „Esoteric Christianity" mit entsprechend relevanten Kapitelüberschriften zählen kann. Das aber bedeutet: Man muss ernsthaft damit rechnen, dass Stevens den bis dahin theologisch ungewohnten Begriff des „kosmischen Christus" dem Buch Besants verdankt, das er freilich damals als seriöser Universitätsprofessor besser doch nicht als Quelle nennt. Folglich könnte auch der nicht-exklusivistische Impuls, der sich bei ihm mit diesem Begriff verbindet, aus dieser theosophischen Quelle stammen.

Ein sicherer Beweis für derlei Zusammenhänge existiert allerdings nicht. Durchaus kann man eine spontane Begriffsbildung (in Analogie zu Besant) im geistesgeschichtlichen Kontext jener Jahre für denkbar halten – wobei ein solcher Schritt als theologischer jedenfalls einschneidend genannt zu werden verdient; denn es macht einen enormen Unterschied, ob man le-

---

118 Stevens, Salvation, 433. Der Systematiker spricht ebd. von einer „action of God in relation to sin and salvation which has been continuous throughout human history." Vgl. auch 434, 440 – und 442, wo von einer „constant method of divine action" die Rede ist, die „in all worlds" des Kosmos gilt (527 f.).
119 So Karl Barth in seiner Versöhnungslehre von 1953 (KD IV/1, 49). Das „ewige Wort Gottes" – Barth verweist in diesem Zusammenhang auf den Kolosserhymnus – „praeexistiert" dem „geschichtlichen Vollzug des Willens Gottes als dessen Inhalt" (50).
120 Stevens, a. a. O. 481.
121 Vgl. Besant, Esoteric Christianity, 207 (s. o.). „This sacrifice is the secret of evolution", betont Besant (208) – und Stevens fordert seinerseits die Theologie dazu auf, zu berücksichtigen, dass „men continue to believe in evolution, in the immanence of God" (Salvation, 502).
122 Stevens definiert seinen Titelbegriff in wiederum an theosophische Thesen erinnernden Tönen: „Religion is the union of man with God, the Godlike life ... – which is salvation" (491). Er bringt das Stichwort auch in unmittelbaren Zusammenhang mit dem damals gerade von Theosophen propagierten Gedanken der „Bruderschaft der Menschheit" (503).

Der „kosmische Christus" in religionstheologischer Perspektivik 339

diglich den Befund einer „kosmischen Christologie" etwa im Kolosser- und Epheserbrief konstatiert[123], oder ob man anstelle einer Lehre über die kosmisch ausgreifende Bedeutung Christi ihm selbst das Attribut des Kosmischen beilegt[124]. Dazu veranlasst haben könnten Stevens universalisierende Reflexionen der Versöhnungstheologie, wie sie auch schon vor ihm angestellt worden waren. Mit biblischer Begründung versucht er darzulegen, dass das „word ‚Christ' is not to him merely a name for a historical character, but a designation of an eternal Power behind the world and above time"[125]. Der so vom geschichtlichen Jesus unterschiedene „kosmische Christus" lässt den ersteren als tatsächlich bloß „a historical expression" der allgeschichtlichen Wirksamkeit des Überzeitlichen erscheinen[126]. Von daher entwickelt Stevens schon damals die Vorstufe einer „Repräsentationschristologie"[127]: In deren Konsequenz kann er von Gottes geschichtlichen Offenbarungen generalisierend als „transcripts of eternal fact"[128] sprechen, den er freilich normativ im Christentum offenbart sieht. Es zeichnet sich also eine inklusivistische Argumentationsstruktur ab, als der Begriff des „kosmischen Christus" erstmals theologisch auftaucht.

Entsprechendes gilt in für den ein Jahr später ebenfalls in New York erschienenen Essay „Christ and the Eternal Order" aus der Feder des be-

---

123 Im Anschluss an die Paulus-Briefe konnte schon im letzten Jahrzehnt des 19. Jahrhunderts von einem bedeutenden Systematiker in Oxford formuliert werden: „Christ occupies not simply an historical, but a cosmical place; He is the idea or principle constitutive and interpretative of the All. . . . His significance is absolute; what He does on earth and in time, He does for the universe and eternity" (Andrew Martin Fairbairn: The Place of Christ in Modern Theology, Oxford 1893/New York 1903, 318). Zwei Jahre später fiel – unter Bezugnahme auf Fairbairn – erstmals der Begriff „cosmical Christology" (Denney, James: Studies in Theology, 1895, Reprint Michigan 1976, 55). Dies illustriert, dass das Wortfeld kosmischer Christologie schon vor der Jahrhundertwende vorbereitet war. Lyons (Cosmic Christ, 26 ff.) hat dies näherhin dargelegt, ohne hinreichend auf die Unterscheidung zwischen dem Wortfeld und dem Begriff „cosmic Christ" zu achten.
124 Hier sei insbes. an das oben zu Teilhards Rede von der „kosmischen Natur Christi" Gesagte erinnert! „Christ's cosmic function" im Kontext der modernen Theosophie wurde von theologischer Warte sogar schon ein Jahr vor der allerersten Rede vom „kosmic Christ" bei Annie Besant als „a fantastic speculation" kritisiert: Vgl. David Forrest: The Christ of History and of Experience, Edinburgh 1897, 182.
125 Stevens, Salvation, 438. Gleichwohl lehnt es er ab, einen übergeschichtlichen „essential Christ" in der Weise in den Menschen wirken zu sehen, dass mit ihm schon das Heil zu erlangen sei (524). In der deutschen Theologie wird etwas später der „übergeschichtliche" Christus von Jesus unterschieden bei Rudolf Paulus: Das Christusproblem der Gegenwart. Untersuchung über das Verhältnis von Idee und Geschichte, Tübingen 1922, 122.
126 Vgl. a. a. O. 440.
127 Stevens spricht von Christus als „the Representative" (a. a. O. 442). Der Gekreuzigte wird in der Folge reduziert auf ein „example of the divine feeling toward sin" (ebd.; siehe auch 480 f.).
128 A. a. O. 450.

reits erwähnten Theologieprofessors *John Wright Buckham*: Sein Buch enthält ein Kapitel unter der Überschrift „The Cosmic Christ", das sich im zweiten Hauptteil unter dem Obertitel „Aspects of the Christ"[129] findet. Buckham, der sich gegen eine metaphysiklose Christologie bzw. Jesulogie im Gefolge der Jesu-Leben-Literatur und des Ritschlianismus wendet[130], sieht schon aus evolutionsphilosophischen Gründen den Schluss als legitim an, „that there has been from the beginning a principle of Order in creation", also ein Weisheitsprinzip, das wiederum die These rechtfertigt: „A cosmos demands a cosmic Christ."[131] Dass er hier den unbestimmten Artikel verwendet, erinnert an den unscharfen Begriffsgebrauch im theosophischen Kontext und hängt wie dort mit dem Ansatz bei einer vorchristlichen Logos-Theologie zusammen, die wiederum einen diffusen Logos-Begriff impliziert[132]. Der „Eternal Logos" und der „Cosmic Christ" werden wie bei Stevens miteinander identifiziert, und wie dieser spricht auch Buckham von „Paul's Cosmic Christ"[133]. Insbesondere lässt aber Buckhams formal und inhaltlich höchst verwandte Rede vom „Eternal Atonement"[134] darauf schließen, dass er Stevens' damals neue Studie vorliegen hatte, auch wenn er das nicht ausdrücklich anmerkt[135]. Dies könnte bedeuten, dass er namentlich den Begriff des „kosmischen Christus" Stevens verdankt, während auf direkte theosophische Bezüge bei ihm kaum etwas hindeutet. Die unterscheidende Formulierung, hinter dem histori-

---

129 Vgl. Buckham, Christ, 1906, 57 ff. (Unter demselben Titel „Aspects of the Christ" hat Annie Besant 1912 einen Essay publiziert – s. o.! Was an dieser Gemeinsamkeit auffällt, ist überhaupt die „metaphysische" Annahme etlicher „Aspekte" des Christus.)
130 Vgl. Buckham, Christ, 8 f. Im Vorwort vermerkt der Theologe, sein Buch sei „open to the charges both of mysticism and of rationalism; for the two tendencies counteract one another..." (VIII f.).
131 Christ, 88. Evolution und Offenbarung sind dabei für Buckham keine einander ausschließenden Begriffe: „Evolution is God's process... – but it is not his only process" (40).
132 Buckham plädiert für „a reaffirmation and reinterpretation of the Logos doctrine in terms of modern thinking" (8): Er setzt dabei mitunter sogar vor den „Logos"-Begriff den unbestimmten Artikel (5, 8)!
133 Vgl. Buckham, Christ, 91. „The Eternal Christ incarnated himself in the individual Jesus" (101) – das *Wie* dieser Kenose lässt Buckham bewusst göttliches Geheimnis bleiben (102); er nimmt also die breite Diskussion des 19. Jahrhunderts nicht auf (dazu Martin Breidert: Die kenotische Christologie des 19. Jahrhunderts, Gütersloh 1977).
134 Vgl. Buckham, a. a. O. bes. 139–141. „The Eternal Christ was the first Messenger of the Incarnation and the first Missionary of the Cross" (70).
135 Denkbar wäre, dass Buckham in ein vielleicht schon weitgehend abgeschlossenes Manuskript noch einige passende Gedanken von Stevens nachgetragen hat – gerade etwa die einschlägigen drei Seiten zur „Atonement"-Thematik am Ende eines „Christ Atoning" überschriebenen Kapitels und die Überlegungen zum „Cosmic Christ" (der Begriff kommt sonst nirgends im Buch vor!) am Ende des zweiten Hauptteils.

schen Jesus sei „in the cosmic background the Eternal Christ" zu denken[136], erklärt sich von Stevens oder auch anderen Spekulationen zeitgenössischer Theologie her. Insgesamt vertritt er einen explizit christozentrischen Ansatz, von dem aus er sich um eine universalisierende[137], dabei vor allem die säkulare Naturwissenschaft[138] einbeziehende Perspektivik bemüht. So ermutigt ihn die in evolutionärem Schöpfungsprozess selbstorganisatorisch mit dem Menschen fortschreitende Natur, teleologisch auf die „manifestation of the sons of God" hinzublicken[139]. Seine offenkundig inklusivistische[140] Vorstellung vom „cosmic Christ" sieht Jesus auf die Menschheit[141] wie auf das gesamte Universum bezogen.

In den Jahren nach Stevens und Buckham begegnet der Begriff des „kosmischen Christus" theologisch nur noch marginal[142]. Teilhard de Chardin darf kaum eines seiner Werke zu Lebzeiten gedruckt sehen, so dass seine kosmische Christologie (in ihrer exklusivistischen Zuspitzung!) bis zu seinem Tode wirkungsarm bleibt. Evangelischerseits ist vom „kosmischen

---

136 Vgl. Buckham, Christ, 78.
137 „Revelation is universal.... Men were not seeking God vainly in the prechristian centuries" (11). Die „eternal, timeless revelation of God" (103) steht außer Frage. Dabei wird die dem „ewigen Christus" eigene „supremacy over all limitations" hervorgehoben (97): Derselbe Christus – „cosmic yet human" – sei gleichermaßen „Plato's Light and mine, Simon Peter's Saviour and my neighbor's" (100).
138 Sogar den Fortschritt der Naturwissenschaft als solchen rückt er ins Licht des „kosmischen Christus": „When our eyes are opened we shall see that every newly-known force of nature released for the blessing and help of man, every new law that admits us to a wider knowledge of the cosmos, every quickened insight into the ongoing of nature, reveals more of that Word which was in the beginning with God, through whom all things were made, and in whom all are to be consummated" (Christ, 94). Dieses Denken versteht sich durchaus als Konsequenz entschlossener Christozentrik: „... progress in theology consists in the Christologizing of doctrine, the interpretation of the universe in relation to the incarnate Son of God" (25).
139 Vgl. a. a. O. 93 f. Auch Stevens konnte an die „true sons of God" (Salvation, 268) und damit an die bei Theosophen so beliebte, weil zur Stützung des Konzepts spiritueller Autonomie geeignete Bibelstelle Joh 10,34 erinnern (dieses Konzept ist bei Buckham, 42, erkennbar, wenn er schreibt: „The first and greatest revelation that Christ makes to mankind, then, is the *revelation of its possibilities*").
140 Bei aller Weite des Blicks steht fest: „Christianity is absolute and final" (Christ, 24). In diesem Sinn wird auch wenige Jahre später auf der Weltmissionskonferenz von Edinburg (1910) inklusivistisch argumentiert.
141 Buckham erblickt in dem Jesus einmalig inkarnierten Logos die Kraftquelle der ganzen Menschheit und „the source of all its light" (a. a. O. 102; „its" bezieht sich auf die „humanity"). Buckhams neigt übrigens zum Arianismus – eine für inklusivistisches Denken nahe liegende Orientierung (s. u.)!
142 So findet er sich lediglich im Inhaltsverzeichnis (nur dort!) bei dem britischen Mystikforscher William R. Inge, Personal Idealism (1907), XIV (zu Inge vgl. näherhin Link-Wieczorek, Inkarnation, 58 ff.), sowie im Register – nur dort, nicht im Text! – bei Walker, Christ (1913), 232.

Christus" positiv erst wieder deutlich in der zweiten Hälfte des 20. Jahrhunderts die Rede. Zunächst beginnt der Begriff nur ganz vereinzelt in der systematisch-theologischen Reflexionsarbeit aufzutauchen[143]. 1951 publiziert Galloway seine Dissertation unter dem nachträglich gefundenen Titel „The Cosmic Christ"[144]; auf sie wurde bereits ein Stück weit oben im ersten Kapitel eingegangen. In Deutschland äußert sich Otto A. Dilschneider in einem exegetisch orientierten Textabschnitt über die „Botschaft vom kosmischen Christus"[145]. Beide Versuche lassen übrigens Teilhard de Chardin unberücksichtigt und bleiben auch ihrerseits relativ wenig beachtet, wiewohl 1951 das 1500-jährige Jubiläum des Chalcedonense durchaus hätte Anlass geben können zu neuen christologischen Aufbrüchen – nämlich unter Berücksichtigung der in der ersten Hälfte des Jahrhunderts von außen gegebenen Impulse[146].

Zum einem wirklichen theologischen Durchbruch „kosmischer Christologie" und zunehmender Rede vom „kosmischen Christus" kommt es

---

[143] Das heißt natürlich nicht, dass es nicht längst diverse systematisch-theologische Versuche in Richtung einer kosmisch ausgreifenden bzw. betont weltbezogenen Christologie auf protestantischer Seite gegeben hätte! Exemplarisch wurde bereits im ersten Hauptteil auf Tillichs Beitrag eingegangen. Zumal aber eine weitere Bearbeitung dieser Fragestellung den Rahmen der vorliegenden Arbeit sprengen würde, darf dafür auf die ausgezeichnete Forschungsleistung von Daecke (Teilhard de Chardin und die evangelische Theologie, bes. 91–235) verwiesen werden, der näher auf Wilhelm Herrmann, Friedrich Gogarten, Dietrich Bonhoeffer, Karl Heim u. a. eingeht, allerdings Walther Künneths einschlägigen Beitrag von 1933 übersieht.
[144] Der eigentliche Titel der Dissertationsschrift des späteren Systematikers in Glasgow hatte 1949 gelautet: „The Cosmic Significance of Christian Redemption"; der Begriff des „kosmischen Christus" spielte in diesem Werk folglich keine Rolle, und Galloway bezog sich auch auf keinen einzigen all derer, die ihn bislang benutzt hatten. Zu den theologischen Voraussetzungen und Inhalten des Buches vgl. bes. auch Lyons, Cosmic Christ, 53 ff.
[145] Otto A. Dilschneider: Gefesselte Kirche. Not und Verheißung, Stuttgart 1953, 136–147. Der Berliner Ökumeniker, der sich hauptsächlich auf die kosmische Christologie des Kolosserbriefs bezieht, weiß, „daß andere Glaubensgemeinschaften diesen Zusammenhängen große Aufmerksamkeit zuwenden und mit ihnen moderne gnostische Spekulationen treiben... Gerade aus diesem Grunde ist man im christlichen Lager gern bereit, diese Gebiete zu verdächtigen und sie als unterchristliches Ideengut abzutun. Dadurch aber würde der evangelischen Verkündigung ein schwerer Verlust zugefügt werden" (136 f.). Sein Forschen zeugt bereits vom Wandel des Selbstverständnisses des ÖRK in Richtung einer eigenständigeren, weniger von konfessionsgebundenen Interessen geleiteten Arbeit und mündet in das Buch „Christus Pantokrator. Vom Kolosserbrief zur Ökumene" (Berlin 1962), das den Begriff des „kosmischen Christus" aber nicht enthält.
[146] „Christus und der Kosmos" lautete immerhin das Thema eines Aufsatzes (1954) bei Adolf Köberle: Der Herr über alles, Hamburg 1957, 101–113, ohne dass dort der Begriff „kosmischer Christus" oder auch nur „kosmische Christologie" fiel; betont wurde, dass „der Verlust der kosmischen Sicht schon unübersehbar weitreichende, verhängnisvolle Schädigungen nach sich gezogen" habe (103).

erst in den sechziger Jahren, und zwar im Gefolge der Dritten Vollversammlung des Ökumenischen Rates der Kirchen in Neu-Delhi 1961. Hierüber und über die anschließende internationale Diskussion informieren im einzelnen die Studien von Th. Ahrens, J. A. Lyons und P. F. Helfenstein[147], so dass es in unserem Zusammenhang genügen mag, die wichtigsten Aspekte der Debatte jener Jahre unter besonderer Berücksichtigung deutscher Beiträge herauszuarbeiten und festzuhalten. Zumal seit der ÖRK-Versammlung der Gebrauch des Terminus „Kosmischer Christus" weltweit geläufig wird, müsste eine absolut vollständige Erfassung seines Vorkommens ab diesem Zeitpunkt ohnehin ein illusionäres Ziel bleiben.

Bereits der Umstand, dass der ÖKR 1961 in Indien tagte, hat damals zweifellos eine inklusivistischer „kosmischer Christologie" förderliche Atmosphäre erzeugt. „Inklusivistisch" war man zuvörderst im Hinblick auf die Weite der verschiedensten Konfessionskirchen eingestellt. Das nach den beiden ersten Vollversammlungen in Amsterdam und Evanston gewachsene Selbstbewusstsein des ÖKR wurde in seiner „kosmischen" Ausrichtung noch dadurch gestärkt, dass gleich am ersten Tag der Zusammenschluss mit dem Internationalen Missionsrat gelang und 23 neue Mitgliedskirchen, darunter die orthodoxen aus Russland, Bulgarien, Rumänien und Polen, aufgenommen wurden. Den gemeinsamen Christusbezug der Kirchen galt es nun als Sendung hin zur gesamten Welt umzusetzen[148]. Diese Stimmung brachte am dritten Tag der weithin und besonders von den asiatischen Delegierten mit Begeisterung aufgenommene Grundsatzvortrag des lutherischen Systematikers *Joseph Sittler* aus Chicago auf den Punkt. Er stellte seinen Ausführungen unter dem Titel „Zur Einheit berufen"[149] den Text des Kolosserhymnus voran. Dessen beide Teile, die Christus zum einen als Schöpfungsmittler, zum andern als Haupt der Kirche identifizieren, rückte er unter Vernachlässigung der Korrektur des Briefeschreibers[150] in eine monistische Perspektive, so dass der Kosmos selber faktisch als Leib Christi

---

147 Vgl. Ahrens, Die ökumenische Diskussion der kosmischen Christologie seit 1961, 1–200; Lyons, Cosmic Christ, 59 ff.; Pius F. Helfenstein: Grundlagen des interreligiösen Dialogs. Theologische Rechtfertigungsversuche in der ökumenischen Bewegung und die Verbindung des trinitarischen Denkens mit dem pluralistischen Ansatz, Frankfurt/M. 1998, 103 ff.
148 Vgl. Isa Breitmaier: Das Thema der Schöpfung in der ökumenischen Bewegung 1948–1988 (Europäische Hochschulschriften: Reihe 23, Bd. 530), Frankfurt/M. u. a. 1995, 27.
149 Joseph Sittler: Zur Einheit berufen, in: W. A. Visser't Hooft (Hg.), Neu-Delhi 1961. Dokumentarbericht über die Dritte Vollversammlung des Ökumenischen Rates der Kirchen, Stuttgart 1962, 512–523. Der Vortrag leitete die Verhandlungen der Sektion „Einheit" ein.
150 Zum exegetischen Sachverhalt s. o. (Kap. II.3)! Für Sittler wie schon für Galloway ist allerdings Paulus selbst der Verfasser des Briefes; unter dieser – schwerlich haltbaren – Voraussetzung kommt das Korrekturmoment in Vers 18 freilich kaum in den Blick.

gewertet wurde[151]. Von daher erklärt sich der merkwürdige Umstand, dass Sittler für die Einheit der Kirche unter primärer Argumentation zugunsten einer dezidierten Welt- und Naturtheologie kämpfte. Und aus gutem Grund wurde in der an seinen Vortrag unmittelbar anschließenden Diskussion trotz breiter Zustimmung auch kritisch nachgefragt, ob denn die „kosmische Auffassung" für die Einheit der Kirchen besonders nützlich sei[152].

Sittler kommt von Galloway, aus dessen „Cosmic Christ" er zweimal ausdrücklich zitiert, und insofern indirekt von Tillich[153] her. Deshalb ist es nicht verwunderlich, dass gemäß der Korrelationsmethode der menschliche Pol der „Sehnsucht nach einer verlorenen Ganzheit"[154] den Vortrag fast wie ein roter Faden durchzieht. Den göttlichen Pol erblickt Sittler in Christus, in dem nach seiner pleonastischen Interpretation von Kol 1 alle Dinge nicht nur bestehen, sondern „ihr Wesen haben", so dass „die fernsten Enden metaphysischer Spekulation mit Christusenergie und Christussubstanz erfüllt" erscheinen[155]. Das Motto der Vollversammlung „Christus das Licht der Welt" versteht er weniger von Joh 8,12 als vielmehr von Joh 1,9 her, weshalb Christus für ihn primär nicht soteriologisch, sondern protologisch „das Licht ist, das auf die Welt fällt, in die jeder Mensch kommt"[156]. Da freilich die Lichtsymbolik „nicht auf Christus beschränkt werden" könne, sei es „das Licht des Schöpfer-Gottes" selbst, das „auf die Schöpfung" falle und in sie eingehe. Sittlers Bevorzugung des Schöpfungs- vor dem Erlösungsgedanken ist vor allem der These zu entnehmen: „Eine Lehre von der Erlösung ist nur dann sinnvoll, wenn sie sich im weiteren Bereich einer Lehre von der Schöpfung bewegt."[157] Christliches Reden von „Erlösung" müsse eine „Lehre vom Kosmos" als dem Lebens- und Verantwortungsbereich der zu Erlösenden, also auch von der Natur als der „Schwester" des Menschen voraussetzen. In solcher Sorge um die Natur im Sinne der „Bewahrung der Schöpfung" erweist sich Sittler als zu seiner Zeit noch wenig verstandener Prophet des ökologischen Auftrags[158]. Diesem ethischen Im-

---

151 Vgl. dazu Ahrens, Diskussion, 28 und 95. Sittler könnte sich also auf die „hermetisch" eingefärbte Fassung des Hymnus berufen, die aber als „vorbiblisches" Traditionsgut zu werten wäre.
152 Vgl. den Bericht von S. MacCrea Cavert im Dokumentarbericht über Neu-Delhi, a. a. O. 22.
153 S.o. Kap. I.2; ferner Ahrens, Diskussion, 14 f. und 31 ff.
154 Vgl. Sittler, Einheit, 517. Solches „Sich-Sehnen" wird nicht nur weltlich-holistisch (522), sondern gleichermaßen kirchlich-ökumenisch (520) veranschlagt.
155 A. a. O. 512 f. Er kann allerdings gleichzeitig relational formulieren, alles sei „christusbezogen" (513).
156 Vgl. Einheit, 514. So „darf Christus, der Herr, der in unserem Glaubensbekenntnis ‚Licht vom Licht' genannt wird, nicht zu ‚Licht gegen Licht' herabgemindert werden" (515; nächste Zitate ebd.).
157 Einheit, 513.
158 Seine „lebensbejahende Christologie der Natur" ist auf die „Bedrohung der Natur" bezogen (519), noch bevor in den siebziger Jahren das Waldsterben überhaupt zum Thema wurde!

perativ vor allem, der für ihn die atomare Bedrohung des Globus einschließt, dient seine indikativische „kosmische Christologie"[159] und ist am Ende auch der inklusivistische Ruf zur tieferen ökumenischen Einheit zugeordnet[160].

Die hierbei aufscheinende Struktur des „indikativischen Imperativs" korreliert nicht zufällig mit den geradezu substanzontologischen Bestimmungen seiner kosmisch betonten Christologie. Der ins Paradigma spiritueller Autonomie gerückte Christusbegriff drängt sichtlich zu einem konsequenten Monismus, von dem aus Sittler den soteriologisch bzw. eschatologisch relevanten Dualismus von „weltlich" und „geistlich", von „Natur" und „Gnade" problematisiert, indem er ihn in grober Verwechslung nahezu gnostisch ausdeutet[161]. Für seine romantisierende[162] Sicht stellt die Erde immer noch den „Garten Gottes"[163] dar – als wären die Verfluchung des Ackers und die Ausweisung aus dem Garten Eden nach dem Sündenfall nicht geschehen! Dazu passt, dass seine kosmische Christologie auffallend ungeschichtlich bleibt. „Der geschichtliche Jesus Christus kann nichts wirklich eschatologisch Neues bringen, weil an ihm als dem schöpferischen Grund alle immer schon teilhaben. Dementsprechend hebt Sittler einseitig auf das noetische Moment des Glaubens ab."[164] Es handelt sich insofern um eine „kosmische christologia gloriae", in deren Perspektive sich das Kreuz als unterbelichtet erweist[165].

---

159 Sittler sagt klar, „daß das *telos* der Lehre das Handeln ist" (521). Der „Imperativ" zeigt an: „Der Weg vorwärts geht aus von einer Christologie, die auf ihre kosmischen Dimensionen ausgeweitet wird, die ihre Leidenschaftlichkeit gewinnt durch die Not dieser bedrohten Erde ..." (ebd.).
160 Vgl. die Analysen bei Ahrens, Diskussion, 22 f. „Die ökumenische Relevanz der kosmischen Christologie ist damit gegeben, daß sie die eine Not der Oikumene – im ursprünglichen geographischen Sinn des Wortes – im Auge hat" (25). Insofern orientiert sie „nach vorn, auf eine von der gemeinsamen Sendung bestimmte ökumenische Zukunft hin ..." (26).
161 Vgl. Einheit, 514 und 516. Dazu Ahrens, Diskussion, 9.
162 Vgl. Ahrens, Diskussion, 19 f.
163 Einheit, 519. Ahrens weist darauf hin, „daß Sittlers Auslegung von Kol. 1,18b–20 insbesondere v20b abblendet. Die im Begriff ‚wiederherstellendes Handeln' vorausgesetzte Gottentfremdung des Menschen und seiner Welt wird zwar nicht unterschlagen, bleibt aber stark unterbelichtet" (Diskussion, 5).
164 Ahrens, Diskussion, 16. „Es ist darum bemerkenswert, daß die Forderung nach einer Christologie der Natur bei Sittler in Spannung gerät zu einer Christologie der Geschichte, daß die Christologie der Natur sich eher als Alternative, denn als Spezialaspekt einer Christologie der Geschichte anbietet" (18). Die Folge ist: „Gegen seine Intention isoliert er den geschichtlich existierenden Menschen von seiner Welt ..." (18 f.). Ähnliche Gedankengänge finden sich ja bereits im Kontext der inklusivistischen Rede vom „kosmischen Christus" bei Stevens und Buckham (s. o.).
165 Ahrens stellt nicht nur mit Blick auf Sittler, sondern auf die gesamte Konferenz fest: „Kennzeichnend für die christologische Diskussion in Neu-Delhi ist das Abblenden der Bedeutung des Kreuzes Christi für die Frage nach dem Verständnis

Bezeichnenderweise ist es die Logos-Christologie der Alten Kirche, auf deren „theologische Herrlichkeit" sich Sittler „erinnernd" bei seinem Bemühen um eine die Kircheneinheit fördernde Größe beruft. Dabei lobt er besonders Irenäus, während er unter anderem – zu Unrecht, wie man ihm vorhalten muss – den Pietismus tadelt, der die „lodernde Schau des Kolosserbriefes" radikal hinabgeschraubt habe[166]. Mit der „kosmischen Christologie" des Kolosserbriefs und der Kirchenväter verbindet ihn im übrigen, dass er den Terminus des „kosmischen Christus" nicht gebraucht, der in seinem Referat allenfalls in Gestalt des zitierten Titels von Galloway vorkommt, ihm also zumindest nicht fremd ist. Dieser Verzicht liegt sicherlich nicht in Sittlers Christologie begründet, sondern – sofern er ein bewusster Akt gewesen sein sollte – in dem theologischen Gespür, dass die Metapher in ihrer so unmittelbaren Verknüpfung des Christusgedankens mit dem Attribut des Kosmischen gerade nicht geeignet sein könnte, die Christenheit ihrer Einheit näher zu bringen[167]. Dass Sittler von der theosophischen Vergangenheit des Begriffs gewusst hat, ist kaum anzunehmen[168]. Im Gegenteil lässt sich konstatieren: Während die Rede vom „kosmischen Christus" in der ersten Hälfte des 20. Jahrhunderts in theosophischem Kontext entstanden und in der Regel in Berührung mit ihm entfaltet worden ist, erweist sich ihr systematisch- und missionstheologischer Neueinsatz in der zweiten Hälfte des Jahrhunderts als höchstwahrscheinlich unabhängig von dieser Vorgeschichte. Was ihn jedoch mit der Vorgeschichte sehr wohl verbindet, ist eine innere, mehr oder weniger „monistische"[169] Strukturanalogie, deren evidente Ursache im gemeinsamen Bezug auf die indische Geisteswelt zu erblicken ist.

Dieser Bezug ist für die moderne Theosophie bereits dargelegt worden; für die in Indien anberaumte Weltkirchenkonferenz und ihre unmittelbare Folgediskussion hat ihn besonders *Gerhard Rosenkranz* herausgearbeitet[170]. Der Missionstheologe weist darauf hin, dass schon in der Eröffnungspredigt in Neu-Delhi die „östliche Denkweise" als Mittel empfohlen worden war, das Verhältnis von menschlichem und göttlichem Sein zu har-

---

seiner Herrschaft. Im Absehen von dem Gekreuzigten findet die durchgängige Enthistorisierung Christi ihren deutlichsten Ausdruck" (88 f.; vgl. auch 123).
166 Einheit, 516. Es sei dagegen nur an die kosmische Christologie F. Ch. Oetingers und M. Hahns erinnert, auf die bereits in Kap. II.3 hingewiesen wurde.
167 Es sei hier an Teilhard de Chardins zögerliches Aufgreifen des Begriffs erinnert!
168 Allenfalls wirken höchst indirekt theosophische Einflüsse auf Umwegen über Tillich und Galloway.
169 Dieser weltanschaulich klassifizierende Begriff, auf den bereits in Kap. I.2 eingegangen wurde, soll keineswegs die Unterschiede diverser Monismen bzw. „Nicht-Dualismen" selbst innerhalb des Bereichs östlicher Religionen verdecken, wohl aber das über diese Differenzen hinaus (gerade im Gegenüber zur christlichen Tradition) doch intentional Verbindende benennen.
170 Gerhard Rosenkranz: Die Rede vom kosmischen Christus angesichts der indischen Geisteswelt, in: Evangelische Missionszeitschrift 20 (1963), 145–160, bes. 149 f.

monisieren, und dass auch das erste Hauptreferat des südindischen Theologen P. D. Devanandan auf die kosmischer Religiosität entsprechende Annahme hingelenkt hatte, es würden die Religionen in ihrer Eigenart in der Fülle der Zeiten, wenn Gott alle Dinge in Christus zusammengefasst haben werde, weiterbestehen[171]. In solch inklusivistischen Tendenzen erblickt er ein „Warnzeichen für die Rede vom kosmischen Christus in der Welt des indischen und darüber hinaus des asiatischen Geistes."[172] Dessen kosmischer „Monismus, der, alles in sich saugend und in sich haltend, keine Gegensätze, sondern nur verschiedene Aspekte einer hinter und in allem wirksamen Macht gestattet, der kein Entweder-Oder, sondern immer nur ein Sowohl-Als-auch zuläßt"[173], wird deutlich herausgearbeitet und in seiner Geschichtslosigkeit christologisch-trinitarischem Denken kontrastiert.

In Anlehnung an diese Überlegungen und unter Bezugnahme auf die paradoxen Bestimmungen des Chalcedonense lässt sich hier für die Beschreibung des christlichen Theonomie-Paradigmas, also im Sinne substanzrelationaler Ontologie (SRO) formulieren: Der im „Unvermischtsein" der göttlichen und menschlichen Natur Christi betonte Non-Monismus korreliert als protologischer Faktor dem Non-Dualismus des „Ungetrenntseins" beider Naturen als dem soteriologischen Faktor. Wo „kosmische Christologie" so verstanden wird, ist sie nicht nur legitim, sondern ein Erfordernis schriftgemäßen Christuszeugnisses. Dessen volle Bejahung aber vermisst Rosenkranz bei Sittler, dem er ein verkürztes Christus-Verständnis, einen unkritischen Kosmos-Begriff[174] und insgesamt

---

171 Vgl. Rosenkranz, Rede, 145 und 148; Paul D. Devanandans Beitrag „Zu Zeugen berufen" findet sich im Dokumentationsband a. a. O. 489–498 (vgl. bes. 497). Der 1962 verstorbene Devanandan fordert dazu auf, „die beherrschenden philosophischen und religiösen Begriffe der nichtchristlichen Glaubensformen als Auslegungsmittel des Evangeliums in seinen Dienst zu stellen" (497). Dass sich unter dem Begriff des „kosmischen Christus" mitunter genau das Umgekehrte vollzieht, nämlich seine Indienstnahme durch nichtchristliche Glaubensformen, hätte Rosenkranz bereits reflektieren können, denn er wusste um die Verwendung dieses Terminus bei Steiner (vgl. seine „Evangelische Religionskunde", Tübingen 1951, 3).
172 Rosenkranz, Rede, 150 (hier mit Bezug auf ein einschlägiges Vorwort von S. Radhakrishnan zu einer Schrift Devanandans).
173 Rede, 156. Auch das Stichwort der im theosophischen und neohinduistischen Kontext so wichtigen „Avataras" fällt hier. Rosenkranz äußert die Befürchtung, Sittlers Vortrag könnte „das Einerlei einer Menschheitsreligion fördern, ... wie sie in den Vorstellungen asiatischer Christen von einer ökumenischen Theologie geistert" (160).
174 Vgl. a. a. O. 152 (unter Hinweis auf den einschlägigen ThWNT-Artikel von W. Sasse, 1938). Zweifellos ist der Kosmos-Begriff des Neuen Testaments ein postlapsarischer und insofern nicht mit dem hellenistisch-harmonischen zu verwechseln. Spannend und im Blick zu behalten ist von daher die Frage, ob folglich im Sinne gerade der neutestamentlichen Rede vom „Kosmos" vom „kosmischen Christus" gesprochen werden könnte und sollte.

mangelnde Verantwortlichkeit im kontextuellen Gegenüber zur „einpunktigen Kosmologie Indiens" vorwirft[175]. Seinem Urteil zufolge ist auf der von der indischen Öffentlichkeit übrigens kaum beachteten Weltkirchenkonferenz die „Rede vom kosmischen Christus ... in einer bedauerlichen Zweideutigkeit stecken geblieben. Hier rächt sich, daß die Konferenz eine Problematik, die sich ihr auf indischem Boden an erster Stelle aufdrängen mußte, an den Rand ihrer Erörterungen geschoben hat, anstatt sich ihr in einem Hauptvortrag zu stellen."[176] Tatsächlich hätte man sich über das Verhältnis von Exklusivismus und Inklusivismus hinsichtlich der angesprochenen „kosmischen Christologie" damals systematisch-theologisch schon möglichst klar werden sollen[177].

Der betreffenden Problematik nähert sich systematisch-theologisch *Wilhelm Andersen,* indem er Sittlers Vortrag auf „natürliche Theologie" hin abklopft. „In der Natur hat der Mensch das wie in einem Prisma gebrochene Licht Gottes" – diese These Sittlers kritisiert er mit der Begründung, sie trage „der Wirklichkeit der Sünde nicht wirklich Rechnung"[178]. Unter Hinweis auf die den für Sittler so wichtigen Kolosserhymnus einrahmenden Verse leuchtet es ein, wenn er erklärt: Sittlers „Verknüpfung von Jesus Christus und Kosmos entspricht nicht der Weite und Tiefe des theologischen Denkens gerade des Kolosser-Briefes. Sittler intendiert eine den ganzen Kosmos umfassende Theologie – aber er entwickelt faktisch eine einlinige und einflächige Christologie, die weder dem biblischen Zeugnis von Christus, noch der menschlich-kosmischen Wirklichkeit gerecht wird."[179]

---

175 Vgl. a. a. O. 156. Rosenkranz kritisiert, dass Sittler „der außerordentlichen Aufsaugkraft des indischen Geistes alle Chancen bietet..." (157; vgl. auch 160). Entsprechendes hätte er später gegen Thompsons Beitrag (Colossian Vision, 123) im „Indian Journal of Theology" mit gleichem Recht vorbringen können. Zur Sache informiert differenziert Agehananda Bharati: Holistische Ansätze im indischen Denken über Geist und Natur, in: H.-P. Dürr/W. C. Zimmerli (Hgg.), Geist und Natur, Bern/München/Wien 1989, 193–205.
176 Rosenkranz, Rede, 149. Allerdings wird hier irrtümlich davon ausgegangen, auf der Weltkirchenkirchenkonferenz habe der Begriff des „kosmischen Christus" als solcher eine Rolle gespielt.
177 Die Terminologie stand bereits zur Verfügung, wie aus A. A. Baileys Bemerkung zu ersehen ist: „Ich rühme mich meines Christentums, aber jetzt gehöre ich zu den inklusiven und nicht mehr zu den exklusiven Christen" (Autobiographie, 13). Und die Problematik war als solche auch schon lange bekannt, wie z. B. der unter dem Titel „Re-thinking Missions: A Layman's Inquiry after One Hundred Years" 1932 veröffentlichte Bericht einer interkonfessionellen Kommission (vgl. Pelikan, Jesus Christus, 263 f.) illustriert. Bald nach der Weltkirchenkonferenz hat dann die Erklärung „Nostra aetate" des Zweiten Vatikanischen Konzils eine reflektierte inklusivistische Position entwickelt.
178 Wilhelm Andersen: Jesus Christus und der Kosmos. Missionstheologische Überlegungen zu Neu-Delhi, in: EvTh 23, 9/1963, 471–493, hier 484. Sittler (vgl. bes.: Einheit, 515) wird mit gleicher Intention z. B. von Daecke kritisiert (Teilhard, 405 f.).
179 Andersen, Jesus, 483.

Nur mit Befremden kann Andersen registrieren, dass Sittler „die gewordene Welt mit der ursprünglichen Schöpfung Gottes nahezu gleichsetzt."[180] Kein Wunder, dass dann dort, wo der Sündenfall kein Thema zu sein scheint, auch das Frieden stiftende Kreuzesblut (Kol 1,20) keine Rolle spiele! Sittlers „verkürztes" christologisches Zeugnis verzichte darauf, die Welt „im Licht des trinitarischen Glaubens" zu erkennen[181]. In diesem Licht aber stelle sich insofern die Frage nach dem Recht und der Weise von Mission, als ja Christus allemal „in sein Eigentum" komme. Wäre also eine inklusivistische „kosmische Christologie" angesagt? Andersen räumt ein, dass man Fremdreligiöse nicht einfach zu Gefangenen christlichen Denkens machen dürfe; und er erwägt, ob es nicht doch eine eigene „östliche Begreifensweise" des Evangeliums gebe. Aber dann bezweifelt er die Eignung solch monistischer Orientierung für ein angemessenes Erfassen der Christusbotschaft. Nicht um Bevormundung aus einer exklusivistischen Position heraus gehe es dabei, sondern um die Verantwortung der abendländischen Christenheit, die auf Grund ihrer langen Reflexionstradition den kontextuell herausgeforderten asiatischen Mitchristen zur Seite stehen könne und solle: „Es muß ja nicht sein, daß alle Irrwege immer wieder gegangen werden."[182] Sittlers Hinweis auf das *lumen naturae* übergehe die Rede von der Obrigkeit der Finsternis in Kol 1,13 ebenso wie die Aussage von Kol 1,21, derzufolge die Adressaten vor der Begegnung mit dem Evangelium „Fremde und Feinde" Christi gewesen seien. Mit Recht erinnert Andersen schließlich auch an Röm 1,19 ff., wo natürliches Gotteswissen gerade als Grund für die „Unentschuldbarkeit" des Menschen gilt[183]. Dessen natürliche Situation sei „gekennzeichnet durch den Widerspruch, durch die Verweigerung, Gott Gott sein zu lassen und ihm die Ehre zu geben."[184] Christi Kreuz sei Zeichen dieses Widerspruchs, aber ebenso und noch mehr des Versöhnungswillens Gottes.

---

180 Ebd. 484. Den lapsarischen Aspekt im Reden von Schöpfung, Natur und Vernunft nicht zu unterschlagen mahnte bereits Hendrik Kraemer: Die christliche Botschaft in einer nichtchristlichen Welt (1956), Zollikon-Zürich 1940, 17.
181 Vgl. a. a. O. 486.
182 A. a. O. 489.
183 Vgl. a. a. O. 490 f. Mit Blick auf Neu-Delhi fragt ebenso ein anderer Kritiker: „Wenn es sich schon in den Religionen um eine Antwort auf Gottes Schöpferwirken handeln sollte, woher wissen wir, daß es eine positive Antwort ist und nicht eine Perversion der rechten Antwort..?" (Wilhelm Niesel: Die reformatorische Verantwortung innerhalb des Ökumenischen Rates, in: K. Scharf [Hg.], Vom Herrengeheimnis der Wahrheit. FS Heinrich Vogel, Berlin/Stuttgart 1962, 498–506, hier 500. Im Sinne der oben eingeführten Kategorien wäre festzustellen, dass die von Paulus hervorgehobene Unentschuldbarkeit des natürlichen homo religiosus dessen Versuche negiert, durch Leistungsgerechtigkeit im imperativbetonten Paradigma der Heteronomie wie im am „indikativischen Imperativ" orientierten Paradigma der Autonomie die Schuldfrage möglichst eigenständig zu lösen.
184 A. a. O. 491. Darum seien die Religionen für den Apostel „nicht Anlass, nach den in ihnen vorhandenen Spuren des ursprünglichen Schöpfungslichtes zu suchen"

Was Andersen damit herausarbeitet, ist im Grunde jene Differenz, die sich zwischen einer „kosmischen christologia gloriae" und einer „kosmischen christologia crucis" auftut. Eine am *logos spermatikós* festgemachte Christologie wird dazu tendieren, die vorlaufende Präsenz des Christus unter womöglich nur lockerer Verknüpfung mit dem geschichtlichen Jesus und der Kreuzesbotschaft in anderen Religionen aufzuweisen – z. B. in Gestalt einer Identifizierung von *logos* und *tao*[185]. Eine beim auferstandenen Gekreuzigten ansetzende „kosmische Christologie" wird die bewusstseinseffiziente Gegenwart Christi zwar nicht minder betonen[186], aber ihre vom Kreuz abgelöste Erkennbarkeit bzw. angemessene Identifizierbarkeit dezidiert in Zweifel ziehen[187].

In einem Vortrag von 1964 über die „Frage nach dem ‚kosmischen Christus'"[188] geht schließlich der Missionstheologe *Horst Bürkle* auf Sittler ein. Dessen missverständliche Nähe zu einer „Natur- und Seinstheologie" rügt er zwar ebenfalls, sieht aber das für den Menschen doch „allein über den geschichtlichen Zusammenhang zugängliche All" keineswegs romantisiert. Sittler wisse: „Nur eine Christusverkündigung, die den gesamten Horizont möglicher Weltbedrohung einbezieht, vermag als Hilfe Gottes für die Welt verstanden zu werden."[189] Die eigentliche, im Blick auf die missionarische Praxis der jungen Kirchen geborene Intention Sittlers sei wenig verstanden worden: „Das Christusgeschehen muß in bezug auf die Ganzheit des Horizontes entfaltet werden, in dem Welt ansichtig und deut-

---

(490) – was allerdings mit Hinweis auf Apg 14,16 f. und 17,24 ff. als zu einseitiger Befund in Frage gestellt werden muss. Andersen weiß denn auch, dass die Religionen nicht nur als „Zusammenballungen der Finsternis der Sünde", sondern zugleich als Schöpfungsphänomene zu werten sind (ebd.).

185 Als einen „Kelch" für den *logos* wertete *tao* bereits der Buddhisten-Missionar Karl Ludwig Reichelt: Vom Heiligtum des Christuslebens, Basel 1933. Die hier begegnende inklusivistische Interpretation des „kosmischen Christus" erinnert auffällig an Steiner (vgl. die Rezension durch Christian Smit, in: Die Christengemeinschaft 1933/34, 123).

186 Schon um Joh 1,9 willen, worauf sich ja Sittler nicht ohne Recht beruft! Eine theologia naturalis christiana hat dann freilich die Aufgabe, auf natürliche Gottes- (oder Christus-)Erkenntnis „im Konflikt mit anderen Identifikationen derselben Phänomene" als auf das „Natürlichere" hinzuweisen (vgl. Sparn, Natürliche Theologie, 94).

187 Auf die bei inklusivistischem Denken im Grunde immer erforderliche Benennung von Kriterien, von „notae der Präsenz Christi" weist Ahrens (Diskussion, 86) hin.

188 Auch Bürkle unterstellt ungenauerweise, in Neu-Delhi habe eine „Diskussion um den ‚kosmischen Christus'" stattgefunden (Frage, 103). Ähnlich unzutreffend äußert sich noch 1998 Helfenstein, der Sittler sogar die Aussage unterschiebt, der „Auferstandene" sei als der „kosmische Christus" zu verstehen (vgl. Grundlagen, 104 f.).

189 Bürkle, Frage, 107. Die Kritik an Sittler geht Bürkle zufolge „noch von der Plattform aus, die mit der Fragestellung nach dem kosmischen Christus verlassen werden soll" (108). Das ist treffend analysiert; besser gesagt: Hier steht Paradigma gegen Paradigma.

bar geworden ist ... Mission ist in diesem Sinne ununterbrochener Besetzungsprozeß, Durchsetzungsprozeß des Herrschaftsanspruches Christi gegenüber ansichtig gewordener Welt."[190] Insofern melde sich in der Frage nach dem „kosmischen Christus" nicht nur eine neue Form von Naturtheologie. „Kosmisch" heiße hier vielmehr „Christus im Koordinatensystem eines je neuen Weltzusammenhanges, dem sich der Mensch individuell und gesellschaftlich, religiös oder säkular ausgeliefert sieht. ... Auf dieser Linie liegt dann die Auseinandersetzung mit dem universalen Anspruch fremder Glaubensweisen."[191] Solch universalen Anspruch erblickt Bürkle namentlich im neuen Credo asiatischer Religionen, die den Evolutionsgedanken in ihr Wahrheitsverständnis integriert haben. Dass er in diesem Kontext die moderne Theosophie nicht mit erwähnt, der ja der Terminus des „kosmischen Christus" primär entstammt, zeugt von Unkenntnis eines von christlicher Theologie ja ohnehin bislang fast gänzlich ignorierten Geländes. Er wendet diesen Begriff nur in der missionarischen Perspektive nach außen an und betont dabei immerhin, dass das antizipierende Zeugnis der eschatologischen Königsherrschaft Christi „nicht im religiös unbesetzten, sozusagen missionarisch *neutralen* Feld" geschieht, sondern auf „weltzugewandte religiöse Botschaften" stößt[192]. Berücksichtigt man nun aber, dass solche Botschaften längst im Zeichen des „kosmischen Christus" von außen her Gegenmission betreiben, potenziert sich die Warnung, das Feld christlichen Zeugnisses nicht etwa für indifferent zu halten. Wer immer heutzutage vom „kosmischen Christus" oder von „kosmischer Christologie" spricht, sollte sich klar darüber sein, dass er sich auf ein Gebiet heißer Kämpfe und konfligierender Interessen begibt, auf dem mehrere Inklusivismen miteinander ringen[193].

Nach Bürkle muss auf dem religiös von Universalansprüchen namentlich neuhinduistischer Provenienz besetzten Gesamtfeld mit „latenten, unter den Nichtchristen aber bereits wirksamen Teilwahrheiten" gerechnet werden, die in das „volle Licht der Christuswahrheit" zu überführen sind[194]. Gerade der Umstand, dass unter solche inklusivistisch zu handhabenden „Teilwahrheiten" gewissermaßen der theosophisch oder asiatisch reklamierte Begriff des (kosmischen) Christus selbst fällt, gemahnt aller-

---

190 A. a. O. 108.
191 A. a. O. 108 f. So gesehen erweise sich Kol 1 als „ein Missionstext ersten Ranges" (105).
192 Vgl. a. a. O. 111 f. Relevant für den damaligen Diskurs: K. Hutten/S. von Kortzfleisch (Hgg.), Asien missioniert im Abendland, Stuttgart 1962.
193 Ahrens vermerkt: Die „Nachgeschichte der christologischen Probleme von Neu-Delhi bestätigt, daß das synkretistische Gefälle der kosmischen Christologie nicht eine Erfindung ihrer deutschen Kritiker ist" (Diskussion, 199).
194 A. a. O. 112. Bürkle macht darauf aufmerksam, dass ja die betreffenden Religionen „durch ihre Begegnung mit dem Christentum" schon direkt oder indirekt gekennzeichnet sind (113). Das gilt freilich auch für die Theosophie!

dings daran, dass es hier keineswegs nur um Anknüpfung im Sinne von Ergänzung hin zur Fülle gehen kann, sondern immer auch Widerspruch[195] angesagt ist. Umgekehrt ist zweifelsohne richtig, dass der Prozess der Umdeutung „nicht bloß zerstören und beseitigen" wollen darf. Sofern in diesem Sinn aber auch die nichtchristlichen Religionen mit inklusivistischen Universalansprüchen auftreten, könnte sich dann nicht langfristig ein synkretistisches „Zusammenwachsen ... in Richtung auf eine endliche Universalreligion" ergeben? Bürkle verneint: „Gerade dieser pseudo-eschatologischen utopischen Botschaft des Ostens müssen die Kirchen Asiens ihr eschatologisches Zeugnis im Sinne der endgültigen Erfüllung alles geschichtlichen – auch religionsgeschichtlichen – Geschehens entgegensetzen."[196] Doch von F. Heiler, dem Führer des deutschen Zweiges des „Weltbundes der Religionen", wird Sittlers Vortrag durchaus gerühmt als bedeutsamer Schritt auf dem Weg von der „ersehnten Una Sancta Christianorum zur Una Sancta Religionum"[197]. Und tatsächlich wird der „kosmische Christus" nicht nur von theosophischer, sondern auch von theologischer Seite in Anspruch genommen für eine die Ökumene der Kirchen bei weitem transzendierende Religionsökumene, indem der moderate Inklusivismus zu einem weitgefassten gedehnt wird.

Im Zeichen des „kosmischen Christus" unternimmt diesen Schritt religionstheologisch als erster *Ulrich Mann* in seiner 1970 vorgelegten Schrift über die „Absolutheit des Christentums". Deren das „Ganze des Seins"[198] anvisierende Perspektive setzt voraus: „Nur bei inklusiver Gesinnung kann jeder sein Ziel im Absolutum finden."[199] In diesem Sinn versteht Mann das Christentum als „wahrhaft inklusive Weltreligion"[200]: In Jesus von Nazareth habe sich jener Mensch gefunden, auf den der in der Religionsgeschichte herangereifte Archetyp des „Selbst" gewartet habe; dem habe er in so einzigartiger Weise entsprochen, „daß der Archetyp sich mit ihm spontan identifizieren und auf diese Weise offenbar werden mußte."[201]

---

195 In diesem Sinn findet sich eine entsprechende Selbstkorrektur bzw. Präzisierung in der Diskussion um „natürliche Theologie" schon bei Emil Brunner: Der Mensch im Widerspruch. Die christliche Lehre vom wahren und vom wirklichen Menschen, Berlin 1937, 541 ff., bes. 552.
196 Frage, 113.
197 Friedrich Heiler: Vorstoß in eine neue ökumenische Dimension. Ergebnisse der Tagung des Weltkirchenrates in Neu-Delhi, in: ders. (Hg.), Neue Wege zur Einen Kirche, München/Basel 1963, 50–53, hier 53. Vgl. zu Heilers Position auch Ahrens, Diskussion, bes. 102 f.
198 Vgl. Ulrich Mann: Das Christentum als absolute Religion, Darmstadt 1970, 175.
199 Mann, Christentum, 203. Mann weiß: „Religiöse Inklusivität ist gerade nicht unkritisch ..." (ebd.).
200 A. a. O. 184.
201 Ebd. Diese ‚inklusivistische' Jesus-Deutung entstammt A. Jaffé (Hg.), Erinnerungen, Träume, Gedanken von C. G. Jung, Olten/Freiburg i. Br. 1971, 215, wo es heißt: „Niemand anderer hätte der Träger einer solchen Botschaft sein können als eben dieser Mensch Jesus."

Der „kosmische Christus" in religionstheologischer Perspektivik   353

Diesen „bewußtseinsgeschichtlichen Vorgang" interpretiert Mann auf der Basis der Tiefenpsychologie C. G. Jungs, deren „Selbst"-Verständnis durchaus an das Modell spiritueller Autonomie erinnert, insofern der „Archetypus" (ein aus der antiken Philosophie und Hermetik stammender Begriff!) des Selbsts für ihn als der zentralste überhaupt eine menschheitlich-kosmische Größe darstellt[202]. Nach Jung ist „das Christusleben in hohem Maße archetypisch", ja es stellt eigentlich das „Leben des Archetypus" dar; „das heißt was im Christusleben geschieht, ereignet sich immer und überall."[203] Diese ins Übergeschichtlich-Kosmische weisende „Christologie" erinnert an theosophisches Gedankengut, und nicht von ungefähr hat man Jung immer wieder eine besondere Affinität zum Gnostizismus attestiert[204].

Für Mann steht fest: „Der kosmische Christus ist als Archetyp in der menschlichen Psyche angelegt."[205] Den Begriff „kosmischer Christus" hat er offensichtlich von Neu-Delhi bezogen, denn auf die Weltkirchenkonferenz von 1961 weist er in diesem Zusammenhang ausdrücklich hin; seine Interpretation entwickelt er aber weiter. Wie er Jesus und den Archetypus des Selbst gerade auf der Basis ihrer Unterschiedenheit miteinander identifiziert, so sieht er auch das Verhältnis zwischen dem Propheten und Märtyrer Jesus und dem „kosmischen Christus" definiert, um diese Bestimmung als „Dyophysitismus" zu kennzeichnen[206]. Mit der entsprechenden Empfehlung meint er, dem interreligiösen Dialog einen Dienst zu erweisen: Christen sollten „den Fremdreligionen nicht mit der Tür ins Haus

---

202 Nach C. G. Jung ist das Zentrum des unbewussten Menschen „zugleich die Mitte des Alls" (Psychologie und Religion, dtv-Ausgabe, hg. von L. Jung, München 1991, 225; vgl. auch 44 f., 86–88; 99). „Christus" gilt für Jung als ein mögliches Symbol des Selbst neben anderen. Zum Begriff des Archetypus siehe ebd. 55. Vgl. insgesamt Hans Schär: Religion und Seele in der Psychologie C. G. Jungs, Olten o. J., bes. 165 ff.
203 C. G. Jung, Psychologie, a. a. O. 92. „Christus stirbt immer, wie er immer geboren wird; denn das psychische Leben des Archetypus ist unzeitlich..." (93). Demgemäß unterstreicht Jung, die „christlichen Bilder" seien keineswegs dem Christentum allein eigentümlich (50).
204 Die „wichtigste Gnosis unseres Jahrhunderts ist aber die komplexe Psychologie C. G. Jungs", unterstreicht der Gnosis-Forscher Gilles Quispel: Gnosis als Weltreligion. Die Bedeutung der Gnosis in der Antike, Zürich 1972², 76. Vgl. ders., C. G. Jung und die Gnosis, in: A. Portmann/R. Ritsema (Hgg.), Tradition und Gegenwart (Eranos-Jahrbuch Bd. 37), Zürich 1968, 277–298; ferner Alfred Ribi: Die Suche nach den eigenen Wurzeln. Die Bedeutung von Gnosis, Hermetik und Alchemie für C. G. Jung und Marie-Louise von Franz und deren Einfluss auf das moderne Verständnis dieser Disziplin, Bern u. a. 1999.
205 Mann, Christentum, 214. Der „kosmische Christus" ist es, „der, psychologisch gesehen, als Archetyp in uns wartet" (217). Bei anderer Gelegenheit sieht Mann im „kosmischen Christus" entsprechend den „mystischen Weg" verkörpert (Geisthöhe und Seelentiefe: Die vertikale Achse der numinosen Bereiche, in: Eranos-Jahrbuch, Bd. 50, Frankfurt 1982, 1–50, bes. 48).
206 Vgl. Mann, Christentum, 212.

fallen und ihnen von vornherein den irdischen Jesus als den kosmischen Christus aufnötigen, was rein monophysitisch gedacht wäre."[207] Er übersieht dabei, dass die klassische Entscheidung auf dem 4. Ökumenischen Konzil zu Chalcedon das Verständnis Jesu Christi gerade gegen diese *beiden* Typen, also sowohl gegen den Dyophysitismus als auch gegen den Monophysitismus absichert[208]. Seine inklusivistische Deutung eines[209] „kosmischen Christus", „dem sich auch die heutigen Fremdreligionen verpflichtet wissen können"[210], lässt also auf eine „kosmische *christologia gloriae*" schließen, die als solche das Band zwischen Jesus und dem Logos derart lockert, dass letzterer als kollektiver Archetyp tiefenpsychologisch verstanden und folglich aus anderer Erkenntnisquelle heraus als der kreuzestheologischen gedeutet wird. Die Auffassung, dass sich dieser „kosmische Christus" durchs „Unbewußte der kollektiven Psyche in andern Religionen" manifestiere, führt Mann zu „einer, erschrecken wir nicht, Ökumenik der Religionen"[211]. Sein Postulat geht freilich mit einer doppelten Aporie einher: Nicht nur, dass es sich im Zuge seines inklusivistischen Dehnungsversuchs von der klassischen Christologie entfernt, um sich im gleichen Maße einer häretischen Grundform anzunähern, wie sie unter anderem in Steiners Anthroposophie erneuert worden ist[212]; es macht es auch Fremdreligionen schwer, sich in solche „Ökumene" einzugliedern, weil die inklusivistische Vorgabe ja doch eine Norm benennt, die sich keineswegs von selbst versteht. Weitaus konsequenter kommt der Gedanke einer Ökumenik der Religionen dagegen bei Vertretern einer pluralistischen „kosmischen Christologie" zum Tragen.

Auf der Grenzlinie dorthin steht bereits *Andreas Rössler*, auch wenn sich seine Rede vom „kosmischen Christus" zu Beginn der neunziger Jahre[213] letztlich doch noch inklusivistisch verorten lässt. Deutlich von Tillichs Theologie geprägt, geht es Rössler um eine „universale Christologie", die „das Wirken des ewigen Gotteswortes in der ganzen Menschheitsgeschichte bedenkt."[214] Wie Mann betrachtet er die Tiefenpsychologie Jungs als

---

207 A. a. O. 213.
208 Vgl. Adam, Dogmengeschichte Bd. 1, 336.
209 Auch Mann gebraucht für sein Konstrukt nicht zufällig den unbestimmten Artikel!
210 Mann, Christentum, 213.
211 Christentum, 214 und 211.
212 Nicht zufällig werden auch Steiner und Jung mitunter in eine konstruktive Beziehung gesetzt (vgl. Gerhard Wehr: C. G. Jung und Rudolf Steiner. Konfrontation und Synopse, Frankfurt/M. u. a. 1972).
213 Vgl. Rössler, Himmel, 1990 (die bislang ausführlichste theologische Studie zum Gegenwartsthema des „kosmischen Christus" überhaupt!); ferner ders.: Der kosmische Christus. Die Offenbarung geht weiter, in: DtPfrBl 91, 7/1991, 267–269.
214 Rössler, Himmel, 22. An Rösslers Position angelehnt sind übrigens die hier nicht näher zu würdigenden Ausführungen über den kosmischen Christus bei Hans-Joachim Thilo: Wie ein Stachel im Fleisch. Aggression und Sexualität in den Religionen, München 1993, 149 ff.

eine Hilfe zum „Verständnis des kosmischen Christus"[215]. Und wie Mann erteilt er der monophysitistischen Christologie eine Absage, um gleichermaßen eine dyophysitistische Position zu eröffnen: Der auch während Jesu Erdenleben uneingeschränkt wirksame „kosmische Christus" hat demnach den Menschen Jesus als „besonderes Werkzeug" angenommen und sich in ihm in „eindeutiger Weise manifestiert"[216]. An Jesus als der „normativen Manifestation des kosmischen Christus" lässt Rössler also keinen Zweifel[217]; daneben betont er religionsökumenisch: „Jedenfalls gibt es in allen Religionen und über alle kulturellen und sprachlichen Schranken hinweg die Möglichkeit, sich dem von Gott ausgehenden Wort zu öffnen und sich von dem von Gott kommenden Geist erfüllen zu lassen."[218] Zugleich räumt er die Vorläufigkeit und Irrtumsanfälligkeit solcher „Möglichkeiten" ein und unterstreicht: „Jenseits des Todes ... wird uns Gottes Wahrheit vollends aufgehen". Damit wird die doppelte Angewiesenheit religiöser Erkenntnis auf eschatologische Erfüllung, nämlich sowohl in deren Prolepse im irdischen Jesus als auch in ihrer universalen Vollendung, theologisch so herausgearbeitet, dass einer pluralistischen Christologie eine klare Absage erteilt ist. Doch steht der Hinweis auf die „jenseitige" Offenbarung zunächst merkwürdig isoliert von jenem anderen auf die in Jesus Christus geschehene Offenbarung. Die notwendige Präzisierung versucht Rössler zu leisten, indem er die Gefahr reflektiert, mit seiner „kosmischen Christologie" in eine *theologia gloriae* abzugleiten. Von daher kommt er zu der These: „Der kosmische Christus hat sich maßgeblich und endgültig in dem gekreuzigten Jesus offenbart."[219] Dass damit allerdings noch keine *theologia crucis* gewährleistet ist, liegt auf der Hand, wenn man bedenkt, dass ja auch der „kosmische Christus" Rudolf Steiners zentral kreuzesbezogen beschrieben wird. Darum ist zu fragen, wie Rössler sich das Verhält-

---

215 Vgl. Himmel, 134 ff., bes. 138. In „tiefenpsychologischen Meditationen zum christlichen Glauben" (Untertitel) spricht vom „kosmischen Christus" ebenso Arnold Bittlinger: Heimweh nach der Ewigkeit, München 1993, 105 und 180.
216 Vgl. Himmel, 22, 25 f., 27 und 35. Im Leben Jesu, der nicht die zweite Person der Trinität, nicht der Schöpfungsmittler (32), sondern „eine menschliche Person wie alle anderen Menschen auch" (34) sei, habe „der kosmische Christus seine Strahlen wie in einem Brennspiegel verdichtet" (27). Dass die Unterscheidung von ewigem Christus und irdischem Jesus „in ähnlicher Weise wie einst im christlichen Gnostizismus heute in der Anthroposophie und der von ihr inspirierten Christengemeinschaft" gelehrt wird, ist Rössler bewusst (57).
217 Vgl. Himmel, 52; ferner 174 f. In diesem Sinne findet sich eine inklusivistische, mystisch akzentuierte Rede vom „kosmischen Christus" auf populärtheologischem Niveau auch bei Jörg Zink: Sieh nach den Sternen – gib acht auf die Gassen. Erinnerungen, Stuttgart 1992, 295 ff., bes. 303; vgl. ders., Dornen können Rosen tragen. Mystik – die Zukunft des Christentums, Stuttgart 1997, 294 ff. und 317.
218 Himmel, 28. Fortsetzung des Zitats: „Indem Gläubige verschiedener Religionen miteinander reden und zusammenarbeiten, gibt es Fortschritte in der Erkenntnis Gottes." Nächstes Zitat ebd.
219 Rössler, Himmel, 37.

nis von „kosmischem Christus" und gekreuzigtem Jesus näherhin denkt. Hier zeigt sich, dass lediglich mit dem Tillichschen Gedanken der Partizipation gearbeitet wird: Der kosmische Christus „leidet mit im Sterben Jesu, im relativ unschuldigen Leiden und Sterben unzähliger Geschöpfe und letztlich in allem Leiden und Sterben."[220] So richtig dieser Gedanke prinzipiell ist – er drückt nicht hinreichend das aus, was kreuzestheologisch bei Paulus und Luther intendiert ist. Soll Christologie sich nicht doketischer Tendenzen zeihen lassen, muss die Passion Christi unmittelbar als die des fleischgewordenen Logos ausgesagt werden. Der Preis, durch eine Reduktion dieser „Torheit" zu einer allgemein-religiös akzeptablen Mitleidstheologie zu kommen, ist zu hoch, gemessen an der Tiefe einer *theologia crucis*, die über Gottes Empathie hinaus Gottes direkte, konkrete, ein für allemal erfolgte Leidensteilnahme trinitätstheologisch zu formulieren und damit Christi Universalität mit seiner Singularität aufs engste zu korrelieren weiß.

Rössler zahlt diesen Preis jedoch und schöpft dafür die pluralitätstheologischen Möglichkeiten der Chalcedon negierenden Unterscheidung von irdischem Jesus und kosmischem Christus voll aus: Ihr zufolge lassen sich nämlich die trinitarischen Personen als drei „Grundkräfte des einen allumfassenden Gottes verstehen", und von daher ergeben sich „manche Berührungspunkte mit den anderen Weltreligionen"[221]. In der Tat eröffnet die relative Abstrahierung von Jesus ein Logos-Modell und eine Gotteslehre, in denen viel unterzubringen ist – das haben schon Blavatsky und Besant gewusst! Die Theosophinnen haben die Abkoppelung vom Jesus der Christen nur noch ein Stück radikaler gefasst und so eine kosmische Christosophie entwickelt, die ihren interreligiösen Erfahrungen und pluralistischen Intentionen gerecht geworden ist[222]. Der oben dargestellte Streit zwischen Besant und Steiner um die rechte Interpretation des „kosmischen Christus" erweist sich im Grunde als Auseinandersetzung zwischen einem inklusivistischen und einem pluralistischen Modell – und insofern als eine Vorabschattung heutiger religionstheologischer Debatten.

---

220 Himmel, 39. Dass der „kosmische Christus nicht nur im Sterben Jesu mitleidet, sondern selbst am Kreuz stirbt", meint Rössler ebd. pauschal mit dem Hinweis darauf, dass Gott nicht sterben könne, ablehnen zu müssen, statt hier mittels trinitätstheologischer Überlegungen zu differenzieren.
221 Himmel, 87. Oft wird von solcher Perspektive aus in der gegenwärtigen Debatte – namentlich im Kontext pluralistischer Religionstheologien – die Trinität als Grundmodell von Pluralität dargestellt. Dagegen ist einzuwenden, dass Pluralität und Pluralismus nicht bloß positiv-harmonistisch zu sehen sind, „sondern auch die Zerstörung lebendiger Beziehungen durch die Macht der Sünde" repräsentieren (vgl. Ulrich H. J. Körtner: Versöhnte Verschiedenheit. Ökumenische Theologie im Zeichen des Kreuzes, Bielefeld 1996, 80 f.).
222 S.o. Kap. III; zur theosophischen Theorie einer allen Religionen zugrunde liegenden, gnostisch erkennbaren Ur-Weisheit (meist „Sophia" statt „Logos" betitelt) vgl. auch Leisegang, Gnosis, 4.

*3. Pluralistische Rede vom „kosmischen Christus":
Von Raimundo Panikkar bis Matthew Fox*

Während die ökumenische Diskussion um eine kosmische Christologie in der zweiten Hälfte der sechziger Jahre bereits wieder deutlich abflaute[223], hob gleichzeitig die von ökumenischem Geist getragene Begeisterung für den interreligiösen Dialog an[224]. Seitdem begegnet der Begriff des „kosmischen Christus" vor allem in dessen Kontext, und zwar nun im Sinne der so genannten pluralistischen Religionstheologie[225]. Dabei fällt von vornherein auf, dass ihn zwar nicht wenige der namhaften „Pluralisten" kennen und nennen, dass er aber eher beiläufig und attributiv, ohne differenzierte Erläuterungen verwendet wird. Man zieht ihn heran zur Untermauerung und Autorisierung einer anderweitig gewonnenen, panreligiösen Vorstellung in der Art eines abstrakten Logosbegriffs. Stellt der Pluralismus „zwar

---

223 Vom „kosmischen Christus" war auf ÖRK-Ebene von Seiten *indischer* Theologen noch einmal in Vancouver 1983 die Rede (vgl. Paul Löffler: Dialog mit anderen Religionen, in: H. Krüger u. a. [Hgg.], Ökumene-Lexikon, Frankfurt/M. 1987², 260–263, bes. 261 f.; Bayer, Schöpfung, 73). Die Affinität indischen Denkens zu „kosmischer Christologie" liegt nach allem Gesagten auf der Hand: Vgl. Hanna Wolff: Der universale Jesus. Die Gestalt Jesu im kulturell-religiösen Umfeld Indiens, Stuttgart 1993, bes. 23; Otto Wolff: Wandlungen des Christusbildes im modernen Hinduismus, in: EMZ 13, 2 + 3/1956, 65–74 und 101–109, 71 ff.; H. Bürkle/ W. M. W. Roth (Hgg.), Indian Voices in Today's Theological Debate, Lucknow 1972; P. V. Premasagar: Jesus: Cosmic Christ or a Man of History? in: The Indian Journal of Theology 24, 2/1975, 104–107; J. M. Gibbs: Jesus as the Wisdom of God: The Normative man of History Moving to the Cosmic Christ, ebd. 108–125; ferner Dupuis, Cosmic Christ, 120. Groß ist die Versuchung, diese Affinität im Schema spiritueller Autonomie zu interpretieren (vgl. etwa Francis X. D'Sa: Nicht der kleine Christus des populären Christentums, sondern der universale Christus! Zur Präexistenz Christi aus ‚indischer' Sicht, in: R. Laufen [Hg.], Gottes ewiger Sohn, Paderborn 1997, 277–300, bes. 280 ff.). Doch würde eine ausführliche Befassung mit indischer Christologie den Rahmen dieser Arbeit sprengen; hier sei nur verwiesen auf Stanley J. Samartha: Hindus vor dem universalen Christus. Beiträge zu einer Christologie in Indien, Stuttgart 1970 (dazu unten mehr), auf die gründliche Studie von Vekathanam, Christology in the Indian Context, 1986, sowie auf Peter Gerlitz: Art. Jesus Christus X. Religionsgeschichtlich, in: TRE 17, 1988, 71–76 (Lit.!).
224 Nach der Weltkirchenkonferenz in Uppsala 1968 wurde der Programmeinheit I „Glauben und Zeugnis" die neue Untereinheit „Dialogue with People of Living Faiths" zugeordnet (vgl. Breitmaier, Schöpfung, 296). Und auf der Zentralausschusstagung des ÖKR in Addis Abeba 1971 wurde das Programm für den interreligiösen Dialog offiziell ins Leben gerufen (vgl. Helfenstein, 131).
225 Über ihre Genese informiert unter Nennung der wichtigsten Literatur Schmidt-Leukel, Pluralistische Religionstheologie, 308 ff. Es versteht sich, dass im folgenden nicht auf die Gesamtdiskussion in ihrer kaum noch zu überschauenden Breite einzugehen ist, sondern nur auf wichtige Beispiele der dort vorkommenden Rede vom „kosmischen Christus", welche allerdings von solch zentraler Relevanz ist, dass sehr wohl von da aus ein erhellendes Licht auf die Gesamtdebatte fallen kann.

eine theologische ..., aber keine *christlich*-theologische Position"²²⁶ (und erst recht keines kreuzestheologische²²⁷) dar, so kommt das in seinen Varianten des Umgangs mit dem Begriff „kosmischer Christus" deutlich zum Ausdruck.

Nicht zufällig ist ja dieser Begriff erstmalig außerhalb christlichen Selbstverständnisses formuliert worden. Schon ein Jahr bevor dies durch die Theosophin Besant geschah, konstatierte D. W. Forrest: „Christ's cosmic function appears naturally but a fantastic speculation to those who see in Jesus only one, though the highest, or many similar revelations of the divine. On that basis it *is* fantastic and would never have existed."²²⁸ Dabei betonte er die neutestamentliche Legitimität einer „cosmic Christology" in dem klaren Bewusstsein, dass diese in keiner Weise zur Begründung jener spiritualistischen Christosophie taugen könne. Und noch über ein halbes Jahrhundert später, als 1951 gerade das erste theologische Buch mit dem Titel „The Cosmic Christ" erschien, notierte R. Bultmann mit Blick auf Apg 4,12, wonach bekanntlich das Heil exklusiv an den Namen Jesus von Nazareth gebunden ist: „Jede Kirche wird ja den Satz aus der Apostelgeschichte bejahen..."²²⁹ Gegen Ende des 20. Jahrhunderts aber versteht sich dies schon nicht mehr von selbst; mag es wohl für offizielle Kirchenbekenntnisse noch gelten, so hat doch im Raum von Kirche und Theologie etlicher Konfessionen die pluralistische Religionstheologie hier und da erfolgreich Fuß fassen können. Ihre intensive Diskussion während der letzten Jahrzehnte ist nicht nur auf akademischem Niveau erfolgt, sondern hat im Kontext der spiritualistischen Stimmung der Esoterik- und „New Age"-Be-

---

226 So Wolfgang Pfüller: Zur Behebung einiger Schwierigkeiten der pluralistischen Religionstheologie, in: Münchener Theologische Zeitschrift 49, 4/1998, 335–355, hier 345. Bildete Jesus Christus im inklusivistischen Modell christlicher Religionstheorie noch die Norm schlechthin, so wird er im pluralistischen als eine Norm unter anderen pluralisiert (vgl. Paul F. Knitter: Religion und Befreiung. Soziozentrismus als Antwort an die Kritiker, in: R. Bernhardt [Hg.], Horizontüberschreitung, Gütersloh 1991, 203–219, bes. 217; Knitter benutzt übrigens den Begriff des „kosmischen Christus" m. W. nicht). Diese Pluralisierung hat die Römisch-katholische Kongregation für die Glaubenslehre in ihrer Erklärung „Dominus Iesus. Über die Einzigkeit und die Heilsuniversalität Jesu Christi und der Kirche" vom 6. 8. 2000 ausdrücklich als häretisch gebrandmarkt (bes. Abs. II).

227 Die „pluralistische Option" geht nach Schmidt-Leukel einher mit der „Aufgabe des Anspruchs auf die exklusive Alleingültigkeit und auf die singuläre Superiorität der in der eigenen Tradition gegebenen Gotteserkenntnis" (Theologie der Religionen, 581). Da Kreuzestheologie gerade auf die Art der Gotteserkenntnis abhebt, muss sie – jedenfalls in ihrer lutherischen Intention – für Religionspluralisten obsolet sein (und umgekehrt!).

228 Forrest, Christ of History, 1897, 182.

229 Bultmann, Das christologische Bekenntnis, 250. Vgl. auch Th. Schirrmacher (Hg.), Kein anderer Name. Die Einzigartigkeit Jesu Christi und das Gespräch mit nichtchristlichen Religionen. FS zum 70. Geburtstag von Peter Beyerhaus, Nürnberg 2000.

geisterung auch die Gemeinden erreicht[230], also jene Ebene, auf der gleichzeitig auch die Rede vom „kosmischen Christus" populär geworden ist. Der zunehmende und immer selbstverständlicher werdende religiöse Pluralismus in unserer Gesellschaft bildet den Nährboden für diesen Prozess[231] – und zweifellos eine geistige Herausforderung ohnegleichen für eine auf Zeitgemäßheit bedachte Christologie!

Ist der Begriff des „kosmischen Christus" urtümlich aus den sozusagen interreligiösen Existenzen der Damen Blavatsky und Besant erwachsen, um eine pluralistische „Christologie" oder besser „Christosophie" zu legitimieren, so verwundert es keineswegs, dass man ihm im Kontext der pluralistischen Religionstheologien wieder begegnet – jener Entwürfe also, deren Differenz gegenüber den inklusivistischen Konzepten sich gerade darin festmachen lässt, dass sie nun den „Christus" selbst pluralisieren[232]! Dafür spielt heute wie vor einem Jahrhundert der Bezug auf das altindische Avatara-Verständnis eine wichtige Rolle, insofern es die Exklusivität bzw. Normativität Jesu in eine Pluralität mehr oder weniger gleichrangiger Heilsgestalten hinein aufheben hilft. Doch neben dem Avatara-Modell oder über es hinaus kommt als Ausdruck der Pluralität, in der sich der „kosmische Christus" offenbart, auch einfach die Vielzahl von gleichrangig relevanten „unbekannten Aspekten Christi" in Frage. Derart äußert sich – noch ganz nah beim inklusivistischen Modell stehend und es doch bereits transzendierend – der katholische Religionsphilosoph *Raimundo Panikkar*. Als Sohn eines indischen Vaters und einer spanischen Mutter muss er schon von Geburt wegen als „interreligiöse Existenz" eingestuft werden, und in der Tat sieht er sich im „abenteuerlichen" Zusammenfluss „von vier Strömungen: der hinduistischen, der christlichen, der buddhistischen und der säkularen Tradition"[233]. Die verschiedenen Fassungen seines Buches „The

---

230 Zu den Indizien hierfür zählt die populärtheologisch abgezweckte, gleichwohl differenziert argumentierende Publikation von Klaus Berger: Ist Christsein der einzige Weg? Stuttgart 1998.
231 Vgl. dazu die differenzierten Ausführungen bei Andreas Feldtkeller: Verlangt der gesellschaftliche Pluralismus nach einer ‚pluralistischen' Religionstheologie? in: EvTh 58, 6/1998, 445–460.
232 Über die Geltung dieses Unterscheidungskriteriums täuscht man sich vielfach noch hinweg – wohingegen sonstige ins Feld geführte Kriterien wie etwa die Anerkennung der Tatsache einer Pluralität religiöser Global-Weltsichten (so Reinhold Bernhardt: Zur Diskussion um die Pluralistische Theologie der Religionen, in: ÖR 43, 1994, 172–189, wo wiederum andere Kriterien falsifiziert werden) bei nüchterner Betrachtung eher untauglich sind.
233 Raimundo Panikkar: Der unbekannte Christus im Hinduismus, Mainz 1986², 9. (Der Titel der 1. deutschen Auflage lautete 1965: „Christus der Unbekannte im Hinduismus"). Eine „Pluralität von Christussen" wird abgelehnt (23 und 37), nicht aber die „unbekannten Aspekten Christi" (37; vgl. auch Panikkar, Weisheit, 182) – was mit dem von seinem geschichtlichen Ursprung abgelösten Christusbegriff Panikkars zusammenhängt (vgl. 55). Vgl. ferner Swami Akhilananda: Hindu view of Christ, New York 1949.

Unknown Christ of Hinduism" spiegeln seinen Werdegang vom inklusivistischen zum pluralistischen Religionstheologen wider: Hört man in der Äußerung einer frühen Ausgabe, Christus sei im ganzen Kosmos und folglich auch im Hinduismus am Werk, noch Inklusivismus heraus[234], so zeichnet sich in späteren Fassungen die pluralistische Sichtweise zunehmend in den Christusbegriff selbst hinein: Keines der hinduistischen Symbole besitze „dieselbe pluralistische Polyvalenz wie das Christus-Symbol"[235]!

Damit das „Symbol"[236] Christus solch pluralistische, interreligiös relevante Deutungsbreite erhalten kann, muss es freilich einerseits vom geschichtlichen Jesus abgelöst[237] und andererseits auch selbst gegenüber dem semantischen Oberbegriff „Herr" relativiert werden[238]. Es wird sogar der Logosbegriff dem Geistbegriff subordiniert, um den spiritualistischen Rahmen solchen „Christus"-Verständnisses zu sichern[239]. Charakteristisch für

---

234 Unknown Christ, 1964 (vgl. bes. 5 f., 16 und 23 f.). Vgl. in diesem Sinn noch die überarbeitete Einleitung in der deutschen Ausgabe, 13. Deutlich inklusivistisch argumentiert Panikkar auch in seinem Buch „Die vielen Götter und der eine Herr. Beiträge zum ökumenischen Gespräch der Weltreligionen" (Weilheim 1963), das dazu aufruft, Asiens und Afrikas Götter zu „taufen" und unter die Herrschaft des einen Herrn Christus zu stellen.

235 Panikkar, Christus (1986), 45. „Ich behaupte, daß in unserer heutigen Zeit ein Christus-Symbol, das nur für die Christen Gültigkeit hat, aufhört, ein lebendiges Symbol zu sein..." (16). Den Begriff „Christus" versteht Panikkar in einem weiten Sinn als Wort für den „Logos", also für jenen „Gesalbten", auf den die Christen keineswegs den Alleinanspruch haben"; und so „ist Christus, der einzige Priester des kosmischen Priestertums, die Salbung par excellence" (Trinität. Über das Zentrum menschlicher Erfahrung [Übersetzung von S. Schaup, redigiert von Chr. Bochinger], München 1993, 82).

236 Zum Symbolbegriff s. o.! Dass „Symbolik" ein hermeneutischer Grundsatz pluralistischer Religionstheologie ist, betont unter Bezugnahme auf Tillichs Symbolverständnis Schmidt-Leukel, Theologie der Religionen, 488 f. Sie weist programmatisch ins Namenlos-Transzendente, wie Panikkar vermerkt: „Deshalb hat der echte Glaube kein Objekt, noch kann er ein Objekt haben" (Mythos und Logos, in: H.-P. Dürr/W. C. Zimmerli [Hgg.], Geist und Natur, Bern/München/Wien 1989, 206–220, hier 215).

237 Vgl. Panikkar, Christus, 23 und 34, ferner 55 und 62. In seinem Buch „Trinität" plädiert Panikkar explizit für eine „Enthistorisierung der christlichen Botschaft" (a. a. O. 12). Dabei versichert er: „Die Christus-Wirklichkeit zu enthistorisieren, bedeutet aber nicht, ihre historische Faktizität zu leugnen..." (13). Nun, um deren absolute Leugnung war es z. B. auch der Theosophin Besant nicht zu tun. Doch ihre bloße Tolerierung bedeutet eine christologische Unterbestimmung, die sich in Panikkars Trennung von „Christus" und „Jesus von Nazareth" (83) nur bestätigt.

238 Panikkar, Christus, 23. Hier schimmern theosophische Vorstellungen vom Logos durch – ebenso wie in dem sinnwidrigen Zitat von „Ps 18,6" (gemeint ist offenbar Psalm 19,5), das Christus und Sonne korreliert (29)!

239 Vgl. Christus, 29. Wenn schon „Jesus Christus" keine einheitsstiftende Größe für die Religionen sein kann, wie Panikkar meint, so doch der Geist Gottes, in dem ja Christen den Geist Christi wiedererkennen dürfen (63). Dass Panikkar hier eine

Panikkar ist allerdings kein Geist-Monismus, vielmehr im Sinne der Advaita-Lehre ein Non-Dualismus, der die Einheit der Wirklichkeit in ihrer radikalen Relativität erblickt. Insofern intendiert sein Christusbegriff keine metaphysisch zu beschreibende Größe, sondern ein „Mysterium", das kontextuell bedingt als „Christus" benannt und als „letzte Wahrheit" erfahren werden kann, das aber ebenso „alle anderen menschlichen Wesen anzieht, die ihren eigenen gegenwärtigen Zustand zu überwinden suchen"[240].

Die Bewegung solcher spirituellen Suche zielt am Ende aufs „Aufhören, das zu sein, was man (noch) ist", nämlich auf die Rückkehr allen vielheitlichen Daseins in die primäre, überpolar-transzendente Einheit[241]. Es geht Panikkar durchaus um die „radikale Einheit der Relativität" und nicht etwa um eine Absolutsetzung der Pluralität als solcher (letztere wäre ein philosophischer Ungedanke, denn immer verlangt das Denken von Vielheit nach dem Komplementärbegriff der Einheit)[242]. Die von ihm favorisierte „einheitliche Sicht" schaltet freilich die Dinge nicht gleich, sondern gewährleistet deren Vielheit eben als relationale[243]. Deshalb bekennt er sich zum religiösen Pluralismus im Sinne einer „relativen Gleichheit aller Religionen"[244]: „Alle Wege führen zum Ziel, unter einer einzigen Bedingung: daß sie *Wege* sind..."[245] Zugleich lehnt er die Idee einer Universalreligion stets dezidiert ab[246].

---

  allzu kurzschlüssige, weil wieder auf das Ursprungsproblem zurückführende Lösung anbietet, scheint er selbst zu ahnen, denn er lehnt eine vertiefte Reflexion der Problematik ab: „Wir wollen nicht länger bei diesem Gegenstand verweilen..."
240 Christus, 31. Dabei ist für ihn „das Mysterium doch nicht vollkommen mit Christus identisch" (32).
241 Raimon Panikkar: Gottes Schweigen. Die Antwort des Buddha für unsere Zeit, Frankfurt/M. 1996, 214; vgl. 203. (Dieses Zitat aus einem späten Werk Panikkars ist hier legitim, weil es sein früheres Denken erläutert, statt ihm etwa zu widersprechen).
242 Dies wird in der pluralismusfaszinierten Postmoderne-Diskussion oft übersehen – und dann wundert man sich, warum sich gerade unter postmodernen Philosophen eine Renaissance der Gnosis (z. B. Peter Sloterdijk, Peter Koslowski) angebahnt hat!
243 Vgl. ebd. 214. Das Paradigma des „relationsontologischen Relationalismus" (ROS) ist klar erkennbar.
244 Vgl. Christus, 60. Für Panikkar liegen die Differenzen zwischen den Religionen nur auf der Ebene der „Erscheinung"; insofern plädiert er sehr wohl für eine „religiöse Einheit" (ebd.) – ohne Uniformität!
245 Panikkar, Weisheit, 195. „Es gilt nicht nur, daß verschiedene Wege zu einem Gipfel führen, sondern der Gipfel selbst würde einstürzen, wenn alle Wege verschwinden würden" (Christus, 32). Letzteres Bildmoment trifft nicht: Ein Gipfel, zu dem kein Weg oder nur einer führt, stürzt mitnichten ein.
246 Vgl. Raimon Panikkar: Der neue religiöse Weg. Im Dialog der Religionen leben, München 1990, 48 f.; ders.: The Invisible Harmony: A Universal Theory or a Cosmic Confidence in Reality? in: L. Swidler (Hg.), Towards a Universal Theology of Religion, New York 1987, 125 ff. – Gleichwohl sieht Panikkar alle Religionen als „Formen der ewigen Religion" an (Christus, 73)!

In der religionstheologischen Debatte ist indessen sein Eintreten für das Anderssein-Lassen der je anderen religiösen Tradition bisweilen dahingehend missverstanden worden, als gebe es für ihn keinerlei „Einheitspostulat"[247] und sei damit die Authentizität der diversen Religionen im dialogischen Prozess gewährleistet. Eine derartige Standpunktlosigkeit wäre aber illusionär und kennt auch Panikkar nicht. Aus seiner nicht-dualistischen Perspektive heraus interpretiert er die christliche Tradition insofern keineswegs völlig „gewaltfrei"[248], sondern passt sie ihr auf möglichst hohem intellektuellen Niveau ein. Für die anvisierte „Totalität der Wirklichkeit" nimmt er das Christus-Symbol so in Anspruch, dass es deren göttliche, kosmische und menschliche Dimensionen gleichermaßen bezeichnen soll[249]. Christus gilt ihm folglich als eine „kosmische, menschliche und göttliche Manifestation", die er nichtdualistisch als „kosmotheandrisches Prinzip"[250] auffasst. „Jedes Sein ist eine Christophanie, eine Verkörperung Christi"[251]; zu ihm, diesem alles vermittelnden Prinzip, wird alles Zeitliche „zurückkehren"[252]. Um dies behaupten zu können, muss Panikkar einen

---

247 Vgl. z. B. Feldtkeller, Pluralismus, 452; Pfüller, Behebung, 34. Panikkar liegt in Wahrheit durchaus daran, die gottgewollte „Einheit zu verwirklichen"; er bejaht es, wenn „die gegenwärtigen christlichen Wasser sich mit anderen religiösen Gewässern vereinigen …" (Christus, 61). – Wenigstens teilweise wird das Vorhandensein eines religiösen „Essentialismus" bei diversen pluralistischen Religionstheologen eingeräumt und kritisiert von Bernhardt, Diskussion, 180 passim.
248 „Natürlich gerät durch diese Perspektive manches in ein anderes Licht. Das gibt Panikkar zu. Er besteht aber darauf, daß dadurch die eigentliche Einsicht wirklich, nicht nur verdünnt, sondern überhaupt erst zur Geltung kommt …" (Francis X. D'Sa: Der ‚Synkretismus' von Raimundo Panikkar, in: H. P. Siller [Hg.], Suchbewegungen, Darmstadt 1991, 117–129, hier 127). Genau um den anhaltenden Perspektivenstreit geht es, und kein an ihm Beteiligter trägt den Sieg dadurch davon, dass er auf der Richtigkeit seiner Sichtweise, und sei sie noch so nichtdualistisch-integral, einfach „besteht"!
249 Hier wird man an Teilhards Rede von der dritten, nämlich kosmischen Natur Christi erinnert. Eine sehr verwandte Perspektive bietet Bede Griffiths: Rückkehr zur Mitte. Das Geheimnis östlicher und westlicher Spiritualität, München 1987, ohne allerdings den Begriff „kosmischer Christus" zu verwenden: „Alle Religionen sind aus … der kosmischen Offenbarung entstanden, die allen Menschen zuteil geworden ist. Sie ist eine Offenbarung Gottes in der Natur und in der Seele" (95). Von daher wird dann dennoch unterschieden: „Während der Hinduismus zur kosmischen Offenbarung gehört, … ist Jesus historische Offenbarung, Offenbarung Gottes in der Geschichte eines besonderen Volkes" (81).
250 Vgl. Panikkar, Christus, 35 und 37; Weisheit, 186 f. (auffällig, dass der „Kosmos" an der Spitze dieser Begriffszusammenballung steht!). – Panikkar lehrt, „daß der Akt, durch den der Vater den Sohn ‚zeugt', derselbe sein muß, durch den der Vater alle Geschöpfe ‚erschafft' und sich selbst erkennt" (Schweigen, 216) – eine für das Paradigma spiritueller Autonomie bezeichnende These! Vgl. auch R. Panikkar: Der Dreiklang der Wirklichkeit. Die kosmotheandrische Offenbarung, Salzburg/München 1995.
251 Panikkar, Trinität, 84.
252 Vgl. Christus, 55. Der unbiblische, aber gut hinduistische und gnostische „Rück-

Der „kosmische Christus" in religionstheologischer Perspektivik 363

entweder „überzeitlichen" oder eschatologisch-proleptischen Standpunkt einnehmen[253], der alles andere als ein „neutraler" ist. Und in der Tat vertritt er eine religiöse Hermeneutik, die sich mit dem kognitiven Element des Verstehensprozesses in keiner Weise zufrieden gibt, sondern den ganzheitlichen Nachvollzug, das liebende Einverständnis fordert[254].

Das bedeutet für den interreligiösen Dialog nicht weniger als die Erwartung an seine Teilnehmer, die von der jeweils anderen Religion vertretene Götter- bzw. Gottesmacht zu bejahen, sich auf der Erfahrungsebene ihr auszusetzen bzw. zu unterwerfen[255] – was emotional und kognitiv nur unter der einen Voraussetzung möglich und auch überhaupt erst zu postulieren ist, dass alle Religionen in ihrem jeweiligen Anderssein unterschiedliche, aber in ihrem Nebeneinander mehr oder weniger gleichwertige, von Mal zu Mal „einzigartige" Ausdrucks- und Erscheinungsweisen ein- und derselben numinosen Letztwirklichkeit[256] darstellen. Als christlicher Religionstheologe kann Panikkar die spirituelle Basis der so intendierten „ökumenischen Ökumene"[257] als den „kosmischen und überzeitlichen Christus" interpretieren, den er mit dem „inneren" und dem „historischen" Christus gleichsetzt[258] und dessen Zukunft er der ihm entgegenpilgernden

---

kehr"-Gedanke hat durchaus substantiale Implikationen im Sinne des „relationsontologischen Substantialismus" (ROS)!
253 Es gelte, sich „in der Atmosphäre (akasá) der Ewigkeit" zu bewegen (Panikkar, Christus, 64).
254 Vgl. Christus, 64; siehe auch Raimundo Panikkar: Verstehen als Überzeugtsein, in: Neue Anthropologie, hg. v. H. G. Gadamer und P. Vogler, Bd. 7, Stuttgart 1975, 132–167.
255 „Verstehen heißt also, sich zu der Wahrheit bekehren und bekennen, die man versteht" (Panikkar, Weg, 62). Damit ist klar: „Die Begegnung von Religionen soll ein *religiöser* Akt sein" (Christus, 65). Ratschows Religionstheologie bestätigt den Sachverhalt aus distanzierter Perspektive: „Wer eine Gottesverehrung ein-sieht, der verehrt diesen Gott und hängt ihm an. So viel man sich um die Ein–sicht in die Götter fremder Religionen müht, ... desto klarer tritt der unüberschreitbare Hiatus hervor" (Religionen, 123; vgl. auch 126).
256 Diese wird notgedrungen äußerst abstrakt gefasst als „das unbegreifbare Absolute" (Panikkar, Christus, 65), das „in keiner Weise das Objekt menschlichen Denkens und Wollens sein" kann (Schweigen, 206). Die Metaphysik der modernen Theosophie ist in dieser Hinsicht dieselbe – einschließlich trinitarischer Ausfaltung! Demgegenüber betont der Exeget Berger: „Die Konstruktion (oder besser: Abstraktion) einer Gottheit hinter allen sichtbaren Göttern, auch hinter dem der Bibel selbst, ist eindeutig nicht Aussageabsicht der Bibel" (Christsein, 84).
257 Vgl. Panikkar, Christus, 70. – Das Argument, da nach Kol 1,17 alles in Christus seinen Bestand habe, wirke Christus in allen Religionen (162), ist zwar nicht rundweg verkehrt, sticht jedoch insofern nicht, als es gleichermaßen auf alle Übel der Welt und auch auf Atheismus angewendet werden müsste.
258 Vgl. Panikkar, Weisheit, 186. „Diese Begegnung der Religionen ist...Gemeinschaft im Sein, in dem einen Sein..; es ist nicht nur die Gemeinschaft *in* Christus, sondern *Christi* Gemeinschaft" (Christus, 66) – dabei ist aber der Christus-Name pluralistisch austauschbar (158)! – Eine analoge Gleichsetzung von kosmisch-universalem und innerem Christus findet sich theosophisch bereits bei A. Besant, die

Menschheit zu erwarten empfiehlt[259]. Christen fordert er auf, Christus „asketisch" zu interpretieren als „nackten Christus"[260] – sind doch für ihn alle religiösen Dogmen und Credos „nur Worte, Manifestationen, ausdrückliche Beispiele des mystischen Glaubensaktes, der keine Fixpunkte und keinen adäquaten intellektuellen Ausdruck kennt..."[261]

Die hiermit skizzierte religionstheologische Hermeneutik scheint eine unüberbietbare Tiefe gegenseitigen Verstehens zu eröffnen. In Wirklichkeit ist sie in sich aporetisch, indem sie zum einen die Bejahung einer bestimmten, ins Übergeschichtliche weisenden[262] Religionsphilosophie erfordert und zum andern von der damit eingenommenen Warte aus sich als doch nur eingeschränkt fähig erweist, inklusivistische und exklusivistische Religionen, Religionstheorien und Hermeneutiken in ihren Konsequenzen auszuloten und uneingeschränkt gelten zu lassen. Insofern erweist sich pluralistische Religionstheologie keineswegs als schlechthin tolerant; vielmehr zeigt sie sich geneigt, die ihre Voraussetzungen nicht Teilenden zu desavouieren und geradezu unter dem Aspekt der Sündenkategorie zu betrachten[263]. Umgekehrt wird nichtpluralistisch denkende Religionstheologie den Pluralististen in ihrer Konzeption und Wahrnehmung eine zu weitgehende Vernachlässigung der lapsarischen Verfasstheit der Weltwirklichkeit einschließlich der Religionen, und zwar auch der je eigenen, vorzuwerfen haben[264]. Wer wie Panikkar „die ganze Welt zu be-

---

allerdings den geschichtlichen Christus noch dezidierter abkoppelt (s. o.), sowie theologisch bei R. Paulus, Christusproblem, 178. Bei Panikkar wie bei Besant steht die indische Brahman-Atman-Lehre im Hintergrund.

259 Vgl. Panikkar, Christus, 162. Doch Panikkars „Pluralismus ist nicht die eschatologische Erwartung, daß am Ende alles von selbst zur Einheit kommen wird" (178).
260 Christus, 64. Panikkar nennt ihn auch den „entkerygmatisierten" Christus (Weg, 124).
261 Christus, 65.
262 Gerade das (heils-)geschichtlich orientierte Christentum hat hier Anlass zur Skepsis. Berger unterstreicht das Ungenügen pluralistischer Hermeneutik: „Die biblische Religion enthält Elemente, die mit der Klassifizierung ‚subjektiv berechtigt(er Überschwang)' nicht getroffen sind" (Christsein, 60). Er nennt das Ehebild, mit dem das Gottesvolk zur Erwiderung von Treue und Gerechtigkeit gemahnt wird, und die Metapher des Gottesbundes.
263 So rügt Panikkar die exklusivistisch begründete Bezeichnung einer anderen Religion als „falsche" als „verbale Ausfälligkeit" (Weisheit, 165). Noch krasser verhält sich Bernd Jaspert: Der Absolutheitsanspruch des Christentums – Hindernis auf dem Weg zu einer Theologie der Religionen? Ein Tagungsbericht, in: Pastoraltheologie 80, 12/1991, 603–617, wenn er zum Schluss nicht nur die Position pluralistischer Religionstheologie zum „Gebot der Zeit", sondern alle Widersprechenden zu lieblos-böswilligen Sündern gegenüber diesem Gebot erklärt.
264 Vgl. Barths von Gottes Offenbarung in Jesus Christus ausgehende kritische Religionstheologie (KD I/2, 304 ff.). Ebenso bezeichnend wie unsachlich ist Panikkars Verdikt: „Eine Religion als sündhaft oder schlecht zu bezeichnen würde bedeuten, daß man sie nicht als eine Religion akzeptiert" (Christus, 76). Gerügt wird damit allerdings mit Recht ein moralisierender Ton im Konstatieren des Lapsarischen:

freien"²⁶⁵ sucht, setzt offenkundig weder kosmologisch noch anthropologisch eine tief gehende „Verderbtheit" voraus.

Dementsprechend verwundert es nicht, wenn ein anderer moderater Vertreter der pluralistischen Religionstheologie, der wie Panikkar im christlich-hinduistischen Dialog stehende Ökumeniker *Stanley J. Samartha*, vor einer „Überbetonung" der Erbsündenlehre warnt²⁶⁶. Er tut dies mit Rücksicht auf den indischen Kontext, aus dessen Religiosität sich freilich das pluralistische Religionsmodell gesamtstrukturell erkennbar speist. Auch er geht aus von „einem geheimnisvollen transzendenten Zentrum, das die Quelle der Wahrheit ist und das alle Dinge umfaßt"; dessen Name werde in einer religiös pluralen Welt „durch verschiedene Symbole und mit verschiedenen Worten ausgedrückt"²⁶⁷. Als christlicher Theologe unternimmt er den Versuch einer „Christologie im Zusammenhang mit *advaita*"²⁶⁸, wobei er sich dessen bewusst ist, dass hierfür Anknüpfung an neo-advaitistisches Denken erforderlich ist, weil dadurch einer Unterbewertung des Geschichtlichen und der Weltwirklichkeit in der Christologie entgegengesteuert wird²⁶⁹. Die für advaitistischen Non-Dualismus wesentliche Identität von Gott einerseits und die in einem ewigen Prozess der

---

Von einem in „Lüge" verkehrten Gotteswissen der Religionen zu sprechen (z. B. Paul Althaus: Die christliche Wahrheit, Bd. 1, Gütersloh 1947, 165), unterstellt eine verfügungsmächtige Gotteserkenntnis, statt deren Defizienz als „Hineingebanntsein in die Entfremdung" gemäß Röm 11,32 zu werten.

265 Christus, 66. So möchte auch Knitter „die Einzigartigkeit Jesu in seiner Lehre entdecken, daß das Heil oder das Reich Gottes *in dieser Welt* durch *menschliche* Aktionen von Liebe und Gerechtigkeit verwirklicht werden muß" (Paul Knitter: Die Einzigartigkeit Jesu in einer Befreiungstheologie der Religionen, in: H. Gehrke u. a. [Hgg.], Wandel und Bestand. Denkanstöße zum 21. Jahrhundert, FS Bernd Jaspert zum 50. Geburtstag, Paderborn/Frankfurt/M. 1995, 323–332, hier 330, kursiv: P. K.). Weder die relativierende Rede von der „Einzigartigkeit Jesu" noch die vom menschlicherseits herbeigeführten Gottesreich sind freilich in neutestamentlicher Exegese begründet. Im übrigen müssen sich befreiungstheologische Ansätze keineswegs aus pluralistischer Religionstheologie herleiten, sondern können sachgemäß in einer „(kosmischen) christologia crucis" fundieren (s. u.).
266 Vgl. Samartha, Hindus, 190 f.; vgl. auch 170 und 188.
267 Stanley J. Samartha: Mission in einer religiös pluralen Welt, in: R. Bernhardt (Hg.), Horizontüberschreitung. Die Pluralistische Theologie der Religionen, Gütersloh 1991, 191–202, hier 202.
268 Vgl. Samartha, Hindus, 161. Christus als Avatara zu interpretieren, lehnt er hier wie schon Panikkar ab, da sie „allgemein auf einer niederen Stufe der Wirklichkeit stehend angesehen" werden (163, ebenso 175). Später hat er diese Meinung zugunsten einer verstärkt pluralistischen Sichtweise geändert, die ähnlich wie die Theosophie noch hinter die Trinität zurückzugehen bestrebt ist (vgl. Stanley J. Samartha: One Christ – Many Religions. Toward a Revised Christology, Maryknoll 1991, 96 und 131). Seine Christologie wird skizziert von Paul F. Knitter: Theozentrische Christologie (1983), in: ders., Horizonte der Befreiung. Auf dem Weg zu einer pluralistischen Theologie der Religionen, hg. von B. Jaspert, Frankfurt/Paderborn 1997, 136–155, bes. 140 ff.; vgl. ferner von Helfenstein, Grundlagen, 236 f.
269 Vgl. Hindus, 175 ff.

Emergenz und Rückkehr von ihm abhängigen (nur insofern als weniger real interpretierten) Größen Kosmos und Mensch andererseits möchte Samartha mit den christologischen Sinnaussagen über den Kosmos im Christentum korrelieren. Denn „in Christus werden Natur und Geschichte zusammengefaßt, so daß nicht leicht zu erkennen ist, wo der Bereich der Schöpfung endet und das Werk der Erlösung beginnt."[270] In diesem Kontext spricht Samartha – in Kenntnis der christologischen Debatte während und nach der Weltkirchenkonferenz in Neu-Delhi – betont vom „kosmischen Christus" als einem Zeichen für eine über den Menschen hinaus auch das All umfassende Soteriologie und als einem „Schlüssel für die zukünftige Vollendung"[271]. Damit liest er die kosmische Christologie des Neuen Testaments auf dem Hintergrund (neo–)advaitistischen Wirklichkeitsverständnisses und kommt insofern Panikkars Vorstellung vom „kosmotheandrischen Christus" nahe. Ebenso entspricht Panikkars „nackter Christus" Samarthas „ungebundenem Christus", der alle Kulturen und Religionen, ja alle Denkkategorien übersteigt[272]. So lautet denn das pluralistische Credo Samarthas: „Es gibt keinen Grund dafür, weshalb die Leitsätze einer besonderen Religion zum Kriterium erhoben werden sollten, nach welchem die Erfahrungen anderer Religionen beurteilt werden."[273] Stringent sind diese Thesen freilich allenfalls auf der Basis einer von indischem Geist durchtränkten Christologie, deren kosmischer Dimension das Primat vor dem Geschichtlichen[274] zukommt, so dass die Strukturen einer „kosmischen christologia gloriae" aufscheinen[275]. Am Ende bleibt mit Vol-

---

[270] Hindus, 181.
[271] Vgl. Samartha, Hindus, 194 f.
[272] Vgl. Hindus, 196 f. Samartha ist bei diesen Gedankengängen um „vollständige Treue gegen Christus" (166) bemüht, unterschätzt aber die Auswirkungen seiner negativen Rede vom „ungebundenen Christus", die durch die Vermeidung der Anstößigkeit der unauflöslichen Bindung des Logos an Jesus von Nazareth das Christus-Symbol nahezu beliebigen Deutungen zugänglich macht. Die Forderung einer von Absolutheitsansprüchen freien Christologie (vgl. Samartha, One Christ, bes. 82) geht mit einem metaphysischen Absolutheitsanspruch einher, der selbst nicht hinreichend diskutiert wird.
[273] Hindus, 170. Das bedeutet konkreter: „Es gibt keinen Grund, warum semitische Denkformen für alle künftigen Zeiten die Normen für das theologische Denken der Kirche abgeben sollten" (166).
[274] Dieses ist durch den Bezug auf den neo-advaita zwar gegenüber der traditionellen maya-Auffassung aufgewertet, bleibt aber im nicht-dualistischen Bezugsrahmen dennoch unterbelichtet im Vergleich mit der von Samartha zurückgestellten „semitischen Denkform" (siehe vorige Fußnote).
[275] Samartha meint, „daß keine Notwendigkeit besteht, sich darauf festzulegen, daß die Natur Gottes im Leben und Wirken Jesu Christi vollständig ausgeschöpft sei"; er möchte, „daß nicht der Eindruck entsteht: Christen wissen alles, was man über die unerschöpfliche Tiefe Gottes wissen kann" (Hindus, 187). Hier tut er so, als wären die bewussten Festlegungen der Kreuzestheologie nicht schon bei Luther mit dem Wissen um die Majestät des „deus absconditus" verknüpft.

ker Küster zu urteilen: „Die Christologie zerrinnt ihm trotz aller anderslautenden Beteuerungen zwischen den Fingern. Übrig bleibt Jesus von Nazareth als ein avatara neben anderen."[276]

Auch in dem Buch „Der kosmische Christus" von *Günther Schiwy* wird eine pluralistische Sichtweise vertreten. Schon im Vorwort heißt es: „Die Wirklichkeit dessen, was auf diesen Seiten der Kosmische Christus genannt wird, ist bereits von vielen Christen und Nichtchristen in allen Kulturen dieser Welt geahnt, geglaubt und gelebt worden."[277] Wiewohl Schiwys Hauptzeuge Teilhard de Chardin ist, kommt dessen Exklusivismus in keiner Weise mehr zur Geltung[278]. Vielmehr zeigt sich der (in einer ökumenischen „Mischehe" aufgewachsene) katholische Theologe überzeugt, dass die „Offenbarung des Kosmischen Christus ... in allen Religionen stattgefunden hat"[279]. Sie entbehrt deswegen auch jeden kritischen Moments: „Die nichtchristlichen Religionen und Überzeugungen werden durch den Kosmischen Christus nicht in Frage gestellt."[280] Verdanken sie sich doch im Gegenteil dem Wirken der Sophia, mit der Schiwy mit feministischem Elan den „Kosmischen Christus" identifiziert[281]. Dessen ausdrückliche Verortung im Kontext von „New Age"[282] deutet auf ihre Weise auf Affinitäten der religionspluralistischen Perspektive zu theosophischem Denken

---

276 Volker Küster: Die vielen Gesichter Jesu Christi. Christologie interkulturell, Neukirchen-Vluyn 1999, 101.
277 Schiwy, Christus (1990), 11. Dass der „Kosmische Christus" hier als ein Neutrum benannt wird, entspricht seiner pluralistischen Abstrahierung.
278 Im Gegenteil wird Teilhards „pluralistischer Exklusivismus" in einen „exklusivistischen Pluralismus" transferiert: „Ist doch in einer evolutiven Welt ein Christusglaube, der sich selbst nicht weiterentwickelt, tot und keine Offenbarung des ‚Gottes der Evolution' mehr, und sind doch Christen, die in dem Reich Gottes keine dynamische kosmische Größe sehen, für seine Ausbreitung ein Hindernis" (Günther Schiwy: Eine Konkurrenz fürs Christentum? Religionen und religiöse Bewegungen im Aufbruch, in: Nachrichten der Ev.-Luth. Kirche in Bayern 44, 13/1989, 252–253, hier 253).
279 Christus, 52. Schiwy geht dabei „natürlich" von der „häretischen" Exegese von Kol 1 aus und versteht den Kosmos selbst als mystischen „Leib Christi" (16), von dem es dann theologisch höchst fragwürdig heißt, dies sei „der Kosmische Christus, den es zu retten gilt" (151).
280 Christus, 12. Dazu passt, dass Schiwys „Theologie des Kosmischen Christus" sich „der mystischen Erfahrung aller Religionen, deren Sprache eher – Schweigen ist", verbunden weiß (81).
281 Vgl. Christus, 52 f., 74. Dass jedenfalls eine pneumatologische Identifizierung nicht abwegig ist, wird weiter unten (Kap. VII.4) zu verdeutlichen sein. Die Vereinnahmung des „Kosmischen Christus" für eine *feministische* Christologie (vgl. bes. Schüssler Fiorenza, Jesus) wäre allerdings eine Frage für sich, die sich *in concreto* offensichtlich nicht stellt, weil die maskuline Metapher dafür kaum taugt.
282 Der Untertitel von Schiwys „Kosmischen Christus" lautet: „Spuren Gottes ins Neue Zeitalter". In seinem älteren New Age-Buch „Der Geist des Neuen Zeitalters" lautet eine Kapitelüberschrift: „Der bevorstehende Zyklus des im Universum angebeteten Christus" (28 ff.). Wäre Schiwy nicht Theologe, hätte er ebenso gut bereits oben in Kap. V.3 behandelt werden können.

hin. Dementsprechend geht es bei Schiwy „nicht ohne unziemliche Vereinfachungen, fragwürdige Vereinnahmungen und problematische Gleichsetzungen ab."[283]

Wie Schiwy kommt auch der brasilianische Theologe *Leonardo Boff* kosmologisch von Teilhard de Chardin her[284], welcher während der zweiten Hälfte der sechziger Jahre, der Zeit seines Theologie-Studiums, ebenso aktuell diskutiert wurde wie noch die ÖKR-Thesen aus Neu Delhi[285]. Insofern erstaunt es wenig, dass ein Frühwerk von ihm „O Evangelho do Cristo Cosmico"[286] betitelt und spürbar von diesen beiden Thematisierungen des „kosmischen Christus" her geprägt ist. Was aber muss entstehen, wenn Teilhards eschatologisch akzentuierte Perspektive mit der protologisch betonten Sittlers vermengt wird? Eine zwar immer noch teleologisch ausgerichtete, aber stark präsentisch[287] gewichtete, spiritualistisch gefärbte[288] Gestalt kosmischer Christologie, wie sie sich tatsächlich im gesamten Werk Boffs durchhält! Der Befreiungstheologe fasst den Entwicklungsgedanken deutlicher als Teilhard als Moment der Eschatologie, so dass die menschliche Aktivität der Gläubigen für die Verwandlung der Welt in Gottes Reich einen höheren Stellenwert erhält[289]. Er tröstet dementsprechend nicht etwa

---

283 Gerda Riedl: „Kosmischer Christus" und „Christus der Kirche". Ein kommentierter Literaturbericht über mögliche Verhältnisbestimmungen zwischen New Age und Christentum, in: B. Haneke/K. Huttner (Hgg.), Spirituelle Aufbrüche, Regensburg 1991, 128–141, hier 131.
284 Vgl. z. B. Leonardo Boff: Was kommt nachher? Das Leben nach dem Tode, Salzburg 1982, 94 f. u.ö. Der Kosmos sei bestimmt, an der „Christifizierung" teilzuhaben, heißt es in Übernahme Teilhardschen Sprachgebrauchs (95). Siehe ferner bereits Leonardo Boff: JESUS CRISTO Libertador. Ensaio de Cristologia Crítica para o nosso Tempo, Petrópolis 1972, 226 und 228.
285 Analog zu Sittler meint Boff, „daß das Paradies nicht ganz vorbei ist und daß wir es wiederfinden können, um darin unserer göttlichen Berufung nachzukommen ..." (Ökologie, 451).
286 Boff, Evangelho, 1971.
287 Boff bezieht sich gern auf die kosmische Christologie des gnostisierenden Thomasevangeliums und betont, der Glaube eröffne „einen erhellenden Zugang zum letzten innersten Kern der Welt – zu jenem Punkt, an dem sich die Welt als Tempel Gottes und Heiligtum des verklärten, kosmischen Christus offenbart" (Leonardo Boff: Jesus Christus, der Befreier, Freiburg/Basel/Wien 1986, 149; ebenso 157). Alles (!) trage die „Züge Christi" (Leonardo Boff: Unser Haus, die Erde. Den Schrei der Unterdrückten hören, Düsseldorf 1996, 293, vgl. 290).
288 Darin schimmert noch etwas von dem wahrscheinlichen Einfluss Steinerschen Denkens auf Teilhard durch. Beispielsweise kann Boff zum Thema des „kosmischen Christus" formulieren: „Als Mensch resultierte Jesus von Nazareth aus einem langen Prozeß kosmischer Evolution. Als Geist-Körper war er auch seinerseits ein Knoten von Beziehungen mit der Gesamtfülle der ihn umgebenden menschlichen und kosmischen Wirklichkeit" (Jesus Christus, 147). Der ewige Logos habe mit der Fleischwerdung „die entwicklungsmäßigen Koordinaten unseres Milchstraßensystems angenommen" (151). Sogar der Gedanke der Selbstbefreiung (Steiner: „Selbsterlösung") klingt an (344).
289 Schon jetzt „ist der Prozeß der vollen Finalisierung der Welt in Gang" (Nachher,

Der „kosmische Christus" in religionstheologischer Perspektivik   369

mit der Hoffnung auf eine Jenseitswelt, sondern betrachtet den Tod als den mystischen Augenblick des Kosmisch-Werdens des Menschen: „Die Welt verläßt er nicht, sondern dringt in radikaler und universaler Weise in sie ein. Seine Beziehungen ... umfassen jetzt das Gesamt des Kosmos mit Räumen und Zeiten."[290] Damit freilich „gewahrt er sich in der Nähe des Geheimnisses Gottes ... Er begegnet dem auferstandenen, kosmischen Christus, der die Schöpfung erfüllt ..."[291] Dass kosmische Christologie hier kosmischer Anthropologie[292] im Sinne spiritueller Autonomie korrespondiert, wird besonders deutlich an Boffs These, der Mensch stehe in diesem Augenblick vor der absoluten Entscheidung: „Alles hängt an ihm selbst."[293] Theonomie würde demgegenüber bedeuten, dass die absolute Entscheidung an Gott bzw. Christus und gerade nicht am Menschen hängt, nichtsdestoweniger ihm aber seine wahre Freiheit bringt. Boffs Ansicht, der Mensch könne Gott gegenüber „Nein" sagen[294], widerspricht im übrigen seiner Auffassung, in der Vollendung der Welt werde die „erlösende Funktion des kosmischen Christus abgegolten"[295] sein und „alles, was wirklich ist, seinen Charakter der Christusverbundenheit" zu erkennen geben[296].

Denn alles ist ja in Christus geschaffen: „Indem sich Gott Vater vorbehaltlos im Sohn ausdrückt, bringt er sich auch durch die unendliche Zahl endlicher Wesen zum Ausdruck. Die Schöpfung ist also Teil des Selbstbekundungsprozesses Gottes."[297] Wie man sieht, kassiert Boff im Zuge seiner

---

98). Vgl. auch insgesamt Leonardo Boff: Kirche: Charisma und Macht. Studien zu einer streitbaren Ekklesiologie, Düsseldorf 1985, und dazu die Kritik bei Pannenberg, STh Bd. 3, 61.

290 Boff, Nachher, 36. „Gleichwohl ist die Auferstehung im Tod noch nicht die absolute Fülle, insofern der Mensch nur in seinem Personkern an der Verherrlichung teilhat" (38). (Zum katholischen Gedanken der „Auferstehung im Tod" vgl. Thiede, Auferstehung, 158 ff.).

291 Nachher, 44. In demselben Sinn spricht Boff vom „kosmischen Christus" in: Jesus Christus, 424.

292 „Der Mensch hat aber eine wesensmäßige Verbindung mit dem Kosmos" (Nachher, 38). Vgl. auch 98, ferner: ders., Mensch geworden. Das Evangelium von Weihnachten, Freiburg i. Br. 1986, 31; ders., Unser Haus, 89 ff.). Daraus schließt Boff: In „jedem von uns wohnt ein Schamane" (Ökologie, 442).

293 Nachher, 38. Boff lehnt sich hier an die von dem Jesuiten L. Boros formulierte „Endentscheidungshypothese" an (vgl. dessen berühmtes Buch „Mysterium Mortis", Olten/Freiburg 1964⁴).

294 Vgl. Nachher, 75.

295 Nachher, 99.

296 Nachher, 96. Boff zitiert in diesem Zusammenhang Kol 3,11 (explizite Gleichsetzung von Christus und „alles in allem"), ohne zu realisieren, dass hier nicht vom „All", sondern von den im dortigen Kontext „angeführten Gegensätzen" die Rede ist (vgl. Schweizer, Kolosser, 150). Insofern stützt er auch den Begriff des „kosmischen Christus" in seinem „Libertador"-Buch von 1972 zu Unrecht mit Kol 3,11 ab (169).

297 Nachher, 96. Bereits in seinem „Libertador"-Buch erklärt Boff kosmische Christologie als Glaubensspekulation, die Christus als Anfang, Mitte und Ende der Wege

trinitätstheologischen Begründung kosmischer Christologie die Differenz zwischen Gottes immanentem und externem Anderen. Daraus resultiert in systematischer Hinsicht seine präsentisch akzentuierte „kosmische Mystik"[298]: Gottes „ursprüngliche Fülle" selbst sei in ontologischem Sinn „dekadent" geworden, so dass der Kosmos „eine Metapher für Gott, ein Bild seiner Seins- und Lebenskraft" sei[299]. „Gott" aber sei nur der Name, den die Religionen dem alles durchdringenden Geheimnis gegeben haben sollen, um es der Namenlosigkeit zu entreißen. „Um zu ihm zu gelangen, bieten sich nicht nur *ein* Weg und *eine* Pforte an. Diesem Irrtum ist der Westen erlegen, insbesondere die christlichen Kirchen mit ihrem Monopolanspruch auf die göttliche Offenbarung und auf die Mittel zum Heil. Wer einmal das Geheimnis gekostet hat, das wir Gott nennen, für den, für die ist alles Weg, und jedes Wesen wird zum Sakrament und zum Tor, durch das wir zur Begegnung mit ihm finden."[300] Boffs frühe, bereits mit dem spekulativen Gedanken an weitere Inkarnationen des Logos im Weltall[301] verknüpfte Überlegungen zur kosmischen Christologie weiten sich also später noch deutlicher zu einer „kosmischen christologia gloriae"[302], die –

---

Gottes bezeugen wolle (229). Vgl. ferner seine „Kleine Trinitätslehre", Düsseldorf 1990.
298 Vgl. Leonardo Boff: Von der Würde der Erde: Ökologie Politik Mystik, Düsseldorf 1994, 42 ff.
299 Boff, Ökologie, 449.
300 Ökologie, 450. Über zwanzig Jahre zuvor hat Boff bereits die Elemente der Materie als „Sakramente" bezeichnet, die uns in Gemeinschaft mit dem kosmischen Christus versetzen (Libertador, 230), dies aber damals noch betont als christliche Glaubenserkenntnis ausgegeben. Jetzt sieht er in jeder Bekundung von Kultur bzw. Religion den Logos und durch ihn die Trinität präsent (Leonardo Boff: Gott kommt früher als der Missionar. Neuevangelisierung für eine Kultur des Lebens und der Freiheit, Düsseldorf 1991, 45), weshalb er einen weiten, freilich nicht uneingeschränkten Synkretismusbegriff entwickelt (vgl. Kirche, 174 ff.). Indem er die Religionen als „Kanäle" für Gottes Offenbarung qualifiziert (42), gewichtet er den Umstand zu wenig, dass sie sich alle „in den Dienst menschlicher Selbstrechtfertigung nehmen lassen" (so Gerhard Gäde: Viele Religionen – ein Wort Gottes. Einspruch gegen John Hicks pluralistische Religionstheologie, Gütersloh 1998, 359).
301 Vgl. Boff, Libertador, 232 f., bzw. ders., Jesus Christus, 152. Es verwundert nicht, dass Perry Schmidt-Leukel analog zum jungen Boff die Ansicht vertritt, „daß es von gradualistisch und funktionalistisch ansetzenden Christologien her keinen Grund gibt, die Möglichkeit weiterer Inkarnationen auszuschließen" (Grundkurs Fundamental-Theologie. Eine Einführung in die Grundfragen des christlichen Glaubens, München 1999, 222). Auch nach Link-Wieczorek (Inkarnation, 348) muss um der „Gottheit Gottes" willen an „mehrere Inkarnationen" gedacht werden – eine These, die man freilich mit guten oder besseren theologischen Gründen gegenteilig formulieren kann!
302 Bezeichnenderweise offenbart nach Boff „die Auferstehung die kosmische Dimension Christi" (Jesus Christus, 148), während das geschichtliche Kreuz die „Identität Gottes" nicht einmal berühren darf (343) und gerade „der kosmische Christus" als „von Anbeginn der Welt gekreuzigt" gilt (Unser Haus, 285).

anders als einst bei Teilhard[303] – den eigenen inklusivistischen Standpunkt[304] in Richtung einer pluralistischen Religionstheologie überholt: „Statt Christus könnte man auch andere Begriffe verwenden, wie: Sophia-Weisheit, Krishna, Karma ... Sie alle sind Termini, die eine kosmische Dimension anklingen lassen."[305]

Als weiteres Beispiel sei *Leonard Swidler* genannt, der auf der letzten Seite seines Buches „Der umstrittene Jesus" auf den „kosmischen" Christus zu sprechen kommt[306]. Er interpretiert die paulinisch begründete Metapher als Befreiung davon, soteriologisch „ausschließlich an den historischen Jesus gebunden zu sein." Positiv formuliert, steht also der „kosmische Christus" nach Swidler für die pluralistische Überzeugung, „daß Menschen zu einem Leben in Ganzheit und Heiligkeit auf anderen Wegen als durch den von Jesus, dem Christus, kommen können."[307] Panikkar-Zitate bilden das Präludium zu dem mit dem Titel „Erweiterter Gebrauch des Terminus ‚Christus'" überschriebenen Schlussabschnitt. Die Entkoppelung von „kosmischem Christus" und „geschichtlichem Jesus" untermauert Swidler mit einer konsequent relativierenden Darstellung des Nazareners als eines jüdischen Rabbi seiner Zeit[308]. Das historisch zweifellos legitime Verfahren verbindet er allerdings weniger konsequent mit einer immer wieder ontologische Begrifflichkeit heranziehenden Deutung, die an indisches Denken erinnert. Demnach war Jesus „erfüllt vom Einströmen des Seins" und brachte „eine Befreiung von Unwissenheit und damit von der Bindung an ein falsches Selbst und eine falsche Wahrnehmung der Wirklichkeit"[309]. Als ein „androgyner" Mensch war er „ein Feminist, sogar ein sehr radikaler", der dadurch anderen dazu verhalf, ihr „wahres, integriertes Selbst zu erkennen" und so ihr Einssein mit allen Menschen und der Natur zu realisieren[310]. Die diesen Jesus in exklusiven Termini beschreibenden Urchristen – so die sprachanalytische Argumentation Swidlers – benutzten in ihrer Begeisterung und Zuneigung eine metaphorische, poetische, jedenfalls doxologische Sprache, die erst durch Überset-

---

303 S.o. Kap. VI.1. Der Exklusivismus Teilhards klingt noch nach in der abgeschwächten These Boffs, die katholische Kirche sei „vorrangiges" Sakrament der Anwesenheit Christi (Jesus Christus, 155 f.; vgl. auch: Gott, 44).
304 Boff denkt zunächst in K. Rahners Kategorie des „anonymen Christen" (vgl. Jesus Christus, 153 f.).
305 Boff, Unser Haus, 281.
306 Leonard Swidler: Der umstrittene Jesus, Stuttgart 1991, 125.
307 Swidler, Jesus, 125; ebenso 120.
308 Vgl. Jesus (der Originaltitel lautet provokant „Jeshua"), 48 ff. – und passend dazu das Vorwort von Pinchas Lapide. „Jesus und seine Anhänger waren keine Christen", betont Swidler zugleich (48).
309 Vgl. Swidler, Jesus, 31 und 76.
310 Vgl. Swidler, Jesus, 93 und 106. Auf die gnostischen und tiefenpsychologischen Hintergründe dieser Thesen muss hier nicht näher eingegangen werden.

zung in hellenistische Kategorien ontologisiert wurde[311]. Was damals schon aus Gründen der apokalyptischen Weltsicht exklusivistisch ausgesagt werden musste, da für ein Kommen weiterer Erlöser keine Zeit mehr bleiben würde, sollte angesichts des heutigen Wahrheitsbewusstseins pluralistisch zurechtgerückt werden. Selbst das zweite Kommen Christi möchte Swidler auf diese Weise pluralisieren: „Wenn tatsächlich Christen zu der Überzeugung kommen, daß zum Beispiel Mohammad oder Marx einige ‚neue Einblicke' vermittelt haben, könnten diese nicht als Teil des ‚neuen Kommens' betrachtet werden?"[312] Der Umstand, dass hier sogar ein Materialist in den Spiritualismus solcher kosmischen Christologie einbezogen wird, illustriert deren Abstraktheit ebenso wie ihr relativistisches Wahrheitsbewusstsein[313]. Der im pluralitätstheologischen Diskurs äußerst beliebte[314] Hinweis auf das subjektiv-emotionale und kontextuell bedingte Hyperbolische doxologischer oder konfessorischer Sprache leistet freilich bei näherer Betrachtung die beabsichtigte Relativierung keineswegs: Als ob Bekenntnis und Lobpreis nicht wirklich und wahrhaftig beschreiben, ja im tiefsten Sinne „fest-stellen" wollten, was sie im Blick haben[315]! Umgekehrt wäre eine Relativierung des Wahrheitsverständnisses pluralistischer Religionstheologie selbst angesagt, wie inzwischen sogar innerhalb der Reihen ihrer Befürworter gesehen wird, also eine Kritik jenes „hybriden, selbstwidersprüchlichen Relativismus, der die Gleichwertigkeit aller Religionen postuliert und dabei einen Standort bean-

---

311 Vgl. Jesus, 110 ff., 117. Ausführlicher: Leonard Swidler: Die Zukunft der Theologie. Im Dialog der Religionen und Weltanschauungen, Regensburg/München 1992, 89 ff.; vgl. auch ders., Eine Christologie für unsere kritisch-denkende, pluralistische Zeit, in: R. Bernhardt (Hg.), Grenzüberschreitungen, Gütersloh 1991, 104–119.
312 Swidler, Jesus, 120; ebenso: Zukunft, 97.
313 Dieses beruht auf der bereits bei Panikkar vorausgesetzten Meta-Wahrheit aller Religionen, die ihn den interreligiösen Dialog als religiösen Akt beschreiben ließ (s. o.). Auch Swidler postuliert, jeder Dialogpartner müsse „versuchen, die Religion oder Ideologie des anderen von ‚innen heraus' zu erfahren, denn Religion ist nicht nur eine Angelegenheit des Kopfes, sondern auch der Seele und des Herzens ..." (Zukunft, 31; vgl. 38).
314 Vgl. z. B. Bernhardt, Größenwahn, 230 f. (insbes. der leicht relativierende Begriff des „Einzigartigen" wird immer wieder gegen den exklusiven des „Einmaligen" ausgespielt). Schon das Programm der Entmythologisierung konnte sich einer analogen Argumentation bedienen: Vgl. Rudolf Bultmann: Die Christologie des Neuen Testaments, in: ders., Glauben und Verstehen. Gesammelte Aufsätze Bd. 1, Tübingen 1954², 245–267, bes. 267.
315 Dass kognitive, mit Wahrheitsansprüchen einhergehende Aussagen nicht gegen ausdruckszentrierte ausgespielt werden dürfen, zeigt wegweisend G. A. Lindbeck. Er vereint beides in einem Modell, das er „cultural linguistic" nennt, und betont in ökumenischer Hinsicht: „Die Funktion von kirchlichen Lehraussagen ... ist ihr Gebrauch als für eine Gemeinschaft gültige autoritative Regeln des Diskurses, ihrer Haltungen und Handlungsweisen" (a. a. O. 37).

sprucht, den er doch zugleich für unerreichbar hält: den überlegenen Standort der Wahrheit."[316]

Solch hybride Züge treten insbesondere bei denjenigen Varianten pluralistischer Religionstheologie zutage, die – statt moderat den Respekt vor der jeweiligen Anderheit der diversen Religionen hochzuhalten – die als im Transzendenten real behauptete Universalreligion auch konkret in der Immanenz erwarten und auf eine synkretistische Welteinheitsreligion hinarbeiten. Nicht nur in theosophisch-esoterischen Gefilden[317], sondern bis hinauf in die hoch reflektierten Ebenen akademischer Pluralitätstheologie wird eine derartige Vision bejaht. Als einer ihrer namhaftesten Vertreter kann der frühe *John Hick* gelten, der mit Blick auf die angebliche intellektuelle Unzumutbarkeit einer anhaltenden Konkurrenz von Totalperspektiven[318] zumindest Anfang der siebziger Jahre seiner Hoffnung Ausdruck verlieh, die Religionen würden in ihrer zukünftigen Entwicklung allmählich konvergieren, bis sie nur noch die Vergangenheit unterschiedlicher Variationen innerhalb von etwas wären, was eine einzige Welt-Religion – quasi mit diversen Einzelkonfessionen – genannt werden könnte[319]. Eigentlich handelte es sich dabei um „eine anti-pluralistische Vision von der Zukunft der Religionen"[320], die aber insofern doch eindeutig pluralistischem Geist entstammte, als sie eben die der Pluralität komplementäre Einheit in der Transzendenz zum innerweltlichen Zielpunkt erklärte, und zwar in dem Sinn, dass dabei noch immer eine kulturbedingte, auf die Bedeutung von „Konfessionen" reduzierte Pluralität erhalten bleiben sollte[321]. Der Unterschied zwischen einer moderat und einer radikal angestrebten „Ökumene" der Religionen bleibt dabei allemal gering: Er besteht lediglich in den Graden der Intensität, mit der konvivenzförderliche Synkretismen[322] bejaht und gefördert werden, während die Grundannahme

---

316 Pfüller, Behebung, 343.
317 S.o.! Besant visiert z. B. eine „universal Religion in the coming race" (The Changing World, 130) an.
318 Vgl. Feldtkeller (Pluralismus, 451), demzufolge Hick keine Auskunft darüber gibt, was er gelesen hatte, um zu dieser These der „intellektuellen Unzumutbarkeit" zu kommen. Zwar setzte Hick sich seinerzeit ausdrücklich von der neohinduistischen Tradition ab, doch die von ihm eröffnete Metaebene erinnerte strukturell sehr an sie, wie Feldtkeller aufzeigt (452 f.). Hinzuzufügen wäre: Sie erinnert auch sehr an die moderne theosophische Tradition!
319 Vgl. John Hick: God and the Universe of Faiths. Essays in the Philosophy of Religion, London 1977², 147.
320 Feldtkeller, Pluralismus, 449.
321 Im Grunde liegt hier eine jahrhundertealte, nämlich schon vom Kusaner tradierte Vision vor, derzufolge es bei aller Vielfalt der Bräuche am Ende nur *eine* Religion geben werde (vgl. Nikolaus von Kues, Philosophisch-theologische Schriften, bes. 711 passim). Vgl. auch John Hick: Gott und seine vielen Namen, hg. von R. Kirste, Frankfurt/M. 2001².
322 Zur „Synkretismus"-Problematik vgl. näherhin Sparn, „Religionsmengerei?", 255 ff.; Hummel, Pluralismus, 159 ff.; Thiede, Esoterik, 124 ff.

einer transzendental vorgegebenen „Tiefenökumene" auf Grund einer allgemeinen Offenbarung des Göttlichen dieselbe ist. Daher hat sich für Hick nichts wesentliches geändert, seit er sich im Lauf der Jahre zunehmend den „moderaten" Pluralitätstheologen anpasste[323]. Die Struktur pluralistischer Christologie konnte von solchen Korrekturen ohnehin unbehelligt bleiben. Hicks soteriozentrische Auffassung, derzufolge alles religiös erfahrene Heil Gottes Werk ist[324], beruht auf solch einer „kosmischen" Christologie, wie sie im Ansatz auch von den bisher geschilderten Pluralisten vertreten wird. Dabei spielen abermals sprachanalytische bzw. symboltheoretische Argumente eine Rolle: „Die unterschiedlichen Religionen haben ihre unterschiedlichen Bezeichnungen für Gott und sein rettendes Handeln. Das Christentum hat mehrere Bezeichnungen, die sich überschneiden: der ewige Logos, der kosmische Christus, die zweite Person der Trinität, Gott der Sohn, der Heilige Geist. Wählen wir nun aus unserer christlichen Begrifflichkeit einen heraus und nennen wir Gott, wie er am Menschen handelt, den Logos, dann müssen wir sagen, daß *alles* Heil in allen Religionen das Werk des Logos ist und daß Menschen in unterschiedlichen Kulturen und Glaubensrichtungen unter ihren vielfachen Bildern und Symbolen dem Logos begegnen und in ihm Heil finden können. Was wir jedoch nicht sagen können, ist, daß alle, die gerettet werden, diese Rettung durch Jesus Christus erfahren."[325]

Es ist die altkirchlich verwurzelte, nicht-monistische „Christologie, an deren Fundamenten Hick rüttelt"[326] – wobei die historischen und sprachanalytischen Argumente denen Swidlers weithin gleichen. Die die Exklusivität des Christus Jesus sichernde Zwei-Naturen-Lehre wird relativiert und

---

323 Sein Abrücken vom Postulat einer gemeinsamen Weltreligion begründete er damit, dass es die einzelnen Religionen in ihrer Reichweite herabgestuft habe (vgl. John Hick: The Rainbow of Faiths, London 1995, 138). Aber nach wie vor liegt ihm an „developments in the self-understanding of each tradition" in Richtung einer „modification of their claims to unique superiority in the interests of a more universal conception of the presence of the Real to the human spirit" (John Hick: Art. Religious Pluralism, in: The Encyclopedia of Religion, hg. v. M. Eliade, Bd. 11, New York 1993, 331–333, hier 333).
324 Die Auffassung von Soteriozentrikern wie Hick und Knitter unterscheidet sich vom Glauben des Exklusivisten Luther an die verborgene Allwirksamkeit Gottes durch deren angeblich unabhängig von Jesus Christus bestehende Feststellbarkeit und Charakterisierbarkeit, ferner durch ihre Beschränkung auf religiöses Heil.
325 John Hick: Jesus und die Weltreligionen, in: ders. (Hg.), Wurde Gott Mensch? Der Mythos vom fleischgewordenen Gott, 175–194, hier 191.
326 Reinhold Bernhardt: Der Absolutheitsanspruch des Christentums. Von der Aufklärung bis zur Pluralistischen Religionstheologie, Gütersloh 1990, 212. Zur Kritik an Hicks Thesen vgl. insgesamt ebd., 199 ff. Außerdem: Dalferth, Der auferweckte Gekreuzigte, 1 ff. (die Inkarnationskritik betreffend); André Albert Gerth: Theologie im Angesicht der Religionen. Gavin D'Costas Kritik an der pluralistischen Religionstheologie John Hicks, Paderborn 1997; Gäde, Viele Religionen, 1998 (dazu die Rezension von Hermann Brandt in: ThLZ 124, 6/1999, 597–600).

pluralisiert durch den Hinweis auf das angeblich selbe Basis-Mysterium, zu dessen inkarnatorischen Gestaltwerdungen sie unter anderen religiösen Phänomenen zählen soll. Dabei wird die prinzipiell behauptete Gleichwertigkeit auch anderer Fleischwerdungen des „kosmischen Christus" – so darf man sagen[327] – obendrein noch dadurch in Richtung einer Überlegenheit modifiziert, dass die traditionale Christologie als nicht mehr „zeitgemäße" hingestellt wird[328]. Das Grundproblem von Hicks „Verfahren der Abstraktion und Reduktion" zeigt sich freilich gerade auf dem Gebiet der Christologie besonders deutlich: Hick „minimiert Differenzen zwischen den Religionen zu Adiaphora, so als beträfen sie nur personale Dispositionen und kulturelle Variationen an der Oberfläche, nur die Ausgestaltung, nicht aber die Tiefenstruktur ... Hick bestimmt ein universal Eigentliches und unterscheidet es von partikularen zufälligen Formgebungen."[329] Damit raubt er der Offenbarungs- und Erlösungsbotschaft des Christentums schlicht die allerdings von Beginn an anstößige Pointe, die gerade in der paradoxen Verknüpfung von Absolutheit und Partikularität, von Universalität und Singularität, von Ewigem und Geschichtlichem besteht. Auf diese Weise wird der christliche Glaube nicht etwa tiefer verstanden, sondern ebenso missverstanden[330] und geradezu „mythologisiert"[331] wie im Falle der analog strukturierten theosophischen Rede vom „kosmischen Christus"[332].

---

327 Hick sieht im Sinne des oben gegebenen längeren Zitats den „kosmischen Christus" als identischen Ausdruck für Gott an; ihn unscharf für „das Absolute" zu setzen, eröffnet gerade erst die Möglichkeit einer pluralistischen Christologie (vgl. Rudolf Ficker: Im Zentrum nicht und nicht allein. Von der Notwendigkeit einer Pluralistischen Religionstheologie, in: R. Bernhardt [Hg.], Horizontüberschreitung, Gütersloh 1991, 220–237, bes. 233).
328 Vgl. Bernhardt, Absolutheitsspruch, 212. „Damit ist jeder Verabsolutierung Jesu Christi als Heilsmittler der Boden entzogen. ... Jesus ist nach Hick *Mittler* der Gottesbegegnung, nicht *der* Mittler und erst recht nicht eine Gottperson. Nicht *er* ist Movens und Gegenstand der für jede Religion konstitutiven Transzendenzerfahrung, sondern Gott allein" (216 f.). Gott und Jesus sind klar auseinanderdifferenziert.
329 Vgl. Bernhardt, Absolutheitsanspruch, 209 f.
330 Bezeichnend hierfür ist nicht zuletzt Hicks Eintreten für den nichtchristlichen Reinkarnationsgedanken (vgl. bes. sein Buch „Death and Afterlife", London 1976). Er ermunterte auch seinerzeit den mit der modernen Theosophie sympathisierenden Philosophieprofessor Geddes MacGregor (vgl. Cranston, HPB, 598 f.) zum Abfassen des Buches „Reincarnation and Christian Hope", das (neben weiteren Werken von ihm) die angebliche Vereinbarkeit von Christentum und Reinkarnationsidee zu untermauern versucht. In vergleichbarer Weise „pluralistisch" engagiert ist z. B. der Glasgower Religionswissenschaftler P. Schmidt-Leukel, der das Buch „Die Idee der Reinkarnation in Ost und West" (München 1996) herausgegeben hat.
331 Vgl. John Hick: Religion. Die menschlichen Antworten auf die Frage nach Leben und Tod, München 1996, bes. 398 f. Dass Hick durch die Metaphorisierung bzw. Mythologisierung des Inkarnationsgedankens dessen substanzielle Aussage im Christentum negiert, arbeitet Gäde heraus und resümiert, Hick fordere „als Preis

Von diesem theosophischen Sinn ist *Paul Schwarzenau* nicht weit entfernt, der zum einen ein Buch über die angeblich esoterische „Geheimlehre Jesu"[333] und zum andern eines über „Elemente einer planetarischen Religion"[334] vorgelegt hat. Gegen Ende des letzteren spricht er vom „kosmischen Christus" als dem im Bereich des Christentums anzutreffenden Symbol für den „kosmischen Menschen"[335]. Damit setzt er eine unter anderem in der Stoa[336], im alten Indien[337] und in der modernen Theosophie[338] wie Anthroposophie[339] anzutreffende Vorstellung für jenes „tiefenökumenisch" Eigentliche, das andere pluralistische Religionstheologen je auf ihre Weise umschreiben und das er mit nicht wenigen von ihnen „tiefenpsychologisch" verankert sieht. Das in den kosmischen „Wandlungen sich immer neu konstellierende Wort Gottes" führt im Zuge seines Wahrgenommenwerdens „zu einer Kosmisierung aller Bereiche der menschlichen Existenz. ... In der Nachahmung des Weltalls vollzieht der Mensch die große Liturgie des Himmels auf der Erde."[340] In derlei Akzentuierungen der „Religion ohne Namen"[341] ist ein gnostisch-theosophischer Zug

---

für die religionstheologische Pluralismusfähigkeit des Christentums letztlich dessen Selbstaufgabe" (Viele Religionen, 283).
332 Der Gefahr, dass Theologie in Theosophie entarte, „kann nur die Christologie wehren", meint Wilhelm Vischer: Der Hymnus der Weisheit in den Sprüchen Salomos 8,22–31, in: EvTh 22, 1962, 309–326, hier 316. Das stimmt heutzutage freilich nur noch mit der Einschränkung, dass es sich um eine kreuzestheologisch verantwortete Christologie handelt, wie sie Vischer allerdings im Blick hat (321).
333 Vgl. Paul Schwarzenau: Das Kreuz. Die Geheimlehre Jesu, Stuttgart 1990. Dieses in der Reihe „Symbole" erschienene Buch habe ich ausführlich kommentiert (Jesus als Esoteriker. Analysen zum neognostischen Entwurf Paul Schwarzenaus, in: MEZW 54, 3/1991, 65–78).
334 Paul Schwarzenau: Das nachchristliche Zeitalter. Elemente einer planetarischen Religion, Stuttgart 1993 (überarbeitete Neuausgabe des Titels „Der größere Gott. Christentum und Weltreligionen", Stuttgart 1977).
335 Schwarzenau, Zeitalter, 247. In der alten Fassung von 1977 (s. vorige Anm.) kommt der Begriff „kosmischer Christus" noch nicht vor. Eine analoge Gleichsetzung von „kosmischem (Ur-)Mensch" und „kosmischem Christus" findet sich übrigens bei Jürgen Moltmann: Die Erde und die Menschen. Zum theologischen Verständnis der Gaja-Hypothese, in: EvTh 53, 5/1993, 420–438, bes. 422, worauf im letzten Kapitel einzugehen sein wird.
336 Vgl. Leisegang, Gnosis, 13.
337 Vgl. D'Sa, Gott, 29 f.; ders., Nicht der kleine Christus, 282.
338 Vgl. Blavatsky, Geheimlehre II, 113; dies., Schlüssel, 241 f.
339 S.o.! Geisen (Anthroposophie, 350) unterstreicht, dass Schwarzenau sich wesentlich auf Steiner stützt.
340 Schwarzenau, Zeitalter, 249.
341 Schwarzenau, Zeitalter, 38. Das Motiv namenloser Transzendenz und einer alle Namen relativierenden Religiosität ist weder dem Gnostizismus (vgl. Rudolph, Gnosis, 71) noch dem Hinduismus (Neuner, Christus-Mysterium, 789) fremd. Unter den pluralistischen Religionstheologen ist es bes. bei Knitter wichtig, der es gegen Apg 4,12 ausspielt (vgl. zuletzt Paul Knitter: Jesus and the Other Names. Christian Mission and Global Responsibility, Oxford 1996, bes. 69 ff.). Hingegen betont Vogel bezüglich derselben Schriftstelle: „Der Name Jesus (Gott hilft) steht

erkennbar, der das Verhältnis von Absolutem und Relativem in der Relation von Makro- und Mikrokosmischem spiegelt. In der Pluralität der Religionen erblickt Schwarzenau eine Komplementarität, die im Zeitalter der Globalisierung „zur Verwirklichung der einen Menschheit" und entsprechend zur Realisierung „einer planetarischen Religion" drängt[342]. Das in ihr erstrebte gemeinsame Ziel besteht in einem Zustand, „in dem das All und sein Grund im urbildlichen Menschen vereint und verwirklicht worden ist." Die Zukunft des „kosmischen Christus" symbolisiert hier gewissermaßen eine Art ökumenischer Religionseinheit, wie sie dem frühen Hick vorgeschwebt hat: keine „Weltreligion"[343] zwar, wohl aber das harmonische „Miteinander der Religionen so, daß sie sich ineinander in Übereinstimmung und Ergänzung wiederfinden."[344]

In diese Richtung drängt schließlich auch das „Vision vom Kosmischen Christus. Aufbruch ins dritte Jahrtausend" betitelte, 1988 in englischer und 1991 in deutscher Sprache erschienene Buch von *Matthew Fox*. Der US-amerikanische Dominikaner-Theologe, der 1993 aus seinem Orden entfernt wurde und dann der Episkopalkirche beitrat, geht davon aus, „daß der Kosmische Christus eine universale Vorstellung und eine ökumenische ist."[345] Er lässt sein enthusiastisches Werk in den offenbarungsspiritualistisch geformten Ausruf des „Kosmischen Christus" münden: „Trinkt von meiner Weisheit aus euren je einzigartigen Brunnen. ... Benutzt die Religion nicht länger als Mittel der Trennung. Benutzt sie vielmehr für ihren eigentlichen Zweck, euch wieder mit Mutter Erde zu verbinden, mit dem Segen und mit dem unterirdischen Strom, der ich bin und an dem ihr alle teilhabt."[346] Auf der Basis theosophischer Logos-Christologie hatte freilich schon Blavatsky genau ein Jahrhundert vor Fox die Wurzel einer jeden Religion „als identisch mit der jeder anderen"[347] aufgezeigt. Wartete die Theosophie um die Jahrhundertwende auf das neue Kommen bzw. Wie-

---

hier in der unlöslichen Einheit mit der Christuswürde, die ihn, den alleinigen legitimen Träger dieses Titels, als den Herrn des Gottesreiches ... bezeugt. Das besagt aber nicht mehr und nicht weniger, als daß das Geheimnis des Gottesnamens in diesem Namen zur Stelle ist. ... Mystische Religiosität ist in einem letzten Sinne namenlos, wie sie zutiefst geschichtslos ist" (Mystik, 399). Anders ausgedrückt: Im „relationsontologischen Substantialismus" (ROS) sind im Gegenüber zur überpolaren Substanz die Seienden relativ.

342 Vgl. Schwarzenau, Zeitalter, 245 f.
343 So Schwarzenau abwehrend (Zeitalter, 46).
344 Paul Schwarzenau: Nicht nur ein Weltethos. Fragen an Hans Küng, in: Religionen im Gespräch (hg. von P. Schwarzenau u. a.), Bd. 4/1996, 16–39, hier 36.
345 Fox, Vision, 190. „Der Kosmische Christus ist nicht der Alleinbesitz der Christen" (190 f.).
346 Fox, Vision, 359 (vgl. auch 338 f.). Fox plädiert für eine Annäherung zwischen dem „Kosmischen Christus" im Christentum und dem in anderen Religionen (338).
347 S.o. (bes. Geheimlehre I, 4). Auch die moderne Theosophie bemüht sich aktiv, die diversen „religiösen Systeme nunmehr in ihr ursprüngliches Element" zurückzuleiten (ebd. Vorrede, XXV).

dererscheinen des „kosmischen Christus", so nennt Fox sein Buch vor der Jahrtausendwende „The Coming of the Cosmic Christ"[348]. Pries Schult 1958 esoterisch die „Verkörperung des Logos im Geiste, die sich in allen großen Religionen von oben vollzieht"[349], so erhofft Fox dreißig Jahre später ein globales religiöses Erwachen, das er „Tiefenökumene" nennt: „Ich rufe in diesem Buch nach einem neuen Pfingsten, einem Auftreten des messianischen Geistes in der gesamten menschlichen Rasse und all ihren Religionen und Kulturen."[350] Erblickte Steiner im „kosmischen Christus" eine mystische Tatsache in Korrelation zu den Mysterien des Altertums, so scheut sich Fox nicht, das seine „kosmische Christologie" fundierende „Mystik"-Verständnis betont im Sinne von „an den Mysterien teilnehmen" zu definieren[351] – und Steiner als („nichtchristlichen"!) Zeugen für den „Kosmischen Christus" zu benennen[352].

Dabei unterscheidet er zwischen Mysterien bzw. den dazugehörigen Sakramenten im Schema der „Sündenfall-Erlösungs"-Spiritualität einerseits und im Schema der „Schöpfungs"-Spiritualität andererseits: Ist im ersten, dualistisch gedachten der rituelle Kult zentral, so bildet im zweiten, nicht-dualistisch genannten „das ursprüngliche Sakrament ... das Universum selbst."[353] Hatte man schon Sittler eine Missachtung des lapsarischen Faktors in seiner Rede von der Schöpfung vorgeworfen, so potenziert sich das entsprechende Fehlen bei Fox, der geradezu anti-lapsarisch argumentiert und damit seinen Nicht-Dualismus nur besonders konsequent vertritt. Der feministisch gesonnene Jesus habe sein Reich-Gottes-Verständnis im Sinne göttlicher Immanenz in der Schöpfung gelebt[354]. Angesichts solcher Thesen fragt es sich, wie viel Wert es hat, wenn Fox sich zu unterstreichen bemüht, er wolle seine kosmische Christologie nicht auf Kosten des

---

348 Fox erklärt, der in gewissem Sinne „noch nicht" seiende Kosmische Christus müsse „in der Zukunft wiederkommen. Durch diese Wiederkunft eines dynamischen Christus wird eine neue Zukunft angeboten" (Vision, 190). Das notwendige „Wachsen" des „kosmischen Christus" hin zu seiner Fülle haben bereits die oben behandelten Theosophinnen betont.
349 Schult, Johannesevangelium, 31 (s. o.).
350 Fox, Vision, 16 f. Auch der Begriff der „Rasse" erinnert an theosophischen Sprachgebrauch!
351 Vgl. Fox, Vision, 62. Der Mystiker Fox „beschwört die Erinnerung an den Mutterleib" (90) und bewegt sich damit ungeniert und bewusst (vgl. 97) in den von der Religionspsychologie seit Freud als „Regression" bezeichneten Pfaden.
352 Vgl. Fox, Vision, 355. An Steiner erinnert auch die Deutung des „Kosmischen Christus" als „Herrn der Erde" (150). Ob dessen Majestät der Grund dafür ist, dass Fox „Cosmic Christ" groß schreibt?
353 Vision, 64, ferner 200. Zum „Nicht-Dualismus" bei Fox siehe 79 f.
354 Vgl. Fox, Vision, 108 f. Die Eigenart der eschatologischen Gottesreich-Verkündigung Jesu bleibt bei dieser Art „nicht-dualistischer", anti-theistischer Auslegung folgerichtig auf der Strecke. Vgl. auch Matthew Fox: Der Grosse Segen. Umarmt von der Schöpfung, München 1991, bes. 109 ff.

Der „kosmische Christus" in religionstheologischer Perspektivik 379

historischen Jesus entfalten³⁵⁵. Wie steht er faktisch zum Gekreuzigten? „Der historische Zusammenhang des Kreuzes ist notwendig zum Verständnis der Mystik des Kosmischen Christus, wirft aber die Frage auf: Wird nicht das Verständnis des Kreuzes ohne die Mystik des Kosmischen Christus verzerrt, übertrieben personalisiert, anthropozentrisch und sogar trivialisiert? Wird dadurch eine wirkliche, das heißt kosmologische Kreuzesmystik nicht zu einer Mystifizierung des Kreuzes reduziert?"³⁵⁶ Hieraus geht hervor, dass Fox das geschichtliche Kreuz Jesu von „kosmischer Kreuzesmystik" her gedeutet haben will – ähnlich wie die moderne Theosophie den Gekreuzigten in ihre kosmische Astralmythik zu integrieren pflegt. Und analog zu deren doketischer, weil naturrhythmischer Interpretation des „kosmischen Christus" wird das „kosmische Lamm" von Fox als der lediglich „verwundete Christus" angesehen und gerät zu einer den ökologisch angeschlagenen Planeten symbolisierenden Metapher³⁵⁷.

Fort vom „persönlichen Erlöser" heißt seine Devise³⁵⁸ – womit er sich fortbewegt von Teilhard de Chardin, den er zu Unrecht öfter als Kronzeugen seines Konzepts aufruft. Den „Kosmischen Christus" begreift er als ein „neues, lebendiges Paradigma", das zum nun „anbrechenden Zeitalter" einer spirituellen Renaissance passe³⁵⁹. Dieses „neue, lebendige Paradigma" kann Jesus letztlich nur im Rahmen einer spiritualistischen „Repräsentationschristologie"³⁶⁰ einordnen, die nun nicht bloß weitere herausragende

---

355 Vgl. Fox, Vision, 120 f. Das perspektivische Interesse zeigt die Aussage: „Kern der Geschichten um den historischen Jesus ist der Kosmische Christus" (151). Der Versuch, Jesus und Christus im Verhältnis eines Tanzes zu beschreiben (121), deutet auf die dyophysitistische Ausgangsbasis hin. Dazu habe ich mich bereits vor Jahren kritisch geäußert (Der kosmische Christus und sein Jesus. Ein christologischer Paradigmenwechsel? in: DtPfrBl 92, 5/1992, 191–194); zur gleichen Zeit weniger kritisch: Udo Tworuschka: Der kosmische Christus. Zeitgenössische Mystik rehabilitiert, in: EK 25, 3/1992, 157–159.
356 Vision, 134 f. Der „leidende, prophetische Jesus" und der „Kosmische Christus" sind nach Fox „in der gleichen Person zusammengekommen" (157); dennoch ist der „Kosmische Christus" „keineswegs auf diese Person beschränkt" (201)!
357 Vgl. Vision, 150, auch 239. „Ich glaube, das heute passende Symbol des Kosmischen Christus, der Fleisch geworden, ist dasjenige von Jesus als der gekreuzigten Mutter Erde, die doch täglich aufersteht" (216). Ist „Mutter Erde ein ständig geopfertes ‚Passahlamm'" (224), so ist der „göttliche Anteil" der menschlichen Seele fähig, „eine kosmische Heilung herbeizuführen" (226) – welch grandios formulierter „indikativischer Imperativ"!
358 Fox, Vision, 121 und 125. Trotzdem ist für Fox der „Kosmische Christus" ebenso wie für Besant zugleich der innere, „in unsere Seele" eintretende Christus (199), der „Psyche und Kosmos" wiedervereint (202).
359 Vgl. ebd. 125 f.
360 Vgl. Fox, Vision, 203. Eine dezidierte „Repräsentationschristologie" wird u. a. vertreten von Reinhold Bernhardt: Christologie im Kontext einer ‚Theologie der Religionen', in: MDKI 49, 5/1998, 83–87. Bernhardt verhehlt nicht, dass sie „zurückhaltend" sei „gegenüber der Prädikation des Kreuzes als Heilsereignis" (86). Ihre Voraussetzung ist eine vorschnelle Subordination Christi unter den Geist, die mit

Repräsentanten inkludiert[361], sondern bei Fox die Aussage erlaubt: „Wir alle sind der Kosmische Christus"[362]. Das Stichwort vom „göttlichen Kreislauf" im Kontext der Rede von der Wiederkunft des „Kosmischen Christus" illustriert vollends die Nähe des so dezidert naturbezogenen und dabei auch die Pluralität des Sexuallebens integrierenden Entwurfs[363] zum Paradigma „autonomer Autonomie". Es ist diese Affinität zum Muster theosophischen Religionsverständnisses, die Fox vorschlagen lässt, „die Mystik, die auf der ganzen Welt die Tiefe der religiösen Traditionen repräsentiert", und damit den ja längst vorchristlich zu findenden „Kosmischen Christus" auf religionsökumenischer Ebene ins Gespräch zu bringen[364]. Sein radikaler Ansatz zu einer pluralistischen Christologie und Religionstheologie lässt die Grenzen zum Nichtchristlichen nicht nur auf der interreligiösen, sondern auch auf der konzeptionellen Ebene verschwimmen, während er gegen jedwedes Denken polemisiert, das mit seinem „neuen Paradigma" nicht konform geht[365].

### 4. Perspektive: Die religionstheologische Äquivozität des Begriffs „kosmischer Christus" als dogmatische Herausforderung

„Die Frage nach dem Verhältnis des Christentums zu den nichtchristlichen Religionen zählt zu den wichtigsten Problemen der systematischen Theologie."[366] Das bestätigt sich insbesondere dadurch, dass sie sich unmöglich

---

einer Negation des *filioque* einherzugehen pflegt (87); auf diese Fragen wird in Kap. VII.3 zurückzukommen sein. Durch die Betonung des Geistes, „der wirkt, wo er will", vermeidet Bernhardt eine „christologische Engführung" – zugunsten einer Aufweichung des christologischen Paradoxes, des kreuzestheologischen Propriums, so dass eine strukturelle Nähe zu spiritualistischen Konzepten entsteht. Bernhardt versucht durch Rückbindung an Jesus Christus als einer (!) maßgeblichen, aber eben nicht-exklusiv verstandenen Manifestation der heilshaften Gegenwart Gottes ein Abgleiten in puren Spiritualismus zu verhindern.

361 Für den Pluralisten Fox besteht kein Zweifel, „daß der Kosmische Christus nicht auf Jesus beschränkt ist" (249); er nennt Laotse, Buddha, Moses u. a. (Vision, 346).

362 Vision, 204, ebenso 206, 346 und 356. Später dehnt Fox diese These im ebenbildlichen Sinn aus (208; vgl. 219). In seinem Buch „Geist und Kosmos. Der Weg der Verwandlung" (Grafing 1993) schreibt er, die „Miterben Christi" würden „ebenfalls zu Kosmischen Christus-Wesen" (378). – Auch Panikkar kann formulieren: „Jedes Wesen ist eine *Christophanie*" (Weisheit, 187).

363 Vgl. Fox, Vision, 240 und 242. „Der Kosmische Christus feiert die sexuelle Vielfalt ..." (242). Schiva wird zitiert mit der Aussage, der Phallus sei das Symbol Gottes: „Das ist die Sprache des Kosmischen Christus" (260), zu der dann auch die Aussage zählt: „Liebeslager sind Altäre" (262).

364 Vgl. Vision, 337 und 340, auch 355.

365 Vgl. zu Fox Hanegraaff, New Age Religion, bes. 277; ferner Groothuis, New Age Jesus, 22.

366 Reinhard Leuze: Gott und das Ding an sich – Probleme der pluralistischen Religionstheorie, in: NZSTh 41, 1/1999, 42–64, hier 42.

## Der „kosmische Christus" in religionstheologischer Perspektivik 381

abseits christologischer Fragen abhandeln lässt[367]. Insofern ist sie auch zentral mit dem Thema des „kosmischen Christus" verknüpft, was die Analysen seiner Aufnahme und Funktion innerhalb der drei Grundmodelle bzw. „Optionen" religionstheologischer Verhältnisbestimmung, also im Zeichen von Exklusivismus, Inklusivismus und Pluralismus zur Genüge gezeigt haben. Das faktische Nebeneinander[368] dieser Modelle bildet den Bedingungsrahmen für die Äquivozität der religionstheologischen Redeweisen vom „kosmischen Christus". Dabei ist eindeutig eine zeitgeschichtliche Entwicklung festzustellen, die von einer Bevorzugung exklusivistischen Denkens (Teilhard, Barth) über eine Vorherrschaft inklusivistischer Einstellungen (vor allem im Gefolge der Weltkirchenkonferenz von 1961) hin zur gegenwärtigen Beliebtheit pluralistischer Interpretationen (Panikkar, Samartha, Hick, Fox) führt. Die „Zeitgemäßheit" der letzteren hängt zweifellos mit dem wachsenden Bewusstsein der „Globalisierung" zusammen, das nach möglichst integralen Modellen verlangt und insofern monistischen bzw. nicht-dualistischen Entwürfen förderlich ist.

Unter kreuzestheologischem Aspekt besagt der Strömungsdruck solchen Zeitgeistes allerdings wenig, da in ihm gerade jene „Weltweisheit" massiv zum Ausdruck kommen könnte, die im Licht der in Jesus Christus offenbar gewordenen Gottesweisheit kritisch zu hinterfragen wäre. Immerhin sind im Kontext der pluralistischen Religionstheologie beachtliche Frontalangriffe auf Kernsätze klassischer Christologie gestartet worden, welche im Licht des vielfach postulierten „Paradigmenwechsels" wegen ihrer exklusivistisches Denken markierenden Funktion allerdings „töricht" erscheinen müssen. Nachdem diese Angriffe im Zeichen desselben „kosmischen Christus" erfolgt sind, der auch für exklusivistische Positionen in Anspruch genommen wird, erweist sich seine systematisch-theologische Beleuchtung als besonders dringlich. Grundsätzlich geht es dabei um die bereits im Lauf des ersten Kapitels entwickelte und am Ende des fünften präzisierte Frage, ob der „kosmische" Christus so interpretiert wird, dass der Christusbegriff als Attribut des „Kosmischen" funktionalisiert wird, was sich im Programm einer „kosmischen christologia gloriae" auswirken würde – oder ob der Aspekt des „Kosmischen" der Auslegung der in Jesus als dem Christus begegnenden Offenbarung dienstbar gemacht ist. Unter dem Aspekt dieser prinzipiellen Alternative gilt es im folgenden die drei

---

367 Entsprechend ausführlich befasst sich Schmidt-Leukel im Schlussteil seiner „Theologie der Religionen" mit Fragen der Christologie (493 ff.), wo er die bisherige Diskussion so prägnant darstellt, zusammenfasst und weiterführt, dass ich mich im folgenden schwerpunktmäßig auf ihn beziehen werde. Ein Gutteil der das Thema des „kosmischen Christus" berührenden Fragen wird allerdings erst im VII. Kapitel zur Sprache kommen.
368 Vgl. Helmut F. Spinner: Pluralismus als Erkenntnismodell, Frankfurt/M. 1974, bes. 237–239, wo gegen einen „Monopolpluralismus" in der „Maske der Neutralität" Stellung bezogen wird.

religionstheologischen Grundmodelle auf ihre Bedeutung für das Gelingen einer ebenso transparenten wie biblisch verantwortbaren Rede vom „kosmischen Christus" hin zu reflektieren.

Hierfür bedarf es allerdings vorweg einer Klärung der Frage, ob diese Grundmodelle tatsächlich tauglich sind für eine hinreichende Differenzierung des abzuhandelnden Problems. An ihrer prinzipiellen Brauchbarkeit soll dabei nach wie vor nicht gezweifelt werden; sie ist hinreichend unter Beweis gestellt. Wohl aber gilt es zu sehen, dass die mit ihrer Hilfe vorgenommenen Klassifizierungen mitunter zu missverständlichen Beschreibungen, ja zu Fehlschlüssen führen, weil nicht darauf reflektiert wird, dass jede dieser drei stringenten „Optionen" in sich die jeweils beiden anderen auf unterschiedliche Weise mit enthält[369]. So ist *pluralistische* Religionstheologie keineswegs nur einfach „pluralistisch", sondern auf existentieller Ebene „inklusivistisch"[370], insofern jeder ihrer Vertreter in einer bestimmten Religion und Konfession zu stehen pflegt, von der aus er seine Perspektive entwickelt (gerade deshalb spielt für viele christliche „Pluralisten" der Begriff des „kosmischen Christus" eine Rolle); und sie ist in formaler Hinsicht „exklusivistisch", als sie sich selbst im Gegenüber zu den anderen Modellen mit innerer Notwendigkeit absolut zu setzen pflegt[371]. Das *inklusivistische* Modell erweist sich wiederum als „pluralistisch" auf formaler Ebene, insofern es die Authentizität von Transzendenzerfahrungen auch jenseits der eigenen religiösen Norm respektiert, ja christlicherseits in Fremdreligionen und ihren „Heilsereignissen" das „Walten des Vatergottes Jesu"[372] erblicken kann; zugleich zeigt es sich in existentieller Hinsicht „exklusivistisch", weil seine Vertreter an der letztlich doch absolut gesetzten Norm der eigenen Religion bei aller dialogischen Lernbereitschaft nicht zu rütteln bereit sind. Das *exklusivistische* Modell schließlich birgt bei allem Insistieren auf den Namen Jesu[373] durchaus „inklusivistische" Züge, inso-

---

369 In dieser Richtung votiert inzwischen auch Hermann Brandt: „Ich bin der Weg, die Wahrheit und das Leben". Die Exklusivität des Christentums und die Fähigkeit zum Dialog mit den Religionen, in: MEZW 63, 8/2000, 257–272, bes. 265 ff. Bereits Grünschloß betont, dass innerhalb einer religiösen Tradition „im Extremfall sogar sogenannte exklusivistische, inklusivistische und pluralistische Weisen der Bezugnahme nebeneinander bestehen können" (a. a. O. 131). Im folgenden geht es freilich nicht ums Neben-, sondern ums kompliziertere Ineinander.
370 Nur in dieser Hinsicht dürfte die doch wohl pluralistisch motivierte Rede vom „reziproken" bzw. „mutualen Inklusivismus" recht verstanden sein: Im Blick auf die interreligiöse Praxis wird diese Begrifflichkeit vorgeschlagen von Reinhold Bernhardt: Prinzipieller Pluralismus oder mutualer Inklusivismus als hermeneutisches Paradigma einer Theologie der Religionen, in: P. Koslowski (Hg.), Die spekulative Philosophie der Weltreligionen. Zum Gespräch der Weltreligionen auf der Expo 2000, Wien/New York 1997, 17–31.
371 Beispiele dafür wurden genannt; reflektierte Ausnahmen bestätigen die Regel und tun sich in der Praxis doch auch schwer, die Formalkonsequenz zu übersteigen.
372 So Ratschow, Religionen, 122 f.
373 „Der Name Jesu ist *Letzt*wirklichkeit, kann nicht entschlüsselt und ausgelegt wer-

Der „kosmische Christus" in religionstheologischer Perspektivik    383

fern es – jedenfalls in unserer Epoche – meist mit der existentiellen Hoffnung auf Gottes protologisch-universalen bzw. sich eschatologisch-universal durchsetzenden Heilswillen einhergeht; und es ist „pluralistisch" in formaler Hinsicht, insofern es gerade im Hochhalten der eigenen „Totalperspektive" das Engagement für fremdreligiöse „Totalperspektiven" zu respektieren weiß[374]. Nur wer die skizzierte Komplexität der drei Grundoptionen im Blick hat, kann ihre Funktionen im einzelnen und im ganzen angemessen würdigen.

Hinzu kommt obendrein die bereits eingeführte Unterscheidung von moderaten und radikalen Fassungen der Modelle. Die letzteren lassen sich allemal insofern als eher „radikal" verstehen, als sie den jeweiligen „formalen" Sekundäraspekt mit dem „existentiellen" vertauschen. Bei der *pluralistischen* Option bedeutet das: Ihre radikaleren Varianten erweisen sich nicht auf der „existentiellen" Ebene, sondern auf der „formalen" als inklusivistisch, so dass das Stehen in einer bestimmten Tradition auf eine „Formalität" reduziert wird, die sich eigentlich mit anderem Inhalt füllt[375]; deshalb zeigen sie sich in „existentieller" Hinsicht geradezu exklusivistisch, so dass sie ihre Position mit verstärkter Vehemenz und Dringlichkeit vertreten. Ihr Reden vom „kosmischen Christus" ist dann ein ebenso totalitär-imperativisches in Richtung auf alle Religionen (auch die eigene) wie ein intolerant-kritisches gegenüber anderen Optionen. Aber auch die moderaten Varianten pluralistischer Religionstheologie verhalten sich in der Sache nicht weniger integralistisch-ausgreifend im Konzeptionellen und hinsichtlich der christologischen Tradition ähnlich destruktiv. Ihre Varianten kosmischer Herrlichkeitschristologie[376] passen zum modernen universalistischen Religionsverständnis, das „die historischen Gestalten von Religion und Religiosität am Maß ihrer Übereinstimmung mit einer ‚natürli-

---

den in etwas anderes als Jesus von Nazareth" (Friedrich-Wilhelm Marquardt: Das christliche Bekenntnis zu Jesus, dem Juden. Eine Christologie, Bd. 2, München 1991, 355). Vgl. auch Vogel, Mystik, 399.

374 Vgl. Körtner, Verschiedenheit, 108. Solch exklusivistisch begründete Toleranz beweist in dem Bewusstsein, dass es „Absolutheitsansprüche" immer nur im Plural gibt, oft besseres Gespür für das Anliegen des „Fremden", als es bei Annahme einer apriorischen „Einheit" aller Religionen anzutreffen ist.

375 Nach Feldtkeller ist Hicks Pluralismus im Grunde „ein Inklusivismus höherer Ordnung" (Pluralismus, 453). Dies trifft auch auf die Theosophin Bailey zu, die im Grunde pluralistisch denkt, sich aber als „inklusivistisch" bezeichnet (s. o.) und dazu aufruft, „alle als wahre Christen anzuerkennen, die im Geiste Christi leben, ob sie nun Hindu, Mohammedaner oder Buddhist sind oder einen anderen Namen tragen..." (Bethlehem, 318).

376 Schmidt-Leukels Hinweis auf Analogien pluralistischer Christologien zu den „Leitgedanken altkirchlicher Logos-Christologien" (Religionstheologie, 333) ist berechtigt, was den Ansatz „von oben" betrifft, doch er überspielt damit den Gegensatz, der zur inklusivistisch zu nennenden Orientierung an der Normativität Jesu Christi in der Alten Kirche besteht.

chen Religion' als Religion zuläßt"³⁷⁷. Von daher gewinnen sie den Bezug zu Jesus und seiner Heilsbedeutung allenfalls sekundär, was ja so sein muss, wenn sie sich als pluralistisch verstehen wollen. Damit aber setzen sie sich zwangsläufig und prinzipiell in ein negatives Verhältnis sowohl zu zentralen Bestimmungen der neutestamentlichen als auch der dogmengeschichtlichen Tradition³⁷⁸; darüber können weder ihre Berufung auf historisch-kritische Forschung noch exegetisch-hermeneutisch (un-)geschickte³⁷⁹ Uminterpretationen hinwegtäuschen. Bezeichnend hierfür sind die Versuche einer Transformation der chalcedonensischen Christologie in eine das Göttliche im Menschen festschreibende Anthropologie³⁸⁰.

Entsprechend fallen die Anstrengungen aus, den Inkarnationsgedanken – z. B. unter Hinweis auf die heute bekannte Größe des Kosmos und mögliche bewohnte Welten in anderen Galaxien³⁸¹ – in seinem Gehalt nicht nur zu pluralisieren, sondern zu anthropologisieren³⁸². Dass dabei „substantialistische" Christologien zugunsten von „nicht-substantialistischen"³⁸³ verworfen werden, erweckt den Eindruck, hier werde veraltete Substanzontologie durch moderne Relationsontologie abgelöst. Tatsächlich aber handelt es sich um einen Wechsel vom SRO-Paradigma (substanzrelationale Ontologie als Theonomie³⁸⁴) in das des ROS-Paradigmas

---

377 Vgl. Sparn, ‚Religionsmengerei', 283.
378 Vgl. Berger, Christsein, 46. Nach Sparn „erfordert der dem Christentum eigentümliche, ‚eschatologische' Anspruch auf Universalität unvermeidlich den Ausschluß der Negation des Christentums ... Jedes christliche Bekenntnis ... schreibt die Gehalte des Gottesnamens (‚Herr') einem Menschen bestimmter Zeit, bestimmten Orts und bestimmter Individualität (‚Jesus') zu. Wenn (nur) diese Prädikation das unterscheidend Christliche der christlich-religiösen Praxis ist, dann besagt eine semiotische Identifikation des ‚Göttlichen' mit anderen Erscheinungen in der Welt die Negation von Christentum ..." (‚Religionsmengerei', 281).
379 Berger bringt Beispiele exegetischer „Belege" für die Positionen pluralistischer Religionstheologie und bemerkt dazu: „Alle diese Künste würden schon im Proseminar scheitern" (Christsein, 101).
380 Vgl. Schmidt-Leukel, Theologie, 523.
381 Im Zuge der Erörterung dieser Argumente bringt Schmidt-Leukel sogar die Idee „simultaner Mehrfachinkarnation" (Theologie, 501) ein. Dergleichen Konstrukte spart man sich, wenn man zum einen in Rechnung stellt, dass die Existenz außerirdischer Welten unbewiesen ist, und zum andern mit dem späten Teilhard de Chardin darauf rekurriert, dass das Universum so vollkommen eins ist, dass ein einziges Eintauchen des Sohnes Gottes in seinen Schoß es mit seiner Gnade ganz durchdringt (s. o.).
382 Vgl. Schmidt-Leukel, Theologie, 495 ff. und 512.
383 Hier kommen im wesentlichen so genannte „Geist"- oder „Inspirations-Christologien" in Frage (dazu Schmidt-Leukel, Theologie, 496 und 511 ff.).
384 S.o. Kap. II.3.! Auch und gerade das Theonomie-Paradigma hat übrigens seine Integrationskraft, und zwar mittels des von Fox u. a. abgelehnten Sünde/Erlösungs-„Schemas": Als pneumatologisch begründetes Denken integriert es ins personale Gottesverhältnis, indem es demütig-dankbare Akzeptanz der in Christus befreienden Gottesliebe und -herrschaft schafft. Auf den exklusiven Charakter der in der Theonomie bestehenden Liebesbeziehung weist Ricoeur (Theonomie, 330) hin.

(relationsontologischer Substantialismus als Autonomie[385]), kurz: Der Substanzgedanke wird lediglich vom Christologischen ins Anthropologische verschoben, um dort einer religionsphilosophischen bzw.[386] theosophischen Metaphysik dienlich gemacht zu werden. Der „kosmische Christus" gerät zum Symbol für die „kosmische Identität" des Menschen schlechthin, die einem apophatischen Transzendenzgedanken korrespondiert – ein keineswegs „neues", sondern schon von Blavatsky vertretenes Denkmodell[387]!

Er steht damit statt für die doxologisch-theologische Interpretation Jesu und der mit ihm gegebenen Wesensoffenbarung Gottes für den Verzicht „auf die singuläre Superiorität der in der eigenen Tradition gegebenen Gotteserkenntnis"[388], was eine anders geartete Gotteserkenntnis impliziert. Diese basiert auf einer geradezu gnostisch anmutenden Aufgeklärtheit[389],

---

[385] Gemeint sind die Varianten spiritueller Autonomie (s. o.). Berger unterstreicht, dass die Meta- bzw. Abstraktgottheit der pluralistischen Religionstheologie „auch – mangels Personhaftigkeit – keine Gebote geben kann, so daß keine Verbindlichkeit ihr gegenüber entstehen kann. Der Mensch wird mithin in seiner Autonomie von ihr nicht eingeschränkt" (Christsein, 83).

[386] So scheut sich Schmidt-Leukel nicht, als einen der Kronzeugen seines pluralistischen Denkens den Esoteriker Frithjof Schuon anzuführen (vgl. dessen Buch „Von der inneren Einheit der Religionen", Interlaken 1981; dazu: James S. Cutsinger: Advice to the Serious Seeker. Meditations on the Teaching of Frithjof Schuon [SUNY series in Western esoteric traditions], New York 1997).

[387] S.o.! Bereits der Verf. des Kolosserbriefs hatte gegen die „häretische Philosophie" die „Singularität des Christusglaubens" zu verteidigen (Hoppe, Triumph, 120). In Erinnerung daran und an den antignostischen Kampf des Frühchristentums bis hin zu apologetischen Abweisungen des in der modernen Theosophie und Anthroposophie beheimateten Begriffs „kosmischer Christus", kurz: auf der Linie der „Traditionslogik des Christentums" (Sparn, ‚Religionsmengerei', 264.267), besteht hinreichend Anlass, die „kosmische Christologie" pluralistischer Religionstheologie dogmatisch als „häretisch" einzustufen (Pfüllers oben zitiertes Verdikt der „Nicht-Christlichkeit" besagt in dogmatischer Hinsicht dasselbe). Barths an die Adresse pluralistischer Logos-Christologie gerichteter Vorwurf des „Doketismus" (vgl. KD I/1, 424) trifft allerdings insofern nicht ins Schwarze, als das Kreuz dort nur selten bestritten wird. Doch in der Tat verflüchtigt sich dort, wo das nicht-monistische Paradox der Inkarnation und des Todes des Gottessohnes zum pluralen „Normalfall" wird, die Härte und Schärfe der christologischen Heilsaussagen im Neuen Testament zum bloßen Schein!

[388] Das räumt Schmidt-Leukel (Theologie, 581) ein. G. Schmid bemerkt: „Der religiöse Universalismus weitet sich zum religiösen Kosmopolitismus. Doch was der religiöse Kosmopolit an Weite gewinnt, verliert er an Tiefe" (Dschungel, 140).

[389] Berger weist auf Wurzeln pluralistischer Religionstheologie im Rationalismus hin (Christsein, 103 und 106). Tatsächlich argumentieren pluralistische Religionstheologen auffallend häufig mit der (angeblichen) intellektuellen Unzumutbarkeit anderer theologischer Optionen, pflegen aber ihre Grundidee einer das Kontradiktorische verschiedenster Religionen interpretativ aus dem Weg räumen könnenden Hermeneutik (von „epistemologischem Selbstmord" spricht diesbezüglich P. L. Berger, Sehnsucht, 157) kaum dem selbstkritischen Verdacht auf intellektuelle Unredlichkeit auszusetzen.

die diverse Religionsstifter und –traditionen in ihr umfassendes System „ökumenisch" zu integrieren weiß, im Zuge der versuchten Beseitigung kognitiver Dissonanzen aber im Begriff steht, die eigene Binnenperspektive relativierend zu negieren[390]. Gegenüber solcher „theologia gloriae"[391] kann nur ein kreuzestheologisch begründetes Nein angemeldet werden[392]. Denn „den Anspruch der Letztbegründung aus der einzelnen konkreten Religion herauszulösen und an einen übergeordneten Horizont delegieren zu wollen, dies heißt nicht mehr und nicht weniger, als damit für alle Menschen, die sich dieser Sicht anschließen, eine neue, übergeordnete Religion zu entwerfen, wenngleich diese sich rituell weiterhin in den partikularen Traditionen ausdrücken mag. ... Für diese übergeordnete Religion muß dann jene Form von Absolutheit reklamiert werden, die John Hick zunächst noch mit Unbehagen an der neohinduistischen Philosophie registriert hatte. Das Problem, gegen das die pluralistische Religionstheologie antritt, ist damit nur verschoben, aber nicht beseitigt – auch sie hat deutlich ihre Absolutheitsansprüche. Aus der Sicht eines christlichen Glaubens, der sich in reformatorischer Tradition versteht, sind diese Konsequenzen doppelt inakzeptabel. Sie sind nicht nur aus dogmatischer Sicht unannehmbar, sondern sie sind *zusätzlich* unannehmbar aus dem Anliegen der Glaubensfreiheit heraus, das an der Unverfügbarkeit von Letztbegründungen festhalten muß."[393]

Die *inklusivistische* Option weiß demgegenüber den „kosmischen Christus" normativ an die Gestalt Jesu zu binden. In ihrer moderaten Gestalt erweist sie sich als „pluralistisch" in formaler und als „exklusivistisch" in existentieller Hinsicht; radikalere Varianten denken „pluralistisch" auf

---

390 Vgl. Sparn, ‚Religionsmengerei', 283, der sich äußert mit Blick auf die „(eher der indischen Religiosität entstammenden) Voraussetzung der Einheit aller Religionen, wie sie in der neuesten, sogenannten Pluralistischen Religionstheologie gemacht wird."

391 „Für den an Zeit, an Ereignisse und an Geschichte (einschließlich ihrer kulturellen Institutionen) gebundenen christlichen Glauben erscheint die Überzeitlichkeit esoterischer Weltanschauung als *theologia gloriae*" – dieses Diktum Sparns (Esoterik, 26) gilt gleichermaßen gegenüber den Abstraktionen der pluralistischen Religionstheologie.

392 „Eine exklusive Kreuzestheologie ist mit einem pluralistischen Ansatz ... nicht vereinbar" (Ulrich Berner: Zur Hermeneutik religiöser Symbole, in: T. Sundermeier [Hg.], Die Begegnung mit dem Anderen. Plädoyers für eine interkulturelle Hermeneutik, Gütersloh 1991, 94–108, hier 105). Diverse Uminterpretationen des Kreuzes, für die hinreichend Beispiele gebracht worden sind, ändern an diesem neutestamentlich begründeten Sachverhalt nichts.

393 Feldtkeller, Pluralismus, 453. Religionswissenschaftlich liegt auf der Hand: „Niemand kann Christ sein an der Person Jesu Christi vorbei. Folglich kann auch die Christozentrik nicht auf eine Theo- bzw. Soteriozentrik hin aufgebrochen bzw. aufgehoben werden, in der Jesus Christus nur noch eine nachgeordnete Rolle spielt" (Hans Waldenfels: Theologie der Religionen, in: StZ 123, 5/1998, 291–301, 299).

existentieller Ebene, indem sie sich von der religiösen Ergriffenheit konkreter Angehöriger fremder Religionen faszinieren und anstecken lassen, und „exklusivistisch" nur noch auf formaler Ebene, indem sie ihrer Heimatreligion äußerlich die Treue halten. Dadurch, dass der Inklusivismus gewissermaßen den goldenen Mittelweg gehen und es sowohl dem pluralistischen als auch dem exklusivistischen Anliegen recht machen will, gerät er am Ende doch auch von beiden Seiten her ins Kreuzfeuer der Kritik. So führt Schmidt-Leukel gegen ihn das Problem der „Vereinnahmung" ins Feld, das er mit dem Verdacht einer wohl eher halbherzigen Bereitschaft zum interreligiösen Dialog paart[394]. In der Tat eignet sich das Symbol des „kosmischen Christus" verführerisch zur imperialistischen Synthese des exklusiv verstandenen Christus mit dem kosmisch weiten Feld der Religionen[395] – gemäß dem Wort aus dem Johannesprolog: „Er kam in sein Eigentum..." Die Fortsetzung dieses Verses gehört aber unabdingbar dazu: „... und die Seinen nahmen ihn nicht auf." Kosmische Christologie darf nicht über die lapsarische Verfasstheit des gerade johanneisch so negativ gesehenen „Kosmos" (der Menschenwelt also mitsamt ihren Religionen)[396] hinwegtäuschen, wie das in der „inklusivistischen" Tendenz zur Relativierung oder Nivellierung der soteriologischen Differenz zwischen Christusoffenbarung und angenommenen fremdreligiösen göttlichen Offenbarungen zum Ausdruck kommt. Hier hilft auch keine spiritualistisch-evolutionistische Perspektive weiter, die den lapsarischen Aspekt zu relativieren versucht: „Daß Christus die ‚causa finalis' aller Religionen ist.., wird man nicht gut sagen können ... Als religionsgeschichtliches Urteil selbst steht solch ein Satz unbeweisbar im leeren Raum."[397] Dass die inklusivistisch behauptete Superiorität des Christentums empirisch nicht aufweisbar ist[398], illustriert im übrigen nur den theologisch geläufigen Sachverhalt, dass das Christentum selber unter dem Gesetz der lapsarischen Verfasstheit aller Religionen steht.

Die *exklusivistische* Option schließlich wehrt, wie dem Negativbegriff schon zu entnehmen ist, die Funktionalisierung der Christologie zur Ab-

---

394 Theologie der Religionen, 577 und 581. Auch G. Schmid erklärt: „Der Schein religiöser Offenheit und Toleranz zerbricht aber rasch, wenn ich entdecke, daß der inklusiv Gläubige häufig nicht mich und meinen Glauben schätzt oder liebt, sondern sein Bild meines Glaubens" (Dschungel, 141).
395 „With the symbol of Christ we are at the cosmic crossroad of all religions" (Tavard, Tillich, 61).
396 Inklusivistische Anthropologie und Christologie tendieren zwangsläufig zu einem optimistischen Menschenbild, das es gestattet, Jesus zum normativ und doch eben relativ höchsten Gattungsexemplar zu erklären, dem es nachzueifern gilt (vgl. Schmidt-Leukel, Theologie, 528 und 572).
397 Theo Sundermeier: Synkretismus und Religionsgeschichte, in: H. P. Siller (Hg.), Suchbewegungen. Synkretismus – Kulturelle Identität und kirchliches Bekenntnis, Darmstadt 1991, 95–105, hier 105.
398 Das betont Schmidt-Leukel, Theologie der Religionen, 581.

stützung inklusivistischer oder pluralistischer Religionstheologien ab[399]. Sie erweist sich in ihren radikalen Varianten als „pluralistisch" in existentieller Hinsicht, und zwar in diesem Fall von negativen Emotionen getragen, indem sie die Anderheit der Fremdreligionen als gegeben wahrnimmt, sie aber gleichzeitig „heteronom" bewertet und womöglich dämonisiert; kein Wunder, dass in solchem Kontext der Begriff des „kosmischen Christus" nicht oder nur abwehrend[400] fällt! Formal zeigen die radikalen Varianten allenfalls insofern „inklusivistische" Züge, als sie die „Anderen" als willensfreie, womöglich auf ewig störrische Objekte des göttlichen Heilswillens[401] betrachten. Hingegen plädieren die moderaten Varianten in formaler Hinsicht für eine „pluralistische" Toleranz, die das Anderssein des Anderen nicht vereinnahmend interpretiert, sondern im kreuzestheologischen Glauben an die „Toleranz Gottes"[402] prinzipiell bejaht. Und sie denken „inklusivistisch" auf existentieller Ebene, indem sie auf die verborgene Gegenwart und Zukunft des universalen Heilswillens Gottes setzen, dessen Gewissheit singulär in Jesus Christus verbürgt ist. Gerade der Begriff des „kosmischen Christus" bringt diesen impliziten „Inklusivismus" theologisch bestens zum Ausdruck, und zwar hier angemessenerweise im Rahmen der exklusivistischen, beim Gekreuzigten ansetzenden Option: Als der barmherzige Versöhnungsmittler wird der Christus zugleich als der Schöpfungsmittler erkannt und gepriesen, der – als der Auferstandene in seiner Identität mit Jesus bestätigt – dem Kosmos und allen Menschen,

---

399 Sie lässt sich auch nicht „kontextuell" relativieren, wie das z. B. Panikkar (Christus, 161) meint, denn damit wäre ihr Wesen verkannt und ihr Anliegen, das christliche Paradox der Identität von Partikularem und Universalem zu wahren, gewaltsam aus den Angeln gehoben. Dass ihr Anliegen nicht die „Absolutheit des Christentums", sondern die (durch die neutestamentliche Abwehr potenzieller anderer „Christus"-Ansprüche unterstrichene) Exklusivität Jesu ist, muss hier nicht eigens betont werden.
400 Vgl. etwa Jutta Weil-Lamprecht: Das Unheil kommt nicht von Gott, Zürich 1991[4], 248 f.
401 Im Sinne von 1. Tim 2,4 – aber eben unter dem Vorbehalt gelesen, dass offen bleibt, ob *Gottes* Wille sich gegen den Willen *aller* Menschen heilsam durchsetzen wird können.
402 Vogel, Mystik, 407. „Im Rechtfertigungsakt ist es Gott selbst, der sich zu analogieloser singulärer Toleranz aufgemacht hat und darauf aus ist, daß das Evangelium von dieser Toleranz die Welt mit Frieden durchdringt" (Klaus Kürzdörfer: Die Toleranz der Toleranzen? Zur Begegnung zwischen westlichem und östlichem Denken, in: F. Stolz [Hg.], Mythos und Religion. Interdisziplinäre Aspekte, Stuttgart 1990, 164–173, 172). Indem eine solchermaßen inspirierte „theonome" Toleranz das Andere bzw. den Anderen wirklich anders sein lässt, ist sie nicht nur weitherziger und wahrnehmungsfähiger als die von pluralistischen Religionstheologen ausgehende und auf nicht-dualistischer Perspektive beruhende, sondern auch äußerst zeitgemäß (vgl. Johann Baptist Metz: Memoria passionis. Zu einer Grundkategorie interkultureller und interreligiöser Begegnung, in: H.-P. Müller [Hg.], Das Evangelium und die Weltreligionen, Stuttgart/Berlin/Köln 1997, 109–118, bes. 109).

insbesondere der leidenden Kreatur[403], auf intimste Weise gegenwärtig und zukünftig ist.

Bestritten wird eine Erkennbarkeit seiner Universalität am Kreuz vorbei, in dessen Geschehen sich das Heil nicht nur symbolisiert, sondern innerhalb der Wirklichkeit der Welt anfänglich und weiterwirkend realisiert hat. Das noetische Moment ist also gebunden an das Kerygma der Kirche, die im vorläufigen Unterschied zur Welt und ihren Religionen den Leib des „kosmischen Christus" darstellt. Es muss freilich zugleich auf das Telos kosmischer Universalität ausgerichtet sein: Von daher wird der „kosmische Christus" als die Zukunftsmacht verstehbar, die auf dem Gebiet individueller wie universaler Eschatologie gelehrt wird als die dynamische Vollendung der im Leben Sterben und Auferstehen Jesu ergangenen Offenbarung[404]. Die johanneische Aussage, dass niemand ohne ihn zum Vater komme, lässt sich wie bei parallel zu nennenden neutestamentlichen Aussagen nur im eschatologischen Ausblick durchhalten[405] – was keineswegs bedeutet, dass nichtchristliche Religionen auf dieser Erde nur

---

403 Insofern hat die Rede von „kosmischen Christus" auch aus moderat-exklusivistischer Perspektive befreiungstheologische Relevanz: Als Zeugnis von der Fleischwerdung des Logos lädt sie ein zur „Nachfolge der Inkarnation" im Sinne des Hingehens zu den Leidenden und Unterdrückten, des Sich-Verausgabens an die Welt (vgl. Hermann Brandt: Befreiungschristologie als Aufbruch zum Menschen, in: H. Dembowski/W. Greive [Hgg.], Der andere Christus. Christologie in Zeugnissen aus aller Welt, Erlangen 1991, 74–86, bes. 82 f.). Pluralistische Plädoyers für Befreiungstheologie (vgl. insbes. Knitter, Einzigartigkeit) stehen demgegenüber in der Gefahr, auf Grund ihrer religionsphilosophischen Implikationen notwendige Abgrenzungen von kosmischen Christologien gnostisch-theosophischer Art z. B. in Brasilien (vgl. Ingo Wulfhorst: Der ‚Spiritualistisch-christliche Orden'. Ursprung und Erscheinungsformen einer neureligiösen Bewegung in Brasilien, Erlangen 1985, bes. 181 f.) kaum leisten zu können oder zu wollen. Eine „kosmische christologia crucis" bewahrt im übrigen vor der befreiungstheologischen Versuchung, Jesus „auf die Ebene eines sozialpolitischen Revolutionärs" hinunterzuschrauben (Wulfhorst, 308) und „Befreiung" ihrer universaleschatologischen, das Machbare transzendierenden Dimension zu berauben: Den Namen des kosmischen Kyrios zu kennen, ist die entscheidende Kraftquelle des befreiungschristologischen „imperativischen Indikativs"!
404 In vielen Nahtodeserfahrungen begegnet ein mystisches Lichtwesen, das man als den das Individuum wie das All erlösenden „kosmischen Christus" deuten könnte: „Es faßte alle Energie des Universums für immer in sich zusammen", berichtet z. B. ein älterer Junge (in: Melvin Morse/Paul Perry: Zum Licht. Was wir von Kindern lernen können, die dem Tod nahe waren, Frankfurt/M. 1992, 141).
405 Das betont unter Hinweis auf den „kosmischen Christus" Wilhelm Schulze: Abgestiegen in das Reich des Todes, in: Christ in der Gegenwart 43, 18/1991, 150. Zur neutestamentlichen Begründung dieses (übrigens den Reinkarnationsgedanken überflüssig machenden) Sachverhalts vgl. Berger, Christsein, 40 ff. Von daher können auch Exklusivisten mit Zahrnt formulieren: „Am Ende der Religionsgeschichte steht nicht der Sieg des Christentums, schon gar nicht der Katholiken oder der Protestanten, sondern das Reich Gottes..." (Gotteswende, 264).

als diabolisch und heillos zu gelten hätten[406], denn sie lassen sich in einem tiefen Sinn sehr wohl als „Pädagogen auf Christus hin"[407] interpretieren, von dessen Vater doch alle Menschen, übrigens auch die religionslosen, ungeachtet ihrer Entfremdung beansprucht (Röm 2,14–16)[408] und geliebt (Röm 5,8; 1. Joh 4,10) sind. Insofern ist moderater Exklusivismus durchaus bereit zum interreligiösen Dialog – in aufrichtiger Konvivenzbereitschaft, missionstheologischer[409] Verantwortung und dem realistischen Bewusstsein, „daß sich in der Begegnung der Religionen die Grenze der Auseinandersetzung letztendlich nur verschoben hat. Vielleicht hat sie im Modus der Begegnung an Härte verloren. Aber auch im Modus der Wahrheitsbehauptung?"[410]

---

406 So tut Schmidt-Leukel, Theologie, 121 und 580. Die religionstheologisch vieldiskutierte Frage, ob „Heil" auch außerhalb von Kirche bzw. Christentum zu finden sei, sollte nicht ohne Differenzierung im Heilsbegriff selbst weitergeführt werden, so dass zwischen einem vorläufigen, die pansyntheistische Gnadengegenwart des Heiligen in allen Völkern und Religionen autonom oder heteronom erahnenden Heilsein und einem eschatologisch-endgültigen, der Gnadengegenwart theonom gewissen Heilsein unterschieden werden kann; beides lässt sich nicht abseits von Jesus Christus in seiner geschichtlichen und kosmischen Dimension aussagen.
407 Vgl. Niebergall, Christentum, 244.
408 Dem „Exklusivisten" Luther (vgl. Walther von Loewenich: Luthers Theologia crucis, München 1929, 137) zufolge ist der in Christus offenbar gewordene Heilswille Gottes (dazu Karin Bornkamm: Christus – König und Priester. Das Amt Christi bei Luther im Verhältnis zur Vor- und Nachgeschichte, Tübingen 1998) schon vor Christus weltweit vom *logos* dargeboten worden, allerdings zum Erweis des menschlichen Widerspruchs (vgl. Rudolf Hermann: Beobachtungen zu Luthers Lehre vom Deus revelatus – nach seiner Unterschiedenheit vom Deus absconditus – in ‚De servo arbitrio', in: K. Scharf [Hg.], Vom Herrengeheimnis der Wahrheit. FS Heinrich Vogel, Berlin/Stuttgart 1962, 196–213, bes. 206).
409 Vom exegetischen Befund her ist zweierlei klar: Erstens, „daß das Neue Testament eben gerade die Erlösung durch Jesus Christus mit universalem Missionsanspruch verknüpft und daß es sogar mehrfach dafür vorgesorgt hat, daß Jesus Christus auch Erlöser derer sein kann, die nicht an ihn glauben. Gerade durch das Letztere wird die exklusive Rolle Jesu festgeschrieben." Und zweitens, „daß die Zentrierung der Heilsgeschichte um Israel herum im Neuen Testament in der Zentrierung um Jesus Christus fortgesetzt und auf die Spitze getrieben wird. Eine Korrektur ist deshalb indiskutabel, weil das Erste Gebot des Dekalogs klare Grenzen setzt. ... Hier ist die absolute Grenze des Ökumenismus erreicht" (Berger, Christsein, 48 f.). Nach Ratschow kommt es entscheidend darauf an, „ob das Christentum sein Wesen als Mission angemessen begreift" (Religionen, 128). Vgl. ferner Christine Lienemann-Perrin: Mission und interreligiöser Dialog (Bensheimer Hefte 94), Göttingen 1999; R. Pechmann/M. Reppenhagen (Hg.), Mission im Widerspruch. Religionstheologische Fragen heute und Mission morgen, Neukirchen-Vluyn 1999.
410 Theo Sundermeier: Evangelisation und die ‚Wahrheit der Religionen', in: R. Bernhardt (Hg.), Horizontüberschreitung, Gütersloh 1991, 175–190, hier 182. – Zu Fragen des interreligiösen Dialogs habe ich mich ausführlicher systematisch-theologisch geäußert in: Sektierertum, 243–261.

Letztlich geht es im religionstheologischen Disput um die Frage der Wahrheit, näherhin auch des Wahrheitsverständnisses[411]. Alle Grundmodelle beruhen lediglich auf „Hypothesen", die weiterer Diskussion bedürfen[412]. Ihr können Klärungen zum äquivok gebrauchten Begriff des „kosmischen Christus" nur förderlich sein, wie sie im folgenden, letzten Kapitel unter dogmatischem Aspekt weiter vorangetrieben werden sollen.

---

411 Vgl. z. B. Bernhardt, Größenwahn, 209 ff.; Schmidt-Leukel, Theologie der Religionen, 491; anders z. B. P. L. Berger, Sehnsucht, 83 und 158.
412 Das betont am Ende auch Schmidt-Leukel, Theologie, 582. Dabei ist klar, dass eine endgültige „objektive" Klärung erst im Eschaton gegeben sein wird, dessen auf Glauben angewiesene Prolepse ja das Ärgernis von universalen Geltungsansprüchen ausmacht.

# VII. Der „kosmische Christus" bei Jürgen Moltmann – Analyse und konstruktive Kritik

Die „Pointe christlicher Theologie" ist nach I. U. Dalferth „eine kosmische Christologie, die unter Wahrung der Transzendenz Gottes sein Schöpfersein und seine ordnende Gestaltung des Kosmos personal zu denken versucht."[1] Wie merkwürdig, dass diese „Pointe" nur ein einziges Mal im 20. Jahrhundert Anlass dafür gewesen ist, dass sich ein evangelischer Systematiker Begriff und Sache des „kosmischen Christus" ausführlich gewidmet hat! Immerhin handelt es hierbei um einen Theologen von Rang: Jürgen Moltmann verdankt seinen internationalen Ruf vor allem der Fähigkeit, Themen moderner Spiritualität so zu behandeln, dass sie von der christlichen Dogmatik her hilfreich beleuchtet werden und dabei auch dieser zum Leuchten verhelfen. Sein Gespür für die Metapher des „kosmischen Christus" bringt das exemplarisch zum Ausdruck[2]. Herkommend von seiner Eschatologie und Kreuzestheologie, bettet er sie in tief gehende christologische und trinitätstheologische Überlegungen ein, deren Strukturen im folgenden vorzustellen und zu analysieren sind. Dabei werden im Zuge ihrer konstruktiven Kritik auch eigene Gedanken zu einer kreuzestheologisch angemessenen „kosmischen Christologie" ihren Niederschlag finden.

### 1. Der „gekreuzigte Gott" als Element kosmischer Christologie

Im Laufe der Entfaltung seines reichhaltigen Werkes hat Moltmann den Begriff des „kosmischen Christus" erst relativ spät aufgegriffen, nämlich in seiner Schöpfungslehre von 1985[3]. Die hier noch recht kurz ausfallende Bezugnahme auf den damit bezeichneten Schöpfungsmittler legt das Gewicht bereits erkennbar stärker auf eine Sophia- als auf eine Logos-Christologie. Sowohl die Aufnahme der inzwischen nicht mehr ganz jungen Metapher als auch die angedeutete Richtung ihrer Interpretation sind bezeich-

---

[1] Dalferth, Jenseits, 74. Dass eine „kosmische Christologie" mit diesem Satz freilich nicht ausreichend beschrieben ist, haben die bisherigen Kapitel gezeigt und wird auch dieses letzte verdeutlichen.
[2] Wahrscheinlich hat in dieser Hinsicht sein reformiertes Bekenntnis mit der Betonung des „Extra Calvinisticum" eine Sensibilität für die Faszination nicht nur auf den irdisch-anschaulichen Jesus gerichteter Christusrede erzeugt.
[3] Vgl. Gott in der Schöpfung, 106 f.

nend für die seit den siebziger Jahren[4] bei Moltmann sich kontinuierlich verstärkende Tendenz, mystisch-spiritualistische Farben in seinem dogmatischen Denken zu verwenden. Mit Blick auf seine beiden bekanntesten Bücher „Theologie der Hoffnung" (1964) und „Der gekreuzigte Gott" (1972) lässt sich bemerken, dass für ihn das Aufgreifen der Rede vom „kosmischen Christus" insofern durchaus nahe gelegen haben mag, als deren Traditionsgeschichte ein Schwergewicht im Eschatologischen wie auch im Kreuzesbezug aufweist – allerdings meist, wie dargelegt, in spiritualistischem bzw. esoterischem Deutungskontext! So erhebt sich von vornherein die Frage, ob nicht die komplexe Metapher bei Moltmann innerhalb seines theologischen Gesamtsystems dazu dient, dessen zunehmend „mystisch-spiritualistischen"[5] Charakter zu stützen und zu illustrieren. Sollte sich bei näherer Betrachtung womöglich herausstellen, dass er in den Strukturen einer „kosmischen *christologia gloriae*" denkt[6], obwohl es sich bei ihm doch um einen ausgewiesenen Kreuzestheologen handelt?

Dieser Verdacht scheint weit hergeholt zu sein, wenn man sich vor Augen hält, dass Moltmanns Christologie von 1989 in dem „Der kosmische Christus" überschriebenen Kapitel frühzeitig klarstellt: „Der *Seinsgrund* für die kosmische Christologie ist der Tod Christi", und: „Der *Erkenntnisgrund* für den kosmischen Christus, ‚durch den alle Dinge sind', ist m. E. die Ostererfahrung des Auferstandenen."[7] Damit sind im Grunde die Kriterien einer „kosmischen *christologia crucis*" beim Namen genannt. Dennoch gilt auch hier, was bereits anhand des Begriffs „kosmischer Christus" selbst überdeutlich geworden ist: Auf den Interpretationskontext kommt es an[8]; sogar nichtchristliche Theosophie weiß ja auf ihre Weise von Kreuz und Auferstehung zu reden.

---

4 Im Gefolge der Diskussion um seinen „Gekreuzigten Gott" wurde sein Interesse an der „dunklen Nacht der Seele" geweckt: Vgl. J. Moltmann (Hg.), Wie ich mich geändert habe, Gütersloh 1997, 28. Ferner ders.: Erfahrungen theologischen Denkens. Wege und Formen christlicher Theologie, München 1999.
5 Gemeint ist damit gewiss nichts, was in Richtung eines „gnostischen Dualismus" weist; vielmehr impliziert ja Mystik häufig „eine pan-en-theistische Vision der Welt in Gott" (Jürgen Moltmann: Der Geist des Lebens. Eine ganzheitliche Pneumatologie, München 1991, 225). In solch „kosmophilem" Kontext ist noch jede Spiritualität und Theologie angesiedelt, die vom „kosmischen Christus" zu reden weiß. Vgl. auch ders., Gotteserfahrungen. Hoffnung – Angst – Mystik, München 1978, 46 ff.
6 Die hier entwickelten Überlegungen knüpfen an das dazu in Kap. V.4 Ausgeführte an.
7 Moltmann, Weg, 306 und 304 (kursiv: J. M.).
8 Schon im Blick auf Moltmanns frühe Hauptwerke mahnt Bühler: „Die entscheidende Frage ist nun aber, wie vom Kreuz gesprochen wird. Um es als fundamentaltheologische Alternative zu formulieren: gestaltet sich das Reden vom Kreuz als Kreuzestheologie oder wird in ihm dem Kreuz nur eine bestimmte Rolle im Rahmen einer Herrlichkeitstheologie zuteil?" (Kreuz, 319).

Inwiefern also betrachtet Moltmann zunächst Jesu Auferstehung als Erkenntnisgrund für den „kosmischen Christus"? In ihr erblickt der „Theologe der Hoffnung" das Anheben der Schöpfungsvollendung. Hat er 1985 den „kosmischen Christus" als Schöpfungsmittler beschrieben, so fügt er in seiner Christologie ganz im Sinne des zweistrophigen Kolosserhymnus hinzu, dass der „Erstgeborene der gesamten Schöpfung" kraft seiner Auferstehung auch als der Erstgeborene des neuen Himmels und der neuen Erde zu preisen sei. Von daher entwirft er eine „differenzierte kosmische Christologie", die im (angeblichen) Gegensatz zu bisherigen Entwürfen nicht einseitig an der Lehre von der Ursprungsschöpfung orientiert sein soll[9]. Vielmehr möchte er „die Schöpfungsmittlerschaft Christi dreigliedrig auslegen: 1. Christus als der Grund der Schöpfung aller Dinge (creatio originalis), 2. Christus als Triebkraft der Evolution der Schöpfung (creatio continua) und 3. Christus als Erlöser des ganzen Schöpfungsprozesses (creatio nova)."[10] Trotz der eschatologischen Zuspitzung, die mit einem entsprechend integralen Schöpfungsverständnis einhergeht, bleibt diese Interpretation des „kosmischen Christus" grundsätzlich an den schöpfungstheologischen Aspekt gebunden – keine Selbstverständlichkeit angesichts der modernen Traditionsgeschichte des Begriffs!

Dieser Befund bestätigt sich bei Betrachtung der Begründung, die Moltmann für seine These liefert, das Ostergeschehen sei der Erkenntnisgrund für den „kosmischen Christus": Er wendet nämlich alsbald die Identität des Schöpfungsmittlers mit dem Erstgeborenen der neuen Schöpfung nach rückwärts und erläutert ausführlich, dass der Auferstandene als die „Schöpfungsweisheit" zu verstehen sei bzw. dass er sich „in" deren Dimensionen offenbare; sie sei es, „die im auferstandenen Christus ‚erscheint'"[11]. Die Präpositionen „in"[12] bzw. „im" signalisieren hier eine Differenz, die für Moltmann zwischen dem auferstandenen und dem kosmischen Christus zu bestehen scheint. Tatsächlich zeigt er an dieser und anderen Stellen

---

9 Vgl. Weg, 310. Moltmann tut damit der Mehrheit „kosmischer Christologien" Unrecht.
10 Ebd. Dass damit die altprotestantische Lehre vom dreifachen „officium regium Christi" (regnum naturae, regnum gratiae, regnum gloriae) aufgenommen sei (ebd.), trifft allerdings in keiner Weise zu. Gerade die „Versöhnungsmittlerschaft" fällt hier (ungeachtet der zitierten Bezüge auf den Kolosserhymnus) aus: Sie wäre doch mit dem „regnum gratiae" zu korrelieren!
11 Weg, 305. Von daher erklärt sich auch Moltmanns gewisse Distanziertheit gegenüber dem Ereignischarakter der Auferstehung Jesu (vgl. dazu die Kritik bei Pannenberg, STh 2, 403 f., ferner 391). Dass durch die christologischen Hymnen im Neuen Testament „die Schöpfungstheologie mit der Heilsökonomie verbunden wird und nicht umgekehrt die Christologie an die Schöpfung zurückgebunden wird", betont mit Recht Mildenberger, Dogmatik Bd. 1, 131.
12 Vgl. dazu Jean-Pierre van Noppen: ‚In' als theographische Metapher, in: ders. (Hg.), Erinnern, um Neues zu sagen. Die Bedeutung der Metapher für die religiöse Sprache, Frankfurt/M. 1988, 200–217.

die bereits angedeutete Tendenz, Logos- in Sophia-Christologie und die wiederum in Sophia-Pneumatologie umzuinterpretieren. Dabei spielen offenkundig Aspekte feministischer Theologie eine nicht zu verkennende Rolle[13]: Das weibliche Geschlecht des hebräischen *ruah-* und des griechischen *sophia-*Begriffs, die bekanntlich in ihrer Traditionsgeschichte untereinander und auch mit dem logos-Begriff ausgetauscht bzw. identifiziert werden konnten, wird von Moltmann hervorgehoben und zugunsten der Mütterlichkeitsmetapher in Anschlag gebracht[14]. Nachdem diese leichter mit dem „Pneuma" als mit Jesus Christus korrelierbar ist, bahnt sich damit so etwas wie ein Subjektwechsel in der kosmischen Christologie an, auf dessen Problematik und Chancen weiter unten einzugehen sein wird.

Zunächst sei nochmals das schöpfungstheologische Anliegen der kosmischen Christologie Moltmanns in den Blick genommen: „Werden alle Dinge von dem einen Gott *durch* seine Weisheit/Logos geschaffen und darin befestigt, dann liegt ihrer Vielfalt in Raum und Zeit eine *immanente Einheit* zugrunde, in der sie gemeinsam existieren."[15] Eine „transzendente Einheit" aller Dinge zu behaupten, ist nach Moltmann bereits auf Grund eines monotheistischen Schöpfungsglauben möglich. Die für den Schöpfungsmittler veranschlagte „immanente Einheit" hingegen erweckt einen annähernd pantheistischen bzw. – mit Teilhard de Chardin gesprochen – „panchristischen" Eindruck. In der Tat geht Moltmann im Entdeckungsprozess des „je größeren Christus" ohne Zögern den Schritt von dem Satz „Christus ist der Erstgeborene der neuen Menschheit" hin zu der These „Leib Christi ist der ganze Kosmos", ja zu der selbst von Fragmenten des Kolosserhymnus nicht mehr gedeckten Vorstellung von „Christus als Kosmos existierend", um schließlich für „die spirituelle Dimension des Glaubens an den kosmischen Christus" das Logion 77 aus dem gnostischen Thomasevangelium anzuführen, demzufolge Jesus von sich sagt: „Ich bin das All: das All ist aus mir hervorgegangen, und das All ist zu mir zurück-

---

13 Protestiert Schüssler Fiorenza, das „christliche Symbolsystem von königlichem Vater, Prinzensohn und exklusivem Geist" habe „keinen Platz für eine weibliche Figur, sei es Mutter, Gefährtin, Schwester oder Tochter, noch für eine weibliche Personifikation wie die Schekinah oder die Sophia" (Jesus, 166), so sucht Moltmann derartigen Vorwürfen theologisch zuvorzukommen. Dabei dürfte ihn auch seine Frau angeregt haben: Vgl. Elisabeth Moltmann-Wendel (Hg.), Die Weiblichkeit des Heiligen Geistes. Studien zur feministischen Theologie, Gütersloh 1995. Siehe ferner Catherine Keller: Pneumatische Anstöße. Die Theologie Jürgen Moltmanns, der Feminismus und die Zukunft, in: Die Theologie auf dem Weg ins dritte Jahrtausend, FS Jürgen Moltmann zum 70. Geburtstag, hg. von C. Krieg u. a., Gütersloh 1996, 163–179.
14 Vgl. z. B. Weg, 103 und 106; ferner Erde, 422. Zur weisheitstheologischen bzw. -christologischen Verbundenheit von Wort und Geist siehe näherhin Schoonenberg, Geist, 65 ff. und 77 ff.
15 Weg, 311 (kursiv: J. M.).

gekehrt"¹⁶. Derlei Substanz- bzw. Identitätsaussagen erinnern auch an Teilhards Idee einer dritten, „kosmischen" Natur Christi, die als solche Moltmann allerdings nicht bekannt zu sein scheint¹⁷.

Strukturell lassen sie sich jedenfalls dem Paradigma „spiritueller Autonomie" zuordnen (näherhin dem der „theonomen Autonomie", weil die Schöpfungskategorie eine zentrale Rolle spielt). Die mit dem Bezugsrahmen des „relationsontologischen Substantialismus" (ROS) gegebene Affinität zur Theosophie bestätigt sich durch Moltmanns ausdrückliche Aufnahme kabbalistischer Motive an zentralen Stellen seiner systematischen Theologie. Gemeint sind die Begriffe der die lokale Einwohnung der Herrlichkeit Gottes bezeichnenden „Schechina"¹⁸ und des die Selbstrücknahme Gottes zugunsten eines „mystischen Urraums" in ihm selbst

---

16 Vgl. Moltmann, Weg, 298; ders., Christus, 94. Zur Sache siehe Erik van Ruysbeek/ Marcel Messing: Das Thomasevangelium. Seine östliche Spiritualität, Zürich/Düsseldorf 1993.

17 Moltmann geht zwar in seinem Kapitel über den „kosmischen Christus" auf Teilhard etwas näher ein (Weg, 316 ff.), kommt aber auf eine dritte, kosmische Existenzweise Jesu Christi nur im Anschluss an Karl Barth zu sprechen (302). Im Blick auf Teilhard geht es ihm vor allem um die allerdings berechtigte Kritik an den schwachen Theodizee-Aussagen: „Die Evolution hat in ihrer Zweideutigkeit als solche keine erlösende Wirkung und darum auch keine Heilsbedeutung. Christus muß zum Erlöser der Evolution werden, wenn er nicht mit ihr zusammengedacht werden soll" (321).

18 Vgl. Schöpfung, 29 u. ö. Der Schechina-Gedanke (vgl. Arnold M. Goldberg: Untersuchungen über die Vorstellung von der Schechina, Berlin 1969, bes. 455 ff.) durchzieht Moltmanns Werke über Jahrzehnte hinweg (vgl. z. B. auch Geist, 63 f.). In der theosophischen Schau des Sohar ist die gnostisch gefärbte „Schechina" als unterste der zehn göttlichen Manifestationsstufen, der Sefiroth, angesiedelt, was ihrem kenotischen Charakter entspricht (vgl. Scholem, Mystik, 232 und 250). Moltmann beruft sich aber auf den anderen Hauptstrang kabbalistischer Tradition, den Isaac Luria (1534–1572) begründet hat. Ihm zufolge bildet die Schechina ein zentrales Element in der mystischen Rückkehrbewegung des Seienden ins Absolute: „Aus der einen Gottheit geht alles hervor, und alles kehrt in sie zurück" (Schulitz, Böhme, 73). Als kabbalistische Idee spielt die „Schechina" bei Blavatsky eine Rolle, die darunter die erste Emanation der apopathisch zu charakterisierenden Transzendenz versteht (Geheimlehre I, 379 und 690), also „die ursprüngliche Substanz auf ihrer ersten Stufe vom Unbekannten weg, in dem geoffenbarten Kosmos" (II, 554), welche mit dem „himmlischen Menschen" (I, 464) identifizierbar sein soll. Ist dieser wiederum mit dem „logos" gleichzusetzen (Franck, Kabbala, 130 f.), könnte man die „Schechina" mit dem „kosmischen Christus" in Verbindung bringen, was Moltmann auch tut (z. B. Trinität, 73; Weg, 278) – doch legt sich dafür dessen feministische Umdeutung (etwa als „Sophia") nahe, was Moltmann ebenfalls unternimmt; denn bei der „Schechina" handelt es sich um ein betont weibliches (Virginia Mollenkott: Gott eine Frau? Vergessene Gottesbilder der Bibel, München 1985, 46; Scholem, Mystik, 41), besonders in erotischem Kontext angesiedeltes Symbol (vgl. Migene González-Wippler: Die moderne Kabbala. Über die Beziehung zwischen Mensch und Kosmos, Freiburg i. Br. 1995, 73 ff. und 223 ff.)

aussagenden „Zimzums"[19]. Wenngleich Moltmann mit Recht darauf hinweisen kann, dass christliche Theosophen bzw. theosophisch beeinflusste Theologen und Philosophen diese kabbalistischen Ideen aufgegriffen und verwertet haben, so steht doch fest, dass sie kein spezifisch christliches Gut darstellen. Analoges gilt für seine Rede vom „Weisheitsmessias" bzw. von der „Schöpfungsweisheit", wie er sehr wohl weiß: „Diese Vorstellungen haben eine lange Vorgeschichte im Platonismus, in der Stoa und bei Philo. Auch der Gedanke, dass der Kosmos ein großer Weltorganismus ist, ein Weltleib mit einer Weltseele, stammt aus dem vorchristlichen hellenistischen Judentum."[20] Seine kosmische Christologie setzt insofern bei genauerer Analyse durchaus glorios beim „Logos" an und strukturiert sich entsprechend; ihr angeblicher Erkenntnisgrund in der Auferstehung Jesu erscheint daher als sekundär.

Dieser Befund verstärkt den Verdacht, dass es sich bei ihrem „Seinsgrund" im „Tod Christi" nicht anders verhält. Moltmann erklärt: „Im Licht der kosmischen Dimensionen seiner Auferstehung gewinnt sein Tod am Kreuz universale Bedeutung."[21] Hierbei bringt er den Begriff der Versöhnung des Kosmos gemäß 2. Kor 5,19 und Kol 1,20 ins Spiel, deutet ihn aber kaum soteriologisch, sondern wiederum im Horizont seiner eschatologischen Schöpfungstheologie als „Anfang der Zusammenfassung ‚aller Dinge' unter das ‚Haupt' Christus" und damit als „Anfang der Neuschöpfung aller Dinge durch die Vernichtung des Todes selbst", die wie die protologische Schöpfung als Werk der hypostatischen „Schöpferweisheit" interpretiert wird[22]. Auch im Zeichen des Kreuzes führt er also den Christus- mittels des Logosbegriffs in sophiologisch-pneumatologische Kategorien über[23]. Von daher kommt er zu der Formulierung: „Die Weisheit der ganzen Schöpfung, die hier der Vergänglichkeit unterworfen ist, erleidet in

---

19 Vgl. Schöpfung, 99. „Zinzum heißt Konzentration und Kontraktion und meint ein Sich-zurückziehen in sich selbst", erklärt Moltmann (ebd.). Näher informiert über diese theosophische Lehre der lurianischen Kabbala, in der sie im Kontext des Schechina-Gedankens angesiedelt ist, Scholem (Mystik, 285 ff.); durch dessen Erläuterungen wird unschwer deutlich, wie die „Zimzum"-Konzeption das Paradigma des „relationsontologischen Substantialismus" (ROS) repräsentiert.
20 Moltmann, Weg, 305 f. Zur Sache vgl. Schimanowski, Weisheit (1985). Bühler wirft Moltmann vor: Der „Messianismus wird bei ihm im Grunde genommen nur christianisiert, ohne von der Christologie her völlig umstrukturiert und uminterpretiert zu werden" (Kreuz, 329 f.). Dass Moltmanns Identifizierung des „kosmischen Christus" mit der Weisheit nur dann theologisch akzeptabel wäre, wenn sie die Dialektik von „Weisheit der Welt" und „Weisheit Gottes" gemäß 1. Kor 1 mit aufgenommen hätte, unterstreicht Friedrich Mildenberger: Gott und Gaja? Anfragen an Jürgen Moltmann, in: EvTh 54, 4/1994, 380–384, bes. 381.
21 Moltmann, Weg, 306.
22 Vgl. Weg, 308; ferner 216 und 278.
23 Dem entspricht sein ausdrücklicher Verzicht auf die Konzentration auf Christi Kreuz in seiner Christologie (Weg, 20).

Christus den Tod alles Lebendigen (1. Kor 1,24)."[24] Während das hier in Klammern genannte Pauluswort den Gekreuzigten als Gottes Weisheit identifiziert, fügt Moltmann wieder sein unterscheidendes „in" dazwischen: Jesus und Sophia sind für ihn offensichtlich nicht enhypostatisch identisch[25]; vielmehr erklärt sich ihre Differenz aus der Transformation traditionaler „substantialistischer" Christologie in moderne „nicht-substantialistische"[26] Geist-Christologie. Der „ganzheitliche" Mensch Jesus, natürlich (und nicht etwa von der Jungfrau[27] Maria) geboren, ist demnach in seiner Geschichte umfangen vom Geist Gottes, der ihn in exklusiver Relation zu Gott als „Vater" stehen lässt[28]. Dieser Relation korreliert die vom Vater auf den Sohn gerichtete, wobei die Exklusivität des Liebe widerspiegelnden Gegenseitigkeitsverhältnisses sich ihrerseits in heilvoller, nämlich den heiligen Geist eschatologisch wirken lassender Weise für Kosmos und Menschheit als inklusiv erweist.

Moltmann wendet diese relational und trinitarisch akzentuierte Christologie konsequent auf die Interpretation des Kreuzesgeschehens an – in dem Bewusstsein: „Dieser Ansatzpunkt ist gegenüber der Tradition neu."[29] Die Reziprozität des Vater-Sohn-Verhältnisses wird im Licht des Kreuzes

---

24 Weg, 191.
25 Wo das nicht der Fall ist, ergibt sich aber das Problem einer „Doppelten-Bewußtseins-Christologie" (vgl. Schmidt-Leukel, Theologie, 507 ff.). – Freilich ist umgekehrt die Enhypostasie-These im Verbund mit der Annahme einer Anhypostasie der menschlichen Natur auf ihre Weise problematisch; doch dürfte aus den bisherigen und folgenden Ausführungen ersichtlich sein, warum sie nach wie vor jeder Alternative vorzuziehen und denkerisch im Zusammenhang mit kenotischen Implikationen durchzuhalten ist, ohne dass das letzte „Funktionsgeheimnis" der in dieser Weise absolut singulären Inkarnation rational durchschaubar wäre oder auch nur sein müsste.
26 Zu dieser Begrifflichkeit vgl. Schmidt-Leukel, Theologie, 511 ff. Statt von „substantialistischer" Christologie könnte man auch von „essentieller" sprechen. Jedenfalls gilt es gemäß dem in Kap. II.1 und 4 über die Konstitution von (Makro–)„Paradigmen" Gesagten wahrzunehmen, dass „substantialistische" Annahmen nie ohne relationale Bezüge und umgekehrt „nicht-substantialistische", also relational akzentuierte, nie ohne ontologische Implikationen zu haben sind. Gerade bei Moltmanns relationsbetonter und dabei trinitätstheologisch-metaphysisch verwurzelter Rede vom „Sohn" liegt das auf der Hand.
27 Die „Aussage der Jungfrauengeburt Jesu ist Ausdruck der narrativen Entfaltung dessen, daß das personbildende Moment Jesu Christi keine menschliche Person ist, die auf einen menschlichen Vater zurückginge, sondern der ewige Logos, der in Maria eine menschliche Natur angenommen hat ..." (Dalferth, Der auferweckte Gekreuzigte, 144 f.).
28 Vgl. neben Moltmanns Entwurf bes. auch die Geist-Christologien von Schoonenberg (Geist, 1992) und Welker (Gottes Geist, 174 ff.). Zur internationalen Diskussion vgl. bes. Link-Wieczorek, Inkarnation (dazu die teilweise kritische Rezension von G. Gaßmann in: ThLZ 124, 7 + 8/1999, 796–799); ferner Dabney, Kenosis, 208 f.
29 Jürgen Moltmann: Der gekreuzigte Gott. Das Kreuz Christi als Grund und Kritik christlicher Theologie, München 1972, 232.

differenzierend beschrieben: „Der Sohn erleidet an seiner Liebe die Verlassenheit vom Vater in seinem Sterben. Der Vater erleidet an seiner Liebe den Schmerz des Todes des Sohnes. Was aus dem Geschehen zwischen dem Vater und dem Sohn hervorgeht, muß dann als der Geist der Hingabe des Vaters und des Sohnes verstanden werden, als der Geist, der den verlassenen Menschen Liebe schafft, als der Geist, der das Tote lebendig macht."[30] Worin besteht das entscheidend Neue dieses Ansatzes? „Er überwindet die Dichotomie zwischen immanenter und ökonomischer Trinität, sowie zwischen der Natur Gottes und seiner inneren Dreieinigkeit." Das geschichtliche Kreuz erweist sich hier als konstitutiv für die Trinität als solche; kurz: „Die Form des Gekreuzigten ist die Trinität."[31] Damit aber tritt der leidende Mensch Jesus an die Stelle der zweiten Person der auch nach ihrer immanenten Seite damit ausgeleuchteten Trinität[32]. Nach Moltmann geht aus dem Kreuzesgeschehen als Liebesgeschehen die Erwählung der Menschheit zum Heil hervor. Kann schon der ganzheitliche Mensch Jesus nicht anders denn als Erwählter verstanden werden, so trägt seine Geschichte inklusiv „alle Tiefen und Abgründe der menschlichen Geschichte in sich ... Alle menschliche Geschichte, wie sehr sie von Schuld und Tod bestimmt sein mag, ist in dieser ‚Geschichte Gottes', d. h. in der Trinität, aufgehoben..."[33]

Erinnert nicht solches „Aufgehoben"-Sein an Hegels Mehrfach-Sinngebung dieses Wortes? Freilich: Die „Aufhebung der geschehenen Geschichte

---

30 Ebd. Die These von der Emergenz des Geistes aus dem Kreuzesgeschehen hat Moltmann später im Sinne seiner Geist-Christologie in die vom Vorausgehen, Sich-Durchhalten und auferweckend Tätig-Werden des Geistes im Kreuzestod transformiert (vgl. Dabney, Kenosis, 109 ff.; Donald A. Claybrook: The Emerging Doctrine of the Holy Spirit in the Writings of Jürgen Moltmann, Louisville 1983).
31 Der gekreuzigte Gott, 232 f. Die Aporie dieser Thesen besteht darin, dass ein Geschichtsereignis „konstitutiv" für Gottes Ewigkeit sein soll; stringent ist solches Denken Moltmanns nur im Kontext seiner Zeit-Ewigkeits-Dialektik.
32 Gegen Ende der siebziger Jahre wurde die These von der Identität zwischen immanenter und ökonomischer Trinität (seinerzeit entworfen in Analogie zu K. Rahner: vgl. „Der gekreuzigte Gott", 227) modifiziert: „Es gab ein Kreuz im Herzen Gottes, bevor das Kreuz auf Golgatha aufgerichtet wurde. Im Tod des Sohnes ist das ewige Herz der Trinität offenbar geworden" (Jürgen Moltmann: Christliche Trinitätslehre, in: ders./Pinchas Lapide: Jüdischer Monotheismus – Christliche Trinitätslehre. Ein Gespräch [Kaiser Traktate 39], München 1979, 32–46, hier 44). Damit erfolgte eine Präzisierung, die eine „Wechselwirkung" zwischen dem „Innen und dem Außen des dreieinigen Gottes" erkennt: „Die ökonomische Trinität offenbart nicht nur die immanente Trinität, sondern wirkt auch auf diese zurück" (Jürgen Moltmann: Trinität und Reich Gottes. Zur Gotteslehre, München 1994³, 177 f.). Nach wie vor gilt daher: „Der *Schmerz des Kreuzes* bestimmt das innere Leben des dreieinigen Gottes von Ewigkeit zu Ewigkeit" (ebd.).
33 Der gekreuzigte Gott, 233. – Zum Geschichtsbegriff vgl. Walter Sparn: ‚Dein Reich komme!' Geschichtsdeutung zwischen Weltgeschichte und Heilsgeschichte, in: Wer schreibt Geschichte? Die Jahrtausendwende als Anlass zu theologischen Reflexionen, hg. Gymnasialpäd. Materialstelle der Ev.-Luth. Kirche in Bayern, Erlangen 1999, 13–30.

in begriffene Geschichte ist bekanntlich nicht nur deren Aufbewahrung, sondern auch deren Vernichtung. Es steckt in dem Gekreuzigten auf Golgatha etwas, was sich selbst noch gegen seine Aufhebung in den Begriff der Versöhnung sperrt."[34] Moltmann entgeht mit seinem Hinweis auf das Kontingente der Geschichte des Gekreuzigten wohl dem Vorwurf, Christologie in Philosophie aufzulösen, nicht aber dem Verdacht, im Schema des „relationsontologischen Substantialismus" (ROS), näherhin: „theonomer Autonomie" zu denken[35]. Denn bei diesem Deutungsrahmen kommt es nicht auf konkrete, vorhersagbare Ableitung an, sondern auf das innere Identitätsverhältnis von Überpolarem und Polarem, von Überzeitlichem und Geschichtlichem (und Letzteres ist immer „kontingent"). Wäre also bei Moltmann das in Gottes Geschichte aufgehobene „Andere" der (Leidens-)Geschichte im Modus einer letzten metaphysischen Identität zu verstehen? Deutet er das Kreuz Jesu in diesem Sinn als „Seinsgrund" kosmischer Christologie? Geht damit aber dem Kreuz als Zeichen der „Koexistenz" Gottes nicht die Dimension der „Proexistenz" verloren, so dass „aus dem Wort der Verheißung, in dem Gott im Kreuz Christi sich dem Menschen verspricht, die Belehrung theosophisch-trinitarischer Gnosis wird"[36]?

Nicht nur die zitierte Rede von der Schöpfungsweisheit, die „in" Christus den Tod alles Lebendigen erleidet, weist in diese Richtung. Vielmehr tendiert auch auf Grund der von Moltmann gelehrten „Wechselwirkung"[37] zwischen immanenter und ökonomischer Trinität die der Vergänglichkeit preisgegebene Schöpfung als solche dazu, im Gesamt der Trinität die Sohnesstelle einzunehmen: Sie bildet als Bühne im einmaligen Gesamtprozess einen Teil des Passionsspiels, inklusiv gesehen also jenes „Andere" *in* Gott, das in der traditionalen Trinitätslehre der immanente Logos selbst darstellt. Dem entspricht die bereits aufgezeigte Neigung Moltmanns, den

---

34 Der gekreuzigte Gott, 89. Ebenso die noch ausführlichere Hegel-Kritik bei Jürgen Moltmann: Das Kommen Gottes. Christliche Eschatologie, Gütersloh 1995, 354 ff. und 364.

35 Dabei wäre im Falle Moltmanns nicht nur an Bezüge zu Hegel (vgl. Der gekreuzigte Gott, 87 f.; ferner: Bühler, Kreuz, 323), sondern auch an solche zu Schelling (und dessen theosophische Beeinflussung namentlich durch Böhme) zu denken: Ihn zitiert Moltmann denn auch in kreuzestheologischem Kontext mit den Worten: „Jedes Wesen kann nur in seinem Gegenteil offenbar werden" (Der gekreuzigte Gott, 32).

36 So Dembowski, Hermann: Gottes Sein ist im Leiden. Zur trinitarischen Kreuzestheologie Jürgen Moltmanns, in: M. Welker (Hg.), Diskussion über Jürgen Moltmanns Buch „Der gekreuzigte Gott", München 1979, 34–38, hier 37. Bezeichnenderweise vermisst Moltmann bei Luther eine „philosophia crucis" (Der gekreuzigte Gott, 74); er weiß allerdings auch, dass bei einer solchen „gnostische Spekulationen" drohen (204)!

37 Moltmann, Trinität, 177. Vgl. zu Moltmanns Trinitätsauffassung insgesamt Michael Murrman-Kahl: „Mysterium trinitatis"? Fallstudien zur Trinitätslehre in der evangelischen Dogmatik des 20. Jahrhunderts (Theologische Bibliothek Töpelmann Bd. 79), Berlin/New York 2000.

„kosmischen Christus" im Sinne einer kosmischen Natur bzw. Substanz Christi aufzufassen[38]. Bestätigt wird diese Analyse durch sein explizites Eintreten für ein panentheistisches Gottesverständnis, und zwar insbesondere vermittels des erwähnten Zimzum-Begriffs aus der Kabbala: „Die Differenz von Schöpfer und Geschöpf, ohne die Schöpfung nicht zu denken ist, bleibt umgriffen von der größeren Wahrheit, auf die die Schöpfungsgeschichte hinausläuft, weil sie von ihr herkommt: *dass Gott alles in allem ist.*"[39] Mit dieser Formulierung setzt Moltmann den futurisch-eschatologischen Panentheismus von 1. Kor 15,28 als einen metaphysisch[40]-präsentischen, der besagt, dass die Welt und ihre Geschichte „in Gott"[41], also innerhalb des ewig-trinitarischen Gesamtgeschehens zu denken seien. Zwar schreckt er vor einer expliziten idealistisch-dialektischen Ineinssetzung von Welt und Gottessohn zurück[42], betont jedoch gleichzeitig ihre „Wahrheitsmomente"[43] – wie auch analog dazu die „Wahrheitsmomente" in der substanzhaften „Vorstellung von der Schöpfung als ‚Überfluss' (Emanation) Gottes"[44]. Im Grunde erweist er sich kraft seines eschatologischen Welt- und Zeitverständnisses als ein Zeit-Ewigkeits-Dialektiker, für den feststeht: Gott „lässt seine Welt *in* seiner Ewigkeit existieren."[45] Besagt das Symbol der „Schechina", dass „Gottes Gegenwart am besten am *Anderen* in uns selbst wahrgenommen werden kann"[46], so wäre gemäß Moltmanns Theologie zu formulieren, dass die Gegenwart der Welt am besten als Anderes in Gott selbst zu denken sei[47]. Seine kosmische Christologie ist Ausdruck dieser Überzeugung.

---

38 Es sei anbei daran erinnert, dass der „relationsontologische Substantialismus" (ROS) die Anwesenheit der meta–physischen Substanz im Anderen bzw. als Anderes polar aufgespalten, also ent- bzw. verfremdet gegenwärtig denkt.
39 Moltmann, Schöpfung, 101 (kursiv im Original). Ausdrücklich sollen die „Wahrheitsmomente des Monotheismus und des Pantheismus" in einen „*Panentheismus*", in eine trinitarisch gedachte „Zusammenschau von Gott und Natur" integriert werden (109).
40 Moltmanns „neues Denken" nimmt „unter den Bedingungen des ‚geschichtlichen Denkens' das alte metaphysische Denken im Blick auf die Kosmologie wieder auf" und entwickelt eine „Metaphysik der ... Relationalität" (Weg, 13 f.).
41 Vgl. Trinität, 127 u. ö.
42 Vgl. Trinität, 121, 128, ferner 183, wo es aber dennoch heißt: „Die trinitarischen Aussagen über die ewige Zeugung und Geburt des Sohnes bewirken die christologische Konzentration der Kosmologie ..."
43 Vgl. Trinität, 122. Dass Moltmann im Endeffekt (wie schon Hegel) zweideutig bleibe, betont Hans Urs von Balthasar: Theodramatik. 4. Band: Das Endspiel, Einsiedeln 1983, 206.
44 Trinität, 128. Es sei „nicht gut, in der christlichen Schöpfungslehre ständig gegen die neuplatonische Emanationslehre zu polemisieren" (ebd.).
45 Moltmann, Trinität, 133.
46 Mollenkott, Gott, 48.
47 Moltmann weist in diesem Sinn darauf hin, dass nach kabbalistischer Schechina-Theorie die Selbstunterscheidung Gottes auf ihre eigene Erlösung zuläuft: „Denn diese geschichtliche Differenz Gottes ist diejenige Differenz, in der sich das ganze

Angesichts dieser Problematik empfiehlt es sich für „kosmisches" Denken, im Begriff des Anderen möglichst scharf zu unterscheiden, was mit Hilfe der oben definierten Paradigmen-Bezeichnungen in idealtypischen Kategorien versucht werden kann. Ein *heteronom gedachtes Anderes* hat die Differenz zwischen Gott (Schöpfer) und Welt (Schöpfung) in theistischem Dualismus so im Blick, dass sie betont „nicht-monistisch" auszudrücken ist, während ihr die eschatologische Aufhebung in eine heile Synthese im „nicht-dualistischen" Sinn fernliegt[48]. Ein *autonom gedachtes Anderes*[49] versteht die Differenz zwischen Gott und Welt mehr oder minder monistisch, wobei sie auch „nicht-dualistisch" formuliert werden mag, während ihr das zu Erlösende zu verschwimmen droht, insofern sie des Elements des „Nicht-Monistischen" entbehrt. Ein *theonom gedachtes Anderes* schließlich deutet die Differenz zwischen Schöpfer und Schöpfung im Rahmen „substanzrelationaler Ontologie" (SRO)[50], deren Kennzeichen die Verbindung von „nicht-monistischem" und „nicht-dualistischem" Denken sein muss[51], wobei der Begriff des Anderen ein ausgewogenes Verhältnis zwischen der Bestreitung von Selbigkeit und der Affirmation von Entsprechung erreicht. In dieser Bestimmung spiegelt sich die Doppelnegation durchs Chalcedonense, derzufolge das Ungetrennte mit dem Unvermischten christologisch zusammengehört[52]. Erst theonom gedachtes Anderes bewahrt das Element der „Anderheit" vor der Gefahr seines Bedeutungsverlusts in einer unverbundenen Vielheit oder umgekehrt in einer es aufhebenden Einheit[53].

---

Drama der Geschichte abspielt. Darum fällt die Erlösung der Geschichte mit der Erlösung Gottes zusammen" (Christliche Trinitätslehre, 40; vgl. 42). Gegen den Gedanken, dass „Gott selbst Erlösung brauchen" könnte, wendet sich Boff, Jesus Christus, 343.

48 „Fernliegen" muss dabei nicht im ausschließenden, sondern kann auch im relationalistischen Sinn verstanden sein: „Heil" steht am „fernen", jedenfalls nicht unmittelbar betroffen machenden Horizont.

49 Der Unterschied zwischen Absolutem und Kosmos wird in die „spirituelle Autonomie" aufgehoben: „Das neuzeitliche Denken ist vom Willen des Subjekts geleitet, sich seiner selbst zu vergewissern, als Prinzip zu behaupten und alles, auch Gott als das dialektisch Andere zu ihm, in sein Begreifen einzubeziehen. Und in der Tat: Gott wird ja *gedacht*. Noch als Grenze dieses Denkens ist er *für* dieses Denken, von ihm selber gesetzt" (Thomas Pröpper: Erlösungsglaube und Freiheitsgeschichte. Eine Skizze zur Soteriologie, München 1985, 49).

50 S.o. Kap. II.4. Dass der Begriff der „Substanz" hier die „Naturen" eben im biblischen Sinn des Gegenübers von Schöpfer und Schöpfung meint und darum die differenzierte Geschichte ihres Miteinander impliziert, dürfte hinreichend klargestellt sein. Von daher ist auch der These, in den Strukturen der Zwei-Naturen-Lehre könne „niemals Geschichte angetroffen" werden (Gerhard Koch: Jesus Christus – Schöpfer der Welt, in: ZThK 56, 2/1959, 83–109, hier 106), zu widersprechen.

51 Vgl. auch Dabney, Kenosis, 230 f.

52 Hingegen werden im Paradigma des „relationsontologischen Substantialismus" (ROS) die Naturen vermischt und getrennt.

53 Die Alteritätsdiskussion hat in neuerer Zeit den schöpfungstheologisch wichtigen

Nun ist es freilich gerade die chalcedonensische Zwei-Naturen-Lehre, gegen die Moltmann sich mit seiner Christologie abzugrenzen bemüht. Dabei unterstellt er, dass die göttliche Natur vom Apathie-Axiom bestimmt gewesen sei[54], das er mit Recht als biblisch nicht gedeckt zurückweist. Doch hier argumentiert er mit einer Teilwahrheit, denn in der seit Mitte des zweiten Jahrhunderts aufkommenden Logos-Christologie taucht der Schöpfungsmittler „genau an derjenigen Stelle auf, wo Clemens noch betont den Willen des alttestamentlichen Schöpfers eingesetzt hat."[55] Das bedeutet: Der tiefste Sinn der Zwei-Naturen-Lehre liegt mitnichten in der Ausbildung einer christlichen, von hellenistisch-philosophischen Voraussetzungen her geprägten Substanzmetaphysik, sondern in einer (noch unter lutherischen Bedingungen allerdings mit deren Hilfe angestrebten)[56] soteriologischen Verhältnisbestimmung von Schöpfer und Schöpfung[57]. Die kann allerdings nur dann soteriologisch ausfallen, wenn sie die ontologi-

---

Gedanken der Anderheit wieder in den Vordergrund auch philosophischer Aufmerksamkeit gerückt (vgl. bes. Emmanuel Levinas: Die Zeit und der Andere, übersetzt und mit einem Nachwort versehen von L. Wenzler, Frankfurt/M. 1989; insgesamt: J. Wollmuth [Hg.], Emmanuel Levinas. Eine Herausforderung für die christliche Theologie, Paderborn 1998). Gerade Kreuzestheologie kann in diesem Kontext einen entscheidenden Beitrag zum Gespräch leisten.

54 In falscher Pauschalität kann Moltmann sogar formulieren: Die „Unterscheidung von Gott und Welt ist allgemein metaphysischer Natur: die Welt ist...leidensfähig – Gott leidensunfähig..." (Trinität, 175).

55 Wickert, Christus, 475.

56 Vgl. Walter Sparn: Wiederkehr der Metaphysik. Die ontologische Frage in der lutherischen Theologie des frühen 17. Jahrhunderts (Calwer Theologische Monographien 4), Stuttgart 1976, 137.

57 Insofern verzeichnet Moltmann den Sachverhalt im Zuge seiner Infragestellung der Zwei-Naturen-Christologie etwas (vgl. Weg, 71 f.). Dass bei der Gegenübersetzung von Schöpfung und Schöpfer die Beziehung der menschlichen zur göttlichen Natur Christi nicht mehr die des Sohnes zum Vater sein könne (72), ist eine abwegige Behauptung, denn gerade um diese Identität geht es der Zwei-Naturen-Lehre! Diese Art der Argumentation Moltmanns steht exemplarisch für weite Teile der Christologie-Debatte neuerer Zeit, die im Grunde Paradigmenkonflikte mit ablenkenden Argumenten entscheiden zu können meint. Zwei weitere Beispiele dafür seien hier stellvertretend für sonstige genannt. 1. Schmidt-Leukel befragt die Kenosistheorie kritisch: „Kann Gott sich seiner wesentlichen göttlichen Eigenschaften entledigen und dabei immer noch Gott bleiben?" (Theologie, 510). Als ob es um die Kenose Gottes und nicht des Logos ginge – und als ob dabei „seine wesentlichen Eigenschaften" insgesamt zur Debatte stünden (s. u.)! 2. Dalferths Hinweis auf die „problematische realistische Semantik" bei der Darlegung der gottmenschlichen Sachverhalte in der Christologie führt zu seiner Entgegensetzung von „dualer Ontologie" einerseits und „Gottes Heilshandeln bei gleichzeitiger Unhintergehbarkeit der Differenz zwischen uns und Gott" andererseits (Der auferweckte Gekreuzigte, 150, 152), ohne zu bemerken, dass dieser Lösungsansatz mit der unhintergehbaren „Differenz zwischen Gott und uns" doch wieder auf so etwas wie eine duale Ontologie hinausläuft und dass die Rede von Gottes Handeln nur scheinbar von ontologischen Reflexionen dispensiert.

sche und lapsarische Differenz zwischen Schöpfer und Schöpfung gebührend zu gewichten weiß[58]. Moltmanns „neues Denken über Gott" hingegen impliziert eine diese Differenz im Sinne des autonom gedachten Anderen minimierende Schöpfungslehre: „Nicht mehr die *Unterscheidung* von Gott und Welt steht in ihrem Zentrum, sondern die Erkenntnis der Präsenz Gottes *in* der Welt und der Präsenz der Welt *in* Gott."[59] Immerhin wird die Unterscheidung von Gott und Schöpfung nicht pantheistisch preisgegeben[60]. Als Schöpfer aber – das stellt Moltmann treffend heraus – ist Gott *per definitionem* leidensfähig, insofern er sich auf Anderes, Nicht-Göttliches einlässt.

Wiederum ist dieser logische Sachverhalt keineswegs eine spezifisch christliche, womöglich nur theonomem Denken offen stehende Einsicht. Moltmann weiß, dass der tiefsinnige Gedanke, „daß Gott sich in Ewigkeit sich selbst opfert"[61], bereits längst vor ihm in der anglikanischen Theologie systematisch ge- und durchdacht worden ist, und führt dafür insbesondere C. E. Rolt an[62]. Er weiß ferner um die Erkenntnis der göttlichen Selbstbeschränkung in der im wesentlichen außerchristlichen Theosophie der Kabbala (von der aus sie bis zu Besant vorgedrungen war!). Doch er bedenkt nicht, dass die Idee des göttlichen Selbst-Opfers religionsgeschichtlich alles andere als eine Ausnahmeerscheinung darstellt und in heteronomen, autonomen und theonomen Modellen gleichermaßen vorkommt, so dass beim Bezug auf das Kreuz Jesu genauere Unterscheidungen vorgenommen werden müssen, wenn hinreichend deutlich werden soll, ob man es wirklich mit einer „kosmischen christologia crucis" zu tun hat. Bei Rolt führt die Überlegung vom „ewigen Opfer der Selbst-Liebe Gottes" zu dem Schluss, dass die damit vorausgesetzte Selbstunterscheidung in Gott die Gegebenheit auch des Bösen in Gott implizieren müsse. Moltmann ver-

---

58 Mit Bühler ist festzuhalten, „daß die theologia crucis die Unterscheidung von Gott und Welt nicht etwa aufhebt, vielmehr gerade einschärft. Auch wenn es darum geht, das Kreuz in kosmologischer Hinsicht zu reflektieren, so bleibt doch diese Dualität bestimmend, konstitutiv ... Sonst wird die theologia crucis zu einer theologia trinitatis, die im Endeffekt theologia gloriae ist" (Kreuz, 326).
59 Schöpfung, 27 (Kursivdruck im Original). Wenn Bühler formuliert, Moltmann hebe „die Dualität von Gott und Welt auf" (Kreuz, 325), so ist das übertrieben formuliert; mit unserem analytischen Instrumentarium ist eine differenziertere Sicht möglich. Das Andere, das Moltmann als Schöpfung „in Gott" durchaus bejaht, ist ein autonom gedachtes, das letztlich freilich durch sein In-Sein doch nichts wirklich Anderes für Gott bedeuten kann.
60 Dennoch spricht Moltmann einmal leichtsinnig von seiner „pantheistischen Vision der *Welt in Gott*" (Gotteserfahrungen, 67). Aber Deutungsstrukturen in Richtung einer „autonomen Autonomie" lehnt er in seiner Christologie klar ab: „Endlich kann die Rede vom ,kosmischen Christus' nicht die Einordnung Christi in die Gesetze und Rhythmen des vorhandenen Kosmos bedeuten ..." (Weg, 301).
61 Trinität, 48.
62 C. E. Rolt: The World's Redemption, London 1913. Die im vorigen Kapitel genannten Studien von Stevens und Buckham stehen in dieser anglikanischen Tradition.

merkt dazu: „In diesem Zusammenhang verweist Rolt auf die ‚mystische Theologie', und man wird an Jakob Böhme erinnert."[63] Tatsächlich ist diese Reflexion eher theosophischer als theologischer Natur. Moltmann folgert mit Rolt weiter, das Böse sei die Bedingung für Gottes „ewige Seligkeit, weil es Voraussetzung seines Triumphes" sei[64], und zitiert zustimmend: „This is the mystery of the Cross, a mystery, which lies at the centre of God's eternal Being"[65].

Dass hier das Kreuz Funktion einer triumphalen Herrlichkeitstheologie, einer „theosophia crucis" im pejorativen Sinn geworden ist, entgeht Moltmann ebenso wie der religionsgeschichtliche Umstand, dass der Gott der „natürlichen Theologie" durchaus als „leidend" gedacht werden kann[66]. Dabei weiß er sogar einmal zu formulieren: „Ohne die Erkenntnis des Leidens der unerschöpflichen Liebe Gottes kann es kein ‚Pantheismus' in dieser Welt des Todes aushalten."[67] Nichtchristliche Beispiele für den Opfergedanken auf Seiten des Göttlichen im Paradigma „spiritueller Autonomie" habe ich im dritten Kapitel gebracht (insbesondere sein Auftauchen in der modernen, trinitarisch fundierten „kosmischen Christologie" der

---

63 Trinität, 49. Der Görlitzer Theosoph, stark von der auch für Moltmann relevanten Tradition kabbalistischen Denkens geprägt, hat in seiner Trinitäts- und Schöpfungslehre manch strukturelle Nähe zu dem Tübinger Theologen aufzuweisen – nicht zuletzt mit seiner Lehre vom „Kreuz in der Tiefe Gottes, im Centrum naturae" (vgl. Schulitz, Böhme, 98), was hier nur angedeutet werden kann. Namentlich Moltmanns Rede von der Sehnsucht des Geistes als „Qual in allen Dingen" (Weg, 315) bezieht sich auf Böhmes Sprachgebrauch (kenntlich gemacht nur in: Trinität, 126).
64 Moltmann, Trinität, 50. Der „unendliche Fluch der Verdammnis" müsse „in *Gott selbst*" sein, wird bereits im „Gekreuzigten Gott" postuliert (233; vgl. auch 144). „Das Böse" sei „in Gott", heißt es noch zwei Jahrzehnte später (Geist, 226). Dagegen vgl. Boff, Jesus Christus, 342.
65 Rolt, Redemption, 127.
66 Das bestreitet Moltmann unter Berufung auf den 1936 verstorbenen Philosophen Miguel de Unamuno (vgl. Trinität, 53). Doch „natürliche Religion" hat in ihrer apophatischen Tendenz durchaus das Bestreben, der absoluten Transzendenz die Herkunft des Guten und Bösen gleichermaßen zuzuschreiben und damit auch Leiden mit Gott und seinen Erscheinungen monistisch zusammenzudenken (vgl. Schütz, Freiheit, 348). Die Voraussetzungen dafür sind selbstverständlich vorhanden: „Wenn man die Religionsgeschichte überblickt, gibt es überall das Phänomen der Weisheit als Leitfaden für die traditionelle religiöse Lebensbewältigung, das Leiden ist ohnehin der religiösen komplexen Struktur Unheil – Heil immanent ..." (Rainer Flasche: Leiden, Weisheit und Mystik in der Religionsgeschichte, in: B. Jaspert [Hg.], Leiden und Weisheit in der Mystik, Paderborn 1992, 9–28, hier 26). Insofern bestätigt sich die Diagnose eines „Ineinander von biblischer und natürlicher Theologie" in Moltmanns Programm bei Friedrich Mildenberger: Theologie der Zeit. Wider die religiöse Interpretation der Wirklichkeit in der modernen Theologie, Stuttgart 1969, 114.
67 Moltmann, Gotteserfahrungen, 68. Damit wird indirekt eingeräumt, dass jeder Pantheismus die Realität des Leidens mit der Idee Gottes als des Guten zu vermitteln hat.

Theosophin Besant spricht Bände). Ein Reden vom „kosmischen Christus" im Assoziationszusammenhang des Kreuzes und einer das Negative integrierenden „Trinität"[68] weist also mitnichten *per se* auf eine „kosmische christologia crucis" hin. Es kann vielmehr geradezu „die Auflösung des Paradoxes in der Kreuzestheologie" anzeigen. Genau das wird Moltmann bereits von Bühler[69] vorgeworfen, der in seiner kreuzestheologischen Studie resümiert, „daß Moltmanns Kreuzesinterpretation nicht eine Kreuzestheologie oder Kreuzeseschatologie ist, sondern dem Kreuz bloß eine Rolle im Rahmen einer Herrlichkeitseschatologie zukommen läßt."[70] In diesem Sinn handelt es sich bei Moltmann um eine „kosmische christologia gloriae", die von Herrlichkeitsprotologie und –eschatologie her entworfen ist, auch wenn sie methodisch beim Gekreuzigten ansetzt.

Dass der gekreuzigte Gott[71] ihr „Seinsgrund" ist, signalisiert in der systematischen Struktur die Ansetzung des staurologischen „Unten" *im* gloriosen „Oben"[72]: Moltmann geht es um „die *ewige* Geschichte, die der dreieinige Gott in sich selbst erfährt" und die die Welt und ihre Geschichte „Gottes Passion" sein lässt[73], so dass die innertrinitarische Liebe zum Gleichen auf kosmischer Ebene doch wieder nur „dem Gleichen im an-

---

68 Vgl. Moltmann, Trinität, 73 f. Die These, dass in Jesu Auferstehung „der Ursprung der Aufhebung des *universalen Karfreitags*, jener Gottverlassenheit der Welt, die in der Tödlichkeit des Todes am Kreuz herauskommt", zu sehen sei, findet sich im Kontext eines Hegel-Zitats bereits bei Jürgen Moltmann: Theologie der Hoffnung. Untersuchungen zur Begründung und zu den Konsequenzen einer christlichen Eschatologie, München 1964, 192 (kursiv: W. T.). Die Problematik dieser Sichtweise besteht darin, dass sie die lapsarische Verfasstheit der Welt überspringt, zu deren Gunsten der daher nicht analogisierbare Karfreitag stattgefunden hat: „Damit würde die Besonderheit des Sterbens Jesu verdeckt: daß sich Gottes Zorn hier gegen den kehrt, der nicht schuldig ist.... Was im Kreuz Jesu von Gott negiert wird, ist nicht ein Mangel, sondern der aktive Widerspruch gegen seinen Willen" (Mildenberger, Theologie, 113).
69 Vgl. Bühler, Kreuz, 325. Hatte nicht Moltmann bereits in seiner „Theologie der Hoffnung" (153 f.) den „Tod Gottes" als ein Element im dialektischen Prozess Gottes aufgefasst?
70 Kreuz, 327.
71 Vom *deus crucifixus* konnte bereits Tertullian sprechen (Adversus Marcionem II 27, CSEL 47, 374).
72 Demgegenüber betrachtet lutherische *theologia crucis* das Kreuz als *Erkenntnisgrund* und sichert so die Nichtidentifizierbarkeit Gottes mit weltlicher Natur und Geschichte und deren Bösem. Moltmann kann andernorts ebenfalls die noetische Relevanz des Kreuzes unterstreichen, allerdings bezeichnenderweise mit pan(en)theistischer Intention: „Die Erkenntnis des gekreuzigten Gottes gibt dieser Vision der Welt in Gott Grund und Bestand.... Darum entsteht unter dem Kreuz die Vision: Gott in allen Dingen, alle Dinge in Gott" (Gotteserfahrungen, 68).
73 Moltmann, Trinität, 206 und 183 (kursiv: W. T.). Das Kreuz gerät dann in die pluralisierende Gesamtperspektive einer summarischen Leidensgeschichte Gottes: „In den Augenblicken der tiefsten Offenbarung Gottes steht immer ein Leiden: der Schrei der Gefangenen in Ägypten, der Todesschrei Jesu am Kreuz, das Seufzen der ganzen geknechteten Schöpfung..." (20).

deren"[74] gilt. Der „kosmische Christus" schillert bei Moltmann leicht theosophisch[75]. Sein Mittlertum besteht im wesentlichen darin, zwischen immanenter und ökonomisch-inklusiver Trinität zu vermitteln, auf deren Einheit und Differenz Moltmanns Panentheismus letztlich beruht[76].

## 2. Der „kosmische Christus" in der Geschichte Gottes

Der Begriff des „kosmischen Christus" teilt selbst noch bei Moltmann weitgehend jenes merkwürdige Schicksal, das ihn – wie dargelegt – schon auffallend oft ereilt hat: Er wird benutzt als attraktives Signalsymbol in Überschriften, während der eigentliche Text ihn nicht oder kaum aufgreift. Sowohl die Christologie von 1989 als auch deren gekürzte und überarbeitete Taschenbuchausgabe betiteln einschlägige, stark ökologisch akzentuierte Kapitel mit „Der kosmische Christus", während der Terminus als solcher dann nur noch in Ausnahmefällen[77] auftaucht und stattdessen viel öfter von „kosmischer Christologie" gesprochen wird. Der Grund dafür, dass Moltmann den plakativen Begriff, von Überschriften abgesehen, insbesondere nie im Blick auf seine eigene Theologie benutzt, dürfte darin zu suchen sein, dass für ihn der Christus Jesus in seiner Person nicht eigentlich kosmisch, sondern relational verstanden wird, während sich hinsichtlich seiner „kosmischen Dimensionen" eine bereits angedeutete Verschiebung hin zu einer kosmischen Pneumatologie ergibt. Was dieser Sachverhalt dogmatisch bedeutet, ist im folgenden genauer zu bedenken, nicht zuletzt mit Blick auf die Filioque-Kontroverse.

---

74 Vgl. Trinität, 74.
75 Dies kommt indirekt in den wiederholten Bezüge auf Jakob Böhme in seinem Trinitätsbuch und der Schöpfungslehre zum Ausdruck, ferner in mancherlei Bezugnahmen auf den russischen Sophiologen Berdjajew, dessen „Theosophie des Menschheitsgeschicks" Moltmann beeindruckt referiert (Trinität, 57 ff.). Beide Namen spielen ja auch für Tillich eine Rolle (s. o. Kap. II.2). Hingegen bestehen im Blick auf die moderne Okkult-Theosophie allenfalls indirekte Strukturanalogien zu Moltmanns Denken im Sinne des Paradigmas „spiritueller Autonomie" (z. B. die zyklisch anmutende Rede von der „Heimkehr" der Geschöpfe in die göttliche Herrlichkeit: Weg, 314; die theosophisch klingende Rede von den „Schwingungen seines Geistes", 313; die Befürwortung der Rede vom „kosmischen und ... göttlichen Bewußtsein" im Menschen: Schöpfung, 32); um den Ursprung des Terminus „kosmischer Christus" in diesem Kontext scheint Moltmann nicht zu wissen.
76 In Abgrenzung von unmittelbaren Identifizierungen immanenter und ökonomischer Trinität formuliert Moltmann: „Um die Geschichte der Menschheit als eine Geschichte *in* Gott zu verstehen, muß die Unterschiedenheit des Weltprozesses vom innertrinitarischen Prozess aufrechterhalten und betont werden" (Trinität, 122).
77 Nämlich im Reflektieren über andere (über Sittler: Weg, 301; über Teilhard: 315, 317; über den Kolosserhymnus: 278, 308 und 328; in der Tb-Ausgabe über das Thomasevangelium: Christus, 93).

Moltmanns „neue kosmische Christologie" will „die geschichtliche Christologie der Moderne ‚aufheben', ihre Grenzen überwinden und ihre Wahrheit bewahren", um sich als „natürliche Christologie"[78], nämlich eine „Christologie der Natur" zu etablieren[79]. Die ökologische Bedrohung der Erde bildet den Anlass für ihre Entfaltung: „Wenn Christus der ‚Erstgeborene aller Kreaturen' ist und ‚durch ihn alles geschaffen' sowie ‚alles versöhnt wird', was im Himmel und auf der Erde ist (Kolosser 1,15–20), dann kommt Christus uns in seiner Zukunft auch aus der Erde entgegen."[80] Moltmann erblickt die „Schöpfung in Fesseln" und bringt akut den „Hunger und Durst nach der Gerechtigkeit Gottes" zum Ausdruck, wie sie nicht nur auf Seiten der leidenden Kreatur bestehen: „Die Mittler der Schöpfung – Geist und Wort – warten und drängen in allen Dingen auf ihre Befreiung."[81] Ungewöhnlicherweise ist hier von den Schöpfungsmittlern in der Mehrzahl die Rede, und zwar nicht nur im protologischen, sondern auch im präsentisch-eschatologischen Sinn. Das veranlasst zu der Nachfrage: Wie denkt sich Moltmann den „kosmischen Christus" näherhin trinitätstheologisch? Warum will er, der das Kreuz als „Seinsgrund" der Schöpfung wie der Trinität zu begreifen sucht, die geschichtliche Christologie „aufheben" in eine kosmische?

In seiner Christologie beteuert er, was schon im „Gekreuzigten Gott" deutlich geworden war: „Im Zentrum der Trinität steht christlich immer das Kreuz, denn das Kreuz offenbart das Herz des dreieinigen Gottes, das für seine ganze Schöpfung schlägt."[82] Doch steht damit tatsächlich auch der Gekreuzigte selbst im Zentrum? Moltmann sieht am Kreuz nicht eigentlich den Sohn leiden, sondern kommt in seinen Überlegungen zu einem erstaunlichen Satz: „Wie der Geist das göttliche Subjekt der Lebensgeschichte Jesu ist, so ist der Geist auch das göttliche Subjekt der Passionsgeschichte Jesu."[83]

---

78 Moltmann kann den „kosmischen Christus" als den Schöpfer des Universums interpretieren, um dann die natürlich-theologische Anknüpfung der Areopagrede („in dem wir leben, weben und sind", Apg 17,27) auf ihn zu transferieren (Weg, 304).
79 Moltmann, Christus, 78 f.; vgl. auch: Weg, 296. An anderer Stelle betont Moltmann: „Natur zielt nicht auf Geschichte" (Weg, 276). Für ihn wird die Verehrung der Natur „zu einem Teil der Gottesverehrung" (Geist, 50).
80 Jürgen Moltmann: Der Erde treu bleiben. Christuszeichen in der Welt, in: Evangelisches Gemeindeblatt für Württemberg, 29/1999, 11. Auch seine Frau bezeichnet aus ökologischer Interessenleitung heraus den „kosmischen Christus" als den „aus der Erde kommende(n) Erlöser" (vgl. Elisabeth Moltmann-Wendel: Rückkehr zur Erde, in: EvTh 53, 5/1993, 406–420, bes. 417). Man fühlt sich hier von ferne an Steiners Interpretation des „kosmischen Christus" als des „Erdengeistes" erinnert, die freilich noch nicht ökologisch motiviert war.
81 Moltmann, Christus, 86 (ebenso: Weg, 349). Die Vorstellung von der Gefangenschaft des bzw. der Schöpfungsmittler(s) ist eindeutig gnostisch gefärbt.
82 Weg, 195.
83 Ebd. 196.

Demnach wäre Jesus sozusagen nur deren *menschliches* Subjekt. Und in der Tat sind das die theologischen Konsequenzen einer dezidierten Geist-Christologie[84]. Impliziert ist in dieser Sichtweise einer nicht-substantialistischen Christologie allerdings die Auffassung, dass der geschichtliche Jesus selbst im adoptianischen Sinn den Sohn Gottes und als solcher die zweite Person der Trinität darstellt. Moltmann versichert deshalb, dass für ihn der Gedanke der Präexistenz des Logos und das Adoptionsmodell keinen Widerspruch bilden[85]. In seiner Relation zum Vater ist Jesus der „Sohn", in seiner Relation zum Kosmos der Logos als „Schöpfungsmittler"[86]. Der Geschichtliche und der Überzeitliche lassen sich so unparadox (*infinitum capax finiti*) zusammenbringen, wenn man „Geschichte in Gott", nämlich lediglich als „Pause in der Ewigkeit" denkt. Besagt aber die Rede von der Inkarnation nicht umgekehrt: „Gott in der Geschichte"?

Es handelt sich hier konzeptionell gesehen um die Differenz zwischen dem autonom und dem theonom gedachten Anderen Gottes. Moltmann schließt von der Selbstunterscheidung Jesu vom Vater auf dessen immanente Selbstunterscheidung vom Sohn als Quelle der Schöpfungsidee: „Gott hat von Ewigkeit her nicht nur sich selbst, sondern auch die Welt gewollt, denn er hat sich nicht nur an sich selbst, sondern auch an das ihm Andere mitteilen wollen. Darum ist schon in der Liebe des Vaters zum Sohn die Idee der Welt enthalten ... Seine sich mitteilende Liebe zum Gleichen öffnet sich zum Anderen und wird schöpferisch..."[87] Die-

---

84 Zwar vertritt Moltmann keine in dem Sinn „radikale" Geist-Christologie (dazu Dabney, Kenosis, 208), dass er darüber die trinitarisch begründete Gottessohnschaft preisgeben würde; wo das geschieht, fällt die Differenz zur „Christologie" des Koran (vgl. Sure 4,169: „Der Messias Jesus, der Sohn der Maria, ist der Gesandte Allahs und sein Wort, das er in Maria legte, und Geist von ihm")! Aber indem Moltmann aus den Zeugungsgeschichten vom Heiligen Geist bei Matthäus und Lukas Geschichten von der „Geistgeburt Christi" macht und dabei das Credo-Element der „Jungfrauengeburt" eliminieren zu können glaubt (Weg, 97 ff.), legt sich eindeutig ein adoptianisches Erklärungsmodell nahe. Gewiss versucht er es mit seiner Rede vom ewigen „Sohn" zu vermitteln, doch gerät er dabei in Aporien und erfährt deshalb zumindest teilweise berechtigte Kritik durch Kuschel, Geboren, 576 ff.

85 Vgl. Weg, 93. – Die theologische Bestreitung der Präexistenz Christi (z. B. Friedrich Mildenberger: Biblische Dogmatik. Eine Biblische Theologie in dogmatischer Perspektive. Bd. 3: Theologie als Ökonomie, Stuttgart/Berlin/Köln 1993, 451) sieht in dieser Lehre mit Recht die Gefahr, dass sie als metageschichtliche Aussage zum ewig-gültigen Prinzip wird statt zur Glaubensanrede (vgl. Walter, Präexistenzchristologie, 234). Doch sie verkennt, „daß die Präexistenzaussage ganz im Dienst der Soteriologie und Offenbarungstheologie steht" (Rudolf Laufen: Der anfanglose Sohn. Eine christologische Problemanzeige, in: ders. [Hg.], Gottes ewiger Sohn. Die Präexistenz Christi, Paderborn u. a. 1997, 9–30, hier 11; vgl. 19), und zwar gerade, indem sie die Spannung zwischen Gott und der Schöpfung als Anderem mit zum Ausdruck bringen hilft. Vgl. auch Pannenberg, STh 2, 413 f.

86 Vgl. Moltmann, Trinität, 123; vgl. 127.

87 Trinität, 123 und 127. Moltmann bezieht die Selbstunterscheidung Jesu vom Vater

ses Andere aber wird nun nicht allein „durch den Sohn", sondern auch „aus den Kräften und Energien" des Geistes Gottes – und insofern eben „nicht nur... *ex nihilo*"[88] – geschaffen; es wird dadurch zwar „nicht selbst göttlich", aber „doch in das Kraftfeld des Geistes hineingenommen..." Bis hierhin mag Moltmanns Argumentation nachvollziehbar sein; doch dann fährt er fort: „... und bekommt Anteil am inneren Leben der Trinität selbst." Wie soll das zu verstehen sein: als relationsontologische Beschreibung des verborgenen Geistwirkens[89] oder doch als substanzontologische Theosis-Andeutung? Dass Letzteres durchaus nicht abwegig ist, geht daraus hervor, dass angesichts solcher explizit (!) emanationslogisch gefärbten Beschreibung der Welt Moltmann der Ausdruck „Schöpfung" schließlich zu schwach vorkommt; er spricht präzisierend von einer „mittleren Lage zwischen Schöpfung und Zeugung"! Kommt dem Heiligen Geist in der traditionellen Trinitätslehre die Rolle zu, in der Selbstunterscheidung zwischen Vater und Sohn verbindend tätig zu sein, so stellt er in der „trinitarischen Schöpfungslehre" Moltmanns darüber hinaus die Kraft dar, die „das Verschiedene verbindet"[90], nämlich Gott und dessen Anderes in Gestalt des Kosmos.

Das solchermaßen im obigen Sinn autonom gedachte Andere Gottes lässt den Entfremdungsaspekt verblassen: Die Welt ist als Schöpfung „gut"[91] und einfach ein „Spiel des Ganz-Anderen", das zeitliche Leben „nicht ein Vorkampf, sondern ein Vorspiel" und die neue Schöpfung und ihr Panentheismus für Gott eben „ein neues Spiel"[92]. Zwar bemüht sich

---

    bezeichnenderweise auf den „Gott, der in seinen Einwohnungen sich selbst gegenübertritt" (133).
88  Vgl. Trinität, 128. In der Tat kommt laut Röm 11,36 und 1. Kor 8,6 alles *ex deo*.
89  „Gottes Geist ist in der Wirklichkeit ‚verborgen' und ‚offenbar', in dieser seiner Verborgenheit, nur dort, wo Gottes Wille und Wort es uns, die Wirklichkeit schaffend oder begrenzend, anzeigt. Wer diese ‚Verborgenheit' des göttlichen Geistes in allem Geistigen und Wirklichen nicht anerkennt, wer nichts von diesem – im Sinne Luthers – von Gott gewollten, begrenzenden und gesetzten offenbaren Geheimnis weiß, der ist von Luther trotz aller Verbundenheit geschieden" (Erich Seeberg: Der Gegensatz zwischen Zwingli, Schwenckfeld und Luther, in: W. Koepp [Hg.], Zur Theorie des Christentums [FS Reinhold Seeberg], Bd. 1, Leipzig 1929, 43–80, hier 79).
90  Moltmann, Trinität, 128. – Nach Rombach ist die Hermetik überhaupt „Pneumatologie, Geistlehre in einem neuen, an keine Philosophie angelehnten Sinne" (Gott, 118 f.). In der modernen Theosophie ist eine Pneumatologie in trinitarischer Einbettung gedacht worden: Vater, Sohn und Geist sind modalistisch „Aspekte" des Einen, und der „Geist Gottes ist das Leben im Weltall, die Körper sind die Gefäße, in denen das Leben gärt. Der Geist ist das Nichtoffenbare, die Dinge, die wir sehen, sind seine Offenbarung" (Hartmann, Mysterien, 67 f.).
91  Moltmann, Schöpfung, 312.
92  Vgl. Jürgen Moltmann: Die ersten Freigelassenen der Schöpfung. Versuche über die Freude an der Freiheit und das Wohlgefallen am Spiel, München 1976⁵, 23, 41 und 33.

Moltmann zu versichern: „Jesu Tod war kein Spaß."[93] Aber Spiele – so könnte man sinnieren – machen ja keineswegs nur Spaß: „Mensch ärgere dich nicht" heißt es, weil seelischer Schmerz einkalkuliert ist, und spielerische Wettkämpfe können körperlichen Schmerz verursachen. Im Modell des autonom gedachten Anderen wird es schwierig, den restlosen Ernst des Kreuzestodes angemessen festzuhalten und auszudrücken. Das „Unten" des Kreuzes wird ins göttliche „Oben" hineinintegriert. Die Kernproblematik tritt zutage, wenn der Tod am Kreuz im Sinn nicht-substantialistischer Christologie beleuchtet wird: Mit Jesus stirbt der Mensch aus Nazareth – der „Gottessohn" hingegen nur in relationaler Hinsicht, insofern dadurch die Trinität in ihrer triplexen Beziehungsstruktur vorübergehend zusammenbricht[94]. Eine leichte Nähe zum Doketismus bleibt trotz Moltmanns Bemühen um ihre Überwindung bestehen[95].

Soll demgegenüber Gottes Andere theonom gedacht werden, so kann dies nur die Frucht einer konsequenten Reflexion jener Selbstunterscheidung Jesu von Gott sein, die sein Leben in die Passion getrieben hat. Denn sie impliziert die Entäußerung des Logos hinein ins vergängliche Geschöpfsein so, dass – im Sinne „substantialistischer" Christologie gesprochen – am Kreuz wirklich die zweite Person der Trinität in Menschengestalt leidet und stirbt[96]. Nur die Betonung der Andersheit der geschöpflichen Natur im allgemeinen und dann auch in deren Zusammengespanntsein mit der göttlichen Natur Christi macht den Schmerz Gottes restlos evident, weil damit seine Partizipation am Tod über den Aspekt einer noch so tief verstandenen Empathie hinausgeht, sich eben „substantiell" realisiert[97]!

---

93 Die ersten Freigelassenen, 35. Im Kontext der indischen Avatara-Theorie ist Gottes Schwäche übrigens tatsächlich nur ein Spiel (Neuner, Christus-Mysterium, 800).

94 „Jesu Tod kann nicht ‚als Tod Gottes' verstanden werden, sondern nur als Tod *in* Gott" (Moltmann, Der gekreuzigte Gott, 192) – wieder diese trennende Präposition „in"! Vgl. auch ders., Schöpfung, 196. Dabney bestätigt in seiner Moltmann-Interpretation: Nur im „trinitarisch-relationalen" Sinn kann hier vom „Tod Gottes" die Rede sein (Kenosis, 166; vgl. 229).

95 Das gilt insbesondere, wenn selbst die relationale Kreuzeskatastrophe noch einmal relativiert wird, indem der Vater in Moltmanns Worten auf den Verlassenheitsschrei des Sohnes antwortet: „Ich habe dich in Ewigkeit nicht verlassen, sondern war bei dir in deinem Herzen" (Weg, 202). Gerät nicht auch Moltmanns Rede von „Kenosis" (z. B. Trinität, 133 f.) in die Nähe zum Doketismus, insofern sich die Ent-äußerung panentheistisch in ein Außen hinein ereignet, das letztlich nur ein „Außen im Innen" (z. B. Schöpfung, 101) bedeutet?

96 Moltmann weiß: Für Luther „ist die Person Christi durch die göttliche Person bestimmt. Darum leidet und stirbt auch die göttliche Person im Leiden und Sterben Christi" (Der gekreuzigte Gott, 220).

97 In diesem Sinn ist die These von der Leidensfähigkeit des trinitarisch begriffenen Gottes und namentlich des sich dem Anderen hingebenden Logos hier – Moltmann verschärfend – zugrunde gelegt. Das Paradox des christlichen Heilsgeschehens wird begründet, nicht beseitigt durch die These, dass Schöpfersein eine punktuelle substanzielle Partizipation am gesetzten Anderen keineswegs ausschließt.

Für eine dezidierte „kosmische christologia crucis", die mit der Wahrnehmung des Gekreuzigten als des Mensch gewordenen Gottessohnes, mit der christologischen Meditation des grässlichen Geschehens auf Golgatha einsetzt, wird ein tendenziell harmonistischer, den Schöpfungsgedanken im Sinne Moltmanns überbieten wollender Panentheismus unmöglich. Kreuzestheologisch verbietet sich die Interpretation der lapsarisch geprägten, leidgetränkten Welt als „Spiel" diesseits des Eschatons ebenso wie als unmittelbare „Bewegungen des Geistes der Schöpfung"[98].

Wird mithin nicht die Geschichte in Gott, sondern Gott in der Geschichte gedacht, dann wird aus Pan*en*theismus ein gleichfalls trinitätstheologisch verantworteter „Pan*syn*theismus"[99], dessen kosmische Christologie konsequent beim Kreuz ansetzt. Das bedeutet zunächst einmal, dass aus dem Tod des Mensch gewordenen Logos der Schluss gezogen werden muss: Einer aus der Trinität hat gelitten, ist gestorben[100]; folglich hat sich Gott seiner „Natur" nach als fähig und willens zur Menschwerdung, zur vollen Partizipation an der der Vergänglichkeit ausgelieferten Schöpfungswelt erwiesen. Das wiederum impliziert, dass Gottes Sein als „im Werden" zu denken ist – bzw. dass Gott „sich in den Prozess einer Geschichte mit seiner Schöpfung einläßt"[101]. Realisiert der Ewige Anderes als Zeitliches, so wird er dadurch, dass er in Relation zu Zeitlichem tritt, gewissermaßen selbst zeitlich, ja geschichtlich[102] – wobei „Zeit" selbst ebenso wie „Raum" überhaupt als Bedingungen der Möglichkeit von Relationen zu verstehen sind. In dieser Hinsicht lässt sich grundsätzlich von Gottes Ewigkeit sagen, dass sie mitnichten, weder protologisch und erst recht nicht eschatolo-

---

98 So aber Moltmann, Schöpfung, 30; ähnlich 32. Erst später lässt Moltmann anklingen, dass derlei Aussagen nur im Kontext der These von der „Kenosis des Geistes" (113) plausibel sein können.
99 Das heißt, es geht um Gottes Mit-Sein mit dem Anderen, das als solches nicht schon immer von ihm umschlossen und am Ende „aufgehoben", sondern als Gegenüber in Gottes Geschichte mit seiner Geschichte bis aufs Blut ernst genommen wird. Vgl. auch das oben in Kap. I.2 zum vorgeschlagenen „Pansyntheismus"-Begriff Erläuterte!
100 Vgl. dazu die dogmen- und zeitgeschichtlichen, auch Moltmann einbeziehenden Diskussionshinweise bei Schoonenberg, Geist, 129 f.
101 Vgl. Eberhard Jüngel: Gottes Sein ist im Werden. Verantwortliche Rede vom Sein Gottes bei Karl Barth. Eine Paraphrase, Tübingen 1976³, bes. 80 und 110 f. Pannenberg sieht unter dem Gesichtspunkt der „Geschichte Gottes" seinerseits „Raum für ein Werden in Gott selbst" (STh 1, 473).
102 Vgl. dazu die für einen Katholiken, der auf die Unveränderlichkeit Gottes dogmatisch festgelegt ist, sehr weitgehenden Überlegungen bei Schoonenberg, Geist, 114 ff. Ferner Heribert Mühlen: Die Veränderlichkeit Gottes als Horizont einer zukünftigen Christologie, Münster 1969; Frank Meessen: Unveränderlichkeit und Menschwerdung Gottes. Eine theologiegeschichtlich-systematische Untersuchung, Freiburg/Basel/Wien 1989; Roland Faber: Der Selbsteinsatz Gottes. Grundlegung einer Theologie des Leidens und der Veränderlichkeit Gottes (Studien zur systematischen und spirituellen Theologie 16), Würzburg 1995.

gisch, in bloßer Negation jedweder Art von Raumzeitlichkeit, als abstrakt-absolutes „nunc stans" zu begreifen ist[103], so gewiss es zu schlicht wäre, Gottes ewige Zeitqualität mit der unserer Welt zu verwechseln[104]. Schon die trinitarisch gedachte Selbstunterscheidung Gottes wird ja allemal als nicht einfach völlig zeitlos zu denkender Prozess, sondern als Bewusstseinsvorgang zu deuten sein: Die einzelnen Hervorgänge stellen als in sich komplexes „Procedere" göttliches Leben im Vollzug dar[105].

Aus dem Kreuzesgeschehen als göttlichem Heilsgeschehen lässt sich theologisch also auf die ökonomische „Geschichtlichkeit" Gottes schließen, die gerade deshalb, weil sie im Gekreuzigten Gottes Leiden nicht nur im Sinne geistiger Identifikation, sondern leiblicher Identität umfasst[106],

---

103 Vgl. Ernst Topitsch: Heil und Zeit. Ein Kapitel zur Weltanschauungsanalyse, Tübingen 1990, bes. 14 und 43, wo das „ewige Nun" als Abwesenheit von Leben entlarvt wird.
104 Dies betont Kuschel, Geboren, 586. Doch seine Folgerung, dass deshalb die Aussage „Erst ewiger Gottessohn, dann geschichtlicher Gottessohn", also die Behauptung eines der „innerweltlichen Zeitvorstellung" verhafteten Nacheinander unangemessen sei, übersieht die „Geschichtlichkeit" Gottes selbst und suggeriert die Angemessenheit einer Zeit-Ewigkeits-Dialektik, deren Legitimität keineswegs fraglos erwiesen ist, die vielmehr dem Paradigma „theonomer Autonomie" zuzuordnen und von daher zu diskutieren wäre. Dass Gott freilich „auch in seiner Zeitbezogenheit *unserer* Zeit enthoben" ist, wird unterstrichen von Schoonenberg (Geist, 123; kursiv: W. T.), der zuvor herausarbeitet, „daß Gott sich selbst bewegt, indem er in Beziehung tritt" (119).
105 Man kann gewiss fragen, ob nicht die nach „oben" bzw. „zurück" gerichtete trinitätstheologische „Reflexion mit diesem Zurückdenken ... ins Unsagbare gerät" (Wilfried Joest: Dogmatik. Bd. 1: Die Wirklichkeit Gottes [UTB 1336], Göttingen 1984, 339). Und man kann schriftbezogen argumentieren: „Das Neue Testament ist aus guten (jüdisch-monotheistischen) Gründen bei Aussagen über ‚innergöttliche Verhältnisse' äußerst zurückhaltend" (Kuschel, Geboren, 579). Doch gilt es zu bedenken, dass die neutestamentlichen Fragehorizonte sich geschichtlich weiterentwickelt haben und entsprechend dogmatische Antworten notwendig geworden sind. Die Sorge, dabei ins Unsagbare zu geraten, erweist sich als sekundär gegenüber der viel dringlicheren Sorge, dass hier abwegige Antworten und Interpretationen zum Zuge kommen können, gegenüber denen ein von Wittgenstein empfohlenes Schweigen schuldhaft wäre. Kurz: Es geht bei der Ermittlung systematisch-theologischer Aussagen über die Ursprungstrinität und ihr sich ökonomisch realisierendes Verhältnis zur Welt nicht um überflüssige Abstraktionen, sondern um Paradigmenstreitigkeiten, innerhalb derer das sprachkritische Argument sich im Endeffekt als keineswegs übergeordneter, sondern positioneller Natur erweist.
106 Das theologisch gern betonte Identifikationsverhältnis überbrückt die ontologische Differenz zwischen Gott und Schöpfung noch nicht wirklich, seine Beschwörung führt also noch nicht in theonomes Denken hinein; das leistet erst die „substantiell"-ontologische Inkarnationsaussage, die die Gewissheit vermittelt, dass Gottes Partizipation an der entfremdeten Menschen- und Schöpfungswelt sich in einmaliger, leibhafter Konkretion als trinitarisch relevante Erfahrung realisiert hat, weshalb das den einzelnen Glaubenden betreffende Reden vom pneumatischen Identifikationsverhältnis bzw. von der Inhabitation des Geistes erst „in Christus"

die Differenz zwischen Gott und dem Anderen der Schöpfung als ernsthaft-schmerzliche, nicht dialektisch „aufhebbare" zu denken gebietet. Und weil es sich bei der Welt um kein – wie auch immer im einzelnen – autonom gedachtes Anderes handelt, muss mit Moltmann an der Differenz zwischen ökonomischer und immanenter Trinität festgehalten, letztere also zwar gewiss nicht unabhängig von, aber doch vorgängig zur Schöpfungswirklichkeit gedacht werden[107]. Das bedeutet allerdings keineswegs, dass es sich dabei um einen metaphysischen Rückschluss auf eine transzendente Über-Trinität handeln könnte, denn das hieße „Gott verdoppeln" und sich „denkend aus der Geschichte zurückzuziehen, in der allein Gottes Name kenntlich wird"[108]. Vielmehr gestaltet sich die immanente Trinität dadurch zur ökonomischen um, dass sie den konkreten Bezug auf das Andere, auf die Schöpfung aufnimmt, dass also der Dreieine selbst in seiner Relation zu Zeitlichem geschichtlich wird. Damit ist wiederum keine Identität von immanenter und ökonomischer Trinität behauptet[109], sondern deren Nacheinander[110] als *Gottes Geschichte mit der Geschichte*[111].

---

    seine letzte Tiefe erhält. Wird die Zwei-Naturen-Christologie in diesem Sinn verstanden, dann und gerade nur dann bleibt wirklich Raum, der uns in Christi Lebensgeschichte „mit einläßt" (gegen Mildenberger, Dogmatik Bd. 3, 269).
107 Hinter Moltmanns einsichtige Selbstkorrektur führt kein Weg zurück. „Only if there is genuine differentiation within God is there space and room for him so to reach out that he engages us with himself, going forth to become his own creature and at the same time enabling and empowering an authentic creaturely response" (Alasdair Heron: The Holy Spirit, Philadelphia 1983, 173).
108 So Friedrich Mildenberger: Gotteslehre. Eine dogmatische Untersuchung, Tübingen 1975, 72.
109 Nach Rahner und Mildenberger (Gotteslehre, 72) haben sich auch Pannenberg (STh 1, 361) und Jüngel (Gott, 510) gegen eine Unterscheidung bzw. für eine „reale Identität" von immanenter und ökonomischer Trinität ausgesprochen, wobei Letzterer gerade um ihrer Aussagbarkeit als „Geheimnis" willen gleichzeitig an ihrer *distinctio* festhält (vgl. Eberhard Jüngel: Das Verhältnis von ‚ökonomischer' und ‚immanenter' Trinität [1975], in: ders., ENTSPRECHUNGEN: Gott – Wahrheit – Mensch. Theologische Erörterungen [Beiträge zur evangelischen Theologie 88], München 1980, 265–275, hier 275).
110 Ansatzweise findet sich diese Überlegung bereits bei dem Vermittlungstheologen Karl Theodor Albert Liebner: Christologie oder die christologische Einheit des dogmatischen Systems, Göttingen 1849, 160. Gegenwärtig kehrt sie auch in katholischer Dogmatik wieder: „Es gibt – seitdem Schöpfung frei gewollt ist – kein rein immanentes trinitarisches Leben Gottes mehr, das sozusagen über der Schöpfung schwebt, sondern das göttlich trinitarische Leben vollzieht sich seither ‚ökonomisch', d. h. untrennbar verbunden mit seinem Wirken in und an der Schöpfung" (Gisbert Greshake: Der dreieine Gott. Eine trinitarische Theologie, Freiburg i. Br. 1997, 237). – Die immanente Trinität repräsentiert m. E. die *tres personae* in ihrer Interrelation vor ihrer Bezugsaufnahme zu ihrem Anderen der Schöpfung (s. u.), kurz: in ihrer trinitarischen „Präexistenz" (vgl. etwa Joh 1,1 f. und 17,5.24b; Habermann, Präexistenzaussagen, 415). Diese ist denknotwendig, wenn die Unterscheidung zwischen Gott und seiner Schöpfung, folglich die Rede von Gottes Geschichte theo- und ontologisch festgehalten werden soll. Gerade in diesem Sinn

Der dieses Nacheinander übergreifende Pol ist der Vater[112], dessen Monarchie bereits den Gedanken einer „ideellen Trinität" rechtfertigt[113], der aber auch in seiner ewigen Erhabenheit nicht etwa unberührt von der Geschichte bleibt, auf die er sich trinitarisch eingelassen hat. Besteht doch seine Erhabenheit nicht in solch kreuzestheologisch unmöglich zu verantwortender „Unberührtheit"[114], sondern in seinem alle, auch seine eigene „Zeit" übergreifenden Wissen darum, dass für sein Leiden dasselbe gilt wie für das der Welt: In seiner schmerzlichen Realität wird es mehr als aufgewogen durch die theonome Herrlichkeit ewigen Lebens in der Gemeinschaft zwischen Gott und der erlösten Schöpfung (Röm 8,18).

Moltmann selbst hat 1979 – im Kontext der Diskussion seines Buches „Der gekreuzigte Gott" – ein solches „Nacheinander" von immanenter und ökonomischer Trinität eingeräumt[115]. Doch dies erweist sich als eine bloß

---

gilt Mildenbergers Satz: „Trinitätslehre ist nur sinnvoll als Reflexion der Geschichte Gottes" (Gotteslehre, 72).

111 Diese These hebt sich ab von Pannenbergs (im Paradigma „theonomer Autonomie" plausibler) Annahme, dass die „Welt als Geschichte Gottes" zu deuten sei (vgl. STh 1, 355).

112 „Gott schafft sich in der Welt ein Gegenüber (im Sohn) und geht in sie ein (im Heiligen Geist) und bleibt doch über sie erhaben (als Vater)", erklärt Greshake (Gott, 242). Vgl. auch Härles Rede vom „Vater" als der „innertrinitarisch ermöglichenden Seinsweise Gottes" (Dogmatik, 398 ff.). Nach Pannenberg hingegen hat sich der Vater vom Gang der Geschichte der Welt „abhängig" gemacht (STh 1, 357) – eine den Gottesgedanken denn doch sprengende These, die nur stringent ist, wenn die Auferstehungsmacht nicht von vornherein höher angesetzt wird als das Kreuzesleiden.

113 Gottes Vatersein impliziert sein „Schwangergehen" mit dem Sohn; das Ausgehen des Geistes vom Vater (Joh 15,26) setzt sachgemäß seine „In-existenz" im Vater voraus. Gottes Einheit beruht letztlich auf dieser „ideellen Trinität", welche sich auf Grund des in ihr geborenen Willens zur Selbsttranszendenz zur immanenten gestaltet, die wiederum Voraus-setzung ihres Ökonomisch-Werdens ist. Daher unterscheidet Moltmann mit Recht innerhalb der immanenten Trinität zwischen einer „Konstitutionsebene" und einer „Relationsebene" (Trinität, 200; vgl. 182). Hingegen verkennt Pannenberg mit seiner gegen Moltmann gerichteten These, die Monarchie des Vaters sei selber durch die trinitarischen Relationen vermittelt (STh 1, 353; vgl. auch Althaus, Wahrheit, Bd. 2, 523), dass Vater- und Sohnsein zwar eine relationale, aber eben keine konstitutive Gegenseitigkeit implizieren – und dass daran die Gleichzeitigkeit der ewigen Perichorese insofern nichts ändert, als diese die Unterschiedenheit der Personen in ihrer „sachlichen" Funktion nicht aufhebt. Im übrigen repräsentiert die Monarchie des Vaters am ehesten auch nach biblischem Sprachgebrauch Gott in seiner Personalität, während es mir problematisch erscheint, von der „trinitarisch strukturierten *einen* Person Gottes" (so Reinhold Bernhardt: Was heißt ‚Handeln Gottes'? Eine Rekonstruktion der Lehre von der Vorsehung, Gütersloh 1999, 445) zu reden.

114 Gegen Boff, Jesus Christus, 343.

115 So betont Moltmann: Die „Grenze" zwischen immanenter und ökonomischer Trinität dürfe „nicht als eine metaphysische gedacht", sondern müsse als durch Gott „selbst *bewegte Grenze* verstanden werden" – im Sinne einer „geschichtlichen Selbstbewegung der Trinität". (Jürgen Moltmann: Antwort auf die Kritik an „Der

vorübergehende Stellungnahme, von der in seinem Trinitätsbuch von 1980 schon nichts mehr zu lesen ist[116]. Denn sie fügt sich im Grunde nicht in seine „theonome Autonomie", in seinen expliziten Panentheismus ein. Existiert der Kosmos *in* Gottes Ewigkeit, so kann die immanente Trinität schwerlich im Sinne einer Geschichte Gottes in die ökonomische übergehen, sondern muss diese übergeschichtlich umschließen[117]. Solche Übergeschichtlichkeit besagt freilich bei Moltmann keine „Unberührtheit" vom Zeitlichen, wohl aber die Differenz einer letzten ontologischen Distanz von ihm, so dass er zwar von der „Wechselwirkung" zwischen immanenter und ökonomischer Trinität spricht, dabei aber eben ihre Unterschiedenheit voraussetzt[118]. Damit trifft sein Denken in der Tat der Vorwurf, Gott zu verdoppeln. Dem könnte er schwerlich anders begegnen als durch den Hinweis auf seine Lehre vom eschatologischen „Auf–gehoben"-Werden der ökonomischen in die immanente Trinität[119]. Ob aber solch eschatologischer Monismus kreuzestheologisch legitim wäre? Ist nicht vielmehr umgekehrt in der Geschichte Gottes von der Transformation der immanenten Trinität in die ökonomische zu reden, welche sich eschatologisch aus der Kenose[120] in ihre Fülle ergießt?

---

gekreuzigte Gott", in: M. Welker [Hg.], Diskussion über Jürgen Moltmanns Buch „Der gekreuzigte Gott", München 1979, 165–190, hier 180).
116 Geblieben ist davon nur die Lehre von den „Wandlungen der offenen Trinität" (Trinität, 110 ff.), deren variantenreiche Vektorenverschiebungen aber nicht die Differenz von immanenter und ökonomischer Trinität betreffen.
117 Wohlgemerkt: Es geht hier nicht um eine abstrakte Entgegensetzung von Zeitlichkeit und Ewigkeit Gottes (gegen die argumentiert auch Michael Welker: Gottes Ewigkeit, Gottes Zeitlichkeit und die Trinitätslehre, in: R. Bernhardt/U. Link-Wieczorek [Hgg.], Metapher und Wirklichkeit, Göttingen 1999, 179–193, bes. 182 ff.). Der das Nacheinander von immanenter und ökonomischer Trinität umgreifende Vater garantiert, dass Gott nicht ein Teil von „Zeit" wird, sondern es allemal um *seine Zeit* geht, was wiederum keineswegs heißt, dass der Vater nicht von Zeit betroffen wäre. Selbst Welker betont: „Es ist klar, daß die göttliche Natur einen *ewigen* Pol haben muß" (183). Sein interessanter, hier aber nicht zu diskutierender Lösungsvorschlag krankt vor allem daran, dass er die nicht unproblematische Formel Augustins „Opera trinitatis ad extra indivisa sunt" voraussetzt (190).
118 Vgl. Moltmann, Trinität, 184.
119 Vgl. Trinität, 178. Schon immer ist ja gemäß Moltmanns „Panentheismus" die ökonomische Trinität von der immanenten umschlossen; der Gedanke an ihre eschatologische Aufhebung ist nur konsequent im Modell „theonomer Autonomie"!
120 Neben Hans Urs von Balthasar hat sich namentlich Moltmann um die Wiederbelebung des „Kenosis"-Gedankens verdient gemacht, der ja im 19. Jahrhundert breit diskutiert worden war – bis hinein in die Frage einer trinitarischen Kenose (vgl. Breidert, a. a. O. 188 ff.; zu kurzschlüssig verurteilt Breidert alle kenotischen Christologien am Ende). Insofern vom kenotischen Handeln und Leiden des Sohnes (Trinität, 134) und des Geistes (Geist, 25) auch der Vater in seiner perichoretischen Verbundenheit mit ihnen „betroffen" ist, spricht Moltmann selbst von der „Selbstentäußerung des Vaters" (Weg, 198; analog Dabney, Kenosis, 150).

## 3. Die Kenosis des „kosmischen Christus" und das Filioque-Problem

Mit Moltmann teile ich indessen die Überzeugung, dass die immanente Trinität als „Ursprungstrinität" zu denken ist. Aus dem kreuzestheologisch erschlossenen[121] Vollzug innertrinitarischer Selbstunterscheidung des Ewigen ergibt sich wesenhaft-notwendig[122] Gottes Selbsttranszendenz hin auf externes Anderes, auf das als Nichtgöttliches zu Schaffende. Insofern die liebende Konzentration des Vaters auf den Sohn als sein internes Anderes den Gedanken des Anderen überhaupt impliziert und in der Bewegung der Liebe bejahen lässt, stellt sich der Sohn bereits intentional als Schöpfungsmittler dar[123]. Und nachdem der an sich positive Akt der bewusstseinsmäßigen Selbstunterscheidung auch einen ersten Anflug von Selbstnegation enthält, impliziert erst recht das Denken und Setzen von Anderem die Realisierung von göttlicher Selbstnegation im Sinne von Selbstbegrenzung – ein wichtiger Gedanke Moltmanns[124], der auch schon lange vor ihm gedacht worden ist[125].

---

121 Jesu Selbstunterscheidung von Gott im Leben und noch im grausamen Sterben bildet wie dargelegt den christologischen Ansatzpunkt trinitarischen Denkens. „Denn nur wenn er als Inbegriff der Gottesgeschichte in Jesus Christus verstanden wird, erhält der Gedanke, daß sich im göttlichen Leben Selbstexplikation als Selbstunterscheidung und Selbstunterscheidung als Selbstexplikation vollzieht, konkrete Gestalt und kann als pneumatologisch vermittelte Zentraleinsicht biblischer Geschichte gelten" (Gunther Wenz: Geschichte der Versöhnungslehre in der evangelischen Theologie der Neuzeit, Bd. 2, München 1986, 346).

122 Moltmann fragt: „Ist aber mit der Liebe zum Gleichen nicht immer schon sein Anderes mitgesetzt? Und ist dann die Liebe zum Gleichen und zu seinem Anderen nicht mehr als die Liebe zum Gleichen?" (Trinität, 62). Bejahend erklärt er „Gottes freie Selbstbestimmung" und „das wesenhafte Überströmen seiner Güte" als identisch (70). Zugespitzt formuliert: Gottes Gottheit lässt sich nicht als intrasigente Aseität beschreiben (gegen Walter Kreck: Die Christologie Gogartens und ihre Weiterführung in der heutigen Frage nach dem historischen Jesus, in: Tradition und Verantwortung. Gesammelte Aufsätze, Neukirchen-Vluyn 1974, 99–131, bes. 124); und es reicht auch nicht hin, seine Relation als „zweitkonstitutiv" zu beschreiben (gegen Mühling-Schlapkohl, Gott, 326 f.) – ohne dass damit schon pantheistisch ihre „Erstkonstitutivität" behauptet sein soll. Vielmehr gilt es seine göttliche Natur so zu erfassen, dass dieselbe sich *wesenhaft* schöpferisch transzendiert im Setzen von und Umgehen mit geschaffener Natur. Insofern ist nicht nur für die Christologie, sondern auch für die Schöpfungslehre eine „Zwei-Naturen-Lehre" (im Sinne der definierten SRO) angemessen. Das aber heißt letztlich: Nicht nur Christus ist kosmisch, sondern wesenhaft der Dreieine – wie gesagt, nicht im pantheistischen, wohl aber in panentheistischem Sinn!

123 Vgl. Moltmann, Trinität, 74 f.: „Die Schöpfung ist ein Teil der ewigen Liebesgeschichte zwischen dem Vater und dem Sohn ... Die Schöpfung ist da, weil die ewige Liebe sich ihrem anderen schöpferisch mitteilt."

124 Vgl. Moltmann, Trinität, 75. Der Prozess der Erlösung bedeutet insofern die „Selbsterlösung Gottes von seinen Leiden" (ebd.).

125 Bereits im 19. Jahrhundert ließ ein Systematiker der Erlanger Schule die Rede von der „Selbstbeschränkung Gottes" zum Erkennungszeichen einer kenotischen

Die göttliche Selbstbeschränkung ist schmerzlich nicht nur, weil das in Liebe gewollte Andere als solches das eigene Sein bei aller Bereicherung doch auch einschränkt, sondern vor allem, weil jenes Andere zunächst einmal aus Gründen seiner Freiheit[126] mit allen Konsequenzen der Nichtgöttlichkeit, nämlich im Status der Entfremdung, des Lapsarischen gesetzt werden muss, um von da aus eschatologisch in den Status der Erlösung, des in die Gottesherrschaft Integrierten gebracht werden zu können[127]. Bereits innertrinitarisch ist dieser unumgängliche Prozess im Blick, weshalb es für den Schöpfungsmittler im Zuge der göttlichen Liebesbewegung klar ist, dass er sich mit dem entfremdet gesetzten Anderen in voller Hingabe solidarisieren, sich ihm restlos ausliefern und von da aus als „Erstling" den Weg ins Reich der Theonomie voranschreiten wird.

Interpretiert man den Begriff des „kosmischen Christus" theologisch konsequent im Sinne einer kosmischen „christologia crucis", so impliziert er diese trinitarischen Zusammenhänge[128]. Wie in Kapitel I.1 gezeigt, besteht sein metaphorischer Gehalt in der nicht anders wiederzugebenden Kombination von geschichtlichem Christus-Begriff und modern-geschichtlichem Kosmosverständnis; beider Geschichtsaspekt verweist aber auf die Geschichte Gottes, die keine wäre ohne den Bezug des Ewigen zu dem ihm gegenüber Anderen. Als wirklich Anderem, von Gott Unterschiedenem kommt diesem notwendig zunächst lapsarischer Charakter zu, sonst wäre es zumindest Gleiches gegenüber Gott und damit im Geist mit

---

Christologie werden: Vgl. Gottfried Thomasius: Ein Beitrag zur kirchlichen Christologie, in: Zeitschrift für Protestantismus und Kirche 9 (1845), 1–30. 65–110. 218–258. Über die damals aktuelle Spätphilosophie Schellings reichen entsprechende Überlegungen zurück bis Böhme und zur Kabbala.

126 Vgl. Moltmann, Trinität, 134. Gottes Liebe kann Moltmann zufolge „Liebe und Gegenliebe nicht befehlen. Da sie befreien will, ist sie auf Freiheit angewiesen.... Gott lässt sich verdrängen" (Der gekreuzigte Gott, 235). Wichtig ist bei solcher Argumentation allerdings auch, dass die Freiheit der Kreatur erst eschatologisch befreit werden, im Geist Christi zu sich finden muss. Jedenfalls „ist eine Theodizee fragwürdig, die zur Verteidigung eines irrealen Freiheitsbegriffs führte, ohne dabei die fundamentalen Deformationen der Freiheit wahrzunehmen und zu sehen, daß auch die außermenschliche Kreatur (vgl. Rö 8,19–23) in die Problematik verwickelt ist ..." (Walter Dietz: Theodizee und Leidensthematik. Gottes Allmacht, seine ‚Verantwortung' und das Leiden der Kreatur, in: Zeitschrift für medizinische Ethik 41, 2/1995, 93–103, hier 101).

127 Dies dürfte in Röm 8,20 gemeint sein, wo Paulus schreibt: „Es ist ja die Kreatur unterworfen der Vergänglichkeit – ohne ihren Willen, sondern um des willen, der sie unterworfen hat – auf Hoffnung."

128 Der Versuch, kosmische Christologie bzw. Schöpfungsmittlerschaft so von Jesus Christus auszusagen, dass dabei der Gedanke des präexistenten Logos illegitim erscheint (vgl. Mildenberger, Dogmatik Bd. 3, 451), läuft Gefahr, das Andere Gottes autonom zu denken bzw. die Unterscheidung zwischen Schöpfer und Schöpfung nicht als über das Modell „theonomer Autonomie" hinausführende kenntlich machen zu können. Der Ansatz bei Jesu Selbstunterscheidung von Gott muss diese als Gottes Selbstunterscheidung von sich selbst zu explizieren ermöglichen.

Gott derart verbunden, dass kein echt Anderes konstituiert wäre. Die seit Thomas von Aquin[129] und besonders in der altprotestantischen Orthodoxie viel diskutierte Frage, ob Christus auch ohne den „Fall Adams" ins Fleisch gekommen wäre, erweist sich von daher als unsinnig.

Als lapsarisch Anderes gerät Welt im Neuen Testament doppelt in den Blick: „Kosmos" hat als Subjekt dort durchweg pejorative Bedeutung, hingegen als Objekt des göttlichen Heilswillens positive, zukunftsträchtige[130]. Christus ist darum gar nicht anders zu erkennen denn als in diesem *doppelten* Sinn „kosmischer"[131]. Vom positiv-soteriologischen Verständnis des Kreuzes, von dieser göttlichen Partizipation am lapsarisch Anderen aus haben schon die ersten Christengenerationen protologisch auf den Schöpfungsmittler und eschatologisch auf den Erlösungsmittler geschlossen. Vom Versöhnungsmittlertum aus haben sie die Selbstunterscheidung Gottes erahnt und gepriesen, die Schöpfung als autonom Anderes, als vergängliche Welt und doch zugleich als von ihm zu erlösende, zu vollendende Wirklichkeit in Glaubensweisheit zu verstehen lehrt.

Aber nicht nur die Sendung und Kenosis des präexistenten Sohnes hinab ins Menschsein „bis zum Tode am Kreuz" (Phil 2,7 f.)[132] ist so bereits in der Perspektive einer „kosmischen christologia crucis" als innertrinitarisch fundiert erkennbar, sondern gleichermaßen die Sendung und Kenosis des Geis-

---

129 Vgl. Walter Mostert: Menschwerdung. Eine historische und dogmatische Untersuchung über das Motiv der Inkarnation des Gottessohnes bei Thomas von Aquin (Beiträge zur historischen Theologie 57), Tübingen 1978.
130 Vgl. Wilfried Joest: Dogmatik. Bd. 2: Der Weg Gottes mit dem Menschen (UTB 1413), Göttingen 1986, 592 ff., wo die wichtigsten Stellen aufgelistet werden. Joest konstatiert eine „starke Spannung" im neutestamentlichen Begriffsgebrauch (593), die sich aber in dem hier dargelegten Sinn einfach erklärt. In Joh 16,33 ist der Kosmos gewissermaßen Subjekt als Angst machender Ort und wird dann zum Objekt der erlösenden Überwindung; in Joh 4,42 steht der Kosmos im Genitivus objektivus: Jesus ist der „Retter der Welt".
131 Diese theologische Interpretation steht kategorisch den astralmythologischen Deutungsvarianten gegenüber: „Kosmos" heißt hier wirklich „Welt" statt im engeren Sinn „Weltall" (der damit aber keineswegs ausgeschlossen ist). Christus kann daher als „kosmischer" durchaus unesoterisch, nicht-spiritualistisch, im Sinne Barths und Bonhoeffers womöglich „nichtreligiös" – und dennoch mitnichten „irreligiös" – verstanden werden (vgl. Michael Trowitzsch: Die Freigabe der Welt. Der Gedanke der Schöpfungsmittlerschaft Jesu Christi bei Dietrich Bonhoeffer, in: ZThK 90, 4/1993, 425–441; ders.: Luther und Bonhoeffer. Zugleich: eine Meditation über das Mittleramt Jesu Christi, in: Ch. Markschies/M. Trowitzsch [Hgg.], Luther – zwischen den Zeiten. Eine Jenaer Ringvorlesung, Tübingen 1999, 185–205, bes. 192–198).
132 Dass im Philipperhymnus „die Gestalt des Himmelsmenschen" und insofern „der *Gottmensch* schon in der Präexistenz" vorausgesetzt sei (so Cullmann, Christologie, 181), ist angesichts der Textaussage, dass erst die Selbstentäußerung die Menschenähnlichkeit brachte, fraglich. Zur Geschichte der Auslegung des Philipperhymnus vgl. die Literaturhinweise bei Dabney, Kenosis, 53.

tes[133]. Denn die Fleischwerdung der zweiten Person der Trinität darf auch nicht annähernd doketisch gefasst, vielmehr muss sie gerade im Rahmen einer „substantialistischen" Christologie konsequent zu Ende gedacht werden: Die Inkarnation des Logos, vollendet in seinem Kreuzestod[134], bedeutet dessen radikale Transformation ins Menschsein hinein. Seine Selbstentäußerung betrifft dabei keineswegs die Kernsubstanz seines ursprünglichen Göttlichseins schlechthin[135], sondern nur die nicht ins Menschsein integrierbaren Eigenschaften, so dass so etwas wie ein heimliches „messianisches" Identitätsbewusstsein des Sohnes geschichtlich durchaus anzuneh-

---

133 Die Metapher der „Kenosis des Heiligen Geistes" (dazu Dabney, Kenosis, 51 ff. und 126 f.) verwendet Moltmann nicht nur mit Blick auf die pneumatologische Begleitung der Passion Christi (Weg, 113), sondern auch hinsichtlich seiner Funktion als das lapsarisch Andere (er–)tragender Schöpfungsmittler (vgl. Schöpfung, 113) – ist doch bereits „Schöpfung" ein „kenotisches Wirken Gottes" (Dabney, 70 und 162)!

134 Nikolaus von Kues betont, dass erst im Tod Christi die Gott-Mensch-Einheit voll erreicht worden und so zur Heilsbotschaft geworden ist (Philosophisch-theologische Schriften, 773).

135 Nach Luther bedeutet die Union von Logos und Fleisch keine Substanzveränderung der beiden Naturen (vgl. Tuomo Mannermaa: Theosis als Thema der finnischen Lutherforschung, in: Luther und Theosis. Veröffentlichungen der Luther-Akademie Ratzeburg 16, hg. von J. Heubach, Erlangen 1990, 11–26, bes. 19). Differenzierend gilt es demgegenüber zu formulieren, dass die Kenosis des *logos incarnandus* (die von den Reformatoren umd im Altprotestantismus vertretene Lehre, der *logos incarnatus* sei das Subjekt der Kenose, scheitert am Philipperhymnus, die die Menschengestalt erst als Ergebnis der Entäußerung setzt) keinen Verlust von göttlicher „Kernsubstanz" bedeutet, wohl aber akzidentielle Veränderungen, die sich auf die „Gestaltsubstanz" auswirken. Dass der Logos vom Zeitpunkt der Empfängnis an nach wie vor alles in der Welt regiert haben soll – so die Tübinger Position im Kenosis-Krypsis-Streit 1619 (vgl. Jörg Baur: Auf dem Wege zur klassischen Tübinger Christologie. Einführende Überlegungen zum sogenannten Kenosis-Krypsis-Streit, in: ders., Luther und seine klassischen Erben. Theologische Aufsätze und Forschungen, Tübingen 1993, 204–289, bes. 271) –, ist und bleibt ein nicht nur logisch, sondern auch kreuzestheologisch schwer nachvollziehbarer Gedanke. Die Selbstentäußerung des Logos muss keinen Verzicht auf sein Gottsein, wohl aber den auf seine göttliche Gestalt (d. h. Macht- und Wissensfülle u. dgl.) einschließen, darf sich also nicht bloß auf vorübergehenden Anwendungsverzicht erstrecken, um ihren Namen zu verdienen (vgl. auch Schoonenberg, Geist, 130 ff.). Dieser bereits von Gottfried Thomasius in seiner mehrbändigen Dogmatik „Christi Person und Werk" (1853 ff.) ansatzweise entfaltete Gedanke verdient neue Aufmerksamkeit im Gegenüber zu den mittlerweile gängigen Scheinlösungen purer Relations-Christologien, die allenfalls im Rahmen des Paradigmas „theonomer Autonomie" (also einer Variante des ROS) plausibel machen können, dass die exklusiv-inklusive Beziehung zwischen Gott und einem „normalen" Menschen dessen singuläre und soteriologisch wirksame Göttlichkeit beschreiben soll, dabei aber der pneumatologischen Identifizierungs- statt der christologisch-inkarnatorischen Identitäts-These verhaftet bleiben und so die letzte soteriologische Tiefe verfehlen. – Nur am Rande sei auf die besondere Attraktivität kenotischer Christologie im Dialog mit dem Buddhismus hingewiesen.

men ist[136]. Doch schließt sie notwendig den nicht nur „kryptischen" Abschied von göttlich-kosmischen Fähigkeiten ein, wie sie dem Präexistenten noch zu eigen sind[137]. Innertrinitarisch stellt sich diese kenotische Logik wie folgt dar: Aus dem soteriologischen Eingehen des Schöpfungsmittlers in die Schöpfung und dem damit unerlässlich verbundenen Verzicht auf kosmische Vollmachten folgt notwendig das Procedere einer alternativen göttlichen Bezugsmacht aufs externe Andere in kosmischen Dimensionen: Die repräsentiert der Heilige Geist. Dadurch – und weniger durch die eher philosophisch als theologisch gedachte Notwendigkeit einer internen Ver- oder Rückbindung zwischen Vater und Sohn dank einer dritten Größe – differenziert sich die Gottheit insgesamt dreifaltig!

Überhaupt führt dieses innertrinitarische Geschehen zur Bildung von „*tres personae*" erst im Hinblick aufs zu schaffende Andere, denn nur der externe Bezug, insbesondere die Menschwerdung (sprich: Menschenperson-Werdung) des Sohnes, treibt Gottes Selbstunterscheidung aus seiner Einheit heraus und in die Richtung ontologischer Ausdifferenzierung zum Zweck des ökonomischen Agierens voran[138]. Die ökonomische Tätigkeit des Heiligen Geistes tritt demzufolge als eine vom Sohn unterschiedene überhaupt erst zutage im Vollzug von dessen Kenose, die vom Geist unmittelbar mitgetragen und begleitet wird auch durch den Kreuzestod hindurch[139]; doch in Gang ist sie schon seit Beginn der Weltzeit, nämlich seit der Mit- und schließlich stellvertretenden „Allein"-Übernahme der Erhaltung der Schöpfung[140]. Das gilt ebenso im Blick auf die natürliche Erleuch-

---

136 Die exegetische Diskussion zu dieser Thematik ist wegweisend aufgearbeitet bei Volker Hampel: Menschensohn und historischer Jesus. Ein Rätselwort als Schlüssel zum messianischen Selbstverständnis Jesu, Neukirchen-Vluyn 1990.
137 Gegen Heinrich Vogel: Gott in Christo. Ein Erkenntnisgang durch die Grundprobleme der Dogmatik. Teil 2, Berlin/Stuttgart 1957, 799. Die scheinbar anderslautenden Aussagen in Mt 28, Kol 1 und Hebr 1 beziehen sich auf den Auferstandenen, dessen kosmische Machtausübung im Verbund mit dem Geist zu sehen ist. Das „Extra Calvinisticum" (vgl. Calvins Institutio II, 13,4) sollte dahingehend akzentuiert werden, dass der Geist ontologisch den präexistenten Logos repräsentiert, freilich in perichoretischer Verbindung mit dem inkarnierten Logos!
138 Für Schoonenberg erstreckt sich der innertrinitarische Umstand, dass „Wort und Geist in Bezug zueinander und im Hinblick auf den Vater noch nicht in einer interpersönlichen Beziehung stehen" (Geist, 195), auf die Präexistenz schlechthin. Er übersieht dabei, dass die Enhypostasie bereits die Ausbildung einer Hypostase voraussetzt und diese sich im Hinblicken auf die Inkarnation bereits ausdifferenziert hat; bedenkt man, dass Gott in seiner Ewigkeit seine eigene „Zeit" übergreift, so erscheint im Endeffekt die Rede von interpersönlicher Relation bereits in der trinitarischen Immanenz legitim.
139 Vgl. Moltmann, Geist, 77; ferner Dabney, Kenosis, bes. 144.
140 Impliziert ist dabei das Mitwirken des Geistes bei der Schöpfung. Moltmanns Insistieren auf die Zuschreibung des Schöpfungswerkes an den Vater (Geist, 21 f.) soll im Kontext der Filioque-Kontroverse (s. u.) die Position des in der Schöpfung wirksamen Geistes eben als vom Vater ausgehender Hypostase stützen, erweist sich aber als inkonsequent gegenüber der Rede von Christus als Schöpfungsmittler.

tung der Menschen im Sinne von Joh 1,9[141]. Dabei impliziert dieses kosmische Tätigsein angesichts der Entfremdung von Welt und Menschen seinerseits eine kenotische „Selbstbeschränkung, eine Selbsterniedrigung und eine Selbsthingabe des Geistes"[142].

Aus der damit skizzierten „kosmischen *christologia crucis*" hat sich auf Grund der Kenosis des kosmischen Christus die Notwendigkeit einer kosmischen Pneumatologie und einer – allerdings dabei keineswegs eine essentielle Christologie negierende – Geist-Christologie ergeben. Aus dieser Überlegung resultieren große Affinitäten zu Moltmanns Konzept, so dass sich schließlich die Frage stellt, worin am Ende die Differenzen zu dem oben noch Kritisierten bestehen. Zunächst sei in der Tat das Gemeinsame hervorgehoben. Moltmann betont mit Recht die Verschränktheit von Gott und Geschichte: Es gibt „keine ‚immanente Trinität', die unabhängig in sich selbst existieren könnte, sondern nur eine für die Offenbarung und das Heil offene und bereite Trinität. Ich nenne sie die ‚Ursprungstrinität'."[143] Ihm ist bewusst, dass eine für sich bleibende immanente Trinität als pure Selbstliebe angesehen werden müsste[144], also Gottes Vater- und Schöpfersein ebenso aufs engste miteinander korrelieren[145] wie sein Sohnsein und

---

141 Der Logos und der Geist bilden also in zunächst ununterschiedener Kenose das „Offenbarungslicht des in Finsternis pervertierten Menschen" (Heinrich Vogel: Christologie I, München 1949, 118), das die Erkenntnis der Inkarnation noch nicht ermöglicht (Joh 1,10).
142 Moltmann, Schöpfung, 113. „Mit der Leidensgeschichte der Schöpfung, die der Vergänglichkeit unterworfen ist, entsteht dann auch eine Leidensgeschichte des ihr einwohnenden Geistes" (ebd.). Die „im Kreuz Christi symbolisierte Gebrochenheit der Gott-Welt-Relation" (Bernhardt, Gottes Handeln, 463) korreliert solcher Kenose. Diesen Aspekt aber vernachlässigt Moltmann, für den „Kenosis" mitnichten „Verhüllung" impliziert (Der gekreuzigte Gott, 190).
143 Moltmann, Geist, 306. Wie anders hatte noch Troeltsch gemeint: Die „immanente Trinität dagegen bedeutet etwas Zeit- und Geschichtsloses" (Ernst Troeltsch: Glaubenslehre, hg. von G. von le Fort, München 1925, 125).
144 Vgl. Trinität, 121. „Denn *Liebe* ist strukturell zu beschreiben als *eine inmitten noch so großer und mit Recht noch so großer Selbstbezogenheit immer noch größere Selbstlosigkeit*, bzw. als *ein in Freiheit über sich selbst hinausgehendes, sich verströmendes und verschenkendes Selbstverhältnis*. . . . Diese immer noch größere Selbstlosigkeit lässt den sich zu sich verhaltenden Gott in Freiheit ‚nach außen' treten: der Gott, der Liebe ist, schafft sich – ex nihilo – sein Anderes . . ." (Jüngel, Verhältnis, 270, kursiv im Original). Wird diese Einsicht konsequent durchgehalten, dann wirft sie ein kritisches Licht auf Theorien einer glückseligen Selbsterfülltheit der übergeschichtlich-immanenten Trinität, wie man sie allenthalben antrifft. Wenn z. B. Greshake beschreibt, wie „der Vater an das Gegenüber des Sohnes sein eigenes Gottsein verschenkt und in ihm dessen Fülle erblickt, es zugleich aber von ihm in der Kraft des Geistes zurückgeschenkt erhält . . ." (Gott, 235), dann ist zu fragen, ob eine Aussage über solches Hin- und Her-„Schenken" nicht überzogen, nämlich ausgesprochen tritheistisch anmuten muss, da der Gedanke des Schenkens eigentlich eine weit reichendere Unterscheidung der Handelnden voraussetzt, als sie *innerhalb* des immanent-trinitarisch verstandenen Gottes gegeben ist.
145 Vgl. Trinität, 184. Dabei ist klar: „Sachlich geht die trinitarische Bestimmung des

dessen Schöpfungsmittlertum. Vor allem stellt er die Identität des ewigen Sohnes mit dem geschichtlichen, schließlich gekreuzigten Jesus heraus[146], wie er umgekehrt die „geschichtlichen Erfahrungen Christi ihren umfassenden Sinn" erst in „kosmischen Dimensionen" gewinnen sieht[147].

Dabei findet man bei ihm allerdings nirgends eine explizite Identifizierung von irdischem Jesus und kosmischem Christus[148]. Offenkundig erstreckt sich für ihn kosmische Christologie auf die Schöpfungsmittlerschaft einerseits und die Allherrschaft des Auferstandenen andererseits, wobei die Grenzen hin zu einer „kosmischen Pneumatologie" verschwimmen. In dieser Unschärfe kommt die problematische Tendenz von Moltmanns Konzeption zum Ausdruck. Seine Geist-Christologie gründet nicht in einer substantialistisch-kenotischen Christologie, sondern in einer „relationalistischen", die sich in die Perspektive eines „relationsontologischen Substantialismus" (ROS) einpasst. Die alles tragende Substanz pflegt innerhalb dieses Paradigmas der Geist zu sein, weshalb es offen oder verborgen dem korrespondiert, was man gemeinhin „Spiritualismus" nennt. Moltmanns „theonome Autonomie" weiß sich freilich von „Spiritualismus" abzugrenzen[149] und siedelt den Geist als eine von drei „Personen"[150] innerhalb der Trinität an. Doch im Rahmen dieses Bemühens lässt sich eine unausgesprochene und uneingestandene Tendenz nachweisen, dem Geist tatsächlich ein Übergewicht einzuräumen, welches dann zu entsprechenden Verwischungen im Verhältnis zur Christologie führt[151].

---

Vaters der kosmologischen Bestimmung voran" (180). Das betont übrigens auch Ian R. Torrance: The Trinity in Relation to Creation and Incarnation, in: NZSTh 38, 1/1996, 29–37, bes. 30 f.

146 Nach Moltmann „lässt sich keine Wesensidentität im transzendenten Urgrund dieses Geschehens denken, in der Kreuz und Hingabe nicht vorkommen. ... Der Schmerz des Kreuzes bestimmt das innere Leben des dreieinigen Gottes von Ewigkeit zu Ewigkeit" (Trinität, 177).

147 Vgl. Weg, 299.

148 Hingegen ist nach Wenz gerade „das Leben Jesu Christi als die offenbare Gestalt der Schöpfung auszulegen" (Versöhnungslehre, 349).

149 Vgl. Geist, 85.

150 Differenziert weiß Moltmann das „Personsein" des Geistes zu begründen (Geist, 302 f.). Vgl. auch Hong-Hsin Lin: Die Person des Heiligen Geistes als Thema der Pneumatologie in der reformierten Theologie (Internationale Theologie 4), Frankfurt/M. u. a. 1998 (mit einem Vorwort von Moltmann).

151 Bezeichnend dafür ist das summarische Reden von „der kosmischen Bedeutung Christi und des Geistes" (Geist, 23). Die Kenosis Christi wie des Geistes kann mit der Schechina verglichen werden (vgl. bes. Geist, 64). An anderer Stelle wird die Kenosis des Geistes auf seine unpersönlichen Erscheinungsformen wie „Wind, Feuer Licht" reduziert (25); wieder bei anderer Gelegenheit wird der Geist zum Geber diverser Charismen im Sinne auch anderer, nicht an Christus gebundner Religions- und Lebensformen (vgl. Jürgen Moltmann: Die Mission des Geistes – Das Evangelium des Lebens, in: Zeitschrift für Missionswissenschaft und Religionswissenschaft 83, 2/1999, 83–93, bes. 93).

Das zeigt sich nicht nur daran, dass bei Moltmann Geburt, Auftreten und Passion Christi vom Geist als eigentlichem Subjekt substituiert werden[152]. Vielmehr gilt mit Blick auf die Trinität als ganze: „Der Geist Gottes ist der Geist der kenotischen Selbsthingabe."[153] Als der wird er wiederum als die „göttliche Lebenskraft, die ... alles Lebendige durchdringt"[154], identifiziert und unter Hinweis auf seine Einbettung in ein emanationssymbolisches Wortfeld[155] in seiner „kosmischen Weite" herausgestellt[156]. Unterstreicht der johanneische Jesus, der Geist wehe, wo er wolle, so hebt Moltmann dieses Wort durch die Überlegung auf, mit dem Willen zur Schöpfung wolle er ja eben in allen Dingen präsent sein[157]. Wie bereits vermerkt, sucht Moltmann mit Blick auf das weibliche Geschlecht der alttestamentlichen *ruah* und der griechischen *sophia* den femininen Charakter des Geistes zu begründen, um seine streckenweise ohnehin naturalistisch anmutende Interpretation konsequent in dessen Bezeichnung als „Mutter des Lebens"[158] münden zu lassen. Er zögert nicht, diese Sichtweise durch den Hinweis zu stützen: „Im christlich-gnostischen ‚Perlenlied' besteht die Trinität aus Gott dem Vater, dem Heiligen Geist als Mutter und dem Sohn."[159] Und er ist sich bewusst: „Das trinitätstheologische Bild von der göttlichen Familie erhebt den Geist in den gleichen Rang wie den Vater

---

152 Vgl. neben bereits Zitiertem auch folgenden Satz: „Wird der Geist Gottes aber zum Geist Jesu Christi, dann ist er auch der Geist der Passion und der Geist des Gekreuzigten" (Geist, 75; vgl. 77). Die Kenosis des Geistes wird zur Voraussetzung der Gehorsamsleistung des Sohnes (77), als sei dieser nicht qua Person selbst göttlicher Natur! Im Kontext des autonom gedachten Anderen machen diese Bestimmungen freilich sich Sinn, ja ist es geradezu „unvermeidlich", für den anderen als solchen nochmals Gott selbst als Subjekt zu substituieren" (vgl. Sparn, „Extra Internum", 59).
153 Moltmann, Geist, 77. Wird „Kenosis" nicht biblisch eher bei der zweiten Person der Trinität verortet?
154 Vgl. Moltmann, Geist, 21; ferner 48 und 56. „Sein weltimmanenter Geist ist der Puls des Universums", heißt es in seiner Christologie (Weg, 313). Dort (302) erinnert Moltmann auch an Barth und dessen Hinweis auf die „noch kaum erhellte Sonderlehre Calvins vom Heiligen Geist als dem ... im ganzen geschaffenen Kosmos als solchen waltenden Lebensprinzip" (vgl. KD IV/3, 865). Das ändert gleichwohl nichts an der Problematik solch kaum eindeutig genug als kenotisch gekennzeichneter Rede, derzufolge in pantheistisch anmutender Weise auch „die Katastrophen des Universums" als „Bewegungen des Geistes" (Moltmann, Schöpfung, 30; vgl. aber 113–115) interpretiert werden. Schon die „philosophische Richtung der Stoiker sah das *pneuma* als göttliches Prinzip des Kosmos": Baatz, Spiritualismus, 326.
155 Vgl. Geist, 209, 297 und 300. „Alle Geschöpfe sind ... Manifestationen des göttlichen Geistes", kann Moltmann formulieren (Schöpfung, 112)!
156 Geist, 23. Ähnlich Pöhlmann, Heiliger Geist, 202 ff.
157 Vgl. Geist, 55 f. Der lapsarische Aspekt bleibt unterbelichtet.
158 Vgl. Moltmann, Geist, 171, ferner 284 und 299.
159 Ebd. 172. Vgl. auch Wolfgang Schultz: Das Geschlechtliche in gnostischer Lehre und Übung, in: ders. (Hg.), Dokumente der Gnosis (1910), München 1986, 57–83.

und ordnet ihm dem Sohne vor."[160] Das erlaube „interessante Korrekturmöglichkeiten gegenüber anderen Bildern der Trinität ..." So gelangt Moltmann zu einer deutlichen Kritik der „monarchischen" Ordnung der Trinität in der Folge Vater – Sohn – Geist: „Man sieht überall auch die Ordnung ‚Gott – Geist – Wort': Gott schafft alle Dinge durch seinen Lebensatem in seinen Schöpfungsworten."[161] Schon diese bildhafte Rede enthält unausgesprochen die Vorordnung des Atmens vor dem Sprechen.

Solch leichte, aber unübersehbare Bevorzugung der dritten vor der zweiten Person der Trinität veranlasst Moltmann zu scharfer Kritik an der viel diskutierten[162] Filioque-Einfügung ins Constantinopolitanum. Er hält sie nicht nur für „überflüssig", sondern für „sachlich falsch"[163]. Man müsse „auch die Möglichkeit eröffnen, vom Ausgang des Sohnes aus dem Geist zu sprechen, weil dies der erfahrbaren Heilsgeschichte entspricht."[164] Es fragt sich jedoch, ob aus der heilsgeschichtlichen Folge so oder so auf eine analoge Rangordnung im innertrinitarischen Procedere geschlossen werden darf. In der Tat beharrt Moltmann nicht etwa auf einer ‚Subordination' des Sohnes unter den Geist, obgleich die zitierten Äußerungen wie überhaupt der Impetus seines systematischen Denkens dies tendenziell nahe legen. Stattdessen bemüht er sich insgesamt um eine gleichrangige ‚Subordination' von Sohn und Geist unter den Vater[165], allerdings nur hinsichtlich der Ebene der innertrinitarischen Hervorgänge, so dass sie nicht über die Gottheit hinaus „emanativ" wirksam ist und im übrigen auf Grund der ewigen Gleichzeitigkeit dieser Hervorgänge ohnehin in die perichoretische Gleichrangigkeit aller drei Personen mündet[166].

---

160 Geist, 174. Nächstes Zitat ebd.
161 Geist, 307. Bezeichnend, dass hier auch noch von den Schöpfungsworten im Plural die Rede ist!
162 Hier sei nur verwiesen auf L. Vischer (Hg.): Geist Gottes – Geist Christi. Ökumenische Überlegungen zur Filioque-Kontroverse (Beiheft zur Ökumenischen Rundschau 39), Frankfurt/M. 1981; Maria-Helene Gamillscheg: Die Kontroverse um das Filioque. Möglichkeiten einer Problemlösung auf Grund der Forschungen und Gespräche der letzten hundert Jahre (Das östliche Christentum, NF 45), Würzburg 1996; Bernd Oberdorfer: Filioque. Geschichte und Theologie eines ökumenischen Problems (FSÖTh 96), Göttingen 2001.
163 Vgl. Geist, 320 f.
164 Geist, 308. „Christus kommt *a patre spirituque* ..." (84). Im Zuge der eschatologischen „Verherrlichungstrinität" sieht Moltmann überhaupt den *Geist* an der Spitze der trinitarischen Folge stehen (Trinität, 142). – Übrigens lässt sich auch für die Dreifaltigkeit des Handelns Gottes nach dem *ordo cognoscendi* der Geist dem Sohn und dem Vater vorordnen, während diese Reihenfolge nach dem *ordo essendi* umzudrehen ist: Vgl. Religionen, Religiosität und christlicher Glaube. Eine Studie, hg. von der Geschäftsstelle der Arnoldshainer Konferenz und dem Lutherischen Kirchenamt Hannover, Gütersloh 1991, 117 f.
165 Vgl. Geist, 321 ff. Moltmann knüpft damit an die kappadozische Trinitätstheologie an.
166 Vgl. Geist, 323.

Indem Moltmann sich allerdings in der Perspektive „trinitarischer Doxologie" von den „linearen Bewegungen" verabschiedet und das zyklische Bild der Perichorese betont „aus der Zeit der natürlichen Kreisläufe"[167] erwachsen sieht, nähert er sich erneut naturalistischer Symbolik. Die Folge ist, dass sein Reden von Dreieinigkeit weg vom Eingebundensein der Trinität in die Geschichte führt. Was sollte das angeblich die Trinität konstituierende Kreuz von Golgatha mit zyklischer Bewegung zu tun haben[168]? Tatsächlich tritt für seine „trinitarische Doxologie" das Heilsgeschichtliche „zurück hinter dem ewigen Sein Gottes", so dass man sich nicht wundert, wenn sie „ins apophatische Schweigen"[169] führt. Hier zeigen sich die problematischen Konsequenzen einer Argumentation, die das Filioque mit seinen den Geschichtsbezug festhaltenden Implikationen für „überflüssig" zu halten geneigt ist.

Wendet man hingegen den Gedanken der Perichorese konsequent auf die Gesamttrinität, also von Kreuz Jesu aus denkend auf ihr ökonomisches Wirken aus ihrem immanenten Fundiertsein heraus an, so kommen Sohn und Geist Gottes in ein tatsächlich gleichrangiges Verhältnis. Weder die Kritik des Filioque noch die Kritik des Filioque-Verzichts sind dann für sich genommen im Recht. Vielmehr verdient die relative[170] Berechtigung beider Bekenntnispositionen positiv herausgearbeitet zu werden.

Kritik am Filioque ist insofern legitim, als sie der Gefahr einer tendenziellen Subordination des Geistes wehrt, die dem eben nicht nur ökonomisch, sondern immanent zu konstatierenden Wechselverhältnis der trinitarischen Personen widerspricht[171]. Die Intention des Vaters aufs Schaffen und Sich-Verhalten zum Anderen hin enthält in sich die komplex ineinander verzahnten Hervorgänge des Schöpfungsmittlers als des zum

---

167 Vgl. Geist, 318; ferner: Trinität, 191.
168 „Die hypostatischen Personen des Geistes und des Sohnes bleiben so miteinander vereinigt, daß sie in Ewigkeit untrennbar ineinander existieren" (Geist, 322) – was bedeutet solche perichoretisch-symmetrische Untrennbarkeit angesichts des Todes einer dieser Personen? Gewiss: deren Auferweckung! Aber der Bruch darf nicht in zyklischer Harmonie überspielt werden: Er besagt zumindest die vorübergehende und jedenfalls nie zu vergessende Zerstörung der Symmetrie!
169 Vgl. Geist, 314 f. und 318.
170 Das Verkehrte in der jahrhundertelang anhaltenden Kontroverse war also nicht die jeweilige Behauptung als solche, sondern deren Absolutsetzung, so dass es hier wie dort zu einer bedenklichen Absetzung von Paaren (Vater und Sohn oder Sohn und Geist) gegen die jeweils dritte Person kam, statt dass letztlich auf den trinitarisch-perichoretischen Gesamtprozess reflektiert wurde (vgl. Heron, Holy Spirit, 177). Die relative Berechtigung des Filioque und in diesem Sinn die Rechtgläubigkeit des Formelinhalts wie hier vorgeschlagen theologisch anzuerkennen, dürfte ein zukunftsfähiges Postulat sein, weil gerade dadurch ein „Weglassen des Filioque" ermöglicht werden könnte (vgl. Gamillscheg, Filioque, 220).
171 Damit verbindet sich die Gefahr, „that the *filioque* combined with the *vinculum caritatis* model has the tendency to project a sense of the Spirit as being somehow less ‚real' or ‚personal' than the Father and the Son" (Heron, Holy Spirit, 178).

kenotischen Eingehen ins Andere bestimmten Sohnes sowie des das Schöpfungsmittlertum des Sohnes fortführenden und sein Menschwerden und -sein begleitenden Geistes[172]. Joh 15,26 bildet hierzu eine zentrale Aussage: „Wenn aber der Tröster kommen wird, den ich euch senden werde vom Vater, der Geist der Wahrheit, der vom Vater ausgeht, der wird zeugen von mir."[173] Der Hervorgang des Geistes vollzieht sich demnach ebenso unmittelbar vom Vater her wie der des Sohnes. Auch wenn sich in der Bedingungsfolge eine Nachrangigkeit des Geistes andeuten mag, so spielt diese Folge doch für das funktionale In- und Miteinander keine Rolle; beide Hervorgänge werden im Vater selbst verantwortet und in Gang gesetzt.

Legitim ist aber gleichfalls Kritik am Filioque-Verzicht bzw. das Insistieren auf dem Filioque[174], insofern damit einer von Person und Werk des Sohnes auch nur tendenziell absehenden Geistesauffassung[175] vorgebaut und gewehrt wird. Entsprechende Versuchungen haben das Christentum durch die Jahrhunderte bis in die Gegenwart begleitet. Ansatzweise sind sie nicht zuletzt in Moltmanns kosmischer Christologie erkennbar, die die geschichtliche Christologie in die Erkenntnis des „kosmischen Weisheits-Christus"[176] integriert sehen möchte. Im übrigen ist heutzutage die Gefahr der Ursprungssituation nach wie vor nicht gebannt, die einst die Hinzufügung des Filioque notwendig gemacht hat: die Bestreitung der Gottheit Jesu und der Wesens- und Offenbarungseinheit von Vater, Sohn und Geist[177]. Auch insofern wäre eine Streichung bedenklich.

---

172 Darin ist also Moltmanns Kritik des Filioque ebenso zuzustimmen wie seiner die Komplexität der Hervorgänge umschreibenden Formulierung: „Der Logos wird vom Vater im Atem seines Geistes hervorgebracht. Christus kommt vom Vater durch den Geist..." (Geist, 245). Auch die Rede von den beiden Schöpfungsmittlern (s. o.) hat insofern ihr Recht, wenn man dabei ihre innere Einheit zu betonen weiß (vgl. Schoonenberg, 196 f.). Im Unterschied zum Vater, der nie als Schöpfungsmittler bezeichnet wird, sind sie die trinitarischen Vermittlungsgrößen zum Anderen hin und als solche unmittelbar kenotisch betroffen.
173 Die trinitarische Einheit muss dabei im Blick behalten werden: „Wo es der Vater ist, der den Geist sendet, tut er es auf Bitten des Sohnes (V. 16) bzw. im Namen Jesu (V. 26)" (Ulrich Wilckens: Das Evangelium nach Johannes [NTD 4], Göttingen 1998, 247).
174 Das gerechtfertigte Anliegen der Filioquelehre erblickt Dabney darin, „daß wir den Geist Gottes allein in bezug auf Jesus Christus verstehen können" (Kenosis, 106).
175 Exemplarisch sei hier der späte Samartha (One Christ, 93–95) genannt, der die Betonung des Geistes in Natur, Geschichte und Religionen erkauft mit der Erklärung, Christuszentriertheit sei nicht der einzige Weg, gottzentriert zu sein. Für ihn verbindet der Geist „Natur, Menschheit und Gott in einer kosmischen Einheit..." (Stanley J. Samartha: Christen im Verhältnis zu Gläubigen anderer Religionen. Entwicklungen und Perspektiven, in: Dialog der Religionen 1, 1/1991, 39–50, hier 50). Ob es Samartha wegen seiner Geistakzentuierung aufgegeben hat, vom „kosmischen *Christus*" zu sprechen?
176 Vgl. Weg, 303.
177 Vgl. Elisabeth Gräb-Schmidt: „Das Missverstehen ergibt sich von selbst". Reformulierungsversuche als Alternative zur Polemik. Eine Replik auf Bernd Oberdor-

### 4. Perspektive: *Kosmische Christologie oder kosmische Pneumatologie?*

Im Zuge der Auseinandersetzung mit Moltmanns trinitätstheologisch fundiertem Verständnis des „kosmischen Christus" ist die Vermischung mit der Pneumatologie zunächst kritisch, dann aber auch positiv in den Blick genommen worden. Abschließend soll nun versucht werden, die systematisch-theologisch präzisierte Verhältnisbestimmung festzuhalten und für das Paradigma der „Theonomie" fruchtbar zu machen.

Geht der Geist vom Vater aus, so wird er doch gesandt vom Sohn. Mit dem sendenden „Sohn" aber ist der erhöhte Christus gemeint, den Moltmann unter Bezugnahme auf den Kolosserhymnus als „kosmischen" expliziert. Nun hat Jesus mit seiner Auferstehung freilich nicht aufgehört, Mensch zu sein; wie soll man sich von daher seine kosmische Vollmacht vorstellen, von der unter anderem der Indikativ des matthäischen Missionsimperativs zeugt? Durchaus im Konzept einer konsequent trinitätstheologisch begründeten Geist-Christologie! Der von Gott erhöhte Mensch Jesus lenkt kraft seiner Sendungsmacht den kosmisch-mächtigen Geist, wobei diese nicht etwa auf eine Struktur von Über- und Unterordnung hindeutet, sondern auf das perichoretische In- und Miteinander der trinitarischen Personen. Es wäre nachgerade unsinnig, den „Eigenwillen" des Geistes (Joh 3,8) etwa gegen den des Sohnes auszuspielen. Vielmehr gilt es, sich theologisch stets die dynamische Einheit der ökonomischen Trinität vor Augen zu halten[178].

Kosmische Christologie und kosmische Pneumatologie[179] bilden folglich keinen Widerspruch, sondern sind zuinnerst miteinander verzahnt, ohne wiederum ineinander aufzugehen. Die Rede vom „kosmischen Christus" ist schon insofern theologisch berechtigt, ja gefordert, als der erhöhte Christus kraft seiner Einheit mit dem Geist[180] kosmische Voll-

---

fers Antwort, in: Marburger Jahrbuch Theologie 12: Ökumene (Marburger Theologische Studien 64), Marburg 2000, 167–186, bes. 177.
178 Dass Moltmann zwar die Pluralität, nicht aber die Einheit Gottes angemessen zu beschreiben weiß, hat ihm die Kritik Dalferths (Der auferweckte Gekreuzigte, 191 ff.) eingetragen. Dalferth übersieht dabei aber Moltmanns Lehre von der Konstitutionsebene der Trinität in der Monarchie des Vaters (s. o.). Dass – wie von Augustin bis Jüngel gelehrt worden ist und auch Moltmann andeutet (vgl. Trinität, 141) – nicht der Vater, sondern der Geist es sei, der die trinitarische Einheit Gottes konstituiert, ist damit verglichen eher ein Gedanke abstrakter Dialektik.
179 Zu Moltmanns „kosmischer Pneumatologie" vgl. Pöhlmann, Heiliger Geist, 69 passim (ferner 204 ff. zu einer „kosmischen Spiritualität"). Zur „Logic of Cosmic Pneumatology" siehe Robert W. Jenson: The Holy Spirit, in: ders./C. E. Braaten (Hgg.), Christian Dogmatics, Bd. 2, Philadelphia 1984, 101–178, bes. 165 ff., wo die Reklamation esoterischer Rede vom „kosmischen Geist" für christlich-trinitarisches Geistzeugnis angemahnt wird.
180 Diese perichoretische Einheit – ihre Behauptung ist zu einem sehr alten Bestand der christlichen Traditionsbildung zu rechnen – wird in 1. Kor 15,45 und 2. Kor 3,17 sogar als Identität ausgesprochen; die „funktionale Identität von Pneuma

macht ausübt. Der kosmisch wirksame Geist ist kein anderer als der „Geist Christi", der vom auferstandenen Gekreuzigten gesandte und ihn repräsentierende[181]. Unter seiner Macht ist zum einen die zeitübergreifende des Schöpfungsmittlers zu verstehen, die die gottentfremdete Welt in ihrer Gesamtheit erhält und in kenotischer Gegenwart in Natur und Menschheit wirksam ist. Zum andern ist damit die eschatologische Macht gemeint, zunächst durch das Wort der Kirche und am Ende durch die Transformation des gesamten Universums die Kreatur aus der ihr eingeräumten Autonomie in die Theonomie zu überführen.

Bis zum universalen Eintritt des Eschatons besteht die Machtausübung des kosmischen Christus gegenüber der Welt gerade in der Fähigkeit seiner göttlichen Liebe, den autonomen Status der Schöpfung zu halten, auszuhalten und – von Ausnahmen abgesehen, die seiner Freiheit zuzugestehen sind[182] – durchzuhalten, sich also ungeachtet der Erhöhung in Willenseinheit mit dem kenotischen Schöpfungsgeist noch entsprechend zurückzunehmen[183]. Insofern darf kosmische Christologie keinesfalls im Sinne einer *christologia naturalis* genommen werden, derzufolge aus den Eigenschaften des ja doch gottentfremdeten Kosmos auf den Christus zu schließen wäre. Schon das Neue Testament weiß, dass der Titel „Gott dieser Welt" nicht der Christi, sondern der des Teufels ist[184]. Eine entsprechend geforderte Christodizee hat im Rahmen einer kreuzestheologisch verantworteten „kosmischen Christologie" ihren Ort[185]: Sie gewährt Einblick im Sinne ei-

---

(Gottes/Christi) und Christus" kommt vor allem in Röm 8,9–11 zum Ausdruck (vgl. Samuel Vollenweider: Der Geist Gottes als Selbst der Glaubenden, in: ZThK 93, 2/1996, 163–192, bes. 173 f.). Siehe auch Tillich, STh II, 169.

181 Vgl. Dabney, Kenosis, 124.

182 Hierher gehört die Frage der im Geist Christi geschehen(d)en Wunder (dazu mein Rundfunkbeitrag in SWR 2: „Streitobjekt Heilungswunder. Die theologische Wiederentdeckung eines religiösen Phänomens", gesendet am 8. 7. 2001).

183 Göttliche Selbstbeschränkung als Ausdruck göttlicher Macht und Herrlichkeit – diesen Gedanken hat bereits Thomasius vorgebracht (Christologie, 5), später auch Oscar Bensow: Die Lehre von der Kenose, Leipzig 1903, 47; zeitgenössisch: Schoonenberg, Geist, 134 (vgl. auch insgesamt Tobias Trappe: Allmacht und Selbstbeschränkung Gottes. Die Theologie der Liebe im Spannungsfeld von Philosophie und protestantischer Theologie im 19. Jahrhundert, Zürich 1997). Dass das hier Vorgebrachte für die christologische Ämterlehre Konsequenzen hat, sei lediglich angedeutet.

184 Vgl. 2. Kor 4,4; ferner Joh 12,31; 14,30 und 18,36. Insofern ist es nicht unproblematisch, Christus einfach mit dem spirituellen Impuls der kosmischen Evolution zu identifizieren; auch wenn letztlich alles durch ihn besteht, liegen die Dinge doch komplizierter.

185 Dass das „Glaubensinteresse an der Theodizee" schon bei Paulus zentral ist, bei dem „die Paradoxie des Christus-Schicksals (Menschwerdung) und ihre Auflösung (Auferstehung)" im Mittelpunkt der Betrachtung stehen, betont Martin Dibelius: Art. Christologie. I.: Christologie des Urchristentums, in: RGG$^2$ Bd. 1, Tübingen 1927, 1592–1607, hier 1600. Tatsächlich eröffnet seine Kreuzestheologie „die Möglichkeit, angesichts der menschlichen Leidensgeschichte von der Gerechtigkeit

ner von 1. Kor 1–2 her verstandenen „theosophia crucis"[186], deren Bestreben es nicht etwa ist, dem Forum der autonomen Vernunft Tribut zu zollen, sondern „jedes Denkens in den Gehorsam gegen Christus" gefangenzuführen (2. Kor 10,5), d. h. in die Bewegung theonomer Vernunft[187] einzuladen.

---

Gottes" zu sprechen (Söding, Wort vom Kreuz, V). Die Thematik des „kosmischen Christus" fordert theologisch vertiefend eine auf den Schöpfungsmittler und den auferstandenen Kosmokrator gerichtete Christodizee. Hatte doch schon Blavatskys Geheimlehre ausdrücklich dem Logos als dem Schöpfer des Weltalls dessen ersichtliche Misserfolge vorgeworfen und ihm Mangel an Vollkommenheit attestiert (s. o.)! Die verbreitete theologische Behauptung der Nichtbeantwortbarkeit der Theodizeefrage vor dem „Jüngsten Tag" (vgl. zuletzt Joachim Kunstmann: Theodizee. Vom theologischen Sinn einer unabschließbaren Frage, in: EvTh 59, 2/1999, 92–108) verzichtet gegenüber theosophisch-esoterischer Weisheit vorschnell auf die Kundgabe der Christus-Weisheit, welche sich zwar gewiss nicht dem Forum ungläubiger Vernunft anbiedern, wohl aber ins Gespräch mit Gegen-Weisheiten eintreten will – in der Hoffnung auf die Wirkmächtigkeit des Geistes, der ja namentlich in der Rechtfertigungsbotschaft das Eschaton bereits präsent sein lässt, womit diese im Zeichen des Kreuzes durchaus, wie Söding vermerkt, eine Botschaft von der er- und einleuchtenden Gerechtigkeit Gottes darstellt. „So hebt in der Gegenwart an, was in der Zukunft vollendet werden wird: die Rechtfertigung Gottes in der Rechtfertigung des Menschen ..." (Hans Küng: Gott und das Leid, Einsiedeln 1967, 69).

186 S.o. Kap. II.1. Den „geistlichen Menschen" von 1. Kor 2,15 bestimmt das göttliche Pneuma, „das ihn befähigt, in die göttlichen Geheimnisse einzudringen" (Art. *pneumatikós*, in: Walter Bauer: Griechisch-deutsches Wörterbuch zum Neuen Testament, Berlin/New York 1971⁵, 1346). Gewiss will das Symbol des Kreuzes mit seinem Inhalt und gerade auch als Bild die vom entfremdeten Menschen beherrschte „Hure Vernunft" unterlaufen – das betonen Paulus wie Luther in ihrer Kreuzestheologie gleichermaßen. Doch jedes Symbol verweist auf einen sachlichen Zusammenhang, der gerade auch vom Kreuz her angezeigt wird und von dort her als Gottesweisheit aufscheint (selbst für den Luther der Heidelberger Disputation schließen Kreuz und Weisheit einander nicht aus, wenn nur der Primat des Kreuzes gewahrt bleibt!). *In (unseren!) Zeiten, in denen die Bildhälfte des Kreuzessymbols massiver Umdeutung unterliegt, ist es Aufgabe verantwortlicher Kreuzestheologie, die Sachhälfte umso deutlicher herauszuarbeiten und kritisch zur Geltung zu bringen.* Die sich daraus ergebende „theosophia crucis" im tief-christlichen Sinn erweist sich als widerständig gegen die Paradigmen-Wünsche des „natürlichen" Menschen: „Theonomie" liegt auf anderer Ebene als „Autonomie" und „Heteronomie", da sie nicht eine vom Subjekt und seiner Ratio zu handhabende Weisheit repräsentiert, sondern umgekehrt sich darin als Gotteskraft erweisen will, dass sie verwandelnde Erkenntnis des dreieinen Gottes und damit des allemal „holistischen" Zusammenhangs von Gott, Welt und Mensch schenkt.

187 Dass die damit sich *eschatologisch* orientierende Vernunft keineswegs irrational wird, sondern „ihre eigene absolute Voraussetzung" realisiert, zeigt Wolfhart Pannenberg: Glaube und Vernunft, in: ders., Grundfragen systematischer Theologie, Göttingen 1967, 237–251, bes. 250. Nur solch eschatologisch verankerte Vernunft erschließt den „Reichtum der Gewißheit des Verständnisses, zu erkennen das Geheimnis Gottes, das Christus ist, in welchem verborgen liegen alle Schätze der Weisheit und der Erkenntnis" (Kol 2,2 f.).

Der eschatologische Umbruch von der Autonomie zur Theonomie durch den Geist Christi bedeutet insofern keine *„theologia gloriae"*, als er sich – intuitiv oder reflexiv – mit der kreuzestheologischen Einsicht verbindet, dass der auferstandene und wiederkommende Christus identisch ist mit dem gekreuzigten. Kosmische Christologie kann zweifellos als Herrlichkeitschristologie missbraucht werden, ist es ihrem biblischen Charakter nach aber aus zwei Gründen keineswegs. Erstens erweist sie sich nicht trotz, sondern wegen des Ausblicks auf die *Zukunft* des kosmischen Christus als *„christologia viatorum"*. Sie vermittelt keine enthusiastische Vision des Pantokrators im Dienste spiritualistischer Erbauung, sondern hält unter Berücksichtigung des Glaubensstandortes fest: „Jetzt sehen wir noch nicht, dass ihm alles untertan ist" (Hebr 2,9)[188]. Damit hängt der zweite Grund zusammen: Sie handelt ja doch bei aller Betonung kosmischer Horizonte im Zentrum von der Passion Gottes, die das Selbst- und Weltverständnis des Subjekts umbricht. Sie wehrt gerade dadurch jeder Herrlichkeitstheologie, dass sie aus den Wegen heteronomer oder autonomer Selbstglorifizierung bzw. Selbstrechtfertigung herausführt in die Erkenntnis und Anerkennung der absolut verdankten Existenz – wobei unter „Existenz" eben nicht bloß die je eigene Subjektivität, sondern deren Eingebundensein in eine erlösungsbedürftige Welt mitgemeint ist. Daher hat sie auch nichts mit jener falschen Form von individualistischer Kreuzestheologie zu tun, die hinsichtlich des Universums uneschatologisch bleibt[189].

Das theonome Bewusstsein des Sich-Verdankens, das der Geist Christi durch die radikale Erkenntnis der Liebe Gottes vermittelt, ist in der Verbindung mit dem auferstandenen Gekreuzigten ein doppeltes. Es bezieht die Deszendenz des kosmischen Christus ins Fleisch und ans Kreuz zum einen aufs eigene *malum morale*, weil der Gottessohn in seiner Hinrichtung anschaulich zum „Gottverlassenen" geworden ist und sich mit dem seines Lebensrechts verlustig Gegangenen heilvoll identifiziert hat, so dass diese Rechtfertigungserfahrung[190] die befreiende, antwortende Identifikation

---

188 Nach Ernst Käsemann muss in der Gemeinde sichtbar werden, „daß Christus Kosmokrator ist" (Amt und Gemeinde im Neuen Testament [1960], in: Exegetische Versuche und Besinnungen I, Göttingen 1970⁶, 109–134, bes. 113). Ob das nicht zu vollmundig gesprochen ist?

189 Luthers *theologia crucis* ist zutiefst mit individueller und kosmischer Eschatologie verknüpft (vgl. Werner Thiede: Luthers individuelle Eschatologie, in: LuJ 49, Göttingen 1982, 7–49).

190 Rechtfertigung lässt sich trinitätstheologisch verstehen als perichoretisches „Ereignis der gemeinschaftlichen Treue in Gott, wie diese als Liebe ausgerichtet und konkret wird in der Realität des inkarnierten Sohnes. Daß wir gerechtfertigt sind, bedeutet einfach, daß wir dabei mit eingeschlossen sind, als Leib und Gemahl des Sohnes" (Robert W. Jenson: Rechtfertigung als dreieiniges Ereignis, in: M. Beintker/E. Maurer/H. Stoevesandt/H. G. Ulrich [Hgg.], Rechtfertigung und Erfahrung. FS Gerhard Sauter, Gütersloh 1995, 104–112, hier 112).

mit ihm provoziert. Bei Moltmann kommt das damit Angesprochene jedenfalls zu kurz[191]. Zum andern impliziert das Verstehen des Kreuzes[192] den Bezug aufs je eigene *malum naturale*, indem die Identifikation des kosmischen Christus mit natürlicher Anfälligkeit für Leiden und mit der Sterblichkeit überhaupt zur umgekehrten Identifikation des dem Tod Ausgelieferten mit dem siegreich durch den Tod Hindurchgegangenen einlädt. Der mit dem doppelten Bewusstsein der Dankbarkeit einhergehenden Demut des Glaubenden entspricht auf der Seite Christi die Aufrichtung seiner kosmisch-eschatologischen Herrschaft Gottes im Geist desselben Glaubenden[193]. Ist dieser mit Jesus Christus liebesmystisch[194] „ein" Geist geworden (1. Kor 6,18), ist er durch den Geist „von oben geboren" (Joh 3,3), so lebt er in „*autonomer Theonomie*", d. h. sein Selbst ist pneumatologisch erneuert: Die Gewissheit der unverlierbaren Liebe Gottes lässt ihn die ekstatische[195] Erfahrung machen, im Geist durch den Sohn mit dem Vater verbunden und so Miterbe des Gottesreiches zu sein.

---

191 So das einhellige Urteil der Kritiker, z. B.: Ulrich Asendorf: Gekreuzigt und Auferstanden. Luthers Herausforderung an die moderne Christologie (Arbeiten zur Geschichte und Theologie des Luthertums 25), Hamburg 1971, 211; Bühler, Kreuz, 263 f.; Dembowski, Leiden, 37; Albrecht Peters: Rechtfertigung (HST 12), Gütersloh 1990², 324.
192 Hermeneutisch gilt: „Wir sind hier immer Anfänger. Wissen wir doch, daß dieses Verstehen nicht bloß eine Sache des Verstandes, sondern zugleich und vielleicht zuerst eine Sache des Herzens und des Handelns ist" (Friedrich Mildenberger: Herr, zeige uns den Vater! Jesus als Erweis der Gottheit Gottes [Calwer Hefte 108], Stuttgart 1970, 43).
193 Gegenüber dem Paradigma spiritueller Autonomie, in dem jeder Mensch bzw. sein Geist als Mikrokosmos den Makrokosmos repräsentiert, bleibt diese Repräsentation im Paradigma der Theonomie dem kosmischen Christus bzw. seinem Geist vorbehalten; doch indem dieser Heilige Geist den Glaubenden mit Christus verbindet, wird der betreffende Mensch indirekt, nämlich vermittels seiner heiligen Kommunion „kosmisch", d. h. er entwickelt zwar keine habituelle, aber doch eine relationale Identität (vgl. Vollenweider, Geist, 192; Sparn, Sancta simplicitas, 103), die sich pneumatisch auf den Kosmos erstreckt. Von daher gilt dann: „Weil dem Menschen der Logos ins Herz gepflanzt ist, darum lebt er in der Solidarität mit dem Kosmos; denn der Kosmos ist die Schöpfung des Logos. Und weil dem Menschen der Logos ins Herz gepflanzt ist, darum lebt er in der Distanz zum Kosmos, denn der Logos transzendiert den Kosmos" (Wickert, Christus, 475).
194 Nicht Substanz-, sondern Liebesmystik ist im Kontext christlicher Christologie und Trinitätslehre vertretbar, ja als solche schon für Paulus und Luther unverzichtbar. In diesem Sinn gilt: „Christliche Identität ist ein mystisches Phänomen" (Sparn, Sancta Simplicitas, 103; vgl. ders., Esoterik, 18). Siehe ferner: Oswald Bayer: Das Wunder der Gottesgemeinschaft. Eine Besinnung auf das Motiv der „unio" bei Luther und im Luthertum, in: Unio. Gott und Mensch in der nachreformatorischen Theologie, hg. von M. Repo und R. Vinke, Helsinki 1996, 322–332.
195 „Autonome" Theonomie meint dabei jenes Außer-Sich-Sein der Liebe, das bei aller überschwänglichen Relationalität die Substanzpole nicht etwa auflöst: „Ekstatisches Sein ist in Luthers Sicht unter keinen Umständen selbstvergessenes Sein, sondern im Gegenteil höchste Selbstgewissheit" (Theodor Jorgensen: Wort und

Aus der darin zum Ausdruck kommenden, rechtfertigungstheologisch zu formulierenden Gewissheit unüberholbarer Geborgenheit folgt keineswegs eine quietistische Haltung, sondern genau das, was bereits als „imperativischer Indikativ"[196] beschrieben worden ist. Weil der Raum dieser Geborgenheit die Liebe Gottes ist, bildet sie die unerschöpfliche Quelle aktiver Hinwendung zum Anderen (Gal. 6,2), zur Welt. Solch wache, interessierte Offenheit ist nicht „auf die Differenz von Weltflucht und ihrem Gegenteil, oder gar auf die Differenz von Pessimismus und Optimismus zu bringen"; vielmehr zeugt sie von „einer Ethik, die in der christlichen Hoffnung gründet"[197]. Es ist die Hoffnung auf die Zukunft des kosmischen Christus, die das Weltverhältnis christlicher Ethik eschatologisch, also weder kosmophil noch kosmophob, sondern als Präsenzwirkung des Geistes der neuen Welt Gottes definiert[198]. In diesem Geist drückt sich der in der Inkarnation Christi erkennbare Heilswille Gottes für seine Schöpfung fortgesetzt aus[199]. In ihm lebt das christliche Ethos, das seinerseits „die einzige Hoffnung für den Kosmos"[200] bildet.

Entsprechend ist im Begriff der „Theonomie" das gemeinschaftliche Element mit enthalten. Das im Christusglauben zu seiner wahren Identität und Autonomie findende Subjekt ist kein isoliertes, sondern ein im Empfangen der befreienden Botschaft bereits sich horizontal der Kirche als Gemeinschaft verdankendes und ihr darum verbunden bleibendes. Der Geist, den der kosmische Christus als Angeld der Erlösung sendet, ist stets der

---

Bild bei Luther, in: A. Ghiselli u. a. [Hgg.], Luther und Ontologie. Das Sein Christi im Glauben als strukturierendes Prinzip der Theologie Luthers, Helsinki/Erlangen 1993, 142–154, 143).

196 S. o. S. 123. Dort wird auch der Unterschied zum „indikativischen Imperativ" erklärt, welcher – kurz gesagt – „gesetzliches" Denken im Kontext theonomer Heteronomie und spiritueller Autonomie meint.

197 Hans G. Ulrich: Jesus Christus, gestern und heute und derselbe auch in Ewigkeit, in: Wer schreibt Geschichte? Die Jahrtausendwende als Anlass zu theologischen Reflexionen, hg. Gymnasialpäd. Materialstelle der Ev.-Luth. Kirche in Bayern, Erlangen 1999, 49–66, hier 59.

198 „Es geht um den Schritt in eine andere, aber durchaus bestimmte Welt. Das ist die Pointe der christlichen Utopie; sonst bliebe die Hoffnung auf der Linie einer nur immer perfekteren Welt. Die christliche Hoffnung richtet sich nicht auf die endgültige Verbesserung dieser Welt, sondern auf eine neu geschaffene Welt, sie richtet sich auf eine neue Schöpfung" (Hans G. Ulrich: Zwischen Utopie und Eschatologie. Voraussicht und christliche Hoffnung, in: Wer schreibt Geschichte?, hg. Gymnasialpäd. Materialstelle der Ev.-Luth. Kirche in Bayern, Erlangen 1999, 67–76, hier 69; vgl. auch ders., Eschatologie und Ethik, München 1988).

199 Insofern lädt Inkarnation zur Nachfolge ein: Vgl. Hermann Brandt: Gottes Gegenwart in Lateinamerika. Inkarnation als Leitmotiv der Befreiungstheologie (Hamburger Theologische Studien 4), Hamburg 1992, 138, 151, 169 ff. u. ö.; Ekkehard Heise: Theologie des Kreuzes Christi und der Christen. Lutherische Perspektiven im lateinamerikanischen Kontext, in: Luther 70, 2/1999, 65–84, bes. 69–71.

200 Hans Iwand: Gesetz und Evangelium I, in: Gesetz und Evangelium. Nachgelassene Werke Bd. 4, hg. W. Kreck, München 1964, 11–230, hier 140.

den Leib Christi erbauende und gerade so auf die kosmische Vollendung vorausverweisende, die wiederum jeden einzelnen einschließt. In ihm ist Christus den Glaubenden in ihrer Individualität wie in ihrer Kollektivität gegenwärtig.

Kann übrigens das Ineinander von kosmischer Christologie und Pneumatologie nicht auch die Frage nach der Anwesenheit Christi im Sakrament des Abendmahls beleuchten helfen? Luthers bekannte These von der Ubiquität Christi[201] zur Fundierung der Denkmöglichkeit seiner Präsenz in den Elementen von Brot und Wein bezieht sich zwar auf den Indikativ „Das ist mein Leib", missachtet aber die Fortsetzung: „der für euch gegeben wird" (Luk 22,19). Die symbolische Interpretation hat ihr Recht gerade darin, dass sie eine Distanz zum geschichtlichen Kreuzesereignis wahrt, zu dessen Gedächtnis und Verkündigung das Mahl gefeiert wird (1. Kor 11,25 f.). Gewiss kann man – nicht zuletzt in Anlehnung an Teilhard de Chardin[202] – spekulieren: Indem der Geist die den Kosmos futurisch-eschatologisch zum „Leib Christi" verwandelnde Kraft darstellt, vermag er solche „Transsubstantiation" an den eucharistischen Elementen bereits präsentisch-eschatologisch, also äußerlich unmerklich vorzunehmen, so dass sie im feierlichen Vollzug dann Medium konkreter Begegnung mit dem kosmischen Christus als dem verherrlichten „Lamm"[203] sind. Doch solch fromme Überlegungen ändern nichts an dem entscheidenden Umstand, dass die Elemente des Sakraments mitnichten den kosmischen Leib Christi, sondern den des geschichtlichen Jesus als ein für allemal geopferten im Geist anamnetisch vergegenwärtigen[204]. Nicht also die Ubiquität des

---

201 S. o. S. 261 f. Auch Moltmann lehrt die Partizipation des Leibes Christi an der Allgegenwart Gottes (Weg, 281).
202 Teilhard hatte ja seine Rede vom „kosmischen Christus" in engem Zusammenhang mit Überlegungen zur Eucharistie entfaltet. Christus steigt in das Brot hinab, und „die Transsubstantiation umgibt sich mit dem Strahlenkranz einer realen, wenngleich abgeschwächten, Vergöttlichung des ganzen Universums. Aus dem kosmischen Element, in das Er eingezogen ist, wirkt der Logos dahin, sich alles Übrige zu unterwerfen und zu assimilieren", schrieb er 1918 in „Der Priester" (in: Frühe Schriften, 253 f.).
203 Vgl. Offb 5,6 (dazu Mildenberger, Dogmatik Bd. 3, 267 ff.). Dass das „geschlachtete Lamm", also der verherrlichte Gekreuzigte, mit sieben Augen als den sieben Geistern Gottes geschildert wird, verdient hier insofern Beachtung, als diese Stelle um der Siebenzahl willen in der modernen Theosophie gern zitiert wird (man denke an die sieben Logoi Blavatskys); doch drückt sie auf durchschimmerndem astralsymbolischem Hintergrund (die sieben Planeten des Sonnensystems!) einfach nur die Fülle des Geistes aus. Übrigens führt Moltmann die Symbolik vom „geschlachteten Lamm" gern nach Apk 13,8 an (z. B. Christliche Trinitätslehre, 43), um die Worte „... seit Grundlegung der Welt" genauso verkehrt wie schon Luther (vgl. WA 39 I, 49, 14) und später die Theosophin Besant (S. 142, Anm. 242) aufs Lamm statt richtig auf die Erwählten zu beziehen.
204 Freilich ist in der Feier „der ganze Christus gegenwärtig, der erinnerte vorösterliche Jesus, der verkündigte Gekreuzigte, der bezeugte Auferstandene und der er-

menschlichen Leibes Christi[205], sondern die Universalität der Heilsbedeutung seines Todes kraft seiner Auferstehung ist das Thema der Rede vom kosmischen Christus auch im Blick auf die Eucharistiefeier[206].

Zum Bewusstsein „autonomer Theonomie", die ein integrales Neuverständnis von Gott, Welt und Selbst im Geist unbedingter Liebe impliziert, gehört die Erkenntnis[207], dass auch im (zeitweisen) Nichtbewusstsein autonomer Theonomie die Gnadenherrschaft Gottes nicht endet, die Liebe Christi nicht abreißt. Genau diese Heilsgewissheit ist es, die die Wiedergewinnung des Bewusstseins autonomer Theonomie stets ermöglicht. Als dogmatisch objektivierte Lehre erstreckt sich das theonome Paradigma dabei keineswegs nur aufs je eigene Sein, sondern auch auf alle anderen Menschen, ja aufs gesamte Universum, das gerade deshalb theologisch als „Kosmos" angesprochen werden darf. Der in dieser Perspektive fundierte, entsprechend verheißungsvolle „Pansyntheismus" allein rechtfertigt es, die unter ihrer Vergänglichkeit seufzende, stets zum Chaos tendierende Schöpfungswelt mit einem vom hellenistischen Sprachgebrauch her bis heute harmonistisch wirkenden Begriff zu benennen. Und in diesem tiefen Sinn wird Christus selbst bereits diesseits der Vollendung des Alls theologisch nicht nur als „universaler", sondern als „kosmischer" bezeichnet.

Wesenhaft prägt das Paradigma der Theonomie schließlich ein universaleschatologisches Bewusstsein, dessen apokalyptisch-ekstatische Hoffnungsvision[208] zutiefst in der Erkenntnis des Kreuzes als des zentralen in-

---

wartete Menschensohn" (Michael Welker, Was geht vor beim Abendmahl? Stuttgart 1999, 109).

205 Zu entsprechenden Überlegungen unter Einbezug der Theorie von der communicatio idiomatum vgl. Baur, Lutherische Christologie, 200.

206 Mit Bezug auf die antiochenische Theologie betont Gunther Wenz, „daß das Selbstopfer Jesu Christi am Kreuz und die Eucharistie als eine durch die repräsentierende Funktion der Anamnese gewährleistete Einheit gedacht werden" muss (Die Lehre vom Opfer Christi im Herrenmahl als Problem ökumenischer Theologie, in: ders., Grundfragen ökumenischer Theologie. Gesammelte Aufsätze Bd. 1 [FSÖTh 91], Göttingen 1999, 194–233, hier 212) und „daß die Besinnung auf eine ‚symbolisch-sakrifizielle' Abendmahlstheologie über manche Brüche hinweghelfen kann" (213).

207 Neben der hier beschriebenen Erkenntnis kann speziell der Begriff der „heteronomen Theonomie" einen Stand theonomen Bewusstseins bezeichnen, der im Widerspruch zu seiner erreichten Höhe noch starke heteronome Elemente enthält. Diese Bedeutung ist mit der oben ausgeführten insofern verwandt, als auch für sie gilt: Teilweise eingeschränktes Bewusstsein des bedingungslosen Heils schränkt dieses selbst in seiner Gültigkeit nicht ein.

208 Als solche schließt sie zwar den Gedanken der *annihilatio mundi* ein (vgl. Konrad Stock: Annihilatio Mundi. Johann Gerhards Eschatologie der Welt [FGLP 10/42], München 1971; Ulrich H. J. Körtner: Weltangst und Weltende. Eine theologische Interpretation der Apokalyptik, Göttingen 1988, 192 ff.), sollte ihn aber nicht als teleologischen, sondern allenfalls als für die Errichtung der neuen, vollendeten Schöpfung funktionalisierten einbringen (gegen Berger, Kosmos, 67 ff., der einsei-

nergeschichtlichen Heilsgeschehens wurzelt. Kann doch das Kreuz in seiner soteriologischen Bedeutung nur von der Auferweckung des Gekreuzigten her durchschaut, dann aber dermaßen transparent werden, dass als seine *causa finalis* das Ende allen[209] Unheils aufscheint. Die Zukunft des kosmischen Christus, mit Moltmann als „adventus" und nicht etwa als „futurum"[210] verstanden, ist die eschatologische Zukunft des Kosmos, die „Auferstehung des Fleisches"[211] im Kontext der Vereinigung von Himmels- und Schöpfungswelt.

Das Haupt der Kirche wird einst das Haupt des Kosmos, dieser also sein Leib sein. Der geschichtlichen Inkarnation des kosmischen Christus wird dann die eschatologische Inkarnation des Geistes in die gesamte Schöpfung hinein entsprechen[212]. Das Ende der Kenosis des Geistes wird also die Theosis[213] des Kosmos bedeuten – im Sinne von dessen Verwandlung

---

tig den kosmophoben Aspekt apokalyptischer Orientierung geltend macht, um diese zu desavouieren).

209 Unter Rückgriff auf Luthers Lehre von der Höllenfahrt Christi argumentiert Moltmann kreuzestheologisch zugunsten einer Hoffnung auf „Allversöhnung" (Kommen Gottes, 278 ff.), wie sie differenziert untermauert wird bei J. Christine Janowski: Allerlösung. Annäherungen an eine entdualisierte Eschatologie (Neukirchener Beiträge zur Syst. Theologie 23/1–2), 2 Bände, Neukirchen-Vluyn 2000.

210 Diese Unterscheidung findet sich erstmals bei Jürgen Moltmann: Antwort auf die Kritik der Theologie der Hoffnung, in: W.-D. Marsch (Hg.), Diskussion über die ‚Theologie der Hoffnung', München 1967, 201–238, bes. 210 ff.; zuletzt: ders., Kommen Gottes, 42 ff. Schon das naturwissenschaftliche Konzept des nicht-unitären Universums erlaubt, dass sich in ihm völlig Neues zeigt, Zukunft also nicht restlos in Gegenwart enthalten sein bzw. sich aus Vergangenheit ableiten lassen muss (vgl. F. David Peat: Der Stein der Weisen. Chaos und verborgene Weltordnung, Hamburg 1992, 156 f.); um wie viel mehr steht solch Neues zu bringen dem Herrn des Kosmos im Zuge seines zweiten Advents zu!

211 Christi „Herrschaft wird in der Auferstehungswelt vollendet", erklärt Moltmann (Kommen Gottes, 363; vgl. 124). Seine „kosmische Eschatologie" stellt die Einwohnung der Herrlichkeit Gottes als „neue Gegenwart Gottes" heraus: „Das ist die *kosmische Schechina*" (348 f.). Dass Moltmanns Eschatologie allerdings Züge einer kosmisch betonten Zeit-Ewigkeits-Dialektik trägt, zeige ich in: Auferstehung der Toten, 185 ff. Eine die Schöpfung als Anderes in Gott akzentuierende Eschatologie müsste m. E. deren Ewigkeit als *neues* Leben noch schärfer konturieren, was jedenfalls in der Eschatologie von 1995 eher gelungen ist als in früheren Werken Moltmanns. Und sie müsste zugleich die Geborgenheit des in den Tod gegebenen Anderen in Christus stärker herausarbeiten: Die Toten im kosmischen Christus sind eben nicht „mit den Lebenden... in der gleichen Gefahr" (gegen Moltmann, Kommen Gottes, 127), sondern – ihres Erdenleibes ledig – nicht mehr „ferne vom Herrn" und dem „Schauen" näher gekommen (vgl. 2. Kor 5,6 f.; Phil 1,23).

212 Vgl. Eduard Schweizer: Heiliger Geist, Stuttgart/Berlin 1978, 94 ff.

213 Die eschatologische „Vergöttlichung des Kosmos" (Weg, 327) bejaht Moltmann im Sinne orthodoxer Theologie als Folge des emanativen Überströmens des kosmischen Christus „in die neue Schöpfungsgemeinschaft" hinein (278). Darin erweitert sich gewissermaßen die Bewegung seiner Inkarnation ins Universale. Schon nach Luther ist der Zweck der Menschwerdung Gottes die Vergöttlichung des Menschen (vgl. Reinhard Flogaus: Theosis bei Palamas und Luther. Ein Beitrag

durch die vernichtenden Kräfte des transzendenten Himmels, so dass Gott „alles in allem" sein wird[214]. Damit ist mehr angesagt als Panentheismus[215]: Theonomie meint allemal das hoffnungsfrohe Bewusstsein der kommenden göttlich-kosmischen Hochzeit, die Panentheismus, Pansyntheismus und Pantheismus in einem zu heißen verdient. In diesem Reich der Herrlichkeit ist dann die Geschichte „substanzrelationaler Ontologie" (SRO) zu ihrer Erfüllung, zu ewigem Leben gekommen[216]. Der Sohn wird sein Reich an den Vater zurückgegeben haben[217], der selber in seinem Geist durch und durch kosmisch sein wird[218]. Kosmische Pneumatokratie wird ewig wäh-

---

zum ökumenischen Gespräch [FSÖTh 78], Göttingen 1996, 394). Im Unterschied zum Verständnis von *theosis* in gnostisch-hermetischen, aber auch katholischen Zusammenhängen bezeichnet dieser Begriff im reformatorischen Kontext „vor allem die soteriologische Analogie zur christologischen Zweinaturenlehre" (Risto Saarinen: Die Teilhabe an Gott bei Luther und in der finnischen Lutherforschung, in: A. Ghiselli u. a. [Hgg.], Luther und Ontologie. Das Sein Christi im Glauben als strukturierendes Prinzip der Theologie Luthers, Helsinki/Erlangen 1993, 167–182, hier 178). „Ihr seid nun worden Gotts Geschlecht . . .", lässt Luther den Weihnachtsengel verkünden (EG 25, 6). Doch allemal bezieht er den Theosisgedanken in seiner christologisch-relationalen Begründung auf personale Wesen und nicht auf den Kosmos (vgl. auch Mannerma, Theosis, 24 f.; ders., Der im Glauben gegenwärtige Christus. Rechtfertigung und Vergottung, Hannover 1989). In der theonomen Perspektive „substanzrelationaler Ontologie" (SRO) könnte man hier insofern – Moltmann folgend – noch weiter gehen, als der Mensch ja Teil der Schöpfung ist, die dann (gemäß Röm 8,21) an seiner Erlösung bzw. Vergöttlichung partizipiert.
214 Vgl. 1. Kor 15,28. Die „kosmische communicatio idiomatum" nennt das Jürgen Moltmann: Antwort, in: Bertold Klappert: Worauf wir hoffen. Das Kommen Gottes und der Weg Jesu Christi, Gütersloh 1997, 139–156, hier 154.
215 Für Moltmann ersetzt der Panentheismus-Begriff am Ende keineswegs die Notwendigkeit trinitätstheologischen Denkens, zumal er das eschatologische Moment nicht in sich enthält: „Ist der kosmische Geist der Geist *Gottes*, dann kann das Universum nicht als ein geschlossenes System angesehen werden. Es muß als ein für Gott und seine Zukunft *offenes System* verstanden werden" (Schöpfung, 115)!
216 Dieses Leben lässt sich gerade nicht als Folge der Rücknahme der ökonomischen Trinität in die immanente beschreiben (gegen Moltmann, Trinität, 178): Die Alterität der Schöpfung wird nicht hinsichtlich ihres ontologischen, sondern lediglich hinsichtlich ihres lapsarischen Aspekts aufgehoben.
217 Vgl. 1. Kor 15,24 f. Diese Stelle besagt allerdings keineswegs, dass Christus seine Königsherrschaft erst bei seiner Parusie antreten werde (so Adolf Schlatter: Die Korintherbriefe, Stuttgart 1936[6], 195), ja für sich genommen nicht einmal, dass ihr Beginn mit seiner „Erhöhung" (so Hans Conzelmann: Der erste Brief an die Korinther [KEK V], Göttingen 1969, 321 f.) in eins falle. Findet doch die messianische Entmächtigung der dämonischen Gewalten bereits seit Jesu irdischem Wirken statt (dazu instruktiv Bernd Kollmann: Jesus und die Christen als Wundertäter. Studien zu Magie, Medizin und Schamanismus in Antike und Christentum [FRLANT 170], Göttingen 1996, 174 ff. und 336 ff.).
218 Vgl. 1. Kor 15,28. Wie kosmische Christologie sich unter diesem Blickwinkel frühchristlich gestaltet hat, zeigt Eckhard Schendel: Herrschaft und Unterwerfung Christi. 1. Korinther 15,24–28 in Exegese und Theologie der Väter bis zum Ausgang des 4. Jahrhunderts (BtrGeschEx 12), Tübingen 1971.

ren, ewig freilich auch die „Ehe", die der eine Gottessohn, das Lamm als die Leuchte des neuen Jerusalem (Offb 21,23), mit seinem Volk unzähliger Gotteskinder führen wird[219].

In der These von der Unendlichkeit, die demnach der Schöpfungswelt im Zuge ihrer eschatologischen Theosis zuteil werden wird[220], spiegelt sich zuletzt noch einmal ein Stück Kreuzestheologie wider. Deren Sinn ist ja gegen jene Herrlichkeitstheologie gerichtet, die ihre Kriterien aus dem scheinbar strukturell bekannten Gegenüber von Welt und Gott gewinnt statt aus dem Paradox des Kreuzesgeschehens. Eher Weltweisheit als Gottesweisheit ist es, wenn die „Naturen" des Göttlichen und des Menschlichen bzw. Weltlichen im philosophischen Gegensatz von Endlichkeit und Unendlichkeit beschrieben werden, damit dann anhand dieser Kategorien auch die christologischen und von daher die trinitarischen Bestimmungen vorgenommen werden können. Ähnlich wie Moltmann[221] erklärt beispielsweise Greshake: „Weil in der Communio des göttlichen Lebens der Sohn als das ‚andere' des Vaters, korrespondierender ‚Empfang' angesichts der väterlichen ‚Gabe' ist, kann die Schöpfung als das ‚ganz andere' Gottes nur im Sohn ihren ‚Ort' haben. Sie ist gewissermaßen – wie bereits vermerkt – die ‚endliche Gestalt' des göttlichen Sohnseins in der Trinität."[222] In dieser Perspektive schimmert neuplatonische Logik durch[223]: Unendliches als Überpolares kommt in Endlichem als Polarem zum Vorschein bzw. findet ihm seine abgeschattete Analogie. Alle Varianten theologisch so beliebter Zeit-Ewigkeits-Dialektik gründen demgemäß in „relationsontolo-

---

219 Neben das biblische Ehe-Bild könnte man hier auch das der Freundschaft rücken; vgl. im Anschluss an Moltmann (Kirche in der Kraft des Geistes. Ein Beitrag zur messianischen Ekklesiologie, München 1975, 134 ff.) den Vorschlag von Walter Sparn: Reich Gottes: Reich der Freundschaft. Für eine trinitarische Bestimmung des Begriffs der Gottesherrschaft, in: W. Härle/R. Preul (Hgg.), Reich Gottes. Marburger Jahrbuch Theologie 11 (Marburger Theologische Studien 53), Marburg 1999, 31–61.
220 Diese auf den ersten Blick vielleicht „naiv-mythologisch" anmutende These habe ich bereits in meiner Dissertation vertreten (Auferstehung, 193 und 198): Sie entspricht der nun trinitätstheologisch begründeten Auffassung, derzufolge Gott konsequent „geschichtlich" zu denken sei.
221 Greshakes These vom Setzen der Schöpfung als „Verlängerung und Entfaltung des sohnlichen Seins" (Gott, 235) erinnert an Moltmann, der, wie dargelegt, in expliziter Nähe zu emanativem Denken von einer „mittleren Lage zwischen Schöpfung und Zeugung" spricht (Trinität, 128). Nicht zufällig hat die Schöpfung als das „andere" Gottes auch nach Greshake „aus Gnaden ‚mitzuspielen' im Lebens- und Liebesaustausch des trinitarischen göttlichen Lebens" (Gott, 235, kursiv: W. T.), wie denn Greshake überdies Moltmanns theosophische „Schechina"-Thesen positiv rezipiert (239).
222 Greshake, Gott, 234.
223 Das gilt gerade auch für die bei Hegel und einigen von ihm herkommenden Theologen anzutreffende Definition des „wahren" Unendlichen als einer den Gegensatz von Unendlichkeit und Endlichkeit umgreifenden Größe.

gischem Substantialismus" (ROS)[224]. Die hierbei zugrunde gelegte Kontrastierung von Unendlichkeit und Endlichkeit, die schon semantisch ihren Ausgang vom Weltlichen erweist, indem vom Göttlichen nur mittels der *via negationis* („Un-Endlichkeit") gesprochen wird, scheitert freilich bereits an immanenter Kritik, denn sie operiert mit einem Begriff, den sie auf Grund seiner Negativform gar nicht positiv bestimmen kann[225]. Kreuzestheologisch wird die philosophische Gegenüberstellung von *finitum* und *infinitum* vollends *ad absurdum* geführt: *finitum capax infiniti*. Die Endlichkeit des Todes frisst den inkarnierten Logos. Setzt kosmische Christologie hier an, so drängt sich ihr die die Erkenntnis auf, dass Gott sich im Schaffen des „ganz anderen" selbst gewissermaßen verendlicht, um am Ziel seiner Geschichte alles in allem zu sein und damit Unendlichkeit gerade in der *communio* der miteinander und aneinander Seienden zu erreichen. Auch ist für sie, wie dargelegt, Christus „kosmisch" nicht in sich selber: Die ihm zugeschriebene „Unendlichkeit", die ihm als Schöpfungsmittler in Bezug auf das nach heutigen naturwissenschaftlichen Erkenntnissen endliche Universum eignet, kommt ihm in der Endlichkeit seines Menschseins zu, in der er mit dem Geist perichoretisch verbunden ist und bleibt[226].

---

224 In Moltmanns Zeit-Ewigkeits-Dialektik spiegelt sich „theonome Autonomie" (s. o.).
225 Vgl. Blaise Pascal: Gedanken. Nach der endgültigen Ausgabe übertragen von W. Rüttenauer, Birsfelden-Basel o. J., 39 f. (Nr. 83).
226 Selbst außenperspektivisch mag dann von Jesus Christus gesagt werden, dass sein Leben und Denken „in wahrhaft kosmischen Dimensionen" vorzustellen sei (Wilhelm Reich: Christusmord. Die emotionale Pest des Menschen [1953], Frankfurt/M. 1997, 208).

# SCHLUSS-PERSPEKTIVE

*Der „kosmische Christus" und die Spiritualität der Unterscheidung*

Im Rückblick auf die nun zu überschauende Geschichte des modernen Begriffs „kosmischer Christus" lassen sich vier überraschende Hauptresultate formulieren. Das erste besteht schlicht darin, dass sich eine solche Begriffsgeschichte tatsächlich hat rekonstruieren lassen. Im Unterschied zur „Sache" kosmischer Christologie, die christliche Theologie und Kirche von ihren Anfängen an in verschiedensten Ausprägungen, aber doch stetig begleitet hat, erweist sich die Rede vom „kosmischen Christus" als eine erst um die Wende zum 20. Jahrhundert geprägte Metapher, deren Karriere und Bedeutungswandel sich in frühzeitiger Verästelung und teilweise erbitterten Auseinandersetzungen vollziehen. Auf theologischer Seite sind zwar um die Mitte des Jahrhunderts im Rückbezug auf die Heilige Schrift Neueinsätze zu beobachten, doch deren Wirkungsgeschichte überlappt sich bisweilen mit der älterer Traditionsstränge. Wer vom „kosmischen Christus" spricht, sollte jedenfalls wissen, dass er es mit einem ranghohen Begriff moderner Spiritualität zu tun hat, dessen Bedeutungsgehalt ein christlicher sein kann, aber nicht muss, weil er sich wie der Spiritualitätsbegriff selbst vom christlichen Wurzelboden gelöst hat oder oft nur noch locker mit ihm verbunden ist. Sein Rang erweist sich gerade darin, dass ihm in verschiedenen Paradigmen bzw. in konfligierenden Kontexten hohe Bedeutung zukommt, die nicht selten von der Erwartung zehrt, an seiner grenzüberschreitenden Evidenz auch die der je eigenen Überzeugung festmachen zu dürfen. Theologisch sollte sein Gebrauch künftig mit entsprechendem Problembewusstsein und klaren Identifizierungen einhergehen. Wer vom „kosmischen Christus" spirituell, also verantwortungsvoll reden will, muss um die Geschichte des von ihm benutzten Begriffs wissen.

Zum zweiten: Die so vielfältige Begriffsgeschichte des „kosmischen Christus" eint ein ganz bestimmter Aspekt. Nur in Ausnahmefällen wird nämlich die Metapher im protologischen Sinn einer Ursprungsmythologie oder –metaphysik thematisch[1]; vielmehr findet sie sich fast immer im Kontext der

---

1 Der innere Grund dafür besteht darin, dass Ursprungsmythen gewöhnlich im Heteronomie-Paradigma denken, während vom „kosmischen Christus" in der Regel nur im Autonomie- und Theonomie-Paradigma die Rede ist.

Artikulation von Zukunftshoffnung[2]. Dieses Ergebnis gilt diesseits wie jenseits der Christentumsgrenzen – für Besants wiederholt sich verkörpernden Astral-Logos ebenso wie für Steiners sich ätherisch anmeldenden Evolutionsgott oder für Baileys eher bescheidenen New Age-Organisator, für Teilhards „Omega" nicht weniger als für Panikkars „kosmotheandrisches Prinzip" oder für Moltmanns als „kosmischer Weisheits-Christus" sich offenbarenden „kommenden Christus"[3]. Das Attribut des „Kosmischen" steht insofern keineswegs für eine harmonistische Interpretation der Welt als in sich ruhender Wirklichkeit, in der sich der Schmerz der Lebenserfahrung leichthin überspielen ließe; vielmehr signalisiert es Spannungsreichtum – und seien es nur die aus ordentlichen Mustern sich ergebenden Spannungen, die allemal dazu antreiben, den Blick erwartungsvoll nach vorne zu richten. Ist „Christus" schon immer ein an eschatologischer Zukunft orientierter Begriff gewesen, so hat das Attribut „kosmisch" daran wenig geändert, eher noch seine Leuchtkraft gerade in dieser Beziehung verstärkt! Wo also vom „kosmischen Christus" die Rede ist, dort pflegt es um seine Zukunft zu gehen – darin natürlich die Zukunft derer eingeschlossen, die in entsprechend existentieller Betroffenheit von ihm reden. Im Grunde liegt das am Spannungspotenzial der Metapher selbst: Jedes Thematisieren des „kosmischen Christus" muss darauf zielen, dass seine damit angesprochene Universalität einmal offenbar wird. Welche Hoffnung sich im einzelnen damit verbindet, hängt freilich vom jeweiligen Paradigma ab; entsprechend gilt es in eschatologischer Hinsicht zu unterscheiden (statt zu vernebeln). Christliche Theologie hat deutlich zu machen, dass die zukünftige Offenbarung des kosmischen Christus dem Wesen nach nichts anderes aufdecken wird als das, was im gekommenen, gekreuzigten bereits offenbar geworden ist[4] und im Glauben an den auferstandenen an unüberholbarer Gewissheit geschenkt wird[5].

Auf Grund der im Begriff des „kosmischen Christus" implizierten Zukunftsorientierung ist es nicht verwunderlich, dass aufs Ganze gesehen ein Zuwachs seiner Beliebtheit festzustellen ist. Aus bescheidenen theosophischen und theologischen Anfängen hat sich im Laufe des 20. Jahrhunderts

---

2 Das zeigt sich bereits bei kosmischer Christologie im Frühchristentum. Ein christlicher Sarkophag aus dem vierten Jahrhundert illustriert dies bildhaft, indem er Christus in seiner Herrschaft über das Universum abbildet: Zu seinen Füßen befindet sich eine Personifikation des Kosmos; dargestellt werden soll der Sieg über den Tod als den letzten Feind (vgl. Pelikan, Jesus Christus, 74).
3 Vgl. Moltmann, Weg, 207, 303, 308 und 337.
4 Vgl. Walter Kreck: Die Zukunft des Gekommenen. Grundprobleme der Eschatologie, München 1961.
5 Diese Gewissheit drückt sich in der Überzeugung aus: „Christus ist die letzte Erfüllung der menschlichen Person, des Lebens und des Kosmos" (Pandikattu Kuruvilla: Eschatologie: am Konvergenzpunkt von Naturwissenschaft und Theologie, in: Glaube und Denken. Jahrbuch der Karl-Heim-Gesellschaft 13/2000, 133–148, 142).

– wenngleich nicht in steter Kontinuität – eine regelrechte Konjunktur entwickelt. Dabei hat sich das Schwergewicht aus dem theosophisch-anthroposophischen Umfeld deutlich in das kirchlich-theologische verlagert, was mit einem zumindest unterschwelligen Ideentransport einhergegangen ist. Im Zeitalter des religiösen Pluralismus muss mit derartigen Prozessen gerechnet, darum aber auch darauf geachtet werden, dass mit den „frischen" Ideen nicht altbekannte Paradigmen aus der Häresiegeschichte Platz greifen und an die Stelle von Evangelium nicht Gesetz rückt[6]. Eine theologisch verantwortete Spiritualität des „kosmischen Christus" ist an entsprechender Unterscheidung interessiert.

Merkwürdigerweise bedeutet ja die Attraktivität der Rede vom „kosmischen Christus" im kirchlich-und religionstheologischen Horizont gewissermaßen die Heimkehr eines außerchristlich geprägten Motivs. Das kann als die dritte große Überraschung bezeichnet werden, die sich im Zuge der Erforschung seiner Geschichte[7] ergeben hat. Als ob hier im Sinn der Barthschen „Lichterlehre" eine Wahrheit des „kosmischen Christus" *extra muros ecclesiae* erkennbar geworden wäre, die nun gewissermaßen sogar seinen eigenen Namen betrifft! Und tatsächlich wird christliche Theologie gut daran tun, sich nach ihrer starken Beeinflussung durch Säkularisierungsströme mittlerweile durch Spiritualisierungsbewegungen an manches Ureigene erinnern zu lassen, das nicht verdient hat, an den Rand gedrängt zu werden. Indes – der eben im Zusammenhang mit dem Aufruf der „Lichterlehre" formulierte Irrealis ist dringend geboten! Gründen doch theosophische Konzepte vom „kosmischen Christus" in einem weder biblisch noch abendländisch beheimateten Denkrahmen: Ihr „trinitarisches" Logos-Verständnis meint nicht den Logos, den die Christenheit als zweite Person der göttlichen Trinität selbst und als endgültig inkarniert definiert[8], sondern subordinatianisch eine erste Emanation des Absoluten; ihre Christologie und Soteriologie reichen dementsprechend himmlisch nicht hoch und irdisch nicht tief genug! Schon ihre Zeitvorstellungen signalisieren überdies, dass mit der theosophisch erwarteten Zukunft etwas anderes intendiert ist als in christlich geprägten Kontexten[9]. Nein, die Äquivozität

---

6 Es wurde oben bereits darauf hingewiesen, dass die Gefahr besteht, dass im Zeichen des spirituell-autonom verstandenen „kosmischen Christus" der „indikativische Imperativ" und damit die Angst machende Struktur des Gesetzes (im theologischen Sinn) die Vorherrschaft gewinnt.
7 Dabei gilt wenigstens für einen Teil kosmischer Christologien in der modernen Theologie, dass sie mit der Anthroposophie die Überzeugung teilen, dass der kosmische Christus selbst (und nicht nur sein Begriff) eine Geschichte – und daher Zukunft – hat!
8 Zum Dogma von Nicäa, das bekanntlich die Homousie des Sohnes mit dem Vater definierte, vgl. z. B. Manfred Jacobs: Die Reichskirche und ihre Dogmen. Von der Zeit Konstantins bis zum Niedergang des weströmischen Reiches, Göttingen 1987, bes. 25 ff.
9 Selbst der Konzeptrahmen des Theosophen bzw. Anthroposophen R. Steiner lebt

der Rede vom „kosmischen Christus" außerhalb und innerhalb des Christentums (dessen Grenzen je nach Definition ohnehin unterschiedlich zu beschreiben wären) veranlasst theologisch schwerlich zur Suche des damit Bezeichneten auf dem weiten Feld der betreffenden Vorstellungen! Reicht doch deren Palette insgesamt von exklusivistischen über vor allem inklusivistische bis hin zu pluralistischen Christologien, deren Füllungen im einzelnen sich wiederum von astralmythologischen Konzepten über existential-symbolistische Auffassungen der „Schöpfungsmittlerschaft" bis hin zu deren traditional-universalen Deutungen erstrecken. Daher sind im Gegenteil gründlich vergleichendes Analysieren und entsprechend sauberes Unterscheiden erforderlich, um faires Verstehen und infolgedessen die Benennung von geeigneten Anknüpfungspunkten für einen Dialog, aber auch erforderliche Abgrenzungen[10] zu ermöglichen. Wer immer sich auf die Spiritualität des „kosmischen Christus" beruft, hat Anlass, an solch fairen Differenzierungs- und Verstehensbemühungen Interesse zu zeigen.

Soll diese Unterscheidungsarbeit tiefschürfend und insofern erfolgversprechend sein, wird man künftig ohne einen verstärkten Willen zur Beschreibung der verschiedenen Konzeptrahmen, also makrostrukturellen „Paradigmen" schwerlich auskommen. Das mag den Umgang mit der auf den ersten Blick so eingängig erscheinenden Metapher komplizieren. Wäre nicht stattdessen in unserem nachchristlichen Zeitkontext eine „einfache Christusrede"[11] anzustreben, die den Terminus „kosmischer Christus" ebenso ungeniert wie unkompliziert aufgreift und im Vertrauen auf das regulierende Wehen des heiligen Geistes zum gloriosen Anknüpfungspunkt für alle möglichen Synkretismen im Sinne einer lebendigen Gegenwartsreligiosität stilisiert[12]? Muss denn tatsächlich an solch attraktiver

---

ungeachtet seiner vergleichsweise abendländischen Prägung entscheidend von der Logik des Reinkarnationskonzepts. Ragaz hat sein Urteil entsprechend scharf formuliert: „Was die Theosophie auch Großes und Tiefes sein mag, so ist sie doch das Gegenteil des Christentums!" (Theosophie, 30, dort kursiv; vgl. auch 42).

10 Ob solche apologetischen Abgrenzungen heute noch mittels der Häresiekategorie vorgenommen werden können, ist insofern fraglich, als übliche Grenzziehungen zwischen Innen und Außen zunehmend verschwimmen, wie das gerade das Thema des „kosmischen Christus" illustriert. Ein Festhalten am Begriff der Häresie muss ihn jedenfalls unterscheiden von dem der Apostasie, da er über die kirchlichen bzw. theologischen Binnengefilde hinausgreifen sollte, um auch problematische externe Ingebrauchnahmen christlicher Symbole und Begriffe namhaft machen zu können; von „kryptogamer Häresie" spricht in diesem Sinn bereits Karl Rahner: Was ist Häresie?, in: A. Böhm (Hg.), Häresien der Zeit. Ein Buch zur Unterscheidung der Geister, Freiburg/Basel/Wien 1961, 9–43, hier 23 und 33.

11 Diese Formulierung wird hier gebraucht in Anlehnung zum Postulat „einfacher Gottesrede" bei Mildenberger, Dogmatik Bd. 1, 11 ff., 154 u.ö. – allerdings mit der Intention, „einfache Christusrede" deutlich auch außerhalb und an den Rändern des Christentums in den ihr dort eigenen Kommunikations- und „Inspirations"-Zusammenhängen wahrzunehmen und zu reflektieren.

12 „Förderung synkretistischer Elemente: lieber lebendige religiöse Fülle als tote dog-

Rede, die als Transportmittel über die Paradigmengrenzen hinweg fungieren könnte, theologische „Besserwisserei" ihr enthusiasmusdämpfendes Handwerk ausüben? Es geht allerdings nicht anders! Doch besteht der Grund dafür nicht etwa in der Bekämpfung enthusiastischer Häresien zum Zweck formalen Dogmenschutzes, sondern sehr wohl im Befördern von Begeisterung, nämlich von spürbarem Wirken des Geistes durch das ihm entsprechende Wort. Auf der Basis der Erfahrungsgeschichte mit dem befreienden „Wort vom Kreuz" gilt es, um dessen präzisen Sinngehalt zu ringen – sowohl innertheologisch als auch interkonfessionell und nicht zuletzt interreligiös! Dass es durchaus in solch kreuzestheologischem Sinn eine Spiritualität des „kosmischen Christus" geben kann und muss, dürfte spätestens im VII. Kapitel deutlich geworden sein.

Und das ist die vierte Überraschung gewesen, die sich im Laufe der Untersuchung eingestellt hat: Fast nirgends begegnet die Rede vom „kosmischen Christus" in einem „abgehobenen", vom Kreuz völlig absehenden Sinn. Obwohl ja der Christus-Begriff die Erinnerung an Jesu Kreuz prinzipiell nahe legt, hätte man sich doch angesichts seiner Dehnung ins Kosmisch-Übergeschichtliche über eine Verflüchtigung des Kreuzes nicht gewundert. In der Tat ist sie des öfteren zu beobachten gewesen – doch fast ausnahmslos eben unter Beibehaltung mindestens der Kreuzes-*Symbolik*! Nicht nur der „Christus", auch seine Beheimatung in der „Trinität" und nachgerade sein „Kreuz" haben längst die Grenzen christlicher Interpretation transzendiert; ihr einfaches Aufrufen[13] genügt weder zu ekklesiogener noch zu theologischer Identitätssicherung! Umso entschiedener muss – schon um der intellektuellen Redlichkeit willen – der teilweise sogar absichtlich inszenierten Verwechselbarkeit von christlichen Kernsymbolen entgegengetreten werden. Die Mühe der Unterscheidungsarbeit lohnt sich mit Blick auf die voraussichtlich auch im 21. Jahrhundert anhaltende Attraktivität der Rede vom „kosmischen Christus".

Deren Reiz hängt mit dem Anschein zusammen, dass sie in ihrer gerade auch unter tiefenpsychologischem Aspekt ansprechenden Kombination von zwei „leuchtenden" Begriffen unmittelbar einleuchtende, eben „einfache Christusrede" darstelle. Und der Schein trügt zumindest dann nicht, wenn damit „religiöse Rede" im Gegensatz zu deren theologischer Reflexion bezeichnet sein soll. Bedenkt man aber, dass religiöse Rede häufig – indirekt

---

matische Armut" – dieses platte, an theosophische Töne erinnernde Postulat mit seiner falschen Alternative findet sich jetzt sogar im Deutschen Pfarrerblatt (Gerd Buschmann: Postmoderne als Herausforderung, in: DtPfrBl 101, 1/2001, 19–22, bes. 22).

13 Exemplarisch sei hier auf Welker, Gottes Ewigkeit, 187 und 193 verwiesen, wo mehrfach „die" Trinitätstheologie als Problemlösung aufgerufen wird – als gäbe es nicht eine Vielzahl unterschiedlicher Trinitätskonzepte innerhalb und obendrein außerhalb christlicher Theologie, die ihrerseits zur Stützung kontroverser Systeme dienen!

Der „kosmische Christus" und die Spiritualität der Unterscheidung    445

oder direkt – auf mehr oder weniger theologisch zu nennendem Nachdenken beruht, dann versteht sich, dass der Begriff des „kosmischen Christus" alles andere als „einfache Christusrede", vielmehr eine höchst komplexe und nach Unterscheidungen rufende repräsentiert. Wiederum sollten aber solche Differenzierungen – nachdem ihre Notwendigkeit eingesehen und sie herbeigeführt worden sind – im Endeffekt wenigstens annähernd zu so etwas wie „einfacher Christusrede" hinführen und anleiten[14]. Deren Einfachkeit darf mitnichten in der simplen Aufrufung dogmatischer Symbole wie „Christus", „Trinität"[15] oder „Kreuz"[16] bestehen, da – wie zur Genüge gezeigt worden ist – nicht einmal ihre Addition vor Verwechslung, Umdeutung oder Missbrauch schützt. Sie hat sich vielmehr darin zu erweisen, dass sie den Sinnzusammenhang des „Wortes vom Kreuz" grob zu umreißen und insofern möglichst eindeutig auszusagen im Stande ist.

Den „gekreuzigten Christus verkündigen" muss daher im Kontext unserer religiösen Gegenwartskultur zunächst einmal heißen: „kosmische christologia crucis" entfalten, also *den Gekreuzigten als den kosmischen Christus* bezeugen und auch umgekehrt *den kosmischen Christus als den Gekreuzigten* identifizieren[17]! Das zur Interpretation einladende Subjekt „kosmischer Christus" bedarf der christlichen Näherbestimmung im Prädikat des Gekreuzigten, um nicht religiöser Beliebigkeit anheim zu fallen. Aber ebenso ist die Rede vom Gekreuzigten durch das Prädikat des „kosmischen Christus" zu erläutern, um nicht im Sinne einer neurotischen Leidensmystik missverstanden zu werden. Je nach Dialogsituation kann zunächst das eine oder das andere angesagt sein. Jedenfalls kommt es darauf an, das Skandalon des Wortes vom Kreuz gerade dadurch zu vergegenwärtigen, dass das Paradox zwischen geschichtlich-partikularem Kreuzesereignis einerseits und seinem übergeschichtlich-kosmischem[18]

---

14  Es gilt also zu unterscheiden zwischen theologisch kritikbedürftiger und theologisch zu wünschender, weil biblisch verwurzelter „einfacher Christusrede". Letztere ist als theologisch vollzogene natürlich im Sinne „zweiter Naivität" gemeint, wie es Schoberth (Alles, 170) hinsichtlich einer Theologie der Schöpfungsmittlerschaft postuliert.

15  Schon innerhalb der christlichen Konfessionen ist die Trinitätsdiskussion über die Jahrhunderte hinweg eine kontrovers-offene gewesen (vgl. Heron, Holy Spirit, 171); darüber hinaus ist an die trinitarischen Denkfiguren in manchen nichtchristlichen Religionen und nicht zuletzt in der modernen Theosophie zu erinnern!

16  Moltmann teilt die immer noch verbreitete Ansicht, in allen christlichen Kirchen sei „das Kreuz das Unterscheidungszeichen gegenüber anderen Religionen und Glaubensweisen" (Der gekreuzigte Gott, 222), ohne zu realisieren, wie vieldeutig dieses Zeichen im religiösen Pluralismus geworden ist.

17  Dass das z. B. angesichts der anthroposophischen Christosophie noch nicht genügt, dürfte klar sein. Vielmehr muss gewährleistet sein, dass vom Gekreuzigten im Sinne des neutestamentlichen, geschichtlich am nächsten liegenden Zeugnisses zu reden ist (s. u. S. 449).

18  Mit „übergeschichtlich" ist hier das „Gegenüber der Zeit Gottes zu allen Zeiten" (Wolfgang Schoberth: Leere Zeit – Erfüllte Zeit. Zum Zeitbezug im Reden von

Sinnursprung andererseits, folglich der kosmische Christus in seiner „Geschichtlichkeit" erkennbar zum Ausdruck gebracht wird. Dieses unaufgebbare Paradox kann und soll als Katalysator vertiefender Nachfrage, eruierender Verstehensgewisserung wirken und dadurch eine durchaus kritische Korrelation von womöglich unterschiedlichen Deutungsrahmen fördern, so dass Raum für eine fruchtbare Konfrontation von Weltweisheit[19] und Gottesweisheit entsteht. Biblisch verwurzelte Spiritualität auf der einen Seite und nicht- bzw. nachchristliche Spiritualität auf der anderen Seite können dann sophio–logisch aneinandergeraten, dass die Funken des Geistes sprühen. Versteht sich doch das Wort vom Kreuz sehr wohl selbst als „heimliche, verborgene Weisheit Gottes, welche Gott verordnet hat vor der Zeit der Welt zu unserer Herrlichkeit..." (1. Kor 2,7).

Die in diesem Pauluswort angesprochene Herrlichkeit ist dabei diejenige, zu der die Glaubenden kraft der im Kreuzestod Jesu Christi erfolgten Versöhnung futurisch-eschatologisch bestimmt sind. Die Hoffnung auf sie begründet gerade keine herrlichkeitstheologische „theosophia crucis", die metaphysisch-mystischer Selbsterhöhung dient: Sie „kann eben darum nicht zur theologia gloriae werden, weil sie den Gekreuzigten als den Schöpfer und Herrn der Welt bekennt."[20] Vielmehr leitet sie an zum Vertrauen auf die kosmische Gegenwart und Zukunft des gekommenen Christus – und damit zur Selbsterkenntnis[21] in dem von seinem Tod und seiner Auferstehung ausgehenden Licht. Dabei ergeben sich durchaus bemerkenswerte strukturelle Ähnlichkeiten zwischen nichtchristlicher und christlicher „Esoterik": Diese geht wie jene von verborgenem Tiefensinn der kosmischen Wirklichkeitsgeschichte aus; und beide tragen insofern soteriologischen Charakter, als sie die existentielle Erkenntnis dieses Sinns – dort in mystisch-mythischer Selbstverortung in spiritueller Substanzontologie, hier in eschatologischer

---

Gott, in: J. Roloff/H. G. Ulrich [Hgg.], Einfach von Gott reden. FS Friedrich Mildenberger, Stuttgart/Berlin/Köln 1994, 124–141, 139) gemeint; „kosmisch" heißt Christus insofern, als „der Sohn dem gesamten Kosmos übergeordnet ist und ihn unangreifbar beherrscht" (Wolter, Kolosser, 80).

19 Dass „Weltweisheit" sich oft als „Gottesweisheit" versteht, geht indirekt aus 1. Kor 1,21 hervor: Hat die Welt durch ihre Weisheit Gott faktisch nicht erkannt, so hat sie sich doch darum bemüht! Vgl. auch Ragaz, Theosophie, 11.

20 Schoberth, Alles, 170. Die kreuzestheologische Alternative zur Kreuzesmystik (vgl. Moltmann, Der gekreuzigte Gott, 47 ff.) kommt neuerdings auch zur Geltung bei Friedrich-Wilhelm Kantzenbach: Mystik oder theologia crucis?, in: Korrespondenzblatt 114, 7/1999, 127–131.

21 Solche Selbsterkenntnis ist kritisch, insofern sie Gottes Gerechtigkeit so wahrnimmt, dass darin das mitgebrachte erkenntnisleitende Interesse kreuzestheologisch zerstört bzw. korrigiert wird (vgl. Moltmann, Der gekreuzigte Gott, 71). Dabei steht sie freilich im Kontext der von Christus eröffneten Gottes- und Welterkenntnis. In diesem Sinn gibt es „eine Theosophie des Reiches Gottes", für die „Christus, der Fleisch gewordene Logos, auch die Erfüllung der Erkenntnis" ist (Ragaz, Theosophie, 80).

Prolepse der heilen Gottesrelation – ins Zentrum ihres heilsgewissen Wahrheitsanspruchs zu rücken pflegen. Die Rede vom „kosmischen Christus" kann demgemäß sowohl für die Überzeugung stehen, den erlösenden „Christusfunken" substanziell im Herzen zu tragen, als auch für das unbedingte Vertrauen auf die durch Gottes Geist eröffnete und von ihm her stabile Christusrelation. Und zwischen einer relationsontologischen Substanzgewissheit im Autonomie-Paradigma und einer in der Liebe Gottes begründeten Relationsgewissheit im Theonomie-Paradigma besteht ein qualitativer, aber quantitativ kaum bemerkbarer Unterschied. Insofern ist hier nicht nur eine gedankliche Paradigmen-Korrelation mit mancherlei Lerneffekt in Einzeldingen[22], sondern sogar ein persönlicher Paradigmentausch nach beiden Seiten hin möglich[23]. An der fundamentalen Differenz der Paradigmen selbst ändert dieser Sachverhalt freilich nichts. Ob mit dem „kosmischen Christus" im Einzelfall der neutestamentlich bezeugte Jesus als der auferstandene Gekreuzigte in seiner trinitarischen Gottesgeschichte, also in der pneumatologischen Zuwendung seiner unbedingten Liebe gemeint ist oder aber eine anders angelegte, nur durch partielle Bezüge mit ihm verwechselbare Gestalt, das wird im Horizont unseres religiösen Pluralismus immer wieder neu zu erfragen und im übrigen auch an der Art zu erspüren sein, in der ethische Konsequenzen zur Sprache kommen[24].

Dass der weiter im Wachsen begriffene Religionspluralismus Modellen spiritueller Autonomie und damit metaphysischer Orientierung in Analogie zum spätantiken Hellenismus förderlich ist, sei mit Blick auf die für systematische Theologie verpflichtende, oft nur einseitig wahrgenommene „Zeitgemäßheit" noch einmal hervorgehoben. Die neben den anhaltenden Säkularisierungsbewegungen mittlerweile erstarkten Spiritualisierungs-

---

22 Was christliche Theologie etwa – notwendige Kritik vorausgesetzt – von der Art anthroposophischer Rede vom „kosmischen Christus" lernen kann, ist in Kap. IV.4 entfaltet worden und muss hier nicht wiederholt werden; doch sei nochmals ausdrücklich darauf hingewiesen.

23 Erinnert sei hier exemplarisch an Gertrud Ernis Umstieg, von dem oben (am Ende des Abschnitts V.3) berichtet wurde.

24 Es ist der Unterschied zwischen ‚indikativischem Imperativ' und ‚imperativischem Indikativ', der weniger anhand der „Werke" als vielmehr der Motivation erkennbar ist, sich dann aber doch auch oft in der Intensität angstfreier Liebe zur Praxis bemerkbar macht. Allein schon die Verortung kosmischer Christologie spricht in diesem Zusammenhang Bände: Ist diese es beispielsweise, die ein ökologisches Bewusstsein fördert, oder wird sie umgekehrt zur Förderung einer „Tiefenökologie" funktionalisiert? Letzteres scheint bei Moltmann der Fall zu sein, der angesichts des ökologischen Krisenbewusstseins den „kosmischen Christus" als Erlöser der Natur beschwört (vgl. Weg, 217, 297, 329) und von einer „Ökologie des Geistes" (Geist, 21) spricht. Seine Neigung zu einem „indikativischen Imperativ" ist mitunter diagnostiziert worden (vgl. z. B. Mildenberger, Theologie, 111; Christian Hermann: Unsterblichkeit der Seele durch Auferstehung. Studien zu den anthropologischen Implikationen der Eschatologie [FSÖTh 83], Göttingen 1997, 275) und bestätigt seine Affinität zum Paradigma „theonomer Autonomie".

tendenzen erzeugen für die Rede vom „kosmischen Christus" ein günstiges Klima – allerdings weniger für deren nicht-monistische Interpretationen von kirchlich-theologischer Seite als vielmehr für monistische bzw. nicht-dualistische, die sich im Zuge der auch Religion und Spiritualität betreffenden Globalisierung[25] im Auftrieb befinden. Dieser Herausforderung gilt es sich theologisch engagiert zu stellen. „Einfache Christusrede" im religiösen Zeugnis muss daher zum einen hinterfragt, zum andern angepeilt werden – beides mit Blick auf die religiöse Gegenwartskultur[26].

An einen kirchlich-theologischen Verzicht auf die Metapher „kosmischer Christus", womöglich sogar an ihre pauschale Bekämpfung, kann nicht ernsthaft gedacht werden. Währt doch die Geschichte ihrer theologischen Inanspruchnahme selbst schon ein Jahrhundert! Außerdem würde ihre restlose Abtretung an die Vertreter anderer Denkungsart an der Gefahr religiöser Verwirrung nichts ändern. Und die biblische Legitimation kosmischer Christologie dürfte außer Frage stehen. Es kommt vielmehr darauf an, den Begriff so zu rekonstruieren, dass sein metaphorischer Gehalt auf seine sachliche Ursprungsverortung eben in der Heiligen Schrift der Christenheit hin transparent wird. Das bedeutet, dass nicht nur der abstrakt-symbolische Konnex mit dem „Kreuz", sondern die *konkret-geschichtliche Verbindung mit dem Gekreuzigten als dem Irdischen und dem Auferweckten* hergestellt werden muss, wenn vom „kosmischen Christus" gesprochen wird. Dieser Christus trägt den Namen Jesus – ein „einfaches", aber wesentliches Interpretations- und Konkretionselement[27]! Ist von da-

---

25 Komplementär zu den viel diskutierten Globalisierungstendenzen machen sich freilich auch verstärkt Partikularisierungstendenzen bemerkbar, die gleichwohl in ihren Mikrostrukturen den kosmischen Aspekt nicht immer aus den Augen verlieren (und ihn womöglich in Totalitarismusbestrebungen umzumünzen versuchen). Gerade der aufgezeigte Pluralismus der Rede vom „kosmischen Christus" illustriert diesen Sachverhalt.

26 War es noch zu Zeiten der Vorherrschaft des Bultmannschen Entmythologisierungsprogramms klar, „daß eine einfältige Übernahme des Satzes von Jesus Christus als dem Schöpfer der Welt außerhalb der Möglichkeit liegt" (Koch, Jesus Christus, 83), so darf, ja muss in dieser Frage heutzutage anders geurteilt werden. Auch wenn sich die christliche Botschaft nicht nach metaphysischen Maßgaben formuliert, antwortet sie doch auf die „metaphysischen" Grundfragen, deren Existenz schon Kant nicht bestritten hat und die in unserer Zeit wieder so legitim wie seit Generationen nicht mehr erscheinen. Moltmann hat das verstanden (vgl. z. B. Weg, 13 f.).

27 Damit wird die Annahme bestritten, dass Christologie auf dem Weg der Abstraktion von allen kulturellen Ausformungen attraktiv gemacht werden könne (vgl. Karl-Heinz Ohlig: Fundamentalchristologie. Im Spannungsfeld von Christentum und Kultur, München 1986, 617 f.), denn der „einfache Jesus" (658 ff.) lässt sich gerade nicht von seinem geschichtlich-kulturellen Umfeld und damit auch paradigmatischem Urdeutungskontext abstrahieren, soll seine Inkarnation nicht doketisch reduziert werden. Daher darf auch „kosmische Christologie" nicht missverstanden werden als abstraktes Integral für die Pluralität aller möglichen Chris-

Der „kosmische Christus" und die Spiritualität der Unterscheidung   449

her etwa gar die Rede vom „kosmischen Jesus"[28] geboten? Jedenfalls ist sie nicht *ver*boten, denn indem „Jesus als der Sohn gerade vermittels seiner radikal durchgehaltenen Selbstunterscheidung eins ist mit dem Vater, ist er der Inbegriff der Schöpfung, in der Gott als väterlicher Schöpfer gerade insofern real präsent ist, als sich das Geschöpf als eine von ihm unterschiedene Wirklichkeit weiß. ... Jesus ist als der Sohn zugleich der Logos des Kosmos bzw. der Schöpfungsmittler zu nennen."[29] Das gilt den Evangelien zufolge schon im Blick auf den irdischen Jesus[30] – aber wiederum nur in sachgemäßer trinitarischer Erläuterung: Dass der Vater dem Sohn alles in seine Hand gegeben hat, ist damit verknüpft, dass er ihm den Geist gegeben hat (Joh 3,34 f.). „Kosmisch" ist Jesus nicht anders als in seiner perichoretischen Verbindung mit dem Vater, der ihn aus Liebe zum „Kosmos" dahingegeben hat, und mit dem Geist als dem „creator spiritus"[31]; so ist er der Christus des Kosmischen – nicht im Sinne eines genitivus subjectivus, sondern eines genitivus objectivus. Das lässt sich durchaus „einfach" sagen, wie es ja die Evangelien auf ihre Weise immer wieder tun.

Entsprechendes gilt hinsichtlich des Christuszeugnisses im sonstigen Neuen Testament, das Jesus oft genug in ganz selbstverständlicher Weise mit dem Vater und/oder mit dem Geist so in Verbindung bringt, dass auch deren kosmische Appropriationen auf ihn bezogen werden: Der Gekreuzigte ist als der Auferstandene[32] zugleich als Schöpfungsmittler und als Erlösungsmittler zu preisen[33]. Denn seine Zukunft – das sagt das im Philip-

---

tologien, das es erlauben würde, dass Christus „in jedem neuen Kontext wieder Fleisch" wird (diese problematische, allenfalls als pneumatologische Symbolaussage dogmatisch akzeptable Formulierung findet sich bei Gnana Robinson: Christus, der offene Weg und der Mitkämpfer – Indische Christologien, in: H. Dembowski/W. Greive [Hgg.], Der andere Christus, Erlangen 1991, 100–115, hier 101).

28 So Sudbrack, Spuren, 188. Er spricht auch von „kosmischer Jesus-Mystik" (190).

29 Wenz, Versöhnungslehre, 349 f. Dass Wenz im gleichen Atemzug die Rede vom Schöpfungsmittler auf eine uneigentliche reduziert, indem er das Schöpfungswerk als ein vom Sohn unterschiedenes und unterscheidbares dem Vater zuschreibt (350), mag der Entfaltung einer zeitgemäßen Christologie förderlich sein, nicht aber der einer schriftgemäßen kosmischen Christologie.

30 Vgl. neben Mt 11,27 auch die Jesus zugeschriebenen „Naturwunder" und die Erwähnung von „kosmischen" Zeichen angesichts seines Sterbens!

31 Analog hierzu liest sich Welkers Überlegung zur trinitarischen „Perichorese der Zeiten": Nur in ihr „wirkt der auferstandene und erhöhte Christus als Logos und ‚Schöpfungsmittler', als die Kraft des lebendigen Gottes, in die alle Verheißungen eingeschlossen sind" (Ewigkeit, 190).

32 Als dieser hat er sein Menschsein keineswegs zurückgelassen, sondern für sich vollendet in perichoretischer Gemeinschaft mit dem Vater und dem Geist. Das ist zu betonen gegenüber missverständlichen Äußerungen, wie sie sich z. B. bei Boff finden: „Dank der Auferweckung streift der Christus die Grenzen, an welche die Menschwerdung ihn in Raum und Zeit gebunden hatte, von sich ab. Nunmehr hat er die Dimensionen des Kosmos. Jetzt ist er der wahrhaft kosmische und universale Christus" (Unser Haus, 287).

33 „In der Geschichte Jesu Christi ist daher die Antwort auf die heutige Frage nach

per- und im Kolosserhymnus fundierte Triptychon kosmischer Christologie ja insgesamt aus[34] – besteht in der Vollendung des mit der Schöpfung begonnenen und mit der Versöhnung am Kreuz auf den Weg der Vollendung gebrachten Werkes. Noch einmal: Diese „theonome" Zukunftsperspektive unterscheidet sich grundlegend von der „autonomen", indem sie den Adventus des Kyrios als Höhepunkt der Geschichte Gottes erwartet, statt das Futurum einer nächsten, jedenfalls plural verstandenen Avatara-Manifestation im Rahmen spiralförmiger Zyklik anzuvisieren.

Die Betonung der Zukunft als Implikat der Metapher „kosmischer Christus" führt theologisch und spirituell über eine lange Frömmigkeitsgeschichte kosmischer Christologie hinaus, die sich im wesentlichen nur rückwärts gewandt mit der Schöpfungsmittlerschaft befasst hatte[35]. Sie signalisiert außerdem gegenüber einem säkularisierten Weltverständnis, dass im Zeichen des Schöpfungsmittlers eine „neue Ontologie in den Blick kommt, die das Sensorium für die Wirklichkeit entwickelt, die in Christus begründet ist.... Gerade darum ist ihr die Welt nicht aussichtslos, sondern die Welt, deren Zukunft und Wahrheit in der Auferstehung liegt."[36] Und gegenüber einer spiritualisierten Kosmologie bringt sie den Mittler von Schöpfung und Erlösung so in Erinnerung, dass alle esoterischen Anstrengungen zur Sicherung künftigen Heils durch die explizite

---

der pneumatologischen Beziehung von Schöpfung und Erlösung zu finden" (Dabney, Kenosis, 105).
34 Hier sei noch einmal an Kap. II.3 erinnert. Die Doppelstruktur des Kolosser-Hymnus beruht auf der Identität des auferstandenen Gekreuzigten mit dem Schöpfungsmittler bzw. auf dessen Zukunft, wie sie vom auferstandenen Gekreuzigten her erhofft werden darf und muss (vgl. Mildenberger, Dogmatik Bd. 3, 450 ff.). Wer etwa dem Kolosserbrief im ganzen oder dem Hymnus futurische Eschatologie absprechen wollte, sei an 1,18 (die Rede vom Erstgeborenen aus den Toten impliziert die universale Auferstehung!) und 3,4 erinnert.
35 Vgl. die Kritik daran bei Mildenberger, Dogmatik Bd. 3, 450. Ethisch-politische Konsequenzen ergeben sich aus solch eschatologisch akzentuierter Rede vom „kosmischen Christus" keineswegs so eindeutig in konservativer Richtung wie bei bloßem Reden vom „Schöpfungsmittler". Zu Unrecht macht Premasagar daher die Alternative auf: „Jesus as cosmic Christ deserves our adoration and praise, but as a man of history offers a dynamic vision with a call to discipleship, action and cooperation with God in working for a new world" (Jesus, 107).
36 Schoberth, Alles, 164 und 170. Schoberth postuliert gegenüber der von ihm attackierten „empiristisch reduzierten Ontologie" eine erfahrungsoffene „Ontologie der Schöpfung" (167). Bezieht man über den Gegensatz zur säkularisierten Kosmologie hinaus auch den zur (esoterisch) spiritualisierten mit ein, so wird deutlich, dass im Blick auf diese heutzutage gegebene doppelte Frontstellung eine „substanzrelationale Ontologie" (SRO) angesagt ist, die Schöpfung im Kontext trinitarischer Geschichte zu thematisieren und so gegen ihre säkulare oder esoterisch-metaphysische Bestreitung bzw. Negligierung zu schützen in der Lage ist. Erst recht gilt dann, dass „die Lehre von der Schöpfungsmittlerschaft ... zu entscheidenden Modifikationen dessen führen muß, was ‚Sein' sei ..." (144).

Verschränkung von Protologie³⁷, Soteriologie und Eschatologie radikal hinterfragt werden.

Wird das in kosmischer Christologie implizierte trinitarisch-perichoretische Ineinander im Vollzug der „einfachen", also narrativen oder doxologischen Christusrede angemessen berücksichtigt, dann ist diese damit weder überfrachtet noch unterbestimmt³⁸. Da die Metapher des „kosmischen Christus" in der Regel kontextuell³⁹ gebraucht wird, liegt es nahe, den jeweiligen Kontext zur Präzisierung im vorgeschlagenen Sinn zu nutzen. Auf diesem Weg kann einerseits einer „kosmischen christologia gloriae" gewehrt werden, die den in der Geschichte Erschienenen als bloße Abschattung des Eigentlichen empfinden lässt. Andererseits lässt sich klarstellen, dass kosmische Christologie kreuzestheologisch verfasst sein muss, so dass in der Konsequenz Gott selbst geschichtlich-relational gedacht wird.

Gerade weil die Rede vom „kosmischen Christus" an den Rändern des Christentums und auch jenseits ihrer Zukunft haben dürfte⁴⁰, hängt viel davon ab, wie es um ihre Zukunft im Zentrum von Theologie und Kirche bestellt ist⁴¹. Und dies wiederum korreliert mit dem Maß an Hoffnung, das

---

37 Der aufgezeigte Ausfall einer Schöpfungslehre in Theosophie und Anthroposophie korrespondiert dort einem (semi-)pelagianischen Gnadenverständnis.
38 Dies ist als Plädoyer für eine kosmische Christologie zu lesen, die als Prädikat Jesu Christi gelten kann, ohne in einer „Jesulogie" oder in „Christomonismus" aufzugehen.
39 Zur Kontextabhängigkeit des Verständnisses von Metaphern vgl. Soskice, Metapher, 79 f.; van Noppen, Einleitung, 30.
40 Als metaphorische Rede hat sie Anteil am Alterungsprozess von Metaphern: Indem man sich an sie gewöhnt, verlieren sie ihre metaphorische „Farbe" zunehmend. Gerade das Aufzeigen der so kontroversen Interpretationsmöglichkeiten des „kosmischen Christus" in Geschichte und Gegenwart (und Zukunft!) kann allerdings Erstaunen hervorrufen, ja verfremdend wirken, so dass Gewöhnung verlangsamt wird und immer auch Einübung in den pluralen Sinn dieses Begriffs heißen muss, der zu religiöser Entscheidung herausfordert.
41 Lyons betont: Die Idee des kosmischen Christus „cries out for careful and substained theological development" (Cosmic Christ, 219). Vischer fragt besorgt, ob namentlich die reformatorischen Kirchen „nicht in der Gefahr sind, die philosophisch-kosmische Dimension Jesu, ‚ihre Breite und Länge und Höhe und Tiefe' (Eph 3,18) zu verkürzen" (Weisheit, 326). Dass sich bei ihrer angemessenen Berücksichtigung kosmologische Fragen stellen, sollte heutige Theologie laut Ritschl nicht verachten (Logik, 32). Beispielsweise könnte die These, „daß die Weltherrschaft Jesu Christi nichts zu tun hat mit der Stellung unseres Planeten im Ganzen des Universums" (Helmut Thielicke: Der Glaube der Christenheit, Göttingen 1949, 274), interessante Diskussionen wachrufen; sie zeigt, dass Teilhard de Chardin mit Recht eine „den derzeit erkannten Dimensionen des Universums angemessene Christologie auszuarbeiten" gefordert hat (Wissenschaft, 166). Allemal relevant ist in dieser Hinsicht die erst in den letzten Jahren erfolgte Einsicht der Naturwissenschaft in die *sicher* nichtzyklische Gesamtstruktur des Universums, von der aus dem christentumskritischen und dabei mit weltweitem Geltungsanspruch einhergehenden Mythos einer kosmisch-zyklischen Religiosität (vgl. Hans

sich im Christentum als durchaus „kosmisch"⁴² zu nennender Religion fernerhin auf die Zukunft des als kosmisch begriffenen Christus selbst richten wird. „Denn wir wissen, daß alle Kreatur mitseufzt und mit in Wehen liegt bis jetzt. Aber nicht nur das, sondern auch wir selbst, die wir die Erstlingsgabe des Geistes haben, seufzen in uns selbst in Erwartung der Sohnschaft ..."⁴³

---

Waldenfels: Mythos und christlicher Logos, in: L. Scheffczyk [Hg.], Rationalität. Ihre Entwicklung und ihre Grenzen, München 1989, 253–286, bes. 278) entgegenzutreten ist.

42 Schon Friedrich Daniel Ernst Schleiermacher betont, „daß das Christentum in seiner eigentlichsten Grundanschauung am meisten und liebsten das Universum in der Religion und ihrer Geschichte anschaut ..." (Über die Religion. Reden an die Gebildeten unter ihren Verächtern [1799], 2. Aufl. Leipzig o. J., 182). Teilhard de Chardin notiert 1916: *„Ist das Christentum eine höchst individualistische Religion, so bleibt es doch wesentlich eine kosmische Religion"* (Leben, 52, kursiv im Original). Als Inkarnationsreligion ist das Christentum zweifellos als wesenhaft „kosmophil" einzustufen; trotz seines Bewusstseins um die Entfremdung der Schöpfung ist es unter Einbezug der eschatologischen Zukunft des Inkarnierten noch weltzugewandter als etwa der Hinduismus mit seinen mannigfachen Inkarnationsgestalten, die auf ein zyklisches Verständnis der Welt verweisen, also auf deren oszillierendes Kommen und Verschwinden.

43 Röm 8,22–24a (Übersetzung: W.T.).

# ANHANG

## 1. Abkürzungsverzeichnis

Zugrunde liegt das Abkürzungsverzeichnis der TRE (1994). Die übrigen Abkürzungen sind in der Regel im Text erläutert. Häufigere oder in der TRE nicht zu findende (bzw. von ihr abweichende) Siglen:

CG = Christengemeinschaft
CiG = Christ in der Gegenwart
EK = Evangelische Kommentare
EKL = Lexikon für Theologie und Kirche
ELThG = Evang. Lexikon für Theologie und Gemeinde
ErgW = Ergänzungsbände der GW
EvTh = Evangelische Theologie
FRLANT = Forschungen zur Literatur und Religion des Alten und Neuen Testaments
FS = Festschrift
FSÖTh = Forschungen zur systematischen und ökumenischen Theologie
GA = Rudolf Steiner Gesamtausgabe
GuL = Geist und Leben
GW = Gesammelte Werke Paul Tillichs
HK = Herder Korrespondenz
IkaZ Communio = Internationale Katholische Zeitschrift
KD = Karl Barth: Kirchliche Dogmatik
KuD = Kerygma und Dogma
LM = Lutherische Monatshefte
LThK = Lexikon für Theologie und Kirche
MDKI = Materialdienst des Konfessionskundlichen Instituts
MEZW = Materialdienst der Evangelischen Zentralstelle für Weltanschauungsfragen
NZSTh = Neue Zeitschrift für Systematische Theologie
ÖR = Ökumenische Rundschau
QD = Quaestiones Disputatae
R.A.T. = Reihe „Apologetische Themen"
RGG = (Die) Religion in Geschichte und Gegenwart
SJTh = Scottish Journal of Theology
STh = Systematische Theologie (je für Tillichs und Pannenbergs dreibändige Werke)
ThLZ = Theologische Literaturzeitung
TRE = Theologische Realencyklopädie
TSG = Theosophische Gesellschaft
WA = Weimarana: Kritische Gesamtausgabe der Werke M. Luthers (1883 ff.)
WUNT = Wissenschaftliche Untersuchungen zum Neuen Testament
WdF = Wege der Forschung

ZRGG = Zeitschrift für Religion in Geschichte und Gegenwart
ZThK = Zeitschrift für Theologie und Kirche

## 2. Literaturverzeichnis

*Hinweis:* Die variantenreichen Interpretationen des Begriffs „kosmischer Christus" und manch andere Umstände bringen es mit sich, dass es innerhalb der Literatur mitunter zu Überschneidungen der Zuordnungsbereiche kommt. Aus Umfangsgründen ist aber im folgenden Verzeichnis auf Doppelungen grundsätzlich verzichtet und im Zweifelsfall eine mehr oder weniger willkürliche Entscheidung getroffen worden; in einer Rubrik vermisste Literatur sollte also in einer anderen, verwandten Rubrik gesucht werden (das Personenregister gibt Aufschluss darüber, ob ein Autor bzw. eine Autorin überhaupt vorkommt). In der von Ausnahmen bestätigten Regel meinen die Rubriken Primärliteratur; so ist z. B. eine kritische Studie über „New Age" nicht unter der Rubrik „Esoterik", sondern in der Abteilung „Apologetik" (unter: Theologie) oder „Religionswissenschaft" zu suchen. Die teilweise untergliederten Hauptrubriken lauten:

1. *Theologie*
2. *Missions- und Religionswissenschaft*
3. *(Religions-)Philosophie*
4. *Natur- und Humanwissenschaften*
5. *Esoterik*
6. *Sonstiges*

## 1. Theologie

### 1.1 Exegese

Allmen, Daniel von: Réconciliation du monde et christologie cosmique, in: Revue d'histoire et de philosophie religieuses 48, 1/1968, 32–45

Bauer, Walter: Griechisch-deutsches Wörterbuch zum Neuen Testament, Berlin/New York 1971⁵

Becker, Jürgen/Luz, Ulrich: Die Briefe an die Galater, Epheser und Kolosser, NTD 8/1, Göttingen 1998

Berger, Klaus: „Der Kosmos ist der heiligste Tempel ..." Zur unterschiedlichen Wertung des Kosmos in der paganen und der christlich-gnostischen Antike, in: G. Rau (Hg.), Frieden in der Schöpfung. Das Naturverständnis protestantischer Theologie, Gütersloh 1987, 58–72

Berger, Klaus: Im Anfang war Johannes. Datierung und Theologie des vierten Evangeliums, Stuttgart 1997

Berger, Klaus: Sieben Abschnitte aus dem Kolosserbrief, in: Christ sein (Texte zur Bibel 14), hg. Arbeitsgemeinschaft Missionarische Dienste in der EKD, Neukirchen-Vluyn 1998, 13–87

Berger, Klaus: Wer war Jesus wirklich? Stuttgart 1995

Boll, Franz: Aus der Offenbarung Johannis. Hellenistische Studien zum Weltbild der Apokalypse, Leipzig/Berlin 1914

Bornkamm, Günter: Die Häresie des Kol, in: ThLZ 73, 1/1948, 11–20

Bousset, Wilhelm: Platons Weltseele und das Kreuz Christi, in: ZNW 14, 1913, 273–285
Braun, Herbert: Der Sinn der neutestamentlichen Christologie, in: ZThK 54, 1957, 341–377
Bultmann, Rudolf: Das christologische Bekenntnis des Ökumenischen Rates (1951), in: ders., Glauben und Verstehen. Gesammelte Aufsätze Bd. 2, Tübingen 1952, 246–261
Bultmann, Rudolf: Das Urchristentum. Im Rahmen der antiken Religionen, Darmstadt 1986[5]
Bultmann, Rudolf: Die Christologie des Neuen Testaments, in: ders., Glauben und Verstehen. Gesammelte Aufsätze Bd. 1, Tübingen 1954[2], 245–267
Burger, Christoph: Schöpfung und Versöhnung. Studien zum liturgischen Gut im Kolosser- und Epheserbrief (WMANT 46), Neukirchen-Vluyn 1975
Christ, Felix: Jesus Sophia. Die Sophia-Christologie bei den Synoptikern, Zürich 1970
Conzelmann, Hans/Lindemann, Andreas: Arbeitsbuch zum Neuen Testament, Tübingen 1975
Conzelmann, Hans: Der erste Brief an die Korinther (KEK V), Göttingen 1969
Cullmann, Oscar: Die Christologie des Neuen Testaments, Tübingen 1957
Dibelius, Martin: Art. Christologie. I.: Chr. des Urchristentums, in: RGG[2] Bd. 1, Tübingen 1927, 1592–1607
Feldmeier, Reinhard: Die Mächte des Bösen. Religionsgeschichtliche, exegetische und hermeneutische Anmerkungen zu Teufel und Dämonen, in: W. H. Ritter/H. Streib (Hgg.), Okkulte Faszination, Neukirchen-Vluyn 1997, 25–38
Goppelt, Leonard: Theologie des Neuen Testaments, hg. v. J. Roloff, Bd. 2: Vielfalt und Einheit des apostolischen Christuszeugnisses, Göttingen 1976
Habermann, Jürgen: Präexistenzaussagen im Neuen Testament, Frankfurt/M. 1990
Hahn, Ferdinand: Christologische Hoheitstitel. Ihre Geschichte im frühen Christentum, Göttingen 1995[5]
Hampel, Volker: Menschensohn und historischer Jesus. Ein Rätselwort als Schlüssel zum messianischen Selbstverständnis Jesu, Neukirchen-Vluyn 1990
Harrisville, Roy A.: Der kosmische Christus im Zeugnis des Neuen Testaments, in: V. Vajta (Hg.), Das Evangelium und die Bestimmung des Menschen, Göttingen 1972, 38–63
Hegermann, Harald: Die Vorstellung vom Schöpfungsmittler im hellenistischen Judentum und Urchristentum, Berlin 1961
Heiligenthal, Roman: Der verfälschte Jesus. Eine Kritik moderner Jesusbilder, Darmstadt 1997
Heinrici, C. F. Georg: Die Hermes-Mystik und das Neue Testament, Leipzig 1918
Hoppe, Rudolf: Der Triumph des Kreuzes. Studien zum Verhältnis des Kolosserbriefes zur paulinischen Kreuzestheologie, Stuttgart 1994
Hoppe, Rudolf: Epheserbrief, Kolosserbrief, Stuttgart 1994
Jeremias, Jörg/Strobel, August: Die Briefe an Timotheus und Titus/Der Brief an die Hebräer (NTD/9), Göttingen 1981
Karrer, Martin: Der Gesalbte. Die Grundlagen des Christustitels (FRLANT 151), Göttingen 1991
Käsemann, Ernst: Amt und Gemeinde im Neuen Testament (1960), in: Exegetische Versuche und Besinnungen I, Göttingen 1970[6], 109–134

Käsemann, Ernst: Eine urchristliche Taufliturgie (1949), in: ebd. 34–51
Kollmann, Bernd: Jesus und die Christen als Wundertäter. Studien zu Magie, Medizin und Schamanismus in Antike und Christentum (FRLANT 170), Göttingen 1996
Krauss, Samuel: Das Leben Jesu nach jüdischen Quellen, Berlin 1902
Lohse, Eduard: Die Briefe an die Kolosser und an Philemon (KEK/IX/2), Göttingen 1977
Lüdemann, Gerd: Die Auferstehung Jesu. Historie – Erfahrung – Theologie, Göttingen 1994
Mollenkott, Virginia: Gott eine Frau? Vergessene Gottesbilder der Bibel, München 1985
Schenke, Hans-Martin: Der Widerstreit gnostischer und kirchlicher Christologie im Spiegel des Kolosserbriefes, in: ZThK 61, 1964, 391–403
Schnelle, Udo: Einleitung in das Neue Testament, Göttingen 1996[2]
Schweitzer, Albert: Geschichte der Leben-Jesu-Forschung (1906), Bd. 2, Tb Gütersloh 1977[3]
Schweizer, Eduard: Der Brief an die Kolosser (EKK, 1976), Lizenzausgabe Berlin 1979
Schweizer, Eduard: Heiliger Geist, Stuttgart/Berlin 1978
Söding, Thomas: Das Wort vom Kreuz. Studien zur paulinischen Kreuzestheologie (WUNT 93), Tübingen 1997
Stegemann, Wolfgang: Qumran, Jesus und das Urchristentum. Bestseller und Anti-Bestseller, in: ThLZ 119, 5/1994, 387–408
Stettler, Christian: Der Kolosserhymnus. Untersuchungen zu Form, traditionsgeschichtlichem Hintergrund und Aussage von Kol 1,15–20, Tübingen 2000
Theißen, Gerd: Psychologische Aspekte paulinischer Theologie (FRLANT 131), Göttingen 1983
Thüsing, Wilhelm: Erhöhungsvorstellung und Parusieerwartung in der ältesten nachösterlichen Christologie (SBS 42), Stuttgart 1969
Urban, Anselm: Kosmische Christologie, in: Erbe und Auftrag 47, 1971, 472–486
Vischer, Wilhelm: Der Hymnus der Weisheit in den Sprüchen Salomos 8,22–31, in: EvTh 22, 1962, 309–326
Vögtle, Anton: Das Neue Testament und die Zukunft des Kosmos, Düsseldorf 1970
Voigt, Gottfried: Gemeinsam glauben, hoffen, lieben. Paulus an die Korinther I, Göttingen 1989
Wagenführer, Max-Adolf: Die Bedeutung Christi für Welt und Kirche. Studien zum Kolosser- und Epheserbrief, Leipzig 1941
Walker, W. L.: Christ the Creative Ideal. Studies in Colossians and Ephesians, Edinburgh 1913
Weder, Hans: Geistreiches Seufzen. Zum Verhältnis von Mensch und Schöpfung in Römer 8, in: F. Stolz (Hg.), Religiöse Wahrnehmung der Welt, Zürich 1988, 57–72
Wilckens, Ulrich: Das Evangelium nach Johannes (NTD 4), Göttingen 1998
Wilckens, Ulrich: Hoffnung gegen den Tod. Die Wirklichkeit der Auferstehung Jesu, Neuhausen-Stuttgart 1996
Wilckens, Ulrich: Weisheit und Torheit. Eine exegetisch-religionsgeschichtliche Untersuchung zu 1. Kor. 1 und 2, Tübingen 1959
Wolter, Michael: Der Brief an die Kolosser. Der Brief an Philemon (ÖTK 12), Gütersloh/Würzburg 1993

Zeilinger, Franz: Der Erstgeborene der Schöpfung. Untersuchungen zur Formalstruktur und Theologie des Kolosserbriefes, Wien 1974

## 1.2 Kirchen- und Dogmengeschichte

Adam, Alfred: Lehrbuch der Dogmengeschichte, Bd. 1: Die Zeit der Alten Kirche, Gütersloh 1977³

Bauer, Walter: Rechtgläubigkeit und Ketzerei im ältesten Christentum, hg. G. Strecker, Tübingen 1964²

Baur, Jörg: Auf dem Wege zur klassischen Tübinger Christologie. Einführende Überlegungen zum sogenannten Kenosis-Krypsis-Streit, in: ders., Luther und seine klassischen Erben. Theologische Aufsätze und Forschungen, Tübingen 1993, 204–289

Bayer, Oswald: Das Wunder der Gottesgemeinschaft. Eine Besinnung auf das Motiv der „unio" bei Luther und im Luthertum, in: Unio. Gott und Mensch in der nachreformatorischen Theologie, hg. M. Repo und R. Vinke, Helsinki 1996, 322–332

Böhm, Thomas: Die Christologie des Arius. Dogmengeschichtliche Überlegungen unter besonderer Berücksichtigung der Hellenisierungsfrage (Studien zur Theologie und Geschichte 7), St. Ottilien 1991

Bornkamm, Karin: Christus – König und Priester. Das Amt Christi bei Luther im Verhältnis zur Vor- und Nachgeschichte, Tübingen 1998

Dupuis, J.: The Cosmic Christ in the Early Fathers, in: The Indian Journal of Theology 15, 2/1966, 106–120

Grillmeier, Aloys: Der Logos am Kreuz. Zur christologischen Symbolik der älteren Kreuzigungsdarstellung, München 1956

Harnack, Adolf: Lehrbuch der Dogmengeschichte. Erster Band: Die Entstehung des kirchlichen Dogmas, Freiburg i. Br./Leipzig 1894³

Hengel, Martin: Der Sohn Gottes. Die Entstehung der Christologie und die jüdisch-hellenistische Religionsgeschichte, Tübingen 1975

Hinz, Paulus: Deus Homo. Das Christusbild von seinen Ursprüngen bis zur Gegenwart, Bd. 1: Das erste Jahrtausend, Berlin 1973

Jacobs, Manfred: Die Reichskirche und ihre Dogmen. Von der Zeit Konstantins bis zum Niedergang des weströmischen Reiches, Göttingen 1987

Kretschmar, Georg: Studien zur frühchristlichen Trinitätstheologie, Tübingen 1956

Ladner, Gerhart: Handbuch der frühchristlichen Symbolik. Gott – Kosmos – Mensch, Wiesbaden 1996

Liébaert, Jacques: Art. Arianismus. II. Dogmatisch, in: LThK² Bd. 1, Freiburg i. Br. 1957, 845–848

Loewenich, Walther von: Luther und der Neuprotestantismus, Witten 1963

Mostert, Walter: Menschwerdung. Eine historische und dogmatische Untersuchung über das Motiv der Inkarnation des Gottessohnes bei Thomas von Aquin (Beiträge zur historischen Theologie 57), Tübingen 1978

Pelikan, Jaroslav: Jesus Christus. Erscheinungsbild und Wirkung in 2000 Jahren Kulturgeschichte, Zürich 1986

Philipp, Wolfgang: Christus in der Sicht der Aufklärungsepoche, in: H. Graß/W. G. Kümmel (Hgg.), Jesus Christus. Das Christusverständnis im Wandel der Zeiten, Marburg 1963, 85–108

Rahner, Karl: Chalkedon – Ende oder Anfang?, in: Das Konzil von Chalkedon. Geschichte und Gegenwart, hg. A. Grillmeier und H. Bacht, Bd. 3: Chalkedon heute, Würzburg 1959, 1973[4], 3–49

Saarinen, Risto: Die Teilhabe an Gott bei Luther und in der finnischen Lutherforschung, in: A. Ghiselli u. a. (Hgg.), Luther und Ontologie. Das Sein Christi im Glauben als strukturierendes Prinzip der Theologie Luthers, Helsinki/Erlangen 1993, 167–182

Schendel, Eckhard: Herrschaft und Unterwerfung Christi. 1. Korinther 15,24–28 in Exegese und Theologie der Väter bis zum Ausgang des 4. Jahrhunderts (BtrGeschEx 12), Tübingen 1971

Seeberg, Erich: Der Gegensatz zwischen Zwingli, Schwenckfeld und Luther, in: W. Koepp (Hg.), Zur Theorie des Christentums (FS Reinhold Seeberg), Bd. 1, Leipzig 1929, 43–80

Steiger, Johann Anselm: Die communicatio idiomatum als Achse und Motor der Theologie Luthers, in: NZSTh 38, 1/1996, 1–28

Stroumsa, Guy G.: Hidden Wisdom. Esoteric Traditions and the Roots of Christian Mysticism (Studies in the History of Religions 70), Leiden/New York/Köln 1996

Studer, Basil: Der apologetische Ansatz zur Logos-Christologie Justins des Märtyrers, in: A. M. Ritter (Hg.), Kerygma und Logos. Beiträge zu den geistesgeschichtlichen Beziehungen zwischen Antike und Christentum (FS Carl Andresen zum 70. Geburtstag), Göttingen 1979, 435–448

Werner, Martin: Die Entstehung des christlichen Dogmas, Bern/Leipzig 1941

Wickert, Ulrich: Christus kommt zur Welt. Zur Wechselbeziehung von Christologie, Kosmologie und Eschatologie in der Alten Kirche, in: A. M. Ritter (Hg.), Kerygma und Logos. Beiträge zu den geistesgeschichtlichen Beziehungen zwischen Antike und Christentum (FS Carl Andresen zum 70. Geburtstag), Göttingen 1979, 461–481

Wiegand, Friedrich: Dogmengeschichte. Bd. 3: Geschichte des Dogmas im Protestantismus, Berlin/Leipzig 1929

## 1.3 Systematische Theologie

### 1.3.1 Allgemein

Althaus, Paul: Die christliche Wahrheit, Gütersloh 1952[3]

Althaus, Paul: Die letzten Dinge, Gütersloh 1933[4]

Asendorf, Ulrich: Gekreuzigt und Auferstanden. Luthers Herausforderung an die moderne Christologie (Arbeiten zur Geschichte und Theologie des Luthertums 25), Hamburg 1971

Balthasar, Hans Urs von: Theodramatik. 4. Band: Das Endspiel, Einsiedeln 1983

Bannach, Klaus: Anthroposophie und Christentum. Eine systematische Darstellung ihrer Beziehung im Blick auf neuzeitliche Naturerfahrung (FSÖTh 82), Göttingen 1998

Barth, Karl: Die kirchliche Dogmatik, Zollikon/Zürich 1932–1967

Barth, Karl: Von der Paradoxie des ‚positiven Paradoxes'. Antworten und Fragen an Paul Tillich (1923), in: J. Moltmann (Hg.), Anfänge der dialektischen Theologie. Teil 1 (Theol. Bücherei 17), München 1977, 175–188

Baudler, Georg: Das Kreuz. Geschichte und Bedeutung, Düsseldorf 1997

Bayer, Oswald: Schöpfung als Anrede. Zu einer Hermeneutik der Schöpfung, Tübingen 1990²
Bayer, Oswald: Theologie (HST 1), Gütersloh 1994
Bensow, Oscar: Die Lehre von der Kenose, Leipzig 1903
Benz, Ernst: Der Übermensch, Zürich 1961
Benz, Ernst: Ist der Geist männlich?, in: Antaios 7, 1966, 452–475
Berkhof, Hendrik/Kraus, Hans-Joachim: Karl Barths Lichterlehre (Theologische Studien 123), Zürich 1978
Bernhardt, Reinhold: Was heißt ‚Handeln Gottes'? Eine Rekonstruktion der Lehre von der Vorsehung, Gütersloh 1999
Biehl, Peter/Baudler, Georg: Erfahrung – Symbol – Glaube (Rph 2), Frankfurt/M. 1980
Biehl, Peter: Symbole geben zu lernen. Einführung in die Symboldidaktik anhand der Symbole Hand, Haus und Weg, Neukirchen-Vluyn 1989
Bieritz, Karl-Heinrich: Grundwissen Theologie: Jesus Christus, Gütersloh 1997
Bischofberger, Otto u. a. (Hgg.), Jesus ausserhalb der Kirche. Das Jesusverständnis in neuen religiösen Bewegungen, CH-Freiburg/Zürich 1989
Bischofberger, Norbert: Werden wir wiederkommen? Der Reinkarnationsgedanke im Westen und die Sicht der christlichen Eschatologie, Mainz/Kampen 1996
Blaumeiser, Hubertus: Martin Luthers Kreuzestheologie. Schlüssel zu seiner Deutung von Mensch und Wirklichkeit, Paderborn 1995
Boff, Leonardo: Eine neue Erde in einer neuen Zeit. Plädoyer für eine planetarische Kultur, Düsseldorf 1994
Boff, Leonardo: Gott kommt früher als der Missionar. Neuevangelisierung für eine Kultur des Lebens und der Freiheit, Düsseldorf 1991
Boff, Leonardo: JESUS CRISTO Libertador. Ensaio de Cristologia Crítica para o nosso Tempo, Petrópolis 1972 (erweiterte Übersetzung: Jesus Christus, der Befreier, Freiburg/Basel/Wien 1986)
Boff, Leonardo: Kirche: Charisma und Macht. Studien zu einer streitbaren Ekklesiologie, Düsseldorf 1985
Boff, Leonardo: Mensch geworden. Das Evangelium von Weihnachten, Freiburg i. Br. 1986
Boff, Leonardo: Ökologie und Spiritualität: Kosmische Mystik, in: EvTh 53, 5/1993, 438–451
Boff, Leonardo: Unser Haus, die Erde. Den Schrei der Unterdrückten hören, Düsseldorf 1996
Boff, Leonardo: Von der Würde der Erde: Ökologie Politik Mystik, Düsseldorf 1994
Boff, Leonardo: Was kommt nachher? Das Leben nach dem Tode, Salzburg 1982
Brandt, Reinhard: Quines Tranchiermesser und Dalferths Wetzstein – zu einigen ontologischen Voraussetzungen der Theologie, in: ZThK 91, 2/1994, 210–229
Breidert, Martin: Die kenotische Christologie des 19. Jahrhunderts, Gütersloh 1977
Breitmaier, Isa: Das Thema der Schöpfung in der ökumenischen Bewegung 1948–1988 (Europäische Hochschulschriften: Reihe 23, Bd. 530), Frankfurt/M. u. a. 1995
Brunner, Emil: Das Ärgernis des Christentums. Fünf Vorlesungen über den christlichen Glauben, Zürich 1957
Brunner, Emil: Der Mensch im Widerspruch. Die christliche Lehre vom wahren und vom wirklichen Menschen, Berlin 1937

Brunner, Emil: Der Mittler. Zur Besinnung über den Christusglauben, Zürich 1947
Brunner, Emil: Dogmatik Bd. 3, Zürich/Stuttgart 1960
Brunner, Emil: Wahrheit als Begegnung, 2. Auflage Zürich 1963
Buckham, John Wright: Christ and the Eternal Order, New York/Chicago 1906
Bühler, Pierre: Kreuz und Eschatologie. Eine Auseinandersetzung mit der politischen Theologie im Anschluß an Luthers theologia crucis, Tübingen 1981
Choi, Insik: Die taologische Frage nach Gott. Paul Tillichs philosophischer Gottesbegriff des ‚Seins-Selbst' und die sprachliche Verantwortung des Glaubens in Begegnung mit dem Taogedanken Laotzus, Frankfurt/M. u. a. 1991
Claybrook, Donald A.: The Emerging Doctrine of the Holy Spirit in the Writings of Jürgen Moltmann, Louisville 1983
Clayton, John Powell: The Concept of Correlation. Paul Tillich and the Possibility of a Mediating Theology, Berlin/New York 1980
Collins, A. Y.: Cosmology and Eschatology, Leiden 1996
Cosmann, Peggy: Der Einfluß Friedrich Christoph Oetingers auf Hegels Abrechnung mit Spinoza. Die Selbstbewegung des Absoluten vs. bestimmungslose und unlebendige Substantialität, in: ZRRG 50, 2/1998, 115–136
Cox, Harvey: Stirb nicht im Warteraum der Zukunft. Aufforderung zur Weltverantwortung (1969), Tb Gütersloh 1971
Dabney, D. Lyle: Die Kenosis des Geistes. Kontinuität zwischen Schöpfung und Erlösung im Werk des Heiligen Geistes, Neukirchen-Vluyn 1997
Dalferth, Ingolf U.: Der auferweckte Gekreuzigte. Zur Grammatik der Christologie, Tübingen 1994
Dalferth, Ingolf U.: Der Eine und das Viele, in: J. Mehlhausen (Hg.), Pluralismus und Identität, Gütersloh 1995, 141–152
Dalferth, Ingolf U.: Die soteriologische Relevanz der Kategorie des Opfers. Dogmatische Erwägungen im Anschluß an die gegenwärtige exegetische Diskussion, in: Jahrbuch für Biblische Theologie Bd. 6, Neukirchen-Vluyn 1991, 173–194
Dalferth, Ingolf U.: Gedeutete Gegenwart. Zur Wahrnehmung Gottes in den Erfahrungen der Zeit, Tübingen 1997
Dalferth, Ingolf U.: Gott. Philosophisch-theologische Denkversuche, Tübingen 1992
Dalferth, Ingolf U.: Jenseits von Mythos und Logos. Die christologische Transformation der Theologie (QD 142), Freiburg/Basel/Wien 1993
Danz, Christian: Religion als Freiheitsbewußtsein. Eine Studie zur Theologie als Theorie der Konstitutionsbedingungen individueller Subjektivität bei Paul Tillich, Berlin/New York 2000
Dembowski, Hermann: Grundfragen der Christologie. Erörtert am Problem der Herrschaft Jesu Christi (Beiträge zur evangelischen Theologie 51), München 1971
Denney, James: Studies in Theology, 1895, Reprint Michigan 1976
Dettmar, Werner: Der Zeuge des Judenchristentums, in: DtPfrBl 98, 9/1998, 515–518
Dietrich, Wolfgang: Sphäre des Prophetischen, in: LM 35, 11/1996, 28–30
Dietz, Walter: Theodizee und Leidensthematik. Gottes Allmacht, seine ‚Verantwortung' und das Leiden der Kreatur, in: Zeitschrift für medizinische Ethik 41, 2/1995, 93–103
Dilschneider, Otto A.: Gefesselte Kirche. Not und Verheißung, Stuttgart 1953

Drewermann, Eugen: Der tödliche Fortschritt. Von der Zerstörung der Erde und des Menschen im Erbe des Christentums, Regensburg 1990[6]
Dumas, Marc: Die theologische Deutung der Erfahrung des Nichts im deutschen Werk Paul Tillichs (1919–1930) (Europäische Hochschulschriften 23/479), Frankfurt/M. u. a. 1993
Dvorak, Rainer: Gott ist Liebe. Eine Studie zur Grundlegung der Trinitätslehre bei Eberhard Jüngel (Bonner dogmatische Studien 31), Würzburg 1999
Eickhoff, Jörg: Theodizee. Die theologische Antwort Paul Tillichs im Kontext der philosophischen Fragestellung, Frankfurt/M. u. a. 1997
Ernst, Norbert: Die Tiefe des Seins. Eine Untersuchung zum Ort der analogia entis im Denken Paul Tillichs, St. Ottilien 1988
Evdokimov, Paul: Christus im russischen Denken, Trier 1977
Faber, Roland: Der Selbsteinsatz Gottes. Grundlegung einer Theologie des Leidens und der Veränderlichkeit Gottes (Studien zur systematischen und spirituellen Theologie 16), Würzburg 1995
Fairbairn, Andrew Martin: The Place of Christ in Modern Theology, Oxford 1893/New York 1903
Ferrel, Donald R.: Logos and Existence. The Relationship of Philosophy and Theology in the Thought of Paul Tillich (American University Studies: Series 7, Theology and Religion 98), New York/Bern u. a. 1992
Flogaus, Reinhard: Theosis bei Palamas und Luther. Ein Beitrag zum ökumenischen Gespräch (FSÖTh 78), Göttingen 1996
Forrest, David: The Christ of History and of Experience, Edinburgh 1897
Fox, Matthew: Der Grosse Segen. Umarmt von der Schöpfung, München 1991
Fox, Matthew: Geist und Kosmos. Der Weg der Verwandlung, Grafing 1993
Frisch, Ralf/Hailer, Martin: „Ich ist ein Anderer". Zur Rede von Stellvertretung und Opfer in der Christologie, in: NZSyThRph 41, 1/1999, 62–77
Fritzsche, Hans-Georg: Lehrbuch der Dogmatik. Teil III: Christologie, Göttingen 1976
Fuchs, Gotthard: Der arme Jesus und der Reichtum der Wissenden. Negative Christologie und moderne Gnosis, in: Diakonia 22, 6/1991, 388–399
Fuchs, Ottmar: Ökologische Pastoral im Geiste Teilhard de Chardins, in: Orientierung 59, 10/1995, 115–119
Führer, Christoph: Aspekte eines „Christentums der Zukunft". Zur Theologie und Spiritualität Friedrich Rittelmeyers, Stuttgart 1997
Gamillscheg, Maria-Helene: Die Kontroverse um das Filioque. Möglichkeiten einer Problemlösung auf Grund der Forschungen und Gespräche der letzten hundert Jahre (Das östliche Christentum, NF 45), Würzburg 1996
Geißer, Hans Friedrich: Schöpfung aus dem Nichts, in: F. Stolz (Hg.), Religiöse Wahrnehmung der Welt, Zürich 1988, 107–125
Gestrich, Christof: Christentum und Stellvertretung. Religionsphilosophische Untersuchungen zum Heilsverständnis und zur Grundlegung der Theologie, Tübingen 2001
Gestrich, Christof: Die Wiederkehr des Glanzes in der Welt. Die christliche Lehre von der Sünde und ihrer Vergebung in gegenwärtiger Verantwortung, Tübingen 1989
Gogarten, Friedrich: Die Wirklichkeit des Glaubens. Zum Problem des Subjektivismus in der Theologie, Stuttgart 1957
Gollwitzer, Helmut: Wiederbegegnung mit Nikolai Berdjajew, in: EvTh 35, 2/1980, 126–142

Gräb-Schmidt, Elisabeth: „Das Missverstehen ergibt sich von selbst". Reformulierungsversuche als Alternative zur Polemik. Eine Replik auf Bernd Oberdorfers Antwort, in: Marburger Jahrbuch Theologie 12: Ökumene (Marburger Theologische Studien 64), Marburg 2000, 167–186

Graf, Friedrich Wilhelm: Theonomie. Fallstudien zum Integrationsanspruch neuzeitlicher Theologie, Gütersloh 1987

Grass, Hans: Christliche Glaubenslehre, Bd. 1, Stuttgart/Berlin/Köln/Mainz 1973

Greshake, Gisbert: Der dreieine Gott. Eine trinitarische Theologie, Freiburg i. Br. 1997

Gunton, Colin E.: Yesterday & Today. A Study of Continuities in Christology, London 1983

Hailer, Martin: Metapher und Symbol, in: R. Bernhardt/U. Link-Wieczorek (Hgg.), Metapher und Wirklichkeit. Die Logik der Bildhaftigkeit im Reden von Gott, Mensch und Natur (FS Dietrich Ritschl zum 70. Geburtstag), Göttingen 1999, 42–53

Hailer, Martin: Theologie als Weisheit. Sapientiale Konzeptionen in der Fundamentaltheologie des 20. Jahrhunderts (Neukirchener Theol. Dissertationen und Habilitationen 17), Neukirchen-Vluyn 1997

Härle, Wilfried: ‚Christus factus est peccatum metaphorice'. Zur Heilsbedeutung des Kreuzestodes Jesu Christi, in: NZSTh 36, 3/1994, 302–315

Härle, Wilfried: Dogmatik, Berlin/New York 1995

Harnack, Adolf von: Das Wesen des Christentums (1900). Mit einem Geleitwort von Wolfgang Trillhaas, Tb Gütersloh 1977

Heim, Karl: Jesus der Herr, Berlin 1938[3]

Heine, Susanne: ‚Parusie': Wiederkunft Christi, in: A. Gasser (Hg.), Tod als Grenze zu neuem Leben, Zürich 1993, 89–108

Heise, Ekkehard: Theologie des Kreuzes Christi und der Christen. Lutherische Perspektiven im lateinamerikanischen Kontext, in: Luther 70, 2/1999, 65–84

Henel, Ingeborg C.: Philosophie und Theologie im Werk Paul Tillichs, Frankfurt/Stuttgart 1981

Hermann, Christian: Unsterblichkeit der Seele durch Auferstehung. Studien zu den anthropologischen Implikationen der Eschatologie (FSÖTh 83), Göttingen 1997

Hermann, Rudolf: Beobachtungen zu Luthers Lehre vom Deus revelatus – nach seiner Unterschiedenheit vom Deus absconditus – in ‚De servo arbitrio', in: K. Scharf (Hg.), Vom Herrengeheimnis der Wahrheit. FS Heinrich Vogel, Berlin/Stuttgart 1962, 196–213

Herms, Eilert: Kosmologische Aspekte des Gesetzesbegriffs (1989), in: ders., Offenbarung und Glaube. Zur Bildung des christlichen Lebens, Tübingen 1992, 408–430

Heron, Alasdair I. C.: Doing without the Incarnation?, in: SJTh 31, 1/1978, 51–71

Heron, Alasdair: The Holy Spirit, Philadelphia 1983

Hick, J. (Hg.), Wurde Gott Mensch? Der Mythos vom fleischgewordenen Gott, Gütersloh 1979

Höhn, Hans-Joachim: Krise der Vernunft – Kritik der Vernunft. Motive und Perspektiven der aktuellen Rationalitätskritik, in: A. Schilson (Hg.), Gottes Weisheit im Mysterium. Vergessene Wege christlicher Spiritualität, Mainz 1989, 27–43

Jürgen Hübner: Eschatologische Rechenschaft, kosmologische Weltorientierung und die Artikulation von Hoffnung, in: K. Stock (Hg.), Die Zukunft der Erlösung. Zur neueren Diskussion um die Eschatologie, Gütersloh 1994, 147–175

Huizing, Klaas: Kirche als Inszenierung. Eine selbstbewußte Öffnung nach außen, in: Nachrichten der Ev.-Luth. Kirche in Bayern 53, 2/1998, 42

Hünermann, Peter: Jesus Christus – Gottes Wort in der Zeit. Eine systematische Christologie, Münster 1997²

Iwand, Hans: Gesetz und Evangelium I, in: Gesetz und Evangelium. Nachgelassene Werke Bd. 4, hg. W. Kreck, München 1964, 11–230

Iwand, Hans Joachim: Glauben und Wissen. Nachgelassene Werke Bd. 1, hg. H. Gollwitzer, München 1962

Iwand, Hans Joachim: Theologia crucis (1959), in: Vorträge und Aufsätze. Nachgelassene Werke Bd. 2, hg. H. Gollwitzer u. a., München 1966, 381–398

Janowski, J. Christine: Allerlösung. Annäherungen an eine entdualisierte Eschatologie (Neukirchener Beiträge zur Systematischen Theologie 23/1–2), 2 Bände, Neukirchen-Vluyn 2000

Jaspert, Bernd: Die Neuentdeckung der Religion im 20. Jahrhundert. Das Lebenswerk Paul Tillichs (1886–1965), in: ders., Theologie und Geschichte. Gesellschaft. Aufsätze Bd. 1, Frankfurt/M. u. a. 1989, 299–339

Jenson, Robert W.: Rechtfertigung als dreieiniges Ereignis, in: M. Beintker/E. Maurer/H. Stoevesandt/H. G. Ulrich (Hgg.), Rechtfertigung und Erfahrung. Für Gerhard Sauter zum 60. Geburtstag, Gütersloh 1995

Jenson, Robert W.: The Holy Spirit, in: ders./C. E. Braaten (Hgg.), Christian Dogmatics, Bd. 2, Philadelphia 1984, 101–178

Joest, Wilfried: Dogmatik. Bd. 1: Die Wirklichkeit Gottes (UTB 1336), Göttingen 1984

Joest, Wilfried: Dogmatik. Bd. 2: Der Weg Gottes mit dem Menschen (UTB 1413), Göttingen 1986

Joest, Wilfried: Hoffnung für die Welt? Überlegungen zur Sache und Sprache universaler Eschatologie, in: J. Roloff/H. G. Ulrich (Hgg.), Einfach von Gott reden. Ein theologischer Diskurs (FS Friedrich Mildenberger zum 65. Geburtstag), Stuttgart/Berlin/Köln 1994, 226–237

Joest, Wilfried: Ontologie der Person bei Luther, Göttingen 1967

Jorgensen, Theodor: Wort und Bild bei Luther, in: A. Ghiselli u. a. (Hgg.), Luther und Ontologie. Das Sein Christi im Glauben als strukturierendes Prinzip der Theologie Luthers, Helsinki/Erlangen 1993, 142–154

Jüngel, Eberhard: Das Verhältnis von ‚ökonomischer' und ‚immanenter' Trinität (1975), in: ders., ENTSPRECHUNGEN: Gott – Wahrheit – Mensch. Theologische Erörterungen (Beiträge zur evangelischen Theologie 88), München 1980, 265–275

Jüngel, Eberhard: Gott als Geheimnis der Welt, Tübingen 1978³

Jüngel, Eberhard: Gottes Sein ist im Werden. Verantwortliche Rede vom Sein Gottes bei Karl Barth. Eine Paraphrase, Tübingen 1976³

Jüngel, Eberhard: Metaphorische Wahrheit. Erwägungen zur theologischen Relevanz der Metapher als Beitrag zur Hermeneutik einer narrativen Theologie (1974), in: ders., Entsprechungen: Gott – Wahrheit – Mensch, München 1980, 103–157

Jüngel, Eberhard: Wertlose Wahrheit. Christliche Wahrheitserfahrung im Streit gegen die ‚Tyrannei der Werte', in: ders., Wertlose Wahrheit, München 1990, 90–109

Kaftan, Julius: Philosophie des Protestantismus. Eine Apologetik des evangelischen Glaubens, Tübingen 1917

Kaiser, Alfred: Möglichkeiten und Grenzen einer Christologie ‚von unten', Münster 1992
Kantzenbach, Friedrich-Wilhelm: Mystik oder theologia crucis?, in: Korrespondenzblatt des bayer. Pfarrervereins 114, 7/1999, 127–131
Kantzenbach, Friedrich Wilhelm: Programme der Theologie. Denker, Schulen, Wirkungen. Von Schleiermacher bis Moltmann, München 1978
Kasch, Wilhelm F. (Hg.), Entchristlichung und religiöse Desozialisation, Paderborn/München/Wien/Zürich 1978
Kasper, Walter: Autonomie und Theonomie. Zur Ortsbestimmung des Christentums in der modernen Welt, in: H. Weber/D. Mieth (Hgg.), Anspruch der Wirklichkeit und christlicher Glaube, Düsseldorf 1980, 17–41
Keil, Günther: Glaubenslehre. Grundzüge christlicher Dogmatik, Stuttgart 1986
Kern, Udo: Theologia crucis als Fundamentalkritik, in: ThZ 50, 1/1994, 62–70.
Keller, Catherine: Pneumatische Anstöße. Die Theologie Jürgen Moltmanns, der Feminismus und die Zukunft, in: Die Theologie auf dem Weg ins dritte Jahrtausend, FS Jürgen Moltmann zum 70. Geburtstag, hg. C. Krieg u. a., Gütersloh 1996, 163–179
Kitamori, Kazoh: Theologie des Schmerzes Gottes (1958), Göttingen 1972
Köberle, Adolf: Der Herr über alles, Hamburg 1957
Koch, Gerhard: Jesus Christus – Schöpfer der Welt, in: ZThK 56, 2/1959, 83–109
Korsch, Dietrich: Dialektische Theologie nach Karl Barth, Tübingen 1996
Körtner, Ulrich H. J.: Versöhnte Verschiedenheit. Ökumenische Theologie im Zeichen des Kreuzes, Bielefeld 1996
Körtner, Ulrich H. J.: Weltangst und Weltende. Eine theologische Interpretation der Apokalyptik, Göttingen 1988
Kraemer, Hendrik: Die christliche Botschaft in einer nichtchristlichen Welt (1956), Zollikon-Zürich 1940
Kraus, Hans-Joachim: Systematische Theologie im Kontext biblischer Geschichte und Eschatologie, Neukirchen-Vluyn 1983
Kreck, Walter: Die Christologie Gogartens und ihre Weiterführung in der heutigen Frage nach dem historischen Jesus, in: Tradition und Verantwortung. Gesammelte Aufsätze, Neukirchen-Vluyn 1974, 99–131
Kreck, Walter: Die Zukunft des Gekommenen. Grundprobleme der Eschatologie, München 1961
Kriegstein, Matthias von: Paul Tillichs Methode der Korrelation und Symbolbegriff, Hildesheim 1975
Küng, Hans: Gott und das Leid, Einsiedeln 1967
Küng, Hans: Theologie im Aufbruch. Eine ökumenische Grundlegung, München/Zürich 1987
Künneth, Walter: Theologie der Auferstehung (1933), Gießen/Basel 1982[6]
Küster, Volker: Die vielen Gesichter Jesu Christi. Christologie interkulturell, Neukirchen-Vluyn 1999
Kunstmann, Joachim: Theodizee. Vom theologischen Sinn einer unabschließbaren Frage, in: EvTh 59, 2/1999, 92–108
Kuruvilla, Pandikattu: Eschatologie: am Konvergenzpunkt von Naturwissenschaft und Theologie, in: Glaube und Denken. Jahrbuch der Karl-Heim-Gesellschaft 13/2000, 133–148
Kuschel, Karl-Josef: Exegese und Dogmatik – Harmonie oder Konflikt? Die Frage nach einer Präexistenzchristologie bei Paulus als Testfall, in: R. Laufen (Hg.), Gottes ewiger Sohn. Die Präexistenz Christi, Paderborn 1997, 143–162

Kuschel, Karl-Josef: Geboren vor aller Zeit? Der Streit um Christi Ursprung, München/Zürich 1990
Laufen, Rudolf: Der anfanglose Sohn. Eine christologische Problemanzeige, in: ders. (Hg.), Gottes ewiger Sohn. Die Präexistenz Christi, Paderborn u. a. 1997, 9–30
Liebner, Karl Theodor Albert: Christologie oder die christologische Einheit des dogmatischen Systems, Göttingen 1849
Lin, Hong-Hsin: Die Person des Heiligen Geistes als Thema der Pneumatologie in der reformierten Theologie (Internationale Theologie 4), Frankfurt/M. u. a. 1998
Lindbeck, George A.: Christliche Lehre als Grammatik des Glaubens. Religion und Theologie im postliberalen Zeitalter (Theologische Bücherei 90), Gütersloh 1994
Link-Wieczorek, Ulrike: Inkarnation oder Inspiration? Christologische Grundfragen in der Diskussion mit britischer anglikanischer Theologie (FSÖTh 84), Göttingen 1998
Loewenich, Walther von: Luthers Theologia crucis, München 1929
Löser, Werner: Jesus Christus – Gottes Sohn, aus dem Vater geboren vor aller Zeit, in: IKaZ Communio 6, 1/1977, 31–45
MacCormac, Earl R.: Die semantische und syntaktische Bedeutung von religiösen Metaphern, in: J.-P. van Noppen (Hg.), Erinnern, um Neues zu sagen. Die Bedeutung der Metapher für die religiöse Sprache, Frankfurt/M. 1988, 84–107
Macquarrie, John: Art. Panentheismus, in: TRE 25 (1995), 611–615
Macquarrie, John: Jesus Christ in Modern Thought, London 1992²
Maloney, George A.: The Cosmic Christ: From Paul to Teilhard, New York 1968
Mannermaa, Tuomo: Theosis als Thema der finnischen Lutherforschung, in: Luther und Theosis. Veröffentlichungen der Luther-Akademie Ratzeburg 16, hg. v. J. Heubach, Erlangen 1990, 11–26
Marquardt, Friedrich-Wilhelm: Das christliche Bekenntnis zu Jesus, dem Juden. Eine Christologie, Bd. 2, München 1991
Martin, J. P.: Cosmic Christ and Cosmic Redemption, in: Affirmation (Richmond) 1, July 1967, 4–31
McGrath, A. E.: Luther's Theology of the Cross, Oxford 1985
Meyer-Blank, Michael: Vom Symbol zum Zeichen. Symboldidaktik und Semiotik, Hannover 1995
Mildenberger, Friedrich: Biblische Dogmatik. Eine Biblische Theologie in dogmatischer Perspektive. Bd. 3: Theologie als Ökonomie, Stuttgart/Berlin/Köln 1993
Mildenberger, Friedrich: Biblische Dogmatik. Eine Biblische Theologie in dogmatischer Perspektive. Bd. 1: Prolegomena: Verstehen und Geltung der Bibel, Stuttgart/Berlin/Köln 1991
Mildenberger, Friedrich: Gott und Gaja? Anfragen an Jürgen Moltmann, in: EvTh 54, 4/1994, 380–384
Mildenberger, Friedrich: Gotteslehre. Eine dogmatische Untersuchung, Tübingen 1975
Mildenberger, Friedrich: Herr, zeige uns den Vater! Jesus als Erweis der Gottheit Gottes (Calwer Hefte 108), Stuttgart 1970
Mildenberger, Friedrich: Theologie der Zeit. Wider die religiöse Interpretation der Wirklichkeit in der modernen Theologie, Stuttgart 1969

Moltmann, Jürgen: Antwort auf die Kritik an „Der gekreuzigte Gott", in: M. Welker (Hg.), Diskussion über Jürgen Moltmanns Buch „Der gekreuzigte Gott", München 1979, 165–190

Moltmann, Jürgen: Antwort auf die Kritik der Theologie der Hoffnung, in: W.-D. Marsch (Hg.), Diskussion über die ‚Theologie der Hoffnung', München 1967, 201–238

Moltmann, Jürgen: Antwort, in: Bertold Klappert: Worauf wir hoffen. Das Kommen Gottes und der Weg Jesu Christi, Gütersloh 1997, 139–156

Moltmann, Jürgen: Christliche Trinitätslehre, in: ders./Pinchas Lapide: Jüdischer Monotheismus – Christliche Trinitätslehre. Ein Gespräch (Kaiser Traktate 39), München 1979, 32–46

Moltmann, Jürgen: Das Kommen Gottes. Christliche Eschatologie, Gütersloh 1995

Moltmann, Jürgen: Der Erde treu bleiben. Christuszeichen in der Welt, in: Evangelisches Gemeindeblatt für Württemberg 94, 29/1999, 11

Moltmann, Jürgen: Der Geist des Lebens. Eine ganzheitliche Pneumatologie, München 1991

Moltmann, Jürgen: Der gekreuzigte Gott. Das Kreuz Christi als Grund und Kritik christlicher Theologie, München 1972

Moltmann, Jürgen: Der Weg Jesu Christi. Christologie in messianischen Dimensionen, München 1989

Moltmann, Jürgen: Die Erde und die Menschen. Zum theologischen Verständnis der Gaja-Hypothese, in: EvTh 53, 5/1993, 420–438

Moltmann, Jürgen: Die ersten Freigelassenen der Schöpfung. Versuche über die Freude an der Freiheit und das Wohlgefallen am Spiel, München 1976$^5$

Moltmann, Jürgen: Die Mission des Geistes – Das Evangelium des Lebens, in: Zeitschrift für Missionswissenschaft und Religionswissenschaft 83, 2/1999, 83–93

Moltmann, Jürgen: Erfahrungen theologischen Denkens. Wege und Formen christlicher Theologie, München 1999

Moltmann, Jürgen: Gott in der Schöpfung. Ökologische Schöpfungslehre, München 1985

Moltmann, Jürgen: Gotteserfahrungen. Hoffnung – Angst – Mystik, München 1978

Moltmann, Jürgen: In der Geschichte des dreieinigen Gottes. Beiträge zur trinitarischen Theologie, München 1991

Moltmann, Jürgen: Kirche in der Kraft des Geistes. Ein Beitrag zur messianischen Ekklesiologie, München 1975

Moltmann, Jürgen: Theologie der Hoffnung. Untersuchungen zur Begründung und zu den Konsequenzen einer christlichen Eschatologie, München 1964

Moltmann, Jürgen: Trinität und Reich Gottes. Zur Gotteslehre, München 1994$^3$

Moltmann, J. (Hg.), Wie ich mich geändert habe, Gütersloh 1997

Moltmann-Wendel, Elisabeth (Hg.), Die Weiblichkeit des Heiligen Geistes. Studien zur feministischen Theologie, Gütersloh 1995

Moltmann-Wendel, Elisabeth: Rückkehr zur Erde, in: EvTh 53, 5/1993, 406–420

Mühlen, Heribert: Die Veränderlichkeit Gottes als Horizont einer zukünftigen Christologie, Münster 1969

Mühling-Schlapkohl, Markus: Gott ist Liebe. Studien zum Verständnis der Liebe als Modell des trinitarischen Redens von Gott (Marburger theologische Studien 58), Marburg 2000

Murrman-Kahl, Michael: „Mysterium trinitatis"? Fallstudien zur Trinitätslehre in der evangelischen Dogmatik des 20. Jahrhunderts (Theologische Bibliothek Töpelmann Bd. 79), Berlin/New York 2000
Neuenschwander, Ulrich: Christologie – verantwortet vor den Fragen der Moderne, hg. W. Zager, Bern u. a. 1997
Niesel, Wilhelm: Die reformatorische Verantwortung innerhalb des Ökumenischen Rates, in: K. Scharf (Hg.), Vom Herrengeheimnis der Wahrheit. FS Heinrich Vogel, Berlin/Stuttgart 1962[4], 498–506
Nikkel, David H.: Panentheism in Hartshorne and Tillich. A Creative Synthesis (American University Studies: Series 7, Theology and Religion 121), New York u. a. 1995
Noller, Gerhard: Metaphysik und theologische Realisation, Zürich 1990
Noppen, Jean-Pierre van: Einleitung: Metapher und Religion, in: ders. (Hg.), Erinnern, um Neues zu sagen. Die Bedeutung der Metapher für die religiöse Sprache, Frankfurt/M. 1988, 7–51
Noppen, Jean-Pierre van: ‚In‘ als theographische Metapher, in: ders. (Hg.), Erinnern, um Neues zu sagen. Die Bedeutung der Metapher für die religiöse Sprache, Frankfurt/M. 1988, 200–217
Nörenberg, Klaus-Dieter: Analogia imaginis. Der Symbolbegriff in der Theologie Paul Tillichs, Gütersloh 1966
Oberdorfer, Bernd: Filioque. Geschichte und Theologie eines ökumenischen Problems (FSÖTh 96), Göttingen 2001
Ohlig, Karl-Heinz: Fundamentalchristologie. Im Spannungsfeld von Christentum und Kultur, München 1986
Ott, Heinrich: Apologetik des Glaubens. Grundprobleme einer dialogischen Fundamentaltheologie, Darmstadt 1994[9]
Ott, Heinrich: Die Wirkungsweise der Symbolsprache, in: R. Bernhardt/U. Link-Wieczorek (Hgg.), Metapher und Wirklichkeit (FS Dietrich Ritschl zum 70. Geburtstag), Göttingen 1999, 34–41
Panikkar, Raimon: Der Dreiklang der Wirklichkeit. Die kosmotheandrische Offenbarung, Salzburg/München 1995
Pannenberg, Wolfhart: Einsicht und Glaube (1963), in: ders., Grundfragen systematischer Theologie. Gesammelte Aufsätze, Göttingen 1967, 223–236
Pannenberg, Wolfhart: Glaube und Vernunft, in: ders.: Grundfragen systematischer Theologie. Gesammelte Aufsätze, Göttingen 1967, 237–251
Pannenberg, Wolfhart: Grundzüge der Christologie, Gütersloh 1976[5]
Pannenberg, Wolfhart: Metaphysik und Gottesgedanke, Göttingen 1988
Pannenberg, Wolfhart: Problemgeschichte der neueren evangelischen Theologie in Deutschland. Von Schleiermacher bis zu Barth und Tillich, Göttingen 1997
Pannenberg, Wolfhart: Systematische Theologie, Bd. 1, Göttingen 1988
Pannenberg, Wolfhart: Systematische Theologie, Bd. 2, Göttingen 1991
Paulus, Rudolf: Das Christusproblem der Gegenwart. Untersuchung über das Verhältnis von Idee und Geschichte, Tübingen 1922
Peters, Albrecht: Gesetz und Evangelium (HST 2), Gütersloh 1994[2]
Peters, Albrecht: Rechtfertigung (HST 12), Gütersloh 1990[2]
Petersen, Claus: The Times They Are A-Changin'. Anknüpfung an Jürgen Vollmer, in: DtPfrBl 97, 6/1997, 287–289
Pöhlmann, Horst Georg: Heiliger Geist – Gottesgeist, Zeitgeist oder Weltgeist? (Apologetische Themen 10), Neukirchen-Vluyn 1998

Pröpper, Thomas: Erlösungsglaube und Freiheitsgeschichte. Eine Skizze zur Soteriologie, München 1985
Rahner, Hugo: Das Mysterium des Kreuzes, in: ders., Griechische Mythen in christlicher Deutung. Gesammelte Aufsätze, Zürich 1945, 73–100
Rahner, Karl: Was ist Häresie?, in: A. Böhm (Hg.), Häresien der Zeit. Ein Buch zur Unterscheidung der Geister, Freiburg/Basel/Wien 1961, 9–43
Rahner, Karl: Zur Theologie des Todes, Freiburg i. Br. 1958
Repp, Martin: Die Transzendierung des Theismus in der Religionsphilosophie Paul Tillichs, Frankfurt/Bern/New York 1986
Ringleben, Joachim: Luther zur Metapher, in: ZThK 94, 3/1997, 336–369
Ritschl, Dietrich: Zur Logik der Theologie. Kurze Darstellung der Zusammenhänge theologischer Grundgedanken, München 1988[2]
Rolt, C. E.: The World's Redemption, London 1913
Scheffczyk, Leo: Gott-loser Gottesglaube? Die Grenzen des Nichttheismus und ihre Überwindung, Regensburg 1974
Schleiermacher, Friedrich Daniel Ernst: Über die Religion. Reden an die Gebildeten unter ihren Verächtern (1799), Leipzig o.J
Schmidt-Leukel, Perry: Grundkurs Fundamental-Theologie. Eine Einführung in die Grundfragen des christlichen Glaubens, München 1999
Schnübbe, Otto: Paul Tillich und seine Bedeutung für den Protestantismus heute, Hannover 1985
Schoberth, Wolfgang: Die Ordnung der Welt und der Gott der Bibel. Jenseits objektiver Erkenntnis, in: Glaube und Denken. Jahrbuch der Karl-Heim-Gesellschaft 8, Frankfurt/M. u. a. 1995, 103–128
Schoberth, Wolfgang: ‚Es ist alles durch ihn und zu ihm geschaffen' (Kol 1,16). Zum Sinn der Lehre von der Schöpfungsmittlerschaft Christi, in: K. Stock (Hg.), Zeit und Schöpfung (Veröffentlichungen der Wissenschaftlichen Gesellschaft für Theologie 12), Gütersloh 1997, 143–170
Schoberth, Wolfgang: Geschöpflichkeit in der Dialektik der Aufklärung. Zur Logik der Schöpfungstheologie bei Friedrich Christoph Oetinger und Johann Georg Hamann (EuE 3), Neukirchen-Vluyn 1994
Schoberth, Wolfgang: Leere Zeit – Erfüllte Zeit. Zum Zeitbezug im Reden von Gott, in: J. Roloff/H. G. Ulrich (Hgg.), Einfach von Gott reden. Ein theologischer Diskurs (FS Friedrich Mildenberger zum 65. Geburtstag), Stuttgart/Berlin/Köln 1994, 124–141
Schoberth, Wolfgang: Systematisch-theologische Thesen zum Okkultismus und zum Dämonischen, in: W. H. Ritter/H. Streib (Hgg.), Okkulte Faszination. Symbole des Bösen und Perspektiven der Entzauberung, Neukirchen-Vluyn 1997, 39–48
Schoonenberg, Piet: Der Geist, das Wort und der Sohn. Eine Geist-Christologie, Regensburg 1992
Schulze, Wilhelm: Abgestiegen in das Reich des Todes, in: Christ in der Gegenwart 43, 18/1991, 150
Schüssler Fiorenza, Elisabeth: Jesus – Miriams Kind, Sophias Prophet. Kritische Anfragen feministischer Christologie, Gütersloh 1997
Schüßler, Werner: Jenseits von Religion und Nicht-Religion. Der Religionsbegriff im Werk Paul Tillichs, Frankfurt/M. 1989
Schütz, Paul: Das Mysterium der Geschichte. Von der Anwesenheit des Heilenden in der Zeit. Gesammelte Werke Bd. 2, Hamburg 1963

Schütz, Paul: Freiheit – Hoffnung – Prophetie. Von der Gegenwärtigkeit des Zukünftigen, Hamburg 1964

Schwarz, Elisabeth: Art. Metapher, in: EKL³ Bd. 3, Göttingen 1992, 384 f.

Schwarz, Hans: Schöpfungsglaube im Horizont moderner Naturwissenschaft (Apologetische Themen 7), Neukirchen-Vluyn 1996

Seelig, Amaresh Markus: Das Selbst als Ort der Gotteserfahrung. Ein Vergleich zwischen Carl Gustav Jung und Paul Tillich (Europäische Hochschulschriften 23/548), Frankfurt/M. u. a. 1995

Simpson, James Young: Man and the Attainment of Immortality, New York 1922

Soskice, Janet Martin: Metapher und Offenbarung, in: J.-P. van Noppen (Hg.), Erinnern, um Neues zu sagen. Die Bedeutung der Metapher für die religiöse Sprache, Frankfurt 1988, 68–83

Sparn, Walter: Art. Natürliche Theologie, in: TRE 24, 1994, 85–98

Sparn, Walter: ‚Dein Reich komme!' Geschichtsdeutung zwischen Weltgeschichte und Heilsgeschichte, in: Wer schreibt Geschichte? Die Jahrtausendwende als Anlass zu theologischen Reflexionen, hg. Gymnasialpäd. Materialstelle der Evang.-Luth. Kirche in Bayern, Erlangen 1999, 13–30

Sparn, Walter: Die Jahrtausendwende als geistliche Herausforderung, in: Wer schreibt Geschichte? Die Jahrtausendwende als Anlass zu theologischen Reflexionen, hg. Gymnasialpäd. Materialstelle der Evang.-Luth. Kirche in Bayern, Erlangen 1999, 31–34

Sparn, Walter: Die Zukunft der Kirche, in: Arbeitshilfe für den evangelischen Religionsunterricht an Gymnasien, Folge I/1996, hg. Gymnasialpäd. Materialstelle der Evang.-Luth. Kirche in Bayern, Erlangen 1996, 39–42

Sparn, Walter: Erschöpfte Moderne? Eine aufklärerische Enttäuschung, in: F. Hermanni/V. Stehenblock (Hgg.), Philosophische Orientierung. FS Willi Oelmüller zum 65. Geburtstag, München 1995, 41–61

Sparn, Walter: ‚Extra Internum'. Die christologische Revision der Prädestinationslehre in Karl Barths Erwählungslehre, in: T. Rendtorff (Hg.), Die Realisierung der Freiheit. Beiträge zur Kritik der Theologie Karl Barths, Gütersloh 1975, 44–75

Sparn, Walter: Fest mit Feuer und Flamme, in: Nachrichten der Evang.-Luth. Kirche in Bayern 52, 5/1997, 136–138

Sparn, Walter: Reich Gottes: Reich der Freundschaft. Für eine trinitarische Bestimmung des Begriffs der Gottesherrschaft, in: W. Härle/R. Preul (Hgg.), Reich Gottes. Marburger Jahrbuch Theologie 11 (Marburger Theologische Studien 53), Marburg 1999, 31–61

Sparn, Walter: Religiöse Aufklärung. Krise und Transformation der christlichen Apologetik im Weltanschauungskampf der Moderne, in: Glaube und Denken 5 (1992), 77–105 und 155–164

Sparn, Walter: ‚Religionsmengerei'? Überlegungen zu einem theologischen Synkretismusbegriff, in: ders./V. Drehsen (Hgg.), Im Schmelztiegel der Religionen. Konturen des modernen Synkretismus, Gütersloh 1996, 255–284

Sparn, Walter: Sancta Simplicitas. Über die Sorge um christliche Identität in Zeiten der Ironie, in: J. Roloff/H. G. Ulrich (Hgg.), Einfach von Gott reden. Ein theologischer Diskurs. Festschrift für Friedrich Mildenberger zum 65. Geburtstag, Stuttgart/Berlin/Köln 1994, 98–110

Sparn, Walter: „Wenn Engel, dann solche!" Das Geheimnis der Engel in theologischer Sicht, in: MEZW 58, 12/1995, 353–363

Sparn, Walter: Wiederkehr der Metaphysik. Die ontologische Frage in der lutherischen Theologie des frühen 17. Jahrhunderts (Calwer Theologische Monographien 4), Stuttgart 1976

Stock, Alex: Poetische Dogmatik. Christologie: 1. Namen, Paderborn/München/Wien/Zürich 1995

Stock, Konrad: Annihilatio Mundi. Johann Gerhards Eschatologie der Welt (FGLP 10/42), München 1971

Strahm, Anton: Die Vermittlung des Christlichen. Eine theologiegeschichtliche Untersuchung zu Paul Tillichs Anfängen des Theologisierens und seiner christologischen Auseinandersetzung mit philosophischen Einsichten des deutschen Idealismus (Europ. Hochschulschriften 23/202), Bern/Frankfurt 1982

Strahm, D./Strobel, R. (Hgg.), Vom Verlangen nach Heilwerden. Christologie in feministisch-theologischer Sicht, Fribourg/Luzern 1991

Sudbrack, Josef: Mystische Spuren. Auf der Suche nach der christlichen Lebensgestalt, Würzburg 1990

Swidler, Leonard: Der umstrittene Jesus, Stuttgart 1991

Taubes, Jacob: Über die Eigenart der theologischen Methode. Überlegungen zur Theologie Paul Tillichs (1963), in: ders., Vom Kult zur Kultur. Bausteine zu einer Kritik der historischen Vernunft, hg. A. Assmann, München 1996, 230–244

Taubes, Jacob: Zu einer ontologischen Interpretation der Theologie (1949), ebd. 249–256

Tavard, George H.: Paul Tillich and the Christian Message, New York 1962

Theunissen, Michael: Protophilosophische Theologie, in: Die Theologie auf dem Weg ins dritte Jahrtausend (FS J. Moltmann zum 70. Geburtstag), hg. v. C. Krieg u. a., Gütersloh 1996, 346–362

Thiede, Werner: Alle reden von „Spiritualität", in: ders., Sektierertum – Unkraut unter dem Weizen? Gesammelte Aufsätze zur praktisch- und systematisch-theologischen Apologetik (Apologetische Themen Bd. 12), Neukirchen-Vluyn 1999, 168–196

Thiede, Werner: Art. Erfahrung. V.: Spirituell, in: LThK$^3$ Bd. 3, Freiburg i. Br. 1995, 757

Thiede, Werner: Der kosmische Christus und sein Jesus. Ein christologischer Paradigmenwechsel?, in: DtPfrBl 92, 5/1992, 191–194

Thiede, Werner: Der ‚Spiritualitätsbegriff'. Konsequenzen für eine enzyklopädische Theologie, in: W. Ritter/M. Rothgangel (Hgg.), Religionspädagogik und Theologie. Enzyklopädische Aspekte (FS Wilhelm Sturm zum 65. Geburtstag), Stuttgart 1998, 184–205

Thiede, Werner: Grundmerkmale christlicher Spiritualität. Ein theologischer Beitrag zur Begriffsbestimmung, in: Ökumenische Perspektiven. Evangelischer Bund/Landesverband Bayern 2000, 40–60

Thiede, Werner: Luthers individuelle Eschatologie, in: LuJ 49, Göttingen 1982, 7–49

Thielicke, Helmut: Der Glaube der Christenheit, Göttingen 1949

Thomasius, Gottfried: Ein Beitrag zur kirchlichen Christologie, in: Zeitschrift für Protestantismus und Kirche 9 (1845), 1–30. 65–110. 218–258

Thompson, A. F.: The Colossian Vision in Theology and Philosophy, in: The Indian Journal of Theology 15, 2/1966, 121–129

Tillich, Paul: Die religiöse Lage der Gegenwart (1926), in: Die religiöse Deutung der Gegenwart, GW Bd. 10, Stuttgart 1968, 9–93

Tillich, Paul: Auf der Grenze. Aus dem Lebenswerk Paul Tillichs, Stuttgart 1962
Tillich, Paul: Das Problem der theologischen Methode (1946), in: ders., Korrelationen. Die Antworten der Religion auf Fragen der Zeit, ErgW 4, hg. I. C. Henel, Stuttgart 1975, 19–35
Tillich, Paul: Das religiöse Symbol, in: ders., Religiöse Verwirklichung, Berlin 1930, 88–109
Tillich, Paul: Das System der Wissenschaften nach Gegenständen und Methoden (1923), in: Frühe Hauptwerke, GW Bd. 1, Stuttgart $1959^2$, 109–294
Tillich, Paul: Der Mut zum Sein (1953), Hamburg 1965
Tillich, Paul: Die Bedeutung der Religionsgeschichte für den systematischen Theologen (1965), in: ders., Korrelationen. Die Antworten der Religion auf Fragen der Zeit, ErgW 4, hg. I. C. Henel, Stuttgart 1975, 144–156
Tillich, Paul: Dogmatik. Marburger Vorlesung von 1925, hg. v. W. Schüßler, Düsseldorf 1986
Tillich, Paul: Religiöse Verwirklichung, Berlin 1930
Tillich, Paul: Systematische Theologie, Bd. I, Stuttgart $1977^5$
Tillich, Paul: Systematische Theologie, Bd. II, Stuttgart $1979^6$
Tillich, Paul: Systematische Theologie, Bd. III, Stuttgart $1978^2$
Tillich, Paul: Wesen und Wandel des Glaubens, Berlin 1961
Torrance, Ian R.: The Trinity in Relation to Creation and Incarnation, in: NZSTh 38, 1/1996, 29–37
Track, Joachim: Der theologische Ansatz Paul Tillichs. Eine wissenschaftstheoretische Untersuchung seiner „Systematischen Theologie" (FSÖTh 31), Göttingen 1975
Track, Joachim: Dogmatik als Phänomenologie? Bemerkungen zum Verhältnis von Offenbarung, Erfahrung, Erkenntnis und Parteinahme in der christlichen Theologie, in: Marburger Jahrbuch Theologie 6, hg. W. Härle/R. Preul, Marburg 1994, 11–44
Trappe, Tobias: Allmacht und Selbstbeschränkung Gottes. Die Theologie der Liebe im Spannungsfeld von Philosophie und protestantischer Theologie im 19. Jahrhundert, Zürich 1997
Troeltsch, Ernst: Art. Theodizee. III. Systematisch, in: $RGG^2$, Bd. 5, 1931, 1102–1107
Troeltsch, Ernst: Glaubenslehre, hg. Gertrud von le Fort, München 1925
Trowitzsch, Michael: Die Freigabe der Welt. Der Gedanke der Schöpfungsmittlerschaft Jesu Christi bei Dietrich Bonhoeffer, in: ZThK 90, 4/1993, 425–441
Trowitzsch, Michael: Luther und Bonhoeffer. Zugleich: eine Meditation über das Mittleramt Jesu Christi, in: Ch. Markschies/M. Trowitzsch (Hgg.), Luther – zwischen den Zeiten. Eine Jenaer Ringvorlesung, Tübingen 1999, 185–205
Trowitzsch, Michael: Nietzsche theologisch, in: ZThK 94, 1/1997, 111–130
Town, Edgar A.: Two Types of New Theism. Knowledge of God in the Thought of Paul Tillich and Charles Hartshorne, New York u. a. 1997
Ulrich, Hans G.: Jesus Christus, gestern und heute und derselbe auch in Ewigkeit, in: Wer schreibt Geschichte? Die Jahrtausendwende als Anlass zu theologischen Reflexionen, hg. von der Gymnasialpädagogischen Materialstelle der Evang.-Luth. Kirche in Bayern, Erlangen 1999, 49–66
Ulrich, Hans G.: Zwischen Utopie und Eschatologie. Voraussicht und christliche Hoffnung, ebd. 67–76

Ulrich, Hans G.: Metapher und Widerspruch. Die Suche nach der Wirklichkeit und die Erneuerung der Wahrnehmung in der Ethik, in: R. Bernhardt/U. Link-Wieczorek (Hgg.), Metapher und Wirklichkeit (FS Dietrich Ritschl zum 70. Geburtstag), Göttingen 1999, 194–206
Vekathanam, Mathew: Christology in the Indian Anthropological Context. An Evaluative Encounter with K. Rahner and W. Pannenberg, Frankfurt/M. u. a. 1986
Vischer, L. (Hg.), Geist Gottes – Geist Christi. Ökumenische Überlegungen zur Filioque-Kontroverse (Beiheft zur ÖR 39), Frankfurt/M. 1981
Vogel, Heinrich: Christologie I, München 1949
Vogel, Heinrich: Die Mystik Rahdakrishnans und das Evangelium von Jesus Christus, in: EvTh 21, 9/1961, 387–407
Vogel, Heinrich: Gott in Christo. Ein Erkenntnisgang durch die Grundprobleme der Dogmatik. Teil 2, Berlin/Stuttgart 1957
Vollenweider, Samuel: Der Geist Gottes als Selbst der Glaubenden, in: ZThK 93, 2/1996, 163–192
Wagner, Falk: Zur gegenwärtigen Lage des Protestantismus, Gütersloh 1995
Weber, Otto: Grundlagen der Dogmatik, Bd. 2, Neukirchen-Vluyn 1977$^5$
Welker, Michael: Gottes Ewigkeit, Gottes Zeitlichkeit und die Trinitätslehre, in: R. Bernhardt/U. Link-Wieczorek (Hgg.), Metapher und Wirklichkeit, Göttingen 1999, 179–193
Welker, Michael: Gottes Geist. Theologie des Heiligen Geistes, Neukirchen-Vluyn 1992
Welker, Michael: Schöpfung und Wirklichkeit, Neukirchen-Vluyn 1995
Welker, Michael: Was geht vor beim Abendmahl? Stuttgart 1999
Wenz, Gunther: Die Lehre vom Opfer Christi im Herrenmahl als Problem ökumenischer Theologie, in: ders., Grundfragen ökumenischer Theologie. Gesammelte Aufsätze Bd. 1 (FSÖTh 91), Göttingen 1999, 194–233
Wenz, Gunther: Geschichte der Versöhnungslehre in der evangelischen Theologie der Neuzeit, Bd. 2, München 1986
Wenz, Gunther: Subjekt und Sein. Die Entwicklung der Theologie Paul Tillichs, München 1979
Weyer-Menkhoff, Martin: Christus, das Heil der Natur. Entstehung und Systematik der Theologie Friedrich Christoph Oetingers (Arbeiten zur Geschichte des Pietismus 27), Göttingen 1990
Wingren, Gustaf: Die Methodenfrage der Theologie, Göttingen 1957
Wittschier, Sturm: Paul Tillich. Seine Pneuma-Theologie, Nürnberg 1975
Wrege, Wolf Reinhard: Die Rechtstheologie Paul Tillichs (Jus ecclesiasticum 56), Tübingen 1996
Zahrnt, Heinz: Gotteswende. Christsein zwischen Atheismus und neuer Religiosität, München/Zürich 1989
Zeilinger, Thomas: Zwischen-Räume – Theologie der Mächte und Gewalten (Forum Systematik 2), Stuttgart 1999

## 1.3.2 Kosmische Christologie

Beinert, Wolfgang: Christus und der Kosmos. Perspektiven zu einer Theologie der Schöpfung, Freiburg i. Br./Basel/Wien 1974
Boff, Leonardo: O Evangelho do Cristo Cósmico, Petrópolis 1971

Fox, Matthew: Vision vom kosmischen Christus. Aufbruch ins dritte Jahrtausend, Stuttgart 1991
Galloway, Allan D.: The Cosmic Christ, London 1951
Lyons, James A.: The Cosmic Christ in Origen and Teilhard de Chardin. A Comparative Study, Oxford 1982
Moltmann, Jürgen: Wer ist Christus für uns heute? Gütersloh 1994
Riedl, Gerda: „Kosmischer Christus" und „Christus der Kirche". Ein kommentierter Literaturbericht über mögliche Verhältnisbestimmungen zwischen New Age und Christentum, in: B. Haneke/K. Huttner (Hgg.), Spirituelle Aufbrüche, Regensburg 1991, 128–141
Rössler, Andreas: Der kosmische Christus. Die Offenbarung geht weiter, in: DtPfrBl 91, 7/1991, 267–269
Rössler, Andreas: Steht Gottes Himmel allen offen? Zum Symbol des kosmischen Christus, Stuttgart 1990
Scheffczyk, Leo: Die ‚Christogenese' Teilhard de Chardins und der kosmische Christus bei Paulus, in: ThQ 143, 2/1963, 136–174
Schiwy, Günter: Der kosmische Christus. Spuren Gottes ins neue Zeitalter, München 1990
Schmidt, Walter: Der Mensch Jesus von Nazareth und der kosmische Christus, in: Evangelisches Gemeindeblatt für Württemberg 8/1999, 10
Schneider, Stefan: Die ‚kosmische' Größe Christi als Ermöglichung seiner universalen Heilswirksamkeit an Hand des kosmogenetischen Entwurfes Teilhard de Chardins und der Christologie des Nikolaus von Kues, Münster 1979
Schulze, W. A.: Kosmische Christologie? in: DtPfrBl 54, 16/1954, 363 f.

## 1.3.3 Apologetik

Althaus, Paul: Evangelischer Glaube und Anthroposophie (1947), in: ders., Um die Wahrheit des Evangeliums. Aufsätze und Vorträge, Stuttgart 1962, 42–61
Badewien, Jan: Anthroposophie. Eine kritische Darstellung, Konstanz 1990[4]
Badewien, Jan: Wie ‚esoterisch' soll die Kirche sein?, in: Mitteilungen. Informationen der Evangelischen Landeskirche in Baden, 1/1997, 6–7
Bichlmair, Georg: Christentum, Theosophie und Anthroposophie. Eine geistige Begegnung, Wien 1950
Bieritz, Karl-Heinrich: Eine neue Religion und ihre Götter, in: Die Zeichen der Zeit 6/1996, 204–209
Bruhn, Wilhelm: Theosophie und Anthroposophie, Leipzig/Berlin 1921
Bruhn, Wilhelm: Theosophie und Theologie, Glückstadt 1907
Gahr, Christian: Die Anthroposophie Steiners. Eine Fundamentaluntersuchung, Erlangen 1929
Gassmann, Lothar: Rudolf Steiner und die Anthroposophie. Erkenntnisweg in den Abgrund, Berneck 1994
Geisen, Richard: Anthroposophie und Gnostizismus. Darstellung, Vergleich und theologische Kritik, Paderborn u. a. 1992
Gogarten, Friedrich: Rudolf Steiners ‚Geisteswissenschaft' und das Christentum, Stuttgart 1920
Grom, Bernhard: Anthroposophie und Christentum, München 1989
Groothuis, Douglas: Revealing the New Age Jesus. Challenges to Orthodox Views of Christ, Downers Grove/Illinois 1990

Haack, Friedrich-Wilhelm: Das ‚New Age' als Pseudophänomen?, in: B. Haneke/K. Huttner (Hgg.), Spirituelle Aufbrüche. New Age und ‚Neue Religiosität' als Herausforderung an Gesellschaft und Kirche, Regensburg 1991, 102–113

Handbuch Religiöse Gemeinschaften, hg. v. H. Reller u. a., Gütersloh 1993[4]

Hapatsch, Hischam: Die Kultushandlungen der Christengemeinschaft, München 1997

Harbsmeier, Götz: Anthroposophie – eine moderne Gnosis (Theologische Existenz heute 60), München 1957

Hartmann, Thomas: Anthroposophie als Kultus. Die Christengemeinschaft, in: DtPfrBl 90, 10/1990, 426–429

Hauer, Jakob Wilhelm: Werden und Wesen der Anthroposophie, Stuttgart 1923[2]

Heimbucher, Max: Theosophie und Anthroposophie vom Standpunkte des Christentums aus für Gebildete und das Volk beleuchtet, Regensburg 1922

Heyer, Friedrich: Anthroposophie – ein Stehen in Höheren Welten? (Apologetische Themen 3), Konstanz 1993

Heyer, Friedrich: Konfessionskunde, Berlin/New York 1977

Holthaus, Stephan: Madame Blavatsky und die Theosophische Gesellschaft. Die Sphinx des Okkultismus, Berneck 1990

Hummel, Reinhart: Neue religiöse Bewegungen und „Sekten", in: ThLZ 123, 4/1998, 323–334

Hummel, Reinhart: Reinkarnation statt Schöpfungsglaube. Zu Rudolf Steiners und L. Ron Hubbards Entwürfen, in: H. Kochanek (Hg.), Reinkarnation oder Auferstehung. Konsequenzen für das Leben, Freiburg/Basel/Wien 1992, 100–118

Hummel, Reinhart: Religiöser Pluralismus oder christliches Abendland? Herausforderungen an Kirche und Gesellschaft, Darmstadt 1994

Hummel, Reinhart: Sektiererische Selbstvernichtung: Ein Rückblick auf das Ende des Sonnentempler-Ordens, in: MEZW 61, 2/1998, 50–53

Körner-Wellershaus, Ilas: Anthroposophie – eine esoterische Weltanschauung, EZW-Texte: Information Nr. 119, Stuttgart 1992

Künzlen, Gottfried: Kirche und die geistigen Strömungen der Zeit – Grundaufgaben heutiger Apologetik, in: R. Hummel u. a.: Begegnung und Auseinandersetzung. Apologetik in der Arbeit der EZW, EZW-Impulse Nr. 39, Stuttgart 1994, 14–23

Laun, Friedrich: Moderne Theosophie und katholisches Christentum, Rottenburg 1920

Ludwig, August: Moderne Theosophie, München 1921

Mager, Alois: Theosophie und Christentum, Berlin 1922

Maier, Bernhard: Die religionsgeschichtliche Stellung der Anthroposophie, München 1988

Martin, Bernhard: Von der Anthroposophie zur Kirche, Speyer 1950

Matzka, Anna Louise: Theosophie und Anthroposophie. Ihre Darlegung und Kritik vom Gesichtspunkte des Christentums, Graz/Salzburg 1950

Merz, Georg: Der Einbruch des Mysterienglaubens in die Kirche der Gegenwart (1931), in: ders., Um Glauben und Leben nach Luthers Lehre, hg. v. F. W. Kantzenbach, München 1961, 277–295

Metzger, Wolfgang: Kirche und Christengemeinschaft in ihrem Verhältnis zueinander, in: W. Stählin (Hg.), Evangelium und Christengemeinschaft, Kassel 1953, 146–156

Niebergall, Friedrich: Christentum und Theosophie, in: ZThK 10, 3/1900, 189–244

Nüchtern, Michael: Die (un)heimliche Sehnsucht nach Religiösem, Stuttgart 1998

Nüchtern, Michael: Thesen zu den Herausforderungen der Kirche in der religiösen Landschaft, in DtPfrBl 97, 10/1997, 494 f.
Obst, Helmut: Apostel und Propheten der Neuzeit. Gründer christlicher Religionsgemeinschaften des 19./20. Jahrhunderts, Berlin 1980
Obst, Helmut: Außerkirchliche religiöse Protestbewegungen der Neuzeit, Berlin 1990
Pöhlmann, Horst Georg: Art. Apologetik, in: EKL, 3. Aufl., Bd. 1, Göttingen 1986, 213–217
Pöhlmann, Matthias: Kampf der Geister. Die Publizistik der „Apologetischen Centrale" (1921–1937), Stuttgart/Köln/Berlin 1998
Ragaz, Leonhard: Theosophie oder Reich Gottes? Erlenbach-Zürich/München/Leipzig 1922
Reimer, Hans-Diether: In memoriam Friedrich Rittelmeyer, in: MEZW 51, 12/1988, 373–375
Religionen, Religiosität und christlicher Glaube. Eine Studie, hg. der Geschäftsstelle der Arnoldshainer Konferenz und dem Lutherischen Kirchenamt Hannover, Gütersloh 1991
Rhodes, Ronald C.: The New Age Christology of David Spangler (Bibliotheca Sacra 144), 1987
Ringgren, Helmer: Art. Anthroposophie, in: TRE 3, 1978, 8–20
Ringleben, Joachim: Über die Christlichkeit der heutigen Christengemeinschaft, in: ZThK 93, 2/1996, 257–283
Ruppert, Hans-Jürgen: „Batuala" – Vorbild für Steiners umstrittene „Neger-Zitate", in: MEZW 61, 5/1998, 146–149
Ruppert, Hans-Jürgen: Der biblische und der esoterische Christus, in: MEZW 60, 8/1997, 226–242
Ruppert, Hans-Jürgen: Esoterik heute. Altes Wissen auf neuen Wegen, in: MEZW 61, 9/1998, 257–273
Ruppert, Hans-Jürgen: Esoterik zwischen Endzeitfieber und Erlösungshoffnung, in: MEZW 62, 10/1999, 289–305
Ruppert, Hans-Jürgen: Helena Blavatsky – Stammutter der Esoterik, in: EZW-Texte 155/2000, 1–28
Ruppert, Hans-Jürgen: Satanismus. Zwischen Religion und Kriminalität, EZW-Texte 140, Berlin 1998
Ruppert, Hans-Jürgen: Theosophie – unterwegs zum okkulten Übermenschen (Apologetische Themen 2), Konstanz 1993
Ruppert, Hans-Jürgen: Universalreligiöse Bestrebungen moderner Theosophen, in: MEZW 63, 6/2000, 177–196
Schumacher, Joseph: Esoterik – die Religion des Übersinnlichen, Paderborn 1994
Sparn, Walter: Esoterik? Ein theologischer Orientierungsversuch, in: Arbeitshilfe für den evangelischen Religionsunterricht an Gymnasien, Folge I/1998, 17–26
Stählin, W. (Hg.), Evangelium und Christengemeinschaft, Kassel 1953
Stieglitz, Klaus von: Die Christosophie Rudolf Steiner. Voraussetzungen, Inhalt und Grenzen, Witten 1955
Stieglitz, Klaus von: Ein Werk von hohem Rang – Christoph Lindenbergs Steiner-Biographie, in: MEZW 61, 6/1998, 173–179
Stieglitz, Klaus von: Einladung zur Freiheit. Gespräch mit der Anthroposophie, Stuttgart 1996

Stolzenburg, Arnold: Art. Anthroposophie, in: RGG², Bd. 1, Tübingen 1927, 368–375
Stolzenburg, Arnold: Art. Blavatsky, in: RGG², Bd. 1, Tübingen 1927, 1144 f.
Stolzenburg, Arnold: Art. Okkultismus (4.), in: RGG², Bd. 4, Tübingen 1930, 683–686
Stolzenburg, Arnold: Art. Olcott, in: RGG², Bd. 4, Tübingen 1930, 686 f.
Stolzenburg, Arnold: Art. Theosophie, in: RGG² Bd. 3, Tübingen 1929, 1134–1140
Sudbrack, Josef: Esoterik als Religion – eine Herausforderung, in: GuL 70 (1997), 323–336
Thiede, Werner: Apologetik und Dialog. Plädoyer für eine Synthese, in: MEZW 55, 10/1992, 281–296
Thiede, Werner: Astrologie und kosmischer Christus, in: MEZW 64, 9/2001 (im Druck)
Thiede, Werner: Der neuzeitliche Okkultismus in theologischer Perspektive, in: KuD 33, 4/1987, 279–302
Thiede, Werner: Esoterik – die postreligiöse Dauerwelle (Apologetische Themen 6), Neukirchen-Vluyn 1995
Thiede, Werner: Grenzbereich der Freiheit. Apologetik als Antwort, in: LM 35, 11/1996, 15–16
Thiede, Werner: Häresie – Sektierertum – Sekten, in: V. von Bülow/A. Lexutt (Hgg.), Kaum zu glauben. Von der Häresie und dem Umgang mit ihr (FS Heiner Faulenbach zum 60. Geburtstag), Rheinbach 1998, 283–313
Thiede, Werner: Jesus als Esoteriker. Analysen zum neognostischen Entwurf Paul Schwarzenaus, in: MEZW 54, 3/1991, 65–78
Thiede, Werner: Sektierertum – Unkraut unter dem Weizen? Gesammelte Aufsätze zur praktisch- und systematisch-theologischen Apologetik (Apologetische Themen 12), Neukirchen-Vluyn 1999
Weiß, Thomas: Bibel für Besserwisser, oder: Vom Nutzen und Gebrauch der Heiligen Schrift im Zeichen des Wassermanns, in: DtPfrBl 98, 5/1998, 269–272

## 2. Missions- und Religionswissenschaft

### 2.1 Allgemein

Akhilananda, Swami: Hindu View of Christ, New York 1949
Baatz, Ursula: Spiritualismus, in: A. Holl (Hg.), Die Ketzer, Hamburg 1994, 324–343
Ballmer, Karl: Deutschtum und Christentum in der Theosophie des Goetheanismus, Besazio 1995
Baumgartner, Hans Michael/Wildfeuer, A. G.: Art. Panentheismus, in: H. Waldenfels (Hg.), Lexikon der Religionen, Freiburg/Basel/Wien 1987, 495
Bell, Daniel: The return of the sacred? The argument on the future of religion, in: British Journal of Sociology 28, 4/1977, 419–448
Berger, Peter L.: Sehnsucht nach Sinn. Glauben in einer Zeit der Leichtgläubigkeit, Frankfurt/M. 1994
Bharati, Agehananda: Holistische Ansätze im indischen Denken über Geist und Natur, in: H.-P. Dürr/W. C. Zimmerli (Hgg.), Geist und Natur, Bern/München/Wien 1989, 193–205

Bloom, Harold: The American Religion. The Emergence of the Post-Christian Nation, New York 1992
Bochinger, Christoph: „New Age" und moderne Religion. Religionswissenschaftliche Analysen, Gütersloh 1995²
Bochinger, Christoph: Auf der Rückseite der Aufklärung. Gegenwärtige religiöse Bewegungen als Thema religionswissenschaftlicher Forschung, in: BThZ 13, 2/1996, 229–249
Bochinger, Christoph: Was ist Esoterik?, in: Informationes Theologiae Europae. Internationales ökumenisches Jahrbuch für Theologie Bd. 7, Frankfurt/M. u. a. 1998, 271–281
Böhlig, Alexander: Zur Struktur gnostischen Denkens (1978), in: ders., Gnosis und Synkretismus. Gesammelte Aufsätze zur spätantiken Religionsgeschichte, 1. Teil, Tübingen 1989, 3–24
Brandt, Hermann: Befreiungschristologie als Aufbruch zum Menschen, in: H. Dembowski/W. Greive (Hgg.), Der andere Christus. Christologie in Zeugnissen aus aller Welt, Erlangen 1991, 74–86
Brandt, Hermann: Gottes Gegenwart in Lateinamerika. Inkarnation als Leitmotiv der Befreiungstheologie (Hamburger Theologische Studien 4), Hamburg 1992
Brück, Michael von: Buddhismus. Grundlagen – Geschichte – Praxis, Gütersloh 1998
Brück, Michael von: Zeitlichkeit und mystische Einheitserfahrung, in: EvTh 49, 2/1989, 142–160
Burkert, Walter: Anthropologie des religiösen Opfers. Die Sakralisierung der Gewalt, München 1984
Colpe, C. /Holzhausen, J. (Hgg.), Das Corpus Hermeticum Deutsch, Teil 1, Stuttgart-Bad Cannstatt 1997
D'Sa, Francis X.: Gott, der Dreieine und der All-Ganze. Vorwort zur Begegnung zwischen Christentum und Hinduismus, Düsseldorf 1987
Daiber, Karl-Fritz: Religion in Kirche und Gesellschaft. Theologische und soziologische Studien zur Präsenz von Religion in der gegenwärtigen Kultur, Stuttgart/Berlin/Köln 1997
Dalai Lama: Die Buddha-Natur. Tod und Unsterblichkeit im Buddhismus, Grafing 1996
Drews, Arthur: Der Sternenhimmel in der Dichtung und Religion der Alten Völker und des Christentums. Eine Einführung in die Astralmythologie, Jena 1923
Dvorak, Josef: Satanismus. Schwarze Rituale, Teufelswahn und Exorzismus, München 1991
Ebertz, Michael N.: Ich habe meinen eigenen Glauben. Christentum, Kirche und religiöse Sehnsüchte aus soziologischer Sicht, in: CiG 25/1996, 205 f. und 26/1996, 213 f.
Eliade, Mircea: Der Mythos der ewigen Wiederkehr, Düsseldorf 1953
Evans-Wentz, Walter: Geheimlehren aus Tibet. Yoga und der Pfad des Mahayana Buddhismus (1958), München 1997
Faivre, Antoine: Access to Western Esotericism, Albany/New York 1994
Faivre, Antoine: Art. Theosophical Society, in: The Encyclopedia of Religion, hg. v. M. Eliade, Bd. 14, London 1987, 464–469
Figl, Johann: Die Mitte der Religionen. Idee und Praxis universalreligiöser Bewegungen, Darmstadt 1993
Finger, Joachim: Jesus – Essener, Guru, Esoteriker? Mainz/Stuttgart 1993

Flasche, Rainer: Leiden, Weisheit und Mystik in der Religionsgeschichte, in: B. Jaspert (Hg.), Leiden und Weisheit in der Mystik, Paderborn 1992, 9–28
Frohnmeyer, Johannes: Die theosophische Bewegung. Ihre Geschichte, Darstellung und Beurteilung, Stuttgart 1923²
Gabriel, Karl: Christentum zwischen Tradition und Postmoderne (QD 141), Freiburg/Basel/Wien 1992
Gerlitz, Peter: Art. Jesus Christus X. Religionsgeschichtlich, in: TRE 17, 1988, 71–76
Glasenapp, Helmuth von: Die fünf Weltreligionen (1963), München 1996
Goldberg, Arnold M.: Untersuchungen über die Vorstellung von der Schechina, Berlin 1969
Gomperz, Heinrich: Die indische Theosophie vom geschichtlichen Standpunkt gemeinverständlich dargestellt, Jena 1925
Grimm, Georg: Buddhistische Weisheit. Das Geheimnis des ICH, Utting 1996⁶
Grünschloß, Andreas: Der eigene und der fremde Glaube. Studien zur Struktur interreligiöser Fremdwahrnehmung (Hermeneutische Untersuchungen zur Theologie 37), Tübingen 1999
Hanegraaff, Wouter Jacobus: New Age Religion and Western Culture. Esotericism in the Mirror of Secular Thought (Universität Utrecht 1995), Leiden 1997
Hanreich, Herbert: Art. Pantheismus, in: EKL 3. Aufl., Bd. 3, Göttingen 1992, 1011–1014
Hauser, Linus: Science Fiction, Neomythos und Neue Religiosität, in: Das Science Fiction Jahr, Bd. 9, München 1994, 509–572
Heiler, Friedrich: Vorstoß in eine neue ökumenische Dimension. Ergebnisse der Tagung des Weltkirchenrates in Neu-Delhi, in: ders. (Hg.), Neue Wege zur Einen Kirche, München/Basel 1963, 50–53
Hieronimus, Ekkehard: Art. Hermetik, in: H. Cancik u. a. (Hgg.), Handbuch religionswissenschaftlicher Grundbegriffe, Bd. 3, Stuttgart 1990, 106–109
Höhn, Hans-Joachim: GegenMythen. Religionsproduktive Tendenzen der Gegenwart (QD 154), Freiburg/Basel/Wien 1994
Huber, Friedrich: Die Bhagavadgita in der neueren indischen Auslegung und in der Begegnung mit dem christlichen Glauben, Erlangen 1991
Hummel, Reinhart: Indische Mission und neue Frömmigkeit im Westen. Religiöse Bewegungen Indiens in westlichen Kulturen, Stuttgart/Berlin/Köln/Mainz 1980
Inge, William Ralph: Christian Mysticism, London 1948⁸
Inge, William Ralph: Personal Idealism and Mysticism, New York u. a. 1924³
Jonas, Hans: Gnosis und spätantiker Geist. Erster Teil: Die mythologische Gnosis (FRLANT 51), Göttingen, 1988
Jonas, Hans: Gnosis und spätantiker Geist. Zweiter Teil: Von der Mythologie zur mystischen Philosophie, Göttingen 1993⁴
Kaufmann, Franz-Xaver: Religion und Modernität. Sozialwissenschaftliche Perspektiven, Tübingen 1989
Klatt, Norbert: Theosophie und Anthroposophie. Neue Aspekte zu ihrer Geschichte aus dem Nachlaß von Wilhelm Hübbe-Schleiden (1846–1916) mit einer Auswahl von 81 Briefen, Göttingen 1993
Kürzdörfer, Klaus: Die Toleranz der Toleranzen? Zur Begegnung zwischen westlichem und östlichem Denken, in: F. Stolz (Hg.), Mythos und Religion. Interdisziplinäre Aspekte, Stuttgart 1990, 164–173
Lanczkowski, Günter: Geschichte der nichtchristlichen Religionen, Frankfurt/M. 1989

Leisegang, Hans: Die Gnosis, Stuttgart 1985[5]
Lobkowicz, Peter Francis: Die Legende der Freimaurer, Wien/München 1992[2]
Löhr, Winrich A.: Basilides und seine Schule (WUNT 83), Tübingen 1996
Mann, Ulrich: Das Christentum als absolute Religion, Darmstadt 1970
Marty, Martin E.: Religion in America since Mid-Century, in: Daedalus 111 (1982), 149–163
Mayer, Jean-Francois: Der Sonnentempel. Die Tragödie einer Sekte, CH-Freiburg 1998
Mayer, Reinhold: War Jesus der Messias? Geschichte der Messiasse Israels in drei Jahrtausenden, Tübingen 1998
Melton, J. Gordon: Encyclopedia of American Religions, Detroit/Washington/London 1993[4]
Melzer, Friso: Meditation in Ost und West, Stuttgart 1957
Neuner, Joseph: Das Christus-Mysterium und die indische Lehre von den Avataras, in: A. Grillmeyer/H. Bacht (Hg.), Das Konzil von Chalkedon. Geschichte und Gegenwart. Bd. 3: Chalkedon heute, Würzburg 1959, 785–824
Oltramare, Paul: Art. Theosophy, in: Encyclopaedia of Religion and Ethics Bd. 12 (1921), 1980, 304–315
Pechmann, R./Reppenhagen, M. (Hgg.), Mission im Widerspruch. Religionstheologische Fragen heute und Mission morgen, Neukirchen-Vluyn 1999
Pollak, Detlef: Zur neueren religionssoziologischen Diskussion des Säkularisierungstheorems, in: Dialog der Religionen 5, 2/1995, 114–121
Quispel, Gilles: Gnosis als Weltreligion. Die Bedeutung der Gnosis in der Antike, Zürich 1972[2]
Reichelt, Karl Ludwig: Vom Heiligtum des Christuslebens, Basel 1933
Robinson, Gnana: Christus, der offene Weg und der Mitkämpfer – Indische Christologien, in: H. Dembowski/W. Greive (Hgg.), Der andere Christus, Erlangen 1991, 100–115
Rudolph, Kurt: Gnosis – Weltreligion oder Sekte, in: Kairos N. F. 21 (1979), 255–263
Sachau, Rüdiger: Westliche Reinkarnationsvorstellungen. Zur Religion in der Moderne, Gütersloh 1996
Schimmel, Annemarie: Mystische Dimensionen des Islam. Die Geschichte des Sufismus, Frankfurt/M. 1995
Schirrmacher, Th. (Hg.), Kein anderer Name. Die Einzigartigkeit Jesu Christi und das Gespräch mit nichtchristlichen Religionen. FS zum 70. Geburtstag von Peter Beyerhaus, Nürnberg 2000
Schmid, Georg: Im Dschungel der neuen Religiosität, Stuttgart 1992
Schmidt-Leukel, P. (Hg.), Die Idee der Reinkarnation in Ost und West, München 1996
Schneider, Inge: Countdown Apokalypse. Hintergründe der Sektendramen, Bern 1995
Scholem, Gershom: Die jüdische Mystik in ihren Hauptströmungen (1957), Frankfurt/M. 1980
Schulitz, John: Jakob Böhme und die Kabbalah. Eine vergleichende Werkanalyse (Europäische Hochschulschriften Reihe 20/Bd. 370), Frankfurt/M. u. a. 1993
Schultz, Wolfgang: Das Geschlechtliche in gnostischer Lehre und Übung, in: ders. (Hg.), Dokumente der Gnosis (1910), München 1986, 57–83

Siémons, Jean-Louis: Theosophia in Neo-Platonic and Christian Literature, London 1988
Sittler, Joseph: Zur Einheit berufen, in: W. A. Visser't Hooft (Hg.), Neu-Delhi 1961. Dokumentarbericht über die Dritte Vollversammlung des Ökumenischen Rates der Kirchen, Stuttgart 1962, 512–523
Stark, Rodney/Bainbridge, William Sim: The future of Religion. Secularization, Revival and Cult formation, Los Angeles/London 1985
Stark, Rodney/Iannaccone, Laurence R.: A Supply-side Reinterpretation of the Secularization of Europe, in: Journal of the Scientific Study of Religion 33/1994, 230–252
Sundermeier, Theo: Evangelisation und die ‚Wahrheit der Religionen‘, in: R. Bernhardt (Hg.), Horizontüberschreitung, Gütersloh 1991, 175–190
Sundermeier, Theo: Synkretismus und Religionsgeschichte, in: H. P. Siller (Hg.), Suchbewegungen. Synkretismus – Kulturelle Identität und kirchliches Bekenntnis, Darmstadt 1991, 95–105
Thiede, Werner: Art. Astrologie. I. Religionsgeschichtlich, in: RGG[4], Bd. 1, Tübingen 1998, 856–858
Thilo, Hans-Joachim: Wie ein Stachel im Fleisch. Aggression und Sexualität in den Religionen, München 1993
Trautwein, Joachim: Die Theosophie Michael Hahns und ihre Quellen, Stuttgart 1969
Underhill, Evelyn: Mystik. Eine Studie über die Natur und Entwicklung des religiösen Bewußtseins im Menschen, München 1928
Waldenfels, Hans: Kontextuelle Fundamentaltheologie, Paderborn u. a. 1988[2]
Waldenfels, Hans: Mythos und christlicher Logos, in: L. Scheffczyk (Hg.), Rationalität. Ihre Entwicklung und ihre Grenzen, München 1989, 253–286
Waldenfels, Hans: Phänomen Christentum. Eine Weltreligion in der Welt der Religionen, Freiburg i. Br. 1994
Wehovsky, Stephan: Art. Theosophie, in: TRT[4], Bd. 5, Göttingen 1983, 200–202
Wehr, Gerhard: Jakob Böhme. Geistige Schau und Christuserkenntnis, Schaffhausen 1976
Wehr, Gerhard: Spirituelle Meister des Westens. Leben und Lehre, München 1995
Wichmann, Jörg: Das theosophische Menschenbild und seine indischen Wurzeln, in: ZRGG 34, 1/1983, 12–33
Wichmann, Jörg: Die Renaissance der Esoterik. Eine kritische Orientierung, Stuttgart 1990
Wolff, Otto: Wandlungen des Christusbildes im modernen Hinduismus, in: EMZ 13, 2 + 3/1956, 65–74 und 101–109
Wulfhorst, Ingo: Der ‚Spiritualistisch-christliche Orden‘. Ursprung und Erscheinungsformen einer neureligiösen Bewegung in Brasilien, Erlangen 1985
Zaehner, Robert C.: Der Hinduismus. Seine Geschichte und seine Lehre (1962), München 1986
Zander, Helmut: Art. Theosophische Gesellschaften, in: Arbeitskreis Neue Jugendreligionen (Hg.), Erste Auskunft „Sekten", Berlin 1994, 182–183
Zander, Helmut: Die Anthroposophie – eine spekulative Auflösung des apologetischen Problems?, in: Glaube und Denken 5, Moers 1992, 142–154
Zander, Helmut: Reinkarnation und Christentum. Rudolf Steiners Theorie der Wiederverkörperung im Dialog mit der Theologie, Paderborn 1995

## 2.2 Kosmische Christologie

Ahrens, Theodor: Die ökumenische Diskussion kosmischer Christologie seit 1961. Darstellung und Kritik, Lübeck 1969

Andersen, Wilhelm: Jesus Christus und der Kosmos. Missionstheologische Überlegungen zu Neu-Delhi, in: EvTh 23, 9/1963, 471–493

Bürkle, Horst: Die Frage nach dem „kosmischen Christus" als Beispiel einer ökumenisch orientierten Theologie, in: KuD 11, 2/1965, 103–115

D'Sa, Francis X.: Nicht der kleine Christus des populären Christentums, sondern der universale Christus! Zur Präexistenz Christi aus ‚indischer' Sicht, in: R. Laufen (Hg.), Gottes ewiger Sohn, Paderborn 1997, 277–300

Premasagar, P. V.: Jesus: Cosmic Christ or a Man of History?, in: The Indian Journal of Theology 24, 2/1975, 104–107

Rosenkranz, Gerhard: Die Rede vom kosmischen Christus angesichts der indischen Geisteswelt, in: Evangelische Missionszeitschrift 20 (1963), 145–160

Samartha, Stanley J.: Hindus vor dem universalen Christus. Beiträge zu einer Christologie in Indien, Stuttgart 1970

Tworuschka, Udo: Der kosmische Christus. Zeitgenössische Mystik rehabilitiert, in: EK 25, 3/1992, 157–159

Zimmer, Heinrich: Yoga und Buddhismus. Indische Sphären, Frankfurt/M. 1973

## 2.3 Theologie der Religionen

Berger, Klaus: Ist Christsein der einzige Weg? Stuttgart 1998

Berner, Ulrich: Zur Hermeneutik religiöser Symbole, in: T. Sundermeier (Hg.), Die Begegnung mit dem Anderen. Plädoyers für eine interkulturelle Hermeneutik, Gütersloh 1991, 94–108

Bernhardt, Reinhold: Christologie im Kontext einer ‚Theologie der Religionen', in: MDKI 49, 5/1998, 83–87

Bernhardt, Reinhold: Der Absolutheitsanspruch des Christentums. Von der Aufklärung bis zur Pluralistischen Religionstheologie, Gütersloh 1990

Bernhardt, Reinhold: Prinzipieller Pluralismus oder mutualer Inklusivismus als hermeneutisches Paradigma einer Theologie der Religionen, in: P. Koslowski (Hg.), Die spekulative Philosophie der Weltreligionen. Zum Gespräch der Weltreligionen auf der Expo 2000, Wien/ New York 1997, 17–31

Bernhardt, Reinhold: Zur Diskussion um die Pluralistische Theologie der Religionen, in: ÖR 43, 1994, 172–189

Bernhardt, Reinhold: Zwischen Größenwahn, Fanatismus und Bekennermut. Für ein Christentum ohne Absolutheitsanspruch, Stuttgart 1994

Brandt, Hermann: „Ich bin der Weg, die Wahrheit und das Leben". Die Exklusivität des Christentums und die Fähigkeit zum Dialog mit den Religionen, in: MEZW 63, 8/2000, 257–272

Brück, Michael von: Möglichkeiten und Grenzen einer Theologie der Religionen, Berlin 1979

D'Sa, Francis X.: Der ‚Synkretismus' von Raimundo Panikkar, in: H. P. Siller (Hg.), Suchbewegungen, Darmstadt 1991, 117–129

Feldtkeller, Andreas: Verlangt der gesellschaftliche Pluralismus nach einer ‚pluralistischen' Religionstheologie?, in: EvTh 58, 6/1998, 445–460

Ficker, Rudolf: Im Zentrum nicht und nicht allein. Von der Notwendigkeit einer Pluralistischen Religionstheologie, in: R. Bernhardt (Hg.), Horizontüberschreitung, Gütersloh 1991, 220–237

Gäde, Gerhard: Viele Religionen – ein Wort Gottes. Einspruch gegen John Hicks pluralistische Religionstheologie, Gütersloh 1998

Gerth, André Albert: Theologie im Angesicht der Religionen. Gavin D'Costas Kritik an der pluralistischen Religionstheologie John Hicks, Paderborn 1997

Helfenstein, Pius F.: Grundlagen des interreligiösen Dialogs. Theologische Rechtfertigungsversuche in der ökumenischen Bewegung und die Verbindung des trinitarischen Denkens mit dem pluralistischen Ansatz, Frankfurt/M. 1998

Hick, John: Art. Religious Pluralism, in: The Encyclopedia of Religion, hg. v. M. Eliade, Bd. 11, New York 1993, 331–333

Hick, John: Gott und seine vielen Namen, hg. R. Kirste, Frankfurt/M. 2001²

Hick, John: Jesus und die Weltreligionen, in: ders. (Hg.), Wurde Gott Mensch? Der Mythos vom fleischgewordenen Gott, Gütersloh 1979, 175–194

Jaspert, Bernd: Der Absolutheitsanspruch des Christentums – Hindernis auf dem Weg zu einer Theologie der Religionen? Ein Tagungsbericht, in: Pastoraltheologie 80, 12/1991, 603–617

Knitter, Paul: Die Einzigartigkeit Jesu in einer Befreiungstheologie der Religionen, in: H. Gehrke u. a. (Hgg.), Wandel und Bestand. Denkanstöße zum 21. Jahrhundert, FS Bernd Jaspert zum 50. Geburtstag, Paderborn/Frankfurt/M. 1995

Knitter, Paul: Ein Gott – viele Religionen. Gegen den Absolutheitsanspruch des Christentums, München 1988

Knitter, Paul: Jesus and the Other Names. Christian Mission and Global Responsibility, Oxford 1996

Knitter, Paul: Religion und Befreiung. Soziozentrismus als Antwort an die Kritiker, in: R. Bernhardt (Hg.), Horizontüberschreitung, Gütersloh 1991, 203–219

Knitter, Paul: Theozentrische Christologie (1983), in: ders., Horizonte der Befreiung. Auf dem Weg zu einer pluralistischen Theologie der Religionen, hg. B. Jaspert, Frankfurt/Paderborn 1997, 136–155

Leuze, Reinhard: Gott und das Ding an sich – Probleme der pluralistischen Religionstheorie, in: NZSTh 41, 1/1999, 42–64

Lienemann-Perrin, Christine: Mission und interreligiöser Dialog (Bensheimer Hefte 94), Göttingen 1999

Löffler, Paul: Dialog mit anderen Religionen, in: H. Krüger u. a. (Hgg.), Ökumene-Lexikon, Frankfurt/M. 1987², 260–263

Metz, Johann Baptist: Memoria passionis. Zu einer Grundkategorie interkultureller und interreligiöser Begegnung, in: H.-P. Müller (Hg.), Das Evangelium und die Weltreligionen, Stuttgart/Berlin/Köln 1997, 109- 118

Panikkar, Raimon: Der neue religiöse Weg. Im Dialog der Religionen leben, München 1990

Panikkar, Raimon: Der Weisheit eine Wohnung bereiten, hg. Chr. Bochinger, München 1991

Panikkar, Raimundo: Der unbekannte Christus im Hinduismus, Mainz 1986²

Panikkar, Raimon: Gottes Schweigen. Die Antwort des Buddha für unsere Zeit, Frankfurt/M. 1996

Panikkar, Raimundo: Mythos und Logos, in: H.-P. Dürr/W. C. Zimmerli (Hgg.), Geist und Natur, Bern/München/Wien 1989, 206–220

Panikkar, Raimon: Trinität. Über das Zentrum menschlicher Erfahrung, München 1993
Panikkar, Raimundo: Verstehen als Überzeugtsein, in: Neue Anthropologie, hg. v. H. G. Gadamer und P. Vogler, Bd. 7, Stuttgart 1975, 132–167
Pfüller, Wolfgang: Zur Behebung einiger Schwierigkeiten der pluralistischen Religionstheologie, in: Münchener Theologische Zeitschrift 49, 4/1998, 335–355
Samartha, Stanley J.: Christen im Verhältnis zu Gläubigen anderer Religionen. Entwicklungen und Perspektiven, in: Dialog der Religionen 1, 1/1991, 39–50
Samartha, Stanley J.: Mission in einer religiös pluralen Welt, in: R. Bernhardt (Hg.), Horizontüberschreitung. Die Pluralistische Theologie der Religionen, Gütersloh 1991, 191–202
Samartha, Stanley J.: One Christ – Many Religions. Toward a Revised Christology, Maryknoll 1991
Schiwy, Günther: Eine Konkurrenz fürs Christentum? Religionen und religiöse Bewegungen im Aufbruch, in: Nachrichten der Ev.-Luth. Kirche in Bayern 44, 13/1989, 252–253
Schmidt-Leukel, Perry: Theologie der Religionen. Probleme, Optionen, Argumente (Beiträge zur Fundamentaltheologie und Religionsphilosophie 1), München-Neuried 1997
Schmidt-Leukel, Perry: Was will die pluralistische Religionstheologie?, in: Münchener Theologische Zeitschrift 49, 4/1998, 307–334
Schwarzenau, Paul: Das nachchristliche Zeitalter. Elemente einer planetarischen Religion, Stuttgart 1993
Schwarzenau, Paul: Nicht nur ein Weltethos. Fragen an Hans Küng, in: Religionen im Gespräch (hg. P. Schwarzenau u. a.), Bd. 4/1996, 16–39
Spinner, Helmut F.: Pluralismus als Erkenntnismodell, Frankfurt/M. 1974
Stuckrad, Kocku von: Das Ringen um die Astrologie. Jüdische und christliche Beiträge zum antiken Zeitverständnis (Religionsgeschichtliche Versuche und Vorarbeiten 49), Berlin/New York 2000
Swidler, Leonard: Die Zukunft der Theologie. Im Dialog der Religionen und Weltanschauungen, Regensburg/München 1992
Waldenfels, Hans: Theologie der Religionen, in: StZ 123, 5/1998, 291–301

## 3. (Religions-)Philosophie

Aall, Anathon: Die Geschichte der Logosidee in der griechischen Philosophie, Leipzig 1896
Bambauer, Klaus: Erinnerungen an den russischen Religionsphilosophen Nikolai Berdjajew, in: DtPfrBl 98, 4/1998, 199–201
Beierwaltes, Werner: Studien zur neuplatonischen Philosophie und ihrer Wirkungsgeschichte, Frankfurt/M. 1985
Benz, Ernst: Schellings theosophische Geistesahnen, Wiesbaden 1955
Berdiajew, Nikolaj: Die Philosophie des freien Geistes. Problematik und Apologie des Christentums, Tübingen 1930
Blumenberg, Hans: Art. Autonomie und Theonomie, in: RGG³ Bd. 1, Tübingen 1956, 788–792
Böhme, Jakob: Christosophia. Ein christlicher Einweihungsweg, hg. und erläutert von G. Wehr, Freiburg i. Br. 1976²

Böhme, Jakob: Theosophische Sendbriefe, hg. G. Wehr, Frankfurt/M. 1996
Boer, Wolfgang de: Das Dogma von der ‚Entzauberung' der Welt, in: Scheidewege 24, 1994/95, 218–230
Bracken, Ernst von: Meister Eckhart und Fichte, Würzburg 1943
Braun, Hermann: Art. Welt, in: Geschichtliche Grundbegriffe, hg. O. Brunner u. a., Bd. 7, Stuttgart 1992, 433–510
Brugger, Walter: Art. Substanz, in: Handbuch philosophischer Grundbegriffe, hg. v. H. Krings u. a., Bd. 3, München 1974, 1449–1457
Carazzo, Carlo: Mystik und die Krise der religiösen Institutionen, in: Conc 30, 4/1994, 309–315
Cassirer, Ernst: Philosophie der Symbolischen Formen, Berlin 1923
Dilthey, Wilhelm: Weltanschauung und Analyse des Menschen seit Renaissance und Reformation, Leipzig/Berlin 1929[3]
Drehsen, Volker/Sparn, Walter: Kulturkrise und Konstruktionsgeist, in: dies. (Hgg.), Vom Weltbildwandel zur Weltanschauungsanalyse. Krisenwahrnehmung und Krisenbewältigung um 1900, Berlin 1996, 11–30
Eco, Umberto: Semiotik und Philosophie der Sprache, München 1985
Feil, Ernst: Antithetik neuzeitlicher Vernunft. ‚Autonomie – Heteronomie' und ‚rational – irrational', Göttingen 1987
Fichte, Immanuel Hermann von: Der neuere Spiritualismus, sein Werth und seine Täuschungen. Eine anthropologische Studie, Leipzig 1878
Fichte, Johann Gottlieb: Bestimmung des Menschen. Anweisung zum seligen Leben, hg. v. A. Messer, Berlin 1922
Fischer, M./Hoyningen-Huene P. (Hgg.), Paradigmen. Facetten einer Begriffskarriere, Frankfurt/M. u. a. 1998
Förster, Eckart: ‚Da geht der Mann dem wir alles verdanken!' Eine Untersuchung zum Verhältnis Goethe – Fichte, in: Deutsche Zeitschrift für Philosophie 45, 3/1997, 331–344
Franck, Adolphe: Die Kabbala oder die Religions-Philosophie der Hebräer (1843), Leipzig 1844
Gabriel, Gottfried: Art. Monismus, in: J. Mittelstraß (Hg.), Enzyklopädie Philosophie und Wissenschaftstheorie, Bd. 2, Mannheim/Wien/Zürich 1984, 926 f.
Gunturu, Vanamali: Jiddu Krishnamurti Gedanken aus der phänomeologischen Perspektive Edmund Husserls (Europäische Hochschulschriften 20/565), Frankfurt/M. u. a. 1998
Heinrich, Walter: Der Sonnenweg. Verklärung und Erlösung im Vedanta, bei Meister Eckhart und bei Schelling, neu hg. von J. H. Pichler, Interlaken 1985
Hemmerle, Klaus: Franz von Baaders philosophischer Gedanke der Schöpfung, München 1963
Hick, John: God and the Universe of Faiths. Essays in the Philosophy of Religion, London 1977[2]
Hick, John: Religion. Die menschlichen Antworten auf die Frage nach Leben und Tod, München 1996
Hick, John: The Rainbow of Faiths, London 1995
Jamme, Christoph: Art. Pantheismus II. Philosophisch, in: TRE 25 (1995), 630–635
Jaspers, Karl: Der philosophische Glaube angesichts der Offenbarung (1962), München 1984[3]
Kanitschneider, Bernulf: Auf der Suche nach Sinn, Frankfurt/M. 1995

Kant, Immanuel: De mundi sensibilis atque intelligibilis forma et principiis (1770), AA Bd. 2 (1912; Nachdruck 1968)
Kierkegaard, Sören: Die Krankheit zum Tode. Eine christliche psychologische Erörterung zur Erbauung und Erweckung (1849), von Anti-Climacus, hg. S. Kierkegaard, GTB 422, Gütersloh 1978
Klimke, Friedrich: Der Monismus und seine philosophischen Grundlagen. Beiträge zu einer Kritik moderner Geistesströmungen, Freiburg i. Br. 1911
Klum, Edith: Natur, Kunst und Liebe in der Philosophie Vladimir Solov'evs. Eine religionsphilosophische Untersuchung, München 1965
Koch, Hans-Joachim: Ewige Wiederkehr – wozu? Die beispielhafte Deutung eines Nietzsche-Begriffs durch Rudolf Pannwitz, in: prima philosophia 7, 2/1994, 139–160
Kremer, Klaus: Plotin (204–270), in: F. Niewöhner (Hg.), Klassiker der Religionsphilosophie, München 1995, 56–68
Kuhn, Thomas S.: The Structure of Scientific Revolutions, Chicago 1962 (deutsch: Die Struktur wissenschaftlicher Revolutionen, Frankfurt/M. 1976²
Levinas, Emmanuel: Die Zeit und der Andere, übersetzt und mit einem Nachwort versehen von L. Wenzler, Frankfurt/M. 1989
Löwith, Karl: Von Hegel zu Nietzsche. Der revolutionäre Bruch im Denken des neunzehnten Jahrhunderts, Frankfurt/M. 1949²
Löwith, Karl: Weltgeschichte und Heilsgeschehen. Die theologischen Voraussetzungen der Geschichtsphilosophie (1949), Stuttgart/Berlin/Köln 1990⁸
Mahlmann, Theodor: Was ist Religionsphilosophie?, in: O. Kaiser (Hg.), Denkender Glaube. FS Carl Heinz Ratschow zum 65. Geburtstag, Berlin 1976, 309–330
Mittelstraß, Jürgen: Art. Substanz, in: ders. (Hg.), Enzyklopädie Philosophie und Wissenschaftstheorie, Bd. 4, Mannheim/Wien/Zürich 1996, 133–136
Murdoch, Iris: The Fire and the Sun. Why Plato Banished the Artists, Oxford 1977
Nietzsche, Friedrich: Die fröhliche Wissenschaft, in: Das Hauptwerk, hg. J. Perfahl, Bd. II, 6. Aufl., Stuttgart 1976, 325–642
Niewöhner, Friedrich (Hg.), Klassiker der Religionsphilosophie. Von Platon bis Kierkegaard, München 1995
Pascal, Blaise: Gedanken. Nach der endgültigen Ausgabe übertragen von W. Rüttenauer, Birsfelden-Basel o. J.
Patzig, Günther: Art. Relation, in: Handbuch philosophischer Grundbegriffe, hg. v. H. Krings u. a., Bd. 2, München 1973, 1220–1231
Pepper, Stephen: World Hypotheses, Berkeley 1942
Ricoeur, Paul: Die lebendige Metapher, München 1986
Ricoeur, Paul: Erzählung, Metapher und Interpretationstheorie, in: ZThK 84, 2/1987, 232–253
Ricoeur, Paul: Theonomie und/oder Autonomie, in: Die Theologie auf dem Weg ins dritte Jahrtausend, FS Jürgen Moltmann zum 70. Geburtstag, hg. C. Krieg u. a., Gütersloh 1996, 324–345
Rombach, Heinrich: Der kommende Gott. Hermetik – eine neue Weltsicht, Freiburg 1991
Rudolph, Enno: Metapher und Symbol. Anmerkungen zu einem möglichen Dialog zwischen Hans Blumenberg und Ernst Cassirer, in: R. Bernhardt/U. Link-Wieczorek (Hgg.), Metapher und Wirklichkeit (FS Dietrich Ritschl zum 70. Geburtstag), Göttingen 1999, 320–328

Runggaldier, Edmund: Philosophie der Esoterik, Stuttgart/Berlin/Köln 1996
Schlette, Heinz Robert: Das Eine und das Andere. Studien zur Problematik des Negativen in der Metaphysik Plotins, München 1966²
Wilhelm Schmidt-Biggemann: Jenseits der Rationalität. Warum sich Philosophie und Mystik nicht verbinden lassen, in: Evang. Kommentare 4/1999, 10–13
Schmidt-Biggemann, Wilhelm: Philosophia perennis. Historische Umrisse abendländischer Spiritualität in Antike, Mittelalter und Früher Neuzeit, Frankfurt/M. 1998
Schopenhauer, Arthur: Die Welt als Wille und Vorstellung. Bd. 1, Sämtliche Werke, hg. W. Frhr. von Löhneysen (stw 661), Frankfurt/M. 1986
Schorsch, Christof: Die New Age-Bewegung. Utopie und Mythos der Neuen Zeit. Eine kritische Auseinandersetzung, Gütersloh 1988
Schorsch, Christof: Geister, Geist und Außerirdische. Über die neue Lust am Irrationalen, in: Universitas 44, 12/1989, 1195–1203
Sloterdijk, Peter: Der mystische Imperativ. Bemerkungen zum Formwandel des Religiösen in der Neuzeit, in: ders. (Hg.), Mystische Zeugnisse aller Zeiten und Völker, gesammelt von M. Buber, München 1994², 9–43
Sloterdijk, Peter: Nach der Geschichte, in: W. Welsch (Hg.), Wege aus der Moderne. Schlüsseltexte der Postmoderne-Diskussion, Weinheim 1988, 262–273
Solowjew, Wladimir: Schriften zur Philosophie, Theologie und Politik. Werkausgabe mit einer biographischen Einleitung und Erläuterungen von Ludolf Müller, München 1991
Stadler, Michael: Renaissance: Weltseele und Kosmos, Seele und Körper, in: G. Jüttemann u. a. (Hgg.), Die Seele. Ihre Geschichte im Abendland, Weinheim 1991, 180–197
Stillson, Judah J.: The History and Philosophy of the Metaphysical Movements in America, Philadelphia 1967
Taubes, Jacob: Der dogmatische Mythos der Gnosis (1973), in: ders., Vom Kult zur Kultur. Bausteine zu einer Kritik der historischen Vernunft, hg. A. Assmann, München 1996, 99–113
Thiede, Werner: „Wer aber kennt meinen Gott?" Friedrich Nietzsches „Theologie" als Geheimnis seiner Philosophie, in: ZThK 98, 4/2001 (im Druck)
Thiel, Christian: Art. Theosophie, in: J. Mittelstraß (Hg.), Enzyklopädie Philosophie und Wissenschaftstheorie, Bd. 4, Mannheim u. a. 1996, 290–292
Tillich, Paul: Nichtkirchliche Religionen (1929), in: Die Frage nach dem Unbedingten, GW Bd. 5, Stuttgart 1964, 13–31
Tillich, Paul: Nikolai Berdiajew. Eine geistesgeschichtliche Würdigung (1938), in: Begegnungen. GW Bd. 12, Stuttgart 1971, 289–304
Tillich, Paul: Religionsphilosophie (1925), Stuttgart 1962
Topitsch, Ernst: Heil und Zeit. Ein Kapitel zur Weltanschauungsanalyse, Tübingen 1990
Trillhaas, Wolfgang: Religionsphilosophie, Berlin/New York 1972
Tugendhat, Ernst: Das Sein und das Nichts, in: ders., Philosophische Aufsätze, Frankfurt/M. 1992, 36–66
Weizsäcker, Carl Friedrich von: Zeit und Wissen, München/Wien 1992
Welsch, Wolfgang: Und sie bewegt uns doch. Vernunft nach ihrer Kritik, in: Universitas 46, 12/1991, 1130–1146
Welsch, Wolfgang: Vernunft. Die zeitgenössische Vernunftkritik und das Konzept der transversalen Vernunft, Frankfurt/M. 1995

Wiethege, Katrin: Jede Metapher ein kleiner Mythos, Münster 1992
Wiplinger, Fridolin: Metaphysik. Grundfragen ihres Ursprungs und ihrer Vollendung, Freiburg i. Br./München/Wien 1976
Wuchterl, Kurt: Art. Paradox I. Philosophisch, in: TRE 25, 1995, 726–731

## 4. Natur- und Humanwissenschaften

### 4.1 Naturwissenschaften allgemein

Atkins, Peter W.: Schöpfung ohne Schöpfer. Was war vor dem Urknall? Reinbek 1984
Barrow, John D.: Impossibility. The Limits of Science and the Science of Limits, Oxford 1998
Davidson, John: Am Anfang ist der Geist. Die Geburt von Materie und Leben aus dem schöpferischen Geist, Bern/München/Wien 1994
Davies, Paul/Gribbin, John: Auf dem Weg zur Weltformel, München 1993
Davies, Paul: Sind wir allein im Universum? Über die Wahrscheinlichkeit außerirdischen Lebens, Bern/München/Wien 1998
Genz, Henning: Die Entdeckung des Nichts. Leere und Fülle im Universum, Augsburg 1997
Guth, Alan: Die Geburt des Kosmos aus dem Nichts. Die Theorie des inflationären Universums, München 1999
Jantsch, Erich: Die Selbstorganisation des Universums. Vom Urknall zum menschlichen Geist, München 1982 (dtv 4397)
Lindley, David: Das Ende der Physik. Vom Mythos der Großen Vereinheitlichten Theorie, Basel/Boston/Berlin 1994
Peat, F. David: Der Stein der Weisen. Chaos und verborgene Weltordnung, Hamburg 1992
Ploum, Albrecht: Spiegelbilder des Universums, Aachen 1999
Prigogine, Ilya: „Wir sind keine Zigeuner am Rande des Universums", in: Conturen 11, 15/1991, 17–27
Rees, Martin: Vor dem Anfang. Eine Geschichte des Universums, Frankfurt/M. 1998
Sagan, Carl: Unser Kosmos. Eine Reise durch das Weltall, Augsburg 1997
Smolin, Lee: Warum gibt es die Welt? Die Evolution des Kosmos, München 1999
Wilber, K. (Hg.), Das holographische Weltbild, Bern/München/Wien 1988$^2$
Wilber, Ken: Eine kurze Geschichte des Kosmos, Frankfurt/M. 1997

### 4.2 Naturwissenschaft/Theologie (bes. Teilhard de Chardin)

Benz, Ernst: Zum theologischen Verständnis der Evolutionslehre, in: H. de Terra (Hg.), Perspektiven Teilhard de Chardins, München 1966, 13–51
Böhm, Walter (Hg.), Johannes Philoponos, Grammatikos von Alexandrien. Christliche Naturwissenschaft im Ausklang der Antike, Vorläufer der modernen Physik, Wissenschaft und Bibel. Ausgewählte Schriften, München/Paderborn/Wien 1967
Broch, Thomas: Pierre Teilhard de Chardin. Wegbereiter des New Age? Mainz/Stuttgart 1989

Crespy, Georges: Das theologische Denken Teilhard de Chardins, Stuttgart 1963
Cuénot, Claude: Pierre Teilhard de Chardin. Leben und Werk, Olten/Freiburg i. Br. 1966
Daecke, Sigurd Martin: Teilhard de Chardin und die evangelische Theologie. Die Weltlichkeit Gottes und die Weltlichkeit der Welt, Göttingen 1967
Daum, Andreas: Das versöhnende Element in der neuen Weltanschauung. Entwicklungsoptimismus, Naturästhetik und Harmoniedenken im populärwissenschaftlichen Diskurs der Naturkunde um 1900, in: V. Drehsen/W. Sparn (Hgg.), Vom Weltbildwandel zur Weltanschauungsanalyse. Krisenwahrnehmung und Krisenbewältigung um 1900, Berlin 1996, 203–216
Davies, Paul: Gott und die moderne Physik, München 1986
Day, Michael: Teilhard's Rediscovery of the Cosmic Christ, in: The Teilhard Review 11/1976, 109–112
Dychtwald, Ken: Reflexionen über das holographische Paradigma, in: K. Wilber (Hg.), Das holographische Weltbild, Bern/München/Wien 1988$^2$, 115–125
Ganoczy, Alexandre: Suche nach Gott auf den Wegen der Natur. Theologie, Mystik, Naturwissenschaften – ein kritischer Versuch, Düsseldorf 1992
Guitton, Jean/Bogdanov, Grichka und Igor: Gott und die Wissenschaft. Auf dem Weg zum Meta-Realismus, München 1993, dtv 1996
Hemleben, Johannes: Teilhard de Chardin in Selbstzeugnissen und Bilddokumenten, Reinbek 1968$^4$
Hemminger, Hansjörg: Die evolutionäre Weltsicht Teilhard de Chardins. Anmerkungen aus naturwissenschaftlicher Perspektive, in: MEZW 53, 4/1990, 89–97
Hübner, Jürgen: Theologie und biologische Entwicklungslehre. Ein Beitrag zum Gespräch zwischen Theologie und Naturwissenschaft, München 1966
Knöppler, Johannes: Welt ohne Schöpfer? Theologische Implikationen moderner Kosmologie, in: Glaube und Denken. Jahrbuch der Karl-Heim-Gesellschaft, hg. v. H. Schwarz, Bd. 5, Moers 1992, 43–57
Kopp, Josef Vital: Entstehung und Zukunft des Menschen. Pierre Teilhard de Chardin und sein Weltbild, Luzern/München 1961
Mooney, Christopher F.: Teilhard de Chardin and the Mystery of Christ, London 1966
Müller, Armin: Das naturphilosophische Werk Teilhard de Chardins. Seine naturwissenschaftlichen Grundlagen und seine Bedeutung für eine natürliche Offenbarung, Freiburg i. Br. 1964
Schiwy, Günther: Ein Gott im Wandel. Teilhard de Chardin und sein Bild der Evolution, Düsseldorf 2001
Schiwy, Günther: Teilhard de Chardin. Sein Leben und seine Zeit, 2 Bde., München 1981
Schmitz-Moormann, Karl: Pierre Teilhard de Chardin. Evolution – die Schöpfung Gottes, Mainz 1996
Schmitz-Moormann, Karl (Hg.), Teilhard de Chardin in der Diskussion (Wdf 227), Darmstadt 1986
Speaight, Robert: Teilhard de Chardin. A Biography, London 1967
Szekeres, Attila: La pensée religieuse de Teilhard de Chardin et la signification théologique de son Christ cosmique, in: ders. (Hg.), Le Christ cosmique de Teilhard de Chardin, Antwerpen 1969, 333–402
Teilhard de Chardin, Pierre: Das kosmische Leben („La Vie cosmique"), in: Frühe Schriften, Freiburg/München 1968, 9–82

Teilhard de Chardin, Pierre: Der göttliche Bereich. Ein Entwurf des innern Lebens, Olten/Freiburg i. Br. 1962 (ab der 7. Auflage: „Das göttliche Milieu")
Teilhard de Chardin, Pierre: Der Mensch im Kosmos, München 1959[6]
Teilhard de Chardin, Pierre: Lobgesang des Alls (1919), Olten/Freiburg i. Br. 1980
Teilhard de Chardin, Pierre: ‚Mein Glaube'. 10. Band der Werke (1965), Olten 1972
Teilhard de Chardin, Pierre: Tagebücher I. Notizen und Entwürfe, 26. August 1915 bis 22. September 1916, hg. und übersetzt von N. und K. Schmitz-Moormann, Olten/Freiburg i. Br. 1974
Teilhard de Chardin, Pierre: Wissenschaft und Christus. 9. Band der Werke (1965), Olten 1970
Trennert-Helwig, Matthias: Die Urkraft des Kosmos. Dimensionen der Liebe im Werk Pierre Teilhard de Chardins (Freiburger theologische Studien 153), Freiburg i. Br. 1993

## 4.3 Humanwissenschaften

Altner, Günter: Die Wahrheitsfrage als Herausforderung von Schul-, Para- und Pseudowissenschaften. Überlegungen zu einem einäugigen Methodenstreit, in: Universitas 46, 12/1991, 1183–1192
Bonin, Werner F.: Lexikon der Parapsychologie und ihrer Grenzgebiete (1976), Frankfurt/M. 1981
Grof, Stanislav: Kosmos und Psyche. An den Grenzen menschlichen Bewußtseins, Frankfurt/M. 2000
Jacobi, Jolande: Komplex, Archetypus, Symbol in der Psychologie C. G. Jungs, Zürich/Stuttgart 1957
Jaffé, Aniela (Hg.), Erinnerungen, Träume, Gedanken von C. G. Jung, Olten/Freiburg i. Br. 1971
Kohut, Heinz: Formen und Umformungen des Narzißmus, in: Psyche 20/1966, 561–587
Mischo, Johannes: Okkultismus bei Jugendlichen. Ergebnisse einer empirischen Untersuchung, Mainz 1991
Ribi, Alfred: Die Suche nach den eigenen Wurzeln. Die Bedeutung von Gnosis, Hermetik und Alchemie für C. G. Jung und Marie-Louise von Franz und deren Einfluss auf das moderne Verständnis dieser Disziplin, Bern u. a. 1999
Richter, Horst Eberhard: Der Gotteskomplex. Die Geburt und die Krise des Glaubens an die Allmacht des Menschen, Reinbek 1979
Schär, Hans: Religion und Seele in der Psychologie C. G. Jungs, Olten o. J.
Schurz, Robert: Die Zukunft der Psyche, in: Universitas 49, 6/1994, 556–568
Spranger, Eduard: Lebensformen. Geisteswissenschaftliche Psychologie und Ethik der Persönlichkeit (1950), München 1965
Thiede, Werner: Art. Parapsychologie, in: EKL[3] Bd. 3, Göttingen 1992, 1047 f.
Watzlawick, Paul/Beavin, Janet H./Jackson, Don D.: Menschliche Kommunikation. Formen, Störungen, Paradoxien, Bern/Stuttgart/Wien 1974[4]

## 5. Esoterische Literatur

### 5.1 Moderne Theosophie

Bailey, Alice Ann: Die geistige Hierarchie tritt in Erscheinung (1957), Genf 1978²
Bailey, Alice Ann: Die unvollendete Autobiographie (1951), Genf 1995²
Bailey, Alice Ann: Die Wiederkunft Christi (1948), London/New York 1954
Bailey, Alice Ann: Eine Abhandlung über kosmisches Feuer (1925), Genf 1968
Bailey, Alice Ann: Initiation. Menschliche und solare Einweihung (1922), New York/London/Lorch 1952
Bailey, Alice Ann: Von Bethlehem nach Golgatha. Die Einweihungen Jesu (1937), Genf 1974
Besant, Annie/Leadbeater, Charles Webster: Der Mensch: Woher, wie und wohin? Aufzeichnungen nach hellseherischen Untersuchungen, Düsseldorf 1931
Besant, Annie/Leadbeater, Charles Webster: Der Mensch: Woher, wie und wohin, Düsseldorf 1931
Besant, Annie: Art. Theosophical Society, in: Encyclopaedia of Religion and Ethics, hg. J. Hastings, Bd. 12 (1921), 300–304
Besant, Annie: Aspects of the Christ, Adyar 1912 (deutsch: Christus von verschiedenen Standpunkten aus betrachtet, Colmar 1913)
Besant, Annie: Esoteric Christianity or The Lesser Mysteries, London 1918³
Besant, Annie: Esoterisches Christentum oder Die kleinen Mysterien (1903), Leipzig 1911²
Besant, Annie: Okkultismus, Semi-Okkultismus und Pseudo-Okkultismus. Drei Vorlesungen, Leipzig 1907
Besant, Annie: Populäre Vorträge über Theosophie, Leipzig 1911
Besant, Annie: The Building of the Kosmos and other Lectures, Madras 1894
Besant, Annie: The Changing World and Lectures to Theosophical Students, London 1909
Besant, Annie: The Coming of the World Teacher, London 1925
Besant, Annie: The Theosophical Society and the Occult Hierarchy, London 1925
Besant, Annie: Theosophy and Christianity, London 1892
Besant, Annie: Uralte Weisheit (1897), München 1981
Besant, Annie: Why I Became a Theosophist, London 1889
Besant, Annie: Winke zum Studium der Bhagavadgita, Leipzig 1907
Besterman, Theodore: Mrs Annie Besant. A Modern Prophet, London 1934
Blavatsky, Helena P.: Die Stimme der Stille. Auszüge aus dem Buch der goldenen Regeln. Mit einem Vorwort von S. H. dem Dalai Lama, Sattelsdorf 1993
Blavatsky, Helena Petrovna: Der Schlüssel zur Theosophie. Eine Darstellung der ethischen, wissenschaftlichen und philosophischen Lehren der Theosophie, für deren Studium die Theosophische Gesellschaft gegründet wurde (1889), Satteldorf 1995³
Blavatsky, Helena Petrovna: Die entschleierte Isis. Ein Meisterschlüssel zu den alten und neuen Mysterien, Bd. 1 und 2 (Orininaltitel: „Isis Unveiled", 1877), Leipzig 1922²
Blavatsky, Helena Petrovna: Die Geheimlehre. Die Vereinigung von Wissenschaft, Religion und Philosophie, Den Haag 1900–1906 (diverse unveränderte Aufl.), 4 Bände

Blavatsky, Helena Petrovna: Die Geheimlehre. Die Synthese von Wissenschaft, Religion und Philosophie, Adyar-Studienausgabe, hg. H. Troemel, Satteldorf 1999
Blavatsky, Helena Petrovna: Lexikon der Geheimlehren (The Theosophical Glossary, 1892), hg. H. Knoblauch, Hannover 1997
Caldwell, Daniel S. (Hg.), The Occult World of Madame Blavatsky. Reminiscenses and Impressions By Those Who Knew Her, Impossible Dream Publications, Tucson/Arizona 1991
Campbell, Bruce F.: Ancient Wisdom Revived. A History of the Theosophical Movement, Berkeley/Los Angeles/London 1980
Cranston, Sylvia: H. P. B. Leben und Werk der Helena Blavatsky, Begründerin der Modernen Theosophie, Satteldorf 1995
Dunlop, D. N.: Der Seele göttliche Natur, in: Theosophische Kultur 5, 9/1913, 330–338
Freimark, Hans: Geheimlehre und Geheimwissenschaft (Beiträge zur Geschichte der neueren Mystik und Magie 1), Leipzig 1913
Godwin, Joscelyn: The Theosophical Enlightenment, New York 1994
Gomes, Michael: The Dawning of the Theosophical Movement, Wheaton 1987
Gomes, Michael: Theosophy in the Nineteenth Century. An Annotated Bibliography (Religious Informations Systems 15), New York/London 1994
Harrison, Vernon: H. P. Blavatsky and the SPR. An Examination of the Hodgson Report of 1885, Pasadena/California 1997[3]
Hartmann, Franz: Mysterien, Symbole und magisch wirkende Kräfte, Calw 1902
Jayakar, Pupul: Krishnamurti. Leben und Lehre, Freiburg i. Br. 1988
Jinarajadasa, Curuppumulaggé (Hg.), Letters from the Masters of the Wisdom, Bd. 1, Adyar/Madras 1948
Jinarajadasa, Curuppumulaggé: Die okkulte Entwicklung der Menschheit (1921), Paris 1947[6]
Judge, William Q.: Das Meer der Theosophie (1893), München o. J.
Kingsford, Anna Bonus: The Perfect Way or The Finding of Christ, London 1882
Kingsland, William: The Esoteric Basis of Christianity, or Theosophy and Christian Thought, London 1895
Kingsland, William: The Real H. P. Blavatsky, London 1928
Krishnamurti, Jiddu: Die Auflösung des Ordens des Sterns, Neubabelsberg 1929
Kuhn, Alvin Boyd: Theosophy. A Modern Revival of Ancient Wisdom, New York 1930
Lauppert, Norbert (Hg.), Die Mahatma-Briefe an A. P. Sinnett und A. O. Hume, Bd. 1, Graz 1977
Lauppert, Norbert: Pilgerfahrt des Geistes, Graz 1972
Leadbeater, Charles Webster/Annie Besant: Gedankenformen, Freiburg i. Br. 1993[5]
Leadbeater, Charles Webster: Das innere Leben. Theosophische Gespräche zu Adyar, Bd. 1, Leipzig o. J.
Leadbeater, Charles Webster: The Christian Creed. Its Origin and Signification, 2. erweiterte Aufl. London 1917)
Leese, Kurt: Moderne Theosophie, Berlin 1918
Lehmann-Issel, Kurt: Theosophie nebst Anthroposophie und Christengemeinschaft, Berlin/Leipzig 1927
Lévy, Eugène: Mrs. Annie Besant und die Krisis in der Theosophischen Gesellschaft, Berlin 1913

Lucchini, Livia: Blavatsky e Besant. Il Fulmine e il Tuono, Turin 1991
Lutyens, Mary: Krishnamurti, München 1981
Nethercot, Arthur H.: The First Five Lives of Annie Besant, Chicago 1960
Prakasa, Sri: Annie Besant as Woman and as Leader, Adyar 1940
Prokofieff, Sergej O.: Der Osten im Lichte des Westens. Teil II: Die Lehre von Alice Bailey aus der Sicht der christlichen Esoterik, Dornach 1997
Purucker, Gottfried de: Okkultes Wörterbuch. Begriffe der Esoterischen Philosophie aus Ost und West, München o. J.
Reigle, David: Die Bücher des Kiu-te und die Stanzen des Dzyan, in: H. Troemel (Hg.), Theosophie & Buddhismus, Satteldorf 1994, 78–87
Rohm, Karl: Die Truggestalt Annie Besant, Lorch 1916
Rudolph, Hermann: Theosophie. Gesammelte theosphische Vorträge, Bd. 1, Leipzig 1920$^4$
Ryan, Charles J.: Was ist Theosophie? (Theosophische Perspektiven Bd. 1), Eberdingen 1997
Schmidt, Karl O.: Was ist Theosophie? Wesen und Mystik der Theosophie. Ein Franz-Hartmann-Brevier, Ergolding 1990$^2$
Schneider, Camille: Edouard Schuré. Seine Lebensbegegnungen mit Rudolf Steiner und Richard Wagner, Freiburg i. Br. 1971
Schuré, Edouard: Die großen Eingeweihten. Geheimlehren der Religionen. Vorwort von Rudolf Steiner, München-Planegg 1956$^2$
Schuré, Édouard: L' Évolution divine du Sphinx au Christ, Monaco 1912
Schuver, Chr. J.: Annie Besant. Eine kurze Lebensbeschreibung, Leipzig 1907
Sinclair, John R.: The Alice Bailey Inheritance, Wellingsborough/Northamptonshire 1984
Solovjoff, Vsevolod Sergejewitsch: A Modern Priestess of Isis, London 1895
Sünner, Rüdiger: Schwarze Sonne – Entfesselung und Missbrauch der Mythen in Nationalsozialismus und rechter Esoterik, Basel/Wien 1999
Thibaux, Jean-Michel: Die sieben Geister der Revolte. Das abenteuerliche Leben der Helena Blavatsky, Zürich 1993
Tillett, Gregory: The Elder Brother. A Biography of Charles Webster Leadbeater, London u. a. 1982
Troemel, Hank (Hg.), Theosophie & Buddhismus, Satteldorf 1994
Tweedale, Violet: Ghosts I Have Seen and Other Psychic Experiences, London 1920
Tweedale, Violet: The Cosmic Christ, London 1930
Washington, Peter: Madame Blavatsky's Baboon. Theosophy and the Emergence of the Western Guru, London 1993

## 5.2 Rudolf Steiner/Anthroposophie

### 5.2.1 Rudolf Steiner

Steiner, Rudolf: Anthroposophie und Christentum. Öffentlicher Vortrag, gehalten in Norrköping am 13. Juli 1914 (Sonderdruck aus „Christus und die menschliche Seele", GA 155), Dornach 1973
Steiner, Rudolf: Aus der Akasha-Chronik, hg. Marie Steiner, Dornach 1986$^6$ (GA 11)
Steiner, Rudolf: Aus der Akasha-Forschung. Das Fünfte Evangelium (1913/14), Dornach 1985$^4$ (GA 148)

Literaturverzeichnis 493

Steiner, Rudolf: Christus und die menschliche Seele (1912/1914), Dornach 1982 (GA 155)
Steiner, Rudolf: Das Christentum als mystische Tatsache und die Mysterien des Altertums, Dornach 1976[8] (GA 8)
Steiner, Rudolf: Das christliche Mysterium (1906/07), Dornach 1981[2] (GA 97)
Steiner, Rudolf: Das Ereignis der Christus-Erscheinung in der ätherischen Welt (1910), Dornach 1984 (GA 118)
Steiner, Rudolf: Das esoterische Christentum und die geistige Führung der Menschheit (1911/12), Dornach 1987[3] (GA 130)
Steiner, Rudolf: Das Geheimnis der Trinität (1922), Dornach 1980 (GA 214)
Steiner, Rudolf: Das Hereinwirken geistiger Wesenheiten in den Menschen (1908), Dornach 1984 (GA 102)
Steiner, Rudolf: Das Johannes-Evangelium (1908), Dornach 1981[10] (GA 103)
Steiner, Rudolf: Das Johannes-Evangelium im Verhältnis zu den drei anderen Evangelien, besonders zu dem Lukas-Evangelium (1909), Dornach 1984 (GA 112)
Steiner, Rudolf: Das Leben zwischen dem Tode und der neuen Geburt im Verhältnis zu den kosmischen Tatsachen (1912/13), Dornach 1983[4] (GA 141)
Steiner, Rudolf: Das Lukas-Evangelium (1909), Dornach 1985 (GA 114)
Steiner, Rudolf: Das Markus-Evangelium (1912), Dornach 1985[6] (GA 139)
Steiner, Rudolf: Das Matthäus-Evangelium (1910), Dornach 1978 (GA 123)
Steiner, Rudolf: Das Sonnenmysterium und das Mysterium von Tod und Auferstehung (1922), Dornach 1986[2] (GA 211)
Steiner, Rudolf: Der Christus-Impuls und die Entwickelung des Ich-Bewußtseins (1909/10), Dornach 1982[4] (GA 116)
Steiner, Rudolf: Der irdische und der kosmische Mensch (1911/1912), Dornach 1964[3] (GA 133)
Steiner, Rudolf: Der menschliche und der kosmische Gedanke (1914), Dornach 1980[5] (GA 151)
Steiner, Rudolf: Der Orient im Lichte des Okzidents. Die Kinder des Luzifer und die Brüder Christi (1909), Dornach 1960[4] (GA 113)
Steiner, Rudolf: Die Bhagavad Gita und die Paulusbriefe (1912/13), Dornach 1982[4] (GA 142)
Steiner, Rudolf: Die Erkenntnis des Übersinnlichen in unserer Zeit und deren Bedeutung für das heutige Leben (1906/07), Dornach 1983 (GA 55)
Steiner, Rudolf: Die Geheimwissenschaft im Umriß (1910), Dornach 1979[29] (GA 13)
Steiner, Rudolf: Die geistige Führung des Menschen und der Menschheit (1911), Dornach 1974[9] (GA 15)
Steiner, Rudolf: Die Geschichte und die Bedingungen der anthroposophischen Bewegung im Verhältnis zur Anthroposophischen Gesellschaft (1923), Dornach 1959 (GA 258)
Steiner, Rudolf: Die menschliche Seele in ihrem Zusammenhang mit göttlich-geistigen Individualitäten. Die Verinnerlichung der Jahresfeste (1923), Dornach 1983[2] (GA 224)
Steiner, Rudolf: Die Mystik im Aufgange des neuzeitlichen Geisteslebens und ihr Verhältnis zur modernen Weltanschauung (1901), Dornach 1987[6] (GA 7)
Steiner, Rudolf: Die neue Geistigkeit und das Christus-Erlebnis des zwanzigsten Jahrhunderts (1920), Dornach 1980[3] (GA 200)

Steiner, Rudolf: Die Philosophie, Kosmologie und Religion in der Anthroposophie (1922), Dornach 1980² (GA 215)
Steiner, Rudolf: Die Schöpfung der Welt und des Menschen (1924), Dornach 1977² (GA 354)
Steiner, Rudolf: Die Sendung Michaels (1919), Dornach 1983 (GA 194)
Steiner, Rudolf: Die Tempellegende und die Goldene Legende. Aus den Inhalten der Esoterischen Schule (1904/06), Dornach 1982² (GA 93)
Steiner, Rudolf: Die Verantwortung des Menschen für die Weltentwicklung durch seinen geistigen Zusammenhang mit dem Erdplaneten und der Sternenwelt (1921), Dornach 1978 (GA 203)
Steiner, Rudolf: Erdensterben und Weltenleben. Anthroposophische Lebensgaben. Bewußtseins-Notwendigkeiten für Gegenwart und Zukunft (1918), Dornach 1967 (GA 181)
Steiner, Rudolf: Friedrich Nietzsche. Ein Kämpfer gegen seine Zeit (1895), Dornach 1963³ (GA 5)
Steiner, Rudolf: Geistige Hierarchien und ihre Widerspiegelung in der physischen Welt. Tierkreis, Planeten, Kosmos (1909), Dornach 1981 (GA 110)
Steiner, Rudolf: Grundelemente der Esoterik (1905), Dornach 1976² (GA 93a)
Steiner, Rudolf: Grundlinien einer Erkenntnistheorie der Goetheschen Weltanschauung mit besonderer Rücksicht auf Schiller (1886), Dornach 1979⁷ (GA 2)
Steiner, Rudolf: Heilfaktoren für den sozialen Organismus (1920), Dornach 1984² (GA 198)
Steiner, Rudolf: Innere Entwicklungsimpulse der Menschheit. Goethe und die Krisis des neunzehnten Jahrhunderts (1916), Dornach 1984 (GA 171)
Steiner, Rudolf: Kosmogonie. Eine Zusammenfassung von achtzehn Vorträgen (1906), Dornach 1979 (GA 94)
Steiner, Rudolf: Kosmologie, Religion und Philosophie (1922), Dornach 1979³ (GA 25)
Steiner, Rudolf: Lebendiges Naturerkennen. Intellektueller Sündenfall und spirituelle Sündenerhebung (1923), Dornach 1982² (GA 220)
Steiner, Rudolf: Lucifer-Gnosis, 1903–1908. Grundlegende Aufsätze zur Anthroposophie und Berichte aus den Zeitschriften ‚Lucifer' und ‚Lucifer-Gnosis', Dornach 1987 (GA 34)
Steiner, Rudolf: Makrokosmos und Mikrokosmos, Dornach 1988³ (GA 119)
Steiner, Rudolf: Mein Lebensgang, 1925 hg. v. Marie Steiner, Stuttgart 1948 (GA 28)
Steiner, Rudolf: Menschengeschichte im Lichte der Geistesforschung (1911), Dornach 1983² (GA 61)
Steiner, Rudolf: Menschheitsentwickelung und Christus-Erkenntnis (1907), Dornach 1967 (GA 100)
Steiner, Rudolf: Menschliche und menschheitliche Entwicklungswahrheiten. Das Karma des Materialismus (1917), Dornach 1982 (GA 176)
Steiner, Rudolf: Okkulte Untersuchungen über das Leben zwischen Tod und neuer Geburt (1912/13), Dornach 1980³ (GA 140)
Steiner, Rudolf: Philosophie und Anthroposophie. Gesammelte Aufsätze 1904–1918, Dornach 1965 (GA 35)
Steiner, Rudolf: Spirituelle Seelenlehre und Weltbetrachtung (1903/04), Dornach 1986² (GA 52)

Steiner, Rudolf: Theosophie. Einführung in übersinnliche Welterkenntnis und Menschenbestimmung, Stuttgart 1948 (GA 9)
Steiner, Rudolf: Ursprungsimpulse der Geisteswissenschaft. Christliche Esoterik im Lichte neuer Geist-Erkenntnis (1906/07), Dornach 1974 (GA 96)
Steiner, Rudolf: Von Jesus zu Christus (1911), Dornach 1982⁶ (GA 131)
Steiner, Rudolf: Vorstufen zum Mysterium von Golgatha (1913/14), Dornach 1990³ (GA 152)
Steiner, Rudolf: Vorträge und Kurse über christlich-religiöses Wirken (1921), Bd. 2: Dokumentarische Ergänzungen, Dornach 1993 (GA 343)
Steiner, Rudolf: Vorträge und Kurse über christlich-religiöses Wirken III. Vorträge bei der Begründung der Christengemeinschaft (1922), Dornach 1994 (GA 344)
Steiner, Rudolf: Vorträge und Kurse über christlich-religiöses Wirken IV (1923), Dornach 1994 (GA 345)
Steiner, Rudolf: Vorträge und Kurse über christlich-religiöses Wirken V (1924), Dornach 1995 (GA 346)
Steiner, Rudolf: Wahrheit und Wissenschaft. Vorspiel zu einer ‚Philosophie der Freiheit' (1892), Dornach 1980⁵ (GA 3)
Steiner, Rudolf: Wie erlangt man Erkenntnisse der höheren Welten? Dornach 1982²³ (GA 10)
Steiner, Rudolf: Zur Geschichte und aus den Inhalten der ersten Abteilung der Esoterischen Schule 1904–1914, Dornach 1984 (GA 264)

## 5.2.2 Sonstige anthroposophische Literatur

Archiati, Pietro: Christentum oder Christus? Das Christentum als reines Menschentum in der Geisteswissenschaft Rudolf Steiners, Dornach 1995
Arenson, Adolf: Leitfaden durch 50 Vortragszyklen Rudolf Steiners (1930), Stuttgart 1961²
Baumann, Adolf: Wörterbuch der Anthroposophie, München 1991
Berger, Sonja: Der Weg der Christus-Wesenheit in der Darstellung Rudolf Steiners. Skizzenhafter Versuch einer Zusammenschau. Sonderbeilage zum Johanni-Heft der „Mitteilungen aus der Anthroposophischen Arbeit in Deutschland", 1971
Binder, Andreas [Pseudonym für H. Haug]: Wie christlich ist die Anthroposophie? Standortbestimmung aus der Sicht eines evangelischen Theologen, Stuttgart 1989
Buermann, U. (Hg.): Die Anschauung des Karma bei Rudolf Steiner. Ein Kompendium, 2 Bände, Stuttgart 2001
Falck-Ytter, Harald: Kosmos und Apokalypse, Stuttgart 1992
Gädeke, Wolfgang: Anthroposophie und die Fortbildung der Religion, Flensburg 1990
Grosse, Rudolf: Die Weihnachtstagung als Zeitenwende, Dornach 1976
Haug, Hellmut: Die Legende von der Selbsterlösung, in: A. Suckau u. a. (Hgg.), Christentum, Anthroposophie, Waldorfschule, Stuttgart 1987³, 42–50
Karl, Christian: Handbuch zum Vortragswerk Rudolf Steiners, Schaffhausen 1991, Ergänzungsband 1993
Kelber, Wilhelm: Die Logoslehre von Heraklit bis Origenes, Stuttgart 1958
Klingler, Wolfgang: Gestalt der Freiheit. Das Menschenbild Rudolf Steiners, Stuttgart 1989

Kürten, Oskar: Der Sohnesgott, der Logos und die Trinität, Basel 1982³
Kürten, Oskar: Der Sonnengeist Christus in der Darstellung Rudolf Steiners, Basel 1967
Kürten, Oskar: Jesus von Nazareth. Ein Beitrag zum Verständnis des Jesus-Geheimnisses. Mit Anhang: Der Menschensohn und der kosmische Christus, Basel 1982²
Lindenberg, Christoph: Individualismus und offenbare Religion. Rudolf Steiners Zugang zum Christentum, Stuttgart 1995
Lindenberg, Christoph: Rudolf Steiner. Eine Biographie. Bd. 1: 1861–1914, Bd. 2: 1915–1925, Stuttgart 1997
Lindenberg, Christoph: Rudolf Steiner. Eine Chronik, 1861–1925, Stuttgart 1988
Mötteli, Emil: Register zur Rudolf Steiner Gesamtausgabe. Stichwort- und Titelverzeichnis, Sachwort- und Personenregister, 4 Bde., Dornach 1998
Powell, Robert A.: Chronik des lebendigen Christus. Grundstein eines kosmischen Christentums, Stuttgart 1998
Sucher, Willi O.: ISIS-SOPHIA. Umriß einer geisteswissenschaftlichen Kosmologie, Stuttgart 1999
Suckau, Arnold: Anthroposophie und häretische Strömungen, in: Ders. u. a., Christentum, Anthroposophie, Waldorfschule, Stuttgart 1987³, 33–41
Wagner, Arfst: ‚Denn es werden viele kommen unter meinem Namen ..‘ Falsche Christuserscheinungen im 20. Jahrhundert, in: Flensburger Hefte 39, 1992, 122–154
Wehr, Gerhard: C. G. Jung und Rudolf Steiner. Konfrontation und Synopse, Frankfurt/M. u. a. 1972
Wehr, Gerhard: Kontrapunkt Anthroposophie. Spiritueller Impuls und kulturelle Alternative, München 1993
Wehr, Gerhard: Rudolf Steiner. Leben, Erkenntnis, Kulturimpuls, München 1987
Wehr, Gerhard: Spirituelle Interpretation der Bibel als Aufgabe. Ein Beitrag zum Gespräch zwischen Theologie und Anthroposophie, Basel 1968
Welburn, Andrew: Am Ursprung des Christentums. Essenisches Mysterium, gnostische Offenbarung und die christliche Vision, Stuttgart 1992
Zeylmans van Emmichoven, F. W.: Rudolf Steiner, Stuttgart o. J.

## 5.3 Christengemeinschaft

Bock, Emil: Das Evangelium. Betrachtungen zum Neuen Testament, Stuttgart 1984
Bock, Emil: Vorboten des Geistes. Schwäbische Geistesgeschichte und Christliche Zukunft, Stuttgart 1929
Frieling, Rudolf: Die sieben Sakramente, Stuttgart 1926
Kiesow, Ernst-Rüdiger: Das Vater-Problem in der Biographie Friedrich Rittelmeyers, in: ders./J. Scharfenberg (Hgg.), Forschung und Erfahrung im Dienst der Seelsorge (FS Otto Haendler), Göttingen 1961, 114–128
Meyer, Rudolf: Der Auferstandene und die Erdenzukunft, Stuttgart 1953²
Meyer, Rudolf: Die Wiedergewinnung des Johannes-Evangeliums, Stuttgart 1962
Müller, Adolf/Suckau, Arnold: Werdestufen des christlichen Bekenntnisses, Stuttgart 1974
Rittelmeyer, Friedrich: Art. Christologie: III. Dogmatisch, in: RGG¹ Bd. 1, Tübingen 1909, 1772–1781

Rittelmeyer, Friedrich: Art. Erlöser, in: RGG¹ Bd. 2, Tübingen 1910, 474–477
Rittelmeyer, Friedrich: Art. Person Christi und christliches Prinzip, in: RGG¹ Bd. 4, Tübingen 1913, 1388–1390
Rittelmeyer, Friedrich: Aus meinem Leben, Stuttgart 1937
Rittelmeyer, Friedrich: Christus, Stuttgart 1950³
Rittelmeyer, Friedrich: Das Werk Christi, in: ZThK 22, 1/1912, 31–40
Rittelmeyer, Friedrich: Der Christusweiheweg als Vollendung der Mysterien, in: Die Christengemeinschaft 3, 1/1926, 1–8
Rittelmeyer, Friedrich: Der kosmische Christus, in: Die Christengemeinschaft 3, 5 + 6/1926, 129–133 und 161–167
Rittelmeyer, Friedrich: Ich bin. Reden und Aufsätze über die sieben ‚Ich bin'-Worte des Johannesevangeliums, Stuttgart 1951
Rittelmeyer, Friedrich: Jesus. Ein Bild in vier Vorträgen, Ulm 1912
Rittelmeyer, Friedrich: Johannes Müller und Rudolf Steiner, Nürnberg 1918
Rittelmeyer, Friedrich: Luther: was er uns ist und nicht ist, in: Emil Bock u. a., Luther. Hinweise auf die unvollendete Reformation, Stuttgart 1983, 41–70
Rittelmeyer, Friedrich: Meine Lebensbegegnung mit Rudolf Steiner (1928), Stuttgart 1983¹⁰
Rittelmeyer, Friedrich: Rudolf Steiner als Ereignis in der Geschichte des Christentums, in: Die Christengemeinschaft 2, 2/1925, 33–43
Rittelmeyer, Friedrich: Rudolf Steiner als Führer zu neuem Christentum, Stuttgart 1933
Rittelmeyer, Friedrich: Theologie und Anthroposophie. Eine Einführung, Stuttgart 1930
Rittelmeyer, Friedrich: Was fehlt der modernen Theologie?, in: Die Christliche Welt 24 (1910), 1034–1043
Schroeder, Hans-Werner: Christus ist auferstanden. Interview durch W. Weihrauch, in: Flensburger Hefte 39, 12/1992, 29–98
Schroeder, Hans-Werner: Der kosmische Christus. Ein Beitrag zur Christuserkenntnis und Christuserfahrung, Stuttgart 1995
Schroeder, Hans-Werner: Der kosmische Christus. Gedanken zur Christus-Erkenntnis, in: Die Christengemeinschaft 63 (1991), 364–368
Schroeder, Hans-Werner: Die Christengemeinschaft (1), in: Die Christengemeinschaft 58, 1/1986, 27–29
Schroeder, Hans-Werner: Die Christengemeinschaft. Entstehung, Entwicklung, Zielsetzung, Stuttgart 1990
Schroeder, Hans-Werner: Dreieinigkeit und Dreifaltigkeit. Vom Geheimnis der Trinität, Stuttgart 1986
Schroeder, Hans-Werner: Von der Wiederkunft Christi heute. Verheißung und Erfüllung, Stuttgart 1991
Schühle, Erwin: Entscheidung für das Christentum der Zukunft. Friedrich Rittelmeyer, Leben und Werk, Stuttgart 1969
Schütze, Alfred: Vom Wesen der Trinität, Stuttgart 1954
Stott, Alan: Friedrich Rittelmeyer und ‚der Vollendungsgesang der Erde', in: Die Christengemeinschaft 60, 3/1988, 142–145
Wehr, Gerhard: Friedrich Rittelmeyer. Sein Leben – Religiöse Erneuerung als Brückenschlag, Stuttgart 1998
Wistinghausen, Kurt von: Der neue Gottesdienst, Stuttgart 1987⁴

Woesten, Hanspeter: Der theologische Werdegang Friedrich Rittelmeyers. Eine Untersuchung der theologischen ‚Metamorphose' F. Rittelmeyers unter besonderer Berücksichtigung des Einflusses der Anthroposophie Steiers auf sein homiletisches Werk, Bd. 1: Text, Jena 1968
Zander, Helmut: Friedrich Rittelmeyer. Eine Konversion vom liberalen Protestantismus zur anthroposophischen Christengemeinschaft, in: F.W. Graf/H.M. Müller (Hgg.), Der deutsche Protestantismus um 1900, Gütersloh 1996, 238–297

## 5.4 New Age und esoterische Bewegung

### 5.4.1 Frei flottierende Esoterik

Beckh, Hermann: Der kosmische Rhythmus im Markus-Evangelium, Basel 1928
Beckh, Hermann: Der kosmische Rhythmus, das Sternengeheimnis und Erdengeheimnis im Johannes-Evangelium, Basel 1930
Bohnke, Ben-Alexander: Esoterik. Die Welt des Geheimen, Bindlach 1996
Bucke, Richard Maurice: Kosmisches Bewußtsein. Zur Evolution des menschlichen Geistes (1900), Frankfurt/Leipzig 1993
Eadie, Betty J.: Licht am Ende des Lebens. Bericht einer außergewöhnlichen Nah-Todeserfahrung, München 1994
González-Wippler, Migene: Die moderne Kabbala. Über die Beziehung zwischen Mensch und Kosmos, Freiburg i. Br. 1995
Huter, Carl Heinrich: Jesus und sein Gestirn, Stuttgart 1962
Keyserling, Hermann: Gleichschaltung und Zusammenklang, in: Der Weg zur Vollendung. Mitteilungen der Schule der Weisheit, Heft 22, Darmstadt 1933, 1–16
Lorber, Jakob: Das große Evangelium Johannis, Bd. 1 (1851), Bietigheim 1930[5]
Matt, Daniel C. (Hg.), Das Herz der Kabbala, Bern u. a. 1996
Miers, Horst E.: Lexikon des Geheimwissens, Freiburg i. Br. 1986
Wallimann, Silvia: Erwache in Gott, Freiburg i. Br. 1994[4]
White Eagle, Das White Eagle Jesus-Buch, Grafing 1993[2]

### 5.4.2 Christlich-theologische Esoterik

Erni, Gertrud: Christsein – evangelikal und esoterisch? Erlebnisse, Auseinandersetzungen und Wegsuche, München 1995
Mackenzie, J.O.: The Cosmic Christ, in: E.J. Langford Garstin/H.J. Schonfield (Hgg.), Jesus Christ Nineteen Centuries After, London 1933, 179–190
Ravindra, Ravi: Mystisches Christentum. Das Johannesevangelium im Licht östlicher Weisheit, Frankfurt/M. 1996
Rosenberg, Alfons: Die Seelenreise, Bietigheim 1971
Rosenberg, Alfons: Ursymbole und ihre Wandlung. Einführung in das Symbolverständnis, Freiburg 1992
Ruysbeek, Erik van/Messing, Marcel: Das Thomasevangelium. Seine östliche Spiritualität, Zürich/Düsseldorf 1993
Schult, Arthur: Das Johannesevangelium als Offenbarung des kosmischen Christus, Remagen 1965
Schult, Arthur: Evolution und Gottesidee in integral-christlicher Sicht, in: P.J. Saher (Hg.), Evolution und Gottesidee. Studien zur Geschichte der philosophi-

schen Gegenwartsströmungen zwischen Asien und dem Abendland, Ratingen 1967, 229–238
Schwarzenau, Paul: Das Kreuz. Die Geheimlehre Jesu, Stuttgart 1990
Strachan, Geoffrey: Christ and the Cosmos, Dunbar 1985
Voss, Gerhard: Astrologie christlich, Regensburg 1980
Voss, Gerhard: Musik des Weltalls wiederentdecken. Christliche Astralmystik, Regensburg 1996
Wehr, Gerhard: Esoterisches Christentum, Stuttgart 1975
Wichmann, Jörg: Rückkehr von den fremden Göttern. Wiederbegegnung mit meinen ungeliebten christlichen Wurzeln, Stuttgart 1992

5.4.3 New Age (und Verwandtes)

Berman, Morris: Wiederverzauberung der Welt. Am Ende des Newtonschen Zeitalters, Reinbek 1985
Capra, Fritjof: Der kosmische Reigen. Physik und östliche Mystik – ein zeitgemäßes Weltbild, Weilheim/München 1975 (später unter dem Titel ‚Das Tao der Physik. Die Konvergenz von westlicher Wissenschaft und östlicher Philosophie', München 1988[10])
Dahlberg, Wolfgang: New Age und Christentum. Skizzen eines Dialogs 1986–1991, München 1992
Delaforge, Gaetan: The Templar Tradition in the Age of Aquarius, Vermont 1987
Ferguson, Marilyn: The Aquarian Conspiracy. Personal andere Social Transformation in Our Time, Los Angeles 1980 (deutsch: Die sanfte Verschwörung. Persönliche und gesellschaftliche Transformation im Zeitalter des Wassermanns, Basel 1982)
Ledergerber, Karl/Peter Bieri: Was geht New Age die Christen an? Brücken zum gegenseitigen Verständnis (Herder-Tb 1542), Freiburg i. Br. 1988
Messing, Marcel: Gnostische Weisheit in Ost und West, Olten 1992
Schiwy, Günther: Der Geist des Neuen Zeitalters. New-Age-Spiritualität und Christentum, München 1987
Spangler, David: Reflections on the Christ, Glasgow/Findhorn 1978
Spangler, David: Revelation. The Birth of a New Age, Forres/Schottland 1977[2] (deutsch: New Age. Die Geburt eines Neuen Zeitalters, Frankfurt/M. 1978)
Trevelyan, George: Unternehmen Erlösung. Hoffnung für die Menschheit, Freiburg i. Br. 1983


*6. Sonstiges*

Bittlinger, Arnold: Heimweh nach der Ewigkeit, München 1993
Griffiths, Bede: Rückkehr zur Mitte. Das Geheimnis östlicher und westlicher Spiritualität, München 1987
Hederer, Oswald: Die Vision des Kosmos in der Kunst, in: A. Resch (Hg.), Kosmopathie. Der Mensch in den Wirkungsfeldern der Natur, Innsbruck 1981[2], 611–675
Hellpach, Willy: Tedeum. Laienbrevier einer Pantheologie, Hamburg 1947
Henning, Günter: Mehr Opium, Herr! Rückwege zur Religion, Düsseldorf 1996
Heyse, Paul: Novellen, Dortmund 1986

Hirsch, Eike Christian: Vorsicht auf der Himmelsleiter, München 1993
Kriele, Martin: Anthroposophie und Kirche. Erfahrungen eines Grenzgängers, Freiburg i. Br. 1996
Lay, Rupert: Die Ketzer. Von Roger Bacon bis Teilhard, Frankfurt/Berlin 1992
Lustig de Ferrer, Susanna/Tomás, Jaime: Die Science-fiction-Literatur als Ausdruck der Fötalregression des Psychismus, in: A. Rascovsky (Hg.), Die vorgeburtliche Entwicklung, München 1978, 223–233
Maier, S. (Hg.), Das Kreuz im Widerspruch. Der Kruzifix-Beschluß des Bundesverfassungsgerichts in der Kontroverse (QD 162), Freiburg 1996
Molnar, Thomas: Die Mythen der Moderne, in: Criticón 145, 1/1995, 23–25
Morse, Melvin/Perry, Paul: Zum Licht. Was wir von Kindern lernen können, die dem Tod nahe waren, Frankfurt/M. 1992
Müller, Johannes: Vom Geheimnis des Lebens. Erinnerungen. Bd. 2: Schicksal und Werk, Stuttgart 1938
Müller-Freienfels, Richard: Der Mensch und das Universum. Philosophische Antworten auf kosmische Fragen, München 1949
Rajneesh Ch. Mohan: Meditation. Die Kunst, zu sich selbst zu finden, München 1976
Reich, Wilhelm: Christusmord. Die emotionale Pest des Menschen (1953), Frankfurt/M. 1997
Rohrbach, Heiko: Befreiung von biblischen Alpträumen. Wider Sintflut und Höllenangst, Stuttgart 1994
Schilson, Arno: Die religiöse Dimension der Gegenwart. Ein Blick in neuere Bücher, in: HK 50, die 1/1996, 28–34
Tenbruck, Friedrich: Die kulturellen Grundlagen der Gesellschaft – der Fall der Moderne, Opladen 1989
Turkle, Sherry: Leben im Netz. Identität in Zeiten des Internet, Reinbek 1998
Weil-Lamprecht, Jutta: Das Unheil kommt nicht von Gott, Zürich 1991[4]
Weymann, Volker: Evangelische Erwachsenenbildung. Grundlagen theologischer Didaktik, Stuttgart 1983
Wolff, Hanna: Der universale Jesus. Die Gestalt Jesu im kulturell-religiösen Umfeld Indiens, Stuttgart 1993
Zink, Jörg: Dornen können Rosen tragen. Mystik – die Zukunft des Christentums, Stuttgart 1997
Zink, Jörg: Sieh nach den Sternen – gib acht auf die Gassen. Erinnerungen, Stuttgart 1992

## 3. Personenregister

*Kursivdruck der Seitenzahl* bedeutet, dass der Name im Fussnotenbereich zu finden ist.

Aall, Anathon *115*
Adam, Alfred *177–178*, 354
Ahrens, Theodor *91*, 343–344, *343–345, 350–352*
Akhilananda, Swami *359*
Alexander, D. *64*
Almen, Daniel von *12*
Althaus, Paul *24*, 226–227, *227, 236*, 310, *329, 334*, 365
Altner, Günter *15*
Andersen, Willhelm 348–350, *348*
Andresen, Carl *61*, 97
Archiati, Pietro *215*
Arius 178–179, *178*, 190
Asendorf, Ulrich *432*
Assmann, A. *57, 83*
Atkins, Peter W. *45*
Archati, Pietro 215
Augustin *116*, 260

Baader, Franz von *111*, 149, *326*
Baatz, Ursula *309, 424*
Bacht, H. *118, 236*
Bacon, Roger *324*
Badewien, Jan *67, 197*
Bailey, Alice Ann *121*, 267, 268–279, *268–279*, 281, 282, 284–285, *287*, 289, *292*, 294–295, *297*–318, *298*, *348, 383*, 441
Bailey, Foster 269, *273*
Bainbridge, William Sim *13*
Ballmer, Karl *161*
Balthasar, Hans Urs von *401, 416*
Bambauer, Klaus *86*
Bannach, Klaus 5, *26*, 28–29, *110*–111, 117, *155*, 155, *157*–160, *174*, 177, *181*, 185–186, *189*, 191, 202–203, 210, 219–220, *223*, 226–227, 229–231, 230, 236, 241, *242, 253*
Barrow, John D. *15*
Barth, Hans-Martin 6
Barth, Karl 23, *40*, 44, 48, *51*, 59–62, 61–63, *71, 74*, 79, *81*, 194, 196, 266, 334–335, *335*, 338, *364*, 381, *385*, 396, 412, *419*, 424, 442
Basilides *90*
Baudler, Georg *34*, 37
Bauer, Michael *245*
Bauer, Walter *52*, 430
Baumann, Adolf *218*
Baumgartner, Michael *41*
Baur, Jörg *420*, 435
Bayer, Oswald 42–44, *46*, 48, *65*, 262, *357, 432*
Beavin, Janet H. *309*
Becker, Jürgen *91*, *142*
Beckh, Hermann 208, *262*, 286
Beierwaltes, Werner 113–115, *118*, 210
Beinert, Wolfgang 328–329
Beintker, M. *431*
Bell, Daniel *108*
Bensow, Oscar *429*
Benz, Ernst 85, *116*, 288, *326*
Berdjajew, Nikolai 86, *86*, 88, *88*, 150–151, 151, *229, 407*
Berger, Klaus *19*, *68*, *79*, 90–91, 94–95, *329*, 359, *363*, 364, *384*, 389
Berger, Peter L. 18, *18, 385, 391, 436*
Berkof, Hendrik *335*
Berman, Morris *108*, 327
Berner, Ulrich *386*
Bernhardt, Reinhold 30, 36–37, *66*, 319, 335–336, 358–359, *362*, 365, *372*, 374–375, 379–380, *382*, 390–391, 415–416, *422*
Besant, Annie 5, 21, *21*, 28, *88*, *104*, *109*, *121*–122, 129, 130–143, 131–134, 136–148, *145–147*, 151–152, 154–156, *157*, 158, 162–164, *162*, *164*, 167–175, *167*, *169*, 171–172, *174*, 176–177, *179*, 181–183, *181*–184, 185–188, *186–187*, 190, 192–203, *192–195*, 198–204, 206–208, *206–208*, 212, *213*, *214*, 216–217, 221, 223–224, *223–224*, 227, 231, 239, 245, 252, *257*, 257, *264*, 268–269, 271–272, *272–273*, 274–275,

275, 277, 279, 281–282, 289, *293*,
*317–318*, 318, *325*, 337–338, *339–*
*340*, 356, 358–359, *360*, *363–364*,
*373*, *379*, 404, 406, *434*
Besterman, Theodore *130*, *148*, *223–*
*224*
Beyerhaus, Peter *358*
Bharati, Agehananda *348*
Bichlmair, Georg *155*, *236*
Biehl, Peter *29*, *31*, *37*
Bieri, Peter *296–297*, *296–297*, *327*
Bieritz, Karl Heinrich *306*
Binder, Andreas *177*, *189*, *226*, *233–234*
Bingen, Hildegard von 264
Bischofberger, Norbert *174*
Bischofberger, O. *19*
Bittlinger, Arnold *355*
Blaumeister, Hubertus *100*, *313*
Blavatsky, Nikifor 109
Blavatsky, Helena Petrovna 21, 28, *28*,
  87–88, *87–88*, 104, *105–110*, 107–
  108, 110–112, *111–132*, 114–118,
  120–125, 126–133, 135, *135*, 137,
  138–141, *140–141*, 144–145, 151–
  152, *151–153*, 156, *157*, 161, *162*,
  163, 168, 170, *178*, 184, *185*, *190*,
  199–200, 252, *264*, 268–270, 268,
  274, 277, *277*, 279, *285*, *293*, 294,
  *298*, 356, 359, *376*, 377, *396*, *430*,
  *434*
Bloom, Harold 229, *229*
Blumenberg, Hans *16*, 30, *30*, *79*
Bochinger, Christoph *13*, *17*, *27*, *57*,
  *64*, *66–67*, *118*, *152*, *239*, *269*, *278*,
  *285*, *290*, *292*, *294*, *360*,
Bock, Emil *251*, *253–254*, *261*
Böhling, Alexander *113*
Böhm, A. *443*
Böhm, Thomas *178*
Böhm, W. *181*
Böhme, Jakob *21*, *43*, 44, 58, 85–86,
  *108*, *111*, *114–115*, *126*, *148–149*,
  149, 152, *157*, *161*, *285*, *288*, *396*,
  *400*, *405*, *405*, *407*, *418*
Boer, Wolfgang de *108*
Boff, Leonardo *17–18*, *22*, *25*, *368*,
  *368*, *369–370*, *370–371*, *402*, *405*,
  *415*, *450*
Boll, Franz *304*

Bogdanov, Grichka und Igor *16*
Bohnke, Ben-Alexander *28*
Bonhoeffer, Dietrich *342*, *419*
Bonhoeffer, Thomas *311*
Bonin, Werner F. *269*
Bornkamm, Günter *92*
Bornkamm, Karin *390*
Boros, L. *369*
Bousset, Wilhelm *141*
Braaten, C. E. *428*
Bracken, Ernst von *158*
Brandt, Hermann 6, *374*, *382*, *389*, *433*
Brandt, Reinhard *100*
Braun, Herbert *311*
Braun, Hermann *31*
Breidert, Martin *340*, *416*
Breitmaier, Isa *335*, *343*, *357*
Broch, Thomas *327*
Brockdorff, Sophie 161
Brück, Michael von *113*, *117*, *316*
Brugger, Walter *99*
Bruhn, Wilhelm *87*, *90*, *104*, *106–107*,
  *164*
Brunner, Emil *42*, *45*, *128*, *206*, *246*,
  *352*
Brunner, H. *99*
Brunner, O. *31*
Bruno, Giordano *189*
Buber, M. *18*
Bucke, Richard Maurice *15*
Buckham, John Wright 316–317, *317*,
  *326*, 328, 340–341, *340–341*, *345*
Bühler, Pierre *55*, *393*, *397*, *400*, *404*,
  *406*, *406*, *432*
Bülow, V. v. *52*
Bürkle, Horst *20*, *350–352*, *350–351*,
  *357*
Buermann, U. *173*
Bulgakov, S. N. 150–151, *151*
Bultmann, Rudolf *12*, *31*, *79*, *358*, *358*,
  *372*, *448*
Burger, Christoph *94*
Burkert, Walter *141*
Burrell, D. *100*
Buschmann, Gerd *444*

Caldwell, D. H. *105*
Calvin, Johann *421*, *424*

Personenregister 503

Campbell, Bruce F. *104–105, 109, 113, 122–123, 131, 147, 152, 224, 256, 268, 272*
Cancik, H. *28*
Capra, Fritjof 16
Carazzo, Carlo *14*
Carey, J. J. *71*
Carpenter, Edward *275*
Cassirer, Ernst *30, 37*
Chalcedon 80, *151*
Charbonneau, Bernard *332*
Christ, Felix *32*
Choi, Insik *42*
Claybrook, Donald A. *399*
Clayton, John Powell *59*
Collins, Mabel *126*
Colpe, C. *31, 210*
Conzelmann, Hans *77, 81, 120, 142, 437*
Cordes, John H. *204*
Corson, E. R. *105*
Cosmann, Peggy *159*
Cox, Harvey *14, 39*
Cranston, Sylvia *28, 66, 87, 104–110, 112, 114, 116, 119, 121–122, 124, 126–128, 130, 151, 375*
Crespy, Georges *326, 333*
Cuénot, Claude *316*
Cullmann, Oscar *96, 419*
Cutsinger, James S. *385*

D'Costa, Gavin *374*
D'sa, Francis X. *31, 134, 142, 357, 362, 376*
Dabney, D. Lyle *12, 33, 398–399, 402, 409, 411, 416, 419–421, 427, 429, 450*
Daecke, Sigurd Martin *50, 60, 70, 85, 101, 320, 323–324, 326, 328, 331–332, 342, 348*
Dahlberg, Wolfgang *305*
Daiber, Karl-Fritz *255*
Dalai Lama *112, 124*
Dalferth, Ingolf U. *11, 34, 35, 54–55, 80, 80, 100–101, 123, 144, 146, 163, 306, 311, 374, 392, 392, 398, 403, 428*
Daum, Andreas *159*
Davidge, J. L. *223*

Davidson, John *17*
Davies, Paul *16, 45, 140*
Day, Michael *318*
Delaforge, Gaetan *27, 295, 295–296*
Dembowski, Hermann *26, 389, 400, 432, 449*
Denney, James *339*
Devanandan, Paul D. *347, 347*
Danz, Christian *42*
Dostojewski *150*
Dettmar, Werner *97*
Dibelius, Martin *429*
Dietrich, Wolfgang *20, 150*
Dietz, Walter *6, 418*
Dilschneider, Otto A. *342, 342*
Dilthey, Wilhelm *64*
Ditfurth, Hoimar von *16*
Drehsen, Volker *53, 124, 159*
Drewermann, Eugen *19*
Drews, Arthur *153*
Drummond, Henry *244*
Dürr, H.-P. *348, 360*
Dumas, Marc *45*
Dunlop, D. N. *89*
Dupuis, Charles F. *118, 140, 152, 226, 274*
Dupuis, J. *61, 357*
Durth, Rüdiger *15*
Dvorak, Josef *126*
Dvorak, Rainer *78*
Dychtwald, Ken *66*
Dzyan *110*

Eadie, Betty J. *299–300*
Ebertz, Michael N. *53*
Eckhart *58, 158, 302*
Eco, Umberto *30*
Eickhoff, Jörg *36*
Eliade, Mircea *84, 104, 374*
Encausse, Gerard *113*
Eriugena, Johannes Scottus *115*
Erni, Gertrud *300, 301, 447*
Ernst, Norbert *42*
Evans, Walter *268*
Evans-Wentz, Walter *112*
Evdokimov, Paul *150–151*

Faber, Roland *412*
Fairbairn, Andrew Martin *339*

Faivre, Antonie *104*, *239*
Falk-Ytter, Harald *260*
Faulenbach, Heiner *53*
Feil, Ernst *72*
Feldtkeller, Andreas *359*, *362*, *373*, *383*, *386*
Ferguson, Marylin *66*
Ferrel, Donald R. *60*
Feuerbach, L. *53*
Fichte, Hermann Immanuel *159*, *159*, *169*, *169*, *218*
Fichte, Johann Gottlieb *158*, *158–159*, *161*, *161*, *165*, *165*, *168*
Ficker, Rudolf *375*
Figl, Johann *125*, *131*
Finger, Joachim *19*
Fischer, M. *66*
Flasche, Rainer *305*
Flogaus, Reinhard *437*
Florenskij, Pawel *150*, *150*
Förster, Eckart *161*
Forrest, David *339*
Forrest, D. W. *358*, *358*
Forsyth, Peter Taylor *330*
Fort, Gertrud von le *422*
Fox, Matthew *5*, *19*, *25–27*, *26*, *35*, *52*, *300*, *357*, *377–381*, *377–380*, *384*
Feldmeier, Reinhard *175*
Franck, Adolphe *113*, *396*
Franz, Marie-Loise von *353*
Freimark, Hans *108–110*, *114*, *117*, *122–123*, *130–131*
Freud, Sigmund *378*
Frey, Christopher *307*
Friedrich, Gerhard *142*
Frieling, Rudolf *252*
Frisch, Ralf *82*
Fritzsche, Hans-Georg *23*
Froebe, Robert *109*
Frohnmeyer, Johannes *130*
Fuchs, Ottmar *334*
Führer, Christoph *243*, *249*, *252*, *254*
Fuhrman, Horst *149*
Fuchs, Gotthard *19*

Gabriel, Gottfried *41*
Gabriel, Karl *14–15*, *15*
Gabriel, L. *312*
Gadamer, H. G. *363*
Gäde, Gerhard *370*, *374–375*
Gädeke, Wolfgang *223*, *240*, *241–242*, *249*, *254–256*
Gahr, Christian *227*, *235*
Galloway, Allan D. *20*, *37–38*, *38*, *47–48*, *48*, *52*, *342*, *342–343*, *344–345*, *346*
Ganoczy, Alexandre *332*
Garstin, E. J. Langford *284*
Gasser, A. *235*
Gaßmann, G. *398*
Gassmann, Lothar *160*, *166*
Gehrke, H. *365*
Geisen, Richard *90*, *155*, *160*, *174*, *202*, *209–210*, *222*, *226–227*, *232*, *376*
Geiss, I. *148*
Geißer, Hans Friedrich *45*, *90*
Genz, Henning *45*
Gerhard, Johann *420*, *435*
Gerlitz, Peter *357*
Gerth, André Albert *374*
Gestrich, Christof *33*, *82*
Ghiselli, A. *433*, *437*
Gibbs, J. M. *357*
Glaser, Theodor *6*
Glasenapp, Helmuth von *123*, *241*, *241*
Goethe, W. *160*, *161*, *217*, *250*
Gogarten, Friedrich *229*, *229*, *256*, *342*, *417*
Goldberg, Arnold M. *396*
Gollwitzer, H. *54*, *74*
Gomes, Michael *104–105*, *108*, *110*, *114*
Gomperz, Heinrich *112*
González-Wippler, Migene *396*
Goppelt, Leonard *77*, *92*
Gräb-Schmidt, Elisabeth *427*
Graf, Friedrich Wilhelm *71*, *243*
Graß, Hans *11*, *23*
Greive, W. *389*, *449*
Greshake, Gisbert *415*, *438*, *438*
Gribbin, John *16*
Griffiths, Bede *362*
Grillmeier, Aloys *35*, *118*, *236*
Grimm, Georg *124*
Groothuis, D. *292*, *316*, *335*
Gamillscheg, Marie-Helene *425–426*
Grünschloß, Andreas *68*, *315*, *382*

Grom, Bernhard *160*, *166*, *171*, *190*, *200*, *214*, *225*
Groothuis *336*, *380*
Grosse, Rudolf *170*
Grundmann, W. *133*
Guitto, Jean *16*
Gunton, Colin E. *307*
Gunturu, Vanamali *147*
Guth, Alan *15*

Haack, Friedrich Wilhelm *277*
Habermann, Jürgen *12*, *95*
Hahn, Michael *120*, 149, *149*
Haneke, B. *277*
Hanreich, Herbert *41*
Haendler, Otto *248*
Härle, Wilfried *13*, *31*, *33*, *50*, *66*, *415*, *438*
Hahn, Ferdinand *49*, *81*, *157*
Hahn, M. *346*
Hailer, Martin *14*, *22*, *37*, *37*, *64–65*, *76*, *82*, *149*
Hamann, Johann Georg *94*
Hampel, Volker *421*
Hanegraaff, Wouter Jacobus *285*, *290–292*, *380*
Haneke, B. *368*
Hapatsch, Hischam *241*
Harbsmeier, Götz 160, *186*, *225*, *255*
Harnack, Adolf von 5, *60*, 136, *137*, *186*, 236, *281*
Godwin, Joscelyn *109–110*, *118*, *121*, *142*, *152*
Harrison, Vernon 110, *268*
Harrisville, Roy A. *12*
Hartmann, Franz *106*, *109*, *139*, *410*
Hartmann, Thomas *254*
Harvey, D. *147*
Hasting, J. *104*
Hauer, Jakob Wilhelm *125*, *178*
Haug, Hellmut *177*, *229*, *233*
Hauser, Linus *300*
Haustein, Jörg *6*
Hederer, Oswald *19*
Hegel, G.W.Fr. *52*, *89*, 100, *114*, *159*, 159, *304*, 399–400, *401*, *406*, *438*
Hegermann, Harald *92*, *95*
Heiler, Friedrich 354, *354*
Heiligenthal, Roman *19*

Heim, Karl *74*, *342*
Heimbucher, Max *216*
Heine, Susanne *235*
Heinrici, Georg *84*, *92*
Heinrich, Walter *302*
Heise, Ekkehard *433*
Helfenstein, Pius F. *343*, *343*, *357*, *365*
Hellpach, Willy *41*, *88*
Hemleben, Johannes *316–317*, *319*, *322*, *324*
Hemmerle, Klaus *111*
Hemminger, Hansjörg *67*, *317*
Henel, Ingeborg C. *38–39*, *43–45*, *48*, *59*, *59–61*, *71*
Hengel, Martin *96*
Henning, Günther *14*
Herder, Johann Gottfried *82*
Hermann, Christian *447*
Hermann, Rudolf *390*
Hermanni, F. *309*
Herms, Eilert *45–46*
Heron, Alasdair I. C. *54*, *414*, *426*, 445
Herrmann, Wilhelm *342*
Heubach, J. *420*
Heyer, Friedrich *53*, *120*, *166*, *172*, *181*, *226*, *241*, *254*
Heyse, Paul *35*
Hick, John *54*, *370*, 373, *373–375*, *374–375*, *381*, *383*, 386
Hieronimus, Ekkehard *28*
Hinz, Paulus *11*
Hippolyt 281
Hirsch, E. *77*
Hirsch, Eike Christian *305*
Höhn, Hans-Joachim *14*, *19–20*, *69*, *76*
Hörtreiter, Frank *241*
Holl, A. *309*
Holthaus, Stephan *105*, *111*, *119*, *277*
Holzhausen, J. *31*, *210*
Hoppe, Rudolf *91–94*, *385*
Hoyningen-Huene, P. *66*
Hubbards L. Ron *174*
Huber, Friedrich *31*
Hübbe-Schleiden, Wilhelm *164*, 170, *179*, *183*, *201*, *202*, *206–207*, *207*, *212*, 214
Hübner, Hans *91*
Hübner, Jürgen *317*
Hünermann, Peter *11*, *281*

Huizing, Klaas *103*
Humboldt, Alexander von *31*
Hume, A. O. *105*
Hummel, Reinhardt *67*, *106*, *119*, *136*, *156*, *174*, *295*, *373*
Husserl, Edmund *147*
Huter, Carl Heinrich *286*
Hutten, K. *351*
Huttner, K. *277*, *368*

Iannaccone, Laurence R. *14*
Ignatius *320*
Inge, William Ralph *61*, *74*, *341*
Irenäus *35*
Iwand, Hans Joachim *54*, *74*, *308*, *312*, *433*

Jackson, Don D. *309*
Jacobi, Jolande *37*
Jacobs, Manfred *442*
Jaffé, A. *352*
James, William *257*
Jamme, Christoph *111–112*
Janowski, Christine *436*
Jantsch, Erich *294*
Jaspers, Karl *37*, *57–58*, *57–58*
Jaspert, Bernd *38*, *364–365*, *405*
Jayakar, Pupul *147*, *175*, *182*, *187*, *198–199*, *223–224*
Jenson, Robert W. *428*, *431*
Jeremias, Jörg *263*
Jinarajadasa, Curuppumulagge *107*, *129*, *175*, *190*
Joest, Wilfried *79*, *235*, *413*, *419*
Jonas, Hans *83*, *126*, *186*, *210*
Jorgensen, Theodor *432*
Josephus *263*
Judge, William Q. *70*, *106*, *128*, *269*
Jüngel, Eberhard *29–32*, *30*, *36*, *63*, *68–69*, *78*, *266*, *412*, *414*, *422*
Jüttemann, G. *150*
Jung, Carl Gustav *37*, *73*, *269*, *336*, *352–354*, *353*
Jung, L. *353*
Justin *35*, *141*, *264*, *281*
Justinian *228*

Käsemann, Ernst *92–93*, *431*
Kaftan, Julius *112*

Kaiser, Alfred *307*
Kaiser, O. *55*
Kanitschneider, Bernulf *14*
Kant, Immanuel *34*, *64*, *158*, *448*
Kantzenbach, Friedrich Willhelm *137*, *221*, *446*
Karl, Christian *156*
Karrer, Martin *119–120*, *120*, *133*
Kasch, W. F. *19*
Kasper, Walter *79*
Kaufmann, Franz-Xaver *14*, *14*
Keil, Günther *321*
Kelber, Wilhelm *12*, *61*, *96*, *118*, *141*, *168*
Keller, Catherine *395*
Kern, Udo *54*
Keyserling, Hermann *131*
Khul, Djwhal *268*
Kierkegaard, Sören *55*, *77*, *312*
Kiesow, Ernst-Rüdiger *248*
Kingsford, Anna Bonus *129–130*
Kingsland, William *110*, *129*
Kirste, R. *373*
Kitamori, Kazoh *144*
Klappert, Berthold *437*
Klatt, Norbert *155*, *164*, *167*, *172–173*, *179*, *182*, *184*, *193*, *201–204*, *206–207*, *212–214*
Klemens von Alexandrien *264*
Klimke, Friedrich *40*
Klingler, Wolfgang *159*, *218*, *222*
Klum, Edith *150*
Knitter, Paul F. *334–335*, *358*, *365*, *374*, *376*, *389*
Knoblauch, H. *121*
Knöppler, Johannes *45*
Koch, Gerhard *402*, *448*
Kochanek, H. *174*
Köberle, Adolf *342*
Koepp, W. *410*
Körner-Wellershaus, Ilas *174*
Körtner, Ulrich H. J. *15*, *383*, *356*, *435*
Koguzki, Felix *160*
Kohut, Heinz *249*, *251*
Kollmann, Bernd *437*
Kontur, Claudius *300*
Koot Homi *184*, *198*, *268*, *268*
Kopp, Josef Vital *320*
Korsch, Dietrich *40*, *100*, *335*

## Personenregister

Kortzfleisch, S. von *351*
Koslowski, Peter *361*, *382*
Kraemer, Hendrik *349*
Kraus, Hans-Joachim *236*, *335*
Krause, K. C. F. *41*
Krauss, Samuel *146*
Kreck, Walter *417*, *433*, *441*
Kremer, Klaus *114*
Kretschmar, Georg *180*
Krieg, C. *111*, *395*
Kriele, Martin *119*
Kriegstein, Matthias von *38*
Krings, H. *99*
Krishnamurti, Jiddu 147–148, *147–148*, *175*, *182*, *187*, *192*, *194*, *198–201*, *198–199*, *201*, *204*, *207*, *214*, *217*, *217*, *223–224*, *223–224*, *249*
Krüger, H. *357*
Küenzlen, Gottfried *67*
Kümmel, W. G. *11*
Küng, Hans *15*, *54*, *66–67*, *377*, *430*
Künneth, Walter *311*, *313*, *342*
Kürten, Oskar *179*, *189*
Kürzdörfer, Klaus *388*
Küster, Volker *367*
Kuhn, Alvin Boyd *106*, *109*, *131*
Kuhn, Thomas S. *66*, *66*
Kunstmann, Joachim *430*
Kuschel, Karl-Josef *12*, *95*, *409*, *413*

Ladner, Gerhart *35*
Lanczkowski, Günther *14*
Lange, E. *64*
Lapide, Pinchas *371*, *399*
Laplace, P. S. *16*
Laufen, Rudolf *12*, *357*, *409*
Laun, Friedrich *111*, *160*
Lauppert, Norbert *88*, *89*, *105*, *122*, *125*
Lay, Rupert *324–325*, *333*
Leadbeater, Charles Webster *88*, *132*, *137*, *137*, *140*, *143*, *145–148*, *146–147*, *164*, *170*, *174–175*, *175*, *182–184*, *183–184*, *187*, *187*, *192–193*, *192*, *194*, *198–200*, *198–199*, *202*, *223–224*
Ledergerber, Karl *296–297*, *296–297*, *327*
Leese, Kurt *106*

Lehmann-Issel, Kurt *104*, *106*, *110*, *112*, *240*
Leisegang, Hans *90*, *356*, *376*
Leuze, Reinhard *380*
Lévy, Eugene *192*, *200–201*, *203*, *207*, *214*
Levinas, Emmanuel *403*
Lexutt, A. *52*
Liébaert, Jacques *178*, *190*
Liebner, Karl Theodor Albert *414*
Lienemann-Perrin, Christine *390*
Lin, Hong-Sin *423*
Lincoln, Abraham *109*
Lindbeck, George A. *67*, *372*
Lindemann, Andreas *120*
Lindenberg, Christoph *155*, *158*, *161*, *163*, *163*, *167*, *170–171*, *174–175*, *182–183*, *187*, *193–194*, *198–201*, *204*, *207*, *212–214*, *285*
Lindley, David *16*
Link-Wieczorek, Ulrike *30*, *36–37*, *330*, *341*, *370*, *398*, *416*
Lobkowicz, Peter Francis *104*
Löffler, Paul *357*
Löhneysen, W. Frhr. von *110*
Löhr, Winrich A. *90*
Löser, Werner *228*
Loewenich, Walter von *254*, *267*, *390*
Löwith, Karl *89*, *307*
Lohse, Eduard *93*
Lorber, Jakob *180*, *285*
Lubac, de *327–328*, *332*, *334*
Lucchini, Livia *130*
Ludwig, August *28*
Ludwig de Ferrer, Susanna *300*
Lüdemann, Gerd *54*, *306*
Luria, Isaac *396*
Luther, Martin *11*, *33*, *36*, *52*, *54*, *54–55*, *79*, *85*, *86*, *100*, *221*, *251*, *254*, *262*, *271*, *308*, *310*, *312–313*, *356*, *374*, *390*, *400*, *410–411*, *419–420*, *430–434*, *434*, *436–437*
Lutyens, Maryy *147*
Luz, Ulrich *91*
Lyons, James A. *11*, *12*, *21*, *27–28*, *31*, *138*, *212*, *279*, *279*, *316*, *318–320*, *318*, *323–324*, *326–329*, *328*, *335*, *339*, *342–343*, *343*, *451*
Lyotard, Jean-Francois *30*

MacCormac, E. R. 29, *29–30*
MacCrea Cavert, S. *344*
MacGregor, Geddes *375*
Mackenzie, J. O. *284*
Macquarrie, John *111*, *311*
Mager, Alois 98, *98*, *111*, *160*
Mahlmann, Theodor 55
Maier, Bernhard *178*, *186*
Maier, H. *35*
Maitland, Edward *129*
Maloney, George A. *12*, *328*
Mann, G. *157*
Mann, Ulrich 352–354, *352–354*, 366
Mannermaa, Tuomo *420*, *437*
Markschies, Ch. *419*
Marquardt, Friedrich-Wilhelm *383*
Marsch, W.-D. *436*
Martin, Bernhard *242*
Marty, E. Martin *13*
Matt, D. C. *113*
Matzka, Anna Louise *111*, *119*, *146*, *157*
Maurer, E. *431*
Mayer, Jean-Francois *295*
Mayer, Reinhold *49*
McGinn, B. *100*
Mead, George R. S. *135*
Meessen, Frank *412*
Mehlhausen, J. *123*
Melton, Gordon *269*
Melzer, Friso *254*
Merz, Georg *221*
Messer, A. *158*
Messing, Marcel *121*, *396*
Mildenberger, Friedrich *23*, *29*, *235*, *394*, *397*, *405–406*, *409*, *414–415*, *418*, *432*, *434*, *443*, *446–447*, *450*
Moltmann, Jürgen 11, *11*, *19*, *22–23*, *26*, *32–33*, *42*, *48*, *52*, *71*, *79*, *96*, *111*, *137*, *142*, *235*, *324*, *392–401*, *393–401*, *403–412*, *403–412*, *414–417*, *414*, *416–418*, *420–425*, *422*, *424–428*, *427–428*, *432*, *434*, *434*, *436*, *436–439*, *438*, *441*, *441*, *445–448*
Moltmann-Wendel, Elisabeth *395*, *408*
Metzger, Wolfgang *255*
Metz, Johann Baptist *388*
Meyer, Rudolf *240–241*, *242*

Meyer-Blank, Michael 37, *37*
Michel, Peter *268*
Miers, Horst E. *172*, *212*, *269*
Mieth, D. *79*
Mirbach, Wolfram 6
Mischo, Johannes *269*
Mittelstraß, Jürgen *41*, *99*, *106*
Mötteli, Emil *156*
Mohan, Rajneesh Ch. *257*
Mollenkott, Virginia *396*
Molnar, Thomas *72*
Mooney, Christopher F. *324*
Morse, Melvin *389*
Morya 184
Mostert, Walter *419*
Mühlen, Heribert *412*
Mühling-Schlapkohl, Markus *78*, *417*
Müller, Adolf *191*
Müller, Armin *330*
Müller, Ernst *240*
Müller, H. M. *243*
Müller, H.-P. *388*
Müller, Johannes *247*
Müller, Ludolf *149*
Murdoch, Iris *141*
Murrmann-Kahl, Michael *400*

Nethercot, Arthur *130*, *140*
Neuner, Joseph *118*, *121*, *134*, 136, *141*, *202*, *376*, *411*
Neuenschwander, Ulrich *31*, *49*
Niebergall, Friedrich *119*, *133*, *304*, *390*
Niesel, Wilhelm *349*
Nietzsche, Friedrich *30*, *39*, *72*, *89*, *127*, *161*, *161*
Niewöhner, F. *55*, *58*, *114*
Nikkel, David H. *41*
Nikolaus von Kues 264, *312*, *320*, *373*, *420*
Nörenberg, Klaus-Dieter 37, *45*
Noller, Gerhard *18*
Nüchtern, Michael *14*, *104*

Oberdorfer, Bernd *425*,*427*
Obst, Helmut 6, *87*, *115*, *247*
Oelmüller, Willi *309*
Oetinger, Friedrich Christoph *94*, *149*, *149*, *157*, *159*, *346*
Ohlig, Karl-Heinz *34*, *449*

Olcott, Henry S. 28, 109, *109*, 130, 151, 170, 172, 181–182, *182*
Oltamare, Paul *112*
Origenes *264*
Ott, Heinrich 36, *49*, 62

Paden, E. *69*
Panikkar, Raimundo (Raimon) 27, 357, 359, *359–365*, 362–365, 371, 372, 380, 381, 388, 441
Pannenberg, Wolfhart 11, 41, 45–46, 60, *60*, 65, *72*, 76, *78*, 96, 99, 106, 119, 230, *230*, 235, 237, *237*, 303, 306–307, 310, 312, 332, 334, 369, 394, 409, 412, 414–415, 430
Papus *113*
Paracelsus *116*
Pascal, Blaise *439*
Pate, Marvin *76*
Patzig, Günther *99*
Paul, Jean *29*
Paul von Tarsus 271
Paulus 52, 54, 75–77, *77*, 80, *93–95*, 134–135, *176*, 235, 254, *280*, *284*, *306*, *324*, *343*, *349*, *356*, 418, 429–430, *432*
Paulus, Rudolf *339*, *364*
Peat, F. David *436*
Pechmann, R. *390*
Pelikan, Jaroslav 12, 15, 26, *308*, *348*, 441
Pepper, Stephen 30, *30*
Perfahl, J. *30*
Perry, Paul *389*
Peschke, Franz 6
Peters, Albrecht *123*, *432*
Petersen, Claus 54
Petrus *97*
Petzoldt, Matthias *53*
Pfister, Oskar *311*
Pfüller, Wolfgang *358*, *362*, *373*, *385*
Philipp, Wolfgang *11*
Philo *132*, *263*, *281*, *303*, *397*
Pichler, J. H. *302*
Platon 55, 70, *118*, 132, *141*, 168, 274, 341
Plotin 113–114, *114–115*, 118
Ploum, Albrecht 17

Pöhlmann, Horst Georg 6, *64*, *237*, *424*, *428*
Pöhlmann, Matthias *68*, *241*
Pollak, Detlef *14*
Portmann, A. *353*
Powell, Robert A. *197*
Prakasa, Sri *130*
Preul, R. *66*, *438*
Premasagar, P. V. *357*
Prigogine, Ilya *84*
Pröpper, Thomas *402*
Prokofieff, Sergej O. *271*, *276*
Purucker, Gottfried de *120*, *139*

Quine, W. *100*

Radhakrishnan, S. *347*
Ragaz, Leonhaard *111–112*, *123*, *136*, *443*, *446*
Rahner, Hugo *33*
Rahner, Karl *119*, *236*, *324*, *371*, *399*, *414*, *443*
Rascovsky, A. *300*
Ratschow, Carl Heinz 55, *334*, *363*, *382*, *390*
Rau, G. *90*
Ravindra, Ravi *312*
Rees, Martin *16*
Reich, Wilhelm *439*
Reichelt, Karl Ludwig *350*
Reigle, David *109*
Reimer, Hans-Diether *245*
Reller, H. *103*
Rendtorff, T. *62*, *81*
Repo, M. *432*
Repp, Martin 39–40, *43*
Reppenhagen, M. *390*
Resch, A. *19*
Rhodes, Ronald C. *291*
Ribi, Alfred *353*
Richter, Horst Eberhard 83, *83*
Ricoeur, Paul *29–30*, *79*, *384*
Riedl, Gerda *368*
Ringgren, Helmer *110*, *158*, *210*
Ringleben, Joachim 33, 36, *241*, *250*, 254
Ritschl, Dietrich 26, *30*, *451*
Ritsema, R. *353*

Rittelmeyer, Friedrich 21, 241, *241–244*, *242–243*, *245–256*, 246–256, *258–259*, *264*, 265, 285
Ritter, A. M. *61*, *97*
Ritter, W. *14*
Ritter, W. H. *16*, *175*
Robinson, Gnana 449
Rössler, Andreas 26, 52, *61*, *331*, 336, 354–356, *354–356*
Rohm, Karl 147
Rohrbach, Heiko 82
Roloff, J. 23, 77, 235, 446
Rolt, C. E. 404–405, *404–405*
Rombach, Heinrich 28, 56, 86, 410
Rosenberg, Alfons 34, 106
Rosenkranz, Gerhard 346–347, *346–348*
Rosenkreuz, Christian 184
Roth, M. W. *357*
Rothgangel, M. *14*
Rudolph, Enno 30, 64, 376
Rüttenauer, W. *439*
Runggaldier, Edmund 34, 67, 285, 298, 308
Ruppert, Hans-Jürgen 19, 105–108, 110, 112–114, 122, 125–126, 129, 131, 136, 147, 151, 184, 197–198, 269, 277, 281, 285, 304–305, 306, 307
Ruprecht, Reinhilde 6
Ryan, Charles J. *106*

Saarinen, Risto *437*
Sachau, Rüdiger 126, 174
Sagan, Carl *16*
Saher, P. J. *287*
Sakkas, Ammonios 114, *114*
Salaquarda, Jörg 64
Samartha, Stanley J. 357, 365–366, *365–366*, *381*, *427*
Sauter, Gerhard *431*
Saviour, Simon Peter 341
Schär, Hans *353*
Scharf, K. *349*, *390*
Scharfenberg, J. 248
Schaup, S. *360*
Scheffczyk, Leo 42, 323, 452
Schelling, F. W. J. 43–44, 85, *85*, 149, *149*, 159, *186*, *302*, *304*, *400*, *418*

Schendel, Eckhard *438*
Schenk, Günter 64
Schenke, Martin 92–94
Schiller, Friedrich *161*, *302*
Schilson, Arno 14, 76
Schimanowsky 95, *397*
Schimmel, Annemarie *113*
Schirrmacher, Th. *358*
Schischkoff, G. *106*
Schiwy, Günther 25, 27, 52, 316, 318, 324, 330–331, 367–368, *367*
Schlatter, Adolf *437*
Schleiermacher, Friedrich D. E. 60, *137*, *245*, *452*
Schlette, Heinz Robert 115, 210, 236
Schmid, Georg 18, 128–129, *385*, *387*
Schmid, H. H. *96*
Schmidt, H. *106*
Schmidt, Karl O. *106*
Schmidt, Walter 292
Schmidt-Biggemann, Wilhelm 18, *107*, *149*
Schmidt-Leukel, Perry 315, *315*, *357–358*, *360*, *370*, *375*, *381*, *383–385*, *386*, *387*, *390–391*, *398*, *403*
Schmitz-Moormann, Karl 316, 318, 320, 324–325
Schnabel, Ulrich *16*
Schneckenburger *92*
Schneider, Camille *163*
Schneider, Inge 295
Schneider, Stefan 320, 325, 330–331
Schnelle, Udo 91–92
Schnübbe, Otto 40
Schoberth, Wolfgang 11–12, 16–17, 23, 33–34, 36, 79, 91, 94, 100, 445–446, 450
Scholem, Gershom 105, *105*, *110*, *113*, *396–397*
Schomerus, H. W. *147*
Schonfield, H. J. *284*
Schoonenberg, Werner Piet 78, *395*, *412–413*, *420–421*, *427*, *429*
Schopenhauer, Arthur *110*
Schorsch, Christof 239, 259, 285
Schroeder, Hans-Werner 25, 196, 240, 248, 256–267, *256–267*
Schühle, Erwin 243
Schümer, Dirk 66

Schüssler, Elisabeth *22*
Schüssler-Fiorenza, E. *54*, *95*, *367*, *395*
Schüßler, Werner *46*, *56*
Schütz, Paul 35, *35*, *331–332*, *405*
Schütze, Alfred *241*
Schulitz, John *111*, *114–116*, *126*, *396*, *405*
Schult, Arthur 285–291, *286–288*, 378, *378*
Schulz, Walter *15*
Schulze, W. A. *149*
Schulz, Wolfgang *424*
Schulze, Wilhelm *389*
Schumacher, Joseph *26*, *185*
Schuon, Frithjof *385*
Schuré, Eduard *21*, 163, *163*, *171*, *174*, *185*, 192, 211, *212*, 239, 250, 279, *279*, 298, 318–319, *327*
Schurz, Robert *248*
Schuver, Chr. J. *130*, *132*, *140–141*, *183*, *198*
Schwarz, Elisabeth *29*
Schwarz, Hans *17*, *45*
Schwarzenau, Paul 273, 376–377, *376–377*
Schweidlenka, Roman *285*
Schweitzer, Albert 136–137, *136–137*
Schweitzer, Carl Gunther *241*
Schweizer, Eduard *32*, *91–94*, *369*, *436*
Schwenckfeld *410*
Seeberg, Erich *410*
Seeberg, Reinhold *410*
Seelig, Amaresh Markus *73*
Siemons, Jean-Lois *114*
Silesius, Angelus *171*
Siller, H. P. *362*, *387*
Simpson, James Young *321*
Sinclair, John R. *268–269*, *279*
Sinnett, A. P. *105*, *163*, *182*
Sittler, Joseph 343–344, *343–345*, 346–350, *348*, *350*, 352, 368, *368*, 378, *407*
Sivers, Marie von 163, 170, *174*, *213*
Sloterdijk, Peter *18*, *90*, *128*, *361*
Söding, Thomas *134*, *166*, *430*
Solovjoff, Vsevolod Sergejewitsch *105*
Solowjew, Wladimir *58*, *149–150*, 150
Soskice, Janet Martin *30*, *451*
Sotheran, Charles *104*

Spangler, Eduard *41*, *90*, 290–294, *290–295*, 296, *297–298*, 298, *305*
Sparn, Walter 6, *22–23*, *26*, 53, *53*, *65*, *68–69*, *75*, *78–79*, *80–81*, *98*, *124*, *159*, *239*, *277*, *298–299*, *308–309*, *350*, *373*, *384–386*, *399*, *403*, *424*, *432*, *438*,
Speaight, Robert *316*
Spidlik, Tomas *150*
Spinner, Helmut F. *381*
Spinoza, B. 111, *112*, *159*, *161*
Stählin, W. *240*, *255*
Stadler, Michael *150*
Stark, Rodney *13*, *14*
Steenblock, V. *309*
Stegemann, Wolfgang *19*
Steiger, Johann Anselm *262*
Steiner, Marie *155*, *178*
Steiner, Rudolf 21, *32*, *52–53*, *122*, *129*, *134*, *146*, 147, 151, *151*, 155–156, *155–167*, 158–165, *167–176*, *167–223*, 178–219, 221–225, *225–229*, 227, 229, 231–232, *232–234*, 234–237, *236–237*, 239–243, *240*, 242, 244, *244–246*, 246–256, 248–253, 258–259, *261*, 262, 264–268, *264*, *267*, *269*, 270–272, 280, *281–284*, 282–284, *287–288*, 288–289, 291–292, *291–292*, 294–297, *297*, 318, *324–327*, *350*, *354*, 356, *368*, *376*, 378, *378*, *408*, *441*, *443*
Stephan, Horst *239*
Stettler, Christian *91*
Stevens, George Barker *21*, 336–341, *337–341*, *345*, 355
Stieglitz, Klaus von 155, *155*, *157*, 160–162, *166–167*, *169*, *171*, 176–177, *186*, *193*, 198, 224, *224*, 233, *241*, 253, 256
Stillson, Judah J. *268*
Stock, Alex *320*
Stock, Konrad *11*, *435*
Stoevesandt, H. *431*
Stolz, Fritz *20*, *45*, *388*
Stolzenburg, Arnold *85–86*, *106–107*, *109–111*, 113, *135*, *160*, *304*
Stott, Alan *241*
Strachan, Geoffrey *305*
Strahm, Bereth-Anton *40*

Strahm, D. 54
Strauß, D. F. 237, 304
Strauß, Martin Friedrich 18
Strecker, G. 53
Streib, H. 16, 175
Strobel, August 263
Strobel, R. 54
Stroumsa, Guy G. 134
Stuckrad, Kocku von 195
Studer, Basil 61
Sturm, W. 14
Subba Row, T. 117
Sucher, Willi O. 260
Suckau, Arnold 177, 191
Sudbrack, Josef 151, 239, 306, 308, 449
Sudermeier, Theo 386–387, 390
Süder, Rüdiger 131
Sueton 120, 120
Swedenborg, Emanuel 235, 235
Swidler, Leonard 361, 371–372, 372, 374
Szekeres, Attila 324
Szylkarski, Wladimir 149

Taubes, Jacob 57, 83, 83, 100
Tavard, George H. 48, 88, 387
Teilhard de Chardin, Pierre 22, 38, 50, 85, 244, 264, 283, 297, 296, 316–320, 316–326, 323, 325–326, 326–334, 328–335, 339, 342, 346, 348, 362, 367–368, 367–368, 371, 371, 379, 381, 384, 395–396, 407, 434, 434, 451–452
Tenbruck, Friedrich 18
Terra, H. de 326
Tertullian 406
Theißen, Gerd 76, 76–78, 80, 80, 94–95
Theunissen, Michael 111
Thiede, Werner 14, 19, 26, 39, 52, 67, 69, 107–108, 116, 153, 159, 188, 369, 373, 376, 379, 431
Thiel, Christian 106, 114
Thielicke, Helmut 451
Thilo, Joachim 354
Thomas von Aquin 419, 419
Thomasius, Gottfried 418, 420
Thompson, A. F. 93, 348
Thüsing, Wilhelm 310, 310
Tillet, Gregory 147

Tillich, Paul 17, 17–18, 20, 25, 32, 36–52, 38,44, 46–52, 55–63, 56–63, 65, 65, 71–75, 71–75, 78–79, 79, 85–88, 85–89, 95, 98, 101, 111, 123, 151, 162, 198, 244, 283, 306, 328, 342, 344, 345, 354, 356, 360, 387, 429
Tolstoi 150
Tomás, Jaime 300
Topitsch, Ernst 413
Torrance, Ian R. 423
Town, Edgar A. 41
Track, Joachim 52, 59, 66
Trappe, Tobias 429
Trautwein, Joachim 149
Trennert-Helwig, Matthias 323
Trevelyan, George 293–294, 294–295, 296–297, 297, 302
Trillhaas, Wolfgang 56, 137
Trobisch, David 6
Trobe-Bateman, Alice la 268
Troeltsch, Ernst 137, 137, 244, 422
Troemel, H. 109–110, 112, 124
Trowitzsch, Michael 419
Turkle, Sherry 128
Tweedale, Violet 28, 28, 267–269, 279–284, 279–284, 287, 289, 291, 298, 326
Tworuschka, Udo 379

Ulrich, Hans G. 23, 30, 235, 431, 433, 446
Unamuno, Miguel de 405
Underhill, Evelyn 89, 275
Urban, Anselm 12

Vajta, V. 12
van Hook, Hubert 187, 194
van Noppen, Jean-Pierre 29–30, 34, 64, 394, 451
van Ruysbeck, Erik 396
Vekathanam, Methew 119
Vinke, R. 432
Vischer, Wilhelm 376, 425, 451
Visser't Hooft, W. A. 343
Vögtle, Anton 94
Vogel, Heinrich 81, 349, 376, 383, 388, 390, 421–422
Vogler, P. 363
Voigt, Gottfried 77

Vollenweider, Samuel *429*
Vollmer, Jürgen *54*
Vollrath, Hugo *201*
Volney, Constatin de *118, 140, 274*
Voss, Gerhard *260, 264*

Wagenführer, Max-Adolf *12*
Wagner, Arfst *202, 214*
Wagner, Falk *62, 68*
Wagner, Herwig *65*
Wagner, Richard *163*
Waldenfels, Hans *41, 42, 278, 386, 452*
Walker, W. L. *12, 341*
Wallimann, Silvia *15, 298, 298–300, 299–300*
Walter, Nikolaus *96, 409*
Washington, Peter *105*
Watzlawick, Paul *309*
Weber, H. *79*
Weber, Otto *304, 307*
Weder, Hans *20*
Wehovsky, Stephan *21*
Weihrauch, W. *261*
Weil-Lamprecht, Jutta *388*
Weinberg, Steven *16*
Weiß, Thomas *303*
Weizsäcker, Carl Friedrich von *16*
Wehr, Gerhard *109–110, 126, 148–149, 155, 157, 191, 213, 224, 227, 240, 241–243, 247, 252, 268–270, 276, 304, 326, 354*
Welburn, Andrew *208, 262*
Welker, Michael *78, 100, 229, 398, 400, 416, 435, 444, 449*
Welsch, Wolfgang *66, 76, 128*
Wenz, Gunther *37–39, 42, 42–43, 47, 51–52, 51, 58, 417, 423, 435, 449*
Wenzler, L. *403*
Werner, Martin *179*
Weyer-Menkhoff, Martin *149*
Weymann, Volker *50*
Wichmann, Jörg *26–27, 88, 114, 116, 151*

Wickert, Ulrich *97, 320, 403, 432*
Wiegand, Friedrich *262*
Wiethege, Katrin *30*
Wilber, Ken *17, 66, 157*
Wilckens, Ulrich *19, 77, 92, 306, 427*
Wildfeuer, A. G. *41*
Wildner, Alexander *114*
Wilhelm, Richard *132*
Wingren, Gustav *101*
Wiplinger, Fridolin *76*
Wistinghausen, Kurt von *254*
Wittgenstein, Ludwig *64, 64, 66*
Wittschier, Sturm *41, 44, 85*
Wolff, Christian *40*
Wolff, Hanna *357*
Wolff, Otto *357*
Wollmuth, J. *403*
Wolter, Michael *91, 93, 310, 446*
Wrege, Wolf Reinhard *51, 59–60, 71–72, 101*
Wuchterl, Kurt *50*
Wulff-Woesten, Hanspeter *243–244, 243, 246–247, 256*
Wulfhorst, Ingo *389*
Wurmser, Léon *248*

Yarker, John *174*

Zaehner, Robert C. *114, 130*
Zager, W. *49*
Zahrnt, Heinz *27, 27*
Zander, Helmut *6, 103, 125, 151, 160, 174, 177, 216, 228, 230–231, 235, 243–248, 245, 255, 324*
Zeilinger, Franz *94*
Zeilinger, Thomas *93*
Zeylmans van Emmichoven, F. W. *183*
Zimmer, Heinrich *117*
Zimmerli, W. C. *348, 360*
Zimmermann, Robert *218*
Zink, Jörg *26–27, 355*
Zirkoff, B. de *110*
Zwingli, Huldreych *410*

# Werner Thiede bei V&R

Werner Thiede
**Auferstehung der Toten – Hoffnung ohne Attraktivität?**
Grundstrukturen christlicher Heilserwartung und ihre verkannte religionspädagogische Relevanz
1991. XII, 437 Seiten, kartoniert
ISBN 3-525-56272-1

Der Werk beleuchtet das eschatologische Grundbekenntnis der Christenheit gleichermaßen unter systematisch- wie praktisch-theologischen Aspekten. Das leitende Interesse der auch exegetisch und dogmengeschichtlich fundierten Studien ist dabei ein vorwiegend apologetisches: Haben doch materialistisch und spiritualistisch geprägte Weltanschauungen, aber auch komplexe dogmatische Entwicklungen mittlerweile zu einem gravierenden Bedeutungsverlust der Auferstehungserwartung in Kirche und Gesellschaft geführt. Die bedenklichen Folgen werden vor allem auf dem Feld der neueren Religionspädagogik umfassend analysiert. Insgesamt gelingt der Nachweis, dass eine verstärkte Rückbesinnung auf die elementaren Gehalte der christlichen Auferstehungshoffnung dringend notwendig ist, damit deren Heilsansage zum Zuge kommen und so ihre Attraktivität im Kontext konkurrierender Hoffnungsmodelle erweisen kann.

Werner Thiede
**Das verheißene Lachen**
Humor in theologischer Perspektive
1986. 196 Seiten, kartoniert
ISBN 3-525-63350-5

Lachen als spezifische und unmittelbare Äußerung des Menschen verdient mehr Beachtung als ihm die Wissenschaft bisher zuteil werden ließ. Insbesondere von theologischer Seite wurde das Lachen jahrhundertelang entweder ignoriert oder weithin mißtrauisch betrachtet. Ausgehend von der Seligpreisung Jesu, die das künftige Lachen verheißt, geht Werner Thiede von einer positiven Bewertung des Lachens aus. Er beleuchtet das Phänomen sowohl von der anthropologischen Diskussion als auch von der Bibel her. Systematisch analysiert er die Haltung des Humors und verschiedene Weisen ihres Gelingens oder Mißlingens. Besonders geht es ihm um den christlichen Humor, dessen Erscheinungsformen in der Bibel und im Laufe der Kirchengeschichte hier in deutscher Sprache erstmals zusammenhängend behandelt werden.

**V&R**
Vandenhoeck & Ruprecht

# Kirche – Konfession – Religion

**43: Michael Bergunder (Hg.)**
**Religiöser Pluralismus und das Christentum**
Festgabe für Helmut Obst zum 60. Geburtstag.
188 Seiten, kartoniert
ISBN 3-525-56547-X

Die Beiträge dieses Bandes untersuchen die in der Öffentlichkeit wahrgenommene religiöse Vielfalt und ihre Konsequenzen für das christliche Zeugnis. Religion im Kontext der Individualisierung und Säkularisierung manifestiert sich nicht selten als Religiosität neben den Kirchen. Dabei sind Anleihen an andere Religionen (Seelenwanderung, Karma) oder an parapsychologische Phänomene nicht erst typisch für das 20. Jahrhundert. Psychomarkt, Esoterik, Satanismus entwickeln Anziehungskraft – nicht nur für Jugendliche –, aber neben der Prävention von Abhängigkeiten steht die Dialogbereitschaft mit früher als „Sekten" bezeichneten Gemeinschaften. Die verfassungsmäßige Verankerung der Religionsfreiheit (auch in der DDR) und der religiösen Unterweisung wird im Umgang mit neuen (Jehovas Zeugen) oder traditionellen Religionsgemeinschaften (Islam) auf die Probe gestellt. Die häufig verklärt dargestellte Toleranz im Viel-Religionen-Staat Indien muss im Hinblick auf das Verhältnis von Religion und Nationalismus kritisch geprüft werden.

**42: Peter Zimmerling**
**Die charismatischen Bewegungen**
Theologie – Spiritualität – Anstöße zum Gespräch
2001. 435 Seiten, gebunden
ISBN 3-525-56546-1

Die Untersuchung gibt einen kritischen Überblick über Theologie und Frömmigkeit der charismatischen Bewegungen der Gegenwart im deutschsprachigen Raum. Dabei bilden die praktisch-theologischen Handlungsfelder Gottesdienst, Spiritualität, Seelsorge und Gemeindeaufbau den Schwerpunkt.
Die Studie zeigt, inwiefern charismatisch geprägte Geistererfahrungen und pneumatologische Erkenntnisse eine Bereicherung in gegenwärtigen Diskussionen über Wesen und Wirken des Geistes darstellen und welche Impulse sich aus der charismatischen Wiederentdeckung des Geisteswirkens für die ekklesiologischen Überlegungen der Gegenwart gewinnen lassen: Zielhorizont der kritischen Auseinandersetzung mit den charismatischen Bewegungen ist die Frage nach Möglichkeiten und Grenzen einer Integration charismatischer Impulse in die traditionelle Frömmigkeit.

**V&R**
Vandenhoeck & Ruprecht